永井和之先生古稀記念論文集

企業法学の論理と体系

丸山秀平
中島弘雅
南保勝美
福島洋尚
編

中央経済社

永井和之先生

謹んで古稀をお祝いし
永井和之先生に捧げます

執筆者一同

目次

執筆者一覧（執筆順。＊は編者）

中京大学大学院法務研究科教授	池　野　千　白
西南学院大学法学部教授	一ノ澤　直　人
駒澤大学大学院法曹養成研究科教授	受　川　環　大
弁護士（弁護士法人フェアネス法律事務所）	遠　藤　直　哉
東洋大学法学部教授	遠　藤　喜　佳
松山大学法学部教授	王　　　原　生
中央大学大学院法務研究科教授	大　杉　謙　一
東京海洋大学学術研究院教授	金　岡　京　子
神奈川大学大学院法務研究科准教授	木　下　　　崇
東洋大学法学部教授	楠　元　純一郎
愛知大学大学院法務研究科教授	小　林　俊　明
中央大学商学部教授	酒　井　克　彦
京都女子大学法学部教授	志津田　一　彦
中央大学大学院戦略経営研究科教授	杉　浦　宣　彦
熊本大学大学院法曹養成研究科准教授	髙　木　康　衣
白鷗大学大学院法務研究科教授	髙　橋　紀　夫
国士舘大学法学部准教授	武　田　典　浩
専修大学法学部教授	田　邊　宏　康
法政大学法学部教授	椽　川　泰　史
慶應義塾大学大学院法務研究科教授	中　島　弘　雅＊
沖縄大学非常勤講師	仲宗根　京　子
明治大学法学部教授	南　保　勝　美＊
中京大学法学部教授	新　里　慶　一
明治大学法学部准教授	根　本　伸　一
敬愛大学経済学部教授	野　口　明　宏
中央大学法学部教授	野　田　　　博
早稲田大学大学院法務研究科教授	福　島　洋　尚＊
大阪経済大学経営学部准教授	藤　嶋　　　肇
東洋大学法科大学院教授	藤　村　知　己
東洋大学法科大学院教授	松　井　英　樹
日本大学総合科学研究所教授・弁護士（みなと協和法律事務所）	松　嶋　隆　弘
明治大学大学院法務研究科教授	松　山　三和子
中央大学大学院法務研究科教授	丸　山　秀　平＊
中央大学法学部教授	三　浦　　　治
首都大学東京法科大学院教授	矢　﨑　淳　司
大阪大学大学院高等司法研究科教授	山　下　典　孝

会社分割における残存債権者概念の終焉を目指して

――債権者異議制度の立法論的検討――

池野千白

一　はじめに

会社法改正により、濫用的会社分割における残存債権者保護制度がスタートした。しかし、この制度の誕生に至るまでは、濫用的会社分割と戦う者達の数多くの戦いがあった。それは、会社法二二条一項の類推適用から始まり、詐害行為取消権の適用へと展開された。その多くの裁判例の到達点として、最高裁も、この二つによる解決策を承認した。そして、会社法改正により、詐害行為取消権の適用の結果を、会社法内に取り込む形で実現したものである。

この残存債権者保護制度は、濫用的会社分割に対する大きな救済を与えるものと評価する論者もあるが、しかし、その実質は、詐害行為取消権の適用そのものを一歩も踏み出しているものではなく、かつ、より本質的な解決に至ることのないものである。

本稿では、濫用的な会社分割における、その救済の戦いの歩みを検証するとともに、濫用的会社分割における問題を、本質的に解決することを提唱すべく、債権者異議制度の改革を立法論的に展開したい。

そのことにより、残存債権者なる概念自体の終焉を目指したい。

二　債権者異議制度の意義

1　資本不変の原則と債権者異議制度

債権者異議制度は、会社法において多用されている。(1) 資本金減少手続または準備金減少手続におけるものである。(2) 資本金制度は、会社法の単独法化に伴い、その立法者意思として、その債権者保護機能が矮小化されてしまったが、それでも、債権者保護制度として資本金制度が存続することとなった。また、準備金も、その資本金のクッションとしての位置づけから、同様に、その減少手続において、債権者異議手続が並置されている。

これは、まさしく、株主有限責任の原則を採用する株式会社の本質的要請として、制度の根幹なるものであり、その姿が、純資産基準へと変容することがあっても、(3) その債権者保護機能は、存続すべきものと考えられる。

したがって、全社員の有限責任原則を採用する合同会社においても、(4) 持分会社に関する特則として、資本金減少手続において債権者異議手続が採用されている。(5) さらに、会社法では、それに止まらず、合同会社の創設に伴い、合同会社における退社に伴う持分の払戻制度においても、債権者保護を果たすべき制度として、債権者異議手続が採用されている[6]。これは、株式会社において典型的に、その法原則として整理される債権者保護制度とは異なり、資本維持の原則として整理されるべき債権者保護機能として用いられている。持分会社においては、その人的会社としての性質から、退社に伴う持分の払戻制度を否定できず、かつ、全社員が有限責任であることから生じる債権者保護の必要性も否定できず、その交点において、債権者異議制度を調整弁として置くものである。その立法担当者の技巧的解決策に敬意を表しつつ、そこまでして、合同会社を創設する必要性があったのか、甚だ疑問を感じる[7]。いずれにしても、資本金減少や準備金減少を起因として、資産の減少が生ずるおそれに対処する制度である。資本金額自体が減少しても、理論上は、それで、資産が減少するわけではない。しかし、拘束性がなくなることにより、資産減少等の資産変動が債権者に与える影響を、債権者自身に対応させるものである。

2　組織法上の企業結合における債権者異議制度――消滅株式会社等――

組織法上の企業結合においても、債権者異議手続が採用されている。しかし、その趣旨は、資本不変の原則を前提とする債権者異議制度とは、大きく異なるものである。

組織法上の企業結合における債権者異議制度の意義の典型は、吸収合併において、確認できる。吸収合併における「消滅会社[8]」の債権者は、すべて債権者異議手続の対象とされる[9]。その趣旨は、事業譲渡における譲渡会社の債権者の法的地位と比較することにより説明される。すなわち、事業譲渡においては、全部の事業の譲渡においても、その移転関係は、個別的にその効力を発するものと理解され、譲渡会社の債権者に対する譲渡会社の債務の移転は、個別的手続が履践されなければ、移転しないと理解されている。具体的には、債務者の交替による更改[10]か、債務引受である。更改の場合はもちろん、債務引受の場合でも、免責的債務引受の場合には、債権者の同意を必要とする。したがって、債権者の知らないところで、債務が移転することはない。

これに対して、吸収合併においては、もともとは、合併については、人格合一説で理解され、消滅会社の法人格が存続会社の法人格と消滅的に合一するものと理解され、それは、まさしく、比喩的には、親族法における相続と同義的意義を有しているものである。そのため、消滅会社に関する法律関係は、そのまま存続会社に引きつがれることから、権利義務の移転は、包括的であると説明されてきた。会社法も、旧商法同様、その定義において[11]、その包括性を意識した、『全部』とか、『承継』という言葉を使用している。

したがって、消滅会社の債務は、存続会社の法人格の下に合一的に承継されるのであり、更改や債務引受の対象とはならない。すなわち、消滅会社の債権者が、まさしく、知らないところで、債務者の交替ないし変更が生ずるのである。このことにより、民法的債権者保護制度の恩恵に与ることはできない[12]。ここに、会社法的債権者保護制度の必要性が生まれる。これが、債権者異議手続である。

このような考え方は、会社分割における債権者異議手続の対象者の考え方において、一層明確に読み取ることができる。すなわち、吸収分割における分割会社の債権者は、分割後に、分割承継会社にのみ請求できる者に限定されている[13]。

さらに、このことは、株式交換においても、同様である。株式交換は、その本来の姿は、株式と株式の交換である。すなわち、完全子会社の株主の有する完全子会社株式と、完全親会社の株式とを交換するものである。しかし、対価の柔軟化が認められたことにより、その交換の姿は、消失しがちであり、締め出し株式交換や三角株式交換が横行している。もはや、株式の交換という名に値しない。

しかし、株式交換の本来の姿を前提とすれば、株式と株式の交換であることにすぎないから、完全子会社と完全親会社との間の債務の移転は一切生ぜず、債権者異議手続の対象の余地はない。そこで、会社法上規定されたものは、新株予約権付社債が、株式交換新株予約権として、完全子会社のものと親会社のものとが、交換される場合のみである[14]。

株式交換においては、新株予約権は、それが、完全子会社に残存すれば、その行使により、再び少数派株主が誕生することになるため、それを排除するために、買取請求権を付与して、消滅的に扱うことになっている。しかし、例外的に、完全子会社の新株予約権が完全親会社の新株予約権と交換できることが認められている。[15] この例外的場合において、これが新株予約権付社債であれば、その非分離原則により、[16] 完全子会社の新株予約権付社債権者に対する債務は、完全親会社の新株予約権付社債に対する新たな債権として誕生することになる。これは、完全子会社の新株予約権者の立場から見れば、社債に関する債務者の交替ないし変更である。ここに、債権者異議手続の対象とする理由がある。

このように、消滅会社等の債権者に対する債権者異議手続の趣旨は、債務者の交替・変更という点にある。だからこそ、会社分割における残存債権者は、債権者異議手続の対象とされていないのである。

3　組織法上の企業結合における債権者異議制度──存続株式会社等──

これに対して、存続会社等の債権者異議手続の趣旨は、大きく異なる。なぜなら、存続会社等の債権者については、債務の移転は生じていない。そのまま、存続会社等が債務者なのである。しかるに、なぜ、吸収合併における存続会社の債権者のすべて[17]と、吸収分割における承継会社の債権者のすべて[18]は、債権者異議手続の対象とされるのであるのか。

それは、つぎのように説明される。すなわち、吸収合併であれば、存続会社が消滅会社の資産を包括的に吸収するために、とくに、消極的資産の吸収により、存続会社の資産が実質的に減少し、存続会社の債権者の債権の引当てとなる資産が減少するからであると説明される。債務超過会社を吸収合併する場合には、貸借対照表上は、暖簾の評価などを行い、計算上は、債務超過を解消させた上で、吸収するため、名目上は、存続会社の資産は、吸収合併により増加するが、実質的には、現実資産は減少するという場合を、想定している。この理は、吸収分割の場合にも、同様に、当てはまる。

したがって、吸収合併における存続会社の債権者すべてに対する債権者異議手続および吸収分割における承継会社の債権者すべてに対する債権者異議手続における、その趣旨は、実質的資産減少あるいは、資産内容の変質に対する債権者の保護にあると言える。

このような理解は、株式交換における完全親会社の債権者すべてに対する債権者異議手続においても現象する。すなわち、株式交換における完全親会社の債権者すべてについては、原則として、債権者異議手続はない。なぜなら、原則的株式交換は、完全子会社の株主の株式と、完全親会社の株式とを交換するものであるから、完全親会社において、実質的資産変動は生じていないからである。

しかし、完全子会社の株主に対して交付する金銭等が完全親会社の株式等でない場合(19)と、会社法七六八条一項四号ハに規定する場合(20)には、例外的に、完全親会社の債権者すべてが債権者異議手続の対象となる。

前者については、完全子会社の株主の株式と交換されるものが、完全親会社の金銭であれば、実質的には、現実財産は、金銭支出として減少するのであるから、完全親会社の債権者の債権の引当てとなる資産が実質的に減少したとして、債権者異議の対象となるのである。

後者については、完全子会社の債権者異議手続の対象として、すでに説明した新株予約権付社債の交換により、完全親会社に新たに新株予約権付社債が発生する場合であり、新たに完全親会社に、当該債務が新たに生ずることによる資産変動に対する債権者異議手続である。

これらの説明においては、存続会社等、すなわち、吸収合併存続会社、吸収分割承継会社および株式交換完全親会社における債権者すべての債権者異議手続の趣旨は、存続会社等の資産の実質的減少または実質的変動にある。

しかし、消滅会社等、すなわち、吸収合併消滅会社、吸収分割会社および株式交換完全子会社の債権者の債権者異議手続の趣旨は、債権者の同意なく、強制的に債務者が変更されたことにある。このことは、吸収分割における残存債権者が、債権者異議手続の対象とされないことにおいて、明白である。

以上のような理論的整理のもとで、会社法規定が創設されたのである。果たして、その理論的整理は、正しいものであったのであろうか。あるいは、そのように理解し、そのように整理すべきでは無かったのでないだろうか。さらには、組織法的に理解すべきものを、民法的な取引法的理解により、理論的整合性を見失ってしまったのではないだろうか。

（1）会社法四四九条・六二七条・六三五条・七七九条・七八一条二項・七八九条・七九三条二項・七九九条・八〇二条二項・八一〇条・八一三条二項。
（2）会社法四四九条・六二七条。
（3）たとえば、会社法四五八条。
（4）会社法五七六条四項。
（5）会社法六二七条。
（6）会社法六三五条。
（7）そうは言っても、西友のような巨大合同会社が出現し、しかも、一人会社として存在することから、その弊害の懸念をぬぐい去れない。
（8）会社法七八二条一項。
（9）会社法七八九条一項一号。
（10）民法五一四条。
（11）会社法二条二七号。
（12）更改や免責的債務引受における同意権。
（13）会社法七八九条一項二号。
（14）会社法七九九条一項三号。
（15）会社法二三六条一項八号ロ・七六八条一項四号・五号。
（16）会社法二五四条二項・三項・二六七条二項・三項・八二八条一項四号括弧書。

(17) 会社法七九九条一項一号。
(18) 会社法七九九条一項二号。
(19) 会社法七九九条一項三号前段。
(20) 会社法七九九条一項三号後段。

三　吸収分割における分割会社の残存債権者の債権者保護的状況

改正会社法成立前の会社法における残存債権者が、会社法立法担当者の理論的整理により、どのような地位に置かれてしまったのかについては、会社分割に対して債権者取消権の適用を認容した最高裁判決が明確に語っている。「このような新設分割の性質からすれば、当然に新設分割が詐害行為取消権行使の対象になると解することもできず、新設分割について詐害行為取消権を行使してこれを取り消すことができるか否かについては、新設分割に関する会社法その他の法令における諸規定の内容を更に検討して判断することを要するというべきである。

そこで検討すると、まず、会社法その他の法令において、新設分割が詐害行為取消権行使の対象となることを否定する明文の規定は存しない。また、会社法上、新設分割をする株式会社（以下「新設分割株式会社」という）の債権者を保護するための規定が設けられているが（会社法八一〇条）、一定の場合を除き新設分割株式会社に対して債務の履行を請求できる債権者は上記規定による保護の対象とはされておらず、新設分割により新たに設立する株式会社（以下「新設分割設立株式会社」という）にその債権に係る債務が承継されず上記規定による保護の対象ともされていない債権者については、詐害行為取消権によってその保護を図る必要性がある場合が存するところである。

ところで、会社法上、新設分割の無効を主張する方法として、法律関係の画一的確定等の観点から原告適格や提訴期間を限定した新設分割無効の訴えが規定されているが（会社法八二八条一項一〇号）、詐害行為取消権の行使によって新設分割を取消したとしても、その取消しの効力は、新設分割による株式会社の設立の効力には何ら影響を及ぼすものではないというべきである。したがって、上記のように債権者保護の必要性がある場合において、会社法上新設分割無効の訴えが規定されていることをもって、新設分割が詐害行為取消権行使の対象にならないと解することはできない。そうすると、株式会社を設立する新設分割がされた場合において、新設分割設立株式会社にその債権に係る債務が承継されず、新設分割について異議を述べることもできない新設分割株式会社の債権者は、民法四二四条の規定により、詐害行為取消権を行使して新設分割を取り消すことができると解される。この場合においては、その債権の保全に必要な限度で新設分割設立株式会社への権利の承継の効力を否定することができるというべきである。」[21]。

以上の判旨から分かるように、組織法上の企業結合において、消滅会社等の債権者異議制度については、債務者の交替における債権者保護的思考を採用し、そうであるにもかかわらず、存続会社等における債権者異議制度においては、資産変動における債権者保護的思考を採用してしまったのである。そのために、会社分割における残存債権者については、債権者保護制度の空白を作り出してしまったのである。そうであるからこそ、最高裁は、組織法上の行為に対して、取引法上の債権者保護制度である詐害行為取消権制度を適用するという方法を採用せざるを得なかったのである。もっとも、会社法制定立法担当者も、詐害的会社分割に対して、詐害行為取消権の適用もあり得るという趣旨のことを述べている。しかし、このことは、会社分割という制度を創設し、組織法的意味を少しも有せず、実質的に事業譲渡にすぎないものを、技巧的な構成を採用し、無理矢理組織法的行為にでっち上げていながら、その救済を、取引法上の救済方法である詐害行為取消権に求めるということは、立法担当者として、その理論的破綻を自白するようなものである。組織法上の行為として技巧的に取り扱うという方法を採用した以上は、その救済方法も、組織法的に解決すべきであったと言わざるを得ない。

会社分割制度は、その誕生において、理論的に、破綻している制度と断ずるべきである。

(21) 最判平成二四年一〇月一二日民集六六巻一〇号三三一一頁。

四　会社分割制度の本質的弊害性

会社分割制度が、その本質として、詐害的特質を有していることを、ここで確認する必要がある。

第一に、組織法的に、会社事業を分割することは、現実的に、不可能であるということである。たとえば、全般的資金不足から借入れをした場合に、それにより発生する債務は、個々の事業とは、特定的相関性を有しているとは言えない。このような場合に、ある特定の事業を分割しようとするなら、債務はどのように、その特定の事業に組み込まれるのであろうか。それは、まさに、恣意的に行われると、断言できる。なぜなら、この場合の会社分割は、経営の合理性確保のために行われるものであり[22]、特定の事業への債務の割付けは、もっとも、経営的合理性があるものとされるからである。決して、会計的な理論的整合性のある割付けが行われる可能性は、きわめて低いのである。とくに借入金的金銭債務には、色がついていないのであり、好きな色がつけられるのである。会社分割において、分割事業に組み込まれる債務は、まったく自由に、分割当事会社の恣意により、選別されるのである。すなわち、恣意的に残存債権者が作られるのである。

このようなことは、人的要素においても同様である。そのために、会社分割における労働承継に関する法律の制定が強く求められたのであった[23]。そうであればこそ、なぜ、その時点で、不当労働行為的会社分割に対するブレーキという発想があったにもかかわらず、債権者詐害的会社分割に対するブレーキという制度を、用意しなかったのであろうか。

第二に、詐害的に多用されているということである。このことは、ある裁判例における裁判官の言葉に明確に述べられている。すなわち、「債務超過にある株式会社（新設分割会社）が、新設分割によって不利益を受ける債権者を全く無視して、一方的に、新設分割によって任意に選択した優良資産や一部債務を新設分割設立会社に承継させ、新設分割会社はその対価の交付を受けるものの、その対価等を考慮したとしても、新設分割によって承継されない新設分割会社の債務の債権者（以下「新設分割会社の残存債権者」という。）が害されるという事案も少なからず存することは当裁判所に顕著である。(24)」。

実際にも、筆者も、体験的に理解している。ある残存債権者からの相談において、東京からの弁護士が、まるで恫喝するように、残存債権者は切り捨てられるだけだから、一割でその債権を買い取るから、念書を書けと迫られていたのである。このような例は、多くの相談事例として存在し、とくに、新設分割において、優良事業のみ分割し、ほとんどの債権者を残存債権者とし、会社分割後に、分割会社に置去りにして、切り捨てるという手法である。そういう手法を、会社生残り方法として採用させ、高額なコンサルタント料をせしめるコンサルタント会社や、企業法務法律事務所の存在も、多く、知られるところである。時には、その手法を用いて、乗っ取りを謀る者さえいる。

そういう実態が、裁判官に、先のような判決文を書かせるのである。

(22)　生き残りのために、債権者を切り捨てるというものも、経営の合理性に含ませてある。
(23)　もっとも、制定された法制は、立法府における妥協的解決とも言える内容であり、労働者保護的機能は不十分である。
(24)　東京地判平成二二年五月二七日金判一三四五号二六頁。

五　解釈論的解決法の限界

このような詐害的会社分割の濫用的実態に対して、言わば、立法的失敗の付けを、司法的に尻ぬぐいをせざるを得ない事態がこれまで積み上げられてきたのである。

1　会社法二二条一項の類推適用

第一の救済方法は、会社法二二条一項の類推適用である。この救済方法は、詐害行為取消権の適用と同様、組織上の行為に対して、取引法上の救済方法を用いたものである。それゆえ、類推適用と言わざるを得なかったものである。下級審における会社法二二条一項の類推事例の積み上げは、最終的に、最高裁により承認された。その判旨は、会社分割は、本来的に組織法上の行為ではなく、事業譲渡という取引法上の行為にすぎないということを明確に語っているのである。すなわち、「会社分割に伴いゴルフ場の事業が他の会社又は設立会社に承継される場合、法律行為によって事業の全部又は一部が別の権利義務の主体に承継されるという点においては、事業の譲渡と異なるところはなく(25)」、とである。

しかし、この救済方法には、限界がある。それは、商号続用という要件充足を必要とするということである。そして、それは、屋号続用に対する類推適用により、その救済の範囲は飛躍的に拡張することとはなったが(26)、それでも、やはり、屋号続用という要素が不可欠である。

これが救済の限界となる。

2　法人格否認の法理

第二の救済方法は、法人格否認の法理の濫用事例としての救済である。法人格否認の法理は、その典型例的機能として、法人格というベールを破り、法人格の背後にいる者を捉えて、責任追及や法適用を可能とするものである。しかし、詐害的会社分割においては、背後にいる者は、分割会社であり、そこから逃げ出した新設会社を、その人格としての別異性を否定するものである。(27)典型例的には、労働組合員を追い出すための不当労働行為として、会社を解散し、その上で、まったく同一の会社を設立し、労働組合員以外の従業員を採用した事件に、その姿を見いだすことができる。この例における法人格否認の法理の適用は、会社分割における労働承継に関する法律と同一の役割を果たしている。

この救済方法の限界は、一般条項であるということにある。(28)

3　詐害行為取消権の適用

これについては、すでに、先に引用した最高裁判例に尽きる。(29)しかし、詐害行為取消権の適用は、屋号続用という要件充足を手に入れられない場合には、法人格否認の法理を除けば、唯一の救済方法である。

しかし、この救済方法の限界は、詐害要件と悪意要件である。まさしく、「債権者を害することを知りて」である。もっとも、これは、詐害行為取消権制度が、その制度的位置づけとして、本来的に持たざるを得ない要件であり、救済方法としての限界ではなく、詐害行為取消権の制度的役割としての限界である。

ここで、考えなければならないことは、詐害行為取消権制度が適用される民法的債権債務関係においては、承継債権者と残存債権者の分裂という問題は生じていないということである。詐害行為取消権が適用される民法的状況では、すべての債権者が残存債権者である。これに対して、会社分割では、債権者が、承継債権者と残存債権者に分断され、残存債権者のみに、不利益が負わされるのである。その債権者の選別において、債権者の平等が否定されているのである。

この法的状況だけを見ても、詐害的会社分割においては、本来的に、詐害行為取消権を適用すべき問題ではないのである。あくまでも、組織法的に解決されるべき問題である。すなわち、会社分割制度自体の中で、救済制度を有すべきものなのである。

このことは、会社分割制度自体にも、不幸をもたらすものである。なぜなら、コンサルタント会社や企業法務事務所に、高い報酬を支払ったにもかかわらず、詐害行為取消権の適用を受ければ、たとえば、新設会社に移した、ほぼ唯一とも言える不動産資産を取り戻されたり、(30) あるいは、残存債権者からの履行請求により、新設会社自体が破綻するのであれば、会社分割自体が無に帰すのである。それは、濫用的であるから仕方がないと言うべきではない。濫用的利用方法を可能にした制度であることが原因なのである。まさに、不幸な制度である。

(25) 最判平成二〇年六月一〇日一三〇二号四六頁。

(26) なぜなら、優良事業を切り出す以上、屋号の続用をしなければ、顧客吸引力を大きく減少させるからである。しかし、事業対象が一番消費者的なものでなければ、必ずしも屋号を続用しなくても、詐害的会社分割は成り立つのである。なお、多くの例は、分割会社の事業の屋号を、新設会社の商号とする例である。屋号同士の続用ではなく、屋号から商号へのクロス的続用である。

(27) 福岡地判平成二三年二月一七日金法一三六四号三一頁。

(28) 法人格否認の法理に関する最高裁の考え方が示されてからは、その著名な論文は、口をそろえて、一般条項であるが故に、禁欲的であることを求めており、それは、裁判官への大きな足かせとしての役割を担わざるを得ない。

(29) 前掲注(25)。

(30) 大阪地判平成二一年八月二六日金判一四〇二号一五頁。

六　会社法改正における残存債権者保護制度の意義

1　最高裁追従立法の問題点

このように司法的尻ぬぐい的状況を受けて、会社法改正担当者も、何らかの立法的解決方法を提示さぜるを得なかった。それが、残存債権者保護制度であった。

この残存債権者保護制度は、最高裁が、詐害行為取消権の適用を認容したことを受けて、それを立法的に取り入れたものである。このような立法の不備により、最高裁が解釈論により、解決すべき問題を解決した例は、他にも見られる。(31)もっとも、典型例は、利益相反取引における間接取引規制であると言えよう。(32)会社法も、旧商法を引き継ぎ、会社法三五六条一項三号として規定化されている。

しかし、このような判例追従型立法が、正しい道であるかどうかは、甚だ疑問である。利益相反取引の間接取引については、最高裁は、直接取引の脱法行為、あるいは、実質的同一の規制趣旨として、間接取引規制も直接取引規制に包含されると判じている。そして、実際の事件は、債務引受の事件であった。

ところが、規定化された条文は、保証を例示するものであり、しかも、取締役と会社との利益相反という文言を使用することになった。このことは、大きな問題を生み出した。直接取引は、自己のためのみならず、第三者のための取引も規制するものであるが、取締役と会社との利益相反と規定したことにより、明示的に、第三者のための規制が見えなくなってしまった。

そのことにより、最高裁が、その後に、代表取締役を兼任する場合の会社間の間接取引について、規制の対象であるという考え方を示すまで、無用な議論を生み出してしまったのである。

さらに、取締役と会社の利益相反という文言により、直接取引の脱法行為という規制趣旨を忘れさせ、条文的文言が一人歩きする解釈論を生み出すことになったのである。もっとも、間接取引の規制趣旨については、間接取引規制を容認した最高裁判決の少数意見において、十分に議論されているにもかかわらず、それを顧みない者が現れたということである。(33)

こういうことが、最高裁の解釈に追従する立法手法の罪である。それと同様のことが、残存債権者保護制度においても、生じないとは言えない。しかし、残存債権者保護制度は、詐害行為取消権をほぼ忠実に再現したものであり、利益相反取引における間接取引規制と同様な問題を生じさせることは少ないようにも思えるのではあるが。

2 自己防衛的立法手法の問題点

詐害的会社分割に詐害行為取消権が適用された裁判例としては、財産の取戻しではなく、履行請求を認めるものと、[34]実際に、特定の財産（事例では、不動産）を取り戻した例とがある。[35]詐害的会社分割により、とくに、詐害的新設分割により、新設会社で優良事業なるものが事業継続されると、移転した特定の財産の取戻しは、新設会社での事業継続を不可能とされる場合がありうる。このような場合は、詐害行為取消権の適用は、会社分割を無効とする法律上の効果を有するものではないが、事実上、会社分割を無に帰すものである。したがって、同様に詐害行為取消権が適用されるといっても、その効果を、履行請求的に認めるのか、特定の財産を取り戻すのかでは、会社分割制度の利用を、たとえ、濫用的であっても意味があるものとしたいと考える場合には、履行請求に押し込める必要があるという結論を採用することになる。[36]

そうであるとするならば、今回の残存債権者保護制度は、最高裁による詐害行為取消権の適用から、濫用的会社分割制度を守ろうとする立法趣旨であると理解されることになる。一見、残存債権者を保護する制度を、最高裁判例を受けて立法化したように見えても、その実は、詐害行為取消権の適用による影響を、限定しようとする意図が、見え隠れするのである。[37]すなわち、保護立法ではなく、防衛立法である。

(31) 高裁段階で止まっているうちに、立法的手当てがなされたものとして、会社法一二五条三項三号の削除が行われたことは、改正会社法のもう一つの例である。
(32) 最判昭和四三年一二月二五日民集二二巻一三号三五一一頁。
(33) 前掲注（32）。

(34) 前掲注(24)。
(35) 前掲注(30)。
(36) 坂本三郎他「平成二六年改正会社法の解説（Ⅸ・完）」商事二〇四九号二三頁（二〇一四年）。
(37) もちろん、何でもかんでも、財産を取り戻せるというのではない。原則履行請求ではあっても、例外的に、財産を取り戻させる余地を残しておくことが、本当の残存債権者保護であると考えるべきなのではないかと、疑義を呈しているのである。

七　結びに代えて

会社分割制度の弊害は、立法過程の当初から多くの指摘がなされてきた。それにもかかわらず、立法化に踏み切った。その結果、濫用的会社分割が目にあまるものとなり、多くの裁判例を生み出し、ついには、最高裁において、会社法二二条一項類推適用、さらには、詐害行為取消権の適用という末路に行き着いた。

ここで、もう一度、裁判例から、裁判官の言葉を確認しておきたい。「会社法施行後の近時の倒産実務において、債務超過にある株式会社（新設分割会社）が、新設分割によって不利益を受ける債権者らと十分協議した上、新設分割によって新設分割設立会社に対して優良資産や一部債務を承継させて会社再建を図るとともに、上記の協議に基づいてその対価の交付を受けた新設分割会社を清算するという会社再建手法が多く用いられている。他方で、債務超過にある株式会社（新設分割会社）が、新設分割によって不利益を受ける債権者を全く無視して、一方的に、新設分割によって任意に選択した優良資産や一部債務を新設分割設立会社に承継させ、新設分割会社はその対価の交付を受けるものの、その対価等を考慮したとしても、新設分割によって承継されない新設分割会社の債務の債権者（以下「新設分割会社の残存債権者」という。）が害されるという事案も少なからず存することは当裁判所に顕著である。[38]」。

なぜ、弊害的利用が生ずるのか。それは、明らかに、制度的欠陥に起因する。第一に、分割されるべき事業に関して、債務の割振りは、単純な特定性のある債務は別として、貸付金等の金銭債務の割振りは、恣意的に行っても、違法にならないという制度的欠陥である。それは、労働者の承継について、特別法による規制を必要とした点と、まったく同様な恣意的な操作が可能であるという欠陥である。

第二に、債権者異議の対象とならない債権者が存在するという制度的欠陥である。企業結合における形式的な資産変動ではなく、実質的な資産変動を考える限り、会社分割における残存債権者も、債権者異議制度の対象とすべきである。すなわち、分割会社の債権者はすべて債権者異議の対象とすべきである。

このように考えれば、残存債権者から異議の申立てにより、事実上、会社分割制度は、機能しなくなると主張する者がいるかもしれない。しかし、残存債権者を切り捨てなければ成り立たないような会社分割制度自体が、制度自体として問題なだけのことにすぎない。もっとも、前述の裁判例においても明らかなように、残存債権者を踏みにじることなく、「不利益を受ける債権者らと十分に協議した上、……会社再建を図る」ことは可能なのである。経営者自身が、濫用的会社分割をアドバイスしたり、勧めたりするコンサルタントや弁護士の甘言に乗らず、本当の意味での「良い会社分割」なるもので、会社を再建してほしいと考える。

このように、分割会社の債権者すべてを債権者異議の対象とすることで、その意味での濫用的会社分割により害される残存債権者なる概念は消滅し、今回の会社法改正により誕生した残存債権者保護制度は無用となると考える。

分割会社のすべての債権者を債権者異議の対象とする立法を強く提唱するものである。

裁判例において[39]、解釈論的に、この問題を主張した例がある。残存債権者が、「承認しなかった債権者」として、新設分割無効の訴えを提起した事件である。東京高裁は、「新設分割後、新設分割会社に対して債務の履行を請求することができない新設分割設立会社の債権者は、『債務者が変更になることから』、新設分割について異議を述べることができることにしたのである。」と、残存債権者には、債権者異議制度の対象としての理由がないことを説明している。しかし、この理は、すでに述べてきたように、合併における存続会社のすべての債権者が債権者異議手続の対象であること、分割承継会社のすべての債権者が債権者異議の対象である理を考える限り、債務者変更理論により、民法的な思考の枠組みで、説明してはならないものなのである。

もちろん、条文の文言を前にして、解釈論的に、残存債権者を債権者異議の対象とすることはできないが、立法論的には強く考えるべきである。そうすることにより、残存債権者が新設分割設立会社に対して、履行請求を行う裁判を多数生み出すことなく、残存債権者の問題を解決することができるのである。会社法改正は、最高裁による残存債権者保護の緊急避難的解決策を、悪しき恒常的条文としてしまったのである。残存債権者保護制度は、「より利用しやすい救済手段」[40]ではないのである。詐害行為取消権の適用から、一歩も出ていない。

(38)　前掲注(24)。しかし、詐害的会社分割について、「良い会社分割」なる概念での検討もなされている。あたかも、「良い詐害的な会社分割」がありうるような議論をしているものもある（得津晶「第11章　会社分割における債権者保護」（神田秀樹編『論点詳解平成二六年改正会社法』二七二頁以下（商事法務・二〇一五年））。どんなに理論的に、総資産評価額が増加したと計算しても、残存債権者がどのように請求できるのか、納得できるのかが問題であって、そのために、民事再生手続等において、合意形成すべき問題なのである。その前提でしかない。「良い会社分割」なるものがあり得るとしたら、それは、計算上シナジー等が生じ得るとされるものではなく、会社債権者の合意を得られた会社再建策の手法として会社分割が用いられた場合を意味すると考えるべきである。

(39)　東京高判平成二三年一月二六日金判一三六三号三〇頁、静岡地浜松支判平成二二年七月二八日金判一三六三号三五頁。

(40)　古川朋雄「会社分割無効の訴えにおける原告適格の有無」商事二〇七五号一一九頁（二〇一五年）。

〔追記〕

最後に、永井先生古稀記念論文集に末席を与えられたことに感謝したい。永井先生には、指導教授である戸田修三先生の同門として、兄弟子として、中央大学大学院時代から現在に至るまで、ご指導をいただいた。改めて、感謝申し上げたい。

平成二六年会社法改正とコーポレートガバナンス・コードにおける社外取締役
――業務執行者に対する取締役会による監督の実効性確保のために――

一ノ澤　直　人

一　はじめに

平成二六年会社法改正（平成二六年法律九〇号）が、コーポレートガバナンスの強化を目的の一つとしてなされ、さらに、「コーポレートガバナンス・コード原案～会社の持続的な成長と中長期的な企業価値の向上のために～」が策定され(1)、東京証券取引所は、「コーポレートガバナンス・コード」を有価証券上場規程の別添として定めるとともに、関連する上場制度の整備を行っている。コーポレートガバナンス・コードおよび改正後の有価証券上場規程は、二〇一五年六月一日から適用されている。(2) これらに先立つ平成二六年二月には、「『責任ある機関投資家』の諸原則≪日本版スチュワードシップ・コード≫～投資と対話を通じて企業の持続的成長を促すために～」および、その受入れを表明した機関投資家リストが公表されている。(3) 平成二六年会社法改正をはじめ、これら一連の流れは、経済のグローバル化がますます進展する中で、社外取締役の機能の活用等の取締役に対する監督のあり方を中心に、コーポレートガバナンスに関する規律を見直すべきとの指摘などを受けてなされてきたものであるといえるだろう。(4)

しかしながら、近時の不正会計などの事例をみると、これらコーポレートガバナンスの強化の動きにもかかわらず、企業不祥事が続いている。本稿では、コーポレートガバナンスの強化にために、わが会社法における成立ちを立法経緯から振り返り、代表取締役、代表執行役などを含めた業務執行者の取締役会による監督における社外取締役の重要性をもう一度確認し、その位置づけを考える上で、今後起こりうるかもしれない若干の問題点を検討することを目的とする。

(1) 同コード原案は、金融庁および東京証券取引所に設置された「コーポレートガバナンス・コードの策定に関する有識者会議」(座長・池尾和人慶應義塾大学経済学部教授)により策定された。

(2) 油布志行＝渡邉浩司＝谷口達哉＝中野常道「『コーポレートガバナンス・コード原案』の解説(I)」商事二〇六二号四七頁以下(二〇一五年)参照。上場規程等の改正について、株式会社東京証券取引所「コーポレートガバナンス・コードの策定に伴う有価証券上場規程等の一部改正について」(平成二七年五月一三日)、http://www.jpx.co.jp/rules-participants/rules/revise/nlsgeu000000x597-att/gaiyou.pdf 参照。

(3) 金融庁が設置した「日本版スチュワードシップ・コードに関する有識者検討会」(座長・神作裕之東京大学大学院法学政治学研究科教授)により策定された。金融庁「日本版スチュワードシップ・コードの受入れを表明した機関投資家のリスト」が公表されている(http://www.fsa.go.jp/status/stewardship/index.html)。

(4) 平成二六年会社法改正について、坂本三郎編著『立案担当者による平成二六年改正会社法の解説』(別冊商事三九三号)一一九頁(商事法務・二〇一五年)参照。ガバナンス・コードは、確かにソフトローとして、多様な政策の実現を目的としているが、後述するように取締役会等の責務として、取締役や経営への監督やその実効性を明らかにしている。さらに、「『責任ある機関投資家』の諸原則においても、その目的において取締役会が経営陣による執行を適切に監督し、適切なガバナンス機能を発揮することにより、企業価値の向上を図る責務を企業側は負い、同コードが機関投資家の責務を定めることで、いわば「車の両輪」として、高い企業統治が実現されるとしている（同「本コードの目的5．」二頁参照）。

二　会社法改正の経緯にみる社外取締役

会社法における社外取締役の導入をみていくためには、まずわが会社法が、企業不祥事などのコーポレートガバナンスの問題についてどのように対応してきたのかを、振り返ってみる必要があると思われる。会社法は、業務執行者に対する取締役会による監督の点でみると、昭和二五年商法改正（昭和二五年法律一六七号）において、取締役会制度を導入し、所有と経営の分離による取締役による合理的、迅速な経営を目指す一方で、その取締役の権限拡大による濫用を防止するために、取締役会の制度を導入し、業務執行の意思決定と取締役を監督するようにした。また同時に、株主の監督是正権として代表訴訟制度などを導入した。しかし、その後も粉飾決算などの企業不祥事は続き、社会問題となっていった。そして、そのたびに監督監査制度の強化のため、改正が繰り返されてきたといえる。主な改正だけをみても、昭和四九年の商法改正（昭和四九年法律二一号）では、「株式会社の監査等に関する商法の特例に関する法律（「旧商法特例法」）」（昭和四九年法律二二号）により大会社・中会社・小会社という規制区分を設け、小会社を除いて、監査役に業務監査権限を再度強化を行い、大会社には、会計監査人の監査を強制した。昭和五六年商法改正（昭和五六年法律七四号）は、取締役会による業務執行を監督する権限を明文化し、株式会社の合理的な経営機構の整備と監督機構の整備を図り、株主総会の活性化のための書面投票制度や株主総会における参考書類の添付、とくに大会社においては複数監査制度、常勤監査制度を導入した。さらに平成五年商法改正（平成五年法律六二号）では、証券金融の不祥事を受け、より一層の経営に対する監督機構の整備が求められた結果、旧商法特例法により、大会社について、監査役は三人以上で、そのうち一人以上は、その就任前五年間会社またはその子会社の取締役または支配人その他の使用人でなったものでなければならないとする社外監査役制度の導入がなされた。その背景となった日米の構造協議の中で米国から望まれた社外取締役制度の導入が、わが国の株式会社の監督機能の特色から社外監査役の導入になって実現されたといわれる。(5) また、大会社における監査対象の複雑化と非効率化に対応し、効率的な監査を行うことで、その実効性を高めるため監査役会制度が導入され、(6) 株主の監督是正権との関連では、訴訟の目的の価額の算定を非財産上の請求とすることで、訴訟費用の株主負担を減らし、その提起を容易にした。(7) そして、平成九年の議員立法によるストックオプションの創設に関する商法改正後、バブル経済後の相次ぐ企業不祥事、企業破綻により、コーポレートガバナンスに関する議論が高まった。これら議論では、株主利益の最大化をコーポレートガバナンスの目的とする考え方や、アメリカの社会的責任論を受けた考え方の要求に応えられるような商法改正が議論されていた。(8) そのような提言の中で、(9) 情報開示規制や社外取締役の充実が提案され、形骸化した会社の監督機構を実質化するために、社外取締役の活用による執行役員の監督機能の強化が議論された。(10)

その後、改正案骨子や要綱を経て、平成一三年商法改正（平成一三年法律一四九号）により、商法上、社外取締役が初めて規定された（商法旧規定一八八条二項七号ノ二）。その要件としては、業務を執行しない取締役であって、過去にその会社または子会社の業務を執行する取締役または支配人その他の使用人になったことがなく、現在子会社の業務を執行する取締役またはその会社若しくは子会社の支配人その他の使用人でない者とされた。そして同改正では、社外取締役を含めた責任軽減制度や社外取締役の責任限定契約が定められた。また、監査役について独立性確保の強化として、社外監査役について社外監査役を三人以上でその半数以上とし、就任前五年間の年数規定を削除し無限定とし、業務監督権なども強化された[11]。そして、翌平成一四年商法改正（平成一四年法律四四号）は、代表取締役以外にも取締役会決議によって指名される内部的な業務執行権限を与えられた業務執行取締役を明定した（商法旧規定二六〇条三項）。また業務執行取締役と関連して、社外取締役の要件を明確にするため、取締役会決議で指名された業務執行取締役以外でも、事実上会社の業務を執行した取締役は、社外取締役の資格がないとみなされた（同条五項）。同様に旧商法特例法改正（平成一四年法律四四号）により、委員会等設置会社が大会社において選択できるようになり、その場合、取締役会内部に指名委員会、監査委員会、報酬委員会を置き、執行役と代表執行役（旧商法特例法二一条の五・二一条の一五）を置かなければならないとされた。これにより、業務執行と監督の分離が図られ、取締役会による監督の強化がなされた。

各委員会は、取締役三名以上で組織され、各委員会につきその過半数は、社外取締役であって委員会等設置会社の執行役でない者でなければならないとされ（旧商法特例法二一条の八第四項）、さらに監査委員は、委員会等設置会社もしくはその子会社の執行役もしくは支配人その他の使用人または当該子会社の業務を執行する取締役を兼ねることができないとされた（旧商法特例法二一条の八第七項）。委員会等設置会社は、業務執行を行う機関として執行役が置かれ、執行役の監督機関として取締役会がある。委員会等設置会社では、業務執行に関する監督は、所有者たる株主から取締役会に移っている。このため、取締役会による監督を確保する手段を講じる必要が生じた。そして、取締役会の監督機関としての適正さは、社外取締役制度、各委員会、とりわけ監査委員会にあるとされ、その監査委員には、従来の監査役以上に、その資質として業務監査と会計監査を行う監査役同様に会計・財務に関する能力、さらには配当政策等に関する判断も必要とされ、会社の事業に関して理解し、適法性監査だけでなく妥当性監査にも及ぶ業務監査の専門的な能力や取締役会における監査監督のためにコーポレートガバナンスの構築の能力も必要であると指摘された[12]。

そして、平成一七年六月に会社法（平成一七年法律八六号）が成立している。法制審議会による「会社法制の現代化に関する要綱」における基本方針を法案化したものであった。この要綱における会社法制の現代化とは、会社法を現代社会や経済に実質的に適合したものとし、国際的な競争力を確保し、世界各国の会社法において企業が享受している自由をわが会社法においても認めるという二つの目的があったとされる[13]。会社法の規制の緩和ないし自由化として、規制の廃止、規制要件の緩和、定款自治の拡大、選択肢の拡大がとられ、一方で企業の社会的責任論、コーポレートガバナンスの流れがあった。

会社法の規制の緩和が意味するのは、国際化の中で日本企業の自由を保障するためのものであり、従来の規制が企業形態に関して、企業の実態にあわないいわゆる既製服主義であったため、企業の実態にあった選択肢を定款自治によって認め、それは営業の自由の企業組織組成の場面であるとし、規制法としての会社法は、企業の取引の相手方、債権者の保護、企業に対する社会の要望を企業組織においても遵守させるものとの指摘がなされている[14]。そして、規制緩和のためには、委員会設置会社における取締役と執行役の兼職が大多数で、社外取締役が少ない会社が多いという日本型の委員会設置会社という現実には、取締役会による監督の実効性を確保するために、執行役との分離の徹底や独立取締役の導入、社外取締役を中心とした組織の構築によって、会社経営に経営判断に対する客観的な社会からの信頼の指標を示すことができるようにすることが、必要であると指摘されてきた[15]。

さらに、先に述べたように、経済のグローバル化の進展や社外取締役の機能の活用等の取締役に対する監督のあり方を中心に、コーポレートガバナンスに関する規律を見直すべきとされ、法制審議会「会社法制の見直しに関する要綱」が答申され、平成二六年七月に改正会社法（平成二六年法律九〇号）が成立した。同改正では、取締役会の監督機能を強化するため、社外取締役をより積極的に活用すべきとの指摘から、社外取締役の選任が必須ではなかった監査役会設置会社（公開会社であり、かつ大会社であるものに限る）の上場会社等について、社外取締役を置いていない場合に、取締役に定時株主総会において、社外取締役を置くことが相当でない理由を説明する義務を課した（会社法三二七条の二）。社外取締役には、業務執行の監督に関する機能として、業務執行者から独立した立場から、業務執行者による業務執行全般の評価に基づき、取締役会の決議における議決権を行使すること等を通じて業務執行者を適切に監督すること、利益相反の監督機能を期待することができるとし、上場会社においては東京証券取引所の上場規則とあいまって、社外取締役の選任が促進されることが期待され、これは社外取締役の選任について、コンプライ・オア・エクスプレイン・ルールを導入したものとされた(16)。

また、社外取締役および社外監査役の要件が厳格化され、業務執行者に対する実効的な監督のため、株式会社の親会社等の関係者および兄弟会社の業務執行者や、株式会社の一定の業務執行者の近親者は、社外取締役となることができないこととした（会社法二条一五号）(17)。また同様に社外監査役の要件も厳格化された（同条一六号）。社外取締役等の対象期間の限定に関しては、現時点における株式会社またはその子会社との関係に関わる現在要件を維持しつつ、業務執行者の指揮命令系統から一定期間経過すれば、社外取締役になることを認め、人材確保の必要性にも配慮して、就任前における株式会社またはその子会社との関係に係る過去要件の対象となる期間を一〇年に限定することとした（会社法二条一五号イ、社外監査役について、同条一六号イ）(18)。また社外取締役等の要件の厳格化を受け、責任限定契約の対象として、業務執行取締役等であるものを除く取締役、監査役または会計監査人として「非業務執行取締役等」が定められている（会社法四二七条一項）。

さらに、委員会設置会社を指名委員会等設置会社とし（会社法二条一二号）、監査等委員会設置会社の制度を新設した（同条一一号の二）。これは、取締役の選任解任権がない監査役の監査機能の限界、委員会設置会社の利用が、社外取締役が過半数を占める指名委員会等を設置し、それらに取締役候補者の氏名や取締役および執行役の報酬決定を委ねることへの抵抗感があり、上場会社での利用が限られたこと、監査役会設置会社で社外取締役を任意に選任する傾向は増加していたが、二以上の社外監査役を選任し、さらに社外取締役を選任することの重複感・負担感があったため(19)、業務執行者に対する監督機能を強化する方法として新たに創設されたものである。

監査等委員会設置会社においては、取締役により構成され、社外取締役がその委員の過半数を占める監査等委員会（会社法三三一条六項）が、監査を行い（同法三九九条の二第三項一号）、業務執行者を含む取締役の人事（指名および報酬）について、株主総会における意見陳述権を認めた（同法三四二条の二第四項・三六一条六項・三九九条の二第三項三号）。監査等委員会設置会社は、指名委員会等設置会社と異なり、業務執行者も取締役会の決議のみによって選任される執行役ではなく、株主総会の決議による選任解任を通じた監督を受ける取締役を代表取締役、業務執行取締役とし、監査等委員会の独立性を確保するため、監査等委員である取締役の選解任（会社法三二九条二項・三四四条の二）・任期（同法三三二条一項・四項）・報酬等（同法三六一条二項・三項・五項）を監査役の規律に近いものとした。[20]

さらには、業務執行者に対する取締役会による監督機能の点からは、監査等委員会設置会社において、取締役の過半数が社外取締役である場合は一定のものを除き重要な業務執行の決定を取締役に委任することができるとした（会社法三九九条の一三第五項。なお、定款による全部または一部の委任（同条六項参照））。これは、業務執行者に対する監督を中心とした取締役会、いわゆるモニタリング・モデルを指向した機関設計の選択にすることもできるようにするためである。[21]

以上のように、社外取締役に関する商法、会社法の立法経緯を概観すると、所有と経営の分離による取締役会制度の導入により、代表取締役や代表執行役を頂点とする経営者、経営陣と呼ばれる、業務執行者の権限増大に伴い、それらに対する監督をどのようになすべきかを商法、会社法が模索してきた結果であるといえる。[22] さらに、この本質的課題に加え、先の指摘からも明らかなとおり、近年では市場のグローバル化により、諸外国の会社法制との調和が、内外に求められることになり、国内だけでは完結しない面が生まれ、社外取締役を中核とした取締役会による監督制度の構築が迫られてきたといえるのではないだろうか。[23] そして、会社の実態に合った業務執行者への取締役会の監督がなされるように、機関設計の多様化が会社法上も進んだといえるだろう。

(5) 永井和之「戦後株式会社法改正の概略」戸田修三先生古稀記念図書刊行委員会編『戦後株式会社法改正の動向』三頁以下（青林書院・一九九三年）、前田庸「平成五年商法改正要綱について」商事一三一五号四〇頁（一九九三年）参照。
(6) 法務省民事局参事官室編『一問一答　平成五年改正商法』一三三頁（商事法務研究会・一九九三年）。
(7) 永井和之「株主の代表訴訟は濫訴されるか」企業会計四六巻七号一〇四頁（一九九四年）。
(8) 自由民主党法務部会　商法に関する小委員会「コーポレート・ガバナンスに関する商法等改正試案骨子」商事一四六八号二七頁（一九九七年）、詳細は、永井和之「コーポレート・ガバナンスと立法過程」民商法雑誌一一七巻四＝五号五一三頁以下（一九九八年）参照。
(9) 日本コーポレート・ガヴァナンス・フォーラム「〈資料〉コーポレート・ガヴァナンス原則—新しい日本型企業統治を考える—」商事一四七六号三三頁（一九九七年）。
(10) 永井・前掲注（8）五二〇頁参照。
(11) 永井和之「特集　会社法大改正の全体像Ⅰ—平成一三年商法改正—監査役」法教二六四号三一頁（二〇〇二年）参照。
(12) 永井和之「監査委員の資質」監査役四六六号四八頁以下（二〇〇二年）参照。
(13) 永井和之「新会社法における規制緩和」松山大学論集一七巻一号三二頁（二〇〇五年）参照。
(14) 永井・前掲注（13）三五頁参照。
(15) 永井・前掲注（13）三六頁・四三頁参照。
(16) 坂本編・前掲注（4）一二五頁以下参照。
(17) 坂本編・前掲注（4）一四二頁は、株式会社の重要な取引先の関係者は、法的安定性の観点から一義的に明確化することが困難であることから要件に追加していないとする。
(18) 坂本編・前掲注（4）一四三頁参照。
(19) 坂本編・前掲注（4）一二九頁参照。
(20) 坂本編・前掲注（4）一三三頁以下参照。
(21) 坂本編・前掲注（4）一三六頁参照。

(22) わが国の社外取締役・社外監査役、独立役員をめぐる議論について、藤原俊雄『コーポレート・ガバナンス―課題と展望―』(成文堂・二〇一三年)。同八六頁は、「独立取締役が取締役会の過半数を占める場合は、形骸化した取締役会の場合と異なって、単に法制度上の監督機関ではなくなって、経営トップの実質的な選定・解職権も把握できるかもしれない」とする。しかし、現状は、取締役会の代表取締役その他の業務執行者に対する監視の実質化のためには、二段構えのモニタリングシステムのもと、独立取締役・独立監査役制度の法定がよいと指摘されている(同九八頁)。

(23) 北村雅史「コーポレート・ガバナンスと会社法改正の動向―グローバル化の観点から―」北村雅史＝高橋英治編『グローバル化の中の会社法改正』三頁以下(法律文化社・二〇一四年)参照。

三　コーポレートガバナンス・コードと社外取締役

以上のような会社法改正の動向に加え、わが国の社外取締役の位置づけに大きな影響を与えると考えられる動きがあった。それは、「コーポレートガバナンス・コード原案～会社の持続的な成長と中長期的な企業価値の向上のために～」の策定である。同原案は、平成二七年三月五日に、金融庁および東京証券取引所に設置された有識者会議により策定され、それを受けて、東京証券取引所は、二〇一五年六月一日付で、同原案を内容とする「コーポレートガバナンス・コード」を有価証券上場規程の別添として定め、関連する上場制度の整備を行っている。

同コードの意義・目的は、実効的なコーポレートガバナンスの実現に資する主要な原則を示すものであり、厳格な法規範ではなく、いわゆるソフトローに属する規範とされ、プリンシプルベース・アプローチやコンプライ・オア・エクスプレインの手法を採用するのを特徴としているとする(24)。そして、「攻めのガバナンス」の実現として、実効的なコーポレートガバナンスの実現により、経営者の健全な企業家精神の発揮を後押しすることを主眼として、中長期保有の株主との建設的な対話を通じて、同コードとスチュワートシップ・コードと車の両輪であり、ＯＥＣＤ原則にも(25)、沿ったものであると述べられている。

その特徴としてプリンシプルベース・アプローチについて、「関係者その趣旨・精神を確認し、互いに共有した上で、各自、自らの活動が、形式的な文言・記載ではなく、その趣旨・精神に照らして真に適切か否かを判断することにある」[26]として、法令等のルールベース・アプローチにおける個別事業に応じての解釈の柔軟性が限定され、あるいは最低限の基準を満たせばよいという消極的対応を招く虞れに対して、同アプローチによることで個別事業に応じた柔軟な対応や、各原則の趣旨・精神を十分に理解した上で対応することから主体的・積極的な対応を促進する。そして、もう一つの特徴であるコンプライ・オア・エクスプレインの手法を採用することは、会社の業種、規模その他の状況により異なることから、一律の強制を行うことで形式的な遵守への注力や一律の義務づけの結果としての低い水準になってしまい、コーポレートガバナンスの実効性確保につながらないことから、実施することが一般的に望ましい原則をコードで示し、会社が個別の状況に応じて、「実施しない理由」を十分に説明することにより、一部の原則を実施しないことを許容するものである[27]。上場会社は、コードの各原則を実施するか、実施しない場合にはその理由の説明を、コーポレート・ガバナンスに関する報告書（以下「ガバナンス報告書」）に記載することが求められている（有価証券上場規程四三六条の三）。また、コードの導入に伴い東証の独立役員制度について、独立役員に指定するための独立性基準に加え、独立性に関する情報開示をガバナンス報告書および独立役員届出書において求められているが、属性情報開示に加え、その独立性に疑義のある場合の開示加重要件を廃止し、東証の独立性基準をもとに、各社が独立性判断基準を策定、開示することになった（原則4－9、東京証券取引所「上場管理等に関するガイドライン」参照）[28]。

そして、同コードでは、「第4章　取締役会等の責務」（基本原則4）として、「上場会社の取締役会は、株主に対する受託者責任・説明責任を踏まえ、会社の持続的成長と中長期的な企業価値の向上を促し、収益力・資本効率等の改善を図るべく」、……「(3)　独立した客観的な立場から、経営陣（執行役及びいわゆる執行役員を含む）・取締役に対する実効性の高い監督を行うこと」、「をはじめとする役割・責務を適切に果たすべきである」としている。この基本原則の下、独立社外取締役の役割・責務（原則4－7）として、「(i) 経営の方針や経営改善について、自らの知見に基づき、会社の持続的な成長を促し中長期的な企業価値の向上を図る、との観点からの助言を行うこと、(ii) 経営陣幹部の選解任その他の取締役会の重要な意思決定を通じ、経営の監督を行うこと、(iii) 会社と経営陣・支配株主等との間の利益相反を監督すること、(iv) 経営陣・支配株主から独立した立場で、少数株主をはじめとするステークホルダーの意見を取締役会に適切に反映させること」とされ、「独立社外取締役は会社の持続的な成長と中長期的な企業価値の向上に寄与するように役割・責務を果たすべきであり、上場会社はそのような資質を十分に備えた独立社外取締役を少なくとも二名以上選任すべきである。また、業種・規模・事業特性・機関設計・会社をとりまく環境等を総合的に勘案して、自主的な判断により、少なくとも三分の一以上の独立社外取締役を選任することが必要と考える上場会社は、上記にかかわらず、そのための取組み方針を開示すべきである」（原則4－8）とする。そして、独立性判断基準と資質に関して、上記のように「取締役会は、金融商品取引所が定める独立性基準を踏まえ、独立社外取締役となる者の独立性をその実質面において担保することに主眼を置いた独立性判断基準を策定・開示すべきである」（原則4－9）としている。

この他に、「上場会社は、取締役会による独立かつ客観的な経営の監督の実効性を確保すべく、業務の執行には携わらない、業務の執行と一定の距離を置く取締役の活用について検討すべきである」（原則4－6）、また取締役会・監査役会の実効性確保のための前提条件として、「取締役会は、その役割・責務を実効的に果たすための知識・経験・能力を全体としてバランス良く備え、多様性と適正規模を両立させる形で構成されるべきである。また、監査役には、財務・会計に関する適切な知見を有している者が一名以上選任されるべきである」（原則4－11）とする。そして、先に述べた冒頭の（基本原則4）として、「監査役会設置会社（その役割・責務の一部は監査役及び監査役会が担うこととなる）、指名委員会等設置会社、監査等委員会設置会社など、いずれの機関設計を採用する場合にも、等しく適切に果たされるべきである」としている。

同コードについて、コーポレートガバナンスに関する規範は、同コードのようなソフト・ローと会社法、金融商品取引法などのハードローとの二者択一の関係ではなく、両者の適切な使い分けを追求していく試みの一環であると説明されている。(29)

(24)　油布志行＝中野常道「コーポレートガバナンス・コード（原案）について」ジュリ一四八四号一九頁（二〇一五年）。
(25)　油布＝中野・前掲注（24）二〇頁、ＯＥＣＤ原則について、野崎彰「ＯＥＣＤコーポレート・ガバナンス原則改定の動向」商事二〇七三号四頁以下（二〇一五年）参照。
(26)　原案序文一〇項。
(27)　原案序文一一項。
(28)　佐藤寿彦「コーポレートガバナンス・コードの策定に伴う上場制度の整備」ジュリ一四八四号二八頁（二〇一五年）参照。
(29)　油布＝中野・前掲注（24）参照。

四　取締役会による監督における社外取締役

平成二六年会社法の改正およびコーポレートガバナンス・コードの策定により、わが国における業務執行者に対する取締役会による監督は、社外取締役が重要な役割を担っているといえる。さらに、問題の出発点である代表取締役、代表執行役をはじめとする業務執行者に対する監督を実効性のあるものとし、なおかつ市場がグローバル化することによって、国際間で通用する枠組みでなければならない。そして、この業務執行者に対する監督は、取締役会を中心に行っていこうとする方向性であると思われる。取締役会に代表取締役、代表執行役をはじめとする業務執行者と、独立した社外取締役を中心とした非業務執行取締役による監督の仕組みを構築していくことが、これらの立法・コード策定等の動向の方向性の一つであると考えられる（社外取締役は、業務を担当しないことから、非業務執行取締役であると考えられる。また、すでにみてきたように平成二六年改正によりその独立性が強化されたことから、社外取締役は、独立した非業務執行取締役としてみることができる。また、過去要件等により外部者と評価されない者でも、現に業務を行っておらず、業務執行者からの影響を受けないと考えられる者は、非業務執行取締役とみることができるだろう）。

本質的には所有と経営の分離によって、昭和二五年改正により導入された取締役会による業務執行者の監督を実効性を確保するという文脈でみるべきであり、株主の監督是正権の強化や株主総会の活性化を目指した改正を経て、取締役会による監督に実効性をもたせようとする試みであるといえるだろう。

そのような文脈で近時の動向をみてみるならば、まず会社法が、上場会社について、指名委員会等設置会社の選択を残し、従来の監査役会設置会社から権限等の制度設計が近く、移行しやすい監査等委員会制度を新設したのは、監査役を社外取締役に置き換えていく移行段階としてみることもできるだろう。とりわけ、先に述べた監査等委員会設置会社において、取締役の過半数が社外取締役である場合は一定のものを除き重要な業務執行の決定を取締役に委任することができるいわゆるモニタリング・モデルの特則を置くのはそのような方向性の表れの一つとみることができるだろう。また、上場会社である監査役会設置会社に、コンプライ・オア・エクスプレインという、従来の会社法とは異なる手法を取り入れ、社外取締役の導入を、法が間接的に、その実現を誘導していくということも納得いくものとなる(30)。

これに対して、コーポレートガバナンス・コードは、ソフトローとして会社が自らコーポレートガバナンスの実効性を確保し、一般的にコーポレートガバナンスの原則とされるものと違う場合には十分な説明をしていくという仕組みの中で、それには、機関投資家による議決権の行使の方針の明確化を通じて、会社が可能な範囲で、取締役会における業務執行者の監督システムを構築していくという、上記のような政策の実現を目指すものであるといえるだろう。

そうだとすると、会社法およびコーポレートガバナンス・コードは、上場会社の取締役会による監督の実効化を目指している点ではその方向は同じくするものといえる。そして、それを実践する方法論の違いとしてみることもできるだろう。そうであるならば、会社法とコーポレートガバナンス・コードがハードローとソフトローとして、まったく別個のものであると理解すべきでなく、会社法と同一の視点でみていくことも許され、またその必要があるだろう。さらに、取締役会による業務執行者の監督の成否を考える場合、社外取締役を含めた非業務執行取締役の機能が実効性をもつのか、あるいは、このような社外取締役を中心とした取締役会による監督について起こりうる問題点を、会社法の問題としても検討を行っていく必要があることになるだろう。

(30)　会社法平成二六年改正附則二五条参照、岩原紳作「『会社法制の見直しに関する要綱案』の解説（Ⅰ）」商事一九七五号一一頁（二〇一二年）参照。

五　取締役会による監督の問題点

業務執行者に対する監督を、取締役会における業務執行者と非業務執行者による監督の機能を、ソフトローの形で実践してきた代表として、英国のコードなどがあげられるだろう。そして、近時その問題点の指摘や批判的な研究もなされてきている。これらを紐解くことは、今後わが国が進む方向性に一定の示唆が得られるのではないだろうか。そして、その指摘の中の一つとして、取締役会における非業務執行取締役の選任の在り方と実効性の課題が提起されてきている。ここではその問題点の一つとして、取締役会の本質について検討してみたい(31)。

取締役会に誤った行動をさせ、適切にあるいは取締役会が意図した方法で機能しないということには、取締役会の本質や作用に結び付いた多くの問題があるとする見解がある。この見解には様々な理由が挙げられるだろう。この主張は、アカウンタビリティーのメカニズムの存在が、適切な行動をとることのより大きなインセンティブやさらなる勤勉さを促進するものとして、おそらくは仮定しているだろう。このような見地からは、取締役会の構成員として非業務執行取締役が含まれていること、彼らの地位が著しく制限されていること、そして決定をなす際の誤りが、取締役が小さな集団の結果であるという(32)、取締役会の認識と行動の欠点に由来することという事実のいずれかから出発していることが多いだろう(33)。

少なくとも現在は、世間の常識として、最高経営責任者（CEO）やその他の業務執行者や支配人たちを監督するために取締役会における独立した非業務執行取締役が含まれていることが、会社の株主を保護し(34)、誤った経営に陥る可能性を減らすとされていることは明白であるだろう。けれども、このことが必須の事柄ではないという証拠が指摘されている。このことは、取締役会が十分に独立していることを妨げるであろう諸要素に起因する。第一に、独立した取締役が多くの場合情報を持たず、あるいは与えられた情報が制限されたり、注意深い、思慮深い決定をなさせしめるためには不十分な情報しか与えられないことである(35)。CEOが、独立した者が監督するという事実を恐れるのは、取締役会が、CEOの今までの経営や、将来の計画を批判する可能性があるためであろう。それ故、CEOは取締役会と情報を共有することに躊躇しかねないのである(36)。二〇〇四年に米国において取締役を対象としてなされた経験的研究によれば、非業務執行取締役の七八パーセントは、会社や提案されたプロジェクトについての情報に関して、支配人や業務執行取締役を専ら信頼しているとした(37)。しかしながら、取締役は現在、情報へのアクセスをさらによくし(38)、おそらくある程度、少なくとも米国においては、取締役会を構造的に独立したものとする段階にあるという確証があるとする(39)。

取締役会の情報の欠如に加えて、CEOは、その多くが取締役会を支配し(40)、同様に議長の地位を保持し、取締役会の議事日程を設定し、さらにそれらの取締役会において何を議論するかを決定する(41)。米国の経験則上の証明によれば一九七〇年代初頭以降、CEO達は取締役会を支配する傾向にある(42)。このことは、一九八〇年代後半の調査において、非業務執行取締役が会社の事業の経営に関連してCEOに従う傾向にあることが明確にされたことで、さらに補強されている(43)。同様のことは、英国において一九九〇年代にStephen Hillによってなされた調査によっても確認されている(44)。それは四二人の英国の取締役のインタビューを含み、この調査の結果は、米国におけるさらに近年の調査によっても確認されている(45)。さらにこの近年の研究では、CEOたちはその会社の経営や、戦略へのアプローチに好意的な取締役の雇用に影響を及ぼそうとするということが示されてきている(46)。

多くの取締役会が、一人ないしは二人の非常に経験豊富な業務執行取締役によってコントロールされているという兆候がある(47)。この明確な例はエンロン事件において明確になり、エンロンでは、強い企業文化が取締役会で発展し、上級の業務執行者(48)、とくに会長への忠誠を進め、その者を信頼していた。この現象全体は、CEOあるいは会長が、取締役を選ぶことを手段とする(49)、という事実によって激化し、その結果、取締役たちは、何らかの方法でCEOへの忠誠を感じただろうし、あるいはCEOや会長たちの喜ぶことに奉仕することになる(50)。同様にもしCEOが巧みに業績を示したのなら、それらの信用は確立され、取引の相手すら効率的に命令的な忠誠におくことになった(51)。

CEOの他にも、上級の管理職にある従業員も同様に、取締役会に提出される情報の量や種類をコントロールし(52)、このことが取締役会が得られる情報を制限させ、おそらく精査させられたものであった。多くの取締役会の事例が、エンロンの取締役会のように、会社の管理職に著しく従った傾向が見て取れる(53)。

非業務執行取締役は、一般的にまったく受け身であり、それは依然として変わらず(54)、このことは、情報の欠如に起因しているということができるし、さらに専門的知見や理解が不足しているためでもある(55)。非業務執行取締役は、取締役会で意見を表明することを躊躇しがちであり、それは自らが、当該問題に十分な知見がなく、混乱していることなどを明らかにしたくないからであって、取締役会において議論を伸ばし、たとえすべてが順調に進んだとしても、しばしば長くなる会議の流れをさらに遅くする者にはなりたくないのである(56)。

取締役会における非業務執行取締役だけが構成員として困難な立場におかれているわけではない。取締役会の構成員である業務執行取締役も、CEOが取締役会で主張することに質問をしたり批判したりすることを望まない、CEOは会社の内部で、[57]もしかすると会社の外部にあっても、業務執行者としてのキャリアの将来性に影響を与える力を持っていることが多いためである。[58]

これらのことが意味するのは、取締役会は経営者によって支配されているということである。[59]そして、結果的に、経営者のリードに追従し、経営者がなすことや取締役会に提案する事柄に異議を唱えることで、十分に健全となるというものではない。取締役会は、経営者が提案することを、たとえそれが私利的な行為のほんの少しの疑いがあるものであったとしても、躊躇することになるだろう。なぜなら、取締役会の構成員が、会社の利益となるかもしれないと確信させられたなら、そうなるであろうと指摘されている。[60]それゆえ、事実上、取締役会ではなく、経営者が決定プロセスをコントロールしているということができる。[61]さらに、取締役らに対して提供される情報は一般的に、現実にはそれが違う場合であっても経営者に良いように強調されている。

非業務執行取締役の独立性を害する要因の第一のものとしては、情報の欠如や依存があげられる。二〇一一年のCIIA（英国勅許内部監査人協会）によって実施された、非業務執行取締役に関する英国における研究において、内部監査の部局の長を対象に調査したところ、取締役会の構成員は当該会社のリスクについてほとんど知識を持っていなかったことが明らかにされている。[62]この調査から、非業務執行取締役は主要な問題について制限された範囲でしか情報を持たず、非業務執行取締役が受け取る情報は全面的に経営者に依存していることを、CIIAは明らかにしている。[63]

業務執行者の情報と見解を信頼することは、多くの場合は論理的なものであるとされる。なぜなら、取締役会は経営陣の選任に時間と労力をかけており、経営陣の専門的知見や知識に、たとえ提案され、あるいは決定されたものを通じて時折示される事項であっても、それに従うことが道理にかなったものであるとする。[64]それにもかかわらず、取締役会にいわゆる最終責任（the buck stop）があり、最終的な決定をする責任がある。(65) これに関係するのは、取締役会が、私利的な行為、いわゆるempire-buildingといわれるような資産の消耗、会社財産の横領、会社の機会を奪うことなどを、経営者に許すことになってしまう。(66)

取締役会を十分に独立させることを妨げる第二の理由は、非業務執行取締役は多くの場合、ＣＥＯ、もしくは他の非業務執行取締役、あるいは自己の所属する会社、各々との立場を担っており、ＣＥＯの会社と行う重要なビジネスがあり、(67) そのような取引を危険にさらしたくはないのである。そのため、非業務執行取締役は、経営陣の行動や計画に批判的であることに躊躇するのは、自分を攻撃することになるためである。

第三に、非業務執行取締役が真に会社の業務事項に関与することはないという懸念がつねにある。それは、時間が不足しているためである。(68) 非業務執行取締役は当該会社の職務のためにまとまった時間をもっぱら当てるという点で時間はまさに欠いている。これらの問題は、取締役会の構成員が会社の業務について会社の運営や、(69) 知識が必要な分野に関連した専門的な知見を欠いているという点に関連している。非業務執行取締役がその役割を果たす手助けとなる知識や専門的知見を欠いているため、これらの制限は時間の不足に関連させることができるだろう。(70)

さらに、これら以外にも取締役会に関連した不利益に注目する必要があると指摘されている。(71) すなわち、取締役の認識や行動の欠点、それは、取締役会の独立性に関連する限りでは制限を生じさせる。取締役会は、エリートでかつ一時的な決定するための集合であり、(72) 取締役会は、社会的心理学的プロセスに大きく依拠し、いくつかの要素によって影響されていることはほとんど疑いない。(73) この要素には様々なものがあるが、主要なものの一つは、構造上のバイアスである。(74) このことに関連するのは、取締役会の構成員は、同僚に先入観があることであり、それは、取締役会の構成員の間にある居心地のよい関係である。(75) それは、取締役らに共有される自然な共感の結果として生じ、(76) 専門職と社会的関係が、取締役らの間では全く自然に展開されていることに関連しているとされ、このことは決定に至る際に、独立性を妨げる結果になるとする[77]。取締役会での合理的な期間の後、構成員たちは、社会心理学で言及される内集団（in-group）の結束のような感覚を次第に当然のことと思うようになり、このことは彼らが行うビジネスの仕方に影響を与える[78]。内集団バイアスは、その者が所属している集団が他の集団との関係でより積極的に評価する傾向であるとされ[79]、そしてこのことは、集団の構成員が優先的な取扱いを受けることを導き、あるいは業務執行者やその他の者の見解を良いものとしてみなすことになるだろう[80]。ある者の同僚の好意的な評価は、同じぐらい自然にその者自身の子供にもその構成員たちによってみなされるだろう[81]。このことに加えて、集団の同質性が内集団のバイアスを深めることになる[82]。取締役会における強力な心理的な作用は、構成員を支える結束や忠誠を生み出し、内集団を一致させるとされている[83]。従来からの研究では[84]、取締役会の構成員は、社会的、知的、文化的な点で、多くの事柄に共通した傾向があるとされた[85]。最近の研究において、このような状況は、米国の会社において一般的に当てはまることが確認されている[86]。他の地域、殊にアングロサクソン系においても、会社にこのようなことが当てはまらないとすることを示唆するものはない[87]。

上記の研究におけるインタビューを行った取締役の全員の間にファンダメンタルな価値の一致があったといわれる[88]。このことは、同僚間の協調関係やチームワークという高い価値的要素から現れてくる[89]。この調査の回答者が強調したのは、取締役会における議論と決議における区分として非業務執行取締役の位置づけを非常に重要視しているという事実であった[90]。このことはグループダイナミックスに調和し、対決が助長されず、異議や意見の相違は、効率的に削がれる環境に陥る傾向にあるとされる[91]。同僚間の協調関係やコンセンサスを得ることは悪いことではないけれども、取締役会に提出される関連する争点に関して表層的な評価に陥ることが危険である[92]。

さらに、非業務執行取締役は、他の会社の業務執行者であることが多く、同じ志をもった者（kindred spirits）として、業務執行者はモニタリングされることを適切であるとみるだろう[93]。結果として、非業務執行取締役は、自身が他の会社の業務執行者として、質問されたくないことを、監視せず、あるいは要求しない可能性がある。これらの取締役は、自分自身の会社の取締役会における非業務執行取締役が従事してほしいであろう方法で、質問や監視をするにすぎないことになるだろう。(94) 加えて、非業務執行取締役が長く会社に携わるほど、会社のビジネスについて精通していくことになるが、しかしこのような状況においては情報を経営者に頼りがちになり、さらに業務執行取締役や経営幹部と親密さを深め、(95) その結果在職期間の長さの利点は潜在的に無効化されるというパラドックスによる影響を取締役会は受けるリスクがある。(96)

内集団のバイアスに関係した別の要素とは、集団思考である。この現象は取締役会以外の集団に関連したものについて多く述べられている。社会心理学の Irving Janis の調査研究によれば、(97) 集団思考とは、人々が結束のある内集団に深く参加する場合、その構成員による全員一致が、それらの者の行動のいずれか一方をとるべき選択の現実的な評価をすることの動機づけよりも、優先する場合に、人々が従う思考様式である。(98)

集団の構成員は批判的な意見を受け入れることができない傾向にあり、(99) このようなアプローチの結果として、現状ないし提案されたことについて何らかの懸念があるにもかかわらず、(100) 沈黙を維持するという方法で、構成員は自己を検閲しがちであり、その場合彼らはひどく場違いに感じてしまう。(101)

合理的なアカウンタビリティのメカニズムの存在が、取締役のバイアスを除去し、取締役会をして、情報の不均衡問題を克服することを試みさせ、その構成員が論点を考え抜き、そして個々の決定をなす理由を分析できるようにするために、その監視を用心深くするのと同じように、経営者の提案を評価する際に批判的になすことを推奨し、業務執行者の魅力の虜にならないように確保することが、望まれるだろう。しかしながら、アカウンタビリティは、これらの問題を解決しないし、それは、取締役の一貫性を求める欲求の結果というバイアスを強化する反対の効果があるとする指摘もある。(102)

しかし、取締役会が、どのような情報が存在するのかを知らない場合や経営者がすべての情報を現実に開示しているかどうかを知らない場合、多くの場合に経営者の掌中にある情報を要求する立場にないという事実がある。取締役会の構成員は、自らが知らないことを知らず、何を尋ねるべきかを知らず、あるいは自らが経営者に何を問いかけるべきかを知らないのである。会社において生じるすべてのことを取締役会の構成員をして説明可能であることを期待することは端的に不公平であるといえるだろう。取締役会に多くの問題を評価する権限はなく、その理由としては、経営者が会社を支配しているという状況にあり、このことは、経営者が、その会社の人の多くをコントロールしていることに関係する。[103] 同様に、多くの会社が最高経営責任者と取締役会会長（議長）の双方を同一人物で行っている。英国コーポレートガバナンス・コードのようないくつかのコードは、これと反対であるが、このコードは「comply or explain」に基礎を置いていることから、その結果、会社は、理由を説明することで、その役職を結合することができる。そして、その説明は現実に何らかの精査を受けることはないものともいえそうである。[104] 同一人物がＣＥＯと会長を兼務する場合、それらの役職は議題や取締役会における手続過程、議題を支える取締役会に達する情報の種類をコントロールすることができる。[105] それゆえに、アカウンタビリティは取締役会運営の方法についての姿勢を変更できるとは思われないと指摘されている。[106]

(31) A. Keay, *Borard Accountability in Corporate Governance* (Routledge 2015), at 83.
(32) K. Arrow, *The limits of Organization* (New York, W. W. Norton, 1974), at 74.
(33) Keay, n. 31 above, at 83.
(34) See, W. Bratton and M. Wachter, 'Tracking Berle's Footsteps: The Trail of the Modern Company's Last Chapter', (2010) 33 *Seattle University Law Review* 849 at 866.
(35) D. Langevoort, 'Resetting the Corporate Thermostat: Lesson from the Recent Financial Scandals About Self-Deception, Deceiving Others and the Design of Internal Controls', (2004) 93 *Georgetown Law Journal* 285 at 293.
(36) R. Adams and D. Ferreira, 'A Theory of Friendly Boards', (2007) 62 *Journal of Finance* 217.

(37) D. Nadler, 'Building Better Boards', (2004) 82 *Harvard Business Review* 102 at 110; B. Sharfman and S. Toll, 'Dysfunctional Deference and Board Composition: Lessons from Enron', (2008) 103 *Northwestern University Law Review Colloquy* 153 at 156–157.

(38) M. Useem and A. Zelleke, 'Oversight and Delegation in Corporate Governance: Deciding What the Board Should Decide', (2006) 14 *Corporate Governance: An International Reveiew* 2.

(39) J. Macey, *Corporate Governance* (Princeton, Princeton University Press, 2008), at 94.

(40) D. J. Telman, 'The Business Judgment Rule, Disclosure and Executive Compensation', (2007) 81 *Tulane Law Review* 829 at 859; G, Dent, 'Academics in Wonderland: The Team Production and Director Primacy Models of Corporate Governance', (2008) 44 *Houston Law Review* 1213.

(41) Keay, n. 31 above, at 84.

(42) M. Macey, *Directors: Myth and Reality* (Cambridge MA, Harvard University Press, 1971), at 73. Also, see D.Telman, above n. 40.

(43) J. Lorsch and E.McIver, *Pawns or Potentates: The Reality of America's Corporate Borads* (Cambridge MA, Harvard Business School Press, 1989), at 41–49; A. Pettigrew and T. McNulty, 'Power and Influence in and Arount the Boardroom', (1995) 48 *Human Relations* 845 at 857; S. Hill, 'The Social Organization of Boards of Directors', (1995) 46 *The British Journal of Sociology* 245 at 252.

(44) Hill, Ibid., at 253.

(45) S. Ramirez, 'The Special Interest Race to CEO Primacy and the End of Corporate Governance Law', (2007) 32 *Delaware Journal of Corporate Law* 345.

(46) Ibid., at 375.

(47) A. Pettigrew and T. McNulty, 'Sources and Uses of Power in the Boardroom' (1998) 7 *European Journal of Work and Organizational Psychology* 197 at 200.

(48) M. O'Connor, 'The Enron Board: The Perils of Groupthink', (2003) 71 *University of Cincinate Law Review* 1233 at 1263.

(49) Pettigrew and McNulty, n. 43 above, at 859; D. Langevoort, 'The Human Nature of Corporate Boards: Law, Norms and the Unintended Consequences of Independence and Accountability' (2001) 89 *Georgetown Law Journal* 797 at 810.

(50) Lorsh and McIver, n. 43 above at 17.

(51) A Onetto, 'Agency Problems and the Board of Directors', (2007) 7 *Journal of International Banking and Finance Law* 414.

(52) Langevoort, n. 35 above at 308.

(53) Sharfman and Toll, n. 37 above, at 155.

(54) Dent, n. 40 above, at 36.

(55) See, J. Lorsch, 'Board Challenges 2009', in W. Sun, J. Stewart, and D. Pollard (eds), *Corporate Governance and the Global Financial Crisis* (Cambridge, CUP, 2011), at 172–173; Langevoort, n. 35 above, at 290.

(56) Langevoort, ibid., at 295.

(57) L. Lin, 'The Effectiveness of Outside Directors as a Corporate Governance Mechanism: Theories and Evidence', (1996) 90 *Northwestern University Law Review* 898 at 901.

(58) Keay, n. 31 above, at 86.

(59) Lorsch, n. 55 above at 174; Macey, n. 39 above, at 57.

(60) Langevoort, n. 35 above, at 296.

(61) Keay, n. 31 above, at 86.

(62) N. Clark, 'Non Execs Have "Little Idea" on Risk', *The Independent*, 19 September 2011 (online edition).

(63) Ibid.

(64) M. Blar and L. Stout, 'Director Accountability and the Mediating Role of the Corporate Board' (2001) 79 *Washington*

University Law Quarterly 403 at 425.

(65) Ibid., at 425–426.

(66) H. Hansmann and R. Kraakman, 'The End of History for Corporate Law', (2001) 89 *Geogetown Law Journal* 439 at 439–443.

(67) S. Finkelstein and A. Mooney, 'Not the Usual Suspects: How to Use Board Process to Make Boards Better', (2003) 17 *Academy of Management Executive* 101.

(68) M. Mizruchi, 'Who Controls Whom? An Examination of the Relation Between Management and Boards of Directors in Large American Corporations', (1983) 8 *The Academy of Management Review* 426 at 428.

(69) Lorsch, n. 43 above, at 84–88; N. Faith, 'The Cosmetic Independence of Corporate Boards', (2011) 34 *Seattle University Law Review* 1435 at 1437–1438.

(70) Keay, n. 31 above, at 87.

(71) Ibid.

(72) D. Forbes and F. Milliken, 'Cognition and Corporate Governance: Understanding Boards of Directors as Strategic Decision-making Group', (1999) 24 *Academy of Management Review* 489 at 492.

(73) Ibid., at 492, 493.

(74) See, J. Cox and H. Munsinger, 'Bias in the Boardroom: Psychological Foundations and Legal Implications of Corporate Cohesion', (1985) 48 *Law and Contemporary Problems* 83; K. Davis, 'Structural Bias, Special Litigation Committees and Vagaris of Director Independence', (2005) 90 *Iowa Law Review* 1305; J. Velasco, 'Structural Bias and the Need for Substantive Review' (2004) 82 *Washington University Law Quarterly* 821; A. Page, 'Unconscious Bias and the Limits of Director Independence', (2009) *University of Illinois Law Review* 237; C. Hill and B. McDonnell, 'Disney, Good Faith and Structural Bias', (2006) 32 *Journal of Corporation Law* 833.

(75) Velasco, ibid., at 824; Hill and McDonnell, ibid.

(76) J. Cox, 'Searching for the Company's Voice in Derivative Suit Litigation: A Critique of Zapata and the ALI Project', (1982) *Duke Law Journal* 959 at 962.

(77) A. Keay, 'The Authorising of Directors', Conflicts of Interests: Getting a Balance?', (2012) 12 *Journal of Corporate Law Studies* 129 at 145.

(78) Langevoort, n. 49 above, at 811.

(79) M. Healey and V. Romero, 'Ingroup Bias and Self-Esteem: A Meta-Analysis', (2000) 4 *Personality and Social Psychology Review* 237 at 249.

(80) Page, n. 74 above, at 249.

(81) L. Rudman, 'Social Justice in Our Minds, Homes and Society: The Nature, Causes and Consequences of Implicit Bias', (2004) 17 *Social Justice Research* 129 at 139.

(82) See, Forbes and Milliken, n. 72 above, at 497–499.

(83) Cox and Munsinger, n. 74 above, at 99.

(84) Ibid., at 88.

(85) Keay, n. 31 above at 89.

(86) See, The Alliance for Board Diversity, 'Women and Minorities on Fortune 100 Boards', (2008), www.proutgroup.com/Resources/abdreportfinal2008.pdf.

(87) Keay, n. 31 above at 89.

(88) Hill, n. 43 above, at 253.

(89) Ibid., at 256.

(90) Ibid.

(91) D. Marchesani, 'The Concept of Autonomy and the Independent Director of Public Corporations', (2005) 2 *Berkeley Business law Journal* 315 at 328.

(92) O'Connor, n. 48 above at 1238-1239.
(93) K. Alces, 'Beyound the board of Director', (2011) 46 *Wake Forest Law Review* 783 at 795.
(94) Lin, n. 57 above at 915.
(95) Ibid., at 950.
(96) Keay, n. 31 above at 89.
(97) Ibid., at 90; For example, see *Victims of Groupthink* (New York: Houghton Mifflin, 1972).
(98) Ibid.
(99) Ibid.
(100) C. Prendergast, 'A Theory of "Yes Men", (1993) 83 *American Economic Review* 757 at 769.
(101) O'Connor, n. 48 above at 1288.
(102) Langevoort, n. 49 above, at 826-827.
(103) Lin, n. 57 above at 912; T. McNulty, A. Pettigrew, G. Jobome and C. Morris, 'The Role, Power and Authority of Company Chairs', (2011) 15 *Journal of Management and Governance* 91 at 94.
(104) A. Keay, 'Comply or Explain in Corporate Governance Codes: In Need of Greater Oversight?', (2014) 34 *Leagal Studies* 279.
(105) Lin, n. 57 above at 914. Also, see McNulty, Pettigrew, Jobome and Morris, n. 103 above 94.
(106) Keay, n. 31 above at 91.

六　会社法とコーポレートガバナンス・コードの今後

本稿では、平成二六年改正会社法とコーポレートガバナンス・コードを、商法、会社法の改正経緯から所有と経営の分離の局面における上場会社の業務執行者に対する取締役会の監督として、一体としてみてきた。そして、そのような制度をソフトローによって二〇年近く実践してきた英国などにおいて議論されている、取締役会における社外取締役あるいは非業務執行取締役による監督のシステムで生じるかもしれない問題を検討してきた。

そのような視点で考えれば、わが国の場合、会社法かコーポレートガバナンス・コードか、という議論ではなく、同じ方向性をもったものとして、実効性確保の実現性や定着度などの状況により、会社法とコーポレートガバナンス・コードを一体のものとして、(107)立法者、策定者がどの方法によるのかを段階的に判断していくことになるのではないだろうか。

そして、会社法とコーポレートガバナンス・コードは、代表取締役や代表執行者をはじめとする業務執行者の監督のために、業務執行者と社外取締役を含めた非業務執行取締役の力の不均衡を、法制度あるいは原則として、今後も改善していく必要がある。その方向性としては、最終的にはその実効性の確保のために、取締役会における業務執行者の選定・解職権（会社法三六二条二項三号・三六三条一項二号・三六二条四項三号・三九九条の一三第一項三号・三九九条の一三第四項三号・四〇二条二項・四〇三条一項・四二〇条一項・二項参照）による監督権の裏付けをする必要がある。取締役会における議決権の過半数、すなわち、取締役会の過半数は、社外取締役、少なくとも非業務執行取締役である必要があるだろう。(108)また監督の実効性を確保するためには、社外取締役をはじめとした非業務執行取締役には、業務執行者が提案する内容や情報を、会計などの専門的な知見で判断する必要があるため、これらの適格性を有する者が必要になる。(109)また取締役会に対する業務執行者の情報のコントロールを排除するためには、会長（取締役会議長）を、社長や最高経営責任者（ＣＥＯ）は兼任するべきでなく、(110)社外取締役が担うことや、また当該会社の社外取締役を長く務めた場合なども、社外性を否定するべきではないだろうか。(111)これらは、本稿で検討した英国などの議論を参考にすると、(112)今後の課題となるだろう。

(107) 会社法によるのかコードによるのかは、規制主体やそのエンフォースメントなどが異なることになるだろう。その場合、実効性確保のために、その関連性を考えていく必要があると思われる（拙稿「コーポレートガバナンス・コード、英国に見る問題点―わが会社法に解決の糸口を探して―」法学新報一二二巻九＝一〇号一頁参照（二〇一六年））。

(108) 前述のように、この点、会社法三九九条の一三第五項は、取締役の過半数が社外取締役である場合、業務執行取締役への委任を定めることができることは、注目に値する。たとえば、FRC, The UK Corporate governance Code (2014), (hereafter, The UK Code) CP B2.1. が参考になる。

(109) （原則４－11）の「監査役には、財務・会計に関する適切な知見を有している者が一名以上選任されるべきである」は、監査等委員や監査委員にも当然に要求されるだろう。そして、（原則４－６）の「業務の執行と一定の距離を置く取締役の活用」について、非業務執行取締役を位置づけることで、たとえば内部者からであっても、専門知見を有する者による監督の機能が図られるのではないだろうか。

(110) FRC, The UK Code, CPA2.1. は、会長と最高経営責任者の兼務をすべきではないとし、同 CP A. 3.1. は、就任時の独立性基準を求めている。

(111) FRC, The UK Code, CP B1.1. は、最初の就任日より九年間以上、取締役を務めることで独立性基準に抵触し、会社はその判断と説明が求められ、同 CP B. 7.1. は、再任に関する特別の手続を必要とする。

(112) 非業務執行取締役に関する適格性や資質の議論については、拙稿「英国における非業務執行取締役の「独立性」の再考―金融危機以後の経緯を踏まえて―」西南学院大学法学論集四五巻三＝四号三七頁以下（二〇一三年）参照。

組織再編等の差止請求に関する諸問題

受川環大

一　序　説

平成二六年制定の「会社法の一部を改正する法律」（平成二六年法律九〇号。以下「改正法」という）は、略式組織再編以外の組織再編（合併、会社分割、株式交換および株式移転）についても、簡易組織再編の要件を満たす場合を除き、当該組織再編が法令または定款に違反する場合において、株主が不利益を受けるおそれがあるときは、株主は、株式会社に対し、当該行為をやめることを請求することができるものとしている(1)（会社法七八四条の二第一号・七九六条の二第一号・八〇五条の二）。また、改正法は、キャッシュ・アウトの手段として利用される全部取得条項付種類株式の取得（会社法一七一条の三）、特別支配株主の株式等売渡請求（会社法一七九条の七）および株式併合（会社法一八二条の三）についても株主の差止請求の規定を設けている。

平成二三年一二月七日に法制審議会会社法制部会が取りまとめた「会社法制の見直しに関する中間試案」（以下「中間試案」という）においては、略式組織再編に加えて、それ以外の組織再編等についても、株主が当該組織再編をやめることを請求することができる旨の明文の規定を設けるものとするA案と、かかる明文の規定は設けないものとするB案を選択的に提示していたところ（中間試案第二部・第五）、平成二四年八月一日に会社法制部会が決定した「会社法制の見直しに関する要綱案」（以下「要綱案」という）は、A案の立場を採用するものとした（要綱案第二部・第四）。要綱案は、同年九月七日に法制審議会総会において「会社法制の見直しに関する要綱」（以下「要綱」という）として採択され、改正法も、A案の立場を立法化したものである。

従来から、法令・定款に違反する組織再編や対価が不公正な組織再編によって不利益を受ける株主（とくに少数株主）の救済策としては、株式買取請求権（会社七八五条・七九七条・八〇六条）や組織再編の無効の訴え（会社法八二八条一項七号〜一二号）が一応は用意されていた。しかし、株式買取請求権については、権利行使の手続・要件が厳格すぎること、少数の株式しか保有しない株主には価格決定の裁判手続に要するコストの負担が重いこと、組織再編後の会社に留まりたいとする株主の保護にはならないことなどの問題点が指摘されていた。(2) また、組織再編の無効の訴えについては、組織再編条件（合併比率等）の不公正は無効事由とならないと解するのが判例の立場であり、(3) 無効事由がきわめて限定的に解釈されることに加えて、事後的に組織再編の効力を否定することは法律関係を複雑・不安定にするおそれがあることが問題視されていた。(4)

そこで、改正法が、これらの救済策に加えて、組織再編の効力発生前に、組織再編それ自体を差し止めることを可能とする法制度を創設したことは、株主保護の観点からは大変望ましいと考えられることから、本稿では、株主の組織再編等の差止請求権制度の創設が妥当であったことを前提に検討を進める。(5) もっとも、差止請求の対象となる組織再編等の範囲、差止請求の要件や効果などに関しては、なお検討を要すべき点が少なくないように思われる。組織再編等の差止事由が、法文上、「法令又は定款に違反する場合」に限定され（会社法七八四条の二第一号等。ただし一七九条の七第一項三号を除く）、組織再編対価の不当性が排除されているが、とくに支配・従属会社間において、従属会社の少数株主にとって著しく不当な条件の組織再編が行われたような場合には、少数株主を保護するために、差止請求を認める必要性が大きいと考えられる。(6) 実際上、組織再編等の差止請求は、仮の地位を定める仮処分命令の申立て（民事保全法二三条二項）によって争われるところ、現実の紛争においてどのような点が問題となるのかに留意しながら、また支配・従属会社間の組織再編であるかあるいは独立当事者間の組織再編であるか、さらには組織再編当事会社の一部または全部が上場会社であるか否かなどの点を考慮して、上記の諸問題を検討することとしたい。

本稿では、二から五においては、狭義の組織再編（合併、会社分割、株式交換および株式移転）について、差止請求の当事者、差止請求期間、差止事由、差止仮処分命令違反を検討する。次に六において、キャッシュ・アウトの手段として利用される組織再編類似行為（全部取得条項付種類株式の取得、株式の併合、特別支配株主の株式等売渡請求による売渡株式等の全部の取得）の差止請求について、組織再編の差止請求とは相違する点を中心に検討する。

（1）　平成二六年改正会社法成立後に、新たに創設された組織再編等の差止請求制度について検討した論稿として、中東正文「組織再編等」ジュリ一四七二号四六頁（二〇一四年）、同「会社法上の差止請求に関する規律の整合性」金判一四七二号一二頁（二〇一五年）、中村信男「組織再編の差止」金判一四六一号九四頁（二〇一五年）、松中学「子会社株式の譲渡・組織再編の差止め」商事二〇六四号一七頁（二〇一五年）、高田晴仁「株主による差止請求制度」法時八七巻三号四九頁（二〇一五年）、太田洋＝野田昌毅＝安井桂大「組織再編の差止請求およびキャッシュ・アウトの差止請求に関する実務上の論点（上）（下）」金判一四七一号二頁・一四七二号四頁（二〇一五年）、植村淳子「組織再編等の差

止請求」今中利明先生傘寿記念『会社法・倒産法の現代的展開』二二九頁（民事法研究会・二〇一五年）等参照。

（2） 田中亘「組織再編と対価柔軟化」法教三〇四号八〇頁（二〇〇六年）、笠原武朗「少数株主の締出し」森淳二朗＝上村達男編『会社法における主要論点の評価』一二二頁（中央経済社・二〇〇六年）、稲葉威雄『会社法の論点解明(3)』民事法情報二四七号一七頁（二〇〇七年）、正井章筰「著しく不公正な合併等における株主の救済方法」浜田道代＝岩原紳作編『会社法の争点』二〇二頁（有斐閣・二〇〇九年）等。

（3） 東京高判平成二年一月三一日資料版商事七七号一九三頁。最判平成五年一〇月五日資料版商事一一六号一九六頁も、上記東京高判の結論を支持している。

（4） 法務省民事局参事官室「会社法制の見直しに関する中間試案の補足説明」商事一九五二号五四頁～五五頁（二〇一一年）、坂本三郎編著『一問一答・平成26年改正会社法〔第二版〕』三三七頁（商事法務、二〇一五年）。

（5） 平成二六年改正前会社法の下で、略式組織再編以外の組織再編の差止請求を認めるか否かについて、判例・学説の状況を検討した文献として、得津晶「民事保全法出でて会社法亡ぶ？」法時八二巻一二号二八頁（二〇一〇年）、白井正和「組織再編等に関する差止請求権の拡充―会社法の視点から」川島四朗＝中東正文『会社事件手続法の現代的課題』二一四頁～二一五頁（日本評論社・二〇一三年）参照。また、二六年改正法の成立後に、判例・学説の分析に加えて、組織再編の差止請求制度導入の背景・経緯を整理した文献として、中村・前掲注（1）九四頁～九七頁、太田ほか・前掲注（1）（上）二頁～四頁、植村・前掲注（1）一三七頁～一四六頁参照。

（6） 筆者は、本稿の執筆に先立って、組織再編の差止事由に的を絞り、その当否について検討した。拙稿「組織再編等の差止請求―組織再編の差止事由の検証」ビジネス法務一四巻一一号九五頁（二〇一五年）。

二　組織再編の差止請求の当事者

組織再編については、請求権者は、組織再編が法令・定款に違反することよって不利益を受けるおそれがある組織再編当事会社の株主であり、請求の相手方は組織再編当事会社である（会社法七八四条の二・七九六条の二・八〇五条の二）。ここで組織再編当事会社とは、消滅株式会社等（会社法七八二条一項）または存続株式会社等（会社法七九四条一項）である（会社法七八二条一項・八〇五条の二）。

組織再編等の差止請求の明文化を否定していた中間試案B案は、適正な条件による組織再編に対しても委縮的効果を及ぼすおそれがあるとか、濫用的な差止請求の懸念があるとする見解に配慮したものであった(7)。こうした懸念への配慮から、組織再編等の差止請求権を単独株主権ではなく少数株主権として規定する意見もあったが(8)、改正法は、単独株主権として規定している。組織再編等の差止請求権を単独株主権としたことは、形式的には、取締役の違法行為等の差止請求（会社法三六〇条）や略式組織再編の差止請求（会社法七八四条の二第二号・七九六条の二第二号）との整合性から首肯されるし、また実質的には、差止事由が法令・定款違反に限定されており、濫用のおそれは小さいと考えられることから支持されよう。

ところで、取締役の行為の差止めに関しては、株主（会社法三六〇条）、監査役（会社法三八五条）、監査等委員（会社法三九六条の六）、監査委員（会社法四〇七条）が差止めを請求できる者として規定されている。また、組織再編の無効の訴えにおいては、株主、取締役、監査役、執行役、清算人等（会社法八二八条二項一号）、組織再編について承認しなかった債権者（同条二項七号〜一二号）が提訴権者とされている。これに対して、改正法が創設した組織再編の差止請求権は、違法な組織再編により個人的不利益を受けた株主（とくに少数株主）を救済する制度として構築されたものであるから、差止めの請求者は株主に限定されている。しかし、会社代表者が法令に違反して組織再編を断行するようなケースがないとはいえないので、組織再編の差止めについても、立法論的には、取締役の行為の差止請求権者や組織再編の無効の訴えの提訴権者の範囲を参照し、取締役や監査役等の役員にも差止請求権を付与する余地がないとはいえないであろう。

（7）法務省民事局参事官室・前掲注（4）五五頁。
（8）法制審議会会社法制部会第一七回会議（平成二四年二月二二日開催）・部会資料19「『会社法制の見直しに関する中間試案』に寄せられた意見の概要」七四頁〔福岡大学の意見〕。

三　組織再編の差止請求期間（仮処分申立期間）

株主は、組織再編の効力発生日の前日までに差止請求をしなければならない。差止請求の方法については制約がないが、差止めの法的拘束力を生じさせるためには、会社法上明文化された組織再編の差止請求権を被保全権利として、差止仮処分命令の申立てをすることとなるであろう（民事保全法二三条二項）。そこで株主が組織再編の実施計画を知ってからその効力発生日までに、どの程度の時間的余裕があるかを確認しておきたい。

金融商品取引所上場会社であれば、業務執行を決定する機関（取締役会）が組織再編行為を行う旨を決定すると、ただちに金融商品取引所における適時開示が行われ（有価証券上場規程四〇二条一号i～l、同施行規則四一七条六号～九号）、また臨時報告書における開示（金融商品取引法二四条の五第四項・二五条、企業開示府令一九条二項七号の三）も行われるから、組織再編当事会社の投資者（株主）は比較的早い段階で組織再編の実施を知ることができる。したがって、株主は、組織再編行為の差止仮処分申立てをする準備期間が保障されているといえよう。

これに対し、組織再編行為を行う会社が上場会社ではない場合には、その株主が会社法上の情報開示制度により組織再編の実施を知り得るのは、事前備置書面等が組織再編当事会社の本店で開示されるときである。吸収合併の場合を例とすると、吸収合併契約等備置開始日は、①吸収合併契約等承認総会（最短で合併の効力発生日の前日。会社法七八三条一項）の二週間前の日、②株式買取請求に関する通知・公告の日（会社法七八五条三項四項）、③新株予約権買取請求に関する通知・公告の日（消滅会社の場合）（会社法七八七条三項四項）、④債権者の異議に関する公告・催告の日（会社法七八九条二項三項）のいずれか早い日である[9]（会社法七八二条二項）。①は組織再編の効力発生日の一五日以上前、②および③は効力発生日の二〇日前、④は効力発生日の一ヵ月前（異議申述期間は一ヵ月以上。会社法七八九条二項但書）である。上記のうち、最も早い日は④であるから、事前備置書面等の開示から組織再編の効力発生日の前日までには一ヵ月間の余裕がある。

もっとも、株主が事前開示書面等の開示に気づかなかった場合には[10]、株主が吸収合併等の実施を知り得るのは、株式買取請求に関する通知・公告の日（効力発生日の二〇日前）、さらには吸収合併契約等承認総会の招集通知の送付を受けた時となることもあり得るであろう[11]。しかも吸収合併等の効力発生日の前日までに、株主総会決議によって、吸収合併契約等の承認を受ければ足りると規定されていることから（会社法七八三条一項）、会社が意図的に効力発生日の前日ないしは直前に承認決議を行うようなケースでは、違法または著しく不当な株主総会決議に基づく組織再編は事実上差し止められない。これは、立法の不備であり、差止仮処分に必要な期間（決議の日から二週間）経過後に組織再編の効力が発生する制度に改正すべきとする立法論が示されており[12]、この提言が支持されるべきである。

(9)　江頭憲治郎『株式会社法〔第六版〕』八六五頁注一（有斐閣、二〇一五年）。

(10)　東京地判平成二二年七月九日判時二〇八六号一四四頁は、会社分割について会社法二二条一項を類推適用するにあたり、一般債権者に会社分割に係る分割計画書の閲覧を期待することは妥当ではないとし、事前備置書面等の開示が十分な開示手段ではないことを示唆している。

(11) 株主総会の招集通知は、公開会社では二週間前、非公開会社では原則一週間前に発送されなければならない(会社法二九九条一項)。

(12) 江頭・前掲注(9)三七〇頁。

四 組織再編の差止事由

1 総説

改正法は、組織再編が「法令又は定款に違反する場合において」、消滅株式会社等または存続株式会社等の「株主が不利益を受けるおそれがあるとき」を差止事由として規定している。法令違反としては、たとえば、組織再編契約または組織再編計画(以下「組織再編契約等」という)の事前開示手続違反、組織再編契約等の内容に関する違反、組織再編契約等の承認に係る取締役会決議または株主総会決議の瑕疵、株式買取請求の手続の不履行など、形式的な手続違反がこれに当たることは異論がないであろう。(13)

これに対し、中間試案の補足説明では、組織再編対価の不当性は差止事由とはならないこと、また法令違反には善管注意義務や忠実義務の違反は含まないと解されていた。(14) 裁判実務が補足説明に忠実に運用されると、組織再編の差止めが認められるのは、形式的な手続違反がある場合に限られることとなろう。迅速かつ円滑な組織再編の実施を阻害することは、自由な企業活動を妨げることとなるので慎まなければならないが、他方で、形式的な手続違反のみならず著しく不公正な組織再編に対しては、これを阻止する少数株主の利益を保護しなければならないと考える。どのような範囲の差止事由を認めるかによって、組織再編の差止請求制度がどの程度利用されることになるかが決定づけられるであろう。

2　組織再編対価の不当性

中間試案においては、略式組織再編以外の組織再編等について、株主が差止請求することができる旨の明文規定を設けるものとするA案と、かかる明文規定は設けないものとするB案を選択的に提示していた（中間試案第二部・第五）。中間試案の補足説明によれば、A案を採用した場合であっても、差止めの要件の明確性を求める指摘があることや、たんなる対価の不当性を差止請求の要件とすると、実際上、仮処分申立事件において裁判所が短期間で審理を行うことがきわめて困難になるとの指摘があることから、対価の不当性を要件とすることに否定的であった(15)。これに対して、改正前会社法は、略式組織再編の差止請求については、法令・定款違反に加えて、合併対価等の組織再編対価の不当性も差止事由となることを明文で規定しており（平成二六年改正前会社法七八四条二項）、改正法もかかる明文規定を維持している（会社法七八四条の二第二号・七九六条の二第二号）。

上記の中間試案の補足説明や略式組織再編の差止事由の規定との対比によれば、略式組織再編以外の組織再編について、組織再編対価の不当性のみを差止事由と解することは困難である。しかし、学説においては、組織再編対価の不当を法令違反として構成し、対価の不当を差止事由として構成しようとする解釈が試みられている。

たとえば、組織再編対価に関する事項の記載内容が株主平等原則（会社法一〇九条一項）に違反する場合（同一種類の株主に対して株主ごとに異なる種類の株式を交付する等）や、組織再編対価に関する定めにつきその算定方法を定めた場合に、その算定方法が不明確で一義的な算定が困難である場合（会社法七四九条一項二号等違反）が指摘されている(16)。これは傾聴に値する指摘ではあるが、このような組織再編対価の不公正が同時に法令違反に該当するのはきわめて稀なケースに限られるであろう。

また、吸収合併において、吸収合併消滅会社の事前開示事項（会社法七八二条一項）である「合併対価の相当性に関する事項」（会社法施行規則一八二条一項一号）の一つとして「合併対価の総数又は総額の相当性に関する事項」（同条三項一号）が規定されていることを根拠に、対価の相当性を算定した第三者機関の独立性が記載されていない場合には、会社法七八二条一項違反として差止事由に該当すると構成する意欲的な解釈論ないしは立法論が主張されている。[17] この見解は、「合併対価の総数又は総額の相当性に関する事項」には、合併対価の総数・総額を決定する際に企業価値を算定するために採用した方法、当該方法において算定の基礎とされた数値および算定の結果が含まれるだけでなく、第三者機関の算定という事実も対価の総数・総額の決定過程やその算定根拠等の合理性を示す事情として含まれるとする会社法立案担当者の解説を前提としている。しかし、立案担当者の解説を正確に引用すると、「信頼することができる第三者機関により合併等対価の総数・総額等が算定されたことを示す具体的な事実は、合併等対価の総数・総額の決定過程やその算定根拠等の合理性を示す事情として、本事項に含まれるものである」と説明されている。[18] この解説は、上場会社の合併等の実務を前提とする独立した第三者機関による算定が望ましいことを示唆するものであるが、第三者機関の独立性の記載を「法令上」要求するものとは考えられない。[19] したがって、会社法および会社法施行規則が、算定機関の独立性を明文で要求するものではないから、立法論はさておき、解釈論としては、算定機関の独立性がないことのみをもって、会社法七八二条一項に違反すると構成することは困難ではないかと思われる。

前述したように、東証は、上場会社の業務執行を決定する機関が、合併等の組織再編行為を行うことについての決定をした場合には、ただちにその内容を開示することを義務づけているところ（有価証券上場規程四〇二条一号ｉ－ｌ、同施行規則四一七条六号～九号）、具体的な開示事項の一つとして、合併の場合を例とすると、「合併当事会社以外の者であって、企業価値又は株価の評価に係る専門的知識及び経験を有するものが、当該合併に係る合併比率に関する見解を記載した書面」を東証に提出することを要求している（同施行規則四一七条八号）。さらに、有価証券上場規程四一七条に基づく実務マニュアルは、具体的な開示事項の一つとして、「3．当該組織再編に係る割当ての内容の算定根拠等⑵算定に関する事項　①算定機関の名称並びに上場会社及び相手会社との関係」において、「算定機関について重要な利害関係がある場合は、その関係の内容及び重要な利害関係がある算定機関に算定を依頼することとした理由を記載する。……重要な利害関係がない場合は、その旨を記載する。」ことを要求し、適時情報の開示において、組織再編対価の算定機関の独立性を重視している[20]。しかし、この記載は、有価証券上場規程に基づく実務マニュアルによって要求されるものであることに加え、重要な利害関係のある算定機関を一律排除するものでもない。

なお、金融商品取引所規則においては、支配株主による権限濫用を防止する観点から、一定の公正性担保措置が要求されていること（有価証券上場規程四四一条の二、同施行規則四三六条の三参照）に関連して、金融商品取引所規則（いわゆるソフトロー）が「法令」に含まれるか否かについて問題が提起され、会社法が「法令」という文言を用いていることや日本証券業協会の公正慣習規則について「法令」には当たらないとした裁判例[21]があることなどを理由に、金融商品取引所規則は「法令」に含まれないとする見解が示されている[22]。この見解が妥当であると考えられる。

3　善管注意義務違反・忠実義務違反

組織再編対価の不当性は、個別具体的な法令に違反しない場合であっても、善管注意義務違反があるとして争うことが予想されるから、組織再編の差止事由とされる法令違反には、善管注意義務（会社法三三〇条、民法六四四条）や忠実義務（会社法三五五条）の一般規定の違反を含むかが問題となる。中間試案の補足説明によれば、略式組織再編の差止請求に係る法令・定款違反（平成二六年改正前会社法七八四条二項一号・七九六条二項一号）とは、会社を規範の名宛人とするものを指すとされており、役員個人を名宛人とする善管注意義務や忠実義務の違反を含まないと一般に解されていることからすれば[23]、A案にいう略式組織再編以外の組織再編に係る「法令又は定款」の違反についても、これと同様の解釈がされるものと説明されていた[24]。また、取締役の違法行為差止請求（会社法三六〇条）の名宛人は取締役であることから、その差止請求の要件である「法令」違反には取締役の善管注意義務違反が含まれると解するのが判例・通説[25]であるのに対して、組織再編等の差止請求の名宛人は会社であるから、組織再編等の差止請求の要件である「法令」違反には善管注意義務違反は含まれないと解されている[26]。別の説明の仕方をすれば、組織再編当事会社の「取締役」の善管注意義務違反・忠実義務違反は、「当該会社」の法令違反とはいえないので、差止事由とはならないとされている[27]。

これに対して、株式会社は業務執行取締役を通じてしか行為することができないことに鑑みて、名宛人を基準とする上記の区別に疑問が提示されている[28]。たしかに、組織再編の差止請求の名宛人は、組織再編当事会社自体であって、その取締役ではないが、差止めの対象となる組織再編を実施するのは、代表取締役・業務執行取締役である。この点については、最二小判平成一二年七月七日民集五四巻六号一七六七頁（野村證券取締役損失補填責任追及事件）が示唆的である。同最判は、旧商法二六六条一項五号（会社法四二三条一項）の「法令」には、「商法その他の法令中の、会社を名あて人とし、会社がその業務を行うに際して遵守すべきすべての規定も含まれる」と解しているところ、その理由として、「取締役が、会社の業務執行を決定し、その執行に当たる立場にあるものであることからすれば、会社をして法令に違反させることのないようにするため、その職務執行に際して会社を名あて人とする右の規定を遵守することもまた、取締役の会社に対する職務上の義務に属する」ことを挙げている。上記判旨を前提とすれば、代表取締役等は法令・定款を遵守して組織再編を実施することを内容とする善管注意義務を当然に負っているものと理解できる。取締役が組織再編に際して遵守すべき「法令」の中から、善管注意義務の規定だけを、殊更に除外すべき必然性はないようにも思われる[29]。

もっとも、現実には、組織再編に係る明確な手続違反が認められない場合において、組織再編当事会社の株主がその代表取締役の善管注意義務違反を主張したとしても、裁判所としては、いわゆる経営判断の原則を適用して、善管注意義務違反を認める可能性はきわめて小さいと考えられる(30)。組織再編に係る代表取締役等の善管注意義務違反がその差止事由に当たると解しても、それは、後述するように、会社法八三一条一項三号の該当事実が組織再編手続の具体的法令違反となり、同時に、一般的義務たる善管注意義務違反をも構成する場合であると捉えることになるであろう。

4　特別利害関係株主の議決権行使による不当決議

中間試案A案（注1）では、法令・定款違反の場合に加えて、「特別の利害関係を有する者が議決権を行使することにより、当該組織再編に関して著しく不当な株主総会の決議がされ、又はされるおそれがある場合であって、株主が不利益を受けるおそれがあるときに」も、株主による組織再編の差止請求を認めるものとするかどうかについては、なお検討することとしていた。もっとも、中間試案の補足説明によれば、仮に上記の場合が明文の差止要件として掲げられなかったとしても、そのような場合に、株主による組織再編の差止請求を認める解釈論が否定されるものではないと説明されていた(31)。

中間試案A案（注1）は、株主総会決議の取消事由（会社八三一条一項三号）とほぼ同じ文言を用いていた。この取消事由に該当する例としては、A社の合併の相手方会社（B社）が同時にA社の大株主であり、A社の合併承認総会において議決権を行使しA社側に著しく不利な合併条件を定める合併契約等の承認決議を成立させた場合が挙げられている(32)。こうした事例は、結局のところ、組織再編対価（組織再編条件）が著しく不当な場合に収斂されるところ、前述したように対価の不当それ自体は差止事由に当たらないが、組織再編契約等に係る株主総会決議が決議取消事由に該当する場合には、当該株主総会決議に基づいて行われる組織再編は、違法なものとして差止請求（差止仮処分申立て）を認めるべきである。

相互に資本関係のない会社間において組織再編が行われた場合には、株主の判断の基礎となる情報が適切に開示された上で適法に株主総会で承認されるなど一般に公正と認められる手続により組織再編の効力が発生したときは、当該株主総会における合理的な判断が妨げられたと認めるに足りる特段の事情がない限り、当該組織再編対価は公正なものであると解するのが最高裁の立場である(33)。これに対し、支配・従属会社間の組織再編(34)の場合には、組織再編において明確な手続上の法令違反がなくとも、支配会社が従属会社の取締役に対し不当な影響力を行使し、従属会社に不利な対価が決定され、従属会社の少数株主の利益が害されるおそれがあることから、従属会社の少数株主を保護することが必要である(35)。なお、組織再編対価の相当性が実際に問題になるのは、完全子会社化やＭＢＯなどのように、差止めの対象とされる組織再編に構造的な利益相反が存する場合に限られるとする指摘(36)があるが、支配・従属会社間において行われる株式交換等は、たとえ株式交換等の対価が株式とされている場合（キャッシュ・アウトでない場合）であっても、支配会社（支配株主）と従属会社の少数株主の利害対立が顕著であることから、対価の相当性は問題となり得ると考えられる。

そして、従属会社の少数株主を救済するための解釈上のアプローチとしては、二つの方法があり得るとする有益な指摘がある(37)。第一のアプローチは、組織再編等の差止請求権が創設された現行法の下でも、会社法八三一条一項三号の該当事実を組織再編等の差止事由である「法令違反」に該当すると捉えることは困難であるとして、株主総会決議の取消請求権等を被保全権利として民事保全法の仮処分申立てによる対応を試みる方法である。すなわち、特別利害関係株主の議決権行使により著しく不公正な条件での組織再編等が株主総会で承認された場合、決議取消しの訴えと、当該訴えが認容されることを前提に生じる組織再編等の差止請求権の両方を本案とすることによって、組織再編等を仮に差し止めることができると解する見解が主張されている(38)。また、現金交付合併による少数株主の締出しが、行為の濫用としてあるいは目的から違法とされる場合において、不当な締出しを目的とする場合には決議取消事由（会社法八三一条一項三号）があるとして合併承認決議取消しの訴え提起権または株主権に基づく妨害排除権を被保全権利として差止仮処分申立てをする見解も示されている(39)。

上記の見解は、特別利害関係株主の議決権行使による不当決議に基づく組織再編の差止仮処分申立て（民事保全法二三条二項）を行うにあたって、組織再編の差止請求権の他に、合併承認決議取消請求権等を被保全権利に加えることによって、組織再編の差止事由が「法令・定款違反の場合」に限定されている制約を克服し、支配・従属会社間の不当な組織再編から少数株主を救済しようとする点で一致している。このような方向性は支持されるべきであるが、組織再編の差止請求権が明文化された会社法の下では、組織再編の差止請求権だけを被保全権利として、差止仮処分申立てを認める解釈論を提示することが簡明かつ合理的である。

そこで、第二のアプローチとしては、会社法八三一条一項三号該当性を法令違反と解する構成であり、私見としては、この立場が妥当であると考える。学説上は、中間試案の補足説明を引用しつつ、特別利害関係人の議決権行使による著しく不当な合併条件の決定は、合併承認決議の取消事由であるから（会社法八三一条一項三号）、差止事由となると解する見解が有力である。[40] しかし、この説明だけでは、上記の場合が改正法の「法令違反」の文言にどのように読み込まれるかは必ずしも明らかではない。

支配・従属会社間の組織再編において、特別利害関係株主（支配会社）が議決権を行使したことによって、従属会社にとって著しく不当な株主総会決議がされた場合は、株主総会決議の取消事由（会社法八三一条一項三号）に該当するものであるから、株主総会決議の取消しの訴えの提起を前提とせず、当該取消事由該当事実は組織再編を構成する手続（株主総会決議）の法令違反となり、組織再編の差止事由である法令違反にも当たると解すべきである。[41] 裁判所としては、著しく不当な決議に当たるか否かを判断するに際して、特別利害関係株主である支配会社と従属会社との間の利益相反の内容や程度、当該組織再編の方法と目的の相当性の有無、[42] 公正性を担保するための措置や利益相反を回避するための措置が十分に講じられていたかなどを総合的に審査すべきであると考える。[43] とくに、支配・従属会社間の組織再編であるのに、公正性担保措置および利益相反回避措置をまったく講じていないときは、著しく不当な決議に当たると評価し

てよいであろう。(44)

なお、私見のような法的構成に対しては、株主総会決議の取消しの訴えに係る取消判決が確定するまでの間は、「法令」の違反はないものとされるはずである以上、この場合には、組織再編等の差止請求は認められないと解され、この場合には、株主総会決議の取消しの訴えを本案訴訟とする合併決議等の執行停止等の仮処分によるほかないとする批判があり得る。(45)しかし、会社法八三一条一項一号の規定する法令・定款に違反する事実が形式上存在したとしても、二項により裁量棄却される可能性があることからすれば、取消判決が確定するまで、組織再編等の差止事由たる法令違反事実が存在しないとは必ずしもいえないのではないかと思われる。

5 「株主が不利益を受けるおそれ」

組織再編当事会社の株主が組織再編の差止請求権を行使するためには、会社自体が不利益や損害を受けるおそれがあることは必要ではなく、株主が不利益を受けるおそれがあることを要する。株主買取請求権行使のための株主に対する通知・公告（会社法七八五条三項四項等）を怠った場合や、事前開示手続（会社七八二条・七九四条等）を怠った場合には、比較的容易に株主が不利益を受けるおそれが認められると指摘されている。(46)もっとも、事前開示手続の違反がある場合には、株主は組織再編の実施計画を知り得ないから、現実には差止めの機会を逸してしまう。

ところで、略式組織再編の差止請求における「消滅株式会社等の株主が不利益を受けるおそれがあるとき」（会社法七八四条二項柱書）とは、消滅会社の株主が吸収合併契約に定めている合併対価の交付を受けることにより不利益を被る場合を意味し、消滅会社の株主が有していた株式の価値に対し、交付される合併対価の価値が著しく低い場合が典型例であると説明されている。(47)略式組織再編以外の組織再編についても、特別利害関係株主の議決権行使による不当決議を組織再編の差止事由と捉えることができれば、組織再編対価の不当性を主たる要素とする不当決議は、株主が不利益を受けるおそれと直結するであろう。

(13)　奥山健志＝若林功晃「組織再編における株主・債権者保護に関する規律の見直し等」商事一九六〇号一八頁（二〇一二年）、野村秀敏「組織再編等に関する差止請求権の拡充―手続法の視点から」川島＝中東・前掲注（5）二三三頁。

(14)　法務省民事局参事官室・前掲注（4）五五頁。

(15)　法務省民事局参事官室・前掲注（4）五五頁。平成二六年改正前会社法の下で、合併条件が著しく不公正な場合に、合併差止めの仮処分申立てを認める見解として、弥永真生「著しく不当な合併条件と差止め・損害賠償請求」江頭憲治郎先生還暦記念『企業法の理論（上）』六三四頁～六三五頁（商事法務・二〇〇七年）、新谷勝『会社訴訟・仮処分の理論と実務〔第二版〕』五五五頁（民事法研究会・二〇一一年）等があった。

(16)　奥山＝若林・前掲注（13）一八頁。

(17)　飯田秀総「組織再編等の差止請求規定に対する不満と期待」ビジネス法務一二巻一二号八〇頁～八一頁（二〇一二年）。同旨、白井・前掲注（5）二二〇頁～二二一頁、河村賢治「組織再編と開示―特に合併対価の相当性に関する事前開示について」法教四〇九号三六頁（二〇一四年）。

(18)　相澤哲ほか「合併等対価の柔軟化の施行に伴う『会社法施行規則の一部を改正する省令』」商事一八〇〇号七頁（二〇〇七年）。

(19)　太田洋＝安井桂大「組織再編等の差止請求制度とその論点」商事一九八八号二五頁・注三八（二〇一三年）。

(20)　東京証券取引所上場部編『東京証券取引所・会社情報適時開示ガイドブック（二〇一五年六月版）』一六八頁（二〇一五年）、拙稿「組織再編行為に関する情報開示規制―会社法および金商法の視点から」ビジネス法務一〇巻一〇号五頁～六頁（二〇一〇年）。

(21)　東京地判平成九年三月一三日判時一六一〇号一一頁。

(22)　中東・前掲注（1）金判一四七二号一四頁注一一は、金融商品取引所規則は法令に含まれないと解しても、同規則違反が取締役の善管注意義務違反を構成する場合には、結果的に法令違反になると解釈する余地があるとされる。

(23) 森本滋編『会社法コンメンタール(18)』八一頁〔柴田和史〕(商事法務・二〇一〇年)。
(24) 法務省民事局参事官室・前掲注(4)五五頁。
(25) 東京地決平成一六年六月二三日金判一二一三号六一頁、大阪高判平成一四年四月一一日判タ一一二〇号一一五頁、東京高判平成一一年三月二五日判時一六八六号三三頁、落合誠一編『会社法コンメンタール(8)』一三二頁〔岩原紳作〕(商事法務・二〇一〇年)等。
(26) 太田ほか・前掲注(1)(上)五頁。
(27) 江頭・前掲注(9)八八五頁
(28) 松中・前掲注(1)一七頁、太田ほか・前掲注(1)(上)五頁。
(29) 組織再編の差止事由としての「法令」違反に善管注意義務違反も含めるべきと解する見解として、白井・前掲注(5)二二八頁、中東・前掲注(1)金判一三頁。
(30) 東京地判平成二三年九月二九日判時二一三八号一三四頁(興亜損保損害賠償請求事件)は、共同株式移転が行われた場合において、株式移転完全子会社の株主が不公正な株式移転比率の決定によって損害を被ったとして同社の代表取締役に対して損害賠償請求したのに対し、経営判断原則を適用して、「本件株式移転の比率の合意について、Yに善管注意義務違反となるべき任務懈怠があるということはできない」と判示している。
(31) 法務省民事局参事官室・前掲注(4)五五頁。
(32) 江頭・前掲注(9)三六五頁。
(33) 最判平成二四年二月二九日民集六六巻三号一七八四頁(テクモ株式買取価格決定申立事件)。
(34) 江頭憲治郎『結合企業法の立法と解釈』三二九頁~三三〇頁(有斐閣・一九九五年)は、会社の支配・従属関係から生ずる問題解決のための立法提案において、次のような支配会社・従属会社の定義を提示されている。すなわち、ある会社の取締役の過半数を選任するに足りる株式を所有する会社を支配会社、所有されている会社を従属会社とし、また支配会社および従属会社または従属会社がある会社の取締役の過半数を選任するに足りる株式を所有するときは、その株式会社とその支配会社との間にも支配従属関係があるものとみなし、さらに、他の株式会社の発行済株式総数の四分の一を超える株式を有するときは、その株式会社の取締役の過半数を選任するに足りる株式を所有するものと推定する。本稿における支配・従属会社の意義も、概ねこの定義に従うものとする。
(35) 江頭・前掲注(34)六頁以下等。
(36) 中東・前掲注(1)ジュリ四八頁～四九頁。
(37) 中村・前掲注(1)九八頁～九九頁。
(38) 田中亘「各種差止請求権の性質、要件および効果」神作裕之ほか編『会社裁判にかかる理論の到達点』二七頁（商事法務・二〇一四年）。
(39) 齊藤真紀「不公正な合併に対する救済としての差止めの仮処分」神作ほか編・前掲注(38)一二九頁。
(40) 江頭・前掲注(9)八八四頁注三・八八五頁注四。
(41) 中東・前掲注(1)ジュリ四八頁、松中・前掲注(1)一九頁も、同旨と思われる。さらに、松中准教授は、三分の二以上の議決権を保有する支配株主を相手方とする組織再編議案が著しく不当な決議に該当する場合は、すでに会社法八三一条一項三号の状態が生じているとして、決議前に差し止めることができると解されている。しかし、筆者は、決議された事実が発生していない段階では、法令違反が生じたとは評価できないため、差し止めることはできないと考える。
(42) 江頭・前掲注(9)八八四頁注一は、合併の目的の不当性を理由に法令違反（権利濫用）が主張される可能性があることを指摘される。
(43) 有価証券上場規程による適時開示に関する実務マニュアルは、公正性を担保するための措置や利益相反を回避するための措置の内容を記載することを要求している。東京証券取引所上場部編・前掲注(20)一六九頁～一七〇頁。
(44) 中東・前掲注(1)ジュリ四九頁は、著しく不当な決議という瑕疵の有無は、構造的な利益相反の内容や程度、利益相反の回避措置の妥当性などを審査して決定することになり、利益相反の回避措置が十分でなければ、そのことからただちに著しく不当な決議がなされたと認定することが許されてよいと説明されている。なお、伊藤吉洋「特別利害関係人の議決権行使による著しく不当な決議と組織再編の差止」藤田勝利先生古稀記念『グローバル化の中の会社法改正』

二三六頁（法律文化社・二〇一四年）参照。
(45) 太田ほか・前掲注（1）（上）六頁～七頁。
(46) 奥山＝若林・前掲注（13）一八頁。
(47) 柴田・前掲注（23）八三頁。

五　組織再編の差止仮処分命令違反

株主による組織再編の差止請求は、組織再編当事会社を相手方として裁判外でもできるが、当該会社が請求に応じないときは、株主が原告となって当該会社を被告として差止めの訴えを提起することができる。もっとも、実際の紛争においては、株主は、会社を債務者として、改正法で創設された組織再編の差止請求権(48)を被保全権利とする差止仮処分申立てにより争うこととなり（民事保全法二三条二項）、株主は仮処分命令を得れば、その目的を達成しうる満足的仮処分となる。組織再編について差止仮処分命令が発令された場合には、当該組織再編の効力発生日を延期した上で（会社法七九〇条）、差止事由として認められた点を是正して改めて各種手続をやり直すこともあり得るだろうが、とりわけ独立当事会社間の組織再編においては、当該組織再編を中止する可能性が高いと思われる。(49)これに対し、一部の組織再編（とくに支配・従属会社間の組織再編）のケースでは、差止仮処分命令すなわち組織再編の不作為義務を無視して手続を継続することがないとはいえない。

組織再編の差止めを認める仮処分命令は、会社に対する不作為義務を課すものであるから、組織再編の差止請求権の行使によって、ただちに当該組織再編の効力が生じないこととなるものではない。①この差止仮処分命令に反して行われた組織再編については、組織再編の無効の訴え（会社法八二八条）の無効事由が生じると解する見解が示されている。

その主たる根拠としては、略式組織再編の差止仮処分命令に違反することが無効原因と考えられていることとのバランスや、新株発行の差止仮処分命令の違反は新株発行の無効原因となると解する最高裁の立場[50]は、組織再編の場合にも妥当することが挙げられている[51]。これに対し、②無効説の立場を基本としつつも、組織再編の無効の訴えにおいて、原告側が積極的に差止事由の存在を主張して初めて、仮処分命令違反の組織再編が無効となると解する見解も主張されている[52]。

組織再編の無効原因については法律関係の安定等の理由から限定的に解するのが一般的であるから、②説によると、差止事由とされた法令違反の事実が無効原因と解されないこともあり得る。そこで、裁判所という公権力で認められた仮処分命令に違反したという事実だけをもって、組織再編の無効原因と解する①説を支持したい。

ところで、組織再編等の差止請求の規定が新設されたことに伴って、組織再編の事後開示事項として、差止請求に係る手続の経過が追加されている（会社法七九一条一項一号等、会社法施行規則一八九条二号イ等）。組織再編の事後開示事項は、組織再編の適正な履行を間接的に担保するほか、株主等が組織再編の無効の訴えを提起するか否かを判断する材料を提供するものである[53]。したがって、組織再編の差止仮処分申立てをした当該株主のみならず、その他の株主も、差止請求に係る手続の経過を知り得ることになる。

なお、差止仮処分命令に違反してまでも、組織再編を強行することは、取締役等の善管注意義務違反となり、取締役等は会社および第三者（差止仮処分命令の申立てをした株主）に対して損害賠償責任（会社法四二三条一項・四二九条一項）を負う余地があると考えられる。

(48)　これに対し、上述したように、会社法八三一条一項三号に該当する場合であっても、株主総会決議の取消請求権等を被保全権利と解する立場もある。田中・前掲注（38）二七頁、齊藤・前掲注（39）一二九頁。

(49)　太田ほか・前掲注（1）（下）四頁。なお、組織再編当事会社間の基本合意書において、差止仮処分命令が発令された場合の処置について規定しておくことが必要であろう。
(50) 最一小判平成五年一二月一六日民集四七巻一〇号五四二三頁。
(51) 江頭・前掲注(9)七六七頁・八八五頁等、奥山＝若林・前掲注(13)一九頁、田中・前掲注(38)三〇頁、中東・前掲注(1)ジュリ四九頁、太田ほか・前掲注(1)(下)四頁。なお、組織再編の差止規定の新設を踏まえた当該行為の無効原因に関する研究として、笠原武朗「組織再編行為の無効原因—差止規定の新設を踏まえて」落合誠一先生古稀記念『商事法の新しい礎石』三〇九頁以下(商事法務・二〇一四年)参照。
(52) 野村・前掲注(13)二四二頁〜二四三頁。
(53) 江頭・前掲注(9)八七八頁。

六　組織再編類似行為の差止請求

平成二六年改正法は、全部取得条項付種類株式の取得、株式の併合および特別支配株主の株式等売渡請求(以下、上記行為を「組織再編類似行為」と総称する)について、多数派株主の意向により金銭を対価として少数株主を強制的に会社から退出させるキャッシュ・アウトの手法と位置づけ、各手法につき同様の少数株主の救済制度を設けている。[54] 改正法は、株式の併合について反対株主の株式買取請求制度を導入したほか(会社法一八二条の四)、全部取得条項付種類株式の取得および株式の併合について、事前・事後の開示制度(会社法一七一条の二・一七三条の二・一八二条の二・一八二条の六)を導入して情報開示を組織再編と同程度に充実させるとともに、組織再編と同様に差止請求制度も導入する(会社法一七一条の三・一八二条の三)など、少数株主の締出しに利用できる制度間の不均衡を是正している。[55] また、新たに創設された特別支配株主の株式等売渡請求の制度についても、事前・事後の開示制度(会社法一七九条の五・一七九条の一〇)と差止請求制度(会社法一七九条の七)を規定している。以下においては、とくに合併等の組織再編との相違点を中心に、上記の組織再編類似行為の差止請求制度について、差止請求の当事者、差止仮処分申立期間、差止めの要件、差止仮処分命令違反を検討する。

1　差止請求の当事者

全部取得条項付種類株式の取得および株式の併合においては、差止めの請求者は株主であり、相手方は当該行為を行う株式会社である（会社法一七一条の三・一八二条の三）。これに対し、特別支配株主の株式等売渡請求の場合には、差止請求権者は売渡株主であり、相手方は特別支配株主である（会社法一七九条の七第一項）。なお、特別支配株主が株式売渡請求に併せて新株予約権売渡請求をすることも認められているが（会社法一七九条二項）、この場合の差止請求権者は売渡新株予約権者であり、相手方は特別支配株主である（会社法一七九条の七第二項）。

2　事前開示規制と差止請求期間（仮処分申立期間）

金融商品取引所上場会社であれば、業務執行を決定する機関（取締役会）が組織再編類似行為を行う旨を決定すると、ただちに東証における適時開示が行われる（有価証券上場規程四〇二条一号g・ap・aq、同施行規則四一七条四号一八号一九号）。したがって、組織再編類似行為を行う会社の投資者（株主）は、比較的早い段階で当該行為の実施を知り得るので、差止仮処分申立てをするために十分な準備をすることができると考えられる。

これに対し、会社法上の事前開示は、株主が差止仮処分申立てをするための十分な準備期間を保障するものであろうか。仮処分申立期間は、組織再編類似行為に関する書面等の備置・閲覧の開始日から、全部取得条項付種類株式の取得日、株式の併合の効力発生日、売渡株式等の全部の取得日の前日までの期間であるところ、それは最短で二〇日間である（会社法一七一条の二第一項・一七二条二項・一八二条の二第一項・一八二条の四第三項・一七九条の五第一項・一七九条の四第一項）。この期間は、全部取得条項付種類株式の取得価格の決定の申立期間（会社法一七二条一項）、株式の併合の反対株主の株式買取請求権行使期間（会社法一八二条の四第四項）、売渡株主等の売買価格決定の申立期間（会社法一七九条の八第一項）と一致する。

前述したように、合併等の組織再編の場合には、組織再編契約等の承認決議の直後に、組織再編の効力発生日を設定することが可能であり（会社法八三一条一項）、そのような設定をした場合には、組織再編当事会社の株主は、総会決議の法令違反を理由に当該組織再編の差止仮処分を申し立てることは事実上できない。これに対し、以上にみたように、各組織再編類似行為については、株主が差止請求できる期間は、最短でも、事前開示の開始日から二〇日間保障されていることから、組織再編行為における不都合は生じないといえよう。

3　差止請求の要件

⑴　全部取得条項付種類株式の取得の差止請求

全部取得条項付種類株式の取得の差止めの要件としては、当該行為が「法令又は定款に違反する場合において、株主が不利益を受けるおそれがあるとき」と規定されている（会社法一七一条の三）。これは、組織再編行為における要件と同じである。

⑴　法令・定款違反

法令の範囲については、取得の手続（会社法一七一条以下）の法令違反のみが対象となるのか、それともその前提としての定款変更（種類株式発行会社となる旨の変更、および全部取得条項を付する旨の変更）の法令違反も対象となるのかについて問題が提起されている。[56] 法文上は、「第一七一条第一項の規定による全部取得条項付種類株式の取得が法令又は定款に違反する場合」と規定されているので、既に全部取得条項付種類株式を発行した会社が当該種類株式を取得する行為自体が法令・定款に違反することを対象としたものと考えられることから、前提としての定款変更の法令違反は対象とすべきではない。

(2)　取得対価の不当性

全部取得条項付種類株式の取得の差止めにおいても、取得対価の不当性が、法文上は差止事由とされていない点を、どのように理解すべきかが問題となる。前述した支配・従属会社間の株式交換等の組織再編行為について示した解釈とのバランスからも、全部取得条項付種類株式の取得対価の不当性自体は、当該株式の取得の差止事由とはならないとしても、当該株式の取得に係る株主総会決議が会社法八三一条一項三号の取消事由に該当するときは、当該株式の差止めを認めるべきであると考える。

従来、全部取得条項付種類株式の取得は、上場会社の完全子会社化またはMBOを目的とした二段階買収の一環として、先行する公開買付けの後に、残存少数株主を締め出す目的で行われてきた。とくにMBOは、MBO対象会社（当該種類株式の取得会社）とその取締役との間に必然的に利益相反構造を内在し、取締役と株主との間に情報の非対称性も存在するものであることから、強制的に締め出されることとなるMBO対象会社の少数株主保護の要請は、支配・従属会社間の組織再編に比しても一層大きいと考えられる。そこで、当該種類株式の取得対価の不当性それ自体は差止事由とはならないとしても、公開買付け後に支配株主となっている買収会社（特別利害関係株主）が議決権を行使したことにより著しく不当な決議がされたときは、当該種類株式の取得決議につき会社法八三一条一項三号の決議取消事由が存するとして、株主総会決議の取消しの訴えの提起を前提とせず、取消事由該当事実が全部取得条項付種類株式の取得を構成する手続の法令違反となり、当該取得の差止事由となると解すべきである。(57)(58)

また、近時の裁判例には、既存の普通株式を全部取得条項付株式に変更の上で取得する一連の手続のために行われた株主総会決議が、「不当性の要件」（会社法八三一条一項三号）を満たすためには、「単に会社側に少数株主を排除する目的があるというだけでは足りず、……少なくとも、少数株主に交付される予定の金員が、対象会社の株式の公正な価格に比して著しく低廉であることを必要とする」と判示したものがある。(59) 仮に、この判旨を前提に反対解釈すると、少数株主の排除目的に加えて対価が著しく不当であれば、決議取消事由となると解釈する余地があると考えられる。(60)

(3) 善管注意義務違反

差止事由たる「法令違反」の中に善管注意義務違反を含むかについても、組織再編行為におけると同様に、これを含むものと解する。全部取得条項付種類株式の取得の差止請求の名宛人も、当該株式を取得する会社自体であって、その取締役ではないが、差止めの対象となる法令に違反する当該株式の取得を実施するのは、代表取締役・業務執行取締役であるから、代表取締役等は法令・定款に違反しないで当該株式を取得することを内容とする善管注意義務を当然に負っていると理解される。

そして具体的に、どのような場合が善管注意義務違反となるかは、東京高判平成二五年四月一七日金判一四二〇号二〇頁（以下「レックス事件東京高判」という）が参考となるであろう。レックス事件東京高判は、取締役および監査役が善管注意義務の一環として、ＭＢＯに際し、公正な企業価値の移転を図らなければならない義務（公正価値移転義務）を負うと解するのが相当であり、ＭＢＯを行うこと自体が合理的な経営判断に基づいている場合でも、企業価値を適正に反映しない買取価格により株主間の公正な企業価値の移転が損なわれたときは、取締役および監査役に善管注意義務違反が認められる余地があると判示している。上記の買取価格とは公開買付価格を意味するものであるが、会社法一七一条の三の文言によると、「全部取得条項付種類株式の取得」が法令・定款に違反する場合と規定されていることから、差止事由の解釈において、公開買付価格の不当性を問うことはできない。しかし、ＭＢＯの一環として行われる全部取得条項付種類株式の取得対価は、当該種類株式の取得に先行して行われる公開買付価格を基準に決定されるのが一般的であることから、企業価値を適正に反映しない公開買付けの買取価格を前提に、取締役会が株主総会に上程する当該種類株式の取得対価（案）を決定したときは、当該取締役会決議に賛成した取締役は、善管注意義務の一環である公正価値移転義務に違反するものと考えられる。

(2) 株式の併合の差止請求

平成一三年六月商法改正（平成一三年法律七九号）以前は、株式の併合が許容される事由が限定されていたが（資本金の額の減少や合併等の組織再編行為を行う場合等。平成一三年改正前商法二一四条一項）、出資単位に関する会社の自治の尊重という観点から、上記の制限を撤廃し、株式併合の必要性の説明と株主総会特別決議を踏めば事由のいかんを問わず株式の併合をできるものとされた。(61) 平成二六年改正法は、株式の併合が企業買収後の残存少数株主の締出し等にも利用されることとなり、その際に一株未満の端数になる部分に係る少数株主を保護するため制度の整備を行った。(62) 株式の併合の差止請求の要件としても、当該行為が「法令又は定款に違反する場合において、株主が不利益を受けるおそれがあるとき」と規定されている（会社法一八二条の三）。

(1) 法令・定款違反および「併合の割合または交付する金銭額」の不当性

株式の併合に関する法令・定款違反の例としては、株主総会決議の瑕疵、通知・公告の瑕疵・虚偽記載、併合の割合の不平等取扱い等が挙げられている。(63) これに対し、法文上、「併合の割合」（会社法一八〇条二項一号）の不当または端数株主に交付する金銭の額（会社法施行規則三三条の九第一号ロ）の不当は差止事由とされていないが、併合後の一株を極端に大きくして、一部の大株主を除き大部分の株主は端株主となってしまうような割合を決めることは、株主平等原則違反（会社法一〇九条一項違反）に当たり、差止事由として扱う余地がある。また、とくに非公開会社の内部紛争に起因する少数株主の締出しのケースにおいては、株式の併合に係る株主総会において、特別利害関係株主（支配株主）が少数株主を締め出す目的で議決権行使したことにより、端数株主に交付される金銭の額が著しく不当となるような決議がされたときは、組織再編や全部取得条項付種類株式の取得に関する解釈と同様に、会社法八三一条一項三号の取消事由に該当し、その該当事実が法令違反に当たるとして、株式の併合の差止めを認めるべきである。(64)

(2) 善管注意義務違反

法令上の事前開示事項として、株式の併合をする株式会社に親会社等がある場合には、当該株式会社の株主(当該親会社等を除く)の利益を害さないように留意した事項が要求されていることから(会社法施行規則三三条の九第一号イ)、全部取得条項付種類株式の取得の場合における「公正価値移転義務」に準じて、端数株主に対し公正な対価を支給する義務があると解すべきであり、かかる義務は、善管注意義務の一内容をなすものと考えられる。この義務に対する違反は、株式の併合の差止事由に当たると解すべきである。

(3) 正当な事業目的

平成二六年改正前において、少数派株主を締め出す現金対価合併については、「正当な事業目的」がなければ、合併契約の承認決議には取消原因があると解する見解が主張されていた。(65) これに対しては、「正当な事業目的」の内容を明らかにしない限り、取引の安全や予見可能性が害されるとする批判が強かった。(66) また、立法論として、株主総会において組織再編行為を必要とする理由の説明を要すべきとすること(手続要件)を提言する見解もあったところ、(67) この立法論は、全部取得条項付種類株式の取得および株式の併合については、二六年改正法によって実現している(会社法一七一条三項・一八〇条四項)。したがって、株式の併合を承認する株主総会において、取締役が「株式の併合をすることを必要とする理由」を説明しなければならないことから、株式の併合の目的に客観的合理性(68)が認められないときは、法定の説明義務に違反するとして差止事由となると考えられる。また、非公開会社の内紛に乗じて多数派株主ないしは支配株主が株式の併合を強行した場合には、株式の併合の目的の不当自体が権利濫用に当たり、民法一条三項違反として差止事由となると解する余地がある。

（3）特別支配株主の売渡株式等の取得の差止請求

特別支配株主の売渡株式等の取得は、全部取得条項付種類株式の取得および株式の併合によるキャッシュ・アウトとは異なり、対象会社の株主総会決議を要しないため、締め出される少数株主が株主総会決議取消しの訴え（会社法八三一条）により、売渡株式の取得の効力を事前に争う余地がないことから、それに代わる売渡株主の事前の救済方法として、差止請求が認められたものであると説明されている(69)。

特別支配株主の株式等売渡請求の差止めの要件としては、①株式売渡請求が法令に違反する場合、②売渡株主に対する通知を要求する規定（会社法一七九条の四第一項一号）または株式等売渡請求に関する書面等の備置・閲覧等の規定（会社法一七九条の五）に違反した場合、③売渡株式の対価として交付する金銭の額若しくはその算定方法、又は金銭の割当てに関する事項が対象会社の財産の状況その他の事情に照らして著しく不当である場合において、売渡株主が不利益を受けるおそれがあるときと規定されている（会社法一七九条の七第一項）。また、特別支配株主が株式売渡請求に併せて新株予約権売渡請求をする場合には（会社法一七九条二項）、売渡新株予約権者の差止請求についても、同様の差止事由が法定されている（会社法一七九条の七第二項）。

上記の差止めの要件は、株主総会決議を経ないで行われる略式組織再編の差止請求（会社法七八四条の二）と実質的に同様の要件を定めるものであって、売渡株式の対価の不当性が差止事由として明文上規定されている（前記③）。もっとも、株式等売渡請求においては、組織再編行為とは異なり、対象会社が取引の当事者ではないことを踏まえ、請求の主体である特別支配株主に法令違反があった場合（前記①）と、対象会社に法令違反があった場合（前記②）とを分けて規定している(70)。

(1)　株式等売渡請求が法令に違反する場合

前記①については、対象会社ではなく、特別支配会社が当事者となるため、定款違反の問題は生じないことから、法文上、定款違反は差止事由とされていない[71]。これに対し、特別支配株主の議決権保有割合を法定の一〇分の九を上回って対象会社の定款で定めた場合において（会社法一七九条一項括弧書）、当該加重要件を満たさない株主からの売渡請求は、法令違反になると解されている[72]。そのほか、①に該当する場合としては、特別支配株主が法定の事項（会社法一七九条の二第一項）を定めずに株式等売渡請求をする場合や有効な対象会社の承認（会社法一七九条の三）を受けていない場合などが考えられる。また、閉鎖会社においては、全部取得条項付種類株式の取得および株式の併合の場合と同様、少数株主の「締出し」自体が「目的の不当な特別支配株主の行為」として法令違反（権利濫用）となる可能性があることが示唆されている[73]。

他のキャッシュ・アウトの手法と同様に、前記①について、対象会社の取締役の善管注意義務違反が「法令違反」に該当するか否かが問題となる。特別支配株主による株式等売渡請求の制度においては、取締役・取締役会の承認を要するとしたのは、売渡株主（少数株主）の利益を保護するために、キャッシュ・アウトの条件が適正なものか、対価の交付の見込み等の判断を行うことを期待したものであり、取締役・取締役会は、会社の利益というよりは、少数株主の利益を保護する職務を負うと説明されている[74]。取締役が負うべき善管注意義務は会社に対するものであるが、少なくとも特別支配株主による株式等売渡請求（新株予約権売渡請求を含む）の承認の場面においては、取締役は、善管注意義務の一環として、「公正価値移転義務」と同趣旨の内容の少数株主の利益に配慮する義務を負うものと解されている[75]。もっとも、かかる取締役の善管注意義務違反は、売渡株式等の全部の取得の差止事由としての「法令違反」には該当しないのではないかと思われる（ただし、対象会社の取締役が売渡株主等に対する損害賠償責任（会社法四二九条一項）を負う余地がある）。上述したように、全部取得条項付種類株式の取得および株式の併合については、法文上、差止請求の名宛人は当該組織再編類似行為を実施する会社であるが、実際に当該行為の実施を決定し実行するのは代表取締役等であることから、取締役の善管注意義務違反は差止事由たる法令違反に該当するという解釈を採った。これに対し、売渡株式等の全部の取得の差止請求の名宛人は特別支配株主であり、対象会社とは別個の人格である特別支配株主の法令違反であることからすれば、他の手法とは異なり、否定的に解すべきである[76]。また、仮に対象会社の代表取締役の行為を対象会社自体の行為と同視し得たとしても、前記②の対象会社の法令違反が売渡株主に対する通知義務違反および株式等売渡請求に関する事前開示義務違反に限定されており、対象会社のその他の法令違反は差止事由とされていないことから、対象会社の取締役の善管注意義務違反が前記②の要件に該当するとは考えられない。

(2)　売渡株式の対価の不当

前記③「売渡株式の対価の不当」については、東証の適時開示規制によって、対象会社から独立した第三者機関が売渡株式の対価を算定することが要求されていることから（有価証券上場規程四〇二条一号ａｑ、同施行規則四一七条一九号）、第三者機関が算定した売渡株式の対価から乖離する対価を決定した場合には、著しく不当な対価として差止仮処分申立てが認められる可能性がある。なお、特別支配株主が株式売渡請求に併せて新株予約権売渡請求をする場合には、売渡新株予約権者の差止請求についても、新株予約権の対価の不当性が差止事由とされていることから（会社法一七九条の七第二項）、売渡請求に際して新株予約権をどのように評価するかという問題が生ずることが指摘されている[77]。

4　差止仮処分命令に違反した場合

特別支配株主による売渡株式等の全部の取得が違法に行われた場合に備えて、売渡株式等の取得の無効の訴え（会社法八四六条の二）が法定されている。売渡株式等の取得の差止仮処分命令違反は、先に検討した合併等の組織再編行為の仮処分命令違反における と同様、売渡株式等の取得の無効の訴えの無効原因となると考えられる[78]。これに対し、全部取得条項付種類株式の取得および株式の併合は、特別の無効の訴えの制度はないため、それらの行為の効力を否定するためには、その承認に係る株主総会決議の効力を争う訴え（会社法八三〇条・八三一条）によるほかないであろう。[79]

(54) キャッシュ・アウトの各手法に関する立法経緯・制度趣旨・問題点については、田中亘「キャッシュ・アウト」ジュリ一四七二号四〇頁（二〇一四年）、石綿学「会社法改正後の世界におけるキャッシュ・アウト」金判一四四二号一頁（二〇一四年）、中東正文「キャッシュ・アウト法制」金融商品取引法研究会編『金融商品取引法制の潮流』八五頁（日本証券経済研究所、二〇一五年）、柴田和史「株式等売渡請求制度」法時八七巻三号三〇頁（二〇一五年）、福島洋尚「特別支配株主の株式等売渡請求」金判一四六一号六八頁（二〇一五年）、和田宗久「キャッシュ・アウト手段としての全部取得条項付種類株式と株式併合」金判一四六一号七七頁（二〇一五年）、西村賢「株式併合等に関する改正事項の検討」今中先生傘寿記念・前掲注（1）四一頁、吉本健一「全部取得条項付種類株式の取得に関する改正」今中先生傘寿記念・前掲注（1）二六九頁、飯田秀総「特別支配株主の株式等売渡請求」商事二〇六三号二九頁（二〇一五年）、舩津浩司「キャッシュ・アウト―全部取得条項付種類株式・株式併合」商事二〇六四号四頁（二〇一五年）、太田ほか・前掲注（1）（下）五頁以下等参照。

(55) 中東・前掲注（54）八七頁、舩津・前掲注（54）四頁～五頁。

(56) 奥山＝若林・前掲注（13）二〇頁。

(57) 吉本・前掲注（54）二七五頁～二七七頁は、会社法八三一条一項三号の前提として、会社は株主総会において特別利害関係株主の議決権行使により著しく不当な決議をしてはならないという（黙示の）法規範が存在し、そのような瑕疵ある総会決議は法令違反であり、これに基づく全部取得条項付種類株式の取得も法令違反であるといえるから差止請求ができると解される。

(58) 江頭・前掲注（9）一五九頁～一六一頁注三六は、買収対象会社の残存少数株主の締出しによる完全子会社について、公開型タイプの会社の買収後の残存少数株主を対象に行われるものは、取得対価の適正性の点は別として、締め出すこと自体は類型的に「著しく不当な決議」に当たらないと解すべきであるが、閉鎖型タイプの会社の内紛に起因する少数株主の締出しについては、「目的の不当性」から会社法八三一条一項三号が適用される余地があるとされる。
(59)　東京地判平成二二年九月六日金判一三五二号四三頁（インターネットナンバー事件）。
(60)　これに対し、福島洋尚「判批」金判一三五九号一九頁（二〇一一年）、同・前掲注(54)七三頁は、目的の不当性（少数株主の排除目的）と対価の水準は次元の異なる問題であるとして、判旨を批判されている。
(61)　山下友信編『会社法コンメンタール(4)』一四二頁～一四三頁〔山本爲三郎〕（商事法務・二〇〇九年）。
(62)　坂本編著・前掲注(4)三〇〇頁。
(63)　江頭・前掲注(9)二八九頁注一。
(64)　江頭・前掲注(9)二八九頁注一・一五九頁注三六は、閉鎖型タイプの会社の内紛に起因する少数株主の締出しについて、株式の併合による場合も、全部取得条項付種類株式の取得の場合と同様に、会社法八三一条一項三号に該当し差止事由となり得ることを示唆されている。これに対し、太田ほか・前掲注(1)(下)六頁は、株式の併合についての対価の不当性を争う手段としては、株主総会決議取消しの訴えまたは新たに創設された反対株主の買取請求もしくは価格決定申立てという事後的な手段に限定されると解される。
(65)　弥永真生『リーガルマインド会社法〔第一三版〕』三三八頁注二二（有斐閣・二〇一二年）。アメリカ会社法における「事業目的基準」（正当な営業上の目的の法理）の分析として、柴田和史「現金交付合併と正当な営業上の目的の法理に関する一試論」柴田和史＝野田博編『会社法の現代的課題』一一頁（法政大学出版局・二〇〇四年）、大塚章男「スクイーズアウトにおける『事業目的基準』の有用性」筑波ロー・ジャーナル二号三三頁（二〇〇七年）参照。
(66)　藤田友敬「企業再編対価の柔軟化・子会社の定義」ジュリ一二六七号一〇九頁（二〇〇四年）、田中・前掲注(2)八一頁、笠原・前掲注(2)一一八頁～一一九頁、石綿学「会社法と組織再編」法時七八巻五号六四頁（二〇〇六年）、三苫裕＝殿村桂司＝遠藤努「ゴーイング・プライベート取引におけるキャッシュ・アウトに関する一試論（上）」金判一四〇五号七頁～八頁（二〇一二年）等。
(67)　北村雅史「企業結合の形成過程」森本滋編著『企業結合法の総合的研究』二一頁（商事法務・二〇〇九年）。上村達男「会社の設立・組織再編」商事一六八七号一三頁（二〇〇四年）は、合併承認のための株主総会決議要件としての正当な理由の開示を求めることを主張されていた。

(68) 船津・前掲注(54)六頁は、少数株主全員を締め出す必要性について、会社の利益という視点から根拠づけて説明する必要があるとされる。

(69) 坂本編著・前掲注(4)二八五頁。

(70) 坂本編著・前掲注(4)二八五頁。

(71) 岩原紳作「『会社法制の見直しに関する要綱案』の解説(Ⅳ)」商事一九七八号四七頁(二〇一二年)、太田ほか・前掲注(1)(下)五頁。

(72) 田中・前掲注(54)四二頁、江頭・前掲注(9)二八一頁。

(73) 江頭・前掲注(9)二八一頁・一五九頁注三六。

(74) 岩原紳作=坂本三郎ほか「〈座談会〉改正会社法の意義と今後の課題(下)」商事二〇四二号一三頁〔岩原紳作発言〕(二〇一四年)。

(75) 岩原=坂本ほか・前掲注(74)一三頁〔岩原発言〕、福島・前掲注(54)七三頁。なお、株式等売渡請求における取締役の義務に関する詳細な研究として、玉井利幸「株式等売渡請求、キャッシュ・アウト、取締役の義務(1)(2)」南山法学三六巻三=四号二三七頁以下(二〇一三年)、三七巻三=四号一九九頁以下(二〇一四年)参照。

(76) 太田ほか・前掲注(1)(下)五頁。

(77) 石綿学「会社法改正後の世界におけるキャッシュ・アウト」金判一四四二号一頁(二〇一四年)。

(78) 江頭・前掲注(9)二八二頁注二。これに対し、酒巻俊雄=龍田節編集代表『逐条解説会社法(9)』二一一頁〔橡川泰史〕(中央経済社・二〇一六年)は、差止仮処分命令を無視したことを無効原因とする意義はないとされる。

(79) 吉本・前掲注(54)二八一頁は、全部取得条項付種類株式の取得および株式の併合の無効については、民法および民事訴訟の一般原則により、無効原因がある限り、誰でも、いつでも自由に主張できるとされる。しかし、このような無効の主張は法的安定性を害するので、株主総会決議の効力を争う訴えしか認められないと解すべきである。

七　結　語

組織再編等の差止請求については、その規定の文言上、差止事由が非常に限定されていること、ならびに裁判所は差止仮処分命令の発令に際し高額の担保を立てることを要求するであろうこと(80)（民事保全法一四条）を考慮すると、経済界や裁判所が懸念していたような差止制度の濫用のおそれは、それほど大きくはないように思われる。この差止請求の制度が、違法な組織再編等の実施を抑止する機能を有することに異論はないであろうが、それ以上にどのような意義や機能を有するかについて、組織再編の場合（合併、会社分割、株式交換および株式移転）と、組織再編類似行為（全部取得条項付種類株式の取得、株式の併合、特別支配株主の株式等売渡請求）の場合に分けて整理しておきたい。

組織再編については、一般論としては、中小会社であれば、法令上の手続に違反する組織再編が行われる危険はあり得るが、他方、会計監査人監査を強制されている大会社、とりわけ金融商品取引所上場会社において、明白な手続違背がある組織再編を実行することはほとんど考えられない。しかも、独立当事会社間の組織再編では、一般に公正と認められる手続により組織再編の効力が発生した場合、特段の事情がない限り、組織再編の条件は公正なものであると解するのが判例の立場であることから、裁判上、組織再編の条件（対価）の不当を争うことは困難であろう。これに対して、中小会社のみならず上場会社等においても、支配・従属会社間の組織再編においては、支配会社が従属会社の取締役に対し不当な影響力を行使し、従属会社の株主に不当な対価が決定されるおそれがあることから、組織再編の対価の不当それ自体を差止事由とすることはできないとしても、特別利害関係株主による不当な決議に基づく組織再編については、少数株主保護のために、その差止めを争う余地を残しておくべきである。

組織再編類似行為においては、元々、少数株主の締出しを目的として行われるものであるから、支配株主と対象会社の少数株主間の利害対立（全部取得条項付種類株式の取得および株式等売渡請求の場合）、株式の併合を実施する会社の支配株主と少数株主の利害対立（株式の併合の場合）は顕著であって、少数株主保護の要請は一層大きいものである。組織再編類似行為の実現を前提に、株式買取請求制度や価格決定申立制度によって少数株主の経済的保障を図るだけでなく、少数株主には、当該行為を差し止めるという選択肢を保障すべきである。

平成二六年改正法は、三つの組織再編類似行為の制度間の不均衡を是正しており、立案担当者も統一的な解釈を志向しているようである。もっとも、とくに株式等売渡請求による売渡株式等の全部の取得の差止請求については、差止請求の名宛人が特別支配株主である点や対価の不当が法文上も差止事由とされている点で、他の二つの組織再編類似行為とは規制が異なることから、各行為の差止要件については、必ずしも同一の解釈を採ることはできない。従来、上場会社の完全子会社化を目的とする少数株主の締出しの事案においては、税法上の理由等から、全部取得条項付種類株式の取得制度が利用されることが多かった。しかし、その手続が煩雑なこともあり、今後は、支配株主が株式会社の総株主の議決権の一〇分の九以上を取得できていれば、特別支配株主の株式等売渡請求制度が活用されることが予想されるところ、手続上の違反のみならず、少数株主が著しく不当な対価を理由に差止仮処分命令の申立てを行うケースが少なからず現れることが予想される。また、非公開会社ないしは同族会社等においては、株主間の内紛に起因して著しく不当な株式の併合が強行される事案の発生がないとはいえず、株式の併合の承認に係る株主総会において取締役が説明義務に違反したことや、株式の併合の目的の不当自体が民法一条三項（権利濫用の禁止）に違反したことが差止事由に当たると解する余地があるだろう。

(80) 組織再編の差止仮処分命令についてみれば、当該命令によって、当初の計画どおりに組織再編が行えなかったことにより当事会社が被る損害を担保するものであるから、組織再編による経済的利益は高額に上る場合が多く、それに伴って担保額も高額になる可能性があることが指摘されている。奥山＝若林・前掲注（13）一九頁。なお、甲府地判昭和三五年六月二八日判時二三七号三〇頁は、山梨交通株式会社（資本金二億円。非上場会社）の合併決議の執行停止仮処分命令事件において、昭和三五年（一九六〇年）当時、裁判所は債権者に対し一、〇〇〇万円の立担保を要求した。

結合企業における物上保証に対する否認権行使
――ＬＢＯ融資否認と昭和六二年最判の比較検討――

遠藤直哉

はじめに

筆者は中央大学から「取締役分割責任論」をもって法学博士を授与されるにあたり、高窪利一教授と永井和之教授の御指導をいただいた。実務からの発信を認めていただいた学恩に報い、本稿でも日本の実務から比較法的、法社会学的、学際的に大胆に学説を検討する方法論を提起させていただくものである。平成九年に独占禁止法改正により純粋持株会社が解禁になり、その後、欧米を参考に会社法改正において結合企業グループの組織再編の促進がされた。M&Aが少しずつ増加していった。結合企業では一体としての資金調達が行われた。ＬＢＯ（Leveraged Buyout：買収先の資産を担保とする買収）やＭＢＯ（Management Buyout：会社経営陣による買収）の手法が使用された。その際に、グループ内での物上保証が行われてきたが、倒産法における否認権行使が可能かが問題となる。同種事案の最判昭和六二年七月三日（民集四一巻五号一〇六八頁）（以下「昭和六二年最判」という）は、同族会社の代表取締役個人が物上保証したものを無償否認した事例であるが、二名の反対意見が出され、その後、伊藤眞教授らによる否認権行使否定の多くの論文が出された。しかし、平成一六年倒産法改正を経ても、論点整理と方向性が明らかにされないままに、東京地裁破産部では、管財人や監督委員が一般金融機関に対してもＬＢＯの物上保証を含めて否認権行使の申立てがされている。申立て前の交渉、または訴訟中の和解で終了している状況である。本稿では、欧米における会社法改正に合わせた世界的な倒産法改正の動向を前提として、Ｍ＆Ａの主たる手法であるＬＢＯの物上保証に対する否認権行使を否定すべきことを論証し、昭和六二年最判を変更すべきことを理由づける。従前の倒産法からの分析だけでは限界があるので、会社法からの分析も試みるものである。なお、否認権に関する倒産法の条文は全く同一である上に、ＬＢＯ融資においては、民事再生法の適用が多いと言えるので、以下すべて民事再生法の条文をあげる。

一　改正倒産法下の物上保証に対する否認権

1　条文の構成と解釈

(1)　同時交換的行為の除外

①　二元説

改正倒産法下の否認権の大原則は、一般的経済取引を保護するために同時交換的行為を否認対象外とすることである。つまり、同時交換的行為としての売買や金銭貸借（担保設定も含む）は対象外とされ、既存の債権者との間の取引も含めて、ニューマネーの導入はすべて否認されないこととなった。

同時交換的行為の除外は、危機時期か否かを問わず、取引の安全と債務者の経済活動の自由を保障するものである。否認の範囲を明確化し、新しい債権者の経済的合理性と予見可能性を充足できることとなった。同時交換的行為の除外は詐害行為否認・偏頗行為否認のいずれにも適用される倒産法に通底する大原則であり、①詐害行為否認は等価性（交換性）を欠くもの、②偏頗行為否認は等価性はあるが、平等性を欠くもの、との明確な二元説が取られることとなった。旧法では、偏頗行為は名目的に対価関係にあっても、実質的には債権の実質的価値が下落している場合には、均衡を欠き実質的財産減少行為にあたるという実質的考察に基づく実務主導の一元説が支配していたが二元説への転換がされた。以上の構成は、東京地裁破産部に提出された小林秀之教授の鑑定意見書の骨子であり、未だ体系書においても明記されていないもので[1]、分かりやすく正確な解説と言える[2]。米国連邦倒産法でも同様であり[3]、これに影響を受けたドイツ法、フランス法でもほぼ同じと言える[4]。これに対して、体系書では、偏頗行為否認が既存の債務についての支払と担保供与のみを対象とした意味は、同時交換的行為を除外し、新規融資を可能にしたとの説明に止まっている。そこで、管財人や監督委員からは、詐害行為否認については、同時交換的行為が一切除外されるわけではなく、とくに担保供与や物上保証については同時交換的行為ではない、または仮にそうであっても除外されないとの見解が出され、物上保証を贈与と同一視し、否認権が行使されてきている状況がある。本稿では、物上保証を同時交換的行為として否認できないとの結論をとり、これについて商法学を含めて理由づけるものである。

イ　詐害行為否認（交換性の欠如）（民事再生法一二七条）

破産者の責任財産を減少させ、債権者を害する行為である。交換的でないもの、つまり対価性に欠けるものを対象とする。

一項では担保供与は常に対価性があるとみなされて対象外と明記されているが、三項では記載されていない。

一項　詐害行為否認（贈与・廉価売買）

一号　（危機時期に）破産者が債権者を害することを知ってした行為（故意否認）（受益者が善意のとき除く）

二号　支払停止等の後の債権者を害する行為（危機否認）（受益者が善意のとき除く）

三項　無償行為否認（贈与）――　支払停止後またはその前六月以内の行為（受益者が善意のとき除かず）

物上保証を贈与と同視し、一二七条三項の無償行為否認ができるとすると、同条一項一号での否認も可能か、一項の担保供与除外の担保には物上保証は含まれないのかが問題となる。まず、贈与について、一二七条一項による否認に贈与を含むとの見解を妥当と考える。なぜならば、贈与と廉価売買は量的な差にすぎない。また、三項で支払停止の前六月以内の行為の場合、明確に無償行為を否認できるが、それ以前の贈与を否認できない理由はない。そこで、三項では、受益者の善意を問わず広く否認を認めるが、一項一号では、六月前の時期より前でも受益者の善意のときを除いて否認を認めることとなる。よって、一項では、無償行為を含めて対価性の欠けるもの全部について否認できるとし、その主観的要件を定めた。その大きな枠内で、三項で支払い停止後またはその直前の無償行為については主観的要件を排除したにすぎない。つまり三項は本来は一項の但書にすぎず、一項の一部修正にすぎない。解釈論でも同様に扱うべきこととなる。以上によれば、一項で担保供与を除外している趣旨は、三項でも同じに貫かれるべきで、担保供与は三項でも除外されることとなる。

ロ　偏頗行為否認（同時性の欠如）（民事再生法一二七条の三）

同時性に欠けるもの、つまり一方の行為（貸付など）が終了しているものを対象とする。すなわち、等価性行為でも既存債務に対する弁済や担保設定が平等性を欠くときには否認対象となる。既存の債権も毀損され減価されたものとは考えない。

「支払不能後の行為（非義務行為の場合、支払不能前三〇日以内の行為も否認対象）」と「弁済を受ける債権者が支払不能を知っていたこと」を要件とする。

ハ　代物弁済（民事再生法一二七条二項）

過大な弁済部分は詐害行為否認が、相当な弁済部分は偏頗行為否認が適用となる。

本来一二七条二項に入れるべきでない。後記三4のとおり、外国法と同じように分かりやすく、一つの条文に上記の最も狭いロからイ、ハの順に要件を簡潔に明記すべきである。

② 同時交換的行為の例外（民事再生法一二七条の二）

取引の外形を有していても、横領や背任に類する実態がある場合には、実質的に等価性がない。そのため、形式上同時交換的行為であっても例外的に否認の対象とする。同時交換的行為が詐害性を有する極く例外的場合には、新設された民事再生法一二七条の二により捕捉されるのである。民事再生法一二七条の二は詐害行為否認の特則であるから、同時交換的行為が詐害行為否認に対しても妥当することは明らかである。(5)

(2) 担保供与

① 担保供与の除外

イ　一二七条の三第一項「既存の債務についてされた担保の供与又は債務の消滅に関する行為に限る。」

既存の債務についての担保供与は、偏頗行為否認の対象になる。他方、新規の債務についてされた担保供与は、債権者に対してであれ、否認対象にならない。

ロ　一二七条一項「担保の供与又は債務の消滅に関する行為を除く。」

明文で一切の担保供与は否認対象から除外され、物上保証も除外された。既存の債務についての担保供与は、上記のとおり偏頗行為否認のみとして扱い、詐害行為否認の対象としない。新規の債務（ニューマネー）についての担保供与は、当然に詐害行為にならないことを明確にした。担保供与には必ず現実の資金導入が伴うからである。そして、担保物件の一部の価値に対応する融資でも否認されないことは当然である。

上記見解に対して、一項には担保供与除外規定があり、三項には担保供与除外規定がないため物上保証は上記一項の「担保」に含まれず、贈与と同視し、否認対象から除かれないとの見解があるので、以下これについても反論を加える。

② 融資部分についての同時交換的行為

イ 未融資部分の価値の保持

担保は、一般に七掛《かけ》で融資されている。三割は、担保提供者に保持されている。しかし、一〇億の土地に一億の普通抵当をつける場合、一〇億の根抵当の極度額で一回目一〇〇万円、二回目一、〇〇〇万円から貸し付ける場合、または設定後に時期を置いてから融資実行する場合など様々にありうる。いずれも余剰部分は、提供者に保持されている。融資実行された貸金の部分では対価性がある。しかし、その余剰部分は、売買、代物弁済のように外部に流出せず保持されている。余剰部分に追加の融資が実行されれば対価性を充足できる。つまり、余剰部分とは将来的には対価性を充足できるものである。

それ故、担保とは本質的に全体として同時交換的行為とみなされた。一二七条一項で、新規の担保供与を除外した最大の理由である。

ロ 主たる債務者としての担保提供

仮に一二七条を適用すると、主たる債務者としての担保提供について、一項と三項では区別はない。一項では「一部融資済」、三項は「今後融資予定」となる。いずれも余剰部分があり、この違いに実質上の差はなく、除外規定がないからと三項のみで否認権を認める合理性はない。このことは、三項においても一項を準用して、「担保供与を除外する」と解釈すべき決定的理由となる。（三項で「今後融資予定」を否認することを認める場合には、「支払停止後またはその六月以内」に限り、否認できることとなる。しかし一項では、除外規定があるから、その前の実質的危機時期には否認できないこととなる。他方、贈与では一項でも三項でも否認できる。物上保証を贈与と同視すると否認できることとなり、他方、主たる債務者の担保供与を否認できないので、整合性が取れなくなる）。

③　物上保証

イ　対価性

物上保証においては、主たる債務者が融資金を受領するが、設定者は融資金を受領しないので、本来的に融資金との間に対価性はない。融資金との間の対価性は主たる債務者との間に存する。しかし、まったく無関係な者への物上保証はありえない。同時交換的行為（対価性）か否かを問題にするには、同族会社、親族間、グループ会社間、M&A（LBO）などを前提として、グループとしての対価性を捉えると整合的解釈が可能となる。融資実行分以外の余剰部分は保持されている点で、上記のとおり、主たる債務者の担保設定と同じであり、一二七条一項で除外され、三項でも除外されなければ整合性は取れなくなる。平成一六年改正は、一項で明文で物上保証を除外することにより、三項でも当然に除外されることとし、昭和六二年最判の否認権を否定して問題を解決したとみるべきである。

利害を共通にするグループ内で新規資金を導入するときに物上保証を利用することは、一般的経済活動だからである。

ロ　一項と三項の整合性

仮に物上保証に一二七条を適用する場合、否認権を一項に適用できず、三項のみに適用する合理性はまったくない。物上保証を贈与とみなして、一項の明文に反してまで、一項を適用することはできない。

ハ　現存利益の返還（一三二条）

物上保証の場合には、無償行為否認が成立すれば、抵当権等が抹消される（一三二条一項）。その結果、融資した金融機関などの債権が一方的に無担保債権となって回収できなくなるので、妥当な結論ではない。そこで一三二条二項の善意者（債権者・受益者）が否認をされても現存利益を償還すれば足りるとの条項を適用し、「保証・物上保証は存続する」との前提にたって、保証料相当額を現存利益とする見解、(6)「債権者は融資という出えんをしているので」償還すべき金額はゼロであるとする見解がある(7)。これらは通説的見解といってよい。その実質的理由は、物上保証には対価関係があり、否認する必要がないというものであり、本稿の結論と変わりはないと言える。つまり、善意の範囲を広く認定していくこと、または善意とは一般的に救済融資としての認識さえあれば充分とすれば、結合企業グループへの融資を否認しない結果と同じになる。しかし結論として、新規融資者の主観で区別する解釈論は、法的安定性、予測可能性、事実認定の適正性を欠くことになり、客観的基準を中心とする欧米法の標準から乖離することになる。

2　昭和六二年最判とその後の判例・学説

昭和六二年最判は、物上保証を贈与と同一視し、否認を認めた。しかし、その後、この最判を強く批判するいくつかの学説が現れ、類似判例では縮小解釈するものもあったが、倒産法改正後においても通説は最判の立場を踏襲した。そして、ＬＢＯの物上保証否認や、一二七条一項の詐害行為否認については未だ検討されておらず判例もない。

(1)　昭和六二年最判

①　多数意見（代表取締役の連帯保証・担保提供）

「破産者の担保の供与は、破産者がその対価として経済的利益を受けない限り、破産法七二条五号にいう無償行為に当たるものと解すべきである（大審院昭和一一年(オ)第二九八号同年八月一〇日判決・民集一五巻一六八〇頁参照）。その無償性は、専ら破産者について決すれば足り、受益者の立場において無償であるか否かは問わないばかりでなく、前記保証等の行為とこれにより利益を受けた債権者の出捐との間には事実上の関係があるにすぎず、また、破産者が取得することのあるべき求償権も当然には右行為の対価としての経済的利益に当たるとはいえないところ、いわゆる同族会社の代表者で実質的な経営者でもある破産者が会社のため右行為をした場合であつても、当該破産手続は会社とは別個の破産者個人に対する総債権者の満足のためその総財産の管理換価を目的として行われるものであることにかんがみると、その一事をもつて、叙上の点を別異に解すべき合理的根拠とすることはできないからである。」とした。

② 二名の反対意見

「債権者としては、保証等がなければ出捐をしなかつたはずであるが、それが否認されると債権者の出捐だけがそのまま残ることになり、その立場は著しく害されるのであつて、贈与が否認された場合の受贈者の立場とは甚だしく異なる。このような場合までをも無償行為とみて、当事者の主観のいかんを問わず、客観主義的な無償否認を許すのは、法の趣旨とは考えられない。」および「主たる債務者が破産者及びその一族の所有かつ経営にかかるいわゆる同族会社であり、破産者がその代表者で名実ともにこれを支配しうる経営者であるような関係にあつて、債権者が破産者の保証若しくは担保の供与（以下「保証等」という。）があればこそ会社に対して出捐をしたものであり、かつ、会社が右出捐を得られないことになれば、その営業の維持遂行に重大な支障を来たすため、破産者自らこれに代わる措置を講ずることを余儀なくされたなどの事情があって、実質的に、破産者が会社に対する善管注意義務ないし忠実義務を履行するとともに自己の出資の維持ないし増殖を図るため保証等をしたものといえるときには、破産者自ら直接ないし間接に経済的利益を受け破産財団の保全に資したものとして、右行為は無償行為には当たらないものと解するのが相当である。」とした。

(2) その後の判例・学説等

① 昭和六二年最判批判

上記昭和六二年最判には批判が多い。この最判の引用する大審院判例は、銀行（破産会社）が連帯保証をしていた事案であって、担保供与（別除権）の否認ではなく、一般債権の認否の問題であり、事案がまったく異なる。また同族会社の事案でもなかった。大審院判例自身が主たる債務者への出捐により保証人が経済的利益を受ける場合には、明確に否認できないとの例外を認めていたのは、当時の多数説と同一であり、上記反対意見も指摘している。昭和六二年最判は同族会社の事案であって、大審院判例が述べた例外に含まれるものである。昭和六二年最判は理由なく大審院判例や多数説を排斥したことになった。

その後、親子会社や実質上債務者の一事業部門というべき場合に無償性を否定するべきとの意見[8]、外国法を検討しつつ、上記二名の反対意見を支持する意見[9]が出された。

とくに伊藤眞教授は、無償性が否定される場合として、「保証人が会社の代表者であり、しかもその実質的所有者であって、会社の株式の保有などが保証人自身の財産にとって重要な意味をもっている場合、保証人である親会社が主債務者たる子会社の株式を保有している場合、あるいは関連会社間にこうした関係がみられる場合などが、主債務者に対する出捐によって保証人自身が経済的利益を受ける場合」や「法人格否認の法理を適用できる場合」とした[10]。

そしてまた「倒産者にとって、当該物上保証が、取引としての利益交換的な合理的なものであるか否かが判断基準になり、倒産者が経済合理的な行動をとった場合には、その取引の安全保護の法益のほうが、一般債権者の「配当財源期待」よりも保護されるべきである。」との見解が続いた[11]。

最高裁調査官解説でも、親子会社の関係にある場合や法人格否認の法理の適用される場合などには、今後の課題とし、多数の最判批判の文献を紹介していた[12]。

上記批判により、以下のとおりの判例が出された。最判平成八年三月二二日（金法一四八〇号五五頁）およびその原審東京高判平成四年六月二九日（金法一三四八号三四頁）（否認権否定例）（代表者夫婦の連帯保証）では、「会社代表者夫婦は会社が信用金庫の債務について連帯保証をしていたところ、上記債務を信用保証した信用保証協会に対し会社が負う求償債務について代表者夫婦が本件連帯保証をしたとしても従前以上の負担を負うことになったわけではなく、本件連帯保証によって代表者夫婦の一般債権者が害され、ひいては破産財団が害されたとはいえず、否認は許されない」とした。

東京高判平成一二年一二月二六日金判一一一四号一四頁〔否認権否定例〕（代表取締役の連帯保証・質権設定）では、「株式会社の代表取締役であった破産者が同社の連帯保証人として債権者に対する根保証債務を担保するために破産者の有する生命保険の解約返戻金等請求権に根質権を設定した場合において、破産者は、契約関係全体から生じる利益状況を総合的に判断して経済的利益を得た」と認定した。

大阪高判平成一三年一二月二一日LLI／DB登載〔否認権否定例〕（対価性あり）では、「本件保証は、更生会社自身が融資を得るためのものであって、本件保証と引換に控訴人から更生会社の預金口座に直送された金員を本件保証の対価と見なしうることは明らかである。」とした。

② 体系書の昭和六二年最判踏襲

上記のとおり、昭和六二年最判は相当批判され、判例でも限定的傾向もみられる。しかし、故意否認やLBOについての判例は未だ現れない状況の中で、体系書では、改正倒産法の担保除外規定や結合企業の資金導入の必要性に触れることなく、いわば無批判的にこれを紹介するに止まった。以下の判例もあり、議論の進展はみられなかった。

大阪高判平成二二年二月一八日金法一八九五号九九頁〔否認権肯定例〕では、「金融機関の与信が破産者による保証ないし物上保証と同時交換的にされた場合であっても、同保証は無償行為否認の対象となる」と判断した。

東京地判平成二三年三月一日判タ一三四八号二三六頁〔否認権肯定例〕では、「受益者（抵当債権者）から新規出損がないうえ、実質上グループ外の第三者の既存の債務を付け替えたにすぎない。実質的にはグループ外への贈与に等しい事案であり、否認される理由も認められる。」とした。

（1） 伊藤眞『破産法・民事再生法〔第三版〕』（有斐閣・二〇一四年）、伊藤眞編『条解破産法〔第二版〕』（弘文堂・二〇一四年）、竹下守夫編集代表『大コンメンタール破産法』（青林書院・二〇〇七年）、園尾隆司＝小林秀之編『条解民事再生法〔第三版〕』（弘文堂・二〇一三年）。

(2) 小林秀之教授は、二元説を現行倒産法が採用していることを決定的に示す条文として、民事再生法一二七条二項があり、不均衡代物弁済の財産減少性について、一元説の前提となる実価基準説を排除していることが、多くの学説によって挙げられているとする（水元宏典「新しい否認権制度の理論的検討」ジュリ一三四九号五九頁（二〇〇八年）、伊藤眞ほか「［研究会］新破産法の基本構造と実務⒃」ジュリ一三一五号一七〇頁・一七七頁〔山本克己発言〕（二〇〇六年）。

(3) 高木新二郎『アメリカ連邦倒産法』一四一頁（商事法務・一九九六年）、渡邊光誠『最新アメリカ倒産法の実務』七〇頁（商事法務・一九九七年）。斉藤真紀「子会社の管理と親会社の責任（1）」法学論叢一四九巻一号二〇頁〜二一頁（二〇〇一年）。

(4) 三上威彦『ドイツ倒産法改正の軌跡』三〇七頁（成文堂・一九九五年）、木川裕一郎『ドイツ倒産法研究序説』一七二頁（成文堂・一九九九年）、小梁吉章『フランス倒産法』二二一頁（信山社・二〇〇五年）、吉野正三郎『ドイツ倒産法入門』三三頁（成文堂・二〇〇七年）。

(5) 潮見佳男『民法（債権関係）の改正に関する要綱仮案の概要』七一頁〜七二頁（金融財政事情研究会・二〇一四年）によれば民法改正でも同じ条文を作り、新たな借入れ行為とそのための担保の設定（「同時交換的行為」）の例外としての詐害行為を認めた。

(6) 三ケ月章『条解会社更生法（中）〔補訂版〕』一八三頁（弘文堂・一九九八年）、伊藤編・前掲注（1）一一三七頁。

(7) 岡正晶「結合企業・グループ企業による物上保証と無償否認」清水直編『企業再建の真髄』五六九頁以下・五七七頁（商事法務・二〇〇五年）。

(8) 田原睦夫「保証と破産法七二条にいう無償行為」金法一一八二号六頁（一九八八年）。

(9) 佐藤鉄男「破産者の保証または担保の供与と無償否認」ジュリ九〇五号八一頁以下・八六頁（一九八八年）など。

(10) 伊藤眞「保証又は担保の供与と破産法七二条五号にいう無償行為」判時一二七三号二〇五頁以下・二〇九頁（一九八八年）。

(11) 岡・前掲注（7）五七七頁。

(12)　篠原勝美『最高裁判所判例解説民事篇（昭和六二年度）』三八八頁・三八九頁・三九三頁（一九九〇年）。

二　M&Aと同族企業における抵当権設定の事例検討

一1の結論の妥当性を下記のとおり事例で示し、さらにLBOにおける特殊性を三で論ずる。

1　事例検討

M&Aパターンでは、事業会社Kは土地三〇億円とこれに見合うA銀行の抵当債権三〇億円を負い、別に一般債権一〇億円を負う事例である。債務超過となっているので、支払不能や支払停止が問題となる。もしゴルフ場であれば、預託金五〇億円（退会を条件とする債務）として、その内一〇億円が退会という条件成就により期限到来の債務という例を想定する。株主の会社K_1は、自分の会社を守るため、グループからKを切り離して全株を売却しようとする。Kの事業の将来性に価値あると認める者が株価〇《ゼロ》であれば購入するが、抵当債権を消滅させる資金調達が問題となる。K_1がK_2への株式売却をすることになったとき、A銀行の抵当権債権への弁済をし、B銀行からの融資を受け、K所有土地に抵当権を設定する行為が否認権の対象とならないかが問題となる。つぎに、同族会社パターンは、昭和六二年最判事例を含むもので、債務者会社は、取引債権一億円、リース・クレジット債権三億円、金融債権一〇億円を負い、株主社長は後者二者に連帯保証し、新たに新規に銀行から一億円を借り入れ担保設定する事例である。結論として、以下の六つのパターンにおいて、すべて否認権は成立しないと解すべきである。

(1)　M&Aパターン（抵当権継続型）

下記三パターン（M&A型）を比較すると、会社Kの土地担保が継続される点で、実質上まったく同じであることが

M&A パターン１（抵当権譲渡型）

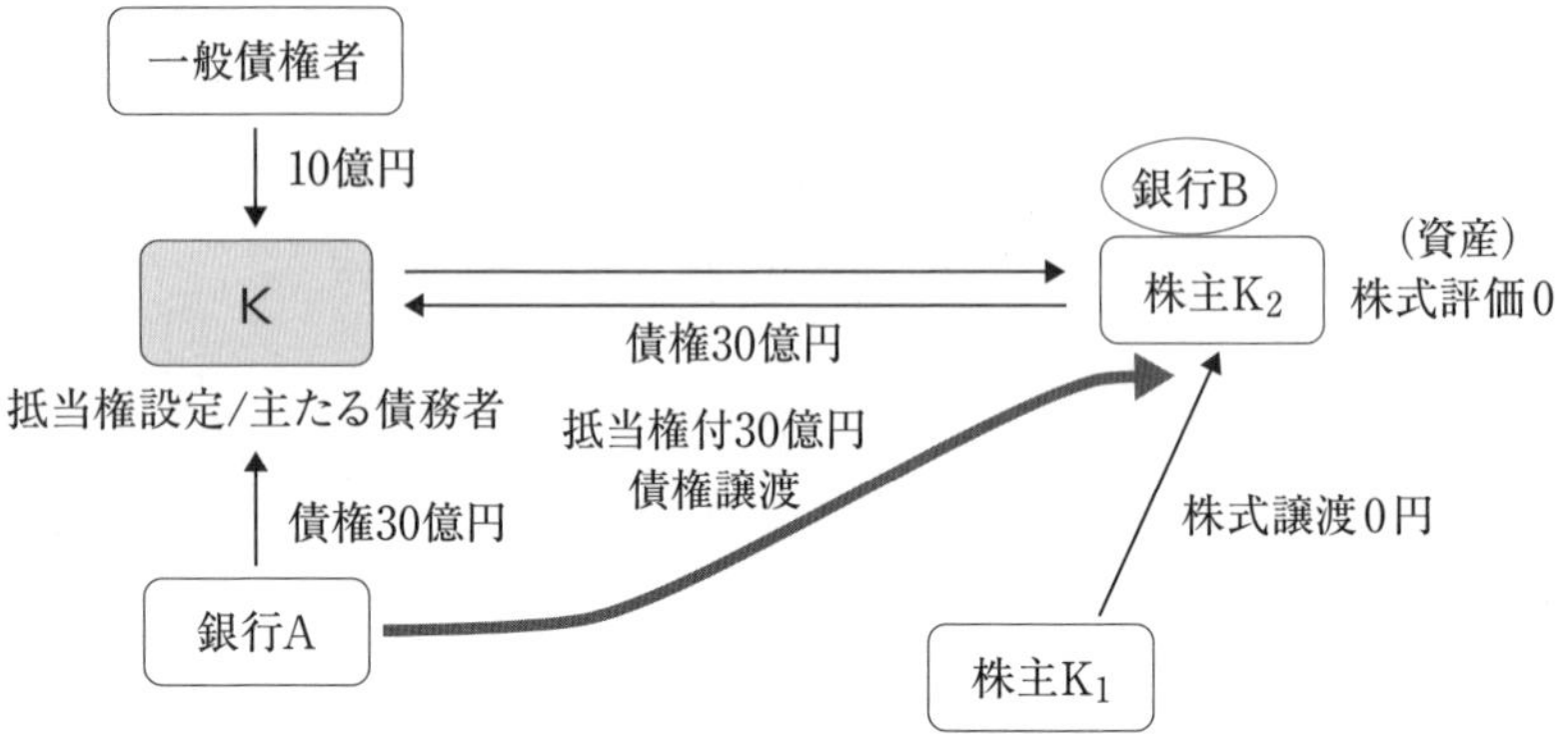

証明される。いずれも既存の抵当権は切り替えも含めて継続していると考えられ、一般債権者も抵当権の存在を知っており、否認されるものではない。簡略化のために、抵当権付債権、抵当権極度額、物件評価および株式売買代金（評価額）を三〇億円と仮定する。

① M&Aパターン１（抵当権譲渡型）

銀行AはKに対する抵当権付債権三〇億円をKの株主K_1の指示で譲り渡すと仮定し、K_1は当該債権と株式を合わせて三〇億円でK_2に売却した場合（内訳：抵当権付債権三〇億円、株式評価額〇《ゼロ》円）。

銀行Aの抵当権はK_2（B銀行）に切り替えられる。K_1とK_2の取引はKの財産に新たな影響を及ぼすものではないため、当該譲渡後にKが民事再生申立てをしたとしても、既存の抵当権の譲渡または抵当権の切り替え設定は否認対象行為とならない。

パターン１図は抵当権が銀行Aから株主K_1の指示でK_2へと譲渡される事例である。

結論として、否認権は成立しない。

② M&Aパターン２（抵当権切替・間接ルート型）

K_1がKに増資（その後減資する例である）をして、A銀行へ返済を完了する。K_1はK_2へ株式売却をするに際し、K_2はKが金融機関Bから三〇億円を借り入れ、Kの所有する不動産に抵当権を設定し、同時に、KがK_2に三〇億円を貸

M&Aパターン２（抵当権切替・間接ルート型）

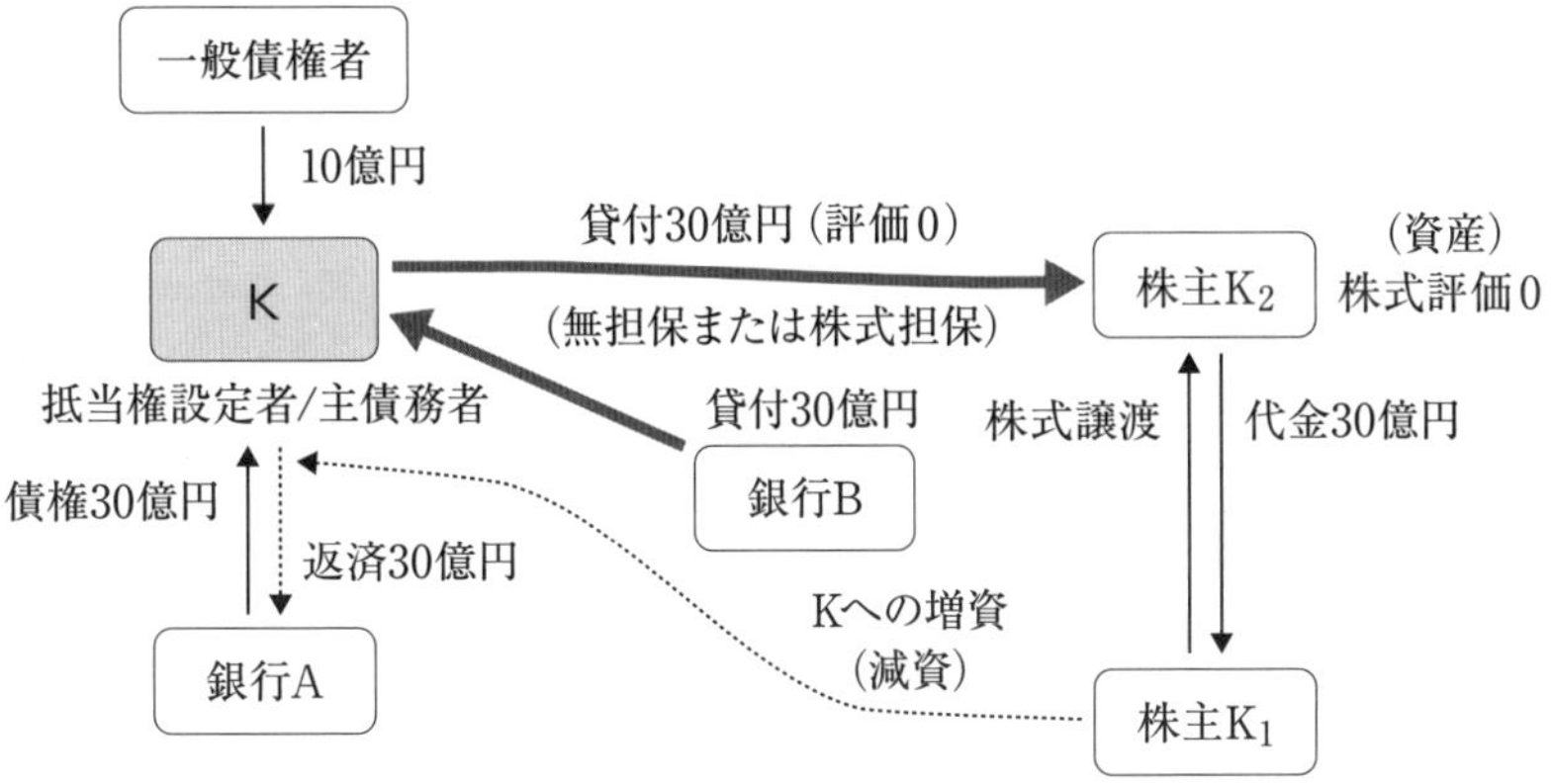

し付け、K_2は当該借入資金を原資としてK_1からKの株式を三〇億円で購入した場合。

銀行Aの抵当権は、銀行Bの抵当権に切り替わったと言える。結果として、金員はB↓K↓K_2↓K_1↓Aに回っている。Kが金融機関から借り入れた際に抵当権を設定した行為は、既存の抵当権を利用した面と、再生債務者にニューマネーをもたらす金融取引の一環（同時交換行為）の面がある。当該借入れ後にKが民事再生申立てをしたとしても、抵当権設定は否認対象行為とならない。Kが借入金をK_2に貸し付けたとしても、この理は変わらない（ニューマネーの使途は否認との関係で問題とならない）。そして、K_2の資産（株）価値が〇《ゼロ》であるので、この三〇億円の貸付金の評価は〇となる。ゴルフ場のM&Aとして、K_1が上場企業であり、Kの増資をして、KからAに全額返済し、抵当権を抹消し、その後数年してK_1からK_2に株式売却される事例が想定できるが、同じ類型として同じ結論となる。

③　M&Aパターン３（抵当権切替・直接ルート型）

K_1からK_2への株式売却に際して、K_2は金融機関Bから三〇億円を借り入れ、Kが所有する不動産に抵当権を設定し（物上保証）、同時に、K_2は当該借入資金を原資としてK_1からKの株式を三〇億円で購入した場合。

結果として、金員はB↓K_2↓K_1↓Aに回っている。銀行Aの抵当権が銀行Bの抵当権に切り替わるだけであり、銀行としての担保把握、債権者か

M&A パターン3（抵当権切替・直接ルート型）

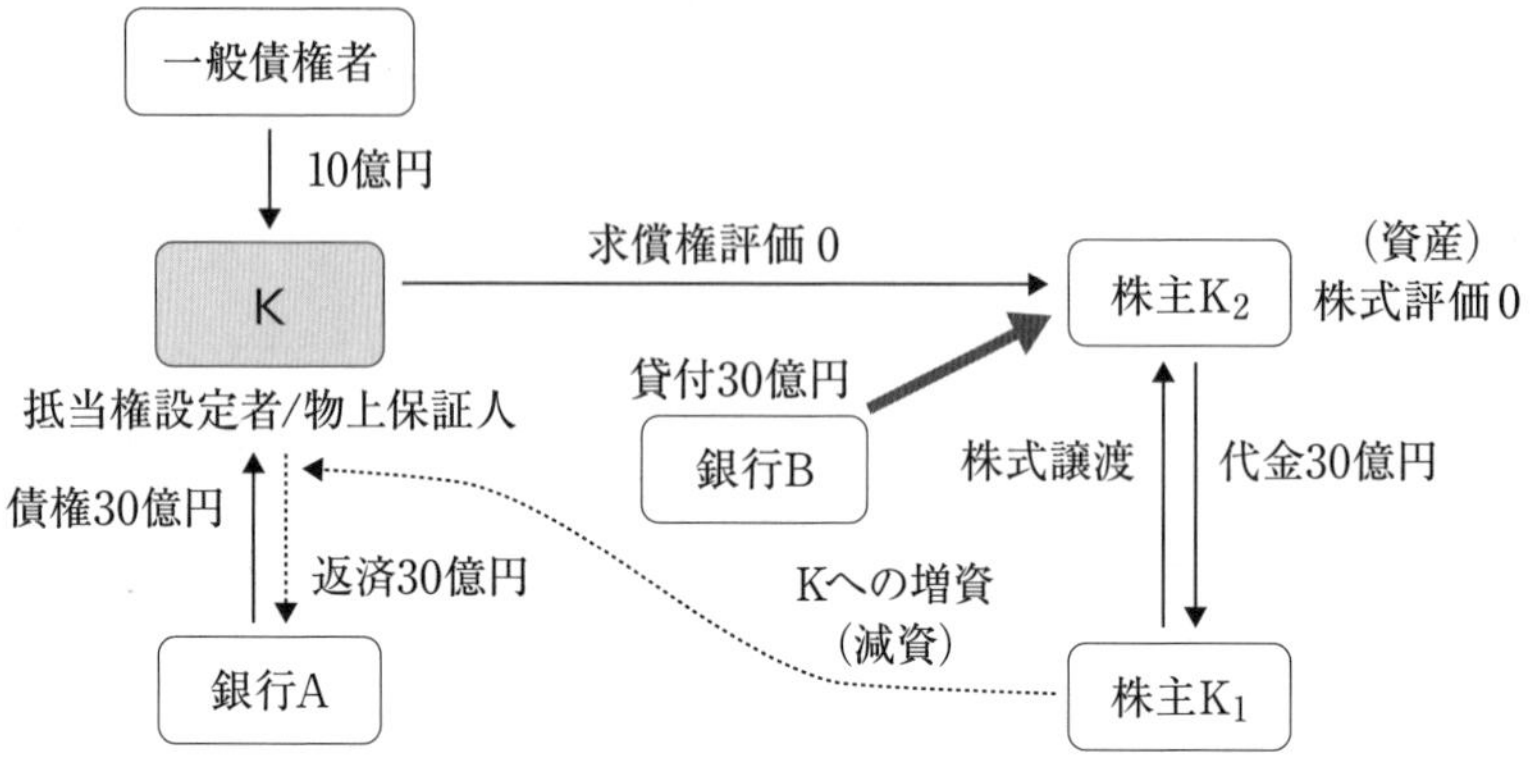

らみてパターン1と2は同じである。②のゴルフ場の事例は、現実には東京地裁破産部でこのパターン3として発生した（和解で終了）。

④ 三パターンの同一性

イ 抵当権の継続

K_2の所有株式評価は〇《ゼロ》であり、求償権評価は〇となる。よって、パターン1、2はまったく同じ構造となっている。

K_2とKの連結企業グループが金融機関Bから借り入れた際にグループ傘下のK所有不動産に銀行が抵当権を設定した行為は、既存の抵当権をそのまま利用した面と、連結企業グループにニューマネーをもたらす金融取引の一環（同時交換行為）の面がある。パターン2は、金員のルートが間接であり、パターン3はルートが直接であり、よりシンプルで実用的と言える。いずれも当該借入れ後にグループ傘下のKが民事再生申立てをしたとしても、否認対象行為とならない。また、パターン1、2と3は、経済行為、財産評価、社会常識からみて同じであり、三つの間で否認の結論が分かれるのは合理性がなく、かつ予測可能性に欠け妥当でない。

ロ 一般債権者から見てまったく同一であること

もっとも重要なことは、上記パターン1、2、3は、債権者から見て、抵当権が付いている点ではまったく同一であることである。抵当権を新たに設定した行為ではまったくない。本件パターン1で銀行AがK_2（銀行B）に切

同族企業パターン１（会社物件提供型）

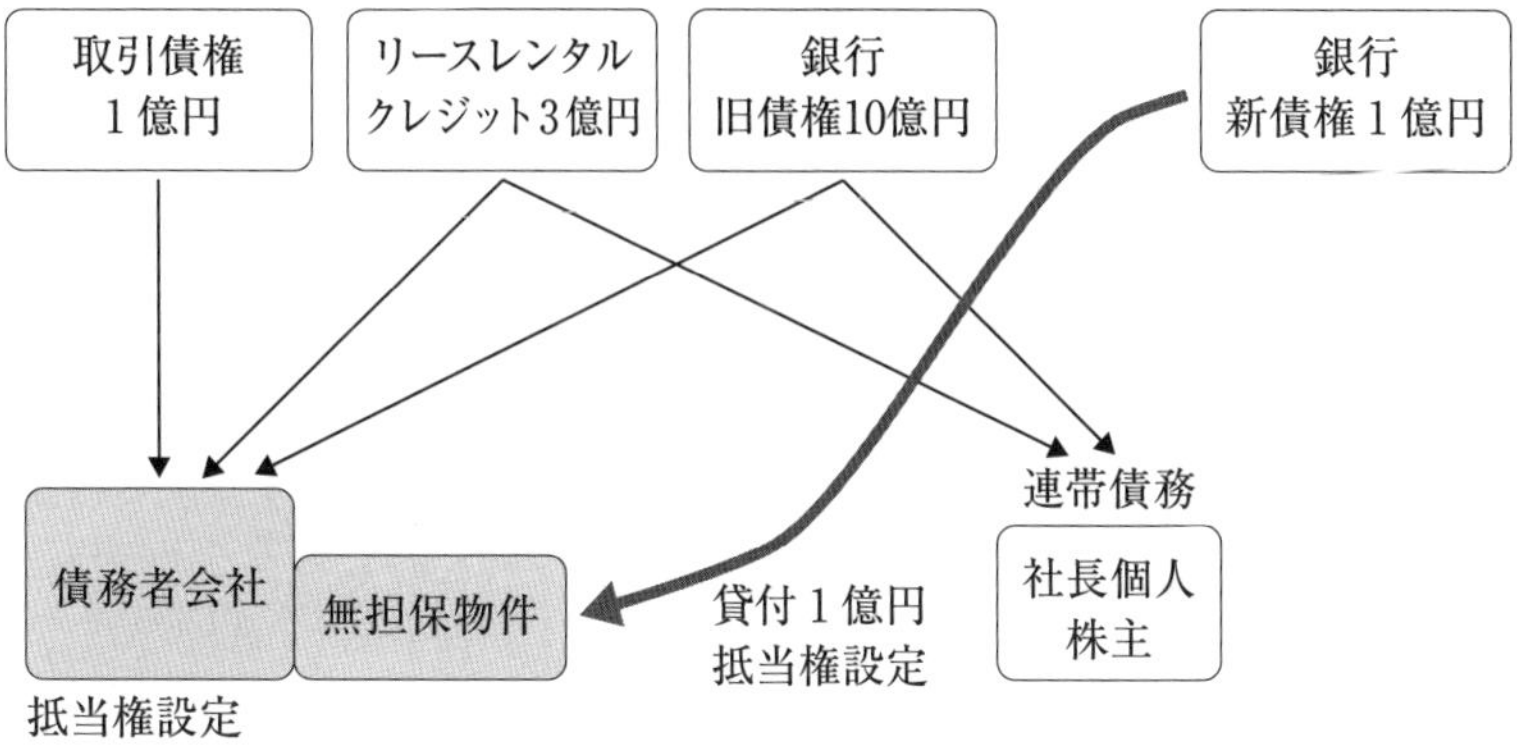

り替えられて抵当権が移行されても同じである。本件パターン2と3で抵当権が銀行Aから銀行Bに切り替えられても抵当権は継続しており、まったく別の無担保物件の提供ではない。また、民事再生確定後に銀行への債務返済が進むにつれて、K_2所有のKの株式評価が高まっていくことも三つのパターンでまったく同じである。

ハ　パターン2と3（抵当権切替型）

パターン2と3は、抵当権の譲渡ではないため、またK_1の増資に基づくAへの返済が先行するため、B銀行の抵当権設定までに時間が空くことになる。この間に一般債権者からの（仮）差押えがあれば、手続は進まなくなる。数年間空いても手続が進むならば正に危機時期でない証明となる。その点では、パターン1、2、3はいずれも同じく扱うべきであり、否認権は成立しえない。そして、パターン2が明らかに否認されない以上、パターン3も同じに扱うべきである。

(2)　同族企業パターン（無担保物件提供型）

①　同族企業パターン1（会社物件提供型）

会社がニューマネーを借りるため、自社所有の無担保物件を提供しても、否認権は成立しない。

②　同族企業パターン2（個人物件提供・間接ルート型）

社長個人が無担保物件を提供して主たる債務者として借り入れ、これを会

同族企業パターン2（個人物件提供・間接ルート型）

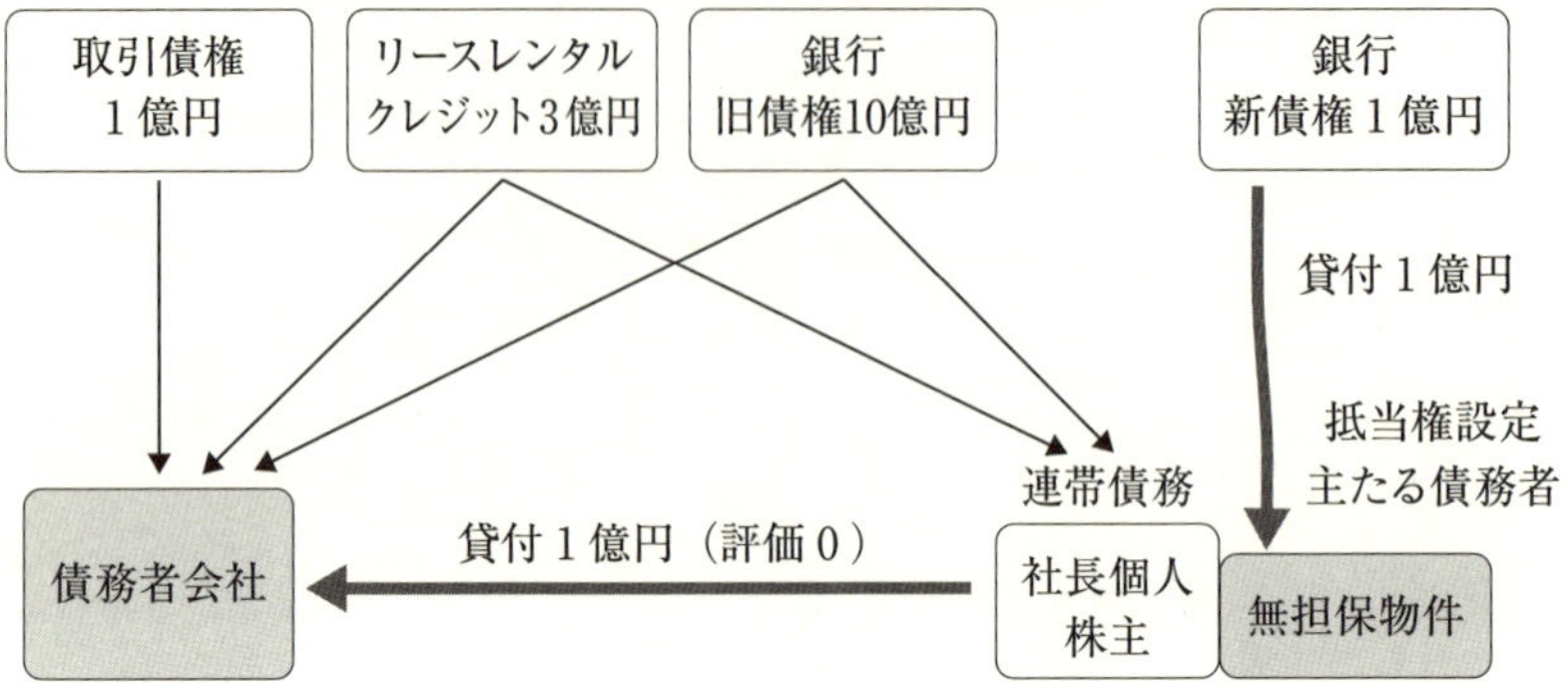

同族企業パターン3（個人物件提供・直接ルート型）

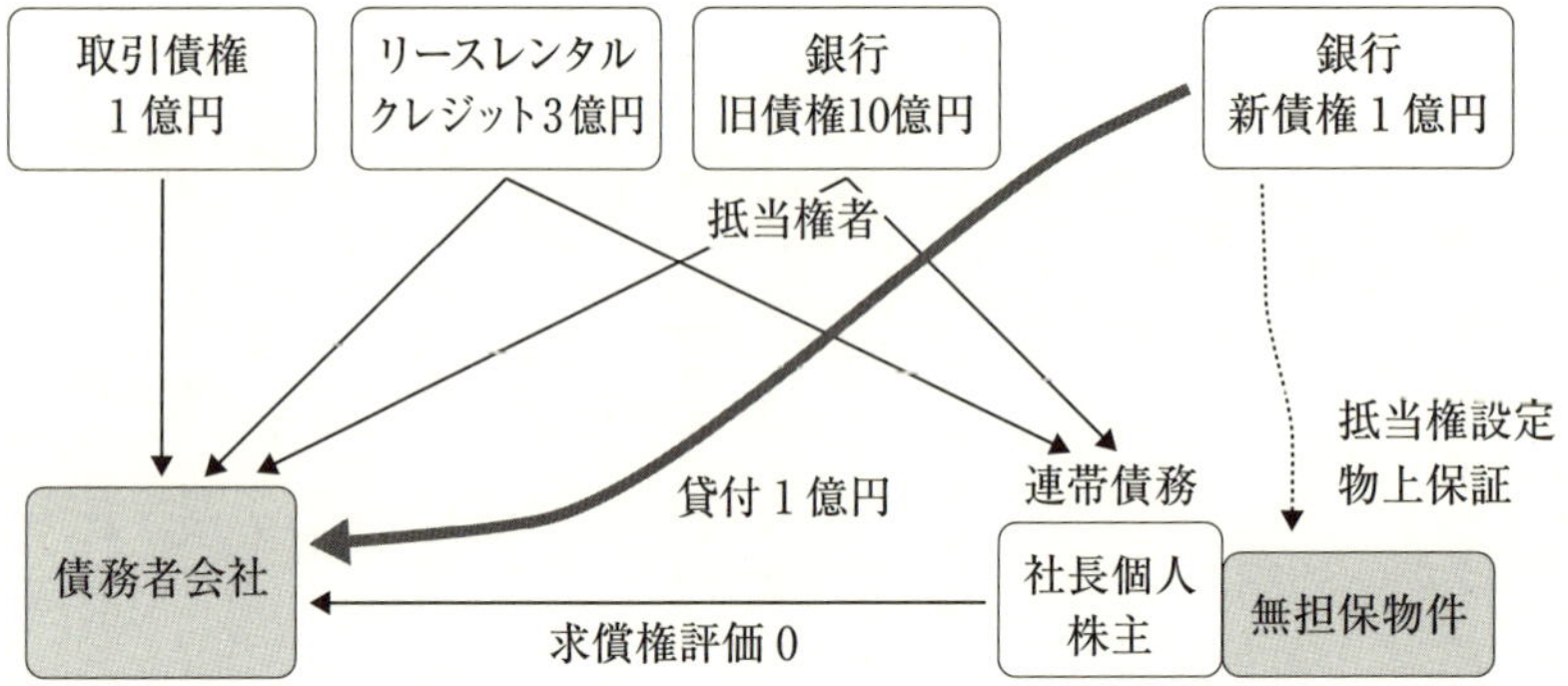

社に貸し付けても、否認権は成立しない。

③　同族企業パターン3（個人物件提供・直接ルート型）

社長個人が物上保証した場合であり、昭和六二年最判の事案と同じである。社長は銀行とリース会社などに連帯保証をしている。よって会社と個人は一体である。無担保物件を担保提供して資金導入することは双方の利益になる。上記①と②とまったく同じであり、否認権は成立しないとするのが合理的である。

④　三パターンの同一性

一〇〇%株主の社長と会社は一体である。ニューマネーは会社救済のためその資金として使われる。

社長は、銀行とリースなどの債権者に連帯保証をしている。債権者から見て、三パターンは同じであるが、特にパターン2と3に差はない。会社に一億円のニューマネーが入り、旧債権者に不利ではなく、逆に有利になっている。

2　ＬＢＯの場合

⑴　Ｍ＆Ａパターンの適用

Ｍ＆Ａパターンは抵当権の継続利用である。同族企業パターンは新しい無担保物件の提供である。この二つはまったく異なる。本稿で分析対象としたＬＢＯはＭ＆Ａパターンであり、同族企業パターンとはまったく異なる。よって、昭和六二年最判事例と異なることになる。

そして、Ｍ＆Ａパターン２と３では無担保状態が生じる。その期間がほとんどない場合と相当期間にわたる場合がありうる。

その期間が長くなるほど、抵当権を切れ目なく継続せざるを得ないＭ＆Ａパターン１より危機時期とは言えず、この点からも否認権の不成立はより明確と言える。よって、その否認権は不成立となる。

⑵　物上保証を贈与と同視する見解の誤り

上記差異を別にすれば、すべてのパターンで実質的差はなく、物上保証は、銀行融資をする際の技術的な選択肢の一つにすぎない。むしろ、物上保証は直接ルート型となる。間接ルート型では、資金が迂回し、複雑となる。資金の迂回を避け、シンプルな手続にするために物上保証が利用されると言える。よって、物上保証を贈与とみなすことは融資方法の慣行、常識に反することとなる。

三　結合企業グループ内での物上保証（ＬＢＯ）

1　民事再生法一二七条の二の新設

欧米で許容されていた持株会社は、戦後日本と韓国でのみ独禁法で禁止された[13]。日本では、昭和二八年に事業持株会社禁止規定が削除された。平成九年独占禁止法改正により純粋持株会社が解禁となったが、金融持株会社については、平成一〇年に実現した。しかし、欧米では、古くからコンツェルンやコングロマリットが活用され、一九六〇年代からM&A、一九八〇年代からＬＢＯが隆盛した。これらの法規制のあり方が、日本では学会や紀要で一九七〇年代から紹介されはじめ、一九九〇年代には詳細に報告された。この間に昭和六二年最判に対する批判として、反対意見に賛成する伊藤論文が、結合企業グループを一体とみなす法人格否認に言及したが、この画期的意見は、M&Aなどの資金導入を肯定するもので、欧米の知見に基づき、日本の商法学界の動向をも反映したものといえる。

しかし、平成一六年倒産法改正時の民事訴訟法学者の解説は、結合企業グループの事案を取り上げていない。他方、平成一七年まで、法務省は、商法および会社法改正において、結合企業規制を中心課題として取り組んできた[14]。そこで、欧米を参考に結合企業グループとしての資金調達に関して、知見を得ていたと思われる。その結果、M&Aなどで横領や背任に近い、行き過ぎた行為を否認できる一二七条の二を新設したといえる。

たとえば、ドイツ法においては、集権的資金管理の下で資金管理を行う会社が融資を得るに際して従属会社が担保を設定する場合、原則として正当化される。しかし、担保を設定した従属会社に対して相応な資金が供給されない場合、従属会社債権者の保護の観点から問題となる。これに関して、ドイツ連邦通常裁判所は、担保を受けた金融機関が融資を得た会社の社員と共に、担保を提供した会社ないしその債権者を害することを知って協働した場合、さらに共謀の存在する場合には、公序良俗違反となるとしている。これは、例外的に無効となりうることを示したものと解される。さらに、具体的に、「融資を行う銀行が、資金管理を行う会社あるいはコンツェルン全体の経済的破綻が切迫していることを予想していた場合、とりわけ、その融資に依拠して計画されている企業改善策が成功するという見込みを持っていなかった場合」に、担保を得た銀行の責任が問題となるとされている。(15) アメリカ法の議論においても、詐害の「現実の意図」を要件として厳格に詐害行為をとらえ悪質な場合に限定している。(16)

そのような欧米の成果を基に、結合企業グループとしての資金導入、またはＭ＆Ａにおいて、悪質、詐欺的、公序良俗違反の行為について、一二七条の二を新設したものといえる。このように解すれば、結論として、通常のＬＢＯは、金融機関も是認した一般取引にすぎず、一二七条の二に該当するものではない。以下のとおり、結合企業グループの資金調達は一体として実施され、欧米でも、内部の物上保証を贈与と同視する見解や事例は報告されていない。

2　結合企業グループにおける複数法人格の運用

会社法上、グループとして法人格を多数保有した場合には、各法人の株主と債権者の保護を目的とした法規制が検討されてきたが、以下のとおり、定款自治の進展の状況の中で、規制は厳しくなく、むしろ、各法人の個別性とグループの一体性を自由に選択でき、合併や分割もできるという多様化された制度といえる。二１の事例検討について、会社法上の評価をしても否認権を肯定できるものではない。

⑴　持株会社と結合企業の進展と規制

①　複数法人格の利用のメリット

平成一一年商法改正の株式交換・株式移転制度、平成一二年商法改正の株式分割制度、平成一七年会社法改正の三角合併などで、組織再編が促進された。

親会社・子会社・兄弟会社・関連会社など、資本関係でつながるグループは、複数の法人格を別々に利用して事業を効率化することとなった。

持株会社は企業グループ全体の経営戦略の企画・立案に専念することができ、多角化された事業ごとに子会社を分け、機動的な経営を可能とした。

子会社を新規事業や事業買収の受け皿とすることが可能であり、M&Aを容易にし、新規事業の開拓が容易になった。(17)

② 結合企業グループに対する規制

持株会社をはじめとするグループ会社においては、グループ利益が追求される反面、子会社単体で見れば子会社に不利益となりうる取引や行為がありうることが従前指摘されている。この問題に対し、外部からの借入れ自体を有効とする前提で、事後規制が検討されてきた。

親子会社間取引については、独立当事者間取引基準が妥当することがすでに議論されている。(18) 一般的に子会社の行為により子会社に過小資本や親会社の不当支配が認められる場合には、親会社の指図を受けた子会社取締役や親会社の責任が問われうることが議論されている。(19) 親会社が子会社に対して過小資本しか提供していない場合や親会社による不当経営が認められる場合などには、債権の劣後化が認められる場合があると考えられる。(20)

倒産隔離は、不動産証券化などに際して、オリジネーターの倒産がSPV（SPC）に影響しないようにするため、オリジネーターから独立した法人であるSPV（SPC）に資産を移転するスキームである。

資産譲渡が「真正譲渡」であるか「担保設定」かが、資産譲渡に対する否認権の行使に伴い争われる（マイカル事例など）。不動産証券化において、SPV（SPC）を利用する場合には、完全な倒産隔離、オフバランス、結合の回避を行う。ただし、LBOでは、SPCが主たる債務者となり、その一〇〇%子会社が物上保証人になるなど、倒産隔離をしていない点では一体として連続している。

(2)　グループの統一的一体的運営

他方で、持株会社を中心として、人的支配と資金調達の面では、グループの一体性が強化された。

①　取締役選任を通じた人的支配

持株会社は一〇〇％親会社として、株主総会を経て子会社の取締役を自己の意思で選任できる。親会社に選任された子会社取締役は、親会社の指示に従い子会社の業務を行うのが通常である。親会社は指令・命令による支配をし、ノウハウの供与を行うことが一般的である。

持株会社が子会社に対して、その経営に関して、指導やアドバイスを行うとともに、経営上の便宜を提供し、対価を受領するという内容の経営管理契約は実務上行われている。(21)

②　グループとしての資金調達

イ　子会社が主たる債務者となり、持株会社が人的ないし物的保証人となる場合

昭和六二年最判など、従前の裁判例では、親会社や代表取締役である株主が子会社の債務を保証して子会社の資金調達を行っていた事例が多い。

ロ　持株会社が主たる債務者となり、子会社が人的ないし物的保証人となる場合

持株会社が自らの信用により借入れをしたうえで、自らの事業資金とするか、子会社に対して貸付を行うことで子会社の資金調達を行う。

とくに、自らが資産を持たない持株会社の場合には、実体的資産を有する子会社が保証人となる。ＬＢＯでは持株会社が、子会社とするための株購入資金を子会社の物上保証により資金調達する。

ＭＢＯにおいても、買収者が取締役という内部者である点を除けば、ＬＢＯと同様である。

ハ　新しい子会社を設立するために持株会社が借入れする場合

この場合、子会社の設立にあたって、持株会社が借入した上で、子会社へ資本支出または貸付を行う。

③　連結決算規制の進展

親会社の個別貸借対照表には、子会社株式が原則として取得原価で資産計上され、親会社の個別損益計算書には、原則として子会社からの受取配当金が収益として計上される。しかし、このような個別財務諸表に示された情報だけでは、親会社が子会社を通じて行っている事業活動の詳細を把握することができない。子会社も含めた企業集団の事業・経営活動の実態を適切に開示するためには連結財務諸表が欠かせない。旧証券取引法（現金融商品取引法）において、上場会社には、昭和五三年三月期以降、連結財務諸表の作成が義務づけられた。以降、法改正に伴い連結決算規制が進展し、平成一二年三月期からは連結財務諸表中心の開示制度となった。

他方、旧商法・会社法においても、平成一四年商法改正以降連結計算書類制度が導入された。事業年度の末日において大会社である有価証券報告書提出会社については、連結計算書類の作成が強制される（会社法四四四条三項）。また、会計監査人設置会社は、法務省令で定めるところにより、各事業年度に係る連結計算書類を作成することができる（同条一項）。連結決算制度は、企業集団を個別ではなく集団としてとらえることが企業の評価として適切であり利害関係者への情報提供に資するという理解のもと進展してきた。連結企業の一体性を強化する制度といえる。

3　LBO

(1)　LBOの隆盛

ＬＢＯは、経済的取引・企業再編の一手段として行われ、①ある企業の資産または過半数以上の株式の買収で、②その資金の大部分が第三者の融資によって賄われ、③その融資金が被買収企業の資産を担保にして行われる取引である。

欧米では二〇世紀後半、第三次産業革命に入る。通信、輸送、半導体の産業の発展となる。さらに一九八〇年代に情報産業、サービス産業の進展と共に、M&Aが隆盛となる。その中で、LBOがブームとして使われるようになる。LBOが、取引の一般的手法として、認知された。すなわち、通常の取引として認知され、ごく例外的に、詐欺的取引とされた。日本の民事再生法一二七条の二と同じように悪質事例には対処した。

日本法下では、ソフトバンクによるボーダフォンの買収事例が著名である。ソフトバンクが、ボーダフォン日本法人の買収を計画し、約二、〇〇〇億円で子会社を設立、買収資金の約一兆七、五〇〇億円のうち、約一兆二、〇〇〇億円を銀行などから調達した上で、ボーダフォンの資産やキャッシュフロー等に担保を付して、ほぼすべてのボーダフォンの株式を取得した。

(2)　米国におけるLBOと詐害行為との関係について

本項では、米国の詐害取引法について、柏木昇[22]、水野吉章[23]の論文において共通する部分を中心に簡潔に紹介する。

①　米国においてLBOへの詐害取引法の適用が謙抑的傾向にあること

米国には、詐害的行為を規制する統一的法律としては米国破産法の他、the Uniform Fraudulent Conveyance Act（以下「詐害取引法」という）等が存在し、LBOへの詐害取引法の適用については、適用自体を否定するものもあるが、傾向としては、適用自体は認めつつも、総合的に考量して詐害の意図の存否を具体的に検討し、詐害の意図が明確な場合のみを詐害取引法の適用対象としている。とくに、LBO自体がきわめて複雑な複数当事者の取引であり、また本来的な詐害的取引にはなじみにくいことから（詐害行為として取り消すのではなく債権者保護手続の中で保護するという見解）、詐害の意図の存否を厳密に認定し、詐害の意図が明確な場合にのみ、詐害的LBOと認定する傾向にあるといえる。

②　LBOの新規性・特殊性・企業価値創造の役割について

LBO自体、詐害行為概念が確立した後に生じた、比較的新しい取引形態であり、本来的詐害行為が予定するような限られた当事者や利得の移転、リスクの配分を予定するものではないことがその特殊性として挙げられる。

詐害行為が前提とする行為は、あくまでも債権者を害するような抜け駆け的な行為を取り消し、現状に復帰させるものである。しかしながら、LBOには、小さな資本で会社の再編や合併等を行うという取引的側面の他に、事業を再生するための手段という取引的側面も存在し、典型的な詐害行為とは様相がまったく異なるといえるのである。(24)

③　LBOは他の債権者を害さないこと

詐害行為取消権は、受益者や転得者が、他の債権者に先んじて「利得」を得ることが不公平であることから、それらに対して利得の移転を取り消させ、債務者のもとに回復させるものである。

しかしながら、LBOは、融資と担保設定がきわめて近接した時期に行われるため、同時交換行為であり、事業再生の手段として行われる場合には、他の債権者全員を利得させることとなる。

つまり、典型的な不当な利得の移転と不平等を観念できないのである。

④　LBOでは債権者には自らを保護する機会が多数保証されていること

LBOにおいては、典型的な詐害行為と異なり、債権者には複数の自衛手段が保証されている。社債等におけるチェンジオブコントロール条項、合併に際しての債権者保護手続が認められており、債権者を保護する手続が詐害行為取消権の行使以外に多々存在している。

⑤　過剰な債権者保護や取引の萎縮の防止

LBOは事業再生の一手段として利用されることも多く、そのような一手段で用いられる同手法は、詐害性が著しく弱い。なぜなら、まず目的の正当性（事業再生により、究極的にはすべての債権者を利することとなる）が認められるほか、このような場合にまで詐害取引法の適用を認めることは、債権者を過剰に保護することにつながり、ひいては取引の萎縮を生むことになるからである。

事業再生の一手段として利用されるＬＢＯがつねに詐害取引法の適用対象になるとすれば、債権者には前述の自衛手段があるにもかかわらず、債権者には、さらに、①ＬＢＯによる事業再生が成功すればそのままの状態を維持する、または②ＬＢＯによる事業再生が失敗すれば取消権を行使して従前の状態を復活させることができる。債権者の保護が過剰となる。

⑥　多数関係者の被告適格について

米国においては、詐害取消権を規定する詐害取引法では、被告は債務者、受益者や転得者となるが、ＬＢＯではそれらのみならず、投資銀行や新旧株主も入る。法人格否認の法理が日本法とはまったく異なり、広範に認められるということもあり、被告適格を広げることも可能であり（Fiduciary Duty に基づく支配株主・親会社の責任追及等）、少なくともＬＢＯ事案に関しては旧株主に被告適格を認めている。それは、単純に、詐害というからには、利益を得た者を対象とすべきであるという素直かつ明快な発想である。米国では、ＬＢＯが取引に属することを重視して詐害取引法の適用を限定的なものに留めた上で、適用される場合には関与者すべてを被告にして利益調整を図ることが可能なのである。

しかしながら、日本法下においては、詐害行為取消権や否認権の被告適格は原則として受益者や転得者に限定されており、本件のような複雑な形態・複数の関与者を予定するＬＢＯにはそぐわないことは当然であり、適切かつ公平に関与者の利害を調整することは不可能である。少なくとも、日本法下においてＬＢＯが詐害行為として適切かつ公平に判断されるためには、詐害行為の被告適格を拡大する必要があり、それが困難であるということであればやはり、現代的取引であるＬＢＯの適用にはそぐわないという結論になる。しかし、日本では、旧株主を被告にしないままに否認権行使がされている。結局、否認権行使をするなら、一二七条の二を適用できる事案で不当な利得を得た者を被告とするべきことになる。

(3) 日本法下での合法的ＬＢＯと詐害的ＬＢＯの概念について

日本法下においても、多数説は、合法的ＬＢＯと詐害的ＬＢＯとの存在を認め、両者の区別により結論を異にするという手法を用いている（東京高決平成一七年三月二三日金判一二一四号六頁～一八頁・ニッポン放送事件に関する評釈等）(25)。

すなわち、同事件において、裁判所は、経営支配権の維持・確保を主要な目的とする発行が不公正発行に該当しないケースとして四つの類型を挙げ、株式の敵対的買収者が、①ただ株価をつり上げて高値で株式を会社関係者に引き取らせる目的で株式の買収を行っている場合（いわゆるグリーンメイラーである場合）、②当該会社の事業経営上必要な企業秘密情報や顧客等を当該買収者等に移譲させるなど、いわゆる焦土化経営を行う目的で株式の買収を行っている場合、③会社経営を支配した後に、当該会社の資産を当該買収者等の債務の担保や弁済原資として流用する予定で株式の買収を行っている場合、④当該会社の高額資産等を売却等処分させ、その処分利益をもって一時的高配当による株価の急上昇の機会を狙って株式の高価売り抜けをする目的で株式買収を行っている場合など、当該会社を食い物にしようとしている場合には、濫用目的をもって株式を取得した当該敵対的買収者は株主として保護するに値しないし、当該敵対的買収者を放置すれば他の株主の利益が損なわれることが明らかであるから、取締役会は、対抗手段として必要性や相当性が認められる限り、経営支配権の維持・確保を主要な目的とする新株予約権の発行を行うことが正当なものとして許されると解すべきであるとした。

上記のうち、③については、一見すると、ＬＢＯが含まれるような体裁であり、取引的な形態であるＬＢＯが一切合財含まれるような書きぶりとなっていることについてはきわめて多数の批判が存在する。

そこで、多数説は、正当なＬＢＯと詐害的なＬＢＯとを区別し、詐害的なＬＢＯのみが③の例に該当するとしている。多数説である鬼頭秀郎は、「ＬＢＯの利用者が買収によるシナジー効果等を証明して担保利用や弁済原資として流用しても短期的に求償責任等を果たせることや最終的に被買収会社に対する求償債務の弁済の具体的引き当てがあり、企業価値や株主価値に損害を及ぼさないことなどを証明しない限り正当なＬＢＯによる買収であるとは認められないとすべき」であり、詐害的ＬＢＯのみが③の類型に属するとしている[26]。

つまり、多数説は、たんなるＬＢＯではなく、詐害的なＬＢＯとそうではないＬＢＯとを区別し、前者についてはその正当性を認めず、後者についてはその正当性を認めるという思考を採用しているのである。

なお、ＬＢＯの取引性を重視して、そもそもＬＢＯは③に該当しないという見解は、③につき、「判旨のこの部分をとらえて、いわゆるレバレッジド・バイアウト（ＬＢＯ）を指すという理解が示されている。しかし、保全抗告決定が言及しているのは、会社の支配権獲得後に、たとえば会社財産を担保に借入れ等を行い、得た資金を自分の個人的な債務の弁済等に私的に流用するといった、実質的には横領・背任といってもよい行為なのではなかろうか[27]。」という。一般的に、弁済の履行や合併などにより、企業価値が維持されることを予想してＬＢＯを実施するのであり、詐害性はきわめて低い。

(4)　ＬＢＯと法人格の一体性

①　子会社資産を担保にする場合

親会社が子会社株式を担保に買収資金融資を受ける場合、金融機関が子会社経営をモニタリングする必要があり、管理コストが高い。これよりも、物上保証の場合の方が、不動産管理コストが低い。そこで、日本では、物上保証のみの場合がある。しかし、貸主の方は安全のために、通常、ＬＢＯでは子会社株および子会社の資産全体を担保に取る。

これを親会社からみれば、新規融資に伴う子会社株の担保提供であり、同時交換的行為が成立している。子会社による物上保証についても、ＬＢＯにおいて通常行われており、当然同様に同時交換的行為が成立していると解すべきものである。

② 親子合併する場合

この場合、法的に主たる債務者と物上保証人が一体となることから、債権者に対する詐害性がないことは明らかである。SPCとの合併というきわめて形式的な組織再編行為の有無のみで、否認の結論がまったく異なるとすれば、きわめて妥当性を欠く。

③ LBOはグループ経営を肯定する前提で行われていること

子会社の収益を返済原資とすることがLBOの本質であり[28]、子会社に対する持株会社の支配、親子会社の法的一体性は肯定されている。

多くのLBO関連の文献においても、本件と同じ物上保証方式を含めて資金調達を紹介しているが、LBOローンに否認権の行使がされることは想定されておらず、何らの記載もない[29]。

4 支払停止基準たる「不払・表示の相関関係説」

前記のとおり、LBO融資における物上保証は、そもそも否認権の対象とならない。しかし、実務では、無償行為や詐害行為の否認権を行使されたら、その要件である支払停止や危機時期の状況ではないことも予備的にであれ主張せざるをえない。よって、最も重要な支払停止の判断基準を提示することとし、これをもってすれば、支払不能と危機時期の判断基準は支払停止に統一できることを提唱する。

米国倒産法では、支払不能や危機時期という確知しがたい概念ではなく、倒産手続の申立日という客観的要件、つまり一律明確な支払停止日というべきものを使用している。かつ、偏頗行為否認は、詐害行為否認と比べて申立ての直前のみを対象とし、正当な本旨弁済をこの期間に限り例外的に否認できる趣旨を明確にしている[30]。

① 偏頗譲渡（日本の偏頗行為否認）　―倒産手続申立て前九〇日以内になされたもの

別表　支払停止を決定する「不払・表示の相関関係説」

		外部表示行為		
		②一般的不払表示（すべて支払えないと表示）	②個別的不払表示（個別に支払えないと表示）	③支払猶予依頼（支払えるが待ってほしいと表示）
不払（債務不履行）の状況	㋑大量不払	○	○	一般的に○ 例外として×
	㋺少量不払	○	○ または×	×
	㋩不払なし	一般的には× 例外として○	×	×

（○　一般的に支払停止と認められる　　×　一般的に支払停止と認められない）

② 詐欺的譲渡（日本の詐害行為否認）―倒産手続申立て前二年以内になした行為

偏頗行為否認についてフランス法では客観的な支払停止を基準に、またドイツ法でも申立前三ヵ月を基準として優先課題に据え、詐害行為否認を付随的に扱い、時期も偏頗行為否認より前段階を含ませている[31]。

これに対して、日本法では、偏頗行為否認について支払停止の前である支払不能を基準とし、詐害行為否認の危機否認より前にし、故意否認の危機時期と同じような扱いとしている。しかし、本旨弁済の例外的否認は狭く、かつ明確にすべきであり、上記区分に合理性はない。また支払不能と危機時期という状況は、内部事情であり、客観的に評価しづらく、あまりに曖昧な概念である。支払停止は、支払不能推定機能と危機時期確定機能があるので、支払停止に一本化し、統一すべきである。そして上記の別表のとおり、不払と表示という客観的事実をもって支払停止の概念を拡大すれば現行法での調和が取れた解釈論となる。

詐害行為否認の危機否認も柔軟化された支払停止を基準にすべきである。そうすれば、外国法と同様に詐害行為否認の危機否認、無償否認、故意否認は一本化して一つの条文にできる。解釈論でも可能である。

支払不能とは、債務者の会計資料を基に、内部事情を検討しないと判断できない。外部からは検討すら困難である。迅速に客観的に判断できるのは「不払の事実」である。すなわち、支払期限の到来している債務が債務不履行（履行遅滞）になっている事実を捉えるべきである。支払停止を決定するのに、外部表示行為と、不払の状況との相関関係による筆者考案の客観化説が、概念の統一を可能にした。(32) 以上によれば、日本法の偏頗行為否認と詐害行為否認（危機否認）の実質的危機時期を支払停止で統一できる。その上で、無償否認の支払停止六ヵ月前の条文は明白であり、故意否認については、主観的害意を要件にして支払停止の一年乃至二年に前倒しする解釈論は可能であると考える。

① 不払ない場合

債務超過に陥っていても収支は黒字の場合、または親会社の貸付や増資で運営する場合がある。ゴルフ場の預託金が多額でも、会員の退会を条件とするため、会計上大きな債務超過でも、退会会員に対して分割弁済の合意をして支払っている場合などもある。このような場合には、資金繰りの中で、支払猶予要請をしたり、個別的不払表示をしても、交渉や合意により支払を続行している以上、支払停止に該当しない。この段階では、債務整理通知などを出すことはありえないが、もし、早期に整理に入り、通知を出せば、例外的には支払停止となるのは当然である。

② 大量不払の場合（過半の不払）

大量の不払に陥っていれば、一般的不払表示、個別的不払表示、支払猶予要請のいずれの場合でも支払停止と言える。ただし、支払猶予要請の状況では、支払計画が確実で明確であれば、例外的に支払停止にならない。

③ 小量不払の場合（二割以下不払）

小量の不払の状況でも一般的不払表示がされれば、支払停止と言える。しかし、支払猶予申請のみでは、未だ交渉の段階であり、大量の支払がある以上支払停止とは言えない。個別的不払表示がある場合には、企業規模、債務額、不払額が大きいほど、支払停止になりやすく、それらが小さいほどなりにくいと言える。

④　まとめ

以上によれば、任意整理における債務免除等要請行為も、別表の③のとおり、大量の不払に陥る少し前でも早期の段階ならば支払停止にならないことになる。要件の客観化と早期の整理開始促進に資するといえる。

(13) 松下満雄ほか『持ち株会社解禁』一三頁（朝日新聞社・一九九六年）。
(14) 松下淳一「企業結合の倒産法的規律（3）」法学協会雑誌一一〇巻三号二九八頁〜二九九頁（一九九三年）など。
(15) 小松卓也「結合企業における統一的運営とそれに対する融資銀行との法的関係について」神戸学院法学三四巻一号二三三頁〜二三五頁（二〇〇五年）。
(16) 斉藤・前掲注（3）七頁・二〇頁。
(17) 土岐敦司＝辺見紀男編『企業再編の理論と実務―企業再編のすべて―』六四頁（商事法務・二〇一四年）。
(18) 江頭憲治郎『結合企業法の立法と解釈』九三頁〜九四頁（有斐閣・一九九五年）など。
(19) 斉藤真紀「子会社の管理と親会社の責任（五）」法学論叢一五〇巻五号一頁以下（二〇〇二年）など。
(20) 松下・前掲注（13）三二六頁など。
(21) 前田重行『持株会社法の研究』一三八頁・一八五頁など（商事法務・二〇一二年）。
(22) 柏木昇「LBOと米国倒産法（1）〜（5・完）」NBL四四八号六頁、同四四九号三〇頁、同四五〇号五一頁、同四五一号五六頁、同四五二号三〇頁（一九九〇年）。
(23) 水野吉章「詐害行為取消権の理論的再検討（1）〜（7）」北大法学論集五八巻六号五七六頁（二〇〇八年）、同五九巻一号四九八頁（二〇〇八年）、同五九巻三号四八六頁（二〇〇八年）、同五九巻六号六四八頁（二〇〇九年）、同六〇巻二号四五二頁（二〇〇九年）、同六〇巻五号一〇四頁（二〇一〇年）、同六一巻三号二二四頁（二〇一〇年）。
(24) G・P・ベーカー＝G・D・スミス『レバレッジド・バイアウト―KKRと企業価値創造』（東洋経済新報社・二〇〇〇年）。

(25) 奈良輝久＝清水建成＝日下部真治＝十市崇『最新M&A判例と実務』一一頁～二七頁〔判例タイムズ社・二〇〇九年〕。
(26) 鬼頭秀郎「敵対的企業買収・合併に対する防衛策の裁判上の諸問題」法曹時報六〇巻一二号三七四五頁（二〇〇八年）。
(27) 藤田友敬「ニッポン放送新株予約権発行差止事件の検討（下）」商事一七四六号四頁（二〇〇五年）。
(28) あおぞら銀行レバレッジファイナンス部「LBOローン審査の要諦」金融財政事情六〇巻五号四二頁～四三頁（二〇〇九年）など。
(29) 鈴木義行編著『M&A実務ハンドブック〔第六版〕』四〇八頁～四一五頁・四三三頁～四三八頁（中央経済社・二〇一一年）、若林剛ほか「実践LBOローンの最新実務」旬刊経理情報一三二五号七頁以下（二〇一二年）、あおぞら銀行・前掲注（28）四二頁以下、近藤浩「MBOとMBIの実務」事業再生と債権管理一〇六号九四頁以下（二〇〇四年）。
(30) 前掲注（3）の引用文献では、詐欺的譲渡につき申立て前一年であったが、二年に変更された〔阿部信一郎編著『わかりやすいアメリカ連邦倒産法』一三六頁〔商事法務・二〇一四年〕〕。
(31) 前掲注（4）の各文献、荒木隆男「一八七四年ドイツ破産法草案理由書（2）―否認権（1）（3）―」亜細亜法学二一巻二号三五頁～一一五頁（一九八六年）。
(32) 筆者の見解は以下の論文を参考にし、実務的視点から支払停止を再構成したものである。伊藤眞先生古稀祝賀論文集『民事手続の現代的使命』〔有斐閣・二〇一五年〕所収：松下淳一「一時停止通知と『支払停止』」一〇四七頁～一〇六八頁、岡伸浩「支払停止概念の再構成と判断構造」七五三頁～七七六頁。

［追記］

本稿作成にあたり、筆者が代表を務める弁護士法人フェアネス法律事務所の渡邉潤也弁護士が文献調査を担当し、村谷晃司弁護士、吉原慎一弁護士、石田卓遠弁護士の協力を得たことを付記します。

商法はどう変わるべきなのか
――オーストリア企業法前史・クレイチの提言より――

遠藤喜佳

一　はじめに

商法は自らの存在を証明することを運命づけられている。わが国でも明治以来、多くの法律が商法典からの独立化を果たしてきた。近時においても、会社法や保険法は独自の法領域を規律するものとして、商法典から分離し別の法律となっている。また民法債権法の改正過程で、商行為の規定についての削除・修正が行われる予定である。さらに運送・海商関係の改正議論の中でも運送法としてこれを単行法化する意見もあり、今後、商法典がどのような形で存置されるのかは定かでない。今日の多様にして複雑なる取引社会においては、特定の分野ごとに法的規律が専門化・細分化することは避けられず、公法・私法両面にわたる統一的な法規制を考えるならば、各分野ごとの単行法化の方向は容認せざるを得ないところであろう。しかし、私法の特別法としての商法はすでにその歴史的使命を終えているというべきなのか、それとも新たな法理念のもとに再編し今日的な使命を果たすものとしてその存続を認めるべきなのか。この問題に対する一つの解答となる立法例は二〇〇七年のオーストリア企業法典である。(1) 本稿においては、オーストリアにおいて商法典から企業法典への転換を主導したクレイチの考えを明らかにして、これからの商法はどう変わるべきなのか、を検討してみたい。

(1) Bundesgesetz über besondere zivilrechtliche Vorschriften für Unternehmen (Unternehmensgesetzbuch UGB) オーストリアの企業法典については、すでにいくつかの論稿がわが国でも著されている。高橋英治「ドイツ・オーストリア法における企業法論の発展」奥島孝康先生古稀記念『現代企業法学の理論と動態 (一)《上篇》』二九頁以下(成文堂・二〇一一年)、久保寛展「オーストリアのコーポレート・ガバナンス規準」福岡大学法学論叢五三巻四号一八三頁以下(二〇〇九年)、佐藤秀勝「オーストリア企業法における企業譲渡と契約引受」松本恒雄先生還暦記念『民事法の現代的課題』七二三頁以下(商事法務・二〇一二年)、遠藤喜佳「商法から企業法へ」法学新報一一四巻一一=一二号二五頁以下(二〇〇八年)等。

二　商法典から企業(者)法典へ

1　クレイチの講演

二〇〇七年一月より施行されているオーストリアの企業法典について、その立法化を方向づけたものは、二〇〇一年四月二七日の経済会議所でのクレイチの講演であった。(2) 当時、オーストリアには、一九九八年のドイツの商法改正よりも徹底した根本的な改正を実行しようとする立法者の意図が見られた。今日の経済生活の要求に応ずる企業者法(Unternehmerrecht)においては、裂け目が多く複雑で細分化された商人という構成要件(Kaufmannstatbestand)を、より簡潔にして包括的な企業者概念（Unternehmerbegriff）へ交代させ、このことによってその適用領域を格段に広げると共に、他の企業法との調和も図られるとされた。商号法の自由化、人的商事会社法の利用範囲の拡大、商業登記の法の新たな要求への対応、そして商法上の債権・物権関係の法規定が一般私法としての民法に編入されるべきかどうか、企業関連の特別の権利として正当視されるのか等についての検証が論じられた。クレイチの講演は、商法（ＨＧＢ）からより簡潔にしてより実効的な企業者法に変わらなければならない、そのための法改革の必要性を明らかにするものであった。(3)

2　根本問題――その対処と方法論

まず新たに構成されるべき私的「企業法」（Unternehmensrecht）の意味における商法、そして会社法の包括的体系的な新秩序の意義と目的、その可能性についての根本問題がテーマとされる。その際、商法の改正（HGB-Reform）が中心となるが、商法ははるかに広範なる法領域の一部のみを規律するにすぎないということを見失ってはならない。(4)

「企業者法」（Unternehmerrecht）よりも「企業法」（Unternehmensrecht）という表現の方が適当であろうが、権利と義務の担い手は、企業を営んでいる者であり、権利主体は企業それ自体ではない。したがって規範の名宛人を企業ではなく、企業者にしておくことが正確であろう。将来、「商人」（Kaufmann）は舞台を退き、「企業者」（Unternehmer）にその席を譲るさだめにある。立法者は、たぶんこの企業者―企業の帰責主体を、立法的努力の緒とするだろう。(5)

伝統的に企業法は、特別私法（Sonderprivatrecht）として理解されている。それは若干の公法的構成要素を示すが、それ以上に企業者に関係する広範な公法上の素材があり、それらを独自の公法的な企業法に統合することは魅惑的な仕事ではある。しかし、それと今回の私的企業法の改革の仕事とを混同してはならない。

私的「企業法」の新たな方向づけへの根本的な問いかけが、たんに未来指向の法律学の主唱者たちによってではなく、近頃では政治（Politik）から投げかけられているのは好ましいことである。立法者は、いつもは大抵差し迫った動機からの立法的な個別措置―EU法からの置換（Umsetzung）―を講じているが、今や法政策的なレベルにおいて、商法そして会社法の将来の全体的構想的な見方が展開されるようになり、久しく理論に委ねられてきた企業法の現象（Phänomen）が立法の視界へと持ち込まれてくることは一層喜ばしいことである。(6)

クレイチによれば、以上の大胆な企てに必要とされるのは、つぎのことである。

(1) 議論の対象となっている法領域が、どのような「現実的断面」（Realitätsausschnitt）または「基本的事実／実態」（Grundsachverhalt）と関わり合っているのか、そしてどこにその本質的な秩序目標と形成原理があるのか、ということをはっきり認識することである。

(2) この領域の規範の現実（Normenrealität）が批判的に評価されなければならない。

(3) この調査の結果が分かった後に、はじめて新たな構想（Neukonzeptionen）の次元（Dimensionen）を描くことが可能となる。(7)

3　企業法の領域と法律状況の分析

体系的な理論の成果としての「企業法」という私法上の法領域は、相当以前から存在していたが、そのようには呼ばれてこなかった。たとえば「広い意味での商法」や「商法と有価証券法」または「商法と経済法」、「商法・会社法と有価証券法」という用語が使われてきたのである。その原因は、あまりにも狭く捉えられた商法（ＨＧＢ）の基本的構成要件と、それ以外の企業法の法律―これらの基本的構成要件はＨＧＢの狭く区分された商人の理解に照準を合わせていない―との間の緊張関係にある。

企業法の現実的断面または基本的事実は、専門的な企業者による活動にある。その活動を、おおよそ市場において経済的に価値のある給付の、各々組織化された自主的な提供（Anbieten）と有償の調達（Erbringen）と理解してもよいだろう。(8)

4　企業法の課題――組織と取引

企業法の目的論的な課題と対象は、容易に知り得る。企業法は、一般私法（民法）によると十分ではないか満足のいかない、またはそもそも答えが出ないところの専門的な企業者の活動についての規律問題（Ordnungsfragen）を取り扱うのである。この規律問題は、一方ではこの活動の組織（Organisation）に関するものであり、他方では企業者の営業取引（Geschäftsverkehr）に関するものである。(9)

(1)　企業者の組織における課題

組織の領域で企業法を正当化する課題とは、専門化（Spezialisierungen）であり、公的利益の保護をも含めた社員、債権者の保護、そして企業者の活動を妨害的な侵害から保護することにある。組織の条件についての専門化の要請に関して言えば、民法は法人法の体系的な故郷ではあるが、経済的な連携・繋がり（wirtschaftliche Assoziationen）に関する詳しい規則を控えている。とくに企業現象に関する何の規則も知らない。企業者の資産、収益、財政状態に方法論的に具体的なやり方で通じることを助ける会計制度形成のための手がかりを提供していない。つまり経済活動は、民法が提供しているよりもより詳細な企業組織の規則を必要としている。この専門化は、会社法の広大な領域で見出される。会社法は、利害関係者に様々な組織の形態や様式を選択のために用意し、私的自治による結合形成を容易にする。企業法的な組織法には多くの強行的規則もあるが、それらの規則は、特に社員、少数派社員、そして債権者を不利益な会社法上の措置から保護する機能を有する。時に強行的な組織法上の規則は、公衆ないし公益の保護を目的としている。さらに企業者の活動や企業を妨害的な侵害行為から保護するような規定のすべてが組織法の補完に役立っている。民法の手段が企業者の活動保護のために機能しない場合には、競争法（不正競争に対する保護）そして知的財産法（商標・意匠・実用新案・特許・著作の権利）が指導的な役割を演じている。[10]

(2) 企業者の営業取引における課題

民法から抜け出るか、または民法を補足するところ専門的な企業者の営業取引の範囲における規律の課題には、有償性の原則、不必要な保護からの解放、より迅速にして簡潔な取引進展の原則、信頼保護と取引保護の拡大ならびに一定の契約類型（販売仲介・運送・保険・銀行・取引所取引）の領域における多くの専門化（Spezialisierungen）が関わる。民法では詳しく論じられていない有価証券法も企業者の営業取引の課題となる。物権法の構成要素の助けを借りて債権上の関係を営業取引の特別な要請に適合させ、そのような種類の債権を流通可能にすることを目指す商人的有価証券（kaufmännische Wertpapiere）が企業関連性を有することは自明のとおりである。小切手法は銀行との関係があり、手形も企業者の営業取引において役割を演じており、非プロ的には発達しなかったであろう証券である。[11]

その独特の目的論に対すると、労働者保護の原則により作り出される労働法や、消費者保護の原則に合わせている消費者法は、企業法から分けられるべきである。労働法と消費者法の二つの法領域は、企業者との関連性があるにしても除外されたままである。確かにこの二つの法分野も企業法の特別部門として理解することはできるが、この二分野においては、企業者ではなく、労働者そして消費者の利益が規則の関心事の中心に据えられていることが見通せるであろう。[12]

5 法典編纂の問題

全法秩序において相対的に独立し体系化された部分領域の立法的実現の理念とは、法典編纂の理念である。すべての企業に通じる法典の編纂は、ドイツ・オーストリアの法秩序では見られない。そのかわり両国には、一つの部分的な法典の編纂がある。それは、商法（ＨＧＢ）である。クレイチによれば、この部分的法典編纂について、つぎのようなこ

とが指摘される。(13)

(1)　一般私法（民法）への依存関係

商法そして企業法の法典編纂も、たくさんの企業法的規則が民法の法形象（Rechtsfiguren）の修正や補足であることから相当に困難である。イタリア・スイスでは、一般私法の中に企業法的な特別規範を吸収統合しているが、膨大な法的テーマを考えるならば、この方法は体系的に格別の推奨に値するものではない。もちろん一般私法と商法との間を区別する法秩序が、この二つの私法領域の密接な関連を無視してもよいということではない。ドイツとオーストリアでは、賢明にも企業法的な特別規則を民法へと吸収統合する途を選ばなかった。民法から企業法を解放しようと努めることはない。とくに企業者の営業取引についての特別法では、民法との連結なしには不完全であり、時には理解不可能な規則も存在しており今後もそうであろう。

(2)　法典の腐食（Korrosion）

法典の編纂は、繰り返し同じ痛ましい運命を担ってきた。改正法（Novellen）は体系を覆そうとし、時の経つうちに法典の周辺にはたくさんの追加の個別法が棲みつき、法典編纂から重要な素材・テーマが剥ぎ取られていく。そして最後に、元の構造を著しく損ねる広大な家並みにお城というよりも廃墟が立つのである。商法（ＨＧＢ）の場合には、さらにこれに企業法の総合的な法典編纂としては一度も考えられることがなかったという歴史的事情が付け加わる。商法は、きわめて腐食の進んだ法典編纂の状況を呈している。

(3)　調査の結果と結論

商法（ＨＧＢ）は、多くの理由から大変に問題のある法典編纂であることが示された。ＨＧＢは企業法（Unternehmensrecht）の一部のみを捉えるにすぎない。新たな秩序には、つぎのいずれかのような大胆かつ急進的な解決方法も取れるであろう。

① 第一の方法・HGBに訣別し，これを破壊する。一部は民法（ABGB）へ，他は別の法律に集成するか，または彷徨する（erratisch）特別法として孤高を持する。

② 第二の方法・HGB以外のすべての制定企業法をまとめて，HGBに集成する。HGBは，包括的な新たな法典編纂へと造り直され，そして拡張される。

以上の二つの方法とも非現実的であり，非常に多くの苦労と努力を要するだろう。たぶん現実的なのは，現在HGBで扱われている規律の題目を本質的に維持して，そしてこの法律で必要と思われるところをよりよく修正し，適応させていくことである。

主たる目標は，つぎのようなものとすべきであろう。すなわち，現在の商法（HGB）を，その基本的構成要件を他の企業法の基本的構成要件と調和させること（Harmonisierung）により，この法分野の総合的な体系に適合した構成分子に作り替えること，さらにHGBに含まれている一般私法上の規定をABGB（オーストリア民法典）にはめ込むこと，ならびにHGBを，この間に余計な超過の積み荷であることが明らかとなった規則から解放することである。そしてさらに多くの個所で望ましいとされるのは，個々の規律問題の明瞭化と争いを離れた立場（Außerstreitstellung）なのである。

つまり，まとめて一般私法と従来の商法との間の関係を解決すること，HGBの不要なものを片づけ（Entrümpelung），簡略化し（Vereinfachung），そして若返ること（Verjüngung）を目指して努力がなされなければならない。必要な更新の方式と範囲がHGBの改正法（Novelle）で満足できるのか，それとも新たな法律—「企業者法」（Unternehmergesetz）または「企業者法典」（Unternehmergesetzbuch）—として告示することがより良いのか，クレイチの意見によれば，いくつかの根本的革新の必要性は，後者の途を勧めているとする。[14]

（2） Heinz Krejci, Unternehmensrecht und HGB-Reform in Österreich, in: Krejci/Karsten Schmidt, Vom HGB zum Unternehmergesetz, Wien 2002, S. 1ff.
（3） Vgl. Krejci/Schmit, a. a. O. (Fn. 2), Vorwort.
（4） Krejci, a. a. O. (Fn. 2), S. 1.
（5） Krejci, a. a. O. (Fn. 2), S. 2.
（6） Krejci, a. a. O. (Fn. 2), S. 2.
（7） Krejci, a. a. O. (Fn. 2), S. 3.
（8） Krejci, a. a. O. (Fn. 2), S. 3.
（9） Krejci, a. a. O. (Fn. 2), S. 3.
（10） Krejci, a. a. O. (Fn. 2), S. 4, Anm. 5.
（11） Krejci, a. a. O. (Fn. 2), S. 4, Anm. 7.
（12） Krejci, a. a. O. (Fn. 2), S. 5, Anm. 8.
（13） Krejci, a. a. O. (Fn. 2), S. 5ff.
（14） Krejci, a. a. O. (Fn. 2), S. 8.

三　商人概念からの訣別

商法（ＨＧＢ）の入り組んだ商人概念は、一方においてあまりに狭く、他方では今日もはや納得のいく区分を示していないとされる[15]。以下では、この現在の基本的構成要件への批判における主要な観点だけを総括してみる。

1 営業概念と利得の目的

まず商人を理解する基礎であるところの営業概念が、ＨＧＢの適用範囲に関する重要な問題を提起している。「なぜ商法上の営業概念では、利得の意図・目的（Gewinnabsicht）が問題とされなければならないのか？」

営業行為は、他の一連の特徴と並んで、なかんずくその行為が利得を指向していることにより際立つとする見解が、オーストリアではいまだに支配的である。(16) その活動によって利潤（Überschüsse）が獲得されることになる、つまりその活動により得られる収入がその必要とされる支出よりも高いとされる場合に利得の意図が認められる。(17) したがって企業を継続するために何とか必要とされる手段で遣り繰り算段してこれを達成しているような企業は商法の管理下には属さないことになる。たしかに、たいていの企業が利得を獲得するために設立され、経営されていることを疑うことはできないが、商法の発展のための正当化事由はその点にはない。本当の正当化事由は、利得の指向（Gewinnorientierung）ではなく営まれる活動の専門性（Professionalität）に見い出される。すなわち商人たちの組織と取引についての特別私法的な規則は、彼らがその活動を継続して職業的に、つまり専門の熟練したやり方で―専門的に（professionell）に―実行することから正当とされる。しかし、この専門性は、人が利益を獲得しようとすることに必ずしも依存していない。専門的な活動は、活動の維持を保障するところの手段・方策を必要とする。企業の場合に、この手段を与えるのは提供する経済的に価値ある給付に対して得られる収入である。しかし、なぜ企業が無条件に利得（Gewinn）を生みださなければならないのか。専門的な活動の「自己保存」（Selbsterhaltung）を確実にするところの収入だけで十分なはずである。このドイツでは広く承認されているところの解釈(18)は、オーストリアではようやく広まりつつある。(19)

利得の目的にこだわることは、結局、何の成果ももたらさない。なぜならば、利得の目的なしに専門的な企業を経営することで、商法の支配下から外されることは、まったく事実的に納得の行く根拠がない。重要であるのは利得の意図・目的ではなく、持続して営まれる企業的活動の専門性なのである[20]。

2　非営利団体への適用問題

企業的活動の専門性を重要とした場合には、経費を補うことのみをその提供する給付と引き換えに獲得される報酬（Entgelt）によって達成するような企業、との間をなぜ区別すべきなのか、すなわちその活動維持にとって必要な手段を別のやり方で、たとえば財産からの収益、助成（Förderungen）、補助金（Subventionen）、社員の出資、または公衆に対する組織的な寄付集め（Spendensammeln）から調達するような組織をも同じく含めることが合目的ではないのか、という適用問題が提出される。つまり専門的な継続を予定する非営利団体（Nonprofit-Organisationen）はすでに重要な地位を経済活動において得ているが、商法秩序の下にあるとすべきなのか、どの範囲までそうすべきなのか、という問題である。消費者保護の領域では、そのような組織はすでに企業として認められている。ＮＰＯは、その給付を法律行為に基づいて提供し、資金の調達は、一部は第三者（寄付者・寄付金助成者・構成員）を通じて、また一部は市場における自らの給付の提供により行われる。その場合、古典的な営利企業とこの非営利団体との間に競争状態が生じてくる。そして経済的企業に対するのと同じ規律問題が広範に提出されている。このことは、ＮＰＯも立法論的には、商法秩序の下におくことを擁護するだろう[21]。

3　自由職業の除外

(1)　なぜＨＧＢの商人概念に自由職業的企業は含まれないのか

従前から自由職業的活動と営業的活動とは厳格に区別されなければならないこと、そして商法[22]（ＨＧＢ）は営業行為に関連していることが強調されてきた。このことは、商人とは商業を営む者である（§1 HGB）と定義し、営業的企業という用語（§2 HGB）を使用していることから明白とされる。このように営業的活動と自由職業的な活動とは、名目上では、大変相違のある行為とされているが、その違いを明らかにしようとすることはきわめて困難である。一定の職業が特別の法定の利益代表に所属しているとの指摘は表面的であり、営業的企業者は経済会議所に所属し、これに対し自由職業の者は別の自分たち自身の会議所に結集していることは容易に見て取れる。しかし会議所の所属と商法の基本的構成要件との間に目的論的な調和を見出すことはできない。弁護士の職業は有限会社の法形式で営むことも、相応の法形式の選択を通して商法秩序の下に入ってくる。自由職業を営むことができる。(23) かように独自の会議所に所属する自由職業の範囲内においてすら徹底した「商法以遠」（Handelsrechtsferne）を語ることはできない。そのうえ法定の利益代表が整えられている自由職業のほかにも多くの別の自由職業がある。これらの職業にあっては既存の会議所組織を指示することは何の役にも立たないのである。(24)

(2) 営業が自由職業から区別される基準の検討

自由職業と営業を区別するところの以下の基準は、今やその識別能力を有していないとされる。

① 自立性（Selbstständigkeit）と継続的な営みは、自由職業においても重要である。

② 経済的に価値ある給付を対価・報酬と引換えに、自由職業者も提供している。

③ 自由職業的活動も利得または少なくとも費用塡補（Kostendeckung）を目指している。なぜならば自由職業者もその職業によって生活（生業）しているからである。

④ ある一定の事業規模からは、自由職業の営みも企業者的な組織を必要とする。

⑤ 自由職業者に求められる個人的な能力と給付する相手方との特別な信頼関係ということがその活動の特徴として強調される。この観点は、提供される給付が彼の人物にのみ限られ個人的な力量（Kapazität）に限定されることから、自由職業者はささやかな企業組織のみを必要とするという想定を正当化している。しかし営業との区別の特性

ではない。

⑥　自由職業の領域でも組合的結合が証明するように、個人的な能力と個人的な信頼は拡張の障害とはならない。

⑦　営業の場合にも個人的な能力ないし信頼関係が格別の役割を演じているのである。

⑧　「ある一定の高等教育」が自由職業には必要とされるが、この限定基準も疑問である。なぜならば多くの営業の経営も極めて高い専門的能力なしに行うことはできないからである。

⑨　自由職業に、学問的、芸術的、宗教的、社会的、教育的、治療的、または法遵守的な性格を数え上げる。これらは個々の場合の事情次第であり、それ自体のみでは全く輪郭のない一般的な指摘以上の拠り所とはならない。

(3)　計算関係規定の適用

従来からの取引観により自由職業として受け入れられてきた彼《か》の職業への方向性は認めざるを得ないにしても、自由職業と営業との境界を定めることが悩ましい企てとするならば、それが意味のあることなのか疑問とされる。クレイチは、商法（ＨＧＢ）の特別規則が、その秩序のもとに置かれるべき者の専門性（Professionalität）により適当とされるのが正しいと考えるならば、営業的活動と自由職業的活動の間の相違を論ずることの意義は乏しくなるという。とりわけ、ある一定の経営組織と経営規模が顧慮されるべき状況を考えるならば、そうであるとする。[25]

より広い企業者を取り込むことは、ＨＧＢの適用範囲ではおそらく計算関係の法が重要となる。すでに資本会社の法形式で営まれている自由職業については計算関係の法は適用されている。各々の企業者は、彼自身の資産状況・収益状況・融資状況に精通し、これに関する可能性と調整を自らのために役立てなければならない。つまり商法の計算関係の規定を自由職業についても適用することが合目的かどうか、が明らかにされなければならない。この件において異なった扱いに固執することは憲法違反の不平等な扱いの疑いがあるだろう。同じ問題は、非営利団体（ＮＰＯ）を含めることについても妥当する。[26]

4　農業者・林業者の問題

おそらく「農民（Bauern）は商人（Kaufleute）ではない」ということが出発点とされてきたが、なぜ農業と林業の企業は営業的企業を営む場合でも商法の下に置かれないのか。農業や林業の生産物を市場において対価と引き替えに提供する者は、誰であれ他の企業者と同じ法秩序の下にあるべきであろう。この問題については、ドイツの商法改正においてもきわめて慎重な対応が行われた。ドイツの立法者は、法体系上の一貫性（rechtssystematischen Konsequenz）の正当性を認めていたにもかかわらず、農業と林業をその他の企業と同列に置くこと、そしてＨＧＢに農業と林業を組み入れることを拒んだ。それは当該の職能身分代表によっても要求されなかったからであるとされる。[27] ドイツの立法は完全商人サイズの農業と林業に「任意的商人」（Kannkaufmann）の性質を与える申し出のみに限定された（§3 Abs2 dHGB）。したがって農業と林業を他の類似の企業者の活動から区別することには依然として意味があるが、そのような区分は、とくに目的論的に納得のいく背景が欠けていることから非常に難しい。土地の利用の下に、植物のそして動物の原料を産出し活用することを対象とする活動を、他の比較可能なもしくは類似する活動から区別することに本来どのような意味があるのかが分からない場合には、その限界づけの確定は相当に困難である。なぜならば、そこには目的論的なアドリアネの糸（Ariadnefaden）が欠けているからである。[28]

5　小規模経営者への対応

小商人（Minderkaufleuten）と完全商人（Vollkaufleuten）との区別は、必然的商人（§1 HGB）には存在するが、登記による商人と法形式による商人にはない（§2 HGB）。また基礎的商業を営む小規模経営者のすべてが小商人ではなく、若干の者はＨＧＢ一条の範囲においても非商人である。[29] クレイチは、これらを合理的に理解することは困難であるとして、立法論的に問われるべきことは、小商人に別れを告げるべきか、それともすべての小企業者（Minderunternehmer）をＨＧＢの下にあるとすべきなのかという。[30] つまり、ある一定の大きさ（Größe）に達していない―現在の構成要件によれば、方式と規模において商人的に整えられた営業を必要としない―企業者を、すべてＨＧＢの適用範囲から除くべきなのか、それとも反対に皆共にＨＧＢの下に置くべきなのか、ということである。第一の選択は、ＨＧＢ一条の小商人を将来、ＨＧＢの適用から排除することになる。第二の選択は、現在ＨＧＢ二条に属さず、商人ではないところの小さな企業者をも将来取り込むことになる。この小さな企業者を取り込むことは、消費者保護法（KSchG）での経験が示すように困難さはないとしている。[31]

現在[32]、基礎的商業を営む小商人はＨＧＢの下に広範囲に服しているが、彼らは商号・商業登記簿・支配権（Prokura）・合名会社・合資会社・計算関係・商事保証・違約金についての規定から除外されているだけである。小商人をＨＧＢから部分的に除外する理由は、小商人のつましい活動範囲に鑑みると商法上の公示や組織の規定を広くは必要としないことである。小商人は今までＨＧＢの秩序の下でやってきたのであり、将来においてＨＧＢの適用範囲を、ある一定の大きさの企業者に制限しようとするための説得的な理由は見い出せない。法政策的に考えられることは、完全商人のために留保された商法上の規定の範囲をそのままにすべきか、それとも変更すべきかということである。それは、小さな企業者をも含むべき包括的全般的な企業者登記簿の導入に関係し、さらに商号を用い支配人（Prokurist）を選任する権利を小企業者にも認めるべきではないかという問題、そして合名会社と合資会社利用の範囲の拡張も議論される。他方で、商行為による保証、違約罰についての商法上の特別規則の来るべき運命が検証されなければならない。[33]

6　法形式による商人

何を営んでいるかに関係なくＨＧＢの下に置くことができることは、それ自体ありがたいこと（Wohltat）である。

法形式による商人（Formkaufleuten）には，株式会社・有限会社・監査役会設置義務のある協同組合・貯蓄金庫・大相互保険会社・ＥＷＩＶが入る。企業者概念をＨＧＢの基本的構成要件にしようと努めるならば，すべての協同組合もまた私立の財団もその法形式に基づいてＨＧＢの下に置かれることが首尾一貫している。同じことはすべての相互保険会社についても妥当するだろう。なぜならばそれらの活動も新たな基本的構成要件の意味において企業的な（unternehmerische）ものだからである。さらに合名会社と合資会社を，計算関係のために決めておくべき大きさの値を堅持する限り，すべての企業的な活動のために，また法形式による企業者であること（Formunternehmerschaft）の意味において利用できるようにしておくべきだろう。(34)

7　新たな法主体——企業者

(1)　広い企業者概念

将来，立法者はＨＧＢをすべての企業者に適用させるべきであろう。ＨＧＢ一条から七条までの細分化された商人概念はやめなければならない。伝統的な概念の担い手である商人（Kaufmann）には別れを告げなければならない。今日，それはあまりにも狭すぎる。なぜならば，ただ小売商人（Händler）の類型にのみその概念は適合しているからである。消費者保護法一条二項（§1 Abs. 2KSchG）に連係させることが望ましい。これによって企業を営む者は誰でもＨＧＢの下に入るようにすべきである。その際，企業とは利得（Gewinn）を目指していなくても継続を企図し，独立して経済的な活動を行うすべての組織体とされる。このことは，ＨＧＢの基本的構成要件下に，自由職業ならびに農業者や林業者も含まれるのであり，また専門的な経済的活動を営む非営利団体（ＮＰＯ）も含まれることを意味している。(35)

(2)　完全企業者

一定の大きさの企業者（完全企業者）に，ある程度の特別規定を用意すべきか，どの程度までそうすべきなのかについては、規制の実体を元に詳しく吟味されなければならない。商法上の計算関係の規定が、ある一定の企業の規模からはじめて関連性を持つということは当然である。計算関係の法を、明確な大きさのメルクマールに照らして方向づけるとすれば、売上高（Umsatzgröße）ないし従業員数（Dienstnehmerzahl）にこれを結び付けることができるだろう。(36)

裁判所により管理される登記、そして商号を用い、支配人の選任を許される権利は完全企業者のみに留保されるべきなのかは未解決である。すべての権利能力ある企業者の結合団体（とくに法形式による企業者）の創設的登記は必要不可欠なものである。すべての個人企業者の場合に商業登記簿による登記を必要とするかどうかは疑問である。この場合、登記を自由な選択に任せることが考えられる。登記に結び付いた利点を望む者は誰でも、商業登記簿への登記ができる。保証や違約罰その他の規則についての特別規定もこの登記に関わらしめることができるだろう。一定のＨＧＢ規定の適用を（自由に選択された）商業登記簿への登記に結び付けるならば、大きさの基準を節約できるが、ただ計算関係の規定については、この登記に依存しない大きさの基準（Größenkriterium）が必要であると思われる。(37)

⑶　企業者と登記

個人企業者の商業登記簿への登記の作用については、ＨＧＢの適用をこの登記に依存させることなく、企業者的な活動の開始（die Aufnahme der unternehmerischen Tätigkeit）に結び付けることが望ましい。ここでは、その準備行為を企業者的活動の開始とみなすことができるのかが検証されなければならないが、企業者的な準備行為を行う者をなおも消費者と評価するところの消費者保護法と調和させることは、すでに同一の人物をＨＧＢの下に置くことにとって不利となろう。商法上と消費者法上の構成要件を画一化するならば、この場合に難しい限界問題にぶつかる。登記により初めて成立する権利者の場合には、当然のことながら設権的登記が優位に立つ。その際には設立中の会社（Vorgesellschaft）の問題を解明すべきだろう。(38)

裁判所管理の登記をするのに必要な企業者特性がなくとも登記された者は、誰でも商業登記簿の登記の効力によって企業者であるとされる。裁判所の管理する登記は構成要件的前提の存在なしにそれが行われたとしても、商法上の規定の適用に関しては法人の設立制度とその設権性が結び付くのと同じくらいに必然的である。商業登記簿から小企業者を抹消する義務はないとされる。むしろＨＧＢの秩序下に属したいと願う者による登記は容認できる。それによって任意的企業者（Kannunternehmer）の制度に広範囲に及ぶ適用領域が開かれるだろう。(39)

(4) 法形式による企業者（Formunternehmer）

「法形式による商人」の制度は、「法形式による企業者」の制度として維持され、そして拡大されるべきである。将来的には、従来からの法形式による商人と並んで、すべての協同組合と相互保険会社がこの法形式による企業者とされるべきである。合名会社と合資会社をこの法形式を用いたいと願うすべての者のために利用できるようにすることが考えられている。(40)

(15) Krejci, a. a. O. (Fn. 2), S. 8ff.

(16) OGH AC 1726; GlUNF 7585; EvBl 1964/364; 1971/93; 1978/18.

(17) SZ 52/82; VwGH ZfVB 1984/2/502.

(18) Vgl. Karsten Schmidt, Handelsrecht (1999) 288ff. Raisch, Geschichtliche Voraussetzungen, dogmatische Grundlagen und Sinnwandlung des Handelsrechts (1965) 186; Fabricius, Grundbegriffe des Handels-und Gesellschaftsrechts (1978) 29; Sack, Der vollkaufmännische Idealverein, ZGR 1974, 179; Hopt, Handelsgesellschaften ohne Gewerbe und Gewinnerzielungsabsicht, ZGR 1987, 145 u. a.

(19) Krejci, Handelsrecht 20; Rebhahn in Jabornegg, Komm HGB (1997) § 1Rz16; Zehetner, Rechnungslegung der Genossenschaften (1999) 73ff.

(20) Krejci, a. a. O. (Fn. 2), S. 9.

(21) Krejci, a. a. O. (Fn. 2), S. 10.

(22) 本稿では、基本的にクレイチの講演当時の旧HGB条文を掲記している。
(23) ドイツにおける弁護士の利用できる会社形態については、丸山秀平「弁護士会社・弁護士株式会社・弁護士有限責任事業会社」同『ドイツ有限責任事業会社（UG）（日本比較法研究所研究叢書一〇三）』一一三頁以下（中央大学出版部・二〇一五年）参照。
(24) Krejci, a. a. O. (Fn. 2), S. 11.
(25) Krejci, a. a. O. (Fn. 2), S. 12.
(26) Krejci, a. a. O. (Fn. 2), S. 13.
(27) Karsten Schmidt, Handelsrecht (1999) § 10 VI 1 b aa; Münch Komm HGB ErgBd (1999) § 3 Rz 2.
(28) Krejci, a. a. O. (Fn. 2), S. 13f. たとえば、畜産を農業的活動として組み込むためには、飼育業者の自家栽培の飼料をどのくらい家畜が食べなければならないのか。養蜂業はそれが土地の一次的な利用として評価できないのに、なぜ農業に属するのか、などの疑問が提出されている（Krejci, S. 14. Anm. 29.）。
(29) 賃金製造（Lohnfabrikation）や印刷業務（Druckereigenschaeft）では、営業が手工業（Handwerk）の範囲を超えていなければならない（§ 1Abs 2 Z2 u.9 HGB）。また旅客運送（Personenbeförderung）では、設備による営業を必要としている（§ 1Abs2 Z5 HGB）。
(30) Krejci, a. a. O. (Fn. 2), S. 18.
(31) Krejci, a. a. O. (Fn. 2), S. 18.
(32) 二〇〇一年講演当時の立法下でのことである。
(33) Krejci, a. a. O. (Fn. 2), S. 19.
(34) Krejci, a. a. O. (Fn. 2), S. 20.
(35) Krejci, a. a. O. (Fn. 2), S. 20.
(36) Krejci, a. a. O. (Fn. 2), S. 21. UGBでは、年間の売上高七〇万ユーロという基準が採用されている（§ 189Abs. 1Z. 2UGB）。

(37) Krejci, a. a. O. (Fn. 2), S. 21.
(38) Krejci, a. a. O. (Fn. 2), S. 22.
(39) Krejci, a. a. O. (Fn. 2), S. 22.
(40) Krejci, a. a. O. (Fn. 2), S. 23.

四　商行為法の見直し

全般的な改正プログラムは、HGB第四編の題材においても提供される。その際、一般的な債権法・物権法の規定と、HGBにおいて特別に規制されている契約類型（商事売買・取次取引・運送取扱取引・倉庫取引・運送取引）との間を区別しなければならない。この個別の契約類型の規定も根本的な改正に値するということは否定できない。立法論的には、HGBの当該部分は非常に見通し悪くまとめられているので、その方向づけは困難である。さらにこれらの規則が今後も現在あるように維持されていくべきかどうかが検証されなければならないだろう。ドイツにおける運送法の改正は、オーストリアにおいても行動の必要性があることを示す。クレイチは、ここでは、商行為に関する一般的な規定の維持、廃止、書き換えの多くの問題を個々に詳しく扱うことはできないが、いくつかの指摘を与えることはできるだろうという。(41)

1　企業者行為（Unternehmergeschäfte）

来たるべき企業者法は、企業者（Unternehmer）という基本的構成要件を目途としているから、おそらく商行為（Handelsgeschäft）という概念にも別れを告げて、「企業者行為」または「企業関連行為」（unternehmensbezogenen Geschäft）について語られることになるだろう。その場合、企業関連行為は企業者の、彼の企業の営業に属するところのすべての行為となる。ＨＧＢ三四三条二項[42]は、基礎的商業行為の廃止により不必要となるだろう。ＨＧＢ三四四条の疑わしい場合の規則（Zwiefelsregeln）[43]は将来も有益なままであるとされる。

これに対して、一方的商行為の場合に、現在ＨＧＢ三四五条[44]が規定するように、商法規定が非企業者に対しても適用あることを今後も固守していくべきかはよく考えてみなければならない。この規則は、消費者を損失から保護することを目指す消費者法と緊張関係にある。大抵の場合に消費者を民法上の法的立場よりも不利にするところの商法の規則と消費者の保護とは矛盾する。ＨＧＢ三四五条の推定を逆方向の関係にすることが立法論的に提案される。立法者がはっきりとそのことを指示している場合を除いて、非企業者は原則として商法上の規則下にはないとすべきだろう。[45]

2　商行為の締結

(1)　普通取引約款

今まで判例と学説により定められた普通取引約款の下での契約締結に関する規則を規範化するかが検討されなければならない。普通取引約款はほぼ独占的に企業者により用いられているにもかかわらず、ＡＢＧＢ（オーストリア民法典）の枠内でも考慮に値する。法律上、次のような規則を置くことができるだろう。

普通取引約款が契約にとって意義あるためには、合意（Vereinbarung）を必要とする。この目的のためには、契約締結の前にもしくは契約締結の際に、しかるべく普通取引約款が示されなければならない。契約締結前のコメントなしの送付は、異議が述べられない限り、営業店におけるたんなる掲示と同等である。従前に普通取引約款使用の下で行われてきた継続的な取引関係における新たな取引も、相手方からの異議がない限り、普通取引約款の下に締結されるということを前提にできる。普通取引約款を使用するという商慣習（Handelsbräuche）の問題も規則に入れることができるだろう。

(2) 同意としての沈黙

商人の確認状（kaufmännische Bestätigungsschreiben）に対する沈黙も法定の規則へと引き込むことができる。改正に値するHGB三六二条[46]の商人の確認状の例外的な拘束力についての現在の判例は、法解釈学的には基礎づけることができない。たぶん商慣習法に基づいているだろう。国連売買法の規則[47]が有意義である。

(3) 締約強制

法政策的に魅惑的であるのは、一般的な締約強制の制度を企業法に取り入れることである。それは現在、判例と学説に依拠している締約強制に関する一般原則を承認するということになろうか。この原則化は、広範囲にわたる議論に発展するだろう。

(4) 瑕疵ある商行為

商行為についても、契約の無効、良俗違反、錯誤、詐欺、強迫による契約の取消しに関する民法上の規定は適用される。同様に、ABGBや消費者保護法においても普通取引約款の効力および内容規制に関する特別の規定が定められている。現下の関連では、ラエシオ・エノルミスに関する規定―HGB三五一a条[48]の削除が推奨に値する。この規定を維持する場合には表現を改めるべきである[49]。

3 商慣習（Handelsbräuche）

商行為の解釈は、その他の契約と同じように行われる。商法上の慣習と習慣の重要性についての規則（§346HGB）も商行為への一般私法上の規則の適用事例以外の何物でもない。商慣習は、たしかに特有の集団に該当する者に関わるので、今後もこの特別規定を維持していくことが正しいように思う。今後この規則は、すべての企業者に関係づけられなければならない[50]。

4　一般的な債務内容

種類のみで決められた商品については、「中等の種類・品質の商品」を給付しなければならない（§360HGB）という規則は、一般的原則を表すもので、立法論的には一般私法へ収容することが適当である。

尺度・重量・通貨・時間の算定・距離について、当事者の意思が不分明であるとき（im Zweifel）履行地を標準とする（§361HGB）ことは、オーストリア民法（§905 I ABGB）も指示しており、民法と商法との間に差異はない。一般的な解釈規則に関係している。商法の規定は必要ない。

外貨建ての債務についての規定（§8 EVHGB）もそれ自体としては商法特有のものではない（ＥＶＨＧＢは後述8参照）。この債務をどのように扱わなければならないのかは一般私法的な問題である。この規則は民法にその体系的な場所を見出すべきであろう。

履行期と履行地について、給付は通常の営業時間内において行うことができる（§358HGB）、春秋等で履行期を定める合意について意思不分明のときは履行地の商慣習を参照することを求める（§359HGB）。これらの規定はなくても済むものである(51)。

5　有償性（Entgeltlichkeit）

有償性の原則（§354HGB）は、それ自体としては維持されなければならない。この原則が内容的により広く、と同時により一般的に捉えられるべきかどうかは疑わしい。一般私法に受け継ぐことができないかを検証すべきである。当事者の意思不分明のときには、反対給付を考慮して給付が行われるとされる。このことは企業者の取引では、一般的な私法上の取引におけるよりもより典型的かもしれないが、質的な差異は識別できない(52)。

6　交互計算

交互計算の関係が、通例少なくとも一人の企業者が関与しているところの取引関係の枠内で設けられているということは正しい。このことは交互計算の制度を民法ではなく商法に規定しておくことにとって有利である。もし交互計算を企業法に存置しておくならば、そのことは企業者の活動領域におけるこの制度の使用頻度により正当化されるだけであり、交互計算が非企業者間の取引では専門性が欠けているという理由で使用されないのだ、というような事情によるものではない。

7　商行為たる保証

商行為の保証人は、当事者の意思不分明のときは（im Zweifel）支払人としての責任を負う（§349HGB）。そして何らの方式なしに義務を負担することができる（§350HGB）。以上のことは今後も妥当すべきである。

8　利　息

商法による利息の程度に関する規則（§352HGB）は、関係するＥＵ指令により変更されるだろう。その変更が同条の維持を無用とするほどに時代にマッチしたものになるのか、どの程度どの範囲で生じるのかは、目下のところ予測できない。ＥＶＨＧＢ（オーストリア国内における商法規定の導入についての命令[53]）は、元本額を超える利息（ultra alterum tantum）の禁止（§1335 ABGB）を商行為に対しては無効にしている（Art 8 Nr7 EVHGB）。立法者は同規定（§1335 ABGB）を廃することを考慮すべきであろう。また利息は弁済期から支払われなければならないとする規則（§353HGB）、これは利息がもらえるのは債務の請求可能な時点からであり遅滞の時点からではないと解されているが、

この規定は廃されるべきだろう。一般私法上の規則で十分である。(54)

9　責任問題

(1)　注意程度の基準（Sorgfaltsmaßstab）

主要なる商法上の規則として「通常の商人の注意」（die Sorgfalt des ordentlichen Kaufmanns）は見られており、会社の機関担当者の注意の領域にも影響を及ぼしている。しかし根本においてＡＢＧＢ（§1299 ABGB）の適用事例とまったく差異がない。つまりＨＧＢ三四七条一項(55)は必要ないのである。立法者が、この規定の削除はテキスト整理にすぎず、今後は企業者に従来とは異なる注意基準を当てはめるべきことを意味するものではないということを明らかにするならば、それで十分であろう。けれどもクレイチは、このＨＧＢ三四七条一項を順応した形で維持することを奨めている。それはこの規定の削除が、説明にもかかわらず誤った方向へのシグナルとして受け取られかねないからであるという。ＨＧＢ三四七条二項についてはおそらく削除できるだろうとしている。(56)

(2)　可分給付における連帯責任

一可分給付についての共同の債務は、当事者の意思不分明の時には、連帯債務（Gesamtschuld）とされる（Art8Nr1 EVHGB）。この規則は、ＡＢＧＢ八八九条と明らかに相反する商法上の特則であるが、契約実務では、複数の債務者による過分給付の約束の場合に連帯債務の合意がなされることは明らかである。債権者からしてみれば、個々の債務者の各責任を一体化することを好むのは当然である。将来においてＡＢＧＢ八八九条の規則のままにするのか、それともＥＶＨＧＢ八条一項に相応する規則へと鞍替えするのかを再考すべきである。この場合には、ＥＶＨＧＢ八条一項は余分なものとなり、そして同じ内容の民法の規則により交代させることができるだろう。(57)

(3) 逸失利益についての責任

双方的商行為による責任も一方的商行為による責任の場合でも、EVHGB八条二号は、常に得べかりし利益（entgangenen Gewinn）の賠償を命じている。この広い賠償義務は非商人にもある。この一般的なBGBに由来するところ損害賠償の規則は、ABGBの知らないものである。ABGBでは、有責の度合いに応じて差異のある賠償責任の負担を前提としており、加害者に得べかりし利益の賠償をも負わせるのは、加害者が故意もしくは重過失で行った場合のみである。なぜオーストリアの商法では民法とは別の損害賠償の法が適用されることになっているのか、という疑問に対する法解釈学的な解明のための努力は、今日まで何ら納得のいく結果をもたらしていない。EVHGBでは、難しい商法的な目的論が問題ではなく、たんにつぎのことが問題だったのである。すなわち帝国に統一的に拘束力あると宣言されたHGBを、オーストリアでもいくつかの重要とみられる領域で帝国の統一的な民法の規則と共に具備させるのかということであった。これに関してはオーストリアにHGBと共にBGBをも導入できたであろうが、それは新しい「国民法典」（Volksgesetzbuch）を作り出すという努力に鑑みるとあまりにもハイコストな中間的ステップと思われた。そこで立法者は、いくつかの経済活動にとってとくに重要なBGBの規則をHGBといっしょにオーストリアにおいても拘束力が認められるものとして宣言することで甘んじたのである。「国民法典」はついに成らなかった。そして六〇年以上の後になっても、オーストリアにおいては相変わらず「二重の損害賠償の法」（ein doppeltes Schadenersatzrecht）(58)を保つことが正当とされるのか、またどの程度まで正当と思われるのかが未だ問題とされたままなのである。

将来すべての企業者がHGBないし新たな企業法の管轄下にあるべきとする状況を考えるならば、損害賠償の範囲のような重要な問題について二つの異なった体系が今後も並立して適用されるべきかという問題はより切迫したものとされる。クレイチは、オーストリアの損害賠償法がドイツの手本に従って改造されるべきかは一般私法の問題であり、商法改正の課題ではないとしながらも、法秩序の統一ならびに等しいものは等しく扱う（Gleiches gleich zu behandeln）という願いは、商法改正の枠内でもドイツ責任法の通用に別れを告げて、企業者法の適用領域においてもＡＢＧＢの損害賠償法に力を与えることを擁護する。つまり逸失利益について加害者は故意もしくは重過失で行った場合にのみ責任を負わされるべきとされるのである。

もし立法者的な慎重さにより従前からのドイツのＢＧＢ二五二条の規則を企業者取引の範囲では引き続き使用することに固執するような場合であっても、少なくともＡＢＧＢに比べて高められた賠償義務は企業者のみにあるのであり、その非企業者である顧客（消費者）にはないということが明らかにされなければならない。クレイチは、企業者によって賠償されるべき損害のみが逸失利益を含むべきであるとしている。(59)

⑷　違約罰（Vertragsstrafe）

判例は、違約罰が不相応に高額な場合については、良俗違反を問うことで不利な扱いを受ける企業者を救済している。ＡＢＧＢ一三三六条二項による違約罰の緩和を制限するＨＧＢ三四八条の規則は削除することができるだろう。この規則を維持する場合でも、その対象を登記されるべき企業者のみに限ることが推奨される。(60)

10　商事売買の規定

商事売買に関する規定も修正を必要とする。ＨＧＢでは、別の法律で包括的に規定されている題材について、若干の特別規定が積み重ねられているだけであるということがその妨げとなる。その背後には、ＨＧＢの根本的な体系問題が隠れている。この問題は、企業者のため民法的性質の特別規定をよりよい見通しのために独立の法律（Gesetzeswerk）に集めることに固執する限り保たれたままとなる。しかし商事売買の関連では、それ以上にその商法上の規則が重要な案件で、目的論的に一般私法的な傾向を見せるということが妨げとなる。クレイチは、全般的な示唆として商事売買に関する規定の多くをＡＢＧＢに移管させることを推奨している。(61)

(41) Krejci, a. a. O. (Fn. 2), S. 29f.

(42) ＨＧＢ三四三条一項：商行為とは商人の行為にしてその商業の経営に属する一切の行為をいう。二項：ＨＧＢ一条二項に掲げた行為は、商人が通常他の行為を目的とする商業の経営に際して締結した場合と雖も商行為とする。

(43) ＨＧＢ三四四条一項：商人の為したる法律行為は、疑わしい場合には、その商業の経営に属するものとする。

(44) ＨＧＢ三四五条：両当事者の一方のために商行為たる法律行為については、当事者双方に対して均しく商行為に関する規定を適用する。但し、その規定により別段の結果を生じるときはこの限りにあらず。

(45) Krejci, a. a. O. (Fn. 2), S. 30.

(46) ＨＧＢ三六二条：営業上他人のために事務処理をすべき商人に対して、この者と取引関係にある者より係る事務の処理に関する申込みが到達したときは、その商人は遅滞なく回答を為す義務を負う。その沈黙はこれを申込みの承諾と看做す。

(47) ウィーン売買条約の一九七八年草案一六条・ＣＩＳＧ一八条の規則を指すと思われる。ＣＩＳＧ一八条一項では、「沈黙又はいかなる行為も行わないことは、それ自体では承諾とはならない」と規定している。ＵＮＣＩＴＲＡＬ事務局・吉川吉樹訳『注釈ウィーン売買条約最終草案』五一頁以下（商事法務・二〇一五年）参照。

(48) ＨＧＢ三五一ａ条は、過半損害に関するオーストリア民法ＡＢＧＢ九三四条の規定の適用を契約が商行為である場合には認めない。

(49) Krejci, a. a. O. (Fn. 2), S. 32.

(50) Krejci, a. a. O. (Fn. 2), S. 32.

(51) Krejci, a. a. O. (Fn. 2), S. 33.

(52) Krejci, a. a. O. (Fn. 2), S. 34.

(53) Verordnung zur Einführung handelsrechtlicher Vorschriften im Lande Österreich

(54) Krejci, a. a. O. (Fn. 2), S. 35.

(55) ＨＧＢ三四七条一項：自己にとって商行為となる行為により他人に対して注意を為す義務を負う者は、通常の商人の用いるべき注意について責任を負う。
（56）Krejci, a. a. O. (Fn. 2), S. 35.
（57）Krejci, a. a. O. (Fn. 2), S. 36.
（58）オーストリア民法（§1324ABGB）による過失の程度に応じた差異のある損害賠償の責任負担と、商法の領域でこれを差別化しないドイツの損害賠償の体系—軽過失の場合にも逸失利益の賠償責任を認める—によるものである。
（59）Krejci, a. a. O. (Fn. 2), S. 36f.
（60）Krejci, a. a. O. (Fn. 2), S. 37.
（61）Krejci, a. a. O. (Fn. 2), S. 40ff.

五　おわりに

以上、クレイチがオーストリア企業法の制定前に、商法のあるべき方向性について行った講演から、基本姿勢、商人、商行為についての主要部分を取り上げてその概略を述べた。

わが国では、ドイツ・オーストリア法に見られたような商人概念の複雑な多層化はなく、その点では問題がないと言えるが、わが商法で取られている、まず商行為となる基本行為を定めて商人という商法規範の中心となる主体概念を導く方法に対しては、同じような時代的・社会的・経済的な進展に伴って新たな業種や取引形態が生じることへの現実的な対応をどのように考えていくのかということがやはり問題となる。また自由職業や農業、林業などの原始産業による事業者への商法適用の問題は、ドイツ・オーストリア法と同じように議論すべきところが多いと考える。わが国の会社法五条が、会社の事業としてする行為と事業のためにする行為を商行為として規定することは、会社という法形式の主体が行うことにより当該事業行為自体の種類の如何を問わずに商行為として扱うことを可能とする条文上の根拠を提供したものであり、さらに会社は商人であると判例においても認められることで、[62]既存の商人概念との調整も図られている。この点では、わが国においては会社―企業についての現実的な法的対応がみられるといえる。

しかし営利目的を主たる目的としない団体にも商法を適用していくべきなのか、どの範囲までの団体に対してその適用を拡大するのか、という問題については、企業（者）概念の利用によりこの問題に対応するのも一つの選択肢として考えることはできるが、営利の意味[63]を二様に解する方法で、公法人や非営利の法人団体の商人性を肯定していく方向をさらに進めて、たとえば準営利という範疇を容認すれば、わが国における現実的対応と言えるようになるかもしれない。また商行為法の各規定の見直し[64]も、民法と商法との住み分けのためには避けて通れぬ改正作業であり、消費者の取引問題との調整を考えることが今後の商法分野の課題とされるだろう。[65]

(62) 最判平成二〇年二月二二日民集六二巻二号五七六頁。

(63) 営利の意味についての最近の考察として、杉田貴洋「商人概念における営利性」法学研究八五巻一号一頁以下参照。

(64) 「商行為法WG最終報告書」（二〇〇八年三月）『詳解債権法改正の基本方針Ⅴ―各種の契約（2）』資料編四四九頁以下（商事法務・二〇一〇年）参照。

(65) わが国の民法の債権法改正を巡る議論の中では、事業者という概念を用いて現行商法の規定するいくつかの条文を民法中に取り込むことが考えられ、また経済事業という概念の利用も提言されていた（「債権法改正の基本方針」NBL九〇四号参照）。

中国における株主代表訴訟の運用実態とその課題

王　原生

一　はじめに

二〇〇五年改正中国会社法には、株主代表訴訟制度が新設された（二〇〇五年改正中国会社法一五二条（現行中国会社法一五一条））。[1] その背景には、支配株主[2]が役員（取締役、監査役、上級管理職を指す）の派遣を通じて、また自らが「関連関係」[3]を通じて会社を食い物にして、ひいては少数株主の利益を侵害するという不祥事が続出したことに対して、株主代表訴訟制度を導入することで、事後的な救済措置として株主利益を保護することおよび少数株主による支配株主の不正を抑止することがある。

株主代表訴訟は実体法と手続法という二重の性質を兼ね備えた制度である。しかし、中国会社法における当制度の内容および手続が比較的簡単に設定されていることは、実務上の運用に困難をもたらし、中国会社法の株主代表訴訟制度が有効にその機能を発揮できるのかについて、疑問視する声も少なくない(4)。

本稿は二〇〇五年改正中国会社法が二〇〇六年一月一日に施行されて以来の株主代表訴訟に関連する裁判例(5)の整理、検討を通じて、この一〇年近くの中国における株主代表訴訟の運用実態を明らかにし、そのあり方を検討することを目的とする。まず、中国会社法における株主代表訴訟の基本構造とその趣旨を解説する。そして、具体的な裁判例の検討を通じて、株主代表訴訟の適用要件について、株主代表訴訟の対象となる責任の範囲、原告の適格および手続の要件を実際に如何に運用されるかを明らかにした上で、その運用の問題点を考察するものである。また、このような検討を通じて、日本企業の中国進出および中国企業との取引におけるリスク管理に備える一助にしたい。

(1) 中国会社法は、一九九三年一二月二九日に制定され、一九九九年一二月二五日改正および二〇〇四年八月二八日改正の二回の小規模な改正を経て、二〇〇五年一〇月二七日に抜本的な大改正が行われた。二〇一三年一二月二八日に経済の振興策として、人々が起業しやすくするために資本金制度の規制緩和をめぐり一二ヵ条の法改正が行われた。そのうち、第二九条の削除に伴う二〇〇五年改正法の一五二条は現行会社法の一五一条になる。二〇一三年法改正では株主代表訴訟制度に関する法改正が行われなかった。本稿の「中国会社法」という表現は、二〇一三年一二月二八日改正会社法（現行法）を指す。

(2) 中国会社法二一六条（用語の定義）二号は「支配株主」について、「支配株主とは、その出資額が有限責任会社の資本総額の五〇パーセント以上を占める株主、又はその保有する株式が株式会社の株式資本総額の五〇パーセント以上を占める株主、並びに出資額又は保有株式の比率が五〇パーセント未満であるが、その出資額又は保有株式により有する議決権が株主会（株主会は有限責任会社の社員総会を指す。筆者注）又は株主総会の決議に重大な影響を与えるのに十分な株主を指す。」と定義している。中国会社法の邦訳は、射手矢好雄＝布井千博＝周劍龍『改正中国会社法・証券法』七三頁以下（商事法務・二〇〇六年）参照。なお、中国における支配株主に関する問題について、朱大明『支配株主規制の研究―中国会社法を素材として―』（信山社・二〇一二年）参照。

（3）　中国会社法二一六条（用語の定義）四号は「関連関係」について、「関連関係とは、会社の支配株主、実質的支配者、取締役、監査役、上級管理職とその直接又は間接的に支配する企業との間の関係、及び会社の利益移転をもたらす可能性のあるその他の関係を指す。但し、国が持分を支配する企業間では、国に支配を受けているということのみにより関連関係があるとはみなさない。」と定義している。

（4）　蔡元慶「中国における株主代表訴訟制度の現状と問題点」アジア文化研究所研究年報四六号二〇五頁（二〇一一年）。

（5）　具体的には、北大法律信息網（http://law.chinalawinfo.com/）を用い、二〇一五年三月二三日までに旧会社法一五二条をキーワードとして行った検索により得られた二〇一件の裁判例（その中、最高人民法院判決一五件）および中国最高人民法院が開設した中国裁判文書網（http://www.court.gov.cn/zgcpwsw/hen/）に掲載された二五件の最高人民法院判例（アクセス日は二〇一五年七月三一日）を用いている。

二　中国会社法における株主代表訴訟制度の基本構造

1　株主代表訴訟の関連条文

株主代表訴訟を定める中国会社法一五一条は以下のとおりである。

「①　取締役、上級管理職に本法第一四九条に定める事由がある場合、有限責任会社の株主、連続一八〇日以上単独で又は合計で会社の一パーセント以上の株式を保有する株式会社の株主は、書面により監査役会又は監査役会を設けない有限責任会社の監査役に人民法院への訴訟の提起を請求することができる。監査役に本法第一四九条に定める事由がある場合、上記株主は、書面により取締役会又は取締役会を設けない有限責任会社の執行取締役に人民法院への訴訟の提起を請求することができる。

② 監査役会、監査役会を設けない有限責任会社の監査役、又は取締役会、執行取締役が前項に定める株主の書面による請求を受領した後、訴訟の提起を拒否する場合、又は請求を受領した日から三〇日以内に訴訟を提起しない場合、又は状況が緊急であり、直ちに訴訟を提起しなければ会社に回復しがたい損害を生じるおそれがある場合、前項に定める株主は会社の利益のため、自己の名義により人民法院に直ちに訴訟を提起する権利を有する。

③ 他人が会社の適法な権益を侵害し、会社に損害を与えた場合、本条第一項に定める株主は、前二項の規定に基づき、人民法院に訴訟を提起することができる。」。

すなわち、上記条文から中国の株主代表訴訟の適用要件は以下のように概観することができる。

(1) 対　象

取締役、上級管理職(6)、監査役（中国会社法一五一条一項）および「他人」（同条三項）は株主代表訴訟の被告になりうる。株主代表訴訟によって追及できる取締役、上級管理職、監査役の責任は中国会社法一四九条(7)に定める忠実義務・勤勉義務の違反により会社に対する損害賠償責任である。取締役、監査役、上級管理職の忠実義務および勤勉義務は中国会社法一四七条(8)に定められ、その忠実義務を具体化するものとして取締役、上級管理職に課する禁止事項（利益相反取引や競業避止義務等）は中国会社法一四八条(9)に定められている。また、取締役、監査役、上級管理者は「関連関係」の地位を利用して会社に損害をもたらした場合は会社に対して賠償責任を負う（中国会社法二一条）。さらに、取締役会の決議が法令又は定款、株主総会決議に違反し、会社に重大な損失を与えた場合、決議に参加した取締役は会社に対して賠償責任を負う（中国会社法一一二条三項）。

「他人」の範囲は明らかではないが、その具体的な検討については下記「三」に譲る。条文の文面から読むと、会社の権益を侵害し、会社に損害を与えたすべての者が含まれる。もちろん、株主は「他人」の範囲内に入るが、中国会社法には株主の権利濫用の禁止（中国会社法二〇条(10)）および支配株主等の地位濫用の禁止（中国会社法二一条(11)）規定が設けられており、株主の会社に対する賠償責任を明文化にしていることから、会社の株主および実質的支配者[12]は会社の一般債務者と区別して、別個に検討する必要がある。また、最高人民法院の司法解釈[13]「中華人民共和国会社法の適用に係る若干の問題に関する規定（二）」二三条は、株主は会社法一五三条三項の規定により、清算中または清算後にかかわらず、法令または定款違反により会社に損失をもたらした清算人に対して、代表訴訟を提起することができる。

(2) 原告の適格

有限責任会社の原告の適格と株式会社の原告の適格について、異なる条件が設けられている。有限責任会社の原告は株主代表訴訟を提起する場合には、株主であればよく、いかなる制限もない。

株式会社の原告の適格について、持株数（比率）と保有期間の制限を設けている。すなわち、原告は自己単独でまたはその他の株主と合わせての持株比率が会社が発行している株式総数の一パーセント以上であり、かつ、一八〇日以上引き続き株式を有する株主でなければならない。

両者を区別する理由は、濫訴防止の観点から、有限責任会社の株主は五〇人以下と制限され（中国会社法二四条）、限られている株主は一定の持株比率を継続保有していることが一般的と考えられ、濫訴の可能性は低いと思われる。一方、株主の数が限られている場合は、株主自身の利益と会社の利益は密接な関係を持ち、経済合理性を有する有限責任会社の株主に自身の利益を守るため、積極的に株主代表訴訟制度を利用してほしいとの思惑が見て取れる[14]。

また、二〇〇五年改正中国会社法施行後、株主代表訴訟に関する最初の最高人民法院二〇〇七年一一月二九日判決（最高人民法院（二〇〇七）民一終字四九号）について、最高人民法院民事第一法廷裁判長楊永清裁判官が執筆した解釈には、有限責任会社と株式会社における株主代表訴訟の原告適格が異なる理由について、「株式会社に持株比率の制限を設ける理由は濫訴防止および株式会社が被告とされる（原文ママ）[15]株主代表訴訟が頻発することにより会社が対応しきれないことの防止にある」。また、保有期間に関する制限は無意味の訴訟を抑止することおよび訴訟のために株式を購入するのを防止することにある。

(3) 手　続

まず、株主は書面により、会社が取締役、上級管理職、監査役および「他人」に責任追及等の訴えを提起するように請求する。請求機関について、取締役と上級管理職の責任を追及する場合は、監査役（会）に請求することができる。監査役の責任を追及する場合は、取締役会または執行取締役に請求することができる。(16)「他人」の責任を追及する場合は、どの機関に請求するかは明確な規定が置かれていなかった。

そして、会社が当該請求を受領した後、訴訟の提起を拒否する場合または三〇日以内に訴えを提起しない場合、株主は自分の名義により訴えを提起することができる。

なお、手続上の例外として、緊急な事情により、この期間の経過によって会社に回復できない損害を生じるおそれがあるときは、株主はただちに訴えを提起することができる。

2 株主代表訴訟の制度趣旨

上記の整理から見ると、中国の株主代表訴訟とは、「会社が訴訟という手段を用いて、会社の権利を侵害した者の民事責任を追及し、その権利を実現することを怠っている場合に、法律的に資格を有する株主が、会社の利益のために、自己の名義で、法定の手続に則り、会社に代わり訴訟を提起することができるというもの」である。(17)つまりその制度趣旨は、①会社の損害回復、②会社の損害回復による株主の保護、③取締役等の会社に対する責任を確保して、会社経営の健全性を確保することである。(18)

①は、会社が会社の利益を侵害した者に対し、損害賠償責任を追及するのが原則である。しかし、会社の代表権を有する取締役等がその会社の利益を侵害した者との間に密接の関係があったために訴えを提起しなかった場合には、株主

は会社に代わってその者の会社に対する損害賠償責任を追及する訴えを提起することにより、会社の損害を回復させる。当該制度の直接の目的は、株主個人の利益保護ではなく、会社の利益を守ることであり、株主は会社の損害回復を通じて間接的に受益することになる。したがって、当該制度の運用に当たっては法定手続要件を厳格に踏まえ、会社内部機関により救済手段を尽くしてから、しかも、株主が会社の利益を守る他の方法もない場合に、はじめて訴えの提起を認めるべきである(19)。

②は、中国会社法制度として所有と経営を分離していない。実情としては、支配株主や実質的支配者らは自ら役員を兼任し、または役員の派遣を通じて、会社を操り、「関連関係」を通じて会社の利益を私物化する不祥事が多発している。とくに有限責任会社の場合は株式が上場していなくて、売りたくでも売れない。会社が損害を受けて配当もできない場合、経営権を握っていない少数株主の保有する株式は紙屑と同然になる。そこで、事後的な救済措置としての株主代表訴訟制度は、少数株主が訴訟を通じて会社の損害回復を図ることで、自己の利益を守るという大事な道具である(20)。

③は、少数株主が自己の利益を守るため、積極的に株主代表訴訟を利用することにより、支配株主の不正および取締役等の任務懈怠を抑止し、会社経営の健全化を確保することである。

一方で、株主代表訴訟制度は少数株主が訴訟によって会社経営に介入していく道を開いたことを意味する。会社の経営は株主の多数決および取締役会が行うのが基本原則である。株主が直接的に介入するのは、例外的な場合に限定される必要があるため、代表訴訟制度には原告の適格および提訴手続について、制限的な規定を設けている(21)。

（6）中国会社法二一六条（用語の定義）一項は「上級管理職」について、「上級管理職とは、会社の総経理（代表取締役や執行役に相当、筆者注）、副総経理、財務責任者、上場会社の取締役会秘書及び定款に定めるその他の者を指す。」と定義している。

（7）中国会社法一四九条（賠償責任）：取締役、監査役、上級管理職は、会社の職務を執行する時に法律、行政法規または会社定款の定めに違反し、会社に損害を与えた場合、賠償責任を負わなければならない。

(8) 中国会社法一四七条（忠実義務等）：取締役、監査役、上級管理職は、法律、行政法規および会社定款を遵守し、会社に対して忠実義務および勤勉義務を負う。

取締役、監査役、上級管理職は、権限を利用して賄賂またはその他の不法な収入を得てはならず、会社の財産を横領してはならない。

(9) 中国会社法一四八条（禁止事項）：取締役、上級管理職には、次の各号に掲げる行為があってはならない。

（一） 会社の資金を流用すること

（二） 会社の資金を自分の個人名義またはその他の個人名義で口座を開設し預金すること

（三） 会社定款の規定に反し、株主会、株主総会または取締役会の同意を得ずに、会社の資産を他人に貸付、または会社の財産を他人のために担保として提供すること

（四） 会社定款の規定に反し、または株主会、株主総会の同意を得ずに、自社と契約を締結し、または取引を行うこと

（五） 株主会または株主総会の同意を得ずに、職務上の便宜を利用して自己のため、または他人のために会社の商機を奪い、在任する会社と同種の業務を自営し、または他人のために経営すること

（六） 他人と会社との取引のコミッションを受け取り自己のものとすること

（七） 会社の機密を無断で開示すること

（八） 会社に対する忠実義務に反するその他の行為

取締役、上級管理職が前項の規定に違反して取得した収入は会社の所有に帰属させなければならない。

(10) 中国会社法二〇条（株主の権利濫用の禁止）：会社の株主は、法律、行政法規および会社定款を遵守し、法に従って株主の権利を行使しなければならず、株主の権利を濫用して会社またはその他の株主の利益を損なってはならず、会社法人の独立的地位および株主の有限責任を濫用して会社債権者の利益を損なってはならない。

会社の株主が株主の権利を濫用して会社またはその他の株主に損害をもたらした場合は、法律に従い賠償責任を負わ

なければならない。

会社の株主が会社法人の独立的地位および株主の有限責任を濫用して、債務を逃れ、会社の債権者の利益を著しく損なった場合は、会社の債務に対して連帯して責任を負わなければならない。

(11) 中国会社法二一条（支配株主等の地位濫用の禁止）：会社の支配株主、実質的支配者、取締役、監査役、上級管理職はその関連関係の地位を利用して会社の利益を損なってはならない。

前項の規定に違反し、会社に損害をもたらした場合は、賠償責任を負わなければならない。

(12) 中国会社法二一六条（用語の定義）三号「実質的支配者」について、「実質的支配者とは、会社の株主ではないが、投資関係、合意又はその他の手段によって会社の行為を実質的に支配できる者を指す。」と定義している。

(13) 司法解釈とは、最高人民法院と最高人民検察院が、立法権限を有する全人大常務委員会による包括的授権と人民法院組織法に基づき、法律の実施過程で生じた法律問題についていかに具体的に対応するかについて、一般的な法的効力を有する解釈を示すことをいい、法源としてきわめて重要な位置を占める（塚本宏明監修『逐条解説中国契約法の実務』三頁（中央経済社・二〇〇四年））。

(14) 李飛＝王学政編『中華人民共和国公司法釈義』二五〇頁〜二五一頁（中国市場出版社・二〇〇五年）。

(15) 当該説明を直訳すると会社は株主代表訴訟の被告とされることになるが、しかし、続いて株主代表訴訟における会社の地位についての説明には「会社は訴訟中の第三者であり、被告にはならない」と説明されることから、おそらく楊永清裁判官の真意は会社が多発の訴訟に巻き込まれるリスクを軽減するために持株比率の制限を設けたことにあると考えられる。

(16) 執行取締役とは、小規模の有限責任会社において取締役会を設置しない場合に置かれる機関である（中国会社法五〇条）。

(17) 宣偉華「中国における株主代表訴訟の現状及び問題点」法務省法務総合研究所国際協力部報第三六号一五頁（二〇〇八年）。

(18) 李飛ほか編・前掲注（14）二四九頁。

(19) 最高人民法院二〇一二年一二月一四日決定(二〇一二年)民四終字二一号。
(20) 江平＝李国光編『最新公司法条文釈義』三七七頁(人民法院出版社・二〇〇六年)。
(21) 江平ほか編・前掲注(20)三七七頁。

三 株主代表訴訟の対象となる責任の範囲

1 取締役、監査役、上級管理職の会社に対する賠償責任の認定

それでは、取締役、監査役、上級管理職が会社に対して負う責任とは具体的にどのようなものか、またそのレベルはどのくらいに設定されるのであろうか。裁判例を取り上げて具体的に検討することにしよう。

(1) 忠実義務および勤勉義務の具体的検討

① 最高人民法院二〇一四年七月二三日判決(〔二〇一三〕民二終字三〇号)

A会社の代表取締役会長兼総経理YはA社を代表して、B会社(YがB社の支配株主、取締役、実質的支配者)との間で、B社がA社の全商品を販売する販売代理契約を締結した。B社はA社商品の販売代金をYの香港の関連会社に移転して、A社との清算しないままでB社を解散したことによりA社に損害を与えた。原告A社の株主Xは、当該販売代理契約を締結したYに忠実義務違反があるとして、当該損害についてA社に賠償請求する株主代表訴訟を提起した。最高人民法院は、以下三つの理由でYの一九九三年会社法五九条、六三条(現行法一四七条・一四八条)忠実義務違反と認定し、Xの請求を認容した。

(ア) YがB社株式の五〇パーセントを直接保有し、また子会社を通じてB社株式の五〇パーセントを保有することから、YはB社の実質的支配者である。したがって、YがA社を代表してB社との販売代理契約を締結する場合は、自

分がB社との関連関係をA社に報告しなければならない。しかし、Yはその関連関係を報告しなかった。
（イ）　B社はA社の代理人として、A社に商品の販売代金を振り込むべきであり、それについて、YはB社の実質的支配者として当該販売代金をコントロール能力もある。しかし、B社は当該販売代金をYが支配している香港の会社に振り込んだことにより、A社に損害を与えた。
（ウ）　B社が販売代理契約を履行していない状況で、A社が当該契約を維持したまま、B社に代理費用の支払をすることは明らかに不公平が生じる。YはA社の代表取締役会長兼総経理として、A社の利益を守るため、当該契約変更の申込みまたはその他の防御措置を採るべきである。しかし、Yは何らかの防御措置も採らず、A社に損害をもたらした。
本判決は、役員の忠実義務違反の要件として、役員が取引先との関連関係を有する際には事前に会社に報告すること、また、業務執行に当たって具体的な取引において明らかに会社にとって不利益を与える場合には、会社の利益を守るための積極的な防御措置を採るべきこととしている。

中国会社法一四八条一項四号は取締役、上級管理職と会社間の取引について、株主会、株主総会の承認が必要であると定めているが、役員の関連関係が会社との取引する場合について関係規定を置いていない。本判決はそのような場合について、役員が事前に会社に対する報告義務があることを明らかにしたが、株主会、株主総会または取締役会の承認が必要であるか否かについては、依然不明である。また、業務執行における役員の会社利益のための積極的な行動を要求することは中国会社法一四七条の勤勉義務を具体化するものと解することができる。

② **最高人民法院二〇一二年九月六日判決**（(二〇一二)民四終字一五号）

XとYがそれぞれ五〇パーセントの株式を保有する香港のA会社は、中国江西省南昌県政府との間に、A社が南昌県に投資等の諸条件付きで、A社に四六・七ヘクタール（七〇〇畝）土地の使用権を与える契約を締結した。A社の代表取締役Yがその土地の使用権をY夫婦が出資したC会社の南昌県に設立した一〇〇パーセント子会社D社（Yは代表取締役会長）に譲渡したことでA社の商機を奪い、A社に損害を与えたものとして、XはYの忠実義務違反[22]によりA社に与えた損害を賠償するようにYに対して請求する株主代表訴訟を提起した。原審は当該土地の使用権はA社の商機として、Yの忠実義務違反を認めたが、最高人民法院は原審判決を破棄して、以下三つの理由でYの忠実義務違反はないとした。

（ア）当該土地の使用権はA社の商機になるかについて、A社と南昌県政府との契約にたしかに当該土地の使用権をA社に与えると予定している。しかし、それには諸条件を付けている。A社はその諸条件を成就していなかった。また、契約書には当該土地使用権は公開入札の方式により取得することを明記していることから、当該土地の使用権はA社専有の商機といえない。

（イ）当該土地使用権を取得する諸条件が成就されなかった理由はXの当該契約の反対、また、XがYに対してA社に出資した資金の返還請求により、A社は南昌県に投資することが不可能になることにある。そのような状況でYは他の投資者と共同して現地に会社を設立して公開入札により当該土地の使用権を取得することはA社に関係はない。

（ウ）A社の商機を奪う行為があるかについて、ここでいう会社の商機を奪う行為とは、行為者が単独または共同して騙す、隠すまたは脅す等の不正手段を用いて、XまたはA社が当該商機を放棄し、または放棄せざるを得ないことを指す。本件ではYにそのような不法行為がなかった。ひいては、Yの行為はA社の契約不履行責任を回避するための正当な経営行為と認めるべきである。

本判決は、中国会社法一四八条一項五号における「商機」および「奪い」とは何かについて明確化したことは評価する。しかし、株主代表訴訟の原告は自己のためでなく、会社のために損害賠償を請求しているので、原告株主がその「商機」を摑むことに反対し、邪魔する行為があるから、取締役の責任が免れることの理由とする根拠づけの仕方には疑問が残っている。

③　**上海市高級人民法院二〇〇七年九月五日判決**（（二〇〇六）滬高民四（商）終字五八号）

原告株主は代表取締役会長が取締役会の承認を得ず、会社と弁護士事務所との委任契約（二条）に勝訴した場合に得られた損害賠償金はすべて弁護士報酬に当たるが、それ以外の関係費用は支払わないと定めた契約を締結したことにより、会社が高額の弁護士報酬を支払ったこととして、代表取締役会長の損害賠償請求事案について、上海市高級人民法院の判決は、当該契約は中国契約法(23)および弁護士法(24)の関連規定違反として、代表取締役会長の忠実義務（中国会社法一四七条一項）違反、損害賠償責任（中国会社法一四九条）を認めた。

本判決は、不公平な契約条件により代表取締役会長と弁護士事務所との会社に対する共同不法行為を認めた。事後的に見ると、勝訴して高額の損害賠償金を勝ち取ったことからたしかに不公平な契約条件であるが、事前の判断としては難しい面もある。微妙なケースは事前に取締役会の承認を得ることが無難であるが、取締役の業務執行権限の範囲は狭まることになると考えられる。

④　**上海市第一中級人民法院二〇一〇年七月五日判決**（（二〇一〇）滬一中民四（商）終字一二九六号）

株主Ｘ（持株比率六〇パーセント）とＹ（持株比率四〇パーセント）の二人しかいないＡ会社は取締役会が設けず、取締役はＹのみである。Ｘは、Ｙが制定した会社利益分配案(25)は株主会の承認を得てないため、定款違反(26)としてＹの会社に損害賠償を請求する事案について、上海市第一中級人民法院判決は、Ｙの定款違反を認め、当該分配原則は無効とした上で、Ｙの会社に対する損害賠償責任として、Ｙが自己受領した報奨金の返還と従業員が受領した報奨金の返還しなかった分の塡補責任を認めた(27)。

本判決は、定款違反なら取締役の忠実義務違反を認めた。株主会の承認を得ていない利益分配案の無効によりＹの塡補責任を認めた。小規模有限責任会社は、限られた株主間の利害調整の場として、定款で重要な経営判断について株主会または取締役会の決議事項を要することと定めて、事前に経営に対する監督の役割を果たすことができる。しかし、配当可能な利益の六割は従業員の報奨金に充てるという分配案は、会社の損失と言えるかは疑問である。定款による株主会の事前承認事項の範囲が広かることによって、取締役が安全運転に徹して、積極的リスクをとる経営を避けることにつながるおそれがある。そのバランスを如何に取るかという課題が残っている。

(2) 経営判断の原則の適用前提および原告の過失による責任軽減の可否

嘉興市中級人民法院二〇〇九年五月一三日判決（二〇〇八）嘉民二初字六七号）

二〇〇二年三月、X社（持株比率三〇パーセント）、Y_1社（持株比率四九パーセント）、B社（持株比率二一パーセント）の三社は共同出資でA有限責任会社を設立した。Y_1社はA社に取締役会長としてY_2および総経理としてY_3を派遣した。X社とB社もA社に取締役従業員を派遣した。二〇〇三年八月、Y_1社、Y_2、Y_3はA社の株主会および取締役会での承認を得ずに、二億元を投資して新たなプロジェクトを立ち上げたが、結局失敗した。二〇〇八年九月、X社は、Y_1社、Y_2、Y_3に対して、当該プロジェクトの失敗によりA社にもたらした損害を賠償する責任追及の株主代表訴訟を提起した。

嘉興市中級人民法院は以下の理由で、Y_1社、Y_2、Y_3の損害賠償責任を認めた。

①Y_1社は法令または定款を遵守し株主の権利濫用しない義務とその賠償責任（中国会社法二〇条）があり、Y_2とY_3は役員の忠実義務違反の賠償責任（中国会社法一四九条）がある。Y_1社、Y_2、Y_3が株主会および取締役会での承認を得ずに、勝手に会社資本金総額の七倍近くのプロジェクトを立ち上げたことは、会社定款一七条一項、二三条一項・二項、会社法三七条一項一号、四六条二号・三号に違反することが明らかである。プロジェクト自体が政府の許可を得ていることは当該経営決定者の責任免除の根拠にならず、また、会社および株主の利益を害する故意の有無は株主の権利濫用の認定には影響を与えない。

経営者は経営判断に当たって、つねにリスクが伴い、それが失敗したとしても、失敗の結果は経営決定者ではなく会社が受けるのは原則である。しかし、その前提は、経営決定者が職務履行に当たって法令または定款を違反していないことである。

②X社、B社およびX社とB社がA社取締役会に派遣した取締役らも勤勉・注意義務を果たしていなかった。株主としては積極的に会社の経営状況を把握し、経営の合理性に対する監督を行うべきである。原告株主X社は最初から当該プロジェクトのことを知り、質疑の提示や臨時株主会の招集請求もしなかったことから、当該プロジェクトにより会社にもたらす巨額の損害に対して過失がある。したがって、原告株主の過失により、被告らの賠償責任を軽減することができる。

本判決は、株主代表訴訟における経営判断の原則の適用が認められることを明確にした。しかもその適用範囲が相当広い。すなわち、法令、定款に違反しない限り経営判断の原則が適用されることになる。経営判断の原則の定義に関する不明な点があるが、現に筆者が調べている裁判例において経営者の責任を認めた事例のほとんどは、明らかな違法行為および株主会や取締役会の決議を得ていないことにより法令または定款の違反が認められた事例である。要するに、明らかな不法行為や法令・定款に違反しない限り、会社役員の経営責任を問われないのが中国の実情である。

また、株主には取締役と同様の勤勉・注意義務があるとの判示について、疑問があるが、後の文面によると株主の監督義務を指していると考えられる。しかし、会社経営に対する監督は株主の権利であり、義務ではない。本判決では株主が会社経営に関する監督義務を怠ったという過失により、被告らの賠償責任を軽減したことについて、大いに疑問がある。そもそも、株主代表訴訟は、原告株主は、会社の代わりに会社の損害を回復するため、被告に対して、自己ではなく会社に損害賠償を請求する訴えである。原告株主の過失により、第三者としての会社に対する損害賠償の金額を減額されることは法的整合性が取れていないと考えられる。

本判決における支配株主を取締役と同様に取り扱うことと、少数株主が監督義務を怠ったという過失による被告の賠償責任を軽減することができることから、中国における株主代表訴訟の運用から二つのことがわかる。第一に、株主代表訴訟を株主間の利益調整の道具として少数株主の利益を保護するものであること。第二に、少数株主が株主代表訴訟により支配株主の不正および取締役等の任務懈怠を抑止し、会社経営の健全化を確保することである。

(3) 監査役は競業避止義務を負わないとされる事案

北京市第一中級人民法院二〇一〇年三月九日判決（(二〇一〇)一中民終字一〇九九号）

原告株主Xは、A会社の監査役YがA社と同様の業務を行うB会社を設立したことにより、A社の利益を侵害したとして、YのA社に対する損害賠償責任を追及する株主代表訴訟を提起した。

北京市第一中級人民法院は以下の理由で、Xの請求を退けた。

中国会社法一四九条は、「取締役、監査役、上級管理職は、会社の職務を執行する時に法律、行政法規又は会社定款の定めに違反し、会社に損害を与えた場合、賠償責任を負わなければならない。」と定めた。監査役Yの同業他社の設立行為は監査役の職務範囲外であり、しかもXはYの法令または定款を違反することを立証していなかった。また、中国会社法一四八条一項五号にいう競業避止義務の対象は取締役、上級管理職に限定されることから、監査役は当該競業避止義務を負わない。

本判決は、監査役の競業避止義務がないことと、役員が職務執行における法令または定款に違反しない限り忠実義務違反の責任が問われないことを示した。すなわち、忠実義務に違反するか否かの判断基準は、法令または定款に違反しているかどうかにある。

2 株主の会社に対する賠償責任の認定

前述した嘉興市中級人民法院二〇〇九年五月一三日判決（(二〇〇八)嘉民二初字六七号）の事案で示したように、株主の権利濫用（中国会社法二〇条）は株主代表訴訟の対象となる株主の会社に対する賠償責任と認められるのが一般である。(28) 以下では、(1)株主間契約不履行の責任は株主代表訴訟の対象責任となれるのか、(2)株主は取締役会の決議を履行する義務があるか、(3)株主は役員の会社に対する賠償責任（中国会社法一四九条）にも類推適用されるかについて、検討することとする。

(1)について、舟山市中級人民法院二〇一一年四月一九日判決（(二〇一一) 浙舟商終字三四号）の事案を取り上げる。

X（保有株比率四九パーセント）とY（保有株比率五一パーセント、代表取締役会長）は共同出資でA有限責任会社を設立した。A社の設立に当たって、XとYの間に株主契約を締結した。契約の内容はA社の経営をYに一任すること、YはXにA社の利益配当として定められた金額を支払うこと、A社が欠損した場合にはYの補塡義務があることである。Xは、Yに対してA社に欠損補塡を請求する株主代表訴訟を提起した。

舟山市中級人民法院は、当該株主間の契約が有効であるという前提でYの責任を認めた。つまり、株主間契約不履行の責任は株主代表訴訟の対象責任となることが認められた。

しかし、株主代表訴訟となる責任の範囲が、株主間契約の不履行に及んだのはあまりにも拡張しすぎている。そもそも、株主間の契約不履行について、株主代表訴訟の提訴要件に合致しておらず、原告株主が契約法による直接訴訟を提訴すべきである。要するに、当該事案は中国の実情として、株主が支配株主、経営者、他人に対して、会社に損害賠償請求すれば、株主代表訴訟だという認識があることが現れた。

(2)について、上海市高級人民法院二〇一〇年七月二八日判決（(二〇一〇) 滬高民一（民）終字二号）の事案を取り上げる。

X（持株比率五〇パーセント）とY（持株比率五〇パーセント）は共同出資でA不動産有限責任会社を設立して、取締役会に取締役をそれぞれ三人ずつ派遣した。A社第一〇回取締役会決議には、A社が開発した不動産をX、Yに分配すること、当該不動産に関する修繕積立金および税金についてA社の代わりにXとYが負担することと定めている。Yは当該修繕積立金および税金を払わなかった。Xは、YがA社取締役会決議の不履行によりA社に損害を与えたとして、株主代表訴訟を提起した。

上海市高級人民法院は、A社は独立した法人格を有する会社であり、自ら開発した不動産に対して修繕積立金および税金の支払はA社の義務であり権益ではない。Yの未払行為については、A社が損失を受けていないことから、株主代表訴訟の対象となる責任の範囲外と判示して、Xの請求を退けた。すなわち、中国会社法一五一条三項にいう「他人」が株主代表訴訟の対象となる責任は、会社の権益を侵害し、会社に損失をもたらした場合に限ると示し、株主は株主代表訴訟の対象として「他人」の概念に属し、取締役会の決議を履行する義務があるわけではないと読める。妥当な判決と評すべきである。

(3)について、最高人民法院二〇一四年四月二九日判決（(二〇一三) 民四終字一八号）の事案を取り上げる。

日本人投資者X（持株比率二五パーセント）とY_1会社（持株比率七五パーセント）は共同出資で合弁会社Aを設立した。Y_1社はA社の取締役会に代表取締役会長と他の取締役を派遣した。Xも自らA社の取締役を務める。A社はY_3から工場の敷地を借りて建物を建てた。大連市交通局高速道路の建設担当部門Y_2は、A社との高速道路の建設によるA社の立ち退き補償費用の交渉が終了していないにもかかわらず、強制的に工場の建物を取り壊した。

Xは、工場の建物を取り壊された後、二年間会社の生産用原材料（火災により焼失）や設備等を放棄し、会社の損失拡大したことについて、Y_1社が派遣した代表取締役会長と他の取締役の職務怠慢によりものであり、Y_1社はA社を設立する際の株主間の契約違反により、A社に損害賠償すること、また、Y_2に対する不法行為、Y_3の勝手にY_2との補償費用の合意契約を締結することについて、A社に損害賠償を請求する株主代表訴訟を提起した。

原審（吉林省高級人民法院）判決は、XのY_1社に対する請求について、Y_1社は株主として、定款に従い会社を運営、管理する義務があり、会社の財産は危い状況に置かれていた場合について、有効な防止策や損害の拡大を防ぐ手立てもしていないことは、中国会社法一四九条により損害賠償責任を免れないとして、Xの請求を認容した。また、中国民法通則一一七条二項違反によりY_2の不法行為責任を認めた。XのY_3に対する請求は退けた。Y_2のみが上訴した。最高人民法院は、Y_2の不法行為責任を認めた上で、A社との過失相殺により、Y_2の損害賠償金額を若干減額した。

XがY_1社の株主間の契約不履行により、会社に対する損害賠償責任を追及したにもかかわらず、原審人民法院は、取締役、監査役、上級管理職の業務執行における会社に対する賠償責任である中国会社法一四九条を根拠に、株主Y_1社の責任を認めたことは、法的な根拠を誤ったと言わざるを得ない。しかし、中国における株主代表訴訟の運用実態としては、支配株主は役員と同様に会社に賠償責任を問われることもありうることである。すなわち、支配株主は株主間契約により会社の経営を掌る場合に、実質的な取締役だという認識であろう。つまり、そのような場合は、支配株主は積極的な権利濫用（中国会社法二〇条）でなく、会社財産の損害防止を怠慢する場合にも中国会社法一四九条が類推適用されるというリスクがありうる。

3　「他人」の範囲と責任の類型

中国会社法一五一条三項株主代表訴訟の対象として「他人」の範囲について、会社法の体系および立法趣旨から見ると、「他人」は支配株主および実質的支配者を指すべきものであり、無闇に範囲を拡大するべきではないという説がある[29]。しかし、判例と通説の考えは、会社の権益を侵害したすべての人（会社の支配株主、その他の株主、実質的支配者、発起人、清算人および会社の債務者等）は、「他人」の範囲に属し、株主代表訴訟の対象となりうる。その責任の類型は不法行為および債務不履行が共に含まれる[30]。たとえば、不法行為の例としては、村民らは会社との間に締結した鉱山開発契約について、補償金の増額要求に会社が応じなかったため、会社の鉱山開発を妨害した。当該行為を不法行為として、村民らに対して妨害行為の停止および会社に対する損害賠償を認めた株主代表訴訟がある[31]。また、会社の法定代表者は会社の証明書しか持っていないのに、会社の取引銀行から会社の預金を引き出したことについて、当該銀行に対して通帳を持たずに預金を払い戻すことは重過失があるとして、会社に損害賠償の請求を認めた株主代表訴訟の事例がある(32)。また、債務不履行の例としては、原告株主が会社の取引相手に対して、会社との株式売買の契約の不成立により、当該株式を購入するために会社が支払った前払金の会社に対する返還請求が認められた事例等(33)、たんなる取引相手の債務不履行が株主代表訴訟の対象とされた事例は多数がある(34)。

また、最高人民法院二〇一四年一二月三〇日決定（(二〇一四）民提字一七〇号）は、株主代表訴訟の対象を「他人」とした場合には、他に提訴により救済を受ける方法がない場合に限り、はじめて株主代表訴訟の提訴を認めるという制限的に解すべきであると判示した。その理由について、すなわち、原告株主は株主代表訴訟により、被告株主の会社に対する出資金の未払について、出資義務の履行を請求する事案で、そもそも、株主代表訴訟制度の趣旨は、会社の損害について、本来、株主が直接提訴する権利がないはずであるが、会社自らは提訴しなかった場合、またはただちに提訴しないと会社の利益に回復しがたい損害をもたらしうる緊急事態がある場合には、はじめて株主に会社の代わりに提訴する権利を与えるものである。もし、株主が自ら直接提訴する権利を有する場合には、株主代表訴訟により提訴することは認めるべきではない。最高人民法院の司法解釈「中華人民共和国会社法の適用に係る若干の問題に関する規定(三)」一三条一項には、原告株主は出資義務未履行の株主に、会社に対する出資義務履行請求の訴えを提起することができるという明文規定があるので、原告株主の株主代表訴訟を却下すべきであると判示した。

4　その他の株主代表訴訟の対象

(1)　返還請求権は株主代表訴訟の対象となる

株主会が取締役を解任した後、取締役が会社印等を持ち去ったケースがよく見られる。そこで、株主が株主代表訴訟を通じて当該取締役に対する会社印等の返還請求を認めるべきかについて、ほとんどの裁判例は会社印等の返還請求は株主代表訴訟の対象になると判示した。その理由は、会社印等を持ち去った取締役の行為は株主会の決議違反であり、会社の日常業務ができなくなることにより会社に損害を与えたとして、会社印の返還請求は株主代表訴訟の対象となる責任（中国会社法一四九条）の範囲内に当たるとする(35)。

(2)　権利帰属の確認の訴えは株主代表訴訟の対象となる

会社と会社の元従業員や役員等との間に職務発明としての特許権は、会社に帰属することの確認の訴えについて代表訴訟を提起することが認められる(36)。また、不動産所有権の確認の訴えについても株主代表訴訟が認められる。たとえば、会社の支配株主Y夫妻（持株比率八五パーセント、それぞれ会社の取締役と監査役兼任）は会社のオフィス・ビルを会社の費用で、Y夫妻の名義で購入したことについて、原告株主は当該物権の所有権は会社に帰属することの確認および不動産登記の名義変更を請求する株主代表訴訟を提起した。上海市第二中級人民法院二〇一一年一一月二九日判決（(二〇一一）滬二中民四（商）終字九五五号）は、被告らは支配株主かつ取締役、監査役の地位を利用して、会社が所有すべき物権を自己の所有にすることにより、会社に損害を与えることが明確であり、株主代表訴訟の対象となると判示した。

(3)　会社と他人間の契約の取消しの訴えは株主代表訴訟の対象となる

会社と他人間の契約の取消しの訴えは株主代表訴訟の対象となるかについて、下級人民法院の裁判例から見ると判断が分かれている。株主代表訴訟の対象となる責任の範囲は中国会社法一四九条に限り、契約取消しの訴えは契約法によるべきものであり、原告株主は契約の当事者ではないので、会社と取引相手との契約の取消しの訴えは株主代表訴訟の対象外とされた裁判例があるが(37)、多数の裁判例は株主代表訴訟の対象範囲は会社と第三者間の契約に及ぶと判示した(38)。

最近、この点について、最高人民法院が明確に肯定した事案がある。会社の支配株主Y_1は勝手に会社の名義で、会社と自己の関連会社Y_2との間に「委託経営合意書」を締結したことにより、会社が得るべき利益六、〇〇〇万元をY_2社に移転したとして、原告株主は当該「委託経営合意書」の取消しおよびY_1、Y_2社に対して会社に損害賠償責任を追及する株主代表訴訟を提起した。最高人民法院二〇一四年一〇月一一日決定（(二〇一四) 民二終字一一六号）は、原告株主が株主代表訴訟により、当該「委託経営合意書」の取消しの訴えを提起することは、中国会社法における関連関係の取引に対する厳格な規制の目的に合致する。したがって、原告株主は株主代表訴訟により、会社と他人間の契約の取消しの訴えを提起する権利があると判示した。

5 小括

中国会社法一五一条における株主代表訴訟の対象となる責任は、会社役員の同法一四九条の責任および「他人」が会社の適法な権益を侵害し、会社に損失をもたらした場合の責任を定めている。同法一四九条にいう役員の会社に対する賠償責任は、同法一四七条役員の会社に対する忠実義務および勤勉義務の違反を根拠とする。忠実義務と勤勉義務は日本会社法の忠実義務と善管注意義務の概念を倣って設けた概念と思われる(39)。忠実義務と勤勉義務は同質なものであり、忠実義務は勤勉義務を敷衍し、かつ一層明確にしたにとどまると解されるべきである(40)。実際の運用においては、役員の忠実義務と勤勉義務の違反の認定基準について、以下の傾向が見られる。

忠実義務違反と認定されたケースのほとんどは法令または定款違反に限られている。たとえば、法令違反とした例について、上記三1(1)①で述べた事例、役員が自己との関連関係を有する相手との契約を事前に会社に報告しなかったこと、当該取引が会社に損害を与えたことにより役員の忠実義務違反と認定された。つまり、役員が会社に事前に報告せず、勝手に自己の関連関係と取引を行うことは中国会社法における関連関係との取引に関する厳格な規制（中国会社法二一条）に抵触すると解される。また、上記三1(1)③で述べた事例は、契約法および弁護士法の違反として、役員の忠実義務違反と認定した。定款違反とした例について、上記三1(1)④で述べた、役員が制定した会社利益分配案は株主会の承認を得ていないため、役員の忠実義務違反と認められた。

勤勉義務について、役員の会社経営に関する積極的な努力または監督する義務と解され、とくに会社が明らかな不利益を受ける局面に置かれる場合に、役員が積極的に会社利益を守る行動をしなければならず、職務怠慢や会社の損害拡大の防止策を講じなかった場合は、勤勉義務違反と認められ、会社に対する損害賠償を認容されたケースがある(41)。

株主の会社に対する賠償責任の形態について、実務運用には、①株主の権利濫用（中国会社法二〇条）と地位濫用（中国会社法二一条）の場合、②株主間契約不履行の場合、③支配株主は実質的な経営者として取り扱われた場合等について、株主の会社に対する損害賠償責任を認めたケースがある。

株主代表訴訟の対象となる「他人」の範囲と責任の類型について、会社の権益を侵害するすべての人（自然人と法人）が含まれ、その責任類型は不法行為および債務不履行が共に含まれる。

また、返還請求権、権利帰属の確認の訴え、会社と他人間の契約の取消・無効の訴えも株主代表訴訟の対象となる。すなわち、中国における株主代表訴訟の対象範囲はかなり広範なものである。会社に損害を与える者は、株主代表訴訟により訴えられる可能性がある。一方、責任認定の基準のハードルが高い。裁判例を見る限り、会社に対する賠償責任を認めたケースとしては、明らかな法令または定款違反や債務不履行の事例、不法行為の事例は故意、重過失の場合に限って認められる。しかも、原告株主側の過失により被告の損害賠償責任を軽減することができる。また、法令または定款に違反しない限り経営判断の原則が適用されることから、明らかな不法行為や法令・定款に違反しない限り、会社役員の経営責任を問えないのが中国の実情である。

(22)　中国会社法一四七条、一四八条一項五号の禁止規定違反。
(23)　中華人民共和国契約法五条、七条、五二条四項・五項、五六条、五八条。
(24)　中華人民共和国弁護士法三条一項。

(25) A社の報奨金制度四条分配原則は、①会社に契約を取ってくれた従業員に当該契約によってもたらした利益の三〇パーセントを支払うこと、②株主配当前に、配当可能金額の六〇パーセントを会社に貢献した従業員のボーナスに充てることと定めていた。

(26) 会社定款一五条は、株主会は会社の利益配当案を審議し承認することを定めている。そもそも、中国会社法三七条一項六号に同様な規定がある。

(27) Xは従業員に対する返還請求をしないので、Yが自己受領した分のみの返還を命じた。

(28) たとえば、上海市第二中級人民法院二〇〇九年一二月二三日判決（(二〇〇八) 滬二中民五（商）初字二三号）、江蘇省高級人民法院二〇〇九年一〇月二九日判決（(二〇〇九) 蘇民三終字〇一四八号）等を参照。

(29) 清華大学教授王宝樹（新聞社の座談会における発言）、二〇〇七年六月一一日上海証券報。

(30) 最高人民法院二〇一一年一一月二八日判決（(二〇一一) 民四終字一五号）。劉凱湘「股東代表訴表的司法適用与立法完善―以《公司法》第一五二条的解釈為中心」北大法律信息網 http://www.civillaw.com.cn/Article/default.asp?id=4224 参照。宣偉華・前掲注（17）一六頁。

(31) 河南省信陽市中級人民法院二〇一二年三月二二日判決（(二〇一一) 信中法民初字七六号）。

(32) 河南省許昌市中級人民法院二〇一〇年一二月六日判決（(二〇一〇) 許民三終字一九三号）。

(33) 河南省高級人民法院二〇一二年一一月五日判決（(二〇一一) 豫法民三終字一五号）。

(34) 北京市高級人民法院二〇〇九年六月二三日判決（(二〇〇九) 高民終字二三三五号）、浙江省杭州市西湖区人民法院二〇〇九年五月一八日判決（(二〇〇八) 杭西民二初字二三〇二号）等多数。

(35) たとえば、上海市高級人民法院二〇一〇年九月一三日判決（(二〇一〇) 滬高民二（商）終字四三号）、山東省高級人民法院二〇〇九年一〇月二五日判決（(二〇〇八) 魯民四終字一〇三号）、北京市第二中級人民法院二〇〇九年六月一六日判決（(二〇〇九) 二中民終字〇八二三四号）、北京市東城区人民法院二〇〇九年六月四日判決（(二〇〇九) 東民初字四三四九号）、北京市豊台区人民法院二〇〇九年三月二四日判決（(二〇〇九) 豊民初字〇二七七五号）等を参照。

(36) 上海市高級人民法院二〇一二年六月一八日判決（(二〇一二) 滬高民三（知）終字一八＝二一号）、浙江省金華市中級人民法院二〇一〇年六月二八日決定（（二〇一〇）浙金知初字二九号）。
(37) 安徽省高級人民法院二〇〇九年一一月一六日判決（（二〇〇九）皖民二終字〇一六三号）、河南省安陽市中級人民法院二〇〇九年九月二八日判決（（二〇〇九）安民二終字四九八号）。
(38) 上海市高級人民法院二〇一二年六月二〇日判決（（二〇一一）滬高民二（商）再終字一号）、福建省厦門市中級人民法院二〇一〇年六月一二日判決（（二〇一〇）厦民終字四四四号）、上海市高級人民法院二〇〇七年七月二三日判決（（二〇〇六）滬高民四（商）終字五五号）。
(39) 嘉興市中級人民法院二〇〇九年五月一三日判決（（二〇〇八）嘉民二初字六七号）には、「勤勉・注意義務」という表現が使われている。
(40) 中国会社法一四八条参照。
(41) 真正面で勤勉義務違反として役員の会社に対する責任を認めた事例は見当たらなかった。支配株主の会社に対する賠償責任が認められた、最高人民法院二〇一四年四月二九日判決（（二〇一三）民四終字一八号）の事例であるが、その理屈は役員にも適用され得る。

四　株主代表訴訟の原告適格

1　原告適格

上記二1(2)原告の適格で述べたように、株式会社の株主代表訴訟の原告適格について、持株数（比率）と保有期間の制限を設けているが、有限責任会社の場合はいかなる制限もない。すなわち、有限責任会社の株主であるなら、株主代表訴訟を提起する資格がある。(42) 筆者が調べた株主代表訴訟に関する裁判例の内、株式会社の株主代表訴訟に関わる事例は一件のみであり、しかも、当該事例は株式会社の監査役会が株主の役員に対する提訴請求に応じた事案である。(43) その他は、すべて有限責任会社の裁判例である。つまり、株式会社の株主代表訴訟の原告適格の制限規定が、株式会社の株主代表訴訟を活発にしないことの一因と考えられる。

2　原告適格の継続

株主代表訴訟を提起した株主は、その訴訟の係属中に株主でなくなった場合には、引き続き訴訟を追行することができるかについて、明文の規定はなかった。

判例の立場では、係属中に①株式を第三者に譲渡したことにより原告が株主の資格を喪失した場合、②株主会で株主資格取消しの決議により原告が株主の資格を喪失した場合には、株主代表訴訟の当事者適格を失うとした。

①について、最高人民法院二〇一三年八月二七日決定（(二〇一三) 民申字六四五号）の事案である。

原告株主は、二審係属中に株式を第三者に譲渡したことにより原告が株主の資格を喪失したとして、原告の請求が却下されたことを不服として、最高人民法院に対し再審請求した。最高人民法院は係属中に株主資格を失う場合には株主代表訴訟の当事者適格も失われるかについて、以下のように判示した。

中国会社法における株主代表訴訟制度の趣旨によれば、会社の株主の地位を有することは株主代表訴訟の原告適格の要件である。本件においては原告が提訴する時点は株主の身分を有するため原告適格を認める。しかし、二審係属中に原告は所持するすべての株式を第三者に譲渡し名義変更手続も完了したため、株主の身分を失った。株主の身分の失うことにより株主代表訴訟の当事者適格を失い、原告株主として引き続き訴訟を追行する資格を失った。

②について、最高人民法院二〇一五年一月六日決定（(二〇一四) 民一終字二九五号）の事案である。

原告は会社との第三者割当増資により株式を引き受け、その出資金は三回に分けて支払うとの契約を締結した。原告は、当該出資金について、一回目と二回目を支払った後、株主代表訴訟を提起した。その後三回目の出資金について、約束の支払日を過ぎても支払わなかった。会社が二回にわたり支払の催促を行ったが、無視されたため、株主会は減資決議を行い、原告の株主資格を取り消した。それを受けて、一審人民法院は原告の株主代表訴訟の請求を却下した。最高人民法院は、係属中に原告の株主の資格を喪失した場合には、原告が株主代表訴訟を引き続き追行する権利を失ったとして、原審を支持し、原告の上訴を却下した。

3　多重代表訴訟

親会社の株主が株主代表訴訟の原告不適格として、多重代表訴訟が認められなかったことを明らかにした上海市第二中級人民法院二〇〇八年六月一六日判決（二〇〇八）滬二中民五（商）初字二一号）の事案である。

一九九三年九月、XとY1はそれぞれ五〇パーセントの出資比率で香港法人M株式会社を設立した。一九九四年六月、M社は上海で一〇〇パーセント出資の完全子会社A有限責任会社を設立した。A社の取締役はY1一人のみで、二〇〇七年四月、Y1はA社の工場設備をY2に売却した。Xは当該工場設備を売却した金額が低すぎるため、A社の利益が侵害されたとして、M社に対して、M社をA社の株主として書面によりA社の監査役会にY2に提訴すること、またはM社が自らY2に対する株主代表訴訟を提起することを書面で請求した。M社から返答がなかったため、二〇〇八年一月、XはM社の株主の身分として、自ら書面によりA社の監査役会にY1、Y2に提訴することを請求した。A社は提訴しなかったため、Xは自己の名義でY1、Y2に株主代表訴訟を提起した。

上海市第二中級人民法院は、A社の株主代表訴訟を提起することができる適格な原告はA社の一〇〇パーセントの株主M社しかない。XはM社の株主であり、A社の株主ではないため、原告不適格として、Xの請求を退けた。

(42)　最高人民法院二〇一一年一一月二八日判決（二〇一一）民四終字一五号）。
(43)　北京市第一中級人民法院二〇〇九年一〇月二三日決定（二〇〇九）一中民終字一四七二七号）。

五　株主代表訴訟の手続要件

1　手続要件の趣旨

上記二1(3)で述べたように、株主が株主代表訴訟を人民法院に提起するためには、緊急な事情により例外的に認める場合を除き、二つの手続要件がある。すなわち、会社に対して書面により申請することと、会社が提訴しなかったことである。当該要件の実際運用に当たっては、より緩和的に解される裁判例と厳格的に解される裁判例がある。たとえば、会社の機関として監査役（会）が設けられていなかった場合、取締役、上級管理職の責任を追及する株主代表訴訟の訴えを提起するための手続要件として、取締役会に対して書面により申請することが必要か否かについて、最高人民法院二〇〇七年一一月二九日判決（最高人民法院（二〇〇七）民一終字四九号）は、中国会社法一五一条は取締役、上級管理職に対する株主代表訴訟の手続要件として、監査役（会）に書面で申請することと定めているため、会社の機関として監査役（会）が設けられていなかった場合には、株主が直接自分の名義で株主代表訴訟の訴えを提起することができるという手続要件をより緩和的に解する判断を示した。

これに対して、最高人民法院二〇一二年一二月一四日決定（（二〇一二）民四終字二一号）は、会社の機関として監査役（会）が設けられていなかった場合、取締役、上級管理職の責任を追及する株主代表訴訟の訴えを提起するための手続要件として、取締役会に対する書面により申請することが必要であると判示した(44)。その理由については、以下のとおりである。

中国会社法一五一条における株主代表訴訟の手続要件の運用については、株主代表訴訟制度の立法趣旨および当事者を救済できる諸方法を踏まえて総合的に考慮すべきものである。株主代表訴訟制度の立法趣旨から見ると、株主代表訴訟制度は例外的に認められる制度である。当該制度の直接目的は株主の利益ではなく、会社の利益を守るものであり、株主は間接的な受益者である。会社の利益が侵害されるときは、まず独立法人格を有する会社自身が提訴すべきであり、会社が提訴しなかったときや提訴を怠った場合、または緊急な事情がある場合に、しかも、株主が会社の利益を守る他の方法もない場合に、例外的に株主の代表訴訟が認められる。したがって、同法一五一条に定めた株主代表訴訟の手続要件の趣旨は、株主代表訴訟の提起を認める前提要件として、会社の内部機関により救済手段を尽くさなければならないことと、会社の利益を守る他の救済手段もないことを要することにある。すなわち、手続要件の運用に当たっては、厳格に適用されるべきである。本事案については、①原告株主が取締役会に対する書面により申請をしなかったこと、②会社の法定解散事由があったから、清算人の提訴により会社の利益を守ることができること、③緊急な事情もないことから、原告株主の提訴請求を却下した。

2　手続要件の運用における諸問題

(1)　会社のどんな機関に対して提訴請求すべきか

①原告株主が取締役会に対して、上級管理職の会社に対する損害賠償責任を追及する提訴請求したことは、株主代表訴訟の手続要件を満たすか否かの事案について、江蘇省高級人民法院二〇一〇年八月二六日決定（(二〇一〇) 蘇商外終字〇〇六三号）は、中国会社法一五一条一項により、取締役、上級管理職に対する提訴請求すべき機関は監査役（会）であるから、会社に監査役（会）が設置された場合には、原告株主の取締役会への提訴請求は、手続要件を満たしていないとして、原告株主の訴えを却下した。

ただし、原告株主は会社名義宛に取締役に対する提訴請求をした場合には、手続要件が満たされたとする最高人民法院二〇一四年七月二三日判決（(二〇一三) 民二終字三〇号）がある。すなわち、本件では会社に監査役会を設置しておらず、たとえ設置されていても、原告株主が明確に監査役会宛に提訴請求の書面を提出しなかったことは、形式的な瑕疵にすぎないので、原告株主が二度にわたって会社宛に提訴請求の書面を提出したことは当該形式的な瑕疵により、手続要件の充足が否定されるべきではないと判示した。

②「他人」に対する株主代表訴訟を提起する手続要件について、中国会社法一五一条三項には前一項、二項の規定に基づくとしか定めていなかった。前一項、二項によれば、取締役会と監査役会は、共に株主の提訴請求機関になりうる。これに対して、株主が取締役会のみに「他人」への提訴請求することは、手続要件を満たすと認めた最高人民法院判決があった(45)。

(2) 原告が株主と監査役の二重身分があるときの手続要件の要否

原告株主が自ら監査役を務めている場合に、取締役に対する株主代表訴訟の訴えを提起する際に手続要件履行の要否について、判例の立場が分かれている。原告が株主と監査役の二つの身分を有する場合には、事前に書面により会社に対する提訴請求という手続要件の履行は不要で、自己の名をもって提訴することができるという裁判例がある(46)。一方、原告が監査役の身分で提訴することは認めるが、株主の身分で株主代表訴訟を提起するなら手続要件の履行は必要とする裁判例もある(47)。

前述した会社内部機関により救済手段を尽くすことを前提要件とする株主代表訴訟の手続要件の趣旨から見れば、原告に株主と監査役の二重身分があるときは、会社の機関としての監査役により訴えを提起すべきであろう。

(3) 会社が訴えを取り下げた場合の手続の要否

原告株主は会社と共に共同原告として、第三者の会社に対する債務不履行責任を追及する事案で、会社が第三者に対する訴えを取り下げたことによって、原告株主の株主代表訴訟の手続要件は満たされるか否かについて、河南省鄭州市中級人民法院二〇〇九年三月一六日判決（二〇〇九）鄭民二終字七一八号）は、会社が訴えを取り下げた行為は株主の提訴請求を拒否することとみなして、原告株主の株主代表訴訟の手続要件を満たしたものとして、自己の名で株主代表訴訟の提起することを認めた。

そもそも、会社は第三者の会社に対する債務不履行責任を追及する訴えで、株主が共同原告になれるか、また、会社が訴えを取り下げた行為は株主の提訴請求を拒否することとみなす根拠はどこにあるか、問題が多い裁判例と言わざるを得ない。

⑷　会社の機関がデッドロックに陥る場合の手続の要否

折半出資している合弁会社が監査役（会）を設置しておらず、取締役は双方の株主から派遣されている。会社の定款一五条には取締役会の決議は取締役全員が賛成しなければならないとする。原告株主が手続を踏まず、直接に取締役会長の会社に対する損害賠償責任を追及する株主代表訴訟を提起することについて、上海市高級人民法院二〇〇九年一二月二一日判決（（二〇〇九）滬高民四（商）終字二八号）は、会社の定款から見ると本件に関しては取締役会の有効な決議が出されることが不可能であるから、原告株主の株主代表訴訟の提起を認めると判示した。

すなわち、会社の機関がデッドロックに陥った場合に、原告株主は手続を履行せず、直接に株主代表訴訟を提起することができる。たしかに、本件の場合は実際に手続をしても結果が変わらない。しかし、手続要件は法の明文規定により定められた以上、緊急な事情がない限り、守らなければならないであろう。

⑸　緊急な事情を有する場合

中国会社法一五一条は、会社の利益に回復しがたい損害が生ずるおそれがある緊急な事情が発生した場合は、株主がただちに株主代表訴訟を提起する権利を有すると定めている。どのような状況が緊急な事情といえるかについて、緊急な事情があると認められた裁判例から見ると、二類型のケースがある。

①上記三4⑴で述べた解任された取締役が会社印等を持ち去ったケースである。この場合は、会社印を持つ取締役は

つねに会社の預金を引き出す等の会社財産を横領、移転することができる状況にあることから、緊急な事情と認められる(48)。

②持株比率九〇パーセントを有する支配株主は会社の実質的支配者として、会社と自分の関連関係との取引によって会社財産を移転させたことが株主に告発された後、株主会を招集して会社破産を提案したことが緊急な事情が発生したと認めたケース。すなわち、実質的支配者は、会社との関連取引を続ける状況で破産の申立てをしようとする行為は、緊急な事情が発生したと認められることになった(49)。

(44) 同判決と同様な判断を示した裁判例としては、江蘇省高級人民法院二〇一〇年一二月二九日決定(二〇一〇)蘇商外終字〇〇五七号)参照。

(45) 詳細については、最高人民法院二〇〇九年三月一七日和解(二〇〇八)民二終字一二三号)の事案に対する最高人民法院民二法廷杜軍裁判官が執筆した解釈を参照。

(46) 上海市第二中級人民法院二〇〇七年七月九日判決(二〇〇五)滬二中民三(商)初字四〇三号)、深圳市宝安区人民法院二〇〇八年一一月一四日判決(二〇〇八)深宝法民二初字二五八〇号)等参照。

(47) 広州市中級人民法院二〇一一年七月二八日決定(二〇一〇)穂中法民二終字二一五二号)、河南省鄭州市中級人民法院二〇一〇年五月三一日決定(二〇一〇)鄭民二終字七〇八号)等参照。

(48) 前掲注(35)参照。

(49) 北京市第二中級人民法院二〇〇九年八月二六日決定(二〇〇九)二中民終字一一八一一号)。

六　むすび

以上の検討から見ると、中国における株主代表訴訟の被告の範囲および責任形態はかなり広範なものである。行政機関とか、それから、中国現地の合弁企業の親会社である外国企業や投資者、中国企業との取引関係のある外国企業等も株主代表訴訟の被告とされるリスクがある。ただし、責任認定の基準のハードルが高く、明らかな法令または定款違反ではない限り、責任が問われないのが実情である。一方で外国企業や投資者等も株主代表訴訟を利用して自分の利益を守ることができる。実際に日本の投資者が株主代表訴訟を積極的に利用して、中国の行政機関および中国側の出資者に対する会社に損害賠償請求が認められた最高人民法院判例がある。(50)

下級人民法院の裁判例を見ると、株主代表訴訟と株主直接訴訟を混同するような株主代表訴訟制度の趣旨が理解されていないものや論理の整合性が取れていないものが多く見られる。(51)とくに手続要件の運用に当たっては、問題が多く残っている。いかに具体的な運用指針を作り出すのかが、最高人民法院の司法解釈の課題となる。

また、一番大きな課題となるのは、やはり、株主代表訴訟制度がもっぱら有限責任会社のみで利用されていることである。その原因は主に訴訟費用と原告適格の要件が異なっていることにある。高額の訴訟費用について、経済合理性が存在しない公開株式会社の株主にとって、株主代表訴訟を提起することの障害となることが考えられる。これに対して、有限責任会社においては、株主が代表訴訟を提起する経済合理性が十分に存在する。たとえば、利益相反行為が認定された場合には、会社規模に比してかなり高額の損害賠償が命じられており、原告少数株主にとっても、間接的とはいえ、持株の評価額の上昇という意味での経済的利益があったはずである。(52)前述した中国会社法における株主代表訴訟制度の創設背景や判例・学説から見れば、そもそも、当該制度の導入は最初から有限責任会社を念頭に、支配株主の行った利益相反行為ないし会社財産の移転行為を是正するために設けられたものと考えられる。その意味で、この一〇年近く、二〇〇以上の有限責任会社の株主代表訴訟の裁判例があって、少数株主にとって、支配株主の側に利益相反行為ないし横領行為があった場合には、株主代表訴訟は有効な対抗手段として使われたことについて、当該制度の目的を概ね達成したと評価することができる。

しかし、これからは中国経済の構造改革に伴い、民間資本が参入する株式会社の比重は増えていくと考えられる。株式会社のコーポレート・ガバナンスの強化、つまり経営監督を改善することによって、会社の効率性や競争力の向上に寄与する株主代表訴訟の機能が期待される。そのため、いかに株式会社の株主代表訴訟の提起を阻害する制度を改善するのが今後の重要課題となる。

(50) 最高人民法院二〇一四年四月二九日判決（(二〇一三)民四終字一八号)。
(51) 重慶市合川区人民法院二〇一二年三月一日判決（(二〇一二)合法民初字〇〇二一二号)。
(52) 小林秀之＝近藤光男編『株主代表訴訟大系』四九頁～五〇頁（弘文堂・一九九六年)。

[追記]

本稿は、二〇一三年度松山大学特別研究助成による成果の一部である。また、判例収集に際して、文康律師事務所主任李明均律師の協力を頂いた。記して御礼申し上げる。

取締役会の法定決議事項（専決事項）

――コーポレートガバナンス・コードを踏まえて――

大杉謙一

一　本稿の主題

会社法三六二条四項は、重要な財産の処分等の「重要な業務執行の決定」を取締役に委任することを禁じている。このように取締役会の法定決議事項を強行法的に定めている例は、比較法的には珍しい。しかも、後述するように、わが国ではこのルールはかなり厳格に運用されており、大企業では総資産額の一パーセントを目安として付議基準を作ることが一般的である。

本稿は、取締役会の法定決議事項の法規制の導入の経緯（二）と導入後の運用（三）を確認し、専決事項を法定することの問題点を指摘するとともに、同項の解釈・運用において、ある業務執行の決定が重要か否かの判断は、量的側面にあまり拘泥すべきではなく、各会社における合理的な付議基準の設定を尊重すべきことを主張する（四）ものである。最後に簡単な結びを置く（五）。

二　会社法三六二条四項の由来とその背景

1　法規制の変遷

会社法三六二条四項は平成一七（二〇〇五）年改正前商法二六〇条二項をほぼそのまま継承し口語化したものであるが(1)、同項は昭和五六（一九八一）年改正により導入された比較的新しい規定である。

明治三二（一八九九）年制定の商法一六九条は、「会社の業務執行は定款に別段の定めなきときは、取締役の過半数をもってこれを決す。支配人の選任及び解任また同じ」と定めていた（カタカナによる文語表記を現代的なものに改めた。以下も同じ）。その後、主要な改正だけをたどると、取締役会制度を導入した昭和二五（一九五〇）年改正により、商法二六〇条は、「会社の業務執行は取締役会これを決す。支配人の選任及び解任また同じ」とされ、昭和三七（一九六二）年改正により、後段が、「支店の設置、移転及び廃止並びに支配人の選任及び解任また同じ」と改められた。

以上の文言の変遷のうち、注目されるのが昭和二五年改正による変化である。同年改正前は、業務執行の決定は原則として「取締役の過半数」によらなければならないが、定款の定めにより一定の事項の決定を取締役に委任できることが明らかであったが、同年改正後は定款等による委任の可否が文言上は明らかでなくなっている。

2　昭和五六年商法改正前の学説・裁判例

昭和五六年の商法改正前の学説は、商法二六〇条その他の明文規定で取締役会の決議事項と定められた事項および明文規定がなくとも同様に解すべき事項（計算書類および利益の配当に関する議案の決定など）については、取締役への委任を行えないこと、日常の業務についてはその決定を取締役に委任しうることについては一致している。しかし、（「営業の譲渡」には至らない程度の）重要な財産の譲渡などの事項については、その決定を委任できるかは明らかでなかった。この点について、多くの文献は論じていないか、論旨を読み取りにくい記述に終始しており、この点を明示に論じる文献は結論が分かれている。(2) そして、重要な事項の決定につき委任を認めない見解も、その重要性の判断基準についてはほとんど論じていない。

他方、当時の裁判例は、重要な財産の譲渡等を取締役会の専決事項ととらえていた。もっとも、その該当性を判断する上では、①量的側面（総資産額に占める割合等）とともに、②当該会社における従来の取扱い、③通常行われる取引か否か等の事情を総合して判断がされている。そして、①量的側面については、取締役会の専決事項と判断された財産の譲渡は、会社の規模に照らしてかなり大規模の取引と推測されるものがほとんどであり、後に有力となる総資産額の一パーセントを目安とするような判断はなされていない。

たとえば、東京高判昭和三六年九月二五日(3)は、譲渡の対象となった物件が当該会社のもっとも重要な財産であったこと、当該会社では重要な事項について取締役会の決議を要することとされていたことをともに挙げて、当該事案では取締役会決議が必要であったとしている（なお、判決は否定しているが、原告〔控訴人〕は、当該譲渡が「営業の譲渡」に該当したのに総会決議を欠いていたため無効であるとの主張も行っている）(4)。これは、先の①と②による判断といえる。

つぎに、東京地判昭和四〇年七月一九日(5)は、判決文からは会社の規模が不明であり、譲渡対象物件の総資産額に占める割合を推測することはできないが、「被告はそれまでは会社の設立以来専らビルの賃貸事業を経営して来たのであるから、これに新規事業としてかなりの規模に達するラーメンの販売事業をも兼営するとすれば、（中略）やはり業務執行の基本的事項であって、取締役会の決議を要すべき事項と解される」と述べている。これは、当該取引が、会社がそれまで営んできた事業とは大きく種類の異なる事業への進出に伴うものであることを理由として、取締役会の専決事項と判断したものであり、③による判断といえる。

また、東京地判昭和四五年六月二六日は、[6]譲渡担保に供された財産が、「広大な土地であるうえ、原告の本店所在地であって、工場敷地をなしていたものであることを認定することができ、これを譲渡担保に供することは日常事務の執行とは解し得ず、その処分につき代表取締役……に権限が与えられていたことを認定するに足る証拠もないので、右土地処分は取締役会の意思決定に服すべきものであったと考えられる」と判示している。これは、①および（②ないし）③による判断といえる。

3 当時の取締役会の実務

当時の日本の大企業の意思決定体制は、昭和四〇（一九六五）年刊行の実務書[7]によると、つぎのようなものであった。

この頃、日本の大企業では、取締役会のほかにいわゆる常務会を設置する会社が一般的であった。昭和三六（一九六一）年の経済同友会によるアンケート調査では、八五パーセント近い会社がこれを設けていると回答している。[8]多くの会社では、常務会は常務取締役以上の取締役を構成員として設置される会議体であるが、[9]名称は各社により異なる。[10]同アンケート調査では、常務会の事務局を置く会社が六一・五パーセントにのぼる。[11]常務会の権限をどのように定めるかは、会社により大きく異なる。[12]大企業が自主的に常務会を設けた理由は、企業規模の急速な拡大への対応が必要であり、取締役会は取締役の人数が多いため意思決定・協議の場として十分に機能しなかったことによるもののようである。[13]

昭和四〇年の上場会社を対象とするアンケートでは、会社の総括的決定を行う最高意思決定機関として「会長、社長、取締役会、社長と一部の取締役、常務会、社長と関連部門責任者、その他」の選択肢が挙げられ、回答は多いほうから社長、常務会、取締役会となっている（この三つの間は僅差である）。昭和三六年の別のアンケートでも、取締役会の実態については、「実質的には社長または常務会で多くの意思決定が行われるが、取締役会は客観的にこれを監督する」との設問に対して賛成する会社が多い(14)。当時は、常務会とは異なり、取締役会に事務局が設けられている会社はごく少数に過ぎなかった(15)。

この実務書は、取締役会の決議事項についてつぎのように説く。経営管理に関する事項は基本方針と執行方針とに分けられる、後者はさらに全般的執行方針と部門的執行方針に分けられるが、取締役会の決議によって決すべきは原則として基本方針のみであり、各社の必要に応じて全般的執行方針を取締役会の権限とするのが適当である、と(16)。そして、重要な行為（現在でいう重要な業務執行の決定に相当するもの）を具体的に列挙し取締役会の決議事項とすることとして、取締役会規則や付議事項に関する内規のサンプルを示しているが(17)、そこでは「重要」か否かを判断する数値基準等は示されていない。

この実務書の後の版（昭和五〇年刊行(18)）は、昭和四〇年代には企業を取り巻く内外の環境が激変したため、部門代表者を多く含む常務会では難局に対処することは難しく、今後は、経営の基本方針、新製品開発、設備投資などの目的別に集めた組織を設け、これと常務会とを併用すべきであると説いている(19)。取締役会の決議事項についてはとくに一般論を展開することはせずに、大会社の取締役会規則のサンプルを示し、そこで重要な財産の得喪に関する事項などを取締役会の決議事項としているが(20)、ここでも「重要」か否かを判断する数値基準等は示されていない。

4　諸外国との比較

ところで、昭和五六年改正後の商法のように取締役会の決議事項を法定し、取締役への委任を禁じるルールは、比較法的には稀である。

アメリカでは、一九七〇年頃の多くの州会社法は、わが国の昭和五六年改正前商法二六〇条と同様に、会社は取締役会によって経営されなければならない旨を定めていた。しかし、大企業の実態がそうでないことはすでに二〇世紀の半ば頃には共通の認識となっていた(21)。一九七〇年代に大企業の不祥事が相次ぎ、それに対して各種の改革案が提示されたが、その中で多くの支持を得て実務界に影響を与えたのが、アイゼンバーグ教授が提唱したモニタリング・モデルであった(22)。すなわち、取締役会が果たすことができ、かつ取締役会以外の機関が果たすことのできない重要な機能は、経営者の選任・監督・解任であり、取締役会はそのような監督機能に注力すべきであることが説かれ(23)、一九八〇年頃から、アメリカの実務はそのような方向へと進化を遂げたのである。そのような議論がなされた背景としては、当時すでに上場会社の取締役に占める社外者の割合が高かったことが挙げられよう(24)。

イギリス法では、機関の権限分配は定款自治に委ねられており、大企業では、取締役会の判断により業務執行の決定を下位の機関に委譲することが一般的である(25)。ドイツ法では、取締役（アメリカの執行役員におおむね相当する）の業務執行を監査役会（アメリカの取締役会におおむね相当する）が監督するという基本構造の下で、定款または監査役会の決議により、一定の業務の決定につき監査役会の同意を要することを定めなければならないこととされている（二〇〇二年の株式法の改正による）。もっとも、ドイツ法は日本の会社法三六二条四項のように一定の専決事項を法定するのではなく、会社の自治において、（監督を担当する）監査役会が（執行を担当する）取締役会の権限を制約することを要求しているに過ぎない(26)。

このように、欧米諸国では、モニタリング・モデルが普及・定着したことのコロラリーとして、取締役会（ドイツでは監査役会）は経営者を監督する機関と位置づけられ、取締役会が業務執行の細目につき直接決定を行うことは想定されていない。これは、取締役会に重要事項を決定させることで経営トップの専横を防止しようとする日本法と著しい対照をなしている。

5　昭和五六年改正をめぐる政治過程

それでは、比較法的には稀な昭和五六年改正による商法二六〇条二項の定めは、どのような背景があって導入されたのであろうか。

大企業の反社会的行動・不祥事に対する世間の不信などを背景に、同年改正に至る法務省での議論においては、①取締役・取締役会制度の改正と、②監査役制度の改正が取り上げられた。①の事項としては、取締役会決議事項の明確化のほか、取締役会の構成（人数制限、使用人兼務の禁止、社外重役の義務付け）、常務会の法制化が論じられ、②の事項としては、監査役の権利・義務の強化、独立性の確保（監査費用、報酬に関して）、大会社における監査役の構成（複数監査役、常勤制、社外監査役の導入）等が論じられた。

このうち、①については、取締役会の構成についての提案は経済界からの強い反対により早期に検討対象から除かれ、常務会の法制化も支持を得られず実現しなかった。他方、②については、①の大改正が早期に見送られたこととの見合いで、審議の中盤以降に②の項目が具体的に検討されるようになり、経済界は少なからず反対したものの、社外監査役以外の項目はおおむね実現している(27)。

この①について少し具体的に見ると、昭和五〇（一九七五）年に法務省が行った意見照会の中には、「取締役の人数を二〇人以下に制限すること」、「使用人兼務取締役の禁止」、「取締役の一定数を社外取締役とすること」等の項目があった。当時の逸話として、当時は誰も、そのような法改正が行われるとも、自発的にそのような組織改革を行う会社が出るとも考えておらず、もしも「そのような法改正を試みるならば、サラリーマンの暴動が起きる」という笑い話もあったという(28)。

このような当時の状況に鑑みれば、法規制の強化を主張する法務省・裁判所関係者や商法学者と、経営の自立性を守るために法規制に反対する経済界の間での綱引きがあり、(29) 経済界は、上記のようなドラスティックな改革を避けるために、≪①個々の取締役への委任の範囲を制限するとともに、②監査役制度を強化する≫という改革を受け入れたと考えられる。もともとは、経済界は①のうち、取締役会の決議事項の法定にも反対であった。それにもかかわらずこの改正が実現に至った理由としては、決議事項の明確化には一定のメリットが存在したこと、改正前から重要事項は取締役会の決議が必要との理解が存在したことが挙げられるが、(30) おそらく最大の理由は、「より受け入れがたいものを避ける」ために経済界が妥協したことであろう。

そして、取締役会を監督機関とする（＝社外役員の導入）よりも、意思決定機関とする（＝内部者による相互牽制）ことを望んだのは、企業の経営者だけではなかった。従業員にも同様のセンチメントが存在したことを、先の逸話は示している。(31)

6　会社共同体と「下からのガバナンス」

経営者と従業員の双方が、経営の自立性を重視し、外部者による監督に反対したことには、つぎのような背景があったと考えられる。

日本の企業・社会においては、会社を経営者・基幹社員から構成される「会社共同体」としてとらえる価値観が、第二次世界大戦の最中および戦後の諸改革を契機に発展し、定着した。そのような会社観を可能とした環境要因のうち、株式の持合い、メインバンク制は、すでにかなりの程度変化している。しかし、新卒一括採用と企業間での低い労働移動を特徴とする終身雇用制は、現在でも根強く残っている。

そして、会社共同体は、利害を共有する運命共同体として、「社風」という文化・規範を共有し、再生産してきた。実情は会社により大きく異なっていたとしても、少なくとも高度成長期には、この集団による意思決定と実行の態勢が、従業員間の協力関係という日本企業の強みを生み出すとともに，従業員による経営者の監視（部長以上の役員層における相互チェック）として機能してきた可能性が高い。

従来，このような牽制作用を商法学界では取締役会の「監督」と呼んできたが，これはいうまでもなく欧米でいう監督（モニタリング）とは異なり，前者は事前的・予防的に，後者は事後的なフィードバックとして作用するものである。ここでは，わが国における予防的な監督作用を「下からのガバナンス」と呼ぶことにする。[32]

このように，会社共同体と下からのガバナンスが成立し，ある程度機能していたからこそ，昭和五六年改正商法は，取締役会を監督（モニタリング）機関とするのではなく，意思決定機関とする方向で進められたものと考えられる。

（1）平成一七（二〇〇五）年の会社法の制定時に，内部統制システムの概要の決定が取締役会の法定決議事項に加えられている（三六二条四項六号）。なお，同項五号は，改正前商法二六〇条を引き継ぐものといえ，会社法制定時に実質改正がなされたものではない。

（2）重要財産の譲渡等の決定の委任が許される旨を比較的明確に述べるものとして，松田二郎＝鈴木忠一『条解株式会社法（上）』二二三頁以下（弘文堂・一九五一年）（もっとも，該当箇所は主として営業の譲渡について論じる文脈で，営業のうち重要でない一部の譲渡は株主総会の特別決議は不要であり，代表取締役がこれをなしうると述べている。同書の取締役会の権限について論じる二八一頁の記述からは，取締役に決定を委任できる事項の範囲は曖昧である。なお，同書は，「営業の重要でない一部の譲渡を取締役会の決議に付すかどうかは，取締役の善管注意義務の問題に過ぎない」旨を述べたものとして複数の文献で引用されているが，オリジナルにはそのような記述は存在しない），鈴木竹雄『新版　会社法〔全訂第一版〕』一三九頁・一四〇頁注（1）（弘文堂・一九七四年）（もっとも，他の文献によって，同書は反対の立場を述べたものとして紹介されることが少なくない），石井照久＝大隅健一郎＝大森忠夫＝鈴木竹雄＝西原寛一「取締役会（第2回）」ジュリ一三三号二七頁以下〔大森発言，鈴木発言，大隅発言，西原発言〕（一九五七年）。

他方，そのような委任が許されない旨を明示するものとして，大浜信泉「取締役と取締役会」田中耕太郎編『株式会

社法講座（3）』一〇二九頁・一〇五七頁（有斐閣・一九五六年）、石井照久『会社法（上）（商法Ⅱ）』三二七頁（勁草書房・一九六七年）、大森忠夫ほか編『注釈会社法（4）』三三四頁・三三六頁〔堀口亘〕（有斐閣・一九六八年）、石井ほか・前掲〔石井発言〕。

なお、当時執筆された実務書（本稿の注（7）、注（18）に挙げたもの）を見ると、法務省、大学教授、弁護士などが書籍の執筆に参加しているが、取締役会決議事項を扱う箇所はいずれも大企業の法務関係者によって執筆されている。

（3）民集一九巻六号一六三六頁（最判昭和四〇年九月二二日民集一九巻六号一六〇〇頁および同日同号一六五六頁の原判決）。

（4）東京高判昭和四四年五月一二日金法五五七号二八頁、東京地判昭和五五年五月一二日判時九八四号一二二頁は、いずれも事実関係があまり明らかではなく、財産の譲渡につき取締役会が必要であったとする判断の過程も示されていないものの、取引の無効を主張する側の当事者が「営業の譲渡」に該当する旨の主張もしている（裁判所はこれを排斥している）ことから、会社の規模に照らしてかなり大規模の取引であったと推測される。

（5）判時四二八号七二頁。

（6）判時六一五号四六頁。

（7）戸谷富士夫＝福井龍夫「取締役会・常務会の運営の実際」商事法務研究会編『取締役・監査役ハンドブック』一四一頁以下（商事法務研究会・一九六五年）。

（8）戸谷ほか・前掲注（7）一九二頁。同一九三頁の〈表4〉一をあわせて参照。

（9）戸谷ほか・前掲注（7）一九八頁。五〇社を対象とする東洋経済の昭和三四年の調査では、会長から専務取締役・常務取締役までの合計数が一五〇人、それ以外の者が二五人である（同頁の〈表7〉より筆者が集計）。

（10）戸谷ほか・前掲注（7）一九三頁〈表4〉の三によると、「常務会」との名称を用いる会社が八三・五パーセントである。

（11）戸谷ほか・前掲注（7）二〇二頁〈表11〉、二〇五頁。

（12）戸谷ほか・前掲注（7）二〇六頁以下。

(13) 戸谷ほか・前掲注（7）一五八頁、一九一頁以下。

(14) 以上につき、戸谷ほか・前掲注（7）一五八頁以下。とくに、同一五九頁〈表1〉の最初の「総括的決定」の表と、同頁〈表2〉の「取締役会の現状」の表の④を参照。

(15) 戸谷ほか・前掲注（7）一五七頁。

(16) 戸谷ほか・前掲注（7）一六二頁以下。

(17) 戸谷ほか・前掲注（7）一七六頁～一九一頁（具体的には、一七八頁以下・一八二頁・一八五頁以下・一八九頁以下）。

(18) 成毛文之「取締役会・常務会の運営」商事法務研究会編『取締役ハンドブック』二〇三頁以下（商事法務研究会・一九七五年）。

(19) 成毛・前掲注（18）二七七頁。

(20) 成毛・前掲注（18）二六一頁

(21) Melvin A. Eisenberg, 'The Structure of the Corporation: A Legal Analysis' (Little Brown, 1976) at 139ff.

(22) 宍戸善一「交渉の場としての取締役会」落合誠一先生還暦記念『商事法への提言』二六九頁・二七五頁以下（商事法務・二〇〇四年）、大杉謙一「コーポレート・ガバナンスと日本経済」金融研究三二巻四号一〇五頁・一二二頁～一二六頁（二〇一三年）、増田友樹「なぜ、どのようにして、アメリカでモニタリング・モデルの普及が促されてきたのか?」同志社法学六七巻一号四九頁（二〇一五年）。

(23) Eisenberg, supra note 21, at 169ff.

(24) ゴードン教授の調査によれば、一九七〇年時点での取締役に占める比率は、おおむね内部者が四一パーセント、利害関係のある社外者が三四パーセント、独立者が二五パーセントであったという。Jeffrey N. Gordon, "The Rise of Independent Directors in the United States, 1950-2005: Of Shareholder Value and Stock Market Prices," 59 Stan. L. Rev. 1465 (2007), at 1475, 大杉・前掲注（22）一二六頁、増田・前掲注（22）五五頁以下を参照。

(25) 齊藤真紀「監査役設置会社における取締役会」森本滋先生還暦記念『企業法の課題と展望』一六一頁・一八一頁（商

事法務・二〇〇九年）。
(26) 齊藤・前掲注（25）一八二頁以下。
(27) 松井秀征「要望の伏在―コーポレート・ガバナンス」中東正文ほか編著『会社法の選択』三六八頁・四二〇頁～四三五頁（商事法務・二〇一〇年）。
(28) 江頭憲治郎「コーポレート・ガバナンスの課題」銀行法務二一第五五八号四頁・八頁以下（一九九九年）。
(29) 松井・前掲注（27）四二七頁～四二八頁。
(30) 松井・前掲注（27）四三〇頁以下。
(31) 松井教授は、昭和五六年改正の経緯と結果について、経済界が強く求めているのは何よりも経営の自立性確保であり、監査役制度は、社外の人間を入れたり、取締役選解任に関与する権限を与えたりしない限り、これを脅かすものではない、と述べている。松井・前掲注（27）四三四頁以下。
(32) 以上につき、大杉謙一「上場会社の経営機構」法時八七巻三号四頁・五頁以下（二〇一五年）、大杉謙一「経営層の相互けん制カギ」日本経済新聞二〇一五年九月三日朝刊二九面、大杉謙一「業務監査の運用はいかにあるべきか」監査役六四五号（二〇一五年）四頁を参照。これらの文献では、日本的経営の特徴は、国家・社会単位の「正典」の欠如と、人材育成における企業の役割の大きさと関係があることを論じた。齊藤真紀「心ある法務部長を支えるためにできること」ビジネス法務一五巻七号一二六頁・一二九頁（二〇一五年）も、「従業員による経営者のコントロールは、日本の企業のコーポレート・ガバナンスの重要な構成要素である」と述べる。
　また、次の文献をあわせて参照。荒井一博『終身雇用制と日本文化』一頁～四三頁（中公新書・一九九七年）、沼上幹『組織戦略の考え方』四八頁・九〇頁～九九頁・一二四頁～一三〇頁（ちくま新書・二〇〇三年）、三品和広『経営戦略を問いなおす』一〇三頁以下（ちくま新書・二〇〇六年）、宍戸善一・前掲注（22）二七八頁・二八八頁、松井・前掲注（27）三八一頁～三九〇頁・四二六頁～四二八頁。

三　昭和五六年商法改正の影響

1　改正後の実務

昭和五六（一九八一）年の商法改正により、二―1で前述のように重要な業務執行の決定が取締役会の法定決議事項とされ、これを取締役に委任することは許されないことが明文化された。改正当時の法務省の担当官による解説では、当時の規定が不明確な点を改正により明確化したと述べている。(33)

当時の商法学者の間では、「重要」「多額」か否かは、具体的な事案について判断するほかなく、すべての会社を通ずる画一的な基準を定めることはできないと述べることが多い。(34) また、取締役会の決議で付議基準を明示しておけば、訴訟においてもその基準が尊重される可能性が高いと述べる有力な学説もある。(35) これらの学説は、昭和五六年改正前の裁判例の傾向と類似している。

しかし、実務はそうではなかった。昭和五六年改正後は、重要性の判断につき数値基準が議論されるようになり、かなり少額の財産の譲渡等についても取締役会の決議が必要であるとの解釈が一般化していく。たとえば、実務書の中には、会社の総資産の一、〇〇〇分の一を仮説として提示するものも現れた。(36)

実務の運用に強い影響を与えたのが、東京弁護士会会社法部の編著にかかる『取締役会ガイドライン』であるように思われる。同書は初版（一九八六年）、改訂版（一九九三年）と版を重ね、二〇一一年には『新・取締役会ガイドライン』が刊行されたが、いずれも商事法務研究会と共同で上場会社へのアンケート調査を行い、その実情を踏まえて取締役会の運営について実務に指針を示している。そして、初版と改訂版は「決議事項の判断基準」という副題を有しており、まさに大企業が取締役会の付議基準をどのように定めるべきかが大きなテーマとなっている。

同書の初版は、重要な財産の処分・譲受けについて、①寄付金の場合は総資産額の一万分の一に相当する額程度、②債務免除の場合は一、〇〇〇分の一に相当する額程度、③それら以外の場合は一〇〇分の一に相当する額程度を目安とし、「各会社の規模、営業の状況、財産の状態およびその金額の大小、処分および譲受けの態様等から各会社において取締役会の決議を経るのを相当とするか否かという観点から決せられるべきである」とし、「また、そのような具体的基準を補充するものとして、『右金額（右基準）にかかわらず当会社の営業に重要な影響を与えるもの』という抽象的、補充的基準を付加すべきである」と述べている。(37) この記述は、その後の版でも維持されている。(38)

以上の経緯は、曖昧な法規制に対しては会社実務は明確な基準を求めること、商法二六〇条二項の違反が取引の効力に与える影響について次第にこれを肯定する見解が有力となったこと、弁護士等は企業からの相談を受ければ保守的な回答をせざるを得ないことなどが相俟って生じたものと考えられる。総資産額の一パーセントを目安とする運用は、改正論議の際の想定を超えたものではなかっただろうか。(39)

2　最判平成六年一月二〇日

昭和五六年改正を扱った判例が、最判平成六（一九九四）年一月二〇日(40)である。この判決の読み方については四3で再検討するが、X社の代表取締役が、取締役会の承認決議を経ずに、同社の総資産額の約一・六パーセントに相当する帳簿価額の他社株式を売却したことにつき、これが「重要な財産の処分」に該当しないとした原判決が審理不尽であるとして破棄差戻しをしたものである。この判決は、先に一で紹介した「総資産額の一パーセント」を重要性判断の目安とする慣行をより強固なものとする役割を果たしたと思われる。

(33)　稲葉威雄「商法等の一部を改正する法律の概要（中・二）」商事九〇九号八頁・一三頁以下（一九八一年）、元木伸ほか「取締役および取締役会に関する問題点（改正商法質疑応答（4））」商事九一八号二二頁・二四頁・二五頁・二七頁

（一九八一年）を参照。

(34)　たとえば、竹内昭夫『改正会社法解説』一四七頁（有斐閣・一九八一年）。

(35)　たとえば、江頭憲治郎『株式会社法〔第六版〕』四〇九頁注（2）（有斐閣・二〇一五年）。江頭教授は、グレーなものについてできるだけ付議すべしと考えると、資料だけが提出されて十分な議論なしに意思決定がされる危険もあると指摘している。阿部一正ほか『条解・会社法の研究7　取締役（2）』別冊商事二〇〇号一〇頁〔江頭発言〕（一九九七年）。

(36)　成毛文之「取締役会の運営」商事法務研究会編『新版　取締役ハンドブック』二六三頁・三二七頁以下（商事法務研究会・一九八三年）。臨時報告書の提出が必要となる「重要な災害」が（当時は）災害による被害を受けた資産の額が総資産額の一〇〇分の一以上に相当する場合と定められていたこと等を参考にしながら、商法の「重要な財産」の場合はこれより広い概念であること、当時の取締役会規則の実例が総資産額の一、〇〇〇分の一から九に当てはまるケースがかなりあることから、「これを金額基準を設ける場合の一つのヒントとしてはどうか」と述べている。

(37)　東京弁護士会会社法部編『取締役会ガイドライン』一三二頁以下（商事法務研究会・一九八六年）。

(38)　東京弁護士会会社法部編『取締役会ガイドライン〔改訂版〕』一四一頁以下（商事法務研究会・一九九三年）、東京弁護士会会社法部編『新・取締役会ガイドライン』一四三頁（商事法務・二〇一一年）。

(39)　稲葉威雄ほか「新春座談会　改正商法二六〇条の銀行実務はいかにあるべきか『多額の借財・重要な財産の処分』等の対応策」金法一〇一三号二頁・五頁〔石井眞司発言〕（一九八三年）は、基準が曖昧であるために銀行の貸付担当者が必要以上に神経質になっていること、同一六頁以下〔石井発言・米津稜威雄発言〕は実務が何とかして数値基準を導き出そうとしていることを示している。他方、同四頁〔上柳克郎発言〕は、商法改正時の議論では、上柳教授は取締役会の決議事項の法定を行為規制としてとらえ、その違反は取引の効力に影響を与えないと考えてこれに賛成したところ、改正後の文献の多くは二六〇条二項を効力規定と解釈しており釈然としない旨を述べている。

この最後の点については、後掲注（41）の②を、より詳細は齊藤・前掲注（25）一七六頁以下、とくに一七九頁および一八五頁をあわせて参照。

（40）　民集四八巻一号一頁。

四　現代的課題

1　二つの疑問

取締役会の専決事項を強行法的に定めることについては、つぎのような疑問がある。(41)

第一に、取締役会にどこまでの権限を与えるかは、組織をどのように設計するかという問題の一部であり、この問題は、組織の設計に際してどのような分業と調整を定めることが経営上の合理性を有するかという観点から決定されるべき事項である。(42)一般の事業会社については、この点は各会社が自ら決することが合理的であり、これに法的な規制を及ぼすことは企業経営の効率性を害するおそれがある。

たとえば、総合電機メーカーでは技術・マーケット等の時間軸のまったく異なる製品を扱っているため、一つの取締役会でそれを討議することが適切ではないという状況が、すでに一九九〇年代の後半には生じていたといわれている。たとえば東芝では、その頃から取締役会をできる限り基本方針の決定と監督に特化させようという取り組みがなされていたところ、二〇〇二年の商法改正で導入された（当時の）委員会等設置会社ではより広範囲の委任が可能であったため、この制度が施行されるとその直後の二〇〇三年に同社は委員会等設置会社に移行したという。(43)

あるいは、日本企業では、現場でエッジの効いた（因習にとらわれず、周囲に驚きを与えるような）提案がなされても、そのような案件を上層部にあげる過程で、次第にアイデアの角が取れ、平凡なものへと変容するといわれる。これは、「良いアイデアなのだが、その良さが現場の（消費者の近くにいる）人間でないと分かりにくい」という場合を考えれば納得できる。そして、そのようなことが繰り返されると、現場は良いアイデアをそもそも上層部に提案しなくなるだろう。このような場合を想定すると、現場が合理的な判断をなしうる事項については、現場に決定権限を委譲することが合理的であり、たとえ形式的であっても承認権限を上部機関に残すことは、現場のモチベーションを奪ってしまう危険がある。

また、二6で述べた「下からのガバナンス」では、経営トップに対する牽制が過度に働くことから、経営の大胆さやスピードが犠牲になりやすいという指摘もある(44)。

このように、取締役会にどこまでの権限を与えるかは、経営上の合理性から決定されるべき事項であり、これに法的な規制を及ぼすことは企業経営の効率性を害するおそれがある。

第二に、比較的細かな業務執行案件につき取締役会の決議を要求することは、近時のコーポレート・ガバナンスのトレンドと正面から衝突する。すなわち、平成二七（二〇一五）年五月一日に施行された改正会社法では、社外取締役を置かない上場会社は「置くことが相当でない理由」を説明する義務を負うとされ（同法三二七条の二）、「監査等委員会設置会社」という新たな機関設計（三九九条の二以下）が選択肢として導入されるなど、社外取締役の活用が大きなテーマとなっている。また、同年六月一日には、東京証券取引所と金融庁の主導の下に策定された「コーポレートガバナンス・コード」の適用が開始した。いずれも、社外取締役が独立した立場から経営者を監督することが大きなテーマとなっている。

もちろん、改正会社法は社外取締役の設置を義務付けるものではないし、上場会社に二人以上の取締役の選任を推奨するコーポレートガバナンス・コード（原則4－8）はそもそも法規制ではなく、それに従うか否かは各企業の判断に委ねられている。しかし、国会と内閣の両方でこれらのルールが定められたことは軽視されるべきではなく、少なくとも、取締役会を監督（モニタリング）機関として機能させようとする上場会社に対しては、会社法の解釈・運用はこれを妨げるものであってはならないと考えるべきであろう。

そして、コーポレートガバナンス・コードの第四章は、どのような機関設計を採用するかにかかわらず（つまり、伝統的な監査役会設置会社を採用する会社であっても）、取締役会は、独立した客観的な立場から、経営者を監督する機能を果たすべきことを宣明している（基本原則4）。(45) この監督機能とは、会社の業績等の評価を行い、その評価を経営陣幹部の人事に反映させることをいい（原則4－3）、従来の「下からのガバナンス」とは異なるものである。取締役会が意思決定機能を果たすことと監督機能を果たすことは必ずしも矛盾するものではないが、あまりに細目の意思決定を行うことは、監督機能を阻害すると考えられる。

2　考え方

先に1で述べたところからは、現行の取締役会の専決事項の法規制を維持しつつ、重要性（・多額）の判断において、各企業が定める付議基準を最大限尊重することとし、数値基準を外部から課すような解釈をやめることが合理的である。このように考えるのはつぎの理由からである。

まず、立法論として、取締役会を監督機関に純化し、執行案件についての決定を禁じることは、現実的ではない。たしかに、現在のように取締役会で執行案件の決定がなされている状況で、社外取締役が決定に参加してしまうと監督機能―事後に会社の業績等の評価を行い、その評価を経営陣幹部の人事に反映させること―を果たすことは難しくなるという指摘がある。(46) しかし、そうであっても、「監督機能の妨げとなる執行案件」と「監督機能の一環として社外取締役が参加して行われる戦略的決定」との区別は明確ではない。両者を法で強行法的に切り分けることは、立法技術的に難しく、また企業に無用の負担をかけることになる。現行法でも、指名委員会等設置会社では、取締役会の決議によって、（とくに定められた狭い例外事項を除けば）業務執行の決定を執行役に委任することが認められ（同法四一六条四項）、平成二六（二〇一四）年改正により導入された新しい機関設計である監査等委員会設置会社においても、同様の委任が、取締役の過半数が社外取締役である場合および定款の定めがある場合には許されるものとされている（三九九条の一三第四ないし六項）。これらのルールにおいても、執行案件の意思決定を下位機関に委譲することが強制されているのではなく、各企業の判断で可能とされているにすぎない。

つぎに、指名委員会等設置会社と同等の広範な委任を監査役会設置会社にも認める法改正が考えられる。しかし、このような提案は、つぎのような反論を受ける可能性が高い。すなわち、監査役会設置会社においては経営者への強力な監督ができない以上、取締役会による規律付けは個別の業務執行を意思決定段階でここに審査するという形を取らざるを得ないという考え方があり、このような立場からは、指名委員会と報酬委員会を欠く機関設計においては（改正会社法における監査等委員会設置会社においても本来は）決定権限の委譲は認めるべきでないとの議論である。(47) 筆者は、このように機関設計と取締役会の決定権限を直接にリンクさせることには疑問を感じている。しかしながら、多くの会社で取締役会が「下からのガバナンス」として機能してきたと考えられることに加えて、上場を予定する企業に対して、経営管理態勢の整備の一環として取締役会の付議基準の整備などを取引所や主幹事証券会社が勧めてきたことによって日本企業のガバナンスの水準が引き上げられてきたことは否定できないとも考えている。(48)

このような考慮に照らすと、現行法のうちとくに問題と考えられるのは解釈上、硬直的な数値基準が外部から課されてしまっている部分であるから、取締役会で定める付議基準に一定の合理性が認められる場合には、これを法律家は尊重することとし、外部からの数値基準の押しつけをやめることとすれば、当面の問題に対処することができる。(49) そして、このような考え方は、昭和五六年改正前商法下における裁判例が各社における取扱いを重要な要素としていたこと（二2）や、同年改正後の学説も数値基準よりも各社の付議基準を尊重すべきことを説いていること（三1）と合致する。

もっとも、定着した解釈・運用を学者の論文一本で変更することは不可能かもしれない。そのような観点からは、上場会社に関しては現行法の専決事項の定め（三六二条四項一号二号）を適用除外とし、代わりに付議基準を取締役会の決議で定めなければならないこととし、付議基準のあり方については取引所の上場規則などのソフトローによって細かくなり過ぎない方向へ誘導することも考えられよう。(50)

3　最判平成六年一月二〇日の検討

標記の最高裁判例（三2）は、そこで問題となった取引について、確定的に「重要な財産の処分」に当たると述べたものか否かは、その文言からは明確ではない（その該当性を差戻審に審理させる趣旨と読むことも可能である）(51)。その点はここでは措くが、この判例は、実務の一パーセント基準を支持したものと受け取られることもあるため(52)、ここで検討する。

判旨の述べる一般論はつぎのとおりである。「商法二六〇条一項一号にいう重要な財産の処分に該当するかどうかは、①当該財産の価額、②その会社の総資産に占める割合、③当該財産の保有目的、④処分行為の態様及び⑤会社における従来の取扱い等の事情を総合的に考慮して判断すべきものと解するのが相当である」（番号①から⑤は筆者が追加）。この表現は、本稿二2で紹介した、昭和五六年改正前商法下での下級審裁判例の考え方と大差ない考え方を示している。

この一般論に続いて、判決は事実への当てはめを論じているが、この部分について理解は対立している。調査官解説を含むいくつかの判例批評は、上記の①②に関連して、総資産の一・六パーセントに相当する財産の処分は通常は重要な財産の処分に該当すると考えている(53)。他方、総資産の一・六パーセントというだけでは「重要なる財産」とはいえず、付加的な要素と相俟って重要性が認められたとする見解も有力である(54)。具体的には、判旨は重要性を判断する箇所で、つぎのような事情にも言及している。第一に、X社（原告・上告人）がB社（訴外）の株式を保有していたところ、X社の代表取締役A（B社の代表取締役でもある）がB社の株式を無断でY（被告・被上告人）に譲渡したこと（本件株式譲渡）の背景には、X社にはAを含む創業家と当時の代表取締役であったC（本件株式譲渡後に解職された）の間に内紛があったこと、Ｂ社がＸ社の株式を保有していたこと、Ｂ社は本件株式譲渡後にＸ社の株主総会で取締役選任の動議を提出したこと等の事情があった。(55) この点は、前掲の一般論①以下のいずれに関連するかは明確ではないが、判旨はこの点を指摘して「本件株式の譲渡はＸ社とＢ社との関係に影響を与え、Ｘ社にとって相当な重要性を有するとみることもできる」と判示している。(56) 第二に、当該株式譲渡の翌日には、Ｘ社の有するＢ社および他社（Ｄ社）の株式をＥに譲渡することが取締役会で承認されており、また過去にも、Ｘ社では他社株式の譲渡については少額のものでも取締役会で決定するという取扱いがなされていた。(57) この点は、前掲の一般論の⑤に関連する。

この判決文の素直な読み方は、①②だけではなく上記の第一、第二の事情と相俟って重要性が認められたというものであろう。そして、現時点においては、先に１・２で述べた理由から、最判平成六年判決は、純資産の一パーセントを目安とする数値基準を支持するものとしてではなく、付加的な要素と合わせて総資産の一・六パーセントの財産に重要性を認めたものとして、合理的に理解・解釈すべきである。

４　監査役の情報収集との関係

取締役会で付議基準が低く定められる傾向については、監査役からなるべく多くの案件について目を配りたいという要望があるから、という説明がある。(58)

付議基準をどのように定めるかは、基本的には各社の判断によるべきであるが、取締役会を監督機関として（も）機能させるという観点からは、これまでに述べてきたように、付議基準はあまり低い水準に定められるべきではない。そして、監査役の情報収集というニーズは、監査役が内部監査部門、外部監査人（監査法人）、通報窓口（ヘルプライン）のメンバーと定期的に意見・情報交換の会合を持つことによっても対処可能である。(59) そして、「おかしな業務執行であると認識されている場合には、かえって取締役会に付議されない」という問題(60)に対処するためには、上記のような関係部門との連携による対処を充実させることがより合理的であろう。

そして、平成二六年の会社法改正を受けて改正された法務省令も、監査役に関連する制度について、このような方向性を明確にしている。すなわち、内部統制システムについて、その構築だけでなく、運用状況の概要が事業報告の記載事項とされた（会社法施行規則一一八条二号）。内部統制システムの概要を決定する責任は第一次的には取締役会にあるが（会社法三六二条四項六号）[61]、監査役は当然、内部統制システムの構築および運用状況が適正に行われているか（取締役が善管注意義務を尽くして内部統制システムの構築・運用にあたっているか）を監査しなければならない。

監査役は、今後は、取締役会の付議基準を低く保つことよりも、関係部門との連携により、不正の端緒を早期に入手できる仕組みを持つべきであり[62]、改正法務省令に対応して、監査役は、取締役会に、必要な体制整備を行うよう働きかけていくべきである[63]。

5　経済産業省の報告書

取締役会の専決事項を強行法的に定めることへの疑問を先に1で述べたが、そのうちとくに社外取締役が監督（モニタリング）機能を果たすべきこととの関連で、取締役会に上程しなければならない「重要な業務執行の決定」の範囲を従来よりも狭くする（現場への委譲を広げる）法解釈を提案するのが、経済産業省のコーポレート・ガバナンスの在り方に関する研究会の報告書「コーポレート・ガバナンスの実践―企業価値向上に向けたインセンティブと改革」（二〇一五年七月二四日）である[64]。

そこでは、「指名や報酬の決定について、諮問機関として、社外取締役を構成員とする委員会を設置する場合」、「社外取締役を選任して監督機能の強化を意図している場合」、および「内部統制システムの構築・運用により、個別の業務執行に関するリスクは適切に管理されている場合」には、一定の理由を挙げて、「取締役会への上程が強制される範囲は、限定的に考えるべきである」との見解が述べられている。

筆者は、この報告書が挙げている理由に完全に賛同するわけではなく、また以上の三つの場合に（限り）専決事項を狭くとらえるというロジックにも納得しているわけではない。しかし、1・2で述べたように、現在の状況では、各社で定められた付議基準は、著しく不合理でない限りは尊重されるべきであり、数値基準を外部から課すような解釈をとるべきではない。このような筆者の立場からは、経産省の報告書は、大筋では支持することができる。

(41)　齊藤・前掲注(25)一六四頁・一七九頁・一八五頁・一九一頁は、①監査役会設置会社における取締役会の専決事項の定め（会社法三六二条四項）があるため、日本企業の委員会設置会社（指名委員会設置会社）への段階的な移行が阻害され、②また、同項の違反が取引の無効をもたらしうると解されたことから、同項の実効性確保が裁判所の審査に依存するようになったことが、日本企業の柔軟な権限分配を妨げたとし、③立法論としては取締役会と取締役の間の権限分配はソフトローにより規律することとして、取引の私法的効力と切り離すべきこと、④同項の運用には各社の自治（取締役会付議事項の定め）を広く認めるべきであり、同項に違反する取引であっても悪意の第三者に対してのみ無効と解すべきこと等を説く。このうち、①②④の背後にある問題認識は、四1で挙げた二つの疑問と通底すると考えられる。

(42)　この問題については、沼上幹『組織デザイン』（日経文庫・二〇〇四年）、とくに一三頁～二四頁・一六一頁～二一八頁を参照。

(43)　神作裕之＝植野隆＝藤井孝司＝武井一浩「座談会　取締役会の実態と今後の企業統治」別冊商事三三四号『会社法下における取締役会の運営実態』（二〇〇九年）一頁・五頁〔植野発言〕、葉玉匡美ほか「パネルディスカッション」21世紀政策研究所新書『会社法改正への提言』四五頁・五〇頁〔島岡聖也発言〕（二〇一一年）（なお同研究所のウェブサイト上のPDFファイルでは、五一頁・五六頁以下）。

(44)　これに対して、大企業でもオーナー経営者のいる会社では、この（本文で述べた）牽制が緩いため、機敏で果断な意思決定が行われやすい、といわれる。

(45) 取締役会は、本文で述べた監督機能のほかに、企業戦略の方向を示すこと、経営者が適切なリスクテイクを行うようにすること、という役割・機能を果たさなければならないとしている。

(46) 藤田友敬「『社外取締役・取締役会に期待される役割　日本取締役協会の提言』を読んで」商事二〇三八号四頁・一〇頁以下（二〇一四年）。なお、同じ理由から、会社法三六二条四項の専決事項は広すぎるとして、これを限定的なものに変更することを説くものとして、日本取締役協会監修『独立取締役の現状と課題』（別冊商事三五九号）七頁（二〇一一年）があるが、具体的な法改正を提案しているわけではない。

(47) 前田雅弘「監査役会と三委員会と監査・監督委員会」江頭憲治郎編『株式会社法体系』二五三頁・二六〇頁・二七二頁以下（有斐閣・二〇一三年）。

(48) 日本取引所グループは、市場種別に応じて「新規上場ガイドブック」を作成し、ウェブサイトで公開しており、そのマザーズ編の「6．上場審査に関するQ＆A」などにより、市場関係者の取組みの一端を知ることができる。

齊藤・前掲注（32）一二七頁以下は、三六二条四項の廃止を躊躇する（唯一の）事情として次の点を指摘している。すなわち、上場会社の法務部長経験者が作る研究会でこの点を著者が問いかけたところ、参加者は一様に三六二条四項が必要であり、これがなければ社長に「取締役会の決議を経てください」という拠り所がなくなると述べたという。

(49) もっとも、藤田・前掲注（46）一六頁注（37）は、重要性を柔軟に解することには限界があり、少なくとも裁判所の判断は予見しにくいため各会社が付議基準を極端に緩和することは期待できないと述べる。これに対して、筆者は、法律家の間で各社の付議基準を尊重するというコンセンサスを形成できれば、これらの問題も克服できるのではないかと考えているが、念のため、ありうる立法論を注（50）の本文で述べた。

(50) この点につき前掲注（41）の③を、より詳細は斎藤・前掲注（25）一八四頁以下・一九一頁をあわせて参照。

(51) なお、差戻し後の控訴審の判断は公刊されていない。

(52) 最高裁判所調査官による紹介で、東京弁護士会のガイドライン（前掲注（38）の改訂版）が引用されていることから、本判決を判示するにあたって担当裁判官は実務の運用状況を認識していたと思われる。野山宏「時の判例」ジュリ一〇四七号八二頁・八三頁（一九九四年）を参照。

(53) 中村和彦〔本件判批〕私法判例リマークス一〇号（一九九五年）一一六頁・一一九頁、野山宏〔本件判批〕法曹時報四八巻一〇号二二四五頁・二二五八頁（調査官解説）（一九九七年）。

(54) 久保欣哉〔本件判批〕判時一五〇六号（判例評論四三〇号）二一〇頁・二一三頁以下（一九九四年）、柴田和文〔本件判批〕平成六年度重要判例解説（ジュリ臨時増刊一〇六八号）九六頁・九七頁（一九九五年）。

(55) すなわち、本件株式譲渡は、AがCとの内紛を自己に有利に運ぶことを企図して行ったものと推認される。森田章〔本件判批〕判タ九四八号七九頁・八一頁（一九九七年）は、ある事項を取締役会に上程すべきかどうかを判断するのは一次的には代表取締役であるとしつつ、本件では、代表取締役の利益相反があったため、取締役会に付議しないというAの判断は尊重すべきでないとして、この事実を重く見ている。ほかに、久保・前掲注(54)二一四頁、柴田・前掲注(54)九七頁がこの事情を重視している。

　他方、森本滋〔本件判批〕民商一一二巻一号六八頁・八〇頁（一九九五年）は、本件株式譲渡は、X社の事業に重要な影響を与えるというよりも、内紛に影響を与えるにすぎないことから、Aの代表権濫用を論じる余地はあるが、本文の第一の事情（内紛）は取締役会の専決事項の問題とすべきではないと論じる。

(56) 判旨の一般論には登場しないが、事案の分析には「⑥本件株式の譲渡はX社の営業のため通常行われる取引に属さない」（⑥は筆者が追加）との表現が登場する。本文の第一の事情は、この⑥に関連する（一般論の文面では「等」に含まれる）とも、③財産の保有目的に関連するとも、あるいはいずれにも関連しない（一般論にいう「等」に含まれる）とも、みることができよう。なお、④処分行為の態様は有償か無償か等の事柄を示すとされるので、本文の第一の事情とは差し当たり無関係であろう。野山・前掲注(53)二二五七頁を参照。

(57) 中村・前掲注(53)一一九頁、柴田・前掲注(54)九七頁は、本文の第二の事情（従来の取扱い）を重要な事実と見ているが、野山・前掲注(53)二二五七頁は、この点を重視することにつき否定的である。

(58) 神作ほか・前掲注(43)四頁〔藤井孝司発言〕。

(59) 山口利昭『不正リスク管理・有事対応』一三九頁・一四一頁（有斐閣・二〇一四年）。

(60) 齊藤・前掲注(25)一七六頁・一八六頁注(44)。

(61) 指名委員会等設置会社では会社法四一六条一項一号ロホ、監査等委員会設置会社では同三九九条の一三第一項一号ロハ。
(62) なお、改正後の法務省令では、内部統制システムの構成要素として、監査役を補助するスタッフを置くことを監査役が求めた場合の体制（監査役の当該スタッフへの指示が実効的になされうるための体制を含む）の整備（会社法施行規則一〇〇条三項一号～三号）、役員・従業員（子会社の役員・従業員を含む）が監査役に報告をするための体制（同項四号）の整備や、報告をした者が不利益取扱いを受けないことを確保するための体制（同項五号）の整備が、明文化された。また、監査役が職務上負担する費用を会社に償還させるための手続についても、同様である。また、指名委員会等設置会社では会社法施行規則一一二条一項、監査等委員会設置会社では同一一〇条の四第一項が同様のルールを定める。
(63) 大杉「業務監査」前掲注（32）九頁以下。
(64) 経済産業省ウェブサイトを参照。具体的には、報告書の「別紙三・法的論点に関する解釈指針」の二頁以下を参照。

五　結びに代えて

本稿は、会社法三六二条四項の解釈・運用において、重要性の判断は、各企業が定める付議基準を尊重して行われるべきであり、総資産額の一パーセントを目安とする数値基準を外部から課すことに反対するものである。本稿五２以下では主として解釈論（運用）について論じたが、四２の末尾では簡単に立法論についても言及した。

最後に、各企業における付議基準の設定がどのようになされるべきかに触れておきたい。

付議基準を策定するにあたり、取締役会の決議を経ている会社と、これを経ずに代表取締役が（事務局と相談しながら）決定している会社とが混在しているだろう。この点について、筆者は、必ずしも取締役会の決議を経るべきであるとまでは考えないが、代表取締役が策定する場合であっても、付議基準は文書化して取締役・監査役に周知（配布）されるべきであると考える。というのは、付議基準をどのように定めるかは、その会社の取締役会の機能・役割を左右するからである。

本稿四1で述べたように、コーポレートガバナンス・コードの第四章は、伝統的な監査役会設置の機関設計を採用する会社であっても、取締役会が、独立した客観的な立場から、経営者を監督する（モニタリング）機能を果たすべきことを宣明している。意思決定機能と監督機能とをどのような割合で取締役会に担わせるかは、各社において判断されるべき問題であるが、その際には、経営トップの一存でその点が決定されるのではなく、とくに社外取締役の意見をも参考にして、メンバー全員が取締役会の役割についてのイメージを共有できるように、この決定が行われることが望ましい。このように、「わが社のあるべき取締役会の姿」について合意し、その合意を具体化するものとして付議基準が策定されるのであれば、付議基準に沿った取扱いは裁判実務においても尊重されるべきである(65)。そして、付議基準の策定は取締役会評価(66)のプロセスの一部を成すものであり、上場会社では、付議基準は必要に応じて改訂し、また定期的に改訂を検討することが望まれる。

付議基準が裁判所によって尊重されるためには、その内容が合理的であることに加えて、その運用の合理性も重要である。付議基準の内容が取締役会で議論されず、その内容が周知されることもないのであれば、「おかしな業務執行であるがゆえに取締役会に付議されない」という運用（四4）を生じる危険がある。また、付議基準は通常、定量的な基準のほかに定性的な基準（「右基準にかかわらず当会社の営業に重要な影響を与えるもの」）を含んでいるが、この基準が具体的な案件の付議の判断にあたって経営トップによって恣意的に運用されることがあってはならない。最判平成六年一月二〇日の読み方は分かれているが、本稿で示したように（四3）、同判決はこのような恣意的な運用に対して司法審査が及ぶことを示唆するものと理解すべきである。

今後は、付議基準の量的側面の議論に代わって、付議基準の策定の手続、および各社における「取締役会の姿」を合意するプロセスに関心が寄せられることを願って、筆を擱く。

(65) コーポレートガバナンス・コードの補充原則4－1①は、「取締役会は、取締役会自身として何を判断・決定し、何を経営陣に委ねるのかに関連して、経営陣に対する委任の範囲を明確に定め、その概要を開示すべきである」としている。

(66) 取締役会評価については、コーポレートガバナンス・コードの原則4－11の第二段落および補充原則4－11③を参照。また、高山与志子「取締役会評価とコーポレート・ガバナンス」商事二〇四三号一五頁（二〇一四年）、石黒徹ほか「座談会　取締役会評価によるガバナンスの実効性確保に向けて（上）（下）」商事二〇四九号四頁、二〇五二号四頁（二〇一四年）を参照。

［追記］

本稿は科学研究費助成事業（基盤研究（B））「役員構成を通じたコーポレート・ガバナンスの改善」（研究代表者・小塚荘一郎教授）の成果の一部である。

校正時に、柴田堅太郎「取締役会付議基準をどう見直すか：付議事項スリム化のための方法論」ビジネスロージャーナル九九号二〇頁（二〇一六年）に接した。本稿と同様の方向性を実践に結びつけるものであると感じられた。また、「取締役会事務局担当者の試行錯誤」同号四一頁以下は、実務の現状と悩みを知るうえで優れた企画となっている。

ドイツにおける傷害保険の割合給付

金岡京子

一　はじめに

高齢化が進む現代の日本社会においては、疾病または体質的な要因を有する被保険者、もしくは身体障害または精神障害がある被保険者が、不慮の事故により、死亡、後遺障害、通院・入院・手術等による治療を要する身体状態になったときに、傷害保険の給付範囲をどのように画するかという問題は、傷害保険の本質的な目的(1)を考察するうえで非常に重要な問題となっている。高齢化社会においては、医師の治療を要する疾病または障害がある被保険者、加齢に伴い身体機能が低下したり、血圧が高い傾向になったり、通常の日常生活に影響を及ぼさない程度の持病がある被保険者が相対的に増えていく傾向にあると考えられ、不慮の事故による傷害を直接の原因とする死亡、後遺障害、手術、入院、通院等に対する保険保護を提供する傷害保険の目的を考慮すると、被保険者の疾病または障害が不慮の事故による傷害を直接の結果とする死亡等に影響を及ぼしている場合には、その影響の割合に応じて保険給付を削減することによって、傷害保険が本来目的とするところの給付範囲に限定することが必要であると考えられる。とりわけ何らかの持病がある高齢者が不慮の事故により傷害を被ったときに、その傷害とともに被保険者の持病が被保険者の身体に影響を及ぼすことによって死亡に至ったと認められ得るような場合には、つまり、不慮の事故による傷害のみでは、死亡という重大な結果には至らなかったと認められ得る場合には、被保険者の持病が死亡という結果に及ぼした影響の割合に応じて、保険給付を削減することの要否を検討することが必要になると思われる。

現在、損害保険会社が提供する傷害保険契約で一般的に使用されている約款(2)においては、脳疾患、疾病または心神喪失状態により、被保険者が死亡、後遺障害、通院・入院・手術等による治療を要する身体状態になった場合には、保険給付を免責とする旨の条項（疾病免責条項）が定められている。この約款は、疾病を原因とする、死亡、障害状態、通院・入院・手術等による治療を要する身体状態は、傷害保険ではなく、疾病保険により担保されるべきリスクであることを定めた条項であると解されている。また、損害保険会社が提供する傷害保険契約で一般的に使用されている約款には、被保険者が急激かつ偶然な外来の事故により傷害を被ったときにすでに存在した身体の障害もしくは疾病の影響により、またはその傷害を被った後にその原因となった事故とは関係なく発生した障害もしくは疾病の影響により、傷害が重大となったときは、その影響がなかった場合に相当する金額を決定して支払うことを定める、いわゆる限定支払条項が規定されている(3)。

他方、現在、生命保険会社が提供する傷害保険の約款には、上記のような包括的な疾病免責条項は定められておらず、保険給付事由の定めにおいて、「ただし、疾病または体質的な要因を有する者が軽微な外因により発症またはその症状が増悪したときには、その軽微な外因は急激かつ偶然な外来の事故とみなしません。」とする保険給付除外に関するただし書が規定されていることが一般的である(4)。上記ただし書は、いわゆる「軽微な外因による」場合の給付除外規定であるが、ただし書であるとはいえ、保険給付事由に関する条項に定められていることから、保険金請求権者は、被保険者に疾病または体質的な要因がないことまで立証しなければならないのか、体質的な要因とは何を意味するのか、いかなる基準をもって「軽微」であると判断し得るか、「軽微な外因」であることの基準が約款で具体的に規定されていない中で、保険金請求権者にその立証を求めることが妥当であるか、という立証責任および解釈基準にかかわる問題を生じさせているだけでなく、そもそもこのただし書の趣旨は、「外因」と、被保険者の死亡、障害等との間に相当因果関係があることを要することを確認的に定めたものにすぎないのか、という別の解釈上の疑念も引き起こしており(5)、平均的保険契約者の観点からすると非常に理解し難い約款である。しかしこのような問題はあるものの、このただし書は不慮の事故とみなさない場合を定めていることから、いずれにしてもこの約款の文言による限り、保険者が立証責任を負うべき保険者の免責を定めた条項と解することは困難であり、上記疾病免責条項とは性質が異なる約款であるといえる。

また生命保険会社が提供する傷害保険の約款には、損害保険会社の傷害保険約款のような限定支払条項は定められていないことが一般的である。したがって、生命保険会社が提供する傷害保険においては、たとえば被保険者が不慮の事故による傷害を直接の原因として死亡した場合は、上記の軽微な外因による場合についての除外規定に該当するか、もしくは、約款で特段定められた特定の免責事由に該当しない限り、保険金は全額支払われることになり、この点は損害保険会社が提供する傷害保険とは大きく異なっている。

そこで本稿においては、以上のような日本における傷害保険給付の実態を踏まえたうえで、日本の損害保険会社の傷害保険約款のような包括的な疾病免責を定めていないが、傷害定額保険契約において限定支払条項による割合給付を導入している点、および、保険契約法に傷害に関する法律上の定義が定められ、かつ、限定支払条項における立証責任に関する法律上の規律がある点で日本の傷害保険とは異なっているドイツの傷害保険について検討することによって、今後も高齢の被保険者が少なからず存在することが予測され得る日本において、被保険者の疾病または体質的な要因、もしくは被保険者の身体的または精神的障害の影響を適切に考慮した傷害保険給付が可能となるような保険約款のあり方について考察することとする。

（1） 大森忠夫『保険契約法の研究』九七頁～九八頁（有斐閣・一九六九年）によれば、傷害保険契約における保険事故（傷害事故）は、急激かつ偶然なる外来の出来事であって、身体の損傷を生ぜしめるものをいい、傷害保険契約における保険給付は、被保険者が傷害事故の結果として（一定の期間内に）死亡した場合、身体障害状態となった場合等に、契約で定められた保険金額を支払うものと定められていることが一般的であるという。傷害保険の意義については、山下丈「傷害保険契約における傷害概念（一）」民商七五巻五号四八頁（一九七七年）、同「傷害保険契約における傷害概念（二・完）」民商七五巻六号八八四頁～九四九頁（一九七七年）、金沢理『交通事故と保険給付』一七三頁～一七四頁（成文堂・一九八一年）、同『新保険法と保険契約法理の新たな展開』四〇一頁～四〇三頁（ぎょうせい・二〇〇九年）、西島梅治『保険法〔第三版〕』三七七頁～三九〇頁（悠々社・一九九八年）、中西正明『傷害保険契約の法理』二頁～六頁（有斐閣・一九九二年）等参照。

（2） 損害保険料率算出機構「傷害保険標準約款」参照。損害保険会社の傷害保険における支払事由は、「被保険者が急激かつ偶然な外来の事故によってその身体に被った傷害に対して」、約款に基づき保険金を支払うと定義されている。山下友信＝米山高生編著『保険法解説』一四九頁～一五〇頁〔洲崎博史〕（有斐閣・二〇一〇年）参照。損害保険会社が提供する傷害保険と生命保険会社が提供する傷害保険約款における保険事故に関する定義の相違については、山下友信『保険法』四四八頁～四四九頁（有斐閣・二〇〇五年）、松田武司「傷害保険における保険事故」竹濱修＝木下孝治＝新井修司編著『保険法改正の論点』二八二頁～二九七頁（法律文化社・二〇〇九年）、山下友信＝永沢徹編著『論点体系保険法（2）』二八七頁〔石田清彦〕（第一法規・二〇一四年）等参照。

（3） 限定支払条項については、中西・前掲注（1）三二頁～三三頁、江頭憲治郎『商取引法〔第七版〕』五二六頁（弘文堂・二〇一三年）、山下（友）・前掲注（2）四七八頁～四八三頁、石原全・判例評論三四六号二〇三頁（一九八七年）、肥塚肇「傷害保険契約における事故の外来性と医学鑑定」賠償科学二四号五一頁～五二頁（一九九九年）、加瀬幸喜

「保険事故—外来性」『傷害保険の法理』九七頁（損害保険総合研究所・二〇〇〇年）、潘阿憲「傷害保険契約における傷害事故の外来性の要件について」法学会雑誌四六巻二号二二八頁（二〇〇六年）、佐野誠「傷害保険における外来性問題—約款解釈と判例動向」賠償科学三九号三一頁（二〇一三年）、同「傷害保険の死亡保険金における割合的支払」損害保険研究六五巻三＝四号四一七頁（二〇〇四年）、同「人身傷害保険における疾病の扱い」保険学雑誌六三〇号二四〇頁～二四七頁（二〇一五年）、横田尚昌「傷害保険における事故の外来性の証明について」生命保険論集一六五号一五四頁（二〇〇八年）、遠山聡「傷害保険契約における『外来』の事故該当性の判断基準」二二七頁～二二八頁（二〇〇九年）、松田武司「傷害保険の保険事故（三・完）」産大法学四三巻三＝四号五七頁（二〇一〇年）、木下孝治「傷害保険における『外来の事故』の意義」私法判例リマークス五〇号一〇七頁（二〇一五年）、拙稿「認知症の影響を考慮した傷害保険金の割合的支払」損害保険研究七五巻三号三六九頁～三七八頁（二〇一三年）等参照。

（4）　生命保険会社が提供する傷害特約の約款は、「被保険者が不慮の事故による傷害を直接の原因として、その事故の日から起算して一八〇日以内に死亡したとき、所定の障害状態に該当したときに」保険金を支払う旨を定義し、不慮の事故の意義については、「対象となる不慮の事故」として、別表で「急激かつ偶発的な外来の事故」であって、別表一覧表に規定する事故であると規定する場合が一般的である。

（5）　「軽微な外因による事故」の除外規定については、山下（友）・前掲注（2）四八〇頁、古瀬政敏「生保の傷害特約における保険事故概念をめぐる一考察」保険学雑誌四九六号一三四頁（一九八二年）、甘利公人・判例評論四二四号五四頁（一九九四年）、榊素寛・判例評論六〇四号一六五頁（二〇〇九年）、松田・前掲注（3）五三頁、大友潤「基礎疾患あるものの交通事故後の死亡は不慮の事故にあたるか」保険事例研究会レポート二〇四号一九頁～二〇頁（二〇〇四年）、伊藤雄司「外来の事故と傷害・死亡との間の因果関係」保険事例研究会レポート二八〇号八頁～九頁（二〇一四年）、山下徹哉「災害関係特約における『不慮の事故』と軽微な外因」保険事例研究会レポート二八一号一二頁～二一頁（二〇一四年）、田村恒久「対象となる『不慮の事故』の除外規定—軽微な外因により発症またはその症状が増悪したものか」保険事例研究会レポート二八五号一頁～一二頁（二〇一五年）等を参照。

二　ドイツにおける傷害保険の特徴

1　沿　革

傷害事故によって被った人の健康障害およびその結果に対して保険保護を提供するドイツの傷害保険は、保険会社の数、収入保険料、支払保険金額等に関する一九六〇年以降の時代的推移をみるかぎり、経済的に重要な役割を果たしていることは明らかである。(6)一九六〇年には、引受保険会社数は九一社、総収入保険料は一億二四二〇万ユーロ、総支払保険金額は六二二〇万ユーロ（いずれもユーロに換算）であったのに対し、二〇一四年には、引受保険会社数が一三〇社、総収入保険料は六四億七〇七〇万ユーロ、総支払保険金額は三一億六六八〇万ユーロに達している。

近代的な傷害保険の開発の始まりは、鉄道による旅行がブームとなった一九世紀であった。一八五三年に、鉄道旅客保険として傷害保険をはじめて提供する最初の保険会社が設立された。(7)一八七一年六月七日に、業務上の事故による死亡および身体障害に対する企業責任の根拠となった帝国責任義務法が施行された後に、傷害保険はとりわけその重要性が高まり、労働者団体傷害保険契約が普及した。その後、この団体傷害保険契約を通して、傷害保険を知るに至った人々の間で私傷害保険の需要が高まるにつれて、引受保険会社の数も増加し、傷害保険の普通保険約款の開発も進んだ。一九〇八年当時、保険契約法には傷害に関する定義がなかったことから、普通保険約款の内容は特別重要な意義を有していた。(8)最初の保険業界団体による個人傷害保険約款は、一九〇四年に帝国監督庁によって認可されたが、一九〇八年五月三〇日の保険契約法制定に伴い改訂され、一九一〇年に二つの新しい業界約款が認可され、一九三七年の新約款に引き継がれた。(9)

第二次世界大戦後の一九五〇年に傷害保険者連盟は、普通保険約款の改正のための最初の協議を開始した。一九五三年にその改正案が認可のために連邦保険監督庁に提出されたが、一九六一年に約款の認可を得るまでになお八年の歳月を要した。この時期の傷害保険は、自己責任による生存保障の重要性を非常に高める約款の内容となった。特に傷害保険の重要性が高まった理由としては、私傷害保険が、国民の保険需要に応じた給付の提供も、保険に加入できる人の範囲も、十分な柔軟性をもって徐々に拡大したことによるものと考えられている。(10) 一九六一年以降行われた普通傷害保険約款の担保範囲および給付範囲の調整、補充、変更は、約款の構成やその実体的な根本的本質を変えるものではなかった。(11)

一九〇八年の保険契約法の立法者は、傷害保険で担保される危険の記述を詳細に規定することは必要でなく、そのときどきの保険約款を信頼してその記述を委ねることができると考えていたことから、二〇〇八年改正まで、保険契約法には傷害に関する法律上の定義規定が置かれていなかった。(12) しかし法律上の定義規定がないことによって、傷害保険の実務上困難が生じていた。なぜなら普通保険約款における担保危険の記述も、民法三〇七条一項および二項二号による不当条項規制を受け、担保約束が、保険契約者の正当な期待にもはや合致し得ないような方法で、制限され、変更され、もしくは構成された場合には、不当であると解され得るからである。しかしこのようなコントロールを行うためには、独自の法律上の傷害概念が必要であると考えられた。(14)

保険契約法改正委員会は、私傷害保険の実際の重要性を考慮すると、法律が傷害の概念についてこのように控えめな立場をとることは適切でないと考え、裁判実務において傷害保険約款の解釈と適用を巡って、繰り返し争いとなっていることに着目した。そのうえで、保険契約法改正委員会は、二〇〇四年四月一九日の最終報告書において、商品開発を不当に制限しないために、傷害保険の典型を拘束的に規定することではなく、「顧客の理解を容易にするために」、普通傷害保険約款と判例に合致した担保危険の中心部分を傷害概念として規定することを提案した。この努力が保険契約法改正の立法者に引き継がれ、保険契約法一七八条一項と二項が規定されることとなった(15)と考えられている。しかし学説においては、保険契約法改正委員会は、法的安定性を高めるという目的をもっていたが、傷害概念について法律上の定義を規定することが達成できたわけではなく、一七八条二項の傷害概念の規定は、具体化されたわけでもなく、現行法を現代化したわけでもなく、何十年にもわたって確立されてきた普通傷害保険約款の記述を意識的に引き継いだものにすぎないとする見解(16)が有力である。この見解によれば、傷害概念の個々の要件の正確な意義に関して争われている問題は、法律によって決着がつけられておらず、引き続き裁判所の解釈にゆだねられている。したがって、傷害概念の法律上の定義は消費者の理解の向上に役立つという保険契約法改正委員会の改正理由に掲げられた目的は、相対的に見て達成されたとは言い難く、具体的な事案において保険顧客は、これまでと同様に、契約の詳細とその基礎となっている普通保険約款を理解しなければならないことになる(17)と考えられている。

2　法的基礎

傷害保険契約に関する保険契約法の規定は、第一編総則の一条から七三条および第二編第七章の一七八条から一九一条に規定されている。旧法では第四編の一七九条から一八五条に規定されていた。傷害保険契約が損害保険契約の場合には、特段の定めがない限り、保険契約法七四条から九九条の規定が適用される(18)。二〇〇八年に改正された保険契約法の傷害保険契約に関する規定は大幅に増えたが、旧法の規定の大部分は、実質的に変更されることなく引き継がれ、新しく定められた規定は、すでに長い間傷害保険の分野で使用されている保険約款および判例に応じた内容となっている(19)。二〇〇八年の傷害保険契約にかかわる保険契約法の特徴的な改正点は、保険契約法一七八条二項に傷害概念、一八〇条に後遺障害が定義されたこと、および消費者保護の成果として、一八六条に請求要件と履行期に関する保険者の指摘義務が規定されたこと等である(20)。

傷害保険契約について保険契約法一七八条（保険者の給付）は、次のように規定している。

「一七八条一項　傷害保険において、保険者は、被保険者が傷害を被ったとき、または契約により傷害と同様とされる事故があったとき、合意された給付を提供する義務を負う。

二項　被保険者が、急激に、外から身体に作用する事故によって、自由意思によらないで、健康障害を被ったとき、傷害が存在する。自由意思によらないことは、反証されるまで推定される。」

保険契約法一七八条一項は、保険事故が発生したとき、保険者が約束した給付を提供するという当然のことを規定しているにすぎず、一項の「傷害と同様の事故」とは、本来の傷害事故以外に、契約上の合意により、他の事故も保険保護に組み込むことができることを定めている。(21) したがって立法者は、他の事故を保険事故に組み込むか否かに関わる商品開発のための十分な裁量の余地を保険者にゆだねている。(22) 一七八条二項は、従来から使用されている約款の保険事故の定義である傷害について規定している。二項は、保険事故に関する強行的かつ最終的な定義ではないが、任意法規上の典型であり、これと異なる定義については、民法三〇七条二項による規制対象となる(23)（ただし一七八条二項二文の推定規定については、一九一条により片面的強行規定となっている）。また約款における免責は、十分透明に規定されており、保険保護を非常に幅広く制限（空洞化）するものでない限り、引き続き認められている。したがって、新しい規定は、従来の法状態を変更することを意図するものではなく、(24) いずれにしても、保険契約法一七八条は二項二文を除き任意法規であることから、個々の契約の基礎となる普通傷害保険約款が、依然として中心的意義を有している。(25)

3　給付形態

傷害保険は、最も重要な人保険の一つであり、(26) 定額保険の場合もあれば、損害保険の場合もあり、損害保険で契約することも排除されていない。(27) しかし通常、傷害保険は、定額保険の形態をとっている。後遺障害給付、日額金、入院日額金、快復金、経過給付、および死亡給付のように、傷害保険の非常に重要な給付種類は、定額で引き受けられている。(28)

定額保険には抽象的な必要保障の原則が適用され、実際に算定され得る損害状態を抽象化することによって、推定された必要保障を提供することが目的とされる。個々の事案における保険給付は、傷害によって実際に発生した財産上の損害とは関係なく、保険契約であらかじめ定額で約定される[29]。定額保険の累積は、原則的に認められているが、保険給付は、傷害前に被保険者が得ていた収入と財産の状況に一致すべきであると考えられている[30]。

傷害保険は、保険給付が損害額に応じて決められ、その額に限定される損害保険として契約することも可能である（具体的な必要保障）。しかし損害保険契約で引き受けられる場合はまれである。約款においては、治療費の実費、救助費用、美容整形手術、保養のための補助について、損害保険給付となっている[31]。これらの損害保険給付は、定額保険に付加された損害保険の要素であるとも解されており、たとえば傷害事故によって被保険者に個別的な支援給付や介護給付が必要になったときに、その給付のために被保険者が実際に負担する費用をてん補する特約が引き受けられることもある[32]。

4　主な給付の種類

保険契約法一七八条一項は任意規定であり、商品開発の自由を認めていることから、傷害保険契約は、特定の種類の傷害（搭乗者傷害保険、放射線傷害保険等）または特定の状況下における傷害（旅行傷害保険）の保障に限定すること、もしくは特定の人的集団に限定して保障を構成すること（高齢者傷害保険、子供傷害保険等）も可能である[33]。

古典的な傷害保険は、特定の保険期間を設け、その期間内に保険事故が発生した場合に保険給付がなされる定期保険の形態をとっていた。傷害保険は主契約としてだけでなく、他の保険分野の特約として締結することも可能である。このような傷害特約は、生命保険の特約として締結されることがしばしばあり、傷害事故によって被保険者が死亡したときに、増額した保険金（たとえば倍額の死亡保険金）が支払われる。傷害特約は、分割払保険料でも、一括払保険料でも合意することができる。[34]古典的な傷害保険のヴァリエーションとしては、積立金付きもしくは生存給付金付きの傷害保険もある。[35]生存給付金付きの傷害保険は、古典的な傷害保険に資産形成の要素が結びついている点に特徴があり、保険料は、危険保険料、付加保険料および貯蓄保険料によって構成されている。また通常の傷害保険とは異なり、積立金付きの傷害保険には、払済保険への変更、解約返戻金の請求等の生命保険に関する保険契約法の規定が適用され、その保険料計算については保険監督法一一条等により、また情報提供義務については、保険契約法七条等により生命保険契約と同様の規律が適用される。[36]

個別の傷害保険の保障の組み合わせは非常に複雑な場合もあり、また、ドイツ保険協会の模範約款に比べ、保険保護を拡大したり、その内容を改善したり、免責条件を緩和したり、特定のリスクを再び担保範囲に含める場合等もあることから、保険契約者は、個別に約定する傷害保険契約全体について、常に注意深く検討する必要がある。[37]

普通傷害保険約款は、給付の種類として、後遺障害給付、死亡給付、入院日額金、快復金、日額金、経過給付を定めているが、[38]普通傷害保険約款（六一）は、さらに治療費用についても規定している。しかしこれら以外にも多くの給付種類があり、特約の形で追加保険料なしに契約に組み込まれている場合もある。[39]

後遺障害給付は、後遺障害となったときの金銭的保障であり、傷害保険の重要な給付である。二〇〇八年改正のときに、保険契約法一八〇条に後遺障害の法律上の定義が定められた。その定義によれば、後遺障害とは、身体的能力もしくは精神的能力が永続的に損なわれた状態をいう。[40]後遺障害の保険給付は、被保険者が傷害事故により一年以内に後遺障害になったとき、約定した保険金額と傷害事故による後遺障害の等級に応じて決定される。[41]

死亡給付は、被保険者が傷害により一年以内に死亡したとき、定額の死亡保険金が支払われるものである。死亡給付の場合には、傷害事故と死亡の結果との間に相当因果関係があることを要する。傷害後の死亡がもっぱら疾病によるものであるか、もしくは別の因果の連鎖によるものである場合には、傷害保険による死亡保険金は支払われない。[42]反対に、被保険者が、傷害により傷害事故発生の日から一年以内に死亡したときは、傷害保険の後遺障害給付の請求権は発生しない。この場合には、傷害による死亡給付が保険金受取人もしくは相続人に支払われる。被保険者の死亡が傷害事故から一年以内であっても、その原因が傷害事故によるものでない場合、もしくは一年経過後に死亡した場合には、後遺障害給付の要件を満たす限り、保険者は後遺障害給付義務を負う。(43)

経過給付とは、被保険者が重度の傷害を受けたときに、入院治療の終了（入院日額の支払）と後遺障害給付前払の間の時期の困難な状況を切り抜けるために役立てることを目的とした定額保険である。(44) 経過給付は、傷害事故により被保険者の健康障害状態が継続しており、かつ傷害事故発生から六ヵ月後に、疾病または障害の影響を受けないとして査定された傷害事故のみによる健康障害が最低限度（五〇パーセント）あるか、それを超える場合には、オール・オア・ナッシング原則の意味で、全額の保険金が支払われる。(45) また経過給付の重要な請求要件は、適時に保険者に請求するということであり、傷害事故発生から七ヵ月の期間が遵守されなければならない。(46)

傷害入院日額金は、傷害事故の日から二年以内に医学的に二四時間入院治療の必要があることを要件としており、その傷害事故による健康障害を治療するための入院日数に応じて、定額の給付が支払われる定額保険である。(47) 入院治療の医学的必要性は、専門医師の医学的診断と所見に基づき、医師による治療の時点で確定される。入院治療が医学的に是認できる場合には、すでに入院治療が必要であると解されている。(48) 医学的必要性要件は、私疾病保険と同様の原則に基づいて判断される。(49)

快復金は、入院日額金と関連しているが、独自の給付種類である。要件は、傷害により二四時間体制の入院をしたということであり、快復金は退院時に支払われる。保険給付は、入院日額給付金と同一日数分支払われる。退院前に被保険者が死亡したときは、快復金は支払われない。快復金は入院日数に応じて、たとえば、一一日目から五〇パーセントの保険金、二一日目以降は二五パーセントの保険金とすることもあり、一〇〇日間を限度としている。(50)

日額金は、被保険者が傷害により具体的な職業活動が全部または一部制限され、医師の治療を受けている場合に、その職業活動制限の程度と日数に応じて、最長一年間、定額の保険金が支払われる傷害保険の一般的な保障であり[51]、所得補償の機能を有している[52]。

5　給付事由の定義

私傷害保険において、傷害は担保される危険を意味するので、傷害は、傷害保険の中心概念である。傷害に関する保険契約法一七八条二項の法律上の定義は、普通傷害保険約款の傷害の定義に一致している[53]。傷害の定義においては、保険事故である傷害、傷害事故（外部から身体に急激に生じた作用）ならびに傷害事故によって生じた健康障害と、保険契約法一七八条二項に規定されていない事故（たとえば後遺障害、死亡、通院または入院治療）とが区別される[54]。

外部から身体に作用する事故であることが要件である。この要件は、傷害概念と純粋に内的な器質性の経過とを区別するためのものである[55]。この要件においては、健康障害を直接引き起こす事故だけが対象となる。その事故が被保険者以外のところから生じたものであるのか、それとも自己の動作によって生じたものであるかについては、問題とならない。したがって意志で制御された自己動作によって生じた場合であっても、損傷を生じさせたスキー滑走路での転倒は、傷害である[56]。外部からの作用の典型的な事例は、身体と人間、動物、あるいは物との衝突、不注意または不手際による転倒、溺水または有毒ガスの吸入による死亡等である[57]。もっとも身体への作用の原因は、浴槽での溺死の事案（心不全や脳出血が原因の場合等）のように、免責条項の適用が問題となる事案において意味を持ち得る[58]。しかし水中で意図せず溺れたことによる傷害が、心不全に先行していた場合、もしくは被保険者が熱で体がほてった状態で冷たい水に飛び込んだことによって心臓卒中になった場合には、再び保険保護を受けることになると解されている[59]。また、身体内部の原因が傷害発生に競合的に作用した場合は、外部から作用する事故であると認められる。「外部から」という要件によって、直接的にもっぱら内的な器質的経過による健康障害だけが保険保護から除外されるからである(60)。たとえばアレルギー反応のように、身体内部の経過が、傷害事故と競合作用して健康障害が生じた場合にも、外来性の要件を満たすとする判例もある(61)。

一七八条二項によれば、傷害事故が急激に被保険者の身体に作用したことも要件となっている。この要件の該当性は、客観的要素と主観的要素から判断されるとする見解が有力である。客観的な基準によれば、傷害事故は、短い、限定された時間に身体に生じたものでなければならない。このことによって、徐々に身体に作用する、つまり継続して長期間または繰り返し長期間身体に作用する場合とは区別されている(62)。この客観的な基準以外に、急激性の要件は、主観的な要素によって拡張されている。この主観的な基準によれば、その事故が被保険者にとって予期せぬものであり、不意打ち的であり、かつ逃れることができなかった場合には、たとえその事故が客観的に見て短時間に生じたものでなかったとしても、急激に作用したものと解される。この二つの要件は、いずれか一方が満たされればよいと解されている(63)。

さらに一七八条二項は、被保険者が、自由意思によらないで、健康障害を被ったことを要件としている。健康障害は、傷害事故が損傷のない身体を侵害し、もしくは異常な精神状態に陥らせた場合をいう。健康障害は医術の規定に基づき客観的に診断されなければならず、重大な障害である必要もなく、また被保険者がどの程度不調を感じているか否かも重要ではない(64)。被保険者が、健康障害を望んでおらず、その可能性があると考えておらず、認容もしていなかった場合に、自由意思によらないことについての要件が満たされる(65)。被保険者が、傷害事故の身体損傷に対する影響を実際に予見し、かつ、自らの意思でその影響を受け入れたと認められる場合には、自由意思があったと解される(66)。しかし故意に傷害事故を起こした場合であっても、必ずしも健康障害について自由意思があったことの理由にならない場合がある。被保険者が、その傷害事故によって健康障害が生じないと信じていた可能性があるからである。したがってドイツでは、自由意思によらないことは、健康障害に関する要件であって、傷害事故に関する要件ではないと解されている(67)。

健康障害と傷害事故との間には、相当因果関係がなければならない。その事故が、一般的にそのような健康障害を生じさせるものであって、とくに変わった、起こり得ないような事情の下でのみ起こったわけではなく、かつ、通常の事物の経過によれば考えられないような事情によってのみ生じたわけでもない場合に、傷害事故と健康障害との間に相当因果関係が認められる(68)。一般的な見解によれば、傷害事故でない事情が競合原因となっていたとしても、相当因果関係は充足される。外部からの作用がいわゆる臨時の原因である場合には、因果関係はしばしば否定される。たとえば身体の退行的な変化による椎間板損傷等の場合に、傷害事故と健康障害との間の相当因果関係が否定されることがある。健康障害がもっぱら変性した疾病によるものであることが、つまりすでに完全に潜伏的に存在する健康障害がもっぱら現れたにすぎないことが臨床的に確定される場合には、傷害と健康障害との間の因果関係は否定される(69)。

6　主な免責事由

普通傷害保険約款は、二次的な危険記述に分類される様々な免責条項を定めている。このような免責条項は、原則的に狭く解されるべきであると考えられており、免責条項解釈の基準となるのは、平均的保険契約者が、当該条項をどのように理解できるかということである。免責事由に該当することの主張立証責任は、保険者側にある(70)。実務上特に重要な免責事由は、精神障害および意識障害、犯罪行為、椎間板ヘルニア、腹部ヘルニア、下腹部ヘルニア、感染、心的反応等である(71)。

精神障害は、疾病による精神活動の障害であり、被保険者の認識能力および反応能力を重度に損なう危険をもたらすか、もしくは重度に損なう障害である。この免責条項の文言である「障害」およびその目的からすれば、民法一〇四条二号および八二七条のような意思決定の完全な喪失まで必要ではないと解されている。たとえば、被保険者が妄想によりバルコニーから転落した場合に、精神障害による免責が肯定された事案がある(72)。飲酒、脳卒中発作、癲癇発作、その他被保険者の全身に生じる痙攣発作による場合も、精神障害および意識障害の免責事由に該当するが、その障害ないし発作が、担保される傷害事故によって生じた場合には、保険保護の対象となる(73)。意識障害は、疾病、アルコール飲酒、または人工的な薬剤により、被保険者の受容能力および反応能力が衰えた状態にあり、存在する危険な状態に対して求められかつ必要な反応をすることがもはやできず、そのことによって、被保険者がその環境の安全を確保することができなくなっていることである。意識障害は、危険な状態がもはや制御され得ない程度に達していなければならない(74)。しかしこの場合も完全な意識喪失まで求められておらず、たとえば、急性のうつ病の悪化や気絶も、たとえ短時間発生した場合であっても、意識障害の免責事由に該当すると解されている(75)。これに対して、苦痛が生じたことにより、被保険者の注意が一時的にそれた場合には、意識障害の免責は適用されない(76)。他方、疾病を原因とする意識障害により被保険者が浴槽で溺死した場合に、この免責条項の要件を満たすと解する裁判例もある(77)。精神障害と意識障害を正確に区別することは実務上困難な場合もあるため、二〇一四年の普通傷害保険約款改訂において、精神障害という概念はもはや記述されなくなった(78)。

犯罪行為免責は、被保険者が故意に犯罪行為を行ったか、もしくはその原因となったときに免責とするものであり、この免責の趣旨は、犯罪行為の実行に通常は結びついている、自己が引き起こした特別な傷害の危険は、保険者ないし被保険者共同体に負担させることはできないということにあり、民法三〇七条の内容規制の観点からもこの趣旨に疑念はないとされている。免責の要件は、犯罪行為と傷害との間に因果関係が存在することである(79)。

椎間板ヘルニアは、内臓出血（たとえば動脈瘤）および脳出血とともに原則的に免責とされている。この免責条項の趣旨は、上記のような傷害は、疾病保険によって担保されるべきであるということである。この免責条項は、この免責条項に掲げられた健康障害が、通常は、虚弱な体質であることにより、また身体が退行的に弱まることにより、つまり、外からの作用なしに発生するものであり、傷害概念の要件を満たさないことから、広範な宣言的性質を有すると解されている。[80] もっとも傷害事故が当該健康障害の主たる原因である場合には、保険保護はある。この場合は、再び保険保護に組み込まれる場合であることから、保険契約者側が、傷害事故が主たる原因であることの主張立証責任を負う。二〇一四年に改訂された普通傷害保険約款では、椎間板損傷の五〇パーセント以上が、当該傷害事故によるものであると認められる場合には、椎間板損傷に対する保険保護は存在すると説明されている。[81] また、たとえば脳卒中が薬の服用により発生した場合には免責となるが、出血の経過、出血の時間的長さ、出血量を全般的に斟酌して免責が判断される。[82] 腹部または下腹部ヘルニアについては、外から力のかかった作用により生じたものでない場合に限り免責事由に該当すると、普通保険約款で規定されている。たとえば、重いものを持ち上げたことによって生じたヘルニアは、外部から生じた作用が主因ではないとされている。[83]

感染は、特に、ダニに刺されたことを原因とする感染は、免責とされているが、狂犬病や創傷性破傷風については、保険給付の対象としている。[84] 心的反応についての免責は、傷害が原因であったとしても、心的反応（ショック、驚愕、不安等）により病的な障害となったときに免責とするものである。[85] 身体的な外傷がない場合か、もしくは、心因的性質のみを有する身体の病的な障害がこの免責事由に該当する。他方、精神病を引き起こす臓器の損傷または身体的反応は、保険保護に含まれている。[86] また心理的な要因が、身体に健康障害を引き起こす傷害事故の原因となっている場合には、この免責の対象とはならない。[87] なぜならこの場合には、傷害事故が健康障害の直接の原因となっているからである。もっともこの場合には、他の免責事由、特に意識障害の場合の免責事由の適用が考慮される可能性がある。[88] 精神疾患が、身体上の反応によるのか、あるいは心因上の反応によるのかについては、実務上区別することがしばしば困難であるといわれている。[89]

（６）Kloth, "Private Unfallversicherung, 2. Aufl.", C. H. Beck (2014), S. 1-2, Gesamtverband der Deutschen Versicherungswirtschaft e. V. (GDV), "Geschäftsentwicklung in der Privaten Unfallversicherung", in "80 Statistisches

Taschenbuch der Versicherungswirtschaft 2015", 参照。

（7） Grimm, "Unfallversicherung 4. Aufl.", C. H. Beck（2006）, S. 62.

（8） Kloth, a. a. O, S. 5.

（9） Leverenz, in Bruck/Möller, "VVG 9. Aufl. Band9", De Gruyter（2010）, S. 5.

（10） Grimm, a. a. O, S. 63.

（11） Grimm, a. a. O, S. 63.

（12） Dörner, in Langheid/Wandt, "Münchener Kommentar VVG Band2", C. H. Beck（2011）, S. 1743.

（13） 約款の内容規制に関するドイツ民法三〇七条の条文については、法務省民事局参事官室（参与室）編「民法（債権関係）改正に関する比較法資料」別冊ＮＢＬ一四六号一六三頁参照。

（14） Dörner, a. a. O, S. 1743.

（15） Dörner, a. a. O, S. 1743.

（16） Leverenz, a. a. O, S. 61.

（17） Leverenz, a. a. O, S. 61.

（18） Kloth, a. a. O, S. 6.

（19） Knappmann, in Pröliss/Martin, "VVG 29. Aufl.", C. H. Beck（2015）, S. 972.

（20） Kloth, a. a. O, S. 6., BT-Drucksache, 16/3945, S. 304-307.

（21） Götz, in Looschelders/Pohlmann, "VVG 2. Aufl.", Carl Heymanns（2011）, S. 1699.

（22） Leverenz, a. a. O, S. 60.

（23） Knappmann, a. a. O, S. 973, Dörner, a. a. O, S. 1754. これに対して、一七八条は、民法三〇七条二項一号による内容規制の枠組で考慮されることになるような、確たる法律上の指導像を定義する使命を有しておらず、「標準契約」を作り出すことを立法者は意図していないという見解もある。Leverenz, a. a. O, S. 60. 参照。

（24） Knappmann, a. a. O, S. 973, Dörner, a. a. O, S. 1743.

(25) Götz, a. a. O, S. 1701.
(26) Götz, a. a. O, S. 1699.
(27) Leverenz, a. a. O, S. 16.
(28) Leverenz, a. a. O, S. 17.
(29) Dörner, a. a. O, S. 1736.
(30) Leverenz, a. a. O, S. 17–18.
(31) Leverenz, a. a. O, S. 18. 損害保険型の傷害保険給付の展開経緯については、Naumann/Brinkmann, "Die private Unfallversicherung 2. Aufl.", VVW (2012), S. 63.
(32) Dörner, a. a. O, S. 1736–1737.
(33) Rixecker, in Römer/Langheid/Rixecker, "VVG 4. Aufl.", C. H. Beck (2014), S. 1166, Dörner, a. a. O, S. 1754.
(34) Leverenz, a. a. O, S. 20.
(35) Kloth, a. a. O, S. 4.
(36) Leverenz, a. a. O, S. 25–28.
(37) Kloth, a. a. O, S. 5.
(38) これら給付については、Leverenz, a. a. O, S. 531-532, Knappmann, a. a. O, S. 2743-2752 参照。
(39) Naumann/Brinkmann, a. a. O, S. 237.
(40) Naumann/Brinkmann, a. a. O, S. 239–240.
(41) Naumann/Brinkmann, a. a. O, S. 255, Knappmann, a. a. O, S. 2743–2744.
(42) Naumann/Brinkmann, a. a. O, S. 298.
(43) Dörner, a. a. O, S. 1791, S. 1804.
(44) Dörner, a. a. O, S. 1800–1801.
(45) Naumann/Brinkmann, a. a. O, S. 321–328, Knappmann, a. a. O, S. 2750–2751.

(46) Götz, a. a. O, S. 1717.
(47) Naumann/Brinkmann, a. a. O, S. 328–331, Knappmann, a. a. O, S. 2751.
(48) Dörner, a. a. O, S. 1803.
(49) Götz, a. a. O, S. 1718.
(50) Naumann/Brinkmann, a. a. O, S. 340, Dörner, a. a. O, S. 1804.
(51) Naumann/Brinkmann, a. a. O, S. 344–347.
(52) Dörner, a. a. O, S. 1801, Knappmann, a. a. O, S. 2751, Götz, a. a. O, S. 1717.
(53) Götz, a. a. O, S. 1701–1702.
(54) Rixecker, a. a. O, S. 1167.
(55) Leverenz, a. a. O, S. 72.
(56) Rixecker, a. a. O, S. 1167, Götz, a. a. O, S. 1702–1703.
(57) Kloth, a. a. O, S. 93–94.
(58) Dörner, a. a. O, S. 1755.
(59) Dörner, a. a. O, S. 1755–1756. 後者の場合には、冷たい水が血管を狭窄したことが、傷害事故であると解されている。
(60) Leverenz, a. a. O, S. 74–75. この見解によれば、傷害事故によらない競合原因が優勢であったとしても、外部から作用する事故との因果関係は遮断されないという。そうでなければ、多数の被保険者にとって傷害保険は実際上価値のないものとなってしまうからであるという。
(61) Rixecker, a. a. O, S. 1168.
(62) Dörner, a. a. O, S. 1759. この意味で、鉱山労働やアスベストを使用したセメント労働で長期間働いた人が塵肺になった場合は、一七八条二項の急激性の要件に該当しないという。
(63) Götz, a. a. O, S. 1704–1705, Dörner, a. a. O, S. 1760–1763, Knappmann, a. a. O, S. 975, Leverenz, a. a. O, S. 92–96.
(64) Kloth, a. a. O, S. 106, Dörner, a. a. O, S. 1764, Knappmann, a. a. O, S. 976, Leverenz, a. a. O, S. 108.

(65) Rixecker, a. a. O, S. 1171.
(66) Leverenz, a. a. O, S. 110.
(67) Götz, a. a. O, S. 1706-1707, Kloth, a. a. O, S. 106, Knappmann, a. a. O, S. 976-977, Leverenz, a. a. O, S. 108.
(68) Dörner, a. a. O, S. 1764, Kloth, a. a. O, S. 116.
(69) Leverenz, a. a. O, S. 119.　このように傷害事故そのものが慢性的な疾患による場合や、傷害事故が臨時の原因となって、被保険者の健康障害が顕在化した場合は、日本の生命保険会社が提供する傷害保険の「軽微な外因」に相応する場合であると考えられ、そうであるとすれば、「軽微な外因」とは、不慮の事故と死亡等との間に相当因果関係がない場合をいうと解することも可能である。
(70) Götz, a. a. O, S. 1709, Dörner, a. a. O, S. 1769-1770.
(71) Götz, a. a. O, S. 1709-1715.　その他の免責事由としては、「戦争・内戦・国内の騒乱、航空機事故、自動車レース、原子力事故、放射線による健康障害、治療または侵襲による健康障害、食道から固形物または流動物を摂取したことによる中毒」等が挙げられる。Kloth, a. a. O, S. 285-297, S. 297, S. 301-308, S. 313-314. 参照。
(72) Götz, a. a. O, S. 1710.
(73) Götz, a. a. O, S. 1709, Dörner, a. a. O, S. 1773.
(74) Kloth, a. a. O, S. 258, Knappmann, a. a. O, S. 2757.
(75) Götz, a. a. O, S. 1710.
(76) Dörner, a. a. O, S. 1770-1771.
(77) Götz, a. a. O, S. 1711. OLG Stuttgart VersR2007, S1363-1364.
(78) Kloth, a. a. O, S. 257.
(79) Götz, a. a. O, S. 1712, Dörner, a. a. O, S. 1774-1775.
(80) Dörner, a. a. O, S. 1780.
(81) Kloth, a. a. O, S. 298.

(82) Dörner, a. a. O, S. 1780–1781.
(83) Götz, a. a. O, S. 1713–1714.
(84) Götz, a. a. O, S. 1714, Dörner, a. a. O, S. 1785.
(85) Rixecker, a. a. O, S. 1174.
(86) Dörner, a. a. O, S. 1787.
(87) Knappmann, a. a. O, S. 2767–2768.
(88) Naumann/Brinkmann, a. a. O, S. 219–220.
(89) Götz, a. a. O, S. 1714–1715.

三　ドイツにおける傷害保険の割合給付に関する規律

1　保険契約法一八二条

ドイツ保険契約法一八二条は、傷害保険の割合給付について、次のように定めている。

「一八二条　競合原因　疾病または障害が、保険事故によって生じた健康障害またはその健康障害の結果に共に作用している場合に、合意された給付を請求できなくなること、もしくは削減されることが約定されたときは、保険者は給付請求権がないこと、もしくは給付が削減されることについての要件を証明しなければならない。」

保険契約法一八二条は、保険契約法改正によって新たに定められた規定であり、疾病または障害が競合している場合に、すでに従来から認められてきた立証責任の分配を規定した、法律上の立証責任に関する規律によって、競合原因を理由として給付を削減することについて定める、実務で一般的に使用されている約款を補充している。(90) 保険契約法一八二条は、その文言も、立法理由も、保険契約法改正委員会の最終報告書の勧めに応じたものとなっている。(91) この規定は、法律上の立証責任の転換である。一般的な立証責任の分配によれば、保険契約者は、具体的な健康障害が保険保護の対象となる傷害事故によって発生したものであり、かつ、何らかの既往障害によるものではないこと、もしくは何らかの既往障害によるものでないことについて十分な根拠があることを主張立証しなければならない。しかしこの立証は、一般的に困難であり、保険契約者に期待され得る証明能力を鑑みると、保険契約者にこの立証責任を課した場合には、保険契約者が傷害保険の保険保護を受けられなくなる危険がある。このような事態を回避するために、競合する疾病または障害の存在についての立証責任を保険者に負わせることは、理に適っていると考えられた。判例はすでに、競合する既往症の存在についての立証責任を保険者に負わせていた[92]。したがって保険者は、疾病または障害が存在していること、および疾病または障害と競合している程度について、主張立証しなければならない[93]。傷害とは関係がない競合原因の証明については、優勢な蓋然性が認められることだけでは不十分であるが、実際の生活で必要とされる確実性の程度に、つまり、疑いを完全に排除できないが、疑いを沈黙させる程度に達していれば十分である。したがって保険者が疾病の影響を理由として、入院日額金および快復金を減額しようとする場合には、その患者の治癒が、その疾病の影響により遅れたことについての立証責任、とりわけ以前の疾病状態がなければ、成功が見込まれ、実効性が高い治療が可能であったことについての立証責任を負う[94]。

保険契約法一八二条は片面的強行規定ではないが、約款で異なる規定を定めた場合には、立証責任に関する民法三〇九条一二号により無効となる[95]。

2　約款の規定

ドイツの傷害保険約款には、割合給付について、次のような定めがある。

「普通傷害保険約款（八八／九四）第八条　給付の限定

別段の定めがない限り、疾病または障害が、傷害事故によって生じた健康障害またはその健康障害の結果において競合している場合には、疾病または障害が作用した割合が少なくとも二五％以上であるとき、その割合に応じて給付は削減されます。」

「普通傷害保険約款（九九）第三条　疾病または障害はどのように影響するか？

別段の定めがない限り、傷害保険者として、われわれは、傷害の結果に対して給付をいたします。疾病または障害が、傷害事故によって生じた健康障害またはその健康障害の結果に競合している場合には、

― 後遺障害の場合には、後遺障害等級が、

― 死亡の場合には、もしくは別段の定めがない場合に、その他の場合には、疾病または障害の割合に応じて給付を削減します。

但し、疾病または障害が競合する割合が二五％未満の場合には、給付を削減しません。」

上記の約款は、疾病もしくは体質または運命によって条件づけられた健康障害のように、傷害とは関係がない原因による健康障害には保険保護を提供しないことを明らかにしている。傷害の定義および傷害の擬制の定義は、傷害事故から始まり、健康障害に至る因果の連鎖として傷害を規定することによってすでに、上記の区別を暗示的に含んでいる。つまりすでに存在する障害は、傷害事故とは因果関係がない可能性があり、因果関係があったとしても、すでに存在する障害が傷害事故によって悪化した可能性があると考えられる。(96)現行の相当因果関係理論によれば、疾病や障害のような傷害とは関係がない原因が結果に対して、つまり健康障害または傷害の結果に競合していたとしても、傷害事故と健康障害との間の因果関係、および傷害と傷害の結果との間の因果関係は存在すると解されている。(97)したがって割合給付を定める約款においては、健康障害についての競合原因が問題となっていることから、障害が傷害の発生それ自体の競合原因となっているか否かは重要ではない。(98)約款の文言上、疾病または障害の競合は、「健康障害または健康障害の結

果」にかかっているのであって、傷害の原因にかかっているのではない(99)。それゆえに、疾病または障害の作用があって、傷害事故が発生し、健康障害を被り、傷害の結果に至った場合には、給付の削減は行われない。たとえば被保険者が視覚障害または歩行障害により転倒した場合には、告知義務違反が問われるか、もしくは免責（アルコール飲酒または薬物使用）が問題となる可能性はあるが、この約款により給付は削減されない(100)。

上記限定支払条項は、傷害事故と疾病または障害の双方が原因となっていなければ、単独では、健康障害またはその結果が生じなかった場合に適用される。たとえば、傷害事故と疾病または障害が競合したことにより健康障害が生じ、傷害の結果に至るという場合、傷害事故単独で健康障害が生じたが、疾病または障害が加わることにより、傷害の結果が相当悪化するか、もしくは傷害の結果がもっぱら疾病または障害が加わったことにより生じた場合、および疾病または障害が健康障害と傷害の結果の両方の競合原因となっていることから、上記の因果の連鎖が組み合わさった場合もある(101)。

実務においては、この条項は特に重要であることが指摘されており、傷害保険の給付種類すべてに影響し得る条項である(102)。傷害概念または因果関係の考慮だけでは、傷害以外の原因は、適切に保険保護から除外できないため、この条項のような明示的な規定が必要不可欠である。最初は臨床学的には無症状である退行的な身体の変化が、外から作用する事故によって初めて表に現れることがしばしばあるからである(103)。このようなことは、特に腱や骨格の退行的な変化の場合に起こり得る。実務でしばしば問題となるのは、無条件に事故であると特徴づけることができない通常の動作によって、たとえば、肩腱板断裂や椎間板損傷のような退行的な前損傷が現れた場合である(104)。腱や骨格の退行的変化は、主観的には保険者が給付義務を負担すべき傷害を被ったものと思われることがしばしばある(105)。被保険者は、それまで症状はなく、医師の治療も受けていないのに、傷害事故前にすでに病理学的な変化、つまり退行的な健康障害があったという医師の診断について驚かされることになる。したがって、傷害事故と健康障害または健康障害の結果との間に相当因果関係があるとき、一方において、傷害保険の目的に従うならば、純然たる臨時の原因は全部の傷害保険保護を基礎づけるべきではないが、他方において、傷害以外の原因競合がある場合に、保険保護が全部奪われるべきでないことから、傷害事故と疾病または障害とが競合した場合に、給付を決定することができる約款が必要とされた(106)。

この条項は、疾病または障害が競合する割合が二五パーセント未満の場合には、給付を削減しないという点では、保険契約者有利になっている。ドイツ保険協会の模範約款において二五パーセントという数字を記述したことがカルテル法違反にならないか当初疑われたが、給付を削減するために特定の構成要件を考慮することが推奨されたわけではなく、傷害保険はもっぱら傷害の結果を保障するものであって、傷害と無関係の健康障害を保障しないという原則を規定した条項であるとして、二五パーセントという数字を模範約款に規定することは認められ得ると解されている(107)。実務では、限定支払条項を適用するための二五パーセントという最低割合が保険契約者有利に引き上げられている場合もしばしば存在する（たとえば五〇パーセント）(108)。

3　疾病または障害の意義

被保険者の正常でない身体的または精神的反応には、様々な原因があり得る。その作用の要素としては、疾病予備状態、疾病潜在性、素因、体質、加齢、生まれつきの素質、性別等が考えられる。保険医学においてしばしば「前状態」という概念でまとめられたこれらの事情の中から、普通傷害保険約款によれば、客観的な基準に基づき確定され得る疾病と障害だけが、給付減額の根拠となり得る。したがって、通常の加齢、消耗、疲労現象は、約款のいう疾病または障害とは区別される(109)。

疾病と障害は互いに厳密に区別され得るものではなく、排除し合う関係でもない。疾病とは、一定の期間（むしろ一時的に）、医師の治療を必要とする、法則に反した（通常は治療可能な）身体状態または精神状態をいう。疾病は、客観的な医学的観点に基づき、つまり医師によって、確定され得る（いわゆる客観的な疾病概念）[110]。被保険者が疾病状態を知っていたか否か、もしくは主観的に疾病であると感じていたか否かは大きな問題ではない[111]。したがってたとえ被保険者が傷害事故に至るまでに、先天的に心臓の形態に欠陥があることを知らず、かつ被保険者の生活がとくに制約されることもなかった場合であっても、先天的な心臓の形態の欠陥が、ここでいう障害の構成要件を充足する可能性もある[112]。

障害とは、文言の用例に基づくならば、継続的な正常でない健康状態であり、通常の身体の機能を完全に行使すること（少なくとも一部は）もはやできない状態である[113]。たとえば、聴覚障害、視覚障害等がここでいう障害にあたる[114]。たんなる虚弱体質、つまり身体上の素質、または過敏、つまり健康障害の素質は、疾病および健康障害とは区別される。特に、医学的規範の範疇に入る、加齢による身体の変化、若者より少ない抵抗力、または通常の消耗、疲労、虚弱現象により、給付が削減されることはない点に留意すべきである[115]。しかし、消耗の意味での退行が異常な状態であり、年齢に適った、つまり加齢による変化の程度を超えている場合には、限定支払条項が適用される。異常な身体状態の基準となるのは、年齢に応じた通常の状態であり、抽象的な理想状態ではない[116]。したがってしばしば使用される「加齢による退行」という文言は、それ自体矛盾がないわけではなく、文言として使用されるべきではないと解されている。さらに疾病および障害において社会的事情は問題とならず、傷害による抑鬱状態だけでなく、被保険者の職業の状況が自殺に寄与した場合であっても、給付は削減されない可能性がある[117]。判例は、疾病および障害として、年齢に応じた通常の程度を超える動脈硬化または血管の硬化、慢性アルコール依存症、椎間板損傷、伸長した手術痕による腹壁の重度の弛緩、傷害に関連して、もしくは傷害後に急性化した潜伏性の感染症、治療を要する虫さされ過敏症、十字靱帯断裂を給付削減事由として認定している[118]。

4　競合の意義、二五パーセント以上の影響度

保険契約法一八二条および約款は、損傷の発生（健康障害）における競合と傷害の結果（後遺障害、死亡、入院の必要性等）における競合とを明示的に区別しており、とくに医学的鑑定人によってこの点が考慮されなければならない。傷害による原因と傷害でない原因が競合した場合にのみ、健康障害の発生を可能にしており、かつ約款に規定する傷害以外の原因の競合割合の限度（通常は二五パーセント）に達したときは、保険者は、外部から被保険者の身体に作用した割合であると認められ得る割合についてのみ給付義務を負う。(119) たとえば異常な半月板の退行化現象と外部からの作用が、五〇対五〇の割合で半月板断裂に寄与した場合には、後遺障害給付、日額金、入院日額金等すべての給付種類について、給付が五〇パーセント削減される可能性がある。(120) また、たとえば、被保険者が糖尿病に罹患していたため、被保険者の傷の治癒が遅れた場合には、その治癒の遅れは、入院日額金給付を削減する影響であると認められる可能性があるが、他方において、後遺障害等級が糖尿病によって影響を受けない場合には、後遺障害給付は変更されない。(121)

疾病および障害が傷害の結果と競合している場合には、その競合が給付額に影響を及ぼしたか否かが決定的に重要である。(122) たとえば被保険者が加齢による体質のため傷害を原因とする休養中に、傷害の結果に競合する（新たな）疾病に罹患し、または障害状態になった場合には、給付削減の根拠となる競合はそもそも問題となり得ない。この結果は、傷害事故と相当因果関係がある結果であるからである。また、被保険者が、疾病または障害の競合により、一五ヵ月間就労不能となった場合には、日額金は減額されない。日額金は最長で一年間支払われるので、傷害と関係がない原因は、給付額に影響を及ぼさないからである。ろっ骨骨折による胸壁ないし胸部ヘルニアの場合は、肺ヘルニアや腹壁ヘルニアの場合とは異なり、被保険者の肥満は、治療期間および入院日額金に影響を及ぼさないと解されている。(123)

5　競合原因割合の確定方法

実務において、競合原因の評価と判断は、様々な医学鑑定人によって相当に査定され得ることが明らかになっている。しかし傷害による原因と傷害によらない原因との区別を正確に行うことができず、評価のみが行われる可能性もある。(124)各々の競合部分（いわゆる部分的因果関係）は、各々の競合要因のパーセンテージについて数学的に正確に確定できないことから、通常は、大まかなパーセンテージによる段階（最低で五パーセント刻みで）で確定される。(125)たとえば、軽度の競合原因は二五パーセントから三〇パーセントまで、中度の競合原因は五〇パーセント前後、重度の競合原因は、七五パーセントから九〇パーセントの間、最強度の競合原因は、九五パーセントから九九パーセントまで、という区分もある。(126)しかし鑑定人ないし医師は、競合原因の要素の割合を示さなければならず、傷害とは関係のない疾病または障害が影響したことを単に示すだけでは十分ではない。(127)したがって医学的理由から競合割合を量的に査定することができなかった場合には、給付を削減してはならないことになる。(128)

競合原因の割合を考量する際には、一方において、傷害の種類と程度が、他方において傷害と無関係な疾病の診断、所見、疾病の経過、程度等が考慮され、(129)さらに同じ年齢と性別の健康な「平均的な人」と被保険者とを比較することによって、競合部分の割合が確定される場合もある。場合によっては、後遺障害給付、日額金給付、入院日額給付査定の際に、最初に経験評価基準により、抽象的に考えられた比較対象人物においては、傷害が、身体的または精神的機能、労働能力、または入院治療の必要性に対してどの程度影響を及ぼしたかについて評価され、その次に、第二段階として、上記の査定結果と被保険者における実際の傷害の影響とを比較し、最終的に傷害割合が査定される場合もある。(130)

被保険者死亡の場合には、競合原因を量的に区分することができないとして、死亡給付の削減はそもそも検討対象外であると解する見解、または傷害と疾病が同程度の原因であるとして、死亡給付を五〇パーセント削減することが正当化されるとする見解等がある。(131) しかし死亡の場合にも競合原因部分は、できるかぎり量的に確定されなければならないとする見解が有力であり、(132) 通常は、経験ある鑑定人によって競合原因の区別が行われ、実務にとって十分合理性のある基準によって、その割合を査定することができると解されている。(133) たとえば、被保険者と同様の疾病に罹患していた人が傷害によらず死亡した場合の死亡率、およびその疾病に罹患していた人が傷害と競合して約款所定の期間内に死亡した場合の死亡率について、医学統計上の数値があれば、被保険者が傷害と疾病の競合により死亡した場合に、傷害がその死亡に寄与した割合を確定するためにその数値を活用することができるとする見解がある。(134)

(90) Götz, a. a. O, S. 1745, Leverenz, a. a. O, S. 334.

(91) Leverenz, a. a. O, S. 333.

(92) Dörner, a. a. O, S. 1828.

(93) Rüffer, in Rüffer/Halbach/Schimikowski, "Versicherungsvertragsgesetz 2. Aufl.", Nomos (2011), S. 928.

(94) Grimm, a. a. O, S. 196–197.

(95) Dörner, a. a. O, S. 1829.

(96) Grimm, a. a. O, S. 190.

(97) Grimm, a. a. O, S. 190.

(98) Kloth, a. a. O, S. 245, Jacob, "Unfallversicherung AUB2010", Nomos (2013), S. 156, Dörner, a. a. O, S. 1806, Knappmann, a. a. O, S. 2752.

(99) Götz, a. a. O, S. 1746.

(100) Naumann/Brinkmann, a. a. O, S. 448, Jacob, a. a. O, S. 157–158, Grimm, a. a. O, S. 193.

(101) Leverenz, a. a. O, S. 338.

(102) Rüffer, a. a. O, S. 1761, Knappmann, a. a. O, S. 2752, Leverenz, a. a. O, S. 735, 740.　ただし、経過給付は、疾病および障害の競合がなくとも、五〇パーセント以上の身体的または精神的能力の損傷が生じていることが要件となっているため、この条項は適用されない。経過給付は、オール・オア・ナッシングである。

(103) Leverenz, a. a. O, S. 735, Naumann/Brinkmann, a. a. O, S. 443.

(104) Kloth, a. a. O, S. 245.

(105) Grimm, a. a. O, S. 191, Leverenz, a. a. O, S. 735.

(106) Leverenz, a. a. O, S. 736, Naumann/Brinkmann, a. a. O, S. 443.

(107) Leverenz, a. a. O, S. 741.

(108) Leverenz, a. a. O, S. 742, Naumann/Brinkmann, a. a. O, S. 451 によれば、四〇パーセントの場合もある。

(109) Grimm, a. a. O, S. 192, Leverenz, a. a. O, S. 334, Rixecker, a. a. O, S. 1182–1183.

(110) Knappmann, a. a. O, S. 2752, Leverenz, a. a. O, S. 335–336, Götz, a. a. O, S. 1745, Kloth, a. a. O, S. 246, Naumann/Brinkmann, a. a. O, S. 444.

(111) Leverenz, a. a. O, S. 336.

(112) Jacob, a. a. O, S. 157.

(113) Naumann/Brinkmann, a. a. O, S. 444.

(114) Leverenz, a. a. O, S. 336.

(115) Kloth, a. a. O, S. 248.

(116) Naumann/Brinkmann, a. a. O, S. 444, Grimm, a. a. O, S. 193.

(117) Leverenz, a. a. O, S. 336.

(118) Grimm, a. a. O, S. 192, Knappmann, a. a. O, S. 2753, Leverenz, a. a. O, S. 336–337.

(119) Kloth, a. a. O, S. 250.

(120) Leverenz, a. a. O, S. 339.

(121) Jacob, a. a. O, S. 157.

(122) Knappmann, a. a. O, S. 2753.

(123) Leverenz, a. a. O, S. 339.
(124) Grimm, a. a. O, S. 193.
(125) Naumann/Brinkmann, a. a. O, S. 450.
(126) Leverenz, a. a. O, S. 340, Grimm, a. a. O, S. 194, Naumann/Brinkmann, a. a. O, S. 450 は別の区分による段階づけを示している。
(127) Naumann/Brinkmann, a. a. O, S. 450.
(128) Jacob, a. a. O, S. 161.
(129) Rixecker, a. a. O, S. 1184.
(130) Leverenz, a. a. O, S. 340-341.
(131) Naumann/Brinkmann, a. a. O, S. 452.
(132) Grimm, a. a. O, S. 194.
(133) Leverenz, a. a. O, S. 341.
(134) Rixecker, a. a. O, S. 1184.

四　まとめにかえて――約款の再検討課題

本稿においては、被保険者の疾病または体質的な要因、もしくは被保険者の身体的または精神的障害の影響を適切に考慮した傷害保険給付が可能となるような保険約款のあり方について考察するために、はじめにドイツの傷害保険の沿革、法的基礎、給付形態、主な給付種類、給付事由、意識障害等主な免責事由について検討した。ドイツでは保険契約法一七八条二項において、傷害とは、急激かつ偶発的な外来の事故（傷害事故）による健康障害であると法律上定義されており、かつ、偶発的な事故であることについては、保険者の反証があるまで推定される旨が、片面的強行規定として定められている。傷害事故と健康障害との間には相当因果関係がなければならないが、傷害事故発生において疾病または障害が原因競合していたとしても、すでに完全に潜伏的に存在する健康障害が顕在化したにすぎないことが臨床的に確定された場合でなければ、傷害事故と健康障害との間の相当因果関係が否定されることは一般的にはないとされる。したがってドイツにおいては、疾病または障害が、被保険者の健康障害もしくはその健康障害の結果としての死亡や後遺障害等にどの程度影響を及ぼしたかという基準により、疾病または障害の寄与割合を査定して給付額を決定することが傷害保険ではとりわけ重要となっていることが明らかである。

他方、ドイツにおいては、脳出血、椎間板ヘルニア等、特定の疾病または障害による健康障害を免責する旨の免責条項があるが、保険約款解釈論上、これらの免責条項の免責要件は狭く解釈すべきであるとされ、かつ保険者に立証責任がある。また、これらの免責条項に掲げられた健康障害は、通常、虚弱な体質であることにより、また身体が退行的に弱まることにより、つまり、外からの作用なしに発生するものであり、傷害の要件（外来性要件）を満たさないことから、広範な宣言的性質を有すると解されている。つまりこれらの免責条項は、外来の作用なしに発生する健康障害であって、約款で免責とされる疾病による健康障害に該当することについて、保険者が立証しなければならないことを定めた約款であると解することができる。(135)

本稿においては、ドイツの傷害保険の特徴および免責事由の内容を踏まえたうえで、次に、傷害保険の割合給付に関するドイツの規律を検討した。ドイツの傷害保険約款には、上記のとおり、疾病または障害が、傷害事故による健康障害およびその健康障害の結果としての死亡等に影響した場合には、その影響した割合に応じて保険給付を削減する旨を定める限定支払条項が規定されている。疾病または障害の寄与割合に関わる立証責任は、保険契約法一八二条により保険者側にあり、さらに疾病または障害が、傷害事故による健康障害およびその結果に及ぼす影響割合が二五パーセント未満の場合には、給付の削減を行わないことが約款に定められていることから、保険者は、疾病または障害の影響が二五パーセント以上であることについて具体的に数値を示して立証しなければならない。したがってドイツにおいては、疾病による健康障害を保障しないという傷害保険の本来の趣旨は、この限定支払条項によって実現されており、疾病または障害の影響の割合が二五パーセント以上であることを保険者が立証できなければ傷害保険の給付を削減しない点において、保険契約者に配慮した傷害保険の保障を提供しているといえる。

ドイツの傷害保険の給付の種類、給付事由該当要件、免責事由は、日本の傷害保険と必ずしも一致していない部分もあり、また、日本の保険法にはドイツの保険契約法のような傷害の定義や立証責任の転換を定める規定がない点でドイツ法とは状況が異なるが、高齢化が進む日本においては、何らかの疾病または障害がある被保険者の傷害について保険給付請求がなされる場合が少なからず存在することを考慮すると、ドイツの傷害保険における疾病にかかわる免責条項の免責範囲、限定支払条項における寄与割合の査定手法等を参照した約款の作成に向けた検討が現在の日本において必要であると考える。(136)

(135) この点に関する先行研究として、潘・前掲注(3)におけるドイツ法研究参照。

(136) 木下・前掲注(3)一〇九頁は、日本の傷害保険の疾病免責条項において、因果関係が容易に認定される場合には、かえって保険契約者の期待に反する結論が導かれる可能性があることについて問題提起している。

[追記]

本稿は、公益財団法人かんぽ財団平成二七年度調査研究助成による成果の一部である。

共有株式に係る議決権の行使と権利行使者の指定に関する一考察

木下　崇

一　はじめに

株式が相続の客体となり、(1) 相続人が複数あるときには、当該株式は相続人の共有に属するものとされる（民法八九八条）。そして、判例によると、相続された株式は、遺産分割が終了するまでは、分割帰属せず、各相続人の相続分に応じて共同相続人の準共有に属するものとされている。(2)

この準共有の状態にある株式につき、共有者が株主権を行使するには、平成一七年改正前商法（以下「旧商法」という）二〇三条二項は、「共有者ハ株主ノ権利ヲ行使スベキ一人ヲ定メルコトヲ要ス」としていた。同条を引き継ぐ会社法一〇六条本文も、「共有者は、当該株式についての権利を行使する者一人を定め、株式会社に対し、その者の氏名又は名称を通知しなければ、当該株式についての権利を行使することができない」と定める。そこで、権利を行使する者（以下「権利行使者」という）をどのように定めるのか。権利行使者の選定行為の法的性質や権利行使者の権限の範囲をどのように解するか、などから議論がなされてきた。

この点については、最判平成九年一月二八日が、[3]「共有者間において権利行使者を指定するに当たっては、持分の価格に従いその過半数をもってこれを決することができる」と判示し、その後、最判平成一一年一二月一四日において、[4]これが引用されている。これにより、最高裁の考え方が定まったとも指摘される。[5]会社法制定後の裁判例でも、これら二つの最高裁判例が引用されており、[6]旧商法のもとでの解釈が踏襲されている。

ところが、判例の立場に対し、共有者の全員一致をもって決定すべきとの見解も有力に主張されている。とりわけ、同族会社等において、相続人間での会社支配をめぐる争いがある場合に、そのように解する必要があるとされる。

そこでこの問題を検討するにあたり、まず、これまで積み重ねられてきた、判例の法理と学説を概観し、その主張される内容を整理する。つぎに、わが国とは異なる制度を持つフランス法における共有株式に係る権利行使者の指定についての制度と議論を概観し、わが国への示唆を得たい。そして、これをもとに若干の考察を行い、権利行使者の指定に関する問題について提案をしたい。

（1）　株式が相続の対象となることについては、受け入れられている。稲葉威雄＝大森政輔＝岩城謙二＝橋本孝一＝藤原祥二＝小林栢弘＝松田重幸＝廣田俊夫『株式の相続に伴う法律と税務〔別冊商事六七号〕』七頁〔大森政輔〕（商事法務研究会・一九八三年）など。

（2）　最判昭和四五年一月二二日民集二四巻一号一頁、最判昭和五二年一一月八日民集三一巻八四七頁など。

（3）　裁判集民一八一号八三頁、金法一四八九号二九頁、金判一〇一九号二〇頁、判時一五九九号一三九頁、裁時一一八八号二頁、判タ九三六号二一二頁。本件の評釈等として、片木晴彦・判評四六六号六〇頁〔判時一六一五号二二二頁〕

（一九九七年）、前田雅弘・私法判例リマークス一七号一〇四頁（一九九八年）、青竹正一・ジュリ一一六四号一四七頁（一九九九年）、荒谷裕子・ジュリ一一三五号一〇一頁（一九九八年）、柴田和史・別冊ジュリ二〇五号二四頁（二〇一一年）、島田邦雄＝谷健太郎・新商事判例便覧四五八号〔商事一四六四号〕判例一九一九頁（一九九七年）、寳金敏明・判タ九七八号一七〇頁（一九九八年）、大野正道・判タ九三七号七二頁（一九九七年）、大野正道・判タ九七五号三三頁（一九九八年）、稲田俊信・旬刊経理情報八二五号二六頁（一九九七年）、稲田俊信・旬刊経理情報八三七号四二頁（一九九七年）、中川淳・戸籍時報六九五号三八頁（二〇一三年）等がある。

（4）　裁時一二五八号一頁、判時一六九九号一五六頁、判タ一〇二四号一六三頁、金判一〇八七号一五頁。本件の評釈等として、鳥山恭一・法セミ五四五号一〇七頁（二〇〇〇年）、河内隆史・金判一一〇〇号六二頁（二〇〇〇年）、道野真弘・私法判例リマークス二三号八六頁（二〇〇一年）、大杉謙一・ジュリ一二一四号八七頁（二〇〇一年）、楠元純一郎・佐賀大学経済論集三四巻一号七九頁（二〇〇一年）、片木晴彦・ジュリ一一七九号九九頁（二〇〇〇年）、島田邦雄＝谷健太郎・新商事判例便覧四九一号〔商事一五五八号〕判例二〇五一頁（二〇〇〇年）、山口和男・判タ一〇六五号二一四頁（二〇〇〇年）、中村信男・判タ一〇四八号一八四頁（二〇〇一年）、武久征治・龍谷法学四三巻三号四五〇頁（二〇一一年）等がある。

（5）　片木・前掲注（4）九九頁～一〇〇頁、柴田・前掲注（3）二五頁。なお、大野・前掲注（3）判タ九三七号七七頁は、最判平成九年一月二八日における争点を理論的に再構成すると、権利行使者の選任に関する判旨は傍論にすぎず、持ち分の遺贈の履行に関する部分が判決理由であるべきであり、本判決を採用した者として短絡的に理解されることには十分に注意を払いたいと指摘する（同・前掲注（3）判タ九七五号三五頁も同旨）。

（6）　大阪高判平成二〇年一一月二八日金判一三四五号三八頁、最判平成二七年二月一九日民集六九巻一号二五頁など。

二　判例と学説の状況

1　権利行使者の指定の方法

準共有状態に至った株式について、どのようにして権利行使者を指定するのかが問題となる。

この点について最判平成九年一月二八日は、「有限会社の持分を相続により準共有するに至った共同相続人が、準共有社員としての地位に基づいて社員総会の決議不存在確認の訴えを提起するには、有限会社法二二条、商法二〇三条二項により、社員の権利を行使すべき者としての指定を受け、その旨を会社に通知することを要するのであり、この権利行使者の指定及び通知を欠くときは、特段の事情がない限り、右の訴えについて原告適格を有しないものというべきである」とし、「持分の準共有者間において権利行使者を定めるに当たっては、持分の価格に従いその過半数をもってこれを決することができるものと解するのが相当である。けだし、準共有者の全員が一致しなければ権利行使者を指定することができないとすると、準共有者のうちの一人でも反対すれば全員の社員権の行使が不可能となるのみならず、会社の運営にも支障を来すおそれがあり、会社の事務処理の便宜を考慮して設けられた右規定の趣旨にも反する結果となるからである」とする。

この点について学説上は、おおよそつぎのような主張がなされてきた。

まず、権利行使者の指定の方法については、共有者全員の一致によるべきとする全員一致説が挙げられる(7)。この見解の論拠については、権利行使者の選定行為を、社員権の行使を包括的に委託する一種の財産管理委託行為と解するもの(8)、持分の共同相続において、相続人共同体は、社員権を共同して行使するという目的を持った組合類似の関係を形成しており、その機関たる共同代理人によって、会社に対する権利を行使することになると考えられ、共同相続人間に特別の定めがない場合には、共同代理人の選任に共同相続人の全員一致が必要であるとするもの[9]、中小企業の支配株式の共同相続のケースでは、権利行使者の決定が当該企業の実質的な承継者決定を意味し単なる共有物の管理行為とみることはできないとするもの[10]、閉鎖的な株式会社においては、権利行使者の指定は管理権の授権そのものであるとするもの[11]、株式会社の株式についての権利行使の代表者選定は、つねに共有持分の本質に変更を生じ共同相続人の持分権に変更を生じ、その財産的価値の減少を生ずる危険を包含するものであるから、処分行為に準ずるものとみるものがある[12]。

これらは、多数決により権利行使者を指定できるとすると、閉鎖的な株式会社において、相続人間に経営権をめぐる争いがあるような場合には、過半数の相続分を有する者が出資株式のすべてについて自己の有利に権利行使できることになり、少数持分権者の利益が完全に無視される結果の不合理を問題としている。

これに対して、持分価格に従って過半数で定めるべきとする持分価格過半数説がある[13]。この見解は、権利行使者の指定は準共有者に権利行使の途を開くものであり、権利行使者の指定行為は管理行為にあたるとするもの[14]、準共有者のうちの一人でも反対すれば全員の社員権の行使が不可能となること[15]、そして最判平成九年一月二八日で挙げられたように会社運営上の支障を来し、会社の事務処理の便宜という趣旨にも反すること[16]等が挙げられる。また、この見解によりつつ、全員一致説がいう「議決権行使の結果の重大性に鑑み、その指定行為の性質は準共有物の変更又は処分行為である」との主張に対して、「議決権行使の結果が会社の経営に重大な影響を及ぼすのは、会社の株主構成、準共有株式の全株式に占める割合、各株主の意思等権利行使者の指定行為以外の事情に左右されるからに外ならず、この故をもって権利行使者の指定行為の性質を準共有物の変更又は処分行為とみることは、事の本質を見誤まるものである」とする裁判例もある[17]。

さらに、持分価格過半数説に立ちつつ、少数持分権者の利益保護のため、議決権の行使にあたり、各共有者の意思に従い、権利行使者に不統一行使を認めるべきとする見解がある[18]。

2　共有者間の合意形成と協議の必要性

民法二五二条は、共有物の管理に関する事項について『各共有者の持分価格に従い、その過半数で決する」と定める。この「過半数で決する」の意味についいては、全員で協議する必要はなく、過半数の持分割合を持っている者だけで自由に決定し、他の共有者は自己の意思を表明し協議に参加する機会を与えられなくても良いとの見解がある。(19)これに対して、共有者が互いに意見を表明しあう機会が理論上前提とされ、「決する」とは表決を行うことを意味するから、協議が必要との見解もある。(20)

この点について、大阪地判平成九年四月三〇日(21)は、「選定された権利行使者は準共有者間に意見の相違があるときでも、自己の判断に基づき社員の権利を行使することができるなど、右権利行使者の選定及び通知が持分の準共有者の利害と密接な関係を有することを勘案すると、権利行使者の選定及び会社に対する通知は、持分の準共有者の一部の者のみによってすることはできず、全準共有者が参加して右選定及び通知をすべきであり、仮に全準共有者が参加してすることができない事情がある場合においても、少なくとも参加しない他の準共有者に対し、右選定及び通知に参加し得る機会を与えることを要するものと解すべきである」とする。

これに対して、法定相続分の四分の三を相続する地位にある共有株主が、共有物の管理に関する事項として、自らを当該株式の権利行使者と定めてなした権利行使は有効であるとする裁判例や、(22)権利行使者の選定に参加する機会を与えても、選定の結果が異なる可能性は皆無であったとされる場合には、五五・三パーセントの共有持分を有する準共有者が行った権利行使者の指定を有効とする裁判例もある。(23)

3　権利行使者の資格

会社法一〇六条本文は、共有者が権利行使者一人を指定する旨定め、権利行使者を共有者以外から指定することができるのかは、文言上明らかではない。

この点について、旧商法二〇三条二項をめぐる解釈においては、必ず共有者の中から選ばなければならないとする見解があった(24)。この見解は、権利行使者を共有者以外から指定できるとすると、当該権利行使者は共有者全員の代理人であるから、この場合、本人たる共有者全員に権利行使をさせないことができることになると説明する。

これに対して、共有者以外の第三者を権利行使者として指定できるとの見解もある。共有株式の権利行使のために第三者たる代理人が選任されたとしても、会社に対してこの者を権利行使者として指定した旨の通知がなされれば、会社に対してはこの者しか権利行使することができないということになるにすぎないから、共有株式の権利行使のために第三者たる代理人が選任され、その者が会社に対して権利行使者となることを妨げるものではないと説明するもの(25)、共有者間に紛争が生じているときは、共有者ではない中立の第三者を権利行使者とするのが適当な場合や、共有者が全員国外に居住しているなど、共有者中の誰かによる株主権行使に支障があるときには、まず共有者中から権利行使者を指定し、その後当該権利行使者が代理人を選任するという迂遠な方法によらずに、共有者が第三者の中から権利行使者を指定することを認めてもよいとするものがある(26)。

4　権利行使者の権限

権利行使者を指定し、共有株式に係る議決権の行使を一本化することが求められる。それでは、指定された権利行使者の権限は、すべての事項に及ぶのか。

ひとたび指定された株式に基づく会社に対する権利や権限に関して包括的に授権されているものと解すべきであるとの見解がある。この見解は、このように解さなければ、会社は結局株式共有者がどのような決定をしているかをその都度確認しなければ、安全に議決権を行使させることはできないことになってしまい、会社の事務処理を簡便にしようとした規定の趣旨は全うされないことを理由とする。(27)

最判昭和五三年四月一四日（民集三二巻三号六〇一頁）は、「有限会社において持分が数名の共有に属する場合に、その共有者が社員の権利を行使すべき者一人を選定し、それを会社に届け出たときは、社員総会における共有者の議決権の正当な行使者は、右被選定者となるのであって、共有者間で総会における個々の決議事項について逐一合意を要するとの取決めがされ、ある事項について共有者の間に意見の相違があっても、被選定者は、自己の判断に基づき議決権を行使しうると解すべきである。」としている。

これに対して、会社法一〇六条（旧商法二〇三条二項）の規定は、共有者により指定された権利行使者の会社に対する権限を定めたものであって、指定された権利行使者が、当然に自由に株主権を行使できるわけではないとの指摘もある。(28) このような考え方からは、指定された権利行使者がどのように株主権を行使すべきかは、共有株主が内部的に決すべきであり、内部的な取り決めがない場合には、共有に関する規定に従い、権利行使者の株主権行使が、共有株式の変更や処分にあたる場合は、その株主権行使には共有株主全員の同意を要し（民法二五一条）、株主権行使が管理行為にあたる場合には、共有株主の多数決により決定し（民法二五二条本文）、保存行為にあたる場合には、単独で行うことができる（民法二五二条但書）との考えを導きうるとしている。

5　小括

権利行使者の指定について、判例の立場は固まっていると評価されつつも、依然として全員一致説は有力に主張されている。

持分価格過半数説と全員一致説の差は、①権限行使者の事実上の権限の大きさを強調して選任には全員一致を要すると考えるか、②全員一致が不可能な場合、会社経営が立ち行かなくなる事態に思いを致し、かつ、選任それ自体は他の共有者にとっても利益となるにすぎない点に着目して多数決で足りると考えるかの問題と整理される(29)。

そこで、つぎにフランス法における制度とそこにおける議論を概観し、日本法に対する示唆を得たい。それをもとに、権利行使者の指定において、少数派である共有者の利益保護と円滑な会社経営の調和を図ることができないか、検討したい。

（7）田中誠二『会社法詳論（上）〔三全訂〕』三〇四頁（勁草書房・一九九三年）、大野正道「株式持分の相続準共有と権利行使者の法的地位」鴻常夫先生還暦記念『八十年代商事法の諸相』二五七頁（有斐閣・一九八五年）、木内宜彦「判批」『企業法学の理論』三六三頁（新青出版・一九九六年）、久留島隆「会社持分の共同相続と権利行使者の選任・解任」法学研究四七巻三号六四頁（一九七四年）、西島梅治「判批」判評一五二号四一頁〔判時六四〇号一四七頁〕（一九七一年）、畑肇「判批」私法判例リマークス四号一〇五頁（一九九二年）、尾崎安央「判批」ひろば四五巻一一号六三頁（一九九二年）、江頭憲治郎『株式会社法〔第六版〕』一二二頁～一二三頁注（3）（有斐閣・二〇一五年）。

（8）徳島地判昭和四六年一月一九日下民集二二巻一＝二号一八頁、久留島・前掲注（7）六四頁、田中誠・前掲注（7）三〇四頁、畑・前掲注（7）一〇五頁。

（9）大野・前掲注（7）二四八頁～二四九頁

（10）江頭・前掲注（7）一二二頁～一二三頁注（3）。

（11）木内・前掲注（7）三七三頁。

（12）西島・前掲注（7）四一頁。

（13）上柳克郎ほか編『新版注釈会社法（3）』五〇頁〔米津昭子〕（有斐閣・一九八六年）、永井和之「商法二〇三条二項の意義」戸田修三先生古稀記念『現代企業法の課題と展開』二一二頁（文眞堂・一九九八年）、出口正義「株式の共同相続と商法二〇三条二項の適用に関する一考察」筑波法政一二号八一頁（一九八九年）（『株主権法理の展開』（文眞堂・一九九一年）所収）、青竹正一「株式・有限会社持分の共同相続と社員権の行使（3）」判評四九三号四頁〔判時一六九七号一六六頁〕（『閉鎖会社紛争の新展開』（信山社）所収）、河内隆史「株式の共同相続に伴う株主権の行使」中村一彦先生古稀記念『現代企業法の理論と課題』二六四頁（信山社、二〇〇二年）、青木英夫「判批」金判八八三号四四頁（一九九二年）、平手勇治「判批」判タ三六七号六〇頁（一九八八年）、榎木恭博「判解」『最高裁判所判例解説民事篇　昭和五三年度』一七六頁（法曹会・一九八二年）、小林俊明「判批」ジュリ九二一号一〇一頁（一九八八年）、片木・前掲注（3）、荒谷・前掲注（3）一〇二頁、前田・前掲注（3）一〇六頁、柴田・前掲注（3）二五頁、道野・前掲注（4）八八頁、楠元・前掲注（4）八四頁、伊藤靖史＝大杉健一＝田中亘＝松井秀征『会社法〔第三版〕』一二二頁～一二三頁〔田中亘〕（有斐閣・二〇一五年）、神作裕之「会社訴訟における株式共有者の原告適格」神作裕之ほか編『会社裁判にかかる理論の到達点』二三八頁～二三九頁（商事法務・二〇一四年）。

(14) 米津・前掲注（13）五〇頁、永井・前掲注（13）二一二頁、青竹・前掲注（13）四頁、青木・前掲注（13）四四頁、平手・前掲注（13）六〇頁、榎木・前掲注（13）一七六頁、前田・前掲注（3）一〇六頁。

(15) 小林・前掲注（13）一〇一頁、荒谷・前掲注（3）一〇一頁、榎木・前掲注（13）一七六頁、田中亘・前掲注（13）一二二頁。

(16) 榎木・前掲注（13）一七六頁。

(17) 東京地判昭和六〇年六月四日金判七四一号四〇頁〔四三頁〕。

(18) 出口正義「判批」別冊ジュリ一一六号二〇〇頁（一九九二年）、田中啓一「判批」ジュリ五五四号一〇九頁（一九七四年）。

(19) 能見善久＝加藤新太郎編『論点体系判例民法（2）物権〔第二版〕』三三三頁〔平野裕之〕（第一法規・二〇一三年）は、「疑問が残る」と留保しつつ、このような考えを示している。

(20) 山野目章夫『物権法〔第五版〕』一六九頁・一七一頁（日本評論社・二〇一二年）。本田純一＝湯川益英＝原田剛＝橋

本恭宏『ハイブリッド民法2』一四六頁（法律文化社・二〇〇七年）も同旨。
(21) 判時一六〇八号一四四頁。本件評釈等として、島田邦雄＝谷健太郎・新商事判例便覧四六一号〔商事一四七一号〕判例一九三二頁（一九九七年）、伊藤靖史・商事一五八六号三九頁（二〇〇一年）。
(22) 東京高決平成一三年九月三日金判一一三六号二二頁。
(23) 東京地決平成一七年一一月一一日金判一二四五号三八頁、資料版商事二六一号二七八頁。
(24) 松田二郎＝鈴木忠一『条解株式会社法（上）』一一三頁（弘文堂・一九五一年）、米津・前掲注(13)五二頁、大隅健一郎＝今井宏『会社法論（上巻）〔第三版〕』三三四頁（有斐閣・一九九一年）。
(25) 木内・前掲注(7)三七一頁～三七二頁。
(26) 大野・前掲注(7)二五八頁、河内・前掲注(13)二六四頁。
(27) 木内・前掲注(7)三七二頁。
(28) 岩原紳作「判批」法学協会雑誌九六巻二号二二八頁（一九七九年）、前田・前掲注(3)一〇六頁～一〇七頁、片木・前掲注(3)六三頁。
(29) 寶金・前掲注(3)一七一頁。

三　フランス法における議論

1　株式の共有と共有者による議決権の行使

フランス会社法においては、相続等により株式が共有状態となった場合であっても、株主としての資格は各共有者に認められ、各共有者は会社の意思形成に参加する権利を有するとされる。(30) しかし、当該共有株式に係る権利の行使は、共有者全員の一致によりされなければならないとされる。その根拠としては、株式不可分の原則が挙げられている。(31) そこで、共有者が株主総会において、当該共有株式に係る議決権を行使するためには、当該議決権行使について、権利行使者（共有に係る株式を代表する者）を選任しなければならない[32]。

2　共有株式に係る議決権の行使と権利行使者の指定の方法

(1)　権利行使者の指定と共有株主の合意

共有株主は、共有者間の協議により、権利行使者を指定しなければならない。この共有株式に係る権利行使者の指定には、共有財産に関する規定が適用される。このため、権利行使者の指定が管理行為の委任にあたる場合には、共有者の三分の二以上の同意を要する[33]。これに対して、処分行為の委任にあたる場合には、共有者全員の同意を要する[34]。

権利行使者の指定にあたり、委任される事項が明示される必要があるのか、それとも黙示で足りるのかが問題とされる。この点について、法は、共有者の一人が共有財産の管理を行う場合、他の者がこれを承知し、かつこれに反対しないならば、その者は黙示の委任を受けており、管理行為を行うことができるが、処分行為を行うことはできない旨定める[35]。この規定の適用については、当該委任に基づく議決権行使が、管理行為に該当するのか処分行為に該当するのかとともに、問題となることがあるとの指摘がある[36]。

(2)　共有者間の不一致と裁判所による権利行使者の選定

共有者間において意見が一致しない場合には、共有者の一人が、裁判所に対して権利行使者の選定を求めることができる[37]。この不一致は、法が定める選任要件である三分の二の多数を形成できない場合のほか、三分の二の多数を形成し権利行使者の指定がなされたにもかかわらず、共有者の一人が当該権利行使者の指定に反対した場合をも含み、このような場合も当該共有者は、議決権行使のために公正な権利行使者を選任するよう裁判所に請求できるとされる[38]。後者のような場合、共有者の多数による権利行使者の指定との関係が問題となるが、裁判所による権利行使者の選定が行われた場合、その目的の範囲内において、共有者の合意により指定された権利行使者から、管理行為に関する権限を奪うものと解されている[39]。

権利行使者の選任の請求を受けた裁判所は、共有株主の利益保護の観点から、共有者間に不一致が生じている場合には、共有者の利益をもっともよく管理する者を選ぶため、裁判所が、共有者でも共有者以外の株主でもない第三者を選定した事例がある[40]。他方、共有者間の不一致があったとしても、共有者の多数により権利行使者として選定された者が、共通の利益について会社の利益を保障しうる場合があるとして、その者を裁判所が権利行使者として選定した事例もある[41]。

(3)　権利行使者の資格

法は、権利行使者の選定にあたり、共有者に限定せず、共有者以外の者からも選定することができるものとする[42]。共有株主間において、会社に関する事項の決定について第三者の介入を阻止するため、権利行使者の選定にあたり共有者または共有者以外の会社の株主のなかから選ばなければならないとする定めを設けることも可能である。このような約定等が存在する場合であっても、共有者の間に不一致があり、裁判所に権利行使者の選定が請求されたとき、裁判所は、約定の内容に関わりなく、共有者や共有者以外の株主以外の第三者を権利行使者として選定することができる[43]。

3　権利行使者の権限

共有者により指定された権利行使者は、共有に係る株式について、議決権を行使することができる。ただし、前述の通り、処分行為にあたる場合には、共有者全員による同意が必要である。この同意は、黙示のものでは足りず、明示の同意を要する。

裁判所により選定された権利行使者が議決権を行使する場合においても、処分行為に関する事項についてはその議決権を行使することはできない。権利行使者の権限の範囲は、管理行為に限定され、自らが代表する財産の価値を維持するために限り行使することができるとされる。なお、権利行使者の具体的な権利行使の範囲について、裁判所が定めるわけではない。裁判所は、会社の経営に参加することができず、権利行使者に代わって権限を行使するものでもないからである。そこで、権利行使者は、自らの意思に従い議決権を行使することになる。

4 日本法への示唆

議決権行使者の選定は、共有財産の管理の規定に従い、共有者間の持分の多数決により権利行使者を選定できるとしている。もっとも、処分行為に関する事項については、全員の同意が必要とされる。また、共有者は、裁判所に対して権利行使者の選定を求めることができる。この制度は、共有者の三分の二の同意が得られない場合や、共有持分の三分の二の多数により選定された権利行使者に疑義のある少数持分権者の保護が必要な場合などに機能することが期待されている。裁判所により選任された権利行使者は、管理行為に関する議決権行使ができるが、処分行為に関する事項については、議決権を行使できない。権利行使者は、管理行為の範囲で、自らの意思に基づいて議決権を行使することができる。

フランス法における制度では、全員一致を求めることにより陥るおそれのある会社の機能不全を回避しつつ、権利行使者の権限の範囲を管理行為に限定することで、少数持分権者の利益の保護を図っている。さらに、裁判所による権利行使者の選定によると、共有者間において紛争が生じている場合にも、中立的な権利行使者を選定することが期待される。

(30) C. Civ., art. 1844 al. 1.
(31) P. Merle, Droit commercial Société commercial, 18e ed, n° 327. なお、C. com., art. L228-5 参照。
(32) C. com., art. L225-110, C. Civ., art. 1844.

(33) C. Civ., art. 815-3 al. 1.　二〇〇六年六月二三日改正以前は、権利行使者の指定は全員一致によるものとされていた。同改正により、共有財産の管理を容易にするために、管理行為の委任の場合には、共有持分の三分の二以上を保持する共有者により許可できることとし、全員一致の原則を放棄した。議決権の行使に関して権利行使者を選定する場合に、三分の二の多数によるとすることが適切であるかについて疑問を示すものもある（E. Naudin, *Représentation des indivisaires dans l'exercice du droit de participer aux décisions collectives*, Bull. Joly 2012. 179.）。
(34) C. Civ., art. 815-3 al. 1.
(35) C. Civ., art. 815-3 al. 2.
(36) E. Naudin, *op. cit.*, p. 181.
(37) C. Civ., art 1844 al. 2, C. com., art L225-110 al. 2.　なお、裁判所に対する権利行使者の選定は、共有者のみが請求することができ、会社はできない。Cass. com., 15 nov. 1976, n° 75-13730 参照。
(38) E. Naudin, *op. cit.*, p. 181.
(39) *Ibid.*, p. 181.
(40) CA Paris, 14e ch., sect. A, 7 janv. 2009, n° 08/14713.
(41) Cass. com., 10 juillet 2012, n° 11-21789.
(42) C. com., art. L225-110, C. Civ., art. 1844.
(43) Cass. 1re civ., 15 déc. 2010, n° 09-10140, CA Paris, 14e ch., sect. A, 7 janv. 2009, préc.

四　若干の考察

1　権利行使者の指定と権限の範囲

同族会社の創業者や実質的オーナーの死亡により、その保有する株式が相続財産となった場合、相続人間で会社の支配をめぐり深刻な対立が生じることも珍しくないと指摘されてきた(44)。このような状況のもとでは、権利行使者の指定は実質的な企業の承継者を決定することとなり、会社の支配権に直接重大な影響を及ぼすことになる(45)。このため、相続財産を構成する株式の帰属の問題は、当該相続財産のすべてについての遺産分割協議により終局的な解決が図られることが望ましい。

ところが前述の通り、判例は、共有持分の価格に従いその過半数をもって権利行使者を定めるとする。学説上もこの立場を支持するものも少なくない。たしかに、遺産分割協議が調うまでは、相当の期間を要することが予想される。また共有者の一人(46)でも反対すれば、当該共有株式に係る株主権を行使できなくなる。これでは、共有者の利益に反するばかりではなく、会社の事務処理の便宜のために設けられた法の趣旨にも反するという(47)。さらに、株式の共有が問題となるのは、中小企業における多数株式の相続により生ずるものばかりではなく、中小企業や上場会社における少数の株式の相続により生ずる問題もあることから、会社法一〇六条の解釈としては、判例の立場が妥当とも説明される(48)。

しかし、多数決により選ばれた権利行使者が、当該共有株式に係る議決権の行使について、包括的な権限を有するとした場合、少数持分権者の利益を害するおそれがある。そこで、共有株式に係る議決権の行使に関する事項については、共有者間において協議を経て合意により決定することができると解する必要がある。そして、持分の内容を実質的に変更するような総会決議については、共有者全員の合意で議決権の行使方法を決定する必要があるとすれば(49)、少数持分権者の利益への配慮が可能となる。

ところが、このような合意は、共有者間の内部関係にすぎず、権利行使者が共有者の全員の同意を経ることなく、また共有者が決定した決議方法に反して議決権を行使しても、それを無効とすることができないと解されている(50)。そうすると、権利行使者以外の共有者は、当該権利行使者に対する債務不履行責任を追及する可能性があるにとどまる(51)。問題となる場面は、会社の支配権にかかわる場合など、金銭的賠償に馴染まないことが多いと思われ、権利行使者以外の共有者の利益保護としては不十分であることも多いだろう(52)。そこで、持分の内容を実質的に変更するような総会決議については、共有者全員の合意で議決権の行使方法を決定する必要があるとし、共有持分の権利行使者についても、権利行使者が共有者間の合意に反した議決権の行使を知っていた場合、権利行使者の議決権行使を無効と解する考えも示されている(53)。

それでは、持分の過半数により選定された権利行使者の権限は、管理行為に限定されると解してはどうだろうか。そして、処分行為にあたるような事項について議決権を行使する場合には、すでに提案されているように、権利行使者が共有者全員の同意を得なければならないとしてはどうだろうか(54)。

権利行使者の指定行為は管理行為にあたるとしても、議決権行使の対象となる事項如何によっては、議決権の行使が管理行為の範疇を超えるものもある。また、権利行使者が指定されたとしても、当該権利行使者がすべての事項について議決権を行使できるとする必要はないのではないか。

権利行使者の権限の範囲が管理行為に限定されるならば、当該権利行使者の指定について会社に通知がなされていれば、当該権利行使者の議決権行使にあたり、会社は株式共有者がどのような決定をしているかを確認する必要はない。また、管理行為の範疇を超える事項についての議決権行使がなされる場合には、権利行使者が、共有者全員の同意があることを示して議決権を行使するのでなければ、会社はこの議決権行使を拒むことができると解することはできないか（会社法三一〇条一項参照）。このような考え方によれば、権利行使者の指定がないことによる会社経営の停滞を防ぐことができ、会社の事務処理の便宜を図ろうとする法の趣旨に反することはない。

ひとたび選定された権利行使者が、その後誰とも交代することなく、会社との関係において、株主としての権利を行使しなければならないものではない。それぞれの状況等に応じて権利行使者を指定し、会社に通知することにより、共有株式に係る権利を行使することは可能である。管理行為の範疇を超えた議決権行使が予定されている場合に、それに応じて共有者全員の同意を得るための手続をとることは、それほど不合理とはいえないように思われる。

株式が共有状態にあるのは、遺産分割協議が調い株式の帰属が定まるまでの暫定的なものである。そのような状態にある株式について、権利の内容に実質的な変更をもたらすような議決権行使を認める必要は乏しい。たしかに、遺産分割協議が調うまでの間に、重要な判断が迫られることもあるだろう。しかしそのような事態は、もっぱら共同相続人間で可及的速やかに解決を図るほかはない[55]。そして、会社経営を停滞させるような事態が生じたり、そのような事態が生じることの懸念が、遺産分割協議を促進させることにもなろう[56]。

なお、円滑な会社の経営と少数持分権者の利益の調和を、権利行使者がその有する議決権を不統一行使することにより図ることも考えられる[57]。これに対しては、共有者各々の法定相続分に応じた議決権行使を認めることと同様になってしまうとの批判もある[58]。有効な解決方法のひとつであると思われるものの、暫定的な状況における意思の形成として適切であるのか、疑問が残る。

2　権利行使者の指定と共有者による協議

法は、共有者の合意により、権利行使者を指定するものとしている。したがって、裁判例がいうように、共有者の全員が参加して協議の機会を持つ必要はある。権利行使者の権限の範囲を管理行為に限定した場合でも、そのような機会が必ずしも不要となるものではないとの指摘もある[59]。

もっとも、協議を必要とする理由は、権利行使者の選定が共有者の利害と密接な関係を有することに求められる。そうすると権利行使者の権限を管理行為に限定するならば、共有者全体に及ぼす影響も限定的なものになる。前述の通り裁判例にも、協議を必要としつつ、多数決の結果が変わらないような場合には、実質的な協議を持つ必要がないこともありうるとしている。これら裁判例のような、柔軟な対応を可能とする範囲を拡げることもできるように思われる。

3　権利行使者の資格

共有者が、その合意により、共有者以外の第三者を権利行使者として指定できるとの見解に賛成したい。共有者間において意見の不一致がある場合などでは、中立的な権利行使者を共有者のなかに求めるのが、困難な場合もある。権利行使者の指定について持分価格過半数説をとった場合、少数持分権者が選定された権利行使者に不満をもったとしても、なす術はない。それでは、少数持分権者に対する配慮に欠ける。共有者以外の第三者が権利行使者として議決権を行使するとしても、その権限の範囲を管理行為に限定すれば、たとえ当該権利行使者の自由な意思に基づき権限を行使できるとしても、共有者の利益を害することもない。

このように解すれば、共有者の一人を権利行使者として指定することに支障があるとき対応することができるとともに、中立的な権利行使者の指定の可能性をもたせることにより、結果として権利行使者の指定に関する合意形成を容易にすることも期待できる。(60)

(44)　河内・前掲注（13）二五九頁など。
(45)　荒谷・前掲注（3）一〇二頁、江頭・前掲注（7）一二三頁。
(46)　片木・前掲注（3）六二頁、前田・前掲注（3）一〇七頁。
(47)　荒谷・前掲注（3）一〇二頁。
(48)　柴田・前掲注（3）二五頁。
(49)　片木・前掲注（3）六三頁。
(50)　前掲・最判昭和五三年四月一四日、榎本・前掲注（13）一七八頁、龍田節「判批」民商八〇巻一号一一七頁（一九七九年）、大野・前掲注（7）二五八頁。
(51)　高松高判昭和五二年五月一二日民集三二巻三号六〇九頁〔六一四頁〕。なお、青竹・前掲注（3）一五〇頁参照。

(52) 河内・前掲注(13)二六八頁~二六九頁。

(53) 片木・前掲注(3)六三頁は、議決権の代理行使において、代理行使のための委任状に記載された賛否に違反して議決権が行使された場合には、同議決権行使は無効であり、とくに会社が委任状に違反する議決権行使であることをあえて知りながら、それに協力ないしは圧力を加えて推進せしめた場合などには、著しく不公正な決議として決議取消事由が認められるとする見解を共有株式に係る議決権行使の場合に及ぼすことを提案されている。

(54) このように解すると、どのような行為が管理行為の範囲を超えるものであるかについては問題が残る。この点については、組織変更や第三者に対する新株の有利発行等の議題について議決権を行使する場合は全員の一致を要すると指摘するものがある(片木・前掲注(3)六三頁、永井・前掲注(13)二一九頁、稲葉威雄『会社法の解明』三三二頁(中央経済社・二〇一〇年))。他方、取締役の選任、代表取締役の選任、定款の変更に関する議決権行使は処分・変更行為にあたらないとする判例もある(前掲注(6)・最判平成二七年二月一九日)。取締役の選任自体は、株式の内容を変更するものではないが(山田泰彦「株式の共同相続と相続株主の株主権」早稲田法学六九巻四号一八六頁(一九九四年)、永井・前掲注(13)二二〇頁参照)、場合によっては、取締役選任議案における議決権行使が、会社の支配権の帰趨を左右することもある(青竹・前掲注(3)一五〇頁)。

(55) 来住野究「判批」明治学院大学法学研究九七号一一三頁(二〇一四年)。同旨、河内・前掲注(13)二七五頁。尾崎安央「判批」判タ九七五号三二頁(一九九八年)は、「相続法のある種の不備を会社法的に解決しなければならないのは少し筋が違うように感じられる」とされる。

(56) 山下眞弘「判批」金判一四四七号一七頁(二〇一四年)。

(57) 永井・前掲注(13)二一九頁、稲葉・前掲注(54)三三二頁、山下・前掲注(56)二〇頁(注5)。なお、河内・前掲注(4)六七頁参照。

(58) 林孝宗「判批」早稲田法学八九巻四号一九〇頁(二〇一四年)。

(59) 永井・前掲注(13)二一二頁。

(60) 中立的な権利行使者を適切に選任するためには、裁判所による権利行使者の選任制度の導入を検討する余地があると

思われる。青竹正一「株式・有限会社持分の共同相続と社員権の行使（4）」判評四九四号一一頁〔判時一七〇〇号一二三頁〕（二〇〇〇年）（『閉鎖会社紛争の新展開』（信山社・二〇〇一年）所収）」、泉田栄一「株式・持分の相続と権利行使者の通知」『会社法の論点研究』四四頁（信山社出版・二〇〇五年）参照。

五　むすび

本稿では、共有株式に係る議決権行使のための権利行使者の指定の要件等について検討した。共有株式に係る議決権の行使には、共同相続人の持分権に変更を生じさせる危険が伴う。ゆえに、このような議決権の行使については、本来遺産分割協議を調え、株式の帰属を明らかにした後に行うのが、適切であろうと思われる。

しかし、会社法一〇六条が会社の事務処理上の便宜のため設けられた規定であること、遺産分割協議が調うまでの間会社の経営が停滞することにより会社ひいては共有株主の利益が害されることのないように配慮が必要であることから、権利行使者の指定を共有者の全員一致により定めることは、適切ではないとするのが判例理論である。それでは、この結論を採ることにより生じる不都合をどのようにして解消するか。

この点について、株式の準共有状態が、遺産分割協議が調うまでの暫定的なものであることも踏まえ、権利行使者の権限を管理行為に限定する解釈の可能性を示した。これまでも、選定された権利行使者が議決権を行使する場合において、当該権利行使者が自己の判断で自由に権利行使ができるかについて、これを制限的に解する見解が示されてきていた。本稿は、その流れにひとつの考え方を加えようと試みたものである。

Revlon 判決再考（二）
——Revlon 基準の発動事由——

楠元純一郎

一　はじめに

米国デラウエア州一般会社法上、合併（Del. Code Ann. Tit. 8, DGCL § 251）や会社資産の売却（DGCL § 271）（以下、「会社法上の企業買収手段」という）については規定が設けられているが、委任状争奪戦、株式公開買付け、その他、株式の買占めによる企業買収手段については、連邦法上は別として、とくに規定があるわけではない（以下、これらを「会社法外の企業買収手段」という）。これらは、買収対象会社の取締役の役割が重要である点では共通している。

しかし、会社法上の企業買収手段には、取締役会の承認が必要とされているのに対し（Del. Code Ann. Tit. 8, DGCL §

251 (b), § 271 (a))、会社法外の企業買収手段には、それが必要とされていない。たとえば、委任状争奪戦には、株主総会の議決は要求されるものの、取締役会の承認は要求されないし、株式公開買付け、および、株式の買占めには取締役会の承認も株主総会の議決も要求されず、単に株主が株式の議決権の過半数を取得しさえすれば、会社の支配権を取得できる。

このように、取締役会の承認の必要性は、買収者が会社法上の企業買収手段を選択する上で相当な障害となる。他方で、会社法外の企業買収手段にはそのような障害はなく、買収者が対象会社の取締役会を迂回して、直接、株主から支配権を獲得することができる。

しかし、一九七〇年代以降、企業買収防衛手段の考案により、対象会社の取締役会は、会社法上の企業買収手段における役割とは異なる門番（gatekeeper）としての役割を株式公開買付けにおいて果たすことが許容されるようになった。対象会社の取締役会の門番としての機能は、コーポレート・ガバナンスのもっとも基本的な問題を惹起させる。つまり、誰が買付け申込みの諾否を決定するのか、また、その決定は株主のためなのか、それとも、少なくとも取締役会のためではないのか、という問題(1)である。

その問題が生じるような脈絡の一つに、判例上の Revlon 基準がある。Revlon 判決（In Revlon, Inc. v. MacAndrews & Forbes Holdings, Inc., 506 A. 2d 173 (Del. 1986)）においてデラウエア州最高裁判所は、会社の売却にあたり、対象会社の取締役会の役割は、会社の買収者からの防衛から、株主にとって最高の売却価格を実現すべき競売人としての役割に変わると述べた。

この Revlon 判決で示された基準は、不運にも、その発動事由が不明確であるということで、さまざまな議論を巻き起こしてきた。そして一九九〇年代半ばあたりまでは、最高裁判所はこの問題に対して信頼性の高い見解を示してきた。

しかしながら、近時のデラウエア州衡平法裁判所の多くの判決は、最高裁判所が示してきた Revlon 基準に関する理論的な枠組みから逸脱し，漂流しているといわれている。(2) また，Revlon 基準に積極的な意義を認めようとする立場からは，衡平法裁判所が Revlon 判決の依拠している基本的政策を見失っており，Revlon 基準には取締役の利益相反取引の概念を採用すべきであるとの指摘がなされている。(3)

Revlon 判決が一九八六年に登場して来年で三〇年が経とうとしているこの時期に，アメリカにおいてその判決と関連判決がどのような経緯をたどってきているか検証することは，わが国の今後の会社法研究および実務に有益な示唆を与え得ると思われる。本稿は拙稿（「Revlon 判決再考（一）Revlon 基準の理論的根拠と存在意義」法学新報一二二巻九＝一〇号一三七頁～一六三頁）の続編であり，ここでは，これら関連判例・裁判例を概観し，この Revlon 基準の発動事由について整理することにする。

（1） Michael P. Dooley, Two Models of Corporate Governance, 47 Bus. Law. 461, 521 (1992).
（2） Stephen M. Bainbridge, THE GEOGRAPHY OF REVLON-LAND, 81 Fordham L. Rev. 3277, 3281 (2013).
（3） Id.

二　Revlon 判決以前

1　取締役会中心主義

パートナーシップにおいては，所有と経営が一致しており，本人は代理人を支配することができることから，各パートナーはパートナーシップの経営権を持分比率に応じて平等に有している（Unif. P'ship Act § 4.01 (a) (1) (1997)）。

それに対して，株式会社においては，原則として所有と経営が分離しており，デラウエア州一般会社法も，経営事項の決定については取締役会に権限を分配しており，会社の業務は，取締役会の指揮の下で管理されねばならないと規定している（Del. Code Ann. Tit 8, § 141（a）(2011)）。

それとは対照的に、株式会社の所有者であるはずの株主は、会社業務または長期的経営政策について支配権を有してはいない。株主の議決権は、取締役の選任、定款変更、合併および会社の全部または重要な一部の資産譲渡、任意解散のような基本的事項の承認等に限られている。さらに、形式的には、取締役の選任および定款変更等だけが、取締役会の事前の承認を不要とされているものの（Del. Code Ann. Tit. 8, §§ 109, 211）、それでも取締役会が、次の取締役の候補者指名に関する決定権を有するなど、株主総会への議案を事前に決定する権限を有している。

このようにデラウエア州のコーポレート・ガバナンスは、会社経営の主権が取締役会にあるという意味において、取締役会中心主義で構築されており、たしかに、取締役の信任義務によれば、取締役はその権限を株主利益の最大化目的のために行使すべき義務を負ってはいるものの、実際には、その目的をどのように実現するかについての決定は、株主にではなく取締役会に委ねられているのである（Dodge v. Ford Motor Co., 170 N. W. 668, 684 (Mich. 1919)）。

模範事業会社法の草案を策定しているＡＢＡの委員会（American Bar Association's Committee）の会社法部会は、取締役会中心主義による多様な投資家の資金の配置は会社の長期的利益の最大化に繋がり、取締役選任の機会を株主に与えつつ、取締役の任期中は取締役会が、各取締役による信任義務に基づく決定について報告を受け、会社にとって最善の経営方針を決定し、監督する権限を有している、と述べている(4)。

取締役会中心主義の利点としては、①株主の利害は、短期的利益追求型対長期的利益追求型、分散型ポートフォリオ対集中型ポートフォリオ、インサイダー対アウトサイダー、社会的利益追求型対自己利益追求型、ヘッジ型投資対非ヘッジ型投資等、多岐に分散しているため、株主に会社の業務決定を委ねると集団行為の困難な問題に直面すること(5)、②多くの従業員、役員、株主、債権者およびその他の利害関係者を抱える大企業の経営に適したものは、階層性の意思決定構造であり、そのような組織においては、誰かが責任を負わねばならず、情報が幅広く分散し、迅速に意思決定をする必要のある状況のもとでは、株主ではなく取締役会に意思決定を委ねるのがよいこと、(6) ③株主に業務決定を委ねると、無責任な特定の株主によって権限が濫用されるおそれがあること、(7) などが挙げられる。

2　門番としての取締役会

誰が企業買収提案の諾否を決定すべきかを確定するために、デラウエア州の裁判所は、企業買収において門番として行動する対象会社取締役会の権限の制限について、つまり、対象会社の取締役会は、会社が買収されるべきかどうかについて対象会社の株主が決定することをどの程度まで阻止することができるのかという問題に取り組んできている。合併においては二つ以上の会社が一つの会社になる。会社資産の売却においては、会社のすべての資産または重要な一部の資産を譲受会社に売却する。いずれの取引においても、対象会社の取締役会の承認が不可欠である（DGCL §251（b）, §271）。

これら会社法上の企業買収形態においては、取締役会は門番としての機能を有している。当該規定は、株主総会の決議に先立って、取締役会の承認を条件とするため、株主には合併または会社資産の売却の主導権がない。(8) それゆえ、もし、取締役会が合併提案を拒否した場合、株主はその取締役会の決定を検討する権利を有さず、その代わりに、取締役会が合併提案を承認した場合にのみ、それを検討できるにすぎない。(9)

また、取締役会だけが合併条件について交渉し、合併契約を最終的に締結する権限を有しており、株主は一定の契約条項を修正したり拒否したりする制定法上の権利を有しておらず、株主の役割は合併契約を全体として承認するかしないかの判断に制限されている。それゆえ、取締役会が買収提案を拒否する場合、買収者は会社法外の企業買収手段によらなければならない。つまり、委任状勧誘合戦、株式公開買付け、株式の買占めなら、買収者は、対象会社の取締役会を迂回して、対象会社の株主に対して直接、提案をすることができる。

しかしながら、敵対的株式公開買付けが行われると同時に、対象会社も、そのような提案を妨げるための防衛戦術で対抗し得る。たとえば、ポイズンピルは典型的には、一定の事由が発生した場合に株式を購入するライツをあらかじめ株主に付与しておくものである。[10] このポイズンピルには真の資金調達目的はない。[11] ただ、これにより、買収者の買収コストを引き上げ、買収を阻止しようとするのである。このピルが発動すると、買収者は対象会社の取締役と交渉を余儀なくされる。また、ピルには、その交渉が対象会社の取締役会にとって友好的なものであれば、そのライツが行使される前に、取締役会がそれを一定の価格で償還できる条項がある。これにより、取締役会は門番としての役割を維持することができるのである。

3 対象会社の取締役の利益相反

対象会社の取締役会が買収の諾否を決定する権限は、潜在的な濫用に繋がり得る。対象会社の取締役会は、合併提案について株主総会に諮る前に、それを承認する権限を有するため、買収者は現取締役に対して何らかの補償をしなければならず、その分、対象会社の売却価格は引き下げられ、株主に支払われる金額の総額が減少する。たとえば買収者は、対象会社の現取締役に存続会社の株式を交付したり、存続会社での任用を約束したり、年金・健康保険・福利厚生等の給与以外の付加給付（fringe benefit）を継続したり、その他の補償をしたりして、取締役会に何らかの協力を請う。買収者にとって受け入れやすい条件では、現取締役はなかなかその地位を譲り渡そうとはしない。このように、よく知られた利益相反にもかかわらず、デラウエア州の裁判所は、合併を承認する取締役会の決定に対し、一貫して経営判断の原則を適用してきた。[12] たしかに、取締役の不正行為は阻止されねばならないが、他方で、会社には効率性も重視されるため、取締役会の経営判断には一定の裁量が認められねばならず、裁判所がその経営判断を尊重するためである。しかし、取締役の裁量権と説明責任（accountability）を調和させることは容易ではない。その説明責任を厳格化すればするほど、取締役会の意思決定手続は非効率的となる。

敵対的企業買収においては、買収者は初めから取締役会決議を迂回する傾向が強い。その場合、ポイズンピルやその他の防衛手段がなければ、株主は自由に株式を売却できるため、対象会社の取締役の利益相反性は後退する。しかしながら、対象会社が何らかの防衛手段を採れば、利益相反取引に汚染されることになり得る。

4　Unocal 判決

敵対的企業買収に対して対象会社の取締役会が対抗する場合において、デラウエア州の裁判所が、取締役の忠実義務違反を審査するために、完全公正基準を適用した場合、被告取締役は、当該取引が会社にとって客観的に公正であることを証明しなければならない[13]。しかし、この立証責任の負担は非常に困難であることから、この基準によれば企業買収防衛はほとんど公正とされることはない[14]。それゆえ、この基準の下では、裁判所は、敵対的買収防衛手段がそれ自体、株主の利益に反すると認定する場合にしか、それを取締役会の忠実義務違反であるとみなすべきではないとされる[15]。要するに、この基準は企業買収の場面では、強力すぎるということである。

他方、もし裁判所が、買収防衛手段を注意義務違反の問題として扱った場合、原告は、経営判断の原則による推定に対し、当該決定が詐欺、利益相反取引等によるものであると証明することにより、反証しなければならない[16]。この基準では、よほど明確な証拠がない限り、原告にとって反証することはほとんど不可能であり[17]、これも実際には使えそうもない。

そこで、Unocal 判決（Unocal Corp. v. Mesa Petroleum Co., 493 A. 2d 946 (Del. 1985)）は、これらの中間的な基準、または条件付経営判断の原則と呼ばれる基準を示した[18]。本件では、グリーンメーラーで有名な企業乗っ取り屋であるブーン・ピケンズの Mesa Petroleum Company（以下、M社という）が、Unocal 社（以下、U社という）に対し、敵対的かつ強圧的な二段階株式公開買付けを行った。それに対し、U社の取締役会は、自己株式の公開買付けで対抗した。この買付けは差別的なもので、M社が第一段階で取得した株式以外の残りの株式につき買い付けるというものであった。そこで、U社の取締役会が信任義務に違反したとしてM社が訴えを提起した。

デラウエア州最高裁判所は、M社の請求を退け、対象会社の取締役会の一般的な意思決定の優位性を確認した。ただし、裁判所は、対象会社の取締役会は裁量権だけを有しているのではなく、株主の最善の利益のために行動すべき信任義務も負っていると判示した。その上で、裁判所は、対象会社の取締役会は、会社の経営方針が敵対的買収によって危険に晒されていることを信じる合理的な根拠があることを先に証明しなければならず、つぎに、その採用した防衛手段が敵対的買収によって晒される脅威に対して相当であることを証明しなければならないと述べた。取締役はもし、この二段階の立証に成功した場合、経営判断の原則が適用されるが、もし、第一段階の立証に成功しなかった場合、信任義務に関する完全公正基準が適用されることになる[19]。

このように、Unocal判決は、敵対的企業買収に際して、対象会社の取締役会は会社の防衛をしてはならず、無抵抗主義を貫かねばならないとする考えを採用しなかった[20]。

（4） Comm. On Corporate Laws of the Am. Bar Ass'n Section of Bus. Law, Report on the Roles of Boards of Directors and Shareholders of Publicly Owned Corporations（2010）, http.hunton.com/media/SEC_Proxy/PDF/SEC_Agenda_Section2.PDF.

（5） Blake H. Crawford, Eliminating the Executive Overcompensation Problem: How the SEC and Congress Have Failed and Why Shareholders Can Prevail, 2 J. Bus. Entrepreneurship & L. 273, 312（2009）.

（6） Kenneth J. Arrow, The Limits of Organization, at 69（1974）.

（7） Comm. On Corporate Laws, supra note 4, at 5.

（8） Stephen M. Bainbridge, Exclusive Merger Agreements and Lock–Ups in Negotiated Corporate Acquisitions, 75 Minn.

L. Rev. 239, 259 (1990).
(9) Id. at 259.
(10) William A. Klein et al., Business Organization and Finance: Legal and Economic Principles 295 (11th ed. 2010).
(11) Lawrence A. Hamermesh, Corporate Democracy and Stockholder-Adopted Bylaws: Taking Back the Street?, 73 Tul. L. Rev. 409, 440 n. 135 (1998).
(12) Smith v. Van Gorkom, 488 A. 2d 858 (Del. 1985).
(13) Robert M. Bass Grp., Inc. v. Evans, 552 A. 2d 1227, 1239 (Del. Ch. 1988), cf. Sinclair Oil Corp. v. Levien, 280 A. 2d 717, 722 (Del. 1971).
(14) Nixon v. Blackwell, 626 A. 2d 1366, 1376 (Del. 1993).
(15) Bainbridge, supra note 2, at 3293.
(16) Aronson v. Lewis, 473 A. 2d 805, 812 (Del. 1984).
(17) Joy v. North, 692 F. 2d 880, 885 (2d Cir. 1982).
(18) Michael P. Dooley, Fundamentals of Corporation Law, at 547 (1995).
(19) Shamrock Holdings, Inc. v. Polaroid Corp., 559 A. 2d 257, 271 (Del. Ch. 1989).
(20) Frank H. Easterbrook & Daniel R. Fischel, Auctions and Sunk Costs in Tender Offers, 35 Stan. L. Rev. 1 (1982).

三　Revlon判決とその後のデラウエア州最高裁判所の判決

1　Revlon判決

Revlon判決（Revlon, Inc. v. MacAndrews & Forbes Holdings, Inc., 506 A. 2d 173 (1986)）では、Pantry Pride社（以下、P社という）からの敵対的株式公開買付けに対し、Revlon社（以下、R社という）の取締役会は、当初は、ポイズンピル

を含むさまざまな防衛手段で対抗したが、買収提案者の買付け申込み価格が上昇していくにつれ、途中からホワイトナイトのForstmann Little社と買収交渉を始め、その際、P社による買収を阻止するためのロックアップが含まれていた。

デラウエア州最高裁判所は、最初の防衛についてはUnocal基準を適用したが、ロックアップが採用された後については別の新しい基準を打ち立て、次のように述べた。すなわち、「R社の取締役会が、取締役に第三者と買収交渉をすることを許諾したことは、当該会社の売却を認めたことに等しい。これによって、取締役会の義務は、R社を防衛することから、株主の利益のために会社の売却価格を最大化することに変化した。つまり、この場面においては、Unocal基準に含まれる、会社の経営方針に対するおそれはもはや存在せず、取締役の役割は、会社の防衛者としての役割から、株主にとって最高の価格を得る義務を負う競売人としての役割に変化した。当該ロックアップは、当該競売を終了させたため、無効である。」

2 Macmillan判決

Macmillan判決（Mills Acquisition Co. v. Macmillan, Inc., 559 A. 2d 1261 (Del. 1989)は、Revlon基準における対象会社の取締役の競売人としての義務は、買収提案が対象会社の経営支配権の移転をもたらす場合に発動すると判示した。そして、裁判所は、たとえば、本件事案のように、対象会社の取締役会による防衛手段としての資本再構成が、経営支配にとって効果的な議決権またはその株式を移転させる場合、Revlon基準でいう会社支配権の移転とみなされ、そして、もし、支配権の移転を伴わない場合、買収防衛手段は、Unocal基準にのみ服すると述べている。

3　Time 判決

Time 判決（Paramount Communications, Inc. v. Time Inc., 571 A. 2d 1140 (Del. 1989)）の事案では、まず、Time 社（以下、T社という）の取締役会が、Warner 社（以下、W社という）との合併を承認し、その対価として、W社の株主が、存続会社の株式のおよそ六二パーセントにあたるT社の新株を受け取るというものであった。それには、当該取引が成立しなかった場合、当事者が株式を交換することが発動するロックアップ条項や、ノーショップ条項が含まれていた。T社の株主総会で当該合併契約を承認する直前に、Paramount 社（以下、P社という）が、T社に対し株式公開買付けの提案を行ったが、T社の取締役会は、T社と交渉すらせず、当該申込みを拒絶した。さらに、T社とW社の取締役会は、P社による敵対的買収を阻止するために、T社がW社の株式の過半数を公開買付けにより取得し、残りの株式についても締め出し合併を行うことに合意した。そこで、P社は、T社が売却されるべきかどうかについて決定する権限をT社株主に付与する義務がT社取締役会にあると主張して提訴した。

デラウエア州最高裁判所は、取締役はその権限の行使に際し、株主の多数の意思に従う義務はなく、株主は会社が売られるべきかを決定する権利を有しないと判示した。また、裁判所は、T社とM社との最初の合併に関する取締役会決議については、経営判断の原則が適用され得るとしたものの、P社の競争的な株式公開買付けを阻止するためのロックアップその他の防衛手段を施した上でのT社のW社に対する株式公開買付けについては、Unocal 基準で審査されるべきであると判示した。すなわち、裁判所は、Revlon 基準は、その他の可能性を排除するわけではないとしながらも、対象会社がそれを売却するための活発な競売を開始し、会社の解体を含む取引を選択する場合に発動するとし、本件はこのような場合にはあたらないとしたのである。

4　ＱＶＣ判決

ＱＶＣ判決（Paramount Commc'ns Inc. v. QVC Network Inc., 637 A. 2d 34 (Del. 1994)）の事案では、Paramount 社（以下、Ｐ社という）が Viacom 社（以下、Ｖ社という）と合併契約を締結し、それには、Ｐ社の取締役が第三者と経営統合について交渉することを妨げるノーショップ条項、当該合併契約が履行されなかった場合、Ｐ社からＶ社に支払われる違約金（termination fee）条項およびＶ社がＰ社の株式のおよそ二〇パーセントを取得できるとするロックアップオプションが含まれていた。このような買収防衛手段にもかかわらず、ＱＶＣ社（以下、Ｑ社という）は、Ｐ社に対して競争的な買収提案を行ったが、Ｐ社の取締役会はＱ社の提案を拒絶し続けたため、Ｑ社がＰ社の防衛手段の差止めを求めて訴えた。Ｐ社はＱ社が、Ｐ社とＶ社の合併後の存続会社に対して株式公開買付けを行うことまで法的に妨げていたわけではないが、もともとＶ社には支配株主が存在しており、合併後の存続会社においても、同じ支配株主が存在し続けることに変わりがなかった。その支配株主は、合併後の会社において持株比率以上の利得が可能であり、そのため、支配株主は対象会社の取締役に対して何らかの報酬を与えてでも買収しようとし、支配株主は、その他の買収提案を阻止する事実上の能力を有している。結果として、本件は経営支配権をめぐる競売特有の利益相反が関係している。株主の支配権プレミアムにおける利益は、Ｐ社の取締役の利益相反によって、株主からＶ社およびその支配株主への富の移転がもたらされる可能性を示している。

本件において、デラウエア州最高裁判所は、Revlon 基準の発動事由が、活発な競売の開始および会社の解体にあるとする Time 判決を変更したわけではないが、裁判所の「その他の可能性を排除するわけではないが」の文言に着目して、支配権の移転も、その発動事由であると判示し、本件に Revlon 基準を適用した。

このように、Time 判決で限定的に解釈されていた Revlon 基準の発生事由について、ＱＶＣ判決は、支配権取引において利益相反があるような場合にもその解釈を広げたのである。

5　Arnold 判決

Arnold 判決（Arnold v. Soc'y for Sav. Bancorp, Inc., 650 A. 2d 1270（Del. 1994））では、デラウエア州最高裁判所は、Revlon 基準の発動事由について次のように判示した。すなわち、「対象会社の取締役は、少なくとも、①対象会社がそれを売却するか、会社の解体を含む事業の再構成を行うために活発な競売手続を開始する場合、②買収提案に応じて、対象会社がその長期的な経営戦略を放棄し、また、会社の解体を含む取引を模索する場合、③取締役会による取引の承認が経営支配権の売却または移転をもたらす場合において、株主に合理的に得られる最高の価値を提示する取引を模索するために合理的に行動する義務を負っている。そして、両当事会社における支配権が、買収後も、大きな流動市場においで留まっている場合、支配権の売却または移転はない。」

6　Santa Fe 判決

Santa Fe 判決（Santa Fe Pacific Corp. Shareholder Litigation, 669 A. 2d 59（Del. 1995））では、いずれも公開会社であるSanta Fe 社（以下、S社という）と Burlington 社（以下、B社という）が、S社の株式の三三パーセントを公開買付けすることとし、この買付けに成功すれば、B社にS社の株式の一六パーセントを付与することとし、その後、締め出し合併を行い、S社の残りの株主にはB社株を対価として付与することとしていた。それを通じて、S社の取締役会は、Union Pacific 社からの敵対的買収を防衛しようとした。

デラウエア州最高裁判所は、当該取引はS社の取締役に Revlon 義務を発動させるとする原告の主張を、合併後、B社とS社の経営支配権が大きな流動市場に留まらないとの主張をしていないとの理由で退けた。すなわち、そこでは対価の内容が重要ではなく、問題は、B社の株主が大きな流動市場において広く分散しているかどうかであるとした。

7 Lyondell（Ⅱ）判決

Lyondell（Ⅱ）判決（Ryan v. Lyondell Chem. Co., 970 A. 2d 235（Del. 2009））では、Access社（以下、A社という）がLyondell社（以下、L社という）を買収し、違約金を四億ドル（ロックアップ条項）とする合併契約を締結した。デラウエア州最高裁判所は、原審である衡平法裁判所の判決を破棄し、次のように述べた。「対象会社の取締役会がその責任を悪意で免れた場合にのみ忠実義務違反となり、取締役が最高の売却価格をまったく得ようとしなかった場合にのみ責任が発生する。取締役が義務の存在を認識したにもかかわらず、その義務を故意に果たさなかった場合には、bad faithであることが認められる。しかし、取締役はRevlon義務を果たさねばならないという法規定はないので、会社の売却手続において何らの特別な措置を採らなかったとしても、その義務を故意に無視したことにはならない。」

四 近時のデラウエア州衡平法裁判所の判決

1 Lukens判決

Lukens判決（In re Lukens Inc. S'holders Litig. 757 A. 2d 720（Del. Ch. 1999））では、Lukens社（以下、L社という）とBethlehem Steel社（以下、B社という）が、L社の一株に対してB社の株式と現金とを合わせて対価とする合併に合意した。L社の株主は、対価の内訳として最高六二パーセントを現金で受け取る権利があった。その場合、現金と株式の比率は、六二パーセントと三二パーセントであった。Lamb副大法官は傍論でつぎのように述べた。

すなわち、「そのような状況において、被告取締役は合理的に得られる最高の価格を求める義務をどうして負わないのか理解できない。被告取締役は、合併対価の三二パーセントは、支配株主が存在しないB社の普通株式であるがゆえ、Revlon 基準およびＱＶＣ基準が適用されないと主張するが、それには賛成できない。現金での対価が六二パーセントであろうと一〇〇パーセントであろうと、取締役は株主が最高の価格を得られるよう合理的な措置を採る義務を負っているはずである。なぜなら、いずれにせよ、株主の実質的な多数にとって、会社の長期的な展望がないからである。」

2　Lyondell（Ⅰ）判決

Lyondell（Ⅰ）判決（Ryan v. Lyondell Chem. Co., C.A. No. 3176, 2008 WL 2923427（Del. Ch. July 29, 2008））では、衡平法裁判所は、L社の取締役会は、会社の売却について活発であり、会社の市場価値についてある程度認識していたということを認めつつも、交渉期間が七日以内であったこと、他の競争的な買収者を探索すべく市場調査を怠ったこと、交渉・売却手続が十分に尽くされていなかったことを理由として、取締役会の行動には不備があったことを認定した。その上で、取締役会は Revlon 義務を尽くしたかどうかについて重大な疑いがあると判示した。

3　NYMEX 判決

NYMEX 判決（In re NYMEX S'holder Litig., C.A. Nos, 3621-VCN, 3835-VCN, 2009 WL 3206051 at 1 (Del. Ch. Sept. 30, 2009））では、ＣＭＥ社（以下、Ｃ社という）が NYMEX 社（以下、Ｎ社という）に対し買収提案をし、Ｎ社株式に対する対価は、Ｃ社の五六パーセントの株式と四四パーセントの現金との混合であった。本件は、請求が却下されたため、本件事実に Revlon 基準が適用されるかどうかの問題は未解決のままであるが、Noble 副大法官は、傍論でつぎのように述べた。

すなわち、「Revlon 基準は、会社の支配権の基本的な移転が生じる取引にのみ適用され、支配権の基本的な移転は、会社の支配権が、合併後も大きな流動市場の中に留まっている場合には生じない。現金だけが買収会社の株主に支払われる対価である取引において、会社の支配権は、大きな流動市場に留まらないので、会社の支配権の基本的な移転が生じ、それゆえ、Revlon 基準が発動する。現金と株式を対価とする合併を含む取引においては、対価の何パーセントが現金であれば Revlon 基準が発動しないのかについて、デラウエア州最高裁判所は、未だ明らかにしていない。」

4　Smurfit 判決

Smurfit 判決（Smurfit-Stone Container Corp. S'holder Litig., 2011 WL 2028076, at 12 (Del. Ch. May 24, 2011)）は、対象会社が公開会社である Smurfit-Stone Container 社（以下、S社という）が、買収者であり公開会社である Rock-Tenn 社（以下、R社という）の完全子会社との三角合併に関するものであり、S社の株主には、対価の五〇パーセントが現金で支払われ、残りの五〇パーセントがR社の株式で交付された。

本件において、Parsons 副大法官は、たとえ、クロージング後のR社の支配権が大規模の流動的市場に留まり続け、S社の株主が支配権プレミアムを取得する場合であっても、Revlon 基準が適用されると明確に述べた。

5　Steinhardt 判決

Steinhardt 判決（Steinhardt v. Howard-Anderson, No. 5878-VCL (Del. Ch. Jan. 24, 2011)）では、Occam Networks 社（以下、O社という）が、Calix 社（以下、C社という）に買収してもらうよう提案し、そこでは、C社の株主は五〇パーセントを現金、残りの五〇パーセントをO社の株式で対価を得ることになっていた。また、合併後は、O社の株主は存続会社であるC社の議決権株式の一五パーセントから一九パーセントまでのいずれかの割合を保有することになっていた。

本件において、Laster 副大法官は、当該取引は Unocal 判決と Revlon 判決の両方に適用され得る統一基準であるQVC基準を用いて審査されねばならないと判示した。そして、合併後、対象会社の株主は、合併後の存続会社の株式のおよそ一五パーセントだけしか保有することにならないという事実に着目した。結果として、Laster 副大法官は、これは、対象会社の取締役が対象会社の株主の支配権プレミアムを最大化させねばならない最後の機会であると判示した。

五　Revlon 基準の発動事由

デラウエア州最高裁判所は、Revlon 義務を意識しなければならない場面として、①会社がその売却または会社の解体を含む事業の再構成を模索して活発な競売手続を開始した場合、②最初の買収提案に応じて、対象会社がその長期的な経営戦略を放棄し、会社の解体を含む取引を模索した場合、③当該取引の承認が、経営支配権の売却または移転を結果としてもたらす場合（以下、「発動事由」という）を明示している。(21)

そして、Arnold 判決では、デラウエア州最高裁判所は、合併前の両当事会社の支配権が合併後も大規模で流動的な市場に留まっている場合、会社の支配権の売却または移転はないと判示した。このことは、合併後の会社が、大規模で流動的な市場において広く分散した株主によって所有されていることを結果としてもたらし、支配株主の存在しない公開会社による買収には、その対価がすべて株式であろうと、現金であろうと、またその混合であろうと関係なく、Revlon 基準を発動させるものではないことを意味している。

また、Santa Fe 判決において、デラウエア州最高裁判所は、B社とS社の合併後の経営支配権が大きな流動市場に留まることを原告が主張できていないことから、当該取引がS社の取締役の Revlon 義務を発動させるとする主張を退けた。ここでも明らかなことは、対価の内容が重要ではなく、問題はB社の株主が大きな流動市場において広く分散しているかどうかである。

しかしながら、NYMEX 判決において衡平法裁判所は Santa Fe 判決を、対価における現金の割合が三三パーセント以下であれば、Revlon 基準は適用されないということを示したものと曲解した。対価における現金比率のそれより高い割合については、衡平法裁判所は、対価の何パーセントが現金であれば Revlon 基準の適用を受けないのかをデラウエア州最高裁判所が明確に示していないということを前提に、Lukens 判決に依拠した。NYMEX 判決における衡平法裁判所による、Santa Fe 判決のこのような解釈は、Revlon 基準を発動させるための現金対価比率の下限と上限についてなんら言及しておらず、取引後の株式の所有構造について言及しているデラウエア州最高裁判所の分析と一致させることはできない。

また、Smurfit 判決は、Arnold 判決を引用した際に重要な部分を省略している。すなわち、Arnold 判決は、Revlon 基準を発動させる三つの場面の一つである「取引の承認が経営支配権の売却または移転をもたらす場合」について、さらに、「両当事会社の経営支配権が合併後も大きな流動市場に留まっている場合には、会社の支配権の売却または移転は存在しない」と判示している。つまり、支配株主の存在しない公開会社による買収が、結果として大きな流動市場において広く分散している株主によって所有される合併後の存続会社をもたらす場合、当該取引の対価がすべて株式であろうと、すべて現金であろうと、株式と現金の混合であろうと関係なく、Revlon 基準は発動しないということが示された。

Lyondell（II）最高裁判決も、Santa Fe 判決と Arnold 判決を確認しているが、その原審である衡平法裁判所は、対象会社の取締役会が現金で会社を売却する場合には Revlon 基準が適用されると判示して、Revlon 基準の発動事由について解釈の幅を拡張させた。

対象会社の取締役は、活発な会社売却手続を開始しているわけではないので、「発動事由」の①には該当しない。また、当該取引においては、敵対的買収提案または対象会社の長期的な経営戦略の放棄または会社の解体が含まれていないことから、「発動事由」の②にも該当しない。

しかしながら、対象会社の取締役会が、非公開会社であるA社への売却を決定したときに、「発動事由」の③に該当するとされている。[22] 当該取引により、経営支配権が大きな流動市場における株主から、単独の支配株主に移転したからである。結果的には、デラウエア州最高裁判所は、対象会社が単に in play である（解体が明らかとなってはいない）ことを理由に、Revlon 基準は適用されないと判示した。

ところで、Lukens 判決以後の衡平法裁判所の判決は、対価として現金を取得する対象会社の株主が、合併後の株主に発生し得る合併後の収益を受ける機会を有していないという論理に依拠している。

Smurfit 判決においては、株主のS社への投資の五〇パーセントが現金で締め出されてしまう事実が問題とされているが、しかしながら、買収者が公開会社である限り、現金で締め出された株主は、合併後の会社の株式を再度購入し、合併後の会社の将来のプレミアムを含む収益を受けることは可能である。[23]

それゆえ、締め出される株主に将来性があるかどうかが重要ではなく、合併後の会社が公開会社であるか、非公開会社であるか、さらに、その会社に支配株主が存在するかどうかが重要である。

また、そもそも、Revlon 基準の発動にとってもっとも重要なことは、対象会社の取締役の利益相反が取締役会の決定に影響を与える可能性であり、Lukens 判決以後の衡平法裁判所は、対価がすべて現金か一部現金での取引が、Revlon 判決やQVC判決で問題となっていることと同様の利益相反を示しているかどうかについて検討すべきであったとされている。[24] 衡平法裁判所がもしそのようにしていれば、公開会社の合併が別の公開会社によって行われる限り、広く分散した株主は、当事者間の収益の分配については関係がないであろうし、また、対価の内容についても関係がなかったであろう。[25] 逆に、もし、合併によって非公開会社になる場合、または合併後の会社が公開会社であったとしても、支配株主が存在する場合、支配株主が将来の収益を持株比率以上に搾取する危険や、買収の際に、対象会社の取締役と不正な取引をする危険がある。[26] これこそが、Revlon 基準が発動すべき場合であろう。

以上のように、Lukens 判決およびその後の衡平法裁判所の判決は、Revlon 基準をさまざまな取引に幅広く適用しようとし、その新たな理解を求めて手探りしたのであろうとされている[27]。

とくに、Steinhardt 判決において Laster 副大法官は、対象会社の取締役があまりにも安価で会社を売却し得るのではないかとの懸念から、支配権プレミアムの分配を強調している。なぜなら、もし、対象会社の取締役会が合併における適切な対価を確保できなければ、対象会社の財産における株主の権利が希薄化され、その価値は買収会社の株主に移転してしまいかねないからである。

しかしながら、Revlon 基準を進化させようとした衡平法裁判所の試みは、以下の理由で失敗であるとされている[28]。

第一に、Laster 副大法官は、対価の何パーセントが現金であるかに着目するどころか、合併後の会社の何パーセントが対象会社の株主によって保有されることになるかに着目している。しかし、いずれにせよ、現金の対価の割合は、対象会社の取締役会が適切な価格を得たか、または、対象会社の取締役会に利益相反があったかどうかを決定するのに重要ではない。

第二に、もし、対象会社の株主が、合併後の会社の小さな割合の株式を受け取る場合に Revlon 基準が適用されるというのが新しい基準であるとすれば、それは機能しないか非論理的である。なぜなら、対象会社の株主が受け取る対価が、合併後の会社の株式の一パーセントであろうと九九パーセントであろうと、対象会社の取締役会が適切な価格を得ない危険が依然として残されているからである。

(21) Smurfit-Stone Container Corp. S'holder Litig., 2011 WL 2028076, at 12 (Del. Ch. May 24, 2011).
(22) Bainbridge, supra note 2 at 3332.
(23) Id. at 3334.
(24) Id. at 3335.

(25) Id. at 3335.
(26) Id. at 3335.
(27) Id. at 3335.
(28) Id. at 3336.

六　おわりに

企業買収における対象会社の取締役の Revlon 義務は、株主のために最高の取引を確保することであり、そのために、ロックアップ等その他の防衛手段の採用により、ある買収者を贔屓的に優遇する権限は否定されないものの、それは株主の現在価値のために行わねばならず、不適切な動機によるものであってはならない。

デラウエア州最高裁判所は、Revlon 基準の発動事由として、①対象会社の取締役会がその会社を売却するために、または、会社の解体を含む事業再構成を行うために、活発な競売手続を開始した場合、②最初の買収提案に応じて、対象会社がその長期的な戦略を放棄し、会社の解体を含む取引を模索した場合、③当該取引が会社の支配権の売却または移転をもたらす場合、を明示している。

また、最近のデラウエア州衡平法裁判所の判決とは異なり、③当該取引が会社の支配権の売却または移転をもたらす場合は、買収者によって交付される対価に影響を受けるものではない。もし、合併後の会社において、株主が大きな流動市場において広く分散することになるならば、Revlon 基準は適用されない。ただし、もし、合併後の会社に支配株主が存在すれば、当該会社が非公開会社であろうと、上場会社等公開会社であろうと関係なく、Revlon 基準が適用される。これこそが、支配権の移転の意味するものであるとされる。(29)

Revlon基準を巡る最近のデラウエア州衡平法裁判所の一連の判決は、その基準の発動事由を広げようと試みたのであろうが、結局それは失敗であったとされる。しかし、そのおかげで、Revlon基準の発動事由がより明確に絞られ、今後の方向性が見えてきたともいえよう。

(29) Id. at 3338.

閉鎖会社における取締役の経営判断の原則

小林俊明

一　はじめに

取締役の経営判断の結果、会社に損害を被らせた場合でも、その経営判断の過程と内容が著しく不合理でないかぎり、当該取締役に善管注意義務違反による責任を問うことはできない。閉鎖会社の事案ではないが、アパマンショップ・ホールディングス株主代表訴訟判決（最判平成二二年七月一五日判時二〇九一号九〇頁）によって、最高裁もまた、いわゆる経営判断の原則と呼ばれてきた従来の下級審裁判例(1)ないし学説の判断枠組みを追認したものと考えられる。(2)ただし、経営判断の原則といった概念が組織法の領域で認められるとしても、その内容や適用範囲について不明瞭な点が少なくない。右最高裁判決もそのような不明瞭さを踏まえ過去の裁判例と抵触しない範囲で大枠を示したにすぎない。また、経営判断の原則に合理性が認められる根拠についても十分に明らかにされているとはいえない。

取締役が革新的な事業を試みて失敗した場合に責任が課せられるとすれば、リスク回避的な経営に陥るおそれがある。(3)株主もまた取締役が積極的にリスクを引き受け、革新的、冒険的な経営判断を行うことを期待して出資を行っている。あるいは、裁判所による事後的な経営判断の評価は、責任を肯定するバイアスがかかり、過大な責任は有能な人材の登用を困難にさせると説明されることもある。しかし、このような正当化根拠は完全に否定されないまでも、経営判断の原則の本質ないし存在意義を肯定する根拠として十分なものではない。

会社または株主の利益に資するように職務を行うため、取締役に厳しい義務ないし責任を課しながら、他方でこれを緩和する理論がなぜ認められるのか。経営判断の原則はいまだ発展途上にある理論だといってよい。

所有と経営が事実上分離していない閉鎖型の株式会社における取締役の経営判断について経営判断の原則を適用できるかという問題も、裁判例では一見当然のように肯定されているが、十分に検討されていない。たしかにこれまでも小規模閉鎖会社の取締役と大規模公開会社の取締役を同一に論じられないとする指摘もみられたが、(4)必ずしも十分な理由づけがなされてこなかったように思われる。

戦後、経営判断の原則は、わが国の会社法に大きな影響を及ぼし、先行研究も多数存在するが、最高裁判決が現れた今だからこそ、わが国における経営判断の原則と呼ばれる概念を検証し、閉鎖会社における同原則の位置づけを検討する必要があるように思われる。(5)以下では最初に、一般に株式会社に用いられる米国の経営判断原則に関する議論の状況を確認し、つぎにわが国の閉鎖会社においてみられる代表的な経営判断の原則の事例を取り上げて検討を加える。

わが国の経営判断の原則は、所有と経営の分離を基礎にした正当化根拠を重視するものでなく、組織に関する私的自治の尊重を重視したものと推測される。そのように経営判断の原則を理解することができるとしても、閉鎖会社では、支配株主の地位に基づき取締役ないし代表取締役による裁量権の濫用・逸脱のおそれがあることから、大規模公開会社に比し、経営判断の原則の適用範囲を限定する必要がある。

(1)　学説と同様に、裁判所ないし裁判官のあいだでも同原則をどのように考えるか温度差があるようである。ただし、東京地裁民事八部および大阪地裁民事四部は、比較的積極的に同原則の意義を認めていることがうかがえる（東京地方裁判所商事研究会編『類型別会社訴訟Ⅰ〔第三版〕』二三九頁・二四二頁〜二四八頁（判例タイムズ社・二〇一一年）参照）。

(2)　取締役の職務執行について、①当該行為が経営上の専門的判断に委ねられた事項であること、②意思決定の過程に著しい不合理性がないこと、③意思決定の内容に著しい不合理性がないことの三つが要求される（最判平成二二年七月一五日金判一三四七号一二頁）、落合誠一「アパマンショップ株主代表訴訟最高裁判決の意義」商事一九一三号四頁（二〇一〇年）、神田秀樹『会社法〔第一八版〕』二二七頁（弘文堂・二〇一六年）、吉原和志「取締役の注意義務と経営判断の原則」会社法判例百選（別冊ジュリ）一〇八頁（二〇一一年）、神作裕之ほか「ハイブリッドモデルの取締役会等における経営判断と攻めのガバナンス〔上〕」商事二〇八九号八頁（二〇一六年）参照）。

(3)　江頭憲治郎『株式会社法〔第六版〕』四六四頁（有斐閣・二〇一五年）。

(4)　閉鎖会社における取締役の経営判断原則について、より慎重な検討の必要性を説く論文として、近藤光男『取締役の損害賠償責任』三〇頁（中央経済社・一九九六年）、川浜昇「米国における経営判断原則の検討（二）・完」法学論叢一一四巻五号六〇頁（一九八四年）がある。

(5)　本稿は、株式会社を対象とするが、閉鎖型企業である持分会社や協同組合にも同じ議論があてはまる。協同組合は、営利性に基づく組織でないが、構成員が出資持分を有し、持分に譲渡性がないことから、閉鎖会社と同じ特徴を有する事業体と考えてよい。これに対し、構成員の持分概念が認められない非営利法人については、考察の対象外としている。もっとも、非営利法人の理事の義務違反に経営判断原則を適用しうるかに関しては米国でも議論がある。

二　米国における経営判断の原則

1　経営判断の原則の多義性

株式会社における日常の業務執行から、利益配当の実施、組織再編行為、訴訟行為等会社を管理運営していくうえで、取締役会ないし取締役による意思決定は欠かせない。一連の意思決定が違法行為、利益相反行為、権限の濫用・逸脱でないかぎり、結果的に会社に損害を被らせたとしても、取締役個人の責任を問うことはできない。この原則の基礎には、裁判所は、経営判断の過誤に対し、後知恵によって責任を課さないという考え方があり、取締役が取引に伴うリスクの評価を誤った場合が典型的である。取締役がその判断を行った時点では予測できなかったミスである。もっとも、ここまではほとんど異論がないが、同原則の本質、定式および効果となると必ずしも一致をみない。

経営判断の原則はおよそ一七〇年前の裁判例に遡るといわれるが、(6)長い歴史があるだけに、その考慮要素と効果は、米国でも一義的に解されていない。(7)経営判断の原則は、会社法の母法とされるデラウエア州で相当に収斂した定式になっているものの、批判にさらされながら現在も進化している。(8)

一般的には、デラウエア州の経営判断の原則は、会社と利害関係を有しない取締役が、経営判断を誠実に行った場合には、その判断の過誤によって会社に生じた損害について責任を負うことはないとされる。(9)あるいは、経営判断に際し、利害関係のない独立した取締役が十分に情報を収集し、会社の最善の利益に合致すると誠実かつ正直に信じて判断した場合には、健全かつ適法な経営判断であると推定されるとする。(10)その効果は事実上の推定であって、取締役に対する責任追及訴訟において正式事実審理に入る前に却下される。(11)ただ、経営判断の原則の存在意義および要件・効果については、会社法研究者のあいだでも多様な見解が提示され、(12)また、裁判例もそれぞれの州裁判所ないし法廷意見のレベルで相当に幅がある。同時に、研究者による同原則に関する裁判例の分類方法もまた多岐にわたる[13]。ここでは、それほど一般的でないが、米国の経営判断原則を理解するために有益な四つの類型に従って概略してみたい[14]。これは主として経営判断を行った取締役の主観面に着目した類型である。

2　取締役の行為基準と経営判断の原則

(1)　注意義務違反の内容を明確にしない経営判断の原則

米国会社法においても当然ながら、取締役は、会社または株主の利益のために経営を行えるよう包括的な裁量権を付与されている。その反面、そのような裁量権の濫用・逸脱がないように、厳格な信認義務を負うこととされる。この信認義務が厳格であれば、経営の機動性が損なわれる可能性が高くなる。それゆえ、厳格な信認義務の調整弁として経営判断の原則という理論が生成・発展してきた。取締役の負うべき信認義務のうち、注意義務については、同原則を適用し、その責任を軽減しようという動きが生ずるのは会社の経済活動の活発化に伴う自然の流れといえる。しかし、忠実義務違反や法令違反行為については、経営判断の原則による保護から外される。したがって、法令違反行為のほか、取締役の判断について利害関係がないこと、誠実であることといった忠実義務違反の考慮要素に反する場合は、経営判断原則の適用対象にならない。もっとも、それ以上に掘り下げて、経営判断の原則と注意義務違反との関係や内容を明確に示していない裁判例が少なくない。

たとえば、電信電話会社 AT & T の取締役が一九六八年の民主党全国大会期間中の電話料金等の債務を民主党全国委員会から徴収しなかったとして、同社の株主から同委員会に対するサービス提供の差止請求が申請された Miller v. American Telephone & Telegraph Co. 事件がある。この判決は、経営判断の原則を適用した原審を破棄し差し戻した法廷意見のなかで、注意義務との関係や内容を明らかにせず、漠然と経営判断の原則という用語を用いている[15]。そこでは、健全な経営判断の原則は、取締役および役員の経営判断が個人的な利害ないし思惑によって影響を受けず、誠実に行われた場合には、米国のすべての裁判所が会社の意思決定に干渉しないという。そして、経営判断の原則は、同原則が取締役の判断を正当と認める場合には、相当な注意が用いられたと推定すると述べる[16]。

しかし、取締役が相当な注意を用い、会社との利益相反関係が存在せず、誠実に判断が行われた場合には、裁判所は取締役の経営判断に干渉しないといっても、忠実義務違反に該当しない場合を言い換えたにすぎず、取締役に責任を課す理由がないかぎり、その判断に責任を課さないというに等しい。相当の注意を用いたとはどのような場合をさすのか、軽過失があっても注意義務違反になるのか、あるいは重過失がなければ注意義務違反にならないのかという問題が明らかにされず、結局、同語反復的な説明にとどまっている。

このカテゴリーに属する判決は、取締役が完全に職務を放棄し、監視義務を怠ったという場合には、経営判断の原則を適用しないという点では意味があるが、最低限の考慮要素を示しただけであって、それ以上に注意義務違反の内容を示していない。ほかに、詐欺または法令違反行為がない場合という要素を付加し、経営判断の原則の外延を示す法廷意見もあるが、取締役が注意義務または忠実義務に違反したか否かを確認するための当然の限界を説示したにすぎず、何ら役に立たないと批判されている[17]。

(2) 注意義務違反における通常の過失と関連づけた経営判断の原則

取締役の経営判断における注意義務違反について[18]、通常の過失が認められる場合には、取締役は同原則によって保護されないという趣旨の経営判断の原則の類型もある。この類型の経営判断の原則は、取締役の注意義務違反の基準として、重過失でなく通常の過失を要求する。そのため保護範囲が狭くなり、取締役にとってはやや厳しい基準となる。もっとも、この種の裁判例は、多数派とはいえない。やや古い判例であるが、通常の過失基準を実際に適用したケースとして、Litwin v. Allen 事件がよく知られている[19]。

この事例では、三〇〇万ドルの社債の購入によって取締役が Guaranty Trust Company に被らせた損害について、同社の株主が取締役の責任を追及する代表訴訟を提起した。原告株主は、同社の取締役が会社に被らせた損害について、社債の価値の下落を問題にしたのでなく、社債購入時の合意によって、売主に六ヵ月以内に売却価格で当該社債を買い戻すオプションを付与したことに注意義務違反が認められると主張した。社債の価値が下落すれば会社が損失を被るリスクを負い、上昇すれば売主が買戻しのオプションを行使することによって、同社はプレミアムを取得できない。社債の価格変動にかかわらず、同社の利益にならないことは明らかである。

これに対しニューヨーク州最高裁判所は、「これは経営判断の問題ではない。取締役はたんにこの場合にその状況に応じた注意を払わなかったというにすぎない。銀行の取締役がその業務執行について過失に基づく責任を負うという理論を捨て去らないかぎり、この取引に関し責任を課さざるをえない」と判断した[20]。同社の取締役が相当な注意を尽くして契約を締結していれば、まったく利益を得られない契約条項を挿入することはありえず、取締役は過失による責任を免れないとする。

(3)　取締役の行為の誠実性を重視した経営判断の原則

ほとんどの州裁判所は、取締役の注意義務を前提として過失の有無を審査するが、過失の有無と切り離して経営判断の原則を適用する裁判例の類型もみられる。これは経営判断の原則を注意義務の問題とせず、取締役の判断の基礎となった動機に着目し、経営事項を誠実に判断したかという観点から同原則を適用する類型である。

たとえば、ニューヨーク州裁判所による Kamin v. American Express Company 事件[21]における法廷意見はまさにこの類型の一つと考えられる。Kamin 判決は、原告株主が現物配当を承認した American Express の取締役に対して株主代表訴訟を提起した事案である。これは株式を現物配当として交付したケースであって、American Express が投資として現物配当実施の数年前に購入した他社の株式であり、株式価値はすでに下落し含み損が生じていた。原告は、同社はその株式を現物配当にするのでなく、第三者に売却して損失処理すべきだったと主張した。しかも当該株式を売却していれば、税制上、同社はおよそ八〇〇万ドルを節税できる資本損失控除を受けられたはずであった。しかし、同裁判所は、原告株主による訴訟原因の記載を欠くとして原告の訴えを却下した。その際、同裁判所は経営判断の原則の判断枠組みを示したうえで、取締役の判断内容の審査を否定している。

「(ニューヨーク州事業会社法）七二〇条(a)項(1)号(A)では、取締役が『自己の職務に関する会社財産の管理・処分において、その職務の懈怠・不履行またはその他の違反行為』に対し、取締役を訴えることを許容している。しかし、これは不適切な判断をした、または思慮を欠く行為を行った通常の過失について責任を問うことができるわけではない。制定法規定にいう『懈怠（neglect)』は、職務に関する懈怠（すなわち、失当行為（malfeasance）または不作為による懈怠（nonfeasance)）であって、過誤に基づく判断（misjudgment）ではない。取締役に詐欺、不誠実または不作為による懈怠がなく、取締役が漫然と配当を宣言し交付したという主張は、通常、是認されない判断を行ったというにすぎない」と述べ、被告によるサマリジャッジメントの申立てを許容し、取締役の責任を否定した。(22)

Kamin 判決では、原告株主は、American Express の取締役会がなぜ現金による配当でなく現物配当を行ったかにつき争点にしようとしたが、裁判所としては、取締役の行為が詐欺、不誠実または懈怠がなければ、経営事項に関する内容の妥当性を審査しないと述べたにすぎない。(23) この種の判決は、取締役が誠実に経営判断を行い、そのような判断に一定の合理性が認められるかぎり、裁判所はそれ以上注意義務違反に関する審査を行わないとする。

取締役の注意義務違反を問題とせず、誠実性のみを重視する立場を突き詰めると、経営判断の原則の適用によって、あたかも注意義務を排除したかのような効果を付与することになる。そうなると注意義務の機能は、もはや監視義務違反となる不作為や職務怠慢のケースのみに限定されたものとなる。しかし、ほとんどの裁判例は、取締役の主観的な動機のみに限定せず、その判断の客観的な合理性を考慮する。取締役の判断に不誠実性、悪意または詐欺がないことによって非難可能性がないことを明らかにし、そのうえで経営判断に客観的な合理性が認められるか等の要素を加える。ほかに、広く主観的なアプローチに従いながら、取締役に誠実な動機が認められる場合であっても、きわめて非常識な判断である場合には取締役に責任を課す余地を残す裁判例もみられる[24]。誠実性とセットで考慮される要素としてもっとも一般的なものが会社の最善の利益に合致するかという要素である。このように誠実性を中心に据えた基準は、取締役の保護を厚くしようという政策的意図が影響しているが、取締役が誠実に会社の最善の利益に合致するように判断したといっても、当該取締役の不確かな動機が基準とされ、結果的に取締役に甘い判断になるおそれがある。

(4)　注意義務違反における重過失と関連づけた経営判断の原則

通常の過失による基準と誠実性による基準の中間的な基準がデラウエア州である。デラウエア州最高裁は、少なくとも一九八〇年代中ごろには、注意義務違反における重過失基準をクリアした取締役の行為に経営判断の原則を適用することにした。デラウエア州最高裁は、Aronson v. Lewis 事件において、この立場を明確にしている[25]。「デラウエア州の裁判例は、注意義務を適用するさまざまな考慮要素を用いているが、我々の分析では、経営判断の原則のもとで、取締役の責任は、重過失という概念に依拠することで足りる」とする[26]。その翌年に出された Smith v. Van Gorkom 事件においても、デラウエア州最高裁は、経営判断の原則を適用せず、取締役の責任を肯定したが、そこでは重過失基準を明らかにしており、その後の判決でもたびたびこの判決が引用されてきた[27]。このアプローチは、広く他州の裁判所にも浸透している[28]。

デラウエア州裁判所における会社法の裁判例では、重過失は、「著しく注意を欠く無関心（reckless indifference）、意図的な無視（deliberate disregard）または条理に反する行為（without the bound of reason）」を意味するという[29]。わが国でも、この点は繰り返し紹介されており、日本法でいうところの重過失以上に非難可能性が強いものと認識されているが[30]、米国においても具体的な事実に即して重過失の有無を認定することは難しいようである。たしかに理屈のうえでは、重過失とは、同じような状況下で合理的な人物であれば用いたであろう注意を欠いたというよりも、著しく注意が欠如していたという心理状態を指すのであろうが、非難に値する言葉を重ねた以上のものでない。あるいは何ら実質的な意味を有しない用語であると批判されている。(31)

Van Gorkom 事件は、Trans Union Corporation の売却をめぐって合併の取消し、あるいは株式の公正価格と売却価格との差額分の損害賠償を求めて、同社の株主であった原告が取締役に対し、クラスアクションを提起した事案である。同社の最高経営責任者でかつ取締役であった Van Gorkom は、同社を退任する前に、著名な実業家でかつ企業買収の専門家である Jay Pritzker が支配する会社に対し、Trans Union を売却する交渉を行った。いわゆるレバレッジド・バイアウトのスキームに基づくこの合併契約は、合併直前の Trans Union の株式価値を一株五五ドルとして Trans Union の株主に金銭を交付する現金交付合併であった。この合併にあたって Trans Union の取締役会と株主総会の双方で承認が必要であり、実際に双方の承認を得た。しかし、デラウエア州最高裁判所は、たった二時間の取締役会の会議で、Van Gorkom が二〇分ほど口頭でその合併につき説明しただけであって、他の取締役もあらかじめ合併契約を検討する機会も与えられなければ、十分な株式価値の調査も行われなかったと認定し、経営判断の原則の適用を否定した。

デラウエア州最高裁の多数意見は、取締役が十分な情報を得たうえで判断しなかった点で重過失があると認定したが、反対意見は、通常過失さえ問えるかどうか疑わしいケースであると指摘している。(32) Trans Union の社外取締役は、シカゴ大学ビジネススクールの教授や、上場会社のCEOを歴任した著名な経営者も就任していた。(33) これらの取締役は十分に Trans Union の経営について理解しており、彼らがさらに時間をかけて買付価格が妥当か否か検討し、取締役会で助言する必要があったのか疑問視されている。一株当たり約三八ドルであった Trans Union の市場価格を超える、実質的なプレミアムが提示されたにもかかわらず、さらに検討を重ね、価格の上乗せを助言する必要があったのか疑問を示す見解は少なくない。(34) また、株主がその合併を株主総会で否決することもできたにもかかわらずそうしなかった場合に、取締役に過失があるといえるのかという批判もある。(35) しかし他方で、取締役は、より正確に分析された情報を株主総会で開示しなければならないので、これを怠った点で重過失を認定されてもやむを得ないという見解もみられる。(36) Van Gorkom 判決は、注意義務違反に基づく取締役の責任が肯定されたきわめて珍しい事案であるとともに、(37) 特定の事案において、経営判断時の取締役による情報収集・分析に関する過誤が通常の過失と重過失のいずれにあたるのか判断することの難しさを物語っている。

以上のように、経営判断を行った取締役の主観的事情に着目しただけでも、経営判断の原則は、①注意義務違反の内容を明確にしないもの、②通常過失に関連するもの、③誠実性に基づくもの、④重過失に関連するものに分けられる。このように主観面による分類のアプローチは、つぎにみる経営判断に関する審査方式と結びつけて分析することにより、米国における経営判断の原則の構造をいっそう深く理解することができる。

3　経営判断の原則における判断過程と内容の区別

取締役が経営判断の際に注意義務に違反したか否かについて検証する裁判所の審査方式として、すでにわが国でも二つのアプローチが定着しているが、これは米国会社法に由来するものであることは異論をみない。一般には、米国の経営判断の原則は、実体的な判断内容について裁判所は審査しないといわれる。(38) たしかに判断過程を中心にした審査を行うが、現実にはこのような区別は難しく、見方によっては内容を審査していると評価しうる裁判例も少なくない。

前述の Litwin 判決では、取締役の判断の実体的な内容に踏み込んだものという見方もできる。裁判所は、取締役が社債購入時に利益をまったく取得できなくなる事態を予測しなかった点で判断内容の不合理性ないし妥当性を評価したといえないこともない。取締役が通常はありえない判断をしたことで会社をリスクにさらしたことから、その判断自体が著しく不合理であったということができる。取締役会が行った合意は、きわめて馬鹿げた常識外れの判断と考えたわけである。取締役会が判断過程でどのような討議を行ったのか、Litwin 判決ではほとんど問題にされていない。

対照的に、Smith v. Van Gorkom 事件では、原告が注目したのは、取締役会が合併を決定するまでの手続的な過程であった。裁判所は、取締役が事前に合併契約を読まず取締役会に参加し、十分な質疑も行わず二時間余りの会議によって会社の売却を決定した点に重過失があるとして取締役を非難している。しかし、実際には、Trans Union の株式価値として、一株五五ドルが妥当かどうかわからなかった。それでも裁判所は、取締役が十分な情報を収集・分析したとはいえず、プロセスに問題があると評価した。

要するに、判断内容中心の審査か、判断過程中心の審査かという審査方式の相違は、それぞれの原告が取締役の注意義務違反となる事実を証明するために選択した主張・立証方法によって生じたにすぎないとみることもできる[39]。たとえば、Van Gorkom 判決では、原告は、一株当たり五五ドルという合併契約の内容でなく、たまたま取締役が取締役会決議に至るまでに情報収集と分析を十分に行わなかったことから、判断内容の不合理性よりも判断過程における重過失を主張・立証するほうを選択したにすぎない。かりに原告の主張が異なっていれば、裁判所の審査基準も異なっていた可能性があり、いずれの法廷意見も判断内容と過程のどちらを重視して審査するかを意識していなかった可能性がある。

それでも経営判断の原則の解釈として、判断過程と内容に分けたうえで、判断過程について原告が取締役の注意義務違反を証明できなければ訴えは却下されるとする審査方式が広く浸透してきた。このアプローチは、取締役の判断自体の合理性・妥当性と、判断に達する過程において取締役が用いた注意の程度を区別して審査する。ただ、明らかに例外的に判断内容を注意義務基準に照らして審査する場合もある[40]。この点は、誤解しやすいところであるが、米国の経営判断の原則でも異論がない[41]。もちろん、圧倒的に判断過程を重視するのがデラウエア州裁判所の立場である[42]。判断内容の妥当性やどれだけその判断が賢明であったかという評価を行わない点は繰り返し判示されている。しかし、それでは取締役の判断が注意義務はもとより忠実義務に違反しないが、判断内容につき著しく合理性ないし妥当性を欠く事案を補足できない不都合が生じたために若干判断内容の合理性ないし妥当性に目を向ける判決が現れたものと考えられる。

デラウエア州裁判所が、Disney 訴訟において取締役の負うべき信認義務の内容として、忠実義務と注意義務のほかに第三の独立した誠実義務を持ち出したのも、積極的に判断内容を審査しようとした意欲の表れといえないこともない(43)。期待された職務執行を行わず、就任からわずか一年二ヵ月後に解任された取締役に就任時の任用契約に従っておよそ一億四、〇〇〇万ドルを給付した Disney 社の取締役に対し、株主が代表訴訟を提起した事案では、デラウエア州裁判所は取締役が行った判断内容を審査しないという立場を明らかにし、その責任を否定したものの、同時に判断内容の審査を行う場合があることも示唆している。

他方、判断内容すべてについて完全に審査を排斥する経営判断の原則の例もある。取締役に対する責任追及訴訟の提訴・終了等の判断がその典型例である。これは構造的利益相反を伴う会社・取締役間の訴訟であることから、特殊な例といえる。とくにニューヨーク州最高裁による Auerbach v. Bennett 事件の法廷意見は、このような極端な形式の一例である(44)。

Auerbach 判決は、取締役会により指名された利害関係のない取締役による特別訴訟委員会が適法に株主代表訴訟を終了させられるかが問われた事案であって、わが国でもたびたび紹介されてきた(45)。この事案では、General Telephone & Electronics Corporation（GTE）の取締役一三名のうち四名が一九七一年から一九七五年にかけて海外の政府高官等に対し、総額一、一〇〇万ドルを超える賄賂ないしリベートを支払っていたことから、株主により損害賠償責任を追及する代表訴訟が提起された。これに対して、GTE の取締役会は、この事件後に同社に就任した三名の取締役からなる特別訴訟委員会に訴訟終了を含め、本件訴訟への対応を委ねた。その結果、原告株主による代表訴訟が会社の最善の利益に合致しないとして、訴え却下の申立てを行った。第一審では、経営判断の原則を適用して訴えは却下されたが、その後の差戻審で却下された後に再び上訴された。

ニューヨーク州最高裁は、特別訴訟委員会の構成員が利害関係のない独立取締役か否か、特別訴訟委員会により適切かつ十分な調査手続がとられたかについて審査するが、その判断内容については経営判断の原則が適用される旨明らかにした。すなわち、裁判所は、実体的判断に達した際に委員会によって考慮された要因やその構成員によって配慮された問題について審理することはできないとして、特別訴訟委員会の判断内容についていっさい審査しない旨述べている。(46) 会社・取締役間の訴訟という特殊な場面であって、判断過程と内容に区別しやすいこともあるが、この判決は、明らかに訴訟の取扱いに関する判断の内容に立ち入らない立場をとる。

以上から、一口に経営判断の原則といっても、実体法のレベルでさえ相当に解釈に幅があるほか、その本質も明らかでない。一般に裁判所は判断過程と内容を峻別し、内容に干渉しないというが、各事案の解釈の仕方によって異なる見方もできる。また、デラウエア州でさえ内容審査の余地を残す裁判例もある。そのようななかで模範法による定式化の試みもなされてきた。

4 経営判断原則の定式化の試み

(1) 米国法律家協会（American Law Institute〔ALI〕）によるコーポレート・ガバナンス原理における定式化

ＡＬＩが一九九二年に作成・公表したコーポレート・ガバナンス原理四・〇一条(c)項(d)項に経営判断の原則の要件・効果と証明責任が定められている。(47) これは制定法ではないものの、米国会社法の準リステイトメントとしてわが国でもしばしば紹介され、実務にも多大な影響を及ぼしてきた。(48) 四・〇一条は、「取締役および役員の注意義務―取締役の経営判断原則」という見出しのもとに取締役の行為基準を規定し、(49) さらに(c)項において、経営判断の原則の要件を規定する。すなわち、「つぎの場合には、経営判断を行った取締役または役員は、本条における義務を誠実に履行したものとする。(1)取締役または役員が経営判断の対象について利害関係を有しない場合、(2)当該状況のもとで相当に適切であると信じた限度で当該経営判断事項に関する情報を取得した場合、⑶会社の最善の利益に合致すると合理的に信じた場合」と定めている。これは前述の判断過程と内容に分けるアプローチを採用しており、判断に達する際に取締役が用いた手続と内容に分けて要件を設定する。

この規定では、判断過程では、取締役が当時の状況下で「相当に（reasonable）」適切であると信ずる限度で、取締役は経営判断事項に関する情報を収集・分析しなければならない。これはあくまで経営判断の過程の問題である。これに加え、取締役は、判断内容について会社の最善の利益に合致すると「合理的に（rational）」信じて判断しなければならない。会社の最善の利益という基準があるが、裁判所は必然的に取締役の判断内容を評価せざるをえないだろう。つまり、限定的ではあるが、判断内容の問題として扱われている。判断過程と内容に分け、それぞれ「相当に」と「合理的に」信じた場合と使い分けられており、両者が意図的に区別されている点に注意する必要がある。

同原理のコメントでも、相当に信じたという「相当性」テストよりも「合理的」に信じたとする合理性テストのほうが行為基準は緩和されることを認識しており、その結果、取締役の保護が厚くなるようにされている。(c)項の柱書には「誠実」に履行したことになるとする要件があるので、「誠実性」を基準にすることで足りたはずであるが、そのような基準のみでは、判断を行った取締役の動機のみを基準とすることになり、緩やかにすぎる。反対に、情報収集・分析という判断過程で要求される注意義務の基準としての「相当性」基準を判断内容にまで及ぼすのでは、厳しすぎると考えられた。そこで、判断内容については、中間をとって会社の最善の利益という基準とセットで「合理性」という概念を用いたようである。(50)

要するに、ＡＬＩのアプローチは、誠実に判断すべきとする誠実性を最低限の基準としつつ、取締役が自己の判断に達する過程における情報収集に関し、相当性という基準を用い、判断内容については、合理性を基準として相当性よりもレベルを下げたものと理解できる。ＡＬＩのコメントでは、この合理性基準は、実質的には重過失がないという要件に近いものであることを示唆する。[51] こうした用語の使い分けがどれだけ現実に機能するのか疑問がないわけでないが、判断過程に比重を置きつつも、判断内容をどの程度審査すべきか腐心した跡がうかがえるのではないだろうか。ＡＬＩのアプローチの巧妙な構造は、緻密に練り上げられているが、技術的かつ抽象的すぎるためか、わが国でも十分に理解されていないように思われる。

四・〇一条(c)項に続く四・〇一条(d)項は、取締役の注意義務違反の証明責任に関して規定している。いうまでもなく経営判断の原則が適用されなければ、正式事実審理（trial）に入ることになるため、原告・被告の双方にとって訴訟手続上重要である。(c)項の上記要件を満たせば経営判断の原則が適用され、正式事実審理に入る前に却下される。[52]

ＡＬＩ原理の証明責任は、デラウエア州裁判例のように、推定という効果を付与するものでなく、特別の保護を意味するセーフハーバー・ルールの形式をとる点に特徴がある。デラウエア州裁判所における経営判断の原則が適用された場合の効果は、取締役の経営判断が適法であるとの推定を受けることから、この推定が覆されれば、取締役は責任を負わせられる可能性が生ずる。これに対しＡＬＩのアプローチは(c)項の要件を充足すれば直ちに責任を免がれる。そのほか、推定の意味も曖昧であるため、ＡＬＩ原理では意図的に推定という表現を避けたことはよく知られている。[53] 取締役側の視点に立つとデラウエア州判例法における経営判断の原則の保護のほうが、ＡＬＩ原理による保護よりも弱いようにみえる。しかし、デラウエア州の同原則でも、ＡＬＩ原理よりも訴訟手続の早い段階で訴えが却下される可能性が高いことを考えれば、実務上はそれほど保護の効果に差はない。むしろデラウエア州の同原則のほうが優れているという指摘もある。[54]

いずれにせよ、ＡＬＩ原理における経営判断の原則とデラウエア州の同原則とは、要件と効果の点で根本的に性格が異なるものと解されているが、現実にはそれほど大きな差はないようである。

(2)　模範事業会社法（Model Business Corporation Act〔MBCA〕）における定式化の試み

アメリカ法曹協会（American Bar Association〔ABA〕）による一九八四年 MBCA の公式コメントでは、経営判断の原則を定式化するものではないと明言する。これは当初、ＡＢＡも定式化を試みたものの、作業部会における委員のあいだで共通の考慮要素を抽出できず、結局、定式化は見送られた。経営判断の原則の要素およびその要件は、裁判所によって発展させられるべきであって、定式化を行えば州法から独自の経営判断の原則を締め出すことになりかねないことから、各州の判例法による発展に委ねられた。しかし、一九九八年 MBCA の修正では、取締役の責任に関する規定に、実質的には経営判断の原則の要素を組み込んでいる。これは「取締役の行為基準」に経営判断の原則を規定していないだけで、「取締役の責任」に関する規定に経営判断の原則を織り込んだに等しい。相当に詳細な規定になっており、これも経営判断原則の適用に関する重要な指針とされている。(55)

米国における経営判断の原則は、裁判所が広く取締役会の経営判断に干渉しない理論として発展してきた。わが国のように、必ずしも取締役に対する損害賠償請求と差止請求に関する事案を対象に論じられてきたわけでない。MBCA は取締役の会社に対する損害賠償責任に限定していることから、米国では真の意味で経営判断の原則を導入したとは評価されていないと考えることもできる。それゆえ、MBCA も取締役の会社に対する損害賠償責任が問題とされる場面に限定し、実質的に経営判断の原則を導入したと評価するのが適切であろう。(56)

(6)　Percy v. Millaudon, 8 Mart. (N. S.) 68 (La. 1829).

(7)　Stephen M. Bainbridge, Corporate Law and Economics 242 (2002). 米国における経営判断の原則では、いわゆるビジネス・ジャッジメント・ルール（Business Judgment Rule）とビジネス・ジャッジメント・ドクトリン（Business Judgment Doctrine）を区別する論者もみられる。前者は、会社または株主に対する個々の取締役の損害賠償責任を排除する原則であるのに対して、後者は、より広く取締役会の判断自体を保護する理論であるとされる（Joseph Hinsey

Ⅳ, *Business Judgment and the American Law Institute's Corporate Governance Project : the Rule, the Doctrine, and the Reality*, 52GEO. WASH. L. REV. 609, 611-612 (1984)）。このため、後者は、損害賠償責任のみならず、経営判断に基づく行為の差止めや当該判断を無効とする場合も含まれる。しかし、一般的に経営判断の原則という場合には、双方の概念を含めて用いられる（1 STEPHEN A. RADIN, THE BUSINESS JUDGMENT RULE16 (6th. ed. 2007) : MODEL BUS. CORP. ACT ANN. § 8.31 Official Comment. 8-230）。米国の経営判断の原則は、団体の理事者に認められた運営事項に関する判断権ないし裁量権の行使に関し、①内部規則の決定・変更の効力否定、②団体と第三者との取引の効力否定、③理事者の損害賠償責任、④理事者に対する差止めを求める訴訟のそれぞれにおいて、その経営判断を保護するために機能する。

（8） BAINBRIDGE, *supra* note 7, at 242 ; Henry G. Manne, *Our Two Corporation Systems : Law and Economics*, 53VA. L. REV. 259, 270 (1967).

（9） ALLEN, KRAAKMAN & SUBRAMANIAN, COMMENTARIES AND CASES ON THE LAW OF BUSINESS ORGANIZATION 253-254 (3rd ed. 2009). 近年の米国法における経営判断の原則の要件・効果について詳述する論文として、酒井太郎「米国会社法学における取締役の信認義務規範（一）」一橋法学一一巻三号四九頁・七六頁以下（二〇一二年）参照。

（10） AMERICAN BAR ASSN., CORPORATE GUIDEBOOK 27 (6th ed. 2011).

（11） 正式事実審理（trial）の前段階で行われるディスカバリ手続に入る前に、訴訟原因の記載を欠く、あるいは、訴答手続（pleading）の欠缺と評価され、被告による訴え却下の申立てまたはサマリジャッジメントの申立てに基づき却下される。

（12） 経営判断の原則は必要ないとする見解として、Franklin Gevurtz, *The Business Judgment Rule : Meaningless Verbiage or Misguided Notion?* 67S. CAL. L. REV. 287 (1994). 一定の場合には、判断内容の審査に立ち入ることもあるデラウエア州の経営判断の原則に対し、一定の要件のもとに判断内容に関する司法審査を許容しないとする、いわゆるセーフハーバー・ルールと考える見解までさまざまである（Stephen M. Bainbridge, *The Business Judgment Rule as Abstention Doctrine*, 57VAND. L. REV. 83 (2004)）。

（13） 判断過程のみならず、判断内容の審査を一定の範囲で認める消極的な経営判断の原則から、忠実義務違反となるような事実がないかぎり、いっさい審査を排除する積極的な経営判断の原則までバラエティに富む。

(14)　FRANKLIN A. GEVURTZ, CORPORATION LAW § 4.12 (2d ed. 2010).

(15)　Miller v. American Telephone & Telegraph Co., 507 F. 2d 759 (3d. Cir. 1974). 取締役の法令違反に対し経営判断の原則は適用されないとする点でしばしば引用される著名な判決である。料金債務を徴収しないことが、政治献金を禁ずる連邦法に違反するおそれがあることから、この点について審理するよう差し戻された。

(16)　*Id.* at 762.

(17)　Gevurtz 教授は、デラウエア州裁判所の経営判断の原則はこの種の判決と変わらないと批判される（Gevurtz, *supra* note 12, at 288)。ただし、一般には、デラウエア州の経営判断の原則は、重過失基準を用い、その中心的機能が証拠法における事実上の「推定」であって、証明責任の分配において、取締役の責任を問う原告が通常よりもハードルの高い反証を行わなければならないと解されている（S. Samuel Arsht, *The Business Judgment Rule Revisited*, 8 HOFSTRA L. REV. 130 (1979): Franklin Balotti & James J. Hanks, Jr., *Rejuding the Business Judgment Rule*, 48BUS. LAW. 1337, 1344-45 (1993))。これに対し、Gevurtz 教授は、経営判断の原則による推定の効果は、一般的な証拠法上の証明責任の分配とほとんど変わらないと指摘し、それほど大きな意義を認めていない。

(18)　取締役の行為に注意義務違反があったのか、その注意義務違反が過失によるものかという点から審査され、その範囲を限定する際に、経営判断の原則が機能する。過失が基準になるか重過失が基準になるかはさておき、注意義務違反との関係で機能するのが、もっとも一般的な経営判断の原則の役割とされる。たとえば、Casey v. Woodruff 事件の法廷意見は、「経営判断の原則は、注意義務が過失の概念とどのように結びついて機能するかという問題である。二つの概念の間に矛盾はない。裁判所が経営判断事項に干渉しないという場合には、実際に相当な注意を用いて判断が行われたことになる」という（Casey v. Woodruff, 49N. Y. S. 2d 625, 643 (Sup. Ct. 1944))。

(19)　Litwin v. Allen, 25 N. Y. S. 2d 667 (Sup. Ct. 1940).

(20)　*Id.* at 699.

(21)　Kamin v. American Express Company, 86 Misc 2d. 809, 383 N. Y. S2d 807 (1976).

(22) *Id.* at 811.
(23) Jonathan R. Macey, *Judicial Review of Corporate Decisions : Kamin v. American Express Company*, in Jonathan R. Macey, The Iconic Cases in Corporate Law 120 (2008).
(24) Fielding v. Allen, 99 F. Supp. 137, 142 (S. D. N. Y. 1951).
(25) Aronson v. Lewis 473A. 2d 805 (Del. 1984). 株主代表訴訟において、株主による会社に対する提訴請求の要否が問題になった著名な事件である。デラウエア州裁判所における経営判断の原則の要件を確立した裁判例の一つである。
(26) *Id.* at 812.
(27) Smith v. Van Gorkom, 488A. 2d 858 (Del. 1985). 神崎克郎「会社の売却と取締役の注意義務」岸田雅雄ほか編『アメリカ商事判例研究』一〇二頁（商事法務研究会・二〇〇一年）、野田博「コーポレート・ガバナンスにおける法の役割」柴田和史＝野田博編著『会社法の現代的課題』八二頁（法政大学出版局・二〇〇四年）。白井正和「取締役の義務」樋口範雄ほか編『アメリカ法判例百選』二三八頁（有斐閣・二〇一二年）等。
(28) E. g., Deal v. Johnson, 362 So. 2d 214 (Ala. 1978).
(29) Rabkin v. Philip A. Hunt Chemical Corp., 547A2d 963, 970 (Del. Ch. 1986).
(30) Gevurtz, *supra* note 12, at 292.
(31) *Id.* なお、「会社法史上、最悪の判決の一つ」(Daniel R. Fishel, *The Business Judgment Rule and The Trans-Union Case*, 40 Bus. Law. 1437 (1985))、あるいは「デラウエア州法の批評家すべての予測を裏切る裁判例」(Macey & Miller, Trans Union Reconsidered, 98 Yale L. J. 127 (1988)) と酷評する研究者もみられる。
(32) Smith v. Van Gorkom, 488A. 2d 858, 893 (Del. 1985). 五名中二名の裁判官が反対意見を付している。
(33) *Id.*, at 894. Trans Union の合併契約を承認した一〇名からなる取締役会では、五名が社外取締役であったが、いずれも上場会社の取締役を経験した者であった。
(34) Fred S. McChesney, *The "Trans Union" Case : Smith v. Van Gorkom*, in Jonathan R. Macey, *supra* note 23, at 231.
(35) Gevurtz, *supra* note 12, at 293.

（36）BAINBRIDGE, *supra* note 7, at 296–97.

（37）現在、少なくともデラウエア州では、Van Gorkom 判決と同じような事実関係であれば、経営判断の原則が否定されることはなく、会社が定款で免責条項を設ければ責任が免除されるので（DEL. CODE. ANN. tit. 8 § 102 (b) (7)）、実際には、取締役が責任を負わされる可能性はきわめて低い（McChesney, *supra* note 34, at 256）。

（38）3A Fletcher Cyc. Corp. § 1033.

（39）Gevurtz, *supra* note 12, at 294.

（40）David Rosenberg, *Galactic Stupidity and the Business Judgment Rule*, 32 J. CORP. L.301 (2007).

（41）わが国でも、米国の経営判断の原則について、裁判所は判断内容にいっさい立ち入って審査しないという点が強調されたためにそのような誤解が生じたものと思われる（江頭・前掲注（3）四六六頁）。なお、同志社大学日本会社法制研究センター編『日本会社法制への提言』二三六頁〔黒沼悦郎発言〕（商事法務・二〇〇八年）、柴田和史「経営判断の原則・研究序説」柴田和史＝野田博編著『会社法の実践的課題』五七頁（法政大学出版局・二〇一一年）。大杉謙一「役員の責任—経営判断の原則とその射程」江頭憲治郎編『株式会社法大系』三〇八頁（有斐閣・二〇一三年）以下参照。

（42）Brehm v. Eisner, 746 A2d. 244 (Del. 2000). なお、Cede & Co. v. Technicolor, Inc., 634A2d. 345, 361 (Del. 1993) が最初に、誠実義務を注意義務、忠実義務と並ぶ独立の義務と位置づけたことで知られている。

（43）後に、Stone 判決（Stone v. Litter, 911A2d. 361 (Del. 2006)）によって、誠実義務は忠実義務の一つである、あるいは信認義務のなかで忠実義務に含まれる付随的な義務とされた。誠実性に関する詳しい論文として、酒井太郎「米国会社法学における取締役の信認義務規範（二・完）」一橋法学一二巻一号八九頁（二〇一三年）がある。

（44）Auerbach v. Bennett, 47N. Y. 2d 619, 393N. E. 2d 994, 419N. Y. S2d 920 (1979). 株主による代表訴訟における提訴請求に特有の経営判断という位置づけもできるが、裁判所が判断内容を審査しない形式と位置づけることもできる。ニューヨーク州最高裁による審査形式に対して、デラウエア州やＡＬＩの審査形式について、釜田薫子『米国の株主代表訴訟と企業統治』九六頁（中央経済社・二〇〇一年）参照。

(45) 戸塚登「経営判断の法則（二）」阪大法学一二六号四九頁（一九八三年）、畠田公明『コーポレート・ガバナンスにおける取締役の責任制度』一七三頁（法律文化社・二〇〇二年）。

(46) Auerbach v. Bennett, 47N. Y. 2d 633, 393N. E. 2d 1002, 419N. Y. S2d 928 (1979).

(47) 1 American Law Institute, Principle of Corporate Governance : Analysis and Recommendations § 4.01 (c) (1994).

(48) ＡＬＩのコーポレート・ガバナンス原理が一定の影響力を有する権威ある指針であることは疑いないが、当然ながら批判も少なくない。たとえば、William J. Carney, *Section 4.01 of the American Law Institute's Corporate Governance Project : Restatement or Misstatement?*, 66 Wash. U. L. Q. 239, 271-288 (1988).

(49) 証券取引法研究会国際部会訳編『コーポレート・ガバナンス―アメリカ法律協会「コーポレート・ガバナンスの原理：分析と勧告」の研究―』二二頁（日本証券経済研究所・一九九四年）。

(50) 1 ALI, *supra* note 47, at 181.

(51) reasonableness および rationality の訳語については、わが国では、rationality を相当性、reasonableness を合理性とするものが多い（たとえば、近藤光男編『判例法理経営判断原則』七頁（中央経済社・二〇一二年）、吉原和志「取締役の経営判断と株主代表訴訟」小林秀之＝近藤光男編『株主代表訴訟〔新版〕』八二頁（弘文堂・二〇〇二年））。証券取引法研究会国際部会訳編・前掲注（49）二二頁が普及したものと考えられる。ただし、反対に、reasonableness を相当性、rationality を合理性とする論文もある（川浜昇「米国における経営判断原則の検討（一）」法学論叢一一四巻二号八五頁（一九八三年））。本稿は、後者の訳語に従い、rationality を合理性、reasonableness を相当性とした。より一般的に政治哲学を含めた議論では、reasonableness を「理にかなっていること」、rationality を「合理的であること」とする例もみられる（アマルティア・セン（池本幸生訳）『正義のアイデア』五九二頁（明石書店・二〇一一年））。

重要なのは、いうまでもなくその概念が示す内容である。reasonableness は、rationality よりも公正性ないし妥当性の視点が強調され、社会ないし組織において他者との関係で、ある者の行為が客観的に公正かが問われる概念である。したがって、reasonableness は、平均的な取締役が行う情報収集・分析と同程度の水準で行為義務が尽くされていたかが基準とされる一方、rationalityは、他者との関係で公正であるというよりもその行為が論理的に整合性を有するかが問われる。客観性がなくてよいわけではないが、rationalityのほうがやや主観的な視点に立った判断が許容される（ジョン・ロールズ（サミュエル・フリーマン編）斎藤純一他訳『政治哲学史講義Ⅰ』九六頁（岩波書店・二〇一一年））。平均的な取締役と比較するのでなく、一応筋が通っており、説明がつく程度の基準で足りる。ここから、reasonablenessという基準のほうが、rationalityに比べ、厳しい基準ということになる。

もっとも、米国でも両者の語感は紛らわしく、従来、互換的に用いられてきたものであって、このような概念の意識的な使い分けは、ＡＬＩがコーポレート・ガバナンス原理を策定する過程で注目され、批判もあったようである。主観的な視点から論理的な整合性があるか否かを基準にするとしても、最終的には平均的な通常人を想定して、これと比較せざるをえないので、相当性と合理性という区別は意味がないということもできる。なお、仮谷広郷「注意義務と経営判断原則」一橋法学三巻二号四五一頁・四六六頁（二〇〇四年）参照。

(52) Douglas M. Branson, *The Rule that isn't Rule–The Business Judgment Rule*, 36 VAL. U. REV. 631 (2002).
(53) 1 ALI, *supra* note 47, 187.
(54) Balotti & Hanks, Jr., *supra* note 17, at 1353.
(55) MODEL BUS. CORP. ACT ANN. §8. 31 Official Comment, 8–230.
(56) このような見方を示唆する論文として、Elizabeth S. Miller & Thomas E. Rutledge, *The Duty of Finest Loyalty and Reasonable Decisions : The Business Judgment Rule in Unincorporated Business Organizations ?* 30DEL. CORP. L. 343, 349 (2005).

三　経営判断の原則の正当化根拠

経営判断の原則を批判する学説は米国でも依然根強いが、裁判例および多数説はこの原則を肯定してきた。しかし、経営判断の原則によって取締役が個人責任から保護される理由づけないし正当化根拠についてさまざまな見解が提示されている。その正当化根拠もまた、それぞれ異論がないわけではないが、大雑把にいえば取締役のリスク引受けの奨励、取締役の職務の専門性、意思決定権限ないし私的自治の尊重から論じられている。ここでもこの三つのアプローチに焦点を絞って、経営判断の原則の正当化根拠を検討してみたい(57)。

1 経営に伴うリスクの引受けの奨励

経営判断の原則は、取締役が経営に伴うリスクを積極的に引き受けることを奨励するために、政策的見地から承認される。このような理由づけは、裁判例でもしばしば提示され、学説でも多数説の支持するところとなっている。また、ALIのコーポレート・ガバナンス原理における同原則の正当化根拠としても説明されている(58)。同原則を正当化する根拠としては、おそらくもっとも説得力を有する根拠とされてきたものである。

株式会社の取締役が革新的な商品・役務の開発を決定する、冒険的なビジネス・モデルを構築する、新たな商品市場を開拓する等すべてのビジネスには失敗の不確定要素が伴う。新たな事業への進出やビジネス・モデルの確立の核心はリスクテイクにあるといってよい(59)。そのようなリスクをおそれていては、ビジネスそのものが成立しない。誰かが企業家精神を発揮し、積極果敢にリスクを引き受けなければ、企業価値の最大化どころか、社会の発展向上も望めない。取締役が失敗をおそれず職務を遂行するために、誠実かつ会社の利益に合致するものと信じて行われた経営判断については、たとえ会社に損失が生じようと取締役に損害賠償責任を課さないというルールが必要であって、最終的にはそれが株主の利益につながる。

取締役によるリスク引受けの奨励は、取締役・株主間のリスクの分配の問題に置き換えることもできる。取締役の判断ミスによる会社の損害は、最終的には株主に帰属する。換言すれば、株主がその出資額の限度でそうしたリスクを引き受ける。事業のリスク負担者は、株主といわれるが、取締役でなく株主がリスクを引き受けることが合理的であることから、経営判断の原則が正当化される。株主も自己責任に基づき、取締役の経営能力も含めて投資を決定するのであるから、たんなる経営判断の過誤を取り上げて、個人責任を負わせるのは筋違いということだろう。したがって、株主は、裁判所に対し、たんなる取締役の判断ミスによる損失について救済を求めるべきでない。また、一定の救済が必要だとしても、株主は、株式の売却や取締役の解任によっても、ある程度リスクをコントロールできる。

株主は特定の出資のリスクに比例した利益を得るために出資を分散させることもできる。しかし、取締役は任用契約に基づき会社の職務執行に専念しなければならないことから、自己の労務ないし役務の提供を分散することが難しい。そのため、取締役は、経営上のリスクの引受けを避ける傾向があるといわれる(60)。取締役は、いわゆる人的資本を分散することができないので、会社ないし株主に利益をもたらすように行動するよりもリスクを回避する傾向が強いということである。

しかし、取締役によるリスクテイクの奨励という正当化根拠は、所有と経営が分離する大規模公開会社の取締役の経営判断にしか妥当しないことは誰がみても明らかである。事実上、所有と経営が一致している閉鎖会社では、その出資者であって同時に取締役も兼ねている者は、大規模公開会社の一般株主と違ってリスクを分散できない。閉鎖会社の経営者は、そもそも事業の倒産リスクも織り込んで自己の事業に個人的な人的資本・物的資本すべてを出資していることが少なくない(61)。閉鎖会社では、リスク引受けを奨励するために経営判断の原則が認められるといった根拠はそれほど説得力をもたないものと考えられる。

もっとも、かりにリスク引受けの奨励が大規模公開会社の取締役の経営判断原則における正当化根拠になるとしても、これも完全な説明とはいえない。社外取締役のように、業務執行に関与しない者であれば、自己の労力や時間を特定の企業にすべて傾注しなければならないということもない。社外取締役は、一般株主よりは、人的資本を投入していると

いえようが、業務執行取締役ほど役務提供の分散が難しいわけではない。(62)

たんなる経営判断のミスによって取締役が巨額の損害賠償責任を負わせられるおそれがあることから、一般的に取締役への就任を控えるようになるという根拠も、実証研究によって裏づけられたものでなく、疑わしいと批判されている。(63)上場会社の取締役を歴任した者が、取締役を引き受ける際に、事後に巨額の個人的な損害賠償責任を負わせられる可能性をどれだけ考慮に入れるかは疑問である。そのような責任の負担はむしろ確率的には低いと考えるのではないだろうか。少なくとも小規模閉鎖会社の取締役がそのような動機をもつ可能性は低いだろう。

近年では、さまざまな形式で取締役を法的責任から保護する代替的措置が講じられていることも、これまでの経営判断の原則の正当化理由を陳腐化させていると指摘されている。デラウエア州は、Van Gorkom 判決の後に、取締役が注意義務に違反して損害賠償責任を負わせられる場合であっても定款の定めによってこれを制限しうる会社法改正を行い、このような責任制限立法が各州に広がっていることは周知のとおりである。デラウエア州最高裁もまた、このような定款による免責条項について忠実義務違反、誠実義務違反等がないかぎり、注意義務違反による損害賠償責任を制限する定めを置くことを株主（取締役に信認義務の履行を求める資格のある者）に許容する趣旨であると肯定的に捉えている。定款に責任制限条項があれば取締役の過失に基づく注意義務違反による責任であっても制限ないし排除することができる。

付随的な取締役の保護策として、州制定法の立法者は、取締役に対する訴訟を抑止する手続的な原則を採用したことも、経営判断の正当化根拠を弱めている。MBCA をモデルとする州制定法は、実質的な株主（会社の発行済株式の五パーセント以上の株式または二万五、〇〇〇ドル相当の株式を有する株主）でないかぎり、原告株主に対しその訴訟に関する訴訟費用および弁護士報酬について担保を提供することを義務づける。(64)もっとも、デラウエア州または連邦民事訴訟法規則ではそのような担保提供命令を規定していない。デラウエア州では、担保提供義務のような負担を原告株主に課すことによって、適切な株主代表訴訟の提起を消極的にさせてしまうほか、少数株主を差別的に扱うものとして否定的に捉えられている。そのような担保提供命令を規定しても、簡単に潜脱ないし回避できるという指摘もある。それでも一四州がこれらの付随的な保護を許容する立法を成立させていることから、州立法担当者は取締役の保護手段として一定のメリットがあると考えたものと思われる。

これらの責任軽減を実現する立法等は、経営判断の原則がすでに存在するようになってから成立した制度である。このような制度の成立に伴い、経営判断の原則の存在意義は徐々に低下しているといえないこともない。それでも損害賠償責任の発生後に、事後的に取締役を責任から解放する制度では、取締役の保護手段として不十分であって、注意義務違反が問われた段階で、責任の発生自体を合理的な範囲に限定する理論が有益であることは疑いない。いずれにせよ、リスク引受けの奨励という経営判断の原則の正当化根拠は、完全に否定できないとしてもかつてほど説得力のあるものとはいえなくなっている。

2　取締役の職務の専門性と後知恵によるバイアス

「裁判官は経営者にあらず」といった理由から、経営判断の原則の正当性がまことしやかに説明されてきた。近年、このような説明は説得力を欠くとする見方が一般的になりつつあるが、現在でも裁判官の専門的な能力の欠如が理由とされることがある。(65)たとえば取締役が会社を代表して行う契約締結時に、時間的な制約から少ない情報のもとで経験と勘に基づく判断を迫られることもある。後から契約締結当時の状況を振り返って、当時は知りえなかった情報を聞いたうえで評価すれば、判断ミスについて責任を課すことになりやすい。それは裁判官であっても同じことで、後知恵による評価によって過度に制裁的な判決になるおそれがある。(66)そこで、取締役が十分に情報収集・分析を行って経営判断をしたのであれば、責任を課せられないというルールが会社ないし株主の利益にも合致することになる。経営判断時の情報量から考えても、あるいは、後から経営判断時に知りえなかった情報をもとに判断する不合理性からも、裁判所は経営判断の審査を控えるべきだと説明できる。

このような後知恵に基づくバイアスという正当化根拠を主張する者は、同時に裁判官は経営上の判断を審査するのに十分な知見・識見を有しないという。これは、会社の利益を株主への利益配当に回さず、設備投資に振り向けた取締役の経営判断について争われた古典的な裁判例にもみられる。まさにFord判決がそのような事例の一つである。(67)

取締役は、裁判所による審査では評価しきれない知見、情報、判断力を有すると想定され、すすんで会社資産を利用し、そのような知見および情報によって経済的リスクを引き受けることに社会的有用性が認められることから、裁判所は、取締役が誠実に判断した場合にはそうした判断を後知恵によって評価することに慎重でなければならない。Frank EasterbrookとDaniel Fishelは、過誤が疑われる経営判断に対して、裁判官は、取締役が実際に有する以上に多くの情報を収集できるようにディスカバリ手続を利用でき、十分な情報を取得したうえで心証形成を行う点を問題視する。(68)そのような後知恵による審査を回避するために、経営判断の原則が必要と主張される。

たしかに経営の専門家でない裁判官が後から完全な情報を集めて分析し、取締役の注意義務違反を問うのは妥当でない。しかし、後知恵による偏見に基づく審査に配慮しなければならない点は、取締役以外の専門家の民事責任とそれほど大きな違いはない。医師、会計士、建築士等他の職業専門家については、注意義務違反における過失による損害賠償責任に関して、特別の配慮がされるわけではない。社外取締役についていえば、社外の独立した通常人の能力に基づき、素人の目線で判断することが望ましいとされることから、むしろビジネスの専門家でない裁判官が評価するほうが望ましいとさえいえる。

現在では裁判官は経営者にあらずといった理由はそれほど説得力を有しない。それでも経営の専門性は、他の専門的職業人の職務内容と若干異なる特徴がある。おそらく医師の治療法と異なり、経営判断の内容には、標準的な方法がないという特徴は認められる。経営判断の内容の合理性について審査しないというのは、当該専門家に共通の標準的な方法が存在しないという範囲で取締役の職務の特徴が認められるにすぎない(69)。

そのほか、裁判官は、医療に関する知見や製品設計者の技術上の知見を欠くといっても、専門家証人（expert witness）の助けを借りて、意思決定者の判断に責任の審査基準を適用するのと同じように、経営判断の意思決定者に対し責任の審査基準を適用しうるということもできよう。

さらに、少なくとも社外取締役は、特定の経営に関する専門的知見を有しないが、一般常識や誠実性に基づき業務執行取締役が職務を遂行したかという観点から業務記録等の調査を行うことはできる。当然ながら、裁判官もこのような視点から審査することが期待される。かりに裁判官の審理に専門家の知見が必要だとしても、種々の商取引に精通したデラウエア州衡平法裁判所の裁判官やニューヨーク州最高裁の商事部の裁判官のように、ビジネスに精通した裁判官が揃っている州裁判所もある。そのような州裁判所では、取締役の職務の専門性という正当化根拠はほとんど説得力をもたない。

ＡＬＩのコーポレート・ガバナンス原理でも許容されているように、経営判断を行う際に取締役会が専門家の意見を信頼した場合には注意義務違反を否定する信頼の原則に関する規定からも、取締役にはもはや専門性は要求されていないと考えることもできる(70)。取締役会が専門家の意見に依拠する場合には、取締役は経営判断に相当する事項について知見を欠くことを前提としている。取締役が専門家の報告を受ける機会を有し、有能な専門家証人の証言を検討した場合には、取締役も裁判官と同じように業務執行役員や従業員の判断過程を審査していることになる。以上から取締役の職務の専門性と後知恵によるバイアスのおそれもそれほど説得力を有する正当化根拠とはいえないように思われる。

3　機関権限分配を基礎とする意思決定体制ないし私的自治の尊重

株式会社のガバナンス・ルールから考えて，重要な経営事項の判断は取締役会に委ねられていることから，裁判所もその判断を尊重すべきだという正当化根拠が挙げられる(71)。取締役会に経営判断の法的権限が付与されていることから，株主や裁判所がその判断に後から介入することを認めるべきでないという主張は，株式会社を契約の束とみるコントラクタリアンの見解を基礎としながら，これを修正し，会社行為に関する意思決定権は，最終的には取締役会にあるとする取締役優位論に馴染みやすい(72)。しかし，株主の権限を広く捉える伝統的な株主優位論からも，経営判断事項については，取締役会の手に委ねられているため，その裁量権を侵害するような審査は差し控えるべきだとする議論は成り立つ。会社の利害関係者のなかで最終的なリスク負担者は株主であって，株主が実質的な意味で会社の意思決定システムを承認し，自律的に運営される事業体を形成している。リスク負担者であっても，その経営に関する裁量権を取締役に委ねている以上は，裁判所もこれを尊重しなければならない(73)。この正当化根拠は，さらに二つの側面から掘り下げて説明できる。

第一に，新制度派経済学における効率性に基づく説明であって，株主が会社ガバナンスの仕組みとして取締役会を受け入れた以上，たとえ取締役の経営判断が過失によってなされたものであっても，外部者が内部集団の決定に干渉しないほうが望ましいという見解である。取締役会は集団による意思決定の仕組みであって，取締役会による決定は，構成員の限定合理性と機会主義を考慮し，その集団内部で最善の決定となるように情報がインプットされ，決定という形でアウトプットされる。固有の能力をもつ取締役の集団において情報のインプットもアウトプットも複雑かつ不確実で外部者による評価は非常に難しい。そのような自治組織において外部者たる裁判所が審査を加えれば，集団の意思決定機能を破壊することになりかねない(74)。

第二に、法的に保障された株式会社の意思決定構造に注目した議論がある。取締役会による判断を尊重することは、会社の法定機関による決定を尊重することであり、このような株式会社の構造を尊重することにつながる。州会社法が取締役会にガバナンス上の重要な決定権限を付与している。この点は、すでに Smith v. Van Gorkom 事件でもデラウエア州最高裁によって指摘されている。

そこでは、デラウエア州法のもとでは、経営判断の原則は株式会社制度を支える基本原理の産物であって、デラウエア州法人の経営と業務は取締役会のもとで取締役会によって運営されるという(75)。安易に株主が取締役の注意義務違反を理由に裁判所に提訴し、判断の合理性や妥当性に関して会社外部の者が評価できる方法を許せば、会社の意思決定システムの抜け道をつくることになる(76)。裁判所が取締役に責任を負わせる権限は、経営に干渉する権限であって、究極的には、裁判所が会社の意思を決定する権限を有することになる。それは会社の意思決定システムの最上位に裁判所を置くことと変わらない。

かりに会社に損害が生じた際に、株主が容易に裁判所にアクセスできるとすれば、取締役会から株主に意思決定権限を委譲することにもなる。一部の株主の利益は株主全体の利益と同じとは限らない。そのような一部の株主による裁判所を通じた意思決定への干渉に制限を加えることによって、州制定法は取締役会に経営に関する権限を集中させることを保障している。経営判断の原則には、株主のための集権的な意思決定を保障し、多数の株主のなかの一人によって訴訟を通じて干渉することから、他の株主全体ないし会社を保護するというメリットがある(77)。一般的には、株主から取締役を保護するために経営判断原則が用いられるが、これは究極的には、株主代表訴訟等に基づく取締役の責任追及訴訟を提起する株主から他の株主の保護する機能を有するとみることもできる(78)。かりに経営判断ミスを理由に、簡単に株主が代表訴訟によって取締役個人の責任を追及できるとすれば、最終的には取締役ではなく、一部の株主による経営を許容することになる。もちろん、州制定法が取締役会の権限を保障しているのは、取締役が経営の専門家集団であること、経営判断につきもっとも多くの情報を収集・分析したうえで判断することが想定されていること、株主が取締役に自己の意思に基づき経営に関する裁量権を委ねていること等の理由からである。いずれにせよ、経営事項に関する最終的な意思決定者が必要である。株主でも裁判所でもない、取締役に包括的に意思決定を任せているという点が重要である。少なくとも経営判断の原則は、会社法が想定する機関権限の分配や会社自治を尊重する州制定法を基礎としており、裁判所がこれを保障すべきとする理論であるといえる。[79] 州制定法が承認する機関権限の分配の規律に則って経営される以上、裁判所も株主も取締役の判断ないし決定に干渉すべきでないということになる。

(57) すでに正当化根拠についても多くの米国法の紹介と検討がなされている。近藤光男『経営判断の原則』九二頁以下（中央経済社・一九九四年）、吉原和志・前掲注（51）八六頁、吉原和志「取締役の任務懈怠責任」潮見佳男＝片木晴彦編『民・商法の溝をよむ』一三五頁（日本評論社・二〇一三年）。

(58) 1 ALI, *supra* note 47, § 4.01 Intro. Note.

(59) 企業家精神とは、企業家ないし経営者が現在保有している経営資源の管理にとらわれず、新しいビジネスの機会を追求することである。イノベーションの実現では、経営を効率的に管理できる経営者よりも、新しいビジネス機会を積極的に追求する経営者のほうが高く評価される（HOWARD H. STEVENSON et al., NEW BUSINESS VENTURES AND THE ENTREPRENEUR (6th ed. 2006)）。企業家は、常にビジネス機会の追求が要求され、こうした経営者の姿勢は、中小企業であろうと大規模公開会社であろうと変わらない。

(60) 江頭・前掲注（3）四六四頁。会社倒産のダメージは、通常、分散投資が可能な株主よりも取締役にとって大きいと指摘されている。

(61) Ralph A. Peeples, *The Use and Misuse of the Business Judgment Rule in the Close Corporation*, 60 NOTREDAM L. REV. 484 (1985) ; Kenneth B. Davis, Jr., *Once More, the Business Judgment Rule*, 2000 WIS. L. REV. 573.

(62) たとえ数社の取締役を兼務する社外取締役であっても、一般投資家ほど分散投資することはできない。また、業務執行取締役の場合には、役務の提供を分散させることはできない。ただし、近年、業務執行役員に経営判断の原則を適用できるのか議論されている。多数説・判例は、業務執行取締役、業務執行役員および社外取締役のいずれの場合も区別せず、経営判断の原則を適用する（1 Radin, *supra* note 7, at 83-86）。しかし、少数説であるが、業務執行取締役ないし業務執行役員には代理法上の信認義務という側面から、経営判断の原則の適用を否定しようとする見解もみられる（Lyman P. Q. Johnson & David Millon, *Recalling Why Corporate Officers Are Fiduciaries*, 46 Wm. & Mary L. Rev. 1597 (2005)）。

（63）Gevurtz, *supra* note 12, at 319 : D. A. Jeremy Telman, *The Business Judgment Rule, Disclosure, and Executive Compensation*, 81 Tul. L. Rev. 829 (2007).

（64）Shiro Kawasima & Susumu Sakurai, *Shareholder Derivative Litigation in Japan : Law, Practice, and Suggested Reforms*, 33 Stan. J. Int'l L. 9, 44 (1997).

（65）Daniel R. Fishel, *The Corporate Governance Movement*, 35 Vand. L. Rev. 1259, 1288 (1982).

（66）1 Radin, *supra* note 7, at 15.

（67）Doge v. Ford Motor Co., 170 N. W. 668, 684 (Mich. 1919).

（68）Frank H. Easterbrook & Daniel R. Fishel, The Economic Structure of Corporate Law 99 (1991).

（69）Davis, Jr., *supra* note 61, at 580.

（70）1 ALI, *supra* note 47, § 4.01(b), 4.02-4.03.

（71）わが国でもこのような理由づけが紹介されるようになっている（伊藤靖史ほか『リーガルクエスト会社法〔第三版〕』二三三頁（有斐閣・二〇一五年）参照）。

（72）取締役優位論（director primacy）は、Bainbridge 教授によって主張されている見解である（Stephen M. Bainbridge, *Director Supremacy : The Means and End of Corporate Governance*, 97 Nw. U. L. Rev 547 (2003)）。この見解によれば、株式会社運営の最終的な意思決定権は誰にあるか、また、誰のために経営が行われるべきかというコーポレート・ガバナンス論において、最終的な権限は、株主でなく取締役ないし取締役会に属し、株主の利益最大化を目的とする点を強調する。伝統的な株主主権論（shareholder primacy）、経営者主義（managerialism）、チーム・プロダクション理論（team production）、ステーク・ホールダー主義（stakeholderlism）といった理論と対比して論じられる。ただし、過度に取締役の権限と責任に依存した理論であると批判する見解も少なくない（Wayne O. Hanewicz, *Director Primacy, Omnicare, and The Function of Corporate Law*, 71 Tenn. L. Rev. 511 (2003)）。

(73) Lael Daniel Weinberger, *The Business Judgment Rule and Sphere Sovereignty*, T. Cooley L. Rev. 279 (2010). この論文では、領域主権（Sphere Soverenty）といった概念に基づき、正当化根拠を探求する。

(74) Bainbridge, *supra* note 12, at 83, 124-125; Oliver E. Williamson, The Economic Institutions of Capitalism 246-247 (1985).

(75) Smith v. Van Gorkom, 488 A2d. 858, 872 (Del. 1985).

(76) 1 ALI, *supra* note 47, § 4.01 Intro. Note.

(77) Telman, *supra* note 63, at 829. この論文では、経営判断の原則の目的は、取締役の保護でなく会社の保護であると主張する。ディスカバリ手続等による企業秘密の漏洩を含め、取締役の責任追及訴訟において会社情報流出のリスクを軽減するための理論であるという。

(78) Michael P. Dooley & E. Norman Veasey, *The Role of the Board in Derivative Litigation*, 44 Bus. Law. 503, 522 (1989).

(79) Alfred Dennis Mathewson, *Decisional Integrity and the Business Judgment Rule: A Theory*, 17 Pepp. L. Rev. 879, 880 (1990). 現在の裁判官ないし研究者は、経営判断の原則を会社の管理・運営を指揮する取締役会の法的権限に由来するものと位置づける傾向にある。

四　閉鎖会社に欠ける市場メカニズム

1　閉鎖会社の意義

閉鎖会社に特別の地位を認め、大規模公開会社と異なる規律を定める州制定法もあるが、多くの州裁判所は、大規模公開会社とは異なる法人の特徴を前提にコモンロー上の閉鎖会社を認めている。閉鎖会社に正確な定義はないが、通常、①株主数が少ないこと、②株式を譲渡する市場がないこと、③株主が事業の経営に積極的に関与すること等の特徴を有する株式会社を閉鎖会社と呼んでいる。(80) そのほかに利益配当をほとんど行わないという特徴を指摘する裁判例もある。デラウエア州のように、一般事業会社法に規定された閉鎖会社として設立の登録を行わなければ通常の株式会社と同じように取り扱われる州もあれば、そのような設立方式に従わなくても、閉鎖会社の特徴に配慮した個別の規定を置く州制定法もある。州制定法にせよ裁判例にせよ、閉鎖会社と認定するための考慮要素に若干のばらつきはあるものの、閉鎖会社は、株主が株式市場を利用できず、少数の株主からなる会社である点は変わらない。このような閉鎖会社でとりわけ問題になるのが、少数株主の投下資本回収の利益である。閉鎖会社では、支配株主の意思がそのまま会社の意思を形成するため、少数株主の保護が重要な課題になる。デラウエア州のように、制定法上の閉鎖会社として設立されていなければ、大規模公開会社の少数株主と異なる扱いを認めない州もあれば、閉鎖会社をパートナーシップと同じような事業体とみなし、少数株主に解散請求権や、解散判決制度において株式買取請求権等の特別な救済手段を付与する州もある。コモンロー上の閉鎖会社をパートナーシップと同じように考え、株主間の信認義務を認める州では、そのような救済手段が認められる範囲で経営判断の原則の適用範囲が制限されることになる。

2　市場等の圧力の欠如

少なくとも上場会社では、株式の売却による退出以外にもさまざまな市場による圧力ないし規律が働くので、取締役の責任追及訴訟によって支配株主の不当行為を抑止する必要性がないという主張はいまだに根強い。(81) 株主の権利とともに、競争的な環境に置かれた会社では、訴訟以外の多くのコントロール手段が存在している。(82) 取締役の行動を監督する効果的な圧力は、主として製品市場および経営者市場である。類似の製品・サービスを提供する他の会社との競争と、経営者個人レベルで取締役の地位と報酬を獲得しようとする競争があり、こうした競争が取締役の機会主義的な行動を牽制する。

さらに、株式会社における残余請求権者としての株主の存在が、業績の指標となる株価、インセンティブ報酬、株主側に立つ弁護士による株主代表訴訟を介した監督を可能にする。取締役および役員はしばしば役員報酬の一部として会社の株式を付与され、これによって会社の持分利益と同じ目線に立った経営が要求される。会社の業績は、株式市場における株価の変動を通じて効果的に株主によって監督される。つまり、株主が株価ないし会社の収益に満足できないときには現任取締役を再選しないだろうし、解任という方法をとることもできる。

反対株主による議決権行使、委任状闘争および敵対的テイク・オーバーの潜在性は、取締役が自己の地位を失うおそれから会社ないし株主のために最善の行動をとるように促す(83)。委任状闘争と敵対的テイク・オーバーの脅威が取締役と役員をより適正かつ効率的な職務執行に専念させ、株主の議決権行使は、取締役会を更新し活性化させる継続的なプロセスである。この複雑なチェック・アンド・バランスのシステムは、取締役による拙速な判断から株主を保護している。

閉鎖会社では以上のような市場による圧力が期待できないことから、閉鎖会社の取締役には経営判断の原則を適用すべきでないということになりそうである。取締役の不適切な行為を監視監督する市場メカニズムを欠いている(84)。このため、制定法による取締役の行為基準、および、裁判における司法審査を通じた規律に依拠せざるをえない(85)。小規模閉鎖会社が置かれた環境では、経営判断の原則による取締役の保護の必要性に乏しく、これを適用しても公正かつ効率的に機能しない(86)。したがって、閉鎖会社の取締役に経営判断の原則による保護は適切でないか、適用しうるとしても相当に制限されたものでなければならない。もっとも、閉鎖会社であっても、株式会社である以上、経営に関する合理的な裁量権が取締役に付与されるメリットは維持する必要がある。結局、少数株主の利益と取締役の裁量権のバランスの問題であるが、不当な利益配当の停止、退職報酬の減額・廃止、あるいは会社からの不当な締出し等、直接、少数株主が不利益を被る場合には、経営判断の原則の適用には慎重でなければならない。かりに同原則を適用するにしても、判断過程の審査のみでなく、より広く判断内容の合理性ないし妥当性が審査される必要がある。

（80） 1 A Fletcher Cyc. Corp. § 70.10.

（81） Davis, *Jr.*, *supra* note 61, at 573, 585. 取締役の注意義務違反を基準とした責任制度を批判する者は、取締役はすでに専門性、名声、よりよい報酬を得ようというインセンティブ等を求めて努力し、たんなる判断の過誤であっても市場の圧力によって制裁を受けるので、これに加えて損害賠償責任を課す必要性に乏しいと説く。

（82） Stuart R. Cohn, *Demise of the Director's Duty of Care : Judicial Avoidance of Standards and Sanctions Through the Business Judgment Rule*, 62 Tex. L. Rev. 591, 597 (1983).

（83） Gevurtz, *supra* note 12, at 319.

（84） Mary Frances Budig et al., *Pledges to Nonprofit Organizations : Are They Enforceable and Must They Be Enforced?*, 27 U. S. F. L. Rev. 47, 100 (1992). この論文は、非営利法人では理事会による拙速な判断を制限したり、制裁を課す多様なセーフ・ガードが存在しない点を強調する。

（85） 2 F. Hodge O'Neal & Robert B. Thompson, O'Neal and Thompson's Oppression of Minority Shareholders and LLC Members § 10 : 4 (rev. 2d ed. 2004).

（86） Geoffrey A. Manne, *Agency Costs and the Oversight of Charitable Organizations*, 1999 Wis. L. Rev. 227, 228.

五　小括

米国の経営判断の原則は判例法に基づく理論ゆえに、いまだに完全な定式が確立されていない。たしかに代表的な経営判断の原則としてデラウエア州裁判所の同原則がよく知られているが、デラウエア州裁判所のものであっても完全に統一された見解になっているわけではない[87]。取締役の判断過程と内容に分ける二段階の審査方式についても区別が難しく、裁判例にも動揺がみられる。わが国の分類で馴染みのある方法に即して分類すれば、おそらく米国でもまた、①詐欺、違法行為または利益相反行為など、忠実義務違反以外の行為について審査をいっさい排除する方式、②判断過程を中心にその手続に関する注意義務について審査する方式、③判断過程、および内容の一部を審査する方式が存在し、裁判例では②③が中心になっているものと思われる。ただ米国における学説では、わが国と異なり、①のような見解が有力であることは興味深い[88]。

一方、閉鎖会社の株主は、株式の流通市場がないこと、および、事実上所有と経営が一致していることから、少なくとも①のような審査方式は適切でないとする学説が有力に主張されている。閉鎖会社における出資持分の非流動性は、会社支配権をめぐる内部紛争が生じた場合に、たとえ和解が成立しても、支配株主がフリーズアウトという手段に支えられ、より有利に交渉をすすめることを許容する。また、司法上の救済の欠缺が経営判断の原則によっていっそう少数株主を不利な立場に追い込むことになる。

もっとも、米国の経営判断の原則であっても、大規模公開会社における取締役と株主との関係で正当化される理論であるが、その適用を大規模公開会社に限定していない。その代表例がデラウエア州である。また、他州においても閉鎖会社であるからといって経営判断の原則自体を否定することはない。しかし、閉鎖会社は株式の非流動性および所有と経営の事実上の一致等の特徴をもつことから、相当の州では、支配株主による抑圧法理や少数株主の合理的期待論によって、少数株主を保護する理論ないし制定法規定を有する[89]。そのため、そのような州裁判所では経営判断原則の適用領域が限定されたものとなっている。

(87) BAINBRIDGE, *supra* note 7, at 249. たとえば、Bainbredge 教授によれば、Brehm 判決は、前提要件として法令違反、詐欺、利益相反行為でないかぎり、審査を排除する手法に近い判決(Brehm v. Eisner, 746 A2d. 244 (Del. 2000))であるのに対し、Cede 判決（Cede & Co. v. Technicolor, Inc., 634A2d. 345, 361（Del. 1993））は、より判断内容に踏み込んだ判決の一つと位置づけられている。

(88) 米国の研究者のあいだでは詐欺、違法行為、利益相反行為を除き、裁判権行使を回避すべきという主張は意外に多い。近年では、Bainbride 教授の裁判権行使回避論よりもさらに積極的な審査排除を可能にする免責理論とする説も唱えられている（Lori McMillan, *The Business Judgment Rule as an Immunity Doctrine*, Wm. & Mary Bus. L. Rev. 521（2013））。

(89) Kenneth Davis, Jr., *The Business Judgment Rule in Wisconsin*, 2015Wis. L. Rev. 475.

六　わが国の閉鎖会社における経営判断の原則

1　対外的取引関係における経営判断の原則

わが国でも、アパマンショップ・ホールディングス株主代表訴訟判決を契機に、新たな視点から経営判断の原則の本質や審査方式について検討する見解が現れている(90)。しかし、裁判例では、会社の閉鎖性の有無にかかわらず、経営判断の原則の枠組みを用いて、取締役の会社に対する善管注意義務違反の有無を審査していると考えられる(91)。そこでは取締役によるリスク引受けの推奨や取締役の職務の専門性を意識しているわけではないようである。

以下では、業務執行者による第三者との取引に関する判断、いわゆる対外的な業務執行に関する判断について事業体に損害を被らせた業務執行者の責任が問われ、経営判断の原則が適用された事案と、対内的な業務執行に関する判断において、業務執行者に経営判断の原則が適用された事案を検討してみたい。

まず、対外的な理事の取引行為における理事会の決定が杜撰なものであったことを理由に、協同組合に生じた損害を賠償させようと、組合員による訴えが提起された事案として、仙台地判昭和五二年九月七日判時八九三号八八頁が注目される。

これは株式会社でなく協同組合の事案であって(92)、協同組合の組合員は、出資持分を有するが、その持分に譲渡性がないので、閉鎖会社の構造に類似する特徴を備えた共同企業形態に出資していることになる。ただし、組合員は、法人の利益ないし持分価値の最大化を目的として資金を拠出しているわけではないから、組合員自身によるリスク負担は前提としていない。それゆえ、厳密には理事によるリスクの引受けの推奨という経営判断の原則の根拠は成り立たない。それにもかかわらず、この判決は経営判断の原則の枠組みを用いている点に特徴がある。ただ、営利法人か中間法人かといった法人の性質は営利性の程度の差にすぎないのかもしれない。いずれにせよ、少なくとも米国流の経営判断原則が前提とする正当化根拠はほとんど意識されていないものと思われる。

右昭和五二年仙台地判は、美容環境衛生組合の理事の善管注意義務違反に関し、経営判断の原則を適用し、その責任を否定した事案である(93)。この事案では、宮城県美容環境衛生組合の副理事長らが、美容学校の建設用地の買収をめぐって手付金を支払ったところ、一部の組合員の反対から学校設立が頓挫し、手付金を含む設立事業の執行に伴い支出した七二万円余が同組合に与えた損害であるとして、副理事長らに対し損害賠償を求める代表訴訟が提起された。理事会は、総代会の承認も得て、美容学校設立の事業に着手したが、原告組合員は、総代会に提出された事業案の記載には虚構が重ねられ、杜撰な計画案であるほか、設立準備委員会に諮問したうえで、改めて総代会の承認を得るべきだったのに、副理事長らが設立事業を独断で執行したものであると主張した。

この当時、株式会社の取締役の対会社責任を含め、経営判断の原則の枠組みを採用する裁判例は珍しく、この事案は、わが国における経営判断の原則に関する萌芽的な裁判例と位置づけられる(94)。本件判旨は、理事による法令違反や私的利益の追及がないことも認定し、学校設立に伴う業務執行に関する理事の決定の内容が著しく不合理とはいえないと判示した。

もっとも、当事者によって提出された証拠からは、注意義務違反の有無を十分に認定できなかった可能性も否定できない。これが裁判所において善管注意義務違反を審査するに値する事案であったか否かはわからないが、組織内の自治の問題として、最初から経営判断を尊重し、裁判所はそのような判断に干渉しないとした事案と解する余地もある。協同組合は、株式会社と異なり、払戻しによる退出手段が認められており、持分会社と同じ構造を有する法人である。しかし、そのような共同企業形態の相違を問わず、たんなる経営判断の過誤については、業務執行者の善管注意義務違反とはいえず、その責任も発生しないことを示唆するものである。

2　内部関係における経営判断の原則に関する事例

閉鎖型株式会社の事案で、経営判断の原則が適用され、取締役の責任が一部否定された事案として、那覇地判平成一三年二月二七日金判一一二六号三一頁がある。これは、昭和五二年仙台地判と異なり、会社・取締役間の利益相反的関係も影響し、取締役の責任が一部肯定されたが、より判断が難しい事例である。

主として、①取締役が退職金規程よりも高額な退職金を支給したこと、②一部の株主に海外旅行費用を支出したこと、③会社による自社株の譲渡価格が不当に低額であったことから、株主代表訴訟によって取締役の責任が追及された(95)。

本件判旨は、当然のことを述べたまでで、経営判断の原則を適用したわけではないと考える余地もあるが、経営判断の原則を適用したうえで、取締役の裁量権の範囲を逸脱したか否かという観点から審査したとみるのが素直な解釈であろう。とくに取締役が従業員に対し退職金規程を超える退職金を支給し、会社に対し当該規程に基づく退職金との差額分二〇〇万円の損害を被らせたとの主張について、米国にみられる伝統的な経営判断の原則に近い見解を採用している。

「取締役の職務執行における裁量権は広汎にこれを認める必要があること、株主は株主総会で選任された取締役に経営を委ねて利益を追求しようとするのであるから、適法に選任された取締役がその権限の範囲内で会社のために最良であると判断した場合には、基本的にはその判断を尊重して受容すべきことを考えると、取締役の行為が著しく不当といえない限りは、裁量の範囲を逸脱したとみるべきではなく、退職金の支給にあたっても、一応の合理的理由があり、会社に対する背信的な契機がない場合には、労働者に対して、退職金規程よりも有利な退職金の支給をしても、取締役の有する裁量権を逸脱したとみるべきではない」とし、責任を否定している。判旨は、取締役が退職金規程に反し、多額の退職金を支給した点について、裁量権の逸脱があるか否かを審査し、その際、その判断内容について合理的な説明ができるか否かに言及している。これは平均的な取締役の行為基準をもとに過失を判断するというよりは、合理的な説明がつくか否かが重視されたものと解される。支給規程に反し多少高額であっても、就業規則を制定する前に雇い入れた従業員を新たな規則に基づく定年制に従って退職してもらうための優遇措置として割増退職金を支払うことは不合理とはいえないだろう。これもまた、昭和五二年仙台地判と同じように、とくに判断過程と内容を分けることなく取締役の経営判断を審査しているが、どちらかというと内容の合理性ないし妥当性を審査している点に特徴がある。

注目すべきは、本件判旨によれば、所有と経営が分離した株式会社では、株主は取締役に広範な意思決定権を授権しているのであって、権限分配の観点から、取締役は広汎な裁量権を有すると論じている点である。これは紛れもなく経営判断の正当化根拠の一つとされる理由づけである。この事案における株式会社は閉鎖会社であるものの、事実上も所有と経営が一致していたわけではないため、一応このような正当化根拠も説得力を有する。

判断内容の合理性のほかに、会社に対する背信的な意図がないことにも触れており、これは米国でいう誠実性の要件に類似したものと考えられる。株主に対する海外旅行代金の支出については、取締役自身も利益を受けており、実質的には利益相反性が強いほか、株主平等の原則に反するおそれもあることから、著しく不合理な判断と評価されたものと思われる。(96) この点、昭和五二年仙台地判のように、比較的緩やかな審査のもとに注意義務違反を否定した事案と異なり、相当に詳細な判断内容に関する審査が行われている。

以上の二つの裁判例は、判断過程と内容を区別せず、判断内容の合理性を審査していることがうかがわれる。また、いずれも直接的な少数株主の不利益というわけではない。そのような意味では、これらもアパマンショップ・ホールディングス株主代表訴訟判決の射程に収まる裁判例と考えられる。(97)

(90)　松本伸也「経営判断の司法審査方式に関する一考察（上）（中）（下）」金判一三六九号二頁、一三七〇号二頁、一三七一号二頁（二〇一一年）。東京地判平成五年九月一六日判時一四六九号二五頁〔野村証券損失補塡事件〕をはじめとする、東京地裁民事八部の経営判断の原則の枠組みについて、経営判断の原則は行政裁量に関する司法審査方式を下敷きとする理論であるとして検証を行う。同じく行政裁量の視点から分析する論文として、藤野真人「取締役の経営判断についての司法審査方式」中央ロー・ジャーナル一〇巻三号一九三頁（二〇一三年）参照。

わが国において経営判断の原則と呼ばれる理論は、営利法人に限らず、ＰＴＡ、自治会、マンション管理組合等のすべての組織あるいは契約関係にも適用される可能性がある。少なくとも経営判断の原則が適用される局面では一方当事者による他方当事者への裁量権の付与が存するものと考えられる。

(91)　これまでのわが国の裁判例を分析した文献として、澤口実編著『新しい役員責任の実務〔第二版〕』四四頁以下（二〇一二年）、近藤編・前掲注（51）二七頁以下参照。

(92)　ここでいう「環境衛生組合」は、環境衛生関係営業の運営の適正化に関する法律（平成一二年改正（法律第三九号）によって、法令名は、「生活衛生関係営業の運営の適正化に関する法律」（以下、生活衛生法という）に改称された）に基づいて設立された環境衛生組合であって、いわゆる法人格を有する事業者団体である（生活衛生法四条一項）。現在は法令名の改正に伴い、一般に「生活衛生同業組合」と呼ばれている。生活衛生同業組合は、中小企業協同組合の特徴を備えた法人である。

(93)　判旨は一般論として「企業の理事者がその任務遂行に当たって用うべき善良なる管理者の注意義務の具体的内容は、企業の規模種類業務の内容等によって異るべきは当然であって、それが如何なる事業をなすべきか等の経営方針ないし政策に関する事項に属するものであるときは、たとえ実行に移した事業計画が終局的に成功しなかったとしても、それがその必要性ないし実現の可能性に関する判断を明らかに誤り、何人がみても無謀と認められるような計画であったり、或いは不正、不当な目的、方法等でなされたものでない限り、その経営手腕等について批判をうけるは格別、それについて理事者は損害賠償の責を負うものではない」と判示する。

(94) 江頭憲治郎〔判批〕ジュリ七一三号一二二頁（一九八〇年）、森淳二朗〔判批〕商事九〇三号二五頁（一九八一年）。

(95) そのほか、監査役に対し、株主総会決議を経ずに報酬が支給されている点も争われている。これは平成一七年改正前商法二七九条（会社法三八七条に相当）に違反することから、もはや経営判断の原則を適用する余地もないものと考えられる。

(96) 近年、公開会社でかつ上場会社の事例であるが、退職慰労金不支給に対し、退任取締役が第三者として取締役に対し、対第三者責任（会社四二九条）を追及した事案において、経営判断を尊重する旨判示した判決もみられる。そこでは、「経営責任の取らせ方として退職慰労金不支給という判断が妥当かといった問題は、高度な経営判断に属し、裁判所がその合理性を良く判定すべき事項とも考えられない」と判示する（東京地判平成二七年七月二一日金判一四七六号四八頁）。これもまた、広い意味では経営判断の原則を採用した裁判例といえる。ただし、この判旨は、「所有と経営が分離した典型的な物的会社」を前提としている。

(97) 松山昇平「アパマンショップ最高裁判決の位置付け」金法一九六二号三三頁（二〇一三年）

七 結語

米国でも経営判断の原則は、閉鎖会社では適用すべきでないといった見解がみられるものの、結局、経営判断の原則は、閉鎖性を問わず広く適用される傾向がある。この傾向は責任軽減の理論として、法人以外の契約型の組織であって、包括的な裁量権を付与する関係を基礎とした組織に広がっていくように見受けられる。(98)

わが国の経営判断の原則であってもこうした傾向はみられるが、米国で一般に考えられている、株主によるリスクの引受け、取締役による積極的なリスクの引受けの推奨といった根拠はほとんど重視されていないように思われる[99]。このように所有と経営の分離に根ざした正当化理由を論じても閉鎖会社では説得力を欠くのではないだろうか。しかし、私的自治に基づき設立された組織であることから、裁判所は、裁量権が保障された機関の決定をできるかぎり尊重すべきという考え方は、米国でもわが国でも共通する正当化根拠となりうる。

米国における取締役の注意義務違反の審査方式については、判断過程と判断内容の双方から評価する点に特徴があるが、米国であっても、厳密にこれを分けて判断内容に対する審査を排除することは難しく、審査の排除の程度にも相当に幅がある。わが国でもこの点は変わらない。そのような意味では、米国もわが国も経営判断の原則は同じ方向に収斂していくものと思われる[100]。

機関権限分配を正当化根拠とし、判断過程と内容という視点から審査する方式としての経営判断の原則は、特別の意味はないという見方もできるが、これはこれで一応の存在意義は認められる。組織運営のために広い裁量権が付与された意思決定権者であれば、その運営にあたり常に経営判断の原則が適用される可能性がある。すなわち、所有と経営の分離がみられる組織では、組織の運営を任された意思決定権者に運営事項に関し包括的な裁量権を委ねざるをえない。一歩すすんでかりに所有と経営が分離していない会社であろうと、組織の構成員が裁量権を委ねている場合には、意思決定権者の判断が著しく不合理なものでないかぎり、善管注意義務違反による責任を問えないとする理論が、わが国において経営判断の原則と呼ばれている理論であるものと思われる[101]。

経営判断の原則は、少なくともさまざまな組織の意思決定に関し、その形成過程における手続的側面と、判断内容の実体的側面に分けてアプローチするという思考方法の浸透に役立ってきた点も評価されるべきだろう[102]。組織において、ある者が他者に広範な裁量権を授権する構造を保障する必要性があるからこそ、このような解釈原理が正当化される。ただし、わが国の経営判断の原則を、広く組織法における意思決定の合理性の分析方法と解すると、閉鎖会社・大規模公開会社、あるいは営利法人・非営利法人の別を問わず、組織の理事者に広い裁量権を委ねる構造を有する団体に広く適用しうる理論となっている可能性がある(103)。

もっとも、会社の支配権を有する出資者が同時に経営を行っている閉鎖会社にも、大規模公開会社と同じ程度に広い裁量権を認めるべきか、会社の私的自治を根拠に経営判断の原則を認めてよいかについては、なお慎重に検討する必要がある。制度上、所有と経営の分離が認められる株式会社である以上、同原則を適用すべきであるといえなくもないが、とくに同族会社における支配株主が取締役である場合であって、少数株主でかつ従業員である株主が直接的な不利益を被る場合には、適切な救済が図られるべきである(104)。それだけ閉鎖会社では、大規模公開会社における経営判断の原則よりも狭く解されなければならない(105)。閉鎖会社の取締役に対して適用される経営判断の原則がどのような場合に、どの程度制限されるのか、より詳細な分析については、今後の検討課題としたい(106)。

(98) 仲裁契約における当事者が仲裁判断を第三者に委ねた場合に、当該第三者（仲裁人（arbitrator））の判断に過誤があっても免責される理由の本質について、取締役の経営判断の原則と同じものと主張する論文もみられる（Matthew Bricker, *The Arbitral Judgment Rule : Using the Business Judgment Rule to Redefine Arbitral Immunity*, 92 Tex. L. Rev. 197 (2013)）。

(99) 狭く取締役と株主との関係を理論的基礎にした意味にとらえれば、わが国には経営判断の原則はないということになろう。そのほか、同原則は、政策的考慮に裏づけられたものでなく、裁判所による訴訟活動の展開のされ方によって偶発的に発生したとする見解も主張されている（森田果「わが国に経営判断の原則は存在したのか」商事一八五八号四頁（二〇〇九年）参照）。

(100) 落合誠一『会社法要説』九八頁（有斐閣・二〇一〇年）。

(101) 日本版経営判断の原則が、米国のそれと異なることは古くから指摘されてきたが（江頭・前掲注（3）四六六頁）、本文のように包括的な裁量権の授権者・被授権者の関係に適用される理論という点では共通する。わが国の経営判断の原則は、米国のように同原則の適用によって特別の効果が生ずるものではない。同原則の内容をいかに把握するかによって、経営判断の原則は、あるといえばあるし、ないといえばないということになろう（近藤編・前掲注（51）一頁）。

(102) Branson, *supra* note 52, at 631. Branson 教授は、経営判断の原則はロースクールにおける法学教育において役立っていることを示唆する。弁護士であれば、いかに組織における意思決定を適法かつ健全に行うようにさせるかが重要な課題となる。機関決定であれば、意思決定の過程が重視されるため、議事録等を証拠として保存させることによって、意思決定の手続的な公正性を担保する必要がある。そのような手続的公正性を担保するために経営判断の原則を学ぶ意義があるということだろう。

(103) 東京地判平成二四年九月二四日判タ一三八五号二三六頁は、上場会社であった原告が東京証券取引所を相手に、権限濫用に基づく上場廃止処分を理由に債務不履行による損害賠償責任を追及した事案である。上場廃止処分は行政処分に類似するが、経営判断の原則に類似する枠組みを用いて、証券取引所自体の債務不履行責任を否定している。この事案では株券上場契約および金商法一一七条四号に照らして、証券取引所に裁量権の濫用逸脱があったかが問題とされている。この事案から団体への出資者のみならず契約に基づき一方当事者が他方当事者に裁量権を付与している場合にも、経営判断の原則の枠組みが利用できることがうかがえる。上場廃止処分の決定の場合であっても、判断過程と内容に分けて適法性を検討するという分析手法に意義がある（中村慎二「インターネット総合研究所上場廃止処分損害賠償請求事件判決と実務への影響（上）」商事二〇五二号四三頁（二〇一四年））。

(104) 上場会社であれば、経営判断の原則が適用され、取締役が責任を免れる場合であっても、同族会社の支配株主の権利を基礎にした取締役の権限の濫用的行為には、経営判断の原則は適用されないという意味で制限されることになる。退職慰労金不支給が退任取締役に対する不法行為に該当する旨肯定した佐賀地判平成二三年一月二〇日判タ一三七八号一七〇頁も、経営判断の原則が制限された一例とみることもできる。しかし、わが国でも不法行為の成立を待つまでもなく、支配株主ないし代表取締役による裁量権濫用・逸脱を防止するための理論が必要であるように思われる。

(105) 同族会社に限らないが、近年、多数みられる退任取締役に対する退職慰労金不支給の事案は、支配株主と同時に代表取締役である地位を利用し、退職慰労金の支給決議を行わない、あるいは、不当に低額決議するというケースである。退職慰労金を支給しない現任取締役の対第三者責任ないし不法行為責任を追及することもできるが、相当に悪質な事例でないかぎり、不支給とする経営判断が尊重され、または、適法かつ有効な株主総会決議の存在を理由に現任取締役の責任は否定される。しかし、不法行為責任が成立しない場合でも、取締役の責任が成立する領域があり、これを実現する理論が必要であるように思われる。

(106) わが国の裁判実務上、取締役の経営判断における過失の証明の程度を通常の過失責任の場合に比し、緩和させる方向にすすむことは否定しきれないように思われる。その際、経営判断の原則は、裁判官にとって判決の説得力を高める、魅力のある理論とされている感がある。しかし、実質的に公平公正な裁判を実現するために、同原則の正当化根拠と適用範囲はより明確にされるべきだろう。

新会社法の下における社外取締役の社外性と独立性

――所得税法上の給与所得該当性判断に対する問題関心を契機にして――

酒井克彦

はじめに

社外役員（社外取締役、社外監査役）には、当該会社の代表者等の指揮命令の影響を受けない立場で発言することで、コーポレート・ガバナンスの充足を図る役割が期待されている。これらの資格要件として、当該会社の関係者でないことが要求されているが、平成二六年の会社法改正では、社外役員になれない者の範囲が拡げられ、これまでに比べ一層の「社外性」と「独立性」が要求されることとなった。

また、ガバナンス機能強化のため、公開会社でかつ大会社である上場企業等の監査役会設置会社が社外取締役を置いていない場合には、社外取締役を置くことが相当でない理由を株主総会で説明する義務が課されることになった（会社法三二七条の二）。

かような社外役員の社外性の問題と独立性の問題は峻別されるべきと論じられることがあるが、はたして会社法における社外性と独立性とは如何なるものであろうか。会社法において「社外性」がより強調される一方、筆者の研究領域である租税法では、役員報酬の所得税法上の給与所得該当性のメルクマールとして、かかる役員の「独立性」が論じられることが多く、会社法改正の潮流が所得税法上の取扱いに如何に波及するか強い関心を抱いている。これらの研究の前提として、本稿では、まず会社法における社外性と独立性について検証したい。なお、平成二六年改正においては、上記のとおり、社外取締役を置いていない一定の会社について説明義務が課されることになった等、社外役員のうち、とくに社外取締役のガバナンス機能に期待が寄せられていると見受けられるため、社外役員のうち、とくに社外取締役に焦点をあてつつ検討することとしたい。

一　平成二六年改正の概要

平成二六年六月二〇日、「会社法の一部を改正する法律案」および「会社法の一部を改正する法律の施行に伴う関係法律の整備等に関する法律案」が成立し、平成二七年五月一日から施行された(1)。これは、一層のコーポレート・ガバナンスの強化を目的としたものである(2)(3)。

コーポレート・ガバナンス関連の改正に焦点をあてると、大別して次の四点が改正のポイントとなっている(4)。すなわち、①社外取締役・社外監査役の要件見直し(5)、②社外取締役を置かない場合の理由の開示義務(6)、③監査等委員会設置会社制度の創設(7)、④会計監査人の選任等に関する議案の内容の決定(8)である。

（1）　法案の提出理由では、「株式会社をめぐる最近の社会経済情勢に鑑み、社外取締役等による株式会社の経営に対する監査等の強化並びに株式会社及びその属する企業集団の運営の一層の適正化等を図るため、監査等委員会設置会社制度を創設するとともに、社外取締役等の要件等を改めるほか、株式会社の完全親会社の株主による代表訴訟の制度の創設、株主による組織再編等の差止請求制度の拡充等の措置を講ずる必要がある。」と説明されている。

（2）　平成二六年改正にかかる経緯や当初の趣旨、各意見等については、岩原紳作「『会社法制の見直しに関する要綱案』の解説(Ⅰ)(Ⅱ)(Ⅲ)」商事一九七五号四頁・同一九七六号四頁・同一九七七号四頁（二〇一二年）、落合誠一「会社法制見直しの基本問題」商事一八九七号四頁（二〇一〇年）、神作裕之「取締役会の監督機能の強化」ジュリ一四三九号二一頁（二〇一二年）、野村修也ほか編『平成二六年改正会社法―改正の経緯とポイント』二頁（有斐閣・二〇一四年）などを参照。

（3）　岩原紳作教授は、平成二六年改正の意義について、「最大の意義は、従業員出身者が会社の経営者の地位を独占し、株主利益よりは従業員集団の利益を重視する傾向のあった、わが国の株式会社のコーポレート・ガバナンスを、株主利益をより重視する傾向に一歩進めたことではなかろうか。」とされる（岩原「平成二六年会社法改正の意義」ジュリ一四七二号一三頁（二〇一四年））。

（4）　西脇敏男監修＝永田均編著『新・会社法講義―現代企業と法の展開―』二七二頁（八千代出版・二〇一四年）、坂本三郎ほか「平成二六年改正会社法の解説〔Ⅰ〕」商事二〇四〇号二八頁以下（二〇一四年）等を参照。なお、平成二六年改正においては、本文で触れたコーポレート・ガバナンス関連の改正のほか、親子会社（企業結合）関連、M＆A関連などの点においても改正がなされているが、ここでは省略する。

（5）　従来の要件に加え、親会社・兄弟会社の一定の関係者および当該会社の取締役等の一定範囲の親族についても、社外の者とは認められないこととなった（会社法二条一五号・一六号）。なお、原則として当該会社等から退任後一〇年が経過している者については、社外性が認められることとなった。

（6）　公開会社でかつ大会社である監査役会設置会社で、有価証券報告書の提出義務のある会社が、社外取締役を置かない場合、株主総会において、社外取締役を置くことが相当でない理由を説明しなければならないこととされた（会社法三二七条の二)。

(7) 会社法三二六条《株主総会以外の機関の設置》二項において、監査等委員会の設置ができることとされた。なお、ここで、監査等委員会設置会社とは、監査役を置かず、三人以上の取締役(過半数は社外取締役)により構成される監査等委員会を設置する会社である。

(8) 監査役設置会社(監査役会設置会社)において、株主総会に提出される会計監査人の選任等に関する議案の内容については、監査役(監査役会)が決定するものとされた(会社法三四四条)。

二 社外取締役とは何か

1 従来の社外取締役からの改正

わが国の商法において、はじめて社外取締役の規定が置かれたのは、平成一三年一二月の改正時である。この改正までは、社内取締役も社外取締役も商法上特段の区別はされておらず、換言すれば、「社内外に関係なく取締役として、取締役会における意思決定機能が重視」されてきたともいえるだろう。(9) なお、当該改正によって置かれた社外取締役の規定は、「その会社の業務を執行しない取締役であって、過去にその会社又は子会社の業務を執行する取締役、執行役又は支配人その他の使用人となったことがなく、現に子会社の業務を執行する取締役若しくは執行役又はその会社の子会社の支配人その他の使用人ではない者」(平成一七年改正前商法一八八条二項七号の二)とするように、当該会社および子会社との関係を重視した規定となっており、親会社関係者や当該会社の代表者の親族等であっても、形式的には社外取締役の要件を満たすことができるものであり、その社外性の観点からは不十分なものであったといえる。

その後、会社法の成立を経て、社外取締役の規定は、旧会社法二条《定義》一五号において「株式会社の取締役であって、当該株式会社又はその子会社の業務執行取締役若しくは執行役又は支配人その他の使用人でなく、かつ、過去に当該株式会社又はその子会社の業務執行取締役若しくは執行役又は支配人その他の使用人となったことがないものをいう。」とされるに至ったが、ここでもやはり当該会社および子会社との関係性を重視するものであり、社外性の観点からはふさわしくないものであったといわざるを得ない。

こうした懸念を受けて、平成二六年改正において、同規定が改正され、社外取締役の一層の社外性が求められる運びとなった。

2　社外取締役の意義と従来の社外取締役

そもそも、わが国においては、一九九〇年代以降の企業不祥事の頻出を受け、取締役の人数を削減するとともに、監査役による監査体制を整備することで対応を図ってきた(10)。しかしながら、「我が国の監査役制度が経営に対する監督として十分に機能しているかについては疑義が示されて(11)」おり、適法性監査しか認められず(12)、取締役等の人事権を有していない監査役に、業務執行にかかる監督の実効性を期待することは難しいといわれてきた(13)。たとえば、この点につき、永井和之教授は、平成九年商法改正当時、「もともとわが国におけるコーポレイト・ガバナンスの議論は、大規模公開会社の経営チェック機能について、理論上の最高意思決定機関である株主総会による監督が、法人株主を中心とする企業結合・安定株主といった状況の下で、必ずしも活性化しているとはいえないという認識を出発点としていた。自民党、経団連の試案・提言は監査役会強化でその機能を補おうという。しかし、監査役の独立性といっても代表取締役社長が事実上その人事権を握っており、関連会社の者が社外監査役になれる提案であること、当該企業不祥事からいかに独立した監査役であったのかというチェックが欠落していること等を考えると、そのままでは企業の不祥事を規制する商法となりうるか(14)」と疑問を呈されていたところでもある。

こうした状況から、執行と監督の分離を図るべく、社外取締役制度の導入が求められてきたわけであるが、上述のとおり、親会社関係者や会社代表者の親族ですら要件を充足してしまう従前の社外取締役に、経営監督の実効性を求めることは難しかったといわざるを得ないと思われる。従来の社外取締役の「社外性」は形骸化していた一面も否定し得ず、この点において、本来の意味での社外取締役でない社外取締役が存在していた可能性は否めないであろう。

なお、平成一四年商法改正に伴って、経営と監督の分離を図るべく委員会等設置会社(15)という新しい会社機関の形態を採用できることとされたが、当時においても、社外取締役にかかる「この定義規定は、独立性という観点から見ると、執行役を監督する立場にある委員会等設置会社の社外取締役としてふさわしくないとの議論(16)」があったところであり、従前にも増して高い監督性が求められる委員会等設置会社の創設がなされたにもかかわらず、社外取締役の要件そのものが緩いものであったためその実効性に影を落としていたといえよう。

ここで、社外取締役の意義について改めて確認する必要があるのではなかろうか。

従来のわが国において、会社外部から取締役を招聘する場合といえば、メインバンクや、親会社等からの派遣、またはいわゆる天下りといった関連省庁からの横滑り的な就任が多かったように思われる（もちろん、すべての会社がそうであったとはいい切れないが、こうした日本固有の企業体質が粉飾決算などの企業不祥事の根底となってきたことも否定し得ない事実であろう。）。従来、こうした社外取締役の選任は、当該企業の取引の円滑を図るためや、親会社等派遣元の意向を子会社に遵守させるための方法の一つにすぎなかったきらいがあるのではなかろうか。

平成一四年商法改正や、その後の平成一七年会社法制定にあたり、委員会等設置会社（会社法では名称を「委員会設置会社」と改めた。）の設置が促進されてきたが、そこでは取締役会の中に外部の社外取締役を入れることで、取締役会内における相互の監督機能に期待がされていたはずである。しかし、そもそも社外取締役の社外性要件が厳格でなかったがゆえに、期待されていたほどの社外取締役の監督機能は発揮されてこなかったといえよう。

改めて社外取締役に求められる役割について考えてみるに、会社法の趣旨からすれば、それが社内取締役や執行役に対する監督機能であることに疑問の余地はない。たとえば、この点については、滝川宜信教授が「社外取締役の実質的な役割は、特定の会社や特定の株主の立場にとらわれず、株主全体の利益を第一義として、経営の監督にあたり、透明性、客観性を担保すること」にあると述べられているとおりである[17][18]。これらは、社外取締役の設置を義務付ける根拠として、経営評価機能と利益相反監督機能の二つを挙げる見解に通ずる解釈であると思われる[19]。

3　平成二六年改正後の社外取締役

既述のとおり、わが国においては、社外取締役が選任されていなかったり、または社外取締役がいたとしても形骸化している等の影響もあり、相次ぐ企業不祥事を前に社外取締役または独立取締役の義務化議論が高まっていた[20]。当初は、社外取締役の義務化の方向で会社法改正が進んでいたが[21]、経済界からの根強い反対や有力な反対論を受け[22]、最終的にはイギリスにおいてコーポレート・ガバナンスの規制方法として採用されている「Comply or Explain」方式[23]を取り入れ、平成二六年改正に至った。

かように、社外取締役の設置義務付けこそ見送られたものの、社外取締役の社外性要件が厳格化されたことは上記のとおりであり、平成二六年改正以降の社外取締役は、従前と比較して相当程度社外性が担保された者が選任されるものと期待される。

すなわち、親会社の関係者は子会社の社外取締役になれず、兄弟会社の業務執行者も他の兄弟会社の社外取締役になることができなくなった。また、取締役をはじめとし、執行役・支配人その他の重要な使用人、ならびに親会社等の配偶者または二親等内の親族も社外性を否定される[24]（会社法二条一五号）。

社外取締役の資格について厳格な要件が求められることとなった一方で、同要件にかかる対象期間については原則一〇年との限定が設けられることとなり、期間の面では緩和されることとなった。これは、過去に当該会社等の指揮命令に服したことがある者であっても、その後一定期間以上関係が途切れたことに伴い、社外取締役に求められる機能を果たすことができるようになったと考えられる者には資格を認めるべきであるという人材確保の要請に配慮したものであり、社外取締役の制度趣旨に反しない程度で認められた期間と考えるべきであろう。(25)

なお、平成二六年改正で社外取締役要件が厳格化されたが、同制度の促進のため、社外取締役を置かない場合の説明義務を課す一方で、監査等委員会設置会社という新しい組織設計を用意し会社の負担軽減を図っている。(26)

(9) 中谷巌ほか監修『〈社外取締役〉のすべて』一〇八頁〔滝川宜信〕(東洋経済新報社・二〇〇四年)。

(10) 業務執行の決定機関たる取締役会の形骸化は日本に限ったことではなく、たとえばアメリカなどにおいても同様の現象が生じていた。しかし、この点、「日本法が取締役会に業務執行の決定をさせようと努力したのとは逆に、取締役会は業務執行の決定ではなく、業務執行者の監督を行う機関であるという位置づけ」を図ってきたのがアメリカにおける変容といわれている(藤田友敬「『社外取締役・取締役会に期待される役割―日本取締役会協会の提言』を読んで」商事二〇三八号六頁(二〇一四年))。

(11) 中谷巌ほか・前掲注(9)一二六頁〔松井英樹〕。

(12) 監査役の監査は、一般的に適法性・違法性の範囲に限定されていると解されており、経営の妥当性にまで踏み込むことはできないとされるのが通説的な理解である(江頭憲治郎『株式会社法〔第六版〕』五二三頁参照(有斐閣・二〇一五年))。他方で、佐藤敏昭教授は「現行会社法では、監査役の妥当性監査が目に見える形で拡大されていると解するべきではないだろうか。……現代の監査役監査は、旧来の適法性監査(著しい不当性を含む)の土台の上に、上記の妥当性監査が加わるものと解するのが自然であろう。」と説明される(佐藤「社外監査役の独立性と実効性」奥島孝康先生古稀記念論文集編集委員会編『現代企業法学の理論と動態』三六五頁(成文堂・二〇一一年))。また、神田秀樹教授は、一般的には妥当性監査は監査役の権限に属さないとされた上で、「ただし、監査役は取締役の善管注意義務の違反の有無は監査するわけであるから、実際問題としては、妥当性にかかわる事項についても監査権限を有することとほとんど変わりはない。」とされる(神田『会社法〔第一八版〕』二四一頁(弘文堂・二〇一六年))。

通説的な理解としては、経営の監督の有効性を確保するためには、監査役ではなく、取締役の立場からの監督が必要であるとの声が根強い。

(13)　この点、高橋均教授は、「商法改正の歴史をみると、取締役会の改革には基本的に手がつけられず、その代替として、もっぱら監査役（会）制度強化が行われてきた。特に上場会社における監査役会制度は現在の到達点であり、監査役の監査機能の強化は、ほぼ出尽くした感があるとの評価がある。」と述べられ、取締役会制度の改革に目を向けるべきとされる（高橋「取締役会改革と展望」商事二〇二三号四頁（二〇一四年））。
なお、森本滋教授は、わが国の商法上はじめて社外監査役や監査役会が導入された平成五年商法改正時において「株主の利益のために合理的かつ妥当な経営をなすよう、経営チェックの要請が高度化するとき、……社外監査役制度と社外取締役制度の調整が問題となる。監査役制度がわが国独自の経営チェックシステムとして一層発展するか、取締役会の監督機能の充実の中に解消されるかは、今後の重要な立法政策的課題となる。」と述べられていたが、時代は後者に流れてきたといえるだろう（森本「社外監査役制度」民商一〇八巻四＝五号五五五頁（一九九三年））。

(14)　永井和之「商法改正手続きを考える―コーポレイト・ガバナンスの要求から」法セ五一六号五一頁（一九九七年）。

(15)　当時の委員会等設置会社における社外取締役の選任の実情等については、横山淳「委員会設置会社の社外取締役の実態」商事一八一四号三二頁以下（二〇〇七年）や、神作裕之ほか「取締役会の実態と今後の企業統治（上）」商事一八七三号六頁以下（二〇〇九年）に詳しい。

(16)　中谷・前掲注（9）一〇六頁〔滝川〕。

(17)　中谷・前掲注（9）一〇九頁〔滝川〕。

(18)　また、富永誠一氏は、日本の伝統的な経営スタイルを踏まえ、「こうした状況では、株主と経営者の間の利害相反の対処を、社内の取締役だけで構成される取締役会に期待することは難しい。そこで、経営者や特定の株主を含むステークホルダーから独立した立場を取締役会の構成員として選任し、『経営監督（モニタリング）機能』を期待することになる。」と説明される（富永『独立社外取締役』三頁（商事法務・二〇〇九年））。

(19)　その他、社外取締役の機能について、法務省立案担当者の整理によれば、①経営効率の向上のための助言を行う機能

（助言機能）、②経営全般の監督機能、③利益相反の監督機能があるとされているが、たとえば、中村直人氏は、たしかに社外取締役の機能の一つに助言機能（アドバイザー機能）があることは認めつつも、社外取締役を支持する本質としては、監督機能にあると述べられている。すなわち、同氏は、「経営者に対する監督の仕組みを作ることが必要である」とされ（中村『社外取締役』一二頁（商事法務・二〇〇四年））、続けて「株主と経営者の利害を一致させることや、利害相反する事項については株主の利益を代弁する者が必要である」とし、やはり、上記②経営全般の監督機能、③利益相反の監督機能の二つをもってして、社外取締役の意義を理解されていると思われる。なお、経営の「監督」については、社外取締役には、企業の中で隠密裏に行われる不正の摘発といった期待をすべきではなく、あくまで経営全般の監督機能を期待するべきであると考える（藤田・前掲注（10）八頁参照）。そのほか、宮島英昭教授も、社外取締役に求められる機能としてアドバイザリー機能・モニタリング機能・利害調整機能を挙げられ、とくにモニタリング機能が重視される旨を指摘するとともに、日本のような内部者の影響力の強い企業統治構造の場合、社外取締役に利害調整機能も求められるという考え方を述べられる（宮島ほか「企業統治制度改革のゆくえ（上）」商事二〇四五号一一頁〔宮島発言〕（二〇一四年））。

（20） 坂本三郎「会社法制に関する今後の動向」商事二〇二一号一七頁（二〇一四年）など参照。

（21） たとえば、藤田友敬教授は、「わが国の一般の経営者には、コーポレート・ガバナンスのあるべき姿としてモニタリング・モデルを押しつけられることに対する強い拒否反応があるというのが、『会社法制の見直し』の作業を通じて、筆者が一貫して受けてきた印象であった。」と述べられる（藤田・前掲注（10）四頁）。この点について、後藤元教授は「会社法制部会のアジェンダには、社外取締役の義務付け……等、経済界が強く反対する論点が少なからず含まれていた。最終的に成立した改正法は、中間試案段階で検討されていた案よりもマイルドなものとなっているが、それでも経営者に対するモニタリングを強化し、また株主や債権者の利益を保護するために会社の行動を制約する内容の改正が多く実現されている。」と述べられる（後藤「平成26年改正の概要（総論）」神田秀樹編『論点詳解平成26年改正会社法』八頁（商事法務・二〇一五年））。

（22） たとえば、大杉謙一教授は、「法律等で強制できるのは形式だけであり、機能を強制することはできない。」とされ、

「やみくもに社外（独立）取締役を義務づけることには慎重であるべきであるが、少なくとも柔らかな強制には利点も認められることから、上場規則により社外（独立）取締役の定義やその義務づけの内容（対象となる企業の範囲等）を定めることは否定されないというべきである」と述べられる（大杉「取締役会の監督機能の強化（上）―社外取締役・監査役制度など―」商事一九四一号二〇頁（二〇一一年））。

(23)　平成二六年改正においては、会社法による社外取締役の義務化は見送られ、イギリス式の「Comply or Explain」方式、すなわち、「遵守するか、さもなければ説明せよ」との考え方が採用され、結果として、会社法三二七条の二《社外取締役を置いていない場合の理由の開示》において、「事業年度の末日において監査役会設置会社（公開会社であり、かつ、大会社であるものに限る。）であって金融商品取引法第二四条第一項の規定によりその発行する株式について有価証券報告書を内閣総理大臣に提出しなければならないものが社外取締役を置いていない場合には、取締役は、当該事業年度に関する定時株主総会において、社外取締役を置くことが相当でない理由を説明しなければならない。」との規定が創設されるに至った（会社法三二七条の二、会社法施規七四条の二・一二四条二項三項）。

当初の社外取締役義務付け案は採用されなかったものの、社外取締役を置かない場合の株主に対する説明義務を設けることで、間接的ではあるものの設置に対する義務化に通じる働きかけがなされたといえよう。

(24)　なお、ここでは、その他の重要な使用人の配偶者等まで社外性が否定されていることに注目すべきではなかろうか。取締役や執行役といった経営に直接関わる者の親族のみならず、一定の使用人の親族についてもその社外性を認めないということは、今後の社外取締役の社外性の保持に大きく資するものであると解される。使用人の親族である以上否が応にも会社代表者の息がかかる人物が選任されるおそれが高いところ、こうした社外性につき、法の潜脱を許さない規定であるとして一定の評価をすべきではなかろうか。ここにいう「重要な使用人」の範囲が問題となるが、この点、重要な使用人であるか否かについては会社の経営判断の結果を尊重する姿勢ではなく、法律の趣旨に則り、客観的に重要な使用人にあたるか否かで判断すべきであろう（前田雅弘ほか「『会社法制の見直しに関する要綱』の考え方と今後の実務対応」商事一九七八号一八頁〔前田発言〕（二〇一二年））。他方で、厳格に社外性を維持するのであれば、重要な使用人に限定せず、すべての使用人の配偶者または二親等内の親族の社外性を否定すべきではないかとの反対意見も考え得るが、この点については、「すべての使用人の近親者まで社外性を否定することになると、使用人の変動に伴い、社外性の要件を満たすか否かも変動することになり、社外取締役や社外監査役の法的地位が不安定になる」など（岩原紳作ほか「改正会社法の意義と今後の課題（上）」商事二〇四〇号一三頁（二〇一四年））、実務的な便宜性を考慮し、やむを得ないところではないかと考える。

(25) 江頭・前掲注（12）三八五頁参照。

(26) 平成一四年商法改正当時、永井和之教授は、国際的にコーポレート・ガバナンス論が求められてきた時代背景を説明されたあと、次のように述べられていた。すなわち、「現代社会においては、会社法を規制法として、とりわけコーポレート・ガバナンスの規制というものを維持する必要性が、ほとんどなくなってきているのではないか……ということが言われるわけです。けれども、本当かなと個人的には思う。」とし、続けて「日本の場合、コーポレート・ガバナンスを確保するということから言うと、やはり規制法的な視点をまだまだ無視はできないのではないかと思われます。」とされる。そして、「そういったことも考えながら、規制法としての会社法と、ある意味では自由化という問題、この二つを調整していかなければいけないのが現代の国際化の中の会社法、商法なのです。」と結ばれる（永井「日本企業の経営革新と商法改正コーポレート・ガバナンスの視点から」中央大学総合政策研究科経営グループ監修『21世紀日本企業の経営革新』二三五頁（中央大学出版部・二〇〇四年））。

また、永井教授は、別稿において「今後の商法の現代化という商法改正の新しい検討の中では、独立取締役が取締役会の過半数を占めることとか、……独立取締役をキーワードとすることも検討すべきではないだろうか。」と提言されていた（永井「監査委員の資質」監査役四六六号五二頁（二〇〇二年））。

平成二六年改正も、社外取締役の厳格化や説明義務という一種の規制法的な側面を有しつつも、従来の委員会設置会社に比べ会社が受け入れやすいといわれる監査等委員会設置会社を用意し、会社の選択肢を設けたという点で、自由化の側面にも一定の配慮がなされたものといえよう。この点は、永井教授の提言に通じるものと思われる。

三　社外性と独立性

平成二六年改正においては、社外取締役の設置義務付けこそ見送られることとなったものの、その設置が促されていること、また、将来的には義務付けの方向に進んでいく可能性もある点は上記のとおりであるが、一般的に社外取締役に求められるといわれる「社外性」と「独立性」とは如何なる意味を有しているのであろうか。

会社法は、その条文の中で、「社外」という文言は使用しているものの、「独立」という文言は使用していない。会社法において、社外性と独立性とに相違はあるのであろうか。(27)この点について、たとえば神田秀樹教授は、「一般に、独立性の要件としては、雇用関係の不存在・親族関係の不存在・取引関係（経済的利害関係）の不存在が要求されるが、最後の点は社外取締役の要件とはされていない。」とされる。(28)ここでは、社外概念と独立概念とはいかなるものか検討する。

1　社外性

(1)　平成二六年改正法の下での社外性要件

旧会社法の社外取締役の要件については、「自社又は子会社の出身者等でないという『社外性』が求められており、親会社関係者や兄弟会社関係者、重要な取引先の関係者、経営者の近親者等も要件を満たすこととなるため、経営者と利害関係を有しない『独立性』の観点で疑義がある」と指摘されてきた。(29)したがって、旧会社法においての「社外性」とは、当該会社と子会社を一括りとして、その境界線の内外であるか否かにより判断されていたものと解される。すなわち、旧会社法は、業務執行者からの支配の有無の観点から「社外性」を定めてきたといえ、(30)親会社や兄弟会社、代表者の近親者などは、必ずしも業務執行者から支配を受けるわけではないとして、当該会社と子会社の括りの外にいる社外の者と扱われてきたところである。

しかしながら、業務執行者との関係性の問題にかかる指摘を受け、平成二六年改正後の会社法においては、親会社や兄弟会社の関係者や、自社の取締役等の配偶者または二親等内の親族でない旨が追加されたことは上記のとおりである。したがって、改正後の会社法においては、当該会社と子会社のみならず、親会社、兄弟会社、そして一定の親族をも一括りとされることになったのであって、社外性の判断にかかる境界線は大きく広がったといえる。

なお、改正後の社外性要件はこのように複雑なものとなったが、ここには三つの観点からの社外性が混在していると解される。(31)

すなわち、一つは、従来からの要件である従属性の観点からの社外性である。これは「監督をする者」は、「監督を受ける」当の本人であってはならないのと同時に、「監督を受ける」者に従属する者（子会社）でもあってはならないという考え方である。旧会社法の社外性要件はこの観点から規定されていたものといえる。

二つ目は、純粋に会社利益を追求できるか否かの観点からの社外性である。たとえば、親会社関係者が「監督をする者」である場合において、親会社と当該会社の利益が衝突した際、監督者は当該会社の利益ではなく、親会社の利益を追求するおそれがある。これが、親会社・兄弟会社の一定の者の社外性を否定する根拠である。

三つ目は、「監督を受ける者」との経済的同一性の観点からの社外性である。「監督をする者」が「監督を受ける者」の配偶者等、経済的利益を共通にする場合には社外性を否定すべきであるとの考え方である。

平成二六年改正では、これら三つの観点から社外性要件を規律したものと考えることができるであろう。

(2)　平成二六年改正法の下でも社外性があるとされる者

なお、ここで留意しなければならないのは、従来から指摘されてきた「重要な取引先の関係者」については、平成二六年改正においても社外性があるものとされているという点である。すなわち、資本関係のない（つまり、親会社や子会社、兄弟会社ではない）主要な取引先の関係者については、依然として「社外性」は否定されていないのである。

会社法が、なぜこうした「重要な取引先の関係者」を社外取締役の規制対象としなかったかについて、法務省立案担当者は「社外取締役の要件は、法的安定性の観点から、一義的に明確なものとする必要があるところ、『重要な取引先』に該当するかどうかを一律の基準により定めることは困難である。法制審議会会社法制部会でも、重要な取引先の関係者でないことを社外取締役等の要件とすることについて議論がされたが、『重要な取引先』といえるための一律の基準について、……コンセンサスを得ることができなかった」と述べている(32)。また、この点については前田雅弘教授も、「あらゆる会社について明確に一律の基準で『重要な取引先』の範囲を定めるのはきわめて困難です。確かに、独立性確保という実質からいいますと、重要な取引先の関係者でないことも社外性の要件に加えることができればよかったのですけれども、法的安定性を考慮しますと、ここまで範囲の不明確な者を会社法で社外性の要件に取り込むのは無理だと考えられた」と説明されている(33)。

これは、会社法が社内外の判定の境界をグループ企業や一定親族にまで拡げた一方で、法的安定性の観点から、資本関係のない者については「社外」とする割り切った一つの表れであるといい得るのではないだろうか。換言すれば、会社法は法的安定性を重視するがゆえ、形式的に判断できる部分のみで社外性を判断することとし、実質的な利害関係にかかる判断は規制の対象外としたと解されるのである。

2　独立性

ある取締役が社内取締役であるか、それとも社外取締役であるかの判断の境界は、当該会社と資本関係のある会社または代表者等の親族等であるか否かをメルクマールとしていることは既に述べたとおりである。しかし、ここではその者の「社外性」の判断がされているのみであって、経営陣との利害関係がないこと等の「独立性」については判断がされているわけではない[34]。会社法上の社外性要件を満たしていても、独立性要件を満たしていないケースがあり得るのではなかろうか。以下では、この「独立性」について検討してみたい。

(1) 社外取締役に独立性が求められる理由とその意義

そもそも、なぜ社外取締役に、社外性のみならず独立性も求められるのかを改めて考えてみるに、これは社外取締役に求められている機能から演繹的に導くことができると思われる。

すでに確認したとおりであるが、社外取締役には、経営全般の監督機能および利益相反の監督機能の二つの機能が求められていると解される。もちろんアドバイザリー機能も社外取締役に期待される一つの機能ではあるが、それは社外取締役の機能の常素であったとしても要素ではないと解すべきであろう。国際的に見ても、「社外取締役についての考え方では、大概、アドバイザー的位置づけからモニター的役割に移行してきた」といわれているとおり[35]、今日の社外取締役の本質は経営監督および利益相反監督機能にあると理解すべきである。

それでは、なぜこうした監督機能が社外取締役に求められるのであろうか。これは、端的にいえば、社内取締役にはその機能が期待し難いからということに尽きると思われる。取締役会内における各取締役の相互チェックの際、いわば同じ釜の飯を食ってきた内部の者同士では適切な相互監督機能が働かないおそれが強く、わが国の伝統的な会社経営スタイルではとくにそうした弊害が生じやすい[36]。したがって、社外取締役に求められる独立性とは、基本的には社内取締役に期待できない、対会社ないしは対会社代表に対しての独立性であると解される[37]。なお、独立的な立場にある社外取締役が保護すべきとされている利益とは、通常「一般株主の利益」であるといわれているが、これは、たとえば大株主と少数株主間での利害が衝突する場合等に、必ずしも少数株主の利益を保護すべきことを意味するものではないと解される[38][39]。

(2) 独立性及び独立性保持の要件

一口に「独立性」といっても何をもって独立しているというかは切り口によって異なるであろう。ここでは、考えられるいくつかの観点から「独立性」を検討したい。

① 利害関係がないという意味での独立性

たとえば、神作裕之教授は、社外取締役が経営に対して客観的な評価を行うためには、「業務執行から離れている必要があるとともに（非業務執行性）、経営陣との間に重大な利害関係が存在しない（独立性）ことが必要であるという考え方がある。」と述べられる(40)。このように、独立性の第一は、監督の対象との利害関係がないことが大前提であるといえるであろう（なお、非業務執行性に関しては、そもそも社外取締役の要件であるため、つまりは社外性の判断基準の中に内包されているものといえよう）。

他方、尾関幸美教授は、アメリカ法の考察などを基に、「ここで求められている社外取締役の独立性の要件とは、『利害関係を有しない』ということと『独立性』の二つである。前者は、特定の取引行為に関し、利害関係を有しないことを、後者は、経営者から経済的、社会的、心理的な影響を受けないことをそれぞれ意味する。」とされ(41)、まず、会社または代表者等に対し特別の利害関係を有しないことを、独立性を判断する上での一つ目の要素としつつ、「経済的、社会的、心理的な影響を受けないこと」という意味での独立性についても述べられている。これらの独立性は、報酬の多寡や、取締役会の全体数における割合、また、任期の観点などにより次のように分解できると思われる。

② 経済的独立性（報酬の多寡）

社外取締役個人の経済的基盤が安定していない場合、一般的にその者の独立性に疑義が生じてくる可能性が高い。また、当該会社からの報酬が高額であったり、その者の総収入のほとんどを占めるような場合、同様に独立性が危ぶまれるといえるだろう。何をもって「経済的基盤が安定している」というかは個人の価値観によって異なるとは思われるが、社外取締役の報酬がなくなることでその者の生活に大きな支障がでるといった場合には、社外取締役としての独立性に疑義が生じる可能性があろう(42)。この点、山田秀雄氏は実務上の経験から、「多くの場合、他の企業の代表者や大学教授等、自分自身の生計を営む術を有しており、仮に社外取締役の職を辞することになっても生活に大きな影響は生じない。社内出身の取締役より、代表取締役社長に対して苦言を呈することの可能性は、社外取締役の方が高いと考えられる。」と述べられている(43)。

また、その者の経済的基盤が確かであったとしても、高すぎる報酬の設定は将来の独立性に悪影響を及ぼしかねない点にも注意が必要であろう。選任の時点では種々の独立性要件を満たした社外取締役であっても、その後多額の報酬を受け取り続けることによって、その職にとどまりたいとの欲求が生じかねず、適切な監督機能が期待できなくなるおそれがあるためである(44)。ただし、報酬が少なすぎれば社外取締役としてのインセンティブに欠けることにもなりかねないため、この点は同業他社等との一般的な相場を探るほかないのかもしれない（なお、多額の報酬等は、下記④の任期の問題にも繋がってくる事項であると考える)。

③ 員数の問題

社外取締役の独立性の要件というよりは、独立性を保つための条件というべきかもしれないが、取締役会内における社外取締役の員数の問題は、その独立性を保持するための重要な要素であると考える。取締役会全体の中で社外取締役が占める員数が少なすぎる場合、心理的に独立性が危ぶまれるおそれがあり得る。

たとえば、山田秀雄氏が、「一名の社外取締役の会社は、危急時に単独で考え、方針を決定しなければならず、モニタリング機能を求めるのは極めて困難である。……取締役の全体数にも、最低でも二～三人の社外取締役は必要と思料する。」とされるとおり(45)、社外取締役がいたとしても監督のための発言・行動に萎縮するようではその実効性に乏しく独立性が保たれているとはいい難い。この点、高橋均教授も次のように述べられ、社外取締役が義務付けの方向に進んでいったとしても形式的な導入になることへの懸念を述べられている。すなわち、同教授は、「しかし、社外取締役が選任されたらすべて取締役会の監督機能が万全となる保証はない。……社外取締役の員数の問題など残された論点がある。取締役会の独立性を高めるために、真に独立した社外取締役（いわゆる『独立取締役』）の設置が一つの究極的な姿であり、かつ今後の趨勢と思われる」と述べられる。(46)

なお、企業についての知識と独立性に関しては、ある種のトレードオフ関係がある点を確認しておく必要がある。企業の実情に通じている人は、すなわちその企業との関係が深いともいえ、独立性に関して疑義が生じる可能性が高い。(47)他方、独立性を重視するあまり、まったく企業と関係ない人材を社外取締役として選任することは、社外取締役に期待されている機能を果たす上で逆に障害となり得る可能性もある。こうしたトレードオフ関係について、田中亘教授は、「一般論としては、やはり独立性と専門性はある種トレードオフがあるので、一人の人に全部任せることはもともと無理があります。となれば、やはり複数社外取締役を入れるということが必要になってくる」と述べられ、(48)一人の社外取締役にかかるトレードオフ関係が包含する弊害は、複数の社外取締役の選任により解決すべきと説かれている。したがって、複数の社外取締役を選任することは、社外取締役一人一人の独立性を担保することにつながるものと考える。

④　任期の問題

任期の問題も、社外取締役の独立性の要件というより、③員数の問題同様、独立性を保つための条件というべきかもしれないが、社外取締役の独立性を確保するためにはこの点にも目を向ける必要がある。

会社法では特段社外取締役の任期について規定を設けることはしておらず、任期については原則として一般的な取締役の任期規定に従うことになる。「モニタリング機能を求めるならば、長期の在任はその機能を低下させる。(49)」と危惧されるように、あまりに長すぎる任期は、会社やその会社代表者との癒着につながる弊害も起こり得るだろう。換言すれば、当初社外にあった人間が、時間を経て社内の人間になってしまうという問題である。

しかし、一方で、任期が短すぎるというのも適切な監督機能を求める観点からは好ましくないものといえる。社外取締役は、通常当該会社の内情について初めから熟知しているケースは少ないと考えられ、また当該会社の業界自体について精通しているとも限らない。社外取締役には、取締役会においてその発言や質問を通じて、会社代表者や他の役員の監督を行うことが期待されているわけであるが、任期が短すぎて会社の実情に十分に触れることなく任期を終えてしまうのであれば、適切な質問等の監督機能を発揮することなく終わってしまうおそれがある。

この点について、日本弁護士連合会が公表した「社外取締役ガイドライン」において、「一般的に言えば、二期ないし三期の期間を見込むことが望ましい。社外取締役について任期の保証はないが、社外取締役が就任後会社の営業の内容、ガバナンスの状況等について知識等を深める期間を考慮すると一期のみで社外取締役の評価を決めるのは早急に過ぎる。他方、再任が長期間継続した場合、会社との癒着といった問題に配慮する。」としているとおりである。(50)

⑤ 責任の問題

最後に独立性を担保するものとして、責任の問題にも触れておきたい。

株式会社の取締役の責任には、会社に対するものと第三者に対するものとがある。株式会社とその取締役との間の関係は、一般に民法上の委任契約（民法六四三条）に従って結ばれている（会社法三三〇条）ため、受任者たる取締役は、その職務を遂行するにつき善管注意義務（民法六四四条）を負うことになる。会社法は善管注意義務について直接触れてはいないが、それを具体的に明示したものとして、同法三五五条《忠実義務》が用意されていると一般的に理解されている。(51)

こうした取締役の有する会社に対する一般的な責任については、社内取締役、社外取締役の如何によらず同一の責任を負うものとされており、取締役がその任務を怠ったことにより会社に損害を与えた場合にはその損害を賠償する責任を負うことになり（会社法四二三条一項）、また第三者に対する損害賠償責任の規定も適用されることがある（同法四二九条)。

ここで、社外取締役に焦点を絞れば、社外取締役は業務執行には関与しないため、その職務とは、取締役会への出席や業務執行者への質問等を通じた職務執行の監督ということになる。したがって、この監督という職務を怠った場合には、上記のような責任が生じ得ることになるが、ここでは、いわゆる「経営判断の原則」および「信頼の原則」の適用があるとされている。すなわち、善管注意義務を尽くしたか否かの判断において、情報収集手続や事実認識、また判断の決定手続やその内容において「著しい不合理」がないのであれば、善管注意義務を果たしたものと判定されることになる（経営判断の原則）(52)。また、経営判断の原則を適用するにあたり、他の取締役等を監視・監督する場合、「リスク管理体制が十分に整備されているならば、他の取締役・使用人の業務執行に問題があることを知るかまたは知ることが可能であるなどの特段の事情がない限り、この体制を信頼することにより、善管注意義務を免れることができる」とされている(53)（信頼の原則）(54)。

社外取締役はあくまで会社外部の人間であり、社内取締役に比べれば当該会社内部や業界の事情に疎いことは仕方のないことであるから、社外取締役の責任の判定の際には、社外者であることや業務執行者でないことなどが考慮されてしかるべきであろう。したがって、取締役会の上程事項について、会社代表者や業務執行者の合理的な手続・審議等がなされているか、「通常の経営者の経営上の判断として著しく不合理でないかという基準から検討〔し、〕他の取締役の職務執行が違法であることを疑わせるような特段の事情がある場合には、適切な措置（監査役への報告等）〔（〕内筆者(55)〕」をとっていれば、自らの職務を果たしていると判断されることになるといえよう。

こうした、あくまで会社の外部者であることを考慮した責任判断の枠組みは、社外取締役の心理的な独立性を担保するために重要であると思われる。なお、社外取締役の会社に対する任務懈怠責任については、当該社外取締役が職務を行うにつき善意でかつ重大な過失がないときは、定款で定めた額の範囲内であらかじめ株式会社が定めた額と最低責任限度額とのいずれか高い額を限度とする契約を社外取締役と締結することができる旨を定款で定めることができる（会社法四二七条一項）。こうした事前の責任限定契約の締結も社外取締役の心理的独立性を保障する上で有効であろう。[56]

(27)　この点につき、武井一浩氏は「社外概念と独立概念とは別の切口でみた概念ですので、社内であっても独立者は本来いるわけです。」とされる（武井「プラスを伸ばすガバナンスと独立取締役」商事一九九四号六頁（二〇一三年））。
(28)　神田・前掲注（12）二〇五頁。
(29)　野村ほか編・前掲注（2）二二二頁〔太子堂厚子〕。
(30)　藤田・前掲注（10）八頁。
(31)　前田雅弘「企業統治」ジュリ一四七二号二一頁（二〇一四年）参照。
(32)　坂本三郎ほか「平成二六年改正会社法の解説（Ⅲ）」商事二〇四三号七頁（二〇一四年）。
(33)　前田ほか・前掲注（24）一八頁〔前田発言〕。
(34)　豊田祐子「独立取締役をめぐる主な論点」商事一九〇一号三七頁（二〇一〇年）参照。
(35)　山田秀雄「株式会社における社外取締役の役割について—実務的視点からの一考察—」大野正道先生退官記念『企業法学の展望』二一五頁（北樹出版・二〇一三年）
(36)　この点、山田秀雄氏は「自分を取締役に選任してくれた、いわば恩義ある存在である代表取締役を監督監視することは言説としては十分成立しうるし、心の持ち方一つといった説明で解決することは可能であるが、現実に発生する企業不祥事を分析すれば、経営支配に対し機能しなかった取締役会の存在が浮上してくることは疑いがない。」とされる（山田・前掲注（35）二二六頁）。
(37)　もちろん、大口株主に対しての独立性等も考えるべき点ではあるが、ここでは、基本的に対会社ないしは対会社代表に対しての独立性に焦点を絞ることとする。
(38)　豊田・前掲注（34）四一頁参照。
(39)　その他、社外役員の独立性について、木村敢二ほか「社外役員にかかる実務対応〔上〕—株主総会関係書類の記載に向けた取組み―」商事一九八一号三二頁以下（二〇一二年）を参照。
(40)　神作裕之「取締役会の実態とコーポレート・ガバナンスのあり方―『会社法下における取締役会の運営実態』を読んで―」商事一八七三号二三頁（二〇〇九年）。
(41)　川口幸美（尾関幸美）『社外取締役とコーポレート・ガバナンス』一七五頁（弘文堂・二〇〇四年）。
(42)　富永・前掲注（18）三八頁参照。
(43)　山田・前掲注（35）二一七頁。なお、同氏は、「報酬額の算定は困難であるが、社外取締役が本来の職業として得る収入に匹敵する金額であったり、全体の収入の相当比率を社外取締役の収入から得ている状態は望ましくない。」とされる（同稿二二五頁）。
(44)　豊田・前掲注（34）四三頁参照。
(45)　山田・前掲注（35）二二四頁。
(46)　高橋・前掲注（13）五頁。
(47)　宮島ほか・前掲注（19）一四頁（宮島発言）参照。
(48)　宮島ほか・前掲注（19）一六頁（田中発言）。
(49)　山田・前掲注（35）二二五頁。
(50)　日本弁護士連合会『社外取締役ガイドライン』一七頁（二〇一五年三月一九日改訂）。
(51)　江頭・前掲注（12）四三〇頁参照。
(52)　経営判断の原則について示した判例として、たとえばいわゆるアパマンショップホールディングス事件最高裁平成二二年七月一五日第一小法廷判決（集民二三四号二二五頁）、いわゆるそごう事件東京地裁平成一六年九月二八日判決（判時一八八六号一一一頁）など参照。なお、伊藤丈文「経営判断の原則」野村修也ほか編『実務に効くコーポレート・ガバナンス判例精選』（ジュリ増刊）七〇頁以下参照。
(53)　石山卓磨『会社法改正後のコーポレート・ガバナンス』二八頁（中央経済社・二〇一四年）参照。
(54)　信頼の原則については、たとえば、いわゆるヤクルト株主代表訴訟事件東京高裁平成二〇年五月二一日判決（判タ一二八一号二七四頁）など参照。なお、村木和夫「信頼の原則」野村ほか編・前掲注（52）一〇三頁以下参照。
（55）石山・前掲注（53）一五三頁。
（56）なお、責任限定契約を締結することができる者については、平成二六年改正において、社外取締役のみならず、社内の非業務執行取締役等にまで拡大されているが、本稿では社外取締役に絞って触れたものである。

四　所得税法上の給与所得該当性

所得税法上、給与所得は、「雇用関係またはそれに類する関係において使用者の指揮・命令のもとに提供される労務の対価を広く含む観念であり、非独立的労働ないし従属的労働の対価と観念することもできる」と理解されている。(57)このうち、給与所得該当性の判断において非独立的性質と従属的性質のいずれに重点を置くべきかについては議論の分かれ得るところである。この点について、弁護士報酬事件上告審最高裁昭和五六年四月二四日第二小法廷判決（民集三五巻三号六七二頁）(58)は、「給与所得とは雇傭契約又はこれに類する原因に基づき使用者の指揮命令に服して提供した労務の対価として使用者から受ける給付をいう。なお、給与所得については、とりわけ、給与支給者との関係において何らかの空間的、時間的な拘束を受け、継続的ないし断続的に労務又は役務の提供があり、その対価として支給されるものであるかどうかが重視されなければならない。」と説示しているが、かかる説示を出発点として給与所得該当性を従属性要件でみるべきとする見解がある。(59)これに対し、親会社ストック・オプション訴訟最高裁平成一七年一月二五日第三小法廷判決（民集五九巻一号六四頁）(60)が、「本件権利行使益は、雇用契約又はこれに類する原因に基づき提供された非独立的な労務の対価として給付されたものとして、所得税法二八条一項所定の給与所得に当たるというべきである。」として、従属性の要件についてはきわどいながらも、非独立性による判断をしたことなどを基礎に給与所得該当性を非独立性要件でみるべきとする見解がある。(61)後者の見解は、そもそも、取締役等の役員の報酬や国会議員の歳費が給与所得に該当することが従属性要件では説明がつかないことなどを主張の基礎としており、本稿で取り上げた問題関心に親和性を有するものであるといえよう。

取締役の報酬の給与所得該当性を従属性要件で説明することに一定の困難があるという問題は、非独立性という切り口からの説明によりかろうじて乗り越えてきたといえよう。(62)もっとも、当然ながら前述の最高裁昭和五六年四月二四日判決は役員報酬の存在も前提として給与所得該当性について、従属性要件を説示しているということを忘れてはならない。また、退職所得についても給与所得と同様、給与に対する所得区分であるが、仮に社内に留まっていたとしても、分掌変更などで従属性が途切れたところで、「退職」として取り扱うという考え方がこれまで支配的であったと思われるが、これなども、給与所得該当性の議論において従属性を無視できないことの表れであろう。

いずれにしても、会社法における社外取締役の「社外性」を重視することは、社外取締役に対する役員報酬の給与所得非該当性の判断要素の一つとして働き、給与所得から離脱する可能性を意味し、さらに、社外取締役の「独立性」を重視するのであれば、かかる役員報酬は、課税要件法上給与所得から乖離する方向に進むことがあり得よう。したがって、社外取締役の「社外性」ないしは「独立性」の要素である事実の認定如何によっては、今後社外取締役にかかる役員報酬が給与所得に該当しないと解される場面もあり得るのではなかろうか。

(57)　金子宏『租税法〔第二一版〕』二二六頁（弘文堂・二〇一六年）。注解所得税法研究会編『注解所得税法〔第五版〕』四七〇頁（大蔵財務協会・二〇一一年）、

(58)　判例評釈として、碓井光明・判時一〇二〇号一五六頁（一九八二年）、清永敬次・民商八五巻六号一一三頁（一九八二年）、園部逸夫・曹時三五巻四号一三七頁（一九八三年）、原田尚彦・昭和五六年度重要判例解説〔ジュリ臨増〕四九頁、玉國文敏・租税判例百選〔第三版〕五二頁（一九九二年）、高野幸大・租税判例百選〔第五版〕六七頁（二〇一一

年）など参照。

(59) 酒井克彦「所得税法の給与所得と『従属性』―東京高裁平成二五年一〇月二三日判決（平成二五年（行コ）第二二四号源泉所得税納税告知処分取消等請求控訴事件）を素材として―（上）（下）」税務事例四五巻一二号八頁（二〇一三年）、同四六巻二号一頁（二〇一四年）参照。

(60) 判例評釈として、増田稔・平成一七年度最高裁判所判例解説〔民事篇〕〔上〕三九頁、同・曹時六〇巻二号二一一頁（二〇〇八年）、吉村政穂・租税判例百選〔第四版〕七〇頁（二〇〇五年）、酒井克彦『ブラッシュアップ租税法』一一九頁（財経詳報社・二〇一一年）など参照。なお、同「親会社ストック・オプションの権利行使利益に係る所得区分（上）（中）（下）―東京高裁判決（平成一六年二月一九日判決）の検討を中心にして―」税務事例三六巻四号一頁、同五号八頁、同六号八頁、同「一時所得の意義の再検討―ストック・オプションの権利行使利益を巡る裁判例を素材にして―」国税速報五五八〇号一頁、同「親会社ストック・オプションの権利行使利益に係る給与所得該当性」国税速報五五九四号一頁も参照。

(61) 佐藤英明「『給与』課税をめぐるいくつかの問題点」税務事例研究七九号三九頁（二〇〇四年）など参照。

(62) なるほど、行政裁判所昭和六年一〇月二〇日判決（行録四二輯九二六頁）、行政裁判所昭和七年五月七日判決（行録四三輯四〇八頁）、行政裁判所昭和一三年一〇月一八日判決（行録四九輯七六三頁）などはそれを説明する素材となり得るのかもしれない。

結びに代えて

平成二六年の会社法改正により、そもそも社外性が否定され社外取締役になれなくなった者もいる。たとえば、親会社または兄弟会社の業務執行者等や、当該会社や子会社の業務執行者等の近親者などは、会社法において社外性が認められないこととなった者である。したがって、この点に限れば、会社法でも社外性の判断という形で、一部の独立性は担保できるようになっているといえるだろう。すなわち、新たに会社法が設けた「社外性基準」と、本稿においては紙幅の関係で詳述することができなかったが、東証上場管理等に関するガイドラインにおける「独立性基準」に抵触することとなった者については、上場企業のみならず非上場企業においても、会社法上の社外性判断というスクリーンを通じて、独立性に関する判断も行われることになるといえよう。

平成二六年改正により、従来の規定と比較すれば、かなり厳格に会社法において社外性要件が定められるに至ったことは既述のとおりである。この点に鑑みると、所得税法上の給与所得該当性にかかる課税要件論に対しても相当のインパクトを与え得る改正であったといい得るのではなかろうか。

ディスクレの評価と信用状債務

志津田一彦

一 はじめに

信用状には、旅行者信用状、商業信用状、スタンドバイ信用状があるが、商業信用状は国際取引において盛んに利用され、これには、荷為替信用状（ドキュメンタリー信用状）とクリーン信用状があり、UCP（信用状統一規則）が適用されるのは、荷為替信用状（ドキュメンタリー信用状）である。スタンドバイ信用状にもドキュメンタリー信用状とクリーン信用状があるが、UCP（信用状統一規則）が適用されるのは、ドキュメンタリー信用状である。

商業信用状が世界的に普及したのは、第一次世界大戦の勃発後、物資供給の中心がアメリカに移った際、アメリカの輸出業者が輸入者に対して信用状を要求して以後のことであるといわれる(1)。

すなわち、第一次世界大戦により、世界の市場の中心がヨーロッパからアメリカに移り、物資の供給をアメリカに求めた。アメリカの売主は、まだ自国を出ない前に、ドル貨で、その代金を回収できることを望み、また、広まっていなかった商業信用状がこれを実現する制度として広く利用されるようになり、国内取引にまで利用範囲が拡大した。大戦終了後商業信用状に関する争訟がアメリカで増加したことから、信用状の標準的方式に関する信用状統一運動に発展して、統一法が定められた。これは、ドイツ、フランス、イタリア、スウェーデン、オーストリア、ノルウェー、オランダなどでも起こり、国内の統一ルールが定められた。さらに、これらの規則は国内規則で、国際間にまたがる信用状取引には、不十分であった(2)。

一九一九年に設立された国際商業会議所(ICC)は、ナショナリズムと保護貿易主義が世界貿易制度に深刻な脅威を生み出していた時期に、国際貿易の流れを促進することを第一の目標としていた(3)。そこで、アメリカなどが中心となり、ICCに働きかけて、信用状の国際的統一ルールを確立するように要請し、一九三三年にUniform Customs and Practice for Documentary Credit(荷為替信用状に関する統一規則)が誕生したが、ICCに働きかけて、信用状の国際的統一ルールを確立するように要請し、一九三三年に主として大陸法系諸国の銀行にしか採用されなかった(4)。その後、第二次大戦後の一九五一年の当該規則の第一次改訂の際には、アメリカの銀行が採用し、日本の銀行も追随した。一九六一年の当該規則の第二次改訂の際にはイギリスの銀行が採択し、採択銀行は国別にして一七五ヵ国・属領地に及んだ(当時、未採択九ヵ国のうちに、中華人民共和国が入っていた)。その後一九七四年一二月に第三次改訂(コンテナ船荷証券と複合運送書類の条項の挿入など：七五年一〇月から実施)、一九八三年六月に第四次改訂(運送書類・海上船荷証券の所定の規定の明確化、後日払信用状、スタンドバイ信用状など：一九八四年一〇月一日実施(5))、一九九三年第五次改訂(一九九四年一月一日効力発生。UCP500)を経て、二〇〇六年一〇月に第六次改訂として成立したUCP六〇〇(ICC Publication No. 600)が、二〇〇七年七月に発効し、現在行われている(6)。

また、これと関連して、UCP五〇〇の実務上不可欠な補足物として、二〇〇二年一〇月にICC銀行委員会により

『荷為替信用状に基づく書類点検に関する国際標準銀行実務』（International Standard Banking Practice for the examination of documents under documentary credits : ISBP645）が承認され、[7] 二〇〇七年には、二〇〇七年ＵＣＰ六〇〇に対応した更新版ＩＳＢＰ六八一が出て、ＵＣＰ六〇〇と同じく同年七月一日発効し、[8] 二〇一三年四月には、このＩＳＢＰ六八一の改訂版ＩＳＢＰ七四五が二〇一三年四月にＩＣＣ本会議で決議され、発効している。[9]

さて、飯田勝人訳『ＩＣＣ荷為替信用状に関する統一規則および慣例ＵＣＰ六〇〇・二〇〇七年改訂版』一四頁以下（国際商業会議所日本委員会・二〇〇七年）は、「序文」で次のように述べている。[10]

「国際商業会議所は、二〇〇三年五月に『荷為替信用状に関する統一規則および慣例』、ＩＣＣ出版物番号五〇〇（ICC Publication 500）の改訂を開始することをＩＣＣ銀行技術実務委員会（ICC Commission on Banking Technique and Practice［訳注：以下においては、「銀行委員会（Banking Commission）」と略称されている］）に授権したが、改訂作業が始まった時、いくつかの世界的規模の調査によると、信用状に基づき呈示された書類の約七〇％が、ディスクレパンシー（discrepancies）のために、最初の呈示の時に拒絶されていることが示された。このことは、信用状が支払手段として認識されることに否定的な効果を及ぼしたことが明白であったし、また引き続き否定的な効果を及ぼすことが明白であって、もし点検されない場合には、国際貿易における認められた決済手段としての信用状の市場占有率を維持し、または高めることに対して深刻な意味を持ち得たことが明白であった。銀行によるディスクレパンシー手数料（discrepancy fee）の導入は、特にその基礎となるディスクレパンシーがあいまいである、または根拠が薄弱であると判明した場合には、この問題の重要性を強調してきている。ＵＣＰ五〇〇の存続期間中に訴訟となる事案数は増加しなかったものの、一九七七年一〇月に導入された（その後、二〇〇二年三月に改訂された）ＩＣＣの荷為替信用状紛争解決のための専門家鑑定規則（DOCDEX）によって六〇を超える事案が裁定される結果となっている。

これらとその他の懸念を検討するために、銀行委員会は、ＵＣＰ五〇〇を改訂するための起草グループ（Drafting

Group）を設置した。起草グループにより提出された事前草案を見直し、助言するための、諮問グループ（Consulting Group）として知られている別のグループを創設することも決定された。二六ヵ国からの四〇人を超える個人から成る諮問グループは、銀行業界の専門家および運送業界の専門家によって構成された。見事に議長を務めたJohn Tumbull, Deputy General Manager, Sumitomo Mitsui Banking Corporation, London および Carlo Di Ninni, Adviser, Italian Bankers Association, Rome により、諮問グループは、ＩＣＣ国内委員会に本文の草案を公開するのに先立って、起草グループに対し貴重な意見を提供した。

起草グループは、銀行委員会により公表された、ＵＣＰ五〇〇に基づく公式意見（the official Opinions）の内容を分析することによって見直しの手順を開始した。問題とされた諸争点は、はたしてＵＣＰのある条文を変更し、追加しまたは削除することを正当化する根拠となるのか否かを査定するために、約五〇〇の意見が見直された。ほかに、一九九四年に銀行委員会により公表された四つの実務指針（Position Paper）、銀行委員会により公表された二つの裁定（Decisions）（ユーロの導入に関するもの、および、ＵＣＰ五〇〇第二〇条ｂ項の下では、何が書類の原本となるかの判断に関するもの）およびＤＯＣＤＥＸの事案において公表された裁定（decisions）に対しても検討が加えられた。

改訂の過程中に、『荷為替信用状に基づく書類点検に関する国際標準銀行実務（International Standard Banking Practice for the Examination of Documents under Documentary Credits）（ISBP）』、ＩＣＣ出版物番号六四五（ICC Publication 645）を生み出すことで完成した、かなりの作業に注意が払われた。この出版物は、書類が信用状条件を充足していることを決定するための、ＵＣＰのなくてはならない伴侶へと進化を遂げている。ＩＳＢＰに示されている諸原則は、事後の改訂を含め、ＵＣＰ六〇〇が効力を有する期間中持続することが起草グループおよび諮問グループの期待である。ＵＣＰ六〇〇が実施される時には、その新規則の実体および様式とＩＳＢＰの内容とが整合性のとれるようにするＩＳＢＰの最新版が存在するであろう。……」と。

本稿では、ディスクレの実務処理の現況にふれ、また、最高裁の上告不受理の決定により確定した東京高判平成二四年九月二六日を素材に、ディスクレをめぐる諸論点を検討し、Kurkela 弁護士の明示・黙示の権利放棄についての見解を紹介し、ディスクレを取り巻く諸問題について若干の検討を行いたい。

(1) 伊澤孝平『商業信用状論〔初版第六刷（増補）〕』一三頁以下（有斐閣・一九五八年）。
(2) 伊澤・前掲注（1）二七頁以下。
(3) 飯田勝人訳『ＩＣＣ荷為替信用状に関する統一規則および慣例ＵＣＰ六〇〇・二〇〇七年改訂版』九頁〔国際商業会議所日本委員会・二〇〇七年〕。
(4) 伊澤・前掲注（1）二九頁以下、小峯登『信用状の知識〔第四版〕』三九頁以下（日本経済新聞社・一九八五年）等参照。
(5) 小峯・前掲注（4）二〇頁以下。
(6) 三菱ＵＦＪリサーチ&コンサルティング編『貿易と信用状—ＵＣＰ六〇〇に基づく解説と実務』一三頁以下〔後藤守孝〕（中央経済社・二〇一〇年）、飯田・前掲注（3）一四頁以下等参照。
(7) 飯田勝人訳『荷為替信用状に基づく書類点検に関する国際標準銀行実務』（国際商業会議所日本委員会・二〇〇三年）、飯田勝人『ＩＳＢＰ（国際標準銀行実務）の解説』（東京リサーチインターナショナル・二〇〇三年）。
(8) 国際商業会議所日本委員会訳『ＩＣＣ荷為替信用状に基づく書類点検に関する国際標準銀行実務』（国際商業会議所日本委員会・二〇〇八年）。後述東京高判平成二四年九月二六日は、このＩＳＢＰ六八一が効力を有しているときの事件を扱うが、現実的内容としては、すでにどちらかというと未発効のＩＳＢＰ七四五にむしろ近いものとなっていることに注意。
(9) 国際商業会議所日本委員会訳『ＩＣＣ荷為替信用状に基づく書類点検に関する国際標準銀行実務』（国際商業会議所日本委員会・二〇一三年）。この中で、たとえば、同著四三頁のＣ一三、Ｃ一四など参照。Ｃ一三は、「信用状で要求された物品の数量は、五％以内の超過または五％以内の不足の許容範囲内で（within a tolerance of +/− 5%）送り状に記載してもよい。物品の数量の五％までの超過（A variance of up to ＋5% in the quantity of the goods）が許容されていても、信用状金額を超える呈示金額が許容されるわけではない。物品の数量の五％以内の超過または五％以内の不足の許容範囲は、以下のときに当てはまらない：

a．信用状が数量に過不足があってはならないと定めているとき、あるいは

b．信用状が包装単位または個々の品目の数を明記することによって数量を定めているとき」、C一四は、「信用状に物品の数量が記載されておらず、かつ一部船積が禁止されているときは、信用状金額よりも五％以内の不足の金額で発行された送り状は、一部船積みではなくて全量を対象としているとみなされる。」と規定していることが注目される。

(10) 飯田勝人訳『ICC荷為替信用状に関する統一規則および慣例UCP六〇〇・二〇〇七年改訂版』一四頁以下（国際商業会議所日本委員会・二〇〇七年）。

二 ディスクレの実務処理

1 信用状条件を充足しない場合の処理(11)

(1) 信用状条件を充足しない書類の呈示を受けた買取銀行の立場

買取依頼人から呈示を受けた書類が信用状条件を充足していない場合には、銀行は買取後書類を発行銀行に送付しても、補償を受けられないことがあり得る。銀行は書類の訂正が可能であれば、受益者に訂正を求め、信用状条件を充足させることになるが、訂正が不可能な場合も多い。

(2) 信用状条件を充足しない場合の処理方法

もっとも望ましいのは、受益者は発行依頼人に信用状の条件変更を要請し、発行依頼人の依頼に基づいて、発行銀行が条件変更の手続をすることである。確認信用状の場合には、確認銀行の同意も必要である。

しかし、信用状の条件変更には、時間と手数料を要するので、買取に関し、つぎの①②③の方法がある。

① ケーブル・ネゴ（Cable Negotiation）

書類の呈示を受けた銀行が、ディスクレの内容を列挙して電信手段によって発行銀行の買取の可否を照会し、発行銀行から買取を認める旨の回答を受領したうえで買い取る方法。銀行間の慣習であり、ＵＣＰに規定はない。発行銀行から買取を認める旨の返電があれば、発行銀行は電文のディスクレを許諾したことになるが、発行銀行が信用状の条件変更に同意したことにはならない。

② 補償状付買取（いわゆるL/Gネゴ）

買取依頼人から、ディスクレに基づく事故については一切の責任を負い、書類が拒絶された場合には買取銀行の請求があり次第、手形金額の償還に応じる旨の補償状（Letter of Indemnity または Letter of Guarantee）を徴収して買い取る方法。この補償状には、ディスクレの内容、このディスクレのある書類を買い取った銀行が被る費用・損害などを担保する旨の文言、および発行銀行が書類の引取を拒絶した際には償還に応じる旨の文言が記載されている。

買取銀行は、買取依頼人から外国向為替手形取引約定書（書類が拒絶された場合には償還に応じる旨を記載）を差し入れてもらってはいるが、呈示された書類に具体的にディスクレがあることを買取依頼人に認識してもらうことによって、費用や損害を負担することおよび償還に応じることを個別に確認してもらうために、補償状を徴求している。

ディスクレのある書類の呈示を受けた銀行は、書類の送付にあたって発行銀行・確認銀行に対して、ⅰ．書類中のディスクレについて注意を喚起するか、ⅱ．ディスクレの個所について留保付き（under reserve）で、もしくは損害担保の約束（Indemnity）と引換えに買取などを行ったことを書類送付書に記載して通知するのが一般的でり、ⅱを補償状付の買取りという。

なお、わが国では、指定銀行でない銀行が取引先の依頼に基づいて書類を買い取り、指定銀行に送付する場合がある

（再割という）が、その書類送付書にはディスクレに関して、買取依頼人から徴求した補償状の効力を指定銀行にも及ぼす文言が記載されている。

③　その他

a　信用状取立（Collection）とは、信用状で買取などを行うことを授権された指定銀行が、買取などを行わず（したがって、信用状の補償請求を行わず）書類を発行銀行に送付し、発行銀行から資金を受領後に依頼人に対して支払う取扱いがある。信用状取立は、船積書類に信用状不一致がないときも利用されることがあるが、通常は、i．買取依頼人の信用に懸念があるとき、あるいは、ii．補償状差入れによる買取、あるいはケーブル・ネゴによる買取ができないときに利用される。

発行銀行の立場から見れば、その呈示が取立統一規則（URC）に準拠するとの明示がない限り、発行銀行に対する信用状統一規則に基づく義務と責任を負うべきもので、書類の引取拒絶を行う場合には、当然呈示日から最長五営業日以内に呈示銀行に対する拒絶通知が必要である。この取扱いは、信用状統一規則に規定はなく、また、発行銀行によっては、輸入者が支払に応じない限りは支払わない取扱いをする銀行もあり、注意を要する。発行銀行に対しては、一般取立てではなく信用状統一規則に沿って取り扱ってほしい旨送付状に明示することが肝要であろう。

b　発行銀行に対しては表面上買取を行ったごとく装うが、実際には買取を行わず、信用状の決済条件に従い補償銀行宛補償請求を行い、資金を受領後に依頼人に対して輸出代金代り金を支払う取扱い（銀行によりPRETEND BB、POST PAYMENT NEGOTIATIONなどといわれる）がある。この方法は、発行銀行が書類の受理を決定する前に、依頼人に対して輸出代り金を支払うことがあり、支払後に発行銀行から書類の受理を拒絶されることに備えて買取に準じた取扱いをしている。信用状に基づく支払確約機能を維持しつつ、依頼人に対しては補償請求から補償代り金を受領後支払うことで買取に伴う利息発生の回避などを目的として行われる。

2　ネゴ・アドバイス（NEGOTIATION ADVICE）(12)

NEGOTIATION ADVICE BY CABLE の略称で、信用状発行銀行が、買取指定銀行に対して買取時あるいは買取前に、買取日あるいは買取予定日・買取金額・船積数量・船舶名などを信用状発行銀行あて電信で通知することを信用状条件により要求し、買取銀行が信用状発行銀行に買取（買取予定）を電信で通知することをいう。

ネゴ・アドバイスは、信用状発行銀行が補償請求金額・日付などを早期に把握して補償資金を手当てするため、あるいは、輸入者が輸入貨物の引取準備のためなどに要求される。信用状条件でネゴ・アドバイスが要求されているのに失念すると、買取銀行は、信用状発行銀行より補償資金手当てが遅延したことなどに伴う費用を請求されるなどクレームの対象となるので注意が必要である。

(11)　三菱ＵＦＪリサーチ＆コンサルティング編・前掲注（６）二二〇頁以下〔阿部順二〕。
(12)　三菱ＵＦＪリサーチ＆コンサルティング編・前掲注（６）二二九頁〔阿部順二〕。

三　東京高判平成二四年九月二六日の概要(13)

平成二四年（ネ）第二六一四号、
東京貿易金属株式会社対交通銀行股份有限公司、
信用状債務請求控訴事件／金融・商事判例一四三八号二〇頁、金融法務事情一九九九号一八〇頁／
参照条文：ＵＣＰ六〇〇第二条・四条・七条・一三条〜一六条・三〇条、ＩＳＢＰ六八一、商法一条二項、民法九一条・九二条・五三三条、平成二三年改正前民事訴訟法五条一号五号

〔事実〕

平成二二（二〇一〇）年二月九日、X株式会社（原告・控訴人。石炭をはじめとする原料の供給事業、鋼材輸出等を内容とする鉄鋼事業、耐火煉瓦の供給事業及び建築煉瓦の輸入事業等を業とする）はZ有限公司（中国山西省で設立。石炭等の原料の購入・供給等を業とする）に対して「本件商品＝石炭」を販売する旨の本件売買契約（CFR）を締結した。

Y銀行（被告・被控訴人。股份有限公司。中国商業銀行法に基づき設立された中国の五大銀行の一つ。東京都港区に支店をもつ）は、Zから本件売買契約に基づく信用状の開設依頼を受け、平成二二年二月一一日を発行日として本件信用状を開設した上、同月一二日、Xに対し、通知銀行兼指定銀行である株式会社Aを通じて本件信用状の開設を通知した。なお、その後、Zの依頼を受けて（X・Zの合意に基づく）、本件信用状の内容の一部は変更されている（二〇一〇年三月二日甲七、同月一八日甲八）。その変更後の内容が「本件信用状条件」である。

Xは、平成二二年三月三一日、Yに対し、Aを通じて本件信用状条件に定められた呈示書類として「本件呈示書類」（商業送付状、無故障船荷証券、分析証明書、重量証明書、原産地証明書、出港許可証明書）を呈示した。

これに対し、Yは、同年四月七日、Aを通じて、Xの呈示した本件呈示書類（分析証明書）において、本件ディスクレ①ないし③の存在を理由に、本件呈示書類が本件信用状条件を充足していないとして、呈示書類の受領を拒絶する旨の通知を行い、本件呈示書類をXへと返却した。

Yが問題としている本件商品の仕様に関する本件ディスクレ①ないし③は、概略、以下のとおりである。本件ディスクレ①：「全水分（到着ベース）：最大一二五％」のところ、全水分が一二六％であったこと。同②：「粒度（〇－五〇㎜）：最小九〇％」のところ、〇－五〇㎜サイズが全体の八三％であったこと。同③：「固有水分（空気乾燥ベース）：約一三％〔原文：13.0PCT APPROX〕」のところ、固有水分が九・五％であったこと。なお、本件信用状もスイフト（SWIFT）で発行され、本件項目は、四五A又はBのタグに記載されている。また、甲六号証の信用状通知書（ADVICE OF CRE-

DIT）によると、一／四頁から四／四頁までそれぞれの最下部に、「This is a constituentand integral part of the original credit to which this must be attached. A Ltd（本書は本書が添付される信用状原本を構成する不可欠な要素である。株式会社A）」旨、印刷されている。

その後、Xは、平成二二年七月二九日、訴外B有限公司との間で、本件売買契約でZに売却の予定であった石炭を販売する旨の売買契約をし、無故障船荷証券に係る貨物である石炭をBに引き渡した。

本件は、XがZと締結した石炭の本件売買契約について開設された荷為替信用状に基づく債務として、Xが、信用状開設銀行であるYに対し、三〇〇万八一三・九二米ドルおよびこれに対する平成二二年四月八日（呈示が要求された書類の受領をYが拒絶した日の翌日）から支払済みまでの商事法定利率年六分の割合による遅延損害金の支払を求めた事案である。

本件の争点は、1．本件訴訟につき、わが国の裁判所が国際裁判管轄を有するか、2．本件ディスクレ①ないし③は、存在するか、3．本件ディスクレ①ないし③の存在が認められず、Yが本件信用状に係る支払義務を負う場合に、本件呈示書類の呈示があるまで、その支払を拒絶することができるかである。

原審である東京地判平成二四年三月一二日金判一四三八号三〇頁は、上記争点1については、認めたが（後述判旨I参照）、上記争点2について、「本件ディスクレ③について判断するまでもなく、本件①及び②のディスクレが存在するということができるから、これらのディスクレ及び本件③のディスクレの各不存在を前提とする（本件信用状の条件の充足を前提とする）Xの本件請求には、その余の点について検討するまでもなく理由がない。」として、Xの請求を棄却した。Xは、それを不服として、本件控訴を提起した。

〔判旨〕

原判決取消し・請求認容（上告受理申立て後、最三決平成二五年一二月一七日により、上告不受理決定（平成二五年（受）第

一六一号））

Ⅰ　当裁判所に本件訴訟の国際裁判管轄が存在するか

「原判決の……記載のとおりである」。原判決は、次のように述べている。「我が国の民訴法の規定する裁判籍のいずれかが我が国内にあるときは、原則として、我が国の裁判所に提起された訴訟事件につき、Yを我が国の裁判権に服させるのが相当であるが、我が国で裁判を行うことが当事者の公平、裁判の適正・迅速を期するという理念に反する特段の事情があると認められる場合には、我が国の国際裁判管轄を否定すべきである（最高裁判所平成九年一一月一一日第三小法廷判決・民集五一巻一〇号四〇五五頁参照）。」

「本件信用状の利用先は日本国東京都千代田区所在のA本店と定められていたのであるから……、本件信用状債務の義務履行地は東京都である」。「そうすると、本件については、東京地方裁判所に義務履行地管轄が認められること（民訴五条一号）から、原則として我が国の裁判所が国際裁判管轄を有する。」

Ⅱ　本件ディスクレが存在するか

1　本件ディスクレ①及び②について

「全水分及びサイズについて、本件商品の仕様における数値とXの呈示した分析証明書の数値との間に食い違いがあったとしても、これについては、本件PENALTY条項（価格調整規定：筆者挿入）によって価格が調整され、その結果算出された代金額を記載した送付状をもってXがYに対し請求している以上……、本件信用状と呈示書類との間に不一致はないから、本件ディスクレ①及び②は存在しないというべきである。」

2　本件ディスクレ③について

「上記APPROXにおける±一〇％は、目的物の代金、数量、単価に限定して適用され、目的物の品質に関しては適用されないというべきであ」る。「そうすると、固有水分は製品の品質に関する数値であるから、固有水分についてU

ＣＰ六〇〇第三〇条ａ項の適用はない」から、「本件信用状の記載上、一三％を基準にして許容される数値の範囲は定まらないことになる。」

一般に、「信用状に曖昧な記載があり、複数の解釈が可能である場合に、受益者と発行銀行との間に争いが生じたときは、受益者の主張する解釈が不合理でおよそ成り立ち得ないものでない限り、発行銀行の主張する解釈が採用されるべきではないと解するのが相当である。」

「以上によれば、本件ディスクレ③は存在しない。」

Ⅲ　Ｙには本件呈示書類の呈示があるまで支払いを拒絶できるかについて

「Ｙは、Ｘに対し、平成二一年四月七日に本件ディスクレを指摘し、本件呈示書類を返却しているが、本件ディスクレは存在しないから、Ｘは、既に客観的に要件を充足した本件呈示書類の呈示をし、これを引き渡しているというべきであり、Ｙによる本件呈示書類の任意の返却によって、本件呈示書類の適法な呈示の効力が影響を受けるものではない。」

〔評釈〕

判旨に概ね賛成であるが、一部に疑問がある。

Ⅰ　本件は、石炭の信用状取引において、本件荷為替信用状における、仕様上の数値とＰＥＮＡＬＴＹと題する項目（価格調整規定：「本件ＰＥＮＡＬＴＹ条項」という）を併せて解釈した結果、呈示書類において価格調整後の金額が請求された場合で、ディスクレがあるものとして、信用状発行銀行Ｙが支払拒絶したが、受益者Ｘが、ディスクレはないものと評価して、信用状債務および遅延損害金を請求した事例である。

争点１については、判旨は妥当と思われるが、民事訴訟法五条五号を根拠とすることも可能であろう（なお、平成二三年改正後の民訴法三条の二第三項については、賀集唱＝松本博之＝加藤新太郎編『基本法コンメンタール民事訴訟法（１）

〔第三版追補版〕』三四八頁以下〔日暮直子〕（日本評論社・二〇一二年）等参照）。

Ⅱ　つぎに争点2についてである。最終的に、本件控訴審の認定した信用状の内容としては、（ア）適用規則：ＵＣＰ六〇〇や、（オ）商品の記述（仕様）の中で、前述の、（c）全水分、（e）粒度、（d）固有水分のほか、（b）重量：四万トン（またはこの量から＋／－一〇％以内の量）、（f）総発熱量：五九〇〇 kcal／kg　基準、五七〇〇 kcal／kg最低、や基準価格等が記載されていた。また、本件ＰＥＮＡＬＴＹ条項には、「（ウ）Ｃ．全水分：一二五％を超過する全水分は、送付状の作成にあたり船荷証券の重量から控除する。（エ）Ｄ．調整価格：（基準価格）×（実際の発熱量）÷（五九〇〇 kcal／kg）（オ）Ｅ．粒度：九〇％を一％下回るごとに送付状金額から一メトリックトン当たり〇・〇一米ドルを控除する」等と記載されていた。なお、平成二二年三月三一日Ｘが呈示した商業送付状には、本件ＰＥＮＡＬＴＹ条項中（ウ）ないし（オ）を踏まえ調整した代金額（三〇〇万八一三・九二米ドル）が記載されていた。

原審と本件控訴審の判断の違いは、本件事案の場合について、ディスクレをどう評価するかの問題である。一般に信用状取引当事者間の法律関係において、信用状条件の厳格一致の法理があり、船積書類（本件では分析証明書）が信用状条件に厳格に一致していることが必要といっても、一字の記載の相違も許されないというわけではなく、「一致・不一致の判断が微妙な場合も少なくない。信用状統一規則は、解釈規定を設けることにより争いが生ずる余地を狭めようとしている。しかし英米には、個別事案に応じた判断を認めるほうが望ましいとする見解が根強く、とくにアメリカ合衆国の判例の中には、信用状条件厳格一致の法理は受益者に対して不公正に働くという理由から、船積書類の信用状条件への一致は実質的（substantial）なもので足りるとするものが、従来少なくない」（江頭憲治郎『商取引法〔第七版〕』一九二頁以下（弘文堂・二〇一三年））。

上記判旨Ⅱ1で述べたように、本件では、ＰＥＮＡＬＴＹ条項によって価格を調整することを認めている。これは、Ｘが控訴審で補充主張したＸが関与した過去のコークスなどの事例として、たとえば、甲四二の二では、信用状にＰＥ

NALTY条項がある場合であるが、最低どのくらいのクオリティーがないと拒絶されうるかについては、記載がみられない。本件では、控訴審の判断で述べられているように（甲三三、甲四参照）、総発熱量が最低五七〇〇 kcal／kg なければ無効との下限が指定されているように思われる。総発熱量という点に着目した場合、本件ディスクレの①と②では、多少基準より劣るとも解されるが、本件ディスクレの③では、むしろ上質とはとれないであろうか。そう考えると、合理的範囲に含まれており、実質的に同一であるとも判断する見方もあろう。

飯田教授が紹介するように、Fair Pavilions, Inc. v. First National City Bank, 264 N. Y. S. 2d 255, 258 (1965) は、「当該信用状の当該受益者と当該発行人の間のように、もし曖昧さが存在するならば、その時はそのような信用状を解釈する際、ある道理にかなった見方が正当視するほど、当該発行人に不利に重く文言を受け取る必要がある」とし、Venizelos, S. A. v. Chase Manhattan Bank, 425 F. 2d 461, 462 (1970) は、「信用状が公平な観点から二つの解釈が可能な場合、その一つは、信用状を公正に、慣例的なものとし、分別のある人々が自然に入っていく場合、他方は、信用状を不公正なものにする場合、前者の解釈が後者に優先されなければならず、契約の履行を可能にする解釈は、その履行を不可能にまたは無意味にする解釈より優先されるであろう。」と述べる（飯田勝人「アメリカの判例に見るあいまいな信用状の解釈原則（中）」手形研究三七六号一〇頁以下（二〇〇二年）、飯田勝人『ISBP（国際標準銀行実務）の解説』二四頁以下（東京リサーチインターナショナル、二〇〇三年）参照）。

ちなみに、ISBP六八一（UCP600と同じく二〇〇七年七月一日発効）「事前検討事項」で、「信用状の発行依頼および発行」の中で、つぎのように述べている（ICC日本委員会の訳による）。

「1　信用状の記載事項は、たとえ信用状が原因取引に明示的に言及している場合であっても、原因取引から独立している。しかしながら、書類点検に際しての、無用なコスト、遅延および紛争を回避するために、発行依頼人および受益者は、要求されるべき書類の種類、その書類の作成者、および呈示の時間枠（訳注一）を注意深く検討すべきである。

（訳注一）　信用状の有効期限、および船積後の呈示期限を指す。

２　発行依頼人は、信用状の発行または条件変更の指図におけるあらゆる曖昧さから生じる危険を負担する。他に異なる明示がない限り、信用状の発行または条件変更の依頼は、信用状の使用を可能にするための必要な方法、または望ましい方法で信用状の記載事項を補完し、またはよりよいものにすることを発行銀行に授権することである。」（なお、UCP600 第四条 a 項、さらに、二〇一三年発効の ISBP745 の「事前に理解しておくべき事項」も参照）。

ＩＣＣの見解では、ＩＳＢＰはＵＣＰの解釈指針で、ＵＣＰの付属物にすぎず、ＩＳＢＰの規定内容はすべてＵＣＰに含まれるとし、信用状にはＩＳＢＰに準拠する旨の文言の記載の必要はないし、記載できないとする（後藤守孝＝吉野弘人『信用状統一規則の実務Q&A―UCP600・ISBP681 の総合解説―』二六〇頁以下（中央経済社・二〇〇八年））。

この点で、曖昧な内容の信用状の場合は、ディスクレがあることについての立証責任が信用状発行銀行にあるとの理解によれば、ディスクレがあるとの立証が十分でない以上、信用状の呈示は、客観的に要件を充足した呈示といえるであろう。中国最高人民法院の裁判委員会による二〇〇六年一月一日施行の「信用状取引に関連した事案の裁判における諸問題に関する規定」七条のディスクレパンシーには該当しない（あるいは少なくとも該当するとの立証がなされていない）といえよう（飯田勝人「信用状取引における詐欺等に関する中国最高人民法院の公告の概要」金法一七七三号四頁以下（二〇〇六年）参照）。ディスクレに関し、実質的な一致についてのさらなる事例・裁判例の集積と分析が必要といえよう。

なお、信用状に基づき発行銀行が受益者に対して負担する債務は、原因関係である受益者・発行依頼人の売買契約上の債務から、独立の債務である（信用状統一規則四条（a））が、その限界については「詐欺の抗弁」（英米法）や「権利濫用の抗弁」（大陸法）があるが（江頭・前掲二〇〇頁以下）、本件では、この限界事由には該当しないといえよう。

Ⅲ　また、ここで一考すべきは、信用状発行銀行が発行依頼人に支払拒絶に関し、consultation（相談）を行っていたかである。信用状の内容を変更しており、その時はXとZとの合意があったものと認定されている。しかし、それ以後、この支払拒絶に関して、YとZの間でconsultationがあったとの言及はない。

Matti S. Kurkelaは、「権利放棄の法理：明示そして黙示の権利放棄」において、UCP六〇〇第一六条b項を挙げ、「六〇～九〇％のディスクレの割合は、商業信用状の下における諸呈示のために、言及される。しかし、当該諸ディスクレパンシーのほとんどは、どういうわけか解決され、当該商業信用状は支払われる。」とし、「Bankers Trust v. State Bank of India事件で述べられているものとして発見された諸ディスクレパンシーに関して自らの立場について当該発行依頼人と相談し、彼に当該諸書類を再吟味することを許しさえする諸銀行間の一つの広範に認められた慣行が存在する。……私は、それが全当事者の利益の中にあるに違いないというLloyd〔控訴院〕裁判官の見解に同意する。」と紹介する（Matti S. Kurkela, infra note14 ①, at pp. 234 et seq.）。

事案全体として見れば、本件のような曖昧な信用状の場合、第一次的には、発行銀行に責任があるが、最終的には、Zの責任が問われるのであり、XとZの間の問題となるであろう（インコタームズ2000・2010のCFR、SGA1979第五〇条・五四条、UCC2-703～2-710条、CISG七四～七八条等参照。道田信一郎「銀行信用状の開設と売買契約」大森先生還暦記念『商法・保険法の諸問題』三一七頁以下（有斐閣・一九七二年）、東京地判平成九年六月三〇日判タ九六六号二三〇頁も参照）。なお、関戸＝江口・後掲注（16）九一頁以下によると、受領拒絶後、Xは、Zにディスクレを主張する権利放棄を求めたが、石炭の中国での市場価格の下落のためか石炭の受領を拒絶し権利放棄をせず、また、Xは自然発火等の問題や保管料の関係でBに転売したと述べている。石炭の市場価格の本件下落に関し、事情変更の原則が適用されることはないであろう。

また、本件では、支払拒絶するにあたって、発行銀行は、発行依頼人にconsultationをしているか不明であるが、発行銀行は、発行依頼人に補償額と利息を満額請求できるのであろうか。判旨は、別個に解決されるべき問題として指摘しており、やむを得ないと思われるが、本件事案に関する全体的な最終的結果の妥当性・相当性の問題として、Xが、

YとBから得る金額が、全部認められるか、本件石炭の保管料・運送賃等の負担はどうなるかという問題は残ると思われ（CIF売買につき、東京地判平成二年四月二五日判時一三六八号一一三頁、金判八六〇号二八頁等参照）、信用状取引に関する法的諸問題を引き起こさないような、さらなる無難な貿易関係システムの構築が期待される。

Ⅳ　争点3についても、ディスクレがないとの判断によれば、判旨は妥当であると思われる。また、Xによる呈示がすでに完了している本件において、Xが改めてY銀行に信用状債務の履行を求めるにあたり、Xが再度の表示をすることは、必要とはされず、Yが主張する同時履行の抗弁が成立しない。

なお、本件石炭はインドネシアで産出され、Xがインドネシアの業者から購入しZに転売するものであったこと、本件の意義と実務対応、および、その後Yは任意に判決を履行したこと等につき、関戸＝江口・後掲注（16）八八頁以下も参照。

（13）　拙稿「判批」ジュリ一四七五号一〇四頁以下（二〇一五年）。

四　明示・黙示の権利放棄——Kurkela弁護士の見解を中心に——

「権利放棄の法理：明示および黙示の諸権利放棄」と題して、Matti S. Kurkelaは、つぎのように述べている。(14)

権利の放棄は、主として、当該銀行—受益者関係において、および、当該受益者—銀行—発行依頼人のくさりにおいても同様に、キー的役割をそこで演じる発行依頼人とともに、適用できるようになるかもしれない。

当該権利放棄の法理は、信用取引において一つの重要であるが非常に限定された役割を果たしている。一受益者による明示の権利の諸放棄を除いてはである。それは、日々の諸取引において大変一般的であるが、まれに、諸法的紛争に導く。呈示される（presented）諸書類の五〇％超がディスクレであり、当該諸ディスクレは、当該受益者によって権利が放棄されているという多くの評価がある。当該受益者の権利放棄は、それ自体では当該発行者の諸義務を拡大しない。

UCP六〇〇は、一六条で次のように規定する：

「b　一呈示が従っていないと一発行銀行が決定する場合、当該ディスクレに関して一権利放棄のために、その唯一の判断で発行依頼人（applicant）と連絡をとることができる。しかしながらこれは、一四条（b）項に述べてある期間を延長しない。」

改めて、当該厳格な法令順守のルールの役割とその原理は、明示的に明記されたものの重要性を疑うことを許さず、それ（明示的に明記されたもの）に行為、行動、あるいは約束に基づく禁反言でとって代わることを許さない。いわゆるしばしば「一回限りの」というタイプの作業は、暗黙の権利放棄あるいは行為による権利放棄のためのいかなる余地もほとんど残さない。他方、信用取引の大部分の割合において、ディスクレパンシーや逸脱（deviations）が存在する。このことは、信用状依頼人による明示の権利放棄の欠如の場合に、一つの正当化されているが非生産的なオナーの拒絶へと導く。

Wunnicke, Wunnicke と Turner は、四二二頁でつぎのように述べている。(15)

「六〇～九〇％のディスクレの割合は、商業信用状の下における諸呈示のために、言及される。しかし、当該ディスクレパンシーのほとんどは、どういうわけか解決され、当該信用状は、支払われる。諸ディスクレパンシーに対する諸解決策は、当該呈示を訂正することを含み、その発行依頼人／顧客から諸ディスクレパンシーに関する一権利放棄を当該発行者が獲得することを含んでいる。」

Bankers Trust v. State Bank of India（1991）2 Lloyd's Rep 443で述べられているものとして，発見した諸ディスクレパンシーに関して自らの立場について当該信用状依頼人と相談し，彼に当該諸書類を再吟味することを許しさえする諸銀行間の一つの広範に認められた慣行が存在する。

「当該証拠で現れている諸関連事実は，控訴院裁判官（Lord Justice）LloydおよびFarquharsonの諸判断において，要約された。諸輸入信用取引の点で（これは一輸入信用取引であった），Londonにおける諸発行銀行の慣行は，当該諸書類における諸ディスクレパンシーを彼ら（諸発行銀行）が発見した場合，それらのディスクレパンシーについて，それにもかかわらず当該発行銀行が，当該諸書類を受け取ることが望まれるか否かについて，当該発行依頼人に相談することは，普遍的とはいわないまでも一般的である，ということは，証拠の上で，まったく疑う余地もない。当該慣行の下では，当該発行銀行は，それが適当と考えられるならば，当該発行依頼人がまた当該諸書類をみることを許すかもしれない（may）。」

当該相談（the consultation）が当該受益者による明示の権利放棄という結果にならないならば，当該発行銀行は，明記された時までに当該諸書類を拒絶すべきか否かを決定し，当該送金銀行（the remitting bank）または当該受益者に通知しなければならない。

当該裁判官によって受け入れられた，Procter氏の証拠は，以下のとおり（証拠D・三，七五H頁）であった。：「諸ケースの大多数の場合において、当該発行依頼人は、相談された場合、当該発行銀行が当該諸書類を受け取るであろうという願望を表明した。別の証人（witness）は、当該発行依頼人が相談された場合当該ケースの約九〇％でこのことが起こると述べた。何らかの理由のために、当該発行銀行がその判断をするための相当な時間と考えるときの終了までに、当該発行銀行が、当該発行依頼人からいわゆる『権利放棄』―当該発行銀行が当該諸書類を受け取ってほしいという要求―を受け入れられなかったならば、当該送金銀行（または、当てはまる場合には、当該信用状の受益者、当該売主）に、当該諸書類が拒絶されたことを通知したであろう。

私は、この慣行の実践から引き出される明らかな優位性を、当該当事者、当該諸銀行に、それらのそれぞれの顧客と同様に強調する必要はない。私は、それが全当事者の利益の中にあるにちがいないという Lloyd（控訴院）裁判官の見解に同意する。Procter 氏が述べたように（証拠D・三、七六G頁）:「そのことは、すべての人から、多くの時間とトラブルを省く。」その証拠の上に、相談の慣行（the practice of consultation）は、当該発行銀行と送金銀行との間で合理的であるということが受け入れられなければならない。たとえば、一結果として一〇のうち九のケースにおいて当該諸書類は受け入れられるであろう：しかし、この慣行がなければ、それらのすべてのケースにおいて、次のようなことが起こりそうである。すなわち、せいぜい、いつか将来、その決定を変更するべく、そして、当該諸書類を受け取るべく、それ（当該発行銀行）が当該送金銀行の同意を求めるかもしれないという、当該発行銀行からの一つの兆しをもって、当該諸書類は拒絶されるであろう。

全関係諸当事者の諸利益においてこの相談のために必要とされる時間は、当該諸書類の当該検査員のために保留されている相当な時間に含まれているべきであろうか。それともそうすることは、ＵＣＰに違反するのであろうか。

それでは、そのような相談のために合理的にかかる時間（それは、私が後で言及するつもりである当該証拠の点で、少なくとも一つの市中銀行（clearing bank）によって二四時間の決して無意味でないものとして、合理的にとられるものとして、取り扱われている）は、当該発行銀行による審査や決定のために一六条が許しているいわゆる「合理的な時間」になぜ含まれるべきであろうか？　その反対の結論は、私にはそう思われるのであるが、Diplock卿の言葉では「ビジネスの常識を無視する」ことになるのである。当該諸被告の答えは、私が理解しているところでは、Lloyd控訴院裁判官によって示されたように：「もちろん、相談を禁じるものは当該法典には存在しない」という承諾（acceptance）を含んでいる。**当該規則・慣例**（the Code）が、一つの禁止のようなものを含んでいると解釈されるべきであるなら、それはLondon諸銀行の既存の慣行全部を覆すことは避けられないであろう。そのことは、結果的に一発行銀行による、一六条（b）項の下でのいかなる「決定」も、いかにタイムリーになされたとしても一六条（e）項の仕向銀行による（法の）発動を受けやすくする当該諸書類の当該拒絶をなすであろう。そして、以下のシンプルで反駁できない理由で、その拒絶を無効にしているのである。すなわち、「あなたの決定においてあなたは当該規則・慣例（the Code）が考慮に入れることを禁じていることを考慮に入れた。―つまりあなたの顧客の諸希望に関する相談を。」

私が理解するところでは、その場合、当該発行銀行により発見された当該諸ディスクレパンシーを顧慮しながら、当該諸書類を、当該発行依頼人が手に取ることを望んでいるか否かについて、当該発行銀行による当該発行依頼人との相談が、「当該諸書類のみのベースで」という文言をとくに含んでいる、当該規則・慣例のいかなる諸規定によっても、明示的にまたは黙示的に禁じられていないと、受けとられている。私の理解するところでは、また、つぎのように受けとられている。すなわち、そのような相談を企てるという慣行は、当該関連する契約への両当事者のためにあると。それら二つのことがひとたび受け入れられれば、私は、敬意は表してもつぎのような主張を支えるいかなる有効な理由を理解することができないのである。その相談を実行する際に合理的に使われた時間が、一六条（b）項によってなすことが要求されているその決定において当該発行銀行をアシストするために、一六条（c）項〔（d）項：筆者挿入〕で規定されている相当な時間の判断から除外されるのである、という主張をである。

明示的な用語において、相当な時間は、当該諸書類の点検や当該決定を含んでいる。当該諸書類を受理するか否か拒絶するかどうかの決定で相当にかかる時間は、当該諸書類の点検で相当に使われる当該時間におとらず、一六条（c）項〔（b）項：筆者挿入〕の査定（assessment）における一つの本来の要素である。両要素は、同等に考慮に入れられる。なぜなら、両者は、等しく一六条の下における契約上の諸債務の履行において発行銀行によって企てられることが必要だからである。当該諸被告によって以下のように論じられてきた。すなわち、当該発行銀行は、当該契約により当該発行依頼人と相談することを禁じられていないが、それにもかかわらず、そのようなことをするその（契約上の）権利は、当該規則・慣例（the Code）からは生じるものではない：こうしてこの点検にしめられるいかなる時間も一六条（b）項および（c）項で可視化されあるいは規定されている相当な時間の範囲内には、入らないのである。当該発行依頼人に相談できるというその（契約上の）権利は、もし、私がその議論を正しく理解したとすれば、権利放棄に関する一般的な権利から生じるのである：その権利は、それによって誰もが一法的権利の侵害を無視する—法的な信頼をしない—権利がある、一つの一般的で、契約上のものではない権利である。

当該裁判所は、二つの問題を区別している。一方では、当該発行依頼人に相談できる権利であり、相当な時間の定義においてその時間を含めることであり、他方では、一つの真の意味でのコモンロー上の権利放棄である。さらに、一銀行の権利放棄と一受益者の権利放棄をはっきりと区別することで、独立した側面を強調するかもしれない。しかしながら、その二つは、認められるべきであり、そしてたいていは、まさに認められるのであり、たいていは相伴うのである。

実をいうと、私は権利放棄についてのコモンロー上の権利に関するいかなる問題が、どのように関連しているかは、理解していないといわなければならない。当該発行依頼人は、当該諸銀行間の当該自主的契約の一つの違反について権利放棄することはできない。当該発行銀行が、当該諸書類を受理すべきかまたは拒絶すべきかということについてのその（契約の）意向は、当該諸銀行の決定に大いに関連しているかもしれないけれども。当該発行銀行による権利放棄が関係する限り、当該契約に関する諸規定―当該規則・慣例第一六条―は、当該発行銀行による一「みなし権利放棄」と規定されているであろうものが、生起するであろう当該諸環境を規定することが、意図されている。もし、当該発行銀行が、当該諸書類を点検し、ある相当な時間内にその決定をし、当該仕向銀行に通知するという任務を完遂しないならば、そのこと（みなし権利放棄）が起こるであろう。

一六条の用語の下で、その条項の下でのその諸義務に関し、当該発行銀行により実施されるための相当な時間が受け入れられていたか否かを決定する際に、当該発行依頼人との相談（consultation）が適切に考慮されているべきか否かについての問題に、極めてわずかの関係を有する契約でない権利放棄に関する一般法の中に、私が見ることができるものは、何もない。私は、次のように述べてきた。すなわち、私の意見では、ロンドンの諸銀行の少なくとも大多数の既存の慣行に影響するような諸結果は、価値があり、ことによると重大であろう。もし、当該諸被告の諸陳述がこの原理の問題について正しければである、と。

諸受益者による明示の諸権利放棄は普通であり、それらは好んで書面によるべきである。それら（諸権利放棄）は、最善の銀行慣習によって、要求されているほど、実務ではほとんどのケースで、それらは存在する。

しかしながら、一銀行のオナーしない通知の不履行は、ＩＳＰ（スタンドバイ信用状統一規則）五・〇三条の下での権利放棄を構成するかもしれない：

「a　当該時間内に、当該スタンドバイで特定された手段又はこれらの諸ルールによる、オナーしないことの一通知における、一ディスクレの通知の不履行は、とどめられ又は表示されている当該ディスクレパンシーを含むいかなる書類におけるあのディスクレパンシーの主張を排除する。しかし、同じ又は一つの別のスタンドバイの下でのいかなる異なった呈示におけるあのディスクレパンシーの主張は、排除しない。

b　ディスオナーや、繰延支払約束を負わされたことの引受や承認の通知の不履行は、当該発行人に満期支払を義務づける。」

通常の事態の下では、同じ種類の物品かさもなければ同様の諸取引における、当該同じ諸当事者間の、一連の同様の諸信用状取引においてすら、当該受益者―銀行関係における、持続的な抑制や黙示の引受によって、権利放棄を構成するための事実上の余地は存在しない。

Banco General v. Citibank 事件において、当該権利放棄の法理の役割は、つぎのように正されていた：

「当該ＵＣＰのテキストは、信用状の諸ケースにおける権利放棄のような、コモンロー・衡平法上有効な諸法理（common law equitable doctrines）の適用を支持しない。我々は、ＵＣＣの下における諸〔信用状〕取引のこれらのタイプに、権利放棄やエストッペルのような衡平法上有効な諸法理は、適用されると述べたけれども、Pro-Fab, 772 F. 2d at 851、諸裁判所は、そのような諸ケースにおいて権利放棄の諸クレームを受け入れることを嫌がってきた。CourtauldsN. Anm, Inc. v. North Carolina Nat'l Bank, 528 F. 2d 802, 807（4_{th} Cir. 1975）（「明らかに、怠慢な送り状を前もって引き受けることは、今ある出来事において一権利放棄とは解釈されえない。」）；Texpor Traders, Inc. v. Trust Co. Bank, 720F. Supp. 1100, 1115（S. D. N. Y. 1989）（信用状における諸ディスクレパンシーを権利放棄することをある場合に選択したというそれだけの理由で、当該信用状依頼人（the account party）が、再びそうすることを要求されないし、また、当該発行銀行にそのようなディスクレパンシーを同様に権利放棄することを授権しないからである、という見解を有している）；Alpargatas, S. A. v. Century Business Credit Corp., 183A. D. 2d 491, 493. 583 N. Y. S. 2d 441, 442（「被告〔発行依頼人〕が過去に厳格な充足を権利放棄したかもしれないという事実は、別のそのような信用状の下においていつか将来の時点で生じるかもしれないいかなる諸ディスクレパンシーの一権利侵害の一推定を正当化しない……」）、**控訴却下**（appeal dismissed), *80 N. Y. 2d 925, 589 N. Y. S. 2d 312, 602 N. E. 2d 1128 (1192)* **控訴棄却**（appeal denied) 82 N. Y. 2d 665, 602 N. Y. S. 2d 804, 622 N. E. 2d 305（1993）を見よ。このような背景に反して、我々が権利放棄のようなコモンロー上衡平法上有効な諸法理が、当該UCPの下で支配されている諸信用状の下で適用されうるか否かを決定する必要性は存在しない。なぜなら、このケースの当該諸事実が、一権利放棄を支持しないであろうことを、我々はそのように見つけるべきでありさえするからである。なるほど、当該UCPでは、何も、以前一つの異なる信用状の下で点検された同様の諸書類との関連において、一銀行に一信用状の下で呈示された諸書類を点検することを義務付けていないし、許可することとさえしていないのである。そのような一慣行は、国際的銀行業務システムの文脈において、確実性、即時性、そして合目的性に関する当該UCP諸ゴールを害するであろう。」*Alaska Textile,982F. 2d at 815–16* を見よ。

人は、たいていつぎのようにいうであろう。明示の同意以外のいかなる行為も、権利放棄を構成せず、諸信用・保証書において、暗黙の権利放棄の一「効果」はない。

信用状依頼人以外の諸当事者は、いかなる場合も適当な授権や権限なく、自らのために明示または暗黙の権利放棄を与えたり、創設することはできない。しかしながら、その授権や権原は、法律上または事実上の（*de jure or de facto*）一代理人の「権利放棄」または法的地位によって創設されるかもしれない。

当該受益者の権利放棄の余地も無いように思われる。なぜなら、当該受益者による合法的でない呈示は、当該証書の下での便宜の一権利放棄にはなりえないからである：別の試みは、当該証書の満期までは、差し支えないかもしれない。もう一通の発行は当該受益者による一放棄証書（a release）であり、そしてそれは、同様の効果を有するが明らかに別の概念：つまり意思の一表明であり、無抵抗の一結果ではない。当該呈示者の処分の際に当該書類を提出できないことは、権利放棄という結果になるであろう。これは、*Credit Industriel et Commercial v. China Merchant Bank* 事件番号2000/78 中立的引用番号［2002］EWHC973（Comm）、高等法院女王座部商事法廷、QBD（Comm Ct）で示されている：

「当該諸被告は、The Royan［1998］2Lloyd's Rep 250 によった。そこでは、当該銀行からの関連するコメントは、次のように書いてあった：『あなたの諸明細表に述べられる当該ディスクレパンシーに関する我々の主債務者の（our principal's）指図を我々が受けるまで、あなたの処分の際には、これらの諸書類のことをどうかよく検討してください。……』そのテレックスについての Lloyd 控訴院裁判官の諸所見は次のとおりであった。：『そのテレックスについての効果は、当該諸書類は、当該諸売主の処分の際に無条件で保有されているということであった。〈我々の主債務者の指図を我々が受け取るまで〉への言及は、当該信用貸しを修正したりあるいは新しいクリーンな諸証明書を差し出すことにより、当該諸売主と諸買主が何らかの合意アグリーメントに達するかもしれないという願望を疑いなく反映していた。

私は、願望についての表現を当該諸書類が当該諸売主の処分の際には存在しなかったという意味として、読むことはできない。』このことは、私の考えでは、目の前にあるケースとは全く異なっている。そのことは、次のことを結論づけているにすぎない。すなわち、当該契約している諸当事者が交渉中である場合、その紛争の解決が未決定のままであるところの、当該諸売主の当該処分の際に当該諸書類を持っているであろうという銀行による一言及は、一つの条件付拒絶ではない。当該請求者の呈示（submission）は、三つの方法で強化されている。第一に、銀行業務技能や実務について国際商業会議所委員会は二〇〇〇年一一月に、一刊行文書を作成した。それは、UCPの下での点検、権利放棄、そして通知について規定されている当該諸段階について論じており、この一節：UCPの範囲外の銀行実務を含んでいた。「……Attachment Aについておよびその際に概要を述べられているプロセスは、点検、権利放棄そして通知のためにUCPの下で規定されている特別の諸段階を略述している。不幸なことに、UCPの諸要件に充分には充足しない、さまざまな諸慣例が実施されてきた。諸発行銀行は、次の点に注意されるべきである。すなわちそれら（諸発行銀行）が権利放棄を求めており、もしその権利放棄が受け入れられれば、それらが反対の諸指図を受けなかったら当該諸書類を譲渡するであろう、と述べている諸書類を拒絶する諸慣例は、UCPには従っていないことにである。

ひとたび、諸書類が当該銀行に呈示されると、当該諸書類が手に取られるまでは、それらの諸書類は、当該呈示者に所属する。ひとたび拒絶が受け入れられ、そして当該発行銀行が当該諸書類を譲渡すると、当該呈示者が他の手段により当該諸書類を処分することを選択するならば、当該諸書類は当該呈示者に属しているので、当該発行銀行は自らを危険におくかもしれない。諸発行銀行は、諸書類が多くの方法で呈示される場合、履行するのである。第一に、UCPに全体的に従って、そして第二に、当該発行銀行によってなされた諸ビジネス判断に基づいて。諸発行銀行（または諸確認銀行）が当該諸ルールからそれるべくビジネス上の諸決定をする場合、そのことは僭越であるかもしれないという当該諸リスクを理解しながらそのようにしているにすぎないのである。」第二に、一つの同様の告知は、Voest-Alpine 事件（前掲）で出されていた。当該諸ディスクレパンシーを通知している当該中国銀行のテレックスは、次のように結んでいる。：「我々は、当該諸相対的ディスクレパンシーに関して、当該発行依頼人と契約しているところである。あなたの諸リスクで、そして処分の際に、諸書類を所持しながら。」当該請求者は、当該主張は、無効であると主張した：a．拒絶に関し明確な言明がなかった故に：そしてb．一権利放棄を求めようとする意志の通知は、当該コミュニケーションを曖昧にした故に。当該裁判官は、つぎのように結論づけた：「ここにおいて、中国銀行の通知は不十分である、なぜなら、それが現実に、当該諸書類を拒絶し、あるいは、当該商業信用状をオナーすることを拒絶し、あるいは、それと同じ効果をもついかなる言葉をもどこにおいても述べていないからである。UCP五〇〇の下で、当該通知が、諸ディスクレパンシーのリストや当該諸書類の当該処分を含まなければならず、そして、一九九五年八月一一日の中国銀行のテレックスは確かにこれらの諸要素を含んでいる一方、これは、単に一四条（d）項（ii）号の要件を扱っているにすぎない。拒絶に関する一通知は、それ自身の言葉によって、一四条（d）項（i）号で定義されているように、現実に拒絶を伝えなければならない。この具申は、もし、それ（中国銀行）が当該諸ディスクレパンシーを権利放棄するならば、決定すべく、当該依頼人にコンタクトをとるであろうことを言明することによってのみ、折り合いがつけられる。当該原告の専門家 James Byrne 教授が証言したように、一四条のフレームワークの範囲内において、情報についてのこの追加的一片は、JFTCによる当該諸ディスクレパンシーの権利放棄についての承諾の可能性の権利を保有しており、そして、中国銀行が当該諸書類を拒絶しなかったことを示している。」この見解は、私のヒアリングの後に言い渡された一判決書の中で、第五巡回控訴裁判所によって支持された：—

「我々は、当該地方裁判所の判断を支持する十分な証拠を見い出している。当該八月一一日のテレックスが当該商業信用状を拒絶しなかったという当該裁判所の判断は、JTFC《ママ》からの権利放棄を獲得するべく中国銀行からの申し出に主に基づいている。権利放棄を請求する申し込みは、当該地方裁判所が熟考した上でのことであるが、当該諸書類が実際は拒絶されなかったし、ＪＦＴＣとの相談後受け入れられるかもしれないことを示唆している。〔……〕」

＊ＪＦＴＣ＝Jiangyin Foreign Trade Corporation：筆者挿入。

（14） 四については、① Matti S. Kurkela, Letters of Credit and Bank Guarantees under International Trade Law, 2_{nd} ed. 2008, at pp. 234 et seq. に全面的に依拠している。なお、同じく、② Matti S. Kurkela, Letters of Credit under International Trade Law : UCC, UCP and Law Merchant, 1985 がある。

（15） Brooke Wunnicke, Diane B. Wunnicke and Paul S. Turner, Standby and Commercial Letters of Credit, 2_{nd} ed. 1996, at pp. 422 et seq.

五　結びに代えて

前記東京高判平成二四年九月二六日で、Ｘの訴訟代理人を務めた関戸麦・江口拓哉両氏は、つぎのように述べている。[16]

「『商品の記述』などについて、ＰＥＮＡＬＴＹなどに関し、曖昧な信用状を避けることは、銀行自身の利害に関わり、重要である。本件は、一審と二審で判断が分かれる微妙なもので、三年強の期間を要したが、確定後は、Ｙは任意に判決を履行し、その日本国内の資産につき強制執行は必要とならず、年六分の商事法定利息の支払も含まれていたし、一・二審の印紙代も、訴訟費用確定の手続を通じて、ＸはＹから回収できた。

海外への請求は困難なことが多い中、日本の裁判所における訴訟手続を通じて、中国企業を相手とした回収を実現できたことは、貴重な成果である。」と。

そして、「紛争解決方法の重要性」について、関戸＝江口氏はつぎのように述べている。[17]

「海外に対する請求は困難なことが多い。日本の裁判所による判決は、中国で強制執行をすることができない（大連中級人民法院一九九四年一一月五日決定最高人民法院公報一九九六年第一期二九頁）。シンガポールにおけるＩＣＣ仲裁で勝訴したとしても、地方保護主義により困難となることが懸念された（国際商事法務三八巻七号九七四頁（二〇一〇年）、ＪＣＡジャーナル五七巻八号四二頁（二〇一〇年）参照）。

確実に代金を回収するためには、以下の三点をすべて確保することが、きわめて重要な意味を持つ。

①　売買代金の決済方法として、信用状が発行されたこと。

②　その発行銀行は、海外の銀行であるが、日本国内に支店と資産を有していたこと（支店として発行銀行と同一の法人格であることが必要）。

③　信用状の利用先が、日本国内であったこと。」と。

この制度自身、歴史的に見ても、リーガルリスクマネジメントを体現するものといえるが、貿易関係の複雑性（環境問題なども絡む）、規制緩和なども関連し、さらなる無難な貿易システムの構築が必要であろう。ｅＵＣＰの動向にも留意していく必要があろう。

対象品目（精密機器、工業製品、鉱物など）ごとに、類型的な考察も必要といえよう。もちろん、厳格な法令順守の原則の原点も忘れられるべきではない。その上で、今後の貿易システムの最善の標準化と関係当事者の教育も必要と思われる(18)。

また、予防法学の観点からも、consulting の重要性、ソフト・ローの重要性が問題となり、リスク分配の衡平化・適正化を志向することが必要である。企業の社会的責任のボーダレス化の点からも、前記東京高判平成二四年九月二六日においては、環境損害に対する共同不法行為なども考えられる余地があろう。挙証責任の意義の再認識と共に、紛争解決方法の合理化・迅速化も図られる必要があろう。

（16）　関戸麦＝江口拓哉「中国系銀行発行の信用状に係る東京高裁判決と実務対応」金法一九九九号八八頁以下（二〇一四年）

（17）　関戸＝江口・前掲注（16）九八頁以下。

（18）　Kurkela, supra note 14 ①, at pp. 120 et seq. の strict compliance doctrine など参照。なお、ＵＣＰ五〇〇の頃のディスクレに関し比較法的な詳細な分析と検討として、泉田栄一「信用状における提供証券厳正の原則に関する一考察」久保欣哉先生古稀記念論文集『市場経済と企業法』一頁以下（中央経済社・二〇〇〇年）がある。

（二〇一五年八月二六日脱稿）

仮想通貨と法

――仮想通貨をめぐる法的枠組みと新たな金融法制の課題について――

杉浦宣彦

一　仮想通貨の発展と問題点

仮想通貨「ビットコイン」のマウントゴックス取引所を運営していたＭＴＧＯＸ（東京・渋谷）が二〇一五年二月二八日、東京地裁に民事再生法の適用を申請した。そして、八月一日、システムを不正操作したなどとして、同社社長でフランス国籍のマルク・カルプレス容疑者（三〇歳）が私電磁的記録不正作出・同供用容疑で逮捕された。ＭＴＧＯＸのシステムに何者かが侵入して、カルプレス容疑者はこれまでビットコインはハッカーに盗まれたのだと主張しており、今後、本当に盗まれたのか、それとも、不正操作を彼自身がやったのかは今後の捜査や裁判などで明らかにされていくであろうが、ＭＴＧＯＸの破たんで、約五億三、〇〇〇万ドルが消失し、ビットコインで世界の六割強を占めた取引所の破綻は仮想通貨のリスクが浮き彫りになった。

しかし、この予兆ともいえる出来事がＭＴＧＯＸ破たんの三ヵ月ほど前にあった。当時世界最大のビットコイン取引所で、マスコミの寵児でもあったカルプレス氏を中央大学ビジネススクールの講義に招へいし、ビットコインの仕組みや将来の可能性について三〇名を超す学生に話をしてもらった時のことである。ある学生の「仮想通貨であっても人から信頼されないと利用されないと思うのですが、その信頼性をどのように担保するのですか?」という質問に、「頑張ります」と彼は答えたのだ。その場がかなりしらっとした雰囲気になったのは忘れられない。

ビットコインは中本哲史（サトシ・ナカモト（Satoshi Nakamoto））を名乗る人物によって投稿された論文(1)に基づき、二〇〇九年に運用が開始されたものであり、支払いの際に売買間の電子的な記録や履歴は存在しない代わりに、買い手は公式トランザクションログ、blockchain の更新を要求する。全トランザクションリストには所有履歴が記載されており、分散ネットワークにより検証されているとされている。ネットワーク参加者達は「採掘者」と称され、取引手数料や造幣収益を得ている。参加者達は、パソコン、モバイル端末、あるいはWeb アプリケーション上のウォレット（財布）ソフトウェアを使ってビットコインの受け渡しを行う。ビットコインは、採掘、もしくは商品・サービス・他の通貨との交換、また寄付を受けることにより入手することができる。

もともと、ビットコインはネット上で自然発生した新しい価値であり、数学的なアルゴリズムで新しいコインが自動生成される仕組みで、発行から流通までの全体を管理する主体や供給量をコントロールする機構もなく、信用を支える基盤すらないものの、利便性と低コストにより実社会で使える店舗やサービスが登場し、人々が「価値がある」と思い込んで使い、その仮想通貨が、流通性と汎用性をある程度もって実際の価値を生み出した事例となったことで、仮想通貨が通貨非連動型電子マネー、いや「新しい通貨」として世界的に流通する可能性を提示したとも言える。前述のカルプレス氏は、以前から、個々の採掘者のネットワークで集団的に信用を補完しているという説明をしており、各国の中央銀行（ないしは国自体）の信用の上に乗っかっている現行の貨幣制度とは相当に違うものであることがうかがえる。

ビットコインはクレジットカードの手数料よりさらに安価な決済コストを実現でき、かつ土日祝祭日に左右されない。また、売り手買い手双方ともに、個人情報やカード番号など、外部に漏れたら問題になるような情報の入力も必要ないといった大きなメリットがある。そのためｅコマースの決済手段として着実に地歩を固めており、二〇一四年九月末時点の投資額は三三〇億円以上。二〇一四年一〇月時点でのビットコインの時価総額は約五、〇〇〇億円にもなっている。また、最近では、リップル（Ripple）、ライトコイン（Litecoin）、ドージコイン（Dogecoin）など様々な仮想通貨が登場し、便利さを争っているが、これらの多くはもともとオンラインゲーム等で利用されるゲームコインがもとになっているものが多い。

図表　ビットコインの流れ②

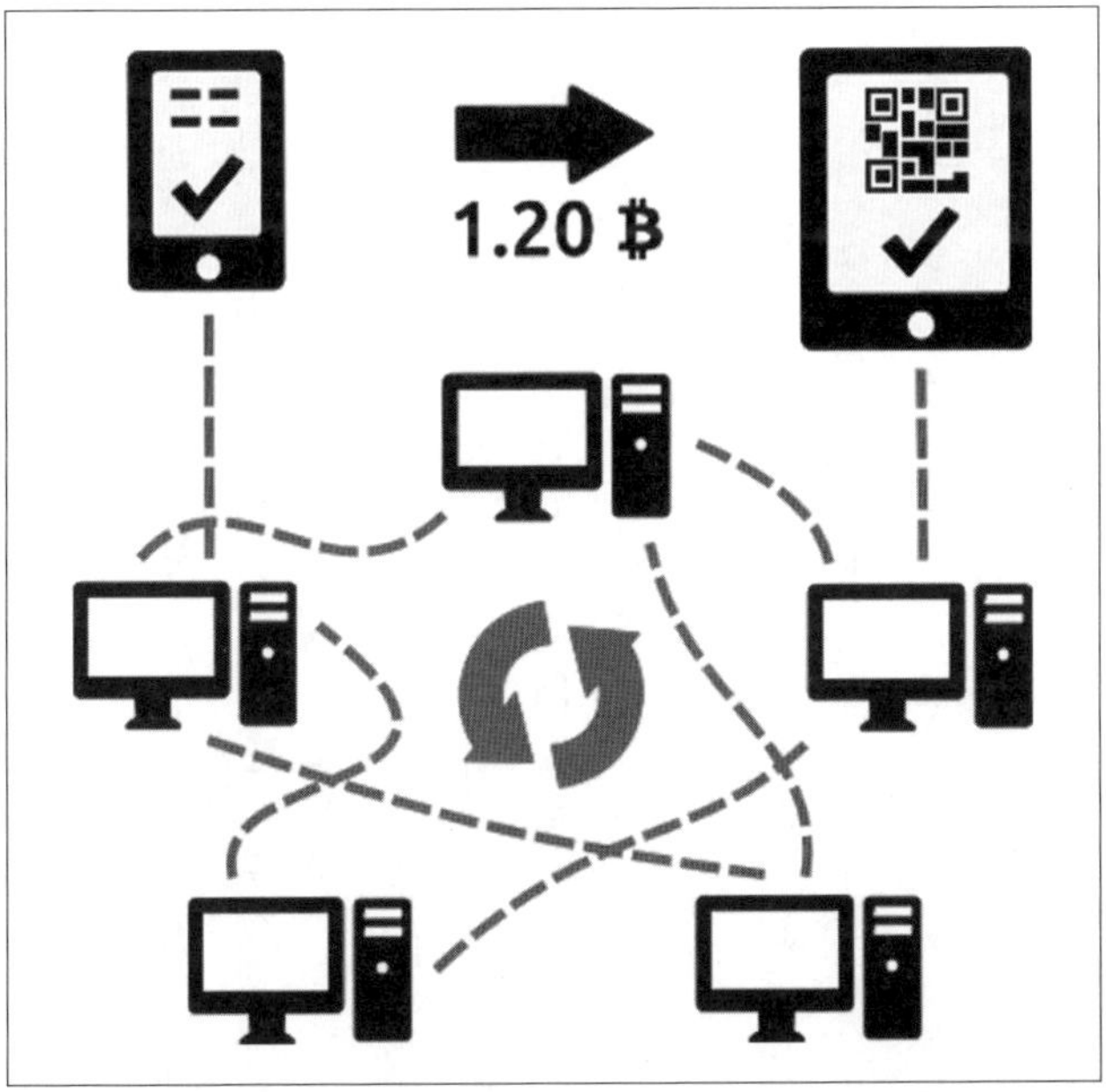

しかし、当初ゲームコインの形態だった時から、仮想通貨には以下の様な問題点が指摘されている。①利用者に対する価値の保証が無い、②闇市場を生みやすい、③課税の逃げ道になる、④マネーロンダリングに利用されるというポイントである。

実際、仮想通貨は人気（需要）が過剰に高まると価格が急上昇し、投機の対象になり、とくに、二〇一三年の初頭に一〇ドル台だったビットコインは、欧州金融危機などの通貨不安から人気が急上昇、一三年一一月には一、二〇〇ドルを超えたが、今回の一連の事件を通じて、現在（二〇一五年八月）は、二二〇ドル前後にまで下落している。しかし、このような相場の動向が問題視されていること自体、「仮想通貨」というあたかもインターネット世界が独自に創造し、創出したように言われている通貨は、現実社会の中央銀行の信用力（ドルや円、ユーロなど）との兌換を前提として成立していたに過ぎず、かつ、投機の対象でもあることを示している。興味深いのは、かつて「セカンドライフ」(3)でもそうであったように、今回多くのネット上で登場してきた「仮想通貨」は大概、リーマンショックや欧州金融危機などの金融危機の前後に急に多くの資金を集めていることだ。既存の中央銀行主体の通貨制度に対する人々の信頼感の揺らぎから、投機の色彩は濃いものの、資金が現地通貨より安全で自由に動かせると考え、価値移動がなされたと考えてもいいだろう。しかし、これまでのところ、バブル的な投機の後に単独では成り立たなくなり、現実の中央銀行の信用力の尺度のもとで損得を語られてしまう存在になっていたり、また、すでに詐欺やマネーロンダリングのツールとして活用された事例（二〇一三年のビットコイン・ポンジスキーム詐欺事件(4)や二〇一一年のシルクロード事件(5)）も発生してきている。

また、中国やロシアからの資金の仮想通貨への相当額の流れが報告されており、一時期、MTGOXの場合、利用者の金額ベースで実に二五パーセント程度が中国からの資金だったことは、MTGOX自体も認めているが、これはたんに投機の対象ということだけではなく、マネーロンダリング、さらには、中国当局からの課税を免れるために利用されたと考えられ、ロシアでも同様な動きがあったとされる。結果、両国では、仮想通貨の取引の使用が禁じられる。また、利用者に対する価値保証がなく、かつ、欧州銀行監督局は利用者保護に欠けると警告しており、国際的にも仮想通貨の問題が注目されている。

このように仮想通貨の将来展望がまだまだ難しいなか、MTGOXの破たんを契機に日本を含む各国金融監督当局はビットコイン等への規制を進め二〇一六年のG7サミット（伊勢志摩サミット）までにほとんどのG7各国では規制整備ができたところである。しかし、これらの規制は、仮想通貨の今後の発展方向が不明ななか、暫定的な部分も多い。本稿は、この仮想通貨の規制に当たってのあるべき法制度について、既存の法制度の分析や海外での仮想通貨の法規制や考え方を通じてあらためて検討を行うことを目的とする。

（1）Nakamoto, Satoshi (24 May 2009), https://bitcoin.org/bitcoin.pdf
（2）https://bitcoin.org/ja/how-it-works
（3）セカンドライフは、利用者がアバターを作り、推奨されたパソコンと専用ビューワーを用いてインターネットでアクセスする、コンピュータ・グラフィックスで構築された仮想世界のこと。アバター、景観、建物、ファッションからありとあらゆるものがユーザー主導で作成され、Linden Dollar（リンデンドル・L$）という仮想通貨を用いてそれらが取引され、それぞれに市場ができ、一時期は投機の対象として注目されたが、二〇一一年以降それらの市場の指標の提示はなくなっている。
（4）米国証券取引委員会（ＳＥＣ）が、テキサス在住のShavers被告人および彼の会社であるBitcoin Savings and Trsust（ＢＴＣＳＴ）をインターネットを利用してビットコインと称する投資商品を販売したという容疑で起訴した事件。
（5）シルクロードという違法薬物サイトで違法薬物の売買、殺人依頼や、マネーロンダリングが行われていた事件で、この取引にビットコインが使われていた事件。

二　仮想通貨をめぐる法制度

1　仮想通貨の法的概念

仮想通貨の法的位置づけや規制については、まったく新しい法律を制定したほうがよいという主張もあるだろうが、まずは、それがもたらす経済効果や決済のプロセスから、既存の法規制の側面から検討していくのが妥当な方法であろ

う。すでにこれまでも以下に述べる法的定義の問題や、倒産法上の課題について様々な論考がある。(6)

すでに日本政府は二〇一四年三月の段階で、ビットコインについては、「通貨には該当しない」と認定し、「貴金属などと同じ「商品（モノ）」」であるという公式見解を示しているが、まず、様々な人が通貨と同様に利用するという点から、まず、通貨とは何かを考えてみよう。法律上の概念としては、「通貨＝紙幣＋貨幣」であり、通貨の単位及び貨幣の発行等に関する法律（以下「通貨法」）でも、二条三項にて定義されている。また、日本銀行法四六条二項は、日本銀行法が法貨として強制通用力を有するものと規定している。ビットコインをはじめとする仮想通貨にはこれらの「法貨」とか「強制通用力」は該当しておらず、通貨法上の通貨には該当しない。(7)

強制通用力については、民法四〇二条一項二項でも通貨が強制通用の効力を持っていることを前提としている規定があり、外国為替及び外国貿易法六条一項では、「通貨」とは政府紙幣または硬貨をいうと規定されていることから、仮想通貨はこの点でも通貨には該当しないことは明らかである。可能性があるとすれば、紙幣類似の作用を有するものの発行や流通について規定している紙幣類似証券取締法になるだろうが、この法律は、そもそも紙幣類似証券の発行および流通を禁止していることや、「紙幣類似」の作用があるかないかは、わが国で相当ビットコインが支払手段として浸透しえないと認定されない。また、この法律はあくまでも「証券」概念によっており、仮想通貨のように電磁的記録はその概念には含まれないともいえる。以上のように、仮想通貨の法的概念・定義をどのように考えるかについては、今後も様々な説が出てくる可能性がある。

2　既存の法制度の適用対象と考えられるか

(1)　出資法（出資の受入れ、預り金及び金利等の取締りに関する法律）

仮想通貨はサービスの性質上、当然に出資の受入れ、預り金等が発生するとも考えられることから出資法の適用も検討される。出資法では二条一項で業としての預り金を禁止しており、その「預り金」とは、預金、貯金または定期預金の受入れやそれと同様の経済的性質を有するものとしているが、この預り金については、基本的に金銭であり、仮想通貨は金銭ではないことから、出資法に仮想通貨が抵触するとは考えにくいが、ビットコインのケースのようにビットコイン取引所が会員からビットコインの購入のため、又はビットコインと金銭とを交換する目的で金銭を預かっていたり、又は会員が自由に入金したり、引き出しを行え、返還を求めることができるという実態がある場合、金融庁の事務ガイドライン「第三分冊　金融会社関係」2－1－1における「主として預け主の便宜のために金銭の価額を保管することを目的とするもの」、または「元本の返還が約束されている」という要件に「該当する可能性」があり、(8) 取引所の預り金は、出資法上の預り金と同様の法的性質を帯びている点から、出資法違反と認定される可能性がある。

(2)　銀行法との関係

銀行法一〇条一項三号では、「為替取引」を銀行業務としており、銀行等以外の者がこれを行うことを禁止し（銀行法四条一項）ていることから、仮想通貨の取引所等が行う仮想通貨および現金の移動が為替取引に該当するかが問題となる。

決済代行業者や代引きのケースも含め、この「為替業務」の概念にどこまでが入るかについては、銀行法上も含めて定義がないために、「顧客から隔地者間で直接現金を輸送せずに資金を移動することを内容とする依頼を受けて、これを引き受けること、又はこれを引き受けて遂行することと解する」という最高裁平成一三年三月一二日判決が基準とされてきたなか、資金決済法（後述(4)）制定時も含め、多くの議論がなされてきた。

この判例通りに解釈するとすれば、仮想通貨の取引所が会員の預託口座にある仮想通貨を会員の指図に従い、他の会員の預託口座に移転させる行為も仮想通貨を「資金」と考えると、為替取引に該当するとも考えられる。

もっとも、仮想通貨は「商品（モノ）」であり、換金は必ずしも容易にできるわけではないことから仮想通貨の移動は、資金の移送には該当しないという考え方がある。これに対して、仮想通貨の取引所で仮想通貨の購入を行い、取引所へ送付依頼をし、送付先顧客が最終的には仮想通貨を現地通貨に両替するという一連の全体が為替取引に該当するという見方も考えられる。

(3) 金融商品取引法

金融商品取引法については二条一項で「有価証券」の定義を定め、そのうえで、同条二項のみなし有価証券等でその範囲を拡張し、限定列挙しているが、ビットコインは有価証券にもみなし有価証券にも該当しない。しかし、二条二項には、一定の権利について、①有価証券が発行されていない場合、②電子記録債権のうち流通性その他の事情を勘案し、社債券その他の一項各号に掲げる有価証券とみなすことが必要として政令で定めるもの等について、政令等による指定により同法における有価証券として取り扱うことが可能となっている。このことから、今後、仮想通貨の利用のされかたによっては、仮想通貨を金融商品取引法の適用対象とすることも将来的にはあり得るかもしれない（たとえば金融商品取引法の適用範囲は幅広く、預金債権、通貨および法令指定の商品も含まれ（同法二条二四項）、仮想通貨には価格変動がありうることから、デリバティブ取引と同様であるという観点を持つと、デリバティブ取引に類似する機能を持っていると考えられる仮想通貨は金融商品取引業等に関する内閣府令で指定されて、金融商品取引法の規制を受けることが考えられる）。

(4) 資金決済法（資金決算に関する法律）

資金決済法は、前払式電子マネーについて発行者のみで使用できる自家型と、一定の第三者でも使える第三者型に分かれるが、ここで、最初に金銭を取引所に預けて、モノの売買に利用できたりする仮想通貨は第三者型前払式電子マネーに該当するのかどうかが問題となる。

ビットコインの場合は、従来より管理会社等では、マイニング（採掘する）という手続を通じて、採掘されたその利用権を採掘者が原始取得するという考え方を構成することから、「発行」という観念はなじまないという主張がある。

そのうえで、これまで法が規制しようにも「発行者」が存在しないことから資金決済法が適用される余地はないとされてきたが、海外のビットコイン管理者は、採掘権を採掘したことをissueしたとしていることも多く、その後の管理等も採掘者である業者が行っていることから、実質的に発行者とも言える。ましてや、その採掘されたものが送金的な経済的効力として、隔地者間で送られるのなら、それは資金移動業者とも考えられる。従来のビットコインを事例に挙げた論考はそのほとんどがビットコイン管理者の「発行」ではなく「採掘」であるという理屈を鵜呑みにしているが、経済的効果と管理者が行っている業務オペレーションは電子マネー発行業者（ただし、電子マネーと違って価格変動するが）や資金移動業者と類似している部分も多く、資金決済法の適用対象とすることが従前の法制度との間では法制度のなかでは最も適合性が高かったといえる。

3　警察的規制との関連性——犯罪収益移転防止法（犯罪による収益の移転防止に関する法律）

わが国のマネーロンダリング防止対策をカバーしている法であり、金融機関、金融商品取引業者、資金移動業者、貸金業者、クレジットカード業者等を特定事業者として、顧客の厳密な本人確認、取引を行う目的、職業（個人の場合）や事業内容等（法人の場合）の確認義務があり（同法二条二項三〇号・四条等）、疑わしい取引には届出義務が課されている（同法八条）。

ビットコインをはじめとした仮想通貨の取引所は上記のような特定事業者には現在のところ指定されていないために、犯罪収益移転防止法が限定列挙しているものには該当しないが、これまでの検討のように仮想通貨をめぐる経済的な効果は「為替業務」と類似しており、諸外国での仮想通貨をめぐる法的議論のなかでもっとも活発な部分が、マネーロンダリングとの関連性であることも、それは、各国金融監督当局が、仮想通貨のやり取りを送金業務そのものと考え、犯罪収益の授受に用いられること等を防止することに仮想通貨規制を考えているからである。わが国においても、仮想通貨がグローバルに流通する以上、その規制に犯罪収益移転防止の適用を検討することは諸外国の規制と平仄を合わせるためにも重要である。

4 倒産法・民事執行法との関係

MTGOX社の破たんによる法的倒産手続が進められている中、倒産法の局面での仮想通貨の法的性質の解明が進められている(9)。

仮想通貨の法的概念が定まらない中、現在の議論では、その仕組みを通じて、仮想通貨の法的性格を検討することになるが、ビットコインの場合、他のビットコインとの区別・識別が公開鍵ハッシュ値と秘密鍵を用いることで明確になる情報財であり、動産と類似したモノであることは確かであり、ビットコインに対する金銭執行については、執行官による動産執行の方法(「その他の財産権に対する強制執行」民事執行法一六七条)により執行が行われると解釈されるが、(実態面はともかく)ビットコインは発行者がいないことになっており、個人間のやり取りで分散してしまうため、債務者である保有者に対し差押命令を送達すれば取りあえず差押えの効果は生じると考えられる(10)。

その上で、仮想通貨の保有者が管理者に預託していた仮想通貨の倒産法上の取扱いが注目される。個別の仮想通貨が分別管理され、識別性が認められるような形で保管されている場合、破産法六二条の取戻権が「破産者に属しない財産」として認められ、保有者は管財人に対して仮想通貨の引渡しを請求できると考えられるが、問題は、分別管理や識別性が認められない場合であろう。会員の数量のみの把握で混合して管理されていた場合、「破産者に属しない財産」に該当しないと考えられ、破産手続開始前の原因で生じた返還請求権が債務不履行に基づき損害賠償請求権となり、破産債権として、破産手続の中で配当を受けることになると考えられる。

(6) ①田中幸一＝遠藤元一「分散型暗号通貨・貨幣の法的問題と倒産法上の対応・規制の法的枠組み(上)(下)」金法一

九九五号ならびに一九九六号（二〇一四年）。②片岡義弘「ビットコイン等のいわゆる仮想通貨に関する法的諸問題の試論」金法一九九八号四一頁（二〇一四年）など。③岡田仁志＝高橋郁夫＝山崎重一郎『仮想通貨』（東洋経済新報社・二〇一五年）。
（7）岡田＝高橋＝山崎・前掲注（6）一二四頁。
（8）斉藤正和『新出資法』五四頁・六三頁（青林書院・一九九八年）
（9）前掲注（6）の田中＝遠藤論文は、とくに仮想通貨の現状の仕組みでの倒産局面について詳細な検討が行われている。
（10）片岡・前掲注（6）四六頁。

三　諸外国における仮想通貨をめぐる法制度の考え方

仮想通貨について海外の法制度ではどうなのだろうか？　これをめぐっては現在のところ、大きく分けて三つの方向性、すなわち①マネーロンダリングに注目した規制を中心に進めていく、②既存の電子マネーをめぐる法規制の枠組みで考える、③すでに不正送金等での利用が明らかであるとして、利用を完全に規制する、という考え方で各国金融監督当局は仮想通貨の法制度について検討している。③は中国やロシアなどが該当するが、本稿では、対比的なアメリカとEUの部分について現状と分析を試みる。

1　アメリカ

アメリカでは、仮想通貨をめぐる規制の問題はマネーロンダリング関連から浮上したという経緯がある。二〇一三年一一月米国上院の国土安全保障・政府問題委員会では「シルクロードをこえて―仮想通貨の潜在的リスク、脅威、将来」という公聴会が開催された(11)。そこでは、シルクロードという違法薬物の売買情報や殺人依頼、匿名銀行口座情報などの取引や情報交換が行われ、その取引にビットコインが使われたことが指摘されており、現に二〇一一年から一年半の間に九六〇万ビットコインもの取引があったとされている。このシルクロードはビットコインによる支払で支えられており、シルクロードのユーザーはすべてビットコインの所有者であり、仮想通貨であることから調査が難しいだけでなく、取引終了までの間、両者の間にエスクローを活用するなどして、取引者同士の情報が見えにくい形をとるなど巧妙な方法で特定ユーザーとの関連づけができないような形にしていた。

シルクロードのサーバーは、アメリカだけでなく、イギリス、オーストラリア等に存在していたが、二〇一三年に七月には法執行機関により、そこにあったビットコインとともに押収された。ビットコインの法的性質が明らかではないこともあり、押収→没収というプロセスが可能かということや、通常の貨幣にどのようなレートで換算すればよいかという問題もあり、二〇一四年に没収されたビットコインは競売にかけられた。

前記の公聴会はこの案件をめぐって開催されたものだが、ここでも金融監督当局毎にそれぞれ違う見解が示されている。まず、ＦＲＢは仮想通貨に対して「将来的には明るい可能性があり、イノベーションの促進により安全で効果的な決済システムが促進される」としつつも、歴史的に「仮想通貨の法執行や監督は、困難である」と指摘している。これに対して、財務省は金融システムの不正利用、マネーロンダリングの防止、金融情報の収集・分析・共有により国家安全や金融機関の戦略的利用を推進することをミッションとする金融犯罪執行ネットワーク（FinCEN）を通じて、銀行秘密法、金融情報の共有や各国の金融監督当局との協力を通じて、マネーロンダリング防止の観点から規制色を強く打ち出した「仮想通貨の管理、交換または使用に関する人に対する規制の適用について（Application of FinCEN's Regulations to Persons Admitting, Exchanging, or Using Virtual Currencies）」というガイドライン（通称：仮想通貨ガイダンス）を作成している。また、連邦捜査局（ＦＢＩ）では、国家安全保障省とともに仮想通貨脅威ワーキンググループを構築したり、司法省の資産詐欺・マネーロンダリング課やコンピュータ犯罪・知財課との連携も進めている。

その中で、注目すべきは、やはり仮想通貨がいわゆるマネーロンダリングに利用される危険が高いという認識のもとに規制を考えているところであり、犯罪等にかかわる不審な資金の出入りについて金融機関が当局に報告することを義務付け、報告義務に違反する取引に対して民事・刑事双方で資産没収を可能としている銀行秘密法（Bank Secrecy Act. BSA）による規制を仮想通貨にも及ぼす方向で検討が進められている。

上述の仮想通貨ガイダンスでは、仮想通貨の取引に関して「利用者」「交換者」「管理者」がそれぞれ用語として定義されており、利用者は、仮想通貨を購入し取得する者、交換者とは、業として、仮想通貨をリアル通貨、投資ファンド、もしくは他の仮想通貨と交換を行う者、さらに、管理者とは仮想通貨を発行し、それを無効とする者を指すとしている。このガイドラインによると、仮想通貨の管理者や交換者は送金サービス業者に該当するとしているが、その送金サービスとは、「通貨、ファンド、もしくは通貨代替の価値を受領し、それらを他の場所もしくは者に対して、何らかの手段により送付すること」をいうとしており、管理者は通貨の価値がある者から第三者へ、または一つの場所から他の場所へ移転することを許可する限りにおいて送金者になると考えられており、管理者は資金移動業者（money transmitter）に該当することになる。また、アメリカは愛国者法三一一条でマネーロンダリングへの対応を定めており、財務長官が銀行に対して、不審な取引の報告等を行うことや顧客の特定等を調査し、報告することを要求できるようになっているが、資金移動業者は当然に三一一条の対象となるとされている。

上述の流れのようにアメリカでは、仮想通貨についてまず、送金の手段という認識があり、そのうえで、その管理者は資金移動業者であるという理解のもと、まずは、仮想通貨がマネーロンダリングに悪用されないようにするかを起点に法整備を行っていこうという考え方が基本にあると言える。

諸外国の仮想通貨に係る規制等

カナダ	○送金業者（money services businesses）としてマネロン・テロ資金対策に係る規制対象に追加【2014年6月】 ・対象：仮想通貨を取扱う者 ・関連規則を整備中（登録、顧客管理、疑わしい取引の届出義務等を課す方向）
中国	○「ビットコインのリスク防止に関する通達」を公表し、マネロン・テロ資金対策に係る規制対象に追加【2013年12月：中国人民銀行等】 ・対象：交換所等 ・規制：マネロン・テロ資金対策規制、顧客の本人確認、記録保存等
EU	○仮想通貨に係る意見書を公表【2014年7月：欧州銀行監督機構（EBA）】 ・長期的措置：交換所等に対する各種規制（内部管理体制の整備、顧客口座の分別、資本要件等）を提案 ・短期的措置：①金融機関等が仮想通貨の取扱いを見合わせること（discourage）を各国当局に推奨 ②交換所をマネロン・テロ資金対策に係る規制対象とすることを欧州議会等に推奨 ○欧州委員会が包括的な規制オプションを中期的に検討。同委員会は、仮想通貨を含むマネロン・テロ資金に関するEUレベルでのリスク評価を行い、EU加盟国に適切な勧告を提案する予定
フランス	○マネロン・テロ資金対策に係る規制対象に追加【2014年1月：プルーデンス規制・破綻処理庁（ACPR）】 ・対象：交換所等
ドイツ	○銀行法の規制対象に追加【2014年2月：連邦金融監督庁（BaFin）】 ・対象：交換所等 ・規制：マネロン規制等
香港	○ビットコインは、通貨に該当しないため、仮想コモディティと位置付け ○マネロン・テロ資金供与が疑われる場合には、仮想コモディティを取扱う者に、共同資金情報機関（JFIU）への疑わしい取引の届出を義務付け

イタリア	○仮想通貨の使用に関する警告及びEBAの仮想通貨に係る意見書（先述）を承認する旨公表。同時に、仮想通貨の異常な使用及びマネロン・テロ資金供与が疑われる取引に関する通知を発出【2015年1月：イタリア中銀】
ロシア	○ロシア連邦中銀法は、代替通貨（monetary surrogates）の発行を禁止 ○マネロン・テロ資金供与に係るリスクに鑑み、財務省及びロシア中銀が共同で、電子代替通貨及びその取引を禁止する法案を準備中
シンガポール	○マネロン・テロ資金対策に係る規制対象に追加する旨公表【2014年3月：金融管理局（MAS)】 ・対象：シンガポールで業務を行う仮想通貨の仲介業者 ・規制：顧客の本人確認、疑わしい取引の届出
南アフリカ	○仮想通貨に関する注意喚起を発出【2014年9月：財務省、南ア中銀他】 ○現状、仮想通貨に関する規制はないが、必要であれば、規制等を発出する予定
スイス	○マネロン・テロ資金対策に係る規制対象に追加【2014年6月：金融市場監督庁（FINMA)】 ・対象：交換所等 ・規制：顧客の本人確認等
英国	○現状、規制はないが、英国政府は、マネロン規制の導入方針を公表【2015年3月】
米国	○連邦規則により、交換所及び管理者は、既にマネロン・テロ資金対策に係る規制対象（登録、顧客の本人確認、記録保存、疑わしい取引の届出）になっている【金融犯罪取締ネットワーク（FinCEN)】 ○連邦規則に加え、多くの州で業規制の導入を検討中 （例）NY州が業規制案を公表（仮想通貨ビジネスに免許制を導入予定）

（金融庁資料やFATFペーパー pp. 15〜22より作成）

2 EU

これに対して、ＥＵの仮想通貨の見方はどうなっているのか。欧州中央銀行は、二〇一二年一〇月に「仮想通貨のスキーム（Virtual Currency Schemes）」という報告書を公表しているが、この中でまず、「仮想通貨とは事業提供者により発行および管理され、特定仮想コミュニティのメンバー間において利用され、受け取られている、規制を受けていないデジタル通貨」とし、そのうえで、電子マネーとの比較も行っている。これによると、この両者の最大の違いは決済単位にあり、まず、①電子マネーは通常の通貨が裏付けにあるのに対して、仮想通貨にはそれがないこと、②発行者以外の引受けが電子マネーは可能であるのに対して、仮想通貨の場合、仮想共同体の中だけが認容範囲となること、③発行者が電子マネーは法的に設立された電子マネー発行業者であるのに対して、仮想通貨は非金融機関・民間企業であること、④資金の供給が電子マネーは固定されているのに対して、仮想通貨は固定されていないこと、⑤払戻しの可能性について電子マネーが保証されているのに対して仮想通貨には保証がないことなどがないこと、⑥電子マネーには監督規制があるが、仮想通貨にはそれがないなどといったポイントを指摘している。そのうえで、仮想通貨の普及に伴い、それが法貨的に使われると中央銀行による金融政策が効きにくくなることや支払いシステムの安定性に大きな影響を及ぼすのではないかという懸念についても論じている。利用範囲が限定されたコミュニティの世界だけならともかく、その他にまでどんどん拡大して行くと、関連する支払いシステムに付随する信用リスク、流動性リスク、運用リスク、法的リスクに対応しなければならなくなると指摘しており、現状のように決済の完了性や不可変更性が確保されないということも考えられ、利用者へのリスクが高いことを指摘している。その上で、経済犯罪や従来型支払手段へのリスク、さらには個人ユーザーへのリスクに対する対応がとられるべきとしている。

これを受けて、ＥＵでは、電子マネー等の少額決済の規制について定めている新電子マネー指令や少額決済サービス指令の見直し作業が行われている。これらの規制は、現地の電子マネーが金融機関のサービスという部分からスタートした（それに対して、わが国の場合、商品券発行規制法からスタートしていることからも明らかなように、民間企業の兼業であることに注目すべき）ことから、発行体や管理者に関して第二銀行法的な規制（最低資本金制度の導入等）を導入しているところが特徴となっているが、決済サービス指令の見直しの中でも「いかなる通貨にも」という文言が用いられていることが注目される。

ここでは、ＥＵにおいて規制が明確でないために仮想通貨を用いた決済の拡大がなかなか進んでいないことから、それを法規制の範囲に取り込むことで明確化を図り、少額決済用の通貨として認めることで取引拡大を狙うとともに、利用者保護の枠組みづくりを進めていこうという意図があると考えられる。

以上のように、ＥＵとアメリカでは仮想通貨をめぐる法政策上の考え方に相当な開きがあり、さらに世界レベルにおいても、規制やその考え方には前述の表のような違いがある。

（11）　http://www.hsgrac.senate.gov/

四　仮想通貨さらには Fin-tech をめぐる法政策について考える

1　仮想通貨の規制をめぐって

以上のように仮想通貨の規制論については様々な考え方があるわけだが、二〇一五年六月、Ｇ７エルマウ・サミットにおいて、テロ資金対策として、各国は仮想通貨の規制を含め、更なる行動をとることが合意され、また、同月末の金融活動作業部会（ＦＡＴＦ）において、仮想通貨の交換所に対して登録または免許制とマネロン等規制を課すことを各国に求めるガイダンスが公表されている。このことにより、各国ともに二〇一六年夏をめどに仮想通貨についての考え方をまとめ、一定の規制の形を整えていくことになっている。

そのようななか、日本においては、二〇一四年以降の金融審議会等での検討を受けて、二〇一六年三月に銀行法等の一部を改正する法律案が閣議決定され、国会に提出され五月に可決された。その中で、仮想通貨については資金決済法の改正により法規制を導入することとなった。

この改正では、まず、仮想通貨の定義については、電子的に移転可能な電子的に記録された財産的価値とし、不特定の者を相手に、取引代価の弁済のために使用することができ、法貨で売買できるものとされ、また、仮想通貨と交換も可能とされている。そのうえで、規制としては、まず、資金決済法における登録性による参入規制を行い、「仮想通貨交換業者」として内閣総理大臣（実際には金融庁長官）による監督に服させること、次に利用者保護措置として、情報の安全管理、誤認防止等の措置、分別管理および公認会計士等による外部監査、ＡＤＲ契約締結等の行為規制に係る義務が課せられている。そのうえで、前述のＦＡＴＦガイドラインに従い、マネーロンダリング対策として、仮想通貨交換業者を犯罪収益移転防止法上の「特定事業者」としている。このことにより、仮想通貨交換業者は本人確認義務と疑わしい取引の報告義務を負うことになり、前述の警察的規制との関連は担保された。

以上の法整備により、本稿の前半で検討してきた仮想通貨をめぐる法的問題点のうち、利用者保護の面では一定の前進を見たと言ってよい形が形成されている。しかし、定義にしても、仮想通貨で送金する場合は為替取引に該当するのか等には答えておらず、本稿で指摘した法理論的な部分では未解決な部分を残したままになっている。これはおそらく、一時期その普及ぶりが注目された仮想通貨の流通量がさほどの伸びを示していないこと、また、諸外国の仮想通貨をめぐる法制度もすべてが確定していない中、とりあえず、できる範囲の利用者保護と、仮想通貨がマネーロンダリング等の不正な取引で利用される可能性に対して一定の手当てをしたという中間的処理にすぎないと考えるべきだろう。

仮想通貨の大きな売りの一つがグローバルに利用されることであるとすればＦＡＴＦの打ち出した方向性は正しいとしても、その利用方法や発展の方向性について、各国監督当局のその定義を含めた共通認識がないと、各国ごとで利用者保護やマネロン対策に大きなギャップが生ずることになる。前述したように、仮想通貨についての考え方は、未だ各国では相当な違いがあり、欧州のような伝統的に金融業者を第二銀行法的な発想で規制する傾向があるところでは、その規制の内容も高いレベルの財産的基盤の維持によることになり、その安全性のレベルは高く維持できるものの、業者の視点からすれば採算に合わないものになるだろう。

ただ、完全に新しい通貨と捉えたとしても、仮想通貨が送金的な手段に使えることを大きな「売り」にしている以上、まずわが国の場合、これまでの法令上不明確であった為替の法的定義の明確化は必要であり、決済代行業者も含めた為替業務に係る全業者を包括的に網羅できるような横断的な第二銀行法的な法制度の導入も含めたより規模の大きい金融法制の改正に思い切ってつなげていく必要があると考えられる。無論、その中身は、今後定まっていくであろう世界的な仮想通貨に関する共通した概念や規制の考え方と一致したものではならない。また、グローバルに流通する可能性を考えたときにどこか一ヵ所で仮想通貨に対するグローバルな監視を行う機能や通常通貨との交換についての共通な市場や情報を得られる場が必要になるとも考えられ、ＦＡＴＦを通じた議論を通じてこの部分も含めた議論が進んでいくことが期待される。

2　Fin-techをめぐる法政策

この仮想通貨に象徴されるように、最近はFin-techという金融とＩＴを融合させる動きが注目されている。わが国では、金融サービスのオープン・イノベーションの意味で語られることが多いが、一般的に以下の四種のタイプがあると言われている。

① 中小企業向け支援サービス関連
② セキュリティ関連
③ クリプトカレンシー（仮想もしくは暗号通貨とも呼ばれる）関連
④ 投資ツール関連

海外では、金融サービスにおけるサイバーセキュリティ向けの投資が増え、むしろその面での Fin-tech が注目されていることはもっと知られてよいことだろう。

これについて、中国では電子商取引（ＥＣ）最大手のアリババ集団が「支付宝（アリペイ）」と呼ぶ決済サービスを展開しており、モノから公共料金まで様々な支払いができる仕組みを設けた。さらに通販の利用状況を集積したビッグデータを活用し、小口融資にも参入、すっかり銀行のお株を奪っているが、仮にアリババが日本で同じサービスを提供しようとすれば、プリペイドカード法（前払式証票の規制等に関する法律）が二〇一〇年に廃止され、制定された資金決済法（前述二1⑷）、貸金業法に抵触することや、上述したように、欧州ではすでに欧州連合（ＥＵ）が銀行、電子マネー事業者、決済サービス事業者を対象に「ＥＵ決済サービス指令」と呼ぶ共通の規制を導入し、免許制のルールを定め、業務内容や自己資本規制をそれぞれ設けている。これらの動きを背景にわが国でも金融・ＩＴ融合で様々なサービスを柔軟に展開するため、日本でも業種を横断する形の規制を将来構築すべきではないかという考え方から銀行法改正等が二〇一四年以降、金融審議会等で検討され、二〇一六年、国会に提出されて可決した銀行法の一部改正の中では、銀行子会社の範囲に Fin-tech 関係業務会社が追加されている。

しかし、決済業務の高度化と称する多少の便利さはビットコインの事例でわかるように一種の危うさをはらんでいることは事実であり、ＥＵでは仮想通貨に係る業者を規制するために欧州の第二銀行法とも言える決済サービス指令の適用範囲を拡大し、利用者保護を進めて以降としているのは前述の通りである。中国のアリババのケースもアリババ自体に銀行免許を交付したことで問題を解決しており、業者にとっては資本規制などの特に財産的基盤をめぐる規制に耐えうる体力を持っているかいないかがポイントとなる。それだけに日本の今回の銀行法の一部改正は、Fin-tech 業者が銀行の子会社等になることで、経営の安定化にもつながるだけでなく、銀行のＩＴ技術向上にも結びつくことが期待できるかもしれない。もっとも、決済をめぐる法制度の変化はリテール分野への影響が大きいが、利用者間の間にリスクに対する相当なリテラシーの違いが存在することも事実である。高度化した結果として、利用者にわかりやすいものになればよいが、逆にわかりにくいものになったり、リスクが高いものになったりすると、それは単なる「イノベーション」の前提である既存モデルの破壊ではあっても、発展にはつながっていないことになる。Fin-tech をめぐる法制度の整備にあたっては、産業界の発展のためだけでなく、利用者へのサービスの説明義務をどのように果たしていくのか、また、リテラシーをどのように高めていくのかといった、利用者保護のための態勢整備を含めたバランスのとれた検討が必要であることは言うまでもないだろう。

会社法三五〇条における「代表者」の意味

髙木康衣

一　はじめに

平成一七年改正前商法には、本稿の検討対象である会社法三五〇条にあたる規定は存在していない。改正前商法七八条が、「民法第四四条第一項及第五四条ノ規定ハ合名会社ニ之ヲ準用ス」と定めており、さらにその改正前商法七八条を、株式会社とその代表取締役との関係を定める改正前商法二六一条三項において準用される旨が定められていた。これを端的に言えば、平成一七年改正前商法では、会社とその代表者との関係については当時の民法四四条一項によるものとされていたのである(1)。

そこで現行会社法のもととなった条文として、当時の民法四四条一項を見ておくと、「法人ハ理事其他ノ代理人カ其職務ヲ行フニ付キ他人ニ加ヘタル損害ヲ賠償スル責ニ任ス」と定められていた。

民法制定当時、「法人」の本質論についての通説的立場を占めていたのは、いわゆる法人擬制説である。(2) 擬制説によれば、法人は自ら行為をすることができないのであるから、不法行為能力も当然にないものとされた。(3) その立場に立てば、代表者による代表行為の効果は、法人に帰属するとするのは当然であるとしても、法人に不法行為能力はなく、したがって代表者の不法行為によって不利益を受けた者に対する求償は宙に浮くことになる。そのため、第三者保護の目的で、代表者の不法行為に対する法人の責任を法定する必要から政策的に当時の民法四四条が置かれたと説明される。

そして、会社も法人である（平成一七年改正前商法五四条一項）から、会社に対して当時の民法四四条が準用されることに問題はなかった。会社が法人であることには、会社法も当然にこれを認めるところである（会社法三条）ので、会社法においても従来と同様に民法四四条を引き継ぐ形で平成一八年に制定された「一般社団法人及び一般財団法人に関する法律（以下「一般社団法人法」とする）」の七八条を準用するという立法もあり得た。しかし、平成一七年の会社法制定にあたっては、準用規定を避けるという立法政策によって、当時の民法四四条の趣旨を踏襲した新たな会社法規定が置かれることとなった。(4)

以上のような会社法三五〇条に係る立法経緯によれば、実質的な同条の解釈にあたっては、改正前商法七八条および当時の民法四四条一項に関する議論がそのまま通用するとされている。(5)

したがって、会社法三五〇条もまた、代表者の職務執行において損害を受けた第三者を保護するための規定と考えられるのである（同条の必要性）。(6) そして、同条の効果として、代表取締役の不法行為に対して会社が責任を負うという帰結は、「株式会社は代表者の行為によって活動を行い、利益を得ているので、代表者の行為が第三者に損害を与えた場合に、株式会社が賠償を行うことで、第三者を保護することが衡平に叶う」という考え方（報償責任）に基づくものと位置付けることができるだろう（同条の許容性）。(7)

同条は、近年ではセクシャル・ハラスメント等の労働問題における従業員保護、(8) 証券取引における投資家保護などの場面で適用の是非が争われており、会社法四二九条や、使用者責任を定める民法七一五条などと共に、第三者保護のためには、今後の積極的な活用が期待される条文でもある。

本稿では、会社法三五〇条の適用が検討された下級審判決を手掛かりに、まずは同条にいう「代表取締役その他の代表者」の意味を明らかにしていきたい。

（1）平成一八年民法改正により、四四条を含む法人に関する規定は同法より削除され、それに代わって「一般社団法人及び一般財団法人に関する法律（平成十八年六月二日法律第四十八号、以下「一般社団法人法」と称する）」が制定されている。改正前民法四四条に該当する規定は、一般社団・財団法人法七八条・一九七条に置かれている。なお、同法について、丸山秀平＝根田正樹＝坂田純一編著『一般社団法人・財団法人の法務と税務』（財経詳報社・二〇〇八年）参照。

（2）林良平＝前田達明『新版注釈民法（2）』二七七頁〔前田達明＝窪田充見〕（有斐閣・一九九一年）。

（3）我妻榮『新訂民法総則（民法講義Ⅰ）』一（岩波書店・一九七九年）一六二頁。

（4）酒巻俊雄＝龍田節編集代表『逐条解説会社法（4）』三九三頁〔稲葉威雄〕（中央経済社・二〇一〇年）。

（5）近藤光男「会社法三五〇条に基づく会社の責任」正井章筰先生古稀祝賀『企業法の現代的課題』（成文堂・二〇一五年）二七九頁。

（6）落合誠一編『会社法コンメンタール（8）』二二頁〔落合誠一〕（商事法務・二〇〇九年）。

（7）落合・前掲注（6）二二頁、江頭憲治郎＝中村直人編『論点体系会社法（3）』八七頁〔尾崎悠一〕（第一法規・二〇一二年）、近藤・前掲注（5）二七七頁。

（8）セクハラ事案における会社法三五〇条の適用が問題となった下級審判決として、金沢地裁平成六年五月二六日（金沢セクシャル・ハラスメント事件、労働判例六五〇号八頁）、札幌地裁平成八年五月一六日（札幌セクシャル・ハラスメント事件、判タ九三三号一七二頁）、旭川地裁平成九年三月一八日（労働判例七一七号四二頁）、千葉地裁平成一〇年三月二六日（判タ一〇二六号二四〇頁）、大阪地裁平成二一年一〇月一六日（判例集未登載）など。

二　会社法三五〇条における「代表者」

1　会社法上の規定に基づき「会社の代表者」と認められる者

会社法三五〇条によって会社に損害賠償責任が認められるためには、代表者による（不法）行為がなければならない。この点で、従業員の不法行為について会社（個人企業含む）の責任を認める民法七一五条とは異なり、一方、一般社団法人法七八条（一般財団法人については同一九七条）と同じである。

会社法三五〇条にいう会社の「代表者」とは、代表取締役その他の会社の代表者でなければならないことはいうまでもない。これに加えて、会社法三五一条一項の辞任した代表取締役や、同条二項の裁判所によって選任された一時代表取締役も、「その他の代表者」に含まれるとされている。(9)

また、会社法三五四条は、代表取締役以外の取締役に、副社長等の会社を代表する権限を有する者と認められる名称を付した場合には、これらの者をいわゆる「表見代表取締役」として、当該取締役がした行為につき、善意の第三者に対して会社が責任を負うと定めている。この規定と三五〇条との関連については、表見代表取締役の行為として会社に効果が帰属することが認められる表見代表取締役の行為に対しては、三五〇条による会社の責任が認められると解すべきであろう。(10) 表見代表取締役による行為は、会社法上、その行為が原則として会社に帰属することが認められるものであるから、三五〇条の適用も認められるのが当然の帰結と言える。

2　登記簿上の代表取締役

ところで、会社法九一一条三項は、株式会社が設立に際して登記すべき内容として一四号に「代表取締役の氏名及び住所」を定め、さらに九一五条において、これらの事項に変更が生じた場合には変更から二週間以内に変更の登記をしなければならない旨を定められている。したがって、代表取締役の氏名および住所は、本来は、つねに登記簿上に正しく記載されていなければならない事項である。

しかしながら、登記簿上に代表取締役として記載されているものの、代表取締役を辞任した際に、登記の変更を怠ったなどの理由により、登記簿上に代表取締役として氏名が載っているものの、実際には代表取締役としての任務を果たしていない者が、実務上存在している。このように、法律上は代表取締役ではないものの会社の登記簿上代表取締役として登記されているものを、「登記簿上の代表取締役」と呼ぶ。このような者についても、三五〇条の適用が問題となりうるのであろうか。

登記簿においては代表取締役であるという外観を備えているが、現実には代表取締役ではないという場合に、事実ではない外観と事実とのどちらが優先されるのかという問題は、会社法三五〇条の問題としてよりもむしろ会社法四二九条（平成一七年改正前商法二六六条ノ三）の問題、あるいは商法九条（改正前商法一二条）の登記の対抗力の問題として議論されてきたところである(11)。本稿では、紙幅の都合上、一般的な登記の公信力という問題とは別に、第三者の救済を制度趣旨とする会社法三五〇条の適用が問題となる場面における登記簿上の代表取締役の問題についてのみ検討していきたい。

登記簿上の代表取締役に対し、三五〇条の適用が認められるかどうかが問題になる場面として、代表取締役としては退任した後も引き続き取締役として職務執行する際に、第三者に損害を与えた場合を考えてみたい。この場合、取締役としての職務執行上の不法行為があった上に、未だ登記簿上の代表取締役である者について、三五〇条の適用を認めないとする必要もないように思われる。形式（外観）としては代表取締役である上に、実体としても職務執行に際して不法行為を行い、それによって第三者に損害を与えているにもかかわらず、現実には代表取締役でないという事実を理由として、三五〇条の適用を認めないとすれば、あまりにも会社にとって都合の良い解釈と言わざるを得ないであろう。

また、この場合には平取締役についても同条の適用があるか否かという問題もあり、学説上も、業務執行取締役が職務を行うについて不法行為をした場合に同条の適用を認める見解も見られることからすれば、(12) 登記簿上の代表取締役にも同条の適用は認められると考えるべきであるとも思われる。

ただし、仮に登記簿上の代表取締役が、代表取締役退任後も取締役の地位にとどまってなした不法行為を問題とする場合に、当該登記簿上の代表取締役が従業員（使用人）としての地位も有するものであるという場合には、民法七一五条の問題として対応することも可能であり、かつそれで十分であるようにも思われる。民法七一五条と会社法三五〇条・一般社団法人法七八条との間に大きな質的差異はないとされるのであるから、(13) 不法行為者が代表者であるかどうかで争いが生じる場合にまで、敢えて会社法三五〇条によって第三者保護を図る必要はないのではないだろうか。(14)

なお、会社法四二九条の問題においては、登記簿上の取締役にどのような要件で責任を負わせるべきかについて、不実の登記についての加功の程度が問題となるのであるが、(15) 会社法三五〇条における「登記簿上の取締役」に該当するかの判断においては、そのような要件を加味する必要は、あまりないように思われる。先にも述べている通り、三五〇条の場合には、登記簿上の代表取締役の不法行為による責任を会社が負うのであって、それによる登記簿上の代表取締役の受ける不利益を考慮する必要はほとんどないと思われるからである。

3　事実上の代表取締役

上記のような登記簿上の代表取締役が存在する場合、同時に「事実の代表取締役」も存在している。事実上の代表取締役とは、会社法四二九条に関しては、事実上の（代表）取締役と登記簿上の（代表）取締役とは、いずれに責任を負わせるかが問題となるのであるが、会社法三五〇条に関しては、いずれの行為によって会社が責任を負うべきかという問題となる。

事実上の代表取締役が会社法三五四条の要件を満たしていれば、既述のように、当然に会社法三五〇条の適用が認められるべきである。しかし、そうではない事実上の代表取締役による、外形的には会社における同人の職務執行であるかのように見える行為について、三五〇条の責任が認められるべきかどうかは、解釈が分かれるところである。

先に述べたように、代表者でなくとも、会社の従業員（使用人）による不法行為であれば、民法七一五条が適用されるのであるから、何もあえて条文上の「代表者」との文言を拡大解釈してまで会社法三五〇条による救済を図る必要性が高いとは思われない。(16)

また、一般社団法人法七八条に対する解釈として、代表権のない理事などによる行為については、同条の適用はないとされている(17)ことからすれば、同条と同様に解釈しうる会社法三五〇条についてのみ、拡大的な解釈が必要であるとすることは難しい。

一方、会社法三五〇条とも一般社団法人法七八条とも類似する民法七一五条について、被用者（従業員）の不法行為による責任が使用者（会社）に認められるためには、両者の間に選任関係が必要とされる(18)ものの、判例は、選任関係といっても雇用契約はなくとも実質的に見て使用者が被用者を指揮監督する関係があるという事実があればそれで足りるとする。(19)このような民法七一五条の被用者に関する解釈との平仄からすれば、会社法三五〇条における代表者の解釈もまた、会社との間において委任契約が存在せずとも、実質的に見て、事実上の代表取締役が、会社を代表するような場合にまで拡大されるべきかのようにも思われる。

この点に関し、参考となるのは、改正前商法下での東京地裁平成一一年一月二九日判決(20)である。

これは、Y_1株式会社の実質的経営者である被告Y_2が、Xに対し、XとY$_1$社が共同して、訴外A所有の不動産を買い受けた後、右不動産を転売して利益を折半することを約した上、Aに対する手付金支払いのためと称し、X分の手付金を

Y_2に預けるよう請求し、Xがこれに応じてY_2に金員を交付したところ、実際にはAから購入した不動産の転売先などはまったく決まっておらず、またAへの手付金の支払いもされていなかったという事案である。Y_2はY_1社の創業者で、かつ、大株主としての立場を利用して、Y_1社に立ち入り、社内に保管されている被告会社ゴム印及び代表印を無断で盗用し、本件契約書等に押印しているものの、形式上、代表取締役ではなかったため、当時の民法四四条の適用が問題となった。東京地裁は、この事案において民法四四条の類推適用を認めており、その理由として、「Y_2のY_1社における地位、Y_2が、Y_1社の代表機関としての外形を有しており、Y_1社もこの点につき責任があること、さらに、民法四四条一項の趣旨……を併せ考慮すれば、たとえ理事若しくは取締役に選任されておらず、その旨の登記もないとしても、Y_2は、民法四四条一項にいう「理事其他の代理人」に該当すると解するのが相当」としている。

事実上の代表取締役についても民法四四条の責任は会社に及ぶという本判決が、会社法三五〇条の場合にも及ぶとすれば、同条にいう「代表者」要件はきわめて広く認定されることになるのであるが、この点については、批判的な見解も見られる。(21)

しかし、実体と形式が異なっていることを良いことに、形式を備えぬまま会社の代表者としての権限を行使していた事実上の代表取締役が、実質的には会社の代表者として職務を行い、それによって第三者に損害を負わせている場合に、事実上の代表取締役による職務執行によって会社が利益を得ている場合、三五〇条を報償責任と解する見解によれば、責任は会社に及ぶとするべきであろう。

事実上の代表取締役の第三者に対する責任についての会社法四二九条（改正前商法二六六条ノ三）に関する議論とも重なるところであるが、事実上の代表取締役として認められ、四二九条や三五〇条の類推適用が認められるには、会社の代表者として事実上会社を代表して継続的に職務を遂行していたということが、重要な要件とされるべきであろう。(22)すなわち、事実上の代表取締役が実質的な代表権限を有していることを示す事実についての主張立証が十分になされなければならないと考える。

　その上で、事実上の代表取締役に対しては、会社が三五〇条によって第三者に支払った損害賠償金額分を求償することが認められる(23)と解すれば、事実上の代表取締役が会社に自らの責任を肩代わりさせるという危険や、安易に「事実上の代表取締役」が拡大されるという危険を排除した上で、第三者保護を図るという同条の目的を実現できるのではないだろうか。

（9）　落合・前掲注（6）二四頁。

（10）　落合・前掲注（6）二五頁、尾崎・前掲注（7）八八頁、近藤・前掲注（5）二八一頁注八。

（11）　平成一七年改正前商法一二条ないし一四条と改正前商法二六六条ノ三との関係については、永井和之「登記簿上の取締役の第三者に対する責任」法学新報九六巻三＝四号六頁（一九九一年）。

（12）　落合・前掲注（6）二四頁。

（13）　藤村和夫編『使用者責任の法理と実務学説と判例の交錯』一二頁〔藤村和夫〕（三協法規・二〇一三年）。

（14）　近藤・前掲注（5）二八〇頁なども同様の見解と思われる。

（15）　永井・前掲注（11）二〇頁。

（16）　落合・前掲注（6）二五頁、近藤・前掲注（5）二八一頁。なお、事実上の取締役の責任に関して、丸山秀平教授は、責任を認める必要性は高いとされつつも、「最終的には立法によって」事実上の取締役の要件等の設定が必要と述べられている（丸山秀平『株式会社法概論〔四訂版〕』二九三頁（中央経済社・二〇〇三年）。

（17）　潮見佳男『不法行為法Ⅱ〔第二版〕』七一頁（信山社・二〇一一年）。

（18）　我妻榮＝有泉亨＝清水誠『事務管理・不当利得・不法行為（コンメンタール民法）〔第二版〕』二〇八頁・二〇九頁（日本評論社・一九九八年）、加藤一郎『不法行為〔増補版〕』一七〇頁（有斐閣・一九七四年）。

（19）　最高裁昭和四一年七月二一日判決（最高裁判所民事判例集二〇巻六号一二三五頁）。

（20）　判時一六八七号九四頁（一九九九年）。

(21) 近藤・前掲注(5)二八一頁。
(22) 永井和之「取締役の第三者に対する責任(3)―登記簿上の取締役の責任―」加美和照編著『取締役の権限と責任―法的地位の総合分析』二六七頁(中央経済社・一九九四年)。
(23) 落合・前掲注(6)二五頁。

三 取締役会による不法行為と会社法三五〇条の関連性

ここまで、会社法三五〇条の要件として「代表取締役その他の代表者」による行為が必要とされることから、「代表者」としてどのような者がこれに該当するかについて検討してきた。

それでは「取締役会」によってなされた決議を通じて第三者に損害が生じた場合、三五〇条の適用が認められるのであろうか。取締役会が決議した内容によって、その是非は変わるのか否か、あるいは一貫して同様の判断がなされるのであろうか。

この問題について言及するいくつかの判例を紹介する。

まず、取締役会が、退任する取締役の退職慰労金の不支給を決定したことについて、三五〇条の適用の是非が問われた事案として、東京地裁平成一〇年二月一〇日判決(24)がある。

この事案は、次のようなものである。XはY社において約二二年間取締役の地位にあったものである。Y社における役員報酬等に関する規定によれば、役員の退職慰労金は、退職時の月額報酬に在任年数と出勤率とを乗じて算定されることとなっており、Xの受けるべき退職慰労金は約二、〇〇〇万円となるはずであった。Y社においては、Xの退職慰労金支給に関し、まず株主総会において、取締役会に一任する旨の決議がなされた。次いで、当日に開催された取締役会において、Xの退職慰労金を五〇〇〇万円とする決議がなされた。本件決議内容をY社の経理部長から告げられたXは、到底納得することができなかったが、経理部長に説明を求めても無駄であると考え、その場では異議を述べず、後日、Y社代表者に面会して説明を求めたが、その説明はXの納得のいくものではなかった。Xは、Y社取締役会には本件規定に従った退職慰労金支給決議を行う義務があり、この義務の懈怠により、Y社はXに対する不法行為責任を負った等と主張した事案である。

東京地裁は、「株主総会において取締役の退職慰労金を取締役会に一任する旨の決議がなされた場合、退職慰労金請求権は、その金額を決定する取締役会の決議があって初めて発生するものであり、Xが主張するように、一定の基準が存在しても株主総会の決議だけで当然に発生するものではない。しかし、一定の支給基準が存在して、その基準に従って定める趣旨で株主総会において取締役会に一任する旨の決議がなされたにもかかわらず、取締役会においてそれに反する決議をした場合には、決議をした取締役らは、退職慰労金を受給できる退任取締役に対して不法行為責任を負うことになる。」として、当時の民法四四条等を根拠に、Y社にXに対する所定の退職慰労金の支払いを命ずる判決を下している。

株主総会決議において退任取締役の退職慰労金の支給につき取締役会に委任がなされたにもかかわらず、取締役会の判断で不支給・減額決定が行われることは、取締役会による法令違反行為である。取締役会決議に基づいて法令違反行為がなされた場合には、当該取締役会決議に賛成した取締役については、商法二六六条ノ三に基づく損害賠償責任が生じると言われる(25)。このような理解に立てば、本件判決においても、取締役会決議による違法行為に賛成したことが、取締役会の構成員としての（代表）取締役の不法行為と評価され、さらにその責任を民法四四条によって会社が負うとの結論も、理論的には是認できるところではある(26)。

これに対して、大阪高裁平成一九年三月三〇日判決(27)がある。事案の概要はつぎの通りである。

Y_1社では、経営権をめぐって代表取締役Y_2と取締役Xらとの間で争いがあり、Xらが役職を解任されることとなった。Xらは、内規に基づく退職支給金の支払いがあることを期待して、自らY_1社に辞任届を提出したが、Y_1社では、Xらが辞任届を出した直後の株主総会に、Xらの退任に際しての退職慰労金支給についての議案を提出せず支給をしないまま、またXらに対して退職慰労金を支給しないとの明言もしないまま二年が経過し、Xらの退任から二年経過後の株主総会において、Xらに退職金を支給しないとの決議を行った。そこでXらが、本来支払うべき退職金が不支給とされたことにつき、Y_2らによる不法行為があること、それにもとづくY_1社の責任を、当時の民法四四条に基づき追及した。

大阪高裁は、「内規に基づく退職慰労金の従前の支給状況、並びにXらの勤続年数・地位及び過去の功労を総合勘案すると、Xらにおいて、取締役会が本件内規に基づく退職慰労金の支給を前提とする議案を速やかに株主総会に提出し、これが可決されて退職慰労金の支給を受けられるという強い期待を抱いていたことには、まことに無理からぬところがあったというべきである。にもかかわらず、Y_1社の取締役会は、……上記のように退職慰労金を支給しない旨の明確な回答をしないまま、時間を引き延ばした挙げ句、……Xらの退任から約二年を経過した時期に至って本件議案を本件株主総会に提出し、結局、不支給というXらの期待に反する結果を惹起したものであるから、Y_1社の取締役会の上記措置は、Xらの上記期待を裏切り、その人格権的利益を侵害した違法があるといわざるをえない」と判示した。

この大阪高裁判決の特徴は、裁判所が、代表取締役ら個人の不法行為については否定した上で、取締役会による退職慰労金を不支給とする総会議案の提出決定措置を、X_1らの人格的利益を侵害した違法があるものとする点である。代表取締役個人の不法行為ではなく、取締役会の不法行為によって会社の責任を認めた事案というのは珍しい事例であると評される。(28)

なお、仮に本件判決の結論を認めるとしても、当然ながらこのような事案では「取締役会」が職務執行の決定機関・監督機関として十分に機能をしていることが前提とならざるを得ない。取締役会の機能が働かず、代表取締役の専横によって会社の職務執行が決定されるという場合には、取締役会の不法行為だけが問題となりうるものではなく、かかる業務執行（の決定）こそが、代表取締役による不法行為を構成すると理解されるからである。

また、委員会設置会社であるY_1社の株主であるXが、取締役会がXの提案に係る取締役解任議案を招集通知に記載しなかったこと等によりXの株主提案権が侵害され、損害が発生したと主張し、三五〇条による会社の責任をも追及した事案として、東京地裁平成二六年九月三〇日判決(29)がある。

この事案ではXは株主なのであるが、そもそも、会社法三五〇条による第三者に株主が含まれるかについては、やはり第三者保護のための規定である会社法四二九条における「第三者」と同様に考えるかどうか(30)という点、そして仮に同様と考えた場合に株主は含まれるかといった点で、激しい議論がなされているところである。(31)四二九条に関する議論に関するいずれの立場に立つとしても、本件事案において株主が主張する損害は、一応、これに含まれるということになりそうであるので、その点に関する議論についてはひとまず置くとして、ここでも問題となるのは、取締役会が決定した法令違反行為と、三五〇条との関係である。

東京地裁は、「七二期取締役（筆者注：Xの株主提案に係る取締役解任議案を招集通知に記載しないことを決定した取締役会のメンバー）については、過失によりXの株主提案権を侵害し、Xに三万三、〇〇〇円の損害を発生させたものであるから、民法七〇九条の不法行為が成立する。そして、上記不法行為は、取締役会を通じて行われているから、共同不法行為（同法七一九条）となり、七二期取締役は連帯して三万三、〇〇〇円の支払義務を負う……また、Y_1社についても、取締役会を通じて、上記不法行為を行っているから、共同不法行為が成立し、連帯して三万三、〇〇〇円の支払義務を負う。なお、七二期取締役のうち、被告Y_2は代表執行役を兼ねているが、上記不法行為は代表執行役としての職務に関して行われたものではないから、Y_1社が会社法三五〇条に基づく損害賠償責任は負うことはないというべきである。また、被告会社は被告会社の被用者によって、上記不法行為を行ったわけではないから、使用者責任に基づく損害賠償責任も負わない。」と判示した。

東京地裁判決は、結論として、三五〇条の適用を否定している。しかし、取締役会による民法七〇九条の不法行為は認められており、さらに「Y_1社も取締役会を通じて不法行為を行っているから、共同不法行為が成立する」として、Y_1社と各取締役等との共同不法行為（民法七一九条）を認めるにもかかわらず、当該取締役会において不法行為と認定された決定には代表執行役が関わっているものの、それは「代表執行役としての職務に関して行われたものではない」とする点で、先に述べた従来の下級審判決や学説の見解とは異なっている。(32)

東京地裁のいうところは、「取締役会決議」を通じて会社が不法行為を行っていると認めつつも、その取締役会決議に参加したという代表取締役の行為は、「代表執行役としての職務に関して行われたものではない」ので、三五〇条の適用はないということである。なるほど、同条の文言解釈からすれば、会社法に責任を負わせるべき代表執行役・取締役の行為として認められるのは、会社法三四九条一項の「会社の代表」としての行為に限定されるべきであって、それ以外の行為には及ばないというのは、一理あるようにも思われる。

しかし、それでは三五〇条の適用範囲はきわめて限定的なものとなる。また、そのような理解に立てば、先に述べたような事実上の代表取締役の問題につき、事実上の代表取締役が、自身の実質的な影響力のもとに、取締役会決議に参加し、その決議内容を左右した場合であっても、それが取締役会決議の形をとった場合にも、もはや代表取締役としての職務執行であるとは言えないのであって、同条の適用は否定されるということになるであろう。それが、第三者保護のための報償責任という三五〇条の制度趣旨に叶う解釈と言えるのであろうか。(33)

一方で、東京地裁判決は、その上で、取締役会決議を通じて会社が不法行為を行ったというのであるから、東京地裁は、「取締役会決議」が会社の行為であるという見解を示したことになる。この点については、これまでの下級審判決では、三五〇条の適用によって第三者の救済を図るための理論構成として、不法行為となる取締役会決議に参加した代表取締役の不法行為を認定するという一見迂遠な理論構成をしてきたところ、端的に会社自身の不法行為責任を認めることで、三五〇条を介さずに第三者の救済を図ろうとする姿勢は、むしろ評価されるべきではなかろうか(34)。控訴審では、控訴人（一審被告）敗訴部分は取り消されることになったが、会社法三五〇条による会社の責任と、会社自体の民法七〇九条責任との関係についての本件判決の考え方には、きわめて意義深いものがあると考える。

(24) 判タ一〇〇八号二四二頁（一九九八年）。
(25) 大山俊彦「取締役の第三者に対する責任（1）」加美編著・前掲注（22）二四三頁。
(26) 星野豊「役員退職慰労金規定を下回る支給決議と会社の不法行為責任」ジュリ一二〇〇号二〇八頁（二〇〇一年）。
(27) 判タ一二六六号二九五頁（二〇〇六年）。
(28) 近藤・前掲注（5）二八二頁。
(29) 金判一四五五号八頁（二〇一四年）、なお控訴審である東京高裁平成二七年五月一九日判決（金判一四七三号二六頁（二〇一五年））は、一審被告（会社及び取締役等）の敗訴部分を取り消している。
(30) 近藤・前掲注（5）二九一頁。
(31) 大山・前掲注（25）二四三頁。
(32) 弥永真生「会社法判例速報」ジュリ一四七四号三頁（二〇一四年）は、本件判決につき、取締役会メンバーである各取締役の共同不法行為、会社と取締役との間の共同不法行為を認めている点でも、過去の判例にはほとんど見られない判示とした上で、理論的には取締役会の決議は会社の行為であり、各取締役の行為は取締役会における議決権行使であることに鑑みると不自然さが残らないわけではないと評価されている。
(33) 近藤・前掲注（5）二九三頁は、取締役の業務執行により第三者が損害を被った場合には、報償責任の考え方から、会社が責任を負うことが公正妥当とする。
(34) 会社自身の不法行為責任を認めることで第三者保護が図れる場合には、そのような解決が望ましく、企業自体が責任を負うべき場合に、代表機関や被用者の過失を通じた判断の必要はないことについては、たとえ法人擬制説を採用したとしても認められるべき結論であろう。この点につき、加藤一郎「企業責任の法理」ジュリ五七八号四二頁以下（一九七五年）、また企業の不法行為責任全般について、神田孝夫「企業の不法行為について—被用者による加害を中心として—」北大法学二一巻四二七頁以下（一九七〇年）参照。その点（とりわけ雇用問題に関して）については、拙稿「会社法三五〇条による会社の責任」雇用構築学研究所ニューズレター四六号三四頁（二〇一五年）参照。

四　まとめに代えて

以上、会社法三五〇条における「代表者」の意味について概観を述べてきたところであるが、同条適用においては、「代表者の職務執行」によって第三者に損害が生じたことが必要とされる。上記三でも述べているところであるが、「代表者の職務執行」とは何を指すのであろうか。

単純に、代表者が会社における自身の業務として行った行為が第三者に対して損害を与え、それが不法行為と評価されている場合に同条が適用されるとの理解に立つとすれば、たとえば代表取締役自身が、部下に対してセクハラやパワハラを行ったという事案に同条は適用されうる。労働法実務上、このような理解は当然のものとされており、現にそのような事案に三五〇条が適用されたものとしては、代表取締役によるパワハラによって従業員が精神疾患を発症し自殺した名古屋地裁平成二六年一月一五日判決(35)、同じく代表取締役自身によるパワハラを受けたことを理由として従業員が会社に対して損害賠償請求を行った東京地裁平成二六年一二月一〇日判決(36)などが存在している。

ところが、先に紹介した東京地裁平成二六年九月三〇日判決は、代表者が取締役会決議に参加し、当該決議を介して不法行為がなされた場合でも、かかる取締役会決議に参加する代表者の行為は、代表者の職務執行にあたらないとして三五〇条の適用を否定している。

これも繰り返しになるが、東京地裁判決は、その上で会社自体の民法七〇九条責任を肯定するので、第三者保護はそれによって図れていると評価できる。しかしながら、このような東京地裁判決の見解によれば、上述のパワハラ事案も、代表者が代表者の職務執行としてなしたものではないと評価せざるを得ないのであるが、果たしてそのような帰結が、第三者保護のための会社法三五〇条の解釈として妥当であるだろうか。

一方で、取締役会決議による不法行為を通じて会社の不法行為責任が観念され、それを肯定しうるとすれば、三五〇条を介さずに民法七〇九条の直接適用による第三者救済への途を開くことにもなるであろう。とりわけ、取締役会の決定権限とされている事項について、代表者の不法行為要件を必要とせず、会社の不法行為責任が問えることになるとすれば、公害問題などでの企業責任追及の途が拡充され、被害者救済の充実が実現されるようにも思われる。

また一方で、「代表者の行為」としてではなく、会社の業務執行の決定を取締役会が下したことによる責任を、やはり三五〇条によって会社に負わせるという理論構成をとることも、「取締役会」による承認決議を会社の行為と認められるのであれば、不可能ではない。

いずれの方法が第三者保護の目的達成手段としてより合理的であるか、また会社法理論として望ましいところであるかについては、三五〇条の適用要件に関する、さらに詳細な検討が必要となることは言うまでもなく、今後の研究課題としていきたい。

(35)　労判一〇九六号七六頁（二〇一四年）（メイコウアドヴァンス事件）。
(36)　判時二二五〇号四四頁（二〇一五年）（ＭＫタクシー事件）。

従業員の引抜きと取締役の責任

髙橋紀夫

一　はじめに

近時においても、会社を退任し、競業する他の会社（新設会社または既存会社）に移ることとなった取締役が、在任中に会社の関連する従業員に対し他の会社への移籍の勧誘を行い、従業員を引き抜いた場合に、忠実義務違反あるいは不法行為に基づく損害賠償責任を追及される裁判例が多くみられる。この場合、一方では、従業員（労働者）の転職（労働）の自由が尊重されるべきであり、他方では、従業員を引き抜かれた会社の利益保護も考慮されるべきであるため、この二つの要請をいかに調整し、取締役の責任の成否をどのように判断すべきであるかが課題となる。この問題については、学説上、厳格説と不当勧誘説との見解の対立があるが、本稿では、従業員の引抜きと取締役の責任が争点となった比較的最近である平成一六年以降に公表された以下の七つの事件の裁判例を検討・分析するなかで、不当勧誘説を支持する立場から若干の考察を試みることにする。

二　引抜行為と取締役の忠実義務違反・不法行為責任

1　引抜行為と取締役の忠実義務違反

在任中の取締役による従業員の引抜きの勧誘については、それが競業準備行為として行われるか否かにかかわらず、忠実義務違反の問題が生ずる。そして、この場合に、具体的にどのような態様の引抜きであれば忠実義務違反になるかについては、学説上、厳格説と不当勧誘説との見解の対立がある。

厳格説は、取締役が従業員を引き抜くだけで、会社に対する忠実義務違反になるとの見解を採る。すなわち、厳格説によれば、従業員の引抜きは従業員の獲得をめぐる取締役と会社間の競争であり、まさに会社利益の犠牲において自己の利益を図る行為であるから、在任中の勧誘はそれ自体で忠実義務に違反すると考えることになる(1)。したがって、厳格説によれば、会社の業種、引抜きの対象たる従業員数やそれぞれの重要性を問題とすることなく、在任中の取締役が従業員に対し転職の勧誘を行っただけで当然に忠実義務違反になるとの結論が導かれる(2)。

これに対し、不当勧誘説は、取締役と引抜きの対象になる従業員との従来の関係等、諸般の事情を考慮し、不当な態様のもののみを忠実義務違反とすべきであると解する。すなわち、不当勧誘説によれば、取締役が仕事上のノウハウ等の個人的な伝授等会社に対する義務以上のものを、子飼いの部下等に対しつぎ込んでいる場合もあるから、そのような取締役が退職後の事業への参加を勧誘するだけで当然に違法になるというのは酷であること、閉鎖型のタイプの会社で取締役が従業員を引き抜いて独立する場合は、会社と取締役の対立というより共同経営者間の争いであり、その結果として会社に残る者と出ていく者との間の人材分捕り合戦であることも少なくないこと、またそのような事例においては、会社に残る側に非がある場合も少なくないことから、従業員への退職勧奨が忠実義務違反になるかどうかは、取締役退任の事情、退職従業員と取締役との関係、引き抜いた人数等会社に与える影響の度合等を総合的に考慮し、不当な態様のものだけを忠実義務違反にすべきであると解されることになる。(3)

2　引抜行為と取締役の不法行為責任

取締役在任中の従業員の勧誘（引抜き）について不法行為責任が追及される場合がある。このような引抜き型の債権侵害の場合には、引き抜かれる従業員の転職の自由を尊重し、また会社間の自由競争の保障に配慮すると、当該侵害行為が、公序良俗に違反し、あるいは信義則に違反するなど、特に強い態様でなされることを要し、主観的要件としてはたんなる悪意ではなく、害意もしくはその他の特別の事情を要すると解されている。(4)

判例法理も、会社の取締役であった者が、従前取締役を務めていた会社の従業員らに移籍を勧誘することは、個人の転職の自由は尊重されるべきであるという見地からただちに不法行為を構成するとはいえないが、その方法が背信的で一般的に許容される転職の勧誘の範囲を超える場合には、社会的相当性を逸脱する引抜行為として不法行為を構成するとの基準を一般化している。(5)そして、引抜きが「背信性」ないし「社会的相当性の逸脱」に該当するかどうかについては、転職する従業員のその会社に占める地位、引き抜かれる従業員の人数、従業員の転職が会社に及ぼす影響、転職の勧誘に用いた方法（退職時期の予告の有無、秘密性、計画性、虚偽の情報伝達、一斉退社など）等諸般の事情を総合考慮して判断されることになる。(6)ただし、引抜きにともない、不正競争防止法で規制している営業秘密の不正取得・不正使用が行われる場合には、不法行為と評価される。(7)

「背信性」ないし「社会的相当性の逸脱」の判定に当たっては、上記の不当勧誘説の見解に立てば、結果としてほぼ同様の基準による解釈が採られることになるから、取締役の忠実義務違反と不法行為責任との判断基準に大差はなくなり、法的安定性を確保できる解決がもたらされると考える。

3 平成一五年までの裁判例の動向

退任前の引抜行為と取締役の責任に関する平成一五年までの裁判例の動向を概観しておく。取締役の損害賠償責任を肯定する裁判例として、以下のものがある(8)。

① 東京地判昭和六三・三・三〇判時一二七二号二三頁［日本設備事件第一審］および東京高判平成元・一〇・二六金判八三五号二三頁［同事件控訴審］は、忠実義務違反を肯定しているが、厳格説を採用したものと評価するか(9)、あるいは不当勧誘説を採用したものと評価するか(10)、見解は分かれている。

② 東京地判平成三・二・二五判時一三九九号六九頁［ラクソン事件］は、元取締役である幹部従業員に対して、引抜行為の態様は計画的かつきわめて背信的であったといわねばならず、社会的相当性を逸脱した違法な引抜行為であるとして、不法行為責任を肯定している。

③ 前橋地判平成七・三・一四判時一五三二号一三五頁［宮子清掃警備緑化工業事件］は、忠実義務違反を肯定するが、その判断基準は明らかではない(11)。

④ 大阪地判平成八・一二・二五判時一六八六号一三二頁［日本コンベンションサービス事件第一審］、大阪高判平成一〇・五・二九判時一六八六号一一七頁［同事件控訴審］および最判平成一二・六・一六労判七八四号一六頁［同事件上告審］は、厳格説を採用し、忠実義務違反を肯定している。ただし、第一審は、損害の立証がないとする（義務違反と損害との因果関係を否定する）のに対し、控訴審は、民訴法二四八条を適用して損害賠償責任を肯定している。

⑤ 東京地判平成八・一二・二七判時一六一九号八五頁［東京コンピューターサービス事件］は、元取締役である幹部従業員に対して、誠実義務違反による損害賠償責任を認定した上で、忠実義務違反になることは明らかであるとして

おり、不当勧誘説を採用したものと思われる。

⑥　東京地判平成一一・二・二二判時一六八五号一二一頁［ゼンケントップ事件］は、厳格説を採用し、忠実義務違反を肯定している。

これに対して、取締役の損害賠償責任を否定する裁判例として、以下のものがある。

⑦　高知地判平成二・一・二三金判八四四号二二頁［中央物産事件］は、退職した従業員等は自由な意思で転職したものであり、取締役が引き抜いたものではないと認定し、忠実義務違反を否定している。不当勧誘説を採用したものと評価するか(12)、あるいは不当勧誘説を採用したものではないと評価するか(13)、見解は分かれている。

⑧　東京地判平成三・八・三〇判時一四二六号一二五頁［データイースト事件］は、取締役が不当な退職勧奨をした事実はないと判示しているが、不当勧誘説を採用したものと評価するか(14)、あるいは不当勧誘説を採用したものではないと評価するか(15)、さらには厳格説を採用したものと評価するか(16)、見解は分かれている。

⑨　大阪地判平成一四・七・一八裁判所ＨＰ［デジタルフィールド事件］は、不当勧誘説を採用して、在任中の代表取締役の言動について不当な退職勧奨ではなく、忠実義務違反にならないとしている。

⑩　東京地判平成一五・一〇・二八労働経済判例速報一八五六号一九頁［ジャパンフィルムセンター・ウィズワークス事件］は、不当勧誘説を採用して、使用人兼務取締役に対し、従業員としての誠実義務違反はなく、また取締役としての忠実義務違反はないと判示している。

（1）　吉原和志「判批」ジュリ九二〇号三七頁（一九八八年）、近藤光男「判批」判時一二八五号二〇七頁［判評三五七号五三頁］（一九八九年）、青竹正一「取締役の従業員引抜きによる責任」平出慶道先生・髙窪利一先生古稀記念『現代企業・金融法の課題（上）』一二頁（信山社・二〇〇一年）、笹久保徹「取締役による従業員の引抜きについての一考察―東京地裁平成一一年二月二二日判決について―」法学志林一〇五巻一号一四五頁（二〇〇七年）など。

（2）北村雅史「従業員の引き抜きと取締役の忠実義務」法学論叢一六四巻一＝六号二七七頁（二〇〇九年）。
（3）江頭憲治郎「判批」ジュリ一〇八一号一二四頁（一九九五年）、田中亘「忠実義務に関する一考察―機能に応じた義務の設計方針」落合誠一先生還暦記念『商事法への提言』二六四頁（商事法務・二〇〇四年）など。
（4）吉田邦彦「第三者の債権侵害に関する基礎的考察（九・完）」法学協会雑誌一〇四巻七号一〇三一頁（一九八七年）など。
（5）藤原俊雄「退任取締役による従業員の引抜き」民事法情報二五五号四八頁（二〇〇七年）、北村・前掲注（2）二七八頁。
（6）北村・前掲注（2）二七八頁。
（7）不正競争防止法による損害賠償責任を認めた裁判例として、福岡地判平成一四・一二・二四判タ一一五六号二二五頁参照。
（8）この問題に関する平成一五年までの裁判例の動向については、主要な文献として、青竹・前掲注（1）一頁、青竹正一「取締役の従業員引抜きによる責任と会社の損害」法学新報一〇七巻一一＝一二号一頁（二〇〇一年）、砂田太士「引抜行為と忠実義務」平出・高窪古稀記念・前掲注（1）（上）四〇九頁、笹久保・前掲注（1）一四五頁、北村・前掲注（2）二六九頁、藤原俊雄「在任取締役による従業員の引抜きと忠実義務」民事法情報二七四号二頁（二〇〇九年）、井上貴也「従業員の引抜きと取締役の注意義務」東洋法学五三巻三号一一五頁（二〇一〇年）、小菅成一「従業員の引抜きと取締役の責任」日大法学七五巻三号一四七頁（二〇一〇年）、小菅成一「取締役による従業員の引抜きとその責任」民事法情報二八三号一〇八頁（二〇一〇年）、米山毅一郎「取締役による従業員引抜勧誘の忠実義務違反性」奥島孝康先生古稀記念論文集『現代企業法学の理論と動態　第一巻《上篇》』三〇一頁（成文堂・二〇一一年）、嘉納秀樹＝大橋さやか「退任予定（在任中）の取締役の従業員引き抜き」野村修也＝松井秀樹編『実務に効くコーポレート・ガバナンス精選（ジュリ増刊）』一七五頁（二〇一三年）などを参照。
（9）北村・前掲注（2）二八〇頁～二八一頁。
（10）藤原・前掲注（8）六頁。

(11)　北村・前掲注（2）二八二頁。
(12)　米山・前掲注（8）三〇九頁参照。
(13)　青竹・前掲注（1）一〇頁。
(14)　江頭・前掲注（3）一二三頁。
(15)　青竹・前掲注（1）一〇頁。
(16)　藤原・前掲注（8）五頁。

三　従業員の引抜きと取締役の責任が問題となった平成一六年以降の裁判例

1　東京高裁平成一六年六月二四日判決（判時一八七五号一三九頁）〔積水樹脂キャップアイシステム事件〕(17)

【事実の概要】

X_1会社は、電子制御機器等の開発および売買等を業とする会社であり、Z会社とY_3会社が共同で設立した合弁会社である。X_1会社設立時の平成二年一〇月から平成一二年一月三一日までY_1が代表取締役を務めていたが、Y_1は、昭和五九年三月以降Y_3会社の代表取締役も務めていた。Y_3会社は、X_1会社から委託を受けて特殊技術を利用した機器を製造し、これをX_1会社に納入していた。

Y_1は、平成一一年一〇月ころ浮上したX_1会社とY_3会社との企業再編案について、反対の意向を示し、同年一一月にX_1会社の代表取締役を辞任する旨の申出をするなどしていた。Y_1は、同年一二月ころから、X_1会社の従業員を順次呼び出して、X_1会社を辞めてY_3会社に就職するよう働きかけるなどの方法により組織的に勧誘活動を行い、その結果、平成一二年七月から平成一三年一月にかけてX_1会社の営業、技術関係の仕事に従事する役職員一四名のうち合計一一名が退社した。これらの従業員のうち一〇名が、Y_3会社に就職してその業務に従事することになり、他の一名も、セールスマネージャーの肩書のある名刺を使用するなど、Y_3会社の営業に携わっている。X_1会社は、これらにより、顧客からの要請に応じることができなくなるなどの事態に陥り、売上げが激減することになった。

本件は、X_1会社が、Y_1・Y_2に対しては従業員の引抜き等を責任原因とする取締役の善管注意義務・忠実義務ないし競業避止義務違反、Y_3会社に対しては旧民法四四条一項（会社法三五〇条）の不法行為責任に基づき、損害賠償を請求した事案である。原審（東京地判平成一五・三・一七判例集未登載）は、Y_1らによる引抜行為等を否定し、X_1会社の請求をいずれも全面的に棄却したため、X_1会社がこれを不服として控訴した。

【判決要旨】　控訴請求一部変更、一部認容、一部棄却（上告・上告受理申立て）。

X_1会社の従業員の引き抜き行為に基づく損害賠償請求の当否

(1)　Y_1の責任について

「Y_1は、遅くとも平成一一年一〇月ころからX_1会社の従業員に対し、X_1会社を退職して、Y_3会社に入社するように働きかけていたものであり、取締役であったY_2が平成一二年七月一〇日にはX_2を補佐してX_1会社を支えていく旨を述べながら一週間後には辞表を提出していることや、Aをはじめとする一〇名の従業員が、わずか三か月程度の短い期間に、家業の手伝いなどの理由で退職しながら、Y_3会社に入社していることなどの事情に照らせば、これらの役職員は、自らの意思のみに基づいて、X_1会社を辞めて、Y_3会社に入社したと考えることは困難であり、X_1会社の従業員が、同時期にかつ大量に退職したことについては、Y_1の勧誘が主要な原因であったことは明らかというべきである。そして、X_1会社においては、前記のとおり、代表者であるY_1を中心とした家庭的な人間関係が築かれていたこと、退職した従業員の中には、辞職する理由につき、泣きながらやむを得なかった旨を訴えた者がいたこと等の前記の事情に照らすと、Y_1による従業員に対する働きかけは、それが絶対的強制とはいえないまでも、相当強力かつ執拗なものであり、従業員が、それまでの職場における人間関係などの事情から、その意に反して、X_1会社を退職することを余儀なくされるような状況が作出されていたことが推認されるといわなければならない。

ところで，Y_1は，当時X_1会社の代表取締役の地位にあり，取締役として，善管注意義務および忠実義務を負担し，X_1会社の利益に反する行為をしてはならない立場にあった。しかるに，Y_1の上記勧誘行為は，BやCなどこれに応じなかった者もいながら大量の退職者が出たことを考えると，X_1会社の営業や技術を担当するほぼすべての従業員を対象にしたものであったと解され，従業員がこの勧誘に応じれば，X_1会社の営業や技術を担当する従業員がいなくなってしまうことになり，X_1会社は，営業活動に支障を来し，また，顧客からのメンテナンス等の要請にも応じられなくなるなど，その事業遂行ひいては会社の存続に壊滅的な打撃を受けるであろうことは明らかであり，実際にも，X_1会社は，それに近い状況に陥ったことは，前記のとおりである（ことに，前記認定の事実によれば，Y_3会社は，その大半の業務が，X_1会社に納入するキャップアイシステムの製造であり，直ちに営業を行ったり，メンテナンスにあたる従業員を大量に採用する必要があったかは疑わしく，このことを考えれば，Y_1は，X_1会社に対する害意を有していた可能性すら窺うことができる。）。

以上のとおり，Y_1による前記引き抜き行為は，X_1会社に対する善管注意義務，忠実義務に反する違法な行為というべきであるから，Y_1は，X_1会社に対し，同行為によってX_1会社が被った損害を賠償する義務があるというべきである。

なお，上記従業員らが退職した時期は，Y_1がX_1会社の取締役を辞任した後のことであることは前記のとおりであるけれども，……Y_1の上記従業員に対する勧誘行為の主要な部分は，取締役在任中に行われていたものと認めるのが相当であり，したがって，Y_1の勧誘行為とその取締役退任後に発生した従業員の退職との間には相当因果関係があると認めるのが相当であるから，Y_1は，取締役辞任後の上記従業員らの退職についても，責任を免れないというほかない。」

(2)　Y_2の責任について

「Y_2も，Y_1とともにX_1会社の取締役の地位にあったこと，他の従業員と呼応するかのように平成一二年七月に突如X_1会社を退職したこと及び平成一二年二月ころ，Y_1やD［筆者注：Y_1の妻であり，Bの幼なじみ］がBに対してX_1会社からの退職を働きかけた際に同席していたことを考えると、Y_2も、Y_1の前記引き抜き行為を知り、これに同調していたことは容易に推測することができるが、……Y_2が従業員の引き抜き行為において積極的な役割を演じたり、これに加担したとまでは断定するに足りない。しかしながら、Y_2も、Y_1と同様、取締役として、X_1会社に対する善管注意義務、忠実義務を負っていたことは否定できないところであり、なおかつ、前記のとおり、Y_1がX_1会社の従業員多数をY_3会社に移転させようとしていることを知っていたのであるから、少なくとも、この計画を阻止し、X_1会社に損害が発生することを未然に防止する措置を講じなければならなかったというべきである。しかるに、Y_2は、これを怠り、X_1会社の多数の従業員がY_3会社に移転するという事態を招来させてしまったのであり、このような事情にかんがみれば、Y_2もまた、善管注意義務、忠実義務に違反したといわざるを得ないから、X_1会社に対する損害賠償義務を免れない。」

(3) Y_3会社の責任について

「Y_1による従業員らの引き抜き行為は、上記従業員らにX_1会社を退職してその後Y_3会社に就職するよう求めるもので、Y_3会社にとっては、従業員の募集行為という業務の範囲に含まれるものということができる。そして、Y_3会社の代表者であるY_1による上記従業員らに対する引き抜き行為の態様は、前記のとおり、強力かつ執拗なもので、強度の違法性を帯びるものと評価し得るものであることにかんがみれば、上記引き抜き行為は、Y_1が、Y_3会社の代表者として、その業務である従業員の募集につき、不法行為を行ったものとみるのが相当であり、以上によれば、Y_3会社は、X_1会社に対し、民法第四四条第一項に基づき、上記不法行為によりX_1会社が被った損害の賠償責任を負担するべき義務があるというべきである。」

(4) 損害額について

「X_1会社が、上記引き抜き行為によって、財産上（営業上）の損害を被ったことは明らかと考えられるところ、……計算上は、……二億八四四五万円が一応X_1会社の被った営業損害といい得ることになる。

しかしながら、本件においては、前記引き抜き行為とX_1会社の売上げの上記の減少額との対応関係を具体的に明確にする的確な証拠がないばかりでなく、従業員の退職や顧客による取引停止には、程度の差はあるものの、従業員、顧客の意思が介在していることは否定できないことなどの事情があり、これらのことに照らすと、上記二億八四四五万円のすべてをY_1が行った引き抜き行為によってX_1会社が被った営業上の損害であると認定することは極めて困難というほかない。しかしながら、X_1会社が、Y_1の引き抜き行為によって、財産上（営業上）の損害を被ったことが明らかであることは前記のとおりであるから、民事訴訟法第二四八条により、上記売上減少額、前記引き抜き行為に至った経緯、引き抜き行為の態様等本件に現れた前記の一切の事情に照らすと、X_1会社がY_1の引き抜き行為によって被った営業上の損害は、四〇〇〇万円と認めるのが相当である。」

「X_1会社は、一六六万五五一〇円の費用を支出して、求人誌に募集広告を掲載しているところ、同費用は、Y_1がX_1会社から多数の従業員を退職させたため、これを補充する必要から支払われたもので、前記引き抜き行為と相当因果関係があるというべきであるから、この費用全額が損害に当たるというべきである。」

【検討】

本判決は、Y_1の損害賠償責任について、「Y_1による従業員に対する働きかけは、それが絶対的強制とはいえないまでも、相当強力かつ執拗なものであり、従業員が、それまでの職場における人間関係などの事情から、その意に反して、X_1会社を退職することを余儀なくされるような状況が作出されていたことが推認されるといわなければならない」と認定した上で、「Y_1は、X_1会社に対する害意を有していた可能性すら窺うことができる」と判示している。したがって、取締役と従業員との従来の関係や引抜行為の態様、規模、会社に対する影響等諸般の事情を勘案した上で取締役の善管注意義務違反、忠実義務違反による損害賠償責任を認める判断がなされていることから明らかなように、本判決は、不当勧誘説の立場を採っているものと考えられる[18]。すなわち、本判決は、Y_1による在任中の退職勧奨の事実を認定し、その退職勧奨の方法が違法であると判断した上で、取締役の善管注意義務違反、忠実義務違反を認めているからである。

このような本判決の判断に対しては、厳格説の立場からは、強迫・誇張など違法な勧誘方法を用いたか否かは、不法行為責任を問題とする場合は重要な判断基準となるが、取締役の忠実義務違反の判断と不法行為における違法性の判断とは異なるものと考えるべきであるから[19]、取締役の善管注意義務違反、忠実義務違反の判断に不法行為における判断を持ち込むべきではないとの批判がある[20]。しかし、競業避止義務違反を伴わない従業員の引抜きに関する限りにおいては、不当勧誘説の立場からの取締役の忠実義務違反と不法行為の判断基準を同一に設定し、その責任の成否を判断すべきであると解する私見によれば、本判決の判断枠組みは、基本的には妥当であると考える。

本判決では、引抜行為をしたY_1のみならず、引抜行為を阻止すべき作為義務を負っているにもかかわらず引抜計画を知りつつ阻止しなかった（不作為がある）としてY_2にも善管注意義務違反、忠実義務違反を認め[21]、また、Y_1はY_3会社の代表者としてその業務につき不法行為（引抜き）を行ったとして、Y_3会社の不法行為責任も認めている。もっとも、Y_2に関しては、取締役の監視義務違反という構成によるべきであったと思われる[22]。

2　東京地裁平成一七年一〇月二八日判決（判時一九三六号八七頁）・東京高裁平成一九年二月二八日判決（LEX／DB文献番号二八一三一二四四）［クリエートジャパンエージェンシー事件］

【事実の概要】

X_1会社は、昭和五〇年八月、代表取締役であるX_2によって設立され、モデルの有料職業紹介事業および広告宣伝の企画・制作等の業務を目的とする会社であるが、X_1会社の取締役であったY_2または従業員であったY_3～Y_6らが共謀し、X_1会社に在職中から、X_1会社所属のモデル等を大量に引き抜いて、Y_1会社を設立することを計画し、違法な方法でこれを実行し、その結果約一年間で七二人のモデル等をY_1会社に移籍させたと主張し、Yらに対して、X_1会社が、競業避止特約の債務不履行または不法行為に基づき、三三〇〇万円の損害賠償の支払と引抜行為の差止めを求め、X_2が、不法行為に基づき、五五〇万円の損害賠償を請求した。

これに対し、Yらは、モデルは、不安定で移籍の激しい職業であって、X_1会社からは年間一〇〇名を超えるモデルが他に移籍しているが、その移籍の原因は、進学、留学、契約期間の満了、売上低下、X_1会社やX_2に対する信頼喪失などであって、Yらの移籍勧誘によるものではなく、不法行為責任等を負うべき理由はないなどと主張した。

第一審は、X_2の損害賠償請求やX_1会社の引抜行為等の差止請求は理由がないと判断したほか、本事例の主要な争点について、以下のように判示した。

【第一審判決要旨】　請求一部認容、一部棄却（控訴）。

Ⅰ　Y_2らが移籍モデルに対して違法又は不当な引抜きや離籍勧誘を行ったか否かについて

「Y_2、Y_3及びY_4が多数のX_1会社モデル等に対し、X_1会社のモデル資料から得たモデルに関する情報を利用し、X_1会社やX_2に対する批判を交えて、一定期間に集中し、また退職後かなりの長期間にわたって、X_1会社との契約解消及びY_1会社との契約締結を勧誘したことが認められるが、このような方法と態様による勧誘行為は、著しく社会的相当性を欠くといわざるを得ず、不法行為に該当すると認めるのが相当である。

Y_5については、……上記のY_5の行為が不法行為に当たるとまでは認められず、他にY_5がX_1会社モデル等に対してY_1会社への移籍を違法・不当な方法で勧誘したことを認めるに足りる的確な証拠はない。

Y_6についても、……自ら違法ないし不当な方法を用いて積極的にY_1会社への移籍を勧誘したり斡旋したりした事実までは認められない。」

Ⅱ　Y_2、Y_3及びY_4の移籍モデルへの勧誘行為とX_1会社から離籍したこととの因果関係の有無について

「結局、……Y_2らによるX_1会社からの離籍の勧めとY_1会社への移籍は不可分であり、単にX_1会社に熟練のマネージャーがいなくなったことにより移籍モデルがX_1会社を離籍したとは認めることはできず、移籍モデルは、Y_2らがY_1会社を作ってそこでX_1会社と同様のモデルエージェンシーの仕事をすることを前提としてY_2、Y_3及びY_4の勧誘行為があったから、X_1会社からY_1会社に移籍したものと認められ、Y_2、Y_3及びY_4の勧誘行為と本件移籍との間に因果関係がないということはできない。……（モデルがその自由な意思により自らの判断によって移籍するか否かを決定するのは当然のことであり、そのこととY_2、Y_3及びY_4の勧誘行為によって本件移籍が行われた、すなわち勧誘行為と本件移籍との間に因果関係があると認めることは矛盾しない。X_1会社モデル等が自由な意思により自らの判断によって平成一三年中にX_1会社から離籍したことについて、Y_2、Y_3及びY_4の勧誘行為が影響を与えていると認められる以上、……勧誘行為とモデルの離籍との間に因果関係はあるとするのが相当である。）。」

「Y_2、Y_3及びY_4は、X_1会社に対して前記認定の違法な引抜きによって生じた損害を賠償する義務を負い、Y_1会社もその従業員であるY_3及びY_4が行った不法行為によってX_1会社に生じた損害について使用者として民法七一五条により損害賠償義務を負うというべきである。」

Ⅲ　X_1会社の損害額について

(1)　本件移籍によって生じた売上高減少による損害について

「以上から、本件移籍によって平成一三年度から平成一七年度までにX_1会社に生じた損害額の合計は、同計算表［筆者注：直接損害計算表］の逸失利益合計一五一二万四四四九円から前記認定の平成一三年度のAの修正貢献利益二七万四二七三円及び前記認定の六名のモデルに係る控除額六五万六一一四円を差し引いた残額一四一九万四〇六二円と算出される。」

(2)　X_1会社主張の間接損害について

「この間接損害は、結局は売上高の減少に基づく損害を主張するものと解されるところ、X_1会社が主張するような噂によってキャスティング会社からX_1会社へなされる仕事の引き合いが減少したことを示す的確な証拠もなく、売上高の減少による損害が前記認定の移籍モデルのモデルマネージメント収入に係る直接損害として補填されているものと認められるから（広告企画収入の売上高については、平成一二年度以前と平成一三年度以降とで有意な差異を認め難い。）、これを認めることができない。また、X_1会社の慰謝料に相当する損害も理由がないというべきである。」

(3)　弁護士費用について

「弁護士費用は、一四二万円の限度で前記認定の不法行為と相当因果関係のある損害であると認められる。」

【控訴審判決要旨】　請求一部変更、棄却。

Ⅰ　Yらの不法行為責任について

「当裁判所も、X_1会社モデル等の本件移籍について、Y_2、Y_3及びY_4が行った勧誘行為は、著しく社会的相当性を欠いて不法行為に当たり、これらの勧誘行為と本件移籍との間には相当因果関係があるといえ（ただし、後記のとおり、勧誘行為との間に因果関係の認められない移籍モデル等が一部存する。）、Y_1会社もこれについて使用者責任を負うべきであるが、他方、Y_5及びY_6については、違法ないし不当な方法で勧誘したとは認められず、不法行為責任は成立しないものと判断する。」

Ⅱ　X_1会社の受けた損害について

「X_1会社の平成一三年度の損害は、……の金額である三六七万八五三九円（二四七万三九六七円＋九六万二四二八円＋二四万二二四四円）から……五〇万八四一六円及び……一九万六一四八円を控除して、二九七万三九七五円となる。」

「X_1会社の平成一四年度の損害は、……の金額に残存率（大人女性モデル七二・七三%、大人男性モデル八二・五七%、子供男性〔ママ〕モデル七三・七三%）を乗じて、二七七万二五二四円となる。」

「X_1会社の平成一五年度の損害は、平成一四年度の損害に上記残存率を乗じて、二〇九万六四三六円となる。」

「一般にモデル等の業界は移動が激しく、必ずしも特定のモデル事務所と長く契約を締結するのが常態であるとみることには疑問があるし、前記のとおり、X_1会社がモデル等と締結する所属契約においても、契約期間は概ね一年から一年余りとされ、自動更新の期間も一年だけであって、X_1会社としても、所属モデル等が概ね一年から二年以内に離籍する可能性のあることを織込み済みで事業を行っているといって差し支えないのである。また、残存率に着目してみると、上記のように平成一〇年から平成一二年にかけての登録状況に基づく残存率が平成一六年度、平成一七年度において妥当すると仮定しても、三年が経過すると、大人女性モデルの残存率は約三八%（〇・七二七三×〇・七二七三×〇・七二七三）に落ち込み、同様に大人男性モデルの残存率は約五六%（〇・八二五七×〇・八二五七×〇・八二五七）に、子供男性〔ママ〕モデルの残存率は約四〇%（〇・七三七三×〇・七三七三×〇・七三七三）にそれぞれ落ち込む。

以上にかんがみると、Yらの不法行為時からほぼ三年が経過する平成一六年度以降においては、もはや相当因果関係の範囲内にある損害とはいえないと解すべきである。なお、本件誓約書違反の債務不履行に基づく損害賠償債務についても、同様である。」

「以上のとおり、本件移籍によってX_1会社に生じた平成一三年度から平成一五年度までの直接損害（売上高減少による逸失利益）は、七八四万二九三五円となる。

二九七万三九七五円＋二七七万二五二四円＋二〇九万六四三六円」

「本件の弁護士費用は、上記の損害額や紛争の内容等に照らし、一〇〇万円の限度で相当因果関係のある損害と認められる。

したがって、弁護士費用を加えたX_1会社の損害額は、八八四万二九三五円となる。」

【検討】

本件第一審判決は、X_1会社の取締役であったY_2の不法行為責任について、「多数のX_1会社モデル等に対し、X_1会社のモデル資料から得たモデルに関する情報を利用し、X_1会社やX_2に対する批判を交えて、一定期間に集中し、また退職後かなりの長期間にわたって、X_1会社との契約解消及びY_1会社との契約締結を勧誘したことが認められるが、このような方法と態様による勧誘行為は、著しく社会的相当性を欠くといわざるを得ず、不法行為に該当すると認めるのが相当である」とした上で、「勧誘行為とモデルの離籍との間に因果関係はあるとするのが相当である」と判示している。すなわち、Y_2の勧誘行為を違法ないし不当な引抜きと認定して、その責任を肯定している。

本件控訴審判決も、X_1会社の取締役であったY_2の不法行為責任について、「当裁判所も、X_1会社モデル等の本件移籍について、Y_2が行った勧誘行為は、著しく社会的相当性を欠いた不法行為に当たり、これらの勧誘行為と本件移籍との間には相当因果関係があるといえ……」と判示しているため、Y_2の勧誘行為を違法ないし不当な引抜きと認定して、その責任を肯定したものと思われる。

本件両判決ともに、会社の取締役であった者が、従前取締役を務めていた会社の従業員らに移籍を勧誘することは、個人の転職の自由は尊重されるべきであるという見地から直ちに不法行為を構成するとはいえないが、その方法が背信的で一般的に許容される転職の勧誘の範囲を超える場合には、社会的相当性を逸脱する引抜行為として不法行為を構成するとの基準を採用する判例法理に従ったものであり、妥当と考える。

3　東京地裁平成一八年一二月一二日判決（判時一九八一号五三頁）［イハシプロパン事件(23)］

【事実の概要】

本件は、埼玉県下においてLPガスの一般消費者向け販売を主な業務とするX会社が、同社の代表取締役の地位にあったY_1が液化石油ガス等を販売するY_2会社と共謀し、LPガスの一般消費者向け販売を主な業務とするY_3会社を設立した上、X会社の従業員らに虚偽の情報を伝えてX会社から退社させてY_3会社へ移籍させるとともに、Y_2会社の従業員らとともにX会社の顧客に対して虚偽の情報を提供して、X会社と顧客とのLPガス供給契約をY_3会社へ切り替えるなどしたとし、主位的にはYらの従業員引抜きと顧客奪取による共同不法行為の成立を主張し、予備的にはY_1についてはは取締役の忠実義務違反、Y_3会社についてはY₁の行為につき旧商法二六一条三項、七八条、旧民法四四条一項（会社法三五〇条）の責任も主張し、Yらに対して総額一億二四二〇万円の損害賠償を請求した事案である。

【判決要旨】　請求一部認容、一部棄却。

I　従業員らの一斉引き抜き及びX会社の顧客をY_3会社の顧客に切り替えたことがY_1らの共同不法行為を構成するかについて

「会社の取締役であった者が、同会社と競合するほかの会社の代表取締役となるに際して、従前取締役を務めていた会社の従業員らに同競合会社に移籍するよう勧誘することは、個人の転職の自由は尊重されるべきであるという見地から直ちに不法行為を構成するとはいえないが、その方法が背信的で一般的に許容される転職の勧誘を超える場合には、社会的相当性を逸脱する引抜き行為として不法行為を構成する。また、競合会社及びその代表取締役が、従前取締役を務めていた会社の顧客に対して、競合会社への契約の切替え交渉をすることについても自由競争の尊重の見地からすれば直ちに不法行為を構成するとはいえないが、それが、専ら従前取締役という地位にあったことを奇貨として、在職中から従業員と顧客のつながりを利用して顧客を奪取する目的で同会社の従業員を違法に引き抜き、これによって生じた同会社の混乱に乗じて同会社の顧客を奪い、同会社に損害を与えることをもって自らの利益に転化させるなど不当な手段・方法が採られた場合には、自由競争の範囲を超える社会的相当性逸脱行為として不法行為を構成する。」

「Y_1は、X会社の代表取締役在任中であるにもかかわらず、Y_2会社が用意したY_3会社への移籍を前提に、Y_2会社と意を通じて、Y_3会社の営業要員の確保とX会社従業員を通じてつながりを持っているX会社の顧客をY_3会社の顧客に切り替えさせることによって確保することを目的として、X会社にその動きを察知されるのを防止しつつ、X会社の各営業所の全従業員に対して突如として一斉にY_3会社への引抜き行為をしている。これら一連の引抜き行為は、X会社に対して従業員らの退職を予見させる機会を与えずに秘密裏に行われ、短期間に手際よく遂行されていることからみて、綿密な計画性もうかがわれるものであり、X会社の各営業所の全営業社員を対象としている点で、営業社員による営業行為が業務の主体をなすX会社に対する打撃も極めて大きいものといえる。このようなY_1の行為は、X会社に対する代表取締役としての忠実義務に違反しているのみならず、その方法において背信的で、一般的に許容される転職の勧誘を超え、X会社に対する不法行為となる。」

「Y_1が従前X会社の業務担当取締役であったことから、X会社の顧客情報を正確に把握し、X会社顧客と信頼関係を確立していた従業員らを使用できることを奇貨として、X会社における顧客の喪失をもって直ちに自らの利益としている点で正当な競争の範囲を超える取引方法といえる。……一斉引抜きの直後にX会社顧客に対するLPガス供給契約切替え交渉を行えば、従業員のほとんどを失ったX会社において直ちに有効な対抗措置を執ることが困難な状況にあることを認識しつつ、このX会社の窮状に乗じて迅速かつ不意打ち的に多数のX会社顧客の切替えを行っていること及び……組織的なものとまでは認められないにせよ、一部のケースで顧客に対し真実に反する事実の告知が行われていることも考慮すると、Y_1及びY_3会社が採ったX会社顧客に対するLPガス供給契約切替え行為は、不当な方法・手段による自由競争の範囲を超えた社会的相当性逸脱行為として、不法行為を構成するといえる。」

「Y_3会社の設立の経緯及び目的、従業員らによるX会社顧客に対するLPガス供給契約切替え交渉への関与からすれば、Y_1及びY_3会社による従業員らの引抜きとそれと連続するX会社顧客の奪取は、当初からAグループを統率するBがX会社におけるY_2会社からのLPガスの仕入シェアを引き下げようとしたことに対し、X会社の顧客をX会社からY_3会社に移すことによって供給先を確保しようと目論んだY_2会社との共謀の下に行われたと認められる。したがって、Y_2会社の上記各行為は、Y_1及びY_3会社との共同不法行為を構成する。」

Ⅱ　損害について

「Y_3会社のX会社顧客に対する営業活動の全部が不法行為となる訳ではない。一方で、X会社としても、企業として、適宜の方法で従業員を補充するなどして、自己の営業体制を整備し、自由競争の下での競争力をY_1らの退職した以前の状態に回復すべく努力することが求められるというべきである。したがって、Yらによる不法行為が成立するのは、上記のような不正常な状態が継続していたと認められる期間に限定されるべきである。」

「一斉引抜きの三か月後の平成一三年一二月一日には、X会社は、一斉引抜きの影響から立ち直り、従前の競争力を回復していたと認めるのが相当であり、この時点以前の顧客奪取行為がYらによる不法行為になると解すべきである。」

「Yらによる不法行為がなければ、X会社は、奪取された顧客と少なくとも六か月間は、LPガス供給契約の継続を期待し得たと認めるべきである。」

「Yらの不法行為によりX会社に生じた損害は、奪取された顧客一三三六戸に一戸当たりの年間平均営業利益の六か月分である一万三六八六円を乗じた一八二八万四四九六円であると認められる。」

「同条［筆者注：民訴法二四八条］は、損害の発生については、その賠償を請求する者において立証を尽くしていることを前提としていると解されるところ、X会社の主張する各損害は、果たしていかなる形でX会社に生じたというのか明らかとはいえず、損害の発生について立証が尽くされたとはいえない。」

【検討】

本判決は、X会社の代表取締役であったY_1の不法行為責任について、「会社の取締役であった者が、同会社と競合するほかの会社の代表取締役となるに際して、従前取締役を務めていた会社の従業員らに同競合会社に移籍するよう勧誘することは、個人の転職の自由は尊重されるべきであるという見地から直ちに不法行為を構成するとはいえないが、その方法が背信的で一般的に許容される転職の勧誘を超える場合には、社会的相当性を逸脱する引抜き行為として不法行為を構成する」とした上で、「Y_1は、X会社の代表取締役在任中であるにもかかわらず、Y_2会社が用意したY_3会社への移籍を前提に、Y_2会社と意を通じてY_3会社の営業要員の確保とX会社従業員を通じてつながりを持っているX会社の顧客をY_3会社の顧客に切り替えさせることによって確保することを目的として、X会社にその動きを察知されるのを防止しつつ、X会社の各営業所の全従業員に対して突如として一斉にY_3会社への引抜き行為をしている。これら一連の引抜き行為は、X会社に対して従業員らの退職を予見させる機会を与えずに秘密裏に行われ、短期間に手際よく遂行されていることからみて、綿密な計画性もうかがわれるものであり、X会社の各営業所の全営業社員を対象としている点で、営業社員による営業行為が業務の主体をなすX会社に対する打撃も極めて大きいものといえる。このようなY_1の行為は、X会社に対する代表取締役としての忠実義務に違反しているのみならず、その方法において背信的で、一般的に許容される転職の勧誘を超え、X会社に対する不法行為となる」と判示している。

本件では、X会社は、主位的請求として、Yらの従業員の引抜きと顧客の奪取による共同不法行為責任の成立を主張している（Y_2・Y_3会社に対する共同不法行為責任を追及するためY_1に対しても不法行為を中心に主張している）が、予備的請求として、取締役であったY_1の忠実義務違反も主張している。それゆえ、本判決も、Y_1に対し主に不法行為責任について論じていることから、不法行為の判断において、Y_1の忠実義務違反の有無を重要な判断要素としていると考えられる。そうであれば、両者の成立要件の差異はそれほど大きいものとはならず、逆に重なることになる(24)。

したがって、本判決の判断枠組みは、競業避止義務違反を伴わない従業員の引抜きに関する限りにおいては、不当勧誘説の立場からの取締役の忠実義務違反と不法行為の判断基準を同一に設定し、その責任の成否を判断すべきであると解する私見の判断枠組みと合致する。その意味において、本件判旨は、妥当であると考える。

4　東京地裁平成一九年四月二七日判決（労判九四〇号二五頁）〔リアルゲート（エクスプラネット）事件〕

【事実の概要】

本件は、コンピュータ・プログラマーおよびシステム操作要員の派遣を目的とするX会社の代表取締役であったA、同取締役であったB、従業員であったC～Fに対し、共謀してX会社を退職した上、新たに設立したY会社に移り、また、X会社らの従業員らに働きかけてY会社へ移籍させ、その結果、X会社に損害を与えたとして、A、Bに対しては取締役の忠実義務違反、善管注意義務違反または不法行為を理由として、従業員Cらに対しては雇用契約上の誠実義務に違反した不法行為を理由として、Y会社に対しては代表者であるAの不法行為による旧民法四四条一項（会社法三五〇条）を理由として、それぞれ一億一五三八万余円の損害を請求した事案である。

【判決要旨】　請求一部認容、一部棄却。

I　不法行為の成否

「Aは、X会社の代表取締役であるにもかかわらず、親会社であるZ会社及びその代表取締役であるGの方針に異を唱え、X会社と同一事業を営む新会社を設立して独立しようとし、その従業員とするためにX会社の従業員を勧誘して新たに設立したY会社に入社させたのであるから、これは、X会社の代表取締役として負っていた忠実義務に反するものであり、また、退職後の勧誘行為についても、これは在職時の勧誘と不可分一体の行為と解されるから、退職直後においてしたX会社の従業員に対する勧誘行為を含めて、X会社の権利を侵害する不法行為を構成するものといわざるを得ない。

そして、Bについては、X会社の取締役であり、E及びCは、いずれもマネージャーとしてX会社の幹部の地位にあったものであり、Eについては平成一六年九月に退職しているものの、その後もX会社事務所に出社していたのであって、Bらは、同月下旬ころにAとともに新会社設立の検討を開始しており、従業員に対する移籍の働きかけや、顧客に対する新会社との契約の打診を行っていることからすると、Bらは、Aの前記行為につき意思を通じていたものと認められるから、共同不法行為を構成するものというべきである。

また、X会社は、Dについても、共謀による不法行為の成立を主張するが、Dは、平成一六年一二月一五日にAから新会社への勧誘を受け、一八日にGがX会社事務所を訪れて資料を持ち去ろうとした際、これに反抗して争った事実は認められるものの、新会社の設立計画にそれ以前に関与したものとは認められず、また、X会社従業員に対する新会社への勧誘行為を積極的にしたことも認めるに足りないから、Dにつき共同不法う［ママ］行為の成立を認めることはできない。

さらに、……Fは、取引先との契約打ち切りを断定したわけではなく、取引打切りの可能性という自らの見通しを述べたにすぎない以上、ことさら虚言を述べて勧誘したということはできないし、その他のFの関与も積極的なものということはできない上、Aが代表取締役を解任された後の時点では、代表者の交代というX会社の組織の混乱を前にした従業員が転職を考えたとしてもそれはやむを得ないところであって、これが直ちに従業員としての義務に違反するものと断ずることは困難であり、したがって、これらの行為をもって、同人が前記のAらと共同不法行為を構成するものであるとか、Fの負う誠実義務に違反したとまでいうことはできないものといわざるを得ない。

次に、……Aの行為は、主として平成一七年初頭のころまでに行われたものであって、Y会社設立の平成一七年二月一〇日以降の具体的な不法行為を認定することはできない。また、……Aが、Y会社の設立を前提にX会社の従業員を勧誘したことは明らかではあるが、上記［筆者注：旧民法四四条一項］類推適用には、Y会社が団体としての実体を備えるに至っていることが前提となると解されるところ、その時期は本件証拠上確定し難いし、また、いまだ設立行為や法人としての公示もされていない段階におけるAの不法行為によって、Y会社が責任を負う他の根拠は直ちに見いだし難い。

以上によれば、A、B、C、Eは、M、N、K、L、T、P、F、U、Q、Oについては、Aらの勧誘行為によりX会社を辞職し、Y会社に就職したものと推認されるので、これら［ママ］者の退職によりX会社に生じた損害を賠償する責任を負うというべきであるが、R、S、Vについては、Y会社に就職していないのであるから、同人らがAらの勧誘行為の［ママ］より退職したものと直ちに推認することもできないから、これらの者の退職に関しての不法行為責任を認めることはできない。」

Ⅱ　X会社の損害

「企業は、継続的に事業を営む組織体としての性格を有するから、特定の個人の産み出す将来の利益を前提に逸失利益を算定するのは適当ではなく、退職者が生じたことによる損害は、これを補充するまでの間において得られるべきであった利益という観点から算定するのが相当である。そして、前記一〇名の退職によりX会社に生じた損害については、［筆者注：X会社をはじめとする］Xグループでのエンジニアの養成は前記のとおり五か月程度をかけて行われていることからすれば、補充には相応の期間を要するとも考えられること、しかし、他方、Xグループでは多数のエンジニアを擁していることなどからすると、他からエンジニアを得て補充することも可能と考えられること、X会社の主張する売上の減少についても、本件によりX会社の幹部の多くが退職したことでX会社の営業力も相当に低下したものと考えられ、したがって、これがすべてエンジニアの減少による影響であるとまではみられないことなどの事情もあり、これらを総合して考慮すると、本件においてX会社に生じた損害としては、退職した従業員に係る利益につき、四か月分の限度において認めるのが相当である。そして、一か月分の利益の算定については、X会社の主張する算定方法が、退職した個々の従業員の実績を基にするものではあるが、もともと不確定な要素を含むものであり、かつ経費が給与等支給額と社会保険料に限られていることからすると、これらから得られる数字より幾分控え目に算定するのが相当と考えられることから、上記の数字をも踏まえて、技術者一名につき一か月当たり、二〇万円とするのが相当と認められる。そうすると、前記一〇名につき四か月分の逸失利益は、八〇〇万円となる。

以上によれば、X会社の逸失利益は、八〇〇万円の限度で認められるから、A、B、C、Eは、同額の限度でX会社に対する損害賠償義務を負うというべきである。」

【検討】

本判決は、一方でX会社の代表取締役であったAの忠実義務・善管注意義務の違反、また不法行為の責任に関して、「Aは、X会社の代表取締役であるにもかかわらず、親会社であるZ会社及びその代表取締役であるGの方針に異を唱え、X会社と同一事業を営む新会社を設立して独立しようとし、その従業員とするためにX会社の従業員を勧誘して新たに設立したY会社に入社させたのであるから、これは、X会社の代表取締役として負っていた忠実義務に反するものであり、また、退職後の勧誘行為についても、これは在職時の勧誘と不可分一体の行為と解されるから、退職直後においてしたX会社の従業員に対する勧誘行為を含めて、X会社の権利を侵害する不法行為を構成するものといわざるを得ない」と判示しているのに対し、他方でX会社の取締役であったBの忠実義務・善管注意義務の違反、また不法行為の責任に関して、「Bについては、X会社の取締役であり、……Bらは、……Aとともに新会社設立の検討を開始しており、従業員に対する移籍の働きかけや、顧客に対する新会社との契約の打診を行っていることからすると、Bらは、Aの前記行為につき意思を通じていたものと認められるから、共同不法行為を構成するものというべきである」と判示しているにすぎない。

このように、本判決では、Bに関しては特に忠実義務違反を認定せずに不法行為責任を肯定し、Aに関してのみ、その引抜行為の態様、勧誘した従業員数・その割合等について（Aの取締役退社に至る経緯や引抜きの方法等の事情を）ほとんど考慮することなく、在任中の引抜行為を忠実義務違反と認めたものであるから、本判決は、厳格説を採ったものと解される[25]。

本件では、不当勧誘説からみても、同様の結論が得られると考えるので、厳格説を採る本判決の構成には疑問がある。

5　千葉地裁松戸支部平成二〇年七月一六日決定（金法一八六三号三五頁）［会社名不詳事件[26]］

【事実の概要】

Yは、X_1会社の代表取締役であるX_2の実弟である。X_1会社は、両名の父親Z_1が平成一三年頃から始めた個人経営の青果物店を前身とし、平成一四年五月二二日に有限会社として設立され、その後、平成一八年八月二八日に株式会社に移行した。X_1会社の役員構成は、平成一七年五月二〇日以降、X_2が代表取締役、YとZは取締役、Z_1の妻であるZ_2が監査役であったが、X_1会社の営業業務には従来はYとZ_1が携わっており、X_2はほとんど携わっていなかった。X_1会社の経営実権をめぐりX_2とY・Z_1・Z_2との間に争いが生じ、平成二〇年一月六日、Y・Z_1・Z_2は、取締役と監査役を辞任し、X_1会社の従業員一四名中四名も退職した。なお、Y・Z_1・Z_2の前記辞任後、X_2の妻であるX_3が平成二〇年一月六日付けでX_1会社の後任の監査役に就任し、同年二月一四日にその旨の登記もなされたが、YとZ_1の後任の二名の取締役の選任は現在までなされておらず、YとZ_1の取締役の辞任の登記が未了のままである。そして、Y・Z_1は、X_1会社と競合する数社の営業活動に従事するようになり、従来のX_1会社の取引先八社もX_1会社との取引を打ち切ったが、その多くはY・Z_1が営業活動に従事するそれらの会社と取引を開始した。

本件は、会社に辞任届を提出した取締役が、辞任の前後に従業員の引抜きや取引先の奪取等の競業準備行為・競業行為を行った点につき、取締役の善管注意義務・忠実義務および競業避止義務に違反するとして、会社に対する損害賠償責任の有無などが争われた事案である。すなわち、本件は、X_1会社が、Yに対し、Yが取締役としての忠実義務・善管注意義務および競業避止義務に違反してX_1会社に損害を与えたとして、会社法四二三条一項に基づく損害賠償の仮払の仮処分を求めるとともに、X_2が、Yに対し、会社法三六〇条一項および三項に基づいて、各取引先との間での野菜の取引（競業取引）の差止めを求めて仮処分命令を裁判所に申し立てた事案である。また、X_1会社・X_2・X_3は、平成二〇年二月一八日、本件申立てをするとともに、Yに対して、一億一〇七万九五二八円の損害賠償等の支払を請求する本案訴訟を提起した。

【決定要旨】　一部認容。

Ⅰ「株式会社の取締役は、会社に対して、善管注意義務及び忠実義務を負うとともに（会社法三三〇条、民法六四四条、会社法三五五条）、競業避止義務を負い、取締役会設置会社の場合においては、取締役会の承認を得ないで競業取引をしてはならず（会社法三五六条一項、三六五条一項）、取締役がこれらの法令上の義務に違反したときは、それにより生じた会社の損害を賠償する義務を負う（会社法四二三条一項）。取締役の具体的な行為が、善管注意義務及び忠実義務に違反しているか否かは、従業員の引抜きや競業取引による取引先奪取等の取締役の行為に至るまでの会社内部の事情、当該取締役と従業員の人的な関係、当該取締役の行為による会社の業務に与える影響の度合い等を総合して、不当な態様か否かにより判断するのが相当である。

取締役が退任した後は、上記各義務は消滅し、会社との競業については、職業選択の自由の保障により原則として自由にできることになるものと解されるが、取締役の行為の時期や態様に照らして、信義則上、上記各義務を負うことがあるものと解される。」

Ⅱ「X_1会社では、YとZ_1・Z_2の役員辞任の頃、Y及びZ_1・Z_2の三名と、X_2との間で、X_1会社の経営の実権を巡って紛争があったこと、YとZ_1は、株式会社C、株式会社B、有限会社K、有限会社Aの営業活動に、その法的な形態は不明であるが、相当密接に関わっていること、YとZ_1が取締役を辞任する前の平成一九年一二月、Z_1が、X_1会社の最大の取引先である株式会社Dに対してX_1会社との取引をやめるように働きかけており、Y及びZ_1・Z_2の役員辞任の直後頃には、

YとZ$_1$が、X$_1$会社の従業員（前記の退職した従業員四名以外の従業員も含む。）に対して、X$_1$会社が近い将来に経営破綻する旨を告げる等して同社からの退職を強く勧めるとともに、株式会社Cないし株式会社Bへの再就職を勧誘し、それにより、当時一四名であった従業員のうちの四名がX$_1$会社を退職し、株式会社Cないし株式会社Bに就職したこと、取引先との関係においては、YやZ$_1$は、上記認定の行為をする中で、役員の辞任後、X$_1$会社の重要書類をX$_1$会社から持ち出した上、辞任直後頃に大口の取引先に直接出向いて担当者と面談しており、他方、本件取引先八社が平成二〇年二月からX$_1$会社との取引を一斉に打ち切っていること、これらの取引先八社のほとんどが、その頃から、株式会社Bないし株式会社Cとの取引を始めたことが認められる。

これらによれば、Yは、Z$_1$とともに、X$_1$会社の従業員を引き抜き、同社の主要な取引先を奪って、X$_1$会社を経営破綻に追い込み、従業員や主要な取引先を自らの陣営に確保することを企図して、前記辞任直前には、Z$_1$を通して、大口の取引先に対してX$_1$会社との取引をやめるよう働きかけ、前記辞任直後から、従業員の引き抜き行為と、取引先に対する自らの営業活動を本格的に始め、その影響を受けて、本件取引先八社がX$_1$会社との取引を打ち切ったものと推認される。そして、……X$_1$会社は、YとZ$_1$による上記認定の行為により、急激に売上げが減り、経営破綻に瀕しているものと一応認定することができる。

このようなYとZ$_1$の行為の目的と態様、行為によるX$_1$会社に対する影響の度合いに照らすと、Yの上記認定の行為は、そのほとんどが取締役辞任後の行為ではあるものの、信義則上、取締役の善管注意義務、忠実義務に違反するとともに、取締役の競業避止義務にも違反するものというべきである。」

Ⅲ　「X$_1$会社は、本件取引先八社との取引を継続できなくなったことにより、……本件取引先八社からの約一年分の粗利益の予測値から本件取引先八社との取引がなくなったことによりX$_1$会社が負担をしなくなった各種変動経費を控除した三八三四万七八五四円の損失を被ったものと一応認めることができる。……X$_1$会社の従前の各取引先との取引期間は一年以上にわたるものが多いので，約一年分の粗利益の額を基礎にして，本件取引先八社の喪失による損失を認定するのが相当である。

本件取引先八社は，Z_1の辞任直前の取引先への働きかけや，YとZ_1の辞任直後の平成二〇年一月における従業員引抜きや取引先への働きかけといった行為の影響を受けて，X_1会社との取引を打ち切ったものと認定できる。しかし，X_1会社が非常に小規模な家族経営の会社であること，YとZ_1が，X_1会社の有限会社の時代から全面的に取引先に対する営業業務を担当してきており，X_2はこのような営業にはほとんど携わっていなかったことと，YとZ_1の辞任後の本件取引先八社のうちの一部の取引先の担当者とX_2とのやり取りの内容を併せて検討すると，X_1会社の取引先との取引の継続は，取引先のX_1会社自体に対する信頼によるというよりも，むしろ，YとZ_1に対する個人的な信頼に依拠する所が相当大きかったものと認められる。そうすると，本件取引先八社が，YとZ_1の退任後に，X_1会社との取引を打ち切ったのは，YとZ_1の……違法な行為の影響によるところもあると認められるが，X_1会社に対する信頼とは区別されたYとZ_1に対する個人的な信頼によるところがかなり大きかったものと認めざるを得ない。

このような検討によれば，X_1会社がYとZ_1の……違法行為と相当因果関係のある損害は，X_1会社が本件取引先八社を失ったことによる損失額全額とは認められず，……損失額三八三四万七八五四円の三割程度にとどまるものというべきである。そうすると，X_1会社の被った損害額は，一一五〇万円と認定するのが相当である。よって，X_1会社は，Yに対して，……違法行為に基づく損害賠償として，一一五〇万円の損害賠償請求権を取得したものと一応認定できる。」

【検討】

本決定は，「取締役の具体的な行為が，善管注意義務及び忠実義務に違反しているか否かは，従業員の引抜きや競業取引による取引先奪取等の取締役の行為に至るまでの会社内部の事情，当該取締役と従業員の人的な関係，当該取締役の行為による会社の業務に与える影響の度合い等を総合して，不当な態様か否かにより判断するのが相当である」と説示していることからみて、取締役の具体的な行為が善管注意義務および忠実義務に違反するか否かの判断基準として、不当勧誘説に拠ることを明示的に述べた最初の公刊裁判例として意義を有する[27]。

わが国における会社の上司と部下の密接な関係を前提にすると、子飼いの部下に対する退職勧奨と自身が計画する事業への参加勧誘が直ちに違法行為となるのは、酷であり、また、とりわけ閉鎖会社の場合、形式的には会社と取締役との利害対立であっても、その実質は、共同経営者間の経営権争いによる人材分捕り合戦であることが少なくないことを論拠とする不当勧誘説からは[28]、本決定の説示は評価できるものである。本件では、競業避止義務違反の要素も含まれているため、不当性は強まる（相当性は弱まる）と考えられ、私見の立場からみて、本決定の理由付けおよび結論は妥当であると思料する。

6　東京地裁平成二二年七月七日判決（判タ一三五四号一七六頁）［会社名不詳事件[29]］

【事実の概要】

本件は、通信事業に関するソフトウェア製品の開発等を行っていたX会社の取締役を務め、X会社の一事業部の事業部長でもあったY_1が、X会社を退社して大阪証券取引所ヘラクレスに株式を上場するＩＰ電話システムに関するシステム・エンジニアリング・サービスを業務の中心とする情報処理業者であるY_2会社に移籍する際に、X会社において同一事業部に所属していた従業員を勧誘し、Y_2会社に移籍させたことについて、Y_1およびY_2会社による移籍の勧誘が違法な引抜行為に当たるとして、Y_1およびY_2会社に対し、不法行為（民法七〇九条）等に基づき（予備的に、Y_1に対しては会社法四二三条一項、Y_2会社に対しては会社法三五〇条に基づき）、従業員の移籍等に伴い発生した損害の賠償を求めた事案である。

X会社は、①本件事業部が、X会社の売上全体の半分強の売上を上げる主要事業部であるにもかかわらず、Yらの勧誘により同事業部の三分の一を超える従業員が移籍し、X会社の事業に多大な影響が生じたこと、②Yらが秘密裏に交渉を進め、従業員と面接を行って内定通知書を交付し、また、本件事業部がY_2会社に事業譲渡されることが既に決定しているかのような虚偽の事実を告げて勧誘を行っており、勧誘方法が悪質であること、③Y_2会社は、X会社の従業員を移籍させることで、X会社のシステムエンジニアを獲得し、また、X会社の開発した製品の改変権や、顧客などを奪取することを目的として勧誘を行っていること、などからすれば、Yらの勧誘行為は、適法な転職の勧誘にとどまるものではなく、社会的相当性を欠く違法な引抜行為であると主張した。

これに対し、Yらは、①Y_1や他の従業員が移籍した後、X会社は本件事業部を他社に事業譲渡し、希望に沿った譲渡対価を得ており、Yらの移籍がX会社に対し多大な影響を与えたとはいえない、②Y_1は、X会社の経営会議において、Y_2会社への従業員の移籍およびY_2会社との協業の実施を提案しており、途中からはX会社の他の取締役もY_1および従業員の移籍に反対していなかったのであって、秘密裏に交渉を進めていたわけではない、また、Y_1やY_2会社の代表者は、X会社の従業員に対し虚偽の事実を告げておらず、悪質な勧誘がされたとはいえない、③Y_2会社は、経営状況が悪化していたX会社のため、X会社の開発した製品の改変権の譲渡を受け、X会社の顧客を引き継ぐ形で協業することを申し入れていたのであり、顧客奪取の目的を持って従業員の勧誘を行ったとはいえない、などと主張した。

【判決要旨】　Y_1への請求一部認容、Y_2会社への請求棄却（控訴）。

Ⅰ　Y_1の不法行為責任について

「Y_1の行為は、X会社の取締役の地位にありながら、X会社に重大な影響を与える移籍について、FらX会社の他の取締役に対して隠密理［ママ］に計画を進行させ、その最終段階で不意打ちのような形でこれを明かしたものであって、X会社に対して著しく誠実さを欠く背信的なものであるといわざるを得ない。

なお、X会社の資金繰りの困難な状況を打開する方策として、増資を選択するか、従業員の移籍を選択するかは、経営判断の問題であると考えられるが、Y_1を含む本件事業部の従業員がY_2会社に移籍することは、人件費の削減という点で当面の資金繰りに貢献する面はあるものの、その反面、本件事業部の存続が困難となり、X会社の事業規模の縮小につながることが必至であるという点でX会社の事業に重大な影響及ぼす［ママ］ものであるから、本来、X会社の取締役会における十分な議論を経る必要があったというべきである。しかるに、Y_1は、取締役会での議論を経ず、F ら他の取締役に説明すらすることなく、従業員の移籍に向けて準備を進めたのであって、その行為は不相当というほかない。

さらに、従業員に対する勧誘の方法をみても、虚偽を含む事実を告げて不安を助長する面を含む不適切な方法によっており、また、X会社の内規に違反してY_2会社に対して本件事業部の従業員の雇用条件を開示し、Y_2会社からこれを勘案して作成した内定通知書の発行を得てこれを交付している点でも不当である。

したがって、Y_1による本件事業部の従業員に対する移籍の勧誘は、取締役としての善管注意義務（会社法三三〇条、民法六四四条）や忠実義務（会社法三五五条）に違反し、社会的相当性を欠くものであって、不法行為を構成するというべきである。」

Ⅱ　Y_2会社の不法行為責任について

「Y_2会社は、Y_1らの移籍がX会社に重大な影響を与えることを認識しながら、Y_1との協議の下に勧誘行為を行ったものではあるが、……Y_2会社による移籍の勧誘は、Y_1による勧誘行為とは大きく異なるものであって、社会的相当性を欠く違法なものであったということはできない。

したがって、Y_2会社は、不法行為による責任を負わない。

また、同様に、Y_2会社の代表取締役を務めるCの勧誘行為が社会的相当性を欠くものであったとも認められず、Cが職務を行うについてX会社に損害を加えたということはできないから、Y_2会社は、会社法三五〇条に基づく責任を負わない。」

Ⅲ　損害額について

「X会社は、Y_2会社に対し、X会社製ソフトウェアに関する保守業務……をY_2会社に委託し、Y_2会社に対し、その業務委託費用として二五二〇万円を支払い、また、業務委託に必要な通信カード等に関する経費六一万八六四八円を支出したことが認められるところ、これらの支出は、Y_1らの移籍により、X会社において保守業務を履行することが困難になったことによるものであると認められる。

他方、X会社は、上記移籍により、上記保守業務に関し、移籍したY_1及び本件事業部の従業員七名についての三か月分の給与合計一二三七万二三六〇円の支払を免れる利益を受けた。

したがって、上記二五二〇万円及び六一万八六四八円の合計である二五八一万八六四八円から一二三七万二三六〇円を控除した一三四四万六二八八円がY_1の不法行為により生じた損害と認められる。」

「上記システム開発案件により、X会社は、三六四三万四〇〇〇円の利益を得ることができたと認められるところ、Y_1らの移籍によりこれを得ることができなくなったと認められるから、Y_1の不法行為により同額の損害が生じたと認められる。」

「本件においてY_1の不法行為と相当因果関係の認められる弁護士費用相当の損害は、……の損害の合計額で四九八八万〇二八八円の約一割に当たる四九八万八〇〇〇円である。」

「以上をまとめると、……の合計額である五四八六万八二八八円がY_1の不法行為によりX会社に生じた損害と認められる。」

【検討】

本判決は、「Y_1の行為は、X会社の取締役の地位にありながら、X会社に重大な影響を与える移籍について、FらX会社の他の取締役に対して隠密理〔ママ〕に計画を進行させ、その最終段階で不意打ちのような形でこれを明かしたものであって、X会社に対して著しく誠実さを欠く背信的なものであるといわざるを得ない」とし、さらに、「従業員に対する勧誘の方法をみても、虚偽を含む事実を告げて不安を助長する面を含む不適切な方法によっており、また、X会社の内規に違反してY_2会社に対して本件事業部の従業員の雇用条件を開示し、Y_2会社からこれを勘案して作成した内定通知書の発行を得てこれを交付している点でも不当である」と認定した上で、「Y_1による本件事業部の従業員に対する移籍の勧誘は、取締役としての善管注意義務や忠実義務に違反し、社会的相当性を欠くものであって、不法行為を構成するというべきである」と判示している。

本判決は、Y_1による移籍の勧誘が善管注意義務や忠実義務に違反し、社会的相当性を欠くため不法行為を構成するとしている。本件判旨の構成に関しては、不法行為成立の要件の一つとして忠実義務違反を認定しているように読め、そこで考慮した事情は不法行為の成立要件である背信性を判断するためのものと解することができ、このように解する場合、本判決は、忠実義務違反の判断基準を示しておらず、忠実義務違反につき厳格説と不当勧誘説のいずれを採っているかは不明であることになるとの指摘がある(30)。また、本件判旨の構成に関しては、「忠実義務に違反し、（かつ）社会的相当性を欠くものである」と述べる趣旨ならば、忠実義務違反と不法行為の成否の判断基準はなお異なると考えていることになるとした上で、在職中引抜き工作について不法行為が成立するためには、忠実義務違反における不当性を超える何らかの社会的不相当性が要求されると主張されている(31)。

これに対して、本件判旨の構成について、社会的相当性を欠くため不法行為が成立することと取締役の忠実義務違反となることとで判断基準は同一であると考えていると読めば、両者の成立要件の差異はそれほど大きいものとはならず(32)、逆に重なることになる。そうであれば、本判決の判断枠組みは、競業避止義務違反を伴わない従業員の引抜きに関する限りにおいては、不当勧誘説の立場からの取締役の忠実義務違反と不法行為の判断基準を同一に設定し、その責任の成否を判断すべきであると解する私見の判断枠組みと合致する。その意味において、本件判旨は、妥当であると考える。

7　東京地裁平成二三年七月二二日判決（ＬＥＸ／ＤＢ文献番号二五四四三六三三）〔町田電気商会（マチデン）事件[33]〕

【事実の概要】

X会社の監査役Y_2は、平成二一年六月当時、X会社のM配送センターにおける業務を統括していたが、同月上旬ころ、Y_1会社の開業に向け準備を進め、同月一一日、Y_2、Y_3（X会社の元従業員）およびY_6（X会社の下請会社の取締役）の三名が発起人となって、X会社と類似した事業目的を有するY_1会社を設立し、同日、設立登記された。その後、Y_2ならびにその指示を受けたY_3、Y_4、Y_5（いずれもX会社の元従業員）およびY_6は、同月一七日から同月末ころまでの間に、M配送センターに保管されていたX会社の営業用資産をY_1会社の倉庫に移動させた。その際、Y_2らは、M配送センターにおける取引先の住所録、作業予定表、X会社が過去に電気工事等を行ったイベント等の会場の図面などを持ち出した。また、Y_2らは、同年七月以降、一斉にM配送センターに出社しなくなり、同営業所の業務を行わなくなった。

そして、Y_1会社は、平成二一年七月、挨拶状および案内状を作成し、M配送センターと取引のある会社または個人に対して郵送するとともに、M配送センターと取引のある会社または個人（その一部は、上記の会社または個人と重複）に対してファックス送信した。その際、Y_1会社は、Y_2らがM配送センターの業務に従事する中で知り得たX会社の取引先についての情報を利用した。その後、Y_1会社は、その業務に関し、上記の会社または個人のうちの相当数（少なくとも、十数社）との間において取引関係を持つに至った。

そこで、X会社は、Y_2らの上記行為は営業用資産の所有権侵害および営業利益侵害の共同不法行為（Y_2については、選択的に会社に対する任務懈怠）に該当すると主張して、Y_2らに対し、民法七一九条、七〇九条（Y_2については、選択的に会社法四二三条一項）に基づき、Y_1会社に対し、民法七一九条、会社法三五〇条に基づき、それぞれ損害賠償を請求した。

【判決要旨】 請求一部認容、一部棄却。

I 営業用資産の所有権侵害の共同不法行為等に基づく損害賠償請求の可否について

「X会社が主張するY_2らがX会社のM配送センターから運び出したとされる営業用資産の品目及びその各数量は、結局のところ、X会社代表者の不確実な推計に基づくものにすぎず、客観性のある裏付資料に基づくものではないというべきであるから、これを認めるに足りない。

そうすると、X会社の上記主張に係る品目及びその各数量が、Y_2らによって運び出された営業資産［ママ］の品目及びその各数量であることを前提として、未返却の本件各物品の営業用資産の品目及びその各数量を算出するX会社の主張は、全体として不正確なものといわざるを得ない。

以上によれば、Y_2らがX会社のM配送センターから本件各物品を運び出し、これが未返却であるとのX会社の主張は、これを認めることができないというべきであるから、その余の点につき判断するまでもなく、X会社のY_2らに対する営業用資産の所有権侵害の共同不法行為に基づく損害賠償請求は理由がない。

また、同様に、X会社のY_1会社に対する会社法三五〇条に基づく損害賠償請求及びX会社のY_2に対する会社法四二三条一項に基づく損害賠償請求もいずれも理由がない。」

II 営業利益侵害の共同不法行為等に基づく損害賠償請求の可否について

(1) 共同不法行為等の成否について

「Y_2のこれらの行為は、X会社がその業務を行う上で必要不可欠であることが明らかな営業用資産をX会社において使用不可能な状況にするとともに、X会社のM配送センターの業務の中心となる人材のほとんどを一斉に失わせるものであり、X会社のM配送センターにおける営業活動を極めて困難とする結果をもたらすものであることが明らかである。

そして、Y_2は、このようにX会社のM配送センターにおける営業活動を困難にする一方で、……X会社と競業関係にあるY_1会社の設立・開業を主導的に行い、しかも、X会社の業務に従事する中で知り得たX会社の取引先についての情報を利用して、多数のX会社のM配送センターの取引先に対して本件挨拶状及び本件案内状を送付するなど、Y_1会社としての営業行為を行い、その結果、Y_1会社は、現に相当数のX会社の取引先との間で、取引関係を持つに至っている。

しかも、Y_2による上記各行為は、平成二一年六月から七月にかけての近接した時期に連続して行われているのであり、その経過に鑑みれば、Y_2が、当初から、X会社のM配送センターにおける営業活動を妨害しつつ、X会社の顧客を奪ってY_1会社の利益を図ることを目的として、上記一連の行為を行ったものであることは、優にこれを認めることができる。

以上のようなY_2による一連の行為の目的、内容及びその結果を総合勘案すれば、Y_2の上記行為は、競業者間の自由競争の範囲内にある営業行為と評価し得るものではなく、X会社の営業利益を違法に侵害するものとして、不法行為を構成するというべきである。」

「Y_3及びY_6は、Y_2と意を通じて、上記のとおり、X会社所有の営業用資産の運び出し、X会社のM配送センターの業務からの一斉離脱、Y_1会社の設立・開業、X会社の業務に従事する中で知り得たX会社の取引先についての情報を利用してのX会社の取引先に対する営業行為といった一連の行為のすべてに関与しているものであり、その経過からみて、Y_3及びY_6が、当初から、X会社のM配送センターにおける営業活動を妨害しつつ、X会社の顧客を奪ってY_1会社の利益を図るという目的をY_2と共有し、上記一連の行為に加担したものであることは、優にこれを認めることができる。

したがって、Y_3及びY_6の行為は、Y_2の場合と同様に、X会社の営業利益を違法に侵害するものとして、不法行為を構成するものというべきである。

また、Y_2、Y_3及びY_6による上記一連の行為は、客観的に関連し共同して行われたものということができるから、民法七一九条一項の共同不法行為を構成するものといえる。」

「X会社所有の営業用資産の運び出し及びX会社のM配送センターの業務からの一斉離脱は、……X会社のM配送センターにおける営業活動を著しく困難とする結果をもたらすものであることが明らかなものであって、Y_2、Y_3及びY_6による上記共同不法行為の重要部分を成すものであるから、上記の結果が生じることを認識しながら、Y_2、Y_3及びY_6と意を通じてこれに加担したY_4及びY_5の行為は、少なくともY_2、Y_3及びY_6による上記共同不法行為を幇助する行為に当たるものというべきである。

したがって、Y_4及びY_5は、民法七一九条二項の幇助者として、Y_2、Y_3及びY_6と同様の共同不法行為責任を負うものといえる。」

「Y_3の上記……一連の行為は、いずれも、Y_3が、Y_1会社の代表取締役に就任した後に、X会社の顧客を奪ってY_1会社の利益を図ることを目的として行ったものであり、その中には、Y_1会社としての営業活動それ自体も含まれているのであるから、Y_3が当該行為によってX会社に加えた損害は、Y_1会社の代表取締役がその職務を行うについて第三者に加えた損害ということができる。

したがって、Y_3の上記……不法行為によって生じた損害については、会社法三五〇条により、Y_1会社においても、その賠償の責任を負うものといえる。」

(2)　X会社の損害について

「Yらの上記共同不法行為の結果として、X会社は、Y_3らによるX会社のM配送センターからの営業用資産の運び出しの時点から、営業用資産の返却を受け、更にその後、M配送センターにおける物的及び人的な業務態勢を整備するために必要といえる合理的な準備期間が経過するまでの期間において、M配送センターにおける営業活動を事実上不可能なものとされ、その期間内にX会社がM配送センターの業務から得られたはずの営業利益（逸失利益）に相当する損害を受けたものと認めることができる。

しかるところ、上記の期間については、Y_2らによるM配送センターからの営業用資産の運び出しが開始された平成二一年六月一七日から、営業資産［ママ］がX会社に返却された同年九月末ころまでの約三か月半に、一か月程度の準備期間を加えた四・五か月間と認めるのが相当である。

そして、上記期間におけるX会社の営業上の逸失利益相当の損害額については、X会社のM配送センターに係る計算書類から認められる直近の時期の営業利益を基にして算定するのが相当であり、具体的には、X会社のM配送センターの平成二一年度（平成二一年一〇月末時点）の『総合推移損益計算書』に示された平成二〇年一一月から平成二一年五月までの七か月間の営業利益の合計額七七四万三〇〇〇円に基づき、四九七万七六四二円（計算式：七七四万三〇〇〇円×四・五／七）と算定するのが相当である。」

【検討】

本判決は、監査役であったY_2について、「Y_2による一連の行為の目的、内容およびその結果を総合勘案すれば、Y_2の上記行為は、競業者間の自由競争の範囲内にある営業行為と評価し得るものではなく、X会社の営業利益を違法に侵害するものとして、不法行為を構成するというべきである」と述べているが、本件においては、営業を妨害するという行為としての悪質性が不法行為責任成立の重要な根拠となったものと推測される[34]。

本件では、X会社は、監査役であったY_2については、従業員の引抜き等が選択的に会社に対する任務解怠（会社法四二三条一項）に該当すると主張しているが、本判決は、この点には言及していない。監査役についても、職務上知り得た重要情報等を利用して私利を図る等の行為により会社に損害を与える場合には、善管注意義務違反が問題となる。この場合、かりに監査役が「事実上の取締役」と評価し得る地位にあれば、善管注意義務ないし忠実義務の違反と不法行為の判断基準を同一に設定し、その責任の成否を判断すべきであると解する私見の判断枠組みが同様に適用されよう。

他方、監査役については、そのように評価し得る地位にない場合には、いわば従業員の引抜きが会社の正当な利益を不当に侵害してはならない義務（誠実義務）を実質的に肯定した上で、その責任の成否を認定していくべきであり、善管注意義務（誠実義務）違反と不法行為の判断基準をできる限り同一レベルで考えることになる。

いずれにせよ、本件においては、Y_2は、従業員等を勧誘して競業会社を設立し（従業員を引抜き）、元の会社の営業用財産や顧客名簿等を使用して取引先を奪取したりしている。したがって、Y_2につきX会社の営業活動を積極的に妨害していることが認められる以上、Y_2に対し不法行為責任を肯定したことは、妥当であったと思われる。ただし、本判決では、Y_2による従業員等の引抜きの方法等についても検討されてしかるべきであったといえよう(35)。もっとも、本判決も、その方法が背信的で一般的に許容される転職の勧誘の範囲を超える場合には、社会的相当性を逸脱する引抜行為として不法行為を構成するとの基準を採用する判例法理を前提としていることは間違いないであろう。

(17) 本判決の評釈として、大塚和成・銀行法務21第六四三号五五頁（二〇〇五年）、菊地雄介・受験新報六五〇号一六頁（二〇〇五年）、重田麻紀子・法学研究（慶應義塾大学）七九巻七号六七頁（二〇〇六年）、泉寿恵・平成一七年度主要民事判例解説［判タ臨増一二一五号］一七〇頁（二〇〇六年）、笹久保徹・法学志林一〇七巻一号一六一頁（二〇〇九年）がある。

(18) 泉・前掲注(17)一七一頁。

(19) 青竹・前掲注(1)一一頁。

(20) 重田・前掲注(17)七四頁。

(21) 大塚・前掲注(17)五五頁。

(22) 菊地・前掲注(17)一九頁。

(23) 本判決の評釈として、野口恵三・NBL八七三号五八頁（二〇〇八年）、尾崎悠一・ジュリ一三七七号一五二頁（二〇〇九年）、小菅成一・税務事例四一巻五号六六頁（二〇〇九年）がある。

(24) これに対して、本判決は理由も付さず「忠実義務に違反しているのみならず」としており、忠実義務違反が不法行為より容易に成立するとの前提をとるようであるとの指摘もある（尾崎・前掲注（23）一五三頁）。
（25）北村・前掲注（2）二八八頁、小菅・前掲注（8）一六五頁。
（26）本判決の評釈として、鳥山恭一・法セ六六一号一二九頁（二〇一〇年）、西岡祐介・銀行法務21第七一四号一一四頁、北川徹・ジュリ一四三五号一三二頁（二〇一一年）がある。
（27）北川・前掲注（26）一三四頁。
（28）江頭・前掲注（3）一二四頁。
（29）本判決の評釈として、久保大作・ジュリ一四四一号一一九頁（二〇一二年）、小菅成一・金判一四〇四号二頁（二〇一二年）、清水円香・リマークス四五号七四頁（二〇一二年）、田中庸介・法と政治（関西学院大学）六三巻四号二〇五頁（二〇一三年）がある。
（30）清水・前掲注（29）七六頁。
（31）久保・前掲注（29）一二一頁。
（32）同旨、小菅・前掲注（29）六頁。
（33）本判決の評釈として、弥永真生・ジュリ一四三六号二頁（二〇一二年）、小菅成一・税経通信六七巻一五号一八〇頁（二〇一二年）がある。
（34）弥永・前掲注（33）三頁。
（35）小菅・前掲注（33）一八四頁参照。

四　結びに代えて

本稿では、従業員の引抜きと取締役の責任が争点となった比較的最近である平成一六年以降に公表された上記の七つの事件の裁判例を検討・分析するなかで、不当勧誘説を支持する立場から若干の考察を試みた。この問題は、一方では、従業員（労働者）の転職（労働）の自由が尊重されるべきであり、他方では、従業員を引き抜かれた会社の利益保護も考慮されるべきであるため、この二つの要請をいかに調整し、取締役の責任の成否をどのように判断すべきであるかにかかわる。私見によれば、競業避止義務違反を伴わない従業員の引抜きに関する限りにおいては、不当勧誘説の立場からの取締役の忠実義務違反と不法行為の判断基準を同一に設定し、退任予定（在任中）の取締役の責任の成否を判断すべきであると解する。

基本的には、その方法が背信的で一般的に許容される転職の勧誘の範囲を超える場合には、社会的相当性を逸脱する引抜行為として不法行為を構成するとの基準を採用する判例法理を踏まえて、取締役の従業員への勧誘（引抜き）の意図・目的およびその方法・手段・態様を認定した上で、その勧誘（引抜き）の必要性・相当性を総合的に判断すべきである。すなわち、不当勧誘説の見解に立って、事案における個別具体的な取締役退任の事情、退職従業員と取締役との関係、引き抜いた人数等会社に与える影響の度合等を総合的に考慮し、背信的で社会的相当性を逸脱する不当な態様の従業員の勧誘（引抜き）だけを忠実義務違反と捉えるべきである。

イギリス倒産法における不当取引責任
——近時の展開とその問題点——

武田典浩

抄　録

近時、倒産時における取締役の義務・責任の議論が再び活発になっており、その示唆を得るためにしきりに参照される外国制度の一つが、イギリス一九八六年倒産法二一四条の不当取引責任である。ただ、同責任ルールについては、イギリスにおける裁判例の傾向を踏まえ、その存在意義や機能に疑問が呈され、それを踏まえて法改正が進んでいるのも現状である。外国制度を我が国の会社法解釈の参照に供する前提として、イギリスにおける不当取引の実務傾向を紹介・分析することが本稿の目的である。

一　はじめに

最近になり、倒産時における取締役の義務・責任の議論に再びクローズアップされるようになった。その原因としては、①倒産法改正の一環として、会社法における取締役の対第三者責任との関係を詰める必要があること、②取締役の対第三者責任につき機能的分析[1]が進み、対第三者責任全体[2]ではなく、倒産時における利用の局面[3]に焦点を合わせて、理論的な考察を進める必要があるとの自覚が生じたこと、②近時の裁判例[4]や立法動向[5]において見逃せない傾向があること、をあげることができる。

日本法における解釈論・立法論を語る際、現行法の現在の機能を分析し、理論的・実務的に足りない点を探し出し、それに対する規範的提言を得るとの自覚をもって外国法を参照することが、比較法研究の普通の態度であろう。ただ、比較法の基礎資料を作るために、外国法制度の機能を詳細に検討することも必要とされよう。倒産時における取締役の義務・責任を検討する際、様々な国[6]が参照対象とされるが、本稿においてはとくにイギリス法に焦点を当てて検討する。イギリス法を参照する理由は、①取締役の義務・責任が「会社に対する義務・責任」構成を採っており、会社法上の取締役責任と倒産法上の取締役責任の相互調整を目指している倒産法学者により頻りに検討対象とされているからであり、②（表面的にはドイツ法とは異なり[7]）倒産時にも取締役に幅広い経営判断の裁量を認めているような条文構成を採っており、日本会社法四二九条一項の「任務懈怠」を取締役の経営判断と類似的に解釈できることを踏まえ、十分に参照に値するからである。

本稿では一九八六年イギリス倒産法二一四条における不当取引責任につき、その適用場面と制度運用上の問題点の二点に着目して紹介する。

（1）　会社法四二九条（商法二六六条の三）は適用事案がきわめて多様なために、事案に即した機能的分析が中心にならざるを得ない。上柳克郎ほか編集代表『新版注釈会社法（6）』二〇九頁以下〔龍田節〕（有斐閣・一九八七年）、岩原紳作編『会社法コンメンタール（9）』三三七頁以下〔吉原和志〕（商事法務・二〇一四年）。近時では、前嶋京子「取締役の対第三者責任：平成期の判決等の傾向」甲南法学四九巻一＝二号一頁（二〇〇九年）は平成期からの総合判例研究である。

（2）　かつての対第三者責任の理論的考察はこのような側面からなされていた。佐藤庸『取締役責任論』（東京大学出版会、一九七二年）。

（3）　この観点を徹底せしめたのは、佐藤鉄男『取締役倒産責任論』（信山社・一九九一年）であろう。それより以前には吉原和志「会社の責任財産の維持と債権者の利益保護（2）―より実効的な規制への展望―」法学協会雑誌一〇二巻五号八八一頁（一九八五年）がこの観点からの分析を強調した。

（4）　筆者はこの裁判例を踏まえ、責任の相互調整につき若干の検討を行った。拙稿「取締役の対第三者責任と役員責任査定との関係」落合誠一先生古稀記念『商事法の新しい礎石』二八三頁以下（有斐閣・二〇一四年）、「倒産法が道を拓く？　取締役の対第三者責任論のこれから」ビジネス法務一五巻五号一二〇頁以下。本稿は、前稿で言及しきれなかった外国法の一部分の詳細な紹介を意図するものである。

（5）　筆者はこの立法動向を踏まえ、日本法における倒産申立義務の復活方法につき若干の検討をした。拙稿「『倒産申立義務』復活論に関する一考察」正井章筰ほか編『ドイツ会社法・資本市場法研究』（中央経済社・二〇一六年）。

（6）　アメリカ、ドイツ、フランス、イギリスがしきりに参照される。また、オーストラリア法も注目を浴びている。オーストラリア法については、美濃羽正康『オーストラリア会社法における取締役の義務と責任の法理』（一誠社・一九九五年）、浪川正己『オーストラリア会社法の研究』一六二頁以下（成文堂・一九九九年）を参照。

（7）　「表面的」と断った理由は、ドイツの倒産申立義務を取締役の経営判断に近づけて解釈してゆく傾向が、近時の学説においては強いからである。この傾向については、拙稿・前掲注（5）参照。

二　制度概要

不当取引は一九八六年イギリス倒産法二一四条[8]に規定されており、会社が倒産による清算に至ることが確実である時点で、清算を回避すべきあらゆる段階（every step）を踏むべき義務を取締役に課し、もしもその義務に違反したときには、清算段階において、裁判所が取締役に対し適切であると判断する清算出資を行わせる制度である。

同制度の趣旨につき[9]、Cork Report は有限責任制度の濫用を想定している。すなわち、「有限責任の理論は良い点も有する。しかし、会社が破綻する際、自分たちは如何なる財産的責任を負わないことを会社役員たちが知るとき、ある程度の無頓着及び関心の欠如にも至ろう。[10]」という。そして、「倒産状況にあるあるいは満期が到来した債務を弁済することができない状況で、それらを完全に満足させる合理的期待なくして、他者に損害を与えたときには、会社は不当に取引したに違いない」として不当取引責任が発生するとした。[11]しかし、一九八四年に貿易産業省により提出された「倒産法に関する改訂された枠組み[12]」では、「会社が取引継続を許容され、その結果、既存債権者の状況が悪化しそして／あるいは返済されない追加的負債が発生し、取締役（影の取締役を含む）がこの状況を回避する合理的見込がないことを知りあるいは知るべきであったと、清算時に証明されたときに発生する不当取引[13]」といった、現行法と同様の表現に改められた。

この制度は、株主と取締役との利害関係が一致する閉鎖的会社[14]において、両者と債権者間の利害衝突に対応する策として導入された。[15]また、不当取引制定前においても、有限責任の濫用に対する対応措置として詐害的取引ルールが存在していたが、詐害的取引の「詐害性」の証明が困難であり利用しづらいため、Cork Report が不当取引を導入したとの事情も存在する。[16][17]

不当取引責任が認められるためには、①会社は倒産清算にあること、②清算開始以前のある時点において、会社が倒産による清算、すなわち、会社財産が債務、責任そして清算費用を弁済するために不十分であることに至ることを回避する合理的見込がないことに関する、現実的あるいは推定的知識を彼が有していたこと、③その時点で彼が取締役であったこと、を清算人が証明する必要がある。そして、取締役には、④債権者に対する潜在的損失を最小化するために行うべきあらゆる手段を取ったことを証明する義務が生じ、これに失敗すれば、取締役は責任を負わなければならない。(18)

（8）　倒産法二一四条一項　下記三項を条件として、会社の清算過程において、本条二項が会社の取締役である者あるいはそうであった者の関連において適用することが現れる場合には、（もし存在するのであれば）会社財産について生じた出資につき、裁判所が適切であると判断する限り、弁済する義務がある旨を、裁判所は清算人の申立により判断することができる。

二項　下記の場合に、本項はその者との関係において適用される。すなわち、

(a)　会社が倒産清算へと至った

(b)　会社の清算の開始以前のある時点において、会社が倒産清算へ至ることを避けることにつき合理的な見込みがないことを、その者が認識していたあるいは結論付けるべきであった。そして、

(c)　その者はその時点において会社の取締役であった。しかし、上記(b)で述べられている時点が一九八六年四月二八日以前であった事例においては、裁判所は本条の下において判断をなすべきではない。

三項　二項(b)で示されている要件が初めて満たされた後に、その者がなすべきこととして、会社の債権者の潜在的損失を最小化する観点からしてあらゆる段階を踏んだものとの関係において満たされた場合には、裁判所はあらゆる者との関係において本条の下で判断を行うべきではない。

四項　三項及び三項の目的に照らすと、会社の取締役が認識あるいは確認すべき事実、到達すべき結論、踏むべき段階は、以下の二点を備えた合理的勤勉な者により認識あるいは確認、到達、踏むことである。すなわち、

(a)　会社との関係において取締役によって遂行されるものと同様の職務を遂行する人に合理的に期待されるような、

一般的知識、技能及び経験、そして

(b) 当該取締役が有している一般的知識、技能及び経験

五項　会社の取締役によって会社との関係において遂行される職務を四項において参照する際に、取締役自身により遂行されるものではなく取締役に委任されていたあらゆる職務をも含む。

六項　本条の目的に照らすと、会社の資産がその債務の弁済及び他の責任及び清算費用に対して不十分である時点で清算に至る場合には、会社は倒産清算に至ったものとする。

七項　本条において「取締役」は影の取締役を含む。

八項　本条は二一三条の適用を妨げない。

条文を翻訳する際に、中島弘雅「会社経営者の倒産責任の取り方に関する覚書　イギリス倒産法からの示唆」河野正憲先生古稀祝賀『民事手続法の比較法的・歴史的研究』四五九頁・四七六頁（慈学社出版・二〇一四年）を参照した。なお、この条文は後に説明する改正法を反映していない。

(9) 同制度の趣旨や導入の背景事情については、佐藤・前掲注（3）一二九頁、中島・前掲注（8）四七八頁に詳しい。

(10) Report of the Review Committee, Insolvency Law and Practice (Cork Report), Cmnd. 8558, 1982, [1741]. なお、「濫用」と「無頓着・関心の欠如」は状況がやや異なると言えそうである。

(11) Cork Report, [1781]

(12) Department of Trade and Industry, A Revised Framework for Insolvency Law, Cmnd. 9175, 1984.

(13) Framework, [52]

(14) Rizwaan Jameel Mokal, Corporate Insolvency Law–Theory and Application, 2005, 288. なお、Mokal は影の取締役にも不当取引が適用される理由について、「影」は当該会社内における実際の取締役ではなく、その親会社など「背後にいる者」であるから、当該会社に対して経営者労働力市場の規律が働きにくいからこそ、取締役責任という形で取締役の行為規律を図る必要性があると言及している。p. 288.

(15) なお、アメリカの議論であるが、公開的会社についても、業績連動型報酬など株主と取締役の利害を一致させる手段

が発展しているため、以前に比べて株主・取締役間エージェンシー関係が問題とならなくなり、その結果、株主＝取締役と債権者間のエージェンシー関係の議論に移行していることを指摘する文献として、Edward B. Rock, *Adapting to the New Shareholder-Centric Reality*, 161 U. PA. L. REV. 1907 (2013).

(16)　詐害的取引の利用の困難性と不当取引導入との関係については、佐藤・前掲注（3）一二九頁、中島・前掲注（8）四七三頁に詳しい。

(17)　しかし、不当取引責任導入後においても、詐害的取引責任が追及されている事案も少数ながら存在する。たとえば、国際商業信用銀行（ＢＣＣＩ）の破綻への関与者について責任追及がなされた事案として、Re Bank of Credit and Commerce International SA (No. 15) [2005] 2 BCLC 328、タックス・シェルター目的で外国会社から排出権を購入した会社が清算に突入した事例である Bilta (UK) Ltd (in liquidation) v. Nazir (No. 2) [2013] 2 WLR 825 などが存在する。詐害的取引が今でも活用されている理由は恐らく、不当取引とは異なり被告となる者が取締役に限定されないこと（影の取締役として認定される必要性もない）、そして、刑事制裁をも利用することができること（当然ながら、民事制裁と刑事制裁とではいずれがエンフォースメントとして効果的であるかという議論の余地がある）、にあろう。Bilta では、二一三条に定める被告には排出権を売却した外国会社をも含むことが判示された。

(18)　Re Idessa Ltd (in liq) [2012] BCC 315, 347.

三　判例分析

1　総　論

本章では、イギリスにおいて取締役の不当取引責任が問題となった事案を概観する。不当取引責任を紹介する論文はこれまでも多数存在したが、一九八六年の不当取引導入直近に執筆された文献では公表裁判例がそもそも少なかったために裁判例の検討に重点が置くことができないのは当然であり、また、近時公表されている文献でも具体的な裁判例がそれほど紹介されているわけでもない。外国制度を日本法解釈の参照に耐えるものかどうかを検討する前提に、その制度の母法における機能を知っておくことは必要であると思われるし、また、後述の四で検討する不当取引の問題点と課題については、裁判例の分析から現れる論点が多いために、本節では裁判例を概観することにしたい。なお、以下で検討する裁判例は不当取引責任が主な論点となった事件であり、従たる論点として取り上げられたにすぎない事件は必要に応じて紹介する程度にとどめておく(19)。

2　裁判例の紹介

【1】 Re Produce Marketing Consortium Ltd.（No. 2）［1989］BCLC 520

【事実】

ＰＭＣ社は果物輸入事業を営んでおり、同社は一九八一年以降、責任額は資産額および銀行の当座貸越額を越すようになっていたが、その会計報告は時機を失して準備される問題点を抱えていた。一九八六年夏までに、銀行の貸越額が頻繁に超過するようになり、同年終わりまでに貸越限度額七万五、〇〇〇ポンドをおよそ一万六、〇〇〇ポンド超過し、多くの小切手が不渡りとなった。一九八七年二月に提出された監査報告によると、ＰＭＣ社は倒産状況にあり銀行の影響下にあるからこそ活動を継続できているにすぎないのだと報告された。同時期、ＰＭＣ社監査役がＰＭＣ社取締役に対し、債務が弁済される合理的見込みがないときにＰＭＣが取引を継続し債務発生を継続すると、取締役が詐害取引により責任を負いうる可能性がある旨の通知を行った。一九八六・八七年にＰＭＣ社の銀行への貸越額が減少したものの、これは大部分において、ＰＭＣ社が果物供給業者から行った借入の増大によるものであったが、同借入も弁済される見込みが立たなかった。ＰＭＣは一九八七年一〇月二日に、債権者による任意清算に陥った。一九八六年倒産法二一四条に基づきＰＭＣの二人の取締役がＰＭＣ財産へ一〇万七、九四六ポンドの清算出資を行う責任があるとして、清算人が申し立てた。

【判旨】　Knox 裁判官

判断基準：一九八六年法二一四条の意味において、会社が倒産による清算を避けることに合理的見込みがないと認識したあるいはそのように結論付けるべきであったか否かを決定する際には、とりわけ、自己の役割を果たし、そうする際に合理的な誠実性を示すような者につき、合理的に期待されるような基準により、取締役は判断されなければならない。このテストを適用する際に、裁判所は、問題となっている特定の取締役によって遂行されている役割を考慮すべきであり、また、特定の会社およびその事業を考慮すべきである。

認識時点：相当な正確性をもって会社の財務状況を示す会計報告を作成し、年次報告に備える制定法上の義務を会社が有しており、取締役が認識するあるいは「確認」すべき事実を二一四条四項が参照しているから、取締役は確認可能な情報を保有しているものとして取り扱われるべきであり、したがって、会社が一九八五年会社法の下で年次報告を公表する義務を遵守し、取締役は利用可能であるべき情報を知っているものとして取り扱われるべきである。この基礎において、たとい実際には会計が一九八七年一月までは利用できなかったとしても、一九八五年九月三〇日に終了する年度に関する会計が、一九八六年七月終わりに知られるに至ったと推察される。さらに、ＰＭＣの取締役が一九八七年一月まで会計報告を受領しなかったが、ＰＭＣの売上高が減少し、ＰＭＣにより受領される手数料の減少が不可避となったことについて、彼らは認識したに違いない。ＰＭＣ取締役が認識したあるいは認識するべきであったあるいは確認した事実を考慮することに立脚すると、一九八六年七月終わりまでに、ＰＭＣが倒産による清算を回避する合理的な見込みがないと、彼らは結論付けるべきであった。取締役が一九八六年法二一四条三項の文言のなかでＰＭＣの債権者の損失を最小化するためにあらゆる合理的な手段をとったと認識できる事例ではないのであるから、二一四条一項に基づき、取締役がＰＭＣの財産へ清算出資を行うべきであると、裁判所は判断する。

出資額の算定：一九八六年法二一四条一項に基づく裁判所の判断は、第一に、制裁よりもむしろ賠償であり、取締役が二一四条一項に基づいて清算出資を命じられるべき一応の額は、会社財産が取締役の行動によって減少した額であるべきである。同条に基づいて取締役が清算出資すべき額を算出する際に、裁判所は非常に広い裁量が与えられ、詐害の意図がないという事実は出資金額を名目的にあるいは低い額に制限することの根拠とはならない。しかし、その事実を全体的に無視することは正当ではない。本件のすべての事実を考慮するならば、取締役が出資を求められている額は、七万五、〇〇〇ポンドとなろう。

【2】 Re DKG Contractors Ltd.［1990］BCC 903

【事実】

被告である夫は一九七九年以来土地整備の下請業者として取引をしてきたが、一九八六年、共に被告である妻は土地整備の下請事業を運営するためにＤＫＧ社を設立し、株主・取締役となった。ＤＫＧ社は夫の下請業者を買収しなかったが、ＤＫＧ社はその夫から提供される労働力や機械を利用し、夫はそのインボイスを取得しＤＫＧに対する主たる債権者となった。一九八八年、ＤＫＧ社は継続的財務困難状況に陥り、二月より未済のインボイスが発生するようになり、五月から一一月までの間に一六人の債権者が判決を取得した。ＤＫＧ社は一九八八年一二月に債権者による任意清算に至った。なお、清算前一〇ヵ月間に、四一万七、七六三ポンドのＤＫＧ社資金が夫の手中に入ったと、被告は認めている。

清算人は、一九八六年倒産法二一二条、二一四条、二三九条に基づき、被告らからの四一万七、七六三ポンドの賠償を求めた。

【判示】John Weeks 勅選弁護士

被告らに対する二一二条に基づく請求、および被告たる夫に対する二三九条に基づく請求共に、全額認容。

不当取引について：一九八八年四月末までに、清算を避ける合理的な見込みがないと被告は結論付けるべきであり、それゆえ、被告は四月三〇日以降の取引について二一四条に基づく不当取引の責任がある。（二一二条および二三九条に基づき履行された支払いについては二一四条に基づく責任を満足させるように向けられる。そして債権者への弁済および清算の費用およびコストに必要な範囲に履行が制限される）。

【3】Re Brian D. Pierson (Contractors) [1999] BCC 26

【事実】

被告（Y_1：会社の経営を担う）とその妻（Y_2：実際は事務員として活動）は、ゴルフコースを建設・維持しているＢＤＰ社の取締役であった。ＢＤＰ社は一九八九年頃までは利益を上げていたが、一九九四年六月作成の一九九三年七月三一日迄の年度会計報告によると四万ポンドの損失、八、〇四一ポンドの貸借対照表欠損が存在することが明らかとなった。ただ、この会計報告は疑義がある旨の監査報告も存在した。九四年三月にＢＤＰ社の取引銀行が当座貸越の金利を上昇させる旨の警告をしていた。九四年四月には、貸借対照表上では二五万ポンドの価値がある資産として計上されていた投資が実際には無価値であったことが判明し、しかも、他のゴルフコースがＢＤＰ社に対して負っている一四万九、〇〇〇ポンドの負債は実際にはそれは回収不能であり、そのことは被告らにとって認識していたに違いないにもかかわらず、九四年七月三一日の会計報告案においては流動資産として含まれていたことも判明した。

九五年一〇月ごろ、Y_1は銀行からの要求に応じ、彼自身が保証人となっている会社の銀行貸越額を減少させる政策を開始し、Y_1（二万七、〇〇〇ポンド）とそのY_2（一万ポンド）の支払いにより九五年一一月二二日までに貸越額全額が弁済された。その後、会社は一一月二九日にはY_2へ、一二月一日にはY_1へと同額を償還し、その時点で他の債権者への返済を中止した。

一九九五年一二月、会社はリストラの一環として、従業員であったY_1の息子には自社所有の二台の自動車（六、二〇〇ポンド相当）の自動車を、義理の息子には二、五四八ポンドを支払い、さらに、息子はBDP社の工場・施設を市場価格で購入し、彼が設立した会社がBDP社の契約を引き継いだ。さらに同月、Y_1は倒産実務家を雇い、五、八七五ポンドのパーソナル・チェックを支払い、九六年一月に会社が同額をY_1に償還した。

一九九六年一月一九日、無担保債権者に対する推計一一万八、九三二ポンドの不足額により、会社は債権者による任意清算に陥った。清算人はY_1に対し三つの請求を行った。①会社の当座貸越額減少のために行われたY_1およびY_2による支払いに対する会社の弁済、および、倒産実務家へ支払われた額のY_1への返還が取り消しうる偏頗行為（一九八六年倒産法二三八条）に該当する。②被告が遅くとも一九九四年六月一三日（一九九三年七月三一日で終わる年度の会社の会計について被告が完成させた時点）までには、倒産による清算に至ることを会社が避けることに合理的見込みがなかったことを、知っていたあるいは知るべきであったとして、二一四条に基づく不当取引について会社の財産への清算出資をすべきである。③正当化事由なくして、(a)会社が債権者に支払うことができない時点において清算手続が開始される直前に、Y_1の息子に対し対価なくして事業の流出された部門の暖簾を譲渡し、(b)会社をして、息子に対して六、二〇〇ポンドの価値がある二台の自動車を譲渡させ、義理の息子に対して二、五四八ポンドを支払わせたことが、被告による失当行為に該当する。

【判示】 Hazel Williamson 勅選弁護士

①については全部認容。

③についても一部認容。

一九八六年資格剥奪法一〇条に基づき、Y_1は五年、Y_2は二年間資格を剥奪する。

②については、次のとおり認容。

Y_1が一九九四年六月までに、損失が増大していること、そして、二五万ポンドの投資の無価値化、一五万ポンドの債権の回収不能について知っており、その時点で、会社は倒産による清算を回避できる旨の合理的な見込みがなかったと、彼らは結論付けるべきであったとした。投資および借入れの資金価値の損失は、それがなくとも会社が存続可能であれば、それ自体は重要ではないが、Y_1はこれを流動資産として考慮していたので、Y_1は事実を直視しようとしていなかった。また、Y_1が単に一時的なキャッシュ・フローの困難性にあるにすぎないと信じたのは、思慮が浅く、その時点における注意深い考慮の帰結ではない。助言者からの警告の欠如は、会社の状況を批判的に検証し、回復を合理的に期待することができないと正しく認識すべきとの責任から、取締役を免れさせることはできない。

二一四条三項の抗弁について：たとえば、単に利益を生み出そうとの意図に関係があるにすぎないのであるから、たとい結果的に失敗をし、不当取引それ自体の行動をカバーできなかったとしても、取締役が債権者の利益のために資産あるいは請求を維持しあるいは実現するとの観点から、特別な手段をとるような事例に対し、同条項は適用する意図があった。

実際には事務員に過ぎなかった妻Y_2の責任：彼女は給与を受容し、取締役としてのその他報酬を受け取っているがゆえ、「眠っている取締役」ではない。

損害額について：会社の財産の悪化は不当取引のみによって引き起こされたわけではなく、あらゆる状況を総合すると、Y_1は二一万ポンド（追加損失の七〇％）、Y_2は五万ポンドの清算出資を行う責任がある。

【4】 Official Receiver v. Doshi［2001］2 BCLC 235

【事案】

被告が取締役を務めるV社は、以前被告の家族により経営されていた酒類卸売会社（強制清算手続中）を買収することにより事業を開始した。V社は創業当初から運転資金を持たず、ファクタリング会社であるR社との間のファクタリング取引によって調達された資金でもって経営を行っており、一九九二年一一月以降は虚偽のインボイスを利用したファクタリング取引を行っていた。一九九三年八月ごろ、被告の兄弟により支配されているP社との間で契約を締結し、自社の付加価値税の一部の責任をP社に負わせるようになった。一九九五年三月、二八万二、〇〇〇ポンドの租税債権を有する関税消費税庁の申立により強制清算に至った。清算人は一九八六年会社取締役資格剥奪法六条に基づき、被告が会社取締役である資格を剥奪するように求めた。その剥奪理由の一つに、取締役に不当取引の責任がある旨が指摘された。

【判示】 Hart 裁判官

虚偽のインボイスの利用、P社との契約による付加価値税回避などを踏まえ、資格剥奪法六条による取締役の不適格により、被告は一二年間、取締役としての資格が剥奪されるとした。そして、失敗した事業を買収するときには、V社が失敗に運命づけられていたことが証明されなくとも、一九九二年一一月時点で、詐害的なインボイスがなければ会社は存続することができなくなったと被告がひとたび気づいたならば、会社が倒産による清算を回避する合理的な見込みがないと、被告は結論付けるべきであった。したがって、一九九二年一一月以降に発生した負債について、清算において債権者に分配可能となるように、V社の不足分について、被告には清算出資を行う責任がある旨の宣言がなされるべきである。

【5】 Re Marini Ltd. [2004] BCC 172

【事実】

事実は複雑であるが簡略化すると、紳士服小売業者であるM社（一九八四年設立）と、それに対する経営コンサルタント会社であるE社（一九八五年設立）が同一家族内で経営され、正式な文書を作成することなくコンサル料支払いを行っていたが、一九九七年三月ごろよりM社が年次損失を出し始めた。その後、一九九九年四月ごろには倒産実務家から債権者による任意清算に至るべきであるとの助言を受けたが、M社所有の高級自動車を手放すなどして短期資金を調達し経営を維持し続けてきたが、一九九九年七月一三日に遂には清算に至った。

M社の清算人は、M社の三人の取締役（株主も兼任）に対し、E社へ支払われたコンサル料、株主に支払われた違法配当額につき二一二条に基づく請求を、高級自動車売却につき対価が過少であったことにつき差額の支払いを求め、それとともに二一四条に基づく不当取引につき清算出資を求めた。

【判旨】 Richard Seymour 勅選弁護士

違法配当請求につき一部認容。それ以外は棄却された。

不当取引請求について：棄却

一九八六年倒産法二一四条に基づく不当取引に関する請求は棄却される。二一四条に基づく裁判所の権力を発動させるという論点が生じる前に、二一四条に基づき賠償を求められている者が、会社が倒産による清算を回避する合理的見込がないことを知っていたあるいはそのように結論付けるべきであったと言われる時点以降に、取引を継続していた帰結として、会社が実際の清算状況において、取引が意図された時点において中止されたならなっていたであろう状況よりも、悪化した状況にあった旨を、証明されなければならなかった。適切な比較は、取引が中止されるべきであったと主張される時点における会社財産の純欠損額と、実際に取引が中止された時点におけるそれとの間でなされる（Re

Continental Assurance Co. of London plc.)。適切なテストは、第一あるいは第二の時点の後に新たな負債が発生したかどうかではなく、第一あるいは第二の時点の後に金銭がどれだけ支払われたのか、でもない。唯一適切な質問は、純額に立脚して、取引継続の帰結として会社の状況が悪化したかどうかを証明することにある。不当取引の証拠はわずかにすぎない。取締役が一九九八年三月三一日時点の会計を承認した一九九八年一一月時点が、倒産による清算を回避する合理的見込がなかったことを証明したと、清算人が主張したにもかかわらず、一九九八年三月三一日時点において、会社は、資産ベースにおいてもキャッシュ・フローベースにおいても、倒産状況にあったことを、会計は示していなかった。

【6】 Re The Rod Gunner Organisation Ltd. [2004] 2 BCLC 110

【事実】

被告ら（Y_1：取締役、Y_2：前取締役）は一九九六年に設立された生産会社（R社）の取締役である。Y_1の妻は会社の従業員である。R社は設立以来利益を出したことがなく、一九九八年二月に準備された予算案では六一万一、五〇〇ポンドの収入、六一万五、〇六五ポンドの支出、最終的取引損失が三、五六五ポンドの予測が立てられた。一九九八年三月、Y_1が、その財産が会社の資金源となり得ることを期待し投資家Jに対し、取締役として加入するように説得した。その後まもなく、Jの主導の下で、会社は映画制作に関与することとなり、Jが、一九九八年に六一万五、〇六五ポンドを上限として資金提供することに同意し、そして、手持ちのパラグアイボンドの売却およびそれを担保とした借入により映画用の資金を提供することに同意した。一九九八年四月から九月二日までの間に、Jは総額二七万四、八〇〇ポンドをR社に対して散発的に分割払いを行い、その最終支払いは一九九八年九月二日の五万ポンドの支払いであった。彼はさらに四〇万ポンドを映画制作のために支払ったが、当初約束された全額の支払いはなされなかった。その結果、一九九八年九月の終わりまでに、R社の資金状態が強烈に悪化し、一九九八年一二月三一日までの期間に、二五万八、八二七ポンドの純損失を被った。一九九八年九月ごろ、Jの提案により新会社G&Sが設立され、会社の事業を買収し、NASDAQに上場することが目論まれた。一九九九年二月の取締役会において、Jは自己の口座からR社へ一二万六、〇〇〇ポンドを移動させ、五〇万ポンドの当初の支払額がNASDAQ上場に関連して後に支払われることを、Jは説明した。しかし、その額が実際に会社に支払われることはなかった。その後、様々な支払いが会社の銀行口座上で焦付くようになり、一九九九年六月、R社は債権者による任意清算に陥った。一九九九年一二月三一日までに、R社は三三万二〇九ポンドの資産の不足が生じた。

被告は一九八六年倒産法二一四条に基づく不当取引により会社財産へ清算出資を行う責任がある、および、失当行為により一九八六年倒産法二一二条に基づく賠償を行う責任がある旨の宣言を求めて、清算人が申し立てた。

【判旨】 Etherton 裁判官

被告は一九九八年一〇月一五日以前の期間に支払われた、被告らおよびY_1の妻の給与について責任を負わない。なぜなら、会社が一九九八年四月までに倒産状況に陥っていたにもかかわらず、一九九八年一〇月一五日以前の期間においては、Jが会社を倒産による清算から回避させられるほどの十分な資金を調達することについて、被告は誠実かつ合理的な信念を持っていたからである。Y_1がJとの間で一九九八年二月に取り交わした、予算案において示された予算上限六一万五、〇〇〇ポンドを支払う旨の合意を考慮し、会社に対してJにより支払われた二七万四、八〇〇ポンド、映画制作のための四〇〇万ポンドが与えられたならば、一九九八年六月と七月の間に、Jが倒産による清算を回避するために必要な資金を提供すると被告が信じることは合理的であった。したがって、一九九八年九月終わりまでの間、被告ら自身および妻に給与を支払い続けたことについて、被告らは不合理あるいは義務違反の行動を行っていたとは言えない。しかし、被告らの一般的知識、技能および経験を有し、被告のごとき役割を果たしている人物として合理的に期待されうるような合理的で誠実な取締役は、一九九八年一〇月一五日までに会社が倒産による清算を回避できるとの合理的見込を有するとの結論に至った者はいなかった。一九九八年九月終わりまでに、会社の債務は相当程度資産額を超過し、Jが会社および映画に対する資金提供を果たすことができなくなることを、被告は気づくべきであったし、一〇月一五日までに、被告の状況にある合理的な取締役ならば、彼はおそらく支払わないであろうと明白に気付くべきであった。さらに、その時点以降に、資金の唯一の外部的な資金源となりうるのは、NASDAQ証券取引所へG&Sを株式上場させる旨の提案のみであった。しかし、被告の状況にいる合理的な取締役ならば、G&Sが極めて短期間にNASDAQに上場し、五〇万アメリカドルを上場の結果稼得することができるとの結論に至ることはなかった。G&Sが、譲渡される資産の独立評価なくして、相当な損失額を抱え、その最後の会計報告が一年前で情報が陳腐化しており、その取締役が上場に率先していないような、他社の事業を買収することを意図している新会社であるとの状況があるからである。このような状況の下で、莫大な損失および会社に対する相当額の負債に直面している、被告の立場にある合理的で誠実な取締役ならば、一九九八年一〇月一五日までに、倒産による清算を避ける合理的見込はなかったと、結論付けるべきであった。したがって被告は、会社の財産に対する清算出資を行う責任がある。調査はこの出資額を算定するために命じられる。

【7】 Re Continental Assurance Co. of London plc.（in liq.）（No. 4）［2007］2 BCLC 287

【事実】

一九八五年、ある投資家連合が、自ら上場保険会社を経営する意図で、持株会社を通して瀕死状態の保険会社であるC社の株式を購入した。株式購入財源は持株会社の銀行からの借入金であったが、C社が持株会社に対してなす貸付により金利を支払うことができた。C社は、後に被告となる八人の取締役により構成される取締役会を組織し、一九八五年に取引を再開した。一九八九年まではおおむね利益を上げていたものの、一九九〇年に重大な損失が発生し、取締役会は九一年六月四日にそれを踏まえた会計報告を作成、承認する予定であったが会議が延期され、その延期期間中に更なる損失が明るみとなった。六月一四日の会議ではC社の取引の継続が決定され、七月二日の会議ではC社は支払能力があり、ソルベンシー・マージン比率も八〇万ポンド適合していると財務担当取締役が報告し、さらに取引の継続を決定した。次回会議は七月一六日に開催予定であったが、七月一九日に延期された。同会議提出の貸借対照表において、株主資本が四五二万八、〇〇〇ポンド存在し、持株会社の二〇〇万ポンドの負債が回収不能と理由に除外されたとしても、C社は二〇〇万ポンド以上の額で支払能力があり、ソルベンシー・マージン比率は一〇九万ポンド適合していることが示され、取締役はC社の取引の継続を決定した。しかし、財務担当取締役と監査役はその時点で、会社の支払不能は明白ではないが、現在の取引を進めても過少な利益しか出せず、会社を継続企業として売却したほうが良いとの指摘をしていた。その後、九一年五月三一日時点の貸借対照表が株主資本額を減少するように修正され、八月には、取締役会は会計士に対し、株式購入者が納得できるような財務報告を作成するように命じた。一二月一一日、C社は新たな保険引受責任を負わないと取締役会が決定した。一二月二〇日に支払不能が明白となる巨額損失に直面し、九二年三月に清算に至った。

一九九七年、清算人は八人の取締役に対して訴訟を提起した。一九九一年七月一九日の取引継続の決定が、一九八六年倒産法二一四条に基づく不当取引に該当すること、そして、二一二条に基づく失当行為に該当することを理由とする。そして、一九九一年七月一九日時点で清算がなされた場合の経済状態と、一九九二年三月二七日時点で実際に清算がなされた場合の経済状態との間の欠損の増加分である、三五六万九、〇〇〇ポンドの支払いを求めた。

【判旨】 Park 裁判官

請求棄却

取締役の注意義務について：取締役の義務は一般的に、会社の行うことがすべて正しいことを保証するものではなく、むしろ、問題となっている類の会社の取締役に対し法が期待しているような基準に適合して合理的な注意および技術を実行することにあり、それはここで問題となっている特定の取締役によって達せられることができるような基準である。とりわけ、非業務執行取締役の責任は、たとえば財務担当取締役といった専門家である取締役を、その専門分野において、凌駕することを彼らに求めるわけではない。

取締役のジレンマ：会社が財務困難状況にあるときはいつでも、事業を畳んで清算に至るか、あるいは、取引を継続して会社の再起への望みに託すか、について決定する現実的かつ困難なジレンマに取締役は直面する。一方では、もしも彼らが取引の継続を決定し、しかし上手くいかず、遅かれ早かれ清算に至るとしたら、不当取引に基づく訴訟に自らが晒されることに気づく。しかし他方では、もしも彼らが直ちに事業を畳み、会社を早期の清算に至らせたら、事業を継続する大胆さを有すべきときに早くも畳んでしまったことについて批判されるというリスクに晒される。……清算人が回復を求めている会社の損害と、取締役の行動の害悪性とを結びつけるためには、この類の単なる「あれがなければこれなし」関係以上のものが存在しなければならない。

本件の場合：被告は一九九一年六月四日の取締役会以降、完全に責任ある誠実な態度を取っていた。C社が適切に取引を継続できたかどうかという問題は、一九九一年六月一四日の取締役会において明らかに取り上げられ考慮され、一九九一年一二月二〇日に、新たに報告された損失によりC社が倒産状況にあることが示されているということが取締役に報告されたとき、彼らはもはや取引を行うべきではないとの指示を与え、倒産実務家からの助言を得た。……取締役は保険会社の基礎的な会計原則について知識を有する知的な素人であると期待されている。しかし、斯界における専門家により保有されているような、非現実的なほど高度の会計の専門技術を保有することが要求されない。六月一四日時点における資料・記録の不完備性もない。

一九九一年七月一九日時点において、財務担当取締役や監査役に会社の支払能力について調査報告をするように指示をする以外のことを、取締役がなし得ることはなかった。なぜなら、真の状況を知ることなしに、直感的に行動し、事業を畳むことは可能ではなかったからである。また、単に書類の数字が形成されることが遅れたために、取締役が会社を清算に至らせることができなかった。これら数字が最終的に形成されたときに、取締役が彼らに提供された数字および予測に依存することが合理的かつ適切であった。しかもその数字は、本当は深刻な損失を被っていたにもかかわらず、会社には支払能力があり、依然として貿易産業省のソルベンシー・マージンに適合していたことを示していた。いずれにせよ、取締役はその数字を盲目的かつ疑うことなく単に受け入れていたのではなく、むしろ、注意深く状況を考慮し、取引継続を決する前に詳細に財務担当取締役に質問をしていた。

失当行為請求：棄却

会社は一九九一年七月一九日時点で倒産状況にはない。

全裁判官一致（per curiam）：本件において、もしも被告取締役に不当取引の責任があるとするならば、とりわけ厳重な結論となるであろうし、もしもそうであるならば、十分に助言を受けた者が会社の非業務担当取締役としての選任を受諾することを想定することは困難となろう。

失当行為および不当取引請求において、取締役に対して命じられる損害額・清算出資額の算定は、会社が清算に至るべきであった時点と、実際の清算の時点との間の、会社における純欠損額の増加分に立脚すべきである。なぜなら、失当行為請求による会社への補償は、失当行為によって生じた会社への損失を参照することによって算定されるのみであり、二一四条に基づく不当取引責任のための取締役の清算出資額を計る出発点は、早期時点で清算に至った代わりに取引を行ったことによって生じた会社への損失であるからである。

【8】 Re Hawks Hill Publishing Co. Ltd.（in liq.）［2007］BCC 937

【事実】

H社は一九九七年五月六日に一〇〇ポンドの発行済株式資本により、半月に一度刊行される無料ゴルフ雑誌の出版を目的として設立され、その収益は広告収入に依存していた。Y_1は取締役であり、Y_2はその秘書役であったが事実上の取締役としても行動していた。一九九七年七月、H社の取引銀行はH社に二万ポンドのローンを提供し、その担保として、会社資産すべてに対する債務証書（debenture）が供せられ、および、銀行に対する借入すべてに対するY_1およびY_2による個人保証が設定された。雑誌出版後しばらくは広告収入が得られない一方で、製作費用が必要であったため、会社はすぐにキャッシュ・フローの困難性に陥った。銀行の助言により始めたファクタリングも不成功に終わり、H社に対し、Y_2は五、〇〇〇ポンド、Y_1は二万ポンドの貸付を行った。さらに銀行は過振り措置をとった。一九九八年一一月、H社は会計士を雇い、設立から一九九八年四月までの期間の会計報告を一九九八年一二月に作成し、ここで二万八、七五二ポンドの取引損失が示され、その後損失は三万三、二五四ポンドへと情報修正された。Y_1とY_2は出版物には源泉課税がされないと期待していたのだが、会計士はそれが誤解であると説明し、さらなる資本注入の必要性を訴えた。会計報告によると、一九九八年一一月までに二万五、三二〇ポンドの損失、一九九九年一月までの会計報告では損失が二万二、七〇〇ポンドまで減少した。一九九九年初頭、Y_1とY_2を無報酬とするなどリストラの努力をした。

H社は利益を得るため九九年夏に新たな無料週刊誌の出版を始めた。業者10 Groupが同週刊誌を完全に買い取りたい旨の提案をし、九九年一一月に二万ポンドで購入する結論に至った。その際、10 Groupは四万ポンドの給与と成功報酬を支払う代わりに、依然としてY_2に雑誌の出版を続けてもらいたいと提案した。なお、この提案の中には、銀行の債務証書から雑誌を外すよう努力するとの条項も含まれていた。契約は一九九九年一二月一〇日に実行された。Y_2との間のサービス契約は一九九九年一二月一六日実行された。しかし、一九九九年一二月一七日、10 Groupは、雇用に関するY$_2$の契約を終結させた。10 Group は二万ポンド以上を支払い、債務証書から雑誌を外すよう銀行を説得するために、購入価格全額が銀行へ支払われた。当初の銀行借入れへの返済は、銀行に対する会社の債務ならびにY$_1$およびY$_2$による保証を減少させた。

H社は残余の事業がなく、二〇〇〇年二月に債権者による任意清算に至った。無担保債権者に対する欠損額が一一万七、〇〇〇ポンドを超えた。国務長官によりY$_1$およびY$_2$に対する資格剝奪手続が申し立てられるとともに、会社の清算人により、取締役の銀行への保証債務を減少させるためにH社が銀行に対して行った支払いが行われたことについて、一九八六年倒産法二三九条に基づいて取締役に偏頗行為が行われ、そして、一九八六年法二一四条に基づいて取締役の不当取引の責任があると主張した。不当取引については、会社が倒産による清算を回避する合理的見込がないことを知ったのちに、会社が取引を継続することを彼らが許容したからである。それに必要な認識を彼らは一九九八年四月三〇日までには取得していたことを理由とした。

【判旨】 Lewison 裁判官

請求棄却

不当取引について：一九九八年四月時点において、会社が難なく取引を行うことができたとY$_1$およびY$_2$は考えており、会社への収入が実際の収入よりも多かったと考え、一九九八年四月に、源泉課税を払うべきであるとは認識していなかった。会社へと進んで投資をしてくれる投資家がいるとも考えていた。取引を行う最初の一〇あるいは一一ヵ月間の終わりの時点において、会社がまだ支払能力がないという事実は、会社には決して支払能力あるいは収益性がないと取締役が結論付けるべきであったとの結論には至らない。売却の費用は収益を超えた。しかし、このことは、一九九八年四月時点において、Shires Golfer（H社発行の雑誌名）が収益力を得られないことを意味するものではない。すなわち、会計士は調整が必要であり、収益は雑誌における広告割合および広告費用を増やすことによって増大し得た。

また、状況が望ましくないものであると、会計士は彼らに助言しなかった。逆に、資本注入を条件として事業には約束された将来があると、会計士は助言した。この助言は（たとい一九九八年一二月や一九九九年一月よりもむしろ一九九八年四月になされたものであるとしても）、倒産による清算が唯一の解答であると、取締役に結論付けさせることには至らせない。なぜなら、一九九八年四月時点で、外部投資家が会社へ投資をする準備があるとの、真の見込が依然として存在したからである。もっと後の時点、すなわち一九九九年までは、債権者からのいかなる圧力も存在しなかった。会社は借入金でもって設立されたのであるから、雑誌が定着するまでは時間がかかるので、初期の取引時点においては、会社には収益性が生じないであろうと、常に予測されていた。もしも法が、最初の困難のサインが生じた時点で会社を倒産による清算に導くように取締役に要求していたならば、事業組織を正当化することは空虚なものとなろう。投資家を見出しあるいは売却するように助言したときに、Y_2は良い価格となるような価格でもって買い手を見出し、名目価格よりも高い価格を進んで払ってくれる買い手を見出すために、継続的に広告を維持することは不可欠であった。それは出版の継続を意味する。

【9】 Re Bangla Television Ltd. (in liq.) [2010] BCC 143

【事実】

B社は一九九八年に設立され、二〇〇三年六月より、同社取締役はY_1およびY_2のみとなった。二〇〇三年一二月の会社の臨時株主総会において、会社が任意に清算手続に入るべきであり、原告が清算人として選任されると決定された。会社の財産状態陳述書（statement of affairs）によると、それが資産を有さず、優先債権者に対して満期を迎えた五、六〇〇ポンドの負債を有し、他の無担保債権者に対して一〇一万四、四〇三ポンドの負債を有し、株主の側においては二二二万三ポンドの欠損額を有していたことが示されていた。二〇〇三年九月、会社は事業売却契約（ＢＳＡ）を実行し、その資産のほとんどをBangla TV Ltd.（ＢＴＶＬ社）へと譲渡し、同社もまた後に清算に陥った。ＢＳＡがなされた時点において譲渡された資産の価値は二五万ポンドであり、それはＢＳＡの中で資産に与えられた価値でもあった。ＢＳＡにおいて記録されていたにもかかわらず、Ｂ社の資産はＢＴＶＬ社へ対価なくして譲渡され、それゆえ、ＢＳＡは一九八六年倒産法二三八条に基づく過少対価取引であった。清算人はＢＴＶＬ社、Y_1およびY_2に対して申立てを行った。それにより彼は、ＢＳＡが過少対価の譲渡であったとの宣言を求めた。彼はさらに、不当取引による責任を基礎にした、一九八六年倒産法二一四条に基づいて、Y_1およびY_2に対して宣言及び命令を求めた。取引が過少対価でなされ、ＢＶＴＬ社およびY_1によって推進された事例を拒絶し、そして、貸付がある支払いのために供与されたと証明されたと、予備判事が決定した。不当取引の論点は裁判官によって取り扱われず、彼は、なされるべき命令の条件に関して書面による陳述を要求した。ＢＳＡが会社の財産をＢＴＶＬ社に対して一九八六年倒産法二三八条四項(a)による過少対価でもって譲渡したと、命令は最終的には宣言し、そして、本件行為に関する更なる命令が登記官より求められるべきであると定めた。

二一四条による不当取引請求のサマリージャッジメントの清算人の申立てに反駁する際に、Y_1は以下のように述べた。第一に、二一四条に基づく請求は手続において既判力（res judicata）を有し、さらに問題を追求する手続の濫用があった。第二に、完全な開示および証拠の評価の後においてのみ審理において決定されうるような事実の真の論点があった。二一四条の申立てに関して、清算人は、ＢＳＡ時点における明白な、そして希望がない会社の倒産、および、最後の認識された行動がＢＳＡの実行であるという事実に依存し、それにより、会社の資産は対価なしにＢＴＶＬ社へと譲渡され、その時点においてY_1およびY_2が取締役であったとする。

【判示】　Jeremy Cousins 勅選弁護士

二一四条の申立てについてサマリージャッジメントを与える。

予備判示の決定・命令において、不当取引に基づくY_1およびY_2の責任が排除されるべきであるとの意図はなかったのであるから、res judicata の問題は生じない。

ＢＳＡがなされる以前に、Y_1およびY_2、すなわち会社の両取締役が、会社が倒産による清算を回避する合理的な見込みがないと知っていたあるいは結論付けるべきであったことは証明された。予備判事が認識したことによると、会社は問題となる時点において倒産状況にあった。会社からその資産を対価なくして引きはがすような、ＢＳＡへと会社を関与させる以前に、Y_1およびY_2は会社の財務状況を確認すべきであった。そして、会社に取引を止められた代わりに、Y_1およびY_2は、二五万ポンドの価値がある資産を対価なくして会社に手放させた。したがって、会社の資産の中から当該額を率直に減少させ、同額分の純不足額の増加を生じさせた。

【10】 Singla v. Hedman (No. 2) [2010] BCC 684

【事実】

Ｎ社は二〇〇四年三月一九日に設立され、被告Ｙが唯一の取締役、社員であり、映画、ビデオ制作事業を運営していた。Ｎ社に対し、ナミビアで映画を撮るために南アフリカの会社であるＯ社により制作サービスが提供されることとなった。これにつき、二〇〇六年三月三一日までに撮影が開始され二〇〇六年一二月三一日までに完了する映画撮影についてのみ、低減されたフィルム税率が適用可能であった。主な俳優は映画出演に口頭で同意したが、契約は締結されていなかった。二〇〇六年三月二二日時点で、主要な俳優たちが映画制作にあまり前向きではないと関係者たちには思えていた。二〇〇六年三月二四日、ＹはＯ社との間で、会社のために、製作サービス合意（ＰＳＡ）に署名し、Ｎ社に対し主要な額の支払いを約束した。映画制作は二〇〇六年三月三〇日に開始されたが、Ｙは約束していた主要な俳優が現れてこないことに気付いた。映画制作は終了せざるを得なくなった。二〇〇六年一二月、南アフリカ裁判所は、ＰＳ

Aに違反したN社に対し、仲裁判断の登記をした。その判断はイングランドにおいて登記され、二〇〇七年六月、O社はイングランドにおいてN社の清算を申し立て、二〇〇七年一一月に強制清算の命令が出された。N社の清算人はYに対して、一九八六年倒産法二一四条に基づく不当取引の命令を求めるための申立てを行った。

【判旨】 Peter Smith 裁判官

二一四条に基づく清算人の申立てを認めた。

客観的に観察すると、Yは二〇〇六年三月二四日にPSAに署名すべきではなかった。署名の唯一の目的は、資金調達と税の軽減措置という侘しい希望を持って、映画制作を起動させることにあった。当事者が登り坂になるという合理的な見込みがある証拠はなく、また、資金が他者から調達されることを示す合理的な証拠もない。その時点において、映画が完成される真の見込みもない。義務を遵守することが無意味であり、見込みもないときに、PSAはN社のためにYによって署名された。もちろん完全に失われたわけではない。なぜなら、二ポンドの資産を有していたからである。損失は、O社によって負わされ、それに支えられる損失および請求はPSAの下でN社が不履行となった義務から生じた。N社がその義務を遵守できず、したがって、倒産による清算を回避することができないことが不可避であったのは、二〇〇六年三月二四日の時点であった。

Yは二〇〇六年三月二四日時点に主演俳優が現れなさそうだと認識し、あるいは、認識すべきであった。なぜなら、N社の取締役として、PSAにサインをする以前に、とりわけ、二〇〇六年三月二二日の警告メールの後に、どのような状況にあるかをYは確認すべきであったからである。もしも問い合わせていたら、俳優がサインをすることは完全になさそうだと、Yが気付いたはずである。

Yは二〇〇六年三月二四日に、主役がサインをすること満たす合理的見込みはなく、同日に、映画制作のために必要な資金を確保する見込みもなく、彼がサインしようとしていたPSAの下でその義務を遵守する見込みもなかった。彼が実行しようとしていたのは投機的な期待以外の何物でもなく、彼が何もリスクを負わず、映画産業内に起きる何らかのことをしようとしていたことを考え、サインをしようと準備していた。Yが債権者への損失を最小化するための手段を経ていたことを示す証拠はない。

【11】 Re Idessa (UK) Ltd. (in liq.) [2012] 1 BCLC 80

【事実】

二人の被告（Y_1、Y_2）は二〇〇二年に、電子的選挙投票技術を展開するために会社（I社）を設立することに関与した。Y_2はI社への主たる投資家とともに取締役に就任し、I社のアプリケーション製造に携わり、Y_1は契約交渉と財務管理を担ったが株主でも法律上の取締役でもなかった。I社は多数の子会社を擁し、そのうちのイギリス会社、二つのアメリカ会社については両被告がそれら会社の取締役を兼任していた。

会社の主たる収入源は、アメリカのA社との間の、タッチスクリーンの電子的投票機器のためのソフトウェア開発契約によるものであった。A社はI社に月額一〇万ポンドの手数料を支払っていたが、二〇〇五年六月三〇日までに同契約は終結した。被告らはそれぞれI社から年額七万ポンドの報酬を受領していたが、二〇〇四年一二月一四日から報酬総額をアメリカ子会社の一つであるＩＭ社の銀行口座へ送金するように手配した。同支払いはＩＭ社口座からイギリスにおける被告らの個人口座へと送金されていた。

I社はすべての期間、会計帳簿等をまともに作成していなかったにもかかわらず、貸借対照表上の倒産状況にあることは明白であり、投資家による継続的援助が頼りであった。ところが、二〇〇七年一〇月一日に清算の申立てが債権者によりなされ、二〇〇七年一一月一二日に会社は裁判所により清算手続に至り、原告が清算人として選任された。清算の日時において、I社は債務者に対し四九万一、〇九八ポンド相当の債権を抱えており、その中にはA社が負っている四三万七、八五八ポンドが含まれていた。債権者には、給与未払のスタッフ（七万九、五五七ポンド）、取引債権者（一五万三、〇七九ポンド）、歳入税関庁（二七万四、九四六ポンド）そして、会社の財務支援者（直接および間接的に一二〇万三、八五〇ポンド負っていた）が存在した。

清算人は被告らに対し訴訟を提起し、Y_1が会社の事実上の取締役にあたり、被告らが倒産法二一二条に基づく失当行為および二一四条に基づく不当取引による責任があるとした。特に、二一四条に基づく不当取引を基礎づける事実は、A社との間の契約の損失発生の後に、会社が倒産状況にあると彼らが知りあるいは知るべきであり、遅くとも二〇〇五年六月三〇日までには倒産による清算を会社が回避する合理的見込がなかったと彼らが知るべきであったときに、彼らが会社の継続を許容したことにある。

【判旨】 Lesley Anderson 勅選弁護士

Y_1が事実上の取締役に該当するのか：事実上の取締役を判断する際に重要な点となるのは、その者が取締役の義務を引き受けているかどうかであり、事実に照らすと、Y_1は会社設立から清算に至るまでの間、事実上の取締役として行動していたと扱われるべきである。なぜなら、①株主合意の草案および証拠から、彼が取締役かつ株主であり、事業計画において会社の設立者であり取締役であると約束され、②イギリスおよびアメリカの子会社の法律上の取締役であり、③取締役たるY_2と同様の給与が支払われ、④Ｉ社の銀行口座へY_2と同程度のアクセスが可能であり、⑤Ｉ社の会計士と会計係が会社の財務事項については彼らを平等に取り扱っており、⑥業務用の名刺では彼が取締役であると示されており、⑦Ｉ社の借入金勘定を管理しており、そして、⑧両被告とも清算時の債務者であると掲載されることが明白であり、それらすべてのことは、彼が会社の事業に対する真の影響力を及ぼしており、Y_2と同様の地位において行動しているため、それゆえ、彼が会社の企業統治の一部を担っているとみなされることは妥当であるからである。

失当行為責任について：ＩＭ社の口座を経由した断続的支払いは、収入に対する源泉課税と国民保険の支払いの回避を被告に可能にさせることを目的とし、そのような支払いを会社に行わせることは不適切であり、これを認可した被告らは信認義務に違反する。I社のクレジット・カードを私的に流用した支出は、適切な目的のためになされておらず、被告らがI社にそれらの支払いを行うようにさせたことにつき、信認義務に違反した。それゆえ、被告らは、一九八六年法二一二条三項(a)に基づき、清算人に対して、総額三三万三、四一一ポンド余の支払いを行う、連帯あるいは個別責任を負う。

不当取引責任について：一九八六年法二一四条に違反する不当取引の請求が認容されるために、それぞれの被告について以下の点が証明された。(i)会社は倒産による清算にあること、(ii)二〇〇七年一〇月一日の清算開始以前のある時点において、会社が倒産による清算、すなわち、会社財産が債務、責任そして清算費用を弁済するために不十分であることに至ることを回避する合理的見込がないことに関する、現実的あるいは推定的知識を彼が有していたこと、(iii)その時点で彼が取締役であったこと、そして、(iv)彼が債権者に対する潜在的損失を最小化するために行うべきあらゆる手段を採ったことを証明することに失敗した。二一四条の焦点は、倒産による清算を回避する合理的見込がないことを知っていた取締役が、債権者の損失を最小化するためになし得るあらゆることを行ったかどうか、にある。清算人は最初の三つの根拠を証明する必要があり、その一方で、四つ目の根拠における制定法上の抗弁を証明する責任は、被告たる取締役にある。しかし、後知恵にならないように特別の注意が払われるべきであり、取引を継続すべきか、いかなる根拠に基づくべきかを判断する際に取締役がしばしば直面するような困難な選択に対し、適切な考慮がなされるべきである。事実に即せば、被告は二〇〇五年六月三〇日までに、会社が倒産による清算を回避する合理的見込がなかったと結論付けるべきであり、そして、その日以降、それまでと同じ方法でもって、すなわち同様の給与を自分自身に支払い続け、同様の費用を負担させ続けたことにより、会社の多くの金銭を利用し続けたのであるから、債権者に対する潜在的損失を最小化するために彼らがなすべきであったあらゆる手段を彼らが採ったとする証拠は存在しない。

失当行為責任と不当取引責任との関係：失当行為請求を生じさせるような被告の義務違反は、二〇〇五年六月三〇日の不当取引責任を基礎づける事実の発生の前後において重複して発生し、そして、失当行為請求による請求額は会社の一般財産の一部を形成し、その財産に対するそれ以前の債務証書あるいは債務の引き当てとして把握され得るが、不当取引請求による回復額は債権者の利益のために任命された者により保有される額を構成し、会社財産の一部を構成しないのであるから、法二一四条一項に基づく不当取引に関する出資命令は、救済の重複を回避しなければならない。被告は総額一四三万八、五一三ポンドの責任を負い、そのうち三四万四一一ポンドは失当行為請求に関するものであり、一〇九万八、一〇二ポンドは不当取引に関するものである。彼らの責任は一四三万一、五一三ポンドについて連帯および個別責任である。

【12】 Roberts v. Frohlich［2012］BCC 407

【事案】

用地造成を行うことを業とする特別目的組織体（O社）が、他社からの借入、銀行ローン、株式購入の独占的権利の他者への売却により調達された資金を得て用地を取得し、同用地開発を建設業者（F社）へ請け負わせたところ、F社との間の letter of intent 内の請負金額につき争いが生じ、それが原因でF社が完了させた請負仕事につきO社は賃金を支払わなかった。そこで、当事会社間で訴訟が生じ、O社はF社に対し一六〇万ポンドを支払うべきとの判決が出された。しかし、同額を支払うことができず、O社取締役は管理人を選任し、管理手続に入った。管理人はO社所有の用地を売却し、売得金で銀行に弁済を行った。管理人は原告を清算人として選任し、清算手続に入ったが、F社の請求を最劣位に置いても、九〇万ポンドの額の不足分が生じてしまった。

そこで、O社の清算人により、O社取締役に対して失当行為、一九八六年倒産法二一四条に基づく不当取引による責任を負う旨の宣言を求めた。

【判旨】　請求認容 Norris 裁判官

用地買収時点から請負代金について紛争が生じるまでの間については、取引を遂行することが会社の利益になると取締役が誠実に信じることは妥当であるとした。しかし、二〇〇九年九月以降には状況が変化するという。その時点においては、請負費用が確定し弁済できる額を上回り、銀行は融資条件につき見誤り、請負費用を賄うために共同事業者を探すこともできなかった。そこでその時点において、既存の仕事の継続、新たな仕事の実行が会社の利益になると信じることができず、会社が危険な財務状況にあるため債権者の利益が最上になると信ずるべきであった。

また、その時点においては、彼らは会社の事業において合理的な技術および注意を果たすべき義務にも違反しており、適切な能力がある取締役ならば、同時期以降、用地開発を継続することはなかっただろう。

さらに、同時期までに、会社が倒産による清算を回避する合理的見込はなかった。その時点においてO社取締役が行きついた事実は、何かが上向きに上昇するであろうとの、意図的な無分別と軽薄な信念であった。その時点以降の開発の継続は、不当取引を構成する。

【13】　Re Kudos Business Solutions Ltd. (in liq.) [2012] 2 BCLC 65

【事実】

K社はコピー機の販売および管理の事業、および、オーダーメイドのオフィス管理システムの提供を行っていた。被告Y_1は、会社の唯一の取締役で株主であり、そして、会社の銀行預金の名義人でもある。被告Y_2は、Y_1に求められてK社に参加し、顧客に対し長距離メール（DX）サービスを売り込むようになり、多数の顧客（DX債権者）が同契約を締結した。しかし、長距離メールプロバイダーとの間でDXサービスに関する契約を締結しなかったゆえに、これらサービスは顧客に提供されなかった。ＤＸ債権者がＤＸサービスを提供しないことにつき不平を述べ始めたとき、Y_2はタイに滞在し、連絡が取れない状況にあり、相当期間経過後にやっと戻ってきた。Y_1はＫ社に対し、ＤＸ債権者からＫ社が受け取った額の八〇％にあたる総額二八万三、〇〇〇ポンドをY_2へ支払うように求めた。この額は、Y_2が休暇から戻らず、顧客からの不平が述べられた後に支払われた三万ポンドも含む。Y_1は再び、一〇万一、四〇〇ポンドをY_2に支払うように会社に求めた。これもまた顧客による不平が述べ始められた後になされた支払いを含む。さらにY_1はＫ社の資金を使って自分のために自動車を購入した。その後、Ｋ社は清算に至った。清算人は被告らに対し訴訟を提起し、そこでは、Y_1が一九八六年倒産法二一二条に基づく失当行為および信託義務違反、同法二一四条に基づく不当取引の責任があると主張した。

【判旨】 Sarah Asplin 勅選弁護士

本件における会社のような性質を有する会社の唯一の取締役に合理的に期待されるような一般的な知識、技術および経験を有し、そして、Y_1が事業に相当期間関与し会社の取締役として有するよう一般的な知識、技術および経験の有するような、理性的で誠実な者は、Y_1のような行動を起こさないであろう。せめて、Y_2およびY_1自身に支払いを行ったとき、そして、その時点で車を購入する際、さらに、ＤＸ契約によりＤＸ債権者にサービスを提供する見込みがなかったことにつき彼が気付いていなかった状況において、彼は怠慢があった。Y_1は、この状況において会社債権者の保護を含むような取締役としての義務を完全に軽視したことが、証拠に基づき示された。Y_1は同法二一二条に基づく責任があると判示される。

取締役が認識すべきであった債権者との契約を会社が締結する際に、合理的見込を決して受け入れず、そして会社が清算に至るとき、そして、すべてが上手くいくという単なる投機的な期待を取締役が有するとき、取締役は不当取引の責任を負う。本件においては、ＤＸ契約がとにかく実行されるとの信念にY_1が適切に立脚することができるものは、何もなかった。せめて、Y_2がタイから戻ればＤＸ契約が実行されるであろうとの投機的期待を有するとして、Y_1はみなされる。倒産による清算を回避する合理的見込はなかったと、Y_1は認識すべきであった。会社および債権者の利益に適い、問題なく取引が許容されるような見解を、取締役が適切に有するような事例ではなかった。Y_1は同法二一四条に基づき不当取引の責任があると判示される。

右記の一三件の裁判例を踏まえて、次節では不当取引の運用上の問題点に検討を加える。

(19)　なお、一九八六年制定以来、不当取引責任が問題となった事例はこれまで三〇件前後存在するといわれている（Williams, fn. 20, 60)。しかし、その三〇件については、不当取引責任の成否が従たる論点として問題となったに過ぎない事案も多々含まれる。責任が主たる論点となった事案は、以下で検討する一三件程度に過ぎないのではないかと思われる。

四　問題点と立法動向

1　総　論

第三節における裁判例紹介を踏まえ、本節では不当取引における問題点と検討課題につき紹介する。不当取引を日本法の解釈の参照に資する前提として、母法イギリスにおいて不当取引につきどのような点が問題視され、学者や行政機関などが対応しているのかを知っておく必要があろう。(20)

不当取引責任につき、イギリスでもっとも強調されている問題点は、その事案の少なさであろう。一九八六年制定以来、不当取引責任は有限責任の濫用に対する対応策として、相当な期待をもって導入された。(21) しかし、不当取引責任事例が少なく、また棄却事例も存在するため、それほど機能していないのではないかとの批判も存在している。(22) そこで問題となるのは、何故それほどまで事案が増えないのかである。学説は、以下に述べる諸要因こそ事案が増えない原因となっているのだと説く。以下分説しよう。

2　要件面の制約

(1)　清算ルール・原告適格

不当取引責任が利用できるのは清算手続においてのみである。それ以外の倒産処理手続においては不当取引を利用することができない。このことが、不当取引責任を利用しにくいものにしている原因の一つではないかと主張されている。そもそもCork Reportでは、清算手続に限定されず、「清算類似状況」における利用が想定され、管理手続における利用も含まれていた(23)。そして、原告適格がある者を、清算人のみに限定せず管理人とレシーバーをも含めることが想定されていた(24)。一九八四年の「枠組み」において、清算手続に限定されたとの事情もある。そこで、清算手続に行きつかない管理手続においても不当取引を利用すべきであるとの見解が生じている。これを踏まえた改正提案は後述する。

(2)　訴訟費用

清算人が不当取引責任を追及するためには、当然ながら調査費用と訴訟費用が必要である。ただ、この費用捻出の困難さが、不当取引を使いづらいものにしている最大の原因であるとする者もある(25)(26)。清算人は不当取引責任を追及した後、不当取引の費用が清算費用として償還されない可能性もある。当然ながら、不当取引責任が認められないときも、清算人の費用負担は無駄に終わる。よって、清算人からすれば、費用が償還されないことを恐れ、不当取引責任追及を控える恐れもある。不当取引請求が成功しても、被告である取締役が無一文であれば、やはり請求は空振りに終わり、清算人は費用を自己負担しなければならなくなる(27)。

(3) 要件面の制約からの帰結：事案の少なさ

以上、要件面の制約により、不当取引は使いにくいものと評価されており、それが原因で利用件数が少ないと評価されている。

なお、Finchは、事案が少ない理由として、後に不当取引責任が課され得ることを脅威として清算人と取締役間で和解がなされている可能性を指摘する。(28) しかし、これに対しCheffinsは、要件面等の問題で事件数が少ない不当取引が和解を引き出すための脅威になりうるのかと、疑問を呈している。(29)

(4) 近時の改正提案：事案の増加を目的とした

上記のような要件面の諸制約により、不当取引制度はそれほど活用されているわけではない。有限責任の濫用、倒産時における非行に走った取締役に対する一種の制裁手段としては取締役資格剥奪制度(30)が一応は機能しているが、これは非行に走った取締役を将来的にその地位で行動することを妨げるにすぎず、彼らの非行により損害を被った者に対し補償を与えることには役に立たない。(31) そこで、被害者に補償を与えるために創設された不当取引を活用する道が探られる。ビジネス・イノベーション・職業技術省が二〇一三年七月に公表した「ディスカッション・ペーパー「透明性と信頼性：連合王国会社所有権の透明性の促進と連合王国事業における信頼性の増進(32)」、それに対して二〇一四年四月に提出された政府見解、(33) さらに下院に提出された小規模事業、企業そして雇用に関する法改正案(34)が、この問題に一応の解決策を示しているので、ここで紹介しよう。

同ディスカッション・ペーパーは、不当取引を積極活用するために、以下の提案をしている。①清算人に対し、倒産会社の他の財産と同様な方法でもって、不当取引訴権を、個別債権者、債権者グループあるいは第三者に売却したり委譲したりする権限を与える、②管理手続においても不当取引を利用できるようにする。①については、不当取引訴権の市場を開設する意図であるという。もともとの清算人が費用を賄えずに不当取引請求が出来なくても、費用を賄えるような他者が購入すれば、その売得金が財団に組み入れられる。提起できる者が不当取引訴権を持てれば、それが脅威となり、実際に不当取引責任追及に至らなくても、和解を提案できるようになる。(35) ただ、会社内部情報など不当取引責任を追及するために必要な情報を、購入者がどのようにアクセスできるのかにつき課題は残っているという。(36)

上記議論を踏まえ、改正法案では、①管理手続においても詐害的取引・不当取引責任の追及を可能とする、(37) ②清算人・管理人が詐害的取引・不当取引責任にかかる訴権を委譲（assign）することができるようになることが提案され、(38) その後、二〇一五年小規模事業、企業そして雇用に関する法(39)として制定されたようである。

これに対し、Williams はこの改正に対して批判的な検討を行っている。彼の分析に即して検討してみよう。まず、管理手続においても不当取引を利用できるようにすれば、不当取引がもっと活用されるようになるとの評価に、彼は疑問を呈する。すなわち、清算手続に比べると、管理手続に突入する会社の数が極めて少ないため、不当取引を管理手続に拡大してもそれほど意味はないという。(40) さらに、不当取引における抑止効の引き金となるのは、倒産手続が不可避的であるといった会社の深刻な財政危機状態の開始であり、特定の種類の倒産手続が開始される見通しが生ずることではない。しかも、債権者利益配慮義務は倒産前の状況における債権者の利益を配慮するが、その倒産手続は清算に限らず、管理、(41) その他倒産手続をも含むため、配慮義務の抑止効についても、特定種類の倒産手続に限定されることなく発生するという。(42) それゆえ、不当取引の適用範囲を管理手続にも拡大することが追加的な救済策を創設するとは言っても、既存の二一四条ルールおよび債権者利益配慮義務を超えて、抑止効が拡大されるとは言い難いという。(43)

これに続けて、Williams は本題に入る。すなわち、不当取引事案が少ない原因は要件面における問題ではないとし、要件を修正すれば不当取引事案が増えるとの政府見解を批判する。Williams は、同事案が少ない原因を三つに分けて説明している。(44) ①不当取引事案はどれだけ発生しているのか：会社財務悪化時のエージェンシー・コストの一種であるリスク・シフト問題(45)が本当に生じているのか、と疑問を呈する。特に、債権者が担保を取得することや、債務者会社のの個人資産の関係：取締役の個人資産状況は会社の財務状況の影響を受けるとされる。たとえば、取締役による会社債務の保証や会社から借入を行うことにより取締役個人の財務も悪化しており、取締役に対して責任追及をしても空振りに終わる。③事案の多様性と他の責任規定との関係：これについては、段落を改めて詳説しよう。

Williams によると、不当取引が問題となった事案を分析すると、取締役の故意の自己利益を追求するような非行の事例が多く、Cork Report が想定したような「会社債務に対する無関心」といった要件に適合しなくなり、それゆえ、二一四条の適用事例ではなく、他の責任規定との競合状態を招いているという。(47) たとえば、【2】事件では、清算前一〇ヵ月間になされた、取締役による会社資金の取得行為が問題となり、これが二一二条の失当行為、二三九条の偏頗行為、二一四条に不当取引に該当するとした事案であり、これは「倒産状況に取引を継続する」よりもむしろ、端的に取締役の自己利益追求が問題となった事案と言える。(48)【9】事件では、会社がその資産を他の会社（BTVL）に過少対価で譲渡したことが問題となり、これも偏頗行為との競合状態が生じる。しかし、BTVLもまた清算手続に入ってしまったので、(49) 偏頗行為請求をしても空振りになってしまうからこそ、会社取締役を不当取引で追及する必要性が生じるのである。(50) また、Williams は、【10】、【11】、【12】を指摘し、二一四条は二一二条の失当行為責任と競合しているとも指摘する。(51) この他規範との競合を許している状況が、不当取引の事案が増えない理由の一つではないかと主張する。

なお、事案が少ない原因の一つには、損害賠償規範の抑止効が働いている可能性もあろう。アメリカではあるが、デラウェア州裁判所が「取締役の債権者に対する信認義務」の判断を行ったことにより、リスク・シフト問題が解消された可能性があると評価する者も現れており、(52) イギリス法においても同じ傾向が生じた可能性もある。もちろん、実証を伴わない憶測の見解であるし、また、不当取引のような取締役に具体的な行為指針を定立しない規範が抑止効をもたらすことができるのかとの批判(53)もありえる。

(5)　まとめ

以上見てきた通り、Williamsのような批判者も存在するが、多くの者は、不当取引の要件面の問題が、発生事案を少なくさせており、それへの対処策が必要であるから法改正がなされたと理解しているようである。

3　事実認定の問題

(1)　総　論

不当取引責任の問題点の二点目として、事実認定の問題を取り上げたい。要件面の問題は提起する側の原告に関わってくる問題であったのに対し、事実認定の問題は被告である取締役に関わってくる問題である。ここでは、不当取引責任が発生するのはいつの時点か、その時点でどのような行動をとるべきか、の二点が問題となる。

(2)　正念場（moment of truth）

不当取引責任が発生するためには、取締役は清算不可避の状況で清算を回避するためのあらゆる手段を採らなければならない。よって、「清算不可避」の状況に至る必要がある。(54) 不可避状況のことを正念場（moment of truth）と呼ぶ者が多いが、この正念場がいつ発生するのかで議論が分かれる。(55)

不当取引責任事案において、債務超過と支払不能と正念場の認定時期について表記すると、以下のとおりである。(56)

事案	債務超過	支払不能	正念場（倒産法二一四条二項）
【1】	一九八二年九月三〇日	一九八六年七月三一日	一九八六年七月三一日
【2】		一九八八年二月	一九八八年四月三〇日
【3】	（遅くとも）一九九三年七月三一日	一九九二年初頭	一九九四年六月一三日
【4】	（遅くとも）一九九二年九月一日	（遅くとも）一九九二年九月一日	一九九二年一一月
【6】	一九九七年一二月三一日	一九九八年一〇月一五日	一九九八年一〇月一五日
【7】（棄却）	（遅くとも）一九九一年一一月二二日		一九九二年三月二七日
【8】（棄却）	（遅くとも）一九九八年四月	（遅くとも）一九九八年四月	二〇〇〇年二月
【9】	（遅くとも）二〇〇三年初頭	（遅くとも）二〇〇三年九月九日	二〇〇三年九月九日
【10】	二〇〇四年三月一九日	二〇〇四年三月一九日	二〇〇六年三月二四日
【11】	二〇〇四年一〇月三一日	二〇〇四年あるいは二〇〇五年の一定の時点	二〇〇五年六月三〇日
【12】	（遅くとも）二〇〇三年三月	（遅くとも）二〇〇四年九月一四日	二〇〇四年九月一四日
【13】		二〇〇六年三月一七日	二〇〇六年三月一七日

それでは、取締役に every step を行わせる義務を実際に生じさせるには、どのようなきっかけが必要か、すなわち、正念場が発生する直接的原因は何であろうか。上記の裁判例のうち請求認容事例の判決文を分析すると、被告である取

締役が以下のような認識を持つに至った、とまとめられよう。
【1】：売上高・手数料減少(57)
【2】：供給業者による供給停止・夫婦間不和(58)
【3】：多額の投資の無価値化、多額の債権回収不能(59)
【4】：詐害的インボイスがなければ会社存立不可能であること(60)
【6】：会社の債務超過、投資家による資金提供停止(61)
【9】：会社資産のほとんどを他社（BTVL）へ対価なしに譲渡(62)
【10】：俳優の不参加で外国における映画製作が不可能となり、外国映画会社からの資金提供を受けることができなくなったこと(63)
【11】：会社の主な収入源であるアメリカ会社との間の契約の終結(64)
【12】：貸借対照表基準において実際に倒産状況にあった、支払不能でもあった、銀行が融資条件を厳格化していた、請負代金が固定価格でなされる交渉が決裂した、などといった総合的判断(65)
【13】：DX債権者から支払われた大金が被告Y_2に支払われたこと、会社の金銭を利用して高級車を購入したこと、DX契約が実行される見込みがないことの総合的判断(66)

上記の裁判例分析を一般化することは相当困難である。諸般の事実を総合評価しているものもあれば、特定の行動が決め手になっているようなものもある。ただ、雑駁にまとめると、会社経営が立ち行かなくなる程度の資金提供の停止や、会社が存立していく唯一の手段である取引の停止が起きると、正念場が発生するといえよう。

上記のように、一部事件を除き、単に債務超過や支払不能が発生しただけでは、every step を採るべき義務が発生するわけではない。ドイツ型倒産申立義務の優越性を強調する見解からすれば、取締役の倒産時における特別義務が発生する時点が遅すぎると評価する向きもあろう。しかし、もともと財務基盤が脆弱な会社であれば、容易に債務超過が発生する恐れがあり、そうなると倒産申立義務が必然的に発生してしまうと、取締役にとっても難儀であろう。債務超過が発生し、会社の財務基盤がさらに悪化するような出来事が起きたときには、取締役は every step を取って危機回避のための行動を起こすべきであるとする、不当取引型のほうが取締役を必要以上に不利な立場に置かないように思われる。しかし、仮に正念場に至ったとき、取締役からすると、清算をするかそれとも事業を継続するかのジレンマに置かれることが必定である。(67) すなわち、仮に取引を継続して会社経営に失敗すれば、取締役は不当取引責任を追及される恐れが生じる。かといって、取引を停止し会社を早期に清算に至らせるようなことがあれば、収益をもたらす可能性がある取引を停止したことにつき債権者から不満が起きかねない。取締役からすれば、どのような行為選択をすれば、事後的な責任追及に晒されないかの見通しが少しは立つだろう。そこで、every step とは具体的にどのような行為なのかを明白にする必要が生じよう。

(3) Every Step の意味

① はじめに

会社の清算不可避の状況に至ると取締役は、清算を回避するためのあらゆる手段（every step）を採る義務がある。そこで、何を行えばあらゆる手段を採ったことになるのかが問題点として残る。とりわけ被告となり得る取締役からすれば、「手段」にかかる行為指針が定立されていなければ安心できないだろう。ただ、一九八六年倒産法立法者自身が、具体的な行為指針を定立することを放棄しているので、(68) 事例分析を通じて要件を定立しなければならないだろう。

Every step についても、正念場発生時期の分析と同様に、裁判例の分析をすることができればよいが、それぞれの事件において裁判官は不当取引責任が課されないように行うべきオルタナティブの行為について具体的に言及しているものがそれほど多いわけではない。ところが、Steffek[69]とKeay[70]はこれら裁判例を踏まえ、正念場時点における取締役の行使指針を何とか定立しようとしている。そこで、彼らの見解を参照してevery stepの意味を分析することにしたい。

② every stepの具体化を目指して

まず、抽象論で述べれば、正念場以降、取締役は株主ではなく債権者の損失を最少化するような行動を行わなければならないという、義務シフト[71]の考え方が背後に存在することは確実であろう[72]。では、具体論ではどうか。取締役の義務が債権者の損失を最少化するようにシフトするとはいっても、取締役は具体的に何をすべきか。

イ　専門家の助言

正念場発生後、取締役が専門家に意見を求めることはevery stepに該当するだろうか。これについては、不当取引責任について棄却された【7】事件を踏まえ、Keayはその可能性を指摘している。すなわち、被告である取締役は会社の予期せぬ損失が報告されたのちに、誠実な行動をとり続け、とくに一九九一年一二月に会社が倒産状況にあると報告されるとすぐに倒産実務家の助言を受けたり[73]、財務担当取締役に財務状況の確認を取ったりしている[74]ことが、請求棄却につながったと評価されている[75]。

ロ　辞　職

正念場の時点で取締役がその地位を辞したときは、それはevery stepとなるのかそれともただの責任逃れか。これについては、裁判例も学説も議論がそれほどなされていないようであるが、辞職をしなければならない理由と取締役として居続けることによってなしうる行動とを比較衡量し、辞職がevery stepになり得る可能性を、Keayは認める。たとえば、ある取締役自身は会社を清算させる以外に選択肢がないと考えるが、他の取締役は取引継続に固執しているようなときがこれに該当する。このときには、取締役は清算しか選択肢がない旨を取締役会において意見表明し、同意見を議事録へ残しておく必要があろう(76)。

ハ　法的倒産処理スキームへの移行

会社が危機的状況に陥ったら倒産処理手続に移行することも選択肢の一つとして十分に考えられる。しかし、清算手続に入れば会社財産が解体価値で売却される恐れもあり、しかも、本来清算する必要がない会社を清算に追い込む危険性も十分に考えられる(77)。今後の議論に委ねられよう。なお、管理手続への移行が不当取引逃れになる可能性も存在したが、先述の改正により、管理手続においても不当取引責任の追及が可能となった。

ニ　取引停止

取引停止により、損失の拡大を妨げることもあれば、有益な取引を逃して会社の財務の好転の機会を失う危険性もある(78)。

ホ　資金調達(79)

これにより、債権者の損害の拡大を防止する機能が生じる。【1】では、清算が不可避になった時点において、冷蔵倉庫に保管している果物の売却を検討すべきであったと指摘され、実際にそれが行われていないことが請求が認容される決め手になった(80)。また、【10】では、映画制作資金の調達に奔走しなかった点を重視している(81)。

ヘ　その他雑多な論点

Keayはそれ以外の雑多な論点として、いくつかを取り上げている。(i)債権者集会を招集する、(ii)取締役会を招集し、意思決定を行う際に債権者利益が考慮されることを指摘することを含め、議論およびその過程が明確に文書化されることを確証する、(iii)会社の財務的困難状況を定例的に監視する、(iv)会計士との日々の連絡を確約する、(v)過大な費用が出続ける限りは取引の減少・停止だけでは不十分である、(vi)取締役の報酬が過大であれば減額・無報酬化させる(82)。

以上、KeayとSteffekの見解を概観する形で、every stepの具体的内容を見てきたが、分かる通り、今後の不当取引事案において利用できる取締役の行為指針であるとは全く言い難い。その原因の一つには事案の少なさもあろうが、そもそもの倒産時の取締役の責任の制度設計のあり方自体も議論の対象になっているのかもしれない。取締役に対して具体的規範を立てるべきか、それとも抽象的規範を立てて取締役の裁量にゆだねるべきか。それが、以下で述べるイギリスとの立法競争の背景事情になっているといえよう。

(4)　予測可能性の確保：Cork Report 再訪、ドイツ法との対決

上記事実認定の困難性があるから、不当取引責任が積極的に追及されないと評価する見解によると、認定要件を明確化すべきであるとの見解が生じる。そこで提案されるのは、「弁済の見込みがない状況で会社に債務を負わせた」[83]との、当初の Cork Report の提案に戻すべきであるという提案[84]もありうる。

なお、ドイツ法との立法競争についてもここで一言しておこう。[85]倒産時の取締役の義務・責任について、イギリス型不当取引責任とドイツ型倒産申立義務型との優劣がしきりに議論されており、二〇〇二年に欧州委員会がイギリス型不当取引ルールを望ましいと判断して以来、不当取引型が優勢となり得るかのような傾向がある。しかし、近時の研究では倒産申立義務型が有力であるようである。[86]ドイツ国内でも倒産申立義務型を堅持すべきとの見解が未だ有力であり、その根拠として、既述した不当取引型の諸制約が持ち出されている。

(20)　Wrongful Trading を紹介・検討する最近の論文としては Richard Williams, *What Can We Expect to Gain from Reforming the Insolvent Trading Remedy?*, 78 (1) MLR 55 (2015). Andrew Keay, *Wrongful Trading: Problems and Proposals*, White Rose Research Papers (available at, http://eprints.whiterose.ac.uk/) などがあり、以下の分析はこれらの論文に負うところが大きい。なおこの Keay 論文は Northern Ireland Legal Quarterly, 65 (1) 63-79 に掲載されているが、筆者がこれを入手できなかったため working paper を引用する。

(21)　Prentice は、債権者利益配慮義務と不当取引責任とを合わせて、「今世紀会社法におけるもっとも重要な発展の一つ

であることは疑う余地がない」と断言していた。Dan Prentice, *Creditor's Interest and Director's Duties*, 10 OJLS 265, 277 (1990).

（22） Rainer Werdnik, *Wrongful Trading Provision–is it efficient?*, INSOL INT., 25 (6) 81, 90 (2012). なお、Williams の調査によると、二〇一三年九月三〇日時点において、二一四条について完全に公表された裁判例は一六件（一件は公式裁判例集未登載）、そのうち認容事例が一一、棄却事例が五件であり、二一四条から生じる手続問題につき取り扱った事例が一三件存在するという。Williams, fn. 20, 60.

（23） CORK REPORT, [1791]

（24） CORK REPORT, [1792]

（25） Andrew Hicks, *Wrongful Trading–has it been a failure?*, 8 INS. L. & P., 134 (1993). Hicks は論文の執筆内容を倒産実務家等に対するインタビューに頼っているようである。

（26） 一九八六年倒産規則四・二一八条(3)(ii)では、会社財産を保存、売却もしくは取得する際に、または、その他彼自身の名義か会社の名義かを問わずに彼が提起もしくは防御する法的手続の実行に関連して、公のレシーバーもしくは清算人により適切に負担もしくは被るような費用もしくは損失は、他の額よりも先に会社から支払われるとする。

（27） 取締役が会社債務を個人保証するなどして、取締役の個人資産状態も乏しくなることは多々ある。MOKAL, fn 14, 278–281, Williams, fn 20, 77.

（28） Vanessa Finch, *Directors' Duties: Insolvency and the Unsecured Creditor*, in ALISON CLARKE (ED), CURRENT ISSUES IN INSOLVENCY LAW, 1991, 87, 97.

（29） BRIAN CHEFFINS, COMPANY LAW: THEORY, STRUCTURE, AND OPERATION, 1997, 545.

（30） 取締役資格剥奪制度の概要については、中村康江「英国における取締役の資格剥奪」立命館法学二七三号二二三六頁（二〇〇〇年）、二七七号八八四頁（二〇〇一年）、中島弘雅「倒産責任としての取締役資格剥奪について」加藤勝郎先生・柿崎榮治先生古稀記念『社団と証券の法理』四三七頁（商事法務研究会・一九九九年）を参照。

（31） Department for Business, Innovation and Skills, *Transparency and Trust: Enhancing the Transparency of UK

Company Ownership and Increasing Trust in UK Business（July 2013）11. 1. *available at* https: //www. gov. uk/government/uploads/system/uploads/attachment_data/file/212079/bis-13-959-transparency-and-trust-enhancing-the-transparency-of-uk-company-ownership-and-increaing-trust-in-uk-business.pdf

（32）前掲注（31）参照。

（33）Department for Business, Innovation and Skills, *Transparency and Trust: Enhancing the Transparency of UK Company Ownership and Increasing Trust in UK Business: Government Response*（April 2014）, [259]-[272], *available at* https: //www. gov. uk/government/uploads/system/uploads/attachment_data/file/304297/bis-14-672-transparency-and-trust-consultation-response.pdf

（34）Small Business, Enterprise and Employment HC Bill（2014-2015）, *available at* http://www.publications.parliament.uk/pa/bills/cbill/2014-2015/0011/15011.pdf

（35）Fn. 31, 11.5-11.8.

（36）*Ibid.*, 11.9.

（37）Fn. 34, c 106.

（38）*Ibid.*, c 107.

（39）Small Business, Enterprise and Employment Act 2015, *available at* http://www.legislation.gov.uk/ukpga/2015/26/introduction/enacted. 詐害的取引と不当取引の管理手続への拡大については一九八六年倒産法の二四六ＺＡ条（詐害的取引）、二四六ＺＢ条（不当取引）に、訴権の委譲については二四六ＺＤ条にそれぞれ挿入された。

（40）Williams, fn. 20, 65. 二〇一二年時点においてイングランドとウェールズにおいて一万六、〇〇〇社超が清算手続の登記が行われる一方で、管理手続に突入するのはたった二、五〇〇社であるという。

（41）Facia Footware Ltd.（in administration）v. Hinchliffe [1998] 1 BCLC 218.

（42）Williams, fn. 20, 66.

（43）*Ibid.*, 66.

（44） *Ibid.*, 75.

（45） 負債のエージェンシー・コスト問題については、花枝英樹『企業財務入門』一二六頁（白桃書房・二〇〇五年）、ジョナサン・バーク＝ピーター・ディマーゾ・久保田敬一ほか訳『コーポレートファイナンス：応用編〔第二版〕』二四頁（ピアソン・二〇一三年）などを参照。

（46） 取締役資格剥奪事例において、「倒産取引」を原因とする事例が相当少ないことも挙げている。Williams, fn 20, 72 の図1を参照。

（47） *Ibid.*, 78.

（48） 【3】事件では銀行からの求めに応じて会社の当座貸越額を取締役らが弁済したが、後に会社から弁済額の償還を受けて一般債権者によりも優先弁済を受けたことが偏頗行為に該当するとされたが、これとは別の事実を捉えて不当取引責任が追及されており、一応は別の事案とされている。

（49） [2010] BCC 143.

（50） Williams, fn. 20, 80.

（51） *Ibid.*, 81.

（52） Bo Becker = Per Strömberg, *Fiduciary Duties and Equity-debtholder Conflicts*, 25 Rev. Fin. Econ., 1931 (2012). 実証分析の仕方自体も精査する必要があるので、今後の課題にしたい。

（53） Williams, fn 20, 63. 不当取引規制を倒産間際の時点における取締役の非行の抑止（抑止効）を強調する立場からすると、正念場発生時点、義務適合的行為の不明確性は相当の弱点となる。なぜなら、義務発生時点、義務適合行為が具体的に何であるのかが明確化されない限り、取締役に対する抑止とはならないからである

（54） 特定の時点において会社が債務超過や支払不能状況にあることを、取締役が厳密に認識する必要はなく、あくまで「清算は不可避」であることの認識で足りる。Keay, fn. 20, 4.

（55） なお、この「正念場」発生時点を清算人が厳密に証明することは困難であるので、「何年何月ごろ」といったように大まかな日付を証明すればよいとされる。*Ibid.*, 7. 例えば、【12】事件では、清算人は「二〇〇四年七月一日ごろあるい

は二〇〇四年九月一日ごろ」には清算不可避であると結論づけるべきであったと主張した。[2012] BCC 410. これに対し大法官部 Norris 裁判官は二〇〇四年九月一日ごろには清算不可避であると結論づけるべきであったと判断した。[2012] BCLC 439. この時点においては債務超過・支払不能に至っており、銀行による借入条項が厳格化され、請負契約が固定価格ベースになる見込みがなくなっていたからだという。[2012] BCC 440.

(56) 下図のうち、【1】、【3】、【4】、【6】~【10】、【12】については、Felix Steffek, Gläubigerscutz in der Kapitalgesellschaft-Krise und Insolvenzimenglischen und deutschen Gesellschafts-und Insolvenzrecht, 2011, 380, 381 の図を借用し、それ以外は Steffek に倣って作成した。なお、【5】については、清算人が債務超過・支払不能・正念場の発生の証明に失敗している。

(57) [1989] BCLC 551-552.

(58) [1990] BCC 912.

(59) [1999] BCC 52-54.

(60) [2001] 2 BCLC 281.

(61) [2004] BCC 701.

(62) [2010] BCC 144.

(63) [2010] BCC 703-704.

(64) [2012] 1 BCLC 118.

(65) [2012] BCC 439-440.

(66) [2012] 2 BCLC 71-75.

(67) 【7】事件ではまさにこの点が論点とされた。[2007] 2 BCLC 409.

(68) その点では、「債務を負う」との Cork Report の基準はそれなりに明白であるかもしれない。

(69) Steffek, fn 56, 384 ff.

(70) Andrew Keay, Company Directors' Responsibilities To Creditors, 2007. なお、短くまとめたものとして、Andrew

Keay＝Peter Walton, Insolvency Law–Corporate and Personal, 2nd Edition, 2011, 591. も参照。

（71）　アメリカ・デラウェア会社法における信認義務シフト論については、筆者の処女論文を含め多くの文献が検討対象としている。最近では、落合誠一「多重代表訴訟における完全子会社の取締役責任」前田重行先生古稀記念『企業法・金融法の新潮流』一一五頁（商事法務・二〇一三年）、工藤敏隆「アメリカ合衆国連邦倒産法第一一章手続におけるＤＩＰの職務遂行規範―取締役の信認義務を中心に―」法学研究（慶應義塾大学）八七巻一二号五一頁（二〇一四年）。また、同・九七頁注（79）に列挙されている諸論文を参照。

（72）　Keay, fn. 70, 113.

（73）　[2007] 2 BCLC 360.

（74）　[2007] 2 BCLC 399 ff.

（75）　ただ、【7】事件では、保険会社の取締役の責任が問題となっているため、ソルベンシー・マージン比率など専門的計算ができる専門家に頼らざるを得ないのは当然のことであり、これを一般事業会社の取締役の責任論にも妥当できるかについては検討の余地があろう。

（76）　Keay, fn. 70, 115.

（77）　Ibid., 117. Mokal, fn. 14, 301.

（78）　Keay, fn. 70, 118.

（79）　Steffek, fn. 56, 387.

（80）　[1989] BCLC 551–552.

（81）　[2010] BCC 704–705.

（82）　Keay, fn. 70, 119.

（83）　Cork Report, [1783]

（84）　Keay, fn. 20, 11. なお、Re Marini Ltd [2004] BCC 172, でも、債務発生ではなく財産条項の悪化に着目すべきであるとの言及がある。Cork Report への回帰を意識しているようである。

(85)　拙稿・前掲注（5）第二節においても簡単なスケッチをしておいた。
(86)　二〇一三年四月時点の研究によると、ヨーロッパ全二八ヵ国中、不当取引型はイギリス、アイルランドをはじめとする五ヵ国で、倒産中立義務型はドイツ、オーストリアをはじめとする二一ヵ国でそれぞれ採用され、そして、デンマーク一ヵ国が両型とも採用しているようである。Carsten Gerner-Beuerle = Philipp Paech = Edmund Philipp Schuster, Study on Directors' Duties and Liability, p. 209. *available at* http://ec.europa.eu/internal_market/company/docs/board/2013-study-analysis_en.pdf

五　おわりに

紙幅が大幅に超過したので、今後の研究の方向性を指摘する程度で本稿を締める。会社法四二九条一項を取締役倒産責任として位置づけるために、イギリス不当取引責任は大いに参照になるかもしれない。ただ、①適用事例が清算手続に限定される、②原告は清算人に限る、③清算費用で賄われない恐れがある、④正念場の発生時期の不明確性、⑤every step の不明確性、といった問題点が残っているため、不当取引責任はイギリスにおいてもそれほど活用されているわけではなく、法改正などが進んでいる。このようなエンフォースメント上の問題点を抱える制度を、日本法の解釈にどれほど役に立つのかを決断するには、慎重な判断が必要であるかもしれない。また、不当取引責任を補完するために債権者利益配慮義務(87)が展開されているため、今後はこの義務をも参照する必要があろうし、また、「会社財団に対する責任構成」を参照するために不当取引責任を検討したいのなら、「財団に対する責任」の理論的基礎付けをも十分に参照する必要があろう。これらについては、今後の課題にしたい。

(87)　イギリス法では不当取引責任の不十分さをカバーするために、会社が倒産間際の状況において取締役は債権者利益を配慮する義務を負うとの議論が展開されている。詳しくは、小野里光広「取締役の債権者に対する義務をめぐるイギリ

ス法の展開」京都学園法学七五＝七六号一頁（二〇一五年）、Andrew Keay, *The Shifting of Directors' Duties in the Vicinity of Insolvency*, 24 INT. INSOL. REV., 140 (2015).

［追記］

脱稿後に、岩淵重広「倒産局面にある会社の取締役の義務」同志社法学六七巻五号二五七頁（二〇一五年）に接した。

株式譲渡法制の現状と問題点

——善意取得に関する問題点の検討を中心に——

田邊宏康

一　はじめに

一九五〇年商法改正は、すべての株式会社に株券を発行する義務を課し、一九六六年商法改正は、株券に無記名証券としての実質を付与した(1)。交付により譲渡される無記名証券は、もっとも権利の流通に適した類型の有価証券であり、その流通は、善意取得により支えられる。

公開会社の株式については、流通性を高めるための株券の無記名証券化は必然であったといえよう。これに対し、わが国の会社の大部分を占める閉鎖会社の株式については、むしろ流通を制限する必要があった。そこで、一九六六年商法改正は、一九五〇年商法改正により禁止されていた株式の譲渡制限を復活させ、これにより閉鎖会社の株式は譲渡制限株式となった。その意味では、一九六六年商法改正が譲渡制限株式のものを含めて株券を無記名証券化する必要はなかったようにも思われるが、制度の複雑化を避けるために一元的な株券の無記名証券化を実現したものであろう。

他方、上場会社の株式については、戦後の経済発展とともに流通株券量の増大に伴う取引所・証券業界における受渡事務の渋滞が生じ、ドイツの制度に倣った株式の振替決済制度が検討されるようになり、(2)一九七一年に東京証券取引所は株券振替決済制度を実施し、一九八四年に「株券等の保管及び振替に関する法律」(以下「株券保管振替法」という)が成立した。(3)その後、株式のペーパーレス化ないし電子化が本格的に検討され始め、二〇〇四年には商法において会社が定款で株券を発行しない旨を定めることができるものとされ、「株券等の保管及び振替に関する法律」の廃止が決定されるとともに、「社債等の保管及び振替に関する法律」が「社債、株式等の振替に関する法律」(以下「社債株式振替法」という)に改題され、上場会社の株式は五年以内に振替株式としてペーパーレス化されることとなった。そして、二〇〇五年に成立した会社法は、株券の不発行を原則とし、二〇〇九年に上場株式のペーパーレス化が実現した。

従来から、株式については、流通性の向上に格別の配慮が払われてきた。現在でも、振替株式については、流通性の向上に格別の配慮が払われなければならず、それを支える柱は善意取得であろう。これに対し、株券不発行会社の株式のうち振替株式でないものについては、―投下資本回収の観点から譲渡が保障されなければならないことは当然として―流通性の向上に配慮する必要はない。また、現在の株券発行会社の株式は、上場株式ではありえず、多くは譲渡制限株式であろうから、少なくともそれについて流通性の向上に格別の配慮を払う必要はないはずであり、株券を発行する予定がないにもかかわらず、会社法整備法により株券発行会社とみなされた会社がその後株券発行の廃止手続をとらずに株券発行会社のままでいる場合も少なからずあるようである。本稿においては、まず、このような実態も踏まえて現時点における株式の譲渡方法を考察し、ついで、株式の譲渡の原因とその独自性・無因性の有無を確認した上で株式の流通性を支える善意取得に関する問題点を検討する。

（1）株券に関する立法の変遷については、山本爲三郎「株券法理」倉沢康一郎＝奥島孝康編『昭和商法学史』七四三頁以下（日本評論社・一九九六年）参照。
（2）振替決済制度に関する当時の研究として、河本一郎『有価証券振替決済制度の研究』（有斐閣・一九六九年）参照。
（3）この間の事情については、上柳克郎ほか編『新版注釈会社法（4）』二六七頁以下〔河本一郎〕（有斐閣・一九八六年）参照。

二　株式の譲渡方法

1　前　説

株式の譲渡には、物権および債権の譲渡と同様、当事者の意思表示を要するが、(4) その譲渡方法は、株券発行会社の株式と株券不発行会社の株式とで異なり、株券不発行会社の株式においても、振替株式とそれ以外の株式とで異なる。

2　株券発行会社の株式の譲渡方法

(1)　株券発行後の株式の譲渡方法

現在の株券発行会社の株式は、前述のようにその流通性の向上に格別の配慮を払う必要がないものと考えられるが、現在の株券は、すべてもっとも権利の流通に適した類型の有価証券である無記名証券となっており（会社二一六条参照）、株券発行後の株式譲渡は、自己株式の処分による場合を除き、株券の交付により譲渡される（会社一二八条一項）。株券が交付されない限り、譲渡は当事者間においても株式移転の効力は生じないと解される。(5) 交付には、民法一七八条の引渡しと同様、現実の引渡し（民法一八二条一項）のみならず、簡易の引渡し（民法一八二条二項）、占有改定（民法一八三条）および指図による占有移転（民法一八四条）が含まれる。また、ユーロクリアの保管システムにおいて指図による占有移転によりワラントを譲り受けた者が占有改定によりそれを譲り渡すことを認める判例もあり(6)、実際上の必要性から、株券保管振替法の下においては、民法上認められていない間接占有者による占有改定も是認されていた(7)。しかし、上場株式ではありえない現在の株券発行会社の株式についてこのような譲渡方法を是認する実際上の必要性は乏しいであろう。

株券の交付は株式譲渡の対抗要件ではないが、一枚の株券を複数の者に交付することはできないから、二重譲渡はありえない。したがって、譲渡の会社以外の第三者に対する対抗要件は存しない（会社法一三〇条二項）。他方、この株式の多くは、譲渡制限株式であろうから、その譲渡については、株主総会または取締役会の承認がなければ、会社との関係で効力を生じない場合が多い（会社法一三九条参照(8)）。

株式の譲渡を会社に対抗するためには、株主名簿の名義書換えを要し（会社法一三〇条一項）、その請求は、株式取得者から株券を提示して行われる（会社法一三三条一項二項、会社法施行規則二二条二項一号）。会社が名義書換未了株主の権利行使を認容してよいかについては争いがあるが、譲渡された株式について譲渡人が実質的に無権利者であることを考慮すると、株主平等原則に違反しない範囲でこれを容認することは差支えないと考える(9)。また、会社が株主名簿の名義書換えを不当に拒絶し、または過失により書換えをしなかった場合には、その書換えのないことを理由としてその譲渡を否認できないと解される(10)。

なお、自己株式の処分による株式譲渡は、新株発行と同様の効果を有することから、当該株式に係る株券を交付しなくても、募集株式と引換えにする金銭の払込み等の期日にその効力を生ずる（会社法二〇九条）。会社は、自己株式を処分した日以後遅滞なく当該自己株式を取得した者に対し株券を交付しなければならないが、公開会社でない会社は、自己株式を取得した者から請求がある時までは株券を交付しないことができる（会社法一二九条）。

(2) 株券発行前の株式の譲渡方法

株券発行会社は、株式を発行した日以後遅滞なく株券を発行しなければならないが（会社法二一五条一項）、公開会社でない会社は、株主から請求がある時までは株券を発行しないことができ（会社法二一五条四項）、株主は、会社に対し株券の所持を希望しない旨を申し出ることができる（会社法二一七条一項）。また、株券を発行する予定がないにもかかわらず、株券発行の廃止手続を怠っている「株券発行会社」もあろう。このように株券発行会社においても、株券が発行されていない場合が少なくないが、株券の発行前にした譲渡は、会社に対しその効力を生じない（会社法一二八条二項）。

会社法一二八条二項の法意は、「株式会社が株券を遅滞なく発行することを前提とし、その発行が円滑かつ確実に行われるようにするため」のものと解されるが[11]、株券発行前の株式譲渡の当事者間の効力については、債権的効力があることは当然として、物権的効力に関し無効説と有効説との争いがある。

両説における実際上の差異は、会社が譲渡当事者間において株主でない者を株主として扱えることは矛盾するため[12]、会社から株式譲渡の効力を認める余地があるかという点に現れる。この点については、名義書換未了株主の権利行使の認容の問題と同様、株主平等原則に違反しない範囲でこれを容認することは差支えないと考える[13]。また、最高裁は、「少なくとも、会社が右規定（会社法一二八条二項と同趣旨の旧商法二〇四条二項―筆者）の趣旨に反して株券の発行を不当に遅滞し、信義則に照らしても株式譲渡の効力を否定するを相当としない状況に立ちいたった場合においては、株主は、意思表示のみによって有効に株式を譲渡でき、会社は、もはや、株券発行前であることを理由としてその効力を否定することができず、譲受人を株主として遇しなければならない」と判示している[14]。この判決の理解の仕方については、見解が分かれるが、会社の信義則違反を理由に旧商法二〇四条二項の形式的な適用を否定したものと解するのが素直であろう（信義則説）[15]。この判決を信義則説から支持するときは、株券発行前の株式譲渡の当事者間における効力を一般的に認めなければ、処分契約の当事者間の効力がその契約の当事者ではない者の信義により決定されるという少々奇妙な結論ともなる。

以上のことから、株券発行前の株式譲渡は当事者間では有効と解するのが妥当であり、譲渡の第三者に対する対抗要件は、現実的には株主名簿の名義書換えと解するほかはないであろう。(16) もっとも、会社は、「信義則に照らしても株式譲渡の効力を否定するを相当としない状況に立ちいたった場合」には譲渡当事者からの株主名簿の名義書換え請求に応ずる義務があるが、そうでない場合にはその請求に応ずる義務はない。少なくとも株券を発行する予定がないにもかかわらず、株券発行の廃止手続を怠っている「株券発行会社」については、このような解釈が妥当であろう。

3　振替株式以外の株券不発行会社の株式の譲渡方法

振替株式以外の株券不発行会社の株式は、当事者の意思表示のみにより譲渡される。もっとも、この株式の多くは、譲渡制限株式であろうから、株主総会または取締役会の承認（会社法一三九条一項参照）がなければ会社との関係で譲渡の効力を生じない場合が多い。株式の譲渡を会社に対抗するためには、株主名簿の名義書換えを要するが、この株式は、二重譲渡されうるから、その譲渡を会社以外の他の第三者に対抗するためにも、株主名簿の名義書換えを要し（会社法一三〇条）、その請求は、原則として株式取得者と株主名簿上の株主が共同して行われる（会社法一三三条一項二項）。この株式の譲渡方法は、旧有限会社の持分譲渡方法と同様である。

この株式についても、会社が株主平等原則に違反しない範囲で名義書換未了株主の権利行使を認容してよいこと、および会社が株主名簿の名義書換えを不当に拒絶した場合等にその書換えのないことを理由としてその譲渡を否認できないことは、株券発行会社の株式と同様であるが、会社が株主名簿の名義書換えを不当に拒絶した場合等に株主名簿の名義書換えなくして譲渡を会社以外の第三者に対抗しうるか否かは問題である。中小企業の株主名簿の記載が信頼に値しないことを理由にこれを肯定する見解も有力である。[17] しかし、例外的な措置ではあるにせよ、全く公示性のない第三者に対する対抗要件の存在を認めることには疑問があり、第三者が会社の不当な名義書換えの拒絶を知って株式を株式を譲り受けたような背信的悪意者である除き、問題を否定せざるをえないと考える。[18]

なお、株券発行会社が株券を廃止する定款変更（会社法二一八条参照）を行って株券不発行会社となった場合に定款変更の効力発生前に株式を承継取得または善意取得した者は、株主名簿の名義書換えを怠っていたために定款変更の効力発生後に名義人から意思表示により株式を譲り受けて名義書換えをした者が生じたとしても、株式を失うことはないと解すべきである。[19]

4　振替株式の譲渡方法

振替株式は、振替口座に株式数の減少の記載または記録がされる加入者（社債株式振替法二条三項参照）である譲渡人の振替の申請（社債株式振替法一三二条）により、譲受人が振替口座に株式数の増加の記載または記録を受けることにより譲渡される（社債株式振替法一四〇条）。振替口座は、多層構造になっており、振替機関である証券保管振替機構に口座を開設できる加入者は、原則として他の者のために株式の振替口座を開設することができる口座管理機関（社債株式振替法二条四項参照）である証券会社、銀行等の金融機関（社債株式振替法四四条一項）に限定され（証券保管振替機構・株式等の振替えに関する業務規程一八条三項）、一般株主は、口座管理機関である金融機関に振替口座を開設して加入者となる。

株式の口座振替は株式譲渡の対抗要件ではないが、制度の仕組み上、二重譲渡はありえない。したがって、株券発行会社の株式と同様、譲渡の会社以外の第三者に対する対抗要件は存在しない（社債株式振替法一六一条三項）。なお、振替株式については、譲渡制限を付しえない（社債株式振替法一二八条一項）。

振替株式についても、譲渡を会社に対抗するためには、株主名簿への記載または記録を要する（会社法一三〇条一項）。もっとも、振替機関は、発行会社が基準日等を定めたときは、発行会社に対し総株主通知をしなければならず（社債株式振替法一五一条一項）、各口座管理機関は、その直近上位機関に対し当該口座管理機関またはその下位機関の加入者の口座に記載または記録がされた振替株式に関する事項を報告しなければならない（社債株式振替法一五一条六項）。発行会社は、総株主通知を受けた場合には、株主名簿に通知事項等を記載しまたは記録しなければならず、基準日等に株式譲渡の対抗要件である株主名簿への記載または記録がされたものとみなされる（社債株式振替法一五二条一項）。また、株主が少数株主権を行使するためには、会社法一三〇条一項は適用されず、直近上位機関を経由して振替機関に対し発行会社へ個別株主通知をするよう申し出ることとなっている（社債株式振替法一五四条）。

振替株式の取引は、金融市場において証券会社等による媒介、取次ぎまたは代理により行われる場合が多いが、市場外で行われる場合もある。

（4）振替株式の譲渡にも当事者の意思表示を要することについては、森田宏樹「有価証券のペーパーレス化の基礎理論」金融研究二五巻法律特集号四一頁以下（日本銀行金融研究所・二〇〇六年）参照。
（5）東京地判昭和六三年一一月二四日判タ七〇一号二五一頁。
（6）山形地酒田支判平成一一年一一月一一日金判一〇九八号四五頁。
（7）河本・前掲注（2）二七〇頁、拙著『有価証券と権利の結合法理』一五八頁以下（成文堂・二〇〇二年）参照。
（8）譲渡制限株式も、当事者間においては、会社の承認がなくとも有効に譲渡されうると解される（最判昭和四八年六月一五日民集二七巻六号七〇〇頁）。
（9）最判昭和三〇年一〇月二〇日民集九巻一一号一六五七頁。この問題の詳細については、山下友信編『会社法コンメンタール（3）』三三二頁以下〔伊藤靖史〕（商事法務・二〇一三年）参照。
（10）最判昭和四一年七月二八日民集二〇巻六号一二五一頁参照。

(11)　最判昭和四七年一一月八日民集二六巻九号一四八九頁。かつて最高裁は、二〇〇五年改正前商法二〇四条二項の法意について「株券発行前の譲渡方式に一定されたものがないことによる法律関係の不安定を除去しようとする考慮によるものであつて、すなわち、会社株主間の権利関係の明確かつ画一的処理による法的安定性を一層重視したるによるもの」と解していた（最判昭和三三年一〇月二四日民集一二巻一四号三一九四頁）。最判昭和四七年一一月八日は、最判昭和三三年一〇月二四日を変更したものである。

(12)　江頭憲治郎『株式会社法〔第六版〕』二三〇頁注（1）（有斐閣・二〇一四年）参照。

(13)　この点の詳細については、山下編・前掲注（9）三一六頁以下〔前田雅弘〕参照。

(14)　前掲注（11）最判昭和四七年一一月八日。

(15)　この点の詳細については、山下編・前掲注（9）三一三頁以下〔前田〕参照。

(16)　弥永真生『リーガルマインド会社法〔第一四版〕』四五頁（有斐閣・二〇一五年）参照。

(17)　江頭・前掲注（12）二〇八頁・二〇九頁以下注（10）。

(18)　上柳克郎ほか編『新版注釈会社法（14）有限会社』一六八頁〔神崎克郎〕（有斐閣、一九八六年）参照。この問題の詳細については、山下編・前掲注（9）三三八頁〔伊藤〕参照。

(19)　この点の詳細については、神田秀樹編『会社法コンメンタール（5）』二二五頁以下〔大塚龍児〕（商事法務・二〇一三年）参照。

三　株式譲渡行為の原因行為とその独自性・無因性の有無

1　株式譲渡行為の原因行為

売買代金の支払に関連して手形が裏書された場合、その原因行為を売買契約ととらえるか、交付の合意、すなわち「売買契約とその代金債務の支払の方法としての手形の授受（手形行為）との中間に、両者を結びつけるものとして、売買契約に関連して手形を授受する旨、およびその手形の内容に関する合意[20]」ととらえるかについては、争いがある。この争いは、売買契約が「当事者の一方がある財産権を相手方に移転することを約し、相手方がこれに対してその代金を支払うことを約することによって、その効力を生ずる」ものであり（民法五五五条）、手形の移転を義務づけるものでないことに起因している[21]。これに対し、株式が売買された場合には、株式は、売買契約の目的物であり、民法五五五条の「ある財産権」に該当し、売買契約は株式の移転を義務づけるため、株式譲渡行為の原因行為が売買契約であることは疑いない。この点は、株券発行会社の株式の譲渡行為であろうが、振替株式の譲渡行為であろうが、振替株式以外の株券不発行会社の株式の譲渡行為であろうが、変わりはない

2　株式譲渡行為の独自性・無因性の有無

手形については、その原因行為を売買契約等ととらえようと交付の合意ととらえようと、原因行為と峻別される法律行為を観念してその独自性・無因性を肯定するのが通説である。では、株式についても、例えば株式売買契約である原因行為と峻別される法律行為を観念してその独自性・無因性を肯定することは妥当であろうか。

民法学においても、物権行為の独自性・無因性について議論があり、かつては行為の形式性を重視する見解が有力であった[22]。しかし、その後、そのような考え方は克服され、現在では、売買当事者の通常の意思ないし意識を重視して物権行為の独自性・無因性を否定する見解が民法学上の通説といえる[23]。株式譲渡行為が物権行為と異なる形式行為であるとしても（株券発行会社の株式および振替株式の場合）、同じく売買の対象である不動産や動産の譲渡と株式の譲渡において、当事者の意思が異なるものとは考えにくい。

わが国においては、手形権利移転行為を有因行為と解する見解も有力であるが[24]、この見解に対しては、「BC間の原因債権額が手形金額の一部である場合、BC間の原因関係が一部消滅した場合にB、Cに権利の分属を認めるのか、そ

うであるならば一部裏書の禁止（手形法一二条二項）により手形関係の簡明を期している手形法の趣旨に反しないか、またBC間の原因関係が一部消滅した場合右の事実は手形上表示されない（手形法三九条三項）がそれでよいのかとの疑問、また実質的に見た場合、BC間の原因関係は種々であり、その消滅の事由も弁済、代物弁済、相殺、更改、免除、時効、解除等種々であるが、それらの場合を一律に弁済等Bの出捐による原因関係の消滅と同様にCを無権利者と扱うことが妥当かどうか」といった問題が指摘される。(25) しかし、株式については、それを譲渡する原因関係の大部分は売買であり、原因債権額が券面額の一部であるとか、原因関係が一部消滅するとか、原因関係が弁済等により消滅するというようなことは、あまり考えられないことであろう。

以上のことから、株式譲渡行為については、その独自性・無因性を肯定することは妥当でない。(26) この点も、株券発行会社の株式の譲渡行為、振替株式の譲渡行為および振替株式以外の株券不発行会社の株式の譲渡行為に共通であると考える。

なお、振替決済制度には、直接保有方式と間接保有方式がある。前者は、株式等の権利が加入者に直接帰属するという方式であり（例として、フランス法）、後者は、株式等の権利が直接的には口座管理機関に帰属し、加入者は口座管理機関を通じて間接的に株式等の権利を保有するにすぎないという方式である（例として、アメリカ法）。間接保有方式においては、加入者は株式等の権利とは別個の口座管理機関に対する権利を有するにすぎないから、権利移転の独自性・無因性を肯定せざるをえない。しかし、わが国の社債株式振替法は、直接保有方式をとっているから、振替株式についても、その譲渡行為の独自性・無因性を否定することに妨げはないであろう。(27)

(20) 福瀧博之『手形法概要〔第二版〕』七九頁（法律文化社・二〇〇七年）。

(21) この点の詳細については、拙稿「手形の無因性と『原因』関係に基づく抗弁に関する若干の考察――『交付合意論』を踏まえて――」専修大学法学研究所紀要『民事法の諸問題XIII』一一〇頁以下（二〇一〇年）参照。

(22) 我妻榮＝有泉亨補訂『新訂物権法（民法講義Ⅱ）』五六頁以下（岩波書店・一九八三年）参照。
(23) 原島重義「債権契約と物権契約」契約法体系刊行委員会編『契約法体系Ⅱ（売買・贈与）』一〇六頁・一一一頁（有斐閣・一九六二年）、星野英一『民法概論Ⅱ（物権・担保物権）』三一頁以下（良書普及会・一九七六年）、広中俊雄『物権法（第二版増補）』四九頁以下・五一頁注（1）（青林書院新社・一九八七年）参照。
(24) 前田庸『手形法・小切手法』四一三頁（有斐閣・一九九九年）参照。
(25) 大塚龍児「裏書の原因関係が無効・消滅の場合の被裏書人の地位」石井照久先生追悼『商事法の諸問題』五六頁（有斐閣・一九七四年）。
(26) この問題の詳細については、拙稿「有価証券譲渡行為の無因性に関する掌論」専大法学九〇号五四頁以下（二〇〇四年）参照。
(27) 森田・前掲注（4）四一頁・四八頁以下参照。

四　株式の善意取得に関する問題点

1　前　説

善意取得は、権利の推定（形式的資格）を基礎とする。「権利の推定効から実定法上の権利の取得をもたらす善意取得が当然に導かれるとはいえない」(28)ことは確かであるが、権利の推定が働かない場合に善意取得を認めることは是認されえないであろう。

会社法一三一条は、一項において「株券の占有者は、当該株券に係る株式についての権利を適法に有するものと推定する」と規定して株券の占有者に権利の推定を認め、二項において「株券の交付を受けた者は、当該株券に係る株式についての権利を取得する。ただし、その者に悪意又は重大な過失があるときは、この限りでない」と規定して株券発行会社の株式の善意取得を認める。

権利移転の独自性・無因性が肯定される間接保有方式の振替決済制度においては、権利移転が原因行為の存否、無効等の影響を受けないことから、善意取得は必要がないといえる。これに対し、権利移転の独自性・無因性が否定される直接保有方式の振替決済制度においては、権利移転が原因行為の存否、無効等の影響を受けることから、善意取得は不可欠である。[29] そこで、社債株式振替法は、一四三条において「加入者は、その口座（第百五十五条第一項に規定する買取口座を除き、[30] 口座管理機関の口座にあっては自己口座に限る。[31]）における記載又は記録がされた振替株式についての権利を適法に有するものと推定する」と規定して振替口座の記録等に権利の推定を認め、一四四条において「振替の申請により その口座（口座管理機関の口座にあっては、自己口座に限る。）において特定の銘柄の振替株式についての増加の記載又は記録を受けた加入者（機関口座を有する振替機関を含む。）は、当該銘柄の振替株式についての当該増加の記載又は記録に係る権利を取得する。ただし、当該加入者に悪意又は重大な過失があるときは、この限りでない」と規定して振替株式の善意取得を認める。

振替株式以外の株券不発行会社の株式については、善意取得は認められていない。そこで、ここでは、株券発行会社の株式と振替株式に分けてそれぞれの善意取得に関する問題点を検討し、最後に善意取得の適用範囲を検討する。

2　株券発行会社の株式の善意取得に関する問題点

(1)　観念的占有移転による善意取得

動産について簡易の引渡し（民法一八二条二項）および指図による占有移転（民法一八四条）による即時取得（民法一九二条）の可能性は、一般に承認されており、[32] 株式について株券の簡易の引渡しおよび指図による占有移転による即時取得の可能性を否定する理由はないであろう。これに対し、動産について占有改定による即時取得（民法一八三条）の可否は争いがあり、判例は、「無権利者から動産の譲渡を受けた場合において、譲受人が民法一九二条によりその所有権を取得しうるためには、一般外観上従来の占有状態に変更を生ずるがごとき占有を取得することを要し、かかる状態に一般外観上変更を来たさないいわゆる占有改定の方法による取得をもつては足らないものといわなければならない」と述べており(33)、学説上も、否定説が有力といえる(34)。上場会社の株式が株券に表章されていた時代には、株式について株券の占有改定による善意取得の可能性を肯定する必要があったとも考えられるが(35)、上場会社の株式が振替株式となった現在では、あえてこれを肯定する必要はなく、否定するのが妥当であろう(36)。

(2) 未交付株券に関する株式の善意取得

株主に対する交付前に流通に置かれた未交付株券に関する株式の善意取得の可否は、株券の効力発生時期の問題として争われており、この点については、大別すると、手形理論と同様に、株主に交付されたときに株券の効力が発生すると解する交付時説、会社の意思により何人かに交付されたときに株券の効力が発生すると解する発行時説、および株主名が記入されて株券として完成したときに株券の効力が発生すると解する作成時説の三説がある(37)。

判例は、大審院時代以来、交付時説に立つ(38)。非設権証券である株券には権利外観理論は適用されないから、交付時説によると、未交付株券は無効な株券のままであり、株式を善意取得しうる余地はない。交付説に立つ多数説も、たとえば「株券が、株主に交付される前に株券が喪失したような場合において、そのような株券につき善意取得者を生じ、そのことによって、株主が、当該株式についての権利を失うことを認めることは、とくに妥当でない」と述べる(39)。これに対し、作成時説は、「自らの株式引受行為によって株式が成立し、それについて株券が作成されるその株主と、善意取得者との間の利益衡量をすれば、株券作成後の喪失の危険も、株主をして負担せしめることの方が、わずかながらも理由があるように思われる」と主張する(40)。しかし、その『わずかな理由』とは、主として上場株式を念頭に置いたものであろう。現在の株券発行会社の株式は、上場株式ではありえず、多くは譲渡制限株式であると考えられる。会社法下においては、「閉鎖型タイプの会社の盗取・紛失株券を善意で取得した（と称する）者は、果たしてどの程度保護に値するのであろうか」という疑問も呈されている(41)。

筆者は、かつて作成時説に好意的な口吻も漏らしたが(42)、その後、作成時説が前提としてきた法状況は変化しており、現在では、判例に従って交付時説をとることに問題はないと考える。したがって、未交付株券に関する株式の善意取得も認められないと解する。

なお、株券発行前の株式の譲渡についても善意取得を認めるべきであるという見解も見られるが(43)、現在では、あえてそのような解釈をとる必要はないであろう。

3　振替株式の善意取得に関する問題点

(1)　譲渡行為の存在

振替株式の善意取得について第一に問題となるのは、そもそも譲渡行為の存在を前提としているのか否かという点である。

振替株式の振替を行うのは振替機関または口座管理機関であるが（社債株式振替法一三二条一項）、振替機関等が誤って振替口座に過大な株式の記載または記録をしてしまう場合もありうる。その場合に社債株式振替法は、振替株式の善意取得が生ずることを前提とし、振替機関等が超過分の株式を取得して権利を放棄する等の義務を定めるとともに、振替機関等がその義務を履行するまでの間、全部または一部の株式の会社に対する割合が縮減することを認める（社債株式振替法一四五条〜一四八条）。たとえば口座管理機関が一〇〇株の株式を譲り受けたAの口座に誤って三〇〇株の株式を記載し、AがBに三〇〇株の株式を譲渡した場合、Aについて譲り受けていない二〇〇株の株式の善意取得が生じうるのか、Aについては善意取得が生ぜず、Bについて二〇〇株の善意取得が生じうるのかは必ずしも明確でないが、立案担当者の説明によると、Aについて善意取得を認めるものではないようであり、[44] 振替株式の善意取得も、当然に譲渡行為の存在を前提としていると考えられる。

(2) 善意取得が認められる二つの場合について

振替株式の善意取得が認められる場合には、二つのものがあるという見解があり、たとえば「第一は、不適法な振替の記載に基づいて口座振替がなされたために、口座の増額記録がなされた場合である。……第二は、振替機関の過誤により、実際よりも多額の過大記録がなされた場合である」といわれる。[45] この第二の場合には、社債株式振替法一四五条以下が適用され、第一の場合にはそれが適用されないのであるから、この二つの場合が違うといえば違うことは確かであろう。しかし、この二つの場合は、本質的に異なるものであろうか。

右記第二の場合に振替株式が「創造」された、[46] または「無から有」が生じた[47] と述べる見解がある。この場合には、振替機関等が超過分の株式を取得して権利を放棄する等の義務を履行するまでの間、振替証券の発行総数は増加する。もっとも、この場合にも、その間は全部または一部の振替株式の会社に対する割合が縮減するのであるから、会社に対する関係では、株式は「創造」されてはいないないし、「無から有」が生じたともいえず、右記第一の場合と同様、株式の帰属が変化しているにすぎない。その意味では、二つの場合の善意取得は、いずれも権利の帰属面で取得者を保護するものであり、本質的に異なるものではないともいえよう。

(3) 善意取得の適用の基礎

従来から善意取得が認められてきたものは、動産（民法一九二条参照）と有価証券（手形法一六条二項等参照）である。それらについて善意取得が適用されるためには、有体物の占有取得を要する。そこで、有体物の占有取得を要件としない振替株式について善意取得を適用する基礎があるのかが問題となる。

この点については、「振替の申請をなしうるのは、制度上、振替口座簿の記録を有する者のみであるから、口座振替が、①譲渡人の振替口座簿の減額記録という前主の『占有』と、②譲受人の振替口座簿の増額記録という・取引相手方の善意無過失による『占有』取得を不可欠の要素とする点において、善意取得の一般原則が適用される基礎を十分に見出すことができよう」という説明がなされているが[48]、ここで重要な点は、制度の仕組みにおいて権利者以外の者が権利を利用することが排除されているということであろう[49]。

⑷　譲受人の信頼の対象

善意取得に関する伝統的見解は、譲受人の信頼の対象を譲渡人の権利に求めてきた。しかし、振替株式の譲受人は、原則として口座管理機関から直接に譲渡人の記録事項の開示を受けることができない（社債株式振替法二七七条、社債株式振替法律施行令八四条、社債株式振替命令六一条参照）。譲受人が譲渡人からその証明書の交付を受けて譲渡人の権利を確認することは可能であろうが、法はその交付を義務づけていないから、振替株式の善意取得の信頼の対象を譲渡人の権利に求めることはできない[50]。そこで、振替株式の善意取得における譲受人の信頼の対象が問題となる。

この点については、「譲受人の信頼は、自己の口座に増額の記録が行われたことによって、（譲受人から）権利を有効に取得したことにある。……口座の増額記録により有効に権利を取得したとの信頼が直接に保護されている」と解される[51]。これをより噛み砕いていえば、「何を信頼したかといえば、結局自分の口座にきっちりと株式が入っている、自分が意思表示して、自分の口座にそれだけのものが入ったことを信頼した」ということである[52]。

手形の善意取得に関する有力説によると、「善意取得は、自己が権利者であることを信じて―善意で―、裏書が連続する手形を所持する―形式的資格を有する―者を保護する制度」ととらえられ、「善意取得における『善意』とは、取得者が『譲渡人の権利』を信ずること―すなわち、譲渡人の無権利を知らないこと―ではなく、『自己の権利』を信ずること―すなわち、不正をおかしていないことを確信すること―を意味する」と解されている[53]。振替株式の善意取得に関する理解は、このような考え方に近いともいえる。

4　善意取得の適用範囲

株式の善意取得が譲渡人が無権利者である場合に認められることは疑いないが、その適用がこの場合に限定されるか否かについては、手形と同様の争いがある。具体的には、譲渡人が制限行為能力者（未成年者（民法五条）、成年被後見人（民法八条）、被保佐人（民法一二条）、被補助人（民法一六条））の場合、譲渡の意思表示に瑕疵がある場合、譲渡が無権代理の場合、譲渡人に処分権限がない場合（破産者が破産財団に属する株式を譲渡した場合、相続人が遺言執行者がある相続財産に属する株式を譲渡した場合、問屋、質権者、執行吏等が無権限で他人の権利を譲渡した場合等）にも、善意取得が認められるか否かが争われている。伝統的見解は限定説に立つが、近時は非限定説が有力であり、基本的に限定説に立ちつつ[54]「取引所で株式の売買がなされた場合には善意取得を認める範囲を拡大する考え方が妥当性を有する」と解する見解もある[55]。

手形の善意取得の適用範囲については、非限定説をとったとしても、裏書人が原因関係上の不当利得（民法七〇三条）に基づいて善意取得者に対し手形の返還を請求しうる可能性があることが重視されている[56]。この視点を株式に応用すると、たとえばＡの代理人ではないＢがＡの代理人と偽ってＣにＡの株式を売却した場合、Ｃの善意取得を認めたとしても、ＡからＣへの株式の移転は、法律上の原因（民法七〇三条）を欠くものとなり、Ａは、不当利得を理由にＣに対し株式の返還を請求でき、Ｃのために善意取得を認める実益はない。また、この場合にＡが無権利者であるときには、Ａからの株式返還請求は認められないが、Ｃの善意取得により権利を失って損失を受ける者が存在するはずであり、その者からのＣに対する不当利得を理由とする手形返還請求が認められるから、やはりＣのために善意取得を認める実益はない。株式の善意取得自体がこの移転に法律上の原因を付与し、不当利得に基づく株式返還請求は生じないとも考えられなくもないが、そのような考え方によると、ＣのＡに対する代金支払義務が未履行のときは、Ａは、Ｃに対し代金の支払を請求しえず、著しい不利益を受ける。このような状況を法が容認しているとは考えにくい。他方、このときにも、AはCに対し代金の支払を請求しうると解することは、実質的に善意取得の規定により無権代理の主張自体が排除されることを認めることになり、妥当でない。

手形の裏書が無権代理の場合には、売買契約等に瑕疵がないこともありうることから、手形行為の原因行為を売買契約等に求める以上、取得者のために善意取得を認める実益が全くないとはいい切れず、そのことが、非限定説が有力説であり続けているひとつの大きな理由となっていると思われる。(57) これに対し、株式の譲渡においては、株式の売買契約等と別個独立の株式移転行為という法律行為を観念しえないから、株式売買契約に瑕疵がないことを考慮する必要はない。

非限定説からは、「判例は、手形につき無権代理人と取引した者の善意取得を認めており（最判昭三五・一・一二民集一四巻一号一頁、最判昭四一・六・二一民集二〇巻五号一〇八四頁）、株券の場合をそれと区別すべき理由はない」とも主張される。(58) しかし、これらの判決は、いずれも無権代理の裏書譲渡をされた本人が無権利者であり、かつ、被裏書人の権利取得により権利を失って損失を受けた者が明らかでない事案に関するものである。手形の善意取得が生ずれば、その反射的効果として手形上の権利を失って損失を受ける者が存在するはずであるが、右記二判決においてその存在は明らかでない。その意味で、これらの判決が善意取得を認めたものと解することには疑問が残る。少なくとも、これらの判決の射程を裏書譲渡が無権代理の場合一般に及ぼすことは妥当でない。(59)

他方、Aの代理人ではないBがAの代理人と偽ってCにAの株式を売却した場合にも、CがDに株式を譲渡するときには、Cの善意取得を認めると否とで法的状況は異なってくる。すなわち、この場合にCの善意取得を認めなければ、Cから株式を譲り受けたDが権利を取得するためには、Dは、株式を善意取得する必要があり、その要件は、善意かつ無重過失である。Dが善意取得しないとき、Aは、Dに対し株式の返還を請求しうる。これに対し、この場合にCの善意取得を認めれば、Cから株式を譲り受けたDは、つねに株式を承継取得し、Aからの株式の返還請求を免れる。このように右の場合でも、CがDに株式を譲渡するときには、善意取得を認めるほうがDの地位は有利になり、Aの地位は不利になる。(60) 株式の流通性を高めるという見地からすれば、Cの善意取得を認めるほうが妥当であろうが、本人であるAの保護よりも株式の流通の保護を優先すべきであるとは一概にいえない。

以上のことは、譲渡人が制限行為能力者の場合、譲渡の意思表示に瑕疵がある場合および譲渡人に処分権限がない場合にも妥当する。上場株式である振替株式については、その流通に格別の配慮を払うべきであるのに対し、上場株式ではありえず、多くは譲渡制限株式でもあろう現在の株券発行会社の株式については、その流通に格別の配慮を払う必要はない。また、譲受人が原則として口座管理機関から直接に譲渡人の記録事項の開示を受けることができない振替株式の善意取得は、譲受人の信頼の対象を自己の権利に求める非限定説に馴染みやすいともいえる。(61) そうだとすると、―ドグマにこだわらず―振替株式の善意取得の適用範囲については非限定説をとり、株券発行会社の株式の善意取得の適用範囲については原則として限定説をとるという柔軟な解釈をとることも一考に値するのではなかろうか。前述の「取引所で株式の売買がなされた場合には善意取得を認める範囲を拡大する考え方(62)」も、同様の見地に立つものであろう。

他方、限定説も、譲渡人に処分権限がない場合の中で問屋、質権者、執行吏等が無権限で他人の権利を譲渡した場合には、一般に善意取得を認めてきた。(63) しかし、「代理人だと自称する者から、その代理権の存在を信じて取得する者は、保護されない、との多数説の立場からは、……処分権の存在を信じた場合には保護されるというのは、いささか論理が一貫しないきらいがある」と指摘される。(64) 振替株式については、問屋である証券会社等の取次ぎにより転々流通するものであるから、この場合に善意取得を認めるのは妥当であろうが、そのような形での流通が考えられない株券発行会社の株式については、この場合に善意取得を認める必要はないのではあるまいか。

なお、手形については、それが指図証券である関係で譲渡人が他人になりすました場合に例えば裏書人と最後の被裏書人との同一性という問題が生じ、善意取得が問題とされる。しかし、無記名証券である株券発行会社の株式については、その場合、取引相手の名称の錯誤は法律行為の要素の錯誤（民法九五条）とはならないであろうから、他人になりすましたこと自体は問題とならず、譲受人は単に無権利者から譲渡を受けたものとして株式を善意取得しうると解される。振替株式についても、譲渡人が他人になりすました場合には、当然に善意取得を認めるべきである。

(28)　森田・前掲注（4）四五頁。
(29)　森田・前掲注（4）五〇頁以下参照。
(30)　買取口座とは、振替株式の発行会社が株式買取請求に係る振替株式の振替を行うために振替機関等に開設する口座である（社債株式振替法一五五条一項）。株式買取請求をしようとする振替株式の株主は、買取口座を振替先口座とする振替の申請をしなければならない（社債株式振替法一五五条三項）。
(31)　自己口座とは、口座管理機関が振替株式についての権利を有するものを記載しまたは記録する口座であり、口座管理機関またはその下位機関の加入者が振替株式についての権利を有するものを記載しまたは記録する顧客口座と区別される（社債株式振替法一二九条二項）。
(32)　最判昭和五七年九月七日民集三六巻八号一五二七頁、川島武宜＝川井健編『新版注釈民法（7）』一六二頁以下・一七六頁以下〔好美清光〕（有斐閣・二〇〇七年）参照。
(33)　最判昭和三五年二月一一日民集一四巻二号一六八頁。同旨、大判大正五年五月一六日民録二二輯九六一頁、最判昭和三二年一二月二七日民集一一巻一四号二四八五頁。
(34)　川島＝川井編・前掲注（32）一六三頁以下〔好美〕参照。
(35)　上柳ほか編・前掲注（3）一三七頁〔河本〕参照。
(36)　同旨、山下編・前掲注（9）三四四頁〔伊藤〕。
(37)　この問題の詳細については、神田編・前掲注（19）一八八頁以下〔白井正和〕参照。
(38)　大判大正一四年一二月二八日新聞二六二六号九頁、最判昭和四〇年一一月一六日民集一九巻八号一九七〇頁。

(39) 石井照久＝鴻常夫『会社法第一巻（商法Ⅱ／1）』二〇〇頁（勁草書房・一九七八年）。
(40) 河本一郎『株券の法理』九六頁以下（成文堂・二〇一三年）。
(41) 江頭・前掲注（12）一七八頁注（2）。
(42) 拙著・前掲注（7）一〇九頁以下参照。
(43) 弥永真生「株券発行前の株式譲渡」倉沢康一郎教授還暦記念『商法の判例と論理―昭和四〇年代の最高裁判例をめぐって―』一一三頁以下（日本評論社・一九九四年）。
(44) 高橋康文編著・尾崎輝弘著『逐条解説新社債、株式振替法』一七九頁以下（金融財政事情研究会・二〇〇六年）参照。
(45) 森田・前掲注（4）四四頁参照。
(46) 椽川泰史「有価証券の無券化について」神奈川法学三五巻三号二一〇頁（二〇〇二年）参照。
(47) 証券取引法研究会編『証券のペーパーレス化の理論と実務（商法・証券取引法の諸問題シリーズ）』八頁〔黒沼悦郎執筆〕・八七頁〔黒沼執筆〕・一〇九頁〔北村雅史執筆〕（商事法務・二〇〇〇四年）参照。
(48) 森田・前掲注（4）四七頁。
(49) Vgl. Zöllner, Die Zurückdrüngung des Verkürperungselements bei den Wertpapieren, in FS Raiser, 1974, S. 271. 同論文を紹介するものとして、木内宜彦「L・ライザー七〇歳誕生日祝賀論文集『私法制度の機能の変遷』より（下）」法学新報八三巻一＝三号一五七頁以下（一九九七年）がある。
(50) 早川徹「『短期社債等の振替に関する法律』と証券決済システム」ジュリ一二一七号二七頁（二〇〇二年）、椽川・前掲注（46）二〇八頁以下、電子的記録に基づく権利を巡る法律問題研究会「振替証券・電子記録債権の導入を踏まえた法解釈論の再検討」金融研究三四巻三号八頁以下（日本銀行金融研究所・二〇一五年）参照。
(51) 早川・前掲注（50）二七頁以下。
(52) 証券取引法研究会編・前掲注（47）一一六頁〔北村発言〕。
(53) 竹内昭夫＝龍田節編『現代企業法講座（5）有価証券』一三八頁・一四三頁注（115）〔林竧〕（東京大学出版会・一九八五年）。

(54) 弥永・前掲注（16）四三頁注（20）参照。
(55) 山下編・前掲注（9）三四四頁以下〔伊藤〕参照。
(56) 多くの見解がこの視点に多少なりとも注目しているが、その嚆矢となったのは、上柳克郎「手形の善意取得によって治癒される瑕疵の範囲（一）」法学論叢八〇巻二号一頁以下（一九六六年）〔同『会社法・手形法論集』四七九頁以下（有斐閣・一九八〇年）〕である。
(57) 永井和之『基本論点商法〔改訂第三版〕』三一三頁以下（法学書院・一九九四年）、前田・前掲注（24）四三五頁以下参照。
(58) 江頭・前掲注（12）二二一頁注（8）。
(59) これらの判決については、別稿における検討を予定している。
(60) 竹内＝龍田編・前掲注（53）一三二頁〔林〕参照。
(61) このことは、振替株式の善意取得の適用範囲について論理必然的に非限定説をとらなければならないということまで意味するものではないであろう。
(62) 弥永・前掲注（16）四三頁注（20）参照。
(63) 豊崎光衛「善意取得」鈴木竹雄＝大隅健一郎編『手形法・小切手講座（3）』一四七頁（有斐閣・一九六五年）参照。
(64) 上柳ほか編・前掲注（3）一三八頁〔河本〕。

五　おわりに

かつて株式と一体不離の関係にあった株券の将来は、不透明である。株券発行会社は、過渡的な制度であり、株券不発行会社に移行すべきものだとすれば、株券は、歴史的役割の終焉に近づきつつあるといえる。しかし、中小企業の中には、株主名簿の管理がずさんなためにその記載が信頼に値しないところも多いようである。そのような会社が株券不発行会社に移行した場合、誰が株主であるかわからなくなり、株式の譲渡をめぐる法律関係は不安定なものとなろう。(65)有価証券にはその所持人だけが権利者と認められるという消極的作用があることから、実際に株券を発行している株券発行会社にはメリットがないではなく、株券についても、もうしばらくは存在を認めておいたほうがよいようにも思われる。

株式の善意取得の適用範囲の問題は難問であるが、本稿においては、この問題に関し、株券発行会社については限定説をとり、振替株式については非限定説をとるという解釈を提示した。たとえば無権代理により株式の売買契約が締結されて株式の譲渡が行われた場合、善意取得を認めたとしても、株式の譲渡は株式の売買契約に対して独自性・無因性を有するものではないから、手形の場合と異なり、譲受人は、常に不当利得として株式を返還しなければならない。その意味で、譲受人にとっては、この場合に善意取得が認められようが認められまいが、実益はない。それゆえ、譲受人の保護という点だけを考えれば、株券発行会社の株式についても振替株式についても、原則として限定説をとれば足りるといえる。それにもかかわらず、振替株式について非限定説をとるのは、譲受人からさらに株式を譲り受けた者の保護を厚くし、振替株式の流通性を高めるためである。振替株式については、株券発行会社の株式以上に流通性の向上に配慮が払われなければならず、動的安全の確保が要請される。右の解釈は、その要請に応えようとするものにほかならない。

(65) 証券取引法研究会編・前掲注(47)一一九頁以下参照。

キャッシュ・アウトの無効
——売渡株式等の取得の無効の訴えを中心に——

橡川泰史

一　はじめに

1　本稿の目的

平成二六年会社法改正において、いわゆるキャッシュ・アウト法制整備の一環として、特別支配株主による株式等売渡請求（以下「売渡請求」とする）の制度（会社法一七九条～一七九条の一〇。以下条文引用時には「会社法」は省略する）が導入され、併せて、この売渡請求の効力を無効とするための会社法上の訴えである売渡株式等の取得の無効の訴えの制度も新設された（八四六条の二〜八四六条の九）。

すなわち、特別支配株主(1)は、有効な売渡請求により取得日において当該会社の特別支配株主以外の者(2)（以下「売渡株主等」）の有していた売渡株式等(3)の全部を取得し（一七九条の九第一項）、取得の対価（金銭）の支払をする義務を各売渡株主等に対して負う。この売渡株式等の全部の取得の無効を主張するためには、取得日から六ヵ月以内（非公開会社の場合は一年以内）に提起する訴え（売渡株式等の取得の無効の訴え）によらなければならない（八四六条の二第一項）。売渡請求はあくまでも特別支配株主と売渡株主等との間に売買類似の関係を形成する行為であり、対象会社自身の行為ではない。しかし、売渡株式等の取得の無効の訴えに関する規定は、会社の組織に関する行為の無効の訴え（八二八条一項）に準じたものとなっている。すなわち、提訴権者は、売渡株主等のほか対象会社の取締役などに限定され（八四六条の二第二項）、認容判決には確定の日から将来に向けた対世効が与えられる（八四六条の七・八四六条の八）。また、悪意・重過失ある敗訴原告の損害賠償責任（八四六条の九）や担保提供命令（八四六条の五）など濫訴対策の定めも整備されている。そして、無効原因が具体的に規定されず解釈に委ねられている点も、八二八条一項各号の訴えと類似する。

もっとも、八二八条一項各号の訴えでは、会社の行為を対世的に無効とすることによる多数の利害関係者への影響が斟酌され、多くの場合無効原因は抑制的に解される必要があると思われるのに対し、売渡株式等の取得の無効の訴えの対象となる行為は、会社の行為ではなく、認容判決が確定しても、株主構成以外の会社の権利義務関係には直接変動をもたらさない。しかも売渡請求は九割以上の株式を特定の株主が支配するに至った場合でなければ行われないから、会社支配の構造をさほど大きく変えるものでもない。

以上のことから、売渡請求が対世的に無効とされたとしても、そのことがもたらす影響は八二八条一項各号の訴えの認容判決と比較すると相当に小さなものとなると考えられる。したがって、売渡株式等の取得の無効の訴えの無効原因については、これを当然に抑制的に考えねばならないという立場はとり得ないであろう。もちろん、この訴えが認容されると、対象会社からいったん排除された少数派株主が復活するだけでなく、本条の提訴をしていない者も含めてすべての売渡株主等が受領した売渡対価を特別支配株主に返還しなければならなくなるから、その点において、法的安定性への影響も無視し得ない問題ではある。

このように、売渡株式等の取得の無効の訴え（以下「取得無効の訴え」）における無効原因は、従前より存する会社法上の無効の訴えとは別に検討すべき問題と考えられる。そこで本稿は、この取得の訴えにおける無効事由となる売渡請求の瑕疵について検討をしていくことを主な目的とする。

2　検討の視角

平成二六年改正会社法では、株式会社の議決権を支配するに至った株主が、現金を対価として少数派株主を会社から締め出すこと（キャッシュ・アウト）を図る場面を想定した法制の整備がなされた。すなわち、前述の売渡請求の制度がキャッシュ・アウトを簡易な手続で行うことを目的として新設され、これと並んで、従前からキャッシュ・アウトの手段としても用いられてきた全部取得条項付種類株式の取得および株式併合の手続についても併せて規定が整備された。とくに、事前事後の情報開示、少数派株主から裁判所に対して株式価格の決定を申し立てるための手続（株式買取請求権と買取価格決定申立て）、少数派株主が事前にキャッシュ・アウトを差し止めるための手続は、キャッシュ・アウトのために利用され得ると目される会社法上の各制度について横串を刺すようにして規定が整備された。こうした法状況を前提とすると、上記のように解釈に委ねられることとなった取得無効の訴えにおける無効原因を考える際には、売渡請求以外のキャッシュ・アウト手法において同種の瑕疵がある場合の取扱いとの比較にも目を配りつつ検討すべきであろう。

従前においても、キャッシュ・アウト成立後に、対世効ある判決によってその法的効力を覆すための法的手段は存在した。たとえば全部取得条項付種類株式の取得や株式併合によるキャッシュ・アウトであれば、これらを議決した株主総会決議についての決議無効確認の訴え（八三〇条二項）や決議取消の訴え（八三一条）により、キャッシュ・アウトの法的効果を対世効ある判決により覆すことは可能であった。また（税制の関係で実際にはキャッシュ・アウト手法としては用いられないと言われるが）現金対価による略式吸収合併・略式株式交換によるキャッシュ・アウトに関しても、吸収合併無効の訴え・株式交換無効の訴え（八二八条一項）により、これを対世効ある判決により将来に向けて無効とすることができた。しかしこれらの訴えは、キャッシュ・アウトの効力のみに焦点を当てた制度ではない。そこに、まさにキャッシュ・アウトを全体として対世的に無効とすることだけを目的とする訴えである取得無効の訴えが加わったのであるから、キャッシュ・アウト全体を対世的に無効とするほどの瑕疵とはどのようなものかという視点による制度横断的な検討は、売渡請求以外の手法も含めて、キャッシュ・アウトを進める過程にどのような法的リスクが存するかを確認するという点において有益であろう。

そこで以下では、まず、売渡請求の手続に他のキャッシュ・アウト手法と比べてどのような特徴があるかを概観し、つぎに、売渡請求の手続上の瑕疵、売渡請求の内容上の瑕疵の順に、それらの瑕疵がキャッシュ・アウト全体を無効とすべき瑕疵となるかを検討していくことにする。

（1） 株式会社の総株主の議決権の九割以上を実質支配する者。厳密な定義は会社法一七九条一項本文参照。

（2） 特別支配株主の選択によっては、特別支配株主が発行済み株式の全部を有する株式会社その他これに準ずるものとして法務省令で定める法人（特別支配株主完全子法人）は売渡請求の対象から除外される場合がある。会社法一七九条一項但書。

（3） 「等」とするのは、株式のほか新株予約権や新株予約権付社債も売渡請求の対象に含まれる場合があるからである。会社法一七九条の二第一項参照。

二　売渡請求の手続の概要と意義

特別支配株主による株式等の売渡請求による株式等の取得の手続は、以下のように進行する。

(a)　特別支配株主が株式等売渡請求をすることとその内容（①対価の額またはその算定方法　②①の金銭の割当てに関する事項　③売渡株式等の取得日など）を対象会社に通知する（一七九条の三第一項・一七九条の二第一項）。

(b)　通知を受けた対象会社が取締役会決議をもって当該株式等売渡請求を承認をするか否かを決定する（一七九条の三第二・第三項）。

(c)　対象会社は取得日の二〇日前までに、売渡株主等および売渡株式等の登録質権者に対して、売渡請求の内容・請求の承認をした旨・特別支配株主の名称・住所を、通知・公告する（一七九条の四）。

(d)　対象会社は、上記通知の日から取得日後六ヵ月（非公開会社の場合は一年）を経過する日までの間、法定の事項を記載・記録した書面等を本店に備え置く（一七九条の五）。

(e)　株式等売渡請求は、対象会社の承認後は、その承諾を得た場合に限り取得日の前日までに撤回することができる。また、売渡株主等は、特別支配株主に対して、売渡株式等の全部の取得をやめることを請求することができ（株式等売渡差止請求権）、取得日の二〇日前から取得日前日までの間に、裁判所に対し、売渡株式等の売買価格の決定の申立てをすることができる（一七九条の六〜一七九条の八）。

(f)　特別支配株主は、取得日に、売渡株式等の全部を取得する（一七九条の九）。

(g)　対象会社は、取得日後遅滞なく、法定の事項を記載・記録した書面等を作成し、取得日から六ヵ月間（非公開会社の場合は一年間）本店に備え置く（一七九条の一〇）。

これを他のキャッシュ・アウト手法（全部取得条項付種類株式の取得・株式併合・略式吸収合併・略式株式交換）における手続と比較してみると、次のような特徴が見てとれる。

(ア)　株主総会による承認の手続に代わり取締役（会）による承諾の手続が用意されている（(a)〜(c)）。
(イ)　会社に備置書面による事前・事後の情報開示が義務づけられる（(d)・(g)）。
(ウ)　反対株主の株式買取請求権の制度は用意されていない。
(エ)　事前の差止請求と、対価についての価格決定の申立ての手続が用意されている（(e)）。

このうち(イ)と、(エ)の差止請求については、キャッシュ・アウトの手段として想定されるすべての制度において整備されているところである。また(エ)のうち価格決定の申立てについては、全部取得条項付種類株式の取得と共通の制度である。また(ウ)は売渡請求に固有の特徴であるが、キャッシュ・アウトの局面で株式買取請求制度が少数派株主保護として機能するのは、買取価格について裁判所の決定を求めることができるからであり、そうすると、これと同等の機能は(エ)の対価についての価格決定の申立ての制度で手当てされている。

これに対して(ア)は、売渡請求の手続に固有の特徴である。売渡請求は、公開買付等により株式の大半を取得した買収者が、買収対象会社に残存する少数派株主を金銭の支払によって排除するキャッシュ・アウトを、一方的意思表示により実行するための会社法上の手続として創設された制度であり、立案過程においては、税制の関係で利用しづらいとされる金銭を対価とする略式株式交換に代替する制度として位置付けられた(4)。そのため株主総会が予定されず、これに代わり対象会社の承認の手続が設けられたのである。

（4）　柴田寛子「キャッシュ・アウトの新手法」商事一九八一号一六頁（二〇一二年）参照。

三　キャッシュ・アウトの手続上の瑕疵

1　キャッシュ・アウトの過程で共通して現れ得る手続上の瑕疵

まず、売渡請求だけでなく、その他のキャッシュ・アウト手法とも共通する備置書面、差止請求、対価についての価格決定の申立てに関する手続に瑕疵がある場合に、これがキャッシュ・アウトを全体として無効とする事由となるかを考えてみる。

⑴　事前差止請求・売買価格決定の申立ての契機としての通知の欠如

売渡請求においては、対象会社による売渡株主等に対する売渡請求の内容とこれを会社が承認をした旨の通知が必須であって、この通知は公告による代替はできない。これは、特別支配株主による売渡請求の意思を売渡株主等に伝達するための手段であり（通知によって特別支配株主から売渡株主等に対し売渡請求がされたものとみなされる。一七九条の四第三項）、売渡株主の差止請求権（一七九条の七）と、売買価格の決定の申立て（一七九条の八）の行使機会（いずれも取得日の前日までにしか行使できない）を与えるための手続である。

他の手法によるキャッシュ・アウトの場合と比較してみると、略式組織再編手続においては、吸収合併消滅会社等が効力発生日の二〇日前までに株主に対してする通知または公告（七八五条三項）が、これと同等の意義を有する手続である。この通知・公告は、条文上は反対株主の買取請求権行使の準備機会として位置づけられているが、組織再編に関する株主総会の招集通知が予定されない略式組織再編においては、吸収合併等差止め請求（七八四条の二第一項）の契機とも捉えられる。また、株主総会決議を前提とする全部取得条項付種類株式の取得および株式併合による場合には、株主総会の招集通知において、全部取得条項付種類株式についての定めを設ける定款変更および同種類株式の取得、または株式併合が実行される旨が各株主に通知されることになるから、この招集通知が差止請求権（一七一条の三・一八二条の三）の行使および反対株主の買取請求権（一一六条一項二号・一八二条の四）の行使に伴う買取価格決定の申立て（一一七条・一八二条の五）の是非の検討の契機となっている。すなわち、対象会社による売渡請求の通知の欠缺は、これらの手続において総会招集通知がまったくなされていない場合に相当する。

組織再編の無効の訴え（八二八条一項七号一一号）においては、一般的には無効事由は限定されるべきと考えられているが、株主総会が行われない略式組織再編においては、組織再編対価の相当性を再編当事者以外の株主がチェックする手段は、裁判所において事前差止め請求における対価の相当性の審理（七八四条の二第一項第二号）または株式買取請求権の行使に伴う株式決定の申立て（七八六条）の審理を受けるほかになく、それらの請求権行使の機会まで阻害された株主の救済方法としては、組織再編の無効の訴えを認容するのが妥当と考えられる。また、全部取得条項付種類株式の定めを設け同種類株式を取得する旨、または株式併合を行う旨の株主総会決議に関して、当該総会の招集通知が欠缺していることは、当該決議の取消事由（八三一条一項一号）であるばかりでなく、決議不存在（八三〇条一項参照）の結論をも導く可能性のある重大な瑕疵であり、それらの決議に基づくキャッシュ・アウト全体を無効とする事由と言えよう。

売渡請求においても、前述のとおり、この通知は特別支配株主から売渡株主等に対する売渡請求の意思表示を伝達するものであり、これが欠けているのであれば、売渡請求自体が不存在といっても良い。そのうえ、株主総会による承認が不要とされる売渡請求手続においては、事前差止の申立てか売買価格の決定の申立てだけがキャッシュ・アウトに不満をもつ株主の救済手段となっているのは略式組織再編と同様であり、その権利行使機会を阻害するような法令違反が売渡株式等の取得の無効の原因とならないとする理由は見当たらない。

⑵　事前開示情報（備置書面）の不備

売渡請求の手続において備置書面で事前に情報開示すべき事項は、特別支配株主の売渡請求の内容と会社がこれを承認した旨・売渡対価の相当性、当該相当性に関する会社の取締役会の判断と判断理由、売渡対価の交付の見込み、交付見込みに関する会社の取締役会の判断とその理由などである（一七九条の五第一項・会社法施行規則三三条の七）。すなわち、売渡対価が著しく不当であって差止事由となるか（一七九条の七第一項三号）、あるいは売渡対価の価格決定の申立てを行うか（一七九条の八）、といった判断に資する基本情報を株主に提供することが事前情報開示の意義であると考えられる。この情報開示に不備がある場合、売渡請求の効力をどう考えるべきか。

キャッシュ・アウトの手段として全部取得条項付種類株式の取得、株式併合、金銭対価の略式組織再編行為のいずれの手段を用いた場合も、備置書面に記載すべき事前開示情報は、株式の対価となる金銭の額の相当性判断の根拠に関する事項である（会社法施行規則三三条の二・三三条の九・一八二条・一八四条参照）。対価の金額が著しく不当であるということは、略式組織再編行為においては事前差止要件の一つとされており（七八四条の二第二号）、事前開示情報は事前差止の可否判断のために必要な情報である。また、全部取得条項付種類株式の取得・株式併合・略式組織再編いずれの手法を用いる場合においても、「反対株主」として株式買取請求権を行使するか否かの判断資料として、株式対価の金額の相当性に関する情報の提供が必須であろう。このような意義をもつ事前開示情報に不備があった場合に、キャッシュ・アウトの効力にはどのような影響を与えるかを考えてみる。

まず、普通株式の全部取得条項付種類株式への変更のための定款変更決議、または株式併合決議がなされた場合、少数派株主は株主総会に出席して反対をすることで初めて株式買取請求権の行使が可能となる（一一六条二項・一八二条の四第二項）。そうすると事前情報開示は、株主総会の招集手続とは別異の手続ではあるが、総会における議決権行使のための重要な情報提供手段の一つとして捉えることができる。したがって、全部取得条項付種類株式の取得または株式併合をキャッシュ・アウトの手法として用いる場合、事前開示のための備置書面に不備があれば、株主総会における取締役の説明義務違反があったときと同様に、この備置書面にかかる決議、すなわち定款変更決議・株式併合決議について、それぞれ決議方法の法令違反（八三一条一項一号）があったと解すべきことになるだろう。この法令違反は、株式買取請求権という重要な株主権を侵害するものであり、軽微な瑕疵であるとの立証はかなり困難と思われる。したがって裁量棄却の対象にもならず（八三一条二項）、定款変更決議・株式併合決議の取消しと、これに伴うキャッシュ・アウトの遡及的無効に直結する瑕疵となる可能性は高い。

略式組織再編によってキャッシュ・アウトが実行される場合には、前述のとおり、事前の差止請求権の行使または買取請求権行使とこれに伴う裁判所による株式価格決定の申立て手続は、株主総会決議に代わるべき重要な少数派株主救済手段である。そうであるならば、事前開示情報が不十分なために締め出される少数派株主の事前差止請求権および買取請求権行使の機会が妨げられたまま組織再編の効力発生日が到来してしまった場合には、組織再編自体を無効なものとして巻き戻さなければ締め出された元株主の利益保護は困難である、との評価が裁判所によってなされる可能性は、相当程度あるように思われる(5)。

売渡請求の手続においても、前述のとおり、事前開示情報は事前差止めの判断と対価の価格決定申立ての判断のための情報である。事前開示のための備置書面の不備は、これらの少数派株主の救済手段の利用機会を損ねるものである。株主総会が予定されていない売渡請求の場合、略式再編同様に、これらは重要な救済手段であり、その行使機会が阻害されていたのであれば、キャッシュ・アウト自体を全体として無効として巻き戻す以外に売渡株主等の利益保護を図る方法はないと評価される可能性は高く、他のキャッシュ・アウト手段との平仄を考慮しても、これを無効原因とすべきでない理由は見当たらない。

そうすると、事前開示情報の不備という手続上の法令違反が、売渡株式等取得無効の原因となると解して良いだろう。

2　売渡請求に特有の手続についての瑕疵

(1)　対象会社の承認手続の欠如

売渡請求に際しては、①特別支配株主が、②対象会社と売渡株主等に売渡請求の内容を通知し、③対象会社の取締役（会）が売渡請求を承認し、④対象会社が売渡請求の内容とこれを承認した旨の通知公告をする、という手続が定められている。(6) 会社から締め出される売渡株主等に売渡請求の内容（とくにその対価の金額）についての意見表明の機会がなく、対象会社の業務執行機関の決定のみで手続の効力が生じるという点では、略式株式交換における株式交換完全子会社の手続に類似しているが、株式交換においては、完全子会社取締役会は株式交換契約の当事者として（特別支配会社との契約交渉であるので独立当事者としての関与とは必ずしも言えないという事情はあるが）契約締結段階に能動的に関与しなければならないのに対して、売渡請求の対象会社の取締役会は、承認するか否かの決定という受動的な関与しかできない。

すなわち売渡請求における対象会社の取締役（会）の承認手続は、売渡株主等の利益への配慮という観点から手続的制約を課したものであり、対象会社取締役は承認の可否の決定に当たり、売渡株主等の利益に配慮し、売渡請求の条件等が適正といえるか否かを検討する役割を担うとされる。(7) したがって、この取締役（会）の決定手続の瑕疵は、売渡株主等の利益が適正に保護されていないことを意味し、手続全体を無効とする根拠となり得る。(8)

具体的には、取締役会の承認決議が存在しないのに対象会社による通知公告がなされた場合、会社の承認という法定要件を欠くことから売渡株式等取得無効原因となると解すべきである。

(2) 承認をした取締役会決議の瑕疵

① 承認決議をした取締役会招集手続に瑕疵がある場合

取締役会設置会社においては、売渡請求の承認は取締役会決議によらなければならない。取締役会の招集手続の瑕疵については、特段の事情がない限り取締役会決議自体が無効と解される。(9) それ故、承認の決議をした取締役会の招集手続の瑕疵は、承認決議の無効という結果を導き、前述(1)と同様に売渡請求自体の無効原因となると考えて良いだろう。

② 承認決議をした取締役会決議の方法に瑕疵がある場合

取締役会決議の方法の瑕疵についても、原則的には招集手続の瑕疵と同様に、決議無効の原因となると考えられる。たとえばＭＢＯ（Management Buyout）の第二段階の株式取得方法として売渡請求が選択された場面では、特別支配株主である法人の主要出資者兼代表者が対象会社の取締役であるような場合が想定されるが、この取締役は、売渡株主等の利益への配慮を主な任務とする売渡請求承認の取締役会決議に関しては、個人的な利害との利益相反が明白であり、特別利害関係人として議決への参加が認められない（三六九条二項）可能性は高い。(10) したがって、そのような者が参加した決議には、取締役会の決議方法に法令違反があることになる。

ただし、この特別利害関係人が議決に参加した場合の取締役会決議の効力については、参加していただけで無効との見解もあるが、当該取締役を除いた出席者の過半数の賛成があれば決議は有効であるとの見解もある。(11) 後者に従えば、決議内容に特別な利害関係を有しない取締役の過半数が賛成していれば取締役会決議自体は有効とされることになる。

さて、つとに指摘されているように、ＭＢＯでは取締役と株主の間の構造的な利益相反が存する。経済産業省のＭＢＯ報告書・ＭＢＯ指針では、ＭＢＯにおける特別利害関係人の範囲は広く解釈すべしとの立場も紹介されているところであり、(12) 上記の原則を貫けば、特別利害関係人となる範囲の定め方次第では、売渡請求の承認決議自体が不可能という事態も想定され得る。

この点について、ＭＢＯの第二段階としてキャッシュ・アウトを行うにあたり、株主総会の特別決議が必要な全部取得条項付種類株式の取得または株式併合の手続を利用する場合を想定してみると、これらの手続においては、株主総会招集事項としてそれぞれの議案の概要を取締役会で定めなければならないとされるから（会社法施行規則六三条七号ハニ）、総会招集の前提として取締役会が株式併合や種類株式取得の対価についても取締役会が定めることになる。この取締役会決議に特別利害関係人となる取締役が参加していた場合には、株式併合決議・全部取得条項付種類株式の取得決議のための総会招集手続の一部に法令違反があることになり、当該決議の取消原因（八三一条一項一号）となり得る。しかし、キャッシュ・アウトを目的として特別決議の要件を満たす議決がなされ、かつ少数派株主に交付される対価の金額にも著しい不当性が認められない場合、招集を決めた取締役会決議において特別利害関係人が関与していたことだけを理由にキャッシュ・アウト全体を無効とする必要が常に認められるかは疑問である。株式の金額は適正であっても、キャッシュ・アウトの目的自体が不公正であるという場合も想定し得るが、すべてのキャッシュ・アウトがそのような不公正な目的によるものとまでは言えないだろう。したがって、総会決議自体に会社法八三一条一項三号の取消事由（なかんずく決議が「著しく不当」であること）が立証されない場合には、総会招集のための事前開示情報に関する事項を定めた取締役会決議に特別利害関係人が参加したとの瑕疵は治癒され（または重大な瑕疵ではないと推認され）て裁量棄却（八三一条二項）の対象となる、と解する余地があるのではないかと考える。

それでは、売渡株式等取得無効の訴えにおいても、売渡請求承認の取締役会決議に特別利害関係人が参加したとの瑕疵に関しては、そもそものキャッシュ・アウトの目的自体の不当性や売渡対価不相当との事実認定と結びついたときに限って、売渡株式等取得無効原因となるといった、利益衡量による謙抑的解釈を可能と考えておく必要はあるだろうか。

売渡請求を承認する取締役会決議は、売渡株主の利益保護のために売渡請求の正当性・相当性を審査する手続であるが、もともとの請求者が九割以上の議決権を支配して自己の意思だけで役員を選任・解任できる立場にある株主である以上、取締役会だけで売渡株主の利益を十分に保護し得るのか、疑問の余地がないわけではない。そのうえ、承認の可否の判断過程に特別支配株主の関係者が加わっていたとすると、承認決議自体の正当性を著しく揺るがすのではないかと思われる。取締役会において特別利害関係人の議決権を排除するという規整は、決議内容の当不当の判断以前に、不当な決議を導きやすい怪しい状況を定型的に排除しようとするものであることも併せ考えると、決議の内容において株主と明白に個人的利害が対立している取締役が存するときに、決議の目的（キャッシュ・アウトの実現）に応じて柔軟に運用するという解決方法を採用することが妥当であるとは考えにくい。

(3)　売渡株主等に対する通知の瑕疵

売渡請求の手続においては、対象会社が特別支配株主に代わって売渡株主に株式等売渡請求の通知をすることになっている。すなわち、この通知は特別支配株主の意思表示を対象会社が意思伝達機関となって売渡株主に通知する手続である。このように、売渡請求は特別支配株主の一方的意思表示によって売渡株主と特別支配株主の間に当該株式等の売買契約があったのと同じ権利変動を取得日に生じさせる行為であり、その権利変動の具体的内容は売渡請求の定めによる(13)。特別支配株主は法定の事項（一七九条の二第一項一号～六号）の具体的内容を定めて請求しなければならず、このとき、会社法所定の事項（同一号～五号）以外の取引条件を定めることも可能とされる（同六号、会社法施行規則三三条の五第一項二号）。これらのことから、売渡株主に対する株式等売渡請求は要式の単独行為であると解するのがもっとも自然であろう。そして、法定事項のうち会社法所定の事項は、売買を成立させるために必須の事項（売主の特定（一七九条の二第一項一号四号イ）・売買対価の額（同二号三号四号ロハ）・効力発生日（同五号））である。したがって、これら会社法所定事項の一つでも欠ければ請求は無効であり、売渡株式等の取得の効果も生じないと解すべきだろう。

しかし、法務省令によって売渡請求において定めるべきとされる「株式売渡対価の支払い資金確保の方法」（会社法施行規則三三条の五第一項一号）は、売買の内容ではなく、買い主たる特別支配株主の手元流動性確保の手段を開示させる項目である。この項目が請求から欠けていた場合（差止め事由（一七九条の七第一項一号）には該当するとしても）、売買が成立しないという結論が直ちに導かれるものとは考えにくい。会社法施行規則がこの項目を法定事項に含めているのは、対象会社に対する通知（一七九条の三第一項）の内容に含めることによって、対象会社の取締役会が請求の承認の可否を決する（一七九条の三第二項三項）に際する判断資料とさせることを目的とすると解すべきだろう。

立案担当者は、取締役（会）による売渡請求承認の可否の検討に際しては、特別支配株主の資金確保の手段だけでなく、その負債の面も含めて、特別支配株主が売渡株主等に対して対価を交付することが合理的に見込まれるかどうかを確認しなければならないと指摘する。(14) これに従えば、売渡等対価が交付されるとの合理的見込みが得られない場合、取締役（会）にはこれを承認してはならないという不作為義務があることになる。しかし、取締役（会）による売渡請求承認の可否の検討に際しては、特別支配株主の資金確保の手段だけでなく、その負債の面も含めて、特別支配株主が売渡株主等に対して対価を交付することが合理的に見込まれるかどうかの確認を要するので、(15)「交付見込み」の可否のために能動的に情報収集する義務があり、売渡請求の内容に会社法施行規則三三条の五第一項一号の事項が欠けていても、取締役会が他の方法で得た情報と併せて総合的に考慮して「売渡等対価交付の合理的見込みはある」との判断をすることは妨げられない。しかも、仮に取締役会の「交付見込みあり」との判断に善管注意義務違反が認められたとしても、結果的に売渡等対価が交付されれば売渡等株主にはなんら損害が生じないのであるから、この瑕疵は対価交付により治癒されると解さざるを得ない。そして、対価が交付されていないことは、後述のとおり、それ自体が無効原因となると解される。

以上から、会社法施行規則三三条の五第一項一号の事項を欠いた請求であることは、売渡株式等の取得無効原因とはならないものと考えられる。(16)

（5）　笠原武朗「組織再編行為の無効原因」落合誠一先生古稀記念『商事法の新しい礎石』三〇九頁（有斐閣・二〇一四

年）は、必要な情報が開示されていないというタイプの主張と虚偽またはミスリーディングといった事前開示の不備というタイプの主張とを分け、前者は差止めのステージで行うべき主張であり無効原因とはならないというように、事前開示の瑕疵の内容に着目して処理を変える方向で考えるのが適当であろうと指摘する。同三二七頁・三三八頁参照。同旨・久保大作「事前開示の欠缺による株式交換の無効」私法リマークス五二号九四頁（二〇一六年）。

(6) ただし、④の対象会社による通知・公告が遺漏なく行われれば、②の手続のうち、特別支配株主から売渡株主等への通知については省略できる。会社法一七九条の四第三項。

(7) 坂本三郎編著『一問一答 平成26年改正会社法』（商事法務・二〇一四年）。

(8) 笠原・前掲注（5）三二八頁は、売渡請求承認の取締役会決議と略式組織再編手続における取締役会決議との共通性を指摘したうえで、取締役会決議の欠缺の場合は取締役等の義務違反により対価が不相当となっても損害賠償等による対処が期待されていると考えるべきとしており、差止め請求において問題とすべきであって無効の訴えにおいては主張できない瑕疵と考えるようである。しかし、売渡請求では特別支配株主と対象会社・売渡株主等との間での条件交渉の場が一切設けられていないことを考慮すると、売渡請求承認のための取締役会決議の欠缺は、略式再編手続との比較をするのであれば、組織再編行為（合併契約や株式交換契約）そのものの欠缺に類比されるべきであろう。

(9) 最判昭和四四年一二月二日民集二三巻一二号二三九六頁。

(10) ＭＢＯに参加する取締役と利害が対立するのは他の少数派株主であって会社ではないから、当該取締役も特別利害関係人には当たらないとの形式的解釈も考え得るが、売渡請求の承認の可否の判断をする取締役会においては、取締役の主な任務は少数派株主の利益に配慮して承認の可否を決することであるから、この決議に関しては、少なくともＭＢＯに出資してこれを主導するような立場の取締役は特別利害関係人とすべきであろう。

(11) 酒巻俊雄「判批」判タ九四八号七七頁。特別利害関係人が議決に参加したことにより取締役会決議を無効とする判決例があるが（東京地判平成七年九月二〇日判時一五七二号一三一頁）、そこでは特別利害関係人自身が議長として会議を主宰していたことも併せて指摘されている。

(12) 経済産業省企業価値研究会「企業価値の向上及び公正な手続確保のための経営者による企業買収（ＭＢＯ）に関する

報告書」（平成一九年八月）一六頁、経済産業省「企業価値の向上及び公正な手続確保のための経営者による企業買収（ＭＢＯ）に関する指針」（平成一九年九月）一五頁。

(13) 立案過程では特別支配株主と売渡株主等との間の売買契約が擬制される（売渡株主等の売渡についての承諾の意思表示に代えて会社の承認がなされる）と解されていた。法制審議会会社法制部会第一八回議事録（ＰＤＦ版）二一頁以下（内田関係官）http://www.moj.go.jp/shingi1/shingi04900124.html

(14) 坂本編著・前掲注（7）。

(15) 坂本編著・前掲注（7）。

(16) また、会社法施行規則三三条の五第一項二号は「株式等売渡請求に係る取引条件を定めるときは、その取引条件」を売渡請求に定めるべきこととしているが、ここに言う「取引条件」として想定されるのは、売渡対価の支払期日や支払場所など、特別支配株主が売渡等対価の交付に関して履行遅滞となる条件を別途定める事項である。したがって、条件を定めたにもかかわらず請求・通知公告にこの記載がないとしても、対価交付債務について履行期や履行場所に関する特約のない債務となるだけで、売渡株主等に格別の不利益をもたらすものでもないので、売渡請求全体を無効とする必要性に欠ける。

四　不当な金額の売渡対価

1　売渡対価の不当性

売渡株主等が受け取る売渡対価が不当な金額であることが売渡株式等取得の無効原因となるだろうか。

前述（三2(3)）のとおり、売渡請求は特別支配株主の一方的意思表示によって売渡株主と特別支配株主の間に当該株式等の売買契約があったのと同じ権利変動を取得日に生じさせる行為であるが、特別支配株主の意思表示のみで有効となるのではなく、対象会社の承認が有効になされなければならない。すなわち、対象会社は、売渡請求の承認に当たり取締役（会）が売渡対価の総額の相当性の判断理由および売渡株主の利益を害さないよう留意した事項を、事前開示手続で売渡株主等に通知・公告すべく義務づけられており（一七九条の四第一項一号、会社法施行規則三三条の六）、このことから、売渡請求の承認の可否の審理に際して、対価の相当性の検討をすることが義務づけられている。ただし、これらの定めにより対象会社取締役が価格交渉義務を課されることとなると解することについては疑問が呈されている。(17)仮に価格交渉義務が課されると解するとしても、議決権の九〇パーセント以上を支配する株主との交渉となるから、それだけでは売渡対価の公正を担保するには不足であろう。

すなわち、売渡対価が不当であるにもかかわらず対象会社が承認して手続が進行してしまうことは十分に想定され得る事態であり、そうであるならば、売渡対価の不当性を根拠に売渡株式等の取得を事後的に無効として売渡株主等の救済を図る必要が生じることはあり得そうである。ただし、売渡株式等取得の無効の訴えが認容された場合、提訴をしていない者も含めてすべての売渡株主等が受領した売渡対価を特別支配株主に返還しなければならなくなることを考慮すると、売渡対価が不当であることはキャッシュ・アウト全体を無効とする程の瑕疵なのかどうかが検討されなければならない。売渡等対価の価格に不満な売渡株主等の法的救済策としては、売買価格決定の申立ての制度（一七九条の八）で対応すれば足りるのではないかとも思われるからである。

2　不当な対価はキャッシュ・アウト全体を無効とするか

キャッシュ・アウトのための手法として全部取得条項付種類株式の取得や株式併合を用いた場合、支配株主を特別利害関係人ととらえたうえで、支配株主が議決権を行使してなされた種類株式の取得・株式併合の総会決議について、株主に交付される対価（端数処理のため交付される金銭の額も含め）が不公正なものである場合には会社法八三一条一項三号の要件が満たされたものとして、これらの決議を判決により取り消すことができると考えられる。これは東京地裁平成二二年九月六日判決（インターネットナンバー株主総会決議取消請求事件）のとる立場である。

同判決は「全部取得条項付種類株式制度……が、多数決により公正な対価をもって株主資格を失わせることを予定していることに照らせば、単に会社側に少数株主を排除する目的があるというだけでは足りず、同要件（会社法八三一条一項三号の『決議が著しく不当である』という不当性の要件―引用者）を満たすためには、少なくとも、少数株主に交付される予定の金員が、対象会社の株式の公正な価格に比して著しく低廉であることを必要とすると解すべきである」と判示し、取得対価が不当であることがキャッシュ・アウト全体の効力を遡及的に無効とする事由となり得ることを認めている(18)(19)。

これに対して売渡請求は、株主の同意や株主総会決議を手続上前提としていないが、その反面で請求のためには九割以上の議決権保有の要件を課しており、資本多数決の観点からは全部取得条項付種類株式の場合よりもむしろ厳格な要件となっている。したがって、上記インターネットナンバー事件判決の判示事項の視点からは、売渡対価の金額が低廉であるからといって、そのことによって九割以上の議決権を有する株主の意思が覆されるのであれば、その根拠は何であるかを探求し、どの程度の金額の低廉さが認められれば売渡請求の全体が無効となるのかを検討すべきことになるだろう。

3　売渡対価の不当性を売渡株式等の取得無効事由とする根拠

売渡対価の価格や割当て方法の不当性が著しいということは、売渡請求の事前差止事由の一つとされているから（一七九条の七第一項第三号）、売渡対価が著しく低廉である場合、対価が「著しく不当」であるが故に違法であると考えることはできそうである。しかし、事前差止事由であるからそのまま無効事由でもあるとして良いのかはさらに検討しなければならないことは、前述1のとおりである。

これとは別に、売渡対価が不当であるのに取締役（会）が承認してしまった場合、売渡株主等の利益に配慮すべき取締役がその任務を怠っている（四二三条一項）と考え、これを法令違反として売渡請求の無効原因となると考える余地もありそうである。この場合は、売渡対価が不当なものであるにもかかわらず取締役（会）に承認されてしまった場合には、売渡対価の相当性を審理するという法令上の任務（前述1）を怠った違法な承認がなされたと捉えるのであるが、このような取締役の義務違反が売渡請求そのものを無効とするという結論を導き得るかということが検討されるべき問題となる。

後者のように考える場合、この取締役の任務懈怠の本質につき、MBOの事例においてであるが、参考となる判決例がある。すなわち、取締役及び監査役の善管注意義務は会社に対するものであるからMBOに際して役員が株主の共同の利益に配慮し株主間における公正な価値移転を図る義務を負うことはないとする役員側の主張に対して、裁判所が「MBOについては……取締役と株主の間に利益相反的構造が生じることや、大きな情報の非対称性があることなどが、弊害ないし懸念として指摘されており（略）、いわゆる利益相反取引や競業行為と同様に、取締役及び監査役の善管注意義務により株主の共同の利益の保護が強く求められる」と述べて、MBOに際しての「公正価値移転義務」を善管注意義務の一環として負うと判示した高裁判決である。(20)

この「公正価値移転義務」の根拠について、上記高裁判決は株主の共同の利益保護を根拠とするが、会社の利益（株主の共同の利益）が害されるのではなく、支配権の移転に伴い株主間で経済的利益の不公正な移転が生じ得る場合であること、すなわち一体としてのMBOにおける株主間の公正取扱（実質的な株主平等）が問題であることを直視して、キャッシュ・アウトされる株主に公正な対価が支払われるように図る義務として公正価値移転義務を捉え、これを取締役の会社に対する職務として位置づけるべきであるとの指摘がある。(21) 売渡請求の手続においても、この視点は共有できると思われる。すなわち、取締役会の承認のみで（株主の同意なしに）特別支配株主による売渡請求の効力が生じるという手続の建て付けからして、ＭＢＯの二段階目としての売渡請求手続においてだけでなく、ＭＢＯの事例ほどには利益相反性が見られない事例であっても、売渡請求の承認の可否の検討に当たる取締役・監査役には、一般的に公正価値が売渡株主等に移転するように配慮する義務が課されると考えられるのである。

このように、対価が不当であることは直ちに承認決議をした取締役・監査役の公正価値移転義務違反を導き、この義務違反の下での承認手続が違法なものとなることをもって、売渡株式等取得の無効原因となると考える場合、売渡請求における売渡株主保護の根幹とも言える承認手続に違法があった以上（前述三２⑵参照）、売渡請求手続全体が違法とせざるを得ないほどの瑕疵であると解するのは自然な結論であろう。

４　売渡対価が「著しく」低廉であることを要するか

売渡対価が低廉であることを「不当」と評価する根拠が、株主間の公正取扱（実質的な株主平等）を図るという取締役会の職務が尽くされていないという点にあると見るのであれば、インターネットナンバー事件判決の判示とは異なり、対価の金額の差異は著しくなくとも、支配株主・少数株主間に存する不平等が見過ごされたという「不当性の程度」が「著しい」ので無効原因となる、と評価する余地は残されているが(22)、このような理解が適切であるかをもう少し検討したい。

売渡対価に不満を有する売渡株主等は、申立期限が短期間に限られていることから、まずは売渡対価決定の申立てをするだろうが、この申立てと別に売渡株式等取得無効の訴えを提起することは特に禁じられないと思われる(23)。また、売渡対価の金額の多寡にかかわらず金額の不当性が著しいと考え得るとすると、取締役会において承認に反対した取締役・監査役も、この状態の是正を図ることが各人の公正価値移転義務および監視義務の一環として要請されるとして、無効の訴えを提起し得るであろう。

しかし、これらの者による取得無効の訴えが認容されれば、売渡対価に不満を持たずに価格決定の申立ても行っていなかった売渡株主等までが、無効判決の効力として受渡株式等の返還と引き換えに受領した金銭を特別支配株主に返還する義務を負わされることになる。だが、裁判所の認定する「公正な価格」と売渡請求との価格との差異が「著しい」と言えるほどのものではなかったとき、主観的には価格は公正と考えていた者にまで金銭返還義務を課すことが適切と言えるかは疑問である。現状では、株式の価格決定の申立てについては、地裁の決定が出るまでに二年程度を要しているものも見受けられるところであり、(価格決定の申立てをしたとしても)少なくとも会社が公正価格と考える金額は取得日直後に手にすることができるとはいえ、長期の法的紛争にかかわる費用も考え、(仮に金額に多少の不満があっても)法的な救済の申立てはしないという選択には、それなりに合理性があるように思われる。この合理的選択を覆して、キャッシュ・アウトの手続を最初からやり直す(または断念する)ことを裁判所が強制するためには、当事者の主観的見解は無関係に不公正を是正せざるを得ないことが必要であり、そのためには公正価格との乖離が著しいことを要件とするのが適切ではないかと考える。

(17) 柴田・前掲注(4)二一頁は、二段階買収の第二段階取引として売渡請求が用いられる場面を想定し、第二段階において対象会社取締役に価格交渉義務を課すのであれば、第一段階においても価格交渉義務を課さねばならなくなり、従前の二段階買収の実務との不整合が生じるおそれがあることを指摘する。

(18) 東京地判平成二二年九月六日判タ一三三四号一一七頁。ただし、取消請求の対象となった取得決議については著しく低廉であるとまではいえないとしている。

(19) 総会決議取消請求について却下の判断後の傍論においてではあるが、大阪地判平成二四年六月二九日判タ一三九〇号三〇九頁も、東京地判平成二二年九月六日(前掲注(18))を引用する。

(20) 東京高判平成二五年四月一七日判時二一九〇号九六頁(レックス・ホールディングスMBO損害賠償請求事件)。

(21) 山本爲三郎「判批」金判一四三四号二頁。

(22) 弥永真生「判批」ジュリ一四一〇号三六頁。
(23) 前述のインターネットナンバー事件判決（前掲注（18））では、「少数株主は、価格決定の申立てにおいて価格の公正さを争う機会を有しているものの、権利行使に必要な手続的要件の具備や、価格決定手続に要する費用・時間を考慮すると、当該決議の効力自体を争う途を閉ざすことは相当でない」とも判示されている。

五　売渡対価の不払い

従来、キャッシュ・アウトは対象会社自身の行為として行われており、そのため株主締め出しの際に定められた対価が支払われないという事態は想定外にあったと思われる。しかし、売渡請求の当事者は会社から見れば第三者である特別支配株主であるため、特別支配株主の資力不足その他の理由による対価不払いが生じるおそれも現実的なリスクとして考慮しておかねばならない。

まず、売渡請求で定められた支払の日・方法での支払い（一七九条の二第一項六号、会社法施行規則三三条の五第一項二号参照）がまったくなされていないか、ごく一部しか支払われておらず、今後支払われる見込みもないという場合、売渡請求において示した「支払のための資金を確保する方法」（一七九条の二第一項六号、会社法施行規則三三条の五第一項一号）に誤り（あるいは虚偽）があり、これを見抜けなかった取締役（会）には、承認手続においてなされるべき「対価支払いの確実性」に関する判断（一七九条の五第一項四号、会社法施行規則三三条の七第二号・三号）[24]に重大な過誤があったことを意味するから、承認手続が取締役の善管注意義務違反の下で進行したとの瑕疵は容易に認められ、売渡株式等取得無効の原因となるだろう。実質的に考えてみても、承認手続において売渡株主等の保護が適切に図られなかった場合、キャッシュ・アウト全体が無効とされてもやむを得ない。

では、対価の支払いの一部だけが遅滞している場合はどうだろうか。

たとえば株主権の帰属について売渡株主と対象会社（および特別支配株主）との間で争いがある等の理由で一部の売渡株主についてだけ対価の支払がされていないような場合、売渡対価を異議なく受領している他の売渡株主等の利益を考慮すると、特別支配株主による株式取得の全部を無効としてしまうよりは、支払遅滞が生じている売渡株主等との間でだけ個別的に処理するほうが、紛争処理方法としては優れているように思われる。(25)

実際、売渡請求の法的性質について、立案過程では特別支配株主と売渡株主等との間の売買契約が擬制される（売渡株主等の売渡についての承諾の意思表示に代えて会社の承認がなされる）との理解があり、(26)そこでは、対価の支払いを受けられていない売渡株主等が個別に売買を解除して、当該の売買に係る売渡株式についてのみ特別支配株主に対して原状回復を求めることが可能なのではないかと論じられていた。この立場からは、対価不払いが部分的なものに過ぎない場合、そのような売渡請求手続後に生じた事由に基づいて売渡請求全体を無効とする必要性に乏しく、売渡株式等取得無効の原因とはなり得ないことになる。

これに対し、八四六条の二第一項柱書の文言に照らせば、たとえ「個別に」解除するとの意思表示であっても、功を奏せば特別支配株主の売渡請求の効力の一部を否定する結果となるような主張なのだから、同条の訴えによらない解除の主張は認められないとの立論も考えられる。この立場からは、個別の売買契約であれば売主に解除権が認められるような事由が生じた場合、対価不払いのような後発的な事象であっても、同条の制約がなければ解除事由に該当するのだから、同条の訴えによりキャッシュ・アウト全体を無効として売渡株主等を救済せよとの要請はむしろ強まるだろう。

そもそも、売渡株主等への対価支払いの遅延が既に終了している売渡請求の無効原因となるとすれば、それはなぜか。前述に従えば、承認手続においてなされるべき「対価支払いの確実性」に関する判断（一七九条の五第一項四号、会社法施行規則三三条の七第二号・三号）に過誤があった点に着目して、この誤りが承認手続を違法（無効）なものとし、結論としては特別支配株主の売渡株式等取得を無効とする、という理路になろう。しかし、不払いの程度が軽い場合には、これを取締役（会）が事前に予測し予防する措置をとれなかったとしても、必ずしも善管注意義務違反には問われず、それ故、手続には瑕疵がないということになるのではないか。このように考えると、取得請求の解除可能性について後者の立場によるとしても、支払の一部遅滞については無効原因とはならないとすべきだろう。

(24)　対価支払の確実性に関する事項は対象会社の売渡株主等に対する通知・公告や備置き書面等で開示されるべき事項である。具体的には、特別支配株主は売渡請求に際して売渡対価支払いの資金確保方法を定めてこれを株主および対象会社に通知し（一七九条の二第一項六号・一七九条の三第一項、会社法施行規則三三条の五第一項二号）、売渡請求を承認した対象会社は、前述の資金確保方法の相当性および売渡対価の交付の見込みと、それらについての取締役（会）の判断及び判断理由とを売渡株主等に備置書面（または電磁的記録）により開示される（一七八条の五第一項第四号、会社法施行規則三三条の七第二号）。

(25)　特別支配株主が会社の承認を得れば売渡請求の撤回が可能であることとのバランス上、売渡株主側にも個別解除権を認める必要性が高いとの指摘もある。前掲注（13）・第一八回議事録二五頁（三原幹事発言）。

(26)　前掲注（13）・第一八回議事録二一頁以下。

六　売渡請求差止め仮処分命令違反

売渡請求の差止請求権（一七九条の七）を本案として売渡請求を差止める仮処分がなされているとき、この仮処分に違反して売渡株式等の全部の取得がなされた場合、仮処分命令違反そのものが売渡請求無効原因となるだろうか。

差止請求権の原因は、売渡請求の法令違反（同条一項一号・二項一号）、対象会社の売渡株主等への通知・備置書類の法令違反（同条一項二号・二項二号）、売渡対価の金額またはその算定方法または割当に関する事項が著しく不当である

（同条一項三号・二項三号）ことである。既述のように、いずれも、それ自体が無効原因であって取得日後も本条の訴えにより違反の有無を争うことができる。したがって、差止めの仮処分を無視したことを無効原因とする意義はなく、それぞれの差止事由自体を無効原因として本条の訴えを提起すれば足りるであろう。

七　おわりに

以上の検討を簡単にまとめると、請求手続を定める会社法の定め（一七九条～一七九条の一〇）不遵守、承認手続における取締役会決議の手続上の瑕疵は売渡株式等取得の無効の原因となるが、会社法施行規則三三条の五第一項一号違反は無効原因とする必要がない。また、不公正な売渡対価・売渡対価の不払いについては、株主平等原則から導かれる取締役の公正価値移転義務違反に当たることを無効の根拠とすることが、売渡対価に関して不服を有していない他の売渡株主等との関係で売渡請求を全体として無効とすることが妥当であることの根拠を示すために有益ではないかと考える。

平成二六年改正会社法による多重代表訴訟の規律

中島弘雅

一　「多重代表訴訟」の意義

平成二六（二〇一四）年改正会社法により多重代表訴訟制度が導入された。「多重代表訴訟」とは、親会社の株主が、子会社や孫会社等の取締役等に対する請求権を、子会社や孫会社等に代わって直接行使できることを認めるものである。株主から見れば、子会社等の役員等の責任を直接追及できる手段が与えられたことを意味する。会社法の見直しに関する中間試案および要綱の段階で「多重代表訴訟」と呼ばれていたこの制度は、改正会社法では、「特定責任追及の訴え」（会社法八四七条の三第一項）と呼ばれている。後に見るように、この訴訟を、「代表訴訟」と呼んでよいか、疑義もなくはないが、本稿では、慣行に従いとりあえず「多重代表訴訟」と呼ぶことにする。

平成二六年改正前会社法下では、株主は、自らが株式を保有している会社の子会社の取締役等に対して直接責任追及をすることができず、当該子会社の意思決定とその親会社による責任追及（通常の代表訴訟）に委ねられていた。しかし、平成二六年改正により、親会社の株主も、子会社等の取締役の責任に関して子会社の意思決定に関与する機会が与えられるとともに、自らが直接子会社等の取締役の責任を追及する機会（多重代表訴訟提訴権）が与えられた（会社法八四七条の三）。

ところで、中間試案および要綱では、多重代表訴訟は、第二部「親子会社に関する規律」の第一「親会社株主の保護」における検討項目の一つに挙げられていた。それは、会社の事業部門が子会社化されることにより、それまで関与できた当該事業部門に関する事項が、当該会社の株主権の対象から外れる「株主の権利縮減」現象が生じるからである。そのため、「親会社株主の保護」の問題は、「株主の権利縮減」に対する回復の問題として理論的に整理されてきた。例えば、①会社の事業部門が子会社化されるまで、当該事業部門を担当する取締役は、会社の株主総会で選任してきたが、子会社化されると、当該部門の取締役選任決議について議決権を行使するのは親会社であり、親会社の株主ではなくなる、②会社の剰余金配当は、子会社の株主総会において親会社によって決定され、親会社の株主はその決定過程に関与できない、③事業部門を「譲渡」する場合には、株主総会の特別決議が必要であるから（会社法四六七条一項一号二号・三〇九条）、親会社の株主は、株主としてその決定過程に関与できるが、子会社化されると、株式の譲渡ないし処分となり、親会社取締役会の決議事項となって、株主は関与できない、といった現象が生じる。そのため、親会社の株主に、一定範囲の子会社の支配・管理に関する権能を認めて、株主の権利の回復を図ることが重要な課題となってくる。多重代表訴訟制度は、縮減された株主権を回復するための一方策として、平成二六年会社法改正により導入されたものである(1)。

しかし、かかる「多重代表訴訟」が、従来からわが国に存在する「株主代表訴訟」と同質の訴訟といえるかどうかについては、なお検討を要する。そこで、すでに別稿でも明らかにしたところであるが(2)、最初に、株主代表訴訟がわが国に導入された経緯にまで遡り、株主代表訴訟の基本的な構造を再確認する。しかる後に、平成二六年改正会社法により導入された「多重代表訴訟」に関する現行会社法の規律がどうなっているかを見ていくことにしたい。

(1)　以上につき、山田泰弘「多重代表訴訟の導入」法教四〇二号一〇頁（二〇一四年）、阿多博文「会社法改正の意義と経緯（第二部、第三部）および多重代表訴訟のいくつかの論点」藤田勝利先生古稀記念論文集『グローバル化の中の会社法改正』二二三頁～二二四頁（法律文化社・二〇一四年）、奥島孝康＝落合誠一＝浜田道代編『新基本法コンメンタール会社法（3）〔第二版〕』四二五頁～四二六頁〔山田泰弘〕（日本評論社・二〇一五年）、神田秀樹編『論点詳解平成26年改正会社法』八五頁以下〔加藤貴仁〕（商事法務・二〇一五年）、川島いづみ「多重代表訴訟の導入」金判一四六一号五四頁以下（二〇一五年）など参照。

(2)　中島弘雅「役員責任追及訴訟と倒産手続」島岡大雄＝住友隆行ほか編『倒産と訴訟』五三〇頁以下（商事法務・二〇一三年）参照。

二　株主代表訴訟の構造

1　アメリカ合衆国一九三八年連邦民事訴訟規則上の株主代表訴訟との比較

周知のように、会社役員等の責任追及訴訟（株主代表訴訟）制度は、昭和二五（一九五〇）年の商法改正（法律一六七号、商法二六七条の改正）により、アメリカ合衆国の制度をモデルとして日本に導入されたものである。昭和二五年改正商法は、株主総会の権限を縮小し、代表取締役および取締役会の権限を拡大して、株主総会の機関の権限を再配分するとともに、取締役の責任を厳格化し、株主の地位（株主権）を強化した。株主代表訴訟制度は、その際、同法による取締役責任の厳格化と株主権強化の一環として、連合国軍最高司令官総司令部（ＧＨＱ：General Headquarters, the Supreme Commander for the Allied Powers）の強力なイニシアティブのもとに、アメリカの制度に倣って導入されたものである。[3] その規定の立法化のための作業は、ＧＨＱの指導のもとに、その経済科学局（Economic and Scientific Section）が中心となって日本側と協議を重ねる形で行われた。それは、最初に、ＧＨＱ側から株主代表訴訟に関する案文が日本側に提示され、その後何回か修正が加えられた後に、それを受けて日本側が案文を検討し、ＧＨＱとの間で協議が重ねられ、最終的な法律案が確定されていった。[4]

わが国で株主代表訴訟について立法作業がなされていた当時、参照可能であったアメリカ合衆国一九三八年連邦民事訴訟規則（28 U. S. C. A. FED. R. CIV. P.）では、株主代表訴訟（Representative Suits）は、クラス・アクション（Class Action）に関する民事訴訟規則二三条(b)項という形で規定が置かれており、同条(b)項所定の株主代表訴訟は、同条(a)項(1)号所定のいわゆる真正クラス・アクションの一種と位置づけられていた。このことは、当時、アメリカで、株主代表訴訟は、原告株主が、会社の権利を、全株主の代表者の資格で行使する訴訟であると位置づけられていたことを意味する。[5] ＧＨＱがわが国に導入しようとした株主代表訴訟も、これと同様の性質をもった訴訟であると考えられる。また、当時、アメリカの株主代表訴訟では、被告に関しては、本来的な被告である取締役のほかに、会社をも——判決効を拡張する必要上被告にするという意味で——形式的に被告に加えるという取扱いがなされていたことから、[6] ＧＨＱも、会社は形式的な被告として代表訴訟に関与するものと考えていたと思われる。

ところが、昭和二五年改正商法の正文では、会社は株主代表訴訟の被告から外されており、訴訟当事者とはされていない（昭和二五年改正商法二六七条参照）。その限りでは、アメリカ法における取扱いと日本法における取扱いとの間には、一見、きわめて大きな違いがあるようにも見える。しかし、本当にそうなのか。

2　株主代表訴訟の代表訴訟性と代位訴訟性

わが国の株主代表訴訟において、会社を訴訟当事者（被告）から外した理由につき、昭和二五年改正商法の立案担当者である岡咲恕一法務府（庁）法制意見第一局長は、後に著された昭和二五年改正商法の解説書の中で、「アメリカ法では、原告は株主であり、会社を形式上の被告として判決の効力を及ぼしているが、〔昭和二五年〕改正商法では、株主が会社のために原告となって訴を提起し、会社は当事者とならないで判決の効力が及ぶものとしている。」と説明されている。(7) また、法制審議会商法部会委員として昭和二五年改正商法の審議に参画された矢澤惇教授も、「商法の一部を改正する法律案要綱」に関する論文の中で、「アメリカ法においては、原告は株主であり、会社を形式的な被告として当事者とすることによって判決の効力をこれに及ぼしている。これに対して日本法においては、原告たる株主が会社の為に自ら訴を提起し、会社は当事者とならずにこれに対してその判決の効力が及ぶ構成をとっている（民事訴訟法二〇一条二項〔現行民事訴訟法一一五条一項二号〕）。これはあたかも債権者代位訴訟と同様な関係にあり、賠償額は当然会社に帰属する。」と説明されている。(8)

わが国の株主代表訴訟における会社の地位につき、代表訴訟の立案に携わった人たちが、おしなべてこのような説明をしていることから、以後、わが国では、原告株主は、会社のための法定の訴訟担当者として株主代表訴訟の追行権（当事者適格）を有するとの見解（法定訴訟担当的把握）(9)が、その後、通説となっていったように思われる。またそれに伴い、原告株主が全株主の代表者としての資格で提起する訴訟であるという側面（代表訴訟性）は軽視（等閑視）され、どちらかというと、会社の権利を代位行使する訴訟であるという側面（代位訴訟性）のみが強調されるようになっていった。現に、その後刊行された会社法の注釈書や体系書を見ても、株主代表訴訟は、株主が、会社のために、会社の権利を代位行使する訴訟であると説明するものが多く見られる。(10)

しかし、問題は、株主代表訴訟が、はたして、株主が会社の権利を会社に代位して提起する訴えに過ぎないかどうかである。株主代表訴訟の構造につき、竹内昭夫教授は、つぎのような興味深い指摘をされている。すなわち、なるほど、株主代表訴訟は、株主が会社の権利を代位行使するという構造をとっているが、それは、会社に独立した法人格が認められているからであって、仮にこの法人格を抹消して考えれば、会社の権利として処理されているものは、株主全員の権利に他ならず、従って、株主が会社の権利を代位行使する訴訟は、これを経済的・実質的に捉えれば、株主全員を代表して提起した「代表訴訟」または「クラス・アクション」であり、株主代表訴訟には、このように代位訴訟性と代表訴訟性がある、と。(11) 先に紹介した株主代表訴訟導入の経緯からいっても、株主代表訴訟は、竹内教授の指摘のように、《原告株主が、会社＝全株主の権利を、全株主の代表者の資格で行使する訴訟である》と性格づけるのが適切である。(12)

3　株主代表訴訟における「原告株主」と「会社」の位置づけ

いずれにせよ、わが国では、株主代表訴訟における原告株主の訴訟追行権や会社への判決効の拡張を、法定訴訟担当によって説明する見解が通説となっていったが、この見解によると、会社は、訴訟外の第三者ではあるが、実質的な利益帰属主体として、原告株主の受けた判決効の拡張を受ける（民事訴訟法一一五条一項二号）と説明される。しかし、原告株主の訴訟追行権や会社への判決効の拡張を法定訴訟担当で説明する見解に対して、わが国では、株主代表訴訟について法定訴訟担当的把握がなされたために、アメリカとは逆に、最大の利害関係人である会社が、当事者から外されるに至ったが、法定訴訟担当的把握は、沿革的にも比較法的にも誤りであるとの批判がなされている。(13)

しかし、わが国への株主代表訴訟の導入が意図されていた当時、アメリカでは、確かに、会社は株主代表訴訟の形式的な被告とはされていたものの、それはあくまでも会社に判決効を及ぼすための手段にすぎず、かえって、実際の代表訴訟において会社が主導権を握ることは許されていなかったのである。(14) こうした点を踏まえると、株主代表訴訟の法定訴訟担当的把握に対する上記の批判は、必ずしもあたっていないように思われる。日本側の立案担当者は、当時のアメリカの株主代表訴訟では、会社が積極的な訴訟活動を行うことが許されていなかったことに加え、わが国には、アメリカ法とは異なり、会社が訴訟当事者となっていなくても、会社に判決効を拡張することのできる（ドイツ法の流れをくむ）「法定訴訟担当」（民事訴訟法一一五条一項二号）という法技術が存在していたことから、あえて会社を当事者（被告）に加える必要なしと判断したのであって(15)、株主代表訴訟における原告株主の訴訟追行権や会社への判決効の拡張を法定訴訟担当によって説明したために、会社が当事者から外されたと理解するのは、論理が逆である。かえって、会社が形式的に当事者（被告）とされるアメリカ法の扱いと、会社が当事者（被告）から外されている日本法の扱いとの間には、一見、きわめて大きな違いがあるように見えるが、いずれの国も、会社が株主代表訴訟で積極的な訴訟活動をすることを予定していないという点で、株主代表訴訟における会社の位置づけは、それほど異なっていないのではないかと考えられる。

4　小括

これまでの検討を踏まえると、株主代表訴訟という制度が擁護しようとしている利益とは、形式的には「会社」の利益であるが、実質的に見れば、全株主の利益であり(16)、問題の核心は、いわば「手足」をもたない全株主のために、具体的に誰がその手足として行動すべきかという点に尽きる。その点に関する昭和二五年改正商法の立案担当者の回答は、原告株主を全株主の利益代表と考えているということである。このことは、とりも直さず、取締役に対する損害賠償請求訴訟提起の是非に関する会社の機関（監査役）の判断には何らの信頼も置かず、この点に関する判断については、むしろ原告株主の判断のほうを尊重する建前を採っていることを意味する。

このように見てくると、わが国の株主代表訴訟は、《原告株主が、会社＝全株主の権利を、自らが属するクラス（＝

全株主）の利益代表者の資格で行使する訴訟である》と性格づけることができると思われる。以下では、この点を再確認した上で、今回導入された「多重代表訴訟」の規律がどうなっているのかを順次見てみることにする。

（3）株主代表訴訟に関する規定の立法過程については、徳田和幸「株主代表訴訟と会社の参加」同『複雑訴訟の基礎理論』二七八頁以下（信山社・二〇〇八年）（初出・一九九六年）参照。

（4）その経緯については、さしあたり中島弘雅「株主代表訴訟における訴訟参加」小林秀之＝近藤光男編『新版・株主代表訴訟』二四三頁以下（弘文堂・二〇〇二年）参照。

（5）このことにつき、3 Moore Federal Practice, ¶23.11 [2] (2nd. ed. 1948) 参照。

（6）たとえば、Ballantine, On Corporations, 366 (rev. ed. 1946); Henn, Handbook of The Law of Corporation, 579 (1961) 参照。また、北沢正啓「アメリカ合衆国における株主の代表訴訟」法学協会雑誌六八巻六号六六七頁（一九五〇年）参照。

（7）岡咲恕一『解説改正会社法』三三頁（日本経済新聞社・一九五〇年）。

（8）矢澤惇「株主の地位の強化」『株式会社法改正の諸問題』一一七頁（法曹会・一九四九年）。

（9）大隅健一郎＝大森忠夫『逐条改正会社法解説』二九九頁〜三〇〇頁（有斐閣・一九五一年）、兼子一『新修民事訴訟法体系〔増訂版〕』一六〇頁（酒井書店・一九五四年）、山木戸克己『民事訴訟法講義』一一七頁（三和書房・一九五四年）、三ケ月章『民事訴訟法〔法律学全集〕』一八五頁〜一八六頁（有斐閣・一九五九年）、斎藤秀夫『民事訴訟法概論〔新版〕』一八五頁（有斐閣・一九八二年）、上柳克郎ほか編集代表『新版注釈会社法（6）』三五八頁〔北沢正啓〕（有斐閣・一九八七年）、小山昇『民事訴訟法〔五訂版〕』九七頁（青林書院・一九八九年）、大隅健一郎＝今井宏『会社法論中巻〔第三版〕』二七四頁（有斐閣・一九九二年）、鈴木竹雄＝竹内昭夫『会社法〔第三版〕』三〇一頁（有斐閣・一九九四年）、林屋礼二『新民事訴訟法概要〔第二版〕』一六九頁（有斐閣・二〇〇四年）、青竹正一『新会社法〔第四版〕』三七九頁〜三八〇頁（信山社・二〇一五年）、新堂幸司『新民事訴訟法〔第五版〕』二九二頁（弘文堂・二〇一一年）、江頭憲治郎『株式会社法〔第六版〕』四八五頁（有斐閣・二〇一五年）など。

(10)　たとえば、鈴木竹雄＝石井照久『改正株式会社法解説』一八一頁（日本評論社・一九五〇年）、松田二郎『会社法概論』一三五頁（岩波書店・一九五一年）、服部榮三『会社法提要』二二七頁（ミネルヴァ書房・一九五四年）、大隅＝今井・前掲注（9）二七一頁、田中誠二『三全訂会社法詳論上巻』七〇四頁（勁草書房・一九九三年）など。

(11)　竹内昭夫「株主の代表訴訟」同『会社法の理論Ⅲ』二三一頁以下（有斐閣・一九九〇年）、同「取締役の責任と代表訴訟」同書二八一頁以下。

(12)　わが国の株主代表訴訟が、代表訴訟としての側面と代位訴訟としての側面を有することを認めるものとしては、ほかに鈴木＝竹内・前掲注（9）三〇三頁、岩原紳作「株主代表訴訟の構造と会社の被告側への補助参加」竹内昭夫編『特別講義商法Ⅰ』二二九頁（有斐閣・一九九五年）。なお、わが国の株主代表訴訟が、代表訴訟的側面と代位訴訟的側面をもつことの含意につき、高田裕成「株主代表訴訟における原告株主の地位―訴訟担当論の視角から―」民商一一五巻四＝五号五三七頁以下（一九九七年）参照。

(13)　小林秀之＝原強『株主代表訴訟』三一〇頁（日本評論社・一九九六年）。

(14)　当時のアメリカの株主代表訴訟につき、BALLANTINE, *supra*, note 6 at 366 参照。

(15)　このことにつき、矢澤・前掲注（8）一一九頁参照。

(16)　このことを明確に述べるのは、大隅＝大森・前掲注（9）二九六頁、竹内・前掲注（11）「株主の代表訴訟」二二二頁。

三　多重代表訴訟制度導入の経緯

1　多重代表訴訟制度導入の背景――平成二六年改正前会社法下における問題点

平成九（一九九七）年の独占禁止法の改正によって持株会社が解禁され、また、平成一一（一九九九）年商法改正によって株式交換・株式移転制度が導入されたことで、わが国では急速に持株会社が増えていった。しかし、その結果、業務の中心が子会社にある一方で、持株会社による子会社に対する経営のチェックが必ずしも十分に働いていないと思われる事例が増加した。また、三菱ふそうトラック・バス株式会社の大型車のタイヤ脱落による死傷事故に代表される事例のように、子会社による不祥事が親会社を含む企業グループ全体に悪影響を及ぼす事例も多く見られるようになっている。

こうした事情を背景として、子会社の怠慢経営や不祥事について、親会社の管理・監督に任せておくだけでは不十分であり、親会社の株主が子会社の取締役等に対して直接の牽制手段を持つことが必要であると認識されるようになった。というのは、子会社に対する経営のチェックという観点からは、平成二六年改正前会社法下では、上記のような場合に、親会社の損害の塡補が十分には行われておらず、子会社の取締役等の任務懈怠を十分に防止できていなかったからである。一つ【事例】を挙げよう。B社はA社の子会社で、XはB社の親会社であるA社の株主である。そして、Cらは親会社A社の取締役、Dらは子会社B社の取締役であるとする。

この事例において、Dらが子会社B社の取締役としてとった行動に問題があった場合、Xとしては、①親会社A社の取締役Cらに対して任務懈怠に対する責任追及や、②子会社B社の取締役Dらに対する責任追及をしたいと考えたとしても、改正前会社法下では、Xがそれらの責任追及を実効的に行うことはできなかった。その理由は、次の通りである。

(1) 親会社役員に対する任務懈怠責任の追及

まず、この場合、Xとしては、子会社B社の取締役であるDらの任務懈怠によってA社が損害を受けたが、それは親会社A社の取締役であるCらの任務懈怠に原因があり、これによってA社が損失を受けたことを理由に、Cらの任務懈怠責任を追及するため、XがCらに対して株主代表訴訟を提起するという方法が、一応考えられる。

しかし、実際問題として、ある会社の取締役が、別法人である子会社の取締役等の業務執行についてどこまで責任を負うべきかは、難しい問題である。というのは、有限責任の利益を享受できるという子会社化のメリットを阻害しないようにする必要があること、親子会社関係には様々なバリエーションがあり得ることから、親会社の取締役に課される責任の内容を一律に決定することは困難であること、子会社の取締役には親会社の取締役の指示に従う法的な義務はなく、親会社の取締役には、子会社の取締役に対して特定の経営判断に従うことを強制する手段は（たとえば差止めや解任に）限られていることを考慮すると、Cらの任務懈怠とA社における損害発生との間の因果関係の立証は極めて困難であると思われるからである。現に、会社法制定前における裁判例ではあるが、かかる親会社の取締役の責任を限定的に解するものが見られる。たとえば、東京地判平成一三年一月二五日判時一七六〇号一四四頁は、上記のような事例において、親会社の取締役に損害賠償責任が肯定されるのは、「親会社と子会社の特殊な資本関係に鑑み、親会社の取締役が子会社に指図をするなど、実質的に子会社の意思決定を支配したと評価しうる場合であって、かつ、親会社の取締役の右指図が親会社に対する善管注意義務や法令に違反するような場合」であると判示している。(17)

(2)　子会社役員に対する責任追及

つぎに、Xらとしては、子会社B社の取締役であるDらの行為により、自らが保有するA社株の価値が下がったことを理由に、Dらに対して、直接、第三者に対する損害賠償責任（会社法四二九条）や、不法行為責任（民法七〇九条）を追及するという方法も考えられなくもない。

しかし、かかるいわゆる間接損害については、そもそも第三者に対する損害賠償責任の対象として認められるかという点に関して疑義があるだけでなく、不法行為責任を追及するためには、Dらの故意・過失を立証しなければならないが、この点の立証は困難であることが多く、やはり実効性は乏しいといわざるを得ない。(18)

2　多重代表訴訟制度導入の趣旨

そこで、かかる事例におけるXのような親会社の株主を保護するために導入されたのが、多重代表訴訟制度である。

特に子会社が親会社の完全子会社の場合、子会社は、実質的には親会社の一事業部門であり、子会社の損失は親会社に相当程度及ぶと考えられるにもかかわらず、単に法人格が別であるという理由だけで、子会社取締役に対して責任追及がしにくくなるという結論は、親会社の取締役に対して株主が代表訴訟を提起できることと比べて、著しくバランスを失するといわざるを得ない。その意味で、平成二六年会社法改正で、多重代表訴訟制度が導入されたことには、大きな意義がある。(19)

もっとも、会社法改正で多重代表訴訟制度自体は導入されたものの、提訴にあたって様々な制約が課されたため、多重代表訴訟制度が実際に機能するかどうかは、いささか疑問なしとしない。その理由は、以下で述べる通りである。

(17) 以上につき、桃尾・松尾・難波法律事務所編・鳥養雅夫ほか編著『コーポレート・ガバナンスからみる会社法―平成26年改正を踏まえて』七一頁（商事法務・二〇一四年）参照。

(18) 以上につき、桃尾・松尾・難波法律事務所編・前掲注（17）七一頁、山田泰弘「責任追及等の訴え―勝訴株主の弁護士報酬等の請求と多重代表訴訟」神作裕之＝中島弘雅ほか編『会社裁判にかかる理論の到達点』四四四頁以下（商事法務・二〇一三年）、神田編・前掲注（1）八七頁〔加藤〕参照。

(19) 江頭・前掲注（9）五〇一頁参照。多重代表訴訟制度の立法に際しての議論については、山田・前掲注（18）が詳しい。

四　多重代表訴訟制度の特徴

1　提訴要件――概要

通常の株主代表訴訟では、原則として、株式を六ヵ月間保有している株主であれば、訴訟を提起することができる（会社法八四七条一項）。しかし、多重代表訴訟では、通常の株主代表訴訟とは異なる提訴要件が加重されている。そのうちで最も重要な要件は、①最終完全親会社等の株主であること、②少数株主権であること、③責任追及の相手方とな

【図1】

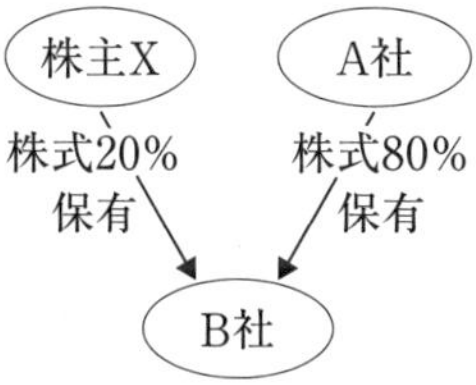

【図2】

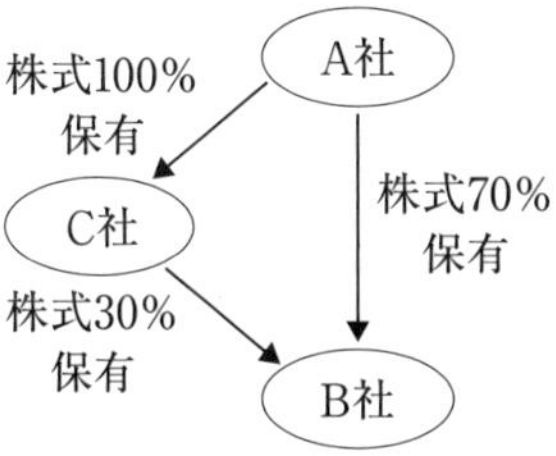

る取締役が属する株式会社（以下では、たんに対象会社ということがある）が一定の重要性を有する子会社であること、④最終完全親会社等に損害が発生していること、の四つである。

2　最終完全親会社等の株主であること

多重代表訴訟を提起できる株主は、「最終完全親会社等の株主」に限定されている（会社法八四七条の三第一項）。「完全親会社等」と「最終」に分けて説明する。

(1)「完全親会社等」の意義――完全性要件

まず、「完全親会社」とは、「特定の株式会社の発行済株式の全部を有する株式会社その他これと同等のものとして法務省令で定める株式会社」と定義されている（会社法八四七条の二第一項）。要するに、株式を通じた完全な支配を実現している株式会社のことである。したがって、【図1】のように、B社にA社以外の株主Xが存在している場合には、A社はB社に対する完全な支配を実現していないので、A社は「完全親会社」にはあたらず、A社の株主はB社の取締役に対して多重代表訴訟を提起することはできない。子会社たるB社に少数株主がいる以上、子会社の取締役に対する責任追及は少数株主に委ねることができるとの考え方による[20]。そのため、A社の株主が提訴請求をした時にB社はA社の完全親会社であったが、その後に、A社に少数株主Xが発生し、完全親会社関係が崩れた場合には、当該少数株主Xによる代表訴訟が可能となるので、提訴請求をしたA社株主の原告適格は失われ、多重代表訴訟は却下されることになる[21]。

【図3】

【図4】

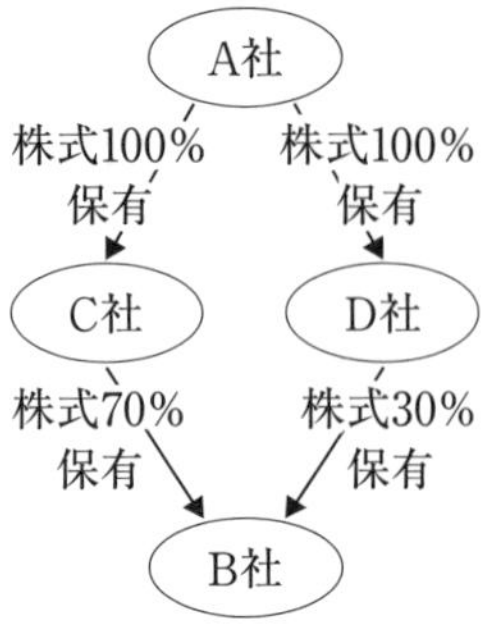

つぎに、「完全親会社等」の「等」とは、株式会社の株式を一〇〇パーセント直接的に保有している場合だけでなく、「完全子会社等」を通じて保有することにより、間接的に一〇〇パーセント保有している会社も含まれることを意味する（会社法八四七条の三第二項二号）。ここに「完全子会社等」とは、株式会社がその株式または持分の全部を有する法人をいう。つまり、中間的な子会社については、必ずしも株式会社である必要はなく、合同会社や一般社団法人等を含む「法人」でもよいということである。

完全親会社「等」にあたる場合としては、A社自らが保有する分と自らの完全子会社等（C社）が保有している場合（会社法八四七条の三第二項二号前段。【図2】）と、A社の完全子会社等（C社）がB社の株式を一〇〇パーセント保有している場合（同号後段。完全孫会社。【図3】）がある。しかも、後者には、【図4】のように、A社の完全子会社であるC社とD社とが、B社の株式をそれぞれ七〇パーセントと三〇パーセントを有しており、両者の保有株式を合わせると一〇〇パーセントとなるようなケースも含まれる。

さらに、A社自らがその株式または持分のすべてを有していなくても、自らの完全子会社等が株式または持分のすべてを保有する会社（【図5】におけるC社）、または、自らの完全子会社等が株式または持分のすべてを保有する会社（【図6】におけるC社とD社）も、完全子会社等とみなされるので（会社法八四七条の三第三項）、A社とB社（対象会社）との間に複数の完全子会社等が挟まっていても、A社はB

【図5】

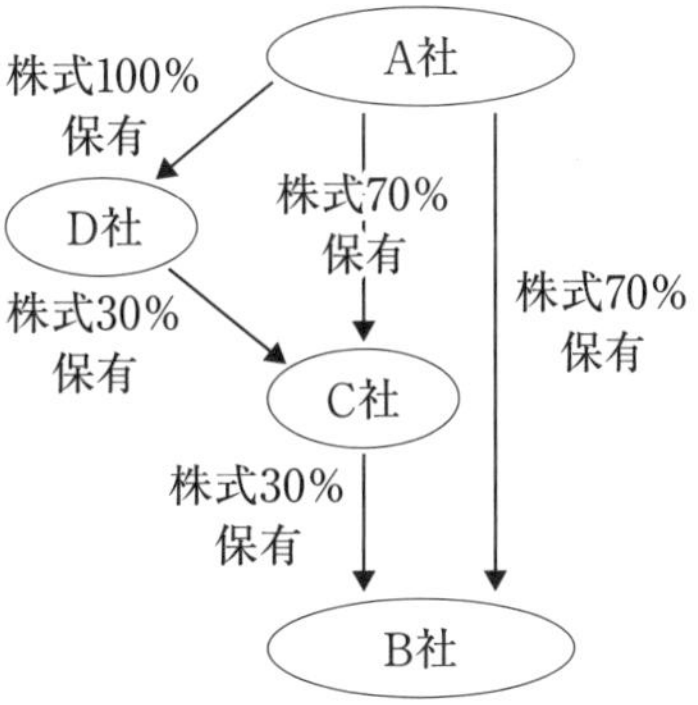

【図6】

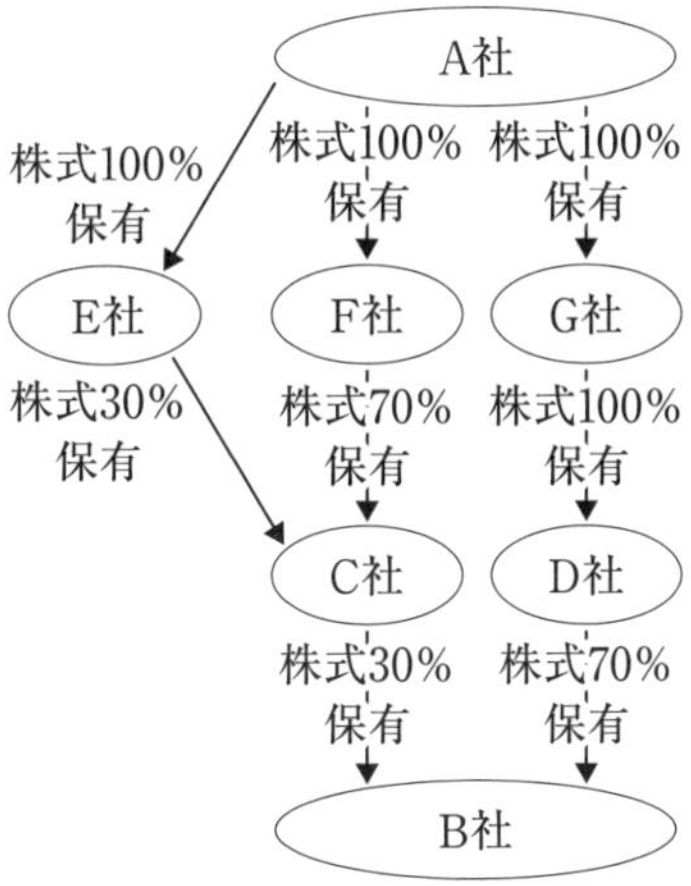

社の完全親会社等に該当する。要するに、以上の各場合には、A社はB社の株式を一〇〇パーセント保有していなくても、実質的に自らの思い通りにすべての株主権を行使できると解されているのである。[22]

(2)「最終完全親会社等」の意義――最終性要件

つぎに、「最終完全親会社等」とは、当該株式会社の完全親会社等であって、その完全親会社等がないものをいうと定義されている（会社法八四七条の三第一項）。これは、当該会社が完全親会社等であったとしても、さらにその上位に完全親会社等が存在する場合には、多重代表訴訟を提起できないことを意味する。[23] 中間的な完全親会社等は、その上位に位置する完全親会社等にその経営を完全に支配されているため、中間的な完全親会社等の株主に多重代表訴訟の提訴権を認めても、権利行使が期待できず、実効性に疑問があるためである。したがって、完全親会社と完全子会社だけでなく、完全孫会社以下が存在する場合には、最も上級に位置する完全親会社等の株主しか、子会社や孫会社の取締役等の責任追及ができないのである。

この点を、【図7】を使って説明する。この事例では、B社はC社の株式を一〇〇パーセント保有しているので、B社は完全親会社にあたる。しかし、B社にはその上位にA社という完全親会社が存在するので、B社は「最終」完全親会社には該当しない。

【図7】

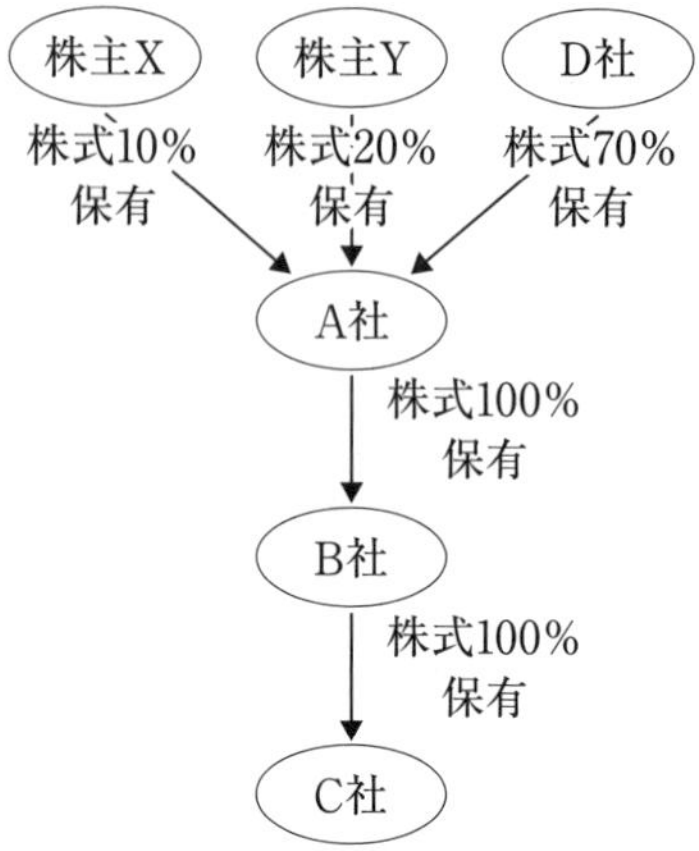

【図8】

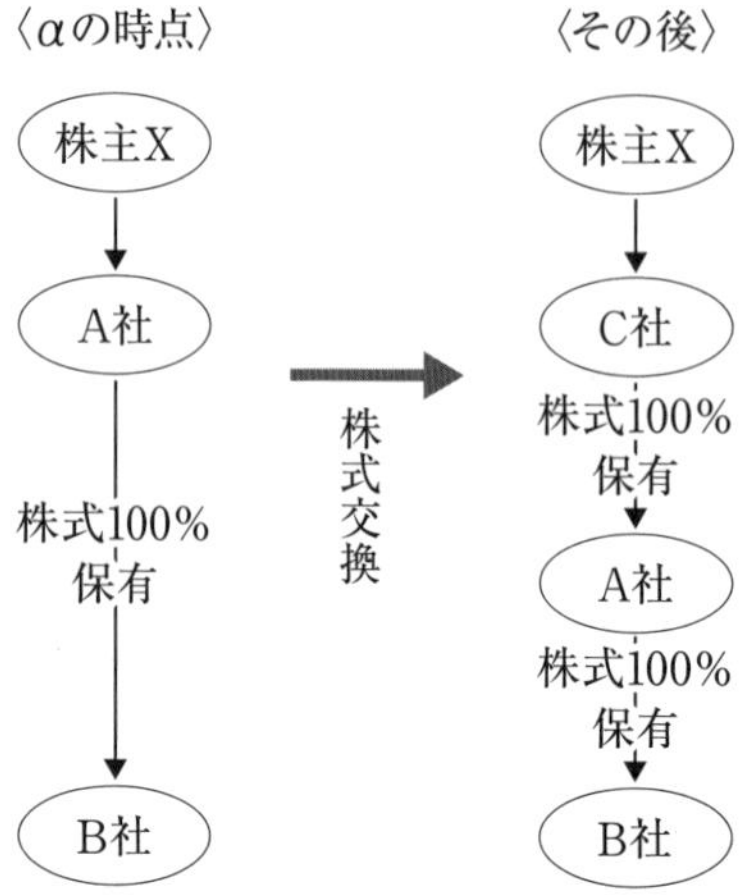

これに対し、A社は、B社という一〇〇パーセント子会社を通じてC社の株式をすべて保有しているので、C社の完全親会社に該当する（会社法八四七条の三第二項二号後段）。他方、A社の株式は、D社と株主XおよびYの三者が保有しているので、A社の株式を一〇〇パーセント保有している完全親会社等は存在しないことになる。したがって、この事例では、A社は、C社の「最終完全親会社等」に該当する。この場合、A社の株主であるD社、XおよびYが、それぞれC社の取締役等の責任追及をなすための要件を満たすことになる。[24]

(3) 提訴要件具備の基準時――いつの時点で最終完全親会社等である必要があるか――

原告株主が株式を保有する会社が、そうした「最終完全親会社等」に該当するという要件は、いつの時点で充足している必要があるかが問題となる。

提訴要件については、多重代表訴訟の提訴請求時、多重代表訴訟の提訴時、および同訴訟の口頭弁論終結時の各時点だけでなく、多重代表訴訟の提訴請求の原因となる責任原因事実（対象会社の役員等の任務懈怠行為等）が生じた時点においても充足されている必要がある（会社法八四七条の三第一項四項）。

もっとも、【図8】の事例のように、A社の株主Xが、A社の完全子会社であるB社の役員の責任追及をしようと思っていたところ、A社が、その後、株式交換によってC社の完全子会社等となった場合、C社は、B社の役員の責任原因事実が生じたα時にA社の最終完全親会社等でなかったため、提訴要件を満たさないことになり、C社の株主となったXは提訴請求・多重代表訴訟提起ができないことになる。しかし、かかる場合に、C社の株主Xが、B社の役員の責任追及ができないとするのは、適切ではない。そこで、このような場合には、C社をB社の最終完全親会社等とみなして、提訴要件を満たすかどうかを判定することにしているのである（会社法八四七条の三第五項）[25]。

【図9】

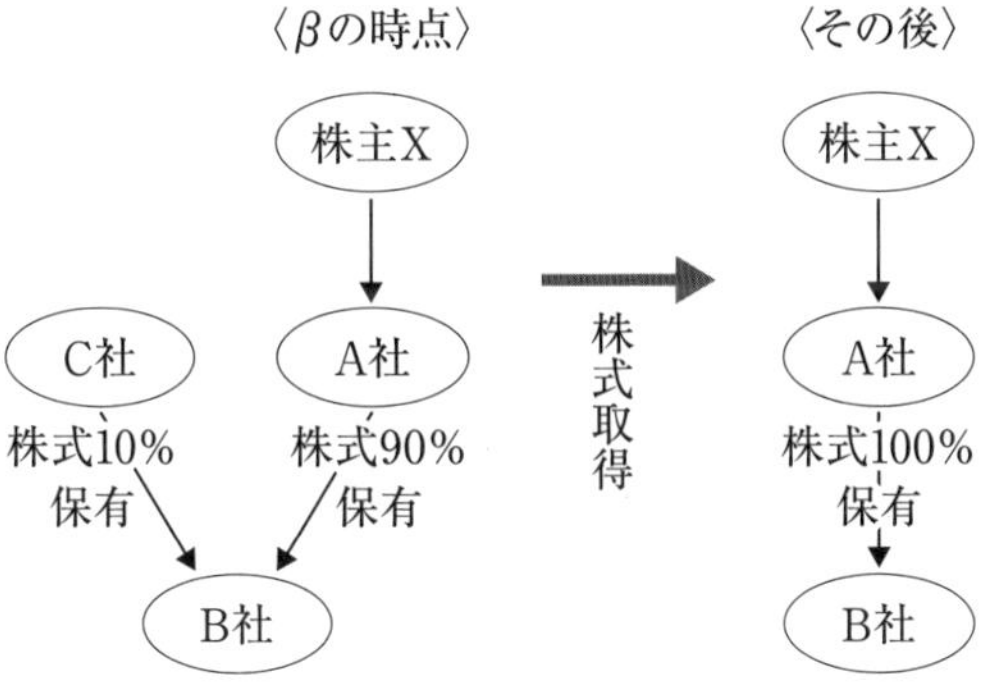

これに対し、【図9】の事例のように、対象会社（B社）の役員等の責任原因事実の発生時点βにおいて、B社の九〇パーセントの株式を保有していた株主A社が、後に少数株主C社から残りの一〇パーセントの株式を取得してB社の一〇〇パーセントの株式を保有するに至ったとしても、A社は、βの時点で最終完全親会社等ではなかったので、A社の株主Xは、B社の役員等に対して多重代表訴訟を提起することはできないとする見解が有力である[26]。しかし、この点については、会社法八四七条の三第一項四項の解釈として、Xは、かかる場合にも、多重代表訴訟を提起できると解釈できるのではなかろうか[27]。

3　少数株主権であること

通常の株主代表訴訟では、一株株主でも代表訴訟を提起することができる（単独株主権）。これに対し、多重代表訴訟では、一定の株式保有要件を満たさないと、訴訟の提起が認められていない（会社法八四七条の三第一項）。多重代表訴訟の提訴権を少数株主権とする趣旨である。具体的には、つぎの二つの要件のいずれかを満たす必要がある。
(a) 最終完全親会社等の総株主（株主総会における決議事項の全部につき議決権を行使できない株主を除く）の議決権の一パーセント（これを下回る割合を定款で定めた場合にはその割合）以上の議決権を有する株主、または、
(b) 最終完全親会社等の発行済株式（自己株式を除く）の一パーセント（これを下回る割合を定款で定めた場合にはその割合）以上の数の株式を有する株主、である。

多重代表訴訟の提訴権が単独株主権ではなく、少数株主権とされた理由として、対象会社とその最終完全親会社等の株主との関係が、完全親会社等を通じた間接的なものであることへの配慮であるという（分かるようで分からない）理由が挙げられている(28)。

しかし、真の理由は、いうまでもなく多重代表訴訟制度濫用への危惧である。しかし、多重代表訴訟制度導入の趣旨や、会社法八四七条の三第一項但書には濫用防止条項も規定されている点を踏まえると、少数株主権としたのは行きすぎではないかと思われる(29)。加えて、たとえば、完全親会社A社の株主Xが、完全子会社B社の取締役Zを相手に多重代表訴訟を提起してきた場合に、その株主が一〇〇分の一以上の株式を有するかどうかをどのような手続で判断するのかも不明である。とくに、A社の株主Xが完全子会社B社の取締役Zの責任追及に先立ちいわゆる提訴請求をする相手方は、完全親会社であるA社ではなく、完全子会社B社である。しかし、子会社たるB社の手元にはA社の株主であるXが持株要件を満たす株主か否かを判断する資料はない。にもかかわらず、B社がその判断をしなければならないというのが、現行法の建て付けである。もちろん、多重代表訴訟において行使される権利は、子会社B社の権利であるから、提訴請求を通じて本来の権利主体であるB社に権利行使の機会を与えるという説明もできなくもない(30)。しかし、多重代表訴訟は、親会社A社の取締役等が子会社B社の取締役等の責任追及を懈怠する可能性が高いことに対処するための制度である。XがZの責任についてB社に提訴請求をするという状況は、A社の取締役等もB社の取締役等もZの責任を

追及しないという場合である。したがって、この場合に、A社の事実上の支配下にあるB社の取締役等に、提訴請求を通じて、Yの責任を追及するか否かを改めて判断させる機会を与えるということに、実質的な意味があるのかは、疑問である。[31]そのため、この点については、むしろ、提訴請求の相手方を親会社であるA社としたほうが望ましいとの、説得力ある立法論もすでに主張されているところである。[32]

なお、以上の要件に加え、最終完全親会社等が公開会社の場合には、通常の株主代表訴訟の場合と同様に（会社法八四七条一項）、六ヵ月前から同社の株式保有という要件を具備している必要がある（会社法八四七条の三第一項）。ただし、この六ヵ月保有要件は、提訴請求株主が保有する最終完全親会社等の株式についてのみ満たせばよく、当該最終完全親会社等と被告とされる者に対する請求権を有する株式会社との間の株式保有関係についてまで充足することは要求されていない。被告とされる者に対して請求権を有する株式会社は、最終完全親会社等に支配される完全子会社であり、そもそも公開会社を念頭に置いた六ヵ月保有要件を課す必要がないからである。[33]

4　責任追及の相手方となる取締役が属する株式会社（対象会社）が一定の重要性を有する子会社であること――重要完全子会社要件

多重代表訴訟により責任を追及される対象者は、対象会社である完全子会社のうち比較的大きな会社（重要な完全子会社）の役員等に限定されている。つまり、多重代表訴訟では、重要な完全子会社の役員等の責任（これを特定責任という）に限って、責任追及が認められている。このような限定を加えた趣旨については、完全子会社の役員等といっても、実質的には最終完全親会社等の事業部門の長である従業員にとどまる場合があり、そのような者まで多重代表訴訟の対象とすることは、役員間の提訴懈怠の可能性に着目した現行株主代表訴訟制度に整合しないからであり、親会社の取締役等に相当する重要な子会社等の役員の責任に限り多重代表訴訟の対象としたと説明されている。[34]

具体的には、対象会社の役員等の責任原因事実が生じた日において最終完全親会社等およびその完全子会社等における対象会社の株式の帳簿価額が当該最終完全親会社等の総資産額として法務省令で定める方法により算定される額（平成二七年改正会社法施行規則二一八条の六により算定される）の五分の一（これを下回る割合を定款で定めた場合にはその割合）を超える場合に限り、多重代表訴訟の提起が認められている（会社法八四七条の三第四項）。要するに、多重代表訴訟を提起できるのは、対象会社の発行する株式の価値（簿価価額）が最終完全親会社等の総資産額の五分の一を超える場合に限られるということである。(35)

しかし、上場会社である持株会社グループの中核企業を除くと、これらの要件を満たすような上場会社はそう多くないと思われるので、上場会社で多重代表訴訟が提起される場合というのは、この制度の導入に反対した人たちがまさに意図した通り、かなり限定的なものとなろう。(36)

5　最終完全親会社等に損害が発生していること

さらに、子会社等に損害が生じた場合であっても、その最終完全親会社等に損害が生じていないときは、多重代表訴訟を提起することはできないものとされている（会社法八四七条の三第一項二号）。たとえば、株式会社の最終完全親会社等が当該株式会社から利益を得た場合や、株式会社からその最終完全親会社等の他の完全子会社に利益が移転した場合には、多重代表訴訟は提起できない。(37)それらの場合、親会社の株主は、何ら損害を被っておらず、子会社の取締役等の責任追及につき利害関係を有していないので、提訴を認める必要がないという理由に基づく。そのため、ここにいう「損害」は、完全子会社株式の価値の下落によって生じた親会社の損害に限定すべきであり、これと無関係に生じた完全親会社の損害（たとえば、企業グループの評判が傷ついたことによる損害）は、これを考慮すべきではないとされている。(38)

「最終完全親会社等に損害が発生していないこと」という要件は、但書の形で規定されていることから、多重代表訴訟の被告である役員等が証明責任を負う抗弁事実であると解されている。したがって、親会社株主にこの点についての証明責任はなく、損害が最終完全親会社等に生じていないこと（損害不発生の要件）は、被告側が証明しなければならない。(39)もっとも、具体的にどのような場合に、損害不発生の要件が満たされるかについては、論者によって微妙に理解が異なるようであり、今後、さらに議論が深められていくことになろう。(40)

(20) 以上については、桃尾・松尾・難波法律事務所編・前掲注（17）七三頁参照。
(21) 山本憲光「多重代表訴訟に関する実務上の留意点」商事一九八〇号三七頁（二〇一二年）、江頭・前掲注（9）五〇一頁。もっとも、一定の範囲で、提訴株主の原告適格の維持を認める余地があるとする解釈論として、山田泰弘「企業再編対価の柔軟性と株主代表訴訟」立命館法学二九六号一〇一頁以下（二〇〇四年）、奥島ほか編・前掲注（1）四二六頁〔山田〕参照。
(22) 【図2】ないし【図6】の作成にあたっては、【図3】を除き、桃尾・松尾・難波法律事務所編・前掲注（17）七五頁を参考にした。
(23) 奥島ほか編・前掲注（1）四二六頁〔山田〕参照。
(24) 以上については、桃尾・松尾・難波法律事務所編・前掲注（17）七五頁～七七頁参照。
(25) 坂本三郎編著『一問一答平成二六年改正会社法』一七三頁（商事法務・二〇一四年）参照。
(26) 桃尾・松尾・難波法律事務所編・前掲注（17）七八頁。
(27) かかる解釈が可能であることについては、企業法理研究会（代表：永井和之教授）において、早稲田大学大学院法務研究科の福島洋尚教授よりご示唆を受けた。
(28) 岩原紳作「会社法制の見直しに関する要綱案〔Ⅲ〕」商事一九七七号六頁（二〇一二年）、坂本編著・前掲注（25）一六五頁。江頭・前掲注（9）五〇一頁も参照。
(29) 藤田友敬「親会社株主の保護」ジュリ一四七二号三四頁（二〇一四年）、高橋英治『会社法概説〔第三版〕』二六三頁～二六四頁（中央経済社・二〇一五年）、川島・前掲注（1）五六頁参照。かかる持株要件を廃止して単独株主権とすべき旨を主張する見解として、高橋陽一『多重代表訴訟のあり方―必要性と制度設計』二七五頁～二七六頁（商事法務・二〇一五年）がある。

(30) 笠井正俊「責任追及等の訴えの提訴前手続と審理手続」神作ほか編・前掲注（18）『会社裁判における理論の到達点』四〇〇頁～四〇一頁。

(31) 以上につき、神田編・前掲注（1）九二頁以下〔加藤〕参照。

(32) 神田編・前掲注（1）九九頁〔加藤〕。

(33) 山田・前掲注（1）一三頁、奥島ほか編・前掲注（1）四二八頁〔山田〕参照。

(34) 坂本編著・前掲注（25）一七〇頁。

(35) 酒巻俊雄＝龍田節編集代表『逐条解説会社法（9）』二七〇頁〔橡川泰史〕（中央経済社・二〇一六年）参照。五分の一という要件は、簡易な事業譲渡や会社分割（会社法四六八条二項）の要件を参考にしたと説明されている。坂本編著・前掲注（25）一七〇頁。

(36) 桃尾・松尾・難波法律事務所編・前掲注（17）八五頁、新山雄三編著『会社法講義―会社法の仕組みと働き』三〇八頁（日本評論社・二〇一四年）、川島・前掲注（1）五八頁参照。

(37) 坂本編著・前掲注（25）一六八頁、桃尾・松尾・難波法律事務所編・前掲注（17）八二頁。

(38) 藤田・前掲注（29）三五頁。

(39) 岩原・前掲注（28）七頁、西村あさひ法律事務所　太田洋＝高木弘明編著『平成二六年会社法改正と実務対応』一三六頁（商事法務・二〇一四年）、奥島ほか編・前掲注（1）四二八頁〔山田〕。

(40) この問題については、神田編・前掲注（1）一〇〇頁以下〔加藤〕、奥島ほか編・前掲注（1）四二八頁～四二九頁〔山田〕、酒巻＝龍田編集代表・前掲注（35）二七六頁以下〔橡川〕など参照。

五　多重代表訴訟の手続

1　手続の概要

【図10】は、最終完全親会社等であるA社の株主Xが、対象会社B社の取締役Z等に対して責任追及をしようとしている場面を想定している。

この場合、Xは、まず、原則として、B社に対して、取締役Z等に対して責任追及の訴えを提起するように請求する必要がある（提訴請求。会社法八四七条の三第一項[41]）。そして、Xによる提訴請求の日から六〇日以内にB社が取締役Z等に対して責任追及の訴えを提起しない場合にはじめて、Xは、B社の取締役Z等に対して、B社に代わって多重代表訴訟（特定責任追及の訴え）を提起することができる（会社法八四七条の三第七項）。ただし、六〇日の期間の経過を待つことによってB社に回復困難な損害が生じるおそれがある場合には、例外的に、提訴請求手続を経ることなく、ただちにB社の取締役Z等に対して、多重代表訴訟を提起することができるとされている（会社法八四七条の三第九項）。

以上の手続に関しては、通常の株主代表訴訟の場合と基本的に同じである[42]。

【図10】

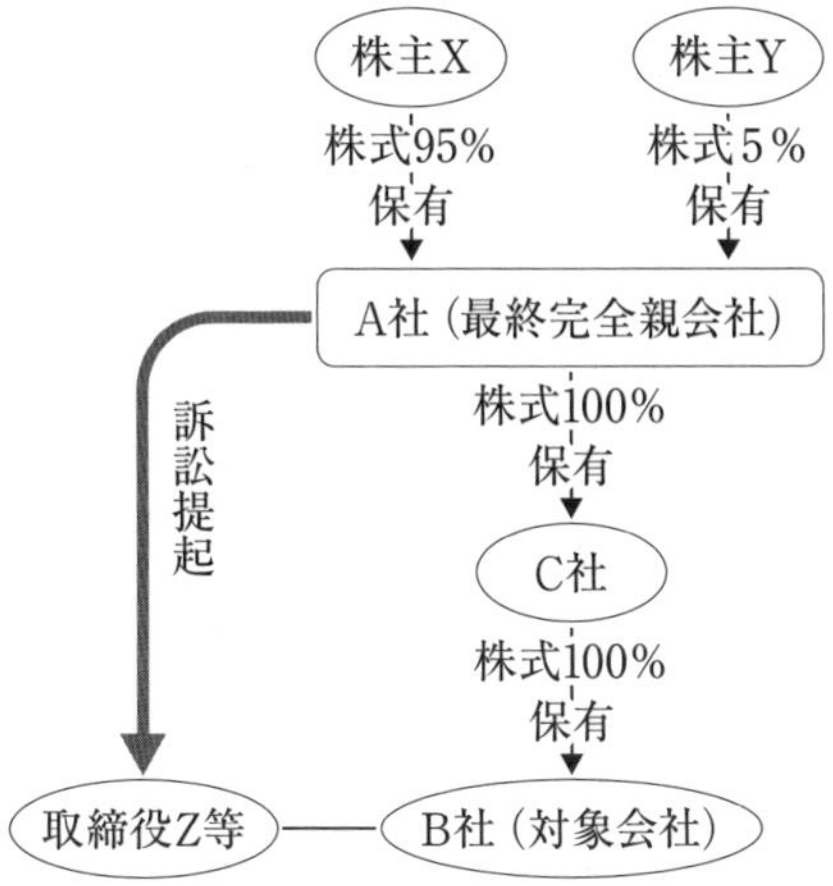

2　手続上の特徴

多重代表訴訟の手続上の特徴を挙げると、以下の通りである。

(1)　法的性質

前述のように、わが国の株主代表訴訟は、《原告株主が、会社＝全株主の権利を、自らが属するクラス（＝全株主）の利益代表者の資格で行使する訴訟である》と解することができる。その意味で、株主代表訴訟には、代位訴訟としての側面（代位訴訟性）と代表訴訟としての側面（代表訴訟性）の両方があると考えられる。

しかし、多重代表訴訟は、親会社の株主が、子会社が子会社役員に対して有している権利を行使するものである。しかるに、①子会社の損害は、親会社の株主の損害に直結しているわけではない。また、②子会社の株主総会選任決議について議決権を有しているのは親会社であり、親会社の株主には議決権はない。さらに、③子会社の剰余金配当は、子会社の株主総会において親会社によって決定され、親会社の株主はその決定過程に関与できず、子会社の主要な業務に関する事項はすべて親会社の株主権の対象から外れているので、親会社の株主には、本来、子会社の権利を、自らが属するクラスの利益代表者の資格で行使するといった地位にはおよそない。そのように考えると、多重代表訴訟には、先に見た株主代表訴訟の法的性質のうちの《代表訴訟性》が認められず、この訴訟は、平成二六年改正会社法が、本来、親会社の株主には認められないはずの、子会社の権利を行使できるという特別権限を認めたものであって、いわば親会社の株主に固有の原告適格を認めた特殊な訴訟と解するほかないように思われる(43)。

(2)　訴訟参加

訴訟参加ができる者の範囲は、通常の株主代表訴訟よりも広い。【図10】は、最終完全親会社A社の株主Xが、対象会社B社の取締役Z等に対して多重代表訴訟を提起したというケースである。この場合、Xは、訴えを提起した後、遅滞なく、対象会社であるB社に対して訴訟告知をしなければならない（会社法八四九条四項）。B社は、Xから訴訟告知を受けたときは、その旨を自らの株主であるC社に通知しなければならない（公開会社の場合は、公告と通知が必要である。会社法八四九条五項九項）。また、B社は、自らが訴訟告知を受けた旨を最終完全親会社等であるA社に通知しなければならない（会社法八四九条七項）。さらに、最終完全親会社であるA社は、当該通知を受けた旨を、自らの株主（ここではY）に対して通知しなければならない（公開会社の場合は、公告と通知が必要である。会社法八四九条一〇項二号一一項）。これらの規定は、多重代表訴訟が提起された場合に、最終完全子会社等であるA社や、YのようなA社の株主、B社の株主であるC社等に訴訟参加の機会を与えるためである。

これを受けて、B社は、会社法八四九条一項所定の「株式会社等」として訴訟参加ができる。また、C社およびYは、同項所定の「株主等」として訴訟参加ができる。また、A社は、会社法八四九条二項二号所定の「最終完全親会社等」に当たるので、訴訟参加が認められることになる。

ところで、株主代表訴訟については、被告役員側に会社が補助参加できるか否かが、かねてより争われてきた。しかし、最決平成一三年一月三〇日民集五五巻一号三〇頁は、株主代表訴訟では、会社の意思決定の適法性という組織法上の地位が主たる争点となり、その点について判決理由中で裁判所の判断が示されるという点を根拠に、補助参加を肯定した。これを受けて、平成一三年の商法改正（議員立法）において、会社が被告役員側に補助参加できる旨の規定が導入されるに至った（商法旧二六八条五項）。平成一七年制定の会社法八四九条一項も、この商法の旧規定を引き継いだが、会社法八四九条一項の規定が存在することによって、会社は、民事訴訟法四二条所定の補助参加の利益の有無を問うことなく当然に補助参加できることになったと解しうるか否かについては、なお検討を要する。

立案担当者は、会社法八四九条一項本文は、株主や会社が、補助参加の利益の有無を問うことなく補助参加できることを明らかにした規定であると明言しており(44)、これと同趣旨を述べる学説も多い(45)。

しかし、民事訴訟一般に必要とされる補助参加の利益が不要であるという解釈を、会社法八四九条一項から導くことはできない。もし仮にこの規定によって補助参加の利益がなくても補助参加ができると読めるのであれば、この規定を根拠に、当事者適格のない者、たとえば株主が被告側に共同訴訟参加することも可能となるが、この結論はいかにも不合理であろう。この結論が不合理なのは、当事者適格がなければ共同訴訟参加できないという民事訴訟一般の規律に反するからである。これと同様に、会社がそもそも補助参加の利益を有していなければ、被告役員側に補助参加することはできないと解すべきである。したがって、会社法八四九条一項の規定があっても、会社の補助参加の申出に対して訴訟の当事者より異議が述べられれば、会社には補助参加の利益が必要となる(46)。このことは、多重代表訴訟において、A社やB社が被告役員Z側に補助参加できるかという問題についても基本的にそのまま当てはまるものと解される(47)。

(3) 対象会社の取締役等の責任免除

対象会社であるB社の取締役等の責任の全部免除(会社法四二四条等)には、B社の株主であるC社だけでなく、最終完全親会社等であるA社の総株主(XおよびY)の同意が必要である(会社法八四七条の三第一〇項)。平成二六年改正前会社法の規律のまま、対象会社の総株主の同意のみによってその取締役等の責任を免除できるとすると、多重代表訴訟制度を導入した意味が大きく減殺されるからである。同様に、責任の一部免除についても、対象会社だけでなく、最終完全親会社等の株主総会の特別決議が必要とされている(会社法四二五条・三〇九条二項八号)(48)。

(41) この提訴請求の相手方をB社とする現行法の建て付けには問題があることについては、先に触れたとおりである。
(42) 【図10】も含め、以上については、桃尾・松尾・難波法律事務所編・前掲注(17)八二頁〜八三頁参照。
(43) 企業法理研究会の席上、明治大学法学部の南保勝美教授から、多重代表訴訟の法的性質についてご質問を受けたことがある。本稿の結論は、このご質問に対する回答でもある。
(44) 相澤哲編著『一問一答 新会社法』二六二頁(商事法務・二〇〇五年)、相澤哲＝葉玉匡美＝湯川毅「外国会社・雑

則」相澤哲編著『立案担当者による新・会社法の解説』〔別冊商事二九五号〕二一九頁（二〇〇六年）。

(45) たとえば、神田秀樹『会社法〔第一八版〕』二七一頁（弘文堂・二〇一六年）、青竹正一『新会社法〔第三版〕』三五七頁～三五八頁（後に改説）（信山社・二〇一〇年）、泉田栄一『会社法論』五二一頁（信山社・二〇〇九年）、三枝一雄＝南保勝美『新基本会社法Ⅱ』一六二頁（中央経済社・二〇〇六年）、弥永真生『リーガルマインド会社法〔第一四版〕』二五一頁（有斐閣・二〇一五年）、東京地方裁判所商事研究会編著『商事関係訴訟〔リーガル・プログレッシブ・シリーズ２〕』二三一頁（青林書院・二〇〇六年）、大隅健一郎＝今井宏＝小林量『新会社法概説』二四四頁～二四五頁（有斐閣・二〇〇九年）、本間靖規「新会社法の施行とこれからの会社関係訴訟」ジュリ一三一七号二〇四頁（二〇〇六年）、江頭憲治郎＝門口正人編集代表『会社法大系（４）〔組織再編・会社訴訟・会社非訟・解散・清算〕』四四七頁～四四八頁（青林書院・二〇〇八年）〔松山昇平＝門口正人〕、江頭・前掲注（９）四九二頁～四九三頁など。

(46) 笠井正俊「会社の被告取締役側への補助参加」〔会社法の争点〕一六二頁（二〇〇九年）、中島弘雅「会社訴訟の争点」〔民事訴訟法の争点〕二九頁（二〇〇九年）、中島弘雅「株主代表訴訟の解釈論上の問題点―訴訟参加と訴訟上の和解を中心に―」永井和之＝中島弘雅＝南保勝美編『会社法学の省察』三六〇頁～三六一頁（中央経済社・二〇一二年）。新谷勝『会社訴訟・仮処分の理論と実務〔第二版〕』四〇八頁（民事法研究会・二〇一一年）も結論同旨。

(47) 青竹・前掲注（９）三九四頁は、被告役員側への会社の補助参加の利益につき、会社等、株式交換等完全親会社または最終完全親会社等は、訴訟の結果に利害関係を有していなければならないと述べ、補助参加の利益を問うことなく補助参加できるとしていた従来の見解を改められた。奥島ほか編・前掲注（１）四四一頁〔山田〕も参照。反対、神田編・前掲注（１）一一五頁～一一六頁〔加藤〕。

(48) 以上につき、桃尾・松尾・難波法律事務所編・前掲注（17）八四頁。

六　旧株主による代表訴訟に関する改正点

1　序

平成二六年改正会社法八四七条の二は、株式会社の株主が、株式交換、株式移転または三角合併（後述3(1)参照）（以下では、たんに「株式交換等」ということがある）により当該会社の株主としての地位を失った場合について、その者が代表訴訟を提起できる範囲を拡大している。改正前会社法下における取扱いと比較してみよう。

2　平成二六年改正前会社法下における取扱い

【図11】は、XはA社の株主であったが、A社が既存のB社と株式交換を行い、B社がA社の一〇〇パーセント親会社となった結果、XがA社の株主ではなくなり、A社の完全親会社であるB社の株主になったという事例である。(49) 株式交換が行われた時期との関係で、二つの場面を設定する。

［1］　XがA社の取締役に対して任務懈怠を理由に代表訴訟を提起していたところ、訴訟係属中に株式交換が行われた結果、XはA社の株主ではなくなった。この場合、平成二六年改正前会社法下では、Xの提起した代表訴訟はどうなるか？

［2］　XがA社の取締役に対して代表訴訟を提起する準備をしていたところ、株式交換が行われ、XはA社の株主でなくなった。この場合、Xは、A社の取締役に対して任務懈怠を理由に代表訴訟を提起できるか？

このうち、［1］の場面については、周知のように、平成二六年改正前会社法下でも、Xはそのまま代表訴訟を追行することが認められていた（会社法八五一条）。この場合に、XがA社の株主たる地位を喪失したのは、A社が株式交換

【図11】

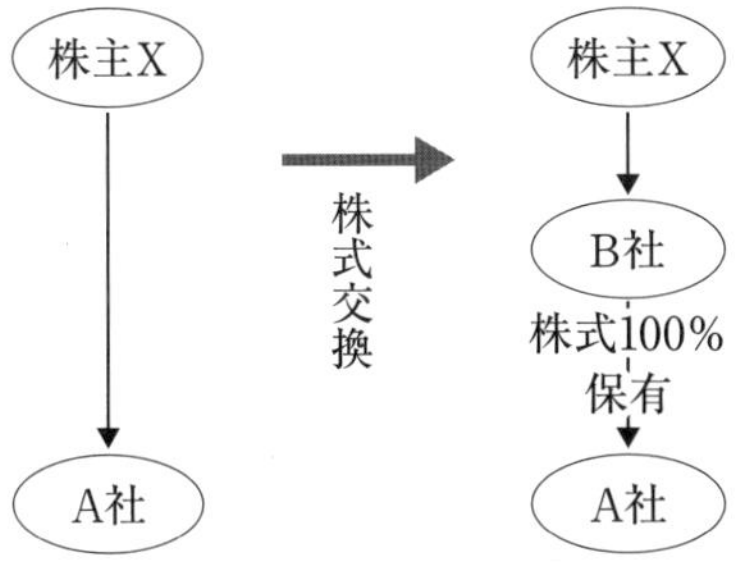

という組織再編を実施した結果であり、株主Xが自らの意思で株主たる地位を手放したわけではないにもかかわらず、代表訴訟の追行権を失うのは不当であるという考え方に基づく。

これに対し、［2］の場面については、改正前会社法下では、Xに株主代表訴訟の提起は認められていなかった。しかし、この場面においても、Xは自らの意思で株主たる地位を失ったわけではない。にもかかわらず、XがA社の取締役の任務懈怠行為により下落した株式の価値を取り戻す機会を失ったまま会社から押し出されてしまうというのは問題である。そこで、平成二六年改正会社法は、［2］のような場面であっても、役員等の責任の原因事実が株式交換前に生じていれば、一定の要件の下に、XがA社の役員等に対して代表訴訟を提起できることにしたのである（会社法八四七条の二[50]）。具体的には、次の通りである。

3　平成二六年改正会社法の規律

(1)　要　件

株式交換等によって株主でなくなった者であっても、つぎの二つの要件を満たす場合には、代表訴訟の提起が認められる（会社法八四七条の二）。

①株式交換、株式移転または三角合併（株式交換等）の効力が生じる前に取締役等の責任原因となる事実が発生していること、②株式交換等の効力発生日の六ヵ月前から対象会社A社の株式を保有していること（定款でこれを下回る期間に変更することは可能である[51]）、である。

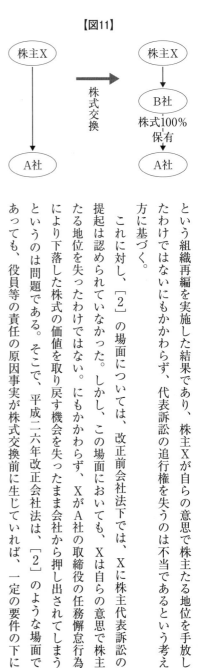

【図12】

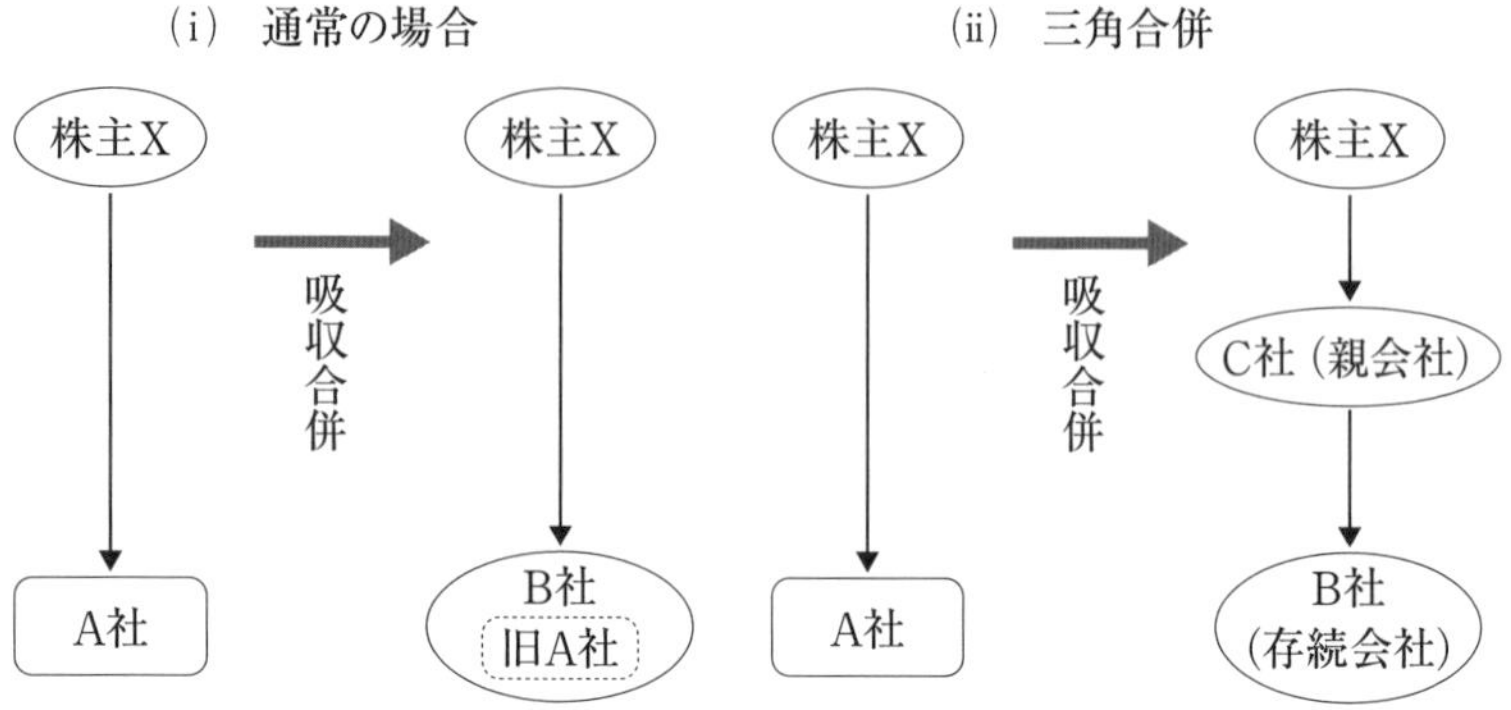

②の要件は、上記の組織再編の効力発生日において代表訴訟を提起できる立場にある株主にのみ代表訴訟の提訴権を認めることにより、その適用範囲を明確にするために求められるものである。

なお、会社法八四七条の二が適用される吸収合併は、三角合併、すなわち、吸収合併のうち、消滅会社の株主に対して交付される対価が存続会社の親会社の株式である場合に限定されている。前掲2［1］の場面のような、訴訟係属中に株主でなくなった者に引き続き訴訟追行権が認められる場合（会社法八五一条）と異なり、消滅会社の株主が新設合併における新設会社の株式を取得する場合や、吸収合併における存続会社の株式を取得する場合には、適用がない。もっとも、このことは、吸収合併が行われた後に株主代表訴訟が提起できる場合を三角合併の場合に限定するという趣旨でもなければ、新設合併が行われた後に株主代表訴訟の提起を認めないという趣旨でもない。それらは、今回の改正にかかわらず、もともと当然に認められるものであるからである。このことを、【図12】を用いて説明する。

(2) **吸収合併後の株主代表訴訟の提起**

【図12】は、A社を消滅会社、B社を存続会社とする吸収合併が行われたことを前提に、(i)は対価がB社の株式である通常の場合、(ii)はB社の親会社となったC社の株式が対価とされた場合を表している。

平成二六年改正会社法八四七条の二第一項二号は、このうち、(ii)の三角合併の場合についてのみ規定を置いている。しかし、そもそも(i)の場合には、吸収合併という包括承継が行われた結果、存続会社であるB社は、A社が有していた権利義務をすべて承継しているから、A社が有していた取締役等に対する損害賠償請求権も当然に承継していることになる。したがって、(i)の場合には、B社はA社の取締役に対する損害賠償請求権を承継しており、またXはB社の株主であるから、この場合には、特に規定を設けなくても、Xは当然にA社の取締役等に対して代表訴訟を提起することができると解される(52)。

これに対し、(ii)の場合には、XはB社の親会社であるC社の株主にすぎないので、Xが代表訴訟を提起できるようにするためには特別の規定が必要となる。それが、平成二六年改正で会社法八四七条の二第一項二号が新設された理由である(53)。

ただ、そうすると、消滅会社の株主が、代表訴訟の係属中に株主たる地位を失っても、その者が新設会社や存続会社の株式を取得した場合には、当然に代表訴訟の追行権を失うわけではないにもかかわらず、会社法八五一条一項二号が、なぜ、その場合に、訴訟を追行できる旨をわざわざ規定したのかが問題となる。しかし、平成一七（二〇〇五）年の会社法立法当時には、包括承継の理論を前提にした規定を置くことができるかどうか疑問の余地があったため、念のためにそのような確認規定を置いたものと解することができる(54)。

(49) 以下の設例については、桃尾・松尾・難波法律事務所編・前掲注（17）八六頁〜八七頁に負う。
(50) 坂本編著・前掲注（25）一八三頁〜一八四頁、奥島ほか編・前掲注（1）四二二頁〔山田〕、酒巻＝龍田編集代表・前掲注（35）二五八頁〔橡川〕参照。
(51) ただし、非公開会社では、株式交換等の効力発生日にA社の株式を保有していれば足りる。桃尾・松尾・難波法律事務所編・前掲注（17）八七頁。
(52) 岩原・前掲注（28）一〇頁、坂本編著・前掲注（25）一八七頁、江頭・前掲注（9）四九九頁。

(53) 以上につき、桃尾・松尾・難波法律事務所編・前掲注(17)八九頁参照。
(54) このことにつき、桃尾・松尾・難波法律事務所編・前掲注(17)八九頁〜九〇頁参照。

七 おわりに

以上、きわめて簡潔にではあるが、平成二六年改正会社法により新たに導入された「多重代表訴訟」に関する現行会社法の規律がどうなっているのかを見てきた。もっとも、その内容は、いまだ概説の域を一歩も出るものではなく、日頃からお世話になっている永井和之先生の古稀を言祝ぐ論文としてはあまりに拙いものであることは十分自覚しているが、謹んで本稿を永井先生に捧げ、先生の今後のご健勝とご活躍をお祈りする次第である。

[追記]
本稿は、二〇一五年一月一〇日に開催された企業法理研究会(代表者:永井和之教授)における筆者の報告原稿に加筆・修正をしたものである。

事業（営業）譲渡における商号続用責任の未来

――アメリカの資産譲渡における企業承継者責任をめぐる議論が映し出すもの――

仲宗根　京　子

一　はじめに

詐害的な事業譲渡や会社分割について商号続用責任（会社法二二条・商法一七条）の適用・類推適用判例の集積が続いた中、平成二六年に法改正が行われた（会社法七五九条四項・七六一条四項・七六四条四項・七六六条四項・二三条の二、商法一八条の二）。しかし、（A）承継されない債務の債権者の保護の必要性は、改正案が想定した要件が認められる場面に限定されるべきものかについては、今回の改正論議においては正面から取り上げられるには至らず、（B）立法趣旨・要件効果論について議論があった会社法二二条・商法一七条も温存された。

1 （A）について

債務会社が複数の事業部門を運営していたことにより有していたリスクヘッジ機能が再編により失われる等、再編当時には詐害性が認められずとも、潜在的には再編行為によって債権者を害するリスクが増したと評価できる場合もある（たとえば、再編後程なくして、債務の十分な引き当てなく譲渡会社が解散したり、再編時に対価性を充たしていた株式であっても後に廉価で売却したりするなどである）[(1)]。

2 （B）について

改正法による責任は、会社法二二条などの全額責任とは異なり、承継された財産の価格の限度であり、関係当事者間に新たな不均衡問題も浮上してくる可能性がある。

譲受会社としては重い責任を避けたければ商号続用を避けたり免責登記を得ればよく、現行規定の文言を見る限り、「商号続用」や「免責登記」といった譲受会社（人）側にキャスティングボードが委ねられている要件だけで債権者保護の範囲が画されることに、会社債権者保護法理としての合理性がどこまであるのかも検討の余地がある[(2)]。

アメリカにおける事実上の合併法理を分析してみると、大陸法の影響が強い日本法とは沿革的には無関係であるが、その発想において商号続用責任の趣旨をめぐる議論の実質と近いものを感じる。

日本法へのアメリカ法の影響力は避けて通れない存在となってきている[(3)]。

アメリカにおいては、経営の機動性を高めつつも会社債権者保護のために、各州会社法以外にも、様々な手当を判例法・衡平法上で蓄積している。このような複合的・重畳的な権利救済の道を模索するアメリカの取組みを比較法的に分析することは、右記潮流の中にある日本法の解釈論あるいは立法論にとって有益と考える。

また、右記改正は部分的なものにとどまっているため、企業再編時の債権者保護の点では、なお網羅的な検討が必要である。企業法としての会社法・商法においてトータルな見地から行動の指針を得ることは、企業にとっても有益なことであり、利害調整を衡平に図り得るよう、債権の種類や様々な利害関係人に配慮した要件効果論を体系的に構築することが有益ではないだろうか。また後述するように不法行為・環境責任などについても、更なる整備が要請されている。

そこで、すでに後述のような優れた先行業績が多数あるものの、会社法二二条・商法一七条の解釈論および立法論的考察に有用と考えられる、アメリカの資産譲渡における企業承継者責任（Successor Liabilities）論の系譜を、今一度網羅的に概観し、そのうちの〝事実上の合併理論（De Facto Merger Doctrine）〟の機能と要件論の変遷を分析の指針として、アメリカの研究者や実務家の、若干の最近の論稿を紹介しつつ分析したい。

（1）　平成二六年改正法の「詐害性」概念の解釈に委ねるか（得津晶「会社分割における債権者の保護」神田秀樹編『論点詳解平成二六年会社法』二六五頁・二六八頁・二三七頁～二九三頁（商事法務・二〇一五年）、法人格否認の法理という一般法理の応用に委ねるか（森本滋「会社分割制度と債権者保護―新設分割を利用した事業再生と関連して」二八頁（金法・一九二三号）など）、あるいは本稿が目指すような商号続用責任のリフォームも含めて考えるか、様々な方法が検討されているものの、組織再編行為が有する危険性、すなわち、分離原則（法人制度の意義である構成員と別個・独立の、財産上の権利・義務主体を作ること、江頭憲治郎『株式会社法〔第六版〕』二九頁～三〇頁（有斐閣・二〇一五年））の濫用について、現在の方策ではカバーしきれない領域があるという問題意識は共通しているものと思われる。池野千白「詐害的会社分割における残存債権者保護制度創設の意義と限界」札幌学院法学三一巻二号三七一頁～三八四頁（二〇一五年）。鳥山恭一＝福島洋尚編「平成二六年会社法改正の分析と展望」金判一四六一号八頁・一一～一三二頁（二〇一五年）参照。

（2）　江頭・前掲注（1）九〇九頁～九一〇頁によると、移転された事業等の過小評価は事業の譲渡においても生ずる問題で、事業の譲渡に債権者の異議手続がないこととの均衡等を理由に、分割会社の債権者となる者は、債権者異議手続の対象外とされ（会社法七八九条一項二号・八一〇条一項二号）、したがってまた会社分割無効の訴えの原告適格も有しない（同法八二八条二項九号一〇号）、とされている。その上で、難波孝一「会社分割の濫用を巡る諸問題」判タ一三三七号二〇頁（二〇一二年）をもとに、判例にみる対応策を紹介しておられる。

（3） 岩原紳作「会社法改正　1会社法改正の回雇と展望」、商事一五六九号四頁〜一六頁（二〇〇〇年）。岩原紳作教授は戦後五〇年余り平成一一年の株式交換制度の導入まで、ほとんどが会社法のアメリカ化で会社債権者保護手続を弱めることは、事後的な救済に頼らざるを得ないことになる、と分析されている。

二　日本の事業譲渡における商号続用責任について

1　事業（営業）譲渡の意義

株式会社の事業譲渡とは、株式会社が「事業」を取引行為（特定承継）として他に譲渡する行為であり[4]、最高裁判例（最大判昭和四四年九月二二日）は、一定の営業目的のため組織化され有機的一体として機能する財産（得意先など経済的価値のある事実関係を含む）の全部または重要な一部を移転すること、と解している。すなわち営業を効率的に稼働させるに足る有機的一体となった企業資産を譲り受けて営業を継続することを前提とした概念であると解される。

2　商号続用責任（会社法二二条・商法一七条）の趣旨

(1)　諸　説

①　外観法理（伝統的通説、判例の多くもこれを前提としているようである）

譲受会社による譲渡会社の商号の続用があると、その外観から事業譲渡の事実がないと信頼する（事業主体の混同）か、または知っていても、債務引受もあったと考え（債務引受の誤信）、債権者を保護すべきであるから、とされる[5]。

②　企業財産担保説

事業上の債務は企業財産が担保となっていると認められることから、債権者を保護するために、企業財産の現在の所有者である譲受会社に債務引受を義務付けた、とされる。この説をさらに発展させ、たんなる事業用財産の譲渡と区別される事業譲渡はのれんの譲渡を伴い、のれんを譲渡するためには、商号を続用するか得意先に挨拶状を出すかしなければならないという利用実態をふまえ、商号続用責任は、事業を譲り受ける以上、少なくとも債権者との関係において債務引受をなすべきとする規範である、という説がある。(6)

③　譲受人意思説

右記二説のような債権者の事情からではなく、商号を続用する譲受人には債務承継の意思があるのが通常である点を根拠とする。(7)

④　インセンティブ説(8)

同条の現在における機能・趣旨は、詐害的な資産の譲渡に対して債権者の権利行使の機会を保障する点にあるとし、譲受人に、不利益を被りたくなければ、免責要件を備えようとさせるインセンティブを与える趣旨、と解される。

(2)　各説の検討

①　外観法理説について

条文上債権者の主観的保護要件が規定されていないこと、同法理の適用が多い倒産場面においては債務引受はないと考えるのが通常であること、損害としては債権回収を失念したことぐらいであること、等が指摘されている。(9)

②　企業財産担保説について

会社法二二条一項が善意を要求していないことや三項で譲渡会社の債務が消滅することは、財産の処分とともに説明しやすい。しかし、商号続用の場合にだけ責任が生じることや、同条二項で登記または通知することによって債務を免れることの理由が上手く説明できないし、企業財産が引当てになることを理由にするのであれば、譲り受けた積極財産の限度で弁済責任を負うとするのが筋であろうが、一般に無限責任を負うと解されていることとの整合性がとれない、との批判がある。(10)

③　譲受意思説について

登記や通知により責任を負わないとする説明はしやすいが、意思の擬制にすぎるのではないかとされる。(11)

④　インセンティブ説について

現実的な機能の指摘を超えて具体的な解釈論上の帰結を導き出そうとするものなのか明らかでないとの指摘がある。(12)

以上のようにいずれの説に立っても、商号続用が要件であること、悪意者にも二二条一項の適用があること、免責登記や広告により免責され得ること、債務引受広告により責任を負う場合もあることを整合的に説明することは難しいと言われている。(13)

(3)　永井和之教授の見解について

永井教授は、同じく法律行為による営業の移転である営業の現物出資に関する判例評釈(14)において、平成一七年改正前（以下「改正前」と記す）商法二六条の趣旨に関して、右記(2)①の外観法理説と、実質を重視した、(2)②企業財産担保説の融合を実現し得ると解される見解を唱えておられる。

「営業譲渡に際して、営業上の債務が通常承継されるのは、営業上の債務も営業の構成要素として営業との結びつきが経済的にあり、また、営業の積極財産を実質的には担保として把握している面もあるからである（同旨、服部・前掲四二〇頁）。このような営業の本質よりすれば、営業譲渡の際の債務承認は、譲渡人の債務を免れさせ、営業を譲受けた者が債務を負う契約であると通常解釈されるべきである。よって商号続用の有無にかかわらず営業譲渡においては、債務の承継（免責的債務引受）がなされるものと推定される。」として、改正前商法二九条の二年間の併存的責任は、改正前商法二六条の例外規定であり、「債権者の保護になることを考慮し、又、民法上、免責的債務引受に債権者の異議が認められることより、商法的に」負わせた特別の責任である、とされる。

このように、商号続用責任の趣旨を、債務引受に関する改正前商法二八条と関連させつつ、「営業譲渡」と「商号続用」の二要件から求め、そのうち、営業譲渡が本質的意義を担っているとされる。規定の位置の他、同じく他人による商号続用となり得る営業の廃止には、改正前商法二六条のような責任規定がないことは、同責任が、「商号の譲受に基づく」責任ではないことを示すからである、とされる。商号続用には、「営業譲渡がなされていない」（営業の同一性）という外観のほかに「営業譲渡において債務引受けがなされているという外観」（営業の承継）という外観の二面性が認められ、いずれにおいても、債権者としては、営業財産を営業上の債務の担保的なものとして把握している、とされる。信頼の対象を複合的に捉えるからこそ、営業の同一性については悪意の場合も含めて保護し得ることになり、文言上善意を要求していないことの説明になり得る。さらに、免責の登記や通知がなされると商号続用責任を問えなくなる現行法の解釈として、最も整合性のある解釈論であると思われる。

3　同法理に関する判例の概観

そこで、永井教授の二つの外観をもとに判例を概観すると、「営業（主体）の同一性」については、商号そのものでなくても、営業上使用される名称が営業の主体を表示する機能を果たしている場合（平成一六年一月一五日、東京地判金法一七二九号七六頁）や、屋号についての続用がある場合（昭和六〇年五月三〇日、東京高判判時一一五六号一四六頁）に、同法理の類推適用を認めた判例がある。

また「事業（営業）の承継の同一性」については、商号続用はなくても、実質的に譲渡会社の同族が企業体を承継したと認められる場合に、商号続用した場合との均衡に照らし別人格を主張してその債務の承継のみを否定することは信義則に反し許されないとした判例（平成一二年七月二八日、大阪高判金判一一一三号三五頁）がある。

悪意の債権者への適用については、否定した判例（昭和四九年一二月九日、東京地判判時七七八号九六頁）もあるが、東京地判昭和五四年七月一九日判決（下民集三〇巻五＝八号三五三頁）および、最近の宇都宮地裁平成二三年三月一五日（判タ一三二四号二三二頁）など、債権者の認識を問わない場合が増加してきている。

また、東京地判平成一二年一二月二一日（金法一六二一号五四頁）は、同条一項の根拠につき外観法理説と企業財産担保説を併用して示した上で、商号続用はあるが免責登記をしている場合の規律につき、対外的に同一主体であるかのように振る舞う等して同一主体であると誤信させたものであり、免責登記を理由に支払い拒絶することは信義則違反であり許されないと判示した。

4　小　括

ドイツ法の影響という沿革および伝統的な通説の見解に見られるように、外観説的な債権者救済場面は否定できない。しかしながら、以上みてきたように、譲渡担保説が判例への影響力を増していった状況からすると、会社財産による担保力への期待という要素が需要性を増したことがうかがえる[15]。

前述のような暖簾《のれん》の承継を伴うという事業（営業）譲渡の意義からすると、「事業」あるいは「営業」を引き続き稼働させると、確実な利益が見込めることも多く、将来の稼働利益を見込んで取引に応じるような債権者も少なからず存在し、その担保力ある会社財産はバラバラの資産合計より取引価値も高いという企業社会の実態が影響しているからである。また、それ故に、会社法・商法は、営業（事業）が譲渡の対象となる場合に、利害関係者間の特別の規律を定めていると考えられる。

つまり、その担保力は、有形資産のみならず暖簾などの無形資産を伴った生産性・収益性ある有機的一体となった企業資産全体を捉えている、と評価できる(16)。

商号続用責任の趣旨を「「営業譲渡」と「商号続用」の二要件から求め、そのうち、営業譲渡が本質的意義を担っている」とされ、「商号の同一性の意義は、営業上の債権者が、営業に含まれる債務として弁済を受けると信頼するに値する外観（営業の同一性と継承性）にある」とされる永井教授の見解は、この流れと実質的に軌を一にする考えと解してもよいのではないだろうか。

そして、前述の判例の潮流や次節の比較法的考察を踏まえた私見によると、商号続用責任を企業承継者責任論の体系を想定した中に位置付けたうえで、「商号続用」要件は、第三者責任を認定する際の必要十分条件ではなく、それらの象徴であり、法理の具体的な適用ないし類推適用場面では、一つのファクターとして勘案されるにすぎない、ということが同法理について定めた規定の現代的な解釈、あるいは立法論といえるのではないだろうか(17)。

（4）　平成一七年改正前商法で「営業」から「事業」に改めているが規制の実質に変更はない、とされている。一七年改正前の議論がそのままあてはまる。江頭・前掲注（1）九四九頁～九五〇頁。「事業譲渡」においては、「譲渡会社の製造・販売などにかかるノウハウなどの譲受人による承継が必要であ」ると解されている（江頭・前掲注（1）九五〇頁）。

（5）　大隅健一郎『商法総則』二九五頁（有斐閣・一九五七年）。鴻常夫『商法総則〔新訂第五版〕』一四九頁（弘文堂・一九九九年）。江頭・前掲注（1）九〇九頁～九一〇頁。適用判例としては、最判昭和四七年三月二日、福岡高裁昭和三五年六月一五日判時二三二号二九頁）等がある。

（6）　服部榮三『商法総則〔第三版〕』四一八頁（青林書院・一九八三年）。近藤光男「営業譲渡に関する一考察」神戸法学年報三号（一九八七年）二八頁。同説をさらに発展させた説として、浜田道代「判批」判例評論二〇七号（判例時報八〇七号）一四四頁～一四六頁、池野千白「企業外観法理と商法二六条」中京法学三七巻三＝四号六九頁（二〇〇三年）がある。

（7） 山下眞弘『会社営業譲渡の法理』二三三頁（信山社・一九九七年）、同『営業譲渡・譲受の理論と実際』（信山社出版・二〇〇一年）にも詳細な分析がなされている。
（8） 落合誠一「商号続用営業譲受人の責任」法教二八五号二五頁～三一頁・二九頁（有斐閣・二〇〇四年）。
（9） 服部・前掲注（6）四一八頁、浜田・前掲注（6）参照。なお、悪意の債権者は保護すべきでないとされる学説として、丸山秀平「判批」金判五九三号四九頁（一九八〇年）などがある。
（10） 浜田・前掲注（6）参照。山下・前掲注（7）二三一頁。
（11） 浜田・前掲注（6）参照。
（12） 伊藤靖史ほか『事例で考える会社法』三六六頁〔伊藤靖史〕（有斐閣・二〇一一年）。
（13） 清水真希子「商号責任―事業（営業）譲渡における債権者保護」法教三八四号四頁～一五頁（二〇一二年）。免責要件に関して、後藤元「商法総則―商号・営業譲渡・商業使用人を中心に」NBL九三五号二二頁（二〇一〇年）。後藤准教授は、詐害的な営業（事業）譲渡においても当事者は登記・通知をなし得るので、削除を提案される。
（14） 最判昭和四七年三月二日判時六六一号三頁以下、永井和之「営業の現物出資における商号続用と商法二六条の類推適用」法學新報二三号一〇九頁～一二三頁（一九七二年）。
（15） ドイツ法の享受という沿革につき、山下・前掲注（7）二一六頁～二二〇頁、宇田一明『営業譲渡法の研究』八三頁注（二）（中央経済社・一九九三年）、また、最近のオーストリー法改正について、遠藤喜佳「商法から企業法へ―オーストリア企業法典（UGB）概観―」法学新報一一四巻一一＝一二号二五頁～四二頁（二〇〇八年）によると、ドイツ法の影響が大きいオーストリー法でさえ、近時の法改正（UGB三八条一項一文）で商号要件を放棄し「連続性の理論」を導入している。また、裁判例も会社法二二条一項を詐害的な債務逃れから債権者を守るべき事案か否かを適用の基準としてきており（江頭憲治郎「判批」法学協会雑誌九〇巻一二号一六一三頁（一九七三年））、同条の現在における機能・趣旨は、詐害的な資産の譲渡に対して債権者の権利行使の機会を保障する点にあると理解されてきた（落合・前掲注（8）三一頁）。
（16） 江頭・前掲注（1）六四七頁。暖簾は、会計学上は「営業権」とよばれるもので、商人の得意先関係・仕入関係・営業上の秘訣（ノウハウなど）などを含み、それらによって営業上の利益を効率的に獲得し得る財産的価値のある事実関係をいう。暖簾は、従来、法律上の権利ではないが、資産計上可能なものであると考えられており、計算規則一一条から二九条において、組織再編対象財産としてこれを取得した場合に限り、資産または負債として計上することができるとされている。このように「暖簾」は、法律的に確定することは難しいとされているが、法律上その財産的価値の存在を承認されている事実関係といえる。

(17) 拙稿「会社法二二条および商法一七条の規律についての一考察~詐害的会社分割及び事業譲渡についての改正試案から残された周辺領域と、会社法二二条および商法一七条に託されるべき課題について~」沖縄大学法経学部紀要第一九号二二頁（二〇一三年）。拙稿において、無謀にも「責任外観主体説」なる考察を試みたが、その後、永井教授の右記ご論稿を拝読し、目から鱗の思いであった。

三　アメリカ各州判例法および制定法にみる資産譲渡における企業承継者責任(Successor Liabilities)の諸相

1　アメリカ合衆国において会社を規律する法体系と会社債権者保護についての総論

アメリカ合衆国において会社を規律する法体系としては、一八世紀後半から、会社設立許可書を付与する、各州の会社法とコモン・ロー（common law、判例法）およびエクイティ（衡平法）が混在する状態が続いている。(18)

アメリカ各州会社法の債権者保護規定には、日本の商号続用責任のような規定は存在せず、会社の解散や清算手続の際に保護があるが（ＭＢＣＡ（Model Business Corporation Act）一〇五条参照）、役員らに対する解散の際の訴えは、解散以前に債権を有するに至っていた債権者に限られるため、解散後の製造物責任の事例では事実上救済が難しかった。さらに、違法に分配を受けた株主も善意であれば責任を免れ得る不適切さも指摘されていた(19)。

また、合併についても、わが国のように初めから包括承継が法定されていたわけではなく、消滅会社の債権者が存続会社・新設会社に履行請求や損害賠償責任を追及した場合に、当事者間に合意もなく、承継者責任を含めた債権者保護規定を欠く各州制定法上の不都合性を補うべく、債権者保護のための判例法理が形成されていったのである(20)。

2 アメリカにおける「Successor Liability」の定義・趣旨

アメリカにおける企業承継者責任「Successor Liability」の概念は広範であり、根拠を含め様々なとらえ方があるが、おしなべて言えば、被承継会社（predecessor corporation）または他の企業体（business entity）を承継する会社（successor corporation）または他の企業体が、被承継者の事業中に生じた債務、あるいは、その間に流通した欠陥製造物に起因する損害賠償債務について責任を負うことをいう(21)。

本来、別の法主体（他人、他企業）の行為（本稿の対象としては、事業または営業、以下「事業」に統一する）によって生じた債務については責任を負わないことが、アメリカ契約法においても一般原則であるところ、被承継会社債権者保護のため、制定法および判例法上認められた責任である(22)。

日本において仮に「企業承継者責任」を定義するならば、各種合併における新設会社や存続会社、各種会社分割における承継会社・設立会社、事業譲渡における譲受会社を視野に入れて、旧事業中に発生していた債務の帰趨に関する問題、および、承継後に被害が発生するような製造物責任、あるいは今後は環境責任の帰趨を扱うことになると思われる。

本稿が対象とするアメリカにおける「企業承継行為」とは何か、その責任を問題とする「債務」とはどこまでを想定しているか、について明らかにしておきたい。

(1)　対象「債務」

対象債務については、前述の定義から、被承継者の事業中に生じた契約上の債務、あるいは事業活動に起因する不法行為債務、が含まれることは当然である。さらに後者については、被承継者の事業中に、既に把握されていた債務の他、そうでない債務（被害が未発生の損害賠償債務なども含む）をも対象とするものとする。(23)

(2)　「企業承継行為」

アメリカにおいて企業の承継が問題となり得る組織再編の手法としては、(a)株式譲渡（share transfer）、(b)吸収合併（merger）と新設合併（consolidation）、および(c)資産譲渡（asset transfer）がある。(24)

このうち株式譲渡は、株主のみ入れ替わる、いわば会社の実質的所有者の交代なので、会社が従来から有していた（あるいは今後生じ得る債務についての）責任はそのまま会社に係属し、異なる法主体間における承継は問題とならない。

これに対して合併については、前述のように、包括承継があらかじめ州会社法で法定されておらず、当事者間の合意も承継者責任についての規定も欠く場合には、債権者保護のための特別な保護法理が、債権者保護機能が不備な合併能力授権法を補うべく、紆余曲折を経て判例法・衡平法上形成されてきた、という経緯があった。(25)

また、資産譲渡は、日本の事業（営業）譲渡のように有機的一体として機能するものと、個々の資産との双方を対象としているが、会社資産のすべてもしくは実質的にすべて（all or substantially all of property and assets）の譲渡に株主の同意が要件とされる州法が散見されること（デラウエア州法二七一条(a)）や、個々の資産毎に譲渡手続や対抗要件具備が必要である点は、日本法と似ている。(26)

3　アメリカの資産譲渡における企業承継者責任（Successor Liabilities）の全体像

このように、日本の事業（営業）譲渡に類似する規律を有する、アメリカの資産譲渡においては、譲渡会社債権者の保護はどのように手当てされているのであろうか？

以下のように、制定法・判例法などが混在する状況となっている。

(1) 明示または黙示の同意（“express or implied agreement to assume”）
資産譲渡は、アメリカ法においても当事者間の自由意思に基づくものであるから、承継者が明示に債務承認に同意した（債務引受行為）場合または黙示に債務承継の意思が認められる場合には、その意思に基づき責任を肯定できることは、私法の一般原則から当然であろう。(27)

(2) 事実上の合併（“de-facto merger (or consolidation) doctrine”）
正規の法律上の手続による合併には該当しない取引行為であっても、それが合併と変わらない効果を持つ場合には、それを事実上の合併とみなし、合併によって生じることと同程度の効果を、当該取引に認める、とする各州の判例法理をいう。

一九五八年のSupreme Court of Pennsylvania におけるFarris v. Glen Alden Corporation において株式買取請求権を認める判例法理として誕生し、後に会社債権者保護のためにも用いられている。

また、いくつかの州においては、判例法理に取り込まなかったり、制定法で事実上の合併法理を排除するに至ったものもある。(28)

(3) 買主が売主のたんなる継続にすぎない場合（“mere continuation”）
会社のアイデンティティーが、実質的に同じであるとする各州の判例法理である。(29)

(4) 詐欺的譲渡についての判例法理（“Fraud”）および詐害的譲渡についての各州制定法（UFTAの州内法規化）
債務や責任などを免れる意図で行われた譲渡行為は、詐欺的譲渡として許されない。資産取得の対価が、偽物であるとか不相当であるような明らかに詐欺といえる場合の他、一見すると合法に見える場合もある。

なお、詐害的譲渡について統一的な基準を示した Uniform Fraudulent Transfer Act（ＵＦＴＡ）を、多くの州が取り込んで州内法規化している。(30)

(5)　会社事業の実質的継続性（“continuity of enterprise”）

事実上の合併法理を一歩進めた各州の判例法理とされるものであり、株主の継続性を要件としていない。(31) Bramburg *supra* note 21 p.748 ブランバーグによると(5)の会社事業の実質的継続の理論は、製造物責任法の厳格責任構成の進化の中でも最先端の法理であるとされる。ニューハンプシャー法を適用した連邦第一巡回裁判所控訴審である Cyr 対 B. OFFEN&Co. 事件（Cyr v. B.OFFEN&Co..501 F2d 1145（1st Cir.1974)（New Hampshire law））で用いられた後、ターナー判決においてミシガン州最高裁判所が、新たな例外法理として着実に位置付けたとされる。(3)のたんなる継続にすぎない場合が厳格に要求する経営や株主の継続性の要件を完全に不要とし、事業活動や経営指揮の継続性に依拠して承継者責任を課すのである。

(6)　生産ライン（Product line）製造物責任に特有な理論

譲渡人の責任を譲受人が承継しない場合でも、譲渡人のかつての資産を用い、そのかつて製造したものと同一または同等の製造物を、譲受人が製造しているような場合には、譲渡以前の譲渡人の製造物責任などの責任を譲受人に負わせるという法理をいう。(32)

(7)　警告義務違反の理論（Duty to warn）

不法行為の元凶となる事業を承継した者には、警告する義務が課され、その義務違反が不法行為法上の過失を根拠付ける理論をいう。(33)

(8)　不適切な対価の理論（“inadequate Consideration”）

この法理は、通常、他の法理（典型的には詐欺的譲渡や事実上の合併理論）適用の際の付加的な要件として問題とされ、また、資産購入者が適切な対価を支払っておらず譲渡者も支払能力を欠く場合には、独立の法理として引用される。また、不相当な対価が支払われるケースでは、対価が譲渡者ではなく株主に直接支払われたかが問題とされ、その対価が資産譲受会社の株式である場合には、事実上の合併法理、あるいは買主が売主の単なる継続にすぎない場合（"mere continuation"）の適用が問題となることがある。(34)

(9) 制定法などにより課される責任

イ　包括的環境対策補償責任法ＣＥＲＣＬＡ（Comprehensive Environmental Response, Compensation, and Liability Act of 1980, 42 U. S. C. 9601–9675）

同法に基づき、有害廃棄物処理場の所有者（owner）または運営者（operator）は浄化および監視などの対策費用を負う。

また、スーパーファンド法は、工場または事業の「所有者または経営者」に対し、実際にこれらの者が有害物質を排出したか、あるいはその危険にさらす行為に携わったか否かにかかわらず、責任を課している。したがって担保権を伴わない譲渡の場合にも、新しい所有者や経営者は、旧所有者の過去の責任を負う可能性がある。(35)

ロ　連邦判例法／エリサＥＬＩＳＡ

年金の分担や財源不足への対応として、八〇％以上の支配権を保有されている会社や保有者といった支配下グループ（controlled group）に連帯責任を課している。(36)

ハ　倒産の影響による裁判所の命令による場合(37)

4　資産譲渡における企業承継者責任（Successor Liabilities）の全体像

沿革的には前述3の(1)～(4)が広く各州へ浸透していった伝統的な法理であり、(8)はそれを補完し、(5)(6)は、多発した不法行為による責任逃れへの対処として発展してきた現代的な法理であり、(7)(9)はより適用範囲が狭く、事実対応型の法理や制定法であるといわれている[38]。

Ballantineによると、まず、相当価値を対価とした誠実な取引である限り、資産を譲り受けた会社は当然には債務を承継しないが、買主が売主の単なる継続にすぎない場合、ほとんどあるいは譲渡人に何ら有形資産を残さず譲渡会社株主へ直接譲受会社株式を分配したとみなされる場合には、例外として債務を承継するとされる。会社がその資産のすべてを譲渡してその事業を転換する際、譲渡会社債権者が詐欺や債務免脱をされたりするのを阻止すべく、譲受人や譲渡会社の役員および株主に一定の責任を課し、少なくとも詐害的譲渡や債務免脱の場合と同程度以上の救済を与えられなければならない、とされる。しかしながら、さらに別の責任法理も適用され得る。会社債権者の追及を逃れるために会社全資産を譲渡することへの制約根拠は、個人によって行使される詐害的譲渡のルールに限定されるわけではなく、しばしば、株主による資本金の払戻や、株主への利益配当に対する制定法上の制約に代表される信託財産の理論として現れる。

また、一定の状況下では、債権者は、会社法人格が別であるという特権を濫用することに対して、コモンロー上の法理に基づき訴えることが可能である。全資産を買収した会社についての、ニューヨーク州のリーディングケースでは、承継会社が譲渡会社の負債について支払う旨を承諾したことは、譲渡会社役員が、会社債権者への支払や任意解散の手続を取る旨の規定を用意せず、あるいは解散の際に要求される清算手続を不当に省いて（動機を問わず）自社の株主に利益配当することを正当化するものではない。役員らは、譲渡会社から支払の満足を得られなかった部分について、会社債権者に対して責任を負っている。多くの州では、バルクセール法が（州制定法に）取り込まれている。これらの（州制定）法は、たとえば、会社債権者のリストを作成してそれらの者へ告知を成すなど、所定の手続が行われない限り詐害的譲渡にあたり無効である、と断定するのである[39]。

(18) 田中英夫編『英米法辞典』三〇二頁（東京大学出版会・一九九一年）。
(19) 渋川孝夫『企業資産と法』四頁～五頁（勁草書房・一九九〇年）。日米各国における譲渡会社債権者保護の比較法的問題意識については、同書に負うところが多い。
(20) 田中・前掲注（18）。
(21) 秋山真也編著『米国M&A法概説』一四八頁（商事法務・二〇〇九年）。渋川・前掲注（19）。Phillip I. Blumberg and Kurt A. Strasser "Enterprise liability in commercial relationships, including franchising, licensing, health care enterprises, successor liability, lender liability, and inherent agency" New York, Aspen Law & Business, 1998, pp. 736-737. *Black's Law Dictionary 8th edition*, West, Thomson business, 2004, p. 1473, p. 33 参照; Byron F. Egan "Asset Acquisitions: Assuming and Avoiding Liabilities" *Pennsylvania State Law Review*, vol. 116 : 3 (2011-2012), pp. 940, 913-955; See also George W. Kuney, "A Taxonomy and Evaluation of Successor Liability" *FSU Business Law Review*, 2007, pp. 11-12. 松井智予「会社法による債権者保護の構造（三）—企業組織再編取引を題材として—」法学協会雑誌一二一巻一一号一八二四頁（注174）（二〇〇四年）。William Meade Fletcher, "Fletcher Cyclopedia of the Law of Corporations § 7122" (perm. ed., rev. vol. 2008); Egan *ibid* p. 939.
(22) George W. Kuney, "A Taxonomy and Evaluation of Successor Liability" *FSU Business Law Review*, 2007, pp. 11-12, Fletcher *supra* note 15
William Meade Fletcher, "Fletcher Cyclopedia of the Law of Corporations § 7122" (perm. ed., rev. vol. 2008); Egan *ibid* p. 939.
(23) 資産譲渡について de facto merger doctrine の適用によって保護されるべき「債権者」の範囲については、不法行為債権者に限られないとされている Henry Winthrop Ballantine "Ballantine, On Corporation" (rev. ed. 1946), p. 691; Blumberg and Strasser *supra* note 21, p. 740。日本法については、山下・前掲注（7）二三八頁。日本法については、江頭憲治郎『株式会社法〔第四版〕』八四七頁～八四九頁（有斐閣・二〇一一年）参照。また、主に製造物責任に関してではあるが、中東正文「資産譲渡における企業承継者責任—製造物責任を中心として」奥島孝康教授還暦記念『比較会社研究（1）』二〇一頁～二一八頁（成文堂・一九九九年）がきわめて示唆に富んでいる。環境責任については、吉川栄一「環境損害と親会社の責任」田村淳之輔先生古稀記念『企業結合法の現代的課題と展開』二四二頁以下（商事法務研究会・二〇〇二年）が詳細かつ示唆に富む。さらに、松井・前掲注（21）が、会社法を横断する債権者保護の一角として論じておられる。

（24）Egan *supra* note 21 p. 932. 八代英輝『米国ビジネス法実務ハンドブック』一九五頁（中央経済社・二〇〇三年）。

（25）田中・前掲注（18）。松井・前掲注（21）一七八五頁参照。Egan *supra* note 21 p. 932、柴田和史「合併法理の再構成（一）」法学協会雑誌一〇四巻一二号一頁～三四頁（一九八八年）、同「合併法理の再構成（四）」法学協会雑誌一〇五巻七号一頁～七四頁（一九八九年）。カーティス・J・ミルハウプト編著『米国会社法』六頁～七頁・一三頁注14（有斐閣・二〇〇九年）。柴田・前出『合併法理の再構成（四）』九三六頁、包括承継を認める理論構成については、同九四一頁～九六一頁。柴田和史「合併法理の再構成（六）」法学協会雑誌一〇七巻一号六〇頁（一九九〇年）。

（26）宇田・前掲注（15）二六一頁～二六二頁、田村諄之輔「営業譲渡と株主総会決議」鴻常夫先生還暦記念『八十年代商事法の諸相』（有斐閣・一九八五年）五二五頁～五三二頁、山下・前掲注（7）五九頁～六五頁が示唆に富む。

（27）Blumberg and Strasser *supra* note 21, p.742.

（28）Supreme Court of Pennsylvania 393 Pa. 427 ; 143A. 2d 25 ; 1958Pa. LEXIS 369.
Ballantine *supra* note 23, p. 739 : Hariton v. Arco Elecs. Inc., 41 Del. Ch. 74, 188 A. 2d Cir. 1985). また、テキサス州のTBOC § 10.254 などは、制定法でこの法理の適用を排除している。

（29）Egan *supra* note 21, p. 939.

（30）Egan *ibid* pp. 939–940; William Meade Fletcher "Fletcher Cyclopedia of the Law of Corporations § 7125" (perm. ed., rev. vol. 2008).
また、すでに四三州の制定法においてとりこまれていたUniform Fraudulent Transfer Act（UFTA）は、二〇一四年七月に修正のための委員会承認を得て、Uniform Voidable Transactions Act（UTVA）となっている。

（31）Blumberg and Strasser *supra* note 21, p.748. Egan *ibid*, p. 940 Turner v. Bituminous Cas. Co., 244 N. W. 2d 873 (Mich.

1976). 同様の内容で、連邦判例法である Substantial Continuity もある。これらは、事実上の合併法理から派生した第二の法理とされている。

(32) *Ibid*, pp. 940–943；松井・前掲注（21）一七九〇頁（注22)。
(33) *Ibid*, p. 943.
(34) *Ibid*, p. 943. W. Tex. Ref. & Dev. Co. v. Comm'r, 68 F. 2d 77, 81 (10th Cir. 1933). 松井・前掲注（21）一八二七頁。
(35) *Ibid*, pp. 945–947。製造物責任および会社が負う責任について法人格否認類似の概念を用いている（CERCLA 42 U.S.C. § § 9601–9675,（1980）を参照)。また、秋山・前掲注（21）一五一頁～一五二頁。
(36) *Ibid*, pp. 947–948. 秋山・前掲注（21）一四八頁。
(37) *Ibid*, pp. 948–950.
(38) *Ibid*, pp. 934.
(39) Ballantine *supra* note 23, p. 739. このような会社の全資産の譲渡行為へは、とりわけ企業再編の場面において、どこまでこのような法律が適用されるべきか争いがある、とされてもいる。

四　アメリカにおける事実上の合併法理（De Facto Merger Doctrine）の展開

前述のように伝統的な契約法および会社法の領域のコモンロー（判例法、以下「コモンロー」と表記する）から発生した「事実上の合併理論」の適用には、各州の判例法上、①経営状態（経営、役員、従業員、場所、経営資産、通常業務）についての継続性、②株主についての継続性、③売主の営業終了、解散、④買主による通常業務の継続に必要な債務の引受けが原則として要求されている。(40)

資産のほとんどを譲渡した売主は営業をやめ（③の要件）、代わって買主の下で従前と同様な株主および形態で営業が継続している（①②④の要件）状態は実質的に合併と同視できるので同様な程度に譲渡人の債権者も保護されるべきであるとするものである。

しかしながら、製造物責任に関する一九七四年のKnapp判決で、③の譲渡会社の消滅要件が緩和され、一九七七年のRay判決でも、救済の必要性が強い被害者に対し、承継会社はリスク分散可能でかつ事業の継続により暖簾の利用などから利益を得ている点、衡平の理念から、承継者責任が課せられた。

しかし、他方で、契約債権についてはその後のPhila. Elec. Co. でも四要件が堅持された(41)。

また、②の要件については、近年の判例では、Cargo Partner AG v. Albatrans, Inc., 352 F. 3d 41（2d Cir. 2003）（N. Y.）で、trade debtについて四要件すべてを満たすかは検討せず（必要ないとするFitzgerald v. Fahnestock & Co., 730 N. Y. S. 2d 7071（App. Div. 2001）を引用）、②の要件を欠く以上、同理論の適用はないとした。

州の判例法理である“Continuity of Enterprise”は、“de facto merger doctrine”を一歩広げて、②の株主の同一性の要件なくして同法理を適用したと理解されている(42)。

承継会社の株式を、本来は残余財産しか取得し得なかったはずの譲渡会社株主が直接取得することは、取得対価が譲渡会社債権者の引き当て財産ではなくなり、反面その対価相当分の利益は譲渡会社株主が引き続き承継会社株主として維持することを意味するので、承継者責任を肯定する強い要素となることは頷ける（もっとも、そのような会社の背後に存在する個人への追及を問題にするのであれば、法人格否認論でも事足りそうである）。このように、契約債権については②の所有の継続性（承継前後を通じた株主の実質的同一性）を厳格要件として掲げる判例が主流であった。しかしながら一方で、州法上、合併の対価が緩和されている場面においては必ずしも株主が同一でなくともよいとする判決が、いくつかの州の最高裁判所判例において現れてきている。

二〇一二年ペンシルバニア州最高裁判所におけるフィザーノ判決では、事実上の合併のこれらの要件は、「機械的に適用されるチェックリストではなく、裁判官の判断を導く案内図のようなものである」として、事実上の合併はあるとした。つまり、所有の要件を堅持しつつも、その要求される程度としては、当該会社の準拠法による制定法上の合併に準じて解釈されるべきであるとし、現在のペンシルバニア州が、合併対価につき柔軟な姿勢である以上は、その程度に照らし、本案でも所有の要件は満たされている、と判示したのである(43)。

この判例は、ソフトウエア開発会社における品質保証という契約責任が問題となっている点、株主ではないものの、その開発者が、当該ソフトに関するロイヤルティーの実質を確保したまま、主たる従業員として新会社に引き継がれた、という特殊な事案である。したがって、株主要件について、要件として堅持しつつ、例外的に法理の適用を認めた理由について、私見としては、そのような背景が強く影響しているのではないか、気になるところであった。すなわち、②の株主の継続性の要件を厳格に要求すべきとする従来の考え方が堅持されている点は変わりないと思われた。

しかしながら、最近リーマンブラザーズに関わる承継責任事件において、同州の判決(44)がこれを踏襲したことから、事実上の合併法理は、新たな局面へ途を切り開いたのではないか、すなわち、アメリカにおいても、承継責任を認める根拠の比重が、goodwill（暖簾）などの担保力を基礎付ける要素へシフトしてきているのではないかと思われる。同判決の他州の裁判への影響が今後注目される。

（40） Knapp v. N. Am. Rockwell Corp., 506 F. 2d 361, 370 (3d Cir. 1974).

（41） Egan *supra* note 21 p. 936 Knapp v. N. Am. Rockwell Corp., 506 F. 2d 361, 370 (3d Cir. 1974); Phila. Elec. Co. v. Hercules, Inc. 762 F. 2d 303, 310 (3d Cir. 1985). Ray v. Alad Ccrp., 19 Cal. 3d 22. [L. A. No. 30613. Supreme Court of California. February 24, 1977.]
Knappv. N. Am. Rockwell Corp., 506 F. 2d 361, 370 (3d Cir. 1974); Phila. Elec. Co. v. Hercules, Inc. 762 F. 2d 303, 310 (3d Cir. 1985)

（42） Egan *ibid*, Turner V. Bituminous Cas. Co, 244 N. W. 2d 873 (Mich. 1976). また、中東・前掲注（23）二〇四頁〜二〇六頁。

（43） Fizzano Bros. Concrete Prods., Inc. v. XLN, Inc., 42 A. 3d 951, 962 (Pa. 2012) Supreme Court of Pennsylvania 393 Pa.

427；143A. 2d 25；1958Pa. LEXIS 369.

(44) Lehman Brothers Holdings, Inc. v. Gateway Funding Diversified Mortgage Services, L.P., 989 F. Supp. 2d 411, 431 (E. D. Pa. 2013). Lehman Bros. Holdings, Inc. v. Gateway Funding Diversified Mortg. Servs, L. P., United States Court of Appeals, Third Circuit. May 07, 2015 785 F. 3d 96 2015 WL 2107288.

五　おわりに（日本法への示唆）

優れた先行研究に多くの示唆を戴くと同時に、不法行為（とりわけ製造物責任）に用いられる理論以外の会社関連法に固有な部分（Kuney 教授の見解に従えば法の本体部分）も含めた企業承継者責任の全体像を紹介したいと思い本稿を書いた。承継財産の限度で詐害的会社分割や事業譲渡に対処する直接請求権についての改正法が制定された今日、全額責任を規定する既存の商号続用責任（会社法二二条、商法一七条）の担うべき射程範囲と解釈論や修正論、あるいは法人格否認の法理のような一般条項との役割分担や新たな立法論的解決方法を検討する上で、アメリカの企業承継者責任についての各法理の諸相を分析することは、有益であると考える。

とりわけ、アメリカにおける“De Facto Merger Doctrine”（事実上の合併法理）は、法の潜脱を許さず、実態に応じた法規制をする（法の形式と実体の歪みを利害調整する）という機能を果たすべく、基本形として様々なバリエーションを取り込み発展しながらも、各州判例法において一定の認知性を有しているからである。ブランバーグ教授によると、事実上の合併法理は、製造物責任（あるいは環境に関する不法行為責任）への適用に限定されるような他の法理とは異なり、より汎用性があり、株式買取請求権の根拠として登場した沿革（Farris v. Glen Alden Cor., 393 Pa. 427, 143 A. 2d 25 (1958)）にも表れているように、会社の内部事情をコントロールする法理であるとされている。

Kuney によると、このような判例法理は、一九世紀後半から二〇世紀初頭にかけて会社法の発展に伴って（生じた弊害を除去すべく）発展した安全弁（bulb）のようなもので、単なる不法行為法上の産物ではなく、むしろpiercing the corporate veil（法人格否認の法理）やalter ego（同一性理論）に似た、法の本体の一部を構成するものであると評価されている。(45)

安全弁としての機能を果たすには、厳格要件論よりも、様々なファクターを総合的に判断するフレキシブルな要件論に結び付くと思われる。

日本においても商号続用責任が検討された初期の判例は、個人商人の法人成りや倒産に際しての第二会社方式による存続の事例が多く、明確な合意のない譲渡当事者間に営業譲渡契約が存するかの認定に際して、商号の他、営業目的、経営陣や従業員、営業場所、施設、得意先などの承継事実が総合的に勘案されている（福岡高判昭和三五・六・一五判時二三二号二九頁、神戸地判昭和四一・八・二七判事四七二号六二頁などがある。清水・前掲注（13）八頁参照）。商号続用責任の根拠について「営業譲渡が本質的意義を担っている」とされる前述の見解を支持する根拠ともなり得る。

アメリカの資産譲渡においても、承継する債務や責任を当事者の合意に応じて取捨選択できるため、未知あるいは重い不法行為責任を避けるべく、資産譲渡の方法を選択することが多い点は、日本において事業（営業）譲渡が好まれる点と共通する。事業の全部譲渡の場合、日本法によると両当事会社の株主総会決議が必要であるが、アメリカでは譲渡会社にのみ必要とされ、反対株主の株式買取請求権については判例の弾力的運用で克服してきた。税制上の取扱いに関しては、アメリカ内国歳入法が、結合方式の如何を問わず、企業結合手段である点および経済効果が基本的に同様である点から、ほとんど共通の税制処理を行っているのに対し、日本では税法上も合併と事業譲渡を別扱いしている。(46)

また、アメリカには、日本の商号続用責任のような規定はないものの、右記のとおり債権者への対応の議論は古くからある。

様々な利害の調整に即した判例法理が形成されてきたことも確認できた。連邦国家であるアメリカ合衆国においては、企業活動についても、各州ごとの制定法および判例法による規律が尊重されているが、上記の問題意識は、企業承継者責任として、全米で共通の一定の法分野としての地位を得ており、環境責任などについては、連邦法による規制もあり（ＣＥＲＣＬＡ）、製造物責任については、第三次リステイトメントまで完成している。(47)

これに対して、わが国では、二〇〇二年施行の製造物責任のわずかな条文には、企業承継者責任を規律する規定は未だ整ってはいない。環境責任などへ商号続用責任規定を用いるにあたっても、さらなる検討が必要なようである。(48)

平成一六年商法改正および一七年会社法制定で会社分割の規律がゆるめられ、営業としての有機的一体性がない債権債務でも対象とすることができ、債務履行の見込みがあることが効力要件ではなくなり、保護手続の対象債権者が縮小された結果、組織法的な規律で濫用的な会社分割を規制することが著しく困難となった。(49)

事前抑制である資本充実維持（資本制度）とそれを最低限反映した（資本額の）登記が要求されていた時代には、債権者の予見可能性（債権未回収のリスクを回避する可能性）が担保されていた。

しかし、企業の便宜のため、様々な規制緩和が施され、債権者の予見可能性を担保する前提が崩れた今日的状況に鑑みると、有機的一体となって機能する会社財産の生み出す将来の稼働利益をも見込んで引当て財産の価値を評価することも少なからずある会社債権者の期待を置き去りにしてしまうことはバランスを欠くと思われる。

しかしながら、「詐害性」の判断をめぐる議論にも現れているように、主観的な要件で絞る領域が増大し、認定の困難性も予想される。むしろ、商号続用責任の趣旨の検討において浮かび上がってきた事（営）業譲渡という法律行為が有する効果である継続企業価値の移転、および事業活動の継続性を基底においた、より客観的で汎用性のある利害関係人の調整原理のようなもの（日本における企業承継者責任論の構築?）を検討してもよいのではないかと考える。

改正法が、アメリカの企業承継者責任論における Fraud ないし Bulk Sale に相当し得るものであるとしても、現行規定のままでは、商号続用や債務引受広告の要件を満たさず、あるいは商号続用要件を満たしたとしても免責登記や通知によって免責される場合には、一般条項に頼らざるを得ない。

神作教授が指摘されるように、商号要件を不要とし「何らかの名称」の同一性すら問わない直接請求権制度は、射程範囲を大きく拡張した点は、評価できる。ただ、「詐害性」を要件としている点で、別の限界を内包している（「実質的偏頗行為」という立場で、得津准教授が解釈を試みられておられるが(50)）。

企業承継者責任の問題は、会社債権者の側から見れば、事業譲渡のような企業再編行為的効果を有するものの譲渡当事者間の取引行為である事象に際して、どのような範囲と方法で手続参加していけるか、という問題でもある。したがって、立法論的には、事業譲渡へも、その経済的実体に合わせて、会社分割や合併の場合におけるような異議を述べる機会などを保障することが望まれるのではないだろうか。もっとも、会社資産の譲渡性の確保、および、吸収分割会社・譲受会社の株主や債権者の利益にも配慮しなければならないので、全額支払請求を認めるかについては、なお慎重な判断が必要とされる(51)。

平成二六年改正法は、契約債権と不法行為債権を、もっぱら通知に関する要件論のみで対処するようである。また、譲渡時点では顕在化していない会社債権者については、事前の異議申立は不可能であるので、現行法で利用できる商号続用責任および詐害行為に対する改正規定を、不法行為債権など問題となる債権の性質に応じて、要件論におけるリフォームを施しての対応が必要になってくるのではないだろうか（契約債権および不法行為債権などによる区分論の提案）。その際に、アメリカの各債権の性質に見合った利益衡量がなされている各法理の要件論は参考になるであろう。また、営業とともにしか商号が譲渡されない商人と、単一商号の株式会社の事業譲渡の場合などの峻別化も検討の余地があると思われる(52)。

わが国会社法も、会社設立段階における現物出資規制を潜脱する行為に対し、事後設立や財産引受けの規制を設けて対処してきた。規制緩和とともに、債権者保護の問題が顕在化してきた事（営）業譲渡や会社分割における残存債権者についても、法律行為の形式よりも、その実態に応じた法規制を念頭に置いた企業承継者責任論の全体像を模索すべき時期に来ているのではないかと思われる。(53)

(45)　Blumberg and Strasser *supra* note 21, p. 739 note 5. Kuney *supra* note 22, p. 12. 様々に変容し得べき点について、*See* Jerry J. Phillips "Product line continuity and successor corporation liability" *N.Y. Law Review*, 1983, p. 910 note 15, pp. 906-929.

(46)　I.R.C. § 368 (a) (1) (c), § 368 (a) (2) (b)、渋川・前掲注（19）二五三頁・二五九頁注9参照。江頭憲治郎「会社の合併、営業財産の実質的全部の譲渡、株式の交換―全米的な状況とキャリフォーニアの新会社法典―」アメリカ法［一九八〇―二］一一七頁以下）。

(47)　Restatement of Torts, 3d: Product Liability, American Law Institute Publishers, St. Paul, Mn., 1998：中村弘「企業合併による承継会社の責任―米国製造物責任の一側面―」同志社法学五四巻第四号一四頁～二〇頁（二〇〇三年）、森島昭夫監訳＝山口正久訳「米国第三次不法行為法リステイトメント（製造物責任法）」一四三頁～一五八頁。吉川・前掲注（23）二五五頁～二五六頁。

(48)　「環境基本法」（平成五年（一九九三）一一月一九日法律九一号）は、公害対策基本法と自然環境保全法を一本化した基本法であるが、その大半はプログラム規定にすぎず個別の措置により実施される。承継者責任に関連する規定としては、わずかに「公害健康被害の補償等に関する法律」（昭和四八年（一九七三）一〇月五日法律一一一号）五二条に、公害発生施設の設置事業者の責任の規定などがある。「環境法三七条」の趣旨に基づいた「公害防止事業費事業者負担法三条」は、負担すべき事業者の範囲につき、公害の防止や緩和が問題となる地域において、将来事業活動を行うことが確実とみられる事業者を予定しているのみである。勝野義孝「企業の社会的責任（ＣＳＲ）と環境法：東京大気汚染訴訟をとおして」法學新報一一四号七九頁～一〇七頁（二〇〇八年）参照。

(49)　藤田友敬「組織再編」商事一七七五号五八頁（二〇〇六年）。

(50) 神作裕之＝三上徹「商法学者が考える濫用的会社分割問題」金法一九二四号（二〇一一年）四六頁〔神作裕之〕。得津・前掲注（1）二六五頁。得津准教授は、「会社分割や事業譲渡においては、事業継続・存続という特殊性があることから、債務者が濫用する危険性が通常より大きいという指摘がありこの特殊性を強調すれば」「破産法のように『担保の供与』『債務の消滅に関する行為』という文言にあてはまらなくとも、偏頗性の『実質』があることをもって『債権者を害する』と認定するに足りる」と解し得る、とされる。事業継続・存続という特殊性の指摘につき松下淳一「濫用的会社分割についての覚書」事業再生と債権管理一三八号一四八頁（きんざい・二〇一二年）。

(51) John H. Matheson, "Successor Liability" *Minnesota Law Review*, vol. 96. (2011) p. 374 p. 389 ; Sheila A. Bentzen, "The De Facto Merger Doctrine Revised", *Drake Law Review*, Vol. 62 (2013). pp 91-127 ; Matheson *ibid*, pp. 414-422. 中東・前掲注（23）二〇六頁～二一〇頁。前田修志「会社分割における債権者保護制度の基本的視点」田村淳之輔先生古稀記念『企業結合法の現代的課題と展開』二一二頁以下（商事法務・二〇〇二年）。松井・前掲注（21）。債務全額の法定弁済責任である、という重い効果に照らすと、落ち度の少ない営業譲受人に単に資力があるからといって硬直的に同条の適否を検討することには、類推適用であればなおのこと、慎重である必要があり、その意味では、事業（営業）譲渡についての平成二六年改正法は、限定責任にとどめて当事者の利益調整を図る点で、概ね了承が得られやすかった妥当な解決であったと解される。

(52) 商法一五条一項は、「商号の財産的価値の利用を保障しつつも、実質的には営業の名称としての商号の社会的機能を考慮した」ための規定とされる。布井千博＝福原紀彦『企業の組織・取引と法』一五九頁〔福原紀彦〕（放送大学教育振興会・二〇〇七年）。

(53) Kuney, *supra* note 45, pp. 11-12; *See also* Steven L. Shwarcz, Collapsing Corporate Structures＊Resolving the Tension Between Form and Substance, 60 BUS. LAW. 109 (2004). 事業譲渡と企業再編手法の一つである会社分割においては機動性が要請されるが、企業再編の機動性も、企業維持の理念を前提としている。企業維持の理念を前提とした継続企業価値（ゴーイング・コンサーン）の譲渡である「事業譲渡」においては、「譲渡会社の製造・販売などにかかるノウハウなどの譲受人による承継が必要であ」ると解されている（江頭・前掲注（1）九五〇頁）。

反対株主の株式買取請求権についての平成二六年改正

南保勝美

一　はじめに

平成二六年改正会社法においては、株式買取請求権関連の改正がなされた。この改正は、株式買取請求権制度の本質に関する部分について見直すものではなく、主として、これまで行われてきた制度の運用についての問題点を除去することと、株式買取請求権が認められる範囲について変更を行ったものである。しかし、とくに振替株式に関する株式買取請求権の行使の要件や買取りの効力発生時などについて重要な改正も含まれている。

本稿では、組織再編における反対株主の株式買取請求権に係る平成二六年改正、すなわち、㈠買取口座の創設、㈡株式等の買取りの効力が生ずる時、㈢株式買取請求に係る株式等に係る価格決定前の支払制度、㈣簡易組織再編における株式買取請求について、改正法の内容を取り上げて、改正内容についての解釈上・立法上の問題点を考察することを意図している。その際、改正への見直しのために提案された理由や改正前後の学説を中心に検討し、若干の私見を述べることにしたい。

二　買取口座の創設

1　趣旨と解釈上の問題

平成一七年改正会社法の下では、株式買取請求を行った反対株主は、①買取請求の相手方である株式会社、消滅会社等または存続会社等の承諾を得た場合（平成二六年改正前一一六条六項・七八五条六項・七九七条六項・八〇六条六項）(1)、または②会社法一一六条一項各号の行為・組織再編等の効力発生日から三〇日以内に協議が調わない場合において効力発生日から六〇日以内に価格決定の申立てがない場合に限り（同一一七条三項・七八六条三項・七九八条三項・八〇七条三項等）、その株式買取請求を撤回することができるものとされてきた。この趣旨は、市場価格のある株式について、いったんは株式買取請求を行って、その後の株価の動向を注視し、買取請求の対価として会社が提案する額または裁判所が決定する額として予想される額よりも市場価格が高くなれば買取請求を撤回して市場で処分するという態様での行使があったことを踏まえて、株式買取請求制度を利用した投機的行動を防ぐためだとされている。(2)しかし、振替株式については、買取請求を行使した反対株主が、自らの証券口座に保有していて、証券口座を開設している口座管理機関（証券会社等）は、当該顧客が買取請求をすでに行った者であることを把握することができないため、(3)当該顧客からその株式について振替申請を受けた場合にはこれに応じざるを得ないという状況が生じてきた。すなわち、このように買取請求をした反対株主が、買取請求に係る株式を市場で売却することにより、事実上、会社の承諾を得ることなく買取請求を

撤回することが可能となっていた。(4)

このようなことから、会社法の撤回禁止規定の実効性を確保すべきことが指摘されていた。そこで、会社法の一部を改正する法律の施行に伴う関係法律の整備等に関する法律（平成二六年法律九一号）四九条により、社債、株式等の振替に関する法律（以下、たんに振替法という）を改正し、以下のような買取口座の制度を創設した。(5)

まず、振替株式の発行者（会社）側は、①組織再編等の株式買取請求権が生じうる行為をしようとする場合には、振替機関等に対して、買取口座の開設の申出をしなければならない（振替法一五五条一項本文）。②振替法一六一条二項の公告（株主に対して効力発生日の二〇日前までに組織再編等を行う旨の通知に代えて行う公告）の際に併せて買取口座を公告しなければならない（振替法一五五条二項）。ただし、③すでに発行者が開設の申出をした買取口座があるときまたは買取請求できる株主がいない場合（なお、後述のように、たとえば簡易組織再編の場合には反対株主の買取請求権が認められないこととなった）には、買取口座の申請は不要としている（振替法一五五条一項但書）。

他方、株主側は、反対株主が振替株式について買取請求をしようとする場合には、請求に係る株式につき、買取口座を振替先とする振替の申請をしなければならない（振替法一五五条三項）として、株主による申請が必要であるとしている。立案担当者によれば、この申請なしになされた株式買取請求は無効となるとの解釈が説かれている。(6)このような見解に従えば、振替株式に係る株式買取請求については、買取口座を振替先とする振替申請が要件となることを意味する。会社法上は、このような事項について買取請求の要件とはされていないが、特別法である振替法によって要件が加重されるということになろう。(7)

そのような要件が設定されるのであれば、そもそも発行者によって買取口座設定とその公告がなされなかった場合には、反対株主が買取請求を行う要件を満たすことができないことになる。そのような場合において買取口座への振替の申請を欠いても、買取請求は有効であるとの解釈が説かれている。(8)その理由づけとしては、買取口座への振替をしないことがやむを得ない特別な事情があることから、上記のような解釈をすることを導く見解(9)、特別な事情がある場合については、買取口座への振替申請が買取請求の要件ではなくなるとする見解(10)、信義則を理由として会社側は買取請求の無効を主張できないとする見解(11)がみられる。振替株式に係る株式買取請求については、買取口座の設定とその公告が、買取口座への振替申請の法定の前提条件であり、この条件を満たしていない場合には、買取口座への振替申請ができない事情が生じていることから、当該振替申請を欠いても、買取請求の会社法上のその他の要件を具備していれば、信義則等の理由を持ち出さずとも買取請求は有効であると解するのが素直な解釈ではないかと思われる。

つぎに、買取口座への振替申請と株式買取請求との時間的な関係の問題であるが、振替法一五五条三項の「株式買取請求をしようとするときは、当該振替株式について買取口座を振替先口座とする振替申請をしなければならない」との文言からすれば、買取請求の前（あるいは同時）に、買取口座への振替申請が行われることを前提としているように読める。買取口座への振替の申請をしないで、株式買取請求を行った場合には、買取請求は無効であると解されることから、その場合には、改めて買取口座への振替申請をしたうえで買取請求をしなければならないと解すべきであろう(12)。

2　個別株主通知との関係

振替株式に係る株式の株式買取請求について、これが少数株主権等の行使（振替法一四七条四項参照）に該当するかについては、特段の改正がなされていない。最高裁の個別株主通知に関する判旨によれば、振替株式についての会社法一七二条一項に基づく価格決定の申立てにおいて、個別株主通知は、振替法上、少数株主権等の行使の場面において株主名簿に代わるものとして位置づけられており、少数株主権等を行使する際に自己が株主であることを会社に対抗するための要件であること、会社が株式価格決定申立事件の審理において申立人が株主であることを争った場合、その審理終結までの間に個別株主通知がされることを要し、かつこれをもって足りる旨判示している（最決平成二二年一二月七日民集六四巻八号二〇〇三頁（メディアエクスチェンジ事件））。また、他の事件においては、振替株式について株式買取請求を受けた株式会社が、買取価格の決定の申立てに係る事件の審理において、同請求をした者が株主であることを争った場合には、その審理終結までの間に個別株主通知がされることを要するとし、上記の理は、振替株式について株式買取請求を受けた会社が同請求をした者が株主であることを争った時点ですでに当該株式について振替機関の取扱いが廃止されていた場合であっても異ならない（最決平成二四年三月二八日民集六六巻五号二三四四頁（ＡＣデコール事件））とされている。

これらの決定との関係をどのように解すべきであろうか。買取請求をした株主が買取口座への振替申請をすると、会社は申請をした者を確認できるし株主であることも確認できるから、個別株主通知を求めることは不要であるとの考え方もありうるが、少数株主権等の行使であるから、個別株主通知は必要でないとの解釈は難しいとの指摘や個別株主通知が株主であることの会社に対する対抗のための要件であることから、発行者である会社の負担で株主であることを確認しなければならないとするのは相当でないとの指摘が立案担当者からなされている(13)。この点については、全部取得条項付種類株式の取得との関連で、これは会社からの株式取得の申出であり、近接する総会決議が存在するのに改めて会社が申立人に個別株主通知を要求することは不当であるとの主張もみられるところである(14)。改正振替法においても、解釈上、個別株主通知は、少数株主権等の行使のための会社に対する対抗要件であり（前掲最決平成二二年一二月七日参照）、反対株主の株式買取請求権の行使も、個別株主通知が必要な少数株主権等（振替法一四七条四項）の行使（振替法一五四条一項）に該当するという見解を基礎とする限り(15)、買取請求についても行使者が株主であることを会社が争う限り、個別株主通知が必要であるということになる。なお、法改正に際して、買取口座への振替申請がなされた時点で、会社への通知等の会社が把握することができる制度を設け、これを個別株主通知に代えるという仕組みは考えられなかったのかという疑問が残る。振替法によると、株主が買取口座への振替申請をして個別株主通知を申し出た場合について、発行者に対して、振替機関が買取口座に記載された株式の数等を通知することになっている（振替法一五四条三項四号）が、たとえば、この通知を買取口座への振替申請がなされたことを理由としてその時点で行うことにするといった仕組みである。会社法の本則における株主の権利行使と振替株式制度を基礎とした株主権の行使を比較すると、後者のほうが株主の権利行使について手続上積極的な行動を求める等、不利な取扱いがあるとするならば、それ自体が問題であろう。(16) 株式買取請求権の行使と個別株主通知との関係については、特段の改正が行われなかったことから、依然として、この場合の個別株主通知を不要とする解釈論も残ることになると思われる。この点について、つぎのような見解が唱えられている。

買取請求期間中に買取口座への振替がなされた株式について、重ねて個別株主通知を要求すべき理由はあまりないこと、会社は振替により請求者の株主資格を確認できることから、会社が個別株主通知の欠缺を奇貨として株主資格を争うことは信義則に反し許されないとしてもよいとする見解(17)や前述の最高裁判所の決定（前掲最決平成二四年三月二八日）は、その理由の一つとして「会社において個別株主通知以外の方法により……［株式買取］請求の権利行使の要件の充足性を判断することは困難であるといえる」ことをあげるが、買取口座制度創設後はその前提が変わることになりそうであること、その変更を踏まえ、振替機関による取扱い廃止後に、会社側が買取口座に振替済みの株式について個別株主通知の欠缺を主張することは認められないと解すべきではないかとの見解である。(18) 後者の見解は、組織再編行為による消滅会社における反対株主の株式買取請求権の行使の場合に、当該会社の上場廃止により振替機関の取扱いが廃止され個別株主通知が不可能になったケースを念頭に置いたものである。改正振替法の解釈としては、買取口座制度が創設されたとはいえ、反対株主の株式買取請求権の行使が振替法上の少数株主権等の行使に該当すると解さざるを得ない(19)と思われる。ただし、上場廃止等で振替機関による振替の取扱い廃止後は、個別株主通知を要求することは不可能を強いることになることから、上記の後者の見解に賛成したい。また、個別株主通知は、会社に対する対抗要件であるとすると、会社が争うことが信義則に反するような場合には、やはり個別株主通知を要求することはできないと解すべきであろう。

なお、株主総会の決議での株主の反対に先立って会社法上要求される「反対の通知」（会社法一一六条二項一号イ・四六九条二項一号イ・七八五条二項一号イ・七九七条二項一号イ・八〇六条二項一号）については、反対の旨を通知する準法律行為（意思の通知）であり、実質的にも権利行使としての性格を有するものではなく、個別株主通知は不要と解されている。(20)

さらに、株式買取請求権が行使され、会社との間で協議が調わず、裁判所に価格決定の申立てをする場合にも、個別株主通知が必要かという問題も生じる。平成二六年改正前においては、買取請求権が行使される際に個別株主通知を行うとともに、買取価格決定の申立てを行う場合にも一定の場合を除いて再度個別株主通知が必要であるとする見解(21)と不要であるとの見解(22)が見られた。この点については、買取口座への振替後は、第三者の口座に振り替えられる可能性がないこと、価格決定の申立てが行われる時点で、個別株主通知から四週間（個別株主通知の有効期間：振替法一五四条二項・振替法施行令四〇条参照）以上が経過していても申立権者が買取価格決定申立権者でなくなっている可能性がないこと、平成二六年改正により株式買取りの効力が効力発生日に生じていることからすると、価格決定の申立てをするときには株主でなくなっていて個別株主通知をする前提を欠くことになることから、価格決定の申立てをする場合に再度個別株主通知をする必要はないとの見解が説かれている。(23)株式買取請求権行使の際に、買取口座への振替申請が行われ、株主の会社に対する対抗要件としての個別株主通知の手続が取られている場合には、価格決定の申立てに再度の個別株主通知は不要であると解すべきであろう。株式買取りの効力発生日がすでに生じている（会社法一一七条六項等）ことから、会社は株式保有状況を確認できるのであり、何よりも上記見解のように買取りの効力発生後は買取口座に記載された振替株式について買取請求をした株主は株主でなくなり、発行者の口座を振替先とする振替の申請をすることとなり（振替法一五五条四項参照)、他方で、価格決定の申立ては、効力発生日後になされること(会社法一一七条二項等)から、当該株式について個別株主通知を行うことができないからである。

3 買取口座に記載された振替株式の地位

以下では、買取口座に記載(または記録。以下たんに記載と記す)された振替株式の処遇についての振替法の規定をみてみる。振替法によれば、買取口座に記載された株式は、買取請求に係る株式の買取りが効力を生じるまで、買取請求をした株主に帰属し、買取口座の加入者である発行者(会社)に権利があるとの推定はなされない(振替法一四三条括弧書)。買取口座に記載された振替株式についての権利は、買取りの効力が生じるまでは、買取請求をした株主が有しているから(会社法七八六条六項等)である。したがって、買取口座に記載された株式についての総株主通知の取扱いは、買取口座を振替先とする申請をした株主を株主として通知する(振替法一五一条二項三号)こととなる。株式買取請求をして買取口座を振替先とする申請をした株主が、個別株主通知を申し出たときは、申請により買取口座に記載された振替株式の数等を通知する(振替法一五四条三項四号)。なお、これらの通知は、買取りの効力が生じるまでの間このような取扱いとなる。

買取りが効力を生じるまでの間は、買取口座から発行者の口座への振替申請はできない(振替法一五五条四項)。また、買取りの効力が発生していないからである。会社が、株式買取請求の撤回を承諾したときは、発行者である会社は、遅滞なく、買取口座に記載された振替株式で撤回を承諾した株式について、買取請求をしていた株主の口座を振替先とする振替の申請をしなければならない(振替法一五五条五項)。会社は、買取口座に記載された振替株式について、その会社(発行者)または買取口座への振替申請をした株主の口座以外の口座を振替先口座とする振替の申請をすることができない(振替法一五五条六項)。また、買取請求をした場合について買取口座が利用されることを目的とすることから、買取請求をするために買取口座を振替先口座とする振替申請をする株主以外の加入者は、買取口座の制度を利用することができない（振替法一五五条七項参照）[25]。

これらの取扱いは、買取口座に記載された振替株式の処遇についての技術的規定のようにみえる。しかし、買取口座に記載された振替株式の法律関係については、会社法と振替法とで齟齬が生じないかといった問題も生じる。買取りの効力発生によって、実体法上は、買取請求に係る株式は、会社に帰属することとなるが、振替法上は、会社による申請に基づき会社の口座を振替先とする振替申請をしなければ会社による取得の効果が生じないということになり、この場合、株式譲渡についての振替法一四〇条の規定が適用されるとすると、振替の申請により会社の口座の保有欄への買取株式についての増加記載があったときに権利移転の効力を生じることとなる点である。この点については、買取請求についての株式の取得は、通常の株式譲渡とは異なること、取得請求権付株式・取得条項付株式についての振替法上の規定（振替法一五六条二項・一五七条二項）のような規定が買取請求について置かれていないことから、取得の効果は、会社法上の規定によって処理するということになるのであろう。

（1）　平成二六年改正会社法では、一一六条七項、七八五条七項、七九七条七項、八〇六条七項。いずれも各条文の第六項に買取請求をした場合に株券を提出することを要する旨の規定を追加したため、項数が変更した。

（2）　相澤哲編著『立案担当者による新・会社法の解説』別冊商事三九五号二〇一頁（二〇〇六年）、同編著『一問一答新会社法〔改訂版〕』二一一頁（商事法務・二〇〇九年）、岩原紳作「『会社法制の見直しに関する要綱案』の解説」別冊商事法務編集部編『会社法制の見直しに関する要綱の概要』別冊商事三七二号四三頁（二〇一二年）。また、野村修也＝奥山健志『平成二六年改正会社法〔規則対応補訂版〕』一三三頁〔門松優介〕（有斐閣・二〇一五年）は、このような投機的行動は、他の株主との公平性を害することになることを指摘する。なお、木俣由美「株式買取請求手続の再検討（下）―買取価格決定過程における公正の実現について―」商事一四六四号三三頁（一九九七年）は、買取請求権のかけつなぎ（ヘッジング）の懸念をだいぶ前から指摘している。

（3） 反対株主は、株式買取請求を行う前に個別株主通知の申出をする必要があるから、当該口座管理機関は個別株主通知の申出の取次を依頼されたことは把握しているが、その後の買取請求の手続は当該口座管理機関を経由せずに反対株主と会社または株主名簿管理人との間で直接行われるためであるとされる。仁科秀隆「株式買取請求権に関する手続上の問題点」岩原紳作＝小松岳志編『会社法施行五年─理論と実務の現状と課題』（ジュリ増刊）一四二頁（二〇一一年）。

（4） 坂本三郎編著『一問一答平成二六年改正会社法』二八二頁（商事法務・二〇一四年）。

（5） 坂本・前掲注（4）二八二頁。

（6） 坂本三郎ほか「平成二六年改正会社法の解説〔Ⅷ〕」商事二〇四八号九頁（二〇一四年）。なお、会社が買取口座の開設の申請・必要な公告をしなかった場合等においては、申請せずになされた買取請求も有効であるとされる。

（7） 門松・前掲注（2）一三四頁は、必要な買取口座への振替申請をせずに株式買取請求を行った株主から当該請求に係る株式の買取りを行った場合に、違法な資金拠出として役員責任その他の問題が生じうることを指摘する。

（8） 坂本・前掲注（4）二八五頁。

（9） 坂本・前掲注（4）一八五頁、久保田安彦「株式買取請求権に係る規定の整備」鳥山恭一＝福島洋尚編『平成二六年会社法改正の分析と展望』金判増刊一四六一号八八頁（二〇一五年）。

（10） 小出篤「組織再編等における株式買取請求」神田秀樹編『論点詳解平成二六年改正会社法』二一九頁（商事法務・二〇一五年）。本稿は、この論文に負うところが大きい。

（11） 篠原倫太郎＝藤田知也「キャッシュ・アウトおよび組織再編における株式買取請求等」商事一九五九号三一頁（二〇一二年）。この見解に対しては、小出・前掲注（10）二一九頁は、会社以外の者はそのような株式買取請求の無効を主張できないかという問題が生じると指摘する。

（12） 小出・前掲注（10）二二〇頁。なお、買取請求後であっても、買取請求期間中に振替申請が行われれば足りるとすべきである見解（笠原武朗「組織再編─株式買取請求権関係と濫用的会社分割を中心に」法教四〇二号二九頁（二〇一四年））についての問題についても、同所を参照。なお、小出教授は、買取請求期間後に買取口座に振替を申請することで、株式買取請求を追完するということは認められるべきではないと説かれている。

(13)　坂本ほか・前掲注（6）一〇頁。橡川泰史「個別株主通知」岩原＝小松・前掲注（3）一八五頁〜一八六頁によれば、反対株主の株式買取請求権は、議決権と密接に関連する権利であるが、買取請求権行使の日においても株主であることが買取請求権行使の要件であり、総会基準日に関する総株主通知では行使日の資格確認ができないこと、すなわち総会で反対すること、基準日に株主であったが総会で議決権を行使できない株主であることを要件とする反対株主の株式買取請求権は、株式保有要件が加わっていることから、少数株主権等に含まれるものと扱う必要がある旨述べられている。なお、久保田・前掲注（9）八九頁は、振替法上、振替株式の株主による株式買取請求について、平成二六年改正会社法が個別株主通知を要する「少数株主権等」の行使に該当することの根拠となることを新たに規定したわけではないので、改正法の下においても不要と解する見解は成立し得る旨主張されている。

(14)　末永敏和・判批（前掲最決平成二二年一二月七日）判例評論六三三号（判時二一二三号）三九頁・四一頁（二〇一一年）。

(15)　たとえば、江頭憲治郎『株式会社法〔第六版〕』一九九頁・二〇〇頁注（5）（有斐閣・二〇一五年）。なお、山下友信編『会社法コンメンタール（3）』〔柳明昌〕二一八頁（商事法務・二〇一三年）は、平成二六年改正前の「会社法制の見直しに関する要綱」（平成二四年九月七日）に関連して、買取口座への買取請求の対象株式の振替と効力発生時に買取りの効力が生ずるとされていることが予定されていて、会社は株主の株式保有状況を確認することが可能となり、また、株主が市場で株式を売却する余地はなくなるので、会社が開設する買取口座への振替申請がなされれば対抗要件を満たすと解してよいように思われると述べている。

(16)　末永・前掲注（14）四二頁は、株主に従来よりも権利行使に余計に負担をかけさせる制度としての振替法における総株主通知および個別株主通知制度に根本的疑問を提起されている。

(17)　笠原・前掲注（12）二九頁。

(18)　小出・前掲注（10）二二三頁。

(19)　橡川・前掲注（13）一八四頁〜一八五頁参照。また、太子堂厚子「個別株主通知に関する諸問題―近時の裁判例を踏まえて―」商事一九九五号五三頁（二〇一三年）によると、個別株主通知が求められる少数株主権等の範囲は、基準日により定まる権利を除いたもの（振替法一四七条四項）であり、基準日株主であることを理由に認められる権利であって、総株主通知に基づく株主名簿の記載または記録のみによって権利行使要件の充足を判断できるかが、「基準日により定まる権利」への該当性のメルクマールとなるとされる。吉本健一「振替法における少数株主権等の意義と個別株主通知の効力」青竹正一先生古稀記念『企業法の現在』二一四頁（信山社・二〇一四年）も同旨。

(20) 浜口厚子「少数株主権等の行使に関する振替法上の諸問題」商事一八九七号三四頁（二〇一〇年）、森本滋編『会社法コンメンタール（18）』九八頁〔柳明昌〕（商事法務・二〇一〇年）。この通知の方法については、特段の規定がないことから、書面投票・電子投票が行われる場合には、議決権行使書面の所定欄に反対の印をして返送・反対の電子投票をすれば、この通知をしたことになると解されている。江頭・前掲注（15）八三七頁注（2）、泉田栄一『会社法論』一五二頁注（6）（信山社・二〇〇九年）。

(21) 柳・前掲注（20）一二九頁は、価格決定申立時には、個別株主通知の四週間の有効期限が経過している蓋然性が高いことを理由とするが、個別株主通知が不能な場合には、これを要求する趣旨ではないように思われる。なお、柳・前掲注（15）二一七頁～二一八頁参照。また、葉玉匡美＝仁科秀隆監修・著『株券電子化ハンドブック（実務編）』三三八頁～二四一頁（商事法務・二〇〇九年）は、合併における消滅会社の株主については、買取価格決定の申立てのときは振替口座上の記録も抹消されていて個別株主通知を請求しようがないことから会社は個別株主通知を要求できないが、合併における存続会社の株主については買取価格決定の申立てのときに依然として個別株主通知を請求できるので、再度個別株主通知を要求されるとしている。なお、仁科秀隆「株式の価格決定と個別株主通知」商事一九七六号三九頁注（18）（二〇一二年）参照。

(22) 東京地方裁判所商事研究会編『類型別会社非訟』一一〇頁（判例タイムズ社・二〇〇九年）。また、鳥山恭一「株式買取請求と個別株主通知および会社による株式取得」法セミ六八九号一二一頁・一二七頁（二〇一二年）も、会社側が再度の個別株主通知を要求できないとする見解を採っているように思われる。吉本健一「判批」金判一三七三号五頁（二〇一一年）、末永・前掲注（14）四二頁は、個別株主通知が不能となった後には、株主名簿の記載等により対抗を認めるべきだとする。

(23)　小出・前掲注（10）二二四頁〜二二五頁。江頭・前掲注（15）二〇〇頁〜二〇一頁注（6）も不要との見解を述べられる。
(24)　株式買取請求の撤回をめぐる法律関係については、近時弥永教授によりその問題点が指摘されている。弥永真生「株式買取請求の撤回と解除」商事二〇七二号四頁（二〇一五年）。
(25)　坂本ほか・前掲注（6）一一頁参照。

三　株式等の買取りの効力が生ずる時

平成二六年改正前会社法の規定では、反対株主の株式買取請求による買取りの効力が生じる時点を、①一一六条一項各号の行為をする株式会社、事業譲渡等をする株式会社、存続会社等、吸収分割株式会社または新設分割株式会社に対する株式買取請求については、当該株式の代金支払いの時とし（平成二六年改正前一一七条五項・四七〇条五項・七八六条五項括弧書・七九八条五項・八〇七条五項括弧書）、②吸収合併・株式交換における吸収合併消滅会社・株式交換完全子会社に対する株式買取請求については、当該吸収合併・株式交換の効力発生日とし（同七八六条五項）、③新設合併・株式移転における新設合併消滅会社・株式移転完全子会社の株式の買取請求については、設立会社の成立の日と定めていた（同八〇七条五項）。そして、これらの買取請求に係る株式について、裁判所に価格決定の申立てがなされた場合、買取請求を受ける会社は、裁判所が決定した価格に対して、これらの行為の効力発生日から六〇日の期間満了の日後、年六分の利息を支払う義務がある（同一一七条四項・四七〇条四項等）ものとされていた。他方で、平成二六年改正前会社法では、買取請求を行使した後買取りの効力が発生するまでの間、当該株式について剰余金の配当を受け取る権利があるかどうか、議決権を有するかどうかの規定がなく、その結果、前記①の場合には、利息を受け取る権利と剰余金配当請求権の双方を受け取ることとなりおかしいとの批判がなされていた[27]。また、会社法制部会では、株式買取請求を行った株主の株式について配当受領権を否定するとすれば、議決権等の共益権も有すべきではないということとなり、買取請求を行った株主については、株主としての地位を否定する、すなわち、買取請求に係る株式の買取りの効力が生ずる時点も、株式買取請求の効力発生日とすることが素直ではないかという結論になったと説明されている(28)。

このようなことから、一一六条一項各号の行為、株式併合、事業譲渡等、組織再編行為の効力発生日（新設型の組織再編の場合は設立会社成立の日）に、反対株主の株式買取請求による買取りの効力が生じると改正された（会社法一一七条六項・一八二条の五第六項・四七〇条六項・七八六条六項・七九八条六項・八〇七条六項）。

この改正により、反対株主の株式買取請求権が行使された後、効力発生日に買取りの効力が生ずることになる結果、これ以降は、当該株式買取請求をした反対株主の議決権や剰余金配当請求権は失われることになる。この点では、このことについての従来の学説の争いは解決された。効力発生日以前の状態に関しては、買取請求した株主であっても、買取りの効力が生じるまでは依然として株主としての地位を有することから、これらの権利は認められると解することになろう。

なお、買取りの効力発生を変更する改正によって、従来の最高裁の決定の前提が変わることとなる。すなわち、「取得価格決定の申立てをしたことを理由としてただちに、当該株式についての株式買取請求が不適法になるものではない……株式買取請求に係る株式の買取りの効力は、同請求に係る株式の代金の支払いの時に生ずるとされ（［平成二六年改正前］一一七条五項）、株式買取請求がされたことによって、上記株式を全部取得条項付種類株式とする旨の定款変更の効果や同株式の取得の効果が妨げられると解する理由はないから、株式買取請求がされたが、その代金支払いまでの間に、同請求に係る株式を全部取得条項付種類株式とする旨の定款変更がされ、同株式の取得日が到来すれば、同株式について取得の効果が生じ（［同］一七三条一項）、株主は同株式を失うと解される。そして、株式買取請求に係る株式を有する限りにおいて、買取価格の決定の申立ての適格を有すると解すべきところ、株式買取請求をした株主が同請求に係る株式を失った場合は、当該株主は申立ての適格を欠くことに至り、申立ては不適法になる……」とする前掲最決平成二四年三月二八日の前提が変更されることになり、買取りの効力が発生するのは定款変更の効力発生日となることから、改正後は、反対株主の株式買取請求に係る株式の価格決定の申立ては不適法とならないと指摘されている(29)。これは、前記のケースの場合には、定款変更の効力発生の後は、株式買取りの効力が生じ、株式買取請求に係る価格決定の申立て（会社法一一六条一項二号）は適法と判断され、その後に、株式についての取得の効果が生じ、こちらについても、別途取得価格についての価格決定の申立て（会社法一七二条一項）をすることも可能であると解されることになるからであろう。いずれにしても、振替株式についての反対株主が株式買取請求をするためには、当該株主は、まず、買取口座を振替先とする振替の申請をし、会社が裁判所による価格決定の手続で株主であることについて争う可能性があるときは、併せて個別株主通知を行わせるための申立てをしておくことが必要となる。

株券が発行されている株式については、買取請求を行った株主が第三者にこれを譲渡することが考えられ、場合によっては善意取得されるおそれがある。これは買取請求を行った株主が買取請求に係る株式を、事実上会社の承諾なく撤回することが行われることにつながり、また、買取りの効力発生後に譲渡された場合には、会社は買取請求をした者に代金を支払う義務を負い続け、当該株券の所持人を正当な株主として扱わなければならないこととなるおそれがある(30)。

そこで、株券が発行されている株式について株式買取請求をしようとするときは、当該株式の株主は、会社に対し、当該株式に係る株券を提出しなければならないものとされ、株券喪失登録の請求をした株主については提出を要しない（会社法一一六条六項・一八二条の四第五項・四六九条六項・七八五条六項・七九七条六項・八〇六条六項）とされた。なお、株券喪失登録の手続により、株券失効後に株券喪失登録者に対し新たに株券が再発行されることもありうる（会社法二二八条二項）ことから、そのような場合に備えて株券と引き換えにその株式買取請求に係る株式の代金を支払わなければならないとの規定は維持されている（会社法一一七条七項・一八二条の五第七項・四七〇条七項・七八六条七項・七九八条七項・八〇七条七項)。

会社法一三三条の規定は、株式買取請求に係る株式については適用しない(会社法一一六条九項・一八二条の四第七項・四六九条九項・七八五条九項・七九七条九項・八〇六条九項)ものとされた。株券不発行会社においては、意思表示のみにより株式の譲渡が可能であることから、株式買取請求の撤回制限の実効化を図るために、株式買取請求に係る株式を譲り受けた者が、株主名簿の名義書換請求をできないようにするためであると説明されている[31]。

(26) 仁科・前掲注(3)一四四頁は、法定利率が高いことから、株式買取請求権の濫用を招く原因と指摘している。

(27) 岩原・前掲注(2)四五頁。法制審議会会社法制部会第一二回会議議事録二五頁によると、買取請求をした株主は、利息発生後は、実質的にはもう投下資本を回収したのと同等の経済的地位が保障されているはずであること、それにもかかわらず、なお配当を受け取ることができることとなるのは実質的に二重取りとなること、解釈論だけでは配当受領権を否定するのは困難であるとの指摘がなされた〔前田委員発言〕。また、会社法制部会資料では、反対株主の剰余金配当受領権を肯定している裁判例(東京地判平成二二年二月一二日判例集未登載)もあげられている。同資料「第四組織再編における少数株主の救済方法に関する論点」補足説明。

(28) 岩原・前掲注(2)四五頁。なお、坂本ほか・前掲注(6)一四頁では、株主が株式買取請求をした場合には、当該株主はその株式の保有を継続しない意思を明確にしていると考えられるため、代金支払時まで剰余金配当受領権、議決権その他の株主としての権利の行使を認める必要はないと解している。

(29) 坂本ほか・前掲注(6)一四頁。

(30) 坂本ほか・前掲注(6)一二頁、岩原・前掲注(2)四五頁。

(31) 岩原・前掲注(2)四五頁。なお、坂本ほか・前掲注(6)一三頁は、譲渡人が株式買取請求をしながら譲受人に株式を譲渡したことが名義書換請求を拒絶することができる正当な理由に該当するか必ずしも明確ではないことも改正の理由にあげている。

四　株式買取請求に係る株式等に係る価格決定前の支払制度

平成二六年改正前会社法の下においては、裁判所に、買取請求がなされた株式等の価格決定の申立てが行われた場合、裁判所の決定した価格に対し、たとえば吸収合併消滅会社では効力発生日から六〇日の期間の満了後、年六分の利率により算定した利息をもあわせて支払わなければならない（平成二六年改正前七八六条四項）とされていた。会社側の利息負担の軽減や早期の支払いの要請が問題とされていた。(32)

そこで、改正法は、株式買取請求があった場合には、会社は反対株主に対し、株式の価格の決定があるまでは、株主に対し当該会社が公正な価格と認める額を支払うことができるものとした（会社法一一七条五項・一八二条の五第五項・四七〇条五項・七八六条五項・七九八条五項・八〇七条五項）。これにより、これまでのように反対株主が同意した場合に任意的に行われていた仮払いの仕方が、法文上、反対株主の同意を必要とすることなく、仮払いが可能となった。もっとも、改正法においてこのような規定が設けられたことで、従前から指摘されていた弁済供託についても可能となるのかという問題は残っている。供託について原則としては、金銭債務の全額でなければ弁済の目的物（民法四九四条）にはならないと解されているからである。(33)これについては、会社が公正な価格と認める額を提供すれば適法な弁済の提供をしたことになるとし、当該株主が受領を拒絶した場合には、弁済供託が可能となるとの見解が示されている。(34)なお、会社が認める公正な価格については、このような仮払いの際に、第三者に委託して株式評価をするようなコストをかけることがないとも考えられる。そうすると、価格決定の申立てにより裁判所が価格を決定する場合、会社が認める公正な価格自体とは無関係に価格決定を行う必要がある。さらに、会社が認める公正な価格は、一律に決めなければならないのか、反対株主の買取請求をした株主ごとに異なる価格を決めてよいかという問題もあるが、これについては、特段の定めがなく、反対株主の株式買取請求の日等[35]からそれぞれ会社が認める公正な価格は異なることもあり得るから後者のように解される。

(32) 仁科・前掲注(3)一四四頁～一四五頁は、現行法における供託や仮払いの方法の問題点を指摘している。
(33) 仁科・前掲注(3)一四四頁参照。
(34) 坂本ほか・前掲注(6)一五頁。
(35) 最決平成二三年四月一九日民集六五巻三号一三一一頁、最決平成二四年二月二九日民集六六巻三号一七八四頁は、上場会社における反対株主の株式買取請求における価格決定の算定基準日は、買取請求がされた日を基準として公正な価格を定めるのが合理的である旨判示している。

五　簡易組織再編、略式組織再編等における株式買取請求

平成二六年改正前においては、簡易組織再編や簡易事業譲渡については、その要件を満たすことによって株主総会決議が行われない場合（会社法七九六条三項・四六八条二項）には、存続会社等（吸収合併存続株式会社・吸収分割承継株式会社・株式交換完全親会社）・事業譲渡の譲受会社のすべての株主に株式買取請求権が認められていた（平成二六年改正前七九七条二項二号・四六九条二項二号）。このような取扱いについては、たとえば、通常の手続による反対株主の買取請求と比して、株主には事前の反対の通知・総会での反対の議決権行使が課せられないために、株主にとっては買取請求による保護を受けやすくなっている、また、事業上必要な簡易組織再編において、これによる会社・株主に対する影響が微小であるにもかかわらず、過大な株式買取請求権の行使[36]を受けるおそれがあり、会社がそれをおそれて、本来行われるべき簡易組織再編の実行に萎縮効果が生じている可能性があるとの指摘[37]がなされた。さらに、反対株主の株式買取請求制度の趣旨は、会社組織の基礎に本質的変更をもたらす行為に反対する株主に投下資本を回収する機会を与えるもの

であるのに対して、簡易組織再編や簡易事業譲渡について総会の決議を要しないとしたのは、これらが会社やその株主に及ぼす影響が軽微であるためだとすると、これらの行為は、会社組織の基礎に本質的変更をもたらす行為とはいえず、会社がこれらの行為をする場合には、反対株主は株式買取請求権を有しないこととするのが相当であるとの指摘がなされていた(38)。これとともに、簡易合併や簡易分割では、吸収合併存続株式会社または吸収分割承継株式会社が承継する事業に潜在債務があることは否定できないが、そのような潜在債務の存在のおそれがある場合には、反対株主は、一定数の株式（特別決議の成立を阻止できる数）を有する株主の反対により総会決議を求めることができる（平成二六年改正前七九六条四項、なお現行七九六条三項参照）こと、その場合には総会決議が必要になること、反対株主は株式買取請求権を有すること、役員等の損害賠償責任の追及が可能となることから、簡易分割・簡易合併を簡易株式交換と区別して吸収合併存続株式会社・吸収分割承継株式会社の反対株主に株式買取請求権を与える必要性は乏しいとされた(39)。

そこで、改正法は、存続株式会社等において簡易組織再編の要件を満たす場合および譲受会社において簡易事業譲渡の要件を満たす場合には、存続株式会社等・譲受会社の株主は、株式買取請求権を有しない（会社法七九七条一項但書・四六九条一項二号参照）こととしたと説明されている(40)。

平成二六年改正前会社法においては、株主総会の承認決議を必要としない簡易組織再編等が認められるのは、次のような会社の場合（いずれも簡易の要件を満たしている場合(41)）とされていて、以下の①②④⑥の場合には、反対株主の株式買取請求が認められていた。

①吸収合併消滅会社の株主に対して交付する対価の帳簿価額の合計額（対価が株式であるときは一株当たりの純資産額に交付する株式数を乗じて得られた額。以下同じ）が、合併存続会社の純資産額の二〇パーセント（定款で下回る割合を定めたときはその割合。以下同じ）以下である場合の吸収合併存続株式会社（平成二六年改正前会社法七九六条三項、なお現行七九六条二項参照）、②吸収分割承継会社が吸収分割会社に対して交付する分割対価の帳簿価額の合計額が、吸収分割

承継会社の純資産額の二〇パーセント以下である場合の吸収分割承継会社（平成二六年改正前会社法七九六条三項、なお現行七九六条二項）、③新設分割により新設分割設立会社に承継させる資産の帳簿価額の合計額が新設分割株式会社の総資産額の二〇パーセントを超えない場合における新設分割株式会社の場合（会社法八〇五条）、④株式交換完全子会社の株主に対して交付する対価の帳簿価額の合計額が、株式交換完全親会社の純資産額の二〇パーセント以下である場合の株式交換完全親会社（平成二六年改正前会社法七九六条三項、なお現行七九六条二項）[42]、⑤吸収分割承継会社に承継させる資産の帳簿価額の合計額が吸収分割株式会社の総資産額の二〇パーセント以下である場合の吸収分割株式会社（平成二六年改正前会社法七八四条三項、現行七八四条二項）、⑥他の会社の事業の全部の譲受対価として譲渡会社に対して交付する財産の帳簿価額の合計額が譲受株式会社の純資産額の二〇パーセント以下である場合の事業譲受会社（会社法四六八条二項）の場合、⑦譲渡会社が行う事業の重要な一部の譲渡に該当する場合であっても、譲渡により譲り渡す資産の帳簿価額が会社の総資産額の二〇パーセント以下である場合の譲渡株式会社の場合（会社法四六七条一項二号）[43]である。

これらのうち、今回の改正により、①②④⑥の場合においても、反対株主の株式買取請求権を認めないこととした。

このような方向には、会社法制部会においても、簡易合併、簡易分割については、対価がわずかであっても、承継する財産がひどく実質的にマイナスであったような場合もあり、その場合の救済策として、前記のもの、すなわち反対株主は、一定数の株式（特別決議の成立を阻止できる数）を有する株主の反対により総会決議を求めることができる（会社法七九六条三項参照）こと、その場合には総会決議が必要になること、反対株主は株式買取請求権を有すること、役員等の損害賠償責任の追及が可能となることがあげられるが、これらの救済や合併無効等で争うしかなくなるのは救済のハードルが高いので十分検討すべきではないか、差止請求も認めないとしたら、株式買取請求権を今のまま残すことも考えるべきではないかとの意見も出されていた[44]。この意見は通らなかったようであるが、そもそも総会決議を不要とする組織再編行為の重要性の基準を専ら帳簿価額に求め、収益力等を問題としない会社法の問題点は放置されたままであるとの評価もなされている(45)。今回の改正において、株式買取請求権を認めないこととしたのは、一定数の反対株主の異議により、総会決議による承認を求められる制度がある（会社法七九六条三項）からという理由についても、総株主の議決権の六分の一プラス一（原則）の数に該当する株主が協調して積極的に反対の通知をすることは期待できないし、使いづらい制度であることに鑑みると、その機能の実効性には大きな疑問がある。また、他の会社の事業全部譲受についての異議の制度（会社法四六八条三項）についても同様である。

解釈論としては、簡易組織再編についての基準が必ずしも明確でないことから、従来から指摘されていたように、簡易組織再編の要件を満たしているかどうか不安がある場合に、（任意に）株主総会決議を開催し承認を得たが、その後、簡易組織再編の要件を満たしていたことが判明した場合、株式買取請求権はどうなるのか、といった問題は未解決のままである。すなわち、実務上、株主総会の要否を事前に判断する時点では、将来の効力発生日の直前の時点で差損が生ずる場合に該当するか否かの見込みがつかないといった理由で、保守的に株主総会決議を得ておきたいというニーズがあることが指摘されていた(46)。このような場合、まず、株主総会の決議の法的効力をどのように考えたらよいかという問題、決議を行った場合に、反対株主の株主買取請求権が認められるかという問題、さらに、認めるとした場合には、その権利行使のための要件をどのように考えるかといった問題が生じる。

まず、簡易組織再編の要件を満たしていても、株主総会の決議で承認を得ることができるかが問題となる。たとえば、合併の場合に、存続会社が対価の全部または一部が譲渡制限株式である場合であって存続株式会社が公開会社でないときはそもそも簡易合併の要件を満たさないから、通常の合併の手続が要求される。存続会社が公開会社である場合、簡易合併の基準を満たしていても、たとえば定款で総会の権限事項であるとすることは可能であると考えられる。その場合には、通常の合併手続、すなわち株主総会の承認、これと結びついた差止請求権・株式買取請求権が認められること(47)になる。そのような定款規定がない場合にはどうであろうか。七九六条二項本文の「適用しない」との文言を、簡易合併の基準を満たしているときは、必ず簡易合併の手続で行わなければならないと解するのは適切ではなく、このようなことまでも法は要求しているとは解されない(48)。簡易の基準を満たした場合であっても、組織再編に関わる重要な事項であることから株主の意思を確認しその保護を図ることは否定されるべきではないからである。そうすると、そのような総会決議が行われた場合、通常の合併手続で行われることになり、それ自体有効な決議(49)として成立したと考えるべきであろう。つぎにその場合に、反対株主の株式買取請求は認められるであろうか。七九六条二項本文に該当する場合を明示的に反対株主が買取請求をできる場合から除いていることから、そのような場合に株式買取請求権を適法に認める余地はないとの主張もみられる(50)。しかし、株主の総会への関与、通常の合併手続で合併の承認がなされることへの信頼を考慮するならば、株式買取請求権も認められ、その場合の「反対株主」は、通常の手続における意味での「反対株主」と解すべき余地はないであろうか。七九七条一項但書の文言からすると、そのような解釈は困難であるように思われる。しかし、簡易合併等の簡易の基準が早い時期に明確に決定できないとすると、あとから合併無効の訴えで争われる可能性があることから、株主総会の決議による承認を得ておきたいという実務上の需要を無視できないし、簡易組織再編における株式買取請求権の排除という改正が、簡易の基準があらかじめ明確であることを前提としているとするならば、これが明確に確定できない場合には、反対株主の株式買取請求も認められるとする解釈をとる余地がありそうである。

なお、改正により、指摘されていた簡易組織再編と株式買取請求権とを利用した自己株式取得規制の潜脱(51)は防止することが可能となったと考えられる。

略式組織再編においては、その要件を満たす場合には株主総会の決議による承認を要しないが、すべての株主が株式買取請求を行使できるものとされていた。そのような場合には、特別支配会社が組織再編の相手方であるときは、株主総会を開催しても特別支配会社による賛成の議決権行使により、その組織再編行為が総会において承認されることが明らかである。そうすると、特別支配会社に株式買取請求権を認める必要性や合理的理由がない。そこで、改正法では、株式買取請求ができる株主から特別支配会社を除くことにした（会社法七八五条二項二号括弧書）。また、略式事業譲渡についても同様とした（会社法四六九条二項二号括弧書）と説明されている。(52) これについては、当然のことであり、(53) 現行法においても実際に特別支配会社が株式買取請求権を行使することはありえないことから、あえて改正をするまでもない事柄であったとも考えられる。規定上、略式組織再編については、すべての株主に株式買取請求権が認められているので、規定に盛り込むことによって明らかにしたという程度の意味である。

(36) 江頭・前掲注（15）八七六頁注（2）は、簡易組織再編を機に機関投資家等からの大量の買取請求がなされるなど、濫用の弊害が目立つことから改正されたとする。

(37) 小松岳志「株式買取請求権が発生する組織再編の範囲」岩原＝小松・前掲注（3）一三一頁。なお、同一三四頁では、組織再編により株主が受ける影響が類型的に軽微であるものの、合併比率が著しく不公正な場合など組織再編により存続会社等の株主が受ける不利益を受けることもあり得るので株主の保護に遺漏なきを期するため、という平成二六年改正前会社法の趣旨からすると、簡易会社分割の分割会社においては反対株主の株式買取請求権が認められていないことの説明が困難となる旨の指摘をしている。

(38) 中間試案のときから示されていたものである。法務省民事局参事官室「会社法の見直しに関する中間試案の補足説明」商事一九五二号五四頁（二〇一一年）。坂本ほか・前掲注（6）一五頁。

(39) 法務省民事局参事官室・前掲注（38）五四頁、坂本ほか・前掲注（6）一五頁。

(40) 坂本ほか・前掲注（6）一五頁。

(41) 以下の場合において、差損が生じる場合または対価の全部または一部が譲渡制限株式である場合であって存続株式会社等が公開会社でないときは簡易の手続ではできない等の除外事由があるが、この点について、以下の記述では省略している。

(42) ただし株式交換完全親会社が株式交換完全子会社の株主に交付する金銭等〈株式交換完全親会社の株式を除く〉の帳簿価額が、株式交換完全親会社が取得する株式交換完全子会社の株式の額として法務省令で定める額を超える場合を除く。

(43) なお、平成二六年改正により、子会社の株式・持分の全部または一部の譲渡であって、譲渡する株式・持分の帳簿価額が譲渡会社の総資産額の二〇パーセントを超え、譲渡の効力発生日において、譲渡会社が子会社の議決権総数の過半数の議決権を失うこととなる場合に、株主総会の特別決議による承認を要するものとし（会社法四六七条一項二号の二・三〇九条二項一一号）、譲渡会社の株主には反対株主の株式買取請求権が認められる（会社法四六九条一項）こととなった。

(44) 法制審議会会社法制部会第一二回会議議事録二七頁〔前田委員発言〕。

(45) 稲葉威雄「平成二六年会社法改正を考える」法律時報八六巻一一号七二頁（二〇一四年）。収益力等を基準としようとすると、今以上に簡易組織再編等の要件が不明確になる可能性があることやコストがかかることは否めないであろう。同『会社法の解明』（中央経済社・二〇一〇年）〈稲葉・解明と略す〉六七一頁以下は、簡易組織再編の基準である二〇パーセントへの疑問点を指摘し、総会決議の省略を許すとしても、会社が任意に総会の承認決議を求める余地は明確に認めておくべきであったとされる。

(46) 小松・前掲注（37）一三五頁。簡易組織再編において反対株主の株式買取請求が発生しない場合であってもそのニーズは依然として存在していると指摘する。

(47) 稲葉・解明・前掲注（45）六七二頁は、平成一七年改正による同条項の「適用しない」との文言は、「省略することができる」旨の定めにすべきであったと指摘する。

(48) 新会社法実務研究会編『Q&A新会社法の実務2』七八〇ノ二頁～三頁（新日本法規・二〇〇六年～・加除式二〇一五年版）は、簡易合併の要件となっている純資産割合について定款で当該割合を下げることが可能とされていること、他の要件についても当該合併契約の承認自体を株主総会の決議事項とする旨の定款変更を行って決議事項とすることが可能であることを理由にあげ、最終的に簡易合併の要件をすべて満たすこととなった場合にも、総会の意思として決議したものであり、有効な承認決議となるとする。

(49) 稲葉・解明・前掲注（45）六七二頁も、任意の総会決議とすることは適当ではないと述べられていることから、この場合の決議は有効な決議とされる趣旨であろう。
(50) 小出・前掲注（10）二三六頁。この場合会社が株式を買い取ってしまったときは、違法な自己株式取得であると述べられる。
(51) 小松・前掲注（37）一三二頁によると、特定の株主からの自己株式取得手続を正面からとらずに、子会社との間で本来事業上必要のない簡易組織再編を行うことにより株式買取請求権を発生させ、当該株主にこれを行使させて当該株主が満足する価格での離脱を可能とするという会社側の濫用の可能性である。
(52) 坂本ほか・前掲注（6）一六頁。
(53) 江頭・前掲注（15）八七六頁。

六　おわりに

本稿では、平成二六年改正で行われた株式買取請求権についての解釈上の問題や改正の問題点を取り上げたが、紙幅の関係もあり十分な検討ができていない部分もある。また、株式買取請求権制度の本質的な意義や趣旨等については扱っていない。これらについては今後も実務の取扱いを踏まえて、検討を続けていきたいと考えている。

［追記］

本稿は、永井和之先生が代表幹事をされている企業法理研究会での報告を基礎としてまとめたものである。研究会のメンバーである先生方から貴重な助言を得た。とくに橡川泰史法政大学法学部教授からは多数のご教示を得た。記して感謝申し上げる次第である。

高価品に関する運送人の損害賠償責任に関する一考察

——改正試案を契機として——

新里慶一

一　はじめに

運送品が滅失・毀損・延着した場合には、運送人は、自己またはその使用人の無過失を立証しない限り、損害賠償の責めを免れることができない（商法五七七条・七六六条）。しかし、運送品が貨幣・有価証券その他の高価品の場合は、荷送人が運送を委託するに当たり、運送人に対して、その種類および価額を明告しなければ、運送人は損害賠償の責めに任じない（商法五七八条・七六六条）。本条の立法趣旨は、明告による免責の制度がない場合に生ずる荷送人と運送人との間の不均衡を是正すること、(1) また、運送人が予想できない高額な損害賠償責任を負担することを回避することにより運送人を保護することにある。(2)

従来、この高価品に関する免責規定に関しては、明告がない場合には、運送人がたまたま高価品であることを知っていたときでも免責されるのか、また、運送人が故意または重過失によって高価品を滅失・毀損させたときでも免責されるのか、という問題があり、議論が展開されてきた。

ところで、法制審議会商法（運送・海商関係）部会（部会長・山下友信・同志社大学大学院私法研究科教授）（以下「部会」という）は、平成二六年四月から商法（運送・海商関係）等の見直しについて審議を行ってきたが、(3) 平成二七年三月一一日、「商法（運送・海商関係）等の改正に関する中間試案」（以下「中間試案」という）を取りまとめた。(4)

中間試案は、運送・海商関係のほぼ全項目にわたり、大規模かつ抜本的な改正を行う内容になっているが、その中に、上述の高価品に関する論点が重要項目として取り上げられている。

本稿は、中間試案を題材に従来の議論を整理し、中間試案に関する私見を提示することを目的とするものである。(5)

（1）北居功＝高田晴仁編『民法とつながる商法総則・商行為法』三二一頁〔笹岡愛美〕（商事法務・二〇一三年）。

（2）箱井崇史『基本講義現代海商法〔第二版〕』一四三頁（成文堂・二〇一五年）。

（3）改正の準備作業として、平成二四年八月二日から、公益財団法人商事法務研究会に設置された「運送法研究会」において、現行法の問題点の検討がなされた。そして、平成二五年日本海法学会では、同研究会メンバーにより運送法研究会における検討状況の紹介を行うためのシンポジウムが行われた。同研究会は、平成二五年一二月に、「運送法制研究会報告書」を公開した（http://www.shojihomu.or.jp/unsohosei/unsohosei.pdf）。また、シンポジウムに関しては、海法会誌復刊五七号（通巻八六号）五頁～八六頁参照。

（4）法務省ホームページ（http://www.moj.go.jp/content/001141894.pdf）、商事法務編『商法（運送・海商関係）等の改正に関する中間試案』別冊NBL一五二号（商事法務・二〇一五年）。

（5）本稿の執筆のための参考文献は以下のとおりである。海商法および国際海上物品運送法の観点からの文献として、江頭憲治郎『商取引法〔第七版〕』三一一頁～（弘文堂・二〇一三年）、菊池洋一『改正国際海上物品運送法』九四頁

～・一一五頁～（商事法務研究会・一九九二年）、重田晴生編『海商法』一三四頁～〔中元啓司〕（青林書院・一九九四年）、田中誠二『海商法詳論〔増補三版〕』二八四頁～（勁草書房・一九八五年）、同「商法における請求権競合の問題」『商事法研究二巻』二四九頁～（千倉書房・一九七一年）、田中誠二＝吉田昂『コンメンタール国際海上物品運送法』二〇三頁～（有斐閣・一九六四年）、戸田修三『海商法』一五八頁～（文眞堂・一九九〇年）、戸田修三＝中村眞澄編『注解国際海上物品運送法』二五一頁～〔佐野彰〕・三九九頁～〔中元啓司〕・四一七頁～〔山田泰彦〕（青林書院・一九九七年）、戸田修三＝西島梅治編『保険法・海商法』二二八頁～〔清河雅孝〕（青林書院・一九九五年）、中村眞澄『海商法』二〇二頁～（成文堂・一九九〇年）、中村眞澄＝箱井崇史『海商法』二二一頁～（成文堂、二〇一〇年）、箱井・前掲注（2）一三三頁～。商行為法の観点からの文献として、大隅健一郎『商行為法』一三六頁～（青林書院新社・一九六四年）、奥田昌道「物品運送契約における債務不履行責任と不法行為責任―ドイツの判例・学説を中心として―」法学論叢九〇巻四＝六号一七五頁～、北居＝高田編・前掲注（1）三一八頁～〔笹岡〕・三四七頁～〔平野裕之〕、小町谷操三『運送法の理論と実際』（勁草書房・一九五三年）、近藤光男『商法総則・商行為法〔第六版〕』一九八頁～（有斐閣・二〇一三年）、鈴木竹雄『新版商行為法・保険法・海商法』四〇頁～（弘文堂・一九六五年）、田邊光政『商法総則・商行為法〔第三版〕』二七六頁～（新世社・二〇〇六年）、戸田修三「運送人の契約責任と不法行為責任」・「高価品に関する運送人の責任」『商法の争点〔第二版〕』一一九頁～・一二一頁～（有斐閣・一九九三年）、西原寛一『商行為法〔第三版〕』三〇〇頁～（有斐閣・一九七一年）、平出慶道『商行為法〔第二版〕』四六一頁～（青林書院新社・一九八九年）、森本滋編『商行為法講義〔第三版〕』一五一頁～〔齊藤真紀〕（成文堂・二〇〇九年）、弥永真生『リーガルマインド商法総則・商行為法〔第二版補訂版〕』一三八頁～（有斐閣・二〇一四年）。そのほか、本稿のテーマを総合的に検討する文献として、山田泰彦「商法・海商法における運送人の契約責任と不法行為責任―国際海上物品運送法第二〇条の二との関係―」駒大法学論集五一号九五頁～（一九九五年）。また、請求権競合論について、川島武宜「契約不履行と不法行為との関係」『民法解釈学の諸問題〔第一三版〕』一頁～（弘文堂・一九七三年）、四宮和夫『請求権競合論』（一粒社・一九七八年）、三ケ月章「法条競合論の訴訟法的評価」我妻先生還暦記念『損害賠償責任の研究（中）』（有斐閣・一九五六年）所収参照。

二　運送人の責任の減免規定と不法行為責任

1　中間試案

「運送契約に基づく責任と不法行為に基づく責任との関係について、次のいずれかの案によるものとする。
【甲案】　商法には特段の規定を設けないものとする。
【乙案】　(1)運送契約上の運送人の責任を減免する旨の商法の規定は、運送品の滅失等についての運送人の荷送人……に対する不法行為による損害賠償の責任について準用する。[6]」

2　甲案のポイント

「商法（運送・海商関係）等の改正に関する中間試案の補足説明」（以下「補足説明」と記す[7]）によると、甲案は、「荷主が不法行為責任を追及するには自ら立証責任を負担しており」、不法行為責任の「立証が成功する場合にまで契約責任と同様の責任の減免を認めるべきではない」として、「現行法の規律を維持する」案である。

3　乙案のポイント

「補足説明」によると、「乙案は、商法には、運送人の契約責任を減免する旨の規定が多数定められており（高価品に関する特則、損害賠償額の定額化、責任の消滅等）、画一的にその責任の額を定め、あるいは早期かつ画一的に運送人の責任を消滅させる必要性が高いところ、その立法趣旨を全うするためには、これらを運送人の不法行為責任にも及ぼすべきであると考えるものである。」とされている。

4　私　見

(1)　不法行為責任に対する運送人の契約責任減免規定の適用の可否

「中間試案」第一部第2・9では，運送契約に基づく責任と不法行為に基づく責任との関係について，両請求権が競合することを前提に，商法に特別の規定を設けるか否かが問題となっている。この問題を検討するに当たった，不法行為責任に対して，商法上の運送人の契約責任減免規定を適用することができるか否かを検討する必要がある。

この問題については，周知のとおり，純粋請求権競合説，法条競合説，そして，請求競合説を基本に据え修正を施す修正請求権競合説や，請求権競合説と法条競合説との折衷説が主張されて，従来から，激しく議論が展開されてきた。

まず，純粋請求権競合説であるが，この見解は，債務不履行責任と不法行為責任とはそれぞれ要件と効果とが異なるから，別個の請求権であり，その競合を否定する理由はなく，被害者である債権者は二つの請求権のいずれをも選択して行使できる，と解するものである。かつての判例の立場である(8)。この見解は，商法の運送人の責任の減免に関する規定は契約上の責任に関するものであって，不法行為に基づく責任には影響がないことは当然の結論であると解する。

この見解に対しては，商法の免責や責任制限などの商法上の制度を実質的に無意味にすることになり，運送契約法が定める責任制度のバランスを著しく害する結果となるから妥当ではないとの批判がある(9)。また，商法学説においては，請求権競合説に立つものにおいても，まったく自由な請求権競合を認める見解はほとんどないといってよかろうとの指摘がある(10)。

第二に，法条競合説とは，債務不履行責任は契約上の特殊な重い義務に基づく責任であり，不法行為責任は損害発生の場合の一般的な場合の賠償関係の責任であるから，契約責任と不法行為責任とは特別法と一般法に関係にあり，特別法により一般法である不法行為の適用は排除されると解し，債務不履行に基づく損害賠償責任が発生する場合には不法行為責任の成立する余地はない、と解する見解である。[11]

この見解に対しては、被害者が不法行為による請求をした場合に、裁判所は、これを契約責任による訴えに変更しない限り、請求を棄却しなければならず、不当であると批判されている。[12]

第三に、折衷説であるが、請求権競合説を基本に置きつつ法条競合説を融合させたものである。すなわち、この見解は、「運送においては請求権競合の理論は修正されて、運送品の取扱いに通常伴う原因による滅失・毀損については荷送人が海上運送人の不法行為責任を黙示的に免除していると解することができるから、一般に債務不履行責任のみが生じる」として、しかし、「運送品の取扱い上契約で通常予想される程度を逸脱する態様、すなわち、海上運送人またはその使用人の故意または重大な過失により、運送品の滅失・毀損が生じた場合にはじめて不法行為責任も生ずる、このような場合に請求権が競合する」とするものである。[13] また、同旨の下級審判決がある。[14]

この見解に対しては、「不法行為の違法性阻却ということは、重大なことであり、被害者の承諾は軽々に認めることはできず、明白であることを要するので、……契約の存在があっても、ただちに不法行為についての違法性を阻却することはない」との批判がある。[15]

第四に、修正請求権競合説であるが、この見解は、基本的に請求権競合説に立ちながら、高価品についての免責や損害賠償の制限など債務不履行責任を減免・緩和する商法の特則は不法行為による損害賠償請求にも適用される、と解する見解である。[16] 近時、基本的には、このような修正請求権競合説の考え方を肯定する最高裁判決が、平成一〇年四月三〇日判決である。[17][18]

私見としては、修正請求権競合説に賛同する。

まず、損害賠償請求権の成立の面であるが、法条競合説が認めているように、二つの損害賠償請求権がそれぞれ発生する場面ないし場合は異なり、それゆえに、要件および効果が異なる。したがって、それぞれの要件が満たされる限り、それぞれの損害賠償請求権の成立を認めるべきである。ただし、純粋請求権競合説は、運送人の保護を目的とする商法の特則を無意味なものとし、運送人の保護に欠けるという重大な欠点がある。したがって、賛同できない。

つぎに、法条競合説には、賛同できない。法条競合説は、契約責任と不法行為責任とは特別法と一般法に関係にあり、特別法により一般法である不法行為の適用は排除されるとする。たしかに、両責任は過失責任の原則に基づく損害賠償責任である。しかし、両者の関係は、一般法と特別法の関係にあるのであろうか。両者は、それぞれ別々の法領域における法制度であると考える。そして、契約が特殊な関係に基づくというのであれば、不法行為責任もまた特殊な関係に基づく責任であると考える。

第三に、「折衷説」にも賛同できない。この見解は、運送契約を締結した場合、荷送人は、「運送品の取扱いに通常伴う原因による滅失・毀損については荷送人が海上運送人の不法行為責任を黙示的に免除していると解することができる」としている。しかし、はたして、荷送人は、運送契約を締結することによって、運送人の不法行為責任を「黙示的に免除している」といえるのであろうか。むしろ、通常伴う原因による滅失・毀損であっても損害が発生したなら、契約責任であろうが不法行為責任であろうが、荷送人としては、運送人に責任を負担してほしいと考えているのではなかろうか。

(2)　運送人の不法行為責任への責任減免規定の適用の可否

①　甲案における不法行為責任の存続・維持の意味

甲案は、運送契約の債務不履行に基づく賠償請求権と不法行為に基づく賠償請求権との競合を認める請求競合説を前提に、「商法には特段の規定を設けないものとする。」との提案を行っている。その根拠は、荷送人が不法行為責任の「立証が成功する場合にまで」契約責任と同様の責任の減免を認めるべきではないとするものである。

そこで、甲案を採用するにあたって、甲案の主張する根拠の適否を検討する必要がある。具体的には、この不法行為責任の立証が成功する場合に、契約責任と同様に、不法行為責任の減免を認めずに存続ないし維持する意味があるのか、が問題になる。

ここで想起されるのは、契約責任と不法行為責任の要件と効果における相違である。

第一に、立証責任の点である。民法においては、契約責任においては、債務者が、自己の側に帰責事由がなかったこと、すなわち、無過失を立証する責任を負っている。これに対して、不法行為責任においては、被害者である債権者が、不法行為者の故意または過失を立証しなければならない。この立証責任において両者は異なるが、契約責任のほうが損害賠償請求をする債権者にとって有利である。しかし、不法行為の立証ができるのであれば、そのまま不法行為責任を存続・維持させても、債権者である被害者の不利益にはならず、むしろ利益にかなう。したがって、不法行為責任を存続・維持する意味はある。

これに対して、商法においては、五七七条が、運送人の契約責任に関して、民法と同様に、運送人が無過失の立証責任を負うと規定している。そして、不法行為責任に関しては何ら規定を設けていない。したがって、運送人の不法行為責任に関しては、右に述べた不法行為の立証責任に関する理解、すなわち、債権者である荷送人が立証責任を負うことになる。このように、立証責任において両責任は異なり、契約責任のほうが荷送人とっては有利である。しかし、右に述べたように、不法行為の立証ができるのであれば、不法行為責任を存続・維持させても債権者である荷送人の不利益にはならず、不法行為責任の存続・維持には意味がある。

第二に、損害賠償の範囲である。民法においては、両者とも相当因果関係のある一切の損害を賠償する責任があり、両者の間には差異はない。なぜなら、不法行為責任においても、契約責任に関する民法四一六条の類推適用があると解されているからである。(19) したがって、契約責任においても不法行為責任においても、民法上は相違はない。

これに対して、商法五八〇条は、運送人の滅失・毀損による損害については、特約がなければ、通常の損害の程度にとどめ、特別な事情による損害については、運送人がこれを予見し、または予見することができた場合（民法四一六条二項）にも、これを賠償すべき責任がないものとし、さらに、通常の損害についても、画一的処理のために賠償額を定型化して、実損害によらず、到達地における運送品の価格を基準として算定している。これに対して、不法行為責任を立証できる場合には、運送人は相当因果関係のある全損害を負担することになるため、不法行為責任のほうが荷送人にとっては有利である。したがって、不法行為責任を存続・維持することに意味がある。

もっとも、運送人に故意または重過失があった場合には、商法五八一条が適用されることになり、運送人を保護する必要性はなくなり、荷主は全損害を請求することができる。そうすると、両者の違いはなくなる。

第三に、過失相殺である。民法においては、被害者である債権者に過失があった場合、契約責任では、債務者の賠償責任までも免除することができるとともに、賠償額の算定について裁判所はこれを斟酌しなければならないことになっている（民法四一八条）。これに対して、不法行為では、加害者の賠償責任を免除することはできず、また損害額の算定についてこれを斟酌することを要しない（民法七二二条）。この点、不法行為責任のほうが被害者である債権者にとって有利である。したがって、不法行為責任が存続ないし維持されたほうがいい。

この過失相殺に関しては、商法に特則はない。したがって、民法における理解のとおりであり、不法行為責任を存続・維持する意味がある。

第四に、時効である。民法においては、契約責任の場合の一〇年（民法一六七条一項）や五年（商法五二二条）である。これに対して、不法行為責任の場合には三年の短期消滅時効の規定がある（民法七二四条）。したがって、契約責任のほうが被害者である債権者にとって有利である。

これに対して、商法の運送人の責任については、その消滅時効が一年となっている（商法五八九条・七六六条・五六六条）。したがって、契約責任の面では、被害者である債権者にとって、不利であり、不法行為責任を存続・維持させたほうがいいことになる。

以上から、不法行為責任が存続ないし維持されることが、被害者であり債権者である荷送人にとって有利に働く場合がある。したがって、甲案を採用することに問題はない。

② 準用規定について

第一に、純粋請求権競合説は、契約責任と不法行為責任の競合を認めているが、不法行為責任に商法の減免規定の適用を認めない。したがって、準用規定を設けない甲案を採用することになるであろう。

第二に、法条競合説および折衷説においては、契約責任のみが発生し、そもそも不法行為責任は発生しない。商法の特則を適用するか否かの対象が存在しない。したがって、そもそも甲案または乙案の採用という問題は生じないはずである。

第三に、修正請求権競合説は、契約責任と不法行為責任の競合を認めているが、不法行為責任にも商法の特則は適用ないし類推適用を認める。したがって、準用規定を設ける乙案に親和的であり、乙案を採用しやすい[20]。

（6） 乙案は、本文以外に、「(2)(1)により運送人の責任が減免される場合には、その責任が減免される限度において、当該運送品の滅失等についての運送人の被用者の荷送人又は荷受人に対する不法行為による損害賠償の責任も減免される。ただし、運送人の被用者の故意又は重大な過失によって運送品の滅失等が生じたときは、この限りでない。」と提案している。この問題については、他日の研究を期したい。

（7） http://www.moj.go.jp/content/001141895.pdf

（8） 大審院判決は一貫して、純粋請求権競合説を採用している。大判大正二年一一月一五日民録一九巻一号九五七頁、大判大正一五年二月二三日民集五巻二号一〇四頁等。最高裁判決としては、最三判昭和三八年一一月五日民集一七巻一一号一五一〇頁、最二判昭和四四年一〇月一七日判時五七五号七一頁がある。

（9） 中村＝箱井・前掲注（5）二二七頁。

（10）森本編・前掲注（5）一六三頁〔齋藤〕。なお、田邊光政教授は、「解釈論としては、不法行為責任を認め、その賠償額につき過失相殺で調整すべきであろう。」と主張している（前掲注（5）二八五頁）。

（11）川島・前掲注（5）一頁～一五五頁。商法の運送人に関する責任に関して法条競合説に立場に立つものとして、大隅・前掲注（5）一四二頁、西原・前掲注（5）三〇五頁～三〇六頁。

（12）三ケ月・前掲注（5）七四〇頁・七四四頁～七四六頁、平出・前掲注（5）四九三頁。

（13）戸田・前掲注（5）〔海商〕一六四頁。同旨、中村・前掲注（5）二〇五頁。

（14）東京高判平成五年一二月二四日判時一四九一号一三五頁は、「物品運送契約における運送品の滅失毀損に関する運送人の責任については、……、請求権の競合を認めるのが相当といわねばならない。そして、運送人の保護を図る商法の規定や約款の目的はもともと契約上の責任にのみ適用されるものというべきであって、不法行為に基づく請求権の行使には及ばない……。しかしながら、運送契約の当事者である荷送人が、不法行為に基づく請求権を行使して、運送人の責任を制限する商法の右規定や約款の規制を回避できるとすればいかにも不合理といわねばならない。けだし、荷送人は、運送契約関係に入ったことによって運送人との間に生じる法律関係を特段の事情の認められないかぎり契約法理によって律することを承認しているというべきであって、それにもかかわらず右規定や約款の規制を回避すべく不法行為法理によることを許すのは、運送人に故意又は重過失が認められる場合はともかく、契約上の危険の分配を図る目的のもとに規制を設けた商法の右規定や約款の目的に反するというべきだからである……。したがって、運送人に故意又は重過失がある場合はともかく、荷送人については、運送人との間の法律関係を契約法理によって律するべきであって、そのかぎりで不法行為に基づく請求権の行使は許されず、商法の右規定や約款の規制の下に契約責任の追求のみが許されると解するのが相当である。」と判示している。

（15）田中・前掲注（5）論文〔競合〕二五二頁～二五三頁。

（16）森本編・前掲注（5）一六四頁〔齋藤〕、鈴木・前掲注（5）四三頁、田中・前掲注（5）論文〔競合〕二五一頁～二六五頁、中村＝箱井・前掲注（5）二二七頁。平出・前掲注（5）四九五頁は基本的に同旨であると考えられる。

（17）箱井・前掲注（2）一三八頁。

(18) 最高裁は、以下のとおり判示している。「宅配便は、低額な運賃によって大量の小口の荷物を迅速に配送することを目的とした貨物運送であって、その利用者に対し多くの利便をもたらしているものである。……宅配便が有する右の特質からすると、利用者がその利用について一定の制約を受けることもやむを得ないところであって、貨物運送業者が一定額以上の高価な荷物を引き受けないこととし、仮に引き受けた荷物が運送途上において滅失又は毀損したとしても、故意又は重過失がない限り、その賠償額をあらかじめ定めた責任限度額に限定することは、運賃を可能な限り低い額にとどめて宅配便を運営していく上で合理的なものであると解される。……右の趣旨からすれば、責任限度額の定めは、運送人の荷送人に対する債務不履行に基づく責任についてだけでなく、荷送人に対する不法行為に基づく責任についても適用されるものと解するのが当事者の合理的な意思に合致するというべきである。けだし、そのように解さないと、損害賠償の額を責任限度額の範囲内に限った趣旨が没却されることになるからであり、また、そのように解しても、運送人の故意又は重大な過失によって荷物が滅失又は毀損した場合には運送人はそれによって生じた一切の損害を賠償しなければならないのであって（本件約款二五条六項）、荷送人に不当な不利益をもたらすことにはならないからである。」と判示している（判時一六四六号一六二頁。同旨、東京地判平成二年三月二八日）。

(19) 最判昭和四八年六月七日民集二七巻六号六八一頁、最判昭和四九年四月二五日民集二八巻三号四四七頁。

(20) 「商法（運送・海商関係）等の改正に関する要綱案の取りまとめに向けた検討（1）」によると、パブリック・コメントにおいては、甲案を支持する理由として、「債務不履行責任と不法行為責任との競合は一般的に生じうる問題であり、運送の局面に限って立法的解決を図ることにはちゅうちょを覚える」という点があげられている。この点については、他日の研究を期したい。

三　商法五七八条に関する改正試案

1　中間試案

「(2)　高価品に関する特則の適用除外

明告されない高価品について運送人が免責される旨の規律（商法第五七八条）は、次に掲げる場合には適用がないものとする。

ア　運送契約の締結の当時、運送品が高価品であることを運送人が知っていたとき。

イ　【甲案】　運送人の故意又は重大な過失によって運送品の滅失、損傷又は延着（以下「滅失等」という。）が生じたとき。

【乙案】　運送人の故意又は損害の発生のおそれがあることを認識しながらした無謀な行為によって運送品の滅失等が生じたとき。」

2　商法五七八条の維持について

商法第五七八条は、高価品について荷送人が運送を委託するに当たりその種類および価額を明告しないときは、運送人は損害賠償責任を負わないと定めている。「補足説明」によると、中間試案は、この規律について、今般の商法の見直し後も維持することとしている。

3　アについて

中間試案は、「運送契約の締結の当時、運送品が高価品であることを運送人が知っていたとき」は、商法五七八条の適用がないものとしている。

従来、運送の委託に当たって、荷送人が運送人に対して高価品であることの明告をしないにもかかわらず、運送人が偶然にそれを知った場合に、運送人の免責はどうなるか、が論点とされていた。

この問題に関して、かつては、明告がない限り運送人は荷送人が普通品として運送を委託したものと解さざるをえないから、偶然に知ったことをもって明告に代えることはできないとして、(21)また、運送営業のごとき大量取引において偶然の知不知という主観的事情を問題にすることは不適当であるし、明告を促進する趣旨からも、偶然に知ったことをもって明告に代えるべきではなく、普通品として運送を委託した荷送人が危険を負担すべきものとして、運送人の損害賠償責任を否定する見解が主張されていた。(22)

これに対して、通説である肯定説は、運送人が高価品であることを知っている以上、運送などに必要な注意を怠った場合における損害額についても予知していたものといえる、(23)運送人は割増運賃の支払を受けていないから、高価品に対する特別な注意義務は要求されないが、普通の運送品に対して尽くすべき注意すら怠った結果、滅失・毀損した、(24)運送委託があった際に、運送人が高価品であることを知っている場合、明告があったと何ら変わらない、(25)運送人は荷送人に対して明告を促し、割増運賃を請求することも可能であったとして、(26)高価品としての損害賠償責任を負うと主張している。

下級審判決には「運送人が当該運送品が高価品であり、かつ、その価額を認識していた場合には、運送委託人は運送人に対し高価品の種類及び価額を明告しないでも、なんら運送人の利益を害することはないから、運送人は、商法五七八条によって損害賠償の責任を免ぜられることにはならない。」と判示して、肯定説に立つものがある。(27)

4　イについて

(1)　甲案のポイント

「補足説明」によると、故意または重過失とする理由として、以下の四点があげられている。

第一に、「運送人の故意又は重大な過失によって運送品の滅失等が生じた場合には、公平の観点から運送人を免責するのは相当でないとして、商法第五八一条の趣旨により同法第五七八条の適用はないとする考え方（東京地裁平成二年三月二八日判決……）がある」という点である。

第二に、「運送業者が自動車の荷台の後部扉を完全に閉めたことの確認をしなかったため、走行中に開扉して運送品が落下し紛失したという事例（最高裁昭和五五年三月二五日第三小法廷判決……）では、運送人に重大な過失があると判示されているが、乙案によると、損害の発生のおそれがあることの認識まではなく、高価品について明告しなかった荷送人からの損害賠償請求に対し、運送人は免責されることとなる……。甲案によると、運送人に重大な過失がある場合には、運送人は損害賠償責任を負い、高価品についての明告がないことから過失相殺がされることとなる。」という点である。

(2)　乙案のポイント

「補足説明」によると、故意または「損害の発生のおそれがあることを認識しながらした無謀な行為（以下「無謀行為」と記す）」とする理由として、以下の二点があげられている。

第一に、乙案は、「商法第五七八条の適用除外（明告されない高価品について運送人が損害賠償責任を負う場合）の範囲は限定すべきである」として、そのために、国際海上物品運送法第一三条の二やモントリオール条約第二二条第五項等で使用される概念である「無謀行為」を使用すべきであるという点である。

第二に、甲案に対する批判、すなわち、「運送人は低廉な運送賃で高価品を運送しているため、商法第五七八条の趣旨は尊重されるべきであり、高価品についての明告がない場合に、高価品の価額を基準とした中間的な損害賠償責任を負うことは不合理である」という点である。

5 私見

(1) 商法五七八条の維持について

上述のような高価品の運送に伴う運送人と荷送人の不均衡の解消、高価品に関する高額な責任負担の回避ないし損害発生の予防、そして、運送業に伴う危険という観点から考えて、現行規定を維持すべきであると考える。

(2) 「運送契約の締結の当時、運送品が高価品であることを運送人が知っていたとき」

たしかに、否定説の主張には一理ある。しかし、一切の責任を否定するという結論には賛同できない。すなわち、運送契約の締結の当時、運送品が高価品であることを運送人が知っていた場合、かりに普通品としての注意義務にも反するような運送品の取扱いがあったときは、運送人の責任をすべて否定することは適当ではない(28)。

そこで、問題になるのは、運送人の負うべき責任とは、普通品としての責任なのか、高価品としての責任なのか、ということである。結論としては、運送人に高価品としての損害賠償責任を負担させるべきであると考える。まず、商法五七八条の効果でいわれるように、高価品の場合、普通品としての損害を算定しえない。したがって、運送人に普通品としての損害賠償責任を負担させることはできない。そうすると、運送人に責任を負わせるべき事由がある以上、運送人に高価品としての損害を負担させるしかなく、負担させる必要性がある。そこで、次に問題になるのは、運送人が悪意である場合に高価品としての損害賠償責任を負わせることの許容性である。許容性は認められる。なぜなら、肯定説が主張するように、悪意の場合には、明告がなかったとしても、「明告があったと同じ状況」であるからである。すなわち、相違点は明告の有無だけである。共通点は、第一に運送人は運送品が高価品であることを知っている、したがって、第二に、運送人は荷送人に対して明告を促して、運送人は高価品の運送に相応する特別な注意・配慮をもって特別な損害発生防止または発生した損害への対処のための事前的措置をとることが可能であったという点である。それにもかかわらず、明告を促して特別な事前的措置をとることをしなかった。この点に帰責の許容性がある。換言すれば、高価品について悪意である場合には、明告を促し割増運送賃を請求し損害発生防止のための措置を講ずるべきである。このような措置を講ずることは、高価品の滅失毀損の防止、損害賠償を求めるため訴訟の回避、商取引の安定的な遂行など、荷送人および運送人にとって利益になると考える。

(3)　「故意」による場合

裁判例では、最高裁平成一〇年判決は、契約責任も不法行為責任も約款上の責任制限条項が適用されることを前提に、「運送人の故意又は重大な過失によって荷物が滅失又は毀損した場合には、運送人はそれによって生じた一切の損害を賠償しなければならない」としている。

学説においては、第一に、純粋請求権競合説では、明告がない場合には契約責任は免責されるが、不法行為責任は認められる。したがって、故意がある場合には、運送人は損害賠償責任を負う。

第二に、法条競合説では、そもそも不法行為責任の成立は認められない。しかし、故意の場合には、「免責の理由がない」[29]、または、故意の場合に生ずる責任は「明告があれば発生せしめなかったであろう損害とはいえない」[30]として、明告がなくても運送人に賠償責任がある、としている。

第三に、折衷説であるが、そもそも不法行為責任の成立は認められないはずである。しかし、海上運送人またはその使用人の故意または重大な過失により、運送品の滅失・毀損が生じた場合にはじめて不法行為責任も生ずる、このような場合に請求権が競合するとするものであるとしている[31]。この立場では、故意の場合には、運送人は損害賠償責任を負う。

第四に、修正請求権競合説では、明告がない場合には商法五七八条の類推適用によって不法行為責任も生じないことになる。しかし、故意がある場合には、運送人は損害賠償責任を負うとされている。(32)

私見としては、修正請求権競合説に立つ。したがって、明告がない場合には、運送人は契約責任も不法行為責任も負担しない。しかし、運送人に故意の場合には損害賠償責任を負うと解すべきである。

(4) 「重過失」による場合

下級審裁判例では、商法五八一条の趣旨を斟酌するなどの理由により、運送人の免責を否定するものがある。(33)

これに対して、学説においては、いずれの学説においても、故意の場合と同様の結論になると考える。ただし、修正請求権競合説に立場に立ちつつ、明告があれば高価品に対する特別な措置を講ずることにより重過失は避けられたであろうという実質に着目して、重過失の場合には免責されるべきであるとする見解がある。(34)

私見としては、修正請求権競合論に立ち、重過失がある場合も、損害賠償責任を認めるべきであると考える。しかし、重過失がある場合に損害賠償責任を認めるのは、陸上運送の場合とすべきである。換言すれば、海上運送においては免責されると解する。

(5) 「損害の発生のおそれがあることを認識しながらした無謀な行為」による場合

乙案は、主観的要件として、「無謀行為」の概念を採用することを提案している。

乙案によると、この概念は、国際海上物品運送法一三条の二にある概念であり、この概念の採用の趣旨は、商法第五七八条による運送人の免責の除外の範囲を限定するため、とされる。すなわち、乙案は、運送人が高価品としての責任を負う場合を拡張すると同時に、この概念を用いて、運送人が高価品としての責任を負う場合を限定するものである。

ところで、同法一三条の二は、一九六八年の改正議定書による条約四条五項(e)の追加に基づき、一九九二年同法改正によって追加されたものであるが，この改正条約の趣旨は，運送人が運送品の損害につき無限責任を負うべき場合を厳格に制限する，すなわち，運送人が責任制限の抗弁を広く援用することを認めるようとする政策的配慮である，とされる。(35)

この概念の導入当初には，わが国の既成の法律概念（未必の故意，重過失，認識ある過失など）との関連において，この概念の意味を理解しようとする試みがなされた，とされる。(36) 学説においては，「認識のある重過失」と主張する見解，(37) 「結果の発生の高い蓋然性を認識しながら，しかも無謀に行った場合」で，「著しく『故意』に近い認識をしめすもの」とする見解もある。(38) また，既成の法律概念に仮託して理解することは避け，そのままの文言において解釈すべきであるとの主張もある。(39)

いずれにしても，既存の法律概念に当てはまらず，「故意」と，認識のない通常の重過失の中間領域に当たると理解することになろう。(40)

さて，「無謀行為」の概念を採用し，無謀行為があったときには，高価品に関する免責の特則の適用を排除して，運送人に高価品としての損害賠償責任を認めるべきであろうか。私見としては，この新概念を導入することによって免責が認められる範囲を限定すべきであると考える。

ここで，乙案を採用した場合に，甲案が主張している「うっかり事例」における問題が生じる。すなわち，甲案は，乙案によると「運送人は常に免責されることになりかねない」と主張する。そこで，どのように，この問題を克服するかが問題になる。

この問題の解決は，次の(6)で詳述する。

(6)　重過失と無謀行為の使い分け

甲案，乙案，いずれの立場も，高価品の明告がない場合には，原則として，契約責任，不法行為責任が発生しないとするが、重過失、または、「無謀行為」の場合に限って、運送人に高価品としての損害賠償責任を認める、換言すれば、運送人の免責を限定する見解である。しかし、高価品としての責任を認める主観的要件、換言すれば、免責を制限する主観的要件に争いがある。

甲案と乙案のいずれを採用すべきか。私見としては、いずれも採用すべきであると考える。

そうすると、両者を要件と認めることに、どのような意味があるのかが問題となる。結論をいえば、重過失は陸上運送における要件とし、無謀行為は海上運送における要件すべきであると考える。

理由は、海上活動に伴う海上危険(41)と海上運送を業とする企業の維持に配慮した海上運送に関する法規制は統一すべきであるからである。すなわち、国際海上物品運送法一三条の二は、運送人が全損害を負う場合を限定している。これは、海上活動に伴う海上危険および海上運送企業の維持という海商に関する法理念を考慮したものと解することができる。国内の海上運送も、海上運送である以上、海上危険を伴うことになる。したがって、商法の海上運送に関しても、同様の考慮が必要であるからである(42)。

両案とも、運送活動の危険性から運送人を法的に保護するという観点から、運送人の責任が発生する場面を限定しようとするものである。しかし、海上運送に関しては、責任を負う場合をより限定すべきであると考える。たしかに、陸上運送と海上運送は、ともに運送であるから共通するところも多い。しかし、両者は運送地域が異なり、その結果、運送の用具・方法、時間の長短、運送品の数量などに差異があり、特に運送に伴う危険の程度に著しい差異がある(43)。この海上危険を反映したものが、「無謀行為」の概念の採用であると考える。

(7)　損害賠償責任の法的性質

故意の場合、重過失の場合、そして、「無謀行為」の場合、運送人は損害賠償責任を負うことになるが、その責任の法的性質はどのように考えるべきであろうか。

前出の最高裁判決は、修正請求権競合説に立って運送人は損害賠償責任を負うとするが、その責任の法的性質を明確にしていない。下級審裁判例には、運送人の故意または重大な過失によって運送品の滅失等が生じた場合には、商法第五八一条の趣旨により同法第五七八条の適用はなく、運送契約上の債務不履行による損害賠償責任と不法行為による損害賠償責任の双方を負う、とする判決[44]、不法行為責任であるとする判決がある[45]。

学説においては、請求権競合説においては、不法行為責任は免責されず残存していることになり、折衷説は、故意または重過失の場合にはじめて契約責任と不法行為責任が競合すると解している。これに対して、法条競合説および修正請求権競合説は明確にしていない。法条競合説においては、不法行為責任は問題にならないとの基本的な考えがあるため、契約責任ということになるであろう。これに対して、修正請求権競合説は、どうであろうか。商法五八一条が商法五七八条に適用されることにより、損害賠償責任は契約責任になり、また、不法行為の要件を満たしていることから、不法行為責任であると解することができる[46]。

(21)　小町谷・前掲注（5）三九三頁。
(22)　西原・前掲注（5）三〇四頁。
(23)　戸田・前掲注（5）〔海商〕一六二頁、平出・前掲注（5）四八五頁。
(24)　中村・前掲注（5）二〇九頁、平出・前掲注（5）四八五頁。
(25)　中村＝箱井・前掲注（5）二三六頁、平出・前掲注（5）四八五頁。
(26)　森本編・前掲注（5）一五八頁〔齊藤〕。
(27)　前掲注（18）判決。なお、同判決は、「運送人が認識した内容は、当該運送品が高価品であるとの認識を漠然と有していたということだけでは足りず、当該運送品の種類及びそのおおよその価額を正確に認識していたことを要すると解すべきである。けだし、運送人が認識した限度で損害賠償責任を負うとの考え方によると、運送人と運送委託人との法律関係が運送人の漠然とした内心の認識内容に左右される不安定、かつ、曖昧なものとなり、法的安定性ないし明確性に欠けるからである。」と判示している。

(28) 近藤・前掲注(5)二〇四頁。
(29) 西原・前掲注(5)三〇四頁。
(30) 大隅・前掲注(5)一四一頁。
(31) 戸田・前掲注(5)(海商)一六四頁、中村・前掲注(5)二〇五頁。
(32) 中村＝箱井・前掲注(5)二三七頁、箱井・前掲注(2)一四四頁。なお、田中誠二教授および鈴木竹雄教授は、故意または重過失がある場合について言及していない。
(33) 前掲注(18)判決。
(34) 中村＝箱井・前掲注(5)二三七頁〜二三八頁。倉沢康一郎「商法五七八条と運送人の不法行為責任」判例時報九六六号一八二頁(一九八〇年)。
(35) 中村＝箱井・前掲注(5)二四五頁。
(36) 箱井・前掲注(2)五八頁。菊池・前掲注(5)九四頁〜、戸田＝中村編・前掲注(5)二九一頁〜〔佐野〕。
(37) 菊池・前掲注(5)九六頁、戸田・前掲注(5)(海商)四二頁。
(38) 中村＝箱井・前掲注(5)二四五頁。
(39) 戸田＝中村編・前掲注(5)二九五頁〔佐野〕。
(40) 菊池・前掲注(5)九六頁。
(41) 海上危険について、中村＝箱井・前掲注(5)二頁、箱井・前掲注(2)一頁。
(42) 国際海上物品運送法二〇条の二第五項は、運送人が使用する者の免責または責任の軽減ができない場合を限定している。また、「船舶の所有者等の責任の制限に関する法律」三条三項は、責任制限をすることができない場合、すなわち全責任を負う場合を規定しているが、同時に、全損害を負う場合を限定している。これらも海上活動に伴う海上危険および海上運送企業の維持という海商に関する法理念を考慮したものと解することができる。なお、箱井・前掲注(2)一五二頁では、「船主責任制限は海難事故などの巨額の損害賠償から船主等を保護しようとする趣旨(企業保護)であるのに対して、運送人の責任制限は比較的廉価な運送賃と運送人の責任のバランスを考慮したものとみられる点では、相違がみられる。」と指摘されている。

(43) 平出・前掲注（5）四五五頁、森本編・前掲注（5）一三七頁〔齊藤執筆〕。

(44) 前掲注（18）判決。同旨、東京高判昭和五四年九月二五日判時九四四号一〇六頁。倉沢教授は、この判決に関して、「本判決は、商法五八一条の規定を引用することによって、免責が認められないものとしているが、同条は商法五八〇条による責任制限の適用範囲に限界を画するものであって、商法五七八条に関するものと解すべきではない。なぜなら、責任制限の場合と異なって、高価品につき明告を欠く場合には、損害発生の蓋然性に差異が生ずるものであるとともに、その損害の額が運送人にとって通常予見することができないいちじるしい高額になる点で、両制度はそれぞれ利益状況を異にするものだからである。」と批判している（倉沢・前掲注（34）判批一八二頁）。

(45) 神戸地判平成二年七月二四日判時一三八一号八一頁。

(46) 商法五七八条と同法五八一条の関係については、他日の研究を期したい。

四　国際海上物品運送法二〇条二項に関する改正試案

1　中間試案

「2　高価品に関する特則

明告されない高価品について運送人が免責される旨の規律（国際海上物品運送法第二〇条第二項、商法第五七八条）について、次のいずれかの案によるものとする。

【甲案】　現行法の規律を維持するものとする。

【乙案】　国際海上物品運送法第二〇条第二項のうち、商法第五七八条を準用する旨の規律を削除するものとする。」

2　甲案のポイント

「補足説明」によると、以下の四点が、審議過程において、甲案の根拠とされている。

第一に、「国際海上物品運送法第二〇条は、ヘーグ・ヴィスビー・ルールズには規定がないものの、商法第五七八条の高価品免責の規律を準用すると定めている。この趣旨は、高価品は単に高価であるのみならず紛失しやすいものであり、あらかじめその種類及び価額の明告がない場合に、他の運送品と同様に責任の限度額まで賠償責任を負うのでは運送人の保護に十分でないためであるといわれる。試案の第1の2の甲案は、現行法の規律を維持するものである。」とされる。

第二に、「ヘーグ・ヴィスビー・ルールズの締約国である英国や、ヘーグ・ルールズの締約国である米国においても、高価品免責の規律が存在している。」と説明されている。

第三に、「普通品の運送と高価品の運送とは本質的に異なる類型である」との指摘である。

第四に、「本来割増運送賃を支払って高価品として運送を委託すべきであるにもかかわらず、普通品としての運送賃しか支払わない場合に、責任限度額までの賠償を認めることは相当でない」との指摘である。

また、「商法（運送・海商法関係）等の改正に関する要綱案の取りまとめに向けた検討（2）（以下「検討（2）」と記す）(47)によると、パブリック・コメントにおいては、甲案を支持する理由として、「責任限度額と高価品免責の各規律は、その沿革及び趣旨を異にすることから、前者であることが後者を削除する理由にはならないこと」、「高価品の免責の規律自体にもなお一定の意義がある」ことがあげられていた、とされる。

3　乙案のポイント

「補足説明」によると、乙案の根拠として、以下の二点が主張されている。

第一に、「国際海上物品運送法では、責任限度額に関する規律が定められ、原則として運送人がその額を超えて賠償責任を負うことはないから、高価品免責の規律を併存させて二重に運送人を保護する必要はない」とされる。

第二に、「国際海上運送の実務上、貨物の価額が申告されることはまれであり、大半の事例が責任限度額の規律により処理されている」とされる。

また、「検討（2）」によると、パブリック・コメントにおいては、乙案を支持する理由として、「高価品免責の規定によるとオール・オア・ナッシングの結論になることの不合理性」があることがあげられていた。

4　私　見

甲案を支持すべきであると考える。

第一に、乙案は、責任限度額に関する規律と高価品免責の規律を併存させて「二重に運送人を保護する必要はない。」としている。たしかに、運送人を保護する法制度して、責任制限制度と高価品免責制度が併存している。しかし、はたして、この批判的指摘は正しいのであろうか。すなわち、運送人が二重に保護されているとは、法の適用状態として、どのような状態なのであろうか。二つの制度が同時に適用されるということであろうか。

ここで想起されるのが、高価品について国際海上物品運送法一三条と商法五七八条の関係である。すなわち、国際海上物品運送法二〇条二項が高価品に関する商法五七八条を準用しているため、同時に適用される可能性がある。しかし、はたして二重に適用されるのであろうか。まず、荷送人が運送を委託するにあたり、高価品の種類および価額を明告した場合には、この明告は同法一三条五項の「通告」に該当するが、その種類および価額が船荷証券に記載されているときは、責任制限が排除され、その価額に応じた損害賠償を請求できる。この場合、運送人は、責任限度額に関する規律および高価品免責の規律のいずれによっても、保護されていない。次に、荷送人が高価品の種類または価額を明告しなかった場合には、運送人は同法一条の責任限度において賠償責任を負うのではなく、全く責任を負わないと解すべきである。この場合には、責任限度額に関する規律は適用されず、高価品免責の規律のみが適用される。すなわち、運送人は高価品免責の規律のみによって保護される。理由は以下のとおりである。すなわち、高価品は高価品であるがために、損害発生の危険・損害額とも大きく、高価品についてその種類・価額の明告がない場合に、高価品に相応する運送上の配慮・措置と相応の運送賃を請求できない。それにもかかわらず、運送人が、普通品と同様に、法定責任限度額まで賠償責任を負わなければならない。このような結論は、運送人の保護に十分ではないからである。(48)

第二に、「高価品免責の規定によるとオール・オア・ナッシングの結論になることの不合理性」があげられている。たしかに、損害があるのに賠償をしてもらえないことは、荷送人にとっては不合理の極みであろう。しかし、商法五七八条の効果として、運送人は、高価品としての責任を負担しないのみならず、普通品としての価格を算定することができないということ、および、明告の促進から、普通品としての責任も負担しない、とされている。(49)このような効果に鑑みれば、「オール・オア・ナッシング」という結論は致し方ないのではなかろうか。

第三に、乙案は、「国際海上運送の実務上、貨物の価額が申告されることはまれであり、大半の事例が責任限度額の規律により処理されている」としている。たしかに、荷送人が価格通告制度を利用して法定責任制限額を超える賠償を要求する場合には、運送人より割増運賃が要求されるが、割増運賃を支払うより、保険を利用したほうが安価である、価格はトレードシークレットであり、船荷証券に通告価格が記載されると、船荷証券取得者に仕入れ価格を知られることになり、荷送人が取引競争上の不利益を受けることから、実務上は国際海上物品運送法五条による取扱いはされていない、とされている。(50)しかし、「価格通告がほとんど行われていないことと、荷送人が運送人の責任制限排除の機会を提供するこの制度の意義ないし重要性とは別問題である。」との批判的な指摘がある。(51)この批判は、正鵠を射ていると考える。なお、価格通告制度は、海上運送の危険の分担をより公平なものにするのであり、存続させるべきものであると考える。(52)

(47) http://www.moj.go.jp/content/001154148.pdf

(48) 戸田＝中村編・前掲注（5）二八六頁〔佐野〕、田中・前掲注（5）三〇八頁、田中＝吉田・前掲注（5）二一四頁～二一五頁。

(49) 重田編・前掲注（5）一五九頁〔中元〕、戸田・前掲注（5）（海商）一六二頁、西原・前掲注（5）三〇三頁、平出・前掲注（5）四八二頁、森本編・前掲注（5）一五八頁〔齊藤〕。

(50) 栗田和彦「運送品の価格通告制度について」関西大学法学論集創立一〇〇周年記念特輯二八八頁・二八九頁（一九九七年）、戸田＝中村・前掲注（5）二八五頁〔佐野〕、箱井・前掲注（2）一五一頁。

(51) 中村＝箱井・前掲注（5）二四二頁。

(52) 栗田・前掲注（50）参照。

五　むすび

最後に、今までの議論をまとめて、本稿を終えることにしたい。

第一に、不法行為に対する運送人の責任の減免規定の準用規定の新設については、請求権競合論に関して修正請求権競合説に立ち、新設すべきであると考える。

第二に、商法五七八条の高価品に関する免責規定に関する議論については、①高価品であることを運送人がたまたま知っていた場合、②故意または重過失があった場合、③故意または「無謀行為」があった場合には、免責を認めるか否かであるが、①・②・③のいずれの場合も、免責を認めず、高価品としての損害賠償責任を負うべきであると考える。そして、重過失と「無謀行為」のいずれを採用すべきかについては、陸上運送には重過失を、海上運送には「無謀行為」と使い分けて採用すべきであると考える。

最後に、国際海上物品運送法二〇条二項からの商法五七八条の準用の削除であるが、削除する必要はないと考える。

被指名取締役（nominee director）をめぐる法律問題
――英連邦圏における議論を中心に――

根本伸一

一　はじめに

わが国では、取締役会を構成するすべての取締役が会社に対して同じ内容の忠実義務を負うことはあたかも自明のことのように考えられている（ここでは、とりあえず忠実義務とは、取締役が会社の利益を犠牲にして自己または第三者の利益を図ってはならない、すなわち、会社の利益と自己または第三者の利益が対立した場合は会社利益を優先すべしであるとの義務と措定する）(1)。しかし、それは本当だろうか。

たしかに取締役はその職務執行において会社の利益を犠牲にして個人的利益を図ってはならないことはたしかであるが、しかし事はそう単純ではない。

まず、会社の利益は一義的に明らかではなく、会社の背後に存在する株主利益もしばしば一様ではない。また、株主利益が会社利益と矛盾する場合もある(2)。そして、企業グループ利益への配慮など厳密には会社の利益に直結しない行動でも取締役には事実上求められ、それが法的に許容されることもあり得る(3)。さらに、MBOなどのキャッシュアウトの場合のように、対象会社の取締役が事実上支配株主の代理人と化している場合もある（にもかかわらず当該取締役は少数株主の利益に配慮することが求められている(4)）。また、近年、海外では、取締役に多元的な利益の配慮を求める立法も見られる(5)。このように、現実の取締役に求められる要求は多元的なものであり得るし、それは相互に矛盾し得る。しかもその場合の判断は取締役の裁量内として処理できる問題ではないと考えられる。

そこで本稿では、時として自らが就職する会社の利益と自らを派遣した会社外の第三者（指名者）の利益が矛盾する可能性がある「被指名取締役（Nominee Director）(6)」を取り上げて、これに関する判例・学説等の状況を紹介し、そこからの日本法への示唆を得ることとする。本稿は、主として、被指名取締役に関する議論が盛んな英連邦圏、とりわけイギリス、オーストラリアおよびニュージーランドの法状況について焦点を当てる。

以下では、まず、被指名取締役とはどのようなものを指し、それについてどのような法律問題が生じるか（二）について述べる。つぎに、被指名取締役をめぐる法律問題のうち、会社の利益と被指名取締役を派遣した指名者の利害が対立した場合に、被指名取締役はどのように行動するべきかという問題について判例を中心に考察を加え（三）、また、それ以外の問題、とりわけ被指名取締役による指名者への情報の伝達は許されるべきかという問題等（四）について概観する。そして、被指名取締役に関する立法動向等（五）について述べた上で、最後に、被指名取締役に関する議論が日本法に与える示唆について検討する（六）。

（1）このように解したからといって、判例・通説であるいわゆる同質説と矛盾するものではない。
（2）近年問題提起され、注目を集めている、いわゆるEmpty Votingと呼ばれる現象がこれに当たる（白井正和「エンプティ・ボーティングをめぐる議論の状況とそこから得られる示唆」法時八六巻三号一二頁（二〇一四年）参照）。
（3）フランスの判例法理であるローゼンブルーム原則はこのような立場を採用するとされている（清水円香「グループ利益の追求と取締役の義務・責任（1）」法政研究七七巻三号四四三頁（二〇一〇年））。
（4）会社法一七九条の三第一項参照。現実の利害対立は、支配株主・取締役連合対少数株主となっているのに、取締役に少数株主に対する配慮義務を求めるというのは一種の背理であるが、むしろそのような現実を踏まえた上で、どう少数株主の利益を擁護するかが問題なのである。
（5）近年、このように社会企業のために設計された会社形態が立法化されている。たとえば、アメリカにおいていくつかの州会社法が採用するBenefit corporationやイギリス会社法上のCommunity interest companyなどがこれに当たる。
（6）nominee directorの日本語訳については、これまで「ノミニー取締役」「派遣取締役」「派遣された取締役」などが用いられてきたが、最近、ある論説（小松岳志ほか「シンガポールにおける会社法現代化の現状」商事二〇八二号二四頁（二〇一五年））に接したところ、被指名取締役という語が用いられていた（同論文三〇頁）ので、それに倣うことにした。

二　被指名取締役とその法的課題

1　総　説

本節では、被指名取締役の意義および被指名取締役をめぐって生じる法律問題について概観する。

2 被指名取締役とは何か

(1) 意　義

被指名取締役とは、広義では、会社外の特定の第三者（appointer, nominator、指名者）の利益を代表するために取締役会に派遣された者のことである[7]。業務執行取締役か非業務執行取締役であるかは問われない（派遣の目的に応じてどちらの場合もあり得る）。正規の選任手続を経ている法律上の取締役である点で、事実上の取締役、影の取締役とは異なる。

従来、被指名取締役をめぐる議論が行われているのは、主としてイギリス、オーストラリア、ニュージーランドであり、最近では、シンガポール、インドネシア、インドなどでも立法論を含めた議論がなされている。なお、アメリカでは被指名取締役に関する議論はそれほど盛んではないが、被指名取締役に相当する言葉として、constituency director が用いられている[8]。

(2) 具体例

被指名取締役の具体的な利用例としては、以下のようなものがある。

① 親会社派遣取締役

親会社がその支配する子会社に取締役を派遣する場合である。このような現象は広く見られる。

② 合弁会社（Joint Venture）

合弁会社の当事会社が合弁会社に取締役を派遣する場合である。合弁契約においては、各当事会社が一定数の取締役を派遣する旨が規定されていることが多い。

③　従業員代表取締役

従業員または労働組合の代表が取締役を派遣する場合である。これが法律上の制度となったものとしてドイツの共同決定制度がある（ただし派遣先は監査役会）。

④　債権者派遣取締役

債権者が債務者である会社に取締役を派遣する場合である。その目的は主として債務者の管理・監視を通した債権確保である。

⑤　種類株主

特定の種類株主が自らの利益代表として取締役を派遣する場合がある。わが国では、取締役選解任種類株式を用いて選任された取締役がこれに当たる(9)。

⑥　政府の利害代表取締役

政府が株主または重要な利害関係者となっている会社においては、政府が当該会社に取締役を派遣する場合がある。わが国でも、経営破綻して公的資金の注入を受けた銀行においてこのような例が見られる。

⑦　その他

一定の大株主が会社に取締役を派遣したり、投資ファンドがその出資の条件として取締役の派遣を求める場合などがある。

後述するように、被指名取締役に関する議論が盛んなオーストラリアやニュージーランドでは、このような被指名取締役に関する判例の蓄積がある。これに対し、被指名取締役という観点からアプローチをしない会社法制では、被指名取締役に相当する者が存在していても、それについて特別な取扱いをしないか、何らかの対処をするとしても、被指名取締役とは別の観点からアプローチ（結合企業法制など）を試みることになる。

(3) 学説および立法における被指名取締役の定義

(1)で述べたように、被指名取締役に関してある程度の共通認識はあるものの、それを厳密または明確に定義することは難しい。それゆえに、後述するように、国によっては、被指名取締役に関する定義規定はないものの、被指名取締役に関する規律は存在するといった事態が生じてくる。

これまで述べられてきた被指名取締役の定義としては以下のものがある。

まず、オーストラリアの会社法学者であるRedmondは、被指名取締役に関する一九八七年の論文の中で、被指名取締役のことを「特定の人または集団の利益、もっぱらその指名者の利益を代表するという理解を基礎にその会社の取締役会に派遣された者」であるとしている(10)。

また、オーストラリアの「会社法・証券法調査委員会（CSLRC）」は、その一九八九年のレポートにおいて「その者の取締役としての職務執行に影響を与えることが可能である会社以外の者に対してある程度の忠誠を尽くすことを条件に、取締役会の構成員として、会社の取締役会に派遣された者」と定義している(11)。

最近の法改正により被指名取締役に関する規律を盛り込んだマレーシア会社法は、「会社の従業員としての地位、または株主または債券保有者の代表として派遣された取締役」と定義している(12)。これは被指名取締役を派遣する指名者が、従業員、株主、債券保有者に限られているという点で、これまで述べてきた定義と比べると比較的狭く定義されている。

さらに、同じく最近制定されたインド二〇一三年会社法は、その一四九条の用語説明（Explanation）において「金融機関の利益を代表するために選任された取締役または政府により選任された取締役」との定義がなされている(13)。これは指名者が金融機関または政府に限られており、もっとも限定的な用法である。

3　被指名取締役をめぐる法律問題

被指名取締役は、法律上、自らが就職する会社の取締役として当該会社に対する義務を負う一方で、自らを派遣した指名者の利益を代表することが期待されている（実際には、指名者のために行動するのが通常であるといわれる）。それゆえ、会社とそのような指名者の利害が対立する場合に、被指名取締役はどちらの利益を優先すべきかが問題になる（義務の衝突）。

また、被指名取締役が当該会社における職務執行を通して得た情報を会社外の指名者に伝達することができるか否かという問題もある（情報の伝達）。

さらに、被指名取締役の行動により会社に損害が発生した場合、被指名取締役を派遣した指名者の責任が問われる場合がある（指名者の責任）。

4　小　括

被指名取締役とは、会社以外の第三者（指名者）の利益を代表するために派遣された取締役である。被指名取締役をめぐっては、会社と指名者との間の利害対立、指名者への情報伝達等の問題が生じる。

（7）　R. P. Austin, I. M. Ramsay, *Ford's Principles of Corporations Law*, 15th Ed,(2013) at 605; Paul Redmond, *Corporations and Financial Markets Law* 6th ed,(2013), at 534; Lipton, Herzberg & Welsh, *Understanding Company Law* 17th Ed (2014) at 393; Andrew Keay , Directors' Duties, 2nd ed,(2014) at 187.

（8）　E. Norman Veasey and Christine T. Di Guglielmo, How Many Masters Can a Director Serve? A Look at the Tensions Facing Constituency Directors, *The Business Lawyer*, Vol.63, No. 3 , (2008) at 761-775.

(9) オーストラリアでは、種類株主の利益がそれぞれ異なる場合においては、取締役はすべての種類株式の株主を公平に扱わなければならない（Mills v. Mills [1938] 60 CLR 150.）。アメリカでの議論につき、尾崎悠一「種類株式発行会社における利害調整―米国の裁判例における定款による利害調整と取締役の信認義務」落合誠一先生古稀記念『商事法の新しい礎石』一八五頁～二二六頁（有斐閣・二〇一四年）。

(10) P. Redmond, Nominee directors (1987) 10 *UNSWLJ* 194.

(11) Companies and Securities Law Review Committee (CSLRC), *Nominee Directors and Alternate Directors* CSLRC Reports to Ministerial Council, No. 8 (1989) at [1].

(12) Malaysia COMPANIES ACT 1965, §132(1E).

(13) India Companies Act, 2013, §149(6) and its Explanation.

三 会社との利益衝突

1 総説

本章では、被指名取締役の義務の衝突に関する判例・学説を取り上げる。

なお、イギリスにおいては、取締役はコモンローおよび制定法上の義務を負うとともに、取締役はそのような義務を基本的に会社に対してのみ負い（イギリス会社法一七〇条(1)参照）[14]、例外的に会社以外の第三者（個々の株主を含む）に対して義務を負う場合があるとされる[15]。オーストラリアやニュージーランドにおいても、（制定法上の義務内容に差異はあるものの）基本的に同様に考えられている。ただし、その際に取締役が追求すべき会社の利益とは、実際にはかなり広い意味で捉えられている[16]。

2　判例の立場

被指名取締役が就職する会社において、会社の利益と被指名取締役を派遣した指名者の利益が対立した場合、被指名取締役はどのような行動を求められるかについては、以下の絶対主義アプローチ（absolutist approach）、会社利益優先アプローチ（corporate primacy approach）および義務軽減アプローチ（attenuated duty approach）という三つの立場が対立している(17)。

(1)　絶対主義アプローチ

もっとも古典的なアプローチであり、前述の取締役は会社に対してのみ義務を負うとの原則にもっとも忠実な考え方である。この見解によれば、被指名取締役は会社の利益のためにだけ行動する義務を負い、その義務を指名者の利益に適合させる余地はないとされる。

この問題に関するリーディングケースはイギリスの Scottish Co-operative Wholesale Society v Meyer [1959] AC 324. である。

［事案］　協同組合（Scottish Co-operative Wholesale Society Ltd.）は、Meyers および Lucas とともにレーヨン布地を製造するために合弁会社（Scottish Textile & Manufacturing Co. Ltd.）を設立した。協同組合の持株数は四、〇〇〇株、Meyers と Lucas は合計三、九〇〇株であり、協同組合は取締役五名中三名を派遣する権限を有することが定款に明記され、Meyers と Lucas は Scottish 社の業務執行取締役に就任した。協同組合が Scottish 社を設立した理由は、Meyers や Lucas のような専門技術がないために協同組合には許可が得られなかったためである。その後、レーヨン製造の許可が不要になるのに伴い、協同組合側は当該事業を会社から協同組合の一部門に移転したが、協同組合の被指名

取締役らは協同組合を消極的に支持してScottish社の業績悪化を容認する政策を採用した。そこで、MeyersとLucasが抑圧救済措置を求めた。

【判旨】 当該会社の事業が抑圧的方法で行われているかどうかを判断する過程において、Lord Denning判事は以下のように判示して、原告の請求を認めた。

「全ての関係者の利害が一致していれば何の困難も生じない。被指名取締役らは問題なく両社のもとで義務を履行できたであろう。しかし、二つの会社の利益が衝突する場合には、被指名取締役らは不可能な地位に置かれる。……本件の状況の下では、これら三名の紳士（協同組合の被指名取締役のこと：引用者注）は両社に対する義務を履行できず、かつ履行しなかったことは明白である。彼らは、繊維会社に対する自らの義務よりも協同組合に対する義務を上位に置いたのである。それは少なくとも協同組合の行為に対して繊維会社の利益を守るために何もしなかったという意味においてである。おそらく彼らは、協同組合の「被指名者として」の彼らの最優先の義務は、協同組合に対するものであると考えていたのであろう。ここで彼らは誤っていた。繊維会社の利益を協同組合の利益に従属させることによって、彼らは繊維会社の事業を他の株主に対する抑圧的な方法で遂行しているのである。」

ここでは被指名取締役が会社の利益よりも指名者の利益を優先して（消極的に）行動したことは会社に対する義務違反に当たるとして、被指名取締役といえども会社の利益のために行動する義務を負い、その点で他の取締役と変わらないとされている。

この判示のような立場に対しては、これまで商業上の現実（commercial reality）を無視している、実務がどこまで従うか疑問[18]などと批判されてきた。たとえば、Gowerは「公式に特定の集団を代表するために定款に基づいて選任された取締役に対して、全体としての会社構成員と債権者の利益よりも、当該集団の利益を優先する権利を否定することは、その選任目的を完全に否定することになる。[19]」と述べる。

その後もイギリスでは、Scottish Co-operative Wholesale Society v. Meyer と同様の判断を示す判例が下されてきている。[20] それゆえイギリスでは絶対主義アプローチが採用されていると考えられるが、最近の判例の中には、後述する義務軽減アプローチと親和性のある表現も見られるとの指摘もある。[21]

(2)　会社利益優先アプローチ

より柔軟ないし現実的なアプローチとして、被指名取締役について会社と指名者との間の利益が矛盾しない方法で行動することを認める見解がある。ただし、会社の利益と指名者の利益が対立する場合には、会社の利益を優先すべきであるとする。この立場を最初に示したのは、オーストラリアの Re Broadcasting Station 2GB Pty Ltd. [1964-5] NSWR 1648.である。

[事案]　Broadcasting Station 2GB Pty Ltd（以下、2GB 社、非完全子会社）において支配権の異動があり、新しい支配株主である Fairfax は、2GB 社に Fairfax の被指名取締役を派遣し、彼らが取締役会で多数派を占めるに至った。その後、旧支配株主の派遣していた被指名取締役が会社情報の提供を求めたところ、Fairfax が派遣した取締役らに拒否された。そこで、一名の取締役が、2GB 社は会社全体の利益を考慮することなく、Fairfax の利益のためにのみ行動している被指名取締役の下で、不公正に活動していると主張して、抑圧救済措置を求めた。

[判旨]　Jacobs 判事は以下のように述べて、支配株主の被指名取締役が会社の利益と一致しない行動をしたという証拠はないとして、その行動に非難されるべき点はないとして請求を棄却した。

「私はこれらの追加された取締役らが、その全ての意図と目的について、Fairfax の希望に従って行動するであろうし、またそうすることが Fairfax の利害関係者によって期待されている、Fairfax の被指名取締役であると確信している。この点で、私は分析の決定的な段階に到達したと感じる。私見によれば、そのようにして選任された取締役が、たとえ自分の行為が会社の最善の利益にならないと考えていたとしても、彼らがそのように行動したと推認されない限り、この種の行動は非難に値しない。これはおそらく容易に到達可能な結論ではなく、本件においてそのような結論に到達しうる証拠は認められない。この問題に関する厳密な個人分析抜きに、新たに選任された取締役らは事実上、Fairfaxの利害関係者の希望に従う立場を受け入れる気になっていたであろうし、私はそれを事実として認めたい。……しかし、これらの取締役について、Fairfaxの利益が全体としての会社の利益と一致するという善意の確信を欠いていたという証拠は認められない。このアプローチに基づいて、私は、それぞれの取締役にそれぞれの会社の問題に完全な公正さをもって対応させるために、全体としての会社の利益におけるいかなる権利をも与えないことに思い至ったが、しかし取締役にこれを要求することは会社組織の現実を無視することに他ならないと考える。また、そのような要求は被指名取締役という地位を事実上不可能なものとするであろう。」

この判示は、オーストラリアでは、取締役はその権限を会社の最善の利益のために行使する義務を負う（オーストラリア会社法一八〇条(1)(a)、なお、後述の一八七条はその例外である）こととの関係で、被指名取締役は、①被指名取締役がそれを全体としての会社の利益と一致するものと誠実に考えていた場合で、かつ、②そのような確信が不合理ではない場合に限って、指名者の利益を考慮することができるという趣旨で捉えられている。(22)

(3)　義務軽減アプローチ

被指名取締役について会社に対する取締役としての義務の軽減を認める見解である。もっともラディカルな立場であるが、いくつかのコモンロー圏の裁判所は、定款、株主総会決議ないし株主間契約に基づく義務の軽減を認める。この立場を最初に示したのはオーストラリアの Levin v. Clark［1962］NSWR 686.であるとされている。

【事案】 Levin は Argus Investments Pty Ltd. 社の支配株式を購入し、その購入代金のために譲渡担保権を設定した。定款によれば、当該売主は二名の業務執行取締役を派遣できるとの定めがあった。Argus 社のこれらの取締役（Clark と Rappaport）は、取引後も株式購入代金の確保のために取締役会に留まったが、Levin が債務不履行に陥らない限り、業務執行取締役としての権限を行使しないとの合意がなされた。その後、Levin が債務不履行に陥ったとき、これらの取締役は業務執行取締役としての権限を行使しようとした。これに対し、Levin は様々な理由を挙げて、その差止めを求めたが、その一つがこれらの取締役は全体としての会社の利益よりも、担保権者の利益のために行動することで信任義務に違反しているというものであった。

【判旨】 Jecobs 判事は以下のように判示して Levin の請求を棄却した。

「Clark と Rappaport は、業務執行取締役としての彼らの権限が復活してからは、もっぱら担保権者の利益のために行動していたと考える。しかしながら私は、彼らがそのように行動することは許されると考える。もちろん取締役が会社の利益のために行動すべきであるということを一般原則として述べることは正しい。これを一般的命題として支持する多くの権威を引き合いに出す必要はない。しかし、いずれにしても、会社の利益とは何か？という問いが残される。取締役が会社の外部者―担保権者……または特定の株主の利益を代表するために取締役会に派遣されることは珍しいことではない。取締役会の中に、このような他者の利益を代表し、そのような第三者の利益のためにのみ行動し、そしてそのような方法で適切に全体としての会社の利益のために行動するとみなされる者がいることは、会社の利益になり得る。第三者の利益を代表する目的で特別に選任された取締役は、法的には当該第三者の利益のためにのみ行動することができないと主張することは、私見によれば、取締役の信認義務を支配する幅広い原則を、株主間の合意により信認義務の幅が狭められている特定の状況に適用することに他ならない。」

この判示は、信認関係を基礎に置く取締役の義務は特定の状況を考慮して適用されるべきであると述べており、この点で、取締役の義務を株主全体の合意によりその幅を狭めることができることを認めたものとして、義務柔軟化アプローチの先駆けであると解されている。(23)

これに対しては、この判示の言わんとするところは、被指名取締役が指名者の利益のために行動しただけでは、必ずしも会社の利益を無視したことにはならないということだとの指摘もある。(24)

その後、ニュージーランドでは、一定の条件の下で被指名取締役の義務を修正できるということを、Levin v. Clark よりも明確に述べる判決が登場する。それが Berlei Hestia (NZ) Ltd. v. Fernyhough [1980] 2 NZLR 150. である。

[事案] ニュージーランドの合弁会社である Bendon Berlie 社は、その株式をオーストラリアの Berlei Hestia 社とニュージーランドの株主によってそれぞれ六〇%と四〇%保有されていた。定款によれば、Bendon 社の株主は、それぞれ三名の取締役を派遣できるとされていた。その後、Bendon 社がオーストラリアにおいて Berlei Hestia 社と競合する事業を始めたとき、株主間で不和が生じた。結果的にニュージーランド側の株主の被指名取締役は、Berlei Hestia 社に対する分配の減少をもたらす会計処理を採用するとともに、事業上の競争相手であるとの理由で Berlei Hestia 社側の被指名取締役を会社経営から排除し、会社の建物への立ち入りや会社情報へのアクセスを拒否した。これに対し、Berlei Hestia 社が差し止めを求めた。

[判旨] Berlei Hestia 社側の取締役が会社の情報にアクセスできるかを判断するに当たって、Mahon 判事は、会社情報へのアクセス権は取締役がその義務を遂行するために法によって認められているものであることから、彼らの信認義務の本質について検討しなければならないとして以下のように判示し、差し止めを認めた。

「オーストラリア側の取締役はオーストラリアの会社の被指名取締役であるにもかかわらず、彼らは株主全体に対して責任を負っている。この原則は、イングランドにおいて定着しているように見える。……しかし、こうした主張の普及にもかかわらず、不可分の責任という理論上の原則と商業上の現実とを調和させる試みがなされてきたが、それは定款により特定の株主または株主集団に取締役を選任する権限が与えられている場合、当該取締役は、会社によって代表される全株主に加えて、彼らを派遣した者に対する特別な責任を負う理由があるからである。このような見方は、ある株主集団に対するそのような特別な責任の創設は、全体としての株主の利益に通じるという意図と確信を持って当該定款が作成されているということを論拠とする。……本件で遂行されている事業は、会社という枠を取り払ってみれば、異なった国において営まれる二つの組織の間の通商パートナーシップである。会社を設立する際に、彼らは各当事者が三名ずつ取締役を選任することに合意し、また、その定款が示すように、一つのクラスの取締役は、意見の不一致が生じたとき、取締役会の機能を停止させることが許されていること、また、意見の不一致は常に二種の株主間の紛争に起因するものであることについて黙示に合意していた。定款を作成したとき、会社の構成員らはこのような帰結を十分に認識していた。法理論の問題としては、先例には反するが、会社に対する第三者の権利が侵害されない限り、信認義務の調整された形式に合意することができるということは、すべての会社の構成員にとって不合理ではないと思われる。何人かのコメンテーターによれば、被指名取締役は自らの行動が会社の利益もまた促進されているとの善意の確信と一致していることを示すことで、単にその指名者の利益を促進したことによる会社に対する義務違反から免れるところまできている。」

この判示は「会社に対する第三者の権利が侵害されることがない」限りで、合弁会社の株主は、定款等により被指名取締役の信任責任を調整することができるとしている。この点で、Levin v. Clark より一歩先に進んだ内容を持つものと評価できる。その後もニュージーランドでは、本判示と同様に、義務軽減アプローチを支持する判例が下されている。(25)

このことから、ニュージーランドでは、義務軽減アプローチが採用されているものと解することができる。

これに対し、オーストラリアでは、Levin v. Clarkのように義務軽減アプローチを述べたものと見られる判例が存在するが、前述のようにその評価をめぐっては議論がある。また、Re Broadcasting Station 2GB Pty Ltd.のように、会社利益優先アプローチに立つ判例もある。そのため、オーストラリアでは、義務の衝突の場面では、どちらかといえば会社利益優先アプローチが採用されていると見られるが、後述（四3）するように、指名者への情報伝達等の場面では、一定の条件下で被指名取締役の義務の調整が認められるとされている。

3 小括

会社と指名者との利益が対立する場面において被指名取締役はどのような義務を負うかをめぐっては三つのアプローチが存在する。イギリスの判例は、被指名取締役についても会社に対する義務のみを認めるのに対し、オーストラリアの判例では、会社の利益と矛盾しない限りで、指名者の利益の追求を認める。さらに、ニュージーランドの判例では、定款等により被指名取締役の会社に対する義務を調整し、それにより指名者の利益を追求することを認める。

（14） Percival v. Wright [1902] Ch. 421.
（15） 取締役と株主との間に「事実上の特別な関係」がある場合には、取締役に当該株主に対する信認義務を課すべきとするものとして、Coleman v. Meyers [1977] 2 NZLR 225; Re Chez Nico (Restaurants) Ltd. [1992] B.C.L.C. 192がある。
（16） Greenhalgh v. Arderne Cinemas Ltd. [1951]Ch 286; Darvall v. North Sydney Brick & Tile Co. Ltd. [1989] 2 Ch. 421.
（17） Deirdre M. Ahern, 'Nominee Directors' Duty to Promote the Success of the Company: Commercial Pragmatism and Legal Orthodoxy, 127 *Law Quarterly Review* 118-146 (2011).
（18） Philip Crutchfield, Nominee directors: the law and commercial reality, 12 *The Company Lawyer* 136, 142 (1991), P. L. Davis, *Gower and Davies: The Principles of Modern Company Law*, 9th ed. (2012) at 539.

(19) L. C. B Gower, *Principles of Modern Company Law*, 4th ed (1979) at 580.
(20) Boulting v. Association of Cinematograph, Television and Allied Technicians [1963] 2 QB 606, Kuwait Asia Bank EC v. National Mutual Life Nominees Ltd. [1991] 1 AC 187, Re Neath Rugby Ltd[2007] EWHC 1789 (ch.);[2008] 1 BCLC 527. Mike Lower, The Regulation of Intra-Group Transactions in *The Reform of United Kingdom Company Law*, J. de Lacy (ed), 274 (2002).
(21) Ahern, *supra* note 17, at 131
(22) Keay, *supra* note 7, at 193.
(23) Ahern, *supra* note 17, at 133.
(24) *Ibid* at 134.
(25) Trounce and Wakefield v. NCF Kaiapoi Ltd [1985] 2 NZCLC 99,422,; Dairy Containers Ltd. v. NZI Bank Ltd. [1995] 7 NZCLC 96,669.

四　情報の伝達等

1　総　説

本章では、被指名取締役がその職務執行を通して入手した情報を自らを派遣した指名者に伝達することが許されるか否か、およびその他の問題について論じる。

2　取締役の情報アクセス権

まず、被指名取締役をめぐる問題が議論されるオーストラリアなどの国においては、わが国とは異なり[26]、取締役はすべての会社情報にアクセスすることができるものとされている。前述の Berlei Hestia（NZ）Ltd. v. Fernyhough においても、被指名取締役の指名者が競業会社であることを理由に当該被指名取締役の会社情報へのアクセスが拒否された事案について、裁判所は、当該指名取締役は会社情報にアクセスする権限を有すると判示している。

ただし、コモンローおよび制定法上、取締役は会社の情報について秘密を保持する義務を負うとされている。たとえば、オーストラリアやニュージーランドでは、取締役が会社における職務を遂行する過程で入手した秘密の情報を不当に利用して、自己または第三者のために利益を得ること、または会社に損害を及ぼすことは禁止されている（オーストラリア会社法一八三条(1)、ニュージーランド会社法一四五条(1)。なお、イギリス会社法一七五条(1)(2)参照）。この場合、濫用が禁止される秘密の情報とは、その情報が差止請求の方法によって保護されるべきものかどうかで決まるとされている。(27)

3　被指名取締役による情報伝達

つぎに、被指名取締役はその職務執行の過程で得た会社情報を、自らを派遣した指名者に伝達することが法的に許されるか。前述のように、取締役は会社情報の不当利用が禁止されている一方で、被指名取締役はしばしばその指名者への情報提供が求められていることから問題となる。

一般に、会社は会社情報の第三者への提供について、明文の合意によって許可することができる。また、取締役会は、その構成員である取締役に対して第三者への情報提供を許可することができるし、逆に、そのような情報提供を禁止することもできる。それゆえ、このような明文の合意や取締役会の許可があれば問題ない。この点については、被指名取締役の場合も同様である。

問題はこのような明文の合意ないし許可が存在しない場合である。この点についての判例は少なく、また、その立場も明らかではない。(28)まず、前述の Berlei Hestia（NZ）Ltd. v. Fernyhough は、被指名取締役が当該情報を競争者に伝達することが立証できた場合に限り、取締役会は競争者によって派遣した取締役を会社情報へのアクセスから排除することができると判示する。つぎに、Harkness v. CBA [1993] 12 ACSR 165.は、被指名取締役の会社に対する義務は彼の雇主に対する義務に優越するとして、被指名取締役が彼を派遣した指名者に情報提供し、その者が情報を濫用するおそれがある場合には、会社は取締役の情報へのアクセスを許可しないことができると判示する。そして、Bennetts v. Board of Fire Commissioners of New South Wales (1967) 87 W.N. (Pt 1) (NSW) 307.は、取締役会は被指名取締役が指名者に情報提供する意図があることを認め、かつ、そのような情報提供が会社にとって有害であることを証明できれば、特定の取締役に対する会社情報の開示を拒否できると判示する。

これに対しては、被指名取締役は指名者に会社の（秘密の情報を含む）情報を伝達することを前提として派遣されていることや(29)、実際に被指名取締役は指名者に対して情報を伝達しているとの指摘がなされている(30)。つまり、この問題が表面化して法的紛争になるのは全体のほんの一部だというのである。

ともあれ、この問題は、情報の伝達という、そのこと自体は外部からはうかがい知れない事象であるが故に、取締役の行動を通して目に見える形での紛争が生じやすい利害の衝突の場面以上に、建前と実態の乖離が大きくなる傾向があり、しかもそれに対する明確なルールが確立され難い領域であるように思われる。

しかし、後述するように、ニュージーランド、シンガポールおよびパプアニューギニアは、この問題について一定の立法的解決を行っている。

4　指名者の責任

被指名取締役の職務執行により会社が損害を被った場合に、当該被指名取締役を会社に派遣した指名者の責任が問題となる。

指名者に対する責任追及の方法としては、⑴指名者に対して影の取締役（Shadow Director）としての責任を追及するほか、⑵代位責任（Vicarious Liability）、および⑶共犯者の責任（Accessorial Liability）などの法理が利用可能である。(31)

しかしこれまでのところ、被指名取締役が会社の利益よりも指名者の利益を優先したとして、これらの方法を用いて結果的に指名者の責任が認められた事例は見いだせない。その理由としては、社外の第三者が取締役を派遣したという事実だけでは影の取締役などの要件が充足されないことがあげられる。(32) また、このような指名者の責任は、一般的には、親会社が子会社に対する不利益指図を行った場合の子会社少数株主保護といった結合企業法制の問題として捉えられているところ、そのような場合に影の取締役の法理等を用いて親会社（指名者）の責任が認められるケース自体がきわめて稀であることもあると思われる。紙幅の関係上、詳論は別の機会に譲るが、既存の法理を用いて指名者の責任を追及すること自体は可能であるが、それを実現するのが困難なのは確かである。

5　小　括

情報を不当利用しない限り、取締役は会社情報へのアクセス権を有する。被指名取締役から指名者への情報の伝達に関する明文の合意ないし許可があれば問題は生じない。それらが存在しない場合については、判例の立場は必ずしも明らかではない。指名者の責任は理論的には追及可能だが、認められた事例は存在しないようである。

(26)　取締役会設置会社の取締役は会計帳簿閲覧請求権を有しないとする裁判例として、東京地判平成二三年一〇年一八日金判一四二一号六〇頁がある。

(27)　Rosetex Co Pty Ltd. v. Licata (1994) 12 ACSR 779 (SCNSW); Wright v. Gasweld Pty Ltd (1991) 22 NSWLR 317.

(28)　Austin, R. P, Representatives and Fiduciary Responsibilities - Notes on Nominee Directorships and Life Arrangements, 7(1) *Bond Law Review* 19,33 [1995]

(29) *Ibid.*, at 34.
(30) *Ibid.*
(31) Companies & Securities Advisory Committee, Corporate Groups *Final Report* (2000), at 85–88.
(32) *Ibid.*, at 86.

五　被指名取締役に関する立法動向

1　総　説

本章では、被指名取締役に関する諸外国の立法動向について概観する。

2　イギリス

イギリスでは、取締役は、会社に対して義務を負う（イギリス会社法一七一条）とともに、その具体的な義務として、中立した判断を行うべき義務（同一七三条）や利益相反を回避すべき義務（同一七五条）などが定められている。それゆえ、被指名取締役に義務の衝突が生じる場合にはこれらの規定の解釈が問題となるが、被指名取締役を直接対象とする規定は置かれていない。

3　オーストラリア

オーストラリアでは、これまで二回にわたり被指名取締役に関する立法提案がなされてきている。

(1) 会社法・証券法調査委員会の勧告

まず、「会社法・証券法調査委員会（CSLRC）」は「被指名取締役および代理取締役に関する第八次レポート」（一九八九年）において、以下の三つの場合には、被指名取締役が会社外の特定の者の利益を追求したとしても当該取締役の義務違反をもたらさない旨を明文化すべきであるとの勧告を行った[33]。

(1) 特定の者のための権限行使についてすべての株主が同意している場合
(2) 当該会社がそのような株主間契約によって管理されている場合（合弁会社の基礎にある合意を含む）
(3) 当該会社が完全子会社であって、その取締役が親会社の利益において行動する場合

(2) 二〇〇一年会社法

しかし、二〇〇一年会社法の制定に際して、この勧告はそのままの形では採用されず、以下のように完全子会社に関する一八七条が創設されるにとどまった。

「一八七条　完全子会社の取締役

完全子会社の取締役は、以下の場合には子会社の最善の利益のために誠実に行動したものとみなす。

(a) 取締役が完全親会社の最善の利益のために職務を遂行することを認める旨が定款に明記されている場合であり、かつ、
(b) 取締役が完全親会社の最善の利益のために誠実に職務を遂行している場合であり、かつ、
(c) 取締役が職務を遂行する際に、会社が支払不能状態にないこと、または職務を遂行することによって会社が支払不能に陥らない場合」

この規定は完全子会社に限って、一定の条件の下で、子会社取締役が完全親会社の利益のために職務遂行した場合で

あっても、子会社の最善の利益のために誠実に行動したものとみなす旨を定めている。その限りで、親会社の利益を子会社の利益に優先させることを認めるものである。

企業グループにおける子会社の利益保護との関係では、オーストラリアの判例の大多数は、グループ企業に属する子会社の取締役は、主観的に、その子会社の単独の利益のみを考慮すべきであるとしているが(34)、中には、賢明で誠実な取締役が当該取引は会社の利益になると合理的に信じる限りで、取締役は取引条件においてグループ企業の利益を考慮することが許されるとするものもある(35)。

この点、非完全子会社の事例である前述の Re Broadcasting Station 2GB Pty. Ltd.では、定款には被指名取締役に関する定めがないにもかかわらず、支配株主の派遣した取締役は、会社の利益を蔑ろにして支配株主の利益のために行動しているとの少数株主の主張に対して、Jacobs 判事は、当該取締役の行動は非難するには値しないとしつつ、「その取締役が、自分の行為が会社の最善の利益にならないとの考えを持ちながらそのように行動した場合は別である」と述べたが、結局、そのような事実は認定されなかった。

会社法一八七条が完全子会社の被指名取締役についてのみ立法を行ったことは、このような判例の錯綜した状況を踏まえて、最大公約数的な着地点を模索した結果ではないかと思われる。

その他、被指名取締役に関する規定としては、まず、会社法一九一条が、取締役の利益相反回避義務を補完する形で、取締役が会社の事業や経営に関して「重要な個人的利益」を有する場合には、これを他の取締役に通知する義務を課しており、被指名取締役の場合にもこれが当てはまる。また、取締役は株主総会の普通決議により解任できる（会社法二〇三C条）が、会社法二〇三D条(1)は、解任される取締役が特定の株主を代表している場合には、この株主を代表する別の取締役が選任されるまで解任決議は効力がないと定めており、一定の被指名取締役について解任を制限する規定を置いている。

(3) 会社・証券助言委員会の勧告

その後、CSLRCの後身である「会社・証券助言委員会」は「企業集団：最終報告」(二〇〇〇年）において、主として企業集団との関係において、被指名取締役に関する以下の(a)～(d)の勧告を行っている。[36]

(a) 被指名取締役を定義することが困難であるがゆえに、会社法には、被指名取締役に対して、その者が被指名取締役であること、および指名者が誰であるかという情報の開示を求める特別な規定はない。そこで、すべての取締役に対して、とりわけ他の取締役の職や他者による雇用など、義務または利益の衝突を生じさせるすべての状況を開示することを要求すべきである。

(b) 会社法には、非完全子会社の被指名取締役の信認義務に関する特別な規定は存在しない。このような取締役は、他のすべての取締役と同一の信認義務に服するべきである。

(c) 被指名取締役を含むすべての取締役は、機密保持と開示の双方に関する信認義務に服するべきである。会社法は、複数の会社の取締役が、一方の会社に対する機密保持に関する信認義務と他方の会社に対する情報伝達に関する信認義務との間で直面する矛盾の解決を試みるべきではない。

(d) グループ会社の取締役の指名者は、影の取締役としてのあらゆる責任を含む既存の原理の下での責任を除き、その被指名取締役の行為に基づいて代位責任を負うべきではない。また、親会社は非完全子会社の少数株主に対する公正取引義務[37]を負わない。

これらはそれぞれ、被指名取締役にかかる情報開示、非完全親会社における義務の衝突、秘密保持と指名者への情報伝達、および指名者の責任に関する内容となっているが、被指名者に関する情報開示を促進すべきである旨を述べる

(a)ほかは、被指名取締役に関しては現状維持ないし特別なルールを設定することに対する消極的な態度(b)(c)(d)が表明されている。

4　ニュージーランド

ニュージーランドは、被指名取締役に関する明確な規定を置いている。ただし、被指名取締役に関する定義規定は存在しない。

(1)　義務の衝突

まず、ニュージーランド一九九三年会社法は、その一三一条(2)から(4)において、被指名取締役の義務に関する特則を定めている。

「一三一条　誠実かつ会社の最善の利益において行動すべき取締役の義務

(1)　この節に従い、取締役は、その権限行使または義務履行に当たって、誠実に行動するとともに、当該取締役が会社の最善の利益のためであると信じることを行わなければならない。

(2)　完全子会社の取締役は、その権限行使または義務履行に当たって、会社の定款にそれが明記されている場合には、たとえ会社の最善の利益にならないとしても、その完全親会社の利益になると信じる方法で行動することができる。

(3)　（完全子会社ではない）子会社の取締役は、その権限行使または義務履行に当たって、会社の定款にそれが明記されており、かつ、あらかじめ（親会社を除く）株主による合意がある場合には、たとえ会社の最善の利益にならないとしても、その親会社の利益になると信じる方法で行動することができる。

(4)　株主間の合弁会社の取締役は、合弁会社における取締役としての権限行使または義務履行に当たって、会社の定款にそれが明記されている場合には、たとえ会社の最善の利益にならないとしても、その株主または株主らの利益になると信じる方法で行動することができる。」

(1)は取締役の一般的義務について定めるのに対し、(2)は完全子会社、(3)は非完全子会社、(4)は合弁会社において、被指名取締役は、一定の場合には、会社の利益にならない場合であっても、指名者の利益を優先することができる旨を定めている。指名者の利益を優先することが許されるのは、完全子会社と合弁会社については「定款にそれが明記されている場合」であるが、非完全子会社についてはそれに加え、「あらかじめ（親会社を除く）株主による合意がある場合」に限られる。ここでいう「株主による合意」が少数株主全員による合意を指すことに鑑みると、適用可能な場面はかなり限定されると考えられる。とはいえ、完全子会社についてのみ規定を有するオーストラリアの立法よりも一歩進んだ内容となっている。また、一三一条(4)は、一九九七年六月三〇日の改正により追加されたものであるが、これに対しては、会社法上合弁会社の定義が存在しないことが問題視されており[38]、また、判例を明文化したといいながら実際には前述の Berlei Hestia (NZ) Ltd. v. Fernyhough の判示を超えた内容になっており、そのため、それによって会社に損害を及ぼすことを知りながら、被指名取締役が指名者の利益のために行動した場合には困難な問題を生じる[39]などの指摘がなされている。

(2)　情報の伝達

また、ニュージーランド会社法一四五条(2)(a)(b)は、被指名取締役による指名者への情報伝達について定めている。

「一四五条　会社情報の利用

(1)　取締役または従業員としての資格において、それ以外では得られない情報を入手した取締役は、以下の場合を除き、その情報を開示しまたはその情報を利用ないし情報に基づいて行動してはならない。(a)会社の目的のため、ま

たは、(b)法律の要求に基づく場合、または、(c)以下の(2)または(3)による場合、または、(d)一四〇条による場合

(2)　取締役は、取締役会によって禁止されない限り、以下の者に対して情報を提供することができる。(a)取締役がその利益を代表している者、または、(b)取締役がその指示または指図に従って、その権限と義務との関係において行動することが要求されまたは習慣づけられる者であって、かつ、取締役がその情報を開示した場合には、開示された者の名が利害関係者名簿に記載される者

(3)　取締役は、以下の場合には、当該情報を開示し、利用し、それに基づいて行動することができる。(a)問題となる開示、利用、行動の詳細が利害関係者名簿に記載される場合であって、かつ、(b)取締役がそれについて取締役会から承認を得ている場合であって、かつ、(c)問題となる開示、利用、行動が会社に不利益を及ぼさないか、及ぼす可能性が低い場合」

このようにニュージーランドでは、判例の立場が必ずしも明確ではない状況下で、被指名取締役による指名者への情報伝達について初めて立法的解決を行い、一定の方向性を示した(40)。

5　その他

(1)　二〇〇〇年以前

かつてイギリスの植民地であったガーナでは、一九六三年にいわゆるガワー草案(41)を基礎に会社法が制定された。そのガーナ会社法は、「特定の取引または過程が全体としての会社の利益のためになるかを判断するに当たって、取締役は、会社の構成員と同様に、その従業員の利益、および構成員の特定の集団、従業員または債権者の代表者により、または代表者として指名された者は、そのような集団の利益について特別の、しかし排他的ではない考慮を払うことができ

る」との定めを置いている。(42) これは特定の集団から指名された取締役は当該特定の集団の利益を考慮することができるとする点で会社利益優先アプローチに近似している。絶対主義アプローチを採用するイギリス法の影響下で制定された会社法において、このような立法がなされたことは興味深い。

また、かつてオーストラリアの信託統治領であったパプアニューギニアでは、一九九七年の会社法制定に際してイギリス法に代わってニュージーランド法の制度の多くが採用され、その結果、ニュージーランド会社法一四五条とほぼ同様の規定が置かれている。(43)

(2) 最近の立法

二〇〇一年以降の立法として、マレーシア会社法は、二〇〇七年改正により、被指名取締役は「会社の最善の利益のために行動しなければならない」旨規定している。(44) これは絶対主義アプローチを採用したものであるとされる。(45)

これに対し、シンガポール会社法は、二〇〇三年改正により、被指名取締役は、取締役会の承認を受けた場合には、情報の開示により会社に損害をもたらす可能性が低い場合に限り、当該取締役を派遣した株主に対して、会社の取締役または従業員としての資格で入手した情報を開示することができるとしている（二〇一四年改正で要件を緩和）。(46) これはニュージーランド会社法一四五条と同様に、一定の要件の下で被指名取締役による情報伝達を許容するものである。

また、インド会社法は、二〇一三年改正により、被指名取締役は独立取締役になることができない旨規定するが、(47) これは被指名取締役にかかる義務の衝突や情報の伝達について定めるものではなく、そこで定義されている被指名取締役の範囲は、前述（二2(3)）のように、きわめて限定的なものである。

そのほか、カナダ・アルバータ州の事業会社法は、二〇〇〇年改正により、カナダで唯一の被指名取締役に関する規定を置いており、そこでは被指名取締役はその取締役を派遣した指名者の利益を考慮することができる旨が定められて

いる。(48)

6　小　括

被指名取締役に関する立法は、オーストラリアが完全子会社の被指名取締役について指名者の利益を優先することを認める定めを置いているほか、ニュージーランドが完全子会社、非完全子会社および合弁会社の被指名取締役について規定するとともに、被指名取締役による情報伝達について定めを置いている。

そのほか、最近の立法として、マレーシア、シンガポール、インドなどが被指名取締役に関する立法を行っているが、その方向性はまちまちである。

(33)　CSLRC, *supra* note 11, at [65].

(34)　Walker v. Wimborne（1976）137 CLR 1, at 6-7.

(35)　Charterbridge Corporation Ltd. v. Lloyds Bank Ltd. [1970] Ch. 62 at p.74.

(36)　Companies & Securities Advisory Committee, *supra* note 31, at 67-91.

(37)　ここでいう公正取引義務（fair dealing obligation）とは、アメリカ法で認められている支配株主の少数株主に対する信認義務を指す（*Ibid.*, at 82・83, American Law Institute, *Principles of Corporate Governance*, (1994), §5.11 at 333.)。

(38)　Peter Watts et al, *Company law in New Zealand*, (2011) at 486.

(39)　*Ibid*, and also see ,Thomas Gibbons,What Constitutes a Joint Venture Company?, *Waikato Law Review*, vol.15.(2007) at 120-137.

(40)　Susan Watson, Almost Codified almost 20 years on: the effect of the Companies Act 1993 on the development of directors' duties in New Zealand in *Research Handbook on Directors' Duties* (Edited by Adolfo Paolini) (2014) at 127.

(41)　ガワー草案とは、イギリスの故 Gower 教授が、ガーナの独立に当たって英国の会社法を基礎として発展途上国向けに起草したものである。ガーナ会社法が準拠しているのはその最終案（Ghana. Commission of Enquiry into the Working and Administration of the Present Company Law, *Final report of the Commission of Enquiry into the Working and Administration of the Present Company Law of Ghana*（1961）.）である。

(42) Ghana Companies Act, 1963, §203(3).

(43) Papua New Guinea Companies Act 1997, §123.

(44) Malaysia Companies Act 1965, §132(1E).

(45) Mohammad Rizal Salim, Company Law Reform in Malaysia: The Role and Duties of Directors, *International Company and Commercial Law Review*, Vol. 142, 2009 at 10.

(46) Singapore COMPANIES ACT, §158. なお、最近の改正については、小松ほか・前掲注（6）三〇頁参照。

(47) India Companies Act, 2013, §149(6).

(48) Province of Alberta BUSINESS CORPORATIONS ACT, §122(4).

六　日本法への示唆

1　問題状況

わが国では、伝統的に、取締役は会社に対してのみ義務を負うと理解されてきた。[49] 最近では、ＭＢＯなどのキャッシュアウトにおいて、取締役の株主に対する義務を認めることができる可能性が示唆されているが、[50] それでもなお、原則的な考え方には変更がないと見ることができる。このことからすると、被指名取締役のように取締役が会社外の第三者の利益を代表するというのはあり得ないことのようである。

しかしわが国でも、被指名取締役に該当ないし相当する取締役は実際に存在する。具体的には、二2(2)で取り上げたタイプの取締役の多くはわが国でも広く普及しているし、また、そのような者が置かれた状況も被指名取締役と基本的に同じであると考えられる。

そして、実はわが国の会社法においても、一種の被指名取締役と捉えることができる取締役が存在する。たとえば、累積投票（会社法三四二条）により選任された取締役は少数株主の代表であるし、また、選解任種類株式（会社法一〇八条一項九号）により選任された取締役は当該種類株式の保有者の被指名取締役である。また、親子会社の定義について、「他の会社等の財務及び事業の方針の決定を支配している場合」（会社法施行規則三条一項）に該当するケースとして、取締役会の構成員の過半数が自己の役員等であること（同条三項二号ロ⑴～⑷）が挙げられているが、このようにして他社に派遣された役員等も被指名取締役に該当する。さらに、取締役会決議における特別利害関係取締役（会社法三六九条二項）も、場面によっては当該取締役が会社外の特定の者の利益を代表するために派遣されていることから議決権が排除されると見ることもできる。

その他、わが国では、親会社から子会社に派遣された取締役（親会社と取締役を兼任する者もいる）は子会社では無報酬とされる事例が見られる[51]が、これは典型的な被指名取締役と見ることができる。この場合にも当該取締役に他の子会社取締役とまったく同一の義務を肯定できるかは問題となりうる。

2　議論状況

にもかかわらず、わが国では被指名取締役という観点からの議論はなされていない[52]。

そこで以下では、従来のわが国における様々な議論の中で、被指名取締役をめぐる法律問題との間に何らかの共通項を有する問題を取り上げてみる。

(1) 親会社ないし企業グループの利益

従来わが国では、親子会社関係において、子会社ないし子会社の取締役は、親会社ないし企業グループの利益ではなく子会社の利益のために行動すべきであると考えられてきた。これに対し、近年グループ利益を考慮することを認める外国の法制を基礎に、企業グループ法制に関する従来の見解を再定位し、新しい方向性を模索しようとする見解も主張されている。(53) このような見解は、被指名取締役をめぐる議論と親和性がある。

(2) 合弁会社の取締役の義務

前述のように、合弁会社の被指名取締役については、しばしばその義務のあり方が問題となってきた。わが国でも、合弁会社の当事会社から派遣された取締役はどのような義務を負うかについて議論がなされており、学説上、そのように当事会社から合弁会社に派遣された取締役であっても会社に対してのみ義務を負うとの見解で一致している。(54) これは、その結論において、被指名取締役における絶対主義アプローチを採用したのと等しい。

(3) 取締役による情報の伝達

従来わが国では、インサイダー取引などを除けば、取締役による情報利用に関してはあまり議論がなされておらず、また、被指名取締役に相当する者による情報伝達についても議論がされることもほとんどなかった。ただし、銀行が取引先に役員を派遣する例は多く見られ、また、そのような銀行派遣役員については、取引先の取締役として善管注意義務を負う（会社法三三〇条、民法六四四条）ことから、当該役員は「取引先に関して入手した情報を銀行のために みだりに使うことは許されず、取引先が派遣役員に対して情報を開示する場合は、取引先のために使ってくれることを期待しているのであって、銀行の利益のために使うことについては必ずしも承諾があるとはいえない(55)」との指摘がなされている。これはおそらくはわが国における一般的な認識と合致するのではないかと推察され、このことは、基本的に他の被指名取締役（に相当する者）についても当てはまるものと考えられる。

(4)　従業員代表監査役

従業員代表監査役は一種の被指名役員である。平成二六年改正会社法にかかる法制審議会会社法制部会では、従業員代表監査役を制度化することが一つの論点として取り上げられた(56)。それを契機に、従業員代表監査役が果たしてどのような義務を負うのかが論じられるようになり、そのような従業員代表監査役もまた他の役員と同様の義務を負うこと、および、かりに他の役員と異なり、従業員の利益代表としてその義務を定位するならば、職務遂行上の困難が生じることなどが指摘された(57)。しかしその後、従業員代表監査役の立法化が見送られることにより、結局このような議論も下火になってしまった。

(5)　取締役の責任の事前免除

被指名取締役における定款等による被指名取締役の義務の調整は、その機能において、取締役の責任の事前免除と共通する。これについて、この点につき、裁判例・通説は、総株主の同意による役員等の責任免除は、すでに発生していることが明確な個別的責任を対象とするものであるから、たとえ総株主の同意が得られようとも、将来発生するであろう役員等の会社に対する責任を事前に免除することはできないと解している(58)。捉え方にもよるが、このような考え方は、義務軽減アプローチを採用するに際しての障害になる可能性があると考えられる(59)。

(6) 親会社による不利益指図

親会社が子会社に対して不利益指図を行った結果、子会社に損害が生じる場合がある。これはわが国では子会社少数株主または子会社債権者の保護の問題として捉えられているが、このような不利益指図が親会社派遣の取締役を通して行われた場合には、被指名取締役と同じ問題状況となる。

わが国において、親会社の不利益指図に基づく取締役の責任が問題となったのは、いずれも親会社の株主が代表訴訟により親会社の取締役の責任を追及した事案で、そこで争われたのは親会社が子会社に親会社の株式を取得させ、その結果、子会社に生じた財産の減少額をそのまま親会社において生じた損害として認めるべきかどうかであった。(60) それゆえ、子会社取締役は子会社と親会社の利益のいずれを優先させるべきかという、被指名取締役におけるような議論はいまだ表面化していない。完全親子会社関係であったことから、両社間の利害対立が意識されることはなく、子会社の取締役が親会社の不利益指図に従ったことは事実上不問に付されたということなのであろう。(61)

3 私見

前述のように、被指名取締役に関する法理は国によって異なり、またいまだ発展途上ではあるが、その射程は広く重要な示唆を含むものと考える。それゆえ、日本においても、少なくとも同じような利害状況では被指名取締役と同様のアプローチが採用されて良いのではないだろうか。ただし、その場合の課題として、これまで言及した点以外にも、以下の三点が問題となる。

第一に、被指名取締役の定義および判断基準をどうするかである。前述のように、被指名取締役に関する定義規定を有する立法もあるが、その定義の狭さ、または曖昧さゆえに、わが国で同様の立法を行うことは困難かもしれない。他方で、合弁会社のように、合弁契約等により被指名取締役を派遣することが明文化されている場合はともかく、親会社が子会社に対して行っているように、事実上取締役を派遣しているにすぎない場合には、ある取締役が被指名取締役かどうかは常に明確とは限らない。

そこで、たとえば、法律上の取締役のうち、①特定の指名者に指名権が付与されまたは特定の指名者により派遣されている者で、かつ、②その職務執行に際して指名者の利益を代表することが求められている者で、かつ、③前記①②が定款に記載または何らかの形で開示されている場合であること、など一定の要件を充足すれば被指名取締役に該当すると解することが考慮に値しよう。

第二に、被指名取締役に対して具体的にどのようなアプローチを採用するかである。この点については十分な検討を経ていないため、結論を留保したいが、もっとも先鋭的な立場である義務軽減アプローチも十分に採用する価値があると考える。その理由は、①当事者の現実の意思にもっとも適合していること、②取締役の制度設計は現実を踏まえてしたほうが合理的であること、および③この立場を採用することにより生じる不都合な点は、情報開示などにより別途是正すべきであり、それで足りると考えるからである。

第三に、被指名取締役の義務のあり方に関する理論的正当化が必要である。これは第二の点ともかかわる問題である。被指名取締役をめぐる法律問題について多くの議論がなされ、かつ、先進的なアプローチがなされているオーストラリアやニュージーランドにおいてさえ、そのような方向性を採用するに際しては、現実重視の立場や当事者の合意を引き合いに出す程度にとどまり、いまだ十分な理論的正当化が図られていないように見受けられる。そこで今後、同じような方向性を模索するのであれば、被指名取締役の義務のあり方についての理論的根拠付けが不可欠であると考える。(62)

(49)　これに対し近年、取締役の善管注意義務・忠実義務の履行の判断基準として「株主利益最大化」を採用すべきであるとの見解が登場してきている（江頭憲治郎『株式会社法〔第六版〕』三三五頁（有斐閣・二〇一五年））。

(50)　裁判例では、全部取得条項付種類株式の取得に際しての公正価格移転義務が認められており（東京地判平成二三年二月一八日金判一三六三号四八頁、東京高判平成二五年四月一七日金判一一九〇号九六頁）、また、平成二六年度会社法改正により新設された株式等売渡請求制度においては、特別支配株主からの売渡請求に対して対象会社の承認が求められている（会社法一七九条の三）ところ、当該承認に際して取締役は少数株主の利益に配慮することが求められている。

(51) 事業報告においては当該事業年度に係る会社役員の報酬等に関して、役員の員数を記載しなければならないところ（会社法施行規則一二一条四号・一二四条一項六号）、その中に無報酬の役員は含めないものとされており、無報酬の役員が存在することが前提とされている（全国株懇連合会理事会決定「事業報告モデルの改正について」（平成二一年二月六月）など）。

(52) アメリカでは、Limited Liability Company について、業務執行者の信認義務を契約により排除することを認めている（デラウェア州ＬＬＣ法§一八-一一〇一など）。この点につき、小林俊明「デラウェア州ＬＬＣにおける業務執行者の信認義務の排除―契約に基づく事業体の業務執行者の義務について」青竹正一先生古稀記念『企業法の現在』四六一頁（信山社・二〇一四年）。

(53) 舩津浩司「欧州における企業グループ法制の動向と日本の法制のあり方」フィナンシャル・レビュー二〇一五年第一号一〇八頁。

(54) 澤田壽夫ほか『国際的な企業戦略とジョイント・ベンチャー』一七〇頁（商事法務・二〇〇五年）、中野通明＝宍戸善一編『M&Aジョイント・ベンチャー』四四頁（日本評論社・二〇〇六年）。

(55) 濱田広道「取引先への役員派遣とコンプライアンス」金法一九〇一号四頁（二〇一〇年）。

(56) 「監査役の一部の選任に関し、株主総会に提出する議案の内容を従業員が決定するものとするかどうかについては、なお検討する」（会社法制の見直しに関する中間試案(案)第一部第二の二（注））。

(57) 太田洋「従業員代表監査役の論点」落合誠一ほか『会社法制見直しの論点』六三頁（商事法務・二〇一一年）。

(58) 東京地判平成二〇年七月一八日判タ一二九〇号二〇〇頁（これに対し、東京高判平成一五年九月三〇日判時一八四三号一五〇頁は一人株主による名目的取締役の会社に対する監視義務の免除を認める）。神田秀樹「株式会社法の強行法規性」竹内昭夫編『特別講義商法Ⅰ』四頁・一一頁（有斐閣・一九九五年）、上柳克郎ほか編『新版注釈会社法（6）』

五七五頁〔龍田節〕、同二九二頁〔近藤光男〕（有斐閣・一九八七年）。

(59)　ただし、被指名取締役の義務を調整するという場合、当該取締役の義務を一般的に免除ないし縮小させるのではなく、あくまで指名者との関係で会社に対する義務を相対化するものであるという点には注意を喚起しておきたい。この点で、名目的取締役だから義務が軽減されるという議論とは次元が異なる。名目的取締役はむしろそれ自体が義務違反であると見るべきだろう。

(60)　最判平成五年九月九日民集四七巻七号四八一四頁、東京高判平成六年八月一九日金判九五四号一四頁。

(61)　親会社の不利益指図に従った子会社取締役の責任を問う場合、親会社が子会社に派遣した取締役には、親会社やグループ企業の利益よりも子会社の利益を優先することについて期待可能性があるのかという問題がある（期待可能性がなかったことによる免責は、これまでいくつかの事例において主張されている（大阪地判平成一二年九月二〇日金判一一〇一号三頁など）。かりに期待可能性がないことによって取締役の免責を認めることができる場合があるとしても、それは善管注意義務違反の有無とは別の特別な事情による取締役の免責を認めるだけで、取締役の義務を再構成するという観点が存在しないうらみがある。

(62)　たとえば、Ahern は、定款等による被指名取締役の義務の調整を会社法理論における契約理論学派（Contractarians）的アプローチによって説明しようとし（Ahern, *supra* note 17, at 138.）、また、Gelter & Helleringer は、被指名取締役の存在意義を契約の不完備性に対する解決策として再構成しようとする（Martin Gelter & Genevieve Helleringer, Constituency Directors and Corporate Fiduciary Duties, in *The Philosophical Foundations of Fiduciary Law*, Andrew S. Gold & Paul B. Miller (ed), 302-320 (2014), available at http://ssrn.com/abstract = 2341660）。

七　むすびに代えて

被指名取締役と同じ状況はわが国でも存在するにもかかわらず、従来わが国ではこのような観点からの議論がほとんどなされてこなかった。そこで、被指名取締役をめぐる議論は日本にとっても参考になると思われる。その際、いかなる方向性を採用するにせよ、取締役の制度設計については、現実の利害関係に即した議論が必要である。被指名取締役のように、実際には特定のインセンティブを有しているにもかかわらずそれを無視することには問題があるからである。同様に、明確なインセンティブを有しない者に一定の行動を求めることは、意図した効果を得るのが困難なだけでなく、有害ですらある。(63)

(63) そもそも厳密にはまったく利害がなければ取締役に就任することなど考えられない。「社外」「独立」という属性のように明確な利害がないということは、むしろその空いた穴を別なもので埋めていると考えられ、それは時として個人的な人間関係等の「些細な」動機であったりするが、明確なインセンティブがない分だけ、そのような動機は取締役本人にとってはきわめて重要な意味を持ち、一定の行動へと導くのである。

統一商事法典の改正と商業実務

野口明宏

はじめに

米国統一商事法典の改正過程を考察する研究において、将来の改正を見通すだけでなく、現行法の評価についても、見解は一致しない。中には改正過程の欠陥を指摘し、法改正を具体的に提唱するものもある(1)。本稿においては、二〇〇三年の統一商事法典第二編改正の際に、起草者が採用した方法、彼らが改正を選択し、または改正を見送った問題を中心に考察する。このような改正過程の検討を通じて、起草者の調整方法が基本的な商業契約理論に配慮し、経済界の必要性に対応しているか否かを明らかにする。本稿で検討するのは、つぎの事項である。まず、統一商事法典各編改正の際は、商法の前後関係を評価しなければならない。具体的には、補完的なコモン・ローと制定法の関係、発展するコモン・ロー理論との整合性、そして法典の他編の評価を必要とする。つぎに、法典第二編の二〇〇三年改正は、商業関係者間の緊張を背景に、利害の相反する者との交渉を通じて進行した。そして、経験にもとづく研究は、必ずしも現行法を改正する基礎を提供していないことである。

（1） *See* XII E. Kelly, Uniform Commercial Code Drafts 26 (1984).

一　商事法典は商法の一部

統一商事法典の起草者、カール・ルウェリンとその同僚の意図は、法典の目的と政策、および個々の条項の根底にある目的を強調する、制度化した解釈方法を、裁判官に提供することにあった。[2] このような目的のある法律の解釈に取り組む場合、法律の不明確さが頻繁にあり、その解決には、条文の明白な文言以外の調査が必要という考えにもとづく。法律が不明確であれば、法律の背後にある目的に依存しなければならない。別の方法によって、困難な事件に判決を出すことはできない。

法律の機能は、不明確であるか否かを問わず、条文に関するだけでなく、機能が目的と相互に影響するような条項も存在する。訴訟事件は、根底にある目的が争点でない場合にのみ、容易になる。明確に定義された目的のない、容易な事件は存在しない。その場合、前後関係と、そこから文言の意味を明らかにする必要がある。

ルウェリンの考え方は、つぎのようである。これに関する理論的根拠は、解釈と適用が、何らかの理由、目的、組織に関すること以外は、知的方法では探究不可能と考えた。境界線上の、疑わしい、あるいは予測できない事件は、回避できない。違った教育を受け、異なる学問や技術を備える裁判官による合理的な統一解釈は、同じ文言の解釈を方向づける理由が、すべての事件で同じであれば、大いに促進される。その上、公開された根拠は、説得力のある歪曲、もしくは文言の濫用について、熟練した弁護士に任された余地を、著しく減少させる。その根拠は、いかなる主張も、説得力があるためには、その理由について、何らかの意味が必要になるからである。公開された根拠は、判例法による法典の拘束より、むしろ補正的発展に対して、保証ではないものの、真に刺激を与えるものといえよう(3)。

目的がある解釈の概念は大抵、法典の目的と政策の間の必要な均衡を強調する。これは、全体として法典を、また問題の条項の目的と政策を促進しようとする。裁判官に法典の目的と政策の尊重を要求することは、裁判官が実際の事件に判決を出す、個々の条項の理論を無視することを必要としない。逆に、各条項の根底にある理由、目的、そして政策は、裁判官が解釈を行う際に、突出した地位を占める。このような均衡は、法典それ自体に反映されている。

条文を解釈する際の、商事法典の目的と政策の重要性は、法典の公式タイトルに続く、最初の条項の主題である。二〇〇三年に改正された条項は、つぎのように定める。㈠本法は、その根底にある目的と政策を促進するように自由に解釈、適用されねばならない。㈡本法の根底にある目的と政策は、つぎのようである。(a)法の明確化、近代化、(b)商慣習の継続的拡大、(c)各州の法統一である(4)。

ところが、条項の解釈における改正一－一〇二条の影響は、解決ずみの問題とはいえない(5)。おそらく、目的と政策という価値の適用に対する基本的批判は、それらの価値がいつも統一した結果につながるとはいえないことであろう。なぜなら、裁判所はしばしば政策を優先させながら、見解が一致しないからである(6)。ここでは、それら政策の順序づけは行わない。ただし、特定の事件におけるそれらの比較が、現実に判決を行う際に重要なことは、容認できる。たとえば、法典一－一〇二条は、統一した結果を推進し、裁判所が法律の文言を自由に解釈して、より完全な結論を獲得することを認める。その場合、同条は現実の選択をめぐり、緊張状態を生じさせる可能性がある(7)。一－一〇二条が明示する目的は、無意味で自己矛盾に向かう傾向があるにもかかわらず、その意味は明確である。法典は、文言による通常のルールの機械的適用にもとづくより、政策によって解釈されるべきであろう。

一－一〇二条に問題点があるとすれば、目的ある解釈が、特定条項の政策遵守の姿勢を要求するものと起草者が判断したことは、驚くべきでない(8)。起草者は政策の問題を、たとえば単純化、説明、現代化、発展、そして各条項を起草し、その意味について彼らの考えをまとめる場合に、画一化しようと考えたのであろう(9)。さらに、目的ある解釈に必要な裁判官の遵守姿勢は、起草者が裁判官に、その判決の理由を発見するための指針を提供することを要求する。つまり、起草者は、明白な理由という原理を遵守しなければならない。各条項は、その理由を文言で明示すべきである。条項の内容は、その組織上の原理を法文に表示すべきものとされる(10)。

目的について、裁判における遵守の事例は、法典一－一〇二条の公式の注釈が提供する。そこで起草者は、裁判所が制限の理由を適用しない場合、法律上の救済の制限を無視した一つの事件を、それを支持する根拠として引用する。それはフィッターマン事件(11)であり、裁判所は、引き渡された商品すべての売主への返還について、買主に資格がなくても、買主が担保責任の違反を理由に、契約を解除することを認めた。起草者は、裁判所のこのような行為について、法典に何の定めもないことを明らかにした(12)。このように、裁判所は法典の特定条項の明白な文言を排除するために、政策を用いているようである。各条項の文言は、問題のルールの目的、もしくは政策に照らして解釈すべきであろう(13)。

統一商事法典の立法について、通常の法律と異なり、起草の一般的基準を示すことは、有益であろう(14)。法典は、立法への制度的取組みといわれるものに従う。しかし、法典を自己充足的制度とみるべきでない。法典を改正する前に、法典の実体規定と、法典以外の法律、ならびに関連する商業実務との関係を理解する必要がある。法典は、より大きい制度の一部にすぎないというのが、その要点である。これは普通の理解といえよう。

これについては、つぎのような指摘がある。すなわち、法律は、固定した信用システムをともに構成する、多くの要素の一つである。固定した制度を考えずに、法律を考えるのは、多くの法律をその意味から遠ざけ、理解をより困難にするであろう。しかし、システム全体を考えるには、機関、人、そして法律でない物事に関する議論を必要とする。様々な法源による法律とともに、それらの事態は、担保付貸付制度を構成している(15)。

このようなモデルは、裁判官にも起草者にも、等しく重要である。法典のもとでの意思決定への合理的取組みが、すべての関連する政策バランスの考慮を必要とするのであれば、その取組みは、相互に依存する前提と結果の制度として、法律を維持する固有の価値と比較考量しなければならない。このような法典解釈の取組みは、最初の起草者が言明した目標の一つを促進する。法律本文の統合した、包括的取扱いを発展させるために、少なくとも大部分の特定ルールは、同じ重要な原理の様々な場面における適用を示すにすぎない[16]。この価値の十分な保護を確保するため、現代の法典起草者の任務は、その主題が法典中の適合性を合理的に扱うことの確認にあるとみなければならない。これは、各編の条項に矛盾がないことだけでなく、数編に系統的結びつきがあることを必要とする。その上、起草に着目する場合、特定の結論を推奨する能力は、商業界全体の秩序の範囲内で問題となる、理論の位置づけに対する洞察に依存するであろう。

法律の解釈と、法典の組織的性質について、ルウェリンの概念上の見解があることを前提に、二〇〇三年の第二編改正に注意を向けてみる。第二編改正に対して、つぎのような批判がある。つまり、起草委員会の決定のいくつかは、政策の観点から説明できず、法典の別の箇所、また一部の判例、法典以外の法律が示す、基本的原理に対応できていないというものである。このような見解は、法典が容易に起草され、改正される過程が、最善の結果をもたらさないことを示唆する。つぎに、二〇〇三年改正への取組みが不適当であったか否かを議論していく。

（2）*See* Fordham & Leach, *Interpretation of Statutes in Derogation of the Common Law*, 3 VAND. L. REV. 438 (1950).
（3）*See* Alces & Frisch, *Commercial Codification as Negotiation*, 32 U.C. DAVIS L. REV. 17, 21 (1998).
（4）*See* U.C.C. §1-102 cmt. 1 (1995).
（5）Gilmore, *On the Difficulties of Codifying Commercial Law*, 57 YALE L. J. 1341, 1355 (1948).
（6）*See* Dolan, *Changing Commercial Practices and the Uniform Commercial Code*, 26 LOY. L. A. L. REV. 579 (1993).
（7）*See* Schwarcz, *A Fundamental Inquiry into the Statutory Rulemaking Process of Private Legislatures*, 29 GA. L. REV.

909, 918 (1995).
(8) 統一商事法典は当初より、起草者から半永久的法律になるものと理解されていた。*See* U.C.C. §1-201 cmt.1 (1995).
(9) *See* 1 STATE OF N.Y. LAW REVISION COMM'N REPORT: STUDY OF THE UNIFORM COMMERCIAL CODE 134 (1955).
(10) *See* Report of Special Committee of the American Bankers Association 14 (1954).
(11) Fiterman v. J. N. Johnson & Co., 156 Minn. 201, 194 N. W. 399 (1923).
(12) *See* White v. Hancock Bank, 477 So. 2d 265 (Miss. 1985).
(13) *See id.* at 273.
(14) *See* Alces & Frisch, *supra* note 3, at 25.
(15) *See* Heidt, *Taking a New Look at Secured Transactions*, 96 COLUM. L. REV. 759, 766 (1996).
(16) *See* Alces & Frisch, *supra* note 3, at 27.

二　法典起草者の姿勢

統一商事法典はその範囲外で、実質的に契約法を発展させている。一－一〇三条は、法典各編と、法典内の商取引に残りの法律を適用することを認めている。[17] 法典の第二編については、法律とコモン・ローの補完的、協調的、もしくは対立する多数の事件が存在する。裁判所は通常、関係する法源による分類と、法典の整合性を損なわない結論に到達することに精通する。

最初の法典の起草は、もっぱら報告者が行ったのに対して、その後の起草は、報告者以外の情報が反映した。法典の最初の公表時以来、[18] 補完的な法律とコモン・ローは、法典との整合性を検証しながら発展してきた。実際に、法典の条項を改正する方法は、発展の形態を評価して、補完的法律と法典の文言の関係を再検討するものであった。たとえば、当事者間の関係、詐欺、そして契約の概念は、取引形態の発展につれて、不変のままであると考えるのは、法律一般の枠組みとしてあまりにも固定的である。その上、法典は米国の経済発展の活発な時代に初めて公表されて以来、取引関係者の権利に関する理解も変化していった[19]。

一九五〇年代初期の法律とコモン・ローにうまく適合したものが、現在も調和するわけではない。たとえば、かつて法典が個々の消費者の権利を保護する主要な領域であったのに、現在は別に消費者保護法の分野が存在する[20]。かつて法典二－二〇七条は、契約が取引を意味し、その行為は実際に、文言より強調されることを確認する必要があった。

かつてマンスフィールド卿と、裁判官による法創造を認めたカードーゾが、商法を普通に理解したように、カール・ルウェリンも商法を解釈した。ルウェリンは、法律になり、法典に編纂された商法が不可欠であり、法典化された商法は、実際に商取引に重要であるから、その先行法を斟酌しなければならないと考えた[21]。商人が取引を行う方法を考慮せずに、商法を起草することは、常識的でないのと同じく、進化し、発展する商業契約法理を無視して、総合的で、予防的な商業に関する法律を起草することは[22]、近視眼的で、無益な結果に至るであろう。

現在の努力は、第二編の改正に向けられており、それはあまりに単純で、価値を認めえない。改正法を起草する法律家は、現行第二編を理解し、評価する必要がある。そのような理解は、判例に精通するだけでなく、現行法の定めについて問題のある条項の解釈から始まる。現行法を評価するには、そのありのままの機能の仕方を理解し、また問題のある文言を整理するだけの修正でさえ、費用、つまり訴訟費用を伴うことを理解すべきであろう。改正によって新しい文言の条項を定めると、訴訟当事者には、時間の経過とともに、おそらく新しい、より困難な問題が生じるからである。起草者はまず、自分の改正する法律の尊重から始めなければならない。起草者は、現行法を支持するものと推定される。起草委員会に関係する法学研究者は、常に法律の文言変更の問題意識を持っていても、しばしば費用の問題には無頓着な場合がある。

ルウェリンは、法学の研究者であり、かつ法律の起草者であった。彼の担保法に関する社会学的、法史学的な前例の研究は、担保がなしうること、もしくはなしえないことに関する理解に不可欠であった。斟酌を積極的に排除する、第二編の契約成立規定の定式化は、[23]法律となり、同様に法律がそれを強行しうる場合の解釈を明らかにした。よりよい商法とは、それが強制する以上に支配するといわれる。[24]改正商事法典の起草者は、自分の責任で当時の法律を無視した。消費者の代表は、統一商事法典の起草と改正過程に積極的関心を寄せた。これに対して、消費者に対する商品やサーヴィスの供給者は次第に、大企業ほど現状維持の姿勢をとるようになった。

(17) *See* Bugge, *Commercial Law, Federalism, and the Future*, 17 DEL. J. CORP. L. 11, 17 (1991).
(18) *See Id.* at 15.
(19) *See Id.*
(20) *See* U.C.C. §2-316 notes (1996).
(21) *See* Alces & Frisch, *supra* note 3, at 47.
(22) このように、起草は問題を限定せず、二-二〇一条の廃止のように、改正第二編の書面要件、第九編の登録制度の修正を包含していた。
(23) たとえば、売買取引における捺印の廃止 (U.C.C.§2-203) について、活発な議論は生じなかった。
(24) *See* Alces & Frisch, *supra* note 3, at 48.

三　法典改正の起草

統一商事法典第二編が定める実定法のルールは、一定の目的に貢献する意図を有している。もっとも顕著といえるのは、通常の商品の売買を促進することである。[25]この目的を達成するルールを創造するには、その制度の機能について、ルール作成者のかなり正確な理解が不可決である。商業実務に対するルウェリンの理解について、つぎのような指摘がある。つまり、ルウェリンは早くから、彼の一九三〇年の判例集が示すように、統一売買法の売買に対する取組み方と、彼の時代の商業の現実との隔たりを認識していたという。ところが、統一売買法は、複雑さの拡大を考慮しないだけでなく、その取組み方も、同法が適用される取引の現実とは、ほとんど無関係であった(26)。

これは、法典の改正には、根底にある取引と取引当事者の行為だけでなく、訴訟手続と、社会的、経済的、そして技術的環境の効果について正確な知識が必要なことを意味する。たしかに買主と売主の行為は、その外部状況の知識がなければ理解できない。第二編の改正過程の注目すべき特質の一つは、起草の決定が、裏づけとなる証拠なしに行われたことである。第二編の起草委員会は、証明可能な事実の代わりに、共通の前提に依存すること、もしくは、起草戦略がその目標を達成すると推測することを強いられた(27)。この問題は、二〇〇三年の第二編改正事業に独自のものではなかった。その結果は、有効か、もしくは効果がないか、あるいは問題を悪化させる一連の改正となった。

制度が機能する証拠として、適用の性質に言及することは有益であろう。第二編とその二〇〇三年改正に関する議論を特色づけているのは、主張を確認する確実なデータがない、証拠不十分な主張から成ることである。それらの主張は、商業の現実について、特定の意見の強要を任務とする陳情者がもたらしたものではない。それらは、起草会議に定期的に出席する、アドバイザーや参観者、あるいは委員会メンバー自身から、起草委員会に提供された。換言すれば、すべての関係者は等しく有責であろう。

つぎに、ここでいう証拠の実例をいくつか提示しておこう。ある広告代理業者は起草委員会に、消費者がそれを聞いた時に誇大広告と分かるだけでなく、一マイル離れてもそれを見抜くことができる、と述べている。今日の消費者は、以前の消費者世代よりきわめて懐疑的である。別の実例は、事業者団体の文書からのものである。全国小売商連盟のつぎの声明を考えてみよう。詐欺防止法は時々、契約上の債務を回避したい者に利用される一方で、存在しない契約上の債務を創出しようとする人々を排除するため、より頻繁に利用されるという。そして、全国電気製造業協会は、請求に応じて商業契約の内容を要約している。

商取引の買主と売主の真の期待は、契約条項によって、法典の定める条項よりも、売主をかなり有利にすることであろう。商取引の買主・売主間で合意される契約は、このことを裏づける。なぜなら、それらの契約は一般的に、結果として生じる損害について、買主による賠償を制限し、しばしば出訴期限法を短縮し、黙示の担保責任を常に放棄し、それら責任を明示の担保責任と入れ替えているからである。その他、売主の利益を保護する、第二編の賠償条項も修正されている。

これら二つの実例は、起草委員会の多くの会議に関する覚書きから明らかになった。これらの実例は、核心を明らかにするのに十分といえる。それぞれの事実は、その業界一般の現実として、もっともらしい話であるが、どれも法律改正の有益な指針として役立ち、人々を納得させる十分な証拠とはいえない(28)。

起草委員会の決定に関する第二の情報源は、起草会議と、四十年以上にわたり法典の判例法の内容に関係する人々が語った、多くの証言に由来する逸話的証拠である。物語に証拠的価値のあることを容易に認めうるが、その説得力は、その価値をはるかに超えることがある。この場合、経験のある商取引関係者によって明白に誠意をもって作成された記述が、関心事となりうる。

さらに、判例法についてはどうであろうか。起草委員会は、理由が明らかな事件として、現実社会の情報を得るため、主にデータベースを作成してきた。事件については、すべての委員会構成員が、データベースを読み、理解する教育を受けてきた。ところが、事件に依存することは、膨大なデータのどこに情報があるのかを探さねばならない。ないものは、時間、活力、金銭と、多くの場面における技術であり、多数の人々に代わってその場所へ行き、生活自体を視察することが加わるであろう(29)。しかし、事件だけが、その制度を評価するのに必要な情報を提供するわけではない。

事件に依存する場合の困難は、それらが良好でない状態の取引情報の場合があることである。しかし、取引の大部分は、分析されることもなく、大抵の取引は、訴訟に持ち込まずに解決されるであろう。訴訟が提起され、もしくは、当事者が他の形式的争いの解決方法を利用できる状態で、少ない数の事件だけが公表されている。そのため、多くの判例集を通じて、点在する状態で発見しうる取引は、商業活動のごくわずかな部分にすぎない。

事件の価値を、観察を通じて割り引いて考える別の理由は、事件は必然的に、常に後ろ向きの見方をしていることにある。実際の事件は、確かに過去の取引を明らかにする。確認できなくても、推測しうることは、人々の行為に対する法典の影響である。たとえば、最初の法典の起草者は、二-二〇七条で失敗を犯したと断言する見解がある。その理由は、起草者が根底にある取引について、彼らの知識を著しく過大評価したためという(30)。この見解はその正当性を示すために、統一商事法典判例サーヴィスの当時の最新刊の第六巻にある二七の困難な事件を根拠にあげた。

全体的にいえば、それら事件のすべては、起草者が最初から、契約実務を誤認したことを示唆するであろう。しかし、このような法と実務の最初の分離は、二-二〇七条がもはや解決策を必要とする法律の問題ではないように、日時の経過によって損なわれてきたのであろう。このことは、同じ判例サーヴィスの後の巻に、二つの事件しか存在しない理由になるであろう。その上、起草会議では何度も、商取引界が形式を争うゲームをしていることが話題になったといわれる。これは、多数の事件に目を向けるだけでは、十分でないことを示している。実際に、特定の争点に関する事件が存在しないことは、必ずしも現状を維持すべきことを意味しない。問題のルールは、やはりその効果によって評価されねばならない(31)。事件のタイミングに注意を払い、時間とともに実務が発展してきた過程を見ない限り、立法上の選択を行うための必要なデータは、得られそうにない。

詐欺防止法を維持し改正する、起草委員会の近時の決定は、おそらくそれを支持する行為について、経験にもとづく確認モデルのない状態で行われた決定の実例であろう。これは、詐欺防止法をめぐる文言の多くが、常に未経験の事実にもとづく主張によって決定されてきたため、やむを得ないといわれる。(32)詐欺防止法を削除する一九九三年の決定は、起草委員会が行った最初の決定の一つであった。(33)ところが、起草委員会は一九九六年一一月の会議で、以前の詐欺防止法を復活させる決定を行った。

詐欺防止法に対しては、つぎの理由によって批判がなされた。つまり、同法は経済界の実務を反映しておらず、詐欺の防止より、むしろ詐欺の手段として役立っている。それは、詐欺防止法が当事者に当然支払を期待された、口頭の商取引に背くことを可能にするからであるという。その上、つぎのような見解がある。すなわち、同法が定める無効の明確な推定は、有用な目的に貢献しないという。その理由は、現代の事実認定においては、陪審が契約の存在、もしくは不存在を正確に確定することを認めるからという。他方で、詐欺防止法を支持する説も存在する。支持説は、詐欺防止法が現代商業実務を反映しており、それはある程度、同法の規範的効果であるという。記名の形式を遵守させることは、商取引の不確実性の排除に役立つ健全な手続である。そして、詐欺防止法は、形式的行為への固執を強調する商人のために、そのような手続を促進するものであるという。(34)

詐欺防止法に関する商業実務について、経験にもとづく唯一と思われる研究は、五〇年以上前に公表されている。この研究が調査したのは、顧客や供給者との取引における製造業者の詐欺防止法の遵守状況である。その結果、商人の契約は通常、詐欺防止法の要件を満たしているとした。その上、口頭の契約は、大規模製造業者の取引より、小規模業者の取引に普及していることを明らかにした。(35)虚偽の契約によって請求を受けた事例について、多くの原告が、法律の要件を満たしていないことを理由に、救済を妨げられれば、事情は違ってくる。

現在まで信頼できる情報の存在しない状態で、起草委員会は、以前の決定を破棄して、新しい第二編に詐欺防止法を取り込む決定を行っただけでなく、同委員はその先へ進み、実質的にその条文を書き直している。(36)法律を維持する決定から、根本的に改正する決定にまで進展させたことは、明らかに飛躍といえる。しかし、委員会はその飛躍時に、結果としてその意味に気づいていなかった。(37) 改正二－二〇一条という特定の定めに反対せずに、第二編の改正を提案することは、起草過程の取組みに疑問を生じさせる。それは、起草者の認識にもとづく提案でないからである。誰もが認めるのは、経験にもとづくデータが、費用を必要とし、時間がかかり、作成には困難をともなうことである。しかし、制度とその環境について明確な理解がないまま、起草を続けることは、無理があるであろう。多くの重要な点で不十分な法律を起草するより、それは断念したほうが無難といえよう。

(25) *See* 1 N.Y. COMM'N REPORT, *supra* note 9, at 82-86.

(26) *See* Wiseman, *The Limits of Vision: Karl Llewellyn and the Merchant Rules,* 100 HARV. L. REV. 465, 493 (1987).

(27) White, *The Impact of Internationalization of Transnational Commercial law: The Influence of International Practice on the Revision of Article 5 of the U.C.C.,* 16 NW. J. INT'L L. & BUS.189, 213 (1995).

(28) *See* Alces & Frisch, *supra* note 3, at 71.

(29) *See* Danzig, *Comments on Professor White's Paper,* 1988 ANN. SURV. AM. L. 56, 57 (1998).

(30) *See* White, *Promise Fulfilled and Principle Betrayed,* 1988 ANN. SURV. AM. L. 7, 33.

(31) *See* Danzig, *supra* note 29, at 59.

(32) *See* Alces & Frisch, *supra* note 3, at 73.

(33) *See* U.C.C.§2-201 (1993).

(34) Comment, *The Statute of Frauds and the Business Community: A Re-Appraisal in Light of Prevailing Practices,* 66 YALE L. J. 1038, 1038-39 (1957).

(35) *See Id.* at 1051.

(36) *See* U.C.C. §2-201(c)(2)(1998).

(37) 起草者による詐欺防止法を弱体化しようとする決定は、かなり意外であった。その理由は、従来の立場の破棄が、同法を断念する起草者の最初の決定に対する経済界の否定的反応によって、大いに促進されたからである。

むすび

統一商事法典は、伝統的な判例よりも、消費者を保護しているか。消費者に好意的な法律に賛成する議論は、かなり明快であるものの、第二編、もしくは法典の他の編が、消費者を保護すべき範囲は、必ずしも明確でない。消費者の懸念を払拭する、より綿密で明確な情報がなければ、適切な立法上の保護について、説得力のある議論は不可能である。要するに、起草委員会の努力が、長期にわたる支持を得るには、同委員会は、現在よりも多くの要望を採択しなければならない。変更の要求を最大限に採択し、かつ積極的に改正を行うには、商法制度について多くの情報が必要であろう。起草委員会が全体の健全性に慎重な注意を払う場合にのみ、全体の均衡は保持されるといえよう[38]。

裁判官に要求されるのは、まず関係する重要問題を判断する努力、つぎに問題を生じさせる生活状況を選び出す努力である。裁判官は、問題を判断し、最も適切な対処方法を選択して、必要な特定の結論を導き出す。このような判断・対処方法は、立法における重要な構成要素といいうる。カール・ルウェリンは、よい法律、よい判決の鍵が、問題状況の正しい判断にあると考えた[39]。統一商事法典第二編の改正委員会は、十分に機能したといえるのか。成功した立法行為の構成要素を理解するのは、簡単でない。しかし、二〇〇三年の第二編改正は、その過程に基本的な欠陥があり、その結果、不備があるといえよう。このように、立法府の改正努力の有効性に消極的評価をする主な理由は、つぎのようになる。つまり、法律と商業実務全体に対する委員会の姿勢は好ましくなく、また、商業実務については、起草委員会に定期的に出席する人々が提供する、法律と商業実務の一般的情報に限られているからである[40]。実際に、経験から指摘しうるのは、つぎのようになる。商業実務の確かな証拠は、外観上は魅力的な改正を行う要望のような、本質的でない要素よりも、しばしば判断と対処方法の地道な決定の要素になることである。法典第二編の改正事業に、一般から理解される商法を方向づける価値を認めるのは困難である。

(38)　*See* E.HOEBEL & K. LLEWELLYN, THE CHEYENNE WAY 332 (1941).
(39)　*See* K. LLEWELLYN, THE COMMON LAW TRADITION: DECIDING APPEALS 324 (1960).
(40)　*See* Alces & Frisch, *supra* note 3, at 75.

投資決定に際してのESG要素の考慮と機関投資家の法的義務についての一考察
――英国・法律委員会の報告書を中心として――

野田　博

一　はじめに

二〇一四年二月二六日に策定・公表された「『責任ある機関投資家の諸原則』《日本版スチュワードシップ・コード》～投資と対話を通じて企業の持続的成長を促すために～」(1)（以下、「日本版コード」ということがある）は、機関投資家が投資先企業の状況を適切に把握すべきとする同コードの原則3との関係で、その把握する内容に「非財務面の事項が含まれる」旨を明らかにしている。(2)そして、その非財務面の事項として、投資先企業のガバナンス、企業戦略、業績、資本構造、リスク（社会・環境問題に関連するリスクを含む）への対応などが挙げられ、そこにはE（環境：Environment）・

S（社会：Social）・G（ガバナンス：Governance）の各要素への言及がみられる。(3)

他方、二〇一五年三月には、我が国取引所に上場する会社を適用対象とするものとして、金融庁と東京証券取引所を共同事務局とする「コーポレートガバナンス・コード原案～会社の持続的な成長と中長期的な企業価値の向上のために～」が公表され、それを受けて東証は、「コーポレートガバナンス・コード」を同取引所の有価証券上場規程の別添として定めるとともに、関連する上場制度の整備を行った（二〇一五年六月一日より適用）。「コーポレートガバナンス・コード」では、「コーポレートガバナンス」を「会社が、株主をはじめ顧客・従業員・地域社会等の立場を踏まえた上で、透明・公正かつ迅速・果断な意思決定を行うための仕組みを意味する」ものとするほか、「株主以外のステークホルダーとの適切な協働」と題する第二章において、ESGへの対応に言及されている。すなわち、基本原則2についての考え方において、上場会社は、自らの持続的な成長と中長期的な企業価値の創出を達成するためには、従業員、顧客、取引先、債権者、地域社会をはじめとする様々なステークホルダーとの適切な協働が不可欠であることを十分認識すべきであるとするとともに、その協働の対象には近時のグローバルな社会・環境問題等に対する関心の高まりを踏まえれば、いわゆるESG（環境、社会、統治）問題への積極的・能動的な対応を含めることも考えられるとされていることである。(4)

このような流れを受けて、わが国でもESG投資―ESG課題を考慮した投資―が広まることを予想ないし期待する見解がみられるところである。たとえば、GPIF〔年金積立金管理運用独立行政法人〕が日本版コードを採択していることとも関連付けて、「年金資金はまさに長期資金であり、民間企業の経営に対して影響を及ぼさないよう配慮しつつ、長期的な株主利益の最大化を目指す観点から企業のコーポレート・ガバナンスを含むESG（環境、社会、ガバナンス）を考慮して」、運用委託先の投資顧問会社等に対するモニターを行うことになるとの指摘等が存する。(5)

ところで、ESG要素、少なくともその一部に着眼した投資の歴史は、少なくとも一九世紀にまで遡ることができ、その投資主体や着眼点にも変遷がみられる。(6)　また、「ＥＳＧ投資」という言葉が用いられる以前から、(7)　このような投資手法は、一定の社会的、倫理的価値の実現を目指すという社会的運動を伴った投資戦略と性格づけられるものから変化して、ＥＳＧに関する要素を考慮することが中長期的に投資の収益性にも資するということが強調されるようになっていた。(8)　しかし、そのようなパフォーマンスを重視し、収益性と公共性が両立し得ることを示そうとする動きが広まる一方で、ファイナンス理論（効率性市場仮説、ポートフォリオ理論）の観点からそうした投資手法が、とりわけ経済的利益の最大化という投資目的を持つ投資家に対してもたらし得る負の影響が論じられるとともに、金融資産を管理運用する受託者の法的義務との関係についての整理の必要も指摘されていた。(9)

そのような議論状況との関係で、二〇一四年七月一日に英国の法律委員会（Law Commission）(10)　が「投資仲介者の信認義務（Fiduciary Duties of Investment Intermediaries）」と題する報告書を公表しており、注目に値すると思われる。本稿は、同報告書に示された考え方を紹介し、若干の検討を行うものである。同報告書は、年金というレンズを通して投資市場を眺め、信認義務が現在において金融市場の業務に携わっている人々にどのように適用されるかを考察し、併せて、他人のために投資を行う人々は、社会的、環境的影響といった要素、ならびに倫理基準をどの程度考慮してよいかを明らかにしようとしている。以下、二において、同報告書の考え方を、主にＥＳＧ要素の考慮の問題に関係する部分を中心として整理する。そして三では、その整理を出発点として若干の論争点について検討を行い、最後に四を結びとする。

（1）　投資先企業との建設的な「目的を持った対話」（日本版コード・原則4）の前提をなすものと位置づけられる。

（2）　日本版コード・原則3　指針3-3。笠原基和「『責任ある機関投資家の諸原則』《日本版スチュワードシップ・コード》の概要」商事二〇二九号五九頁・七一頁（注16）（二〇一四年）参照。

（3）　なお、二〇一四年八月には、日本版コードとも関連して、経済産業省を事務局とする伊藤レポート（「持続的成長への競争力とインセンティブ～企業と投資家の望ましい関係構築～」プロジェクト最終報告書）が発表されたが、そこにおいても、適切な目的と内容を持った対話・エンゲージメントであるために、その議題として、ＥＳＧを含む非財務情報に関する共通理解を得ることも重要であるとして、ＥＳＧに言及されている。

（4）【原則2-3　社会・環境問題をはじめとするサステナビリティーを巡る課題】も、近時のグローバルな社会・環境問題等に対する関心の高まりを踏まえ、上場会社に対し、社会・環境問題をはじめとするサステナビリティーをめぐる課題について、適切な対応を行うことを求めるものである。

（5）神田秀樹ほか「新春座談会　コーポレートガバナンス・コードを活かす企業の成長戦略―「攻めのガバナンス」の実践に向けて―」商事二〇五五号八頁一三頁〔武井一浩発言〕（二〇一五年）。またＥＳＧ投資への強い期待を表明するものとして、たとえば、北川哲雄編著『スチュワードシップとコーポレートガバナンス―二つのコードが変える日本の企業・経済・社会』（東洋経済新報社・二〇一五年）、とりわけ第七章「ＥＳＧ投資とそれをプロモートするアセット・オーナーの存在」〔小崎亜依子＝林寿和〕（同書一七五頁以下）等も参照。

（6）社会的責任投資に関する簡単な歴史の叙述として、仮屋広郷「社会的責任投資に関する一考察」一橋法学四巻二号四一一頁・四一六頁～四一七頁（二〇〇五年）参照。

（7）それ以前は、「倫理投資（Ethical Investment）」や「社会的責任投資（Social Responsible Investment: SRI）」と呼ばれることが多かった。

（8）国連責任投資原則（Principles for Responsible Investment: PRI）がそのような傾向に大きな影響をもったこと、および同原則の内容につき、北川・前掲注（5）一七七頁～一七九頁〔小崎＝林〕。

（9）仮屋・前掲注（6）四二二頁以下、Rosy Thornton, *Ethical Investments: A Case of Disjointed Thinking*, Cambridge L. J. 67(2), July 2008, pp. 396-422. なお、ポートフォリオ理論の簡潔な説明として、*Ibid.*, at 399-401.

（10）一九六五年法律委員会法（Law Commission Act 1965）により設立された、イングランド、ウェールズの法の体系的発達、簡素化と近代化を促進するための常設の委員会。スコットランドについては別組織になっている。田中英夫編集代表『英米法辞典』五〇〇頁（東京大学出版会・一九九一年）参照。以下「法律委員会」と呼ぶ。

二　英国法律委員会の考え方

1　背景、付託事項、および法律委員会における考察対象

法律委員会が「投資仲介者の信認義務」と題する上記報告書を取りまとめたのは、二〇一二年七月に公表された、いわゆるケイ報告の提言9が、「法律委員会は、受託者およびその助言者の側での不確実性や理解不足を解消するために、投資に適用される信認義務の法概念の検討を諮問されるべきである」と述べたことに端を発する。(11)同提言は、「年金基金の受託者の中には、その信認上の責任を、受益者の利益についての狭い解釈、すなわち、短期的な財務上のリターンの最大化に焦点を合わせ、会社のパフォーマンスに影響すると思われるより長期的な要素—それには、持続可能性または環境的および社会的影響の問題が含まれる—を考慮すべきではないとする解釈と同視する者もみられる(12)」という関心に基づいている。そして、二〇一三年三月にビジネス・イノベーション・職業技能省（Department for Business Innovation & Skills :BIS）および労働・年金省（Department for Work and Pensions :DWP）の付託により、そのプロジェクトが開始され、二〇一三年一〇月の意見照会文書(13)の公表を経て、最終報告書が二〇一四年七月一日に公表された。なお、同時に、同報告書のエグゼクティブ・サマリー（以下「サマリー」と呼ぶ）も公表されている。(14)

ＢＩＳおよびＤＷＰが法律委員会に付託した事項は最終報告書付録（Appendix A）に示されており、そこでは、ケイ報告の上記提言9以外のものも含まれている。本稿での紹介の主たる対象は、他者のために投資を行う者は社会的、環境的影響といった要素ならびに倫理的基準をどの程度考慮してよいかの解明を求める付託に関する考察部分ということになる。(15)

法律委員会は、この報告において年金に焦点を合わせるとし、その理由として次の三つを挙げている。第一に、法律

委員会が検討を求められている中心的問題が、ケイ報告の過程で年金基金受託者に即して提起されていたことである（最終報告書1.24. 以下、法律委員会の最終報告書の参照箇所を示す場合、報告書に付された番号のみを本文中に括弧書で掲げる）。第二に、年金は、大部分の人にとって金融市場におけるもっとも重要な長期的投資であることである。それは人々の生活の一部であり、人々は、仲介者がその利益を図ることを大いに頼りにしており、同時に、もし制度がそれに応えられないなら、もっとも不利益を被ることになる。歴史的にみても、年金業界は、エクイティ市場における重要な投資家であり、そこでの決定は全体としてのエクイティ市場に影響を有する（1.25、サマリー1.6）。第三に、法律委員会が、意見照会文書において投資市場を理解するレンズとして年金を用い、仲介者を含むインベストメント・チェーンを辿ったことである（1.26）。

なお、ここで、法律委員会が焦点を合わせる年金のタイプとして、確定給付企業年金（Defined benefit: DB）と確定拠出年金（Defined contribution: DC）の二つに触れておきたい。DB型は、一定期間保険料または掛金を納付することにより老後に一定額の年金が給付される仕組みであり、将来受け取る年金額が予め約束されていることから、「確定給付型」の年金と呼ばれる。他方、DC型は、企業や個人が拠出する掛金は予め決められるが、拠出された掛金は個々の加入者が自己責任で運用し、掛金とその運用収益との合計額をもとに給付額が決定される年金であり、将来受け取る年金額は保証されておらず、掛金だけが予め決められていることから、「確定拠出型」の年金と呼ばれる。(16)

2　年金受託者の法的義務の源泉

法律委員会は、1において示した問題、すなわち、受託者は財務上および非財務上の要素をどのように考慮してよい（または、しなければならない）のかという問題（4で採り上げる）を検討するに先立ち、投資戦略を考慮する際の年金受託者の法的義務の概観を試みている。その法的義務は、信託証書（trust deed）、年金にかかる法規制、および判例法から生じるとされる。きわめて簡略ながらそれらを示すと，以下のとおりである。

①　信託証書

受託者の中核的な義務は，信託目的の推進にある。受託者は信託証書から，与えられた権限の目的は何か，その目的の推進のためにどのようにその権限を行使することができるかを導き出すことになる（6.5）。なお，年金の場合において，その投資権限が，リターンを生み出し，その加入者に老後保障およびその他の利益を提供することを主要な目的とすることは，いうまでもない（6.6）。

②　年金にかかる法規制

受託者は（法）規制の枠内で行動しなければならないが，その関係で主要なものとして，一九九五年年金法（Pensions Act 1995），二〇〇四年年金法（Pensions Act 2004），および二〇〇五年企業年金制度（投資）規制（Occupational Pension Scheme (Investment) Regulations 2005，以下「投資規制」という）が挙げられている（6.7・6.8）。たとえば「投資規制」四条三項は，投資権限が「全体としてのポートフォリオの安全性，質，流動性および収益性を確保するよう考慮された」仕方で行使されることを求める。その趣旨は，リスクとリターンの関連を考慮し，そのバランスをとることである。また，同条七項は，ポートフォリオを適切に分散化し，「ある特定の資産，発行者または引受グループへの過度の依存を避ける」ことを求める。

③　判例法で認められた義務

前記の年金立法は，多様な判例法で認められた義務と相俟って機能する。判例法で認められた義務として，権限の行使に付随する義務，注意義務，信認義務等があるとされる。

受託者は，広範な要素の中で，自らの裁量権を行使しなければならない。そこには正しい答えは存在しないのであり，長期にわたって良好なリターンを生み出すことは，単純に数学的計算を適用するという事柄ではない。受託者は投資戦略を形成するという職務を与えられてきているが、それは、彼らが受益者の利益において広い裁量のもとで判断を行うのにもっとも適切な立場にあると考えられているためである。法は、受託者が、信託目的をもっとも重視しつつも、適正な手続を通じてその決定に至ることを求める。[17] そして、その手続上の義務として、次の三つが挙げられる（6.12)。

第一に、受託者は「自らの裁量権に足かせをかける」ことがあってはならない。この関係で、Martin v. City of Edinburgh District Council 事件判決が挙げられている。同判決では、受託者は、年金加入者のため当該年金をいかに実現するかのみを考慮すべきであり、既存の道徳的または政策的判断を単純に適用してはならないとされた。[18]

第二に、受託者は重要な事実を考慮しなければならない。この義務が必ずしも骨の折れるものというわけではないことに関して、Pitt v. Holt 事件判決が挙げられている。同判決では、受託者の熟慮がたとえ考え得るもっとも高い水準に達しないものであったとしても、必ずしも義務違反になるわけではないとされた。[19]

第三に、年金受託者は助言を受けるべきである。これは、前記 Martin 事件で強調されたことに言及されている。[20]

以上の諸々の義務と重なるところはあるが、受託者は「状況に応じて合理的な注意および技量をもって（with such care and skill as is reasonable in the circumstances)」行動する義務を負う。この注意義務について、その義務がつくされたか否かの判断は、後知恵ではなく、決定がなされた時点を基準にするものでなければならないことも指摘される（6.13-6.14)。

なお、法律委員会は、受託者に課された、受益者の最善の利益において行動すべきとの要求[21]は、義務の束とみられ得ると述べている。すなわち、その要求は個別的な義務というよりはむしろ、上述の義務すべてを簡略に表現するものと捉えるのが適切であろうとされている（6.15)。

3　ＥＳＧ要素を投資決定に組み込む手法

ＥＳＧ要素の考慮についての法律委員会の検討を紹介するに先立ち、簡単ではあるが、その考慮が具体的にはどのような手法で投資決定に反映されるかについても、整理しておきたい。

ＥＳＧ要素を投資決定に組み込む手法には多様なものがあるところ、(22)最終報告書では、その中で具体的には、①ネガティブ・スクリーン、②ポジティブ・スクリーン、③「ベスト・オブ・セクター」または「ベスト・オブ・クラス」の会社を選択すること、に言及されている（5.71）。①は、特定の企業または産業部門を除外するアプローチである。②は、望ましいと考えられる活動を実践している会社を選びだすアプローチである。③の手法は、特定の判断基準に基づいて、産業（業種）別に相対的にもっとも評価の高い企業を選び出すアプローチである。なお、BNP Paribasが二〇一一年に一一ヵ国の二五九の機関投資家について行ったサーベイ(23)が最終報告書に紹介されているが、それによると、「広範な」投資要素を考慮している投資家―調査対象のほぼ半数に当たり、専門の格付機関から情報を得ている―は、どれか一つの手法ではなく、組み合わせの方法によっている。(24)

スクリーニングという手法は、投資対象の選別のことである。(25)そこにおいて、ＥＳＧの基準は、前述のように積極・消極両面から用いられ得るが、それとともに、会社とのエンゲージメントにも用いられ得ることに留意が必要である（5.73）。保有している株式や社債の銘柄について、基準に抵触する何らかの事実を確認した際に、すぐに売却するのではなく、株主の立場から企業に対して働きかけを行うことによって問題解決を図ろうとする場合が、「ＥＳＧエンゲージメント」と呼ばれ、海外の大手年金基金の多くは、これを積極的に実施しているともいわれる。(26)なお、いわゆるアクティビスト投資家による企業への働きかけもエンゲージメントの範疇に含まれるが、海外の大手年金基金の多くが実施している「ＥＳＧエンゲージメント」は、それとは大きく異なることが指摘されている。(27)

4　年金受託者とESG要素の考慮─法律委員会の考え方

(1)　概念の整理─財務上の要素、非財務上の要素およびESG要素の関係

法律委員会は、ここで扱う問題に関して、財務上の要素と非財務上の要素との間の区別が決定的に重要であるとする（6.22、サマリー1.21）。そこにおいて財務上の要素は、リスクとリターンの関連を考慮し、そのバランスをとるという受託者の主要な投資上の義務に関係するすべての要素であるとされる（6.24）。他方、非財務上の要素は、その他の関心、たとえば財務的な利益以外の形で加入者の生活の質を改善すること、または一定の産業への異議を示すことといった関心によって動機づけられ、投資決定を左右し得る要素であるとされる（6.33）。この区別によると、たとえば、タバコ産業の回避が、訴訟のリスクがあるため長期的な投資に適さないということに起因するのであれば、それは財務上の要素に含まれ、他方、その回避が、人の生命に害をもたらす製品であること自体により投資が適切でないということであれば、それは非財務上の要素に含まれることになる（6.48、サマリーA.23）。

以上が示すように、リターンを増加させることまたはリスクを減少させることに関係する要素である限り、通常はESG要素とみられる要素も、財務上の要素に含まれるというのが、法律委員会の捉え方ということになる。その枠組みにおいて、非財務上の要素は、リターンを増加させることまたはリスクを減少させること以外の関心に基づく要素ということになり、上記のように、財務的な利益以外の形で加入者の生活の質を改善すること、または一定の産業への異議を示すことといった関心事がその典型的な例とされるわけである。なお、文献の中には、非財務情報とESG情報はほぼ同じ意味であり、「長期的な企業価値評価分析において、『非財務情報』への考察は不可欠である」ということを「長期的な企業価値評価分析において、『ESG情報』への考察は不可欠である」と表現を変えることも可能と考えられるとするものもみられる(28)。これは、ESGが非財務情報を投資の観点から整理・分析するためのツール（枠組み）である

と捉えることに基づく整理であるが、法律委員会の概念の整理はそれとは異なることに留意を要する。[29]
以上のような法律委員会の概念の整理を前提に、財務上の要素と非財務上の要素に区分して、⑵以下で、具体的に法律委員会の考え方を概観していく。

⑵　財務上の要素の考慮をめぐって

法律委員会の採る分類法のもとで、長期的なエクイティ投資の場合、たとえば貧弱なガバナンス、環境への悪影響、または会社による顧客、供給業者もしくは従業員の扱い方に起因した会社の評判へのリスクも、会社のパフォーマンスの長期的持続可能性に懸念をもたらすものであれば、財務上の要素に含まれることになる（6.25・6.26）。法律委員会は、「受託者が、環境、社会、またはガバナンスの要素を考慮することは、それらが、財務上重要であり、または重要であるかもしれない場合、障害となるものは何もない」と結論づける（6.29）。この結論については、二〇一三年一〇月の意見照会文書に寄せられた意見でも一般的な合意があったとのことである。ただし法律委員会は、年金受託者がこの問題について法的リスクを感じ続けている事実に関心を持たなければならないことを指摘し（6.28）、上記の結論を示すとともに、この問題について受託者の懸念が取り除かれることへの期待を表明している。

つぎに、受託者は財務上重要な要素を考慮に入れなければならないかである。最終報告書は、この問題に関して、財務上重要なＥＳＧまたは倫理的要素はつねに考慮に入れられねばならないと述べたとしても、それにより得られるものはないとしている（6.31）。

意見照会文書に対して、ＥＳＧ要素が財務上重要であるなら、それらの要素の用い方は選択的ということにはならず、受託者はつねにそれらを考慮しなければならないとする意見も寄せられたとのことである。たとえば Hermes Equity Ownership Services は、「もしＥＳＧ要素が長期的な価値に影響し得るとし、かつ、会社とのエンゲージメントが長期のリスクの低減および価値の増大に役立ち得るとすれば、受託者はＥＳＧ要素を考慮に入れ、そしてそのポートフォリオに含まれる会社とのエンゲージメントを推進する信認義務を負う」と述べた。また、Legal and General Investment Management も、より広範な要素を考慮することにおける「してもよい（may）」と「しなければならない（must）」との間の区別は財務上の重要性によるとした上で、「法律委員会がＥＳＧと会社のパフォーマンスとの間の結びつきが存在すると結論づける以上、それに続いて『してもよい』という示唆が続くのは矛盾しており、そして誤解を招きやすい。われわれは、〔資金提供者である〕アセット・オーナーの資産を短期、中期および長期において保護し、最大化できるようにするため、ＥＳＧ統合における法の適用の一層明確な説明を強く勧める」と述べた（5.65）。なお、法律委員会は、意見照会文書において、裁判所は受託者に相当の裁量を許容する傾向があり、特定の投資アプローチを規範的に命じるものではないと論じ、Pitt 事件判決(30)に言及していた。その立場を「すべての重要な考慮要素を計算に入れるべき義務への非常に緩められたアプローチ」と捉える ShareAction は、それが裁判所によって採られそうに思われるアプローチを反映しているということには賛成するとしつつも、「我々は、かかる事態が受益者の最善の利益に資するということには納得していない」とする（5.67）。

このようにＥＳＧ考慮についてより積極的な姿勢を求める意見の存在にもかかわらず、最終報告書が上述のような考え方を示すことには、ＥＳＧが非常に多様な要素を包摂し、またその用いられ方も多岐にわたる概念であることに留意が必要である。ＥＳＧといった標語は不明確であり、不確実さの原因になりがちである。ある特定の要素が伝統的に〝ＥＳＧ〟または「倫理的」要素と分類されるという事実が、それが財務上重要か否かを決定づけるものではない。また、ある投資との関係で財務上重要である要素が別の投資との関係でいつも財務上重要であるわけではない。そうであるとすると、受託者がＥＳＧアプローチをとらねばならないとすることは、意味をなさないであろうと考えられるわけである。結局、どの場合でも、当該投資と結びついたリスクは何であるかが問われねばならない。長期のエクイティ投資の場合、前述のように会社のパフォーマンスの長期的な持続可能性に対するリスクが問題になる。最終報告書は、法は特定のアプローチを命じず、それらのリスクを評価―どの要素が財務上重要であるか、それらにどれだけの比重が与えられるべきか等―することは、適切な助言を受けて行動する受託者の裁量の問題とするのが適切であるとする（6.31・6.32）。ただし同時に、ShareAction およびその他からのコメントを心に留め、受託者およびその助言者（ファイナンシャル・アドバイザー）は、ESGおよび倫理的要素いずれも、ある一定のケースにおいて、投資のパフォーマンスに重要であるかもしれないということに留意すべきであると指摘している（5.76）。

(3)　非財務上の要素の考慮をめぐって

法律委員会は、投資戦略において受託者を動機づけるかもしれない非財務上の関心事として、財務的な利益以外の形で受益者の生活の質を改善することを狙った決定、非倫理的ビジネスへの異議を示すことを狙った決定、および国家経済（英国経済）を改善することを狙った決定の三つの例を挙げる。そして、通例、非財務上の要素が考慮されてよいのは、次の基準を満たす場合のみであるとする。すなわち、①受託者は、加入者がその関心を共有するであろうと考える十分な理由を有するべきであり、かつ、②当該決定は、ファンドに重大な財務上の不利益の危険を含むものであってはならない、との基準である。最終報告書では、上記それぞれの例の概要、判定基準の詳細、それらの基準が適用される必要のない例外の順に述べられている。

①　非財務上の関心事の三つの例

イ　財務的な利益以外の形で受益者の「生活の質」を改善することを狙った決定

退職後の収入とは別の「生活の質」は、環境悪化および気候変動等の人類のコストを考慮した投資や、地域のインフラ整備および社会事業への投資において考慮要素として持ち出されるものである。地方行政年金基金の中には、部分的にはそうした考慮に基づいてインフラ整備事業に投資した例もあるとのことである。しかしながら、法律委員会が言及するSmith Instituteによる一〇〇の地方行政年金基金についての調査研究[31]は、社会的便益を実現するためより低いリターンを進んで受け入れようとする者はいないことを示し、「財務面を第一に考える（"finance first"）」ことを優先的な義務とみた。最終報告書は、生活の質の要素は副次的な目的であると結論づける（6.46）。なお、意見照会文書でも同様の見解が示され、Allen & Overy LLPをはじめ、同意する意見が大勢であった（6.45）。

ロ　非倫理的ビジネスへの異議を示すことを狙った決定

年金基金に対し、たとえば酒、タバコ、兵器会社等特定の産業、またはアパルトヘイト体制の時期の南アフリカ等特定の地域への投資を控えることが求められた例は数多く存在している。前述の概念の整理において示したように、ここでは、財務上の要素に基づいて投資を控える決定と道徳上の異議を示す願望に基づいてなされたそれらの決定との間で明確な区別がなされる必要がある（6.48）。最終報告書は、受託者が、後者の関心のゆえ投資を控えることは、前述した判定基準の適用を前提に、法的に許容されると思われるとするが（6.49）、その詳細は判定基準の検討の箇所に委ねられている。

ハ　国家の経済（英国経済）を改善することを狙った決定

最終報告書は、この関係での問題が生じる場合として、主要な英国会社が外国会社からのＴＯＢに直面する場合を例示している。受託者は、その取引が英国経済にダメージを与えるであろうということに基づいて反対することは、どう考えられるかといったことである（6.50・6.51）。

最終報告書は、いかに行動すべきかの決定において受託者が考慮する必要のある問題は、英国経済への潜在的な打撃が財務上の要素か非財務上の要素かであると問題を整理し、状況によっては、買収（テイクオーバー）の広範な経済的影響が全体としてのポートフォリオに影響するので、財務上の要素と考えられることもあり得ることを述べる。その場合は、考慮することにつき、法的な問題は存在し得ない。もっとも、その際の財務上の利益は、「あまりにも遠くかつ実体の伴わない」ものであってはならず、かつ、基金それ自体に帰属するものでなければならないのであり、より一般的な社会善に属するものでは足りないとされる（6.52・6.53）。

ついで、どこまでが財務上の要素と考えられるかにつき法律委員会は、英国の年金基金では、エクイティから離れて社債のようなより安全な部類の投資対象に移動し、また英国から離れてより国際的なポートフォリオに移動してきているという状況がみてとれ、そのことは、多くの年金基金の運用方法においては、純粋に財務上の根拠に基づいて英国経済を選好することが困難であることを意味するものとみる。そして、そのように捉えられる状況のもとでは、英国経済を選好する決定は、財務上の決定よりも非財務上の決定でありそうであるとし、前述のイおよびロの決定に適用されるのと同じ判定基準に服するであろうとの考え方を示している（6.54-6.56）。

②　**非財務上の要素を適用するための基準**

受託者が非財務上の要素を考慮しようとする場合に満たさなければならないとされる二つの基準は、上述したとおりである。それぞれについて、以下のように詳述されている。

a　基準1：受託者は、年金加入者がその関心事を共有すると考える十分な理由を有するか？

個人たる受託者、または法人受託者として活動する企業に雇用されている個人もまた、自らの倫理的考え方、道義心を有するのはいうまでもないが、受託者のスチュワードシップのもとにおかれた信託財産の運用において、自らの道義心に自由に従ってよいものではない[32]。裁判例でも、同様のことが明らかにされている[33]。ただし、それらの裁判例も、一定のケースにおいては、非財務上の基準が投資の際考慮に入れられてよいということを排斥するものではない。意見照会文書に寄せられた大部分の意見は、受託者は自らの見方ではなく、受益者の見方、または受益者がその問題に向き合ったとすれば、有したであろう見方を反映しなければならないということに賛成したとのことである（6.57-6.59）。

しかし、この基準1の実際の運用には、困難が予想される。極端な状況は別にして、個人が様々な意見をもつかもしれない問題について一般に広く支配的な見方があるということはありそうにないためである。実際上問題になりそうないくつかの点について、規範的な回答はできないとしつつ、法律委員会の見解が示されている。つねに受益者への意向調査が必要かという点については、国際協定に反する行為を例にとり、一定の場合には受託者は推定を働かせることができるとされる[34]。また、意向調査が必要な場合でも、一〇〇パーセントの同意の必要があるとは考えないが[35]、多数は投資に反対であるが、投資しないことに強く反対する少数意見があるなど、明らかに賛否両論がある場合、裁判所は受託者に対し、加入者間の意見の対立に巻き込まれるよりも、財務上の要素に焦点を合わせることを期待するであろうとされている（6.66-6.67）[36]。

なお、受託者は投資決定をなす際、加入者の意見を考慮してよいことを超えて、考慮すべきとの法的要請は存在しないことについての分析もなされている（6.79-6.81）[37]。

b　基準2：当該決定は、重大な財務上の不利益のリスクを孕んでいないか？

最終報告書は、受託者が非財務上の要素によって動機づけられた投資決定をすることについて、もしそれらが重大な財務上の不利益をもたらさないなら、それを行いうることは明らかであるとの考え方を示した上で[38]、問題はこの基準がどのように適用されるかであり、その点には相当の論争が存することを指摘する（6.69）。

この関係で議論の出発点として挙げられているのは、非財務上の根拠によるいかなる投資対象の制限も、受託者によるポートフォリオの分散化を制約することになり、それゆえ、財務上の不利益をもたらすとの主張である（6.70）。ポートフォリオの分散化は、たとえそれがシステミック・リスク―経済全体に関わるリスク―を減少し得ないとしても、ある企業に特有のリスクを減少することによりつねに利益になることが、その主張の基礎になっている[39]。また法律委員会は、「タイブレーク」原則と呼ばれる基準にも言及している。その基準のもとで、非財務上の要素は、二つの経済的に同等の価値を持つ投資の選択肢の間でいずれを採るかの決定においてのみ用いられ得ることになる（6.71）。なお、これらの考え方については、後述の三において、あらためてより詳細に取り上げる機会がある。

以上の考え方に対して、法律委員会は、非財務上の要素を考慮できる対象範囲をそのように狭く解するべきでないとの立場を明らかにしている。ここで求められているのは、受託者は重大な財務上の不利益をもたらすべきでないということであり、そのことに照らすと、裁判所は可能な限りもっとも完全なポートフォリオの分散化を求めるとまでは考えられないのであり、それは程度問題であるとする（6.72）。Harries v. Church Commissioners 事件判決では、イングランド教会の理事会・資産委員会（Church Commissioners for England）が、市場の一三パーセントを除外することは受け入れられるが、その一方、三七パーセントを除外することは受け入れられないであろうとの見解に達したところ、当該決定は法に反するものではないと判示された[40]。また、分散されたポートフォリオの主な利点は相対的に低いレベルで達成され得るという意見が寄せられたことにも言及されている[41]。

このように法律委員会は、市場のある部分を除外することが重大な不利益のリスクを冒さないことも少なくないことを前提に、その判断は受託者の裁量に委ねられ、裁判所はそれに介入しないであろうとする（6.75）。ただし、受託者が非財務上の要素によって動機づけられた決定を行いたい場合には、受託者は、当該決定がファンドのリターンに対して及ぼす効果についてファイナンシャル・アドバイザーから助言を得るべきであり、そしてその際、重大な財務上の不利益のリスクを冒すものであろうという助言を受けたなら、受託者は通常その決定を進めるべきでないとされる（サマリー A.33・A.35）。

c　例外：法律委員会は最後に、上に概要を示された原則の例外、すなわち、重大な財務上の不利益が正当化され得るのはどのような場合かについても述べている。①その決定が信託証書によって明示的に許容される場合、および②DC型において、加入者が特定のファンドに投資することを選択してよい場合が、明確なものとして挙げられる（6.85）[42]。

まず、信託証書は、受託者の権限の源であり、そして受託者はそれに従って行動すべきであることから、①が例外となるのは当然ということとなる。受託者は信託証書によって許容されるいかなる決定もなしてよく、そして信託証書によって要求されるいかなる決定もなさねばならないのである。

また、②の例外は加入者の同意を根拠にするものである。もしＤＣ型の加入者が、より低いリターンに導くかもしれないということを明確に理解した上で自らの金銭を投資することを選択するなら、それに基づいてなされた決定につき受託者（または他のプロバイザー）に対する批判の余地はないとされる（6.88）。たとえば、倫理的ファンドとシャリーアファンドの両方が提供され、受益者が明示的に彼らの掛金が倫理ベースで投資されることを選択した場合に、受益者の投資が低いパフォーマンスにとどまったとしても、受託者を非難することはできないのである（6.89・6.90）。

（11）J. Kay, *The Kay Review of UK Equity Markets and Long-Term Decision Making: Final Report*（July 2012）Recommendation 9.
（12）*Ibid.*, para 9.20.
（13）Fiduciary Duties of Investment Intermediaries（2013）Law Commission Consultation Paper No 215（CP 215）.
（14）Law Com No. 350（Summary）July 2014.
（15）より具体的には、付託事項のパラグラフ2についての考察部分が対象となる。パラグラフ2は、信認義務はそのような者（年金受託者を指す〔筆者執筆〕）に最終的な受益者の最善の利益において投資戦略を推進しまたは果たすときに何を考慮することを許し、または要求するか、とりわけ、次の事項を受認者が考慮してよい、または考慮しなければならないのはどの範囲かの評価を求める：
a　持続可能性または環境および社会上の影響の問題を含め、直ちには財務上の影響を持たないかもしれない長期的な投資パフォーマンスに関係する要素：
b　財務上のリターンの最大化以外の利益：

c　一般に普及した倫理基準、および／または、彼らの受益者の倫理的な考え方。なお、これがそれらの受益者の直接の財務上の利益にならないと思われる場合であってもそうであるかを問うものである。

(16) 尾崎俊雄「確定拠出年金制度の導入の背景とその概要」ジュリ一二一〇号三三頁（二〇〇一年）。

(17) 実際上、決定が非通例的であればあるほど、受託者は、彼らがその決定に適正に達したということを示す必要性が大きくなると指摘される。

(18) [1989] Pens LR 9 at [33], 1988 SLT 329 at 334. なお、鉱山労働者年金制度の受託者が、ポートフォリオの分散化に及ぼす影響を考慮することなしに、石炭鉱業会の利益に反し得るエネルギーへの投資の禁止等の先在する政策を適用することによりその裁量権に足かせをかけた事案に関する判決として、Cowan v. Scargill [1985] Ch. 270 が挙げられる。同判決の紹介として、萬澤陽子「スチュワードシップ責任と受託者責任―英米における考え方の比較の試み―」商事二〇七〇号二三頁・二六頁（二〇一五年）。

(19) [2013] UKSC 26 at [73]. もちろん、Martin v. City of Edinburgh District Council 事件判決が述べるように、受託者は、彼ら自身の政治的、道徳的または宗教的考え方のいかんにかかわらず、公正かつ偏らない判断をなすべきである。[1989] Pens LR 9 at [33], 1988 SLT 329 at 334.

(20) [1989] Pens LR 9, 1988 SLT 329. なお、この義務は、今日では、一九九五年年金法三六条三項において明文化されている。

(21) たとえば前出の（前掲注（18））Cowan 事件判決も、"the duty of trustees to exercise their powers in the best interests of the present and future beneficiaries" と表現している。[1985] Ch. 270, 286-287.

(22) たとえば、北川・前掲注（5）一九三頁以下〔小崎＝林〕参照。

(23) BNP Paribas Investment Partners, *SRI Insights: Adding value to investments* (2012) vol. 2 pp. 58, 60-61.

(24) 四三パーセントは規範に基づくネガティブ・スクリーニングのアプローチを用い、五九パーセントはセクター・スクリーニングのアプローチを用い、そして六六パーセントはポジティブ・スクリーニングのアプローチを用いているとのことである（5.71 fn. 25）。なお、ネガティブ・スクリーニングでは、企業行動に関する国際的な行動規範を判断のよりどころとされる。北川・前掲注（5）一九四頁〔小崎＝林〕。

（25）仮屋・前掲注（6）四二〇頁。

（26）北川・前掲注（5）一九四頁〜一九五頁・一九九頁〜二〇二頁〔小崎＝林〕。株価指数等に連動した運用を行うパッシブ運用において「ＥＳＧエンゲージメント」が積極的に行われていることが指摘される。機動的に個々の株式を売却しないパッシブ運用であるがゆえに、株式を保有したまま企業に対して働きかけを行う「ＥＳＧエンゲージメント」が、ポートフォリオ全体のリスク低減のために重要であると考えられているためである。

（27）北川・前掲注（5）二〇〇頁〜二〇一頁〔小崎＝林〕参照。

（28）北川・前掲注（5）一一六頁〜一一七頁〔井口譲二〕。

（29）なお、北川・前掲注（5）の別の箇所では、ＥＳＧ投資には「社会改革のためのＥＳＧ投資」と「長期投資としてのＥＳＧ投資」とがあり、両者は異なるものであることが述べられており、この捉え方は法律委員会のそれと近いように思われる。同書二一三頁〔小崎＝林〕。

（30）[2013] UKSC 26 at [73].

（31）The Smith Institute, *Local authority pension funds: investing for growth* (September 2012) p. 18.

（32）Thornton, *supra* note 9, at 397.

（33）たとえば、Martin v. City of Edinburgh District Council [1989] Pens LR 9 at [33], 1988 SLT 329 at 334.

（34）たとえばクラスター爆弾の製造に携わっている企業への投資につき、クラスター爆弾を作る外国企業に投資することは英国法のもとで違法ではないとの指摘や、実際面でクラスター爆弾の製造に携わる企業を判別する実際面での困難を踏まえ、クラスター爆弾への投資が必ずしも違法ではないということは受け入れると述べた上で、英国によって批准された国際協定（the Convention on Cluster Munitions）によって禁止されているという事実は、大部分の人々はクラスター爆弾を製造する企業への投資をよくないとみるであろうと受託者が考える根拠になるとする（6.84-6.65）。

（35）もし多数が投資に反対であり、残りは中立の場合、それで十分であろうとされる。

（36）なお、裁判例として、Cowan v. Scargill [1985] Ch 270 at 287, Nestlé v. National Westminster Bank (1996) 10(4)

Trust Law International 112 at 115, *per* Hoffmann J.

(37) ただし、DC型の受託者が加入者の明確に意図された考え方に直面する場合には、受託者は基金に適合的な選択を提供するよう試みるべきであるとしている（6.83）。

(38) たとえば Harries v. Church Commissioners 事件において、副大法官 Donald Nicholls 卿は、投資の目的は利益を上げることであることを強調し、他の要素は考慮されてよいが、それは「受託者の採る行動の方針が、重大な財務上の不利益のリスクを含まない限りにおいてである」とする。[1992] 1 WLR 1241 at 1247. 同判決の紹介として、萬澤・前掲注(18) 二六頁〜二七頁。

(39) Thornton, *supra* note 9, at 407.

(40) [1992] 1 WLR 1241.

(41) ShareAction は、分散化の利益の増大の度合いはおよそ三〇の株式を超えると劇的に小さくなると述べたとのことである。なお、その数値は、大部分の英国年金基金によって保有されている数千よりも十分低いと指摘される（6.74）。

(42) なお、宗教的、慈善的、または政治的組織のような「アフィニティー・グループ」によって創設された年金基金に異なる考慮が妥当するかどうかも論じられているが（6.91-6.98）、その点の紹介は省略する。

三　若干の検討――非財務上の要素の考慮の点を中心として

1　考察の方針

雑駁ではあるが、二で法律委員会の考え方を概観した。法律委員会が行ったプロジェクトでは、投資決定においてESG要素をどのように考慮してよい（または、しなければならない）のかという、年金受託者が直面するであろう問題につき、法的な疑義をできる限り取り除くことが企図された。法律委員会は、その問題との関係で、財務上の要素と非財務上の要素との間の区別が決定的に重要であるとするが、その一方、法は柔軟であり、財務上の要素以外の関心一切を締め出すわけではないとして、非財務上の要素を考慮し得る条件も示した。ここでは、副題として掲げた非財務上の要素の考慮の点についてさらに考察を深めることにするが、とりわけ、法律委員会が、受託者が非財務上の要素を考慮しようとする場合に満たさなければならないとして挙げる二つの基準のうちの第二の基準、すなわち、当該決定はファンドに重大な財務上の不利益の危険を含むものであってはならないとの基準に焦点を合わせる。その第二の基準をめぐっては、上述したように、それがどのように適用されるかについて、相当に議論が分かれ得る。

ところで、この関係で言及されている「タイブレーク」原則について、法律委員会がそれを狭く解するべきでないという見解を述べていることは前述したが、同原則に対しては、後述するように、ポートフォリオ理論に基づき、むしろ逆の方向からの批判を加える学説も存する。そこで、ここでの考察に際しては、両者におけるそうした評価の相違が何に起因するかということに手掛かりを求め、その検討を通じ、若干の課題の提示を試みることとする。

なお、法律委員会の概念の整理（二4⑴参照）によると、ＥＳＧ要素は非財務上の要素と完全に一致するわけではない。通常はＥＳＧ要素に含められる要素でも、投資のパフォーマンスに財務上重要な要素である限り、財務上の要素に含まれることになり、それ以外の要素、すなわち、リターンを増加させることまたはリスクを減少させること以外の関心に基づく要素が、非財務上の要素ということになる。その具体例として、財務的な利益以外の形で受益者の生活の質を改善することを狙った決定、非倫理的ビジネスへの異議を示すことを狙った決定、および国家の経済（英国経済）を改善することを狙った決定が挙げられていることは、前述のとおりである。

2　考　察

ファイナンス論に基づき社会的責任投資（SRI）についての基礎的研究を試みられた仮屋広郷教授は、資産管理運用機関がＳＲＩ運用を行うことがプルーデント・マン・ルール（prudent man rule）に違反しないかの問題を検討される際、「ある投資対象のリスク／リターン特性が、他の利用可能な投資対象と比較して、同程度以上に望ましい場合があれば、経済的要素以外の要素を考慮した選択が許される—つまり、経済的利益を犠牲にしない場合に限って投資に際して社会的考慮を踏まえた選択を行うことができる—」とのアメリカ労働省が出した解釈通達（Interpretive Bulletin）(43)を検討対象とされている(44)。

上記の解釈通達の立場は、法律委員会が言及している「タイブレーク」原則と内容において異ならないと思われるところ、仮屋教授は、解釈通達の立場には、ストック・ピッキングが有効な投資戦略であるかのようなニュアンスがあるとした上、この立場を標準的なファイナンス論を貫徹した解釈との比較において「緩やかな解釈」をとるものと位置づけられるとともに、その妥当性を疑問視されている(45)。また、Rosy Thornton は、「タイブレーク」原則の考え方が現代的なポートフォリオ理論に沿わないと主張する。非財務上の要素は、二つの経済的に同等の価値を持つ投資の選択肢の間でいずれを採るかの決定においてのみ用いられ得るとする「タイブレーク」原則について、「どのような理論的立場であれ、実際上、批判を維持することは困難であろう(46)」との指摘もあるところ、学説上、上記のような消極的評価がみられるのは、なぜであろうか。以下は、後者の主張が指摘する問題点である。

Thornton は、「タイブレーク」原則の根本的な問題点は、それが依拠するものの非現実性にあるとする。まず、実際上、受託者は、ある特定の資産をある別の特定の資産と比べて優劣を測るというのではなく、（現代的なポートフォリオ投資の本質において）非常に広範な出資対象の中からある範囲の資産を選択するということが指摘される。また、二つの資産のもたらす経済的利益が同等であるということが、そもそもありそうであるかということについても、否定的な見解を示される。すなわち、期待収益および分散（variance）を測定するために用いられる複雑な尺度のもとで、二つの同一の価値のセットが存在するということはきわめてありそうにないばかりでなく、これらの資産はそれぞれ別々に考慮されるのではなく、現在のポートフォリオとの関連で考慮されるということも忘れてはならない。したがって、受託者は、二つの資産それ自体の期待収益および分散のみならず、それらの資産とポートフォリオに含まれたその他の保有資産との間の共分散（covariance）も比較しているはずであるところ、この要素が考慮に入れられるとき、当該二つの資産の間で差を付けるべき正当な投資の根拠が存在しないということは、あり得ないことになろうとされている。このようにして、「タイブレーク」原則の大きな欠陥は、受託者がその選択をなすことにおいて誤り得るということよりも、むしろそのような選択が生じることが、実際上あり得ないということに見出されている。(47)

なお、Thornton は、簡単な例を用いて、分散化されたポートフォリオの必要性に照らしての社会的責任投資の問題点を述べているので、それも紹介しておきたい。まず、ポートフォリオ全体のリスクを減少させる場合に、効果的な資産の組み合わせとそうでない組み合わせがあることについて、次のような単純な例を挙げて説明している。もし二つの資産が相反する市場条件のもとで、または異なる時期によいパフォーマンスを生み出しそうであるなら、そのときこれら二つの資産の間で基金を分けることは、実質的にリスクの程度を減少すると考えられる。それに対し、相互に同様の動きをし、そして類似の条件のもとでよいパフォーマンスを生み出す傾向がある二つの投資対象の間で基金を分けることは、全体のリスクを減少させるという点では効果が低くなろう。ここで Thornton は Emma Ford が提示する例を持ち出している。(48)すなわち、傘の製造会社の株式を保有することのリスクは、もしその投資家が同時に日焼止めローション製造会社の株式を保有するなら、低くなるというものである。そして、Harries 事件において、投資対象の母集団から除外されたものは、資産のランダムな選択ではなく、ある産業全体の塊であったことを指摘し、同じことは大部分の社会的責任投資の戦略にも当てはまりそうであるとする。その戦略の性質上、それは、傘の製造会社の全株式を除外し、日焼止めローション製造会社の株式は何も除外しない（逆もまた同様）のと変わらないとされるわけである。そしてそのことがもたらす効果について、同様の時期に、また同様の市場条件のもとで同様のパフォーマンスを生じそうな株式の組み合わせの全てを除外してしまうと、その残りの投資対象の母集団は、単に数が減少するだけでなく、多様性の低下が無視できず、かつより高い共分散への傾向を持つこととなり、そのことは受託者がポートフォリオを拡大し、ポートフォリオへのリスクを減少させる余地を小さくすることになると指摘される。こうして、市場のある部門を除外し、しかし同時に投資選択の「十分な」範囲を保持するという着想は、それがポートフォリオ理論、および受益者の最善の財務上の利益という指導原則の両方にそぐわないものであるとされる(49)。

これに対して、法律委員会の立場は、裁判例を分析して、裁判所が受託者に対し自らを現代的なポートフォリオ理論の測定基準に押しこめることを求めてこなかったとするとともに、その積極的な意義を肯定するものといえよう(50)。その概要は前述のとおりであるが、ここではさらに二〇一三年一〇月の意見照会文書において示された点を補っておきたい。

まず、上に示したThorntonの主張に対置されるものとして、投資決定に含まれる評価の広範な主観性を否定しない立場―その多くは全体としての経済の持続可能性および安定性に基礎を置く―もあるとし、ここでの論争はその両者の間に存すると整理する。そして、前者が企業固有のリスクに焦点を合わせるのに対して、後者はシステミック・リスクに焦点を合わせるものであるとしている（意見照会文書10.86）。

また、「ある特定の資産、発行者または引受グループへの過度の依存を避け、そしてポートフォリオ全体のリスクの蓄積を避けるようにするため」、資産が適切に分散されるべきであることを求める「投資規制」四条七項との関係について述べる際、分散化の増大がすべて望ましいというわけではないとして、分散化の増大はコストの増加になり、投資対象会社をモニターすることを困難にする面があることを指摘する（意見照会文書10.88）。そして、裁判所は、ポートフォリオが可能な限り完全に分散化されることまでは求めないと指摘した上で、受託者は、ある特定の資産に過度の信頼を置くことを回避すべきであり、また全体としての戦略は、市場のあまりにも多くを除外すべきでないが、それは程度問題であり、個々のケースにおいて判断される事柄であるとの立場を明らかにしている（意見照会文書10.89）。

以上の両者の見解の大きな相違点は、ＥＳＧを考慮した投資が許容される範囲にあると考えられる。Thorntonの立場でも、ESGを考慮した投資決定が否定されるわけではない。ただし、それが許容されるのは財務上の根拠に基づいてなされる限りにおいてであり、したがって、倫理的理由による投資決定は許容されないことになる。その立場において、たとえば気候変動のような環境問題を投資決定において考慮に入れることの合理性、正当性は、土台となる経済的、財務的理由にそれらの考慮を含めるファンドマネジャーの投資意思決定手続に基礎を置くことになる。(51) これに対し、法律委員会の見解は、一定の条件を満たす場合に非財務上の理由に基づく考慮を許容する点で、より緩やかな立場が採られているということができる。

法律委員会の立場の前提には、市場のある部分を除外することが重大な不利益のリスクを冒さないことも少なくないとの認識があることは、前述のとおりである。それに関しては、たとえば受託者が除外しようとしている投資の部門を除いた別の投資が「十分よく（well enough）」成果を上げているという証拠があれば、それで足りるのかという問題も生じよう。Thornton は、それで足りるとみることは「肝心なことを見落としている」という指摘を免れないとし、(52) 受託者は、彼らに利用可能な情報に照らして判断し、最善の政策を追求しなければならないと説く。受託者は、受益者のためになし得る最善を尽くそうとしなければならないとされるのである。(53)

なお、ESG要素を考慮する投資政策ないし倫理的投資政策に対して、その内容の主観性を理由とした批判がある。(54) Thornton は、その批判に関連して、社会的責任投資の守備範囲に入るとされ得る考慮要素の範囲は莫大であるとして、ある種の倫理的理由は、FTSE 100 株式指数の全会社の半数を除外するとの推測もみられることに言及している。(55) (56) 仮にそのような推測が成り立つとすれば、そのことが市場のある部分を除外することが重大な不利益のリスクを冒さないことも少なくないとの上記の法律委員会の認識の当否が問われなければならないことにもなろう。ただし、法律委員会においても、そのような問題点は意識されていると思われる。たとえば、財務上の要素と非財務上の要素との間の区別を正確に反映することを確保するため、「投資原則の表明（statement of investment principles）」に含められるべき事項の一つとしての「社会、環境または倫理的考慮」の点[57]の検討を政府に勧告していることなどであり、それを受けた二〇一五年二月二六日付の労働・年金省による意見照会文書[58]では、法律委員会の勧告に照らして「投資規制」がいかに改正されるべきかにつき、受託者は、以下の点についての自らの方針を述べることを要求されるべきか否かを問うている。すなわち、(a)受託者は、その投資を通じてのパフォーマンスに財務上重要であると思われるESGおよびその他の要素からのリスクを含む長期的なリスクをどのように評価するか、および、(b)非財務上の要素に基づいて投資決定をなすことが適切であるかどうか、また、適切であるとしてそれはどのような状況のもとにおいてか、である。[59]これらを含め、ESG要素の曖昧さに伴う弊害への適切な歯止めの措置を設けられるか否かということも、両者の見解の対立をもたらす一要因になり得るように思われる。

(43)　29 CFR 2509.94-1.

(44)　仮屋・前掲注（6）四三七頁〜四三八頁。なお、この解釈通達は、アメリカ労働省が一九七九年に制定したレギュレーション（29 CFR 2550.404 a-1）が、受託者（fiduciary）は、投資の分散度（diversification）、流動性（liquidity）、リスク／リターン特性（risk/return characteristics）の観点から、管理下にあるポートフォリオに対して、ある投資がどのような役割を果たすものであるかを考慮しなければならないとしていることを前提としたものである。

(45)　仮屋・前掲注（6）四三八頁〜四三九頁。なお、イギリスおよびアメリカの判例の対比的研究を通じ、受益者の利益以外の要素を考慮することについて、イギリスでは、受益者の金銭的利益を最大化しようとする限りで、他の考慮要素も含め得るとするのに対し、アメリカでは、受益者の利益以外の要素を考慮すること自体を（信託条項または受益者の同意がなければ）禁止してきたとする分析もみられる（萬澤・前掲注（18）三〇頁〜三二頁）。ただし、前掲注（43）に対応する本文における解釈通達によって示された考え方は、一九九四年に採択されたUniform Prudent Investor Actの中にも取り込まれているようであり、こうした見解がアメリカの法曹界に受け入れられたことを示しているとの評価もあるとのことである。仮屋・前掲注（6）四三八頁。

(46) これは、Cowan 事件判決において Robert Megarry 卿が述べられたことである。[1985] Ch 270 at 287. なお、Thornton, *supra* note 9, at 404 参照。

(47) *Ibid.*, at 405.

(48) Emma Ford, *Trustee Investment and Modern Portfolio Theory*, (1996) 10(4) Trust Law International 102, 102.

(49) Thornton, *supra* note 9, at 400, 408. ここで受益者の「最善の」利益は、「十分良好な（good enough）」利益と対置して用いられている。なお、Thornton は、二つの投資のもたらす経済的利益が同等であるということが仮にあるとすれば（それが考えにくいとされることは前述のとおり）、正しい答えは、投資を分けて、両方に投資することであるとする。*Ibid.*, at 406.

(50) なお、Thornton は、Cowan 事件判決が出されたのは、現代的なポートフォリオ理論が法的に認められる以前のことであり、もはやその説得力は乏しいものになっているとする。*Ibid.*, at 409.

(51) *Ibid.*, at 412.

(52) Cowan v. Scargill, [1985] Ch. 270, 294-295, per Robert Megarry V. C.

(53) Thornton, *supra* note 9, at 410. 前掲注（49）も参照。

(54) この関係で、Lord Nicholls, (1995) 9(3) Trust Law International 71, 74 参照。受託者の投資権限が倫理的目的のために行使されてよいとすることは、「法の境界を隣接するモラルの領域―そこでは、意見の隔たりは大きくなる―に移動させることを意味するであろう」と述べられている。

(55) Gary Watt, Trusts and Equity (2nd ed., Oxford 2006), p.436.

(56) Thornton, *supra* note 9, at 418.

(57) 「投資原則の表明」は、当該スキームのための投資についての決定を規律する原則の書面による表明である。一九九五年年金法三五条二項。投資原則の表明の記載事項は「投資規制」二条（三）に規定されており、「投資対象の選択、保有および売却において、社会、環境または倫理的要素が考慮される程度」という項目が含まれているが、その定め方では、受託者が、その投資決定において特定の要素を考慮すべきかどうかを判断する助けになってこなかったとみられている。
（58）Department for Work & Pensions, Consultation on changes to the Investment Regulations following the Law Commission's report 'Fiduciary Duties of Investment Intermediaries', Public Consultation (26 February 2015).
（59）*Ibid*., Chapter Two, para.10. その他、法律委員会は、受託者が、投資先である会社の長期的成功を促進するよう、直接的にまたは投資マネジャーを通じて、当該会社とのエンゲージメントを行うかどうか、またいかに行うかを考慮するよう促されるべきであること、および、投資原則の表明の記載事項にスチュワードシップについての受託者の方針を含めることを勧告しており、ＤＷＰの意見照会文書では、「投資規制」を改正して、受託者に対しスチュワードシップ・コードに関する方針を述べるよう要求すべきかどうかが問われている。

四　結　び

本稿は、法律委員会最終報告書の考え方を概観するとともに、それを手がかりとして若干の検討、課題の提示を試みたものである。その最終報告書は、ＥＳＧ投資、ＥＳＧエンゲージメントに関する年金受託者の法的義務の検討にとって、重要な意義を有するものであろう。そこで示された考え方は、ＥＳＧ投資等のより広い基盤を提供することになっており、イギリス政府は、その結論に歓迎の意を示している(60)。その一方、本稿で検討し得た範囲でも、なお異論の余地や解明が求められる点は残されているように思われる。

本稿での考察は、対象を限定し、また若干の課題の提示にとどまることをお断りする。考察において提示した問題点、課題を出発点として、今後さらに検討を深めたいと考えている。

（60）Department for Work & Pensions, *supra* note 59, Chapter One, para.10.

閉鎖会社における取締役退職慰労金の不支給とその救済

福島洋尚

一　問題の所在

会社法は取締役の報酬等の決定に定款の定めまたは株主総会の決議を要求するが（会社法三六一条一項）、閉鎖的株式会社（以下、「閉鎖会社」という）では、株主総会が開催されていないことが常態である場合も多く、内部紛争や支配株主（オーナー取締役）との仲たがいなどに起因して、退職慰労金の支給決議がなされない、あるいは不支給の決議がなされるなどの事態が生じ、紛争に発展する場合がある。近時このような紛争例は増加しており、多くの裁判例が蓄積されつつある。

かつて、取締役の報酬に関する会社法の規制に関しては、判例・学説は、退職慰労金につきもっとも多くのエネルギーを費やしてきたといわれていた[1]。これは、大規模公開会社における、いわゆる一任決議の適法性や、説明義務をめぐる判例・学説の展開を指しているものであるが、今日では、退職慰労金をめぐる主戦場ともいうべきものは、閉鎖会社における不支給や減額に関する問題に移ってきているように思われる。

本稿では、取締役退職慰労金の不支給等の問題を検討する。この問題に関する学説は、かなりの部分が個々の裁判例に対する評釈を通じて形成されてきたこともあり、本稿でも、上述のように蓄積されつつある裁判例の整理・分析を中心として行うこととする。また、多くの紛争例は取締役の退職慰労金に関するものであるが、監査役の退職慰労金についても問題とされる点の多くは同じであると考えられるものの、検討の対象を明確にするため、取締役の退職慰労金の問題に限定するほか、対象を閉鎖会社に限定する。というのは、所有と経営が分離している上場会社においては、退職慰労金支給議案を付議するか否かは、取締役会の裁量に委ねられていると考えられるところ、会社の経営状況の悪化が退任取締役の経営責任によるものか、その責任の取らせ方として退職慰労金の不支給という判断は妥当かといった問題は高度な経営判断に属すると指摘されており[2]、この指摘は正当であると考えるからである[3]。

そこで本稿では、まず取締役の退職慰労金につき、会社法上の位置づけを確認し（二）、つぎに、株主総会決議を欠く場合の退職慰労金の支払および退職金請求権の成否について検討する（三）、さらに、退職慰労金の不支給に基づく損害賠償請求につき、三つの類型に整理し、検討したい（四）。

（1） 上柳克郎ほか編『新版注釈会社法（6）』三九五頁〔浜田道代〕（有斐閣・一九八七年）。

（2） 落合誠一編『会社法コンメンタール（8）』一九四頁〔田中亘〕（商事法務・二〇〇九年）。ここでは、もし退任取締役に退職慰労金に対する権利を認めないのであれば、取締役就任時にあらかじめ株主総会の決議を得ておく方法があるが、この方法を採用しない現在の実務の取扱いは、取締役の退職慰労金についてはそれを支給するかどうかの裁量を、議案を総会に上程するかどうかを決める取締役会に留保する趣旨でなされているとの指摘がなされている。

（3）　たとえば、上場会社の経営状況が悪化している場面において、退職慰労金支給議案を付議するか否かを取締役会が判断するにあたっては、その存続が危ぶまれているかどうかといった当該会社が置かれた状況、退職慰労金を支給することによる会社への影響（会社の信用に与える影響なども含む）、銀行・取引先など債権者との関係、支援先（新たな出資者など）への配慮など、あらゆる問題を検討して判断がなされるはずである。また、仮に会社の経営状況が回復局面にある場面であっても、退職慰労金を支給することによる会社への影響（会社の信用に与える影響などに加え、税務上、会計上の問題も含まれてくるであろう）、過去の業績悪化時における支援先への配慮など、同様にあらゆる問題を検討して判断がなされるはずである

二　退職慰労金の報酬該当性と株主総会決議

1　退職慰労金の報酬該当性

一般に、退任した役員に支払われる退職慰労金についても、それが在職中の職務執行の対価として支給される限り報酬等の一種とされ、会社法三六一条等の報酬規制に服すると考えられている。取締役に対する退職慰労金の支給につき、報酬規制（会社法三六一条、平成一七年改正前商法二六九条）が適用されるか否かについては、かつてはこれを否定する見解も有力に主張されていたものの(4)、それが在職中の職務執行の対価として支給される限り、取締役の死亡による退任の際に支給される弔慰金の場合にも同様に、報酬規制の対象となり、定款の定めまたは株主総会の決議を要するとするのが、判例の一貫した立場である(5)。実質的に見ても、現職の取締役が将来退任する際の支給額を決めるための先例となることからは、お手盛りのおそれがないとはいえないであろう(6)。

会社法三六一条は、会社法制定以前まで利益処分の一態様であった賞与も含めて広く職務執行の対価として支給されるものが報酬等に含まれることを前提としており(7)、近時の判例は、退職慰労年金についても、報酬等にあたると説示す

るに至っている。(8) このことから、退職慰労金は会社法三六一条にいう報酬等に含まれ、その支給のためには定款の定めまたは株主総会の決議が必要である。

2　株主総会の決議と退職慰労金請求権

つぎに、退職慰労金についても、それが在職中の職務執行の対価として支給される限り報酬等の一種とされるとすることを前提とすれば、退職慰労金が定款または株主総会により定められない限り、具体的な退職慰労金請求権は発生しないとするのが、現在の判例の立場である（最判昭和五六年五月一一日判時一〇〇九号一二四頁、最判平成一五年二月二一日金判一一八〇号二九頁、金法一六八一号三一頁）。

最判平成一五年二月二一日は、つぎのように判示している。

「株式会社の取締役については、定款又は株主総会の決議によって報酬の金額が定められなければ、具体的な報酬請求権は発生せず、取締役が会社に対して報酬を請求することはできないというべきである。けだし、商法二六九条は、取締役の報酬額について、取締役ないし取締役会によるいわゆるお手盛りの弊害を防止するために、これを定款又は株主総会の決議で定めることとし、株主の自主的な判断にゆだねているからである。」

同判決について留意すべきことは、原審における、会社・取締役間には有償である旨の黙示の特約があり、同特約がある以上、株主総会の決議がない場合には、取締役は会社に対し社会通念上相当な額の報酬を請求することができると解するのが相当であるとの判断を覆している点、および、同事案が退職慰労金の支給という場面ではなく、通常の報酬である点である。最高裁は、原審において、社会通念上相当な額の報酬であれば、その額は社会通念上相当な額に抑えられるから、総会決議がなくとも、取締役の報酬額について取締役ないし取締役会によるいわゆるお手盛りの弊害を防止するという平成一七年改正前商法二六九条の趣旨を損なうことはないとした判断を覆しているのである。そうすると、最高裁の立場は、実質的なお手盛りの弊害の有無を判断するということだけではなく、その判断が株主によってなされるべきことをきわめて重視しているということができよう。

（4）鈴木竹雄「退職慰労金の特殊性」商事四八四号三頁（一九六九年）は、すでに退任している元取締役は取締役会での議決権を失っており、これに対する退職慰労金の支給には、お手盛りという問題は存しないとしている。
（5）最判昭和三九年一二月一一日民集一八巻一〇号二一四三頁、最判昭和四四年一〇月二八日判時五七七号九二頁、最判昭和四八年一一月二六日判時七二二号九四頁（弔慰金を含む事案）。
（6）上柳ほか編・前掲注（1）三九七頁〔浜田〕参照。落合編・前掲注（2）一七〇頁〔田中〕。
（7）江頭憲治郎『株式会社法〔第六版〕』四四六頁・四五八頁（有斐閣・二〇一五年）。
（8）最判平成二二年三月一六日判タ一三二三号一一四頁。

三　株主総会決議のない退職慰労金の支払・退職慰労金請求権の成否

1　一人会社の場合・株主全員の同意が認められる場合

前掲最判平成一五年二月二一日は、その傍論において、つぎのようにも判示している。

「そうすると、本件取締役の報酬については、報酬額を定めた定款の規定又は株主総会の決議がなく、株主総会の決議に代わる全株主の同意もなかったのであるから、その額が社会通念上相当な額であるか否かにかかわらず、被上告人が上告人に対し、報酬請求権を有するものということはできない。」

この傍論部分の判示は、定款の定めまたは株主総会により定められない場合であっても、株主総会の決議に代わる株主全員の同意が認められる場合には、退職慰労金請求権の発生を認める余地があることを示すものである(9)。

現実にも、中小企業のオーナーと仲たがいする形で退任した取締役は、退職慰労金の支払を受けられないという事態が生じ得るのであり、[10] 裁判例の中には、このような事態に対する救済として、総会決議を欠く場合であっても、いくつかの構成で支払請求を認容する方向、あるいはすでに支払った退職慰労金の返還請求を認めないとする方向での解決を図っているものが見られる。[11]

前掲最判平成一五年二月二一日以前にも、一人会社の場合に、正規の株主総会の手続が取られなかったとしても、唯一の株主の意思によって取締役の報酬額が決定されたときには、株主保護の実質は図られているということができるから、正規の株主総会の決議がなかった場合であっても、これがあったと同視すべきであるとしたもの（東京地判平成三年一二月二六日判時一四三五号一三四頁—通常の報酬についての事案、報酬の返還請求を否定）、また、退職慰労金の事案としては、代表取締役がいったんは退職慰労金の支払を約束したにもかかわらず、その後に株主総会決議がないことを理由に支払を拒絶するに至った事案において、株式会社でありながらその実質は二名の取締役の共同事業にすぎず、全株式を所有する二名の株主間で決定された支給に関する合意につき、支払の拒絶は、正義・衡平の観点に照らして許されないとしたもの（大阪地判昭和四六年三月二九日判時六四五号一〇二頁、退職慰労金の支払請求を認める）がある。さらに、代表取締役が退職慰労金の額を決定し、退任取締役に通知した後、会社が総会決議のないことを理由に支払を拒絶した事案において、当該代表取締役によるワンマン会社であることや他の株主が当該代表取締役の影響下にあることなどを理由に、会社が退職慰労金の支給を決定したというべきであるとし、支払の拒絶が衡平の理念から許されないとしたもの（実質的に株主全員の同意を認めたものと解される。京都地判平成四年二月二七日判時一四二九号一三三頁、退職慰労金の支払請求を認める）などがある。

このように、株主総会決議を欠く場合であっても、前掲最判平成一五年二月二一日の傍論部分の反対解釈、すなわち、株主総会の決議に代わる全株主の同意が認められれば、請求権を認める、あるいは支払った報酬ないし退職慰労金の返還を認めないなど、何らかの形で報酬の支払が許容されるという構成については、これを支持する学説も少なくない。[12]

株主総会決議を欠く場合であっても、少なくとも、株主総会の決議に代わる全株主の同意が認められれば、報酬請求権・退職慰労金請求権を認める余地があることは否定することはできないと考えられる。

このような救済的な解釈がとられる理由は、閉鎖会社では株主総会の招集・開催が実際に履践されないことが多いからであり、そのため、最高裁も傍論としてではあるが、救済の余地を残す解釈を示しているものと考えられる。(13)

2　「実質的な」株主全員の同意が認められる場合

前掲最判平成一五年二月二一日の傍論が示す「株主総会の決議に代わる全株主の同意」は、前述三1でみたように、一人会社の場合、あるいは株主全員の同意が明白に認められる場合には問題がない。もっとも、「実質的な」株主全員の同意というやや緩和された基準から、株主総会決議に代わる意思決定がなされたと評価する裁判例もいくつか存在する。

具体的には、死亡取締役を被保険者とする生命保険金（企業保険）を遺族に支給したことにつき、退職慰労金として株主総会の決議が必要とした上で、当該支給につき、実質株主全員の同意があり（他の株主は名目上のものにすぎないとして）、右決議があったものとして取扱うのを相当とした上で、会社による不当利得返還請求を認めなかった例（大阪高判平成元年一二月二一日判時一三五二号一四三頁）や、代表取締役が退職慰労金の額を決定し、退任取締役に通知した後、会社が総会決議のないことを理由に支払を拒絶した事案において、当該代表取締役によるワンマン会社であることや他の名義上の株主が当該代表取締役の影響下にあることなどを理由に、会社が退職慰労金の支給を決定したというべきであるとし、支払の拒絶が衡平の理念から許されないとしたもの（京都地判平成四年二月二七日判時一四二九号一三三頁、一人会社の事案ではなく、退職慰労金の支払請求を認める）がある。

また、代表取締役が支給の合意をした事案において、株主総会の決議事項について株主総会に代わり意思決定する等実質的に株主権を行使して会社を運営する株主が唯一人である場合に、その一人の株主によって退職金の額の決定がされたときは（この事案では当該代表取締役が当該一人の株主であった）、実質上株主保護が図られ、取締役のいわゆるお手盛りは防止されることになり、したがって、株主総会の決議がなくてもこれがあったと同視することができるというべきであるとしたもの（東京高判平成七年五月二五日判タ八九二号二三六頁（これも一人会社の事案ではなく、必ずしも株主全員の同意が認められているものでもない））が存在する。

さらに、近時の東京地判平成二五年八月五日金判一四三七号五四頁（通常の報酬の事案）では、同族の一部株主につき、役員報酬が支払われた当時は、いずれも株主総会の不開催に異議も述べない経営に関心のない株主であり、実質的な株主とはいえないし、それらの株主は、いずれも会社において株主総会を開催することなく一定の役員報酬が支払われていたことを認識し、これを許容していたといわざるを得ないのだから、実質的には、株主全員の同意があったものと同視することができるといえると評価したことに続き、前掲最判平成一五年二月二一日を引用した上、株主総会決議を経ないで取締役の報酬が支払われた場合であっても、株主総会決議を経た場合と同視できる事実が存在する場合、すなわち、株主総会決議に代わる全株主の同意があった場合には、会社法三六一条の趣旨を全うすることができるのであるから、当該決議の内容等に照らして上記規定の趣旨目的を没却するような特段の事情が認められない限り、当該役員報酬の支払は適法有効なものになるというべきであるとして、原告である会社の取締役に対する損害賠償請求を棄却した(14)。

これらは、いずれも株主全員の同意を認定することが必ずしも容易でないことから、名義上（名目上）の株主にすぎないものや、ワンマン経営者の強い影響下にあるものを一体視する手法や、経営に関心のない株主や手続が履践されることなく支払を黙認した株主を除いて、実質的な株主全員の同意を認定した上で、前掲最判平成一五年二月二一日の傍論部分に見られる立論と同方向の解決を指向する考え方である。

3　その他の構成

これに対して、前記三2の裁判例とは異なる理論構成を採る裁判例もみられる。

一件は、退職慰労金支給についての覚書が取締役会で承認されたことから、全取締役の保有していた議決権から、総株主の議決権の三分の二以上の同意があったとしたもの（東京高判平成一五年二月二四日金判一一六七号三三頁）が存在する。

もう一件は、株主総会の決議等が存在しない以上、不当利得になることは否定し難いところとしながらも、不当利得返還請求の場面において、それまで、発行済株式総数の九九パーセント以上を保有する代表者が決裁することによって、株主総会の決議に代えてきたという扱いから、当該代表者の認識を問題の一つとして取り上げ、退職慰労金の返還請求が信義則違反または権利濫用にあたり許されないとした例がある（最判平成二一年一二月一八日判タ一三一六号一三二頁）。

4　検　討

(1)「実質的な」株主全員の同意

前掲東京地判平成二五年八月五日が示すように、前掲最判平成一五年二月二一日の傍論部分の判示からは、株主総会決議を経ていない場合であっても、株主総会決議を経た場合と同視できる事実が存在する場合、すなわち、株主総会決議に代わる全株主の同意(15)が認められる場合には、退任取締役に対して退職慰労金請求権は認められよう。一人会社の場合や、株主がごく数名に限られている場合など、全株主の同意の認定が容易な場合には、このような考えに立つことで退任取締役に対する権利性を認めることができる。そしてこのような考えは、全員出席総会を認める判例の立場（最判昭和四六年六月二四日民集二五巻四号五九六頁、最判昭和六〇年一二月二〇日民集三九巻八号一八六九頁）や、報酬支払の利益相反取引としての性質に着目した場合の最判昭和四九年九月二六日民集二八巻六号一三〇六頁(16)とも整合的である。

これに対し、実質的な株主全員の同意という場合には、どのような点を捉えて同意とみるかは一つの問題である。前掲東京地判平成二五年八月五日では、一部の株主について、計算書類等の報告・承認や無関心による黙認を、それぞれ支払への同意と見ているが、これまでの先例は、唯一の株主（代表取締役）による報酬額の決定や支払約束（前掲東京地判平成三年一二月二六日、前掲京都地判平成四年二月二七日）、実質的に株主権を行使して会社を運営する株主が唯一人であり、その一人の株主による退職金の額の決定（前掲東京高判平成七年五月二五日）、全取締役で議決権の三分の二以上を保有する状態での退職慰労金支給についての覚書に関する取締役会での承認（前掲東京高判平成一五年二月二四日）などであり、いずれも単なる無関心による黙認を支払に対する同意と見ているわけではない。とくに、無関心による黙認の場合には支払額に対する認識がない。しかしながら、ある会社に株主総会の不開催など法の要求する手続が履践されていない状況が見られる場合には、このような無関心による黙認について同意を認め難いとする解釈は、法の不遵守を助長することになる。そのため、実質的な株主全員の同意を検討するにあたっては、当該会社において株主総会の開催の状況がどのようなものであったのかということと無関係には判断ができないものと思われる。

(2) 取締役会決議による株主総会決議の「代行」

上述の裁判例における理論構成は、前掲最判昭和五六年五月一一日や前掲最判平成一五年二月二一日の立場を前提に、定款の定めまたは株主総会決議がなければ具体的な退職慰労金請求権は発生せず、ただ、株主全員ないしは実質的株主全員の同意があれば、三六一条の趣旨を全うすることができることから、実質的な株主全員の同意をどのような視点で認めるのか、という構成の域を出ないものである。これに対して、前掲東京高判平成一五年二月二四日の採る構成は、「株主総会決議を代行する取締役会決議により、本件退職金支給決定がされ、それについて、事実上総株主の議決権の三分の二以上の同意が得られており、その額も……一般従業員の退職金の場合と比べてとくに高額ではないものであるから、本件退職金を支給しても株主の権利が害されることはない……。したがって、……信義則上、株主総会の決議が欠缺していることを理由として、……本件退職金の支払を拒むことができない」としており、実質的な株主全員の同意といった構成が採られているわけではない。そこで、同判決は、（実質的な）株主全員の同意の認定が困難な事案において、退職慰労金についての株主総会決議の欠缺の主張を認めなかった初めての判決であると指摘されている。(17)

ここでは、株主総会が開催されていないこと、取締役会によって、その役割が「代行」されていたことから、全取締役で議決権の三分の二以上を保有する状態での退職慰労金支給についての覚書に関する取締役会での承認が、あたかも株主総会決議があったものとしての評価に置き換えられている。同判決は、これによって退任取締役についての退職慰労金の権利性を直接に認めているわけではなく、会社は信義則上株主総会決議がないことを理由に取締役への退職金の支払を拒めないとしていること、また、実質的に株主の利益が害されない事情を取り上げているものの、残りの三分の一の株主を想起すれば、このことも疑問であることからは、この構成には困難な点も残っている。(18)

しかしながら、先ほどの実質的な株主全員の同意についての検討からは、株主総会が開催されておらず、少数株主がそれに異議を唱えていないという事情、取締役会において、株主総会決議を可決するに足りる数の議決権を有する取締役によって、株主総会に代替される意思決定がなされることについて、残りの少数株主が了承しているという事情が認められる場合には、かかる意思決定によって退任取締役について退職慰労金請求権を認める余地があるものと考えられる。

(3)　最判平成二一年一二月一八日について

これに対し、前掲最判平成二一年一二月一八日では発行済株式総数の九九パーセント以上を保有する代表者が、問題となった退職慰労金の支給自体を決裁したわけではなく、(19) これを実質的な株主全員の同意と捉えることは困難であり、また同判決も退職慰労金請求権自体を認めているわけではない。そのため、同判決の採る構成は一般化することはできず、特殊な事例判決として位置付けるべきものであろう。

(9) 前掲最判昭和五六年五月一一日は、株主総会もほとんど開催されず、株式譲渡も制限され、役員も同族のみで構成されている会社において、その支給対象を役員と従業員とを区別せずに、在職年数に差異を設けて支給されることとなっている退職慰労金支給規程が存在しているような事案においても、定款または株主総会の決議によってその金額を定めなければならないとの立場をとっていた。

(10) 江頭・前掲注(7)四五九頁。

(11) これと異なる状況として、株主総会における一任決議後、取締役会において基準に反して減額・不支給とした事案においては、損害賠償請求の局面で問題になるものが多いが(後述四)、基準に反した減額を決定した取締役会決議を無効として、支給基準に基づく支払請求を認めた事例(東京高判平成九年一二月四日判時一六五七号一四一頁)も存在する。

(12) 龍田節「役員報酬」我妻榮編集代表『続判例展望』一七二頁(有斐閣・一九七三年)は、事実上株主の意思の一致があったということで、株主総会の決議を擬制する解釈を提示する。また、大塚龍児「判批」私法判例リマークス二八号一〇四頁(二〇〇四年)、上柳ほか編・前掲注(1)三八七頁〔浜田〕、北村雅史「判批」法学教室三八〇号一二四頁(二〇一二年)等参照。

(13) このような余地を残しておかないと、総会を開催しないというオーナー経営者による法の不順守により、退職慰労金の支払請求が拒まれ、オーナー経営者が利得し、結果として法の不遵守が助長されるという結果になることが指摘されている。落合編・前掲注(2)一九四頁〔田中〕。

(14) もっとも、同判決が「当該決議」としている点、およびそれまでの裁判例がいずれも単なる無関心による黙認を支払に対する同意と見ているわけではないことについては、福島洋尚「判批」金判一四四五号五頁(二〇一四年)参照。

(15)　株主全員の同意をもって株主総会決議と同視するのではなく、株主全員の同意があれば、お手盛り防止のために規定されている会社法三六一条の手続規制（定款の定めまたは株主総会の決議）を適用しなくてよいと解釈すべきであるとも指摘されている。北村・前掲注（12）一二四頁、伊藤靖史「取締役報酬規制の問題点」商事一八二九号八頁（二〇〇八年）も、（実質的に）全株主の同意があった場合には、三六一条を適用する必要がないといえるとする。

(16)　同判決は、「株主全員の合意がある以上、別に取締役会の承認を要しないことは、……会社の利益保護を目的とする商法二六五条の立法趣旨に照らし当然であつて、右譲渡の効力を否定することは許されないものといわなければならない」とする。

(17)　尾崎悠一「判批」ジュリ一三一四号一五四頁（二〇〇六年）。

(18)　吉田正之「判批」金判一一七九号六四頁（二〇〇三年）。また、木俣由美「判批」商事一七九七号四七頁（二〇〇七年）は、全株主の同意がない場合には限界があると指摘する。なお、大塚・前掲注（12）一〇六頁は、総会決議を成立させうる株数を有する代表取締役が覚書を取り交わし、かつ支払を通知しつつ、決議を成立させなかったことを不法行為と構成し、会社の責任を肯定するのが適当だったのではないかと指摘する。

(19)　株主総会決議がなく、また当該会社で慣行としてきた手続すら履践されなかった事案である。北村雅史「判批」私法判例リマークス四二号八九頁（二〇一一年[下]）。

四　退職慰労金の不支給に基づく損害賠償請求

退職慰労金の不支給を理由とする損害賠償請求としては、一般に、株主総会において、退職慰労金に関するいわゆる一任決議がなされたにもかかわらず、退職慰労金が支給されない、あるいは減額されるケースにおいて、損害賠償請求訴訟が提起されるという類型(1)[20]、株主総会自身が支給基準と異なる退職慰労金額を決定し、あるいは不支給を決議するケースに損害賠償請求訴訟が提起されるという類型(2)[21]、さらには、退職慰労金の支給議題が株主総会に付議されず、損害賠償請求訴訟が提起されるという類型(3)(22)が考えられる。

1　一任決議後の不支給・減額に対する損害賠償請求

この場合に属する裁判例としては、(1)総会における一任決議後、取締役会が、規定上は株主総会決議の直後の取締役会で決定すべきなのに一年八ヵ月決定を引き延ばし、かつ、亡き代表取締役が会社に莫大な損害を与えたとして本来の額から五〇パーセントの減額決定をしたことを違法とし、損害賠償責任を認めたもの（東京地判平成元年一一月一三日金判八四九号二三頁。取締役、会社の不法行為責任(23)）、(2)一任決議後、取締役会の付した支給条件が不当であるとして、取締役会を構成する取締役らに善管注意義務・忠実義務違反を肯定し、損害賠償責任を認めたもの（京都地判平成二年六月七日判時一三六七号一〇四頁。取締役の対第三者責任(24)）、(3)一任決議後、取締役が退職慰労金支給のための取締役会を開催せず、数年後に、取締役会において退職慰労金の支給を行わないことを可決承認したケースにおいて、取締役の任務懈怠を肯定し、損害賠償責任を認めたもの（東京地判平成六年一二月二〇日判タ八九三号二六〇頁。取締役の不法行為責任・対第三者責任、会社の不法行為責任(25)）、(4)一任決議後、会社の業績悪化等を理由として退職慰労金規定より低額の退職慰労金を支給する旨の取締役会決議につき、損害賠償責任を認めたもの（東京地判平成一〇年二月一〇日判タ一〇〇八号二四二頁。取締役・会社の不法行為責任(26)）、(5)一任決議後、取締役会が退職慰労金の支払を未収売掛金の回収にかからしめる旨の決定をしたケースにおいて、かかる決定は、何ら合理的理由に基づいておらず、かつ、株主総会がした、役員退職慰労金内規に基づいて退職慰労金を支払う旨の決議の趣旨に反しているものであるから違法であるとして損害賠償責任を求めたもの（福岡地判平成一〇年五月一八日判時一六五九号一〇一頁。会社・取締役の不法行為責任(27)）、(6)一任決議後、取締役会が決定を代表取締役に一任する旨の決議をし、当該代表取締役が退職慰労金を支給しない旨決定したのは、これを正当化し得る実質的な根拠を欠く、違法不当な決定というべきであるとし、損害賠償責任を認めたもの（東京地判平成一一年九月九日金判一〇九四号四九頁。会社の不法行為責任[28]、が見られる。

このように、この場合の裁判例の中には、取締役の対第三者責任（平成一七年改正前商法二六六条ノ三第一項、会社法四二九条一項）を根拠とするもの、取締役の不法行為責任（民法七〇九条）を根拠とするもの、また、会社の第三者に対する不法行為責任（平成一八年改正前民法四四条、会社法三五〇条）を根拠とするものが見られる。

このうち、取締役個人に対して、対第三者責任、不法行為責任が問われうることについては、理論的には困難ではない。これに対して、会社の責任については、若干の問題が生じる。平成一八年改正前民法四四条にいう「理事その他の代理人」という規定を前提に平取締役の行為ないしは取締役会の意思決定行為につき会社の不法行為責任を認めた裁判例が、現在の会社法三五〇条いう「代表取締役その他の代表者」という規定において同様の解釈を導くことができるのかについては疑問もある。とくに、取締役会の意思決定行為については、予てより、外部に対して行動する機関でない取締役会の行為について平成一八年改正前民法四四条の責任は生じないとする見解[29]、会議体である取締役会の行為について、故意・過失を認めることは困難であるとの見解[30]も主張されているところであり、現在の会社法三五〇条の規定振りは、これらの見解に親和的であるようにも思われる。しかしながら、代表取締役への再委任がなされ、代表取締役の決定という行為が介在している(6)の事案と、その他の取締役会による減額、不支給の決定という意思決定行為とを区別し、後者について会社に対する責任を認めないとする扱いは均衡を失しているものと考えられる[31]。したがってこの問題については、取締役会の意思決定行為につき、会社法三五〇条の類推適用によって、これまでの裁判例と同様の解決を試みることが妥当であると考える。

2　株主総会決議による不支給決定に対する損害賠償請求

一般的に、株主が内規や慣行によらずに支給基準に比して低額の決定をする決議、または不支給を決定する決議をしたとしても、これ自体を違法と評価することは困難である。会社法三六一条の規定の趣旨が、株主総会の自主的判断を尊重することにあることからは、このように解される。学説の中には、株主総会が正当な理由もなく内規や慣行を無視した低額な支給決議や不支給決議をした場合には、①当該株主総会決議の効力を争う方法や、②不支給または著しく低額の決議をする原因となった退職慰労金議案を提出した取締役の責任を追及する方法によって救済すべきであると主張する見解[32]も存在するが、当該決議の効力を争っても、それが具体的退職慰労金請求権の発生とは結びつかないこと、また、内規どおりの金額で取締役（会）が議案を提案しても、株主総会でこれが可決されるか分からないことから、救済方法としての実効性に疑問が呈されている[33]。

裁判例の中には、このような学説と同様の主張がなされたものがある。東京地判昭和六二年三月二六日金判七七六号三五頁がそれであり、ここでは、退任取締役の退職慰労金支給につき取締役会が内規を大幅に下回る退職慰労金の支給案を株主総会に提案することを決議した事案において、退任取締役が当該決議の無効確認（予備的請求として当該決議の取消し）を求め、株主総会に議案を提出した取締役らへの不法行為ないしは取締役の対第三者責任、会社への不法行為責任を追及している。

ここにおいて裁判所は、取締役の退職慰労金は定款にその額を定めないかぎり株主総会決議によって決定されることから、取締役会の決定した退職慰労金支給に関する内規が存在しても、必ずこれに従った退職慰労金が支給されるとの保障はなく、また、取締役会が株主総会に退職慰労金支給に関する議案を提出することを決定するに当たって、適用が慣例化した内規が存在する場合は、できるだけ内規を尊重すべきであるとは思われるが、内規が取締役会で決定されたものであるかぎり、取締役会の決議によってこれを改訂し、または特定の場合について内規の適用をしない扱いをして内規と異なる退職慰労金支給案の提案を決議することも、その動機および目的等に特に不法な点がないかぎり、許されるとし、この判断枠組みにおいて、当該事案における退職慰労金について内規を適用せず、これを大幅に下回る金額の退職慰労金支給案を株主総会に提案することを取締役会で決議したのは、会社の当時の営業状態や退任取締役の退職の時期およびその後の行動等を考慮した結果によるものであり、決議の動機および目的にとくに不法な点があったとは認めがたいとして、当該決議を違法であるとはいえないとしている。

この判断枠組みには、「その動機および目的等に特に不法な点がないかぎり」という留保が付されていることから、後掲京都地判平成一五年六月二五日、後掲大阪高判平成一六年二月一二日（いずれも3において検討する）に見られる訴訟提起後に総会決議がなされたような事案では、この点からの判断が検討されるべきであると思われる。

これに対し、近時の佐賀地判平成二三年一月二〇日判タ一三七八号一九〇頁では、特例有限会社の解任された退任取締役よる、取締役任用契約当時の代表取締役であって過半数を超える株式を保有する支配的な株主および解任時における代表取締役に対する損害賠償請求について、過半数を超える支配的な株主として支給決議を実質的に決定することができる立場にあった者が、みずから内規のとおり退職慰労金を支給する旨を説明したにもかかわらず、故意または過失によって、過半数を超える支配的な立場を利用して、支給決議に賛成しないことが相当といえる特段の事情が認められないのに不支給決議を主導した場合には、会社に対する具体的な退職慰労金請求権を取得し得る原告らの法的保護に値する権利または利益を侵害したものとして、退任取締役に対して不法行為責任を負うものと解すべきであるとした。

この事案において特徴的であるのは、正当な理由のない解任に伴って不支給決議を成立させている点であり[34]、このような場合には、解任された取締役は損害賠償を請求でき、その賠償されるべき額には、支払いを受けた可能性の高い退職慰労金も含まれると解されており[35]、この事案においてもむしろそちらで請求すべきであったとの指摘もある[36]。

この指摘の通り、前掲佐賀地判平成二三年一月二〇日のような正当な理由のないケースでは、会社法三三九条二項における解釈の問題として会社に対する請求が検討されるべきである。もっとも、取締役任用契約当時の代表取締役であって過半数を超える株式を保有する支配的な株主がなした支給約束が、当該支配株主を拘束することは自然であるにせよ、会社自身を拘束するのか、また代表取締役の交代後なされた不支給決議を主導したことが、会社自身の不法行為責任を導くことには必ずしもならない。これは、つぎに扱う支給議題が株主総会に付議されない場合も同様である。

3 退職慰労金支給議題が株主総会に付議されないことに基づく損害賠償請求

(1) 問題の所在と学説の概観

右に見たとおり、株主総会における一任決議後、取締役会において基準に反して減額・不支給とした事案においては、基準に反した減額を決定した取締役会決議を無効として、支給基準に基づく支払請求を認めた事例がみられるほか（前掲東京高判平成九年一二月四日）、損害賠償請求の局面においても、いくつかの構成で、取締役・会社の損害賠償責任を認めた例も少なくない。

これに対して、代表取締役による支給約束など、会社と退任取締役との間に退職慰労金支給に関する合意があったとみられる場合において、かかる合意の存在にもかかわらず、株主総会に退職慰労金支給の議案が付議されない場合に、退任取締役が当該退職慰労金相当額を損害賠償の形で請求することができるのかも、問題となり得る。

この問題については、①内規や慣行の支給基準に従った退職慰労金支給議案を株主総会に提出しないことは、退任取締役に対する、代表取締役さらには会社の不法行為責任を構成するとする見解[37]、②代表取締役その他の退任取締役が、内規や慣行による支給基準に従った退職慰労金支給議案を株主総会に提出しないことは取締役の任務懈怠となり、取締役の対第三者責任の規定に基づき、退任取締役に対して損害賠償責任を負うとする見解[38]、③オーナー取締役が退任取締役に対し事前に支給約束（支給基準の作成がこれに当たる）をした場合には、前者個人は株主総会で決議を成立させる旨の一種の議決権拘束契約を後者との間で締結したと見られ、その義務を懈怠すれば損害賠償責任を負うとする見解[39]が示されている。

(2)　裁判例

裁判例として、京都地判平成一五年六月二五日金判一一九〇号四四頁は、代表取締役が内規の制定・実施により、内規に従った退職慰労金を支給することを各取締役に約したとともに、会社に対しても規定に従って事務処理を行う義務を負ったものと認められるとした上で、代表取締役が、退任取締役に対する支給約束に反したほか、故意により義務を怠り、取締役会を招集せず、取締役会において報酬議案の提出をしなかったもので、債務不履行または旧商法二六六条ノ三の規定により損害賠償責任を負うとして退任取締役の損賠賠償請求を認めた。しかし、その控訴審である大阪高判平成一六年二月一二日金判一一九〇号三八頁は、退職慰労金支給規定が存する場合であっても、定款または株主総会の決議によってその金額が決められない限り、取締役が会社に対して退職慰労金を請求することはできないとした上で、内規の性質および株主総会の決議の内容からすれば、退任取締役が、会社に対して、内規に基づく退職慰労金を請求する権利を有していたとは認められず、代表取締役が退任取締役に対して、内規に従った退職慰労金の支払に関する議案を株主総会に提出するための取締役会を招集したり、取締役会において、議案を提出すべき義務を負っていたとはいえないとして、原判決を取消し、退任取締役の請求を棄却した。

前掲京都地判平成一五年六月二五日の判示は、債務不履行または取締役の対第三者責任の規定に基づく請求を認めるものであり、債務不履行の構成は③の見解と、対第三者責任の構成は②の見解とも通じるものである。これに対し、前掲大阪高判平成一六年二月一二日は、内規は、会社の株主総会において、退職慰労金の支給金額、支給時期、支給方法等を取締役会または代表取締役に一任する旨決議された場合に適用されるべきものであるとして、③の構成の基礎となっている、支給基準の作成を退任取締役に対する支払約束と見る点を否定している。

この事案は、株主総会に退職慰労金支給の議題が付議されない状況において、退任取締役が代表取締役に対して損害賠償請求訴訟を提起した後に、株主総会において支給基準に比して減額された額の決定がなされたものであり、前掲大阪高判平成一六年二月一二日は、株主総会において、退職慰労金の支給金額等を具体的に決議した場合には、もはや内規を適用する余地はなく、内規は、退職慰労金を支給する旨の株主総会決議がない場合に、内規に基づく退職慰労金を請求する権利を具体的に発生させる性質のものではないとしている。この点について、原審である前掲京都地判平成一五年六月二五日は、この事後的な株主総会決議は退任取締役の退職時から一年半もの期間が経過した後になされている等から、形式を整えるために同決議を主導したものと認められ、この主張は信義則に反するとして認めていない。

(3) 付議義務

前記①②の学説および前掲京都地判平成一五年六月二五日における理論構成を前提に、株主総会決議がされない場合の損害賠償責任についてつぎのような指摘がなされている。すなわち、「取締役任用契約に退職慰労金付与の特約が含まれている場合には、退任取締役は会社に対して抽象的な退職慰労金請求権（株主総会決議によって認められた金額の限度で具体的な請求権に転化する権利）を有しているのであるから、このような場合には、会社の取締役は、株主総会に退職慰労金に関する議題を付議することを取締役会等で決定し、株主総会の判断を経る義務があるというべきである（ただし、最終的に支給・不支給および金額を決めるのは株主総会である。）」[40]。

もっとも、このような「株主総会に退職慰労金に関する議題を付議することを取締役会等で決定し、株主総会の判断を経る義務」（以下、これを「付議義務」という）[41]が認められるのは、ここで指摘されている通り「取締役任用契約に退職慰労金付与の特約が含まれている場合」であって、同事案での控訴審である前掲大阪高判平成一六年二月一二日では、「退職慰労金支給基準の作成を退任取締役に対する支払約束と見る点を否定している。内規の作成、存在は、ただちには「退職慰労金付与の特約」ないしは会社と取締役の間での「退職慰労金支給の合意」とはいえないということであろう。つまり、前記の指摘において述べられていることは、内規・支給基準の作成・存在から付議義務を認めることはできないが、仮にこれが取締役の就任時等の取締役任用契約に退職慰労金付与の特約が含まれている場合などであれば、前掲京都地判平成一五年六月二五日の示す付議義務を観念することができるということにすぎないと考えられる。(42)

(4)　付議義務違反と会社の責任

このように取締役に退職慰労金支給議案の付議義務を認め、当該義務違反から取締役の損害賠償責任を認めた事例は、前掲京都地判平成一五年六月二五日のほかは、判例集未登載の裁判例の中にも二件みられる。(43) もっとも、この二件は、会社の責任について、興味深い対照をなす判断を示している。

一件は、東京地判平成二〇年七月二八日WestlawJapan2008WLJPCA07288004であり、この事案は、取締役を解任された原告が会社法三三九条二項に基づき、会社に対し解任によって生じた損害の賠償として任期満了までの得べかりし報酬相当額を請求するとともに、代表取締役が退職慰労金規程に従った原告に対する退職慰労金支給決議を株主総会に提案しなかったのは取締役としての善管注意義務違反であるとして、代表取締役に対しては会社法四二九条に基づき、会社に対しては会社法三五〇条に基づき損害賠償請求をした事案において、裁判所は、取締役任用契約において、退職慰労金を付与する旨の合意（会社の株式の九〇パーセントを保有する支配株主（法人）との合意）があったことを認めた上で、解任された取締役は、抽象的な退職慰労金請求権を有しているのであるから、代表取締役は解任された取締役に対する退職慰労金支給手続を履行する義務があるということができるとして、ここにいう「付議義務」に言及し、これを怠ったのであるから善管注意義務違反があるとした。その上で、代表取締役につき会社法四二九条に基づく責任を、会社につき、同法三五〇条に基づく責任を認めている。(44)

もう一件は、東京地判平成二三年六月一〇日WestlawJapan2011WLJPCA06108003であり、この事案は、会社において決議を可決し得る議決権を有しているオーナー経営者である代表取締役が書面に「覚え書」、「退任するに当たっての条件」、「締結」といった文言を使用し、代表取締役および元取締役らが署名し、退任時期および退職慰労金の金額（一億五、〇〇〇万円および七、五〇〇万円）も具体的に記載して役員退職慰労金の支給について明示的に合意していたものである。そして、元取締役ら代表取締役との間の退職金支払の合意は法的拘束力を有し、代表取締役は、善管注意義務ないしは忠実義務の一環として、特段の事情のない限り、合理的期間内に、退職金支払を内容とする議題および議案を株主総会に付議するための措置を講じる義務を負うところ、悪意・重過失によって義務を履行していないとして、代表取締役に対する損害賠償請求を認めた。

しかし、同判決は、前掲東京地判平成二〇年七月二八日とは異なり、会社法三五〇条に基づく会社に対する請求を認めていない。すなわち、会社法三五〇条に基づく「損害賠償請求が認められた場合には、詰まるところ、……本件合意の締結およびその不履行によって、同合意を支持する株主総会決議等がないにもかかわらず、被告会社から原告らに対して、同合意に係る退職金支払と実質的に同等の財産流出が生じることとなる。このような帰結は、取締役の報酬につき株主総会決議等を要するものとすることによってお手盛りの弊害を防止し、会社ひいては株主の利益を保護するという、会社法三六一条一項の趣旨に反するものといわざるを得ない」とし、これと併せて同会社が当該代表取締役の実質的一人会社であるとまではいえない旨に言及している。つまり、同判決は、オーナー経営者による取締役との支給に関する合意およびそれに基づく付議義務の違反が、会社を拘束するものではないとしているのである。

これらに照らせば、この類型での損害賠償請求が妥当性を持つ範囲は、かなりの程度限定されたものとならざるを得ない。前掲京都地判平成一五年六月二五日や前掲東京地判平成二三年六月一〇日が示す枠組みでは、オーナー取締役と締結した取締役就任時ないしは退任を前提とした明示的な退職慰労金付与の特約が存在する場合などでなければ困難であろう。また、前掲東京地判平成二三年六月一〇日が示す枠組みでは、この場合も、当該オーナー取締役である代表取締役に対する関係で拘束力があるのであって、会社に対する関係では、損害賠償請求は認められないことになる。

すなわち、実質的な株主全員の同意を認めることのできない場面において、株主総会において退職慰労金支給決議を可決しうるオーナー取締役がした取締役就任時の任用契約に退職慰労金付与の特約が含まれている場合などには、取締役の付議義務が認められる余地があるものの、付議義務の違反から、会社に退職慰労金の支払と実質的に同等の損害賠償責任を認めることは、お手盛りそのものとなる可能性がある。付議義務の懈怠から取締役に対第三者責任を認める構成は考えられるものの、会社の責任を認めることには慎重な姿勢が求められよう。

(20) 東京地方裁判所商事研究会編『類型別会社訴訟I〔第三版〕』一二七頁以下〔福田千恵子ほか〕（判例タイムズ社・二〇一一年）、浜田道代＝久保利英明＝稲葉威雄編『会社訴訟』二七九頁以下〔福島洋尚〕（民事法研究会・二〇一三年）。
(21) 東京地方裁判所商事研究会編・前掲注（20）一三三頁以下〔福田ほか〕、浜田ほか編・前掲注（20）二八三頁以下〔福島〕。
(22) 東京地方裁判所商事研究会編・前掲注（20）一三一頁以下〔福田ほか〕、浜田ほか編・前掲注（20）二八一頁以下〔福島〕。
(23) ここでは、取締役の不法行為責任に加え、取締役会の決定が不法行為を構成するとして、平成一八年改正前民法四四条（会社三五〇条）に基づく不法行為責任が認められている。
(24) 死亡した取締役に対する退職慰労金支給に関する一任決議後に、当該取締役保有分の会社株式の譲渡や在職中の問題の解決が支給のための条件とされていたケースである。
(25) もっとも、このケースでは、昭和六三年六月の一任決議後、平成四年五月の取締役会で不支給を決議しているが、会社では、遅くとも平成二年六月までには経営状態も回復して退職慰労金の支給に何ら支障がなくなった以上、決議を放置した取締役に任務懈怠が認められるとしている。
(26) 基準に従って定める趣旨で株主総会において取締役会に一任する旨の決議がなされたにもかかわらず、取締役会においてそれに反する決議を行った場合には、決議をした取締役らは、退任取締役に対して不法行為責任を負うとした。
(27) 代表取締役は、自ら取締役会での原案を提案して取締役会での決定を得て、その後、代表取締役としてこの決定を執行するに至っていることから、この職務行為に基づいて、会社には旧民法四四条による不法行為に基づく損害賠償責任が認められるとした。
(28) ここでは、会社側から主張された不支給を正当化する事情について検討がなされており、いずれも不支給を正当化し得るほどの事情と評価することはできないとされている。
(29) 林良平ほか編『新版注釈民法(2)』三〇一頁〔前田達明＝窪田充見〕(有斐閣・一九九一年)。
(30) 青竹正一「取締役退職慰労金の不支給・低額決定に対する救済措置(下)」判評四一三号一三頁(一九九三年)。
(31) 落合編・前掲注(2)二〇五頁〔田中〕。
(32) 青竹・前掲注(30)一三頁。
(33) 西岡清一郎＝大門匡編『商事関係訴訟〔改訂版〕』一五六頁〔福田千恵子〕(青林書院・二〇一三年)。
(34) 小林量「判批」私法判例リマークス四七号八五頁(二〇一三年)は、本件の特徴として、会社に対する請求は一切行わず、支配株主、代表取締役のみを標的としている点を指摘する。
(35) 大隅健一郎＝今井宏『会社法論〔第三版〕』一七六頁(有斐閣・一九九二年)、上柳ほか編・前掲注(1)七二頁〔今井潔執筆〕。もっとも、任期満了時に受領していた可能性がどの程度存在することを必要とするかについては、学説に差異があることについて、岩原紳作編『会社法コンメンタール(7)』五三一頁〔加藤貴仁〕(商事法務・二〇一三年)参照。弥永真生「取締役の報酬の減額・不支給に関する一考察」筑波法政一六号六一頁注20(一九九三年)は、きわめて例外的なケースになることが示唆されている。
(36) 小林・前掲注(34)八五頁。
(37) 阿部一正ほか『条解・会社法の研究(6)』別冊商事法務一七六号三九頁〔稲葉威雄発言〕(二〇〇二年)、弥永真生「役員報酬の返上、減額、不支給をめぐる法的問題」代行リポート一一八号九頁(一九九七年)参照。
(38) 青竹・前掲注(30)一三頁。
(39) 江頭憲治郎「判批」ジュリ一一〇三号(一九九六年)一四九頁。
(40) 東京地方裁判所商事研究会編・前掲注(20)一二七頁以下〔福田ほか〕。

(41)　裁判例の中には、「上程」の用語を使うものもあるが、本稿では、「付議」で統一している。なお、川島いづみ「取締役報酬の減額、無償化、不支給をめぐる問題」判タ七七二号八一頁（一九九二年）は、報酬請求権を具体的請求権に転化することを会社に請求できるとする。

(42)　西岡＝大門編・前掲注（33）一五五頁注82〔福田〕は、「どのような場合に会社と退任取締役との間に退職慰労金支給の合意があると認定できるかは事案によるが、単に内規や慣行があるというだけで黙示の合意を認定することには疑問がある。内規は、取締役会が株主総会に退職慰労金支給議案を付議する場合の参考、ないしは株主総会が取締役会に金額決定を一任する場合の基準であるにすぎない場合も多いと思われ、内規の存在のみから、会社と退任取締役との間の退職慰労金支給合意を推認することは一般的に困難であると考えられる。したがって、退職慰労金支給合意があることを根拠に、株主総会に退職慰労金支給議題を付議しないことが取締役の任務懈怠に当たると解されるのは、通常は、会社と退任取締役との間で明示の退職慰労金支給合意が存在する場合であろう」としている。

(43)　なお、東京地判平成一九年七月一二日 WestlawJapan2007WLJPCA07128007は、元取締役が会社に対し、会社の取締役会は役員退職慰労金規程に従って役員退職慰労金の支給議案を株主総会に付議する義務を負っていたのにこれを怠ったとして退職慰労金相当額の債務不履行に基づく損害賠償請求を行ったのに対し、裁判所は、取締役会自体に株主総会への付議義務を観念することはできず、また、当該義務は、会社が元取締役に対して負担する直接の義務と認めることはできないから、当該主張は失当であると説示している。また、東京地判平成一七年八月五日 Westlaw-Japan2005WLJPCA08050002は、会社が、株主総会の決議なく、退職慰労金の支給を受けた（退職慰労金の原資となる元取締役を被保険者とする保険契約について、保険契約者を会社から元取締役に変更し、元取締役が解約返戻金の支給を受けた）ことについて、会社が元取締役に対して不当利得返還請求を行った事案について、元取締役が、会社が退職慰労金支給のための手続を二度にわたって行い、社内手続を進め、上記のとおり保険契約者を変更し、源泉徴収票を交付するなどの対外的な手続も行っていたことから、会社は元取締役に対する退職慰労金の支給議案を株主総会の付議する義務があり、会社の元取締役に対する請求は信義則違反であると主張した。これに対し、裁判所は、取引の安全を考慮する必要がある純然たる第三者との取引行為と異なり、元取締役に対する退職慰労金の支給については退職慰労金の支給額等具体的内容を定めた定款の規定や株主総会決議がなく、株主総会の決議に代わる全株主の同意も認められない以上、会社が元取締役に退職慰労金相当額の返還請求を求めることが信義則に反することはないとして、会社の退職慰労金支給議案の付議義務を否定している。

(44) 同判決は、代表取締役に対第三者責任が認められるとしていることから、ただちに会社にも三五〇条に基づく責任が成立しているとしている点で法令の適用に疑問があるほか（なお、この点につき、落合編・前掲注（2）二三頁〔落合〕参照）、閉鎖会社において九〇パーセントを保有する法人支配株主の存在があり、実質的な株主全員の同意を認定するなど他の構成による救済が適切であった事案ではなかったかと考えられる。

五　結びにかえて

本稿では、対象を閉鎖会社に限定して、取締役の退職慰労金が不支給とされる場合を中心に、裁判例の検討を通じて、特別な扱いが要請される場合を検討してきた。ここまでの検討を振り返ることで、結びにかえることとしたい。

退職慰労金は会社法三六一条にいう「報酬等」に含まれる。そうすると、退職慰労金請求権の発生には、定款の定めまたは株主総会決議が必要であり、退職慰労金が定款または株主総会により定められない限り、具体的な退職慰労金請求権は発生しないとするのが判例の立場である。

もっとも、前掲最判平成一五年二月二一日は、傍論として「株主総会の決議に代わる全株主の同意もなかったのであるから」としている定款の定めまたは株主総会により定められない場合であっても、株主総会の決議に代わる株主全員の同意が認められる場合には、退職慰労金請求権を認めることができる。

もっとも、株主全員の同意ではなく、「実質的な」株主全員の同意というやや緩和された基準から、株主総会決議に代わる意思決定がなされたと評価する裁判例もいくつか存在しており、ここでは、どのような点を捉えて同意とみるかが検討される必要がある。すなわち、一部の少数株主についての無関心による黙認を、ただちに退職慰労金支給に対する同意と見ることには問題もあるが、株主総会の不開催等の、手続の履践がなされないことに対する了知が認められる場合には、実質的な株主全員の同意を認めてよいものと思われる。

また、株主全員の同意を認めることが困難な事案においても、株主総会が開催されておらず、少数株主がそれに異議を唱えていないという事情、取締役会において、株主総会決議を可決するに足りる数の議決権を有する取締役によって、株主総会に代替される意思決定がなされることについて、残りの少数株主が了承しているという事情が重なる場合には、かかる意思決定によって退任取締役について退職慰労金請求権を認める余地があるものと考えられる。

不支給に基づく損害賠償請求の場面には三つの類型に整理することができるが、(1)一任決議後、取締役会において不支給・減額決定がなされた場合には、関与した取締役につき、不法行為責任、対第三者責任のいずれも認める余地がある。会社に対する責任については、取締役会の決定という行為に対しての会社法三五〇条の適用の問題があるが、類推適用できると解すべきである。(2)株主総会自身が不支給・減額の決定をしたという場合には、一般的に救済は困難である。下級審裁判例の判断枠組みからは、不支給・減額を決定した株主総会決議の動機・目的を問題とする余地があるほか、近時の裁判例に見られるように、取締役任用契約当時の代表取締役であって過半数を超える株式を保有する支配的な株主がなした支給約束に基づいて当該支配的株主に対する不法行為責任は認められようが、これが会社自身を拘束すると考えることはただちにはいえないし、また代表取締役の交代後なされた不支給決議を主導したことが、会社自身の不法行為責任を導くことには必ずしもならないのであろう。(3)「株主総会に退職慰労金に関する議題を付議することを取締役会等で決定し、株主総会の判断を経る義務」（付議義務）が説かれ、実際にこれを認めた裁判例も存在する。取締役の就任時等の取締役任用契約に退職慰労金付与の特約が含まれている場合などには、このような付議義務を認めることができようが、内規・支給基準の作成・存在から、ただちに取締役に付議義務を認めることは困難であろう。また、一人会社ないし実質的な株主全員の同意といったことが認められない状況で、付議義務に基づく会社自身の不法行為責任（会社三五〇条）を退職慰労金相当額（合意された額）について認めることは、お手盛りの弊害を防止し、会社ひいては株主の利益を保護するという、会社法三六一条一項の趣旨に反するものとなりかねず、慎重な態度がとられるべきである。

ドイツにおける議決権代理人資格制限に関する議論の展開

――ヨーロッパ株主権利指針導入後の状況――

藤嶋　肇

一　はじめに

株主総会における株主の代理人資格を定款で制限できるかどうかについては長らく議論が存在している。日本では、制限を肯定する判例理論が安定的に妥当してきた。ドイツでは、株式会社についてかつては制限を許す見解が支配的であったが、近時は否定説が有力に主張されている。この度、下級審ではあるが再び定款による代理人資格の制限につき否定する決定が下された。さらに、連邦最高裁判所は定款による代理人資格の制限を定める株主総会決議の瑕疵がすでに治癒されている場合に、株主からの申立てを認めないという判断を示した。ドイツはＥＵの経済政策の下、株主の権利に関する統一的なルールを国内法に移入しつつある。今回、あらためて制限否定説の論理を再検討するとともに、仮に制限が否定された場合に現在の定款の効力を維持し法的安定性を確保する方策につき、わが国会社法解釈への示唆を得ることを目的とする。

二　事例の紹介

1　事例の趣旨

本稿では、連邦最高裁判所二〇一四年七月一五日決定(1)およびその原審であるブラウンシュヴァイク高等裁判所二〇一三年八月二七日決定(2)の概要を紹介する。ブラウンシュヴァイク高等裁判所はその決定理由の中で定款による代理人資格制限の有効性につき言及し申立人の異議を認容したが、許可抗告審である連邦最高裁判所は、当事者の異議申立権限につき高等裁判所と異なる判断を示して抗告を棄却した。

2　事実の概要

Yらは X の株主であり、X の支配株主は、約七五パーセントの持分をもつ N ホールディング株式会社である。非上場である X は、その二〇〇一年七月二六日の株主総会における決議によって、その定款一六条一号四文および二号を以下のように定めた。

定款一六条一号四文は「株主は第二項の条件に従って代理人によって代理させることができる。」と規定している。

定款一六条二号の文言は以下のとおりである。

「株主は以下のように代理させることができる。

一．自然人は配偶者、直系血族もしくはその配偶者によって
二．法人もしくはその他の団体は法的に代表権が与えられている者（代表者として与えられている人数）によって
三．すべての株主は他の株主、またはその農業経営における業務上の従業員によって
四．すべての株主は会社によって指名された議決権代理人の一人によって」
決議は二〇〇一年九月五日に商業登記簿に登記された。

Yらは、無効を理由として家事および非訟事件手続法三九八条による決議の抹消を申し立てた。彼らの見解は、この規定によって株主総会の際に代理させる株主の権利が、列挙された議決権代理人に制限されるという許されない方法で制限されているというものである。定款一六条二号の規定は、強行規定、すなわち、株式法一三四条三項一文に違反しており、それゆえに無効であるという。

さらに定款規定が基本法一二条および一四条のみならず、基本法一条および三条にも違反していることも無効原因であるとする。定款規定は配偶者による代理が可能であることを予定しているが、生活パートナーシップ法一条の意味における生活パートナーによることは予定していない。それゆえ、登録生活パートナーシップにおいて生活するYに、株主総会における議決権行使についてその生活パートナーに授権することが妨げられていることをあげる。また家事および非訟事件手続法三九八条の意義における定款規定の廃止への公の利益も存するという。株主総会決議に反対する将来の株主が生じるであろうこと、つまり株主には、その理解によって株主総会決議を直接に攻撃することは不可能であろうことが是認される。同様に、遅れてきた株主に対しても適用されるべきであるということである。とりわけ株式が売買によらず、二〇一〇年に相続により株主に取得されたYに対しても適用されるべきであるという。

Xの見解は、定款規定による強行規定の違反はなく、家事および非訟事件手続法三九八条による削除のために必要な公の利益も存しないというものであった。

区裁判所（登記裁判所）は二〇一二年七月三日の決定で、二〇〇一年七月二六日の株主総会の決議の抹消の申立てを退け、定款規定が強行規定に違反していないこと、および抹消に公の利益が存しないことをもって抹消を拒絶した。

これに対して、Yは異議を申し立てた。ブラウンシュヴァイク区裁判所（登記裁判所）は二〇一二年八月一三日の決定をもって異議を判断せず、事件は抗告裁判所としてブラウンシュヴァイク高等裁判所に決定のため移送された。

3　ブラウンシュヴァイク高等裁判所二〇一三年八月二七日決定理由の要旨

ブラウンシュヴァイク高等裁判所は以下のような理由で抗告を認容した。

「家事および非訟事件手続法三九八条に従い、商業登記簿に登記された株式会社の決議は、その内容が強行法規に違反し、公の利益にその除去が必須である場合、家事および非訟事件手続法三九五条に従い無効のものとして抹消される。」

「Xの定款一六条一号四文および二号は、株主総会における株主の代理人資格を制限するものであるが、強行規定に違反するものである。」

「株式法一三四条三項一文によると、「代理権を授与された者」によって株主の議決権は行使され得る。つまり任意の者によってなされ得る。今回のように代理権の授与につきそれ以上の前提条件に依拠させる定款規定は、株式法二三条五項に反し、それゆえ強行規定に違反する。」

「議決権の委託を株主の配偶者、親族、その配偶者に予定しているが、登録生活パートナーには言及されていない限りで、定款規定はさらに強行規定に違反する。」

「定款規定は民法一三三条および一五七条により、その登録生活パートナーによる株主の代理を排除していると解釈されうる。確かに、当事者が法令と一致した態度をとり、二〇〇一年二月一六日に公布され、二〇〇一年八月一日に施行された登録生活パートナーシャフト法を無視する意図がないということは、そこから疑念が生じうる（略）。ここではしかし定款規定の一義的な文言は、配偶者と並んで株主の登録生活パートナーも代理人となる資格を有することを認めないという解釈へ至る（略）。」

「一般平等待遇法（Allgemeines Gleichbehandlungsgesetz）二条の適用領域は開かれておらず、確かに定款規定は一般平等待遇法一条の意義における二条一項に反している。しかし、それは私法における民法一三八条に関する影響を有する、基本法三条三項一文に基づく一般的な平等取扱原則と相容れない。公序良俗違反の判断は、基本的権利の考察の下、共同体において正当と認められる社会的モラルによる。（略）。配偶者および登録生活パートナーの異なった取扱いは、具体的理由なき場合、性的指向に基づく差別的取扱いである（基本法三条一項）。それゆえに、ここで争いの対象となっている定款規定でも、それは甘受されえない。」

「家事および非訟事件手続法三九八条による抹消は、さらに、強行規定に反する決議がこの違反によって無効となることを前提条件としている。株主総会決議の取消可能性のみでは、この点で十分とは言えない（略）。」

「議論の対象となっている定款規定はそれゆえ、もっぱらもしくは主として公の利益に資する規定（株式法二四一条三項後段）に違反する場合にのみ無効であり、本件では確かにそのとおりである。株式法一一八条一項一文によると、株主らは、法がその他の定めをしていない限り、株主総会においてその権利を会社の重要事項に行使する。株主総会は、法によって分配された権限の範囲で内部的意思形成の任務を伴う株式会社の機関である。株式会社はそれと並んで二つの行為機関を有する。株式会社を運営する取締役会と、業務執行を監督する監査役会である（略）。株主総会における株主の本質的な権利は、参加し決議に参加する権利、議事録に異議を表明する権利、株式法一三一条による質問権、および資格ある少数株主権である。これらの権利はもっぱら所有者の利益に資するものではない。なぜならば株主総会において株主らは信頼のおける企業運営のための大前提であるコントロール権をも行使するからである（略）。それによると、これらの権利はまた公の利益のためにも存する（略）。ここで、株主総会において代理させる可能性が制限されるならば、それゆえに制限は必然的にまた公の利益に抵触する。」

「さらに、決議は株式法二四一条四号による差別待遇禁止に違反することを理由としても無効となる。つまり、その内容によって良俗に反する場合、株主総会決議は無効となる。株式法二四一条四号は、決議がそれ自身良俗に違反とせざるを得ない場合にのみ無効になると限定的に解されている。状況、動機、目的から生ずる良俗違反が単に取消可能を根拠づけるとされるのに対比される。また、株式法二四一条四号の要件が、民法一三八条の要件よりも狭く解される場合も、それは定款規定によって満たされる。なぜならば、これは上述の良俗違反であるからである。」

「しかしながら、家事および非訟事件手続法三九八条による抹消には、異議を申し立てられた決議が法規定に違反しており、かつそれゆえに無効である場合のみでは十分ではなく、登記の抹消が公の利益に必要であると認められねばならない（略）。」

「株式法二四一条一号、三号、四号によって無効となる決議でも、今回のように商業登記簿に登記されかつそれ以来三年間経過した場合、株式法二四二条二項一文によって治癒されることを法は出発点とする。公の利益においてのみ家事および非訟事件手続法三九八条の意味による株式法二四二条一項三文（原文ママ）によってこの治癒効果の破棄が認められる。それゆえ、職権による抹消は、治癒によって導かれる法的安定性の利益よりも、時の経過およびそれと結びつく治癒の効果にかかわらず、決議抹消の公の利益が高く評価される場合にのみ正当化される（略）。その際、株式法二四一条三号および四号が無効原因を狭く限定していること、抹消への公の利益の事実上の推定、期間経過によって生じるより高位の利益のみを理由とすることを排除していることを考慮する（略）。」

「ここでは、無効原因の存在によって想定される法律違反の代理規定の抹消の公の利益と、法的安定性は対立するものではない。代理規定は確かに原則として、株主総会においてなされる決議の適法性に原則的な意義を有する。しかし、法律違反の代理規定の抹消は、主として将来に向けて効果を現す。瑕疵ある代理規定によって、株主総会への株主の参加の権利が許されない方法で侵害されている。このことは、株主総会でこれを基礎としてなされた決議の取消可能性を導く（略）。しかし、瑕疵ある代理規定に基づきなされた決議の取消期間は、その間に経過してしまった。株式法二四六条一項によると、株主総会決議は決議のなされたのち一か月以内にのみ攻撃されうる。この期間は二〇〇二年以来なされたすべての決議について徒過している。このことはまた二〇一三年七月一一日に開催された最終の株主総会においてなされた決議にもまた妥当するのである。」（後略）

4　連邦最高裁判所二〇一四年七月一五日決定理由の要旨

連邦最高裁判所は以下のように述べて、Xの抗告を認容した。

「商業登記簿に登記された株式会社の株主総会の無効の決議の抹消は、家事および非訟事件手続法三九八条、三九五条一項により職権で、もしくは職能を有する機関の申立てによりなされる。個々の株主は申立権を有さない。それゆえに個々の株主は家事および非訟事件手続法五八条、五九条二項に基づく異議申立権を有さない。」

「異議申立権はまた家事および非訟事件手続法五九条一項からも生じない。」

「それによると、異議はその決議によって権利が損なわれる場合に与えられる。必要不可欠なのは、異議申立人に存する主観的利益に直接不利益な侵害があることである。異議が申し立てられる決定は、異議申立人に存する権利を破棄し、制限し、減少し、不利な影響を与え、もしくは危険にし、この権利の実行を妨げ、異議申立人にその法的地位の行い得る改善をさせず、困難にするものでなければならない。（略）単なる法的、経済的利益では十分ではない。」

「この前提条件が、ここでは満たされていない。Yは株主総会における代理についての定款規定の変更に関する決議の抹消の拒絶によって、家事および非訟事件手続法五九条一項の意味における主観的利益を損なわれない。」

「ここで争いになっている決議は商業登記簿に登記されてから三年以上経過しており、その株式法二四一条一号三号四号に基づく無効は株式法二四二条二項一文によってもはや主張されえない。規定はまた定款変更に関する無効の決議も把握する。そこで、支配的な見解が受け入れるように、治癒は客観的法的状況の変更の意義において見て取られるかどうか、もしくは規定は単に、決議の除去が公の利益に必要不可欠と思われる場合に家事および非訟事件手続法三九八条に従った手続による登記裁判所以外、誰も無効を主張できなくなるだけなのかについては、なお開かれている。つまり、個々の株主が無効を主張することを単に妨げられるとする場合であっても、決議が有効なものであったとして取り扱われなければならないであろう。そのため、株主はもはや決議の効力から免れることについて、ここではしたがって株主総会において任意の代理人によって代理させ得る主観的権利を有していない。登記された決議が有効なもののように取り扱われる場合、それは株式法一三四条三項の法的代理規定の有効な具体化を意味する。株主はしたがって株式会社に対して、定款の範囲内で代理させる権利のみを有する。（略）」

「職権による抹消手続は、立法者によると個々の株主の利益におかれたものではなく、登記された株主総会決議の無効の確認での公の利益を保護が意図されている。この理由から、中立としてではなく、職権手続として整えられた。それゆえに、抹消は追加的に、その排除が公の利益に資する強行規定に対する決議の内容的違反を前提条件とする。この公の利益の保護を、立法者は中立権限、異議中立権限をみとめられる職務権限ある機関に与えた。株主は、無効の訴え（二四九条）で決議の無効を主張しえたが、しかし商業登記簿への決議の登記後三年以内に利用がなかった限り、株主はすでにこの怠慢のゆえに保護されるにふさわしいとは言えない。株主に結果として株式法二四二条二項一文に反し治癒にも関わらず無効を主張する権利が与えられたならば、治癒された決議への異議中立権限を与えることになるであろう。」

「株主が、三年間の期間の間に二四九条による無効の訴えを提起することができなかったならば、例えば彼が会社の株式を遅れて初めて取得したためであるならば、それが会社の決議形成の時点ですでに属する株主に与えられていたとき、彼にその会社への参加に際して商業登記簿から明白な、いずれにせよ結果として時の経過した有効な決議の成立の存続に関し、―とりわけ定款に関し―さらなる法的保護の可能性を与えるということは正当化されえない。」

（1）BGH, Beschluss vom 15.07.2014 - II ZB 19/13 = Beck RS 2014, 20190

（2）OLG Braunschweig, Beschluss vom 27.08.2013 - 2 W 142/12 = Beck RS 2014, 20216; 前審は AG Braunschweig, Entscheidung vom 03.07.2012 - HRB 2936 -

三　検　討

1　定款に基づく株主総会での議決権行使のために株主によって選任される代理人資格の制限

(1)　問題の所在

ドイツ株式法においては、議決権は高度な人格的権利とはされておらず、長らく議決権代理の可能性を認めてきた。これはとりわけ金融機関預託議決権と結びつき、ドイツ株式会社のコーポレートガバナンスを特徴づけてきた[3]。しかし、現在では資本市場のグローバリゼーションに伴い、その性質は希薄となりつつある。しかしながら、議決権代理はなお原則的な意義を有している。それは、株主による合理的な無関心に対処する手段である[4]。わずかな持株数では、コストを理由として株主総会への参加へのインセンティブは失われる。議決権代理により、直接の参加がなくとも株主によるコントロールが結果として得られうる。

株式法一三四条三項は、代理人として選任されうる人物について明文の規定を置いていない。そこで原則として株主はいかなる自然人、法人にでも自由に代理権を付与できると解されている[5]。制限されるのは、行為無能力者、明白に株式会社の利益を損なう、もしくは犯罪的な目的に従事する者が該当すると解されている。(6) ここで、定款規定によって議決権の代理行使を排除することも、強制することもできないということについて学説は一致している。問題として、代理を選択する際に株主の決定の自由が制限されうるか否か、制限されうるとするとどの程度かが長らく論じられてきた。

(2) 先　例

旧商法下でライヒ裁判所(7)、ベルリン高等裁判所(8)で代理権を授与される者の資格について制限できるとした先例がある。一方で、制限は許されないとしたものとして、シュトゥットガルト高等裁判所の決定(9)が存する。

(3) 見解の状況

従前、定款による議決権代理人資格の制限は、株主の選択の自由がそれによって不当で受忍されえないほど制限されない限りで、制限できるとする見解が主張されていた。(10) この見解は旧商法二五二条、一九三七年株式法一一四条で、議決権行使の条件および方法につき会社契約および定款に従うということが定められていたところ、代理人資格の制限は、この「条件」に該当すると解していたことによる。さらに、一九六五年株式法一三四条三項は定款による代理人資格の制限につきなんら言及していないところ、従来の解釈を踏襲することを可能としていた。この点につき、制限は原則として否定されるべきであり、譲渡制限された記名株式の移転について株式会社が同意する場合にのみ例外として許されるべきという見解も主張されていた。しかし、それに対しては、株式法六八条二項に基づく譲渡制限が会社の利益のために行われるのだとして、濫用防止のために代理人の使用を一般的に制限することはできないとの批判がなされていた。(11)

現在では、定款による議決権代理人資格の制限は許されないと解する見解が支配的である。(12) この見解は、制限が株式法二二三条五項において定められる定款の厳格性の原則に違反するということを理由とする。

定款の厳格性とは、株式法における定款自治の内容的限界である。それは会社の構成を標準化することにより株式の取引の安全を確保すること、現在そして将来の株主および会社債権者に不意打ちとならないように保護する機能を有するとされる[13]。この点について、まず一定の標準化が必要だとしても、柔軟性を欠くと資本市場の機能を損なうのではないかという批判がある[14]。アングロサクソン流の不干渉の方法が、自由な選択を認めることで硬直的な会社法によって遅れた発展を取り戻しうるともいう[15]。つぎに、この機能は上場会社にとって重要であるが、大部分を占める非上場の株式会社にとって、その包括的適用は厳格すぎ、緩和すべきであるという問題提起がなされている[16]。もっとも、法文上は上場非上場の区別はされておらず、なお同様の規制に服していると解されている[17]。

定款の厳格性は、定款が法令と相違する内容を定める場合（株式法二三条五項一文）と法令を補充する場合（株式法二三条五項二文）に区別される。相違は法規定を置き換える場合であり、法によって明文で許されている場合にのみ可能と解されている。許されているかは解釈によることもできるが、法が何も定めていない場合には当然に許されていると は解されえない。機関の権限の範囲、構成、少数株主の権利については原則として異なる定めはできないと解されている[18]。補充は、法が相応する規定内容を含んでおらず、しかし法の定める原則に抵触しない場合であり、法が明文で排除していない限り許される。その限界は、一般法、株式法の強行規定の限界に存する[19]。

定款による代理人資格の制限は、定款規定の補充と解されている[20]。制限を肯定する見解は、それが補充として許される範囲だと主張する。他方、否定説はそれが定款の補充として認められる範囲を超えると主張する。ブラウンシュヴァイク高等裁判所はその決定理由において、株式法一三四条三項は代理の可能であること、代理の形式、代理権の証明に関して規定し、第四項は議決権行使の方式について定めるところ、第四項が明文で定款による定めを許しているが、代理人の人物につき定款による制限が許されるならば、第三項に定款の留保が存在すべきであるところそれを欠くことから、第三項が補充を許さない閉じた規範であるということを理由とする。

さらに、否定する見解は、株主権利指針の移入に関する法律（ARUG）[21]によって移入された、株主権利指針（Aktionärsrechte－RL）[22]を補充的な理由とする。これは、ヨーロッパ連合における会社法の現代化およびコーポレートガバナンスの改善についてのアクションプランに基づき、株主の権利について、さらなる透明性の規定、議決権の行使の際の代理権、電磁的方法での株主総会への参加の機会、国境を越えた議決権行使の保障を強めることを目的としている[23]。とりわけよい企業経営のためには、議決権代理が支障なく効果的に行われる手続が必要とされ、それを困難にする、費用を負担させる制限および強制は排除されなければならないとする。株主権利指針一〇条一項後段において、「代理人が行為能力者でならねばならないという要求を例外として、構成国は、代理人として選任されうる人物に関し制限する、もしくはそのような制限をすることを会社に許すすべての法規定を廃止しなければならない」という文言をもってこれを具体化している[24]。

もっとも、この指針は公開会社の株式、すなわちその本店所在地が構成国に存し、その株式が構成国に位置しもしくはそこで運営されている規制市場で取引が許されている株式（株主権利指針一条一項）を対象としている。しかし、この指針がARUGによって移入される際、株式法一三四条三項一文についてはその文言が改正の対象とならなかった。すなわち、非上場株式会社に対して異なる規範を適用することが企図されたならば、非上場会社に対する明文の異なる規定がなされなければならなかった。ブラウンシュヴァイク高等裁判所はその決定理由で、立法者は上場会社と非上場会社に異なる規範を適用する場合、明文で異なる規定を置いている（たとえば株式法一二一条二項三文など）ことにかんがみれば、この規定が上場会社のみならず非上場会社にも適用あると述べている[25]。

2　定款の文言の良俗違反

本事例では定款の文言が「自然人は配偶者、直系血族もしくはその配偶者によって」代理させることができると規定している。この文言が、登録生活パートナーを含んでいないことが、民法一三八条の良俗に違反すると評価された。

ドイツでは二〇〇一年の「生活パートナーシップ法」により、登録同性カップルに婚姻に準じた保護が認められている[26]。定款の文言が明文でそれを含んでいないことは、必ずしも当事者が差別的取扱いを意図しているとは言えない。しかし、民法一三三条、一五七条によれば排除するという解釈もなしうるところ、公序良俗違反の判断は共同体において正当と認められる社会的モラルによるとされ、具体的理由なき場合、性的指向に基づく差別的取扱いとなると解された。

3　強行規定に違反する定款規定の有効性

(1)　問題の所在

株式法二四一条は株主総会決議の無効原因を定める。その中で、株式法二四一条三号は「株式会社の本質と一致しない場合、またはその内容によって、もっぱらもしくは主として会社債権者の保護に、もしくはその他公の利益を表す規定に違反する場合」に株主総会決議が無効になるとする。たんなる法令違反は株式法二四三条一項により取消原因を生じさせるにすぎないところ、強行規定に反する規定、とりわけ定款の厳格性に関する株式法二三条五項違反の株主総会決議が無効原因に該当するのか、その限界が問題となる。

(2)　見解の状況

まず第一に、株式法二四一条三号の無効原因が限定列挙である性格から、株式法二三条五号の違反がさらに、株式法二四一条三号の前提条件、つまり株式会社の本質に反する違反、債権者保護および公の利益に立つ規定に違反する場合にはじめて決議の無効を導きうるとする見解がある[27]。第二に、株式法二三条五項における定款自治の制限は強行規定に定款が違反することによって「株式会社の本質」が形成されることを示しており、株式法二三条五項違反はすなわちこの強行規定に定款が違反している場合であるとする見解がある。[28] 第三に、法によって引かれる定款自治の限界を超える定款変更に際して、株式法二三条五項は独自の無効要件を定めているのだとする見解も存する。[29]

この点、第三の見解に対しては、株式法二三条五項は株式法の強行規定であることを明らかにするものであって、無効の要件が不文であるのは法的安定性を欠くという批判がある。第二の見解は、無効の範囲が広がりすぎると批判されている。無効と取消しという区別された制裁手段が存在するうち、無効については柔軟性を欠くことから制限的に適用されるべきであるという。以上から株式法二三条五項違反が株式法二四一条一項三号の補充的前提条件を満たす場合に、株主総会決議の無効が導かれるべきであると主張される。この際、その補充的前提要件として公の利益にかかるか否かが提示される。この公の利益とは、株主の範囲を超えた利益、すなわち会社外の第三者の保護のことを意味する。[30] ここで、規範が第三者の保護に資するものかどうかは、当該規定によって保護される利益が、株主によって放棄されうるか否かという判断基準が提案されている。[31]

株主総会における株主の権利には、議決権、議事録に異議をとどめる権利、質問権、少数株主権があげられるが、これらはもっぱら株主の利益に資するものではなく、これらの権利の行使によって企業運営の信頼が維持されることが期待される。[32] 決定理由では、株主が株主総会において代理人に権利を行使させることが制限されることは、公の利益に抵触すると解している。[33]

(3) 無効の決議の治癒と異議申立権限の所在

株式法二四二条は、無効の瑕疵があるときに一定期間それがとがめられなかった場合にはもはやその瑕疵は主張しえないとする、無効の治癒を定める。これは、一定期間継続した前提条件の下で生じた信頼関係を保護し、法的安定に資することを目的とする。[34]

この点、株式法二四二条による治癒の効果につき、その文言からそれが客観的に有効となるのか、それともたんに無効を主張することができなくなるだけなのかが問題とされていた。これについては、客観的に有効となる見解が支配的である[35]。その真の治癒が生じることにより、より法的安定性を確保するという規定の目的に資することを理由とする[36]。

しかし、株式法二四二条二項三文により、家事および非訟事件手続法三九八条に基づく職権による抹消の可能性は排除されない。もし、職権による抹消がなされるならば、それは株式法二四一条六号に基づき決議の無効を導くこととなる。もっとも、職権による抹消には、期間の経過による治癒がもたらす法的安定性よりも、決議の除去により得られる公の利益が大きい場合でなければならないと解されている[37]。

さらに、家事および非訟事件手続法三九八条に基づく職権による抹消の申立権限の所在が問題となる。

この点につき、広くその申出を認める見解が主張されている[38]。この見解はそもそも株式法二四二条の治癒にもかかわらず家事および非訟事件手続法三九八条に基づく抹消がなされ得る理由を、株主の利益を含めた個別の利害調整機能にあることを強調する。そこでは、公の利益について株式法二四一条一項三号よりより広く解することで、治癒期間の経過にもかかわらず職権により利害関係の調整がよりはかられ得るという。しかし、連邦最高裁判所は、家事および非訟事件手続法三九八条、三九五条に基づき登記の抹消をする権限は、会社の権限ある機関の申立て、および職権によるものだけが可能であり、個々の株主には不可であるとした。その理由は、いったん成立し、登記の日から三年間経過した定款変更決議は、その内容に瑕疵があるとしても有効なものとして取り扱われる[39]。つまり、株主もその枠内においてふるまうことを拘束されるのであり、家事および非訟事件手続法三九八条に基づく登記の抹消は個々の株主の利益に向けられているのではなく、公共の利益に向けられているところ、立法者はとくに権限ある機関に治癒後の無効を主張する権限を与えたものと認められるというものである[40]。もし、株主に公の利益に基づく抹消の申立権を認めると、株式法二四二条が期待した法的安定性が維持されえないとする。さらに、その瑕疵ある決議の登記の時点にすでに株主であった者から株式を譲り受けた株主にも、その治癒の存在が登記を通じて明らかなことから保護は及ばないとした。

このような法的安定性を重視した見解によって、議決権代理人資格を制限する定款規定は、その登記後三年を経過すると株主よりその有効性を争うことは不可能とされた。また、会社の権限ある機関の申告または登記裁判所により職権で抹消されない限り、その有効性は存続する。最高裁判所は、現状に急激な変化を与えることに抑制的な態度をとったものと解される。

（3） *Spindler* in K.Schmidt/Lutter（Hrsg.）, AktG 3.Aufl., §134 Rz.38
（4） Spindler/StilZ/*Rieckers* §134 Rn.48
（5） Hüffer/*Koch*, AktG §134 Rn.25
（6） Hölters/*Hirschmann*, AktG §134 Rn.48
（7） RGZ55, 41; JW 1904,73
（8） JW 1938,2412
（9） OLG Stuttgart, Beschluss vom 28.05.1990 - 8W 203/90 = AG 1991,69 = NJW-RR 1990, 1316
（10） VorAufl./*Hüffer*, §134 Rn.25
（11） OLG Stuttgart, Beschluss vom 28.05.1990 - 8W 203/90
（12） MüKoAktG/*Schröer* AktG §134 Rn.42; Hüffer/*Koch* AktG §134 Rn.25; Spindler/Stilz/*Rieckers* §134 Rn.51; *Spindler* in K.Schmidt/Lutter（Hrsg.）, AktG 3.Aufl., §134 Rz.39; Hölters/*Hirschmann*, AktG §134 Rn.49
（13） MüKoAktG/*Pentz* AktG §23 Rn.150; Spindler/Stilz/*Limmer* §23 Rn.28; *Seibt* in K.Schmidt/Lutter（Hrsg.）, AktG 3.Aufl., §23 Rz.53
（14） *Seibt* in K.Schmidt/Lutter（Hrsg.）, AktG 3.Aufl. §23 Rz.53
（15） *Fleischer*, ZHR 168, 673
（16） Spindler/Stilz/*Limmer* §23 Rn.28

（17）*Seibt* in K.Schmidt/Lutter（Hrsg.）, AktG 3.Aufl., §23 Rz.53; Beschlüsse des 67. Deutschen Juristentages Erfurt 2008, Abteilung Wirtschaftsrecht 4a,4b（abgelehnt）
（18）Hüffer/*Koch*, AktG §23 Rn.36
（19）Hüffer/*Koch*, AktG §23 Rn.37
（20）MükoAktG/*Penz* §23 Rn.161
（21）Gesetz zur Umsetzung der Aktionärsrechterichtlinie vom 30. Juli 2009（BGBl. I S. 2479）
（22）RL2007/36/EG des Europäischen Parlaments und des Rates vom 11. Juli 2007 über die Ausübung bestimmter Rechte von Aktionären in börsennotierten Gesellschaften（ABl. Nr. L 184 S. 17）
（23）*Ochmann*, Die Aktionärrichtlinie（2009）S.13
（24）*Ratschow*, DStR 2007,1402
（25）OLG Braunschweig, Beschluss vom 27.08.2013 - 2 W 142/12; Hüffer/*Koch* AktG §134 Rn.25 は従前の見解からの変更の理由とする。
（26）鳥澤孝之「諸外国の同性パートナーシップ制度」レファレンス平成二一年四月号二三二頁。
（27）Hölters/*Englisch*, AktG §241 Rn.52; Spindler/Stilz/*Würthwein* §241 Rn.200; MükoAktG/*Hüffer* §241 Rn.61
（28）Spindler/Stilz/*Würthwein* §241 Rn.202
（29）*Geßler*, ZGR 1980, 439
（30）Hölters/*Englisch*, AktG §241 Rn.57
（31）*Schwab* in K.Schmidt/Lutter（Hrsg.）, AktG 3.Aufl.,§241 Rz.24; これにつき MükoAktG/*Hüffer* §241 Rn.61 はそれを明確にするために公の利益を担う株式法上の規定の核心という。
（32）RL2007/36/EG Präambel（3）
（33）OLG Stuttgart, Beschluss vom 28.05.1990 8W 203/90
（34）*Schwab* in K.Schmidt/Lutter（Hrsg.）, AktG 3.Aufl.,§242 Rz.1

(35) Spindler/Stilz/*Casper* §242 Rn.3,12; MükoAktG/*Hüffer* §242 Rn.3,19; Hüffer/*Koch* AktG §242 Rn.7; *Schwab* in K. Schmidt/Lutter（Hrsg.）, AktG 3.Aufl.,§242 Rz.14; Hölters/*Englisch*, AktG §242 Rn.13
(36) MükoAktG/*Hüffer* §242 Rn.3
(37) MükoAktG/*Hüffer* §242 Rn.24
(38) Spindler/Stilz/*Casper* §242 Rn.24; MüKoAktG/*Hüffer* AktG §242 Rn.20
(39) 実体的な法律状況の変更が生じると解する。Spindler/Stilz/*Casper* §242 Rn.24; *Schwab* in K.Schmidt/Lutter（Hrsg.）, AktG 3.Aufl. §241 Rz.14; MüKoAktG/Hüffer §242 Rn.19; Hölters/*Englisch*, AktG §242 Rn.13
(40) *Schwab* in K.Schmidt/Lutter（Hrsg.）, AktG 3.Aufl.§242 Rz.15

四　まとめにかえて

1　定款による議決権代理人資格制限の今後

上述のように、結果として株主の申立ては認められなかった。最高裁判所は定款による議決権代理人資格制限の適否を判断したわけではない。しかし、一九九〇年と今回の高等裁判所の判断によって、今後認められないことはほぼ確立したといえる。実務的には定款作成に際して、議決権代理人資格制限は定款でなしえないと認識されているようである。(41) 設立登記、あるいは定款変更に対する登記裁判所の処分、もし登記がなされ無効の訴えの提訴期間内に訴えがなされた場合の帰結はなお注目される。

今回は取り扱われていないが、有限会社においては定款による代理人資格制限は許容されると解されている。(42) もっとも、その場合に社員の権利行使を不可能にするような代理人の排除は許容しないと解し、社員の利益にも配慮している。株式会社に対しては、上場非上場の区別なく上述のような厳格な態度をとる一方で、なお有限会社における制限が維持されうるか、どのように正当化されうるのか、検討する必要があるだろう。

2　日本法への示唆

日本では、判例は例外を認めつつも株主の議決権代理人の資格につき、長らく定款による制限を認めてきた(43)。原則として代理人資格を株主に制限することを許しつつも、特段の事情のある場合には非株主の代理人による議決権行使を認めると解されている(44)。学説は、判例理論に対し肯定説が多数であるが、画一的無効説、修正無効説も有力に唱えられている。

ところで、会社法は二九条において、定款の絶対的記載事項、相対的記載事項、任意的記載事項の効力を定める。この点につき、上述の株主の代理人資格制限に関する定めは、相対的記載事項と解する見解が多数説である(45)。しかし、会社法三一〇条には代理人資格に関する「定款に別段の定めなき限り」という留保は記述されておらず、したがって相対的記載事項であって明文の規定のないものと分類される(46)。この点、批判はあれど、立法担当官は新会社法の制定において、定款自治の明確化を意図していたとされることに留意しなければならない(47)。判例で認められてきたにもかかわらず、制定時点で明文で留保がなされなかったことには、消極的意図が推認される。しかし、それが決定的理由になるわけではなく、やはり定款自治の限界が、個別の規定に応じて検討されねばならない。わが国はヨーロッパ連合構成国とは異なり、法制度の統一の要請はそれほど大きくはない。しかし、実質的に好ましい企業経営を確保するために望ましい法解釈を検討していくべきであろう。その際、円滑な移行のためにはたとえば本稿で取り上げた事例のように、すでに存在する規範の有効性を維持しつつ、将来に向けて抑制していく方策もまた取りうるのではないだろうか。

なお、定款による何らかの制限が存続しうるとする場合に、会社法外の領域の規範により公序良俗（民法九〇条）に抵触すると解されるような制限には注意を払う必要がある(48)。定款制定時より、いかなる規範が公序良俗に抵触しうるのか継続的なモニタリングが要求される。

(41) *Pfisterer,* Beck'sche Online-Formulare Vertrag 33. Edition 2015 Stand: 01.06.2015 §7.9.9.1 Bargründung einer AG - Gründungsurkunde und Satzung
(42) Baumbach/Hueck/*Zöllet,* GmbHG 20. Aufl. §47 Rn. 44, *Roth* in Roth/Altmeppen, GmbHG 7. Aufl. §47 Rn. 30, *Koppensteiner/Gruber* in Rowedder/Schmidt-Leithoff, GmbH-Gesetz §47 Rn.49; *Pfisterer,* Beck'sche Online-Formulare Vertrag 33. Edition 2015 Stand: 01.06.2015 §7.8.1.1.1 GmbH Gründungsurkunde und Satzung
(43) 最判昭和四三年一一月一日民集二二巻一二号二四〇二頁、最判昭和五一年一二月二四日民集三〇巻一一号一〇七六頁。
(44) わが国における議論の状況については岩原紳作編『会社法コンメンタール（7）』一七三頁〔山田泰宏〕（商事法務・二〇一三年）を参照。
(45) 岩原編・前掲注（44）一八〇頁〔山田〕。
(46) 江頭憲治郎編『会社法コンメンタール（1）』三三五頁〔森淳二朗〕（商事法務・二〇〇八年）。
(47) 相澤哲＝郡谷大輔「会社法の現代化に伴う実質改正の概要と基本的な考え方」商事一七三七号一六頁（二〇〇五年）。
(48) 近時の例として、わが国でも渋谷区男女平等および多様性を尊重する社会を推進する条例（平成二七年三月三一日条例第一二号）第一〇条（区が行うパートナーシップ証明）制定のような動きがある。

［追記］

本研究はＪＳＰＳ科研費１５Ｋ１６９６６の助成を受けたものです。

会社による議決権行使者の選択
——会社法一〇六条ただし書きと共有株主間の対立——

藤村知己

はじめに

現行法である平成一七年会社法一〇六条は、「株式の共有」に関するものであるが、ただし書きについては、株主の議決権行使の側面から見ると、会社側に承認・選択権があるように読める。(1)

本来、会社は、株主のものであり、株主総会は、株主が会社に対して支配権を具体化するものとして議決権を通じて意思を表すものであるはずであるが、この条文の文言は、文理上議決権行使者を会社側が裁量的に選択することができるものとなっている。支配されるはずの者が支配者つまり議決権行使者を選択できるような規定となっている。そこで、本稿においては会社法一〇六条の「ただし書き」について、最近の二つの最高裁判例を基に検討するものである。

(1) 失念株主に議決権を認めることや権利行使させることを認めることと同様の趣旨の規定とされる〔酒巻俊雄＝龍田節編集代表『逐条解説会社法(2)』四二頁〔森淳二朗〕(中央経済社・二〇〇八年)〕。同様に会社の側から権利行使を認めるものとして会社法一二四条四項がある。同項は、基準日後に株主となった者に会社側が議決権行使を認めることができる旨規定する。

一　会社法一〇六条の文言

会社法一〇六条は、「(共有者による権利の行使)」のタイトルが付され、「株式が二以上の者の共有に属するときは、共有者は、当該株式についての権利を行使する者一人を定め、株式会社に対し、その者の氏名または名称を通知しなければ、当該株式についての権利を行使することができない。ただし、株式会社が当該権利を行使することに同意した場合は、この限りでない。」とされているが、このただし書きが問題となる。
前提として、共有株式は、共有者全員で一人の株主と計算されることとされる。[2] ただし書きは、条文上からは、共有株式について、株主の議決権行使に関して共有株主から会社に対して権利行使者の指定がなされていない場合でも、会社による議決権行使の同意権を前提に議決権の行使が可能となるとする。会社法一〇六条の規定は会社の事務処理の利便にあり、このただし書きは、会社のリスクにおいて認める行為ということにある。[3] つまりは、共有株主から権利行使者の指定・通知がなくても、会社が認めれば権利行使が可能であるということになる。一方で、共有者全員が一致して行動する場合には、議決権の行使が可能となるとするものであるとされる。この会社法一〇六条ただし書きの文言は、権利行使者の指定がない場合の議決権行使について言及した最高裁平成一一年一二月一四日判決を踏まえて条文化したものとされる。[4]
ただし書きが議決権行使者について行使されるべき会社側に選択権が与えられている意味は何であろうか。

（2）　大森忠夫＝矢沢惇編『注釈会社法（9）』一三三頁〔米津昭子〕（有斐閣・一九七一年）。
（3）　江頭憲治郎『株式会社法〔第六版〕』一二二頁（有斐閣・二〇一五年）。
（4）　大野正道「非公開会社法と準組合法理」江頭憲治郎先生還暦記念『企業法の理論（上）』六三頁（商事法務・二〇〇七年）、泉田栄一『会社法論』一四九頁（信山社・二〇〇九年）。

二　株式の共有と権利行使者の指定がない場合の議決権行使（概略）

会社法一〇六条は、正確には準共有とされる株式の共有状況における株主においては、共有者のうちの一人を権利行使者として定め、その旨を会社に通知することを求めている。権利行使者は、必ずしも共有株主に限られるわけではな

く共有者以外の第三者でもかまわないとされるが実際には議決権行使に関しては、株主のいずれかである必要がある。(5)

会社側は、その権利行使者を共有株式の株主として取り扱うこととすれば良く、株主側は、共有株主の一人である権利行使者のみが会社に対して株主としての権利を行使できることとなる。

この規定は、もっぱら、会社側の事務処理の便宜のための規定であるとされる。(6) 会社にとって個々の共有者が株主であるとして個別に権利行使を行った場合の混乱・煩雑さを回避するための処理方法として、会社側の利便として、いわば共有株主側の窓口の一本化を求めるものとして規定されているものである。

この規定は、そのほとんどが、相続により被相続人の保有していた株式が複数の相続人により共同相続される状況（民法八九八条）に対応するものとなる。

(5) 定款に議決権代理行使について株主に限られる旨の規定があるのが一般。

(6) 江頭憲治郎＝中村直人編『論点体系会社法（1）』二六四頁〔江頭憲治郎〕（第一法規・二〇一二年）。

三　会社法一〇六条とその沿革

会社法一〇六条本文の規定は、その淵源をたどると、明治三二年商法で新設された規定で、同法一四六条一項において「株式カ数人ノ共有ニ属スルトキハ共有者ハ権利ヲ行フヘキ者一人ヲ定ムルコトヲ要ス」としており、基本的枠組みは、現行法と変わらないが、権利行使者を共有株主間で選んでおかなければ、権利行使ができないとするもので、文言上は現行法のように会社に対する通知義務を課していない。しかし、権利行使が会社に対してのものである以上、当然に会社に対する通知義務が包含されていたと解される。当時の会社と株主間の状況は、会社が株主の状況を把握し得る程度のものであったからこその規定であったといえよう。(7)

その後、昭和一三年商法改正で会社側から株主への通知に関して、現行会社法一二六条四項に相当する文言が追加されている。商法一四六条二項として「株主ノ権利ヲ行使スヘキ者ナキトキハ共有者ニ対スル会社ノ通知又ハ催告ハ其ノ一人ニ対シテ之ヲ成スヲ以テ足る」との文言が追加されている。

昭和二五年商法改正によって、この規定は、商法二〇三条に移されたが、趣旨は変わらず、現行の平成一七年会社法に引き継がれている。昭和二五年改正商法の下では、同法二〇三条は、「1．共同シテ株式ヲ引受ケタル者ハ連帯シテ払込ヲ為ス義務ヲ負フ、2．株式ガ数人ノ共有ニ属スルトキハ共有者ハ株主ノ権利ヲ行使スベキ者一人ヲ定ムルコトヲ要ス、3．株主ノ権利ヲ行使スベキ者ナキトキハ共有者ニ対スル会社ノ通知又ハ催告ハ其ノ一人ニ対シテ之ヲ為スヲ以テ足ル」旨の規定が置かれていた。現行会社法では、この趣旨を引き継ぎつつ、整理され、商法二〇三条一項は削除され、第二項は会社法一〇六条に、また、共有株主への通知に関する部分は株主に対する通知に関して統一的に整理され会社法一二六条四項に移された。

平成一七年会社法制定に伴い、旧商法二〇三条二項は、会社法一〇六条となったが、同条においては、判例を踏まえて、共有者が権利行使者を定めただけでは足らず、会社に対して「その者の氏名または名称を通知しなければ当該株式について権利を行使できない。」と共有株主側から権利行使者を会社に対して通知する義務を課すとともに、ただし書きで「ただし、株式会社が当該権利を行使することをに同意した場合は、この限りでない。」との文言が追加された。(8)

（7）　山下友信編『会社法コンメンタール（3）』三七頁〔上村達男〕（商事法務・二〇一三年）。

（8）　このただし書きの部分については、平成一七年会社法制定に関する「会社法制の現代化に関する要綱」（平成一七年）、同試案（パブリックコメント）（平成一五年）には取り上げられていない（青竹正一『会社の権利行使の同意と共同相続株式の議決権行使の決定方法』商事二〇七三号二二頁（二〇一五年））。

四　現行法の解釈

会社法一〇六条本文にかかる現行法上の判例および学説の議論は、基本的には従前の商法二〇三条二項の時と変わっていない。議論は権利行使者の選定に際して共有株主全員の一致が必要か、多数決で良いとするかの対立であり、全員一致を求めることは共有株主間で対立がある場合、権利行使者の選定が困難となる。

株式の共有は、理論的には個人のほか民法上の組合などいろいろな状況で生じうるが、実際に問題が生じるのは、個人株主の死亡による相続に伴うことが大半であろう(9)。

会社法一〇六条の規定が実質的に、個人たる株主が前提であることは、上記沿革的な趣旨からも認められる(10)。

株主が死亡すると、遺言で指定されない限り、相続人はその株式を共同相続することとなる。民法上の対応では、遺産分割協議がまとまることにより、共有株式は、それに応じ分割され、それぞれの相続人の株式となる。それまでの間は、株式は、民法上の準共有となる（民法二六四条）。共有物については、共有者にはそれぞれ持分に応じた使用収益権があるとされる（民法二四九条）。共有状況にある株式について議決権の行使は、管理行為とされ、持分の割合に応じた共有者の過半数で決定する（民法二五二条本文）。

一方、これを受けて、会社においては、共有株主が会社に対して権利行使するための前提として、共有状況の把握が必要であるから株主においては株主名簿上に共有者（権利行使者）による名義変更が必要である(11)。

共有株式の共有者による権利行使者の指定の法的性質は、多数説は、準共有物の管理行為とされるので、準共有物の変更または処分行為には当たらないから、共同相続人全員参加の下で共同相続人全員の合意ではなく多数決でよいとされている(12)。

具体的には、持分の準共有者間において、権利を行使すべき者を指定する場合には、持分の価格に従いその過半数をもって決することとされる。

会社法においては、共有株式の株主と会社との関係について会社法一〇六条に規定され、この場合、権利行使者の指定および会社に対する通知に際しては、準共有者の一部の者のみで行うことはできず、全準共有者が参加した形の下で指定および通知をすべきであり、仮に全準共有者が参加してすることができない事情がある場合においても少なくとも参加できない他の準共有者が、指定および通知にまったく関与せず、手続に参加し得る機会を与えられなかった場合、指定・通知手続には重大な瑕疵があり、指定および通知は効力がないとする(13)。

（9）たとえば、非法人の従業員持株会などで株式の共有状況が起こりうるが、理事長名で保有されていたとしても、実態は、権利能力なき社団として評価されるもので、本条の対象とはならない（石山卓磨『株式共有の場合の議決権行使』判タ一〇四八号（二〇〇一年）、酒巻＝龍田編集代表・前掲注（1）三七頁〔森〕）。

（10）ここでいう共有状況において、一株を共有している場合、一株を分割保有することができるであろうか。株式不可分の原則から分割できない。したがって、つねに共有者は全員一致で権利行使せざるをえないであろう。

（11）上柳克郎ほか編『新版注釈会社法（3）』五二頁〔米津昭子〕（有斐閣・一九八六年）。

（12）大野正道「企業承継法と最高裁第三小法廷判決―商法二〇三条二項に関する判決の検討」竹内昭夫先生追悼論文集『商事法の展望』三二四頁（商事法務研究会・一九九八年）所収。

（13）このような状況の下で権利行使者として指定されたとする者がした社員代表訴訟に対する共同訴訟参加の申立てを却下した判例がある。大阪地判平成九年四月三日判時一六〇八号一四四頁。

五　権利行使者の指定がされていない場合の共有株主による議決権行使について

共有株式の共有者は、全員で一人の株主として計算されるから、議決権行使もこのことを前提に認められることとなる。遺産相続の分割協議がまとまり、共有株式は分割され、それぞれの共有者の個別株式となるが、それ以前の共有状況にある株式について議決権は、権利行使者の指定・通知が前提となる。

共有者間で権利行使者の指定ができない場合の株式共有者が議決権を行使しうるかである。そこで、会社が共有株式について権利行使者の指定・通知を受けていない場合に、議決権の行使を認めることができるとする旨の会社法一〇六条ただし書きについて従来の学説を検討する。

対応は四つに分けられるであろう。一つは、権利行使者を指定し通知していない以上議決権行使はできないとするものである。二つめは、共有者は、共有割合に応じて個々の議決権行使が認められるとするものである。三つめは、権利行使者が指定し得ない場合でも、共有者全員が一体となって（全員で一人の株主として）議決権を行使する場合には議決権の行使が可能とするものである。さらに四つめは、権利行使者の指定し得ない場合においては、議決権は民法の共有の規定に則った場合に認められるとするものである。

1　権利行使者を指定していない場合には議決権を行使し得ないとする（否定説）

旧商法二〇三条は、権利行使者の指定を求めるもので、したがって、権利行使者の指定・通知がない以上議決権は行使し得ないとする。旧商法下では、かつては通説とされるものであった(14)。

会社法の下でも、ただし書きは会社側の同意権に過ぎず、文言上権利行使者が指定・通知されていない以上、会社は拒否できるとする。

2　それぞれの共有者は、共有株式の持分割合に応じて各自議決権を行使しうるとする（少数説）

共有持分が確定し得ない状況においても、共有株式の議決権行使に際して、会社が、共有株式の共有者に法定相続を前提とした議決権を認め、個々の共有者がその割合に応じた議決権を認めることができるとするものである。(15) 共有株式は、共有者全員で一人の株主と計算されるわけであるから、会社法的には、実質的に、議決権の不統一行使（会社法三一三条一項）を認めるものともいえる。

さらに、議案が「処分行為」に関する場合には、民法の原則に従い共有者の全員一致が求められるとする。(16) いずれにせよ、分割協議がまとまらない以上、それぞれの持分が確定せず分割していないにもかかわらず、議決権行使割合が認められることの是非が問題となる。しかし、会社法上、取締役には株主総会の適切な運営が求められており、支配権を巡る対立がある小規模閉鎖会社においては、多数の割合を占める共有株式の議決権を排除し、特定の少数株主の意思で決議されてしまう状況が、紛争解決の手段となり得ないことは確実である。管理行為とされるものとして、ルーティーンの株主総会決議事項は成立しやすく、総会の不成立あるいは不存在といった状況が避けられやすい。管理行為とされるのは、取締役等の選任、決算の承認等であり、処分行為に当たる例としては、合併・事業再編、定款変更のような組織的行為の承認決議となる。

3　共有株式の共有者全員が共同で行使する場合のみ議決権を行使できるとする（多数説）

従来からの学説の多数決で、「ただし書き」の規定がなかった旧商法二〇三条において、多数説で、議決権の行使は株式の「管理行為」に属するものであるとする。(17) なお、共有株主が全員一致で議決権を行使する場合には、会社側には、

拒否権はないとする考え方もある。(18)

4 共有株式の共有者は、民法の共有の規定の下でのみ、議決権を行使しうるとする（民法準拠説）

全員出席（同意）の下で各共有者の持分の価格に従いその過半数で議決権を行使しうるとする。とともに、民法の共有に基づかない場合には、会社が権利行使を認めることができないとする。(19) したがって、取締役の選任のような「管理行為」に該当する議案については、この原則に基づくと、持分の価格に従い、その過半数により行使ができるとする。一方、「処分行為」に当たる議案については全員一致をもって議決権の行使が可能とする。最高裁平成二七年二月一九日の判決の立場である。

(14) 今井宏ほか編『注釈株式会社法（上）』八八頁〔蓮井良憲〕（有斐閣・一九八四年）、大森＝矢沢編・前掲注（2）一三三頁〔米津〕、服部栄三＝加藤勝郎『正文有限会社法解説』五九頁（日本評論社・一九八四年）。
(15) 田中敬一「判批」ジュリ五五四号一〇九頁（一九七四年）。
(16) 山田泰彦「株式の共同相続と相続株主の株主権」早稲田法学六九巻四号一九六頁（一九九四年）。
(17) 永井和之『商法二〇三条二項の意義』戸田修三先生古稀記念『現代企業法学の課題と展開』二二五頁（文眞堂・一九九八年）、相澤哲＝葉玉匡美＝郡谷大輔編著『論点解説新・会社法』四九二頁（商事法務・二〇〇六年）、大野正道「株式・持ち分の相続準共有と権利行使者の法的地位」『企業承継法の研究』一二七頁（信山社・一九九四年）。
(18) 大野正道『非公開会社の法理』三四一頁（システムファイブ・二〇〇七年）。
(19) 青竹・前掲注（8）二一一頁。

六　ケース

ケースとして、旧商法下の事例である、最高裁第三小法廷平成一一年一二月一四日判決と会社法の下での最高裁第三小法廷平成二七年二月一九日判決を紹介する。なお、文中のアンダーラインは筆者が挿入したものである。

ケース1　最高裁第三小法廷平成一一年一二月一四日判決

①　第一審　京都地裁宮津支部平成九年七月三〇日判決

②　控訴審　大阪高裁平成一〇年一月二二日判決

③　最高裁第三小法廷平成一一年一二月一四日判決

事実

小規模閉鎖会社であるY会社の創業者で代表取締役であったAは、同社の発行済株式総数の四万株の内三万二、〇〇〇株を保有していた。また、残りの八、〇〇〇株は、Aの長男Bが保有していた。この状況の下で、Aが死亡し、その株式をX以下七名が相続した。

その後、Y会社の経営方針および同社の役員の選任を巡って、XとXの兄弟であるB以下六名との間で紛争が生じた。この状況の下で、取締役選任のため同社臨時株主総会が招集された。この株主総会には、X以下の従前からの株主および亡きAの相続人である株式の共有者全員が出席した。

Bが議長となり議事を進めた。議長のBは取締役選任議案の決議に際して、共有株式については法定相続割合に従い各相続人に持分に応じた議決権を認め、採決することを述べたが、Xは反対した。採決の結果は、Xだけが議案に反対したが、他の株主全員が賛成し、Bの提案が承認された。この後、取締役会が開催され互選によりBが代表取締役に選定された。

これに対して、Xは、本件決議は、株式の共有者が商法二〇三条二項（会社法一〇六条）所定の手続を取っておらず、会社に対し権利行使者を指定し通知しておらず、法定相続の割合に応じた議決権を認めた決議は決議の方法に法令違反があるとして、決議取消しの訴えを提起した。併せて、この決議を前提としてその後開催された取締役会決議の無効を求めた。

これに対して、Y会社は、商法二〇三条二項は、会社の事務処理の便宜のためのものであるから、共有株式の保有者全員が出席し、法定相続割合で議決権を行使したことは、商法二〇三条二項（会社法一〇六条）の趣旨を逸脱するものではなく、決議の方法に違法性はないとした。

判決

① 第一審　京都地裁宮津支部平成九年七月三〇日判決

京都地裁宮津支部判決（平成九年七月三〇日）は、Xの主位的請求を容認した。その趣旨は、共有状況にある本件株式は、分割協議がまとまらない状況の下では、株式は準共有状況であり、商法二〇三条二項の下で、会社に対して権利行使者を指定し通知していない以上権利行使はできないとしXの請求を認容した。Y会社が控訴。

② 控訴審　大阪高裁平成一〇年一月二二日判決

控訴審の大阪高裁は、Xの主張を認容した。

Y会社は、準共有状況の下では、管理行為については共有者の多数決で決定でき、総会に際してXも出席し、X以外の共有者全員の賛成の下で、多数決で決することができるが、権利行使者の指定は管理行為に含まれないとして決議を取り消す第一審判決を支持した。

大阪高裁判決の趣旨は、第一審を踏襲するが、これに加えて、商法二〇三条二項の権利行使者の指定は、それによって株式の内容の変更をもたらす可能性があるとして　準共有物について管理権を他人に授権する行為と同視されるとして、このためには相続人全員の同意が必要であるとした。

Y会社はこれに対して上告した。

③　最高裁第三小法廷判決（平成一一年一二月一四日）は、上告を棄却した。

判旨は、

「株式を共有する数人の者が株主総会において議決権を行使するに当たっては、商法二〇三条二項の定めるところにより、右株式につき「株主ノ権利ヲ行使スベキ者一人」（以下「権利行使者」という。）を指定して会社に通知し、この権利行使者において議決権を行使することを要するのであるから、権利行使者の指定及び会社に対する通知を欠くときには、共有者全員が議決権を共同して行使する場合を除き、会社の側から議決権の行使を認めることは許されないと解するのが相当である。なお、共有者間において権利行使者を指定するに当たっては、持分の価格に従いその過半数をもってこれを決することができると解すべきであるが（最高裁平成五年(オ)第一九三九号同九年一月二八日第三小法廷判決・裁判集民事一八一号八三頁参照）、このことは右説示に反するものではない。

これを本件についてみると、原審が適法に確定したところによれば、(一) 亡A（被相続人）の有していた本件株式は、被上告人を含む亡Aの共同相続人が相続により準共有するに至ったが、本件株主総会に先立ち、権利行使者の指定及び上告人に対する通知はされていない、(二) 本件株主総会には、右共同相続人全員が出席したが、被上告人が本件株式につき議決権の行使に反対しており、議決権の行使について共同相続人間で意思の一致がなかった、というのである。

判例の整理

第一審京都地裁は、商法二〇三条二項の下で、共有株式について共有者全員の合意により権利行使者を指定し会社に対して通知をしていない以上、会社に対して権利行使はできないとする。当時の通説的な解釈に立つものである。一方、高裁判決は、株主総会の議案が処分行為に当たる場合には全員の一致が求められるとしている。権利行使者の指定は、それによって株式の内容の変更をもたらす可能性があるとして準共有物について管理権を他人に授権する行為と同視されるとして、このためには相続人全員の同意が必要であるとした。

本件株主総会において当該議長は、共有株主の議決権について、法定相続の割合で共有株主個々の議決権行使を認めたもので、学説の少数説に依拠する対応をしたものであるが、裁判所は、これを認めなかった。

ケース2　最高裁第三小法廷平成二七年二月一九日判決

①　第一審　横浜地裁川崎支部平成二四年六月二二日判決

②　控訴審　東京高裁平成二四年一一月二八日判決

③　最高裁平成二七年二月一九日判決

事実

本件は、被告Y会社の株主（株式の準共有者）である原告Xが、Y会社に対し、臨時株主総会で行われた決議について、招集通知漏れ等の招集手続の法令違反、定足数不足等の決議方法の法令違反の瑕疵があるとして、会社法八三一条一項一号に基づき、上記決議の取消しを求めている事案である。

Y会社は、資本金三〇〇万円、発行済株式三、〇〇〇株の特例有限会社である。

Xは、Y会社の株式二、〇〇〇株を有する株主であったC（以下「C」という）の妹である。

Y会社の発行済株式三、〇〇〇株の内、二、〇〇〇株をAが、一、〇〇〇株をAの妻であるD（以下「D」という）が、各所有していたが、Aは、平成一九年九月二〇日に死亡した。Aの妹であるXおよび同じく妹のB（以下「B」という）の二名が共同相続人となったが、分割協議未了のため、上記Aの株二、〇〇〇株（以下「本件株式」という）は、XとBの持分二分の一ずつの準共有状態にある。その結果、Y会社の株主構成は、Bが一、〇〇〇株保有、XおよびBが二、〇〇〇株を準共有する状況であった。

Y会社は、平成二二年一一月九日付で臨時株主総会の招集通知（以下「本件招集通知」という）により、同月一一日にY会社臨時株主総会を開催する旨通知した。なお、Xに対する通知は口頭によりなされた。

これに対し、Xは、Y会社に対し、臨時株主総会には出席できない旨および臨時株主総会を開催しても無効である旨伝えた。

にもかかわらず、Y会社は、招集通知のとおり、平成二二年一一月一一日に臨時株主総会を開催し（以下「本件総会」という）、①B（以下「B」という）を取締役として選任する旨、②Bを代表取締役として選任する旨、③定款を変更して、本店を変更する旨の定款変更および本店を川崎市内別地に移転する旨の各決議（以下「本件決議」という）を行い、同日および同月一六日にその旨の登記がされた。

本件総会の議事録によれば、本件決議にあたっての、議決権数・定足数・出席株主数等の状況は、発行済株式総数三、〇〇〇株、総株主数二名、出席株主総数（委任状出席を含む）二名であった。

Xは、本件総会に欠席し、委任状も提出していない。したがって、出席株主総数が二名であれば、議長兼議事録作成者とされているDが実際に出席し、Bが委任状（亡きAの兄Cに委任している）による出席ということになる。

そこで、原告Xは、①招集通知漏れ―Xに対する招集通知がされていないとして、招集手続が法令に違反していること、②招集通知の期間不足―本件総会招集通知は、総会開催日の二日前に発せられているが、招集通知は会日の一週間前までに発しなければならないから、招集通知の期間が不足している。③Bの委任状の未提出―Bから委任状が提出されていない。よって、決議の方法が法令（会社法三一〇条一項）に違反している。④定足数不足―Bが欠席し、委任状が提出されていないのであれば、本件総会は定足数（会社法三〇九条一項）を満たしていない。よって、決議の方法が法令に違反している。

また、XおよびBの共有株式株主の議決権行使について、

仮に、Bから委任状が提出されたとしても、以下のとおり、Bの議決権行使は認められず、本件総会は定足数（会社法三〇九条一項）を満たしていないことになる。よって、決議の方法が法令に違反している。

共有状況のXおよびBの議決権については、議決権の行使およびその委任は、管理行為であるから、準共有者であるBが単独でこれをすることはできない。したがって、Bには、F（Aの実兄）に議決権行使を委任する権限はないから、上記委任は無効であり、議決権の代理行使は認められない。また、同代理人による本件総会での議決権行使も認められない。

仮に、議決権の代理付与の点で問題がないとしても、株式が準共有状態にある場合には、共有者は、当該株式についての権利行使者を一人と定め、会社に対し、その者の氏名または名称を通知しなければ、当該株式についてその権利を行使することはできないとされている（会社法一〇六条）。ところが、本件株式を準共有している原告とBについては、この権利行使者の定めも、被告に対する通知も、原告とBとの間の協議も、何らされていない。したがって、Bは、本件株式について、議決権を行使することはできない。

等としてXは、上記総会決議の瑕疵を理由に、会社法八三一条一項一号に基づき、本件決議の取消しを求めたものである。

判決

①　第一審　横浜地裁川崎支部平成二四年六月二二日判決（平成二三年(ワ)第一〇三号）　請求棄却

「ウ　共有者は、当該株式についての権利行使者を一人と定め、会社に対し、その氏名又は名称を通知しなければ、当該株式についてその権利を行使することはできないとされている（会社法一〇六条）ところ、C株式を準共有している原告とE（上記 事実 では「B」。以下同様）については、この権利行使者の定めも、被告に対する通知も、原告とEとの間の協議も、何らされていないことは当事者間に争いがない。しかしながら、証拠（甲4、乙1、乙2）及び弁論の全趣旨によれば、被告は、C株式について、Eが議決権を行使することに同意しているものと認められる。したがって、会社法一〇六条ただし書により、Eは、C株式について議決権を行使することができると解される。そして、Eによる議決権行使の内容が原告の意向（甲3及び弁論の全趣旨から、原告は本件決議には反対の意向であったことが推認される。）と異なるとしても、議決権の行使自体に瑕疵はないから、決議取消事由には該当しないと解するのが相当である。

2　以上によれば、上記の各決議瑕疵を理由として、本件決議の取消を求める原告の請求は、いずれも理由がないから棄却することとし、主文のとおり判決する。」

②　控訴審　東京高裁平成二四年一一月二八日判決（平成二四年(ネ)第五〇四八号）

原判決を取り消し、Y会社の平成二二年一一月一一日の臨時株主総会決議を取り消した。

「……しかし、会社法一〇六条ただし書きを、会社側の同意さえあれば、準共有状態にある株式について、準共有者中の一名による議決権の行使が有効になると解することは、準共有者間において議決権の行使について意見が一致していない場合において、会社が、決議事項に関して自らにとって好都合の意見を有する準共有者に議決権の行使を認めることを可能とする結果となり、会社側に事実上権利行使者の指定の権限を認めるに等しく、相当とはいえない。

そして、準共有状態にある株式の議決権の行使について権利行使者の指定及び会社への通知を要件として定めた会社法一〇六条本文が、当該要件からみれば準共有状態にある株式の準共有者間において議決権の行使に関する協議が行われ、意思統一が図られた上で権利行使が行われることを想定していると解し得ることからすれば、同法ただし書きについても、その前提として、準共有状態にある株式の準共有者間において議決権の行使に関する協議が行われ、意思統一が図られている場合にのみ、権利行使者の指定及び通知の手続を欠いていても、会社の同意を要件として、権利行使を認めたものと解することが相当である。」

「よって、本件において、準共有者間に本件準共有株式の議決権行使について何ら協議が行われておらず、意思統一も図られていないことからすれば、被控訴人の同意があっても、夏子（上記 事実 では「B」）が代理人によって本件準共有株式について議決権の行使をすることはできず、本件準共有株式による議決権の行使は不適法と解すべきである。

したがって、控訴人の主張するその余の取消事由について判断するまでもなく、本件の各決議は、本件準共有株式に議決権の行使を認めた点において決議の方法に法令違反があり、取消事由があると認めることができる。」

原判決を取り消し、控訴人の請求を認容した。

③　最高裁第一小法廷平成二七年二月一九日判決（平成二五年(受)第六五〇号）　上告棄却

原審は、会社法一〇六条ただし書について、同条本文の規定に基づく権利を行使する者の指定及び通知の手続を欠いていても、株式の共有者間において当該株式についての権利の行使に関する協議が行われ、意思統一が図られている場合に限って、株式会社の同意を要件に当該権利の行使を認めたものであるとした。その上で、原審は、本件は上記の場合には当たらないから、上告人が本件議決権行使に同意していても、本件議決権行使は不適法であり、決議の方法に法令違反があることになるとして、本件各決議を取り消した。

判旨は、

「……

4　所論は、会社法一〇六条ただし書は株式会社の同意さえあれば特定の共有者が共有に属する株式について適法に権利を行使することができる旨を定めた規定であるというものである。

5　会社法第一〇六条本文は、「株式が二以上の者の共有に属するときは、共有者は、当該株式についての権利を行使する者一人を定め、株式会社に対し、その者の氏名又は名称を通知しなければ、当該株式についての権利を行使することができない。」と規定しているところ、これは、共有に属する株式の権利の行使の方法について、民法の共有に関する規定に対する「特別の定め」（同法二六四条ただし書）を設けたものと解される。その上で、会社法一〇六条ただし書は、「ただし、株式会社が当該権利を行使することに同意した場合は、この限りでない。」と規定しているのであって、これは、その文言に照らすと、株式会社が当該同意をした場合には、共有に属する株式についての権利の行使の方法に関する特別の定めである同条本文の規定の適用が排除されることを定めたものと解される。そうすると、共有に属する株式について会社法一〇六条本文の規定に基づく指定及び通知を欠いたまま当該株式についての権利が行使された場合において、当該権利の行使が民法の共有に関する規定に従ったものでないときは、株式会社が同条ただし書の同意をしても、当該権利の行使は、適法となるものではないと解するのが相当である。

そして、共有に属する株式についての議決権の行使は、当該議決権の行使をもって直ちに株式を処分し、又は株式の内容を変更することになるなど特段の事情のない限り、株式の管理に関する行為として、民法二五二条本文により、各共有者の持分の価格に従い、その過半数で決せられるものと解するのが相当である。

6　これを本件についてみると、本件議決権行使は会社法一〇六条本文の規定に基づく指定および通知を欠いたままされたものであるところ、本件議決権行使の対象となった議案は、〔1〕取締役の選任、〔2〕代表取締役の選任並びに

〔3〕本店の所在地を変更する旨の定款の変更及び本店の移転であり、これらが可決されることにより直ちに本件準共有株式が処分され、又はその内容が変更されるなどの特段の事情は認められないから、本件議決権行使は、本件準共有株式の管理に関する行為として、各共有者の持分の価格に従い、その過半数で決せられるものというべきである。

そして、前記事実関係によれば、本件議決権行使をしたBは本件準共有株式について二分の一の持分を有するにすぎず、また、残余の二分の一の持分を有する被上告人が本件議決権行使に同意していないことは明らかである。そうすると、本件議決権行使は、各共有者の持分の価格に従いその過半数で決せられているものとはいえず、民法の共有に関する規定に従ったものではないから、上告人がこれに同意しても、適法となるものではない。

7　以上によれば、本件議決権行使が不適法なものとなる結果、本件各決議は、決議の方法が法令に違反するものとして、取り消されるべきものである。これと結論を同じくする原審の判断は、是認することができる。論旨は採用することができない。」

判決の整理

第一審の横浜地裁川崎支部判決は、株主総会において権利行使者の指定がない場合に、個々の共有株主に法定相続の持分割合の議決権を認めたものであり、これは少数説の立場に立つものであった。しかし、東京高裁判決は、そのような解釈を否定し、平成一一年一二月一四日最高裁判決を前提に、共有株式においては、共有状態である以上、協議が行われ、意思統一が図られている場合でなければならないとして、共有株主全員が共同して議決権を行使することを求めた。最高裁はこの判断を支持したが、その判旨では、上記平成一一年一二月一四日判決を修正するものとなった。平成一一年一二月一四日判決では、権利行使者が指定・通知されていない場合には、株式の共有者全員の一致の場合のみ議決権行使を認めるものとした。権利行使者の指定・通知がない場合の議決権行使の際の規定がその後の会社法一〇六条ただし書きに規定されたが、この平成二七年最高裁判決は、その議決権行使を認められうる条件として、共有株主の権利行使は民法の共有に基づいて行うことに限り認められ、これ以外の共有株主の議決権行使は、会社の了承を経ても認められないとした。

七　共有株主が権利行使者を指定しえない場合と議決権行使

株式が共有されている状況の下で、共有株主が権利行使者を指定できない場合の議決権行使が求め得る要件はなにか。これはまた、会社側による共有株主に対する議決権行使の拒否の根拠でもある。会社法一〇六条ただし書きで「株式会社が当該権利を行使することに同意した場合は、この限りでない。」と規定されており、これは、会社側の裁量で権利行使者の指定・通知を欠く場合にも、会社がそのリスクにおいて行うことを認めたにすぎないとする。(20)

いかなる状況の下で共有株式に関して議決権を行使が認められるのか。共有株式の権利行使に関して、会社と共有株式との関係を検討すると、株主数の多少の面から、また共有株式が議決権のある株式の割合から状況が異なる。

一つは、株主が多数であり、かつ共有株式の割合が少なく会社側が個々の株主の状況の把握が困難である場合である。会社側において影響は限られ、もっぱら、共有株主側のみの問題である。株式会社において本来的な会社法一〇六条が想定されるべき状況である。

会社は、個々の株主の状況の把握ができない状況で、一株主の相続について、当然に相続人つまり株式の共有状況の把握は困難である。会社としては、株主管理に関する事務処理上の要請から当該株式の共有者については、権利行使者の指定および通知を求めざるをえず、そのような処理を取らないと株主への通知が煩雑でありまた、株主としての権利行使者の把握が困難な状況である。

二つめは、株主が少数で、会社として、個々の株主の状況の把握が容易であり、かつ、会社において、その株式の相続人の状況の把握が困難ではない場合である。この状況においては、共有株主の議決権行使について、あえて株式共有者に権利行使者の指定・通知を求めなくとも対応できる状況である。検討した二つの最高裁判決の事例では、いずれも小規模閉鎖会社であり、相続人の把握が容易な状況で、株式の共有者への会社側からの通知またその共有株主が株主総会に出席することが容易で、一応の持分割合に応じた議決権の行使を認めても会社の事務処理上困難が生じないであろう状況である。このほか、権利行使者の指定問題にかかる判例であるが、①大阪高裁平成二〇年一一月二八日（京都地裁平成二〇年五月二八日判決）の事例では、株主総会における議決権行使について権利行使者の指定・通知行為を権利濫用で否定しているが、この株主総会には、その共有株主全員が本来の株主として出席している状況であった。同様に②大阪高裁平成一三年九月一三日、④最高裁第三小法廷平成九年一月二八日判決等も会社と共有株式の関係はきわめて密である。

これらの状況は、事実から見る限り、相続人である株式共有者全員が株主総会に出席することはさほど困難とは思えず、わざわざ権利行使者を定めるよりは、共有者全員の出席を前提とした対応が相当なのではないかとも思える。

三つめは、会社の支配にかかわる割合の場合である。共有株式が議決権のある株式の全部または多数を占めている場合あるいはキャスティングボードを持つ場合である。この状況の場合には、共有株式に議決権を認めるか否かにより決議の結果が逆転する状況となり得る。このような状況は、株主数・株式数や規模にかかわらずあり得るが、共有株式が全株式の場合には総会自体が成立し得ない状況となる。この場合を含めて、共有株式を議決権からの排除が会社の意思決定ができない結果となり、会社の業務執行上にも障害がもたらされることとなりかねない。この場合、共有株式に議決権を認めることが要請される状況であろう。共有株主が権利行使者を指定・通知しない場合には、会社側から株主総会が成立するよう、共有株主に対して議決権行使を積極的に働きかける必要が生じるであろう。

四つめは、共有株主の議決権行使の是非は、基本的には決議に大きな影響を与えない場合である。この場合は、当該株式は、割合的に少数で、会社には、共有株主間の対立の影響は及ばず、もっぱら、共有株主間の利害の問題であり、共有株主間の対立の要素は議決権行使以外にある。会社側で共有株主に議決権行使を認めても、決議への影響は少ない。

この四つの要素から、会社法上権利行使者の指定が求められている場合において、必ずしも対立する当事者間において困難な状況の権利行使者の指定を求めるよりはそれ以外の方法で対応できる状況が見いだせる。

それは、株主が少数で、会社として、個々の株主の状況の把握が容易であり、かつ、会社側において、その株式の相続人の状況が容易に把握できる場合である。この状況においては、共有株主の議決権行使について、あえて株式共有者に権利行使者の指定を求め、会社に通知を求めなくとも対応できる状況である。株式の共有状況においてその共有株式が議決権のある株式の全部または多数を占め、会社の帰趨に重大な影響がある場合である。この状況の場合には、共有株式に議決権を認めるか否かにより決議の結果が逆転状況となり得ることとなる。このように、共有株式が割合的に多数株主である場合には、支配権を巡るものとなるから、権利行使者の指定は、実質的な承継者・経営者の決定に関わる事項であることになる。(21)

(20)　江頭・前掲注（3）一二二頁、相澤＝葉玉＝郡谷編著・前掲注（17）四九二頁。
(21)　大野・前掲注（17）一二七頁、同『中小会社法の研究』一一七頁以下（信山社・一九九七年）。

八　権利行使者の指定と共有株主全員による権利行使

株式共有が問題とされる判例は、いずれも、①小規模閉鎖会社であり、②相続人の状況を会社が把握し、また、把握することが容易であり、③共有株主が株式の主要な割合を占めており、④したがって、決議の結果が逆転しかねない状況で、⑤総会決議の瑕疵が争われることとなる。上記ケースの二つの最高裁判決も含めて、共有者とそれ以外の株主を含めた会社の内部状況はかなり限定的な範囲であり濃密な関係にある。

少数の者のみが株主で、かつ、株式の共有者が株主総会の決議にかかる関係者である前提で、共有者間に鋭い対立がある場合、事前に共有全員が集まり権利行使者を指定することが現実的であろうか。

権利行使者は、共有株式について共有者間の協議により指定するものであり、会社にその旨通知したときは、会社は株主総会における当該株式の議決権の正当な行使者として扱えばよいこととなる。権利行使者は、共有者の間に株主総会における個々の決議事項について意見の相違があっても、その権利行使者は、自己の判断に基づいて議決権を行使することができるのであり、異なる立場に立つ株式共有者達の意向をふまえて会社に対して議決権の不統一行使を求めたり、あるいは、対立する一方の準共有者の準共有持分に相当する議決権の一部だけを行使したりする責任を負うものではないとされ（最高裁昭和五三年四月一四日第二小法廷判決（昭和五二年(オ)第八三三号・民集三二巻三号六〇一頁参照））。したがって、包括的に議決権を一任することとなるものといえる。共有者間において意見の相違があるとき、不信の者が包括的に議決権を一任する権利行使者の選任に納得するものであろうか。共有株式が発行済株式の過半数の場合、権利行使者に指定されたということは事実上の支配権・経営権を獲得することにもなり得るのである。つまり、共有者間で権利行使者を指定できる環境は、共有株主間においての一定の信頼関係の存在が前提となるのである。権利行使者の指定が、議決権行使に関する限り包括的に議決権を一任することであるとされる以上、共有株主間に対立があるとき、権利行使者の指定は必ずしも合理的な方法ではないといえないだろうか。

この点について、立法論として、このような場合に、株式共有者の請求に基づき、裁判所が権利行使者あるいは仮権利行使者を指定することを提案されている(22)。

とすれば、会社法一〇六条ただし書きのもとでは、共有株主間で対立がある場合に会社の維持の視点からは、いわば全権を委ねることとなる権利行使者の指定をすることの方が適切か、あるいは、共有者全員が株主総会に出席して、それぞれの議案ごとに共有者間で意見調整を行い議決権を行使することとの、いずれかを選択するとき、どちらの方が容易かつ現実的であろうか。

権利行使者の議決権行使の是非が問われた京都地裁平成二〇年五月二八日判決・大阪高裁平成二〇年一一月二九日判決のケースでは、権利行使者と指定されたとして会社に通知したが会社がこの議決権行使を認めなかったとする事例で、原告と対立する共有株主は、権利行使者の指定に際して、共有株主間で事前に具体的な議案ごと賛否の検討が必要で、これがなされていないとする。このケースでは、共有株主全員がそれぞれ共有株式以外の株式の株主として当該株主総会に出席している。

権利行使者は、株主総会の場における議決権行使には、自己の判断で行動できるわけで、共有株主間での事前の協議・合意が必ずしも議決権行使には反映されず、結果として、共有者間に対立がある場合には、紛争が複雑化するだけであろう。このような場合、権利行使者の指定・通知の方式より、共有者の全員参加の方が、個々の議案においては利害が一致する場合もあり得るし、共有者一人一人の意見の反映が可能であり、共有者の納得を得やすく合理的であろう。したがって、権利行使者が指定できない場合、議決権行使を排除することなく、会社の方から共有株主に総会への出席を勧誘し、会社法一〇六条ただし書きを根拠とする議決権行使を認める方が共有株主間の理解を得られやすいのではないか。

なお、共有株主が会社に対して権利行使者の指定・通知を行うに際して、前提として、株主名簿に共有者全員の氏名が記載されていることが必要であるとされる。したがって、株主名簿に記載がない以上、権利行使者の指定・通知の規定の問題は生じないとする。(23) しかし、会社がすでに当該株式が共有状況であることを把握し、権利行使者の指定がないとして、議決権行使を拒否する前提として、会社が当該株式が共有であることを知っていることが必要であるから、株主名簿に共有者の記載がないからといって、拒否あるいは承認を認めないことは妥当ではない。

(22) 青竹正一『閉鎖会社紛争の新展開』五七頁〔信山社・二〇〇一年〕。
(23) 上柳ほか編・前掲注(11)五二頁〔米津〕。

九 「ただし書き」と会社側の対応

会社法一〇六条の「ただし書き」は、実質的な法律関係を前提に、共有株主の権利行使の是非を会社側に柔軟な対応を求めるものと考えることもできる。

株式共有と権利行使(議決権行使)が株主総会の決議の帰趨に重大な影響を与えるような小規模閉鎖会社においては、(判例で株式共有が問題となった会社ではいずれもそのような状況である)株主名簿上の株主が死亡していることを会社が知りうることは当然な状況であるから、会社側の危険において、会社が共有株式であることを前提として、議決権行使の是非を決めることができると見るものである(24)。

最高裁平成一一年一二月一四日判決においては、当該株主総会に共有株主全員が共有株式以外に自ら保有している株主として出席しており、共有株式分において共同で議決権の行使を不可能とするものではないであろうし、あえて事前に権利行使者を指定し、その者が総会にいて権利行使者として単独の議決権行使することより、全員が出席していることから、個々の議案ごとに共有株主間での調整が可能であることから、法定相続の割合に応じた議決権を認める方が、株主の意思を反映でき、また、結果として株主間の紛争の解決の一助ともなり適切だったのではないか。

とりわけ、最高裁平成二七年二月一九日判決においては、元々株主が三名であり、仮に相続人たる共有株主二名により権利行使者を指定することより（この事例では、共有株主による権利行使者指定が困難な状況だからこそ事件が生じたのであるが）、二人が株主総会に出席する方が、少なくとも、共有株主の一方が総会に出席できない旨の連絡をしているのであったのであるから、会社が全員出席の可能な努力をすべきであったろうし、それが可能な規模であるから、柔軟（民法の共有の原則に立てば、議案の内容が処分行為に当たるか、管理行為に当たるかの判断と共有株主の議決権の行使要件の判断も含めて）かつ、より妥当な総会運営が可能となるであろう。

また、共有株式が発行済株式の全部あるいは多数である場合で、権利行使者が指定できない状況の下で、上記いずれのケースにおいても共有株主はきわめて限定的で濃密な人的関係の下にあるのであり、当然に議案に利害関係を持つ共有株式の株主は出席をするであろうから、権利行使者の指定のためには集まることは拒否しても、株主総会には出席するというモチベーションが生まれるはずである。この場合にこそ、会社法一〇六条ただし書きが機能し、会社側から共有株式の株主に対して株主総会への出席を求める方が合理的であろう。

したがって、管理行為に関する議案に限ったとしても、共有者は、法定相続分に対応して議決権の行使を認めることができるものとし、共有者それぞれの割合に応じた議決権行使を認めることができるものとすることが、小規模閉鎖会社の実態に応じた視点からは適切であろう。一方処分行為に当たる議案には共有者全員の一致が必要とすることは当然なこととなる。もちろん、いずれにせよ、株主総会に共有者全員の出席のもとでの議決権行使を求める方が、結果として、共有株式を棚ざらしにすることとなりかねない全員一致よりは妥当な選択であろう。

（24）　江頭＝中村編・前掲注（6）二六八頁。

まとめ

会社法一〇六条は、もっぱら会社側の事務処理上の便宜のための規定とされるが、共有者間の対立が激しい場合には、権利行使者の指定はきわめて困難な状況であろう。この場合には、ただし書きがその機能が問われうる状況となる。

最高裁平成二七年二月一九日判決は、権利行使者の指定および会社への通知がない場合には、共有株式の株主の権利行使は、民法の共有規定に基づいて行使すべきとする。

この判例においては、会社法一〇六条本文は、従来どおりの解釈、もっぱら会社側の事務処理上の利便にあると解することができるが、一方、ただし書きの解釈は、共有株主が権利行使者を指定できない場合の権利行使を認める可能性を認めたものであるとし、具体的な行使方法は、全員一致ではなく、民法の共有規定によるとするとともに、ただし書きによる会社側の承認について、民法の共有規定に基づかない場合には議決権行使を認めることはできないとする。

本来、権利行使者の指定・通知制度は、株主が多数である会社にとって個々の株主の相続状況把握が困難であることから、会社側の事務処理上の便宜から定められた。しかし、株主が少数に限られている同族会社などにおいて、株式が共有され共有株主間の対立がある場合に権利行使者の指定ができない状況においては、会社の意思決定の基盤たる議決権行使が適切に行われないこととなる。会社の意思が適切に確定できない状況は、会社にとって健全なものとはいえない。共有株主の共有状況の把握が容易である場合には、あえて対立する共有株主間で権利行使者を指定するよう求めるより、共有株主による議案ごとの調整が有効であろう。会社が積極的に共有株主に対して、株主総会において所有者たる株主の意思が反映できるようはかる方が適切である。株主間対立がある小規模会社の取締役は、紛争の下でも適切な決議がなされるよう共有株式の株主に対して行動すべき義務があり、適切な決議がなされるよう共有者の出席を求める努力をし、議案に応じた権利行使がなされるようはかることが適切であろう。

さらには、共有株式の議決権行使を一時的に排除しても、その後、長期にわたり同様な状況が続きかねないであろうし、分割協議によりこの共有株式が個々に分割された後には、逆転してしまう可能性もある。また、決議が不可能な状況が無限連鎖的に続く可能性が高く、会社経営がデッドロックとなることだけであろう。そもそも、会社法一〇六条が会社の事務処理の利便にあるならば、ただし書きも会社の利便にあるべきで、株主総会が株主の意思を反映できるよう、共有株式についても法定相続に基づく議決権行使を認める方が会社の維持に寄与する。株主間紛争でデッドロック状況や共有株式の議決として少数の割合の議決権行使により意思が決定されてしまう状況を打開するために、共有株主がそれぞれの一応の持分に応じた個別の議決権を認める方が、会社の利便の視点からは好ましいであろう。

会社法四二九条責任の法的構造

松井英樹

一　はじめに

株式会社の役員等の第三者に対する責任については、改正前商法二六六条の三の法運用において、法人格の付与がいわば擬制であり、企業の実態にそぐわない零細な規模の、いわゆる法人成りといい得る群小株式会社において、法人格否認の法理の代替として、そのような会社が倒産する等により、債権の満足を得られなかった第三者が取締役個人に対して責任追及することが多いといわれ(1)、株式会社法上、もっとも多くの訴訟が提起された領域であった。そのような状況は、現在の会社法四二九条のもとでも基本的な方向性において変わるところではなく、最低資本金制度が廃止され、会社債権者保護における資本制度の役割が縮小された現行の会社法の下では、会社法人格の濫用的なケースについては、取締役等の第三者に対する責任規定や判例上の法人格否認の法理により対処するものと位置づけられている(2)。また最近では、詐欺ないし詐欺的商法や違法・不当な投資勧誘などにより損害を受けた被害者が、当該不法行為の直接の加害者や会社に対する責任を追及するとともに、加害企業の取締役の責任を追及する手段として用いられている(3)。

現行の会社法四二九条が規律する株式会社役員等の第三者に対する責任の基本構造については、①その立法趣旨を役員等の責任を強化したものとみるか、それとも責任を軽減したものとみるか、②責任の法的性質は、特別の法定責任か、それとも不法行為責任か、③悪意・重過失の対象は会社に対する任務懈怠か、それとも第三者に対する加害行為か、④賠償の対象となる損害は、会社に第一次的に損害が生じた結果として、第三者が受けた間接損害のみか、役員等の任務懈怠により第三者が受けた直接損害のみか、それともその両方を含むか、⑤役員等の第三者に対する責任と不法行為責任は競合するか否か、等をめぐり、学説上の議論が大きく対立している状況が続いていた。

他方、現在の判例規範について先例的な意義を有する最大判の昭和四四年一一月二六日民集二三巻一一号二一五〇頁は、株式会社が経済社会において重要な地位を占めていること、しかも株式会社の活動はその機関である取締役の職務執行に依存するものであることを考慮して、第三者保護の立場から、取締役において悪意または重大な過失により右義務に違反し、これによって第三者に損害を被らせたときは、取締役の任務懈怠の行為と第三者の損害との間に相当の因果関係があるかぎり、会社がこれによって損害を被った結果、ひいては損害を生じた場合であると、直接第三者が損害を被った場合であるとを問うことなく、当該取締役が直接に第三者に対し損害賠償の責に任ずべきことを規定したものと判示している。この判決の立場を前提に、現在に至るまでの判例・学説が展開されてきた(4)ものの、同責任の性質や適用範囲・要件に関する従来の議論が収束しているわけではない(5)。また、判例の採用する直接損害・間接損害の両方を射程に入れ、幅広く第三者の利益保護を図るという制度運用では、成立要件の異なる別種の損害を同一の要件の下に統一的に把握しようとしている点に理論構成上の難点があると指摘され(6)、また最近では、会社との関係で違法な任務懈怠行為さえあれば、相当因果関係だけで取締役の第三者への責任が肯定されるおそれ、すなわち責任を広げすぎる危険があり、第三者に損害が生じた場合につき、役員等に結果責任を負わせるのに等しいことにならないかという疑念から、同条項の適用につき抑制的に解釈すべきとする傾向もみられるところである。(7)

会社法四二九条の適用に関する理論的な問題について、会社法の制定後において大きく議論されることなく、従来の改正前商法下における判例理論を漫然と受容し続けている観がなくもない。そこで本稿では、現行会社法四二九条の法運用にあたり、これまで蓄積されてきた判例の立場を分析しながら、同条項による責任制度の趣旨・理念をどのように捉えるべきか、同条項適用の射程について、従来の議論を整理し、解釈の方向性についての若干の検討を加えることを目的とする。

(1)　大森忠夫ほか編『注釈会社法（4）』四七五頁〔龍田節〕（有斐閣・一九六八年）。
(2)　相澤哲編著『一問一答新・会社法』三三一頁（商事法務・二〇〇五年）。
(3)　岩原紳作編『会社法コンメンタール（9）』三四〇頁〔吉原和志〕（商事法務・二〇一四年）。
(4)　岩原編・前掲注（3）三四四頁〔吉原〕。
(5)　会社法四二九条の適用にあたっては、同条一項により損害賠償を請求することができる「第三者」中に、当該株式会社の株主が含まれるか、また、同条項に基づく損害賠償の対象となる損害の範囲をどのように画するべきかについて、前掲最高裁大法廷昭和四四年判決は明確な規範を示しておらず、その後においても様々な議論が展開されているところである。松井英樹「会社法四二九条一項における「第三者」の意義」白山法学一二号一六九頁（二〇一六年）参照。
(6)　本間輝雄「取締役の第三者に対する責任」小町谷操三先生古稀記念『商法学論集』一二〇頁（有斐閣・一九六四年）。
(7)　山本爲三郎『会社法の考え方〔第九版〕』二二一六頁（八千代出版・二〇一五年）。

二　役員等の第三者に対する責任の制度趣旨

1　判例の立場＝役員等の責任加重

会社法四二九条一項は、株式会社の役員等がその職務を行うについて悪意または重大な過失があったときは、当該役員等は、これによって第三者に生じた損害を賠償する帰任を負うものと規定している。もともと、会社と取締役とは委任の関係に立ち、取締役は、会社に対して受任者として善良な管理者の注意義務を負い（会社法三三〇条、民法六四四条）、また、忠実義務を負う（会社法三五五条）ものとされているのであるから、取締役は、自己の任務を遂行するにあたり、会社との関係で右義務を遵守しなければならないことはいうまでもないことであるが、第三者との間では、このような関係にはないため、取締役は、右義務に違反して第三者に損害を被らせたとしても、当然に損害賠償の義務を負うものではない。

この点について、前掲最大判昭和四四年一一月二六日は、株式会社が経済社会において重要な地位を占めていること、しかも株式会社の活動はその機関である取締役の職務執行に依存するものであることを考慮して、第三者保護の立場から、取締役において悪意または重大な過失により右義務に違反し、これによって第三者に損害を被らせたときは、取締役の任務懈怠の行為と第三者の損害との間に相当の因果関係があるかぎり、当該取締役が直接に第三者に対し損害賠償の責に任ずべきことを規定したものとしている。

同判決は、改正前商法二六六条の三が、取締役において法令または定款に違反する行為をしたときは第三者に対し損害賠償の責に任ずる旨定めていた旧規定（昭和二五年法律第一六七号による改正前の旧商法二六六条二項）を改め、右取締役の責任の客観的要件については、会社に対する義務違反があれば足りるものとしてこれを拡張し、主観的要件については、重過失を要するものとするに至った立法の沿革に徴して明らかであるばかりでなく、発起人の責任に関する改正前商法一九三条および合名会社の清算人の責任に関する同法一三四条の二の諸規定と対比しても十分に首肯することができるとしている(8)。

また、このことは、取締役がその職務を行うにつき故意または過失により直接第三者に損害を加えた場合に、一般不法行為の規定によって、その損害を賠償する義務を負うことを妨げるものではないが、取締役の任務懈怠により損害を受けた第三者としては、その任務懈怠につき取締役の悪意または重大な過失を主張し立証しさえすれば、自己に対する加害につき故意または過失のあることを主張し立証するまでもなく、会社法四二九条の規定により、取締役に対し損害の賠償を求めることができるわけであり、また、同条の規定に基づいて第三者が取締役に対し損害の賠償を求めることができるのは、取締役の第三者への加害に対する故意または過失を前提として会社自体が会社法三五〇条の規定によって第三者に対し損害の賠償義務を負う場合に限る必要もないとされている(9)。

2　不法行為特則説＝役員等の責任軽減

以上のような理解に対して、前掲最高裁大法廷判決の少数意見は、会社法四二九条一項を取締役の第三者に対する不法行為上の責任の規定であり、同条は、不法行為の一般規定である民法七〇九条に対して特別規定の関係に立ち、これと競合せず、同条をもって取締役がその職務執行上の不法行為により第三者（この第三者中には株主をも含む）に直接加えた損害（直接損害）の賠償責任の規定であり、この取締役の責任は、悪意または重大なる過失あるときに限定されるものと解している（不当行為特則説(10)）。この立場は、およそ団体においては、その団体の資産的基礎が強固であるかぎり、団体そのものが対外的に責任を負うことにより第三者の利益は十分に保護されるゆえ、その構成員または機関構成員が責任を負う必要はないことをもとに(11)、株式会社は、私法団体のうちにあってもっとも資力が充実しているべきことを前提に、その取締役は、内容の煩瑣な職務を迅速かつ多量に行わなければならず、軽過失についてまで責任を負わせれば、何人もその職に堪えず、責任軽減の要求が生じるため、第三者に対する不法行為責任を軽過失の場合には免責することとしたものと解される[12]。

3 評 価

しかしながら、現在においては、前掲最高裁大法廷判決を契機に、その多数意見の立場を踏襲した裁判実務が定着しており、学説の大部分が特別法定責任説の立場を支持しており[13]、わが国の株式会社の大多数が小規模閉鎖的な会社であり、会社債権者を中心とする第三者保護の必要性については多数意見が示しているのと同様の法状況が存在することを踏まえれば、会社法四二九条を第三者保護のための特別規定とする立場は揺るぎないものと位置づけられる。

実質的にみても、第一に、会社が経営破綻した場合に、当該会社に対して責任追及しても無意味であり、法人格否認の法理による保護を受け得る場合が限定的なものであれば、第三者保護の必要性は残る。また第二に、会社の使用人が不法行為をした場合には軽過失でも第三者に責任を負うのに、取締役は免責されるとするのは均衡を欠く。第三に、複雑な会社業務を迅速に処理する要請は会社に対する責任軽減の理由にはなり得るが、第三者に対する責任を軽減する理由にはなり得ない。また、株式会社の取締役が日常的に重大な業務執行を行わなければならず、その負担を軽減する必要性では、非業務執行取締役、会計参与、監査役もしくは会計監査人が、業務執行権限を有しないにもかかわらず、会社法四二九条の責任を負うことの説明に難点がある[14]。さらに第四に、取締役の業務執行上の軽過失による加害について取締役の責任を免責するといっても、損害を被った第三者の会社に対する損害賠償請求（会社法三五〇条）が認められ、責任を履行した会社が取締役に対して求償できる（会社法四二三条一項）とすれば、結果的に責任を軽減できないとも指摘されている[15]。なお、法定責任説の中の間接損害限定説[16]について、会社法四二九条一項は取締役の責任を実質的には変化させないものと位置づける立場[17]もあるが、同条項によった場合、損害賠償責任の免除、放棄・和解について、取締役は債権者代位権による場合と異なり、会社債権者に対抗できないというかぎりで実益があり[18]、その適用範囲が狭いということはあっても、少なくとも第三者保護のために設けられた条文規定であるという位置づけについては、通説の採る前提とそれほど異なるものではないであろう。

（8）　昭和二五年改正前商法二六六条二項の立法経緯・沿革については、大森ほか編・前掲注（1）三〇一頁〔龍田〕、岩原編・前掲注（3）三三九頁〔吉原〕、西川義晃「取締役の対第三者責任における「第三者」の意義―戦前会社法からの示唆―」石山卓磨先生・上村達男先生還暦記念『比較企業法の現在―その理論と課題』九五頁以下（成文堂・二〇一一年）参照。

（9）　和歌山地判平成一七年四月一二日労判八九六号二八頁は、取締役の任務懈怠につき、重過失までは認められず、したがって、改正前商法二六六条ノ三の責任は問い得ないが、一定の過失があったものと認めることができるとして、不法行為責任を認めており、不法行為との請求権競合を認める立場を採っていることを再確認することができる。

（10）　松田二郎『新訂会社法概論〔新訂版〕』一〇九頁（岩波書店・一九五六年）。服部榮三『株式の本質と会社の能力』一五四頁（有斐閣・一九六四年）等。

（11）　国家賠償法一条、最判昭和三〇年四月一九日民集九巻五号五三四頁参照。

（12）　前掲最大判昭和四四年一一月二六日民集二三巻一一号二一五〇頁における松田二郎裁判官の反対意見。

（13）　酒巻俊雄＝龍田節編集代表『逐条解説会社法（5）』四一八頁〔青竹正一〕（中央経済社・二〇一一年）。

（14）　葉玉匡美編著『新・会社法一〇〇問〔第二版〕』四一八頁（ダイヤモンド社・二〇〇六年）。

（15）　田村諄之輔『商法の判例〔第三版〕』ジュリ増刊基本判例解説シリーズ（3）一〇五頁（有斐閣・一九七七年）、山田泰彦「第三者に対する取締役責任の再検討」早稲田法学会誌三三巻二二〇頁（一九八二年）、弥永真生『リーガルマインド会社法〔第一四版〕』二五四頁（有斐閣・二〇一五年）。

（16）　佐藤庸『取締役責任論』一四七頁（東京大学出版会・一九七二年）、塩田親文＝吉川義春『総合判例研究叢書・商法

(11)』一五〇頁（有斐閣・一九六八年）、山下友信「支払い見込みのない手形振出しと取締役の対第三者責任」上柳克郎先生還暦記念『商事法の解釈と展望』二九七頁（有斐閣・一九八四年）。
(17) 岩原編・前掲注（3）三四三頁〔吉原〕。
(18) 佐藤・前掲注（16）一九七頁。

三　会社法四二九条責任の法的性質に関する議論

そこで、改正前商法二六六条の三を含む会社法四二九条に関するこれまでの判例の蓄積を前提に、同条の責任の法的性質をどのように理解すべきかについて、同条を役員等の責任を加重する趣旨の規定と見る立場の既存学説の整理を試みる。

1　特別法定責任説

わが国における多数説として紹介される特別法定責任説は、上記の判例の立場と同様の論旨を展開し、会社法四二九条の規定は、第三者の保護のために、民法上の一般不法行為責任とは別に、会社法上定められた特別の法定責任であると位置づける。(19) このような考え方は、株式会社の圧倒的多数が小規模閉鎖的な会社であり、実際に、会社法四二九条は、そのような会社が破たんした時に濫用的経営を行った経営者の会社債権者への責任を認めるという法人格否認の法理に代替する利用がなされていることを前提にしている。この立場は、同条による責任は、不法行為とは要件を異にするため、一般不法行為責任と競合し、任務懈怠についての悪意・重過失のあることを要件に、第三者に生じた損害については直接損害・間接損害を問わず、賠償責任を追及できるものとしており、今日の多数説を形成している。(20)

前記の最高裁大法廷判決においては、役員等の対第三者責任の法的性質について必ずしも直接的に言及している表現は見当たらず、責任の性質が特別法定責任なのか不法行為責任なのかについては明言を避けていると評価されている。[21]また、その後、最判昭和四九年一二月一七日民集二八巻一〇号二〇五九頁は、前記大法廷判決を引用しながら、取締役の責任は、法がその責任を加重するためとくに認めたものであり、不法行為責任たる性質を有するものではないことを明確にしており、取締役と第三者との間に直接の債権債務関係がないことを前提とすれば、判例は、同条の責任について、債務不履行責任でも不法行為責任でもない、特別の法定責任と位置づけているものと見ることができよう。もっとも、この最判昭和四九年は、結論として、取締役の責任について不法行為責任に関する消滅時効の特則である民法七二四条は当然に適用されないことの根拠として、民法の一般不法行為責任としての性質を否定しているにすぎないものと位置づけられるのであれば、会社法四二九条責任の法的性質について、判例は明言していないものと評価することもできよう。[22]

2　特殊不法行為責任説

この立場は、前記の特別法定責任説を、会社法四二九条に基づく責任の法的性質をあいまいにして、役員の違法行為を原因として発生する賠償責任と適法行為により生ずる支払責任を同一に取り扱うことになり、正当ではなく、[23]また役員の対第三者責任に適用すべき規定や法理を不明にし、その法的取扱いに困難を生ずるとして批判する。その上で、同条の責任を取締役の責任を強化するために一般不法行為責任とは異なる要件を定めた特殊な不法行為責任と解する。[24]会社法四二九条の責任の成立要件は民法七〇九条の一般不法行為の要件とは無関係に、この条文に明記された要件のみがあれば成立する。その際、民法七〇九条の権利侵害またはこれに代わる違法性自体をも要しないし、また悪意・重過失は職務を行うにつき存在すれば足り、第三者の権利侵害または違法性自体につき存在することを要しない。ただ、損害賠償義務の性質上、損害の発生およびこれと責任原因との相当因果関係は必要であるとされる。

これに対して、役員の違法行為は、悪意・重過失による任務懈怠であって、直接に第三者の権利に対する侵害または第三者に対する違法行為ではないから、第三者に対する不法行為があるとはいえないということが特殊不法行為責任説に対する主たる批判であるが、典型的な不法行為を定める民法七〇九条における他人の権利侵害は、一定の違法性をもって代えることができることは、広く認められている。この立場によれば、Aに対する違法行為によりBに生じさせた損害に対しても不法行為による賠償責任の成立を認めることができるとされる。(25) また、第三者に対する不法行為でありながら、その責任発生要件として、第三者への加害についての認識や過失を必要とせず、会社の職務についての任務懈怠についてだけあれば足りるとする理由づけについては、企業活動が必然的に社会に影響を及ぼすこと、それに基づく取締役の社会的責任、より具体的には、企業の社会的地位のため、企業に関係する不特定の第三者に対する加害につき取締役は予見可能性をもちうることが挙げられている。(26)

他方、特殊不法行為責任説の中には、一般不法行為責任との競合を否定する立場、(27) および会社法四二九条一項の責任を間接損害に限定する立場(28)がある。

しかしながら、第三者が株式会社の役員等に対して損害賠償請求を行った最近の訴訟を概観すると、会社法四二九条に基づく責任が追及されるケースとともに、民法の一般不法行為責任の成否が争われたケースも散見される。民法の一般不法行為責任との競合を認めない場合には、取締役の直接的な加害行為により損害を受けた第三者は、会社法四二九条に基づく責任による救済を受けるのみとなるが、この両者の責任については、請求者側の主張・立証すべき事実、および消滅時効の内容が異なるため、両者の請求権競合を認めなければ、会社法四二九条をもって株式会社役員等の責任を強化することを図ったものとみる制度趣旨の基本を全うすることができないことからすれば、一般不法行為責任との競合を否定すべきではないものと思われる。請求権の競合が認められる理由として、一般的にいえば、A条とB条という別個の条文で、それぞれ一定の要件があるときに一定の効果が発生すると定めてあるときには、A条またはB条の各条文型の規定より生ずる効果の制限を受ける趣旨を含んでいないかぎりは、各条に定める要件を充足する場合には、その各条が定めている効果が発生することは当然であると説明される(29)。

また、最近の裁判例の多くが、直接損害事例であること、純粋な間接損害事例が極端に少ないものと評価できる裁判実務の実態からすれば、同条を間接損害に限定する立場を採ることは適切ではないものと思われる。

その上で、一般不法行為責任との競合を認め、直接損害と間接損害の両事例につき会社法四二九条の責任を認める立場の特殊不法行為責任説については、責任の性質に関する説明が異なるだけで、適用範囲・要件等の責任内容については、多数説としての特別法定責任説の採る立場と実質的には同じであると評価される(30)。

3　評　価

現行法のもとでは、株式会社の役員等のみならず、持分会社の業務を執行する有限責任社員等（会社法五九七条・五九八条二項・六五三条）、一般社団法人及び一般財団法人の役員等（一般社団・財団法人法一一七条・一九八条）、ならびに各種の中間法人の役員等（農協法三五条の六第八項、保険業法五三条の三五等）についても、当該役員等の任務懈怠に基づく第三者に対する責任が規定されており、株式会社の経済的な重要性、もしくは資力の充実といった観点から責任を軽減するという趣旨説明は成立しづらい状況にあるものといえよう(31)。

このように会社法上の株式会社役員等の対第三者責任に関する規律が、他の諸団体の役員についても規定されるに至ったことから、前掲昭和四四年一一月二六日最高裁大法廷判決が示していた第三者保護の必要性については、「会社が経済社会において重要な地位を占めることと、会社の活動が取締役の職務執行に依存することの考慮」という株式会社に特有の事情に求めることは難しい状況にある。一般社団・財団法人法により、一般社団法人と一般財団法人の役員等についても同様の責任が法定されるに至ったものの、一般社団・財団法人は、剰余金の分配をしないこと以外に目的に限定されないため、他の根拠法に基づいて設立される法人と同じ事業をすることができる。一般社団法人と一般財団法人は、他の非営利法人と比べて特殊なものではなく、経済社会における重要性がとくに認められるわけではない。また、法人の活動が役員等の職務執行に依存する点は、すべての法人に妥当する。

そこで、一般社団法人・一般財団法人・会社においては、法人の行い得る事業（目的事業）に法律上の制約がないために役員等の行為により第三者に損害を生じる危険が相対的に高いことと、法人の運営に関して行政庁等による監督を受けないことから、役員等の責任を加重することにより第三者保護が図られているという指摘もある(32)。また、より一般的には、法人制度による責任財産の分離を前提に、法人の対外的な活動において業務執行者に広い裁量権が与えられていることに鑑み、当該法人に対して利害を有する第三者の業務執行者に対する直接訴権を認めることによって、第三者の保護を図るという制度趣旨が拡張されているものと理解できる。

その上で、判例の立場をもとに、会社法四二九条の制度趣旨を整理すれば、法人制度の下で責任財産が分離されることから、法人に何らかの請求権を有する第三者が十分な法的救済を得られない事態を前提に、不法行為責任の成立およびその賠償範囲に関する主張・立証、さらには予見可能性に関する困難な立証を行わなくても、前掲最高裁大法廷判決以降に蓄積されてきた同条項に関する判例理論に基づき、容易に第三者が役員等に対する責任追及を可能としているものと評価することができるであろう(33)。とくに、一般不法行為責任の追及においては、不法行為者の故意・過失は具体的な被害者の下での損害発生の予見可能性・回避可能性に向けられている必要があるのに対して、会社法四二九条に基づく責任においては、取締役本人の悪意・重過失の対象は会社に対する任務懈怠に向けられていれば足りる。また、間接損害事例を前提に考えれば、取締役が通常の業務執行の過程において会社外の特定の第三者に具体的な損害が発生することを認識・予見できる事態は考えにくい(34)ことからすれば、現在の裁判実務において、会社法四二九条の法構造は、具体的・個別的な第三者に対する損害の認識・予見可能性の主張立証を不要とする点において、第三者を保護する機能を有しているものと評価できるであろう。

他方、不法行為責任の要件としての過失に関する民法学上の議論においては、その重点が、行為者の意思の態様ではなく、行為の態様、すなわち客観的行為義務違反の問題に転ずること、すなわち過失の客観化が認められている[35]。過失における客観的義務違反は、結果回避義務違反と捉えることができるが、過失の有無は、この結果回避義務違反のみで判断されるわけではない。結果発生についての予見可能性がなければ、当事者には、具体的状況において講ずべき回避義務の内容が分からず、またそれを要求するのも妥当とはいえないから、過失ありとされるためには、予見可能性のあることが当然の前提とされている[36]。

また、間接侵害型の不法行為は、判例が新たに創出した現代的な不法行為類型であって、過失不法行為責任の追及を危殆化行為の段階まで前倒ししていることが指摘されている[37]。この類型は、社会相当程度を超えて、他人の権利法益を危殆化する行為につき、これが不運にも権利法益の侵害に至った場合を対象とする[38]。

この類型では、過失要件の内容が伝統的理解から大幅に変容している。ここでの過失判断は、行為義務違反の観点から、社会的相当程度を超える危殆化行為の有無を吟味することが中心的内容となる（過失の客観化）。他方、認識可能性（有責性）の要求は切り下げられ、当該行為による社会相当程度を超える危殆化についての認識可能性で足りる結果[39]、この類型での過失要件は、有責要素とともに違法要素も含み、かつ後者の比重が大きい（違法性と過失の融合）、とされる[40]。

株式会社の役員等の会社に対する任務懈怠についても、それが第三者の権利法益を直接的に侵害する行為ではない場合でも、会社の責任財産が限定されており、会社経営が破綻すれば、第三者が会社に対して支払請求ができなくなるなどにより損害を受ける事態が発生することについての予見可能性が存在する場合にあっては、このような間接侵害型の不法行為責任を当該役員等が負担する余地は十分に考えられる。

このような議論の方向性に対して、一般に、契約的利益（債権的な権利）が侵害された場合に、加害者の不法行為責任を問い得るかは、これまでの不法行為法学では、「第三者による債権侵害」の問題として議論されてきた。そして、この分野では、取引における自由競争という理念があるために、すべての債権侵害行為が不法行為になるわけではなく、違法性の強い行為または公序良俗に反する行為、あるいは故意・害意のある行為の場合にのみ、債権侵害が不法行為になるとされてきたものと解されている[41]。しかし、第三者の債権侵害の場合に不法行為をどのような要件で認めるべきかについては、まだ、議論が収斂しているとは言い難いこととの関係では、会社法四二九条に基づく責任は、限定的に解釈されてきた一般不法行為責任の制度を実質的に補完する機能を有しているものとみることができるのであり、一般不法行為責任の成立要件に関する議論が成熟した暁には、会社法四二九条責任に関する議論・判例の蓄積は、それに吸収されるといった位置づけもできるのではなかろうか[42]。

また同時に、第三者の被る間接損害事例を前提とすれば、会社法四二九条は、債権者代位権に関する民法規定の変形的な制度として第三者に直接訴権を付与しているものとして把握する余地がある。取締役の会社に対する任務懈怠と会社の損害との間には、取締役の会社に対する損害賠償義務の成否、範囲を論ずる場合と同様、民法四一六条の定める関係が必要であるが、取締役の会社に対する任務懈怠と会社の損害との間にそのような関係があることと、会社債権者に会社の資力不十分のため弁済を受けられないことによる損害があるという事実さえあれば、同規定による取締役の第三者に対する損害賠償義務を認めてよく、取締役の任務懈怠と第三者の損害との間におけるいわゆる因果関係の有無を論ずる必要はない。ただし、取締役が第三者に賠償すべき金額は、第三者の損害額の如何を問わず、会社に対する損害賠償義務の額を限度とする。会社に対する損害賠償義務の額が、第三者の損害額に達しないこととの立証責任は取締役にあり、この点で、債権者代位権よりも会社債権者に有利であり、そこに、債権者代位権と異なる同規定の特徴があるとも考えられる[43]。すなわち、役員等の会社に対する任務懈怠についての悪意または重過失を主張することにより、第三者が損害賠償を請求できるとする判例理論からすれば、役員等の会社に対する任務懈怠により民法四一六条の範囲内における損害が生じていることと、会社が無資力に陥っているため弁済を受けられないといった第三者の損害が生じている事実のみで、同規定に基づく責任追及が許容される。この際、債権者代位権の行使と異なり、①条文上明確に、直接訴権としての自己に対する損害賠償の履行を請求できること、(44) ②債務者の権利不行使要件は不要となる。すなわち、債権者代位権においては、債務者が権利を行使している場合は、債権者の代位を許すことは債務者の財産管理への不当な干渉となるから許されない。(45) 債務者の権利不行使に関しては、「債務者が権利を行使したこと」を基礎づける事実となるため、代位行使の相手方が主張・立証責任を負担する。株式会社の役員等の第三者に対する責任追及の場面にこれを当てはめると、間接損害事例において、会社側が役員等に対して会社に対する任務懈怠に基づく責任（会社法四二三条一項責任等）を追及する等により、債務者として権利行使をしている場合は、その行使が成功することにより会社の損害が回復されることとなるため、会社の無資力が治癒し、もって第三者に損害が生じていないことを意味するが、ただ単に責任追及訴訟を提起するなどして権利行使しているのみでは、いまだ損害が回復しているとはいえず、会社法四二九条に基づく責任追及はその段階においては許容されることとなる点において、債権者代位権の行使よりも会社債権者にとって若干有利であるといえよう。加えて、③請求額の範囲が、会社の被った損害額に限定されず、第三者が被った損害額となることが認められれば、第三者保護の観点から債権者代位権制度の変形・特則としての重要な意味を導き得る。(46) 間接損害を受けた第三者は、およそ会社が無資力で支払不能状態に陥っていることをもとに、弁済を受けられないといった損害を被っているのであれば、第三者の受けた損害額は、会社の損害額の範囲に収まっているのが通例であり、第三者は自らが被った損害についての賠償を求めることができ、被告である役員側が、自らの任務懈怠に起因する損害額が限定される旨を抗弁として主張し得るのみで、あとは相当因果関係に立つ損害論として損害額の算定が実務上行われている。

さらに、第三者保護の観点から会社法四二九条による会社債権者の救済を拡大する意味において、間接損害の事例につき、債権者代位権の特則的な請求権を第三者に付与したものと見るならば、この際、役員等の任務懈怠と第三者の損害との間におけるいわゆる相当因果関係の有無を主張する必要はないものと理解する余地がある。

このような立場に対しては、同規定が、あくまでも損害賠償責任の規定として制定されていることと相容れないものであるとする見方もでき、同条責任の実質的な機能という面から分析した結果であるにとどまり、同条の適用要件を把握するうえでの直接的な検討要素としては、損害賠償責任としての法文上の法律行為性からは乖離しているという評価ができるであろう。また、この立場を前提とすれば、会社法四二九条責任には、不法行為責任的な側面と債権者代位権を補完する側面という成立要件の異なる別種の制度が混在しているという理論構成上の難点を指摘することもできよう。(47)また、判例上も、これまで、いわゆる間接損害事例として会社法四二九条責任の成否が争われた裁判例を概観すれば、(48)そのほとんどが役員等の会社に対する任務懈怠について、結果回避義務違反と予見可能性を柱とする事実認定を前提にしながら評価がなされてきたものとみることができるならば、必ずしも同条を債権者代位権的な構成として把握する必要はないものと考えられる。

(19) 大阪谷公雄「取締役の責任」田中耕太郎編『株式会社法講座(3)』一一三五頁(有斐閣・一九五六年)、大隅健一郎＝今井宏＝小林量『新会社法概説〔第二版〕』二四八頁(有斐閣・二〇一〇年)、鈴木竹雄＝竹内昭夫『会社法〔第三版〕』三〇六頁(有斐閣・一九九四年)等。

(20) なお、特別法定責任説の立場を前提にしながら、直接損害についてはは一般不法行為責任によるべきであるとして、会社法四二九条は、債権者代位権的な損害賠償請求権の規定であると解する立場(佐藤・前掲注(16)一五三頁)がある。また、直接損害事例については、取締役の悪意・重過失の対象を第三者に対する加害行為について存在すればよいとする立場(菱田政宏『会社法』二五一頁(中央経済社・一九七五年))もある。

(21) 田尾桃二「判批」判タ二四三号七八頁(一九七〇年)、山村忠平「判批」金判二一三号六頁(一九七〇年)参照。

(22) 畠田公明『会社の目的と取締役の義務・責任』二九一頁（中央経済社・二〇一四年）参照。
(23) たとえば民法二〇九条の隣地立入りにより生ずる支払責任または公法上の損失補償が挙げられている。田中誠二「取締役の対第三者責任の性質とその実益」商事七二二号四七頁（一九七六年）。
(24) 田中誠二『三全訂会社法詳論（上）』六九三頁（勁草書房・一九九三年）、加美和照『会社取締役法制度研究』四五七頁（中央大学出版部・二〇〇〇年）等。
(25) 田中誠二「取締役の対第三者責任の性質とその実益」商事七二二号五一頁（一九七六年）。
(26) 田尾桃二「取締役の第三者に対する損害賠償責任」鈴木忠一＝三ケ月章監修『実務民事訴訟講座（第五）』八九頁（日本評論社・一九六九年）。
(27) 本間・前掲注（6）一一九頁。
(28) 塩田親文＝吉川義春『総合判例研究叢書商法（10）』一五〇頁（有斐閣・一九六八年）。
(29) 田中・前掲注（25）五一頁。
(30) 田村・前掲注（15）一〇四頁。
(31) 持分会社の業務を執行する有限責任者の責任規定（会社法五九七条）につき、会社法の立案担当者は、会社財産が不足している状況において、慎重に事業を実施し、早期に倒産手続に移行するインセンティブを課そうとするものであるとしている。相澤哲＝群谷大輔『立案担当者による新・会社法の解説』（別冊商事二九五号）一六〇頁（二〇〇五年）。
(32) 佐久間毅『民法の基礎 1 総則〔第三版〕』三七三頁（有斐閣・二〇〇八年）。
(33) 岩原編・前掲注（3）三四六頁〔吉原〕。
(34) 高橋美加「事実上の取締役の対第三者責任について」岩原紳作＝山下友信＝神田秀樹編『会社・金融・法（上）』三七〇頁（商事法務・二〇一三年）は、構造的に任務懈怠行為と第三者の下での損害発生との間にタイムラグがあり、因果関係も会社の損害を挟むがゆえに遠くなる点を指摘される。
(35) 藤岡康宏『民法Ⅳ債権各論〔第三版補訂〕』一二三頁（有斐閣・二〇〇九年）。
(36) 通説・東京地判昭和五三年八月三日判時八九九号四八頁、藤岡・前掲注（35）二二七頁。また、違法性の有無は、被

侵害利益の周囲、性質と、侵害行為の態様とを相関関係的に衡量して判断されるべきものとする考え方＝相関関係説が、違法性の判断基準に関する通説の到達点とされている。同・二三九頁。

(37) 橋本佳幸ほか『民法V事務管理・不当利得・不法行為』一三七頁（有斐閣・二〇一一年）。

(38) 例として、自動車の運転者がスピードを出して住宅地を走行する行為（その結果、突然前方に現れた子供に衝突した場合）や、工場が許容量を超える汚染物質を河川に排出する行為（その結果、他の不利な条件も重なって下流域の魚を死滅させた場合）が挙げられている。橋本ほか・前掲注（37）一三八頁。

(39) 危殆化行為は、通例、これを伴うものとされる。橋本ほか・前掲注（37）一三八頁。

(40) 橋本ほか・前掲注（37）一三八頁。

(41) 能見善久「投資家の経済的損失と不法行為法による救済」前田庸先生喜寿記念『企業法の変遷』三〇九頁（有斐閣・二〇〇九年）は、古くは、債権の相対性から、不法行為の成立する場面を限定してきたが、相対性からの説明よりも、自由競争により他人に経済的損失を与える行為も、一定の限界を超えない限りは不法行為とならない、という説明の方が適当であろうとされる。

(42) 中原太郎「取締役の第三者に対する責任と不法行為責任」法セ六九六号一三頁（二〇一三年一月号）は、取締役の対第三者責任の基礎となる第三者の損害防止義務を不法行為上の義務として承認することが純粋理論的には考えられうるとすれば、むしろ、取締役の対第三者責任は、伝統的に限定的に捉えられてきた一般不法行為責任の不備を補完し取締役の責任を拡充する一方で、純粋理論的には一般不法行為責任の枠組みによってもたらされる責任の拡充に取締役の任務・権限の観点から妥当な限界を画することを可能にする法理として捉えられる。かくして、取締役の対第三者責任は、単純に責任加重をもたらすものというよりは、取締役の厳正な個人責任を実現するものとして再定位されることになる、とされる。

(43) 上柳克郎「両損害包含説」『会社法・手形法論集』一二二頁（有斐閣・一九八〇年）。

(44) ただし、債権者代位権に関する通説・判例も、代位債権者は、債務者が弁済を受領しない場合に限らず、一般に、直接自己に給付目的物を引き渡すよう第三者（代位行使の相手方）に対して請求することができるとしている。大判昭和

七年六月二一日民集一一巻一一九八頁、大判昭和一〇年三月一二日民集一四巻四八二頁、最判昭和二九年九月二四日民集八巻九号一六五八頁、潮見佳男『債権総論Ⅱ〔第二版〕』三二頁（信山社・二〇〇一年）、清水元『プログレッシブ民法（債権総論）』一五三頁（成文堂・二〇一〇年）等。

(45) 最判昭和二八年一二月一四日民集七巻一二号一三八六頁。

(46) これに対して、上柳・前掲注（43）一二二頁は、取締役が第三者に賠償すべき金額は、第三者の損害額の如何を問わず、会社に対する損害賠償義務の額を限度とされる。

(47) 本間・前掲注（6）一二〇頁。

(48) 従来の裁判例の分析については、前嶋京子「取締役の対第三者責任―平成期の判決等の傾向―」甲南法学四九巻一＝二号一頁以下（二〇〇九年）、澤口実監修『新しい役員責任の実務』二八四頁以下（商事法務・二〇一二年）に詳しい。

四　直接損害と間接損害

1　直接損害・間接損害の定義

会社法四二九条責任に関する判例・通説は、株式会社の役員等の悪意または重大な過失による任務懈怠によって第三者に損害が生じたときは、当該役員等の任務懈怠行為と第三者の損害との間に相当の因果関係があるかぎり、会社がこれによって損害を被った結果、ひいて第三者に損害を生じた場合であると、直接第三者が損害を被った場合であるとを問うことなく、当該役員等が直接に第三者に対し損害賠償責任を負うべきことを規定したものとしている（両損害包含説）。そこで、役員等の悪意・重過失による任務懈怠から会社が損害を被り、その結果第三者に損害が生じる場合を「間接損害」、役員等の悪意・重過失により、第三者が直接損害を被る場合を「直接損害」と区分されることが多い。

また、役員の行為によって第三者のみならず会社も損害を受けた場合については、その損害は「会社が損害を受けたか否かを問わず、取締役の行為によって第三者が直接的に被った損害」＝直接損害として構成することもでき、他方、「第一次的に会社に損害が生じ、その結果第二次的に第三者が被った損害」＝間接損害と構成することもできる(49)。さらに、このような分類とは別に、同時侵害型と言われる類型が指摘されており、受寄物の着服（第三者が会社に預託した有価証券を、取締役が担保に差し入れて融資を受け、自己が引き受けた別会社株式の払込みに流用したケース）、他人の身体・財産に対する加害（経験の有無を確かめず適切な指示を行わないまま従業員に危険な作業を命じ、爆発により重傷を負わせたケース）、株主管理の不当（相当な理由と必要がないのに証券取引所に株式の上場廃止を申請したケース、株主総会の特別決議を経ずに新株の有利発行がなされたケース）等の具体例が挙げられている(50)。これらの場合については、株主管理の不当は、株主が第三者として会社法四二九条一項に基づく責任を追及できるかという問題に帰着する一方、他のケースについては、取締役の職務執行における不法行為（民法七〇九条）につき会社が賠償責任を負う（会社法三五〇条）ことにより当該不法行為の被害者である第三者と会社とが損害を受けているといった場合であり、ここにおける会社の損害は、会社が被害者に対して賠償義務を履行してはじめて生ずるものであるとすれば、厳密な意味で同時侵害として独自の類型を設ける必要はないものと思われる(51)。これに対して、直接損害を「会社には損害がなく、役員の行為により第三者が直接的に被った損害」と定義すれば(52)、ある損害が直接損害とも間接損害とも位置づけられるといった事態が起こる数を減らすことはできよう。

他方、ある事案が直接損害と間接損害のいずれに当たるかは構成の問題であり、多くの場合、どちらとも構成できるとする見方が示されている(53)。

また、そもそも会社法四二九条の適用範囲について直接損害事例と間接損害事例の両方を包むとする立場では、両者を区別する実益はほとんどなく、会社に対する任務懈怠を問題とするかぎりでは、常に間接損害的な構成がとられることになるが、反面、厳密な意味で間接損害的構成がなされているわけではないとも指摘されている(54)。

これに対しては、経営が極度に悪化し、新たな取引をしても履行や支払の見込みがない状況においてあえて取引をすることにより当該取引の相手方に損害を与える場合が、直接損害類型の典型例であり（当該取引をすること自体が任務懈怠になる）、会社が危機的状況にないときに取引をしたが（当該取引自体に違法性はない）、その後の拙劣な経営により会社の経営が破綻し、当該取引の相手方に損害を与えた場合が間接損害類型の事例である（拙劣な経営により会社の経営を破綻させたことが任務懈怠になる）として、両損害の区別がもっぱら構成の問題であるということへの疑問が出されている。(55)

以上のような直接損害類型と間接損害類型の双方について、会社法四二九条に基づく責任追及を許容する判例の立場に対しては、会社の倒産により当該会社に対する債権を回収できなかった第三者に対して、会社の役員等にどこまで責任を負わせるべきか、その責任の限界を明らかにしていくことが必要であるといわれ、(56)間接損害事例においては、会社に対する任務懈怠にすぎない行為によって、なぜ役員等が第三者に対して責任を負うこととなるのか、また反対に、直接損害事例において役員等の行為がなぜ会社に対する任務懈怠となるのかについての疑問が提示されている。そこで、これらの理論的な問題点について、従来の見解を若干整理してみたい。

2　間接損害類型についての任務懈怠

間接損害類型は、取締役の任務懈怠によって、第一次的に会社に損害が生じ、その結果として第二次的に第三者が受ける損害をいう。(57)この類型においては、取締役の会社に対する任務懈怠が、何ゆえに第三者に対する関係で違法と評価され、第三者に対する損害賠償責任を基礎づけるのかが問題とされてきた。取締役は、株式会社に対して負っている善管注意義務（会社法三三〇条、民法六四四条）の一内容として、常に会社の財務状況・経営状態を把握し、業務執行に関して自分の採るべき態度がどのような結果をもたらすかを把握するように努めるべき義務を負っており、この義務を放棄して顧みないことは悪意による任務懈怠となり、またそれを著しく怠ることは重過失による任務懈怠と評価され、第三者に損害を及ぼしかねない状況の下でこの義務を怠ることが違法と評価される(58)。また、取締役の会社に対する任務懈怠が、会社債権者の債権の一般担保である会社財産を減少させるため、それは会社債権者との関係においても違法であるとも説明される(59)。たしかに、取締役は株式会社に対して善管注意義務を負うのみで、会社債権者をはじめとする第三者に対しては直接の契約上の債務を負担するわけではないが、法人の業務執行者として、純資産額相当分の会社財産を拠出している株主のみならず、経済的・実質的にみれば負債額相当分の会社資産を拠出しているとも言い得る会社債権者の利益にも配慮しながら、会社財産の確保を図るべき義務が、会社に対する債務内容として規律されていると解するならば、会社財産を毀損するような任務懈怠は、第三者のもとで会社からの支払を受けられない等の損害が生じている以上は、第三者との関係においてもその任務懈怠の違法性が認められるものと解される(60)(61)。

3　直接損害類型についての任務懈怠

前述のように、直接損害を「会社には損害がなく、役員の行為により第三者が直接的に被った損害」と定義することを前提とすれば、一般に、直接損害のケースとして、会社経営が極度に悪化し、新たな取引をしても履行や支払の見込みがない状況においてあえて取引をすることにより当該取引の相手方に損害を与える場合が挙げられている。また、近時の判例では、詐欺的商法・違法な投資勧誘、知的財産権の侵害・建物不法占拠等の違法な業務執行によって第三者に損害が生じた場合に取締役の第三者に対する責任が認められた例が多く存在しており、これらのケースは、必ずしも会社が倒産に至り会社への責任追及により債権の満足が得られないという場合に限定されていない。前記最高裁大法廷判決は、取締役の会社に対する任務懈怠についての悪意・重過失があり、その結果第三者が損害を受けたことを根拠づける事実を証明すれば、会社法四二九条による救済を受けることができるという法律構成を採っている。そのため、会社に対する任務懈怠が同時に第三者との関係においても違法と評価される理由が何か、そのような理由が妥当するのはどういう場合か[62]、また、取締役に悪意・重過失による任務懈怠があれば直接損害について何ゆえに第三者が一般原則以上に保護されるのかという問題が提起されている[63]。

この点について、これまでの学説においては、①取締役が第三者に対して違法な加害行為をすることは、会社の社会的信用を傷つけることになるという理由で会社に対する任務懈怠となると説明される[64]。また、②会社経営が悪化してきた場合、取締役は会社に対する善管注意義務の一環として、経営状況を確実に把握するとともに、悪化の原因の分析、今後の収益見通しの予測、資金繰りの計画、経営改善のための対策の立案・実行など必要な措置を講ずる義務を負い、この義務に違反することが会社に対する任務懈怠となる[65]。③株主有限責任が認められ会社財産のみが会社債権者の担保となる株式会社の取締役、とりわけ代表取締役は副次的には会社債権者のためにも誠実に職務を遂行しなければならない。このことは経済的モラルの問題として一般的な承認を得ている。このような倫理思想を基礎として、会社法は悪意・重過失による任務懈怠があるとき、取締役は会社財産から満足を得られない会社債権者に対して責任を負わなければならないものとした[66]。さらに、④会社に対する任務懈怠をもとに、取締役の債権者に対する責任を肯定する根拠を会社債権者に対する信任義務違反に求める、等の諸見解[67]がある。

このほかに、⑤会社法四二九条の適用範囲を会社の無資力もしくは破産・事実上の破産に限定し、破産的清算を補完するものとして、会社債権者の集団的清算に供せられるべきと説く立場[68]もあるが、同条の適用事例の多い小規模閉鎖会社においては、その経営破綻時に法定の倒産手続が採られるとは限られず、管財人による集団的な清算が行われない場合における第三者保護、および会社の倒産を前提としない第三者の損害についての賠償請求が行われる事案が最近は増加していることを踏まえれば、このように同条の責任範囲を限定的に解することは、第三者保護のための責任加重を定めた趣旨に反するものと考えられる。

4　裁判例の検証

株式会社の倒産等により会社に対する債権を回収できず損害を受けた会社債権者が、会社法四二九条により当該会社の役員等の責任を追及する事例については、間接損害類型として、(ア)放漫経営、(イ)事業拡大・新規事業進出の失敗、(ウ)放漫・杜撰な貸付・借入、(エ)取締役の違法行為による倒産、(オ)自己または第三者の利益優先による倒産の各類型により区別されている。また、直接損害類型としては、(カ)履行見込みのない取引（支払見込みのない取引、融通手形の振出し等、杜撰な事業開始、誤認取引の誘引）、および(キ)それ以外の第三者の権利・利益の侵害（詐欺的商法・違法な投資勧誘、その他の違法な業務執行）に分類されている。(69)

これらの類型に関する最近の裁判例のうち、間接損害事例と目されるものの一部を概観すれば、①東京高判昭和五八年三月二九日判時一〇七九号九二頁は、粉飾決算、高利金融への傾斜、短期借入の反復継続、融通手形の交換という一連の経営姿勢を改めなかったため、遂には会社の売上げの四分の一前後を金利の支払に当てざるを得なくなり、その結果、会社を倒産させ、会社債権者の債権回収を不能にさせたものである点に任務懈怠を認めるとともに、このような経営姿勢を続けるならば、早晩会社の資産内容が悪化し、倒産するであろうことを認識できた点を根拠に損害賠償責任を肯定している。また、②大阪地判平成八年八月二八日判時一六〇一号一三〇頁は、交際費等の名目で多額の金員を費消し、具体的な事業計画もないままに子会社を設立するなどしながら、実際には何ら事業活動を行わずに右投入資金を無意味なものとした上、返済の目処も考えずに高利での借入をし、その金利負担等によって負債を増大させた点に重過失による取締役の忠実義務違反を認めているが、同時に、このような放漫経営およびこれを放置した取締役の所為が、違法な権利侵害として不法行為を構成するものとも認定している。③東京地判平成二年九月三日判時一三七六号一一〇頁は、診療所を経営する会社の代表取締役らが、故意に不正な診療を行わせ、それが発覚すれば経営が破綻することの認識可能性があったにもかかわらず、これを継続させ会社を倒産させたものとして、売掛代金債権を有する債権者への損害賠償責任を認めている。また、④東京地判平成六年三月二二日判時一五八三号一四〇頁は、計画倒産ともとれる営業権の売却と偏頗な弁済、詐言を用いて弁済猶予を獲得したことにつき、重過失による任務懈怠が認定されている。⑤東京地判平成七年一月三一日判タ八八五号二五二頁は、販売計画が不十分なまま短期間に大量の買い付けをし、大量の在庫を抱えて会社を倒産させた代表取締役につき、需要目算が外れた場合には原告に対する支払が困難になることについての認識可能性があったものとみて重過失による任務懈怠が認められている。

これらの事例からは、会社を倒産に至らしめた一連の行為について、取締役の会社に対する善管注意義務・忠実義務違反としての任務懈怠が認定されているものの、それが同時に会社債権者等の第三者に対する損害（結果）回避義務違反としての要素を満たしていると評価できるケースが多く、会社倒産により会社債権者に債権回収不能の損害が生ずることについての認識（予見）可能性があることをもって実質的に重過失が認定されているとみれば、不法行為責任の要件充足についての考慮要素と重なり合う部分が大きいものと考えられる。

他方、直接損害事例については、会社の資金繰りが悪化した時期に金銭借入れ、商品購入等を行ったことにより、契約相手方である第三者が損害を被るという直接侵害型に属する裁判例の多くは、当該返済、支払等ができないことを容易に予見できる状況があったことを認定し、それをもって悪意・重過失としている例が多く[70]、取締役の対外関係についての悪意・重過失をも判断しているのが実態であると指摘される[71]。

また、支払見込みのない手形振出しについては、手形振出時点において、その支払見込みを判断するのはきわめて難しく、資金繰りの見通しや取引先の経営状態、市況の動向など、様々な不確定要因を含めて総合的に判断しなくてはならず、ほとんどの判例は手形振出前後を問わず、倒産に至るまでの取締役の行為を全体として評価判断しているものとみることができる[72]。さらに、取締役の違法行為に対する悪意・重過失のみを認定し、会社に対する任務懈怠への悪意・

重過失を認定しない裁判例が少なからず存在する傾向がある。[73] このような傾向を前提にすれば、裁判実務においては、必ずしも両損害の類型が厳密に区別されているとはいえず、会社法四二九条に基づく請求においては、間接損害類型でも会社に具体的な損害が生じていることは要件事実とされていない点を考慮すれば、役員等の会社に対する任務懈怠と相当因果関係に立つ損害の存在が認められれば足りるのであり、この二つの損害の区分は主張方法の相違にすぎず、いずれも実質的には結果回避義務違反と予見可能性の観点から不法行為責任の成立要件を充足しているか否かが審査されているのとそれほど変わらないものと位置づけることができる。

(49) 上柳・前掲注（43）一〇〇頁。
(50) 大森ほか編・前掲注（1）三一四頁〔龍田〕。
(51) 岩原編・前掲注（3）三五一頁参照〔吉原〕。
(52) 江頭憲治郎『株式会社法〔第六版〕』五〇五頁（有斐閣・二〇一五年）。大森ほか編・前掲注（1）三〇五頁〔龍田〕も、従来の直接損害限定説が、取締役の行為が会社と第三者の両方を同時に害する場合をも直接損害に含めていたため、第一次的に第三者だけが明白な損害を受ける場合を限定して直接侵害型と称している。
(53) 弥永・前掲注（15）二五五頁、新山雄三『会社法の仕組みと働き〔第四版〕』三〇一頁（日本評論社・二〇〇六年）、山下友信「支払い見込みのない手形振出と取締役の対第三者責任」上柳克郎先生還暦記念『商事法の解釈と展望』二九三頁（有斐閣・一九八四年）等。
(54) 山下・前掲注（53）二九五頁。
(55) 岩原編・前掲注（3）三五二頁〔吉原〕。
(56) 岩原編・前掲注（3）三四六頁〔吉原〕。
(57) 岩原編・前掲注（3）三四八頁〔吉原〕。
(58) 大森ほか編・前掲注（1）三一八頁〔龍田〕。第三者に損害を及ぼしかねない状況は違法性の要件であり、その存否は客観的に判断されるとする。

(59) 上柳・前掲注（43）一一九頁。

(60) 佐藤鉄男『取締役倒産責任論』二一九頁〔信山社・一九九一年〕は、物的会社の会社債権者にとっては会社財産のみがその債権の引当てになるが、現実に会社財産の管理を担当するのは取締役であるから、責任財産の維持はもっぱら取締役が任務懈怠を適正に行うか否かにかかっており、会社倒産という事態が生じ、任務懈怠について取締役に悪意・重過失がある場合には、端的に、会社債権者が取締役を追及し損害回復できるようにしたものと解される。

(61) 倒産法上の観点からは、破産や会社更生手続で管財人が選任された後も、会社債権者に間接損害を前提とした会社法四二九条に基づく請求を許すか否かが、債権者平等の原則との関係で問題視されている（中島弘雅「倒産企業の経営者の責任」ジュリ一一一一号六一頁〔一九九七年〕、河野正憲＝中島弘雅編『倒産法大系―倒産法と市民保護の法理』一二四頁〔中島弘雅〕〔弘文堂・二〇〇一年〕）。

この点、間接損害について、管財人による損害賠償請求権の行使が優先し個々の会社債権者は管財人が権利行使をしない場合にのみ権利行使ができると解すべきであるとする見解が有力に主張されている（谷口安平「倒産企業の経営者の責任」鈴木忠一＝三ケ月章監修『新・実務民事訴訟講座（13）』二五三頁〔日本評論社・一九八一年〕、霧島甲一『倒産法体系』三六二頁〔勁草書房・一九九〇年〕、木下重康「損害賠償請求権の査定」竹下守夫＝藤田耕三編『裁判実務大系三巻会社訴訟・会社更生法〔改訂版〕』五六二頁〔青林書院・一九九四年〕）。このことからすれば、やはり間接損害と直接損害を主張方法における違いというのみならず、損害賠償請求権の実体法上の位置づけについても区別する必要があるとも考えられる。しかしながら、このような問題点は倒産法制における立法上の手当てにより本質的な解決を図るべきものともいえ、間接損害事例に関する実際の裁判例の多くは、中小規模の株式会社において、法定の倒産手続によらずして事実上の経営破綻・倒産となっている場合であることに鑑みれば、債権者による賠償請求を制約すべき場面は限定的なものとなろう。むしろ、今後の議論においては、倒産法制との関係においては、当該第三者が受けた損害が、その被害者に固有の損害と言い得るのか、それとも会社債権者に共通して生じた要因に基づく損害と位置づけられるのかという観点から直接損害と間接損害を区分するといった方向性も考えうるのではないかとも思われる。

(62) 上柳・前掲注（43）一一七頁。

(63) 山下・前掲注(53)二九二頁。
(64) 上柳・前掲注(43)一二〇頁。
(65) 吉原和志「会社の責任財産の維持と債権者の利益保護(三・完)」法学協会雑誌一〇二巻八号一〇二頁(一九八五年)。江頭・前掲注(52)五〇五頁も、債務超過またはそれに近い状態の株式会社には、株主が有限責任の結果失うものがないためイチかバチかの投機に走りやすいこと、および、営業を継続すれば取締役への報酬等の支払等により会社の財務状況はますます悪化すること等から、会社債権者の損害拡大を阻止するため取締役には再建可能性・倒産処理等を検討すべき義務が善管注意義務として課されている点を挙げられる。
(66) 森本滋「取締役の第三者に対する責任の機能とその適用範囲の拡大(上)」金法一二一二号一一頁(一九八九年)。また、大杉謙一「役員の責任」江頭憲治郎編『株式会社法大系』三三五頁(有斐閣・二〇一三年)は、実質的には第三者に対する義務違反行為を会社に対する任務懈怠と説明することで結論の妥当性を図ることができ、ここでの任務懈怠は借用概念にすぎない点を指摘される。
(67) 会社が清算段階に至った場合や支払不能となった場合に会社財産は株主に対するのと同じく会社(Trust Fund Doctrine)に求められ、会社が順調に経営している場合といえども、取締役に会社債権者に対する受任者としての責任が少なくとも潜在的に存在するものと推察できると説かれる立場である。前嶋京子「米国における取締役の会社債権者に対する責任」阪大法学一一五号九一頁以下(一九八四年)、同・「取締役の責任」蓮井良憲先生還暦記念『改正会社法の研究』二七八頁(法律文化社・一九八四年)。これに対して、会社の取締役は、株主に対してと会社債権者に対しての双方について同時に信任義務を負い得ないことから、会社の債務超過時において、信任義務の名宛人が株主から債権者に代わることを前提に、取締役の会社=債権者に対する信任義務違反に求める見解もある。黒沼悦郎「取締役の債権者に対する責任」法曹時報五二巻一〇号一九頁(二〇〇〇年)。
(68) 山田泰彦「第三者に対する取締役責任の再検討」早稲田法学会誌三三巻二二三頁(一九八二年)、佐藤・前掲注(60)二一九頁。
(69) 岩原編・前掲注(3)三五二頁~三六三頁〔吉原〕。

(70) 最判昭和四一年四月一五日判時四四九号六三頁、東京高判昭和五五年六月三〇日判時九七三号一二〇頁等。
(71) 江頭憲治郎＝門口正人編『会社法大系（三）』二五〇頁〔奥宮京子〕（青林書院・二〇〇八年）。
(72) 梅本剛正「経営悪化時の取引と取締役の責任」甲南法学三八巻一＝二号六八頁（一九九七年）。
(73) 中村康江「取締役の第三者に対する責任」立命館法学三〇九号三七八頁（二〇〇六年）。

五　むすびにかえて

株式会社の役員等の第三者に対する責任を規定する会社法四二九条一項の法的構成については、小規模閉鎖会社の倒産等における経営者責任を取引債権者等が追及するケースが多く見られ、また最近では、詐欺ないし詐欺的商法等の不当・不法な行為により損害を受けた者が役員等の責任追及をする事例が散見されることからすれば、本来は契約関係のない会社役員等と第三者との間に、役員等の法的な責任を加重する方向で制度化されたものであり、特別法定責任として法律構成されている責任の本質は、一般不法行為責任を加重した特殊な不法行為責任として位置づけるのが妥当ではないかと思われる(74)。

また、判例理論によれば、責任の基礎・性質をあいまいにし、理論構成に難点があり、責任を広げすぎる傾向への歯止めが必要であると指摘される点については、実際の裁判例では、結果回避義務違反と予見可能性の観点から、任務懈怠を厳格に判断している。とくに、会社法四二九条の要件が「重過失」に限定されており、軽過失による任務懈怠では責任は発生しない点、および相当因果関係の範囲において責任が制限されることからすれば、それほど不明確と評価する必要もないのではないか。さらに、会社の経営悪化時において、経営立て直しのために事業計画を練り、対応を協議し、一応の資金繰りの目処を立てていた等の事実が認められれば、取引を継続したことにつき通常の企業経営者の立場からみて明らかに不合理なものとはいえないとして、いわゆる経営判断の尊重という観点から任務懈怠が否定された例もあり[75]、現在の裁判実務を前提にすれば、特殊な不法行為責任の一種として法的性質を位置づけることができるのであれば、このような危惧はそれほど考慮するに値しないものと思われる。

また、このように考えれば、直接損害と間接損害の区別は、主張方法による相違にすぎず、将来的には、不法行為の成立要件としての過失判断における結果回避義務違反と予見可能性が認められるか、被侵害利益の種類・性質と侵害行為の態様とを相関関係的に衡量して違法性を判断し得るかといった問題に帰着する要素として位置づけられるにすぎない。

会社法四二九条につき、不法行為責任の成立または賠償範囲に関する難しい議論や立証、とくに予見可能性に関する困難な立証を行わなくても、前記最高裁大法廷判決以降蓄積されてきた同条一項に関する判例に基づき、第三者が役員の責任を追及できるようにしている点に意義があると評価される[76]。実際には、一般不法行為責任に関する判例理論と同時並行的に同条に関する判例の蓄積が見られることから、両者の主張・立証に関する具体的な相違点がどれほど存在するのか、また、本条が一般不法行為責任と比べてどの程度に第三者保護として機能しているのかを検証する必要があり、今後の課題としたい。

(74) 山本・前掲注(7)二一六頁も同旨と見受けられる。また、南保勝美「取締役の第三者に対する会社法上の責任をめぐる解釈問題」永井和之＝中島弘雅＝南保勝美編『会社法学の省察』二六七頁〜二六八頁（中央経済社・二〇一二年）も、基本的には不法行為責任として構成すべきであり、特殊不法行為責任説の見解がもっとも難点が少ないとされるものの、同条の適用を間接損害に限定し、直接損害は民法上の不法行為責任で処理すべきとされる。
(75) 東京地判平成四年六月二九日判タ八一五号二一一頁。
(76) 岩原編・前掲注(3)三四六頁〔吉原〕。

譲渡制限株式の価格決定に関する一考察

――広島地決平成二一年四月二二日金判一三三〇号四九頁および東京地決平成二六年九月二六日金判一四六三号四四頁を素材として――

松嶋隆弘

一　はじめに

1　問題の所在

(1)　本稿は、譲渡制限株式の価格決定に関する、近時の二つの決定例（広島地決平成二一年四月二二日金判一三三〇号四九頁（以下、「決定1」という）および東京地決平成二六年九月二六日金判一四六三号四四頁（以下、「決定2」という））を素材として、裁判所の判断の主要な傾向を指摘・整理し、若干の問題点を指摘しようとするものである。

近時の会社法に関する公刊裁判例の多くは、いわゆるキャッシュ・アウトの事案であり、その多くは、価格決定の申立て（会社法一七二条）における「価格」を争点とし、株式価値算定方法が争われることが多い。近時は、募集株式の有利発行の場面においても、かかる算定方式の是非が争点となるに至っている。(1)

(2) ただ、会社法学において、株式の価値の評価は、もともと、「市場」を前提としない「譲渡制限株式」、より正確には、「取引相場がない株式」（非上場株式でかつ取扱有価証券（金商法六七条の一八第四号）でもない株式のこと）をどう評価するかという問題からはじまったものである。(2) そして、譲渡制限株式の価格決定に関する裁判所の判断をみると、財産評価通達に依拠するかつての立場が一新され、キャッシュ・アウトの事案と同様に、種々の算定式が用いられることが多い。加えて、近時では、当事者が提出する私的鑑定書のみに依拠するのではなく、より積極的に、職権による鑑定が用いられる例が多い。

(3) そこで、今回、本論文集に寄稿の機会を与えられたことを契機に、温故知新というわけではないが、キャッシュ・アウトにおける株式の価格算定の議論が華やかな今日において、あえて、譲渡制限株式の価格決定を考えてみることにした。そして、①決定例を事案に即しつつ検討してみると、算定方法に関する当事者の主張に着目することで、より「事案のスジ」がみえるようになることに気がついた。(3) ②加えて、それらの算定式のよって立つ根拠をさらに立ち入って検討すると、（市場を前提としない）譲渡制限株式の価格決定に際し用いられる算定式が、市場を前提としたものなのではないかということに思い至った。

2 検討の手順

(1) 本稿では、以上に述べたことを、おびただしい決定例の中から、前記の「決定1」および「決定2」を素材として選び、検討することにした。数を限定したのは、「事案に即して」考えるための便宜にすぎない。検討の手順であるが、まず、前提知識として、譲渡制限株式における株価の算定方法に関する一般的議論を紹介し、各算定方式がいかにして導かれるのか、それらは相互にどのような関係になっているのかにつき、整理する。

その上で、前記の決定1および決定2を取り上げ、事案に則し、検討する。

まず取り上げる「決定1」は、後記二で紹介するゴードン・モデルを採用したケースとしてよく引用されるものである。本決定を取り上げたのは、そのこともさることながら、両当事者から私的鑑定書が提出された場合における裁判所の「見方」をよく示していると思われるからである。

ついで、「決定2」を取り上げたのは、⑴「決定1」で排斥された純資産方式が、「決定2」では採用されていること、⑵「決定2」では、私的鑑定書に加え、裁判所が、より積極的に、職権で鑑定に付した上で、その鑑定結果を基に判断をしていること、の二点において、対照的であると思われるからである。

その上で、二で述べた株式算定方法に関する議論と前記の決定例における議論がどのようにかみ合っているか（またはかみ合っていないか）について、検討を行い、若干の私見を述べることにしたい。

（1）　最判平成二七年二月一九日民集六九巻一号五一頁は、新株発行における発行価額が「特ニ有利ナル発行価額」（平成一七年改正前商法二八〇条ノ二第二項、現会社法一九九条三項）に当たるのに、取締役がその理由の開示を怠ったから、会社に対し責任（平成一七年改正前商法二六六条一項五号、現会社法四二三条一項）を負うとして、株主が代表訴訟を提起したという事案において、次のとおり判示した。

「非上場会社の株価の算定については、簿価純資産法、時価純資産法、配当還元法、収益還元法、ＤＣＦ法、類似会社比準法など様々な評価手法が存在しているのであって、どのような場合にどの評価手法を用いるべきかについて明確な判断基準が確立されているというわけではない。また、個々の評価手法においても、将来の収益、フリーキャッシュフロー等の予測値や、還元率、割引率等の数値、類似会社の範囲など、ある程度の幅のある判断要素が含まれていることが少なくない。株価の算定に関する上記のような状況に鑑みると、取締役会が、新株発行当時、客観的資料に基づく一応合理的な算定方法によって発行価額を決定していたにもかかわらず、裁判所が、事後的に、他の評価手法を用いたり、異なる予測値等を採用したりするなどして、改めて株価の算定を行った上、その算定結果と現実の発行価額とを比較して「特ニ有利ナル発行価額」に当たるか否かを判断するのは、取締役らの予測可能性を害することともなり、相当ではないというべきである。

したがって、非上場会社が株主以外の者に新株を発行するに際し、客観的資料に基づく一応合理的な算定方法によって発行価額が決定されていたといえる場合には、その発行価額は、特別の事情のない限り、「特ニ有利ナル発行価額」には当たらないと解するのが相当である。」

前掲最判平成二七年二月一九日は、一見本則である配当還元法を採用しているが、①配当が一五〇円であること、②従前から一、五〇〇円で役員が株式を買い受けていることからすると、一、五〇〇円という金額が先にあった事案であり、配当還元法の採用は、かかる数字を出すための口実ではなかったかと思われる事案である。

加えて、本件の新株発行は企業再建のためのファイナンスとしてなされたものであり、本件新株発行により、Zが再建されたものの、その後で株主（X）が、差額（と称する）部分を代表訴訟により請求している事案であると理解される。

そうだとすると、むしろ裁判所の判断は、新株発行の場面における経営判断の原則を採用したものと見るべきであり（限られた時間、リソースの中で、企業再建を図る取締役の経営の判断）、本件は、株式評価に関する先例（配当還元方式を採用したもの）として位置づけるべきではあるまい。

（2） 用語の整理の問題だが、本稿では、特段の説明がない限り、「譲渡制限株式」を「取引相場がない株式」を指すものとして論じる。

（3） 株式の価格が直接問題となる事案に限らず、当事者の主張中、算定式に着目することで、より「事案のスジ」を把握することが容易になるのではないかと（したがって、判例評釈の精度が増す）考えている。

なお、「決定2」の評釈として、松嶋隆弘・判批・税務事例四八巻三号四九頁。

二　譲渡制限株式における株価の算定方法

1　問題の所在

まず、議論の出発点として、譲渡制限株式における株式の評価についての議論を整理しておきたい。譲渡制限株式については、その性質上「市場価格」はありえないものの、株式が当該会社の企業価値を体現している以上、その価格を観念することができる。会社法は、いくつかの場面において、株式の評価を非訟事件として想定しており(4)、譲渡制限株式の売買価格の決定（会社法一四四条三項）もその一つである。同項は、裁判所が譲渡制限株式の売買価格を決定するにあたっては、「譲渡等承認請求の時における株式会社の資産状況その他一切の事情」を考慮すべきものと規定する(5)。ただ、どのように考慮すべきかにつき、会社法は何も語らず、解釈に委ねられている。

2　財産評価基本通達への依拠から、企業価値の算定へ

かつての裁判例は、財産評価基本通達（昭和三九年四月二五日）（直資五六・直審（資）一七）における「取引相場のない株式」の定め（同通達一七八以下）に従い算出した価格に依拠する傾向が強く(6)、かかる実務の傾向を是認する学説も有力であった(7)。今日においても、譲渡制限株式の評価は、もっぱら税務の問題であるとみる向きも強いようである。この立場は、財産評価基本通達の基準としての「画一性」を利点とみて「転用」するものといえる。

「画一的な基準」がないところにも基準を求めてしまう「ルールへの憧憬」は、もちろん、「現場の悩み」として理解できるし、時としてそれを必要とする社会的背景もありうる(8)。しかし、あえて「非訟」とされている場面に「画一性」を求めるのは制度の本質に悖《もと》るし、またそもそも課税関係から法律関係を導くのは本末転倒である。ストック・オプ

ションにみられるように、(9) オプション概念を会社法が受け入れた今日において、財産評価基本通達に依拠する立場は、もはや過去のものとなったとみてよい。M&Aの場面において、デュー・ディリジェンスを行い、企業価値を算定することが通常になった今日、企業の支配権の裏付けである株式の算定も、それと同様の手法によりなされるのが、裁判例・実務の主要な傾向になっている。(10)

3　譲渡制限株式における株価の算定方式の概観

さて、そこでM&A実務において譲渡制限株式につき、どのような方法が採られているかにつきみてみるに、これらは、(1)資産価値法、(2)（資本）還元法（インカム・アプローチ）、(3)比準法に大別することができる。(11) このうち、(1)は、会社の有する様々な財産の価値の合計額を会社の価値と考えるものであり、純資産方式が、これに属する。

他方、(2)は、財産でなく、会社（または株式）が毎年算出する「価値」に着目するものである。すなわち、「価値」が将来にわたって一定期間算出され続けるとの「仮定」の下、かかる「価値」を、リスクを勘案した割引率（r：株式についての一般的な市場金利）で除し、(12) 現在価値に「還元」する方式である。(2)は、より細かくは、(i)収益還元法（かかる価値を「税引後利益」とみる方式）、(ii)配当還元法（「一株あたりの毎年の配当額」とみる方式）、(iii)DCF還元法（毎年のキャッシュ・フローとみる方式：DCF方式）に分けることができる（この点については、4で後述）。

そして、(3)は、類似の業種（類似業種比準法）、会社（類似会社比準法）を基準として、個別のファクターを比較して得た金額を評価価値とするものである。

以上のうち、(1)は、事業継続を前提としない場合には適するが、事業継続を前提とする場合には、不動産の帳簿価額が会社資産の中で大きな割合を占めるケース等、適用範囲に限定されるといわれている。(13) 他方、(3)は、税実務においては広く用いられているものの（前記財産評価基本通達）、もともと便宜的なものといえる。

4　資本還元法（インカム・アプローチ）における相互の関係

(1)　一般的な還元法の仕組み

資本還元法（インカム・アプローチ）の中の各方式（収益還元法、配当還元法、ＤＣＦ還元法）の相互の関係についてもみておこう。まず、前提として、一般的な還元法の仕組みについて説明する。PVを現在価値、Cをキャッシュ・フロー、rを割引率とすると、還元法は、次の式として書きあらわすことができる。[14]

$$PV=\frac{C}{1+r}+\frac{C}{(1+r)^2}+\frac{C}{(1+r)^3}+\cdots$$

$\frac{C}{1+r}=a$　$\frac{1}{1+r}=x$ とすると、(1)式 $PV=a(1+x+x^2+x^3\cdots)$

両辺に x をかけると、(2)式 $PVx=ax+ax^2+ax^3\cdots=a(x+x^2+x^3\cdots)$

(1)式から(2)式を引くと、$PV(1-x)=a$ となる。

したがって、aとxに代入すると、$PV\left(1-\frac{1}{1+r}\right)=\frac{C}{1+r}$ となる。

両辺に$(1+r)$をかけると、$PVr=C$なので、整理して $PV=\frac{C}{r}$

(2)　株式の場合1：配当とキャピタルゲインの取扱い

株式の場合、マネーの受け取りには、配当、キャピタルゲインの二つがあり得る。現在の株価をP_0、一年後の期末の期待株価をP_1、一株あたりの期待配当をDIV_1とすると次のとおりとなる。[15]

$$P_0=\frac{DIV_1+P_1-P_0}{r}\quad 整理して、\quad r=\frac{DIV_1+P_1-P_0}{P_0}$$

この場合のr（割引率）は、投資家がこの株式から期待する今後一年間の期待収益率を意味する。そして株価については、次のように整理できる。

$$P_0=\frac{DIV_1+P_1}{1+r}$$

Pを適宜置き換えることにより、好きなだけ将来を予見することができ、最後の期をHとすると、次のとおりとなる。次の式の右辺の左は一年目からH年目までの配当の現在価値の総和を、右はH年における最終株価の現在価値である。

$$P_0=\sum_{t=1}^{H}\frac{DIV_t}{(1+r)^t}+\frac{P_H}{(1+r)^H}$$

Hが無限大に近づくに従って、最終株価の現在価値は0に近づくので、これを0とみなすことができ、次のとおりとなる。

$$P_0=\sum_{t=1}^{\infty}\frac{DIV_t}{(1+r)^t}$$

このことは、株式評価にあたり、配当還元法の正統性を示すものである。

(3) 株式の場合2：ゴードン・モデル方式

配当還元方式のうち著名なのは、ゴードン・モデル方式である。後に紹介する裁判例にも出てくるので、ここで説明しておこう。ゴードン・モデル方式とは、企業が獲得した利益のうち配当に回されなかった内部留保額は再投資によって将来利益を生み、配当の増加を期待できるものとして評価する方法である。

ここでコストの上昇率を g とすると、(2)の式は、次のように書き直せる（ちなみに PV_0 は、現時点での価値、C_1 は一年後のキャッシュ・フロー[16]）。

$$PV_0=\frac{DIV_1}{1+r}+\frac{DIV_2}{(1+r)^2}+\frac{DIV_3}{(1+r)^3}+\cdots$$

$$=\frac{DIV_1}{1+r}+\frac{DIV_1(1+g)}{(1+r)^2}+\frac{DIV_1(1+g)^2}{(1+r)^3}+\cdots$$

$$PV_0=DIV_1\sum_{n=1}^{\infty}\left(\frac{(1+g)^{n-1}}{(1+r)^n}\right)$$

$\dfrac{DIV_1}{1+r}=a$　$\dfrac{1+g}{1+r}=x$ とすると、(1)式 $PV_0=a(1+x+x^2+x^3\cdots)$

両辺に x をかけると、(2)式 $PV_0x=ax+ax^2+ax^3\cdots=a(x+x^2+x^3\cdots)$

(1)式から(2)式を引くと、$PV_0(1-x)=a$ となる。

したがって、a と x に代入すると、$PV_0\left(1-\dfrac{1+g}{1+r}\right)=\dfrac{DIV_1}{1+r}$ となる。

両辺に $(1+r)$ をかけると、$PV_0(r-g)=DIV_1$ なので、整理して $PV_0=\dfrac{DIV_1}{r-g}$

ただし、分母の性質上、$r>g$ が条件となる。g が r に近づくにつれ、PV は無限大に近づく。そして成長が本当に

永遠なら、明らかに$r>g$でなければならないのである。(17)

ゴードン・モデル方式によれば、gが増加するか、現在のDIV_1が増加するか、もしくはrが減少すれば、PV_0は増加する。(18)

ちなみに、この公式を用いて、DIV_1 PV_0 gからrの推定値を求めることもできる（期待収益率r（割引率）は、配当利回り＋配当の期待成長率に等しい）。(19)

$$r=\frac{DIV_1}{PV_0}+g$$

(4)　ＤＣＦ法と収益還元法の関係について

前記のとおり、各還元法間の違いは、要は分子として何をとるかの違いにすぎない。そして、（少なくとも理論上は）配当還元方式が本則であることは述べた。ここでもう一点、ＤＣＦ法と収益還元法の関係について一言しておきたい。前者は、キャッシュ・フローの予測計算に基づくものであるのに対し、後者は、そうではなく、過去の「収益」に着目するという点で、より便宜的である。この点は、「事案のスジ」に微妙に影響すると思われるので、後に裁判例に則して検討する。

(5)　rの算定について

最後に、割引率rをどのように算定するかにつき述べておく。(4)までは分子の問題であったのに対し、これは分母の問題である。

リスク商品である株式については、割引率rをどのように算定するかが問題である。この点については様々な考え方があるところ、有力な考え方である資本資産価格モデル（Capital Asset Pricing Model：CAPM）によると、競争的な市場においては、期待リスクプレミアム（$r-r_f$）は、証券のベータ（β：証券の市場の動きに対する感応度）[20]に直接的に比例する[21]。

$$r-r_f=\beta(r_m-r_f)$$

問題は、ベータ値の算定である。統計学的には、株式iのベータは、次のように定義される（分子は、その株式の収益率と市場の収益率との共分散、分母は市場の収益率の分散）[22]。

$$\beta_i=\frac{\sigma_{im}}{\sigma_m^2}$$

ただ、実際には、ベータ値は金融分野ではよく知られた概念であるため、様々な金融機関が株のベータ値の推定を行っており、それらを利用可能である[23]。

（4）反対株主の株式買取請求権行使に基づく買取価格の決定（会社法一一七条等）、全部取得条項付種類株式の取得価格の決定（会社法一七二条）等。

（5）これを受けた非訟事件手続法は、職権証拠調べができる旨規定している（同法四九条一項）。

（6）名古屋高決昭和五四年一〇月四日判時九四九号一二一頁、東京高決昭和五九年一〇月三〇日判時一一三六号一四一頁等。

（7）浜田道代「株式の評価」北沢正啓先生還暦記念『現代株式会社法の課題』四五一頁（有斐閣・一九八六年）。

（8）たとえば、交通事故損害賠償の定型化等。

（9）会社法上、ストック・オプション（取締役の職務執行の対価として新株予約権が付与される場合：会社法施行規則一一四条一項）は、報酬等のうち額が確定しているもの（会社法三六一条一項一号）で、かつ金銭でないもの（会社法三六一条一項三号）として取り扱われる。これは、当該新株予約権の「将来得られる行使益」を除き、「オプション」としての価格（当該新株予約権の付与日現在における公正な評価額）のみが報酬等に該当すると把握する結果である。たとえば、新株予約権のオプションとしての価格が一〇〇万円である場合、当該取締役に当該新株予約権を付与するのは、当該取締役に金銭で一〇〇万円の報酬を支払った上、右金銭を払い込ませて、当該新株予約権を割り当てるのに等しいと把握するのである。

(10) 大阪高決平成元年三月二八日判時一三二四号一四〇頁、東京高決平成二〇年四月四日判タ一二八四号二七三頁、東京高決平成二二年五月二四日判時一三四五号一二頁、大阪地決平成二五年一月三一日判時二一八五号一四二頁等。

(11) 柴田和史「非上場株式の評価」浜田道代＝岩原紳作編『会社法の争点』六〇頁（有斐閣・二〇〇九年）、同「配当還元法に関する一考察」江頭憲治郎先生還暦記念『企業法の理論（上）』一九九頁（商事法務・二〇〇七年）。

(12) 割引率について、詳しくは、江頭憲治郎『株式会社法〔第六版〕』一七頁（有斐閣・二〇一五年）。

(13) 逆にいえば、事業継続を前提とする場合において、(1)が使われているということは、当該会社の資産中に不動産が占める割合が高いということがいえるであろう。

(14) これは永久債の価値の求め方と同様である。リチャード・ブリーリー＝スチュワート・マイヤーズ＝フランクリン・アレン（藤井眞理子＝国枝繁樹監訳）『コーポレート・ファイナンス上〔第一〇版〕』五三頁（日経ＢＰ社・二〇一四年）。

(15) ブリーリー＝マイヤーズ＝アレン・前掲注（14）一三二頁。

(16) デービッド・G・ルーエンバーガー（今野浩＝鈴木賢一＝枇々木則雄訳）『金融工学入門〔第二版〕』一六一頁（日本経済新聞出版社・二〇一五年）、ブリーリー＝マイヤーズ＝アレン・前掲注（14）六三頁・一三八頁。

(17) ブリーリー＝マイヤーズ＝アレン・前掲注（14）一三八頁。

(18) ルーエンバーガー・前掲注（16）一六一頁。

(19) ブリーリー＝マイヤーズ＝アレン・前掲注（14）一三八頁。

(20) ベータについては、ブリーリー＝マイヤーズ＝アレン・前掲注（14）二八六頁。

(21)　ブリーリー＝マイヤーズ＝アレン・前掲注(14)三一三頁。
(22)　ブリーリー＝マイヤーズ＝アレン・前掲注(14)二九〇頁。
(23)　ルーエンバーガー・前掲注(16)二三二頁。

三　「決定1」および「決定2」の紹介

1　「決定1」：ゴードン・モデルの使用例

(1)　事実の概要

Mは、主に、競技用ボール、スポーツ用品および造船、製鉄、ポンプ業界向け工業用ゴム製品の製造および販売を行う、非上場の非公開株式会社である（資本金の額一億二、〇〇〇万円、発行済株式総数二四〇万株、総資産約一二〇億円、売上高約六〇億円）。Mの代表取締役はX_1である。

Nらは、いずれもAが代表取締役を務め実質的に支配している会社である。Nらが保有するMの株式数の合計は、三八万一、二二〇株であり、Mの発行済株式総数二四〇万株の一五・八八パーセント、議決権ベースでは二六・一七パーセントとなる。

Aは、Mの代表取締役であったが、取締役会の承認決議を経ることなく、Mから六、〇〇〇万円もの多額の金銭を借り受ける自己取引を行うなどの行為をしたことを理由として、同月二九日の取締役会において、代表取締役から解職され、その後、定時株主総会において取締役からも解任された。

Nらは、AらからMの株式を譲り受けた上で、譲渡承認請求を求めたところ、Mは、譲渡を承認しない旨の決定を行い、一株当たり三、一一一円でM、X_1が買い取る旨を通知した。

【双方主張に係る計算方式】

	Mの主張（本件決定が採用）	Nの主張
DCF方式	2,339円	5,481〜6,097円
ゴードン・モデルの併用	411円	—
純資産方式	—	4,052円
両方式の加重平均	1,375円	4,921円

【DCF方式による評価額】

	Mの主張（本件決定が採用）	Nの主張
永久成長率	0％	0％
割引率＝市場リスクプレミアム	8.0％	4.0％
割引率＝負債コスト	17.8％	0.796％
割引率（小括）	4.7〜6.0％	2.63〜3.37％
非流動性ディスカウント	肯定	否定
DCF方式による評価額	2,339円	5,481〜6,097円

Mら（MおよびX1）およびNらは，それぞれ会社法一四四条二項に基づき，株式の売買価格の決定を求める申立てをした。その際，株式の評価方法として，Nらは，DCF方式と純資産方式の併用を，Mらは，DCF方式とゴードン・モデル方式との併用をそれぞれ主張した。

(2) 決定要旨

① 総　論

「Mが相応の規模を有する企業であって，容易に清算することができない継続企業であることは，……明らかであり，……Mの継続企業としての価値を評価するについて，いかなる評価方法が適切であるかについて，後に検討することとする。」

② DCF方式の概要とその採用

「①収益方式（インカム・アプローチ）は，評価対象会社から将来期待することができる経済的利益を当該利益の変動リスク等を反映した割引率により現在価値に割り引き，株主等価値を算定する方式であること、②収益方式の代表的手法として、ディスカウンテッド・キャッシュ・フロー方式（以下「DCF方式」という。）があること、③DCF方式は、将来のフリー・キャッシュ・フロー（＝企業の事業活動によって得られた収入から事業活動維持のために必要な投資を差し引いた金額）を見積り、年次ごとに割引率を用いて求めた現在価値の総和を求め、当該現在価値に事業外資産を加算したうえで企業価値を算出し、負債の時価を減算して株式等価値を算出して株主が将来得られると期待できる利益（リターン）を算定する方法である。」

「本件において、継続企業としての価値の評価に相応しい評価方法は、収益方式の代表的手法であるDCF方式ということができ、Mの株式価格の評価に当たっては、DCF方式を採用することが考えられる」

③　配当還元方式の一方式であるゴードン・モデル方式（Mらが併用を主張）

「配当還元方式とは、将来給付が予測される利益配当額を現在の価値に引き直して株式価値を算定する方法であり……、同方式の中には、①当該企業で実際に行われている配当金額を用いる方法（実際配当還元法）、②経営者の配当政策により配当額が左右されないよう一般に妥当とされる配当額を用いる方法（標準配当還元法）、③企業が獲得した利益のうち配当に回されなかった内部留保額は再投資によって将来利益を生み、配当の増加を期待できるものとして評価する方法（ゴードン・モデル方式）などがある。そして、配当還元方式は、いずれの方式も企業のフローとしての配当に着目して企業の価値及び株式を評価する方式であって、継続企業の価値を評価する方法の一つであるとされており、殊に③ゴードン・モデル方式は、上記①②の方式に比較し、収益の内部留保による将来の配当の増加をも計算の基礎に加える点で、より優れているものと評価されている。」

④　純資産方式（Nらが併用を主張）

「①ネットアセット・アプローチ（コスト・アプローチ）は、主として評価対象会社の純資産に着目して価値を評価する方法であること、②その評価手法として、簿価純資産法（会計上の純資産額に基づいて一株当たり純資産の額を計算する方法）及び時価純資産法（修正簿価純資産法。評価対象会社の貸借対照表の資産負債を時価で評価し直して純資産額を算出し、一株当たりの時価純資産額をもって株主価値とする方法）があること、③いずれの方式も、企業の有する資産から負債の額を控除した株主の持分としての純資産に着目して企業価値及び株価を評価する静的価値に着目した評価方法であること……が認められる。」

⑤　純資産方式の排斥とゴードン・モデル方式の併用

「Mの株式を算定するに当たっては、Mの継続企業としての価値を算定する観点から判断する必要があるところ、……純資産方式については、一時点の純資産に基づいた価値評価を前提とするため、判断将来の収益能力又は市場での取引環境の反映は難しく、企業の有する将来の収益獲得能力を適正に評価し切れず、事業継続を前提とする会社において、その企業価値を評価する方法ではないと解されることから、……採用するのは相当ではない。」

「本件評価方法において、ＤＣＦ方式又はゴードン・モデル方式によって算定することについては、一応相当であると解される。」

⑥　併用割合の検討

「株式価格の評価に当たって、総合評価とするか、その場合における折衷割合をどのようにするかについて定まった方法は確立されていないところであり、結局は、事案に応じて取捨選択するほかないものの、株式の売買を相対で行う場合には、通常は、いずれか一方の交渉力が他方を上回るのが一般的であるが、本件は、会社法の規定により株式の買取価格を決定するものであるから、双方対等の立場で評価すべきものであると解される。」

「売り手の立場からすれば、株式の売買は株主の投資回収の方法であり、主として経済的利益の補償という観点からその算定方式を考慮すべきであるところ、……最も合理的な評価方式は、配当還元方式によることとなる。」

「買い手の立場からは、本件株式の買い手はＭ自身……であり、配当を期待するものではないから、……継続企業の動的価値を現す最も理論的な方法であるＤＣＦ方式によらざるを得ないものと解される。」

「売主の立場と買主の立場を総合的に勘案するためには、売主と買主を双方対等の立場にあることを前提として、売主の立場からの相当な評価方式と買主の立場からの評価方式を一対一で評価価格に反映させるのが相当である。そうすると、本件では、ＤＣＦ方式とゴードン・モデル方式を一：一で折衷する方式をとるべきこととなる。」

⑦　売買価格の算定

「Ｍ算定書の算定過程は合理的であるといえ、これに基づいて算定されたＤＣＦ方式に基づく評価、すなわち本件株式の一株当たり二、〇三八円～二、六四〇円（平均額二、三三九円）との評価は相当である。」

「Ｍ算定書において、本件株式につきゴードン・モデル方式に従って三七六円～四四七円（平均額四一一円）と算定した過程は、……特段、不合理な点は見出せない。」

「Ｍ算定書に基づく本件株式の評価は相当であるから、結局、本件株式の一株当たりの売買価格としては、一、三七五円となる。」

2　「決定2」

(1)　事実の概要

Ａ（東京都観光汽船）は、明治三一年九月二四日に設立され、旅客運送業、貸船営業等を目的とする株式会社であり、その定款には、発行するすべての株式の譲渡による取得について、取締役会の承認を要する旨の定めがある。

X_1およびX_2（昭和六一年三月一三日に設立され、有価証券の売買等を目的とする株式会社）は、いずれも、Ａの株主であり、その保有株式は、いずれも普通株式一五万株である。

Ｘらは、Ａに対し、平成二四年一月二二日、それぞれが有するＡの普通株式一五万株（本件株式）について、Ｂ（上海全人管理諮詢有限公司）への譲渡を承認すること、およびその承認が得られない場合にはAまたはその指定買取人が前記株式を買い取ることを求めた（本件譲渡承認請求時）。

Aは、Xらに対し、平成二四年二月一日、本件株式について上海全人管理諮有限公司への譲渡を承認しない旨および本件株式の全部を買い取る者としてY（平成二二年二月八日に設立され、産業用製品の市場拡大に貢献することを目的とする一般社団法人）を指定する旨をそれぞれ通知した。

Yは、平成二四年二月三日、Yを供託者とし、Xらそれぞれを被供託者として、本件株式について、Aの平成二四年一月三一日現在の貸借対照表に基づく基準純資産額一三億二、三八八万七三三三円を一一二万九、〇〇〇株（Aの自己株式を除く発行済株式総数）で除した一株当たりの額に、一五万を乗じた額として一億六、一五八万三〇〇円（なお、正確には一億六、一五八万二三六円である）を、それぞれ東京法務局に供託し、同月七日、当該供託を証する書面をXらそれぞれに交付した。

Xらは、平成二四年二月二一日、当裁判所に対し、本件株式の売買価格の決定を申し立て（第一事件）、Yは、同月二三日、当裁判所に対し、本件株式の売買価格の決定を申し立てた（第二事件）。

(2) 決定要旨

「会社法一四四条三項は、売買価格の決定をするには、裁判所は、「譲渡等承認請求の時における株式会社の資産状態その他の一切の事情を考慮」しなければならないと定めるところ、一般に、非上場会社の株式の価格の評価方法は、本件鑑定の結果からも認められるように、基本的な考え方により、収益方式、純資産方式、比準方式の三つに分類される。」

「収益方式は、会社のフローとしての収益又は利益に着目して、会社の価値及び株価を評価する方式であり、継続企業を評価する際に用いられる。その中には、ア．収益還元法（会社に対する投資利益から会社資本を評価する方法）、イ．ＤＣＦ法（会社の将来獲得するキャッシュ・フローを資本還元率で現在価値に還元して算出する方法）がある。収益方式の一つに分類されるウ．配当還元法は、会社の利益処分のフローとしての配当に着目して会社の価値及び株価を評価する方法である。会社の経営に無関心、あるいは無関係な一般投資株主にとって最も大きな関心事は利益の配当であるから、そのような株主が保有する株式の評価に適切な評価方法である。」

「各評価方式は、株式価値に影響を及ぼしうる事象のうち、会社の収益や純資産といった側面にそれぞれ重点を置くものであり、一つの評価方式の採用は、他の評価方式が重点を置く株式価値に影響を及ぼしうる事情を捨象する面があることから、どの評価方式が対象会社の株式価値の評価方式として適切かは、会社の規模・業種・業態、現在及び将来の収益性、事業継続の有無、配当実績や配当政策、会社支配権の移動の有無、評価の対象となる株式の発行済株式総数に占める割合等、株式評価の基礎となる事情を踏まえて決するのが相当である。」

本決定は、上記の一般論の後、「Ａは、明治三一年に設立された企業であり、……安定した水準の売上高があり、利益を上げていることが明らかであり……Ａの事業継続性について疑義が生じるような事実は認められず、Ａが清算に至るという事態は想定されない」ので、「本件株式の評価にあたっては、継続企業を評価する際に用いられる収益方式を第一次的に採るべきである」としつつも、企業規模や事業リスクに鑑みれば、一定の収益や配当が永続することを前提とする収益方式のみによることは相当ではなく、「収益方式とともに会社の静的価値に着目した評価方法である純資産方式も考慮すべきである。もっとも、上記のとおり、Ａの事業継続性について疑義が生じるような事実は認められないのであるから、継続企業を前提とする再調達時価方式を採るべきである。」と判示する。

その上で、「本来であれば売主と買主の双方の合意あるいは協議により定められるはずの本件株式の売買価格の決定が求められているのであるから、特段の考慮事情がない限りは、売主、買主の双方の立場に立って検討するのが相当で

	X（売主）の主張	Y（買主）の主張	鑑定	裁判所		
				X(売主)	Y(買主)	合計
収益還元方式	○	×	×			
配当還元方式	×	○	○(3)	○(0.6)	-	○(0.3) 162円
DCF方式	×	○	○(3)	○(0.2)	○(0.5)	○(0.35) 845円
純資産方式	(修正簿価純資産方式)		再調達時価純資産方式(2)	○(0.2)	○(0.5)	○(0.35) 997円
価格	1,439円	90円	800円			693円

ある」として、買主、売主につき、それぞれ次のとおり判示する。

「買主であるYの立場からする本件株式の評価方式は、支配株主の保有する株式についての評価方式を適用するのが相当である。そして、一般に、支配株主の保有する株式の価値は会社全体の価値を基礎に評価するのが相当であり、……本件株式の価格は、継続企業としての価値を求める収益方式の一つであるDCF法と、企業の静的価値を求める純資産法を併用し、各方式によって算出された価格を〇・五対〇・五の割合で加重平均して求めた価格とするのが相当である。」

「Xらは、Aの単なる一般株主ともいえず、支配株主と一般株主の中間的な立場に位置する株主と認められる。したがって、売主の立場からする本件株式の評価方式は、一般株主が保有する株式の評価に適切な評価方法である配当還元法とともに、上記買主の立場からする本件株式の評価方式であるDCF法および純資産法を併用すべきであり、各方式によって算出された価格を、配当還元法〇・六、DCF法〇・二、純資産法〇・二の割合で加重平均して求めた価格をもって本件株式の価格とするのが相当である。」

「売主の立場と買主の立場のうち、一方の立場にのみ重点を置くことになれば、相手方を不当に利し、あるいは害することにつながりかねないことから、売主と買主の双方が対等の立場にあることを前提とすべきであり、本件では、売主の立場からの相当な評価方式と買主の立場からの評価方式を一対一で反映させ、ＤＣＦ法〇・三五、純資産法〇・三五、配当還元法〇・三の割合で加重平均して求めた価格をもって本件株式の価格とするのが相当である。」

四　「決定1」および「決定2」の検討

1　「決定1」の検討

(1)　「決定1」において裁判所は、還元法のうちで、ＤＣＦ方式をメインとしつつ、配当還元方式の一つである「ゴードン・モデル方式」を併用し、両者を「一対一」の比率で折衷し、売買価格とした。ここで押さえておくべきは、裁判所自身が積極的にいずれかの方式を選択し、その折衷を行い、自ら売買価格を計算したのではなく、かかる選択・折衷を行った一方当事者の主張を是認したにすぎないということである。[24] その意味で、ＤＣＦ方式にせよ、ゴードン・モデル方式にせよ、「決定1」において、裁判所が「特定の算定式」について述べた部分に、過度に規範的意味を読み込むべきではあるまい。

(2)　むしろ、「一応相当である」と判断するに至ったポイントがどこかを押さえておくことが肝要である。この点につきみてみるに、裁判所は、Ｍ算定書におけるＤＣＦ方式の算定を是認するにあたり、Ｍ算定書の算定過程を重視している。すなわち、算定書から個々のファクター（前記表参照）を抽出し、それがＭという企業の現状に照らし「一応相当である」のか否かを検証している。「継続企業」「非公開会社」というＭに照らす限り、純資産方式を採れないこと、ＤＣＦ方式を採るにあたり「非流動性ディスカウント」を行うべきことは明らかであるとして、Ｎ算定書が排斥される。その結果、Ｍ算定書が残り、そこで「一対一」で折衷される「ゴードン・モデル方式」も、「特段、不合理な点は見出せない」かぎり、是認されることになる。

時間も裁判所の職権調査能力も限られる現状において、売買価格の算定は、両当事者から提出される「私的鑑定書」に依拠することが依然として多いものと思われる。本決定は、あくまでも事例判断であるにすぎないが、裁判所の判断過程を比較的明らかにするものとして、実務的意義がある事例であるといえよう。

(3) なお、本稿では、M算定書を算用する根拠として、「非流動性ディスカウント」を行っていることがあげられているが、近時、最決平成二七年三月二六日民集六九巻二号三六五頁は、反対株主の株式買取請求権（会社法七八六条二項）に関する事案において、非上場会社において会社法七八五条一項に基づく株式買取請求がされ、裁判所が収益還元法を用いて株式の買取価格を決定する場合に、非流動性ディスカウントを行うことはできないと解するのが相当である旨判示した(25)。このことから、非流動性ディスカウントの考慮を否定する前掲最決平成二七年三月二六日の判示の射程距離が、譲渡制限株式の株価決定にまで及ぶかが一応問題となりうる。

ただ、前掲最決平成二七年三月二六日は、あくまでも反対株主の株式買取請求権が行使された場合における株式価格の算定の場合において、当該事案との関係で、考慮を否定したにすぎず(26)、本稿で検討する場面にまで、その射程が及ぶものではないと解したい。

(4) もう一点、「一対一」で折衷する点についても、付言しておきたい。本件のような「足して二で割る」折衷は、「スワリのよさ」を求める裁判所らしい判断ともいえるが、他面、両方式の欠点を併せ増幅するという弊害も伴う。この点を意識してか、本決定では、「売り手からは配当還元方式、買い手からはDCF方式」というロジックで、折衷的判断を補強する。ただ、当事者ごとに別の価格があるかのような記述は、「一物一価の原則」に抵触しないのであろうか。むしろ、個々の方式に必然的に伴う判断のブレや誤差を是正するための措置として是認されたものと理解しておきたい。

2　「決定2」の検討

(1)　裁判所の立場の定式化

前記のとおり、「決定1」は、「決定2」と異なり、裁判所が、事案の性質に鑑み、積極的に特定の方式を採用している点が異なる。ここで、本件における裁判所の立場を定式化すれば、次のとおりである。

①	売主、買主の双方の立場それぞれにつき、株式価格を算定
②	前記算定にあたっては、当該株式が「支配株式」か否かが重視される。
③	売主の立場からの相当な評価方式と買主の立場からの評価方式を一対一で採用

このような考え方が、一物一価の原則との関係で問題でありうることについては、前記のとおりである。

(2)　「決定2」における「事案のスジ」

「決定2」において、裁判所は、「Aの事業継続性について疑義が生じるような事実」として収益方式の中で、DCF方式を採用する。この点、当事者の主張を見ると、Y（買主）は、DCF方式の採用を主張しているが、X（売主）は、収益方式としては、収益還元方式を主張する。前記のごとく、両方式は、分子をキャッシュ・フローとするか、過去の収益である「税引後利益」とみるかの違いにすぎない。ただ、このことと、純資産方式に関する両当事者の主張（X（売主）は併用を主張するが、Y（買主）はしていない）、最終的な価格の違い（X（売主）によると一、四三九円であるのに対し、Y（買主）によると九〇円）とを考え合わせると、「事案のスジ」として見えてくるものがあるように思われる。すなわち、Y（買主）サイドが、Aの事業の継続性につき、よりポジティヴに捉えているのに対し、X（売主）サイドは、当該事業の継続性についてネガティヴに考えており（収益は過去において出ているが、キャッシュ・フローの予測計算ができるほど安定的なものではない）、そのことを踏まえ、A事業の「実質的清算」ともいうべき、解体価値の分配を求めている（＝純資産方式）。おそらく、Aは相当程度の不動産を保有していると推測される。

3　考察——譲渡制限株式の算定方式の主張が実務上意味するもの——

以上の検討を踏まえ、譲渡制限株式の算定方式の主張が実務上意味することについて検討したい。算定方法に関する当事者の主張に着目することで、より「事案のスジ」がみえるようになるということであり、ポイントは、次の三点である。

①　第一に、配当還元方式は、二で述べたとおり、「理論上」は、本則ともいえる手法であるが、実務上は、必ずしも「使い勝手」がよいものではない。「決定1」では、配当還元方式の一種であるゴードン・モデル方式が採用されているものの、それは前記のごとく、ゴードン・モデル方式（の併用）を主張する一方当事者の意見書を是認したにすぎない。また「決定2」でも配当還元方式が採用されているものの、「DCF法〇・三五、純資産法〇・三五、配当還元法〇・三の割合」とされており、その割合は、他の方式よりも低く、「補完的」といってもよい程度である。多くは中小企業であろう譲渡制限株式会社の場合、内部留保のため配当を抑制したり、業績次第で配当が安定しなかったりと、配当は必ずしも指標として適切なものとはいえず、それよりは、DCF法式などの方が手堅いということであろう。

②　第二に、「決定2」における収益還元方式かDCF方式かの議論から分かるとおり、両者を対比し、収益還元方式を是とするということは、将来のキャッシュ・フローよりも過去の収益である「税引後利益」を基準とすることが望ましいということを意味し、それ自体、当該対象企業の「将来性」に対し、ネガティヴな評価となっているということである。

③　第三に、純資産方式を是とする主張からうかがわれる事情についても述べておきたい。「決定1」において純資産方式の併用を主張する、Nらは、自己取引等を理由に解職・解任されたAからMの株式を譲り受けた者であり、AとNらの一体性（Aは、Nらの代表取締役を務め、Nらを実質的に支配している）に鑑みれば、要は、解任された取締役が、株式の高値買取り（それはひいては、Mの実質的な解体を意味しうる）を迫るものといってよい。

他方、「決定2」においても、前記のとおり、純資産方式の採用は、A事業の「実質的清算」を意味し、かかる方式を主張すること自体、解体価値の分配を求めているに等しい。

両事例からうかがわれるのは、いずれにおいても、当該対象会社は、分配を主張されるだけの解体価値、すなわち不動産などの資産を保有しているということである。

(24)　もちろん非訟事件であるから、裁判所が、当事者の主張に拘束されずに積極的に価格を算定してもよいのだが、リソースの制約を考える必要もある。

(25)　関連判示部分は次のとおりである。

「会社法七八六条二項に基づき株式の価格の決定の申立てを受けた裁判所は、吸収合併等に反対する株主に対し株式買取請求権が付与された趣旨に従い、その合理的な裁量によって公正な価格を形成すべきものであるところ（最高裁平成二二年(許)第三〇号同二三年四月一九日第三小法廷決定・民集六五巻三号一三一一頁参照）、非上場会社の株式の価格の算定については、様々な評価手法が存在するが、どのような場合にどの評価手法を用いるかについては、裁判所の合理的な裁量に委ねられていると解すべきである。しかしながら、一定の評価手法を合理的であるとして、当該評価手法により株式の価格の算定を行うこととした場合において、その評価手法の内容、性格等からして、考慮することが相当でないと認められる要素を考慮して価格を決定することは許されないというべきである。」

「非流動性ディスカウントは、非上場会社の株式には市場性がなく、上場株式に比べて流動性が低いことを理由として減価をするものであるところ、収益還元法は、当該会社において将来期待される純利益を一定の資本還元率で還元することにより株式の現在の価格を算定するものであって、同評価手法には、類似会社比準法等とは異なり、市場における取引価格との比較という要素は含まれていない。吸収合併等に反対する株主に公正な価格での株式買取請求権が付与された趣旨が、吸収合併等という会社組織の基礎に本質的変更をもたらす行為を株主総会の多数決により可能とする反面、それに反対する株主に会社からの退出の機会を与えるとともに、退出を選択した株主には企業価値を適切に分配するものであることをも念頭に置くと、収益還元法によって算定された株式の価格について、同評価手法に要素として含まれていない市場における取引価格との比較により更に減価を行うことは、相当でないというべきである。」

(26) あくまでも推測だが、前掲最決平成二七年三月二六日の事案は、(譲渡制限株式ゆえ)マーケット・アプローチを用いず、かつ、r算定の際考慮されるベータについても、譲渡制限株式ということが考慮され、その上で、非流動性ディスカウントを行うのは、「非公開」をトリプルカウントするものであり、不当であると判断したものであろうか。

五　小括

以上、譲渡制限株式の価格決定に関し、もっぱら、裁判例を中心とした実務的な考察を行ってきた。最後に、二点、疑問に思う点を指摘しておきたい。

(1) 本稿で素描したとおり、譲渡制限株式における株価の算定に関しては、当初の、税務、とくに財産評価基本通達に依拠する手法から、次第に、コーポレート・ファイナンスの分野で使われている算定方法を用いる手法へと、より精緻化している。

しかし、(純資産方式は別として)還元法を用いる以上、最後は分母である割引率をどう算定するかの問題に帰着し、その算定にあたっては、ＣＡＰＭを用いる限り、証券のベータ値の算定の問題とならざるを得ない。そして、二で述べたベータの意味からして明らかなとおり、それは、「資本市場」を前提としたものでしかあり得ない。すなわち、市場がなく、市場価格を用いることができないという前提から出発したはずの、譲渡制限株式における株価の算定方法に関する議論が、最終的には、「市場」を前提したベータ値の算定の問題に行き着き、議論が堂々巡りになっているように思われてならない。

(2) もう一点、当事者から提出される私的鑑定書に「おんぶにだっこ」の「決定1」に比べ、近時の決定例である「決定2」では、裁判所が職権で鑑定に付しており、非訟事件における裁判所がより積極的役割を果たしつつある流れを看取することができるように思われる。あくまでも私的推測にすぎないが、知財事件における計算鑑定制度（特許法一〇五条ノ二、商標法三九条、意匠法四一条、実用新案法三〇条、不正競争防止法八条、著作権法一一四条ノ四等）の普及が、間接的に影響を及ぼしているのではないかとにらんでいる。ここでは問題の指摘にとどめ、今後、より検討を加えていきたいと考えている。

［追記］
本稿は、科学研究費基盤研究（C）「現代契約条項の法学・言語学的考察～英文契約書との対比を通して～」（課題番号20287569）の研究成果の一部である。

利益供与禁止規定の解釈

松山三和子

一　はじめに

会社法一二〇条一項は、「株式会社は、何人に対しても、株主の権利、当該株式会社に係る適格旧株主（第八四七条の二第九項に規定する適格旧株主をいう。）の権利又は当該株式会社の最終完全親会社等（第八四七条の三第一項に規定する最終完全親会社等をいう。）の株主の権利の行使に関し、財産上の利益の供与（当該株式会社又はその子会社の計算においてするものに限る。以下この条において同じ。）をしてはならない」と規定している。(1)

本規定は、昭和五六年商法改正において、もともとは総会屋の根絶を目的として規定され(2)、上記規定も旧商法二九四条ノ二を引き継いだものである。しかし、総会屋という概念は不明確であり、総会屋に対する利益供与のみを違法とすることは立法技術的に不可能であること(3)、また、実際に株主権を行使させないために金銭を供与するという例が多いので、それらの事例にも利益供与禁止規定を適用することのため、[4]「何人に対しても」、「株主の権利の行使に関し」、「財産上の利益の供与」をすることを禁止するという文言とされた。これらの文言は本規定の適用要件・適用範囲の解釈を難しいものにした。

また、本規定違反の行為の効力は無効と解され、[5]その違反行為に係る責任については、①財産上の利益の供与を受けた者（以下「受供与者」という）は当該株式会社に交付したものと引換えに、供与を受けた利益を当該株式会社またはその子会社に返還義務を負うこと（同条三項）、②利益の供与をした取締役は、供与をした価額に相当する額を当該会社に支払義務を負うこと（無過失責任）（同条四項括弧書）、③利益供与関与者である取締役（指名委員会等設置会社にあっては、執行役を含む）として法務省令で定める者は、供与した価額に相当する額を当該会社に支払義務を負うこと（過失の立証責任は転換されている）（同条四項）とされ、それらの利益供与に関与した取締役等は連帯責任を負い、総株主の同意がなければ免責されないこと（同条五項）[6]が規定されている。このような厳しい責任となっていることも、本規定の適用範囲の解釈にあたっては考慮する必要がある。

なお、利益供与禁止行為については会社法九七〇条において刑事罰も規定されている。利益供与禁止規定は刑事罰の観点からも考慮する必要があるが、刑事罰の構成要件と民事規定の適用要件・適用範囲とは異なるものであると解し得るので、本稿では後者のみを対象とする。

実務では本規定は、利益供与の関与者が総会屋以外の者である場合にも適用されると解されている。本規定の適用範囲を総会屋が関与する利益供与の場合に制限するのであれば、その適用要件の解釈があいまいでも弊害は少ない。しかし、本規定の適用範囲を総会屋が関与しない利益供与の場合にも拡げるのであれば、その適用範囲を合理的に制限する解釈が不可欠である。

本稿では、まず、本規定の立法趣旨（二）とその適用要件（三）に係る判例・裁判例等の考え方を見て、それらの点について私見を述べる。次に、本規定を、総会屋が関与しない利益供与の場合にも適用する立場に立って、本規定の適用範囲を合理的に制限するために、その適用要件を、主観的意図と利益供与について会社の経営上の合理性が認められないことと解するべきこと、および、後者の意味での客観的要件を満たしているか否かの判断基準について検討する（四）。

（1）平成二六年会社法改正において、「当該株式会社に係る適格旧株主の権利又は当該株式会社の最終完全親会社等の株主の権利」の文言が加えられた。同改正により、適格旧株主による責任追及等の訴え（会社法八四七条の二および最終完全親会社等の株主による特定責任追及の訴え（会社法八四七条の三）の各制度が創設されたので、適格旧株主または最終完全親会社等の株主は、当該株式会社の株主でなくとも、当該株式会社の取締役等に対して責任追及等の訴えを提起することができることとなった。これは、当該株式会社の取締役等が、適格旧株主または最終完全親会社等の株主による責任追及等の訴えが提起されないようにするために、当該責任追及等の訴えの提起等に関して、利益の供与をするおそれがあること、また、株式会社が当該責任追及等の訴えの提起等に関して利益の供与をした場合に、当該権利の行使の適正が害されるおそれがあることは、株式会社による責任追及等の訴えの提起に関し、財産上の利益の供与をした場合と同様であるからである（坂本三郎編著『一問一答・平成二六年改正会社法』二一一頁（商事法務・二〇一四年）。

（2）竹内昭夫『改正会社法解説』二二三頁（有斐閣・一九八一年）、稲葉威雄『改正会社法』一八二頁（金融財政事情研究会・一九八二年）、関俊彦「利益供与の禁止―問題提起とその解明（上）」商事九五二号三頁（一九八二年）等。

（3）森本滋「違法な利益供与の範囲」月刊監査役一六七号五頁（一九八二年）。

（4）元木伸『改正商法逐条解説〔改定増補版〕』二〇六頁（商事法務研究会・一九八三年）。

（5）竹内・前掲注（2）二二七頁、関俊彦「利益供与の禁止―問題提起とその解明（中）」商事九五三号五五頁（一九八二年）等。

（6）株式会社に係る適格旧株主がある場合および最終完全親会社等がある場合に、これらの株主の権利の行使に関する利益供与禁止規定違反行為の責任を免除するには、当該株主会社の総株主の同意だけでなく、適格旧株主の全員または最終完全親会社等の総株主の同意を要する（会社法八四七条の二第九項・八四七条の三第一〇項）。

二　立法趣旨

(1)　利益供与禁止規定の立法趣旨について、東京地判平成一九年一二月六日判タ一二五八号六九頁（モリテックス判決[7]）は、「取締役は、会社の所有者たる株主の信任に基づいてその運営にあたる執行機関であるところ、その取締役が、会社の負担において、株主の権利の行使に影響を及ぼす趣旨で利益供与を行うことを許容することは、会社法の基本的な仕組みに反し、会社資産の浪費をもたらすおそれがあるため、これを防止することにある」と判示する。本件判決は、本規定の趣旨を、会社法の基本的な仕組みに反する利益供与の防止と会社資産の浪費の防止であると解する。これに対して、東京高判平成一七年九月一三日資料版商事三二七号七六頁（日本信販判決[8]）は、本規定の趣旨について、「株主の権利行使に影響を与える意図によって行われる会社の財産の支出を防止することにある」と判示する。本件判決は、本規定の趣旨を、会社資産の浪費の防止であると解する。

学説は、①会社財産の浪費の防止と会社運営の健全性を確保の両方にあるとする見解[9]、②会社資産の浪費の防止を強調する見解[10]、③会社運営の健全性を確保することにあると解する見解[11]、④本規定の沿革および刑事罰が規定されていることを考慮して、総会屋に対する利益供与の防止にあるとする見解[12]などに分かれる。

(2)　本規定はもともと総会屋の撲滅のために導入され、取締役等が総会屋に利益の供与をすることを禁止するならばより実効性が上がるという観点から規定されたものである[13]。このために、受供与者は「何人で」あってもよいとされ、受供与者と「株主の権利の行使に関して」の当該株主との同一性も必要とせず、利益供与が会社に損害が生じることも要しないとされ、さらに、違法な利益供与については刑事責任だけでなく、取締役等の関係者に厳格な責任を課すことによって、三重、四重の措置を講じて設計された[14]。また、本規定は、会社が取締役等の経営者に敵対する買収者に対し防戦のために積極的に特定の者に利益を供与して総会屋を作り出すなどの行為も規制の対象に含めて規定された[15]。そうであるとすると、本規定の立法趣旨を、総会屋への利益供与を禁止するためだけにあると解することは狭すぎるし、また、会社財産の浪費防止にあると解することも狭すぎる。本規定の趣旨は、会社財産の浪費防止とともに、会社経営の健全性を確保することにあると解するのが穏当である。

（7）モリテックス判決では、Y社の株主総会の役員選任議案等について、筆頭株主であるXが株主提案権を行使し委任状勧誘を行ったことに対して、Y社が、株主総会の招集通知・議決権行使書面とともに、「『議決権行使』のお願い」の書面等を発送した。この書面には、有効に議決権の行使をした株主一名につきクオカード一枚（五〇〇円分）を贈呈する旨が記載されるとともに、「※各議案に賛成された方も反対された方も、また委任状により議決権を行使された株主様にも同様に贈呈いたします。」等の記載がされていた。このほかに、Y社は、「『議決権行使書』ご返送のお願い」と題する葉書を株主に送付し、そこにも「議決権を行使（委任状による行使を含む）して頂いた株主様には、クオカードを進呈致します」との記載がされるとともに、その下部に「［重要］…本年六月開催の株主総会は、当社の将来にかかわる重要な株主総会となります。是非とも、会社提案にご賛同の上、議決権を行使して頂きたくお願い申しあげます。」との記載がされていた。Y社は、前年の定時株主総会までクオカード等、議決権の行使を条件とした利益の提供は行われておらず、本件の株主総会における議決権行使比率は、例年に比較して三〇％の増加となったという事情があった。また、本件株主総会では、Xが株主から受け取った委任状に係る議決権数を、出席議決権数に含めて、会社提案に反対票として算出すべきであったにもかかわらず、会社提案については出席議決権数に含めず、株主提案についてのみそれに含めて算出を行い、前者の議案は可決承認されたという事情もあった。そこで、Xが、Y社に対し、クオカードの贈呈（合計四五二万一九九〇円）は違法な利益供与に当たる等と主張して、株主総会決議取消訴訟を提起した。本件判決は、本文記載のとおりに判示した。

（8）日本信販判決では、A社の関連会社B社の特別清算に際し、その配当原資の支援拠出金としてA社が六一〇億円を支出したことについて（C銀行等の金融機関に支払われた。）、A社の株主Xが、同社の取締役Yらに対し、本件利益供与（支援拠出金）は同規定違反であるなどと主張して、本件支援金相当額の損害金をA社に支払うよう求める株主代表訴訟を提起した。

本件判決は、「（1）（A社の特別清算において）配当を受けた債権者兼株主であるC銀行等の金融機関は、A社から直接金員を受領した者ではなく、特別清算手続において、裁判所から選任された弁護士である清算人により作成され、裁判所により認可された協定に基づき、B社の債権者として、一部の債権放棄を除き、その債権残高に応じた配当を受けたのであるから、この配当がA社の支出した本件支援金六一〇億円を原資として行われたことを考慮しても、A社から利益の供与を受けたものということはできない」と判示した。その上で、「上記の配当をその実質に着目し、A社からの利益の供与と評価する余地があるとしても、本件支援金の支出は、A社自身の利益のためにされたものということができるから、株主の権利の行使に関して行われたという推定（旧商法二九四条ノ二第二項）が覆るというべきである」こと、また、「本件において、本件支援金の支出はA社自身の利益のためにされたものであることは前判示のとおりであり、C銀行らに、本件支援金の支出によって株主の権利行使に関して何らかの影響を与える意図があったことを認めるに足りる証拠はない」として、Xの主張を退けた。

（9） 関・前掲注（2）三頁、稲葉・前掲注（2）一八四頁、津田賛平「株主の権利の行使に関する利益供与の禁止をめぐる諸問題」味村最高裁判事退官記念論文集『商法と商号登記―法曹生活五十年を顧みて―』六一二頁（商事法務研究会・一九九八年）、山下友信編『会社法コンメンタール（3）』二四七頁〔森田章〕（商事法務・二〇一三年）、酒巻俊雄＝龍田節編『逐条解説会社法（2）』一七一頁〔岡田昌浩〕（中央経済社・二〇〇八年）。森本・前掲注（3）五頁は、利益供与禁止規定の目的は、①株主総会の公正な運営および株主の正当な権利行使の機会を確保することにより、企業活動の健全性を促進し、株式会社制度に対する信頼を維持すること、②会社資産の不当支出を阻止すること、および、③社会正義のため暴力団の資金源を枯渇させることであるとされる。

（10） 竹内・前掲注（2）二二六頁

（11） 江頭憲治郎『株式会社法〔第六版〕』三五〇頁（有斐閣・二〇一五年）。

(12)　宍戸善一「判解」（ジュリ平成一八年重要判例解説）一〇六頁（二〇〇七年）。
(13)　森本・前掲注（3）。
(14)　竹内・前掲注（2）二二四頁。
(15)　関・前掲注（2）三頁。

三　適用要件

1　「利益」について

(1)　判例は、本規定の「利益」について、利益供与の対価の相当性が認められないことが適用要件であることを明確にしていない。この要件は、一般的には客観的要件といわれている。

最判平成一八年四月一〇日民集六〇巻四号一二七三頁（蛇の目ミシン工業判決[16]）では、恐喝者が暴力団関係者に株式を譲渡することをほのめかして、会社の財産を交付させたことについて、当該財産の交付が本規定違反に当たるかどうかなどが争われ、本規定違反を肯定した。本件の受供与者の恐喝者は総会屋と同視できる者であり、「株主の権利の行使に関して」の当該株主はその者の関係者である[17]。本件判決は、「会社から見て好ましくないと判断される株主が議決権等の株主の権利を行使することを回避する目的で、当該株主が株式を譲り受けるための対価を何人かに供与する行為は、同規定にいう『株主ノ権利ノ行使ニ関シ』利益を供与する行為というべきである」と判示した。本件判決は利益供与の対価の相当性については言及していないが、これを到底認めることができない事案であった。

東京地判平成七年一二月二七日判時一五六〇号一四〇頁（國際航業判決[18]）では、株式を買い占められた会社がその買占めグループから当該自己株式を買い戻すために、その買取工作を仲介者に依頼して、買戻しのための資金・報酬として財産を交付した。会社がその交付が利益供与禁止規定違反に当たるとして、その仲介者に交付した金銭の返還を求めて提訴した。本件判決は本規定違反を肯定した。本件判決も利益供与の対価の相当性について言及していないが、実際に利益供与の対価の相当性を認めることができない事案であった。

モリテックス判決では、会社の筆頭株主が会社提案に反対する株主提案を提出して、委任状勧誘を行っている状況下で、会社が取締役会提案に賛成するように示した議決権行使の勧誘を行い、その議決権行為の御礼として、株主一名につきクオカード一枚（五〇〇円分）を贈呈したことについて、この贈呈が本規定違反になることなどが争われた。本件判決は原則として「株主の権利の行使に関して行われる財産上の利益の供与は、原則としてすべて禁止される」とした上で、例外的に①正当な目的があること、②個々の株主に供与される額が社会通念上許容される範囲のものであること、③株主全体に供与される総額が会社の財産的基礎に影響を及ぼさないものであること、の三要件を満たすときには本規定の適用について違法性阻却事由が認められると判示した。そして、本件では①の要件を満たしていないので、違法性は阻却されず、原則どおり本規定の適用があるとし、株主の権利の行使に関して行われる財産上の利益の供与であることの推定を覆すことはできないとして、本規定違反を肯定した。本判決は、利益供与の対価の相当性が本規定の違法性阻却事由の一要件となること（②③）を示した上で、本規定が適用される場合には、対価の相当性がある場合でも、主観的意図があれば、本規定の適用があると解するものといえる。

横浜地判平成二四年二月二八日 LEX/DB[文献番号]二五三八〇四五三（日産車体判決[19]）では、企業グループに属する会社が、当該グループ企業間で採用していたキャッシュ・マネジメント・システムに係る預託金が本規定の利益供与に当たるかどうかなどが争われ、本規定の適用を否定した。本件判決は、①会社が本件システムに参加して預託を続けたことは、当該会社の資金を回収不能の危険にさらすものであったとは認められないこと、②本件システムは低利で安定的に資金調達をすることができるなど、当該会社においても利益となるものであること、③当該会社が収受していた本件利率が本システムにおける金利として不合理なものであったとは認められず、また、一定時期において当該会社はその利益を具体的に収受していたことから、本件預託を継続したことの判断が不合理とは認められず、本件預託は会社のためにされたものであるとして、本件行為が「株主の権利の行使に関して」財産上の利益を供与したものでないとして、本規定の適用を否定した。本件判決では利益供与の対価の相当性について実質的な検討がされており、本規定の適用が認められるためには、対価の相当性が考慮要因となると解するものと読める。もっとも、本件判決は、対価の相当性が認められる場合に本規定の適用が否定されることを明確にしたとはいえず、利益供与が会社のためになされた合理的なものである場合には、主観的意図を欠くと解したものと読むのが自然である。

日本信販判決は、傍論ではあるが、会社の関連会社の特別清算において配当を受けたことについて、その配当の実質に着目し、当該会社からの利益の供与と評価する余地があるとしても、本件支援金の支出は、当該会社自身の利益のためにされたものであるということができるから、当該利益供与が会社の権利の行使に関して行われたという推定は覆ること、また、本件支援金の支出は当該会社自身の利益のためになされたものであるから、本件支援金は主観的意図があったことを認めるに足りる証拠はないとして、本規定の適用を否定した。本件判決も、利益供与の対価の相当性がない場合には、本規定の適用が肯定される可能性があることを示したものといえるが、利益供与が会社のためになされた合理的なものである場合には、主観的意図を欠くと解したと読むのが自然である。

このほかに、「利益」の意味に関して、東京高決平成一九年七月九日資料判商事二八〇号一八六頁（ブルドックソース決定）[20]は、適法行為の履行行為として利益供与がされる場合は、本規定の「利益」に該当しない旨を判示している。また、東京高判平成二七年三月一二日資料版商事三六四号一七四頁（アムスク判決）[21]は、すべての株主に平等に行われる剰余金配当が「利益」に該当しない旨を判示している。

学説は、本規定の適用が認められるために、①利益供与の対価の相当性がないという要件を不要とする見解[22]、②対価の相当性等がないという要件（客観的要件ともいわれる）を必要とする見解に分かれる。この内容は多様で、対価の相当性を問題とする見解(23)、対価が相当性および取引の必要性または公正な取引である場合がそれに当たると解する見解(24)などがある。このほかに、③利益供与に係る刑事罰については主観的意図が必要であるが、民事上の利益供与禁止規定の適用範囲については、主観的意図は必要でなく、株主の権利の行使と利益供与との間に客観的関連を必要とする見解(25)もある。

(2)「利益」の意味については、利益供与の対価の相当性が認められる場合は、本規定の適用を否定するという解釈は妥当でない。本規定は、取締役の側から、総会屋に抜け道を与えないようにするための工夫を凝らして定められたものであることにかんがみると、対価の相当性を欠くことを理由に本規定の適用がないという主張を認めるべきではない。また、本規定も総会屋の排除に顕著な成果をあげた一因と考えることができるので(26)、本規定の効用を後退させるような解釈は支持できない。

しかし、そのように解するとしても、総会屋の関与がない利益供与の場合にも本規定を適用するのであれば、株主の権利の行使に関して財産上の利益を供与する主観的意図がある場合であっても、利益供与が会社の経営上の合理性が認められるときには、本規定の適用を否定する必要がある。このときには取締役が業務執行行為の一環として、会社の利益のために、会社の取引相手等に利益供与を行うことは認めざるを得ず、適法な業務執行であるかどうかを判断するに際して、利益供与の対価の相当性は重要な考慮要素になる。総会屋が関与する利益供与の場合は対価の相当性は問題とするべきでないが、そのような者の関与がない利益供与の場合は利益供与の対価の相当性等を考慮して、その利益供与が会社の経営上合理的かどうかを判断して、本規定の適用の可否を判断せざるを得ない。

2 「株主の権利の行使に関して」について

(1) 判例は、「株主の権利の行使に関して」財産上の利益を供与したと認められるためには主観的意図が必要であると解している。

蛇の目ミシン工業判決は、株主の権利の行使に関して利益供与をするという意図がある場合に、本規定の適用がある旨を判示する。この意図は主観的意図と称されている。本件判決中の「会社から見て好ましくないと判断される株主」（以下「好ましくない株主」という）の意味については、主観的意図を認める文脈で述べられたものであり、客観的に「好ましくない株主」であることを必要という意味ではないと一般的には解される（後述(2)参照[27]）。

日本信販判決は、「株主の権利の行使に関して利益供与がされたというためには、会社に、株主の権利行使に何らかの影響を与える意図がなければならないと解すべきところ（原告らは、そのような意図は不要であると主張するが、上記法条の趣旨からして、採用し難い。）」と判示しており、本規定の適用要件として、主観的意図が必要であることを明らかにしている。

高松高判平成二年四月一一日金判八五九号三頁（土佐電気鉄道判決[28]）は、一部の株主に対して交付基準を超える株主優待乗車券を交付した事案について、会社に主観的意図がなかったことを理由に、本規定の適用を否定した。

(2)　蛇の目ミシン工業判決において述べられている「好ましくない株主」の意味については、この文言に特別な意味があるのかどうかは明らかでない。

この点について、東京高判平成二二年三月二四日資料版商事三一五号三三三頁（グランド東京判決[29]）は、会社のオーナー経営者の死亡により相続争いが生じ、相続人の一人が他の相続人から当該会社株式の買取りの資金を銀行から借り入れる際に、当該会社が無償で連帯保証したことについて、その保証行為につき利益供与禁止規定の適用があるかどうかなどが争われた事案で、主観的意図の有無と「好ましくない株主」か否かをそれぞれ検討し、いずれも認められないとした上で、本規定の適用を否定した。本件の「株主の権利の行使に関して」の当該株主は、利益供与者にとって主観的に「『好ましくない株主』でない者」であったといえるが、客観的にそうであったかは明らかでない。本件判決は、客観的に「『好ましくない株主』でない者」であると認定したものと解する余地はある。

日産車体判決も、利益供与者ないし会社にとって「好ましくない株主」でないことを認定した上で、本規定の適用を否定した。本件判決も、主観的に「好ましくない株主」でないことを認めたものか、客観的に「好ましくない株主」でないことを認めたものかは明らかでない。グラント東京判決と同様、客観的に「『好ましくない株主』でない者」であると認定したものと解する余地はある。

なお、福井地判昭和六〇年三月二九日判タ五五九号一七五頁（熊谷組判決）(30)は、従業員持株会に加入する従業員が株式を取得する際に奨励金を支給したことについて、その奨励金の交付に本規定の適用があるかどうかが争われ、本件奨励金は利益供与者に従業員の福利厚生の一環として行われたものであるとして、主観的意図を欠くことを理由に、利益供与禁止規定の適用を否定した。本件判決は「好ましい株主」であるか否かには言及していないが、当該株主である従業員と利益供与者である取締役等との間に対立はなく、利益供与者にとって主観的に「『好ましくない株主』ではない者」であったといえる。しかし、当該株主が客観的にそうであったかは明らかでない。もし利益供与者である取締役が支配権確保を主たる目的として従業員持株会に加入している従業員株主に株式取得に際して奨励金を交付したのであれば、客観的に「好ましくない株主」である可能性はあった。

また、モリテックス判決でも、会社に対し株主提案を行使し委任状勧誘を行った筆頭株主に対する対抗措置として、一般株主に議決権行使をさせる目的で利益の供与が行われており、利益供与者にとって当該株主は主観的に「『好ましくない株主』」ではない者」であった。しかし、客観的にそうであったかは明らかでない。もしその筆頭株主が株主共同の利益を守るために行為している者であるとすると、一般株主である当該株主は客観的に「好ましくない株主」である可能性はあった。

(3)　本規定の適用要件として主観的意図が必要であると解することは、利益供与禁止規定が取締役の側から利益供与することを禁止しようとしたものであることにかんがみると妥当である。この主観的意図について、実際上は、会社が財産上の利益を提供した場合において、そのことに会社運営上の合理性があるか否かを判断するための要件として機能するものである（合理性がなければ株主の権利行使に影響を与えることが目的であると判断される）と解するのであれば、(31)本規定の適用要件を主観的意図だけで足りると解しても、その適用範囲を合理的な範囲に制限する結論を導くことが可能になる。また、主観的意図のほか、客観的に「好ましくない株主」であることを本規定の適用要件と解することによっても、この内容の解釈によるが、同様の結論を導くことができる。

(16)　蛇の目ミシン工業判決では、いわゆるグリーンメーラーとして名前が一般に知られていたAの主宰する仕手グループらによるB社株式の買占めを契機に、B社がAらから同社株式を三五〇億円で買い取り、また、残りの株式を暴力団に売却するとの脅迫を受けて、融資の名目で三〇〇億円を交付して、A個人またはそのグループの債務の肩代わりおよびそれらの債務について担保の提供をした。そこで、B社の株主Xが、同社取締役Yらに対し、会社が被った損害を賠償するよう求める株主代表訴訟を提起した。

本件判決は、株式の譲渡自体は「株主の権利の行使」とは言えず、旧商法二九四条ノ二第一項（会社法一二〇条一項）が禁止する利益供与には当たらないとした上で、本件利益供与は、「会社から見て好ましくないと判断される株主が議決権等の株主の権利を行使することを回避する目的で、当該株主が株式を譲り受けるための対価を何人かに供与する行為は、同規定にいう『株主ノ権利ノ行使ニ関シ』利益を供与する行為というべきである。…B社は、Aが保有していた大量のB社株を暴力団の関連会社に売却したというAの言を信じ、暴力団関係者がB社の大株主としてB社の経営等に干渉する自体となることをおそれ、これを回避する目的で、上記会社から株式の買戻しを受けるため、約三〇〇億円というおよそ正当化できない巨額の金額を、う回融資の形式を取ってAに供与したというのであるから、B社のした上記利益の供与は、商法二九四条ノ二第一項にいう『株主ノ権利ノ行使ニ関シ』されたものというべきであ（る）」とし、また、債務の肩代わりおよび担保提供についても、「その実質は、B社が関連会社等を通じてした巨額の利益供与であることを認め、将来Aから株式を取得する者を株主としての権利行使を事前に封じ、併せてAの大株主としての影響力の行使をも封ずるために採用されたものであるから、『株主ノ権利ノ行使ニ関シ』されたものであるというべきである」と判示した。

(17) 宍戸・前掲注(12)一〇六頁。

(18) 國際航業判決では、東証一部上場会社であるX社の株式がAグループらによって買い占められ、同社の代表取締役Bが経理部長Cらにその対応策を講じるように命じた。Cらは自己株式買戻しのために、政治団体代表を名乗るYらに当該株式の買取りを依頼するとともに、その買取りの費用および報酬として、簿外資産から合計一一億七、五〇〇万円を引き出して交付した。本件では、X社自らがYらに対し、本件の金員の交付行為は利益供与禁止規定の利益供与に当たると主張して、その返還を求めて提訴した。

本件判決は、「本件各金員の供与は、Cらが、Bら当時の経営陣の移行に従ってAグループ側株式の買取工作を進めるため、X社の簿外資産から支出したものであって…右各金員の支出自体についても、Bらの少なくとも黙示的・包括的承諾はあったことが認められる。したがって、Cらが横領した金員を個人的に供与したとみる余地はなく、本件各金員の供与がX社の負担・計算において行われたことが明らかであるから、商法二九四条ノ二第三項(会社法一二〇条三項)にいう『会社が』財産上の利益を供与した場合に当たる」旨、および、「株式の譲渡それ自体は、商法二九四条ノ二第一項(会社法一二〇条一項)にいう『株主の権利の行使』とはいえないから、会社が株式譲渡の対価若しくは株式譲渡を断念する対価として利益を供与する行為又は株式の譲渡について工作を行う者に利益を供与する行為は、直ちに株主の権利行使に関する利益の供与行為に当たるものではない。しかし、右のような利益供与行為であっても、その意図・目的が、経営陣に敵対的な株主に対し株主総会において議決権の行使をさせないことにある場合には、権利行使を止めさせる究極的手段として行われたものであるから、『株主ノ権利ノ行使ニ関シ』利益供与を行ったものということができ、商法二九四条ノ二に該当すると解すべきである」旨を判示した。

(19) 日産車体判決では、N自動車株式会社を中心とするNグループが、各地域の財務状況を管理する会社(Nファイナンス)を置き、Nグループ内で余剰資金のある会社から、余剰資金を提供させて、資金需要のあるNグループ内の会社に資金を提供するというキャッシュ・マネジメント・システムを採用していた。N社グループに属するA社が同システムに参加し、Nファイナンスに対し、多額の資金を融資してきたことについて、A社株主Xらは、同社の取締役Yに対し、A社が本件資金預託を行ったのは、親会社であるN自動車の強い支配を受けていたからであるとして、Yに利益供与額相当の返還等を求めて株主代表訴訟を提起した。本件判決は本文に述べた通り判示して、本規定の適用を否定した。

(20)　ブルドックソース決定では、差別的行使条件付新株予約権を用いた買収防衛策に関して、買収者である株主が株主総会決議禁止等の仮処分命令申立ての事案において、当該差別的行使条件付新株予約権取得の対価について、これは本件新株予約権の内容としてあらかじめ定められた取得の対価の交付であるので、株主の権利の行使に関して財産上の利益の供与をするものではないとし、会社が取得条項を行使せずに本件新株予約権を譲り受ける際に会社関係者に支払う金銭も、会社が取得条項を行使した場合と同一の対価を支払うものであるから、正当な取引行為であって、株主の権利の行使に関して財産上の利益の供与をするものではあり得ないとする。

(21)　アムスク判決では、全部取得条項付種類株式制度を利用したスクイズアウトを行うための議題・議案が臨時株主総会において否決されたため、その臨時株主総会以前に基準日が設定されていた定時株主総会に同一の議題・議案を諮ることとし、その際、種類株主総会の基準日公告がなかったことを理由に、株主総会決議および種類株主総会決議の取消訴訟を提起した。本件では利益供与禁止規定に関しては、当該定時株主総会の剰余金配当議案について、全部取得議案が可決されることを条件として、剰余金配当を増額したことが、本規定の利益供与に当たるかが争われた。本件判決は、違法な利益供与に当たるか否かに関して、①利益の供与行為を、株主総会が本件全部取得議案の承認を条件とする剰余金の配当議案を決議した行為と考える場合、同議案を提案することを定めたのは取締役会であるし、その利益の供与行為を取締役会が当該議案を提案した行為と考える場合、当該行為自体は株主に対して確定な利益を供与するものではないこと、②一般論として、株主総会決議の効力の発生を一定の条件にかからしめることは適法であり、今回の剰余金配当議案は、株主の当該会社に対する資本貢献に報いる最後の機会となることを慮って行われるものであることが認められ、このスキームを享受させるためには必要であったこと、③当該会社の株主は、スクイズアウトに至る経緯やその前提となる情報の開示を受け、自らの判断により議決権を行使したといえるのであって、その過程で開示された情報に虚偽があるなど、株主以外の第三者が株主の議決権の行使を歪める行為をしたと認めるに足りる証拠もないとして、原告株主の請求を棄却した。

なお、本件では、取締役会が定時株主総会に第一号議案を提案したのは、その定時株主総会の基準日後に開催された臨時株主総会における全部取得議案が否決されたためであり、その臨時株主総会の前に設定されていた定時株主総会の基準日の株主が全部取得条項議案に賛成するように同議案が提案されたと推測できる。これは既設定の基準日における株主の意思に影響を与えるために、会社または取締役会が操作したと考えられるが、株主総会への議案提案権および基準日の設定は取締役会の権限・義務であり（会社法二九八条四項・一二四条）、議決権行使が基準日株主の自由意思に委ねられているので、仮に種類株主総会の基準日の公告がされていたのであれば、善管注意義務違反の問題は生じない（著しく不公正な株主総会決議に該当すると解する余地があるとするものとして、松井智予「判解」（ジュリ平成二六年度重要判例解説）九八頁（二〇一五年）、一般的な善管注意義務違反となると解する余地もあるとするものとして、山田和彦「アムスク株主総会決議取消請求事件と実務への影響―東京地判平成二六年四月一七日―」商事二〇三九号一七頁（二〇一四年））。

(22) 元木・前掲注（4）二二二頁、稲葉・前掲注（2）一八四頁、江頭・前掲注（11）三五〇頁注（21）、鳥山恭一「判解」判タ九四八号一七一頁（一九九七年）、田中亘「会社による株式の取得資金の援助と利益供与［下］―東京高裁平成二二年三月二四日判決―」商事一九〇五号二〇頁（二〇一〇年）。

(23) 弥永真生「差別行使条件付新株予約権（2）」法セ六三六号一〇九頁（二〇〇七年）、久保田安彦「『株主権行使に関する利益供与』に関する規律」法時一〇五二号三三頁（二〇一二年）、村田敏一「株主の権利行使に関する利益供与について―民事責任と刑事責任―」立命館法学三四五＝三四六号八二九頁・八四一頁（二〇一二年）。

(24) 森本・前掲注（3）八頁、大和正史「利益供与の禁止規定について」関西大学法学論集三二巻四＝六号三二五頁（一九八二年）、正井章筰「株主の権利行使に関する利益供与の禁止」蓮井良憲先生還暦記念『改正会社法の研究』（法律文化社・一九八四年）、高橋英治「判批」商事一八四三号六六頁（二〇〇八年）。

(25) 龍田節「判解」会社判例百選〔第六版〕一六一頁（一九九八年）。森本・前掲注（3）三頁も、客観的にみて、株主の権利の行使に影響を与える可能性が必要であるとされる。

(26) 総会屋の減少は、警察の取締りの強化などいくつかの原因が考えられる。二〇一四年度に摘発された利益供与事件は一件であり、株主を装った右翼団体から、株主総会の混乱をほのめかされ現金を要求された事案で、相手方は恐喝で逮捕されたものであり、利益供与に関する限り、会社側のコンプライアンスは確立されたと考えられるとの評価がある（『株主総会白書二〇一四年度版』商事二〇五一号一五頁（二〇一四年））。

(27) 田中亘「会社による株式の取得資金の援助と利益供与［上］―東京高裁平成二二年三月二四日判決―」商事一九〇五号九頁（二〇一〇年）。客観的に「好ましくない株主」である旨を判示するという解釈について、後藤元「判批」法協一二四巻九号二一一九頁（二〇〇七年）。

(28) 土佐電気鉄道判決では、A社の株主優待制度で、五〇〇株から一四九九株までの株主には一冊、それを超える株式有する株主にはさらに、一、〇〇〇株に至るまでごとに一冊（一、五〇〇円相当）の優待乗車券が交付されていた。このため、一、〇〇〇株以上の株式を持つ株主はほとんどが、株式の譲渡を仮装して、その株式を五〇〇株ごとに分散させて、交付基準を超える数の優待乗車券の交付を受けていた。会社側もその事実を把握しており、株式を仮装して分散させている株主本人に一括して優待乗車券を送付しており、その事実は代表取締役にも報告されていた。そこで、A社の株主Xは、Yに対し、交付基準を超えた優待乗車券の交付は利益供与禁止規定違反であると主張して、会社が被った損害を賠償するよう求める株主代表訴訟を提起した。本件判決は、利益供与に当たるかどうかについて、A社がした本件超過交付は、特定の株主に対する無償の財産上の利益に当たることは明らかであるとしながら、本件超過交付をするについて、A社には、本件株主らの権利行使に関してこれを行うという意図はなかったものと認めるのが相当であると判示した。その上で、Yには善管注意義務違反が認められるとして、優待乗車券の超過交付分相当額をA社に賠償するよう命じた。原審判決（高知地判昭和六二年九月三〇日判時一二六三号四三頁）は、利益供与禁止規定違反を肯定した。

(29) グランド東京事件では、A社（代表取締役Y_1、取締役Y_2・Y_3・Y_4・Y_5）の実質的な支配者であったBの死亡により、その相続人らが、Y_2グループ、Gグループ、Xグループに分かれて争い、相続されたA社株式がそれら相続人の準共有になっていた。その最中に、A社取締役会において、Y_2が関連するC社が相続人であるGグループから株式を譲り受けるための資金二〇億円を銀行から借り入れるに際して、A社がその債務の連帯保証を無償で行うなどした。そこで、株主Xらが、取締役Y_1らに対し、その連帯保証が利益供与禁止規定に違反するなどと主張して、保証料相当額（少なくとも四、〇〇〇万円）を会社に支払うよう求めて株主代表訴訟を提起した。本件では、Y_1らは、当初、相続人の誰にも荷担することなく中立であろうとしていたこと、その後相続人間に対立が生じたので、A社として、会社の安定的な経営の観点からY_2グループに協力することとし、本件保証契約等を締結したことが認定されている。

本件判決は、譲渡予約のように予約後の株主あるいは契約締結後の株主の権利行使に影響を与える趣旨で利益を供与する場合にも、利益供与禁止規定の適用があることを認めた上で、「GグループがA社にとって好ましくないと判断される株主であり、あるいはその法定代理人が同社にとって好ましくない方法で株式の権利を行使するものであると認めるに足りないことは原判決が説示するとおりであり、この点はC社についても同様である。また、…（Y_2グループが相続株式の過半数を取得すればA社の安定的な経営が実現する、という）Y_1の判断が経営者の判断として不合理なものであることを示す証拠もないから、本件融資及び本件保証は、A社の経営の安定及び納税資金の調達のためのものというべきである。したがって、本件保証をもって株主の権利の行使に関してされた利益の供与ということはできない」と判示した。

原審判決は、「遺産分割に関する合意がされるまでは、Bの遺産に属するA社の株式については、共同相続人で準共有関係にあるY_2グループ、X等グループ及びG_1グループがC社と締結した譲渡予約契約を前提とする株式の譲渡自体が客観的に不能になることもあり得るところ、これらの点について、C社もA社も法的に関与できるわけではなく、本件連帯保証契約の締結は、そもそも、遺産に属するA社の株式の権利の帰属やその議決権の行使に影響を及ぼし得ないものであった」ことを理由として、本規定の適用を否定した。

(30) 熊谷組判決では、A社の従業員持株制度に係る奨励金について、同社の株主Xが、その取締役Yに対し、損害賠償を求める株主代表訴訟を提起した。本件判決は、「持株会は、会社および同社が全額出資する子会社の従業員が、少額資金を継続的に積み立てることによりA社の株式を取得し、もって従業員の財産形成をなし、会社と共同体意識の高揚を図るという目的で設立された団体とされており、一方、A社は同会の趣旨に賛同して、同会との取決めにより、同会の会員たる従業員に対して、従業員の勤務意欲向上等の趣旨をも含めて同社の従業員に対する福利厚生の一環として、…

奨励金を支払うことが認められ、…持株会は別紙持株会規約の定めに従って運営されているものと推認するのが相当である。…（持株会規約には）従業員が持株会への入退会をするにつき特段の制約はなく、また、取得した株式の議決権の行使についても、制度上は、各会員の独立性が確保されており、さらに、持株会の役員の選出方法を含めA社の取締役等の意見を持株会会員の有する株式の議決権行使に反映させる方法は制度上はなく、会員は、保有株式数が、一定限度を超えた場合にはその超えた株式を自由に処分することもできることが認められ、…奨励金の額または割合も、前示規約等のいう趣旨ないし目的以外の何らかの他の目的を有するほどでないと認めるのが相当である。そして右に認定した退会した会員の再入会を認めないとの制約は、本件持株会のような団体にあっては当然の合理的な制約と認めるのが相当であり、また、登録配分された株式の処分禁止の制約は、持株会が民法上の組合であることに由来する、事柄の性質上当然の制約であると認められるのである」として、本件利益供与は、「従業員に対する福利厚生の一環等の目的をもってしたものと認められるのが相当であるから、株主の権利の行使に関ししたものとの前記推定は覆るものというべきである」と判示した。

(31)　伊藤靖史＝大杉謙一＝田中亘＝松井秀征『会社法〔第三版〕』一五九頁（有斐閣・二〇一五年）。

四　客観的要件再考

(1)　上述したとおり、利益供与禁止規定の適用要件として、主観的意図は必要であると解するべきであるが、利益供与の対価の相当性は、原則として、本規定の適用の可否を判断する際に問題とすべきではない。しかし、総会屋等が関与しない利益供与の場合にも本規定の適用を肯定するのであれば、その適用範囲を合理的に制限するために、利益供与につき会社の経営上の合理性が認められるときには、本規定の適用を否定する必要がある。このために、本規定の適用要件として、主観的意図のほかに、利益供与が会社の経営上の合理性が認められないという要件（以下「本稿の客観的要件」という）が必要であると解するのが妥当である。総会屋またはそれと同視できる者が関与する利益供与については、それらが反社会的存在であるため、会社の経営上の合理性は認めることはできないので、客観的要件は当然に満たされる。これに対して、総会屋等の関与がない利益供与の場合には、その利益供与に会社の経営上の合理性が認められるかどうかを判断し、合理性が認められるときは、主観的意図が認められても、本規定の適用を否定すべきである。

同様の結論は、対価の相当性や利益供与の必要性等を考慮する内容の従来の客観的要件を必要と解する見解でも導くことは不可能でないかもしれない。しかし、利益供与の対価の相当性は、総会屋が関与する利益供与の場合は問題にすべきではない。また、主観的意図だけを本件の適用要件とし、従来の客観的要件は不要であるとして、その主観的意図について利益供与をする会社経営上の合理性が認められない場合は、その意図を認めないと解することによっても同様の結論を導くことができる。ただ、主観的意図の解釈の中に客観的に判断するべき会社経営上の合理性の判断を持ち込むよりも、別々の要件として考えた方がわかり易い。さらに、主観的意図のほかに、客観的に「好ましくない株主」であることを要件と解することによっても、同様の結論を導くことができる。客観的に「好ましくない株主」であることの意味を、会社の経営上の合理性を認める場合であると解するのであれば、本稿の客観的要件を必要と解するのと同じになる。いずれの説明の仕方でも同様の結論を導くことは可能であり、実際上問題となるのは、どのような利益供与であれば、会社の経営上の合理性が認められるものとして、本規定の適用が否定されることになるかである。

(2)　利益供与について会社の経営上の合理性が認められるかどうかは、総会屋の関与がない場合には、利益供与の必要性、対価の相当性、利益供与が行われた経緯、利益供与関係者に利益供与禁止規定にかかる厳格な責任を負担させることの妥当性などを総合的に考慮して客観的に判断するべきである。この判断基準は、利益供与者である取締役と会社ないし株主との間に利益相反は認められない場合は、裁判実務に採用されている経営判断の原則の基準と同様に考えることができる。経営判断の原則は、注意義務を尽くしたかどうかの判断基準として用いられるものであり、業務執行を委ねられた取締役は、不確実な状況で迅速な決断を迫られる場合が多い一方で、善管注意義務違反により会社に生じた損害を賠償する責任を負うため、その義務違反の有無の判断は、行為当時の状況に照らし合理的な情報収集・調査・検討等が行われたか、および、その状況と取締役に要求される能力水準に照らし不合理な判断がなされなかったかを基準に判断される(32)。裁判実務では経営判断の過程が適切に行われたかを客観的に判断するだけでなく、その判断に合理性があったかどうかについて、裁判所が実質的にその判断をしている(33)。裁判所は経営の合理性を判断する者として不適任者であるという問題はあるが、裁判実務で採用されている経営判断の原則に係る基準を前提とするならば、利益供与が会社の経営上の合理性の客観的要件を満たしているか否かの判断の基準も同様に考えることができる。そうすると、本規定の法令違反が問題となり得る場合に、本来は法令違反に適用されない経営判断の原則が実質的に用いられることになる(34)。そうであるとしても、本規定はもともと取締役の適法な業務執行に当たるような取引行為に適用することは想定していなかったのであり、総会屋を撲滅する目的で、総会屋の関与する行為に広く適用できるように、あえてあいまいな要件にして規定されたのであるから、総会屋の関与しない利益供与にも本規定を適用するのであれば、その適用範囲を合理的に制限するために、取締役が本来行うべき適法な業務執行の面を重視して、本来は法令違反に適用されない経営判断の原則と同様の基準を用いることは不当ではない。

　ただし、総会屋の関与がない利益供与の場合であっても、利益供与者である取締役と会社・株主との間に利益相反性が認められるときは、取締役の裁量権を尊重する経営判断の原則の基準と同様のものを適用して、会社の経営上の合理性がある利益供与かどうかを判断することは適切でない。たとえば買収防衛策として株主の権利の行使に影響を及ぼす主観的意図をもって利益供与がされる場合、当該買収防衛策が適法かどうかを、①利益供与が正当な目的に基づくこと、②利益供与が合理性・相当性を有することを基準に判断できるとしても(35)、これらの要件を満たすか否かの判断に際しては、取締役の裁量権を制限する基準を考える必要がある。

本規定の適用要件について、主観的意図のほかに、会社の経営上の合理性がある利益供与でないという客観的要件も必要であると解することは、総会屋かどうかの判断があいまいであること、利益相反の判定が必ずしも明確とはいえないこと、経営判断の原則の基準があいまいであることなど、本規定の適用基準にあいまいさを持ち込むことにはなる。(36)たしかに総会屋であるかどうかの判断は簡単ではないが、典型的な総会屋であるかどうかの判断は、現実には必ずしも困難でないようでもある。(37)総会屋が関与していない利益供与にも適用するのであれば、本規定の適用を合理的な範囲に制限するためには、それらの明確でない判断基準を持ち込む解釈を受け入れざるを得ない。

(32) 江頭・前掲注(11)四六二頁。
(33) 吉原和志「判解」『会社法判例百選〔第二版〕』一〇九頁(二〇一一年)。最判平成二二年七月一五日判時二〇九一号九〇頁(アパマンショップ判決)は、子会社株式の買取価格が、取締役の経営上の判断として許された裁量の範囲の逸脱したものであるとして、株主が取締役に対し善管注意義務違反に基づく損害賠償請求を求めた株主代表訴訟の事案について、「事業再編計画の策定は、完全子会社とすることのメリットの評価を含め、将来予測にわたる経営上の専門的判断にゆだねられていると解される。そして、この場合における株式取得の方法や価格についても、取締役において、株式の評価額のほか、取得の必要性、当該子会社の財務負担、株式の取得を円滑に進める必要性の程度等をも総合考慮して決定することができ、その決定の過程、内容に著しく不合理な点がない限り、取締役としての善管注意義務に違反するものではないと解するべきである」と判示する。
(34) 岩原紳作『会社法コンメンタール9』二五三頁〔森本滋〕(商事法務・二〇一四年)参照。
(35) 最決平成一九年八月七日民集六一巻五号二二一五頁(ブルドックソース決定)、二〇〇五年五月二七日経済産業省・法務省「企業価値・株主共同の利益の確保又は向上のための買収防衛策に関する指針」(http://www.meti.go.jp/policy/economy/keiei_innovation/keizaihousei/pdf/3-shishinn-honntai-set.pdf)、平成一七年五月二七日企業価値研究会「企業価値報告書」(http://www.meti.go.jp/policy/economy/keiei_innovation/keizaihousei/pdf/3-houkokusho-honntai-set.pdf)参照。

(36)　利益供与に会社の経営上の合理性を認めることができるかどうかの判断は、時代によっても異なる。たとえば、従業員持株制度の係る奨励金が利益供与に当たるか否かについても、今日のように業績連動型報酬が積極的評価をされている時代では、熊谷組判決のころとは違った考慮要素がある（平成二〇年一一月一七日経済産業省「新たな自社株式保有スキームに関する報告書」(http://www.meti.go.jp/policy/economy/keiei_innovation/keizaihousei/esop_houkoku.pdf) 参照)。

(37)　前掲注（26）参照。

五　おわりに

本規定の適用要件を、主観的意図および利益供与が会社の経営上の合理性がないという意味での客観的要件であると解する場合も、この客観的要件が満たしているかどうかの実際の判断に際して、本規定の範囲を狭く解する基本的な立場に立つか、それとも広く解する基本的な立場に立つかによって、結論が異なる可能性がある。(38) 本規定の適用範囲があいまいであること、本規定は総会屋の撲滅を禁止する目的で導入された規定であること、および、本規定違反の利益供与の関係者の責任は厳格であることにかんがみると、その適用範囲は基本的には狭く解するのが妥当である。日本信販判決や日産車体判決の利益供与について本規定の適用を否定した判断は広く支持されると思われる。東京グランド判決の本規定の適用を否定した結論は、取締役と会社・株主との間に利益相反がないことおよび取締役が会社経営の安定を図るために合理的な経営判断を行ったものであるという認定を前提とすれば、妥当である。モリテックス判決の本規定の適用を肯定した結論は、取締役と筆頭株主との利益対立があることを考慮して、本件利益供与の会社の経営上の合理性の有無を判断すべきであるという観点からは受け入れられないものではないが、本規定の適用範囲を基本的に狭く解するべき立場からは、受供与者が無過失責任を負うことや供与された金員が少額であることなどを総合的に考慮すると、取締役の善管注意義務違反および株主総会決議取消事由にはなるとしても、本規定の適用は否定した方が妥当であったように思える。

(38) 基本的に利益供与禁止規定の適用範囲を拡張する立場から検討するものとして、田中・前掲注(22)二一二頁。

ドイツ協同組合法改正草案と有限責任事業会社

丸山秀平

一　はじめに

本稿は、現行ドイツ協同組合法（Genossenschaftsgesetz）(1)（以下「協同組合法」とする）のさらなる改正を目指し、連邦司法省が二〇一三年三月に公表した「協同組合における協働事業組合の採用及び官僚体制の更なる撤廃のための法律の報告者草案」(2)（以下「草案」とする）が新たに制度化しようとした登記済み協同組合の下部形式である「有限責任協働事業組合（Kooperationsgesellschaft（haftungsbeschränkt））」（以下「協働事業組合」とする）を、すでにドイツ有限会社法上制度化されている有限責任事業会社（Unternehmergesellschaft）と比較しつつ、前記草案の問題点を探って行こうとするものである。

（1）　正式名称は「産業・経済協同組合法（Gesetz betreffend die Erwerbs-und Wirtschaftsgenossenschaften）」である

（in der Fassung der Bekanntmachung vom 16.10.2006（BGBl. I S. 2230））。

（2） Referentenentwurf des Bundesministeriums der Justiz: "Entwurf eines Gesetzes zur Einführung der Kooperationsgesellschaft und zum weiteren Bürokratieabbau bei Genossenschaften"（Kooperationsgesellschaft-Einführungsgesetz-KoopeG）von März 2013, URL: www.bmj.de/shareDocs/Downloads/DE.

二　二〇一三年報告者草案

1　草案の規定

草案が制度化しようとしている協働事業組合は、従来の登記済み協同組合に要求されていた義務的監査団体への強制加入（Pflichtmitgliederschaft）および義務的監査（Pflichtprüfung）からの解放を指向するものである。

現行法すなわち協同組合法上、協同組合は、監査権を付与されている団体（「監査団体」Prüfungsverband）に属しなければならない（協同組合法五四条）。そして、協同組合は、当該協同組合が属する監査団体によって監査される（同法五五条一項一文）、等(3)、義務的監査に関する規定が定められている。このような義務的監査に関する規定は一八八九年に協同組合法がドイツの他の会社・組合形式に先駆けて一般的に導入したものである(4)。

これに対して、草案は、これまでなされてきた協同組合に対する規制緩和の動き(5)の中で、小規模な協同組合のための規制緩和としての強制加入および義務的監査の制限ないし排除の方向性に連動した規定を具体化している(6)。

そこで、まず本稿では、草案が協働事業組合の導入を含むどのような具体的法改正を目指しているかを確認するために、「協働事業組合」を表題とする草案の第八ａ節（草案一二二条～一三〇条）の規定(7)を以下に掲げることにしたい。

＊　＊

八ａ節　協働事業組合（Kooperationsgesellschaft）

一二二条　要件・適用される規定

(1)　協同組合は、設立時組合員の査定により、年度売上高が五〇万ユーロ以上にはならないことが見込まれ、各年度の余剰金が五万ユーロ以上とならないことが見込まれるときには、協働事業組合の形式で設立することもできる。当該組合は、その名称に「協働事業組合（有限責任）（Kooperationsgesellschaft (haftungsbeschränkt)）“oder” KoopG (haftungsbeschränkt))」という標識を掲げなければならない。

(2)　本節に別段の定めなき限り、協働事業組合には登記済み協同組合に対して用いられる規定が適用される。

一二三条　定款に関する特則

(1)　協働事業組合の定款は、以下の基準を充たすものでなければならない。

1．第六条三号にもかかわらず、定款は組合員（Mitglieder）の追出資義務がないことを明らかにしなければならない。

2．第七ａ条三項にもかかわらず、定款は持分に対する払込として現物出資を認めてはならない。

3．第四三ａ条一項一文にもかかわらず定款は代議員総会を定めてはならない。

4．第七条二号および第二〇条一文が適用されるのは、前年度の損失繰越金を減じた年次剰余の少なくとも四分の一が、一万ユーロまでの限度で、法定準備金に記入されることを条件とする。

(2)　監事会（Aufsichtsrat）の廃止が可能とされることに関する第九条一項二・三文は適用されない。組合員数が、三名からなる監事会の形成に足りない場合には、定款は、監事会が二名のみで構成されると定めることができる。

一二四条　登記

協働事業組合の協同組合登記簿への登記に際して、本法第一一条二項三号および第一一ａ条二項並びに協同組合登記法（Genossenschaftsregisterverordnung）(8) 第一五条一項三号は適用されない。協同組合登記法第一五条一項三号が適用されるのは、定款が前記第一二三条一項に掲げた基準をも充たす必要があることを条件とする。

一二五条　商業書簡の記載事項

第二五ａ条一項が適用されるのは、法形式に代わって、Kooperationsgesellschaft（haftungsbeschränkt）という標識が掲げられていることを条件とする。

一二六条　強制加入および義務的監査からの解放

(1)　第五三条から第六四ｃ条まで（第六三ｂ条一項は除く）の規定は適用されない。協働事業組合は、協同組合上の監査団体の任意メンバー（freiwilliges Mitglied）となることができる。

(2)　組織変更法（Umwandlungsgesetz）第八一条および第二五九条が適用されるのは、協働事業組合が任意メンバーとなっている監査団体による監査報告書が作成されること、さもなければ、組織変更法第一〇条および第一一条の準用により任命される検査役による監査報告書が作成されることを条件とする。組織変更法第八三条二項二文および第二六一条二項二文が適用されるのは、監査報告書を作成した監査団体または検査役が助言のため（beratend）組合員総会に参加する資格があることを条件とする。組織変更法第二七〇条二項一文が適用されるのは、協働事業組合が任意メンバーとなっている監査団体、さもなければ、組織変更法第一〇条および第一一条の準用により任命される検査役による報告書による意見表明が求められること、を条件とする。その際、組織変更法第三〇条二項三文が適用される。

(3)　附表での監査団体の記載（Angabe）に関する商法典（Handelsgesetzbuch）第三三八条二項は適用されない。

一二七条　組合員総会（Generalversammlung）に関する特則

(1)　組合員総会は、協働事業組合の業務執行、その設定、財産状況、記帳、年次決算書その他の事柄を協同組合上の監査団体またはその他適切な検査役によってその全部に渡り若しくは一部分または特定の期間に限定して監査してもらう旨の決議をなすことができる。理事会（Vorstand）は、その種の決議に従い相応する委任権を授与することを義務付けられる。

(2)　組合員総会では、協働事業組合の業務執行の適法性に対する疑義の存否の手掛かりの有無に関し説明がなされなければならない。

(3)　支払無能力が差し迫っている場合（Bei drohender Zahlungsunfähigkeit）、理事会は遅滞なく（unverzüglich）組合員総会を招集するとともにそのことを総会に告知しなければならない。

一二八条　解散・抹消の場合または破産手続き中に適用されない規定

(1)　協働事業組合の解散の場合、第七九a条二項から四項および第八八a条は適用されない。

(2)　協働事業組合の抹消の場合、監査団体の審問に関する家事事件および非訟事件手続法（Gesetz über das Verfahren in Familiensachen und in den Angelegenheiten der freiwilligen Gerichtsbarkeit）第三九四条二項三文は適用されない。

(3)　協働事業組合の破産手続き中は、監査団体の審問に関する第一〇八a条二項並びに第一一七条一項二文および二項三文は適用されない。

一二九条　それ以外の適用されない規定

(1)　協働事業組合が、二〇〇一年六月二六日（BGBl. I S. 1310, 1322）、最終的には二〇一〇年一二月八日法（BGBl. I S. 1768）第一二条により改正された、養老年金契約証明法（Altersvorsorgeverträge-Zertifizierungsgesetz）第一条二項一文四号により養老年金契約の提供者となることはできない。

(2)　協働事業組合の組合員出資金（Geschäftsguthaben）は、一九九四年三月八日付けで公布され（BGBl. I S. 406）、最終的には二〇一一年一二月七日の法第一三条（BGBl. I S. 2592）により改正された法文での第五次財産形成法（Fünftes Vermögensbildungsgesetz）第二条一項一号gおよび同条二項二文には該当しない。

(3) 二〇一一年一二月六日（BGBl. I S. 2481）、二〇一二年一二月五日法（BGBl. I S. 2415）四条によって改正された財産投資法（Vermögensanlagegesetz）第二条一号の例外は、協働事業組合への持分には適用されない。財産投資法二条三号bによる例外について、協働事業組合への持分の場合には、一二ヶ月内に併せて提供された持分の総額が売買価格とされる。

(4) 協働事業組合は、信用制度法（Kreditwesengesetz）による信用機関若しくは金融給付組織として認めることはできない。

(5) 協働事業組合によって交付された有価証券取引法（Wertpapierhandelsgesetz）第二条一項一文の意味における有価証券は、同法第二条五項の意味における組織された市場で取引されるものとして認めることはできない。

一三〇条　登記済み協同組合への名称転換

(1) 組合員総会は、何時でも、提出された票数の少なくとも四分の一を含む多数決で登記済み協同組合への組織変更を伴う定款変更を決議することができる。右決議が協同組合登記簿に登記されるのは、同時に協同組合が参加を認められている監査団体の証明書が提出されている場合に限られる。決議の時点で、協働事業組合の登記から三年を経ていない場合には、人的または経済的関係、とりわけ、協同組合の財産状況、協同組合の組合員または債権者の利害が危険に晒されることが配慮されているか否かについての監査団体の専門的意見書がさらに添付されていなければならない。

(2) 登記済み協同組合への名称転換に関する組合員総会の決議を理事会が実施しなければならないのは、当該協働事業組合が決議日から二年度にわたる事業年度で年度毎に五〇万ユーロ以上の売上高かまたは年次毎に五万ユーロ以上の年次剰余を達成した場合である。当該決議が実現されなかった場合には、理事会は第七八条による協働事業組合の解散に関する決議かまたは当該協働事業組合の他の法形式への組織変更に関する決議を実施しなければならない。

(3)　理事会は何時でも登記裁判所からの請求に基づき当該登記裁判所に個別事業年度の売上高および年次剰余がどれほど達成されたかの証拠を提出しなければならない。登記裁判所は、強制金の確定により以上の義務を強いることができる。すなわち、強制金手続については第一六〇条一項三文および二項が適用される。理事会が以上の義務を果たさなかったかあるいは当該協働事業組合が決議日から二年度にわたる事業年度で年度毎に五〇万ユーロ以上の売上高かまたは年次毎に五万ユーロ以上の年次剰余を達成したことが証拠から明らかになった場合には、登記裁判所は、期限を定め、その期限内に登記済み協同組合への名称転換の決議が行われ、監査団体のメンバーたる地位が獲得されなければならない。以上の期限設定時に当該協働事業組合の登記から三年経過していなかった場合には、当該期限内に同条一項三文に掲げる監査団体の専門的意見書がさらに提出されなければならない。設定された期限内に登記済み協同組合への名称転換の決議がなされず、当該協働事業組合が協同組合上の監査団体のメンバーたる地位を獲得したという証拠が提出されず、並びに、同項四文の場合、監査団体の専門的意見書が提出されなかった場合、登記裁判所は職権で監査団体の審問の後、当該協働事業組合の解散を言い渡さなければならない。第八〇条二項が適用される。

(4)　名称転換に関する決議の協同組合登記簿への登記により本節の規定はもはや適用されなくなる。第五三条による監査義務は、右決議の登記に続く事業年度の開始によって生ずる。第一二三条の規準と異なる定款変更の決議は、名称転換に関する決議と併合してなすことができる。

2　草案の目的

前記1の草案の「A．問題及び目的」ならびに「理由」の部分で、本草案の目的として強調されていることは、市民的アンガージュマン（bürgerschaftlicher Engagement）の領域内での小規模な協同組合の設立を促すための規制緩和である。まず、「A. 問題及び目的」の部分では、「市民的アンガージュマンを求めるために非常に小規模な協働組合の設立が緩和されるべきである。」とされている。(9) さらに「理由」の部分では、「協働事業組合導入法（Kooperationsgesellschafts-Einführungsgesetz）の目的は、小規模な協同組合の、とりわけ市民的アンガージュマンの領域内での設立を緩和するところにある。」とされている。(10)

ここで、市民的なアンガージュマンの例として持ち出されているのが、村の購買店（Dorfladen）や老人向けのまたは代替的住居のための小規模プロジェクト、保健制度（Gesundheitswesen）（たとえば看護）におけるイニシアティブまたこれまでも度々市町村で計画されてきたたとえば文化的分野での任務のためのプロジェクト等である。(11) 草案はこのような市民的な取り組みが協同組合法上の登記済み協同組合の形式でなされる契機を提供するものとして、小規模協同組合のための法形式としての協働事業組合の導入を提案したのである。

このような連邦司法省の提案の背景として掲げられてきたことは、協同組合という法形式が、それを利用しようとする者にとって、とりわけ市民の小規模な取り組みとして依然として魅力のないものに留まっているという社会的事実である。この点は、草案の提出者も充分に認識していた。ここで持ち出されているのは、費用の点である。すなわち、「A. 問題及び目的」の部分では、「小規模事業の場合、協同組合の設立は、他の法形式に相対して見ると、往々にして余りに贅沢でありまた高価である。何故なら、協同組合は、協同組合登記簿への登記の前に協同組合上の監査団体のメンバーとなり、設立検査がなされていなければならず、その後、その協同組合は通例、協同組合法上の監査団体に会費を納入し、定期的な協同組合の義務的監査のための費用を支払わなければならないからである。」と指摘されている。(12)
また、「理由」の部分でも、「小規模事業の場合、協同組合の設立は、有限責任を伴った会社（有限会社）あるいは社団の設立に相対して、あまりに費用がかかり、高額であるとされる。なぜなら、協同組合は、協同組合登記簿への登記前に、協同組合上の監査団体のメンバーとなり、設立検査がなされていなければならず、その後、その協同組合は通例、協同組合法上の監査団体に会費を納入し、定期的な協同組合の義務的監査のための費用を支払わなければならないからである。これに対して、社団および小規模な有限会社は、原則として、監査は全く義務付けられていない」と指摘されている(13)。

ここで注意しなければならないことは、「A．問題及び目的」の部分の記述で「他の法形式」となっていたものが、「理由」の部分では、「有限責任を伴った会社（有限会社）（GmbH）あるいは社団（Verein）」とされており、より具体化されていることである。そこで、「理由」の部分の記述においては、「登記済み協同組合」と他の法形式である「有限会社」および「社団」との比較に関する記述が展開されている。

すなわち、「協同組合という法形式は、恒常的に増加し、場合によっては員数が変化する組合員数を狙った市民的アンガージュマンの領域におけるまさしく事業設立のための一つの非営利的な法形式」であり、組合員の参入や退出について公証人や登記裁判所の介入を求めることなく自ら規律することができ、また「一組合員一票（ein Mitglied-eine Stimme）」という協同組合上の原則は、組合員を、資金力のある投資家によって支配されることから保護することができるが、他方、「有限会社の場合、個人の入退社のためには少なくない支出や費用が生ずる。登記済み非営利社団（der eingetragene Idealverein）は民法典二一条によれば営利的な事業経営に向けられてはならない。権利能力のある経済的社団（der rechtsfähige wirtschaftliche Verein）(14)は第二次的な受け皿としての形式にしか過ぎない」として、法形式としての協同組合の優位性を指摘している(15)。そこで、協同組合にとって問題とされている協同組合上の監査団体への強制加入および義務的監査による費用面の難点が排除されれば、市民の小規模な取り組みに対応し得る魅了ある法形式として協同組合が利用されるようになる。このような発想が協同組合上の監査団体への強制加入および義務的監査のない協働事業組合の導入に結びついたのである。

3　協働事業組合という発想

草案の「B．解決策」の部分では、協働事業組合という新たな形式の導入のモデルとされたのは、有限会社法における有限会社の「変形（Variante）」として制度化された有限責任事業会社であるとされている。すなわち「提案しているのは、有限会社法で成功裡に導入された有限責任事業会社（Unternehmergesellschaft）を範として協同組合の領域で協働事業組合を導入しようとすることである。非常に小規模な協同組合が協働事業組合として設立でき、そして、強制加入および義務的監査から解放されるのである。協働事業組合（Kooperationsgesellschaft）という名称を通じて、法取引において、義務的監査のある協同組合（Genossenschaft）は問題とならないことが明らかにされる。協同組合の組合員および債権者の保護のために義務的監査がないことの埋め合わせとして特別な規制が定められる。協働事業組合が許された規模の基準を超えることを繰り返す場合には、当該組合は『通常の（normale）』協同組合に名称を替えなければならず、強制的に監査団体のメンバーとなり、将来、義務的監査を実施されなければならない(16)」。この後半部の論述のうち「特別な規制」に該当するものを、前記1の草案の規定と対応させてみると以下のようになる。すなわち、草案一二三条一項一号で、組合員の追出資義務（協同組合法六条三項）が免除されること、同項二号で、協働事業組合の組合員には現物出資は認められていないこと、同項三号で代議員総会が認められないこと、同項四号で法定準備金の積立が義務づけられること、同一二三条二項で、監事会の廃止が認められないこと、同一二七条一項で、組合員総会の決議により協同組合上の監査団体またはその他適切な検査役による監査を求めることができること、また、同条三項により、支払無能力が差し迫っている場合に理事会は遅滞なく組合員総会を招集すべきこと、同一三〇条二項で、当該協働事業組合が決議日から二年度にわたる事業年度で年度毎に五〇万ユーロ以上の売上高かまたは年次毎に五万ユーロ以上の年次剰余を達成した場合には登記済み協同組合への名称変更に関する組合員総会の決議がなさなければならないこと等である(17)。

4　通常の協同組合との関係

草案は、続けて「C．選択肢」の部分で、義務的監査と通常の協同組合との関係および連邦司法省が導入しようとする協働事業組合との関係について、通常の協同組合のうち小規模なものについて一律に義務的監査を排除するという方法ではなく、導入されるべき協働事業組合についてのみ義務的監査が排除されるということに言及している。すなわち、「全ての小規模協同組合の義務的監査からの解放は、あまりにも広範囲にわたり、債権者保護の見地から問題となる」として、すべての協同組合に義務的監査からの解放を認める方途を採らない一方、「協同組合法上の新たな法形式の導入のための需要は何ら存しない。協働事業組合は、実体として協同組合であり、唯一の違いは協同組合としての監査体制との結びつきがないという点だけである」としている。(18)

この点で、草案は、八a節で協働事業組合に対して適用されるべき特別な規制を設けたものの、同節において規定されていない部分については、協働事業組合には登記済み協同組合に対して用いられる規定が適用されるとしており（草案一二一条二項）、協働事業組合自体を通常の協同組合とは独立した固有の法形式として扱っているわけではない。なお、前記規定（草案一二一条二項）「理由」の部分では「有限責任事業会社の場合と異なり、ある一つの規定（有限会社法五a条参照）だけに通常の場合とは異なる規制が包括され得なかったのは、強制加入と義務的監査からの解放がそれぞれ異なった変更結果を必要としたからである」とされている。(19)

このように草案は、導入されるべき協働事業組合を通常の協同組合とは別個の新たな法形式とする方途を採らず、あくまで協同組合の下部形式（Unterform der Genossenschaft）として留めるという姿勢を明らかにしている。(20)

なお、草案が「C．選択肢」の部分で、一律に義務的監査を排除せず、協働事業組合についてだけ排除するということの理由付けとして「債権者保護の見地」が指摘されていることについて、草案の「理由」の部分では「協同組合上の監査システムは数十年来……協同組合上の法形式の安定性に役立ち寄与してきた」し、「強制加入と義務的監査は、協同組合の場合には最低資本金が必要とされておらず、また、組合員の無限の個人責任がないことに対する埋め合わせともされている」という点[21]で債権者保護のために役立ってきた制度である以上、一律排除には馴染まないとされている。また、協働事業組合と結びつけられるべき小規模な協同組合が「義務監査のための費用をうまくやり繰りして手に入れることはできない」し、二〇〇六年の協同組合法改正に際して論議された小規模な協同組合の負担軽減のための様々な方策も十分ではないことから[22]、「信頼されている協同組合上の監査システムそれ自体を問題としないで、協同組合上の小規模事業のために特別な規制をもたらすこと」が立法者に残された途であると確認されている[23]。

そして、協働事業組合のみが導入されるべき選択肢とされることについて、草案の「理由」Ⅲの部分では、今一つの選択肢として民法上の経済的社団が考慮される可能性について消極的な方向が示されている点に注意しなければならない。すなわち「ある目的が資本会社または協同組合という法形式の中で追求されることが期待できない場合に限って、権利能力ある経済的社団が法形式として考慮されることになる」、つまり「経済的社団が第二次的な受け皿としてその機能を果たすことができるのは、経済的社団があらゆる例外的な場合のために法形式として自由に使うことができる場合だけである」として、利用の余地が限定的であるとの評価がなされている[24]。それ故、経済的社団ではなく、協働事業組合が選択されるべきものとなるのである。

(3) 現行法上、貸借対照表上の合計額が二〇〇万ユーロを超える協同組合は、毎事業年度に、二〇〇万ユーロ以下の協同組合は二事業年度ごとに監査を受けなければならない（協同組合法五三条一項一文・二文）。また、右一項の監査の枠内で、貸借対照表上の合計額が一〇〇万ユーロを超える、また、その売上高が二〇〇万ユーロを超える協同組合の場合は、簿記および状況報告を含む年次決算書が監査される（同条二項一文）。右二項一文の規定は右基準に達しない小規模協同組合について監査範囲を縮減したものであり、二〇〇六年法改正によって実現されたものである（Heß, F. W.

Die Pflichtmitgliedschaft in den Prüfungsverbanden auf dem Prüfstand, ZfgG Bd. 59 (2009), S. 285.287f.; Bosche, B., Die Zukunft der genossenschaftlichen Prüfung, ZfgG Bd. 58 (2008), S. 98)。なお、従来の義務的監査の状況に関して、多木誠一郎『協同組合における外部監査の状況』一五〇頁（全国協同出版・二〇〇五年）以下。

（4）Beuthien, V.: Kommentar zum GenG, 15. Aufl., München 2011, § 53 Rn. 1, § 54 Rn. 4; Bloehs , J., in: Pohlmann/Fandrich/Bloehs, GenG, Neuauflage, München 2012, § 53 Rn. 1; Hillebrand, Klaus-Peter, in: Hillebrand/Keßler (Hrsg.) Berliner Kommentar zum Genossenschaftsgesetz, 1Aufl. 2001, § 53 Rn. 1, § 54 Rn. 1;義務監査の導入は、一八八九年の産業・経済協同組合ライヒ法（Reichsgesetz betreffend die Erwerbs-und Wirtschaftsgenossenschaften）による（同法について、大塚喜一郎『協同組合法の研究〔増訂版〕』四七頁以下・五四頁（有斐閣・一九七八年）、大塚博士は同法を「産業経済組合帝国法」と表記される）、多木・前掲注（3）三〇頁〜三二頁。

（5）Vgl. Bosche, a.a.O.（Fn.3）S.98f.; Heß, a.a.O.（Fn.3）S.285ff.

（6）Lehmann, M./Sieker, S., Der Referentenentwurf zur Einführung einer Kooperationsgesellschaft, ZfgG 2015 S.3, 5.

（7）Referentenentwurf, a.a.O.（Fn.2）, S.7ff., Rn.22.

（8）Verordnung über das Genossenschaftsregister vom 22. November 1923（RGBl. S.1123, ber. 1928 S.70）.

（9）Referentenentwurf, a.a.O.（Fn.2）, A.Ploblem und Ziel, S.1

（10）Referentenentwurf, a.a.O.（Fn.2）, Begründung, A.Ploblem und Ziel, S.1 では村の購買店のみが例として掲げられているが、A. 1. S.15.では、本文に示した諸例が示されている。なお、村の購買店の費用負担の実情について、Beiter, Karl-Heinz, Die schwere Last der Prüfungskosten, Genossenschaft, Sonder-Nr.2/2011, S.1.

（11）Referentenentwurf, a.a.O.（Fn.2）, Begründung, A. 1. S.15.

（12）Referentenentwurf, a.a.O.（Fn.2）, A.Ploblem und Ziel, S.1.

（13）Referentenentwurf, a.a.O.（Fn.2）, Begründung, A. 1. S.15.

（14）ドイツ民法典二二条によれば、その目的が経済的な事業経営に向けられた社団は、連邦法上の特別規定がなければ、国家の授権によって権利能力を獲得するものとされている。これに対して、同法二一条は非経済的社団に関する規定でありその目的が経済的な事業経営に向けられていない社団は、管轄区裁判所の社団登記簿に登記されることによって権利能力を獲得するものとされている。この両規定の関係に関する最近の判例の展開について、Segna, Ulrich, Wann ist ein Verein ein nichtwirtschaftlicher Verein? - Ein Blick auf die Vereinsklassenabgrenzung aus Anlass der “Kita”-Rechtsprechung des Kammergerichts und Diskussion über den ADAC -, in:Non Profit Law Yearbook 2014/2015, 47.

（15）Referentenentwurf, a.a.O.（Fn.2), Begründung, A. I. S.15.

（16）Referentenentwurf, a.a.O.（Fn.2), B.Lösung S.1.

（17）Vgl. Referentenentwurf, a.a.O.（Fn.2), Begründung.II. Wesentlicher Inhalt des Entwurfs S.16f.

（18）Referentenentwurf, a.a.O.（Fn.2), C.Alternativen S.2, Begründung A.Allgemeiner Teil III. Alternativen S.18.

（19）Referentenentwurf, a.a.O.（Fn.2), Begründung B. Besonder Teil, Zu Artikel 1（Änderung des Genossenschaftsgesetzes - GenG), Zu Nummer 22（§§ 122 bis 130 GenG), Zu §122 S.29.

（20）草案の一二二条一項に係る「理由」の部分では「同項で明らかにされていることは、協働事業組合が何ら固有の法形式ではなく、特別な商号によって際立たされているだけの協同組合の下部形式であることである」とされている（Referentenentwurf, a.a.O.（Fn.2), Begründung B. Besonder Teil, Zu Artikel 1（Änderung des Genossenschaftsgesetzes - GenG), Zu Nummer 22（§§ 122 bis 130 GenG), Zu §122 S.29)。

（21）草案の「理由」の部分では、この点に関し、協同組合上の義務的監査の合憲性に関する二〇〇一年一月一九日判決（1 BvR 1759/91）が指示されている（Referentenentwurf, a.a.O.（Fn.2),Begründung, A. Allgemeiner Teil I. S.15)。同判決は、「協同組合上の監査団体への強制参加は自由な結社の権利と保護されるべき第三者の権利との間の正しい調整を創造する正当な理由に基づき必要とされる結社の自由という基本権の形成である」とするものである（同判決について、Rolf Steding, NJ 2001, 355, ders., NL-BzAR 2005, 442; Hans-Jürgen Schaffland, DB 2001, 2599 ; Florian Becker, JA 2001, 542; Eckhard Ott, Kreditwesen 2012, 433; Anja Hucke, WPg 2001, 558; Mathias Graumann, ZfgG 53, 167; Lutz Batereau, ZfgG 53, 4; Rouven Kober, ZfgG 64, 31.)。

（22）二〇〇六年改正による小規模協同組合に対する監査範囲の縮減に関する協同組合法五三条二項一文について、前掲注

（3）参照のこと。Referentenentwurf, a.a.O. (Fn.2), Begründung, A. Allgemeiner Teil I. S.16によれば、その「結果として、監査費用は約二〇パーセント軽減されている。このことはまさに注目すべきことであるが、他の法形式の場合に全く監査費用が生じない場合には、結局、協同組合を設立する論拠とはならない」し、「目標に沿って新たに設立される協同組合の負担を軽減すべきとの協同組合上の監査団体の側からの様々な方策」も「全てをカバーできるものでもなかった」とされる。

(23) Referentenentwurf, a.a.O. (Fn.2), Begründung, A. Allgemeiner Teil I. S.16.

(24) Referentenentwurf, a.a.O. (Fn.2), Begründung, A. Allgemeiner Teil III Alternativen S.18.

三　協働事業組合と有限責任事業会社

1　「範」としての有限責任事業会社

前記二のとおり、草案による協働事業組合は、有限会社法上の有限責任事業会社を範としたものであるとされている。そこで、本節では、有限責任事業会社と協働事業組合との、それぞれに対する法規制を比較しながら説明することにしたい。

有限責任事業会社（Unternehmergesellschaft）とは、その処分可能な基本資本が二万五、〇〇〇ユーロ（通常の有限会社の最低基本資本額、有限会社法五条一項）を下回っている有限会社のことである。[25]二〇〇八年の有限会社法改正法の政府草案に関する公の理由書によれば、有限責任事業会社は、特種の会社形態ではなく、有限会社という法形式の「変形（Variante）」であるとされている。[26]

協働事業組合が有限責任事業会社を範としたことについて、草案では、有限責任事業会社が「有限会社法で成功裡に導入された」こと[27]が実際上の理由として示されている。たしかに、二〇〇八年有限会社法改正法による制度導入直後の二〇〇八年一一月一日から二〇〇九年一月一一日までのほんの二ヵ月間ですでに一、〇〇〇社以上の有限責任事業会社が商業登記簿に登記されており、この数は、二〇一四年一一月一日までに、一〇万三、六八六社に及んでいる[28]。この数字は、有限会社の数が約一〇〇万とされていることからして、その一割に達しているのであって、たしかに有限責任事業会社は成功裡に利用されているものといえる。

2　商号の付加語

商号の付加語に関し、草案一二二条一項二文では、「Kooperationsgesellschaft（haftungsbeschränkt）」または「KoopG（haftungsbeschränkt）」という標識の使用が義務付けられている。他方、有限責任事業会社についても、「有限責任事業会社（Unternehmergesellschaft（haftungsbeschränkt））」または「UG（haftungsbeschränkt）」という標識の使用が義務付けられている（有限会社法五a条一項）。

この点、草案の「理由」の部分では、有限責任事業会社について「『有限責任事業会社（Unternehmergesellschaft（haftungsbeschränkt））』という明らかに別の名称を付することで、当該会社は最低資本金の遵守を伴わずに設立されたことが法取引に伝えられるのと同様、『協働事業組合（Kooperationsgesellschaft（haftungsbeschränkt））』の場合は、特別の名称を付することで法取引に伝えられることは、義務監査を伴う通常の協同組合が問題とされないことである」と述べられている[29]。有限責任事業会社の場合、当該制度を導入した二〇〇八年有限会社法改正法の理由書は「付加語は、公衆が、問題となっている会社が非常に少ない基本資本しか装備していないと言うことについて思い違いをしないようなものでなければならない[30]」としており、会社の同一性を表す商号に付属して会社の種類や属性を表す付加語（有限責任事業会社であれば、「Unternehmergesellschaft（haftungsbeschränkt）」のうち「（haftungsbeschränkt）」の部分を重視しているように思われる[31]。これに対して、協働事業組合については、同様の付加語である「Kooperationsgesellschaft（haftungsbeschränkt)」のうち、「Kooperationsgesellschaft」という部分が、通常の登記済み協同組合の商号の付加語である「eingetragene Genossenshaft」あるいは「eG」（協同組合法三条）とは異なる装備を有すること、すなわち、強制加入および義務的監査なきものであることを表す標識として機能している点が重視されているように思われる。

3　現物出資の禁止

現物出資の禁止に関して、協働事業組合では、前記二1のとおり、草案一二三条一項二号で、協働事業組合の組合員には現物出資は認められていない。草案の「理由」の部分では「持分に対する払い込みとしての現物出資が排除されることは債権者保護に役立つ。現物出資の価額評価は設立検査の枠内での協同組合上の監査団体によって監査されないので、債権者はその価額評価をあてにすることができないことになる。それ故、協働事業組合では、持分に対する払い込みは現金で（in bar）なさなければならない」とされている。[32]

有限責任事業会社についても、設立に際し、金銭出資のみが認められており、現物出資は認められていない（有限会社法五a条二項二文）。その理由として掲げられていることは、通常の有限会社の場合（有限会社法五条二項）とは異なり、有限責任事業会社において現物出資が禁止されているのは、有限会社が創業時に一定の資金を必要としており、それが発起人によって最低資本金として選択され、現金で払い込まれなければならないことから、現物出資の必要はないし、したがって認められないということである。[33]

ここで判ることは、現物出資の禁止に係る理由付けとして、協働事業組合では、債権者保護のために価額評価の信頼性のない現物出資を排除すべきことが掲げられているのに対し、有限責任事業会社の場合は、設立段階における資金需要に相応する現金供給の必要性が掲げられていることである。

4　法定準備金の積立

法定準備金の積立に関し、協働事業組合では、前記二1のとおり、草案一二三条一項四号で、前年度の損失繰越金を減じた年次剰余の少なくとも四分の一が、一万ユーロまでの限度で、法定準備金に記入されることが、損失補塡および利益配分の条件とされている（協同組合法七条二号・二〇条一文参照）。

有限責任事業会社についても、有限会社法五a条三項一文により、内部留保の要請（Thsaurierungsgebot）から、年次貸借対照表において法定準備金を積み立てなければならないとされている。

以上の規制について、草案の「理由」の部分では、協働事業組合に関する前記規制も「債権者保護に役立つ。有限責任事業会社に関する有限会社法五a条三項の規定という『範』によれば、年次超過額（年次剰余）の四分の一が法定準備金に強制的に繰り入れられること、一万ユーロまでなされることが規定されている」と述べられており、(34) 前記の規制が債権者保護の点で同趣旨のものであることが示されている。

5　組合員総会の招集義務

組合員総会の招集義務について、協働事業組合では、前記二1のとおり、草案一一七条三項で、支払無能力が差し迫っている場合に理事会は遅滞なく組合員総会を招集すべきことが定められている。

有限責任事業会社についても、有限会社法五a条四項では、支払無能力が差し迫っている場合、遅滞なく社員総会が招集されなければならないことが定められている。

以上の規制について、草案の「理由」の部分では、協働事業組合に関する前記規制が、有限責任事業会社に関する規制と相応するものであることが指摘されている。(35)

（25）　Füller , in:Ensthaler/Füller/Schmidt, Kommentar zum GmbH-Gesetz, 2.Aufl, S.102（Rdn.1）.有限責任事業会社制度の導入に関しては、丸山秀平「ドイツにおける有限責任事業会社制度の創設とその評価」日本比較法研究所六〇周年記念論文集七九五頁以下（日本比較法研究所・二〇一一年）、同『ドイツ有限責任事業会社（UG）』日本比較法研究所研究叢書（一〇三）一頁以下（中央大学出版部・二〇一五年）。

（26）　Entwurf eines Gesetzes zur Modernisierung des GmbH-Rechts und zur Bekämpfung von Missbräuchen（MoMiG）, BT-Drs.16/6140 S.31.

（27）　Referentenentwurf, a.a.O.（Fn.2）, B.Losung S.1）, Begründung, A. Allgemeiner Teil II. Wesentlicher Inhalt des Entwurfs S.16.

（28）　http://www.rewi.uni-jena.de/Forschungsprojekt + Unternehmergesellschaft_p_15120-path-88632.html

（29）　Referentenentwurf, a.a.O.（Fn.2）, B. Losung S.1）, Begründung, A. Allgemeiner Teil II. Wesentlicher Inhalt des Entwurfs S.16.

（30）　Reg-Begr., MoMiG, BT-Drs.16/6140, S.31.

（31）　この点は、理由書が「…haftungsbeschränkt）という付加語をさらに略記することは認められない」していること（Reg-Begr., MoMiG, BT-Drs.16/6140 S.31.）からもうかがい知ることができる。

（32）　Referentenentwurf, a.a.O.（Fn.2）, B. Besonder Teil, Zu Artikel 1（Änderung des Genossenschaftsgesetzes - GenG）, Zu Nummer 22（§§ 122 bis 130 GenG）, Zu §123 S.29.

（33）　Reg-Begr., MoMiG, BT-Drs.16/6140 S.32.

（34）　Referentenentwurf, a.a.O.（Fn.2）,B. Besonder Teil, Zu Artikel 1（Änderung des Genossenschaftsgesetzes - GenG）, Zu Nummer 22（§§ 122 bis 130 GenG）, Zu §123 S.29.

（35）　Referentenentwurf, a.a.O.（Fn.2）, B. Besonder Teil, Zu Artikel 1（Änderung des Genossenschaftsgesetzes - GenG）, Zu Nummer 22（§§ 122 bis 130 GenG）, Zu §127 S.31.

四　草案規制への評価

連邦司法省による草案に関する意見照会に応える形で様々な団体や組織による意見表明がなされている。その内、ドイツ消費協同組合中央団体（Der Zentralverband deutscher Konsumgenossenschaften e.V.（ZdK））のように協働事業組合の導入に賛成するものがある(36)一方で、ドイツ住宅・不動産事業全国連合（GdW Bundesverband deutscher Wohnungs- und Immobilienunternehmen e. V.）やライン・ヴェストファーレン協同組合連合（RWGV: Rheinisch-Westfälischer Genossenschaftsverband e.V.）のように導入に反対する意見も強い(37)。そして、ドイツ工商会議所大会（Deutscher Industrie- und Handelskammertag）のように、協働事業組合の導入自体には賛成するものの、草案が提案した個別規制について問題点を指摘し、修正を行うべきとする意見も見受けられる(38)。

本稿は、実務における上記の状況を踏まえつつ、これまでの論述で示された、協働事業組合と有限責任事業会社との関係、とりわけ有限責任事業会社を範として定められた草案中の規制に対する問題点を、Lehmann/Sieker による最近の論稿(39)を手掛かりとして、確認していくことにしたい。

協働事業組合と有限責任事業会社との関係から Lehmann/Sieker によって指摘されている問題点は、前記三で示した協働事業組合に関する草案の個別規制の評価に関わるものである。

まず、Lehmann/Sieker は、前記三４の法定準備金の積立に関する規制に対して疑問を呈している。すなわち「有限責任事業会社が、自己資本装備に関して協働事業組合にとって範となるか否かは疑問である。有限責任事業会社は、立法者の構想に依れば、有限会社に商号転化すべき資本会社である。登記済み協同組合の場合は、有限会社の場合と異なり、法定の最低資本金は定められておらず、協働事業組合の登記済み協同組合への商号転化も草案一三〇条によれば、一定の資本額に依存するものではない。それ故、協働事業組合にとって、年次剰余の蓄えによる資本の『積立』はあまり意義を有するものではない。このことは資本会社に適していることであり、協同組合に適していることではない。したがって、草案一二三条一項四号の規定は協同組合法のシステムの中では異物（Fremdkörper）である」としている。(40)以上のLehmann/Siekerの主張は、前記三4で示した「債権者保護に役立つ」とする草案の姿勢を評価していないが、法定準備金の積立に係る草案一二三条一項四号の規定が、法文上、損失補塡に関する準備金の使用に関する協同組合法七条二項との関連を明らかにしている以上、債権者保護の観点が全面的に否定されるわけではないといえよう。

続いて、Lehmann/Siekerは、前記三3の現物出資の禁止に関する規制について、債権者保護のために現物出資を禁止したことを支持しており、「協働事業組合の場合に義務的監査は欠けているので、債権者は現物出資が相応の価値を有することをあてに出来ない」としている。(41)たしかに、協働事業組合が義務的監査のない形式であることから、現物出資の評価を信頼できない債権者を保護するために現物出資を禁止した草案の姿勢を評価した点は、Lehmann/Siekerが協働事業組合に視線を注いでいる限りで理解することができる。しかし、前記三3で論じたように、「範」とされた有限責任事業会社における現物出資禁止規制の趣旨と、「範」とした協働事業組合における現物出資禁止規制の趣旨とが一致するものではないことは留意する必要があろう。

さらに、Lehmann/Siekerは、前記三5の組合員総会の招集に関する規制に対して「規制もまた有限責任事業会社に対して「有限会社法五a条四項で挙げられている義務に一致している」としつつも、協働事業組合における招集義務は「単に宣言的な意義しか持たない。というのは、協同組合の危機的状況それにより支払無能力が差し迫っている状態は、既に理事によって協同組合法四四条二項により協同組合の利益において求められている組合員総会の招集を、協同組合法三八条二項により監事が必要とするものであるからである」としている。(42)たしかに、Lehmann/Siekerの云わんとするところは判るが、協働事業組合の場合は、たんなる「協同組合の利益において（im Interesse der Genossenschaft）」ではなく、むしろ有限責任事業会社と同様、招集義務の要件を具体的に「支払無能力が差し迫っている場合」としたことを評価すべきであろう。(43)

(36) Vorschlag des Zentralverbandes deutscher Konsumgenossenschaften e.V. zur zur Einführung der Kooperationsgesellschaft (haftungsbeschränkt), S.1ff.

(37) GdW Bundesverband deutscher Wohnungs- und Immobilienunternehmen e. V.: Stellungnahme zum Referentenentwurf, S.1ff.; RWGV: Rheinisch-Westfälischer Genossenschaftsverband e.V. -Politiknewsletter, 2. Quartal 2013, S. 5 f. 前記団体は、提案された義務的監査の免除を強く拒み、それに代わって、小規模事業のための解決策をむしろ社団法に見出すべきであるとの意見を述べている。

(38) DIHK Stellungnahme Referentenentwurf eines Gesetzes zur Einführung der Kooperationsgesellschaft und zum weiteren Bürokratieabbau bei Genossenschaften, S.4f.では、準備金の積立それ自体は、積極的に評価することができるものの、他面、いわゆる協働事業組合にそれが義務付けられるべきものとされるかは疑問である、協働事業組合の商号の付加語について、有限責任事業会社の導入に際して議論されていたと同様に、(haftungsbeschränkt) という括弧内の付加語が長すぎるので、略記した形にして欲しいとの意見が見られる。

(39) Lehmann/Sieker, a.a.O. (Fn.6), S.3ff.

(40) Lehmann/Sieker, a.a.O. (Fn.6), S.16.

(41) Lehmann/Sieker, a.a.O. (Fn.6), S.16f.

(42) Lehmann/Sieker, a.a.O. (Fn.6), S.18.

(43) 有限責任事業会社に関する有限会社法五a条四項の「支払無能力が差し迫っている場合」について、丸山・前掲注(25)八〇五頁以下、同・前掲書注(25)一三頁以下。

五　まとめに代えて

以上、論じてきたことを前提として、草案および協働事業組合の位置づけに関し、有限責任事業会社との関係についてさらに若干付言し、本稿のまとめとしたい。

有限会社法における有限責任事業会社の制度化では、新たな法形式を創造せずに「変形」としての制度を採用しつつ、通常の有限会社に関する規律中に、直接、最低資本金額を縮減に関する定めを持ち込まず、有限会社という変形を利用して間接的に最低資本金額縮減をはかるという効果を実現しようとした立法者の意図があったものと考えることができる(44)。これに対して、草案は「変形」という用語は用いないものの、「下部形式」という用語に相応する強制加入および義務的監査から解放された小規模協同組合事業のための組織である協働事業組合を導入しようとしたものである。いずれの場合も、通常の形式としての有限会社に対しては有限会社法、登記済み協同組合に対しては協同組合法の規定が適用されることを前提に、それらの特則となる規定を、有限責任事業会社については有限会社法五 a 条に、協働事業組合については草案により協同組合法第八 a 節（草案一二一条〜一三〇条）に置く点で、共通の立法形式を指向したものである。

今一つ興味深いことは、そもそも有限責任事業会社導入の契機とされた社会的状況が、有限会社とイギリスの Limited. との競争であったこと、すなわち、EU領域内での居住移転の自由が認められた結果、法形式の選択の点でもつねに他国との競争に打ち勝つために有限会社という法形式をより魅力あるものとする必要があったことが新制度の導入につながった(45)一方で、協働事業組合導入の契機とされたことは、協同組合という法形式が、とりわけ小規模事業にとって費用面で支障があり、むしろ有限責任事業会社を含めた有限会社や登記済み社団が利用されてきたことに対して、費用面での負担のない新制度を導入することで対応しようとしたことである。[46] すなわち、有限責任事業会社は、法形式の利用に関する国際的な競争に打ち勝つために創造された制度であるのに対し、協働事業組合は法形式の利用に関する国内での競争に打ち勝つために創造された制度であるといえよう。

なお、現在、連邦司法・消費者省によって草案を起点とする法改正に関する審査が行われている。しかし、ＦＤＰが率いていた当初の構想とは異なり、現在は連立協定の下でＳＰＤが率いる形で手続が進められており、その結果はまだ明らかではない。[47] ただ、上記の反対意見は協同組合の現在のトップ団体から出されたものであることから、当初の連邦司法省による「草案」どおり、「協働事業組合」が導入される可能性はあまり高いとは言えない。

（44） Vgl. Rüdiger Veil, Die Unternehmergesellschaft im System der Kapitalgesellschaften, ZGR 2009, 623,625ff.

（45） 丸山・前掲注（25）七九七頁以下、同・前掲書注（25）四頁以下。

（46） Referentenentwurf, a.a.O. (Fn.2), Begründung, A. Allgemeiner Teil I. S.15.協同組合の利用状況に関して、Antwort der Bundesregierung auf die Kleine Anfrage von Abgeordneten und der Fraktion DIE LINKE, BT-Drucks. 17/10654, S. 3ff.

（47） 二〇一五年六月一五日、Inplus 誌記事（https://www.impulse.de/gruendung/genossenschaft-gruenden-checkliste/2051126/）等、参照。

＊ 本稿は、二〇一五年度ＪＳＰＳ科研費（基盤研究（Ｃ））（課題番号25380112）助成に基づく研究成果の一部である。

取締役の経営判断の過程と内容との区別
――アパマンショップ事件各判決を検討素材として――

三浦　治

一　問題の所在

平成二二年、最高裁はアパマンショップ事件判決(1)において、「民事事件において初めて、取締役の経営判断について善管注意義務違反があったか否かを裁判所が審査する際の基準として、いわゆる経営判断原則を明確に位置づけた(2)」。経営判断の原則とは、「取締役の経営判断が会社に損害をもたらす結果を生じたとしても、当該判断がその誠実性・合理性をある程度確保する一定の要件の下に行われた場合には、裁判所が判断の当否につき事後的に介入し注意義務違反として取締役の責任を直ちに問うべきではないという考え方」をいう(3)。本稿は、この最高裁判決（以下、「本判決」という）の意義を検討するものであるが、事案に深くコミットするというより、明示された判断基準（経営判断の原則の定式）・現に採られた判断方法に着目し、とりわけ原審判決[4]との対比を通じて、経営判断の過程と内容との区別の視点から、本判決を取り扱いたい。

まず、アパマンショップ事件の概要を記し（二）、経営判断の過程と内容との区別（以下、たんに「区別」という）についての従来の学説・下級審判決の変遷を簡単にたどった後、一審判決[5]も含めた本件各審級における定式のちがい、結論が分かれた最大の理由を指摘する（三）。ついで、区別の意義についての考え方を一般的に検討し（四）、それを踏まえて、本判決が判示した判断基準・判断方法の意義を探りたい（五）。最後に、本稿における経営判断の原則の捉え方を確認して、本稿を結ぶ（六）。

（1）　最判平成二二年七月一五日判時二〇九一号九〇頁。
（2）　吉原和志「取締役の注意義務と経営判断原則」会社法判例百選〔第二版〕一〇八頁、一〇八頁（二〇一一年）。
（3）　吉原・前掲注（2）一〇八頁。
（4）　東京高判平成二〇年一〇月二九日金判一三〇四号二八頁。
（5）　東京地判平成一九年一二月四日金判一三〇四号三三頁。

二　アパマンショップ事件の概要

株式会社アパマンショップホールディングス（以下、Z社という）は、株式会社アパマンショップマンスリー（以下、ASMという）を含む傘下の子会社等をグループ企業として、不動産賃貸あっせんのフランチャイズ事業等を展開し、平成一八年九月時点で、連結ベースで総資産約一、〇三八億円、売上高約四九七億円および経常利益約四三億円の経営規模を有していた。

ＡＳＭは、主として、備品付きマンスリーマンション事業を行うことなどを目的として平成一三年に設立された会社であり、設立時の株式の払込金額は五万円であった。ＡＳＭの株式は、発行済株式の総数の約六六・七％をＺ社が保有していたが、Ｚ社の事業の遂行上重要であるフランチャイズ事業の加盟店等もこれを引き受け、保有していた。

Ｚ社は、機動的なグループ経営を図り、グループの競争力の強化を実現するため、完全子会社に主要事業を担わせ、Ｚ社を持株会社とする事業再編計画を策定し、その一環として、ＡＳＭについては、Ｚ社の別の完全子会社（以下、ＡＳＬという）に合併して不動産賃貸管理業務等を含む事業を担わせることが計画された。

Ｚ社は、平成一八年五月一一日開催の経営会議において、①ＡＳＬは完全子会社である必要があるから、ＡＳＭもＡＳＬとの合併前に完全子会社とする必要があること、②ＡＳＭを完全子会社とする方法は、Ｚ社の円滑な事業遂行を図る観点から、株式交換ではなく、可能な限り任意の合意に基づく買取りを実施すべきであること、③その場合の買取価格は払込金額である五万円が適当であることなどが提案された。Ｚ社から、上記提案につき助言を求められた弁護士は、基本的に経営判断の問題であり法的な問題はないこと、任意の買取りにおける価格設定は必要性とバランスの問題であり、合計金額もそれほど高額ではないから、ＡＳＭの株主である重要な加盟店等との関係を良好に保つ必要性があるのであれば許容範囲である旨の意見を述べた。

協議の結果、上記提案が決定され、併せて、当時Ｚ社との間で紛争が生じており買取りに応じないことが予想された株主については、株式交換の手続が必要となる旨の説明がされ、了承された。Ｚ社がＡＳＭを完全子会社とするために実施を予定していた株式交換に備えて、監査法人等二社に株式交換比率の算定を依頼したところ、ＡＳＭの一株当たりの株式評価額は一万円前後とされた。

Ｚ社は、平成一八年六月九日ころから同月二九日までの間に、Ｚ社および買取りに応じなかった一社（Ｘ社）を除くＡＳＭの株主から、株式三、一六〇株を一株当たり五万円、代金総額一億五、八〇〇万円で買い取った（以下、本件株式取得という)。その後、Ｚ社とＡＳＭとの間で株式交換契約が締結され、ＡＳＭの株式一株について、Ｚ社の株式〇・一九二株の割合をもって割当交付するものとされた。

本件は、Ｘ社が、本件決定につき、Ｚ社取締役Ｙには善管注意義務違反があるとして、株主代表訴訟を提起した事件である。

一審判決は、後述の判断基準を示したうえ（三4）、「企業経営者として不合理・不適切な点があったと認定することはできない」として請求を棄却した。それに対して、原審判決は、後述の判断基準を示したうえ（三4）、一審判決を取り消し、Ｙの責任を認めた。Ｘ社以外の株主からのＡＳＭ株式の買取りに際し、一株当たり五万円という額「より低い額では買取りが円滑に進まないといえるかどうかの調査や検討がされたことはなかった」こと、「ＡＳＭを完全子会社にすることが当時の状態を維持した場合に比較して経営上どの程度有益な効果を生むかという観点から」買取価格について慎重な検討が必要であったのに、「そのような観点からの検討が十分に行われたことをうかがわせる証拠はない」ことから、一株当たり五万円という買取価格について、十分な調査および検討をすることなく、「単に出資価格が一株当たり五万円であったことから、それと同額の買取価格を設定したというにすぎないものであり」、その判断に「何ら合理的な根拠または理由を見いだすことはできない」、「取締役の経営上の判断として許された裁量の範囲を逸脱したものというべきである」とした。

本件最高裁判決は、後述の判断基準を示したうえ（三4）、原審判決を破棄・自判し、Ｙの善管注意義務違反はないとした。

三　区別の変遷と本件各判決

1　学　説

昭和二五年商法改正後、アメリカ法における business judgment rule をわが国にも導入すべきだとの議論が、善管注意義務とは別個の忠実義務概念の導入論と併行して、有力に主張されはじめた(6)。しかし、その当時は、アメリカ法においても、過程と内容とを自覚的に区別するという発想はなかったものと思われる。

その後のアメリカ法（とりわけ学説）における進展を受け、わが国においてこの区別が最初に提唱されたのは、一九八一年（昭和五六年）のことだと思われる(7)。その後、ＡＬＩによるコーポレート・ガバナンス原則の策定(8)（一九九四年）の影響などもあり（その試案第一の公表は一九八二年）、この区別はわが国に広く定着していった(9)。とりわけ、過程においてもっとも注目された要素は、情報収集（必要な情報を得た上での判断であったか）であったように思われる。

これまでの時期、business judgment rule は取締役の責任を軽減する法理だと理解されることも多く、わが国での議論は、責任軽減が妥当なのかどうかに関心が集中しがちであった(10)。それは同時に、business judgment rule はアメリカ特有の判例法理であるとして日本法とはいったん切り離したうえで、business judgment rule（の考え方）をわが国にも導入すべきかどうかという「導入」の是非論という形で議論されることでもあった。そしてそのことは、導入を云々しなくてもすでに日本法にも business judgment rule（の考え方）が必要な素地が備わっているのではないかとの着想を生み出しにくくもしていたのではないかと思われる(11)。

また、そのような責任軽減の議論を引き継ぎ、過程と内容との区別が意識された時期には、過程において善管注意義務違反があるかどうかについての判断基準と、内容における判断基準とが異なると捉えるべきかどうかも議論されるようになった[12]。

さらに、これらのように責任軽減の是非に関心が向きがちであったことは、仮に「導入」するとした場合のわが国における理論構成に対する関心をうすくした面もあるように思われる。すなわち、価値判断の議論が先行していたのである。また、アメリカ法ではネグリジェンスの問題とされてきたが[13]、とりわけアメリカ企業社会に衝撃を与え、わが国でも大きな注目を浴びた著名な判決が gross negligence という概念を判示したこともあり[14]、わが国でも business judgment rule は「過失」の問題だと受け取られていたように思われる。しかし仮にアメリカ法を導入するとした場合でも、日本法の法構造に即して翻訳する作業が必要である。この点における日米のもっとも大きな相違点は、わが国で取締役の対会社責任を債務不履行責任と位置づける限り、取締役の対会社責任に関する要件は、少なくとも原則としては、「債務の本旨にしたがった履行」であるかどうかと、「責めに帰すべき事由」があるかどうかの要件とに分かれていることである[15]。

2　「過程」の内容

さて、では学説が「過程」という語によって指していた内容はどのようなものだっただろうか。

まず、当該経営判断を下すためにどのような手続を経たかが含まれる。取締役会決議が求められるような決定でなくとも、たとえば常務会・経営会議等の会議体で検討した経緯があるなどとなれば、慎重な手続を経て判断したという方向に傾くことになる。また、専門家の意見を徴することも同様の評価につながるが、これには費用も時間もかかるので、それとの兼ね合いもある。ともかく慎重であればよいというものではないし、形ばかりの会議を開催すればよいというわけでもないから、このこと自体は、ただちに義務違反かどうかを判断できる要因とはいえない。

つぎに、当該経営判断を下すためにどのような情報を得ていたか、逆に言えばどのような情報に基づいて経営判断を下したかも「過程」の一環である。それまでに有している情報や知識もあるので、新たにどのような情報を収集するかもそれとの兼ね合いだし、新たな情報収集・調査には費用も時間もかかる。すでに有している情報の精度についての判断や、新たにどのような情報をどこまで収集するか、何を調査するかなどもひとつの経営判断であると考えられるが、しかし当該経営判断を下すために不可欠な情報というものはあるだろう。これを持たないままに判断したら、義務違反（著しく不合理な判断過程）となろう。

第三に、当該経営判断を下すためにどのような検討（情報の分析などを含む）をしたかも「過程」の一環である。最初から結論ありきの判断をしたというのでは、その当否が争われている状況下ではマイナスの評価につながる。また、たとえば、検討からは導かれないような結論がいきなり出されたとか、いいかげんな検討をしたために、手持ちの情報から当然に導き出されてしかるべき分析・評価がされず、それを前提として判断してしまったなどという場合も、義務違反となろう。有している情報やその分析・検討から当該経営判断を導き出すことができるかどうかも「過程」の一環であるが、(16) いかなる検討がされたのかの問題ともいえる。

ともかく、情報収集・調査・分析・検討など、当該経営判断が導き出されるまでの行為をすべて含んで「過程」と呼んでいたと思われる。「過程」に含まれる各要素を詰めることよりも、「内容」と区別された「過程」というものに目を向けることが理論的に重要だと考えられたからであろう。それに対して、現実に判決を下す裁判所は、上記の「過程」を各要素に細分化して明示し、経営判断の原則の定式を示すようになっていった。次節で簡単にみてみよう。

3　下級審判決群

わが国で、最初に経営判断の原則の考え方を採用したと評されることもある下級審判決として、福岡県魚市場判決(17)がある。「……取締役の行為が親会社の利益を計るために出たものであり、かつ、融資の継続か打切りかを決断するに当り企業人としての合理的な選択の範囲を外れたものでない限り、これをもって直ちに忠実義務に違反するものとはいえない」と判示された。「企業人としての合理的な選択の範囲」という形で取締役に認められる裁量の幅を表現したことから上記のような評価につながるものなのだろうが、少なくとも明示的には、過程と内容とが区別されているわけではない。

しかし、バブル経済の崩壊に伴い企業不祥事が続々と明らかになり、平成五年商法改正を契機として取締役の対会社責任を追及する訴訟が増加する中、裁判所も、福岡県魚市場判決のような判断基準ではなく、また学説が論じていたように「過程」として一括してしまうのではなく、より具体的な視点を明らかにしていく必要性に迫られたのではないだろうか。セメダイン事件判決(18)では、「その前提となった事実の認識に重要かつ不注意な誤りがなく、意思決定の過程・内容が企業経営者として特に不合理・不適切なものといえない限り、当該取締役の行為は、取締役としての善管注意義務ないしは忠実義務に違反するものではないと解するのが相当である」とされている。その後、細部を含めればさまざまな定式が判示されてきたといいうるが(19)、実際の事案について異なる結論が導かれるわけではないとも評されている(20)。ともかく、ある時期から下級審判決は、評価の視点をより具体化した定式を示すようになったが、それが前記2でみた学説のいう「過程」と異なる要素を含んでいるものとは考えがたい。「事実の認識」「情報収集・分析」「推論過程」など、学説が「過程」として一括りにしていた各要素を取り上げて明示したものと捉えられる。

それでは、この点を含み、本件各判決はいかに判示したのか。次節においてみてみよう。

4　本件各判決における判断基準

一審判決は、「……証券取引所に上場されず、店頭登録もされていない、いわゆる取引相場のない株式については、会社の事情、評価の目的、場面等に応じて評価額が異なるものであり、会社がこのような取引相場のない株式を取得するに当たり、その取得価格を算定するに当たっては、当該株主から当該価格により株式を取得する必要性、取得する株式数、取得に要する費用からする会社の財務状況への影響、会社の規模、株主構成、今後の会社運営への影響等諸般の事情を考慮した企業経営者としての専門的、政策的な総合判断が必要になるというべきである。もともと、株式会社の取締役は、法令及び定款の定め並びに株主総会の決議に違反せず、会社に対する忠実義務に背かない限り、広い経営上の裁量を有しているが、このような政策的な経営判断が要請される場面においては、その判断において、前提となった事実の認識に重要かつ不注意な誤りがなく、意思決定の過程・内容が企業経営者として特に不合理・不適切なものといえない限り、当該取締役の行為は、取締役としての善管注意義務ないしは忠実義務に違反するものではないと解するのが相当である」とした。

原審判決は、「株式会社の取締役の経営上の判断は、将来の企業経営の見通しや経済情勢に対する予測に基づく判断を含み、かつ、その予測は、事柄の性質上、不確実なものであって、企業を取り巻く情勢の変化等により、事前の予測を超える事態が発生することは不可避であることに照らすと、経営者としての裁量的な判断であるというべきであるから、取締役としての善管注意義務に違反するかどうかは、このような経営上の判断の特質に照らすと、その判断の前提となった事実の調査及び検討について特に不注意な点がなく、その意思決定の過程及び内容がその業界における通常の経営者の経営上の判断として特に不合理又は不適切な点がなかったかどうかを基準とし、経営者としての裁量の範囲を逸脱しているかどうかによって決するのが相当である」とした。

本判決は、「……本件取引は、AをBに合併して不動産賃貸管理等の事業を担わせるという参加人のグループの事業再編計画の一環として、Aを参加人の完全子会社とする目的で行われたものであるところ、このような事業再編計画の策定は、完全子会社とすることのメリットの評価を含め、将来予測にわたる経営上の専門的判断にゆだねられていると解される。そして、この場合における株式取得の方法や価格についても、取締役において、株式の評価額のほか、取得の必要性、参加人の財務上の負担、株式の取得を円滑に進める必要性の程度等をも総合考慮して決定することができ、その決定の過程、内容に著しく不合理な点がない限り、取締役としての善管注意義務に違反するものではないと解すべきである」とする。

5 結論が異なった理由

本件各判決が明示した判断基準にどのような違いがあるだろうか。たとえば「前提となった事実の認識」という視点が明示的に判示されているかどうかといった類の違いはさておき、判断基準がどのように明示されているかは、具体的な判断内容の違いに、間接的には（論理必然ではないが）結びついているように思われる。

原審判決は一般的な経営判断について判示しているのに対して（「株式会社の取締役の経営上の判断は……」）、一審判決・本判決は、本件株式取得という経営判断を対象として判示しているようにみえる。一審判決は、「もともと、株式会社の取締役は、法令及び定款の定め並びに株主総会の決議に違反せず、会社に対する忠実義務に背かない限り、広い経営上の裁量を有している」としつつ、(21)「このような政策的な経営判断が要請される場面」における経営判断についての判示であることが明示されている。本判決も「将来予測にわたる経営上の専門的判断」における本件「株式取得の方法や価格……の決定」を対象としている。

問題は、いうまでもなく本件株式取得についての取締役の善管注意義務違反の有無だが、原審判決が、判断基準を示す部分においてこれを明示していないことは、どのような意味をもつだろうか。

判断基準の提示に続く原審判決の検討は、「本件取引当時のＡＳＭの株式の価額」の検討から始まる。そして、「本件取引当時のＡＳＭの株式の価額は、一株当たり一万円であったと認めるのが相当である」とする。それを前提として、一万円の価値の株式の買取価格を五万円に設定することが取締役の裁量の範囲内の経営判断かが、問題とされるのである。すなわち、株式にはどのような局面でも通用する客観的な価値が存するとの前提に立つとともに、本件買取価格は原則として一万円とすべきである（取締役が義務を尽くして本件買取価格を決定するならば、一万円と判断すべきである）との義務内容を判示していることになるのではないか。[22] 裁判所が経営判断を下しているのである。原審判決のいう「経営者としての裁量の範囲」とは、この一万円から出発してどの程度乖離するかについて認められるものにすぎない。

　このように、原審判決は、一般的な経営判断に対する判断基準は示しつつ、本件買取価格の決定についての経営判断は尊重していない（それゆえに、経営判断一般に対する判示しかしていないわけである）。それに対して、一審判決・本判決は、本件買取価格五万円という決定を尊重する（それが著しく不合理なものといえない限り、経営上の専門的判断にゆだねられる）ことが前提である。[23] この点が、原審判決が他と異なる結論に至った最大の理由であると考える（後述五1）。

（6）経緯につき、たとえば、川濱昇「米国における経営判断原則の検討（一）」法学論叢一一四巻二号七九頁、七九頁以下参照（一九八三年）。

わが国の議論において、歴史的には、善管注意義務と忠実義務との関係についての立法論・解釈論は、経営判断の原則の理解と深くかかわっていると思われるが、本稿で取り扱うことはできない（この点は、森本滋「経営判断と『経営判断原則』」『現代民事法の実務と理論（上）』六五四頁、六八二頁（注61）（金融財政事情研究会・二〇一三年）参照）。なお、解釈論としては、善管注意義務という概念（あるいは民法六四四条）をどう捉えるかにかかっている面もあるが、これについて、道垣内弘人「善管注意義務をめぐって」法教三〇五号三七頁（二〇〇六年）、また三宅正男『契約法（各論）（下）』九五〇頁（青林書院・一九八八年）参照。

なお、ロエスレル草案から平成一七年会社法制定までの取締役の義務規定の変遷につき、高橋英治「ドイツと日本における経営判断原則の発展と課題（下）」商事二〇四八号三七頁、三七頁以下（二〇一四年）参照。

（7）わが国でこの区別をはじめて明示的に（過程という語を用いて）提唱したのは、神崎克郎「経営判断の原則は取締役に何を期待するか」判タ四三八号四頁（西東間話）（一九八一年）ではないか。

（8）AMERICAN LAW INSTITUTE, PRINCIPLES OF CORPORATE GOVERNANCE: ANALYSIS AND RECOMMENDATIONS §4.01 (1994).

（9）吉原和志「取締役の経営判断と株主代表訴訟」小林秀之＝近藤光男編『株主代表訴訟大系〔新版〕』七八頁（弘文堂・二〇〇二年、なお初版は一九九六年）、川濱・前掲注（6）および同「(二)・完」法学論叢一一四巻五号三六頁（一九八三年）など。なお、本文記載の「試案第一」の研究として、『アメリカ法律協会『会社の運営と構造の原理―リステイトメントおよび勧告（試案1）』の研究』証券研究七一巻（一九八四年）。

（10）たとえば近藤光男『会社経営者の過失』（弘文堂・一九八九年）、同『経営判断と取締役の責任』（中央経済社・一九九四年）など参照。ただし、近藤教授は、「相当程度裁判所は取締役の経営判断を尊重すべきである」として、「従来の過失原則を大きく修正する必要はない」とされる（同一〇九頁）。

（11）吉原・前掲注（9）に至り、「経営判断原則をわが国に導入すべきかどうかという問題の設定のしかたは必ずしも適当でない」とされている（同九六頁）。

（12）たとえば、吉原・前掲注（9）参照。

（13）ROBERT C. CLARK, CORPORATE LAW 123 (1986).

（14）Smith v. Van Gorcom, 488 A.2d 858, 873 (Del. 1985). See also Aronson v. Lewis, 473 A.2d 805,812 (Del. 1984).

（15）よく言及されるように手段債務においては両要件は事実上重なるとしても、経営判断の原則は不履行要件の問題だと考えるが、本稿ではこの点にも立ち入ることはできない。

（16）後掲注（19）判決のいう「推論過程」という語は、このことを指しているのであろう。「判断の筋道」ともいえる（田中亘「本件評釈」ジュリ一四四二号一〇一頁、一〇三頁（二〇一二年）参照）。

（17）福岡高判昭和五五年一〇月八日下民集三三巻四号三四一頁。なお、企業経営において多少の冒険がつきものである旨の判示は、かなり以前からみられるし（たとえば、大阪地判昭和四二年四月二〇日判時四九八号六四頁）、会社に損害が生じたことからただちに任務懈怠が認められるべきではない旨の判示も同様である（たとえば、東京地判昭和五三年三月一日金判五六二号三六頁）。

(18) 東京地判平成八年二月八日資料版商事一四四号一一一頁。
(19) たとえば、「判断の前提となった事実の認識に不注意な誤りがあったか否か、又は判断の過程・内容が取締役として著しく不合理なものであったか否か、すなわち、当該判断をするために当時の状況に照らして合理的と考えられる情報収集・分析、検討がなされたか否か、これらを前提とする判断の推論過程及び内容が明らかに不合理なものであったか否か」（東京地判平成一四年四月二五日判時一七九三号一四〇頁（長銀初島事件））という判断基準は、前掲注(18)判決の定式と並び、ひとつの型であるとされることもある。齊藤毅「関連会社の救済・整理と取締役の善管注意義務・忠実義務」佐々木茂美編『民事実務研究Ⅰ』二四六頁、二五五頁（判例タイムズ社・二〇〇五年）。定式の違いについての議論の一つは、過程に対する判断基準と内容に対するそれとを異にする趣旨かどうかである。
(20) 齊藤・前掲注(19)二五六頁。
(21) なお、本文の類の判断基準が妥当する経営判断といえるためには法令定款違反・株主総会決議違反・忠実義務違反がないことが必要であることは、一般に受け入れられていると考えられ、原審判決・本判決はわざわざ明示はしていないがこのことを前提としているとみてよいだろう。
(22) 山田泰弘「本件判例解説」監査役五七八号一一三頁、一一八頁、一二一頁（二〇一一年）。
(23) なお、いうまでもなく、著しく不合理である旨の立証責任は原告側が負っている。

四　区別の意義

1　区別の意義の理解

(1)　二つの理解

従来、過程と内容とを区別することの意義がどこに求められてきたか。第一に、特定の訴訟においては、原告が対象とする経営判断を特定する。これを前提として、それならばその内容が決定されるまでの過程（プロセス）があるはずだということで区別することができる。つまり、原告が特定の経営判断を取り上げることで、それと時間的に区別される過程が観念される。第二に、このことを前提として、さらに過程に対する善管注意義務の判断基準と内容に対する判断基準は異なるべきだとの考えに基づいて区別する見解がある。

しかし、第一の意味での時間的な区別は当然できるわけだが、そこにはそれ以上の意義があると考える。取締役の対会社責任が問題となり、その経営判断が善管注意義務違反によるものだったかどうかを検討するとき、問題とされるべきは、まず経営判断の内容である。当該内容の経営判断が下され、それに従って実行されたから、損害（ここでいう損害は事実としての損害であって、賠償されるべき損害ではない）が生じているのである。そして、善管注意義務に違反した結果の経営判断だと評価されれば、それと因果関係がある損害が、賠償されるべき損害ということになる。言い換えれば、経営判断の過程に善管注意義務違反があっても、それが会社に損害を生じさせることには、直接にはならない。過程に善管注意義務違反がある場合、そのことにより内容も「著しく不合理」なものであったから損害が生じたのだということにならないと、行為と損害との因果関係が成立しない。内容を直接的に評価できない場合でも、過程に善管注意義務違反があれば内容も「著しく不合理」なものであったと推認されることになり、損害との因果関係が認められるものと解される。(24)

このように、問題の中心は経営判断の内容であると考えられるが、裁判所は、経営判断の内容を直接的に審査して、善管注意義務違反と判断することが、原則としてできない。裁判所が、どのような内容の経営判断を下すべきであったのか（取締役の義務内容）を決定することは、原則としてできないと考えるべきだからである（その理由につき、2参照）。裁判所が、経営判断の内容についての義務をたてることができる場合は、そのように判断されるべきだが、できない場合に、当該経営判断が導き出された過程に目を向けて、そこに善管注意義務違反が認められるかを審査するということになる。過程と内容とは、連関しながらもいわば並列的な（同列の）関係にあるというわけではなく、重層的な関係

（いわば主従の関係、内容が主・過程が従）に立っているものと捉えるべきである。

(2)「内容」について義務をたてることができる場合

裁判所であっても、どのような内容の判断が下されるべきかについての規範（義務内容）をたてて判断することができるケースなら、そのように判断されるべきである。もっとも、内容だけを取り上げて判断しているケースにもいくつかのパターンがある。

① 具体的な義務内容をたてて判断されたケースとして、たとえば「新規事業については、会社の規模、事業の性質、営業利益の額等に照らし、その新規事業によって回復が困難ないし不可能なほどの損失を出す危険性があり、かつ、その危険性を予見することが可能である場合には、その新規事業をあえて行うことを避止すべき善管注意義務を負う」との義務を判示したものがある。(25) 最近では、「取締役及び監査役は、善管注意義務の一環として、ＭＢＯに際し、公正な企業価値の移転を図らなければならない義務を負う」としたものもある（公正価値移転義務）。(26) このように、一定程度類型化できる義務内容をたてることができる場合はあろうし、この場合に、経営判断の原則の定式が示される必要はないであろう。

② 逆に、何ら規範らしき内容が示されることなく判断しているケースもある。(27) おそらく、あまりにも不合理な経営判断であることが明白であるケース、逆に、原告の主張があまりに不当であることが明白であるケースにおいて、このような判断がされているものと思われる。

②のケースは例外的だとして、①のケースはありうるし、通常は、義務違反が認定されるケースであろう。裁判官は著しく不合理な判断であると評価しているのであるから、どこが不合理かを類型化できるケースなら、そのような義務内容をたてるものと思われる（もっとも、その具体化の程度はさまざまであろうが）。(28)

(3)「内容」について義務をたてることができない場合

裁判所が義務内容をたてることができない場合、当該内容が導き出された過程に目を向けて、そこに善管注意義務違反が認められるかを審査するということになる。経営判断の原則の定式は、こうした場合に登場することになる。経営判断に対する善管注意義務違反の有無が審査されるすべての場合に経営判断の原則の定式が登場するわけではなく、規範（義務内容）をたてて判断できないケースについて機能するのである（つまり後述④′の場合も除かれる）。

ここでも、いくつかのパターンがある。経営判断の内容についての義務内容をたてられないわけだから、当該経営判断の内容を直接の対象として善管注意義務違反の有無が判断されることになり、しかしそれは困難だから、通常は下記④のパターンに進むことになるが、③例外的に当該内容だけを取り上げて判断しうる場合がありうる。[29] 後述するように（五3）、本判決はこの例外的なパターンに属する稀な判断と位置づけられる。

通常は、④経営判断の内容について直接の判断はできないから、その過程に目を向けるということになる。しかしここでも、④′過程についての義務内容はたてられるという場合がありうる。事例判断だが、最高裁においても「本件追加融資の担保として確実な担保余力が見込まれるか否かを、客観的な判断資料に基づき慎重に検討する必要があったというべきである[30]」とするものがある。「本件追加融資の担保」として提供される財産の価格が、仮にその後に下落したとしても、いつでも確実に回収できるような担保余力が見込まれることが、「本件追加融資」に応じるかどうかの絶対的な条件であるとの判断のもと、その点に特に慎重な検討を要するとしたものである。このようなケースもある。

しかし、過程も、より細かな点に関する経営判断の積み重ねだから、多くのケースでは、④″「過程」に含まれる種々の要素（三2・3）が総合的に判断されることになろう。④″のケースは、内容についても過程についても具体的な義務をたてられないわけだから、基本的には義務違反はないと判断されるケースにおいて採られる結果となろう。すなわち、経営判断の原則の定式が明示されるケースの多くは、④″に属し、義務違反がないとの結論が出されることになる。裏返して言えば、義務違反がないとの結論が出される（裁判官がそのように判断している）ケースにおいて、経営判断の原則の定式が示されることが多いとも言える[31]。

2　区別の根拠

以上のように、経営判断の過程と内容は、問題の中心となるべき経営判断の内容だけをみて善管注意義務違反かどうかを判断することができないことから、その過程に目を向けて義務違反の有無を検討しようとするという意味で、区別されるものと思われる。過程と内容は、善管注意義務違反の有無の審査にとって重層的な関係にある。内容だけをみて判断することができるのなら、過程に対する判断は必要がない[32]。しかし多くの場合はそうすることができないから、過程が問題とされるわけである。

では、多くのケースにおいて（あるいは原則として）、なぜ裁判所は経営判断の内容を直接的に判断することができないのか。

裁判所の基本的な役割が、事後的に取締役の行為を検証し、会社に対する任務懈怠があったのかどうかを法的に判断するということであるならば、その判断基準は、国家（裁判所）がどこまで私人の経営に介入することができるかの観点から構築されるであろう。裁判所の判断が、間接的に取締役の行為規範に影響を与えることはあっても、第一義的には裁判規範を適用することがその役割である。

そのような観点にたつ場合でも、経営判断の原則の判断基準も、国により時代により異なるものとなろう（その限りで、政策的考慮からまったく離れた判断が可能であるわけではない）。わが国の対第三者責任事例において経営判断の原則が適用されるべきかは議論がありうるが[33]、特別法定責任説によって会社に対する任務懈怠が要件とされる以上、裁判所と取締役の経営判断との関係は、対会社責任の場合と異ならない[34]。高度経済成長の渦中にあって債権者保護の必要性が強調され、おそらく著しく不合理な経営判断も多かった時代に（そのような事例が小規模企業同士の紛争を中心として訴訟に現れるわけだが、その数は多かった）、対第三者責任の事例において、「わが国ではアメリカと異なって経営判断の内容に対する審査も行われている」と結果的に評されることになる判決群が形成されたとしても、おかしなことではない。

取締役の経営判断が善管注意義務違反かどうかの判断に際し、裁判所が「こう判断すべきであった」との規範を定立して判断するのではなく、現実に下された経営判断を対象とし、それが「著しく不合理」かどうかを判断するという基準がとられることは、裁判所があたかも経営者（最終決定権者）となって経営判断を下すことを避けるという意味で健全であり、受け入れられることではないか。経営判断の原則は、①裁判所が自らの経営判断を規範として定立してはならない領域において（問題となっている経営判断がその種の判断であることを確認して）、②明らかに会社の最善の利益を図るとはいえない経営判断だけを義務違反と評価するという判断基準として受け入れられるものと考える。

②の判断方法が採られるのは、①を前提とすると、「著しくはないが不合理ではある」という判断を裁判所はできないからである。経営判断にはマニュアルがあるわけではなく、個性的判断も許容される。観念的には、合理的な判断・（著しくない単なる）不合理な判断・著しく不合理な判断との区別ができそうだが、前二者のいずれに属する経営判断かを法的に判断することはできないと考えるべきである。そこで、上記のいずれに属する経営判断かを判定するという方法ではなく、「どうみても会社の最善の利益を図るとはいえない」「通常の取締役ならば少なくともそうはしなかった」と評価できる場合のみ、著しく不合理なものとして善管注意義務違反と判断するという方法を採るしかない[35]。アメリカでは、このことを、裁判所はその資格も能力もないと表現するが、わが国の実体法の問題としては、このことは、取締役には一定の裁量の幅が認められると表現される。

(24) なお、途中で頓挫したＭＢＯの事案において、取締役の善管注意義務違反に基づく責任を認めた判決がある（大阪高判平成二七年一〇月二九日金判一四八一号二八頁（シャルレＭＢＯ事件））。そこでは、一般論として、意思決定の手続に問題があった場合でも、「最終的に公正な企業価値の移転がされていると認められれば」、株主に対する関係では損害の発生がないとした。そのことには賛成できるが、本判決は、続いて、会社に対する関係と株主に対する関係で義務が異なるとしている。

本件では、「株式の買付価格の決定に際して、取締役がその算定過程に不当に介入した結果、第三者委員会等に関する費用やメディア対応費用などの損害が会社に生じたか」が問われた。「不当な介入によって公正な価格算定が害されて株主に損害を与えたか」という問題ではない。買付価格の算定を経営判断の内容として特定するなら、その過程にはさまざまな行為が含まれる。本判決で問題とされたのは、その過程に含まれるさまざまな行為のうち、算定に介入するという取締役の行為（ないし介入するという判断）が問題とされているのである。誰に対する関係かが異なるというより、検討の対象となっている経営判断（の内容）が異なる。

どの経営判断（の内容）を問題にするかは、裁判所ではなく、原告株主が特定する。原告は介入という行為（判断）を問題にしたのであるから、上記一般論には賛成できるものの、その判示は不要であったと思われるし、続く判示は誤解を生みやすい表現になっているのではないかと思われる。

(25)　東京地判平成五年九月二一日判時一四八〇号一五四頁（日本サンライズ事件）。
(26)　東京高判平成二五年四月一七日判時二一九〇号九六頁（レックス・ホールディングス事件）。
(27)　たとえば、福岡地判平成八年一月三〇日判タ九四四号二四七頁（福岡魚市場事件、経営判断の原則の法理には触れる）、大阪地判平成一三年一二月五日金判一一三九号一五頁（イトマン事件）、東京地判平成一五年五月一二日金判一一七二号三九頁（トーモク事件）など。
(28)　一般的な規範がたてられたとまでは言いがたいが、最判平成二一年一一月二七日判時二〇六三号一三八頁（四国銀行事件）も、当該事案における「本件追加融資三」について、当該状況での「本件回収見込判断」は著しく不合理であるとして、経営判断の内容を直接的に評価したものではないだろうか。
(29)　これは、当該経営判断の内容だけを取り上げて（過程に目を向けることなく）「著しく不合理」かどうかを判断しうる場合を指しているのであって、裁判所が積極的に何らかの経営判断を下すことができる場合がありうるという意味ではない。

(30) 最判平成二〇年一月二八日判時一九九七号一四三頁（拓銀・栄木不動産事件）。

(31) 経営判断の原則が、取締役の責任を課さないためのルールだとの理解が有力であった時期も長かったように思われる。しかし、そうした誤解は、責任を課すべきでないと裁判官が判断しているケースにおいて経営判断の原則の定式が示されることが多いという現象の裏返しである。責任を課すべきと判断される場合には義務内容をたてて当てはめるという判断方式がとられることが多い（経営判断の原則は示されない）とすると、経営判断の原則が示されれば責任は課されないとの印象を与えてもいたしかたない面もある。

経営判断の原則自体は判断基準であって、特定の結論を導くものではないと考えるが、少なくともその定式が判決文に現れるかどうかについては、それに先行して裁判官の判断が行われていることに留意しなければならないだろう。経営判断の原則（の考え方）と、その定式が示されるということとは、別のことだと考える。

(32) 森本・前掲注（6）六七五頁～六七六頁参照。

(33) たとえば、近藤・前掲注（10）『経営判断と取締役の責任』一一七頁以下。

(34) 直接損害の場合もなぜ任務懈怠が要件とされるかは、対第三者責任全般（法定責任説）の問題である。

(35) 新株発行（有利発行の判断基準）についてだが、「公正な価額」には幅があることを前提として、「発行価額が公正な価額を下回っていれば、それは当然に、『著しく不公正』なものとなり、また『特に有利』なものとなる」と、「著しく」「特に」という概念を捉える見解がある（鈴木竹雄「新株発行の差止と無効」『商法研究Ⅲ　会社法（二）』二一八頁、二二一頁（有斐閣・一九七一年）、なお森本・前掲注（6）六七〇頁（注25）参照）。経営判断の原則における「著しく不合理」も、これと同様に（「公正な価額」という概念に幅があるように）、「著しくない不合理」との区別を前提としているのではなく、善管注意を尽くした経営判断はひとつには決まらない（たんなるイメージだが、おそらく「公正な価額」よりもさらに幅がある）ことを捉えた概念・基準と考えるべきではないだろうか。こう捉えれば、緩やかな基準だとか厳格な基準などということに意味はない。

五　本判決の意義

1　原審判決との違い

前述したように（三5）、原審判決は、本件買取価格は原則として一万円と判断すべきであるとの義務内容（規範）をたてており、自ら経営判断をしている。それに対して、本判決は、五万円という価格を対象として、その価格設定が「著しく不合理」な経営判断といえるのかどうかを検討している。一万円という数字はその際のひとつの考慮要素にすぎない。かつて下級審判決で判示された「……取締役の経営判断の当否が問題となった場合、取締役であればそのときどのような経営判断をすべきであったかをまず考えたうえ、これとの対比によって実際に行われた取締役の判断の当否を決定することは相当でない。むしろ、裁判所としては、実際に行われた取締役の経営判断そのものを対象として……」[36]という判断方法の違いが、原審判決と本判決とに現れているのである。

また、本判決は、後述のとおり（2参照）、五万円という価格設定が「著しく不合理」な経営判断といえるのかどうかの検討に際し、どのようにして五万円という数字が導き出されたかの「過程」の検討よりも、五万円という決定内容の直接の検討を主としていると捉えられる。両判決のさまざまな違いは、これらのことから生じてきているものと思われる。

2　両判決の関心のズレ

本判決は、本件株式取得の方法や価格の「決定の過程、内容に著しく不合理な点がない限り、取締役としての善管注意義務に違反するものではない」とし、まず、決定の内容（方法と買取価格）について判示する。すなわち、①「任意の合意に基づいて買い取ることは、円滑に株式取得を進める方法として合理性がある」、②「その買取価格についても……著しく不合理であるとはいい難い」。②の判断の主な理由は、㋐「ＡＳＭの設立から五年が経過しているにすぎないことからすれば、払込金額である五万円を基準とすることには、一般的に見て相応の合理性がないわけでは」ないこと、㋑「買取を円滑に進めてそれらの加盟店等との友好関係を維持することが今後における参加人及びその傘下のグループ企業各社の事業遂行のために有益であったこと」であろう。それに対して、㋒非上場株式の評価額には相当の幅があり、ＡＳＭの企業価値の増加も期待できたことが判示されているのは、原審判決のように一万円という数字に縛られる必要がないことを示したものと思われる。

このように、本判決は、経営判断の内容（とりわけ、②買取価格）を検討し、著しく不合理でないとの判断を下している。五年しか経っていないという本判決の認識を前提とするなら、(37)五年前に出資をしてもらった取引先（加盟店等）との友好関係を維持するために、払込金額と同額に買取価格を設定することも、著しく不合理ということはできないとしているのである。そして、内容が著しく不合理といえないならば、善管注意義務に違反した経営判断とはいえないから、事案解決のための判断としては、本来、これで足りるであろう。仮に決定過程がいかに不合理なものであろうと、内容が妥当なものなら、賠償すべき損害は生じていないはずなのである（四1(1)）。

こう考えると、本判決の立場からは、原審判決が問題にしたような経営判断の過程の問題（一定の調査・検討等が十分かどうか）は、関心に入ってこない。上記の内容にかかる検討に続いて、本件決定に至る過程についても触れられているが、原審判決がこれを理由として責任を課したのに比して、きわめて簡単な判示しかされていない。

また、原審判決が問題にした、五万円以下の価額では買取りが円滑に進まないかどうかも、大きな問題ではない。五年前に五万円を出資してもらった取引先と友好関係を維持するなら、一万円で買い取るというわけにはいかないはずであり、できれば五万円で買い取りたい（いわば出資額分を返還したい）ということが出発点になるであろう。(38)本来、社長の専権事項に属する行為でもあり[39]、著しく不合理とされるような判断でない限り、この点をことさら慎重に検討する必要があったというわけではなくなる。著しく不合理でないかどうかも含めた（明示的に議論されなくてもおのずと含まれるであろう）経営会議における検討、弁護士の意見の聴取などが示されれば十分であったということであろう[40]。

さらに、一万円という額を検討の出発点とする原審判決では、完全子会社化のメリット等の検討についても問題とされた。一万円の価値の株式の買取価格を五万円に設定するほどのメリットがあるかということが、問題になるからである。しかし、本判決の立場からは、メリット云々は買取価格と強く連動する問題というわけではなくなるから（もちろんメリットを上回る買取価格が設定され、著しく不合理とされる場合もありうるから、まったく連動しないことになるわけではない）、まさに取締役に委ねられた経営判断事項とされることになる。「このような事業再編計画の策定は、完全子会社とすることのメリットの評価も含め、将来予測にわたる経営上の専門的判断にゆだねられていると解される」とされている。原審判決と異なり、本件株式取得の方法の選択や価格の設定よりも一段階上位のレベルの経営判断として取り扱われている。

本判決は、原審判決のように自らの経営判断を下さず、五万円という決定内容を対象として検討し、しかも過程に目を向けるまでもなく、決定内容自体の検討から著しく不合理な経営判断でないと結論した[41]。このことから、原審判決とは、結論および判示すべき内容が異なってきていると捉えられる。

なお、これまで述べてきたように、本判決では、経営判断の過程についての検討を行う必要性に乏しいと考えられる。過程については「手続が履践されている」側面しか判示されておらず、情報収集・調査・分析などについて触れられていないが、経営判断の原則として、とくにそれを排除することを意図したものではないであろう。たとえば、経営判断の前提となった事実の認識に不注意な誤りがないことといった判断基準を排除しているわけではない。原審判決に対応するのに必要最小限の要因についてのみ判示したものと思われる。過程と内容とは等しく審査されるべきものではなく、主従の関係にあるものであるから、本判決ではこれで足りる。

3 経営判断の原則

本判決は、少なくとも「将来予測にわたる経営上の専門的判断」についての裁判所の判断は、経営判断に対する尊重という理念をもって行われなければならないことを示している。すなわち、「取締役であればそのときどのような経営判断をすべきであったかをまず考えたうえ、これとの対比によって実際に行われた取締役の判断の当否を決定することは相当でない(42)」ことを前提としていると解される。一定の経営判断については、義務内容を定立して、事実とのくいちがいの有無を判断するという本来の法的判断形式を採ってはならないということ（経営判断に対する尊重）を実践したという意味で、経営判断の原則を採用した判決と位置づけられる。逆に言えば、いかに定式だけ判示していようと、原審判決は経営判断の原則（の考え方）を採っていない。

本判決において実際に示された定式は、下級審判決群のような細かな視点を示したものではないが、それら判決群が現れる以前に学説が唱えていた意味での「過程」を示したものと解され、その内容に差異はない。直接に明示された「手続」以外の要素を排除して「決定過程」としたわけでも、原審判決が示した「判断の前提となった事実の調査および検討」を除外したわけでもない。本判決の立場から、必要な限りでの判示をしたにすぎないものと考える。

一般的な経営判断の原則の定式については、下級審判決群において判示される諸要素の違いに厳密にこだわる必要はなかろう。逆に、いくつかの定式のパターンがあるとされる中で、最高裁判決として、そのいずれかを選択するような判示をしなかったことは評価されると思われる。

本判決ももちろん一定の認定事実を踏まえているわけだから、経営判断の過程を等閑視しているというわけではないが、経営判断の内容に対する評価を主たる理由として判断を下したものと位置づけられる。五年前の払込金額五万円という数字があること（および五年前はそう遠い過去というわけではないとの認識）が大きな要因であり、そうした判断をしやすい事例とはいえそうだが、きわめて稀な判断といえるのではないか。通常は、裁判所が経営判断の内容だけを取り上げて判断することはできないから、四1⑶④の判断方法がとられることがほとんどであろう。

以上、本判決は、経営判断の原則を採用した判決であり、過程と内容との区別の意義（とりわけ、内容が妥当であれば過程を特に検討する必要はないこと）を踏まえたものであるが、内容だけを取り上げて結論を出すことができた判決という意味では稀な判断と位置づけられる。

(36)　野村證券損失補塡事件第一審判決（東京地判平成五年九月一六日民集五四巻六号一七九八頁）。この判決は、少なくとも明示的には、経営判断の原則として、経営判断の内容を問わないかのような定式を示しており、また法令違反の検討が後回しにされているなど疑問が多いものであるが、本文で引用した部分については支持できると考える。

(37)　この認識には疑問も呈されている。たとえば、北村雅史「本件解説」ジュリ一四二〇号（平成二二年度重判）一三八頁、一三九頁（二〇一一年）、川島いずみ「本件解説」速報判例解説（法セ増刊）八号一六七頁、一七〇頁（二〇一一年）など。しかし、五年を長い期間と考えるかどうかは、五年前の出資の経緯、その後の五年間の取引先との関係、本件株式取得行為の目的、それに至る経緯などと照らして判断されるべきであり、単純に五という数字だけでは判断できないであろう（もっとも、そのような事情は判示されていない）。伊藤靖史「本件評釈」商事二〇〇九号五一頁、五六頁（二〇一三年）。

(38)　取締役は、単純に五年前の払込金額と同額を設定したにすぎないというのではなく、出資の経緯や五年間の取引先との関係、将来の取引関係維持の必要性なども考慮したはずである。

(39)　一株当たり五万円とした場合の買取総額一億数千万円の支出について、Z社の職務権限規程では社長の専権事項であることが、一審判決で認定されている。

(40)　なお、それとは別に、原審判決が検討不十分と判示した事項が現に検討されていないはずがないとするものとして、落合誠一「アパマンショップ株主代表訴訟最高裁判決の意義」商事一九一三号四頁、八頁（二〇一〇年）がある。

(41) いうまでもなく、これは判決文に表現するレベルの問題であり、裁判官の実際の思考において内容しか検討していない(経営判断の過程をみていない)という意味ではない。裁判官はすべてを考慮しているはずである。実際にどのように判断するかということと、それがどのように判決文に表現されるかは、別の問題である。

(42) 前掲注(36)参照。

六 結語

法規制を構築していくという視点からみてみれば、たとえば、日本の「稼ぐ力」を取り戻すためには、現状よりさらに会社経営は積極的にリスクをとって冒険的なものになるべきであり、その一環として経営判断の原則を強調していかなければならないというように、この原則を位置づけることもできるのかもしれない。この意味では、経営判断を萎縮させないための経営判断の原則という位置づけがされることになる。こうした取締役の行為規範に影響する機能に着目した議論(あるべき企業社会に向けて会社経営を誘導していく議論)もありうるのだろう。この場合、積極果敢な経営の奨励に目が向けられる。そして、おそらく経営判断の過程、より広くは経営組織を充実させることに重大な関心が寄せられていくことになるのではないか。[43]

アメリカにおいても、一九七〇年代に経営判断の原則の適用範囲が広がり、またモニタリング・モデルの定着とともに、こうした視点が強調されるようになったものと思われる。取締役の行為を規律するメカニズムの一環としての経営判断の原則(ないし取締役の義務・責任規制)という位置づけである。

しかし本稿はこうした視点とは別に、経営判断の原則は、裁判所が事後的に取締役の経営判断について善管注意義務違反があったか否かを評価するときに機能する考え方であるという、裁判規範(評価規範)としての経営判断の原則を取り扱ったものである。より伝統的な意味での経営判断の原則には、国家(裁判所)が私人の経営に対して介入していく限度を画する意義があると捉えられる。経営判断を萎縮させないことは、いずれかというとその根拠ではなく機能である。積極果敢な経営だろうと安全運転の経営だろうと（後者が訴訟において問題になることは少ないであろうが）、会社の最善の利益をめざして行われる限り、取締役の裁量の範囲内の経営判断である。そしてそこでは、過程と内容とは重層的な関係にあるものと位置づけられる。

(43)　たとえば、平成一七年会社法制定に際し、「規制緩和の新会社法の下で、社外取締役を中心にした組織を構築することが、会社経営のあらゆる場面における経営判断に対する客観的な社会からの信頼のバロメーターになろうとしていると思われる」ともいわれた（永井和之「新会社法における規制緩和」松山大学論集一七巻一号二九頁、四三頁（二〇〇五年））。

〔追記〕

脱稿後、神作裕之＝松井秀樹＝松木和道＝井上由里＝本村健・座談会「ハイブリッドモデルの取締役会等における経営判断と攻めのガバナンス〔上〕〔下〕」商事二〇八九号八頁、二〇九〇号二六頁（二〇一六年）に接した。本稿の結語で述べた、「稼ぐ力」を取り戻すための経営判断の原則にまさに焦点をあてるものである。本稿が取り扱った経営判断の原則によって裁判所が立ち入るべきでないとされる領域において、積極果敢な経営判断を後押しするための議論ということができるのであろうか。

平成二六年会社法改正と第三者割当てに関する一考察

矢崎淳司

一　はじめに

平成二五年一一月二九日に第一八五回国会において提出された「会社法の一部を改正する法律案」は、平成二六年四月二五日衆議院において修正議決を経たのち、平成二六年六月二〇日に第一八六回国会において「会社法の一部を改正する法律」（以下「改正法」という）として成立し、同月二七日に交付された（法律九〇号）。改正法は、平成二七年五月一日から施行されている。

第三者割当てによる募集株式の発行については、資金調達の場面における企業統治のあり方に関するテーマの一つとして盛り込まれ、平成二三年一二月七日に法制審議会会社法制部会が取りまとめた「会社法制の見直しに関する中間試案」（以下「中間試案」という）、平成二四年八月一日に会社法制部会が決定した「会社法制の見直しに関する要綱案」

されることになった。[1]（以下「要綱案」という）を経て、公開会社における募集株式の割当てに関する特則として、改正法二〇六条の二が新設

わが国において新株発行が行われるのは、①有償（公募、第三者割当て、株主割当て、新株予約権の権利行使等）、②株式分割（無償）、③会社合併時等の新株発行等であり、現在では有償増資が主流である。[2] 株式会社の資金調達手段としての新株発行の方法には、公募、第三者割当て、株主割当ての三つがあり、わが国における新株発行の方法は時代によって変化している。高度成長期には株主割当額面増資（額面株式は平成一三年に廃止）が中心であった。[3] その後、石油危機を境に低成長期に入ると、企業の資金需要は後退し、株主安定化工作ともあいまって公募時価発行が定着したが、九〇年代は株価低迷により公募増資は著しく減少し、公募増資の低迷は続いた。しかし、平成二〇年からの金融危機を受け、弱体化した財務基盤を強化すべく企業の有償増資が活発化し、とくに公募増資が平成二一年から著しく増加した。[4]

第三者割当ての方法による新株発行については、平成九年以降に増加してきたと指摘されているが、[5] その後、不透明な大量の第三者割当増資が問題視され、このような不公正ファイナンスに対応するため、東京証券取引所が上場規程等の一部改正を行ったり（平成二一年八月二四日から施行）、平成二一年一二月に金融庁が「企業内容等の開示に関する内閣府令」を改正して第三者割当てに関する開示の強化を図ったりするなど、各方面からの取り組みがなされた。[6]

株主割当て以外の方法による新株発行がなされると、既存株主の持分が希釈化され、既存株主の会社に対する支配的利益および経済的利益に影響が及ぶことから、新株発行規制は度々改正され、変遷をたどってきた。今回の平成二六年改正も、このような新株発行規制の変遷の流れの中に位置づけられるから、以下では、わが国におけるこれまでの新株発行規制を概観したうえで、改正法に関する考察を行うことにする。とくに、改正法のもとで第三者割当ての不公正発行該当性の基準として裁判所が構築してきた「主要目的ルール」の適用・運用をどのように考えたらよいかという問題を中心に検討したい。

（1）　資金調達の場面における企業統治のあり方に関するテーマとして、中間試案では、支配株主の移動を伴う第三者割当てによる募集株式の発行、株式の併合、仮装払込みによる募集株式の発行等、新株予約権無償割当てに関する割当通知が扱われているが、要綱案では、支配株主の移動を伴う第三者割当てによる募集株式の発行、仮装払込みによる募集株式の発行等、新株予約権無償割当てに関する割当通知に関する法案が示され、株式の併合に関しては、キャッシュ・アウトの箇所で扱われている。

（2）　上場会社の株式数ベースで見た場合、二〇一二年でもっとも株数が増加したのは有償によるもの（四三・一億株の増加）であり、ついで株式分割（無償）によるもの（三七・六億株）であった。公益財団法人日本証券経済研究所編「図説　日本の証券市場〔二〇一四年版〕」(http://www.jsri.or.jp/publish/market/pdf/market_25.pdf) 四〇頁。

（3）　当時は投資家の金融資産の蓄積が不十分で、発行会社は慢性的な資金不足状態にあったこと、また、当時の企業の資金調達は主に銀行借入の形で行われており、株式市場は限定的な資金調達の場にすぎなかったことが原因である。前掲注（2）「図説　日本の証券市場〔二〇一四年版〕」四〇頁。

（4）　平成二一年には過去最高となる一二〇億株が、翌年にも七・五億株が公募によって発行されている。前掲注（2）「図説　日本の証券市場〔二〇一四年版〕」四〇頁。

（5）　田邊光政「支配権の異動を伴う新株発行」関西商事法研究会編『会社法改正の潮流』二頁（新日本法規・二〇一四年）。

（6）　これらの取り組みについては、赤木真美「第三者割当に関する会社法改正の意義」関西商事法研究会編『会社法改正の潮流』三四四頁〜三四六頁（新日本法規・二〇一四年）を参照。

二　わが国における新株発行規制の変遷

会社法の募集株式発行規制の特色として、①非公開会社を基本に規定し、公開会社の特則を定めている点（会社法一九九条二項・二〇一条一項）、②募集に係る株式の発行と自己株式の処分を一体的に規制している点、③資本制度の意義を低下させ、資本充実関連規定を整理した点があげられる。(7) 平成二六年改正法では、公開会社における募集株式の割当てに関する特則として、改正法二〇六条の二が新設されることになったが、明治三二年商法制定以来、わが国における新株発行規制には様々な変遷がみられ、とりわけ、授権資本制度を採用した昭和二五年商法改正の前後で大きく変わっている。以下では、これらを概観する。(8)

1 昭和二五年商法改正前

明治三二年商法制定時は、「資本ノ総額」（明治三二年商法一六六条一項三号）が定款の絶対的記載事項とされ、その資本は「之ヲ株式ニ分カツコトヲ要ス」とされていた（同法一九九条）。新株発行による資本の増加は定款変更の一場面として株主総会の特別決議が必要であり（同法三四三条）、新株の引受けについては、新株引受権を与えられる者および新株引受権の内容につき、定款に定めがない場合でも資本増加の決議で定めることができた（同法三四八条四号）。株主が新株引受権を有するかは不明であったが、当時の増資は、株主割当てによるのが一般的であった。(9)

2 昭和二五年商法改正

授権資本制度が採用され、「会社が発行する株式の総数」（昭和二五年改正商法一六六条一項三号）の範囲内において、原則として取締役会が新株発行の決定をすることができるようになった（同法二八〇条ノ二）。会社が発行する株式の総数については、株主の新株引受権の有無または制限に関する事項、特定の第三者に新株引受権を与える場合はその事項を定款の絶対的記載事項とし（同法一六六条一項五号）、定款を変更して会社が発行する株式の総数を増加する場合は、増加すべき株式について株主に対し新株引受権を与え、制限しまたは排除する旨、もし特定の第三者に新株引受権を与えるときはその旨を定款に定めなければならないとされた（同法三四七条二項）。授権資本制度の採用により、定款所定の発行予定総数の枠内で取締役会に新株発行権限が与えられ、資金調達の機動化が図られることになったが、取締役会の権限濫用から株主保護を図るための立法措置が必要となり、いくつかの規定が設けられた（同法二八〇条ノ二第二項・二八〇条ノ三〜二八〇条ノ五・二八〇条ノ一〇・二八〇条ノ一一等）。昭和二五年商法改正により、株主の新株引受権の有無または制限に関する事項が定款の絶対的記載事項となったが、どのような記載が有効かについて学説が対立し、実務でも対立が生じた。(10) また、株主の新株引受権に関して当時の実務でもっとも広く採用されていた定款の規定を無効とする判決（東京地判昭和三〇年二月二八日下民集六巻二号三六一頁）がなされたことで、混乱は一層大きくなった。(11)(12)

3　昭和三〇年商法改正

以上のような実務上の混乱を解決するため、昭和三〇年商法改正では、株主は新株引受権を有さないとする立場がとられ、新株引受権に関する事項は定款の絶対的記載事項から除外された。定款に別段の定めがなければ、新株引受権を誰に与えるかについては、授権資本の枠内で、原則として取締役会が決定できるが（昭和三〇年改正商法二八〇条ノ二第一項五号）、株主以外の第三者に対して新株引受権を与える場合には、株主総会の特別決議による承認が必要となった（同法二八〇条ノ二第二項）。昭和三〇年商法改正は、資金調達の機動化・多様化のために経営者の裁量的権限を拡大し、株主の新株引受権を否認したが、第三者割当てによる新株発行を取締役会の権限としなかったのは、取締役会の権限濫用の危険を防止するためである。(13)

昭和三〇年改正商法の下では、買取引受の方法による新株発行の手続が裁判上争われることが頻発した。買取引受とは、証券会社が公募株式を一括して引き受けたうえで、その支店網で新株の払込期日まで引受価額と同一価額で一般投資家に売り出し、売残りの株式が生じれば証券会社が引受人として払い込む方法をいう。(14) 買取引受は、第三者である証券会社に新株引受権を付与して行う新株発行であるため、株主総会の特別決議による承認の欠缺が新株発行の無効原因となるかが裁判で争われることになった[15]。この点、横浜地判昭和三七年一二月一七日下民集一三巻一二号二四七三頁は、証券会社に新株を買取引受させた場合、株主以外の第三者に新株引受権を与えることとなるため、株主総会の特別決議を経ることが必要となることを前提に、本件では、株主総会の特別決議なく証券会社に新株引受権を与えているため、商法二八〇条ノ二第二項に違反するが、対外的代表権のある取締役が新株を発行した以上、新株の発行自体の効力に影響がないと判示した。

4 昭和四一年商法改正

横浜地裁の判決の直後、経済団体連合会は、商法緊急改正意見を表明し、買取引受は実質的には公正な価額をもって新株の引受人を募る間接公募の一形態にすぎず、証券会社が優先的に新株を引き受ける権利を有するのではないから、買取引受の場合には株主総会の特別決議は不要である旨を明文で規定すべきである旨を表明した。これに対し、東京商工会議所は、時価を基準とする公正な価額で新株を発行する場合（第三者割当ての場合も含む）は、株主総会の特別決議を要求する理由はなく、商法二八〇条ノ二第二項は、株主以外の者に有利な価額で新株を発行する場合の規定に改めるべき旨を表明した。法制審議会商法部会でも見解が分かれたが、最終的には、株主以外の者に対し有利な価額で新株を発行する場合にだけ株主総会の特別決議を要するべきであるという結論になり、この立場から商法二八〇条ノ二第二項が改正され、現在の公開会社における新株発行に関する手続規制が確立することになった[16]。第三者に対して新株発行をする場合に、「特ニ有利ナル発行価額」でない限り、取締役会決議で行えるようになったことに伴い、新株発行について株主に知らせる機会を与えるため、会社は、払込期日の二週間前に株式発行に関する一定の事項を通知・公告しなければならなくなり（昭和四一年改正商法二八〇条ノ三ノ二・二八〇条ノ三ノ三）、また、新株発行により不利益を被るおそれのある株主は差止請求権を行使する機会が確保されることになった。

また、昭和四一年商法改正により、株主の新株引受権の譲渡が可能となったが、会社の事務上の便宜から、それを認めるかどうか、認める場合にも一般的に認めるか、とくに譲渡を希望する株主についてのみ認めるかを会社の裁量に委ねることにし（同法二八〇条ノ二第一項六号七号）、その譲渡方法は新株引受権証書の交付によるものとされた（同法二八〇条ノ六ノ三）[17]。

5　昭和四九年商法改正および昭和五六年商法改正

昭和四九年商法改正では、抱合わせ増資に関する規定（昭和四九年改正商法二八〇条ノ九ノ二）が新設され、新株発行無効の訴えの提訴権者に監査役が加えられた（同法二八〇条ノ一五）。昭和五六年商法改正では、新株発行に関する取締役会決議により発行価額中資本に組み入れない額を定めうること等とされた（昭和五六年改正商法二八〇条ノ二第一項四号・二八〇条ノ九ノ二）。また、端株制度が新設されたことに伴い（同法二三〇条ノ二～二三〇条ノ九）、新株引受権の端株の切捨てに関する規定等が改められた（同法二八〇条ノ四第一項・二八〇条ノ五第二項後段・二八〇条ノ一七第二項）[18]。

6　平成二年商法改正

譲渡制限会社の株主は、原則として新株引受権を有するものとされた（平成二年改正商法二八〇条ノ五ノ二第一項）。株主構成が固定的で株主の人的信頼を重視する小規模な譲渡制限会社の場合は、資金需要に乏しく、大規模な公開会社ほどに資金調達の機動性も重視されないため、譲渡制限会社において新株発行がなされる場合には、株主の持分比率の維持が重要となる。譲渡制限会社が第三者割当てによる新株発行を行った場合、株主の持株比率は低下し、それを回復することは困難と考えられることから、譲渡制限会社の株主に対して新株引受権を与えたのである。ただし、譲渡制限会社においても資金難に直面し、株主以外の者に新株を引き受けてもらって資金調達をせざるを得ない場合等もあると考えられることから、株主総会の特別決議を経たうえで、株主以外の第三者に対しても新株を発行することが認められた。[19]

7 平成一七年会社法

公開会社と非公開会社とで異なる取扱いをしており、新株発行についても異なる規制をしている。公開会社の場合は、昭和四一年改正商法の立場を踏襲しており、払込金額がとくに有利な価額でない限り、取締役会決議だけで支配権の異動を伴うような第三者割当てを行うことも可能である。第三者割当てにより不利益を受けるおそれのある既存株主に対しては、新株発行差止請求権（会社法二一〇条）が与えられている。法文上、差止原因として法令・定款違反と著しく不公正な方法が規定されているが、「著しく不公正な方法」による新株発行（不公正発行）とはどのような場合を指すのかについては、いろいろと議論がなされているところである。[20]

（7） 森本滋「募集株式発行規制の基本的枠組みと改正会社法」商事二〇七〇号二頁（二〇一五年）。なお、「募集株式」（会社法一九九条一項）は新株と自己株式の両方を含むが、「募集株式の発行」という場合は、自己株式の処分を含まない。本稿で「新株発行」という場合は、会社の成立後に発行済株式総数が増加する場合をいう。神田秀樹『会社法〔第一八版〕』（弘文堂・二〇一六年）一四六頁参照。

（8） この点については、上柳克郎ほか編『新版注釈会社法（7）』〔竹内昭夫〕一頁～一一頁（有斐閣・一九八七年）、米山毅一郎「株主の新株引受権」岩崎稜先生追悼『昭和商法学史』四一七頁～四二一頁（日本評論社・一九九六年）、田邊・前掲注（5）三頁～一五頁等を参照。

（9） 田邊・前掲注（5）三頁。

（10） 上柳ほか編・前掲注（8）〔倉沢康一郎〕一六五頁。

（11） 「株主は未発行株式について新株引受権を有する。但し、取締役会の決議によりその一部を公募し、または役員・従業員・旧役員および旧従業員に新株引受権を与えることができる。」という内容である。米山・前掲注（8）四一七頁。

(12) 昭和二五年商法改正では、ＧＨＱ占領下において、アメリカの制度にならい、取締役会制度や授権資本制度の導入などの抜本的な改正がなされた。株主の新株引受権については、法制審議会の委員の間で見解が分かれていた。既存株主保護を重視する委員は、法律上株主に新株引受権があり、定款でそれを排除すべきとする見解であったのに対し、新株発行の機動性を重視する委員は、授権資本制度を採用する以上、定款で株主に新株引受権を付与しない限り、株主には新株引受権はないとする見解であったため、これらの見解の対立の妥協として、法律上は、株主の新株引受権の有無について明定されることはなく、定款による会社自治に委ねられることになった。田邊・前掲注（5）四頁～五頁。

(13) 米山・前掲注（8）四一九頁、田邊・前掲注（5）六頁、吉田昂「商法の一部を改正する法律案要綱仮案について」ジュリ七八号（一九五五年）九頁を参照。

(14) 田邊・前掲注（5）六頁。発行会社としては、予定通りの資金調達が可能であるため、広く普及した。

(15) 上柳ほか編・前掲注（8）〔竹内〕七頁～八頁。

(16) 以上につき、田邊・前掲注（5）八頁～九頁。また、同改正では、昭和二五年商法改正で設けられた新株発行に差止請求権（法令定款違反および著しく不公正な価額による発行もしくは不公正な方法による発行の場合には、新株発行の差止めを請求できる）にも改正がなされ、差止めを請求できる場面として「著しく不公正な価額による発行」の部分が削除された。

(17) 上柳ほか編・前掲注（8）〔竹内〕八頁。株式について譲渡制限があるかどうかにより新株発行手続に区別は設けられておらず、譲渡制限会社においても、株主に新株引受権は付与されていなかった。田邊・前掲注（5）一二頁～一三頁。

(18) 上柳ほか編・前掲注（8）〔竹内〕八頁～九頁。

(19) 『新版注釈会社法（補巻　平成二年改正）』〔龍田節〕二三五頁～二四五頁（有斐閣・一九九二年）、田邊・前掲注（5）一三頁～一四頁を参照。

(20) 裁判所は、不公正発行該当性に関する判断基準として「主要目的ルール」を構築してきた。このルールは、第三者割当ての不公正発行該当性を判断する基準として展開されてきたが、近年では新株予約権発行の不公正発行該当性を判断する際にもこの判断枠組みが用いられた事例がみられる。東京高決平成一七年三月二三日（判時一八九九号五六頁、判タ一一七三号一二五頁、金判一二一四号六頁）。高橋英治「第三者割当による新株予約権発行の差止め」会社法判例百選〔第二版〕二〇〇頁（有斐閣・二〇一一年）参照。主要目的ルールに関しては、後述する。

三　平成二六年改正法における募集株式の割当ての特則

1　改正の背景

サブプライム問題を発端とする世界的な金融恐慌の中で、資金繰りが苦しくなった新興市場等の上場会社が、実態が不透明な海外のファンド等を割当先とする大規模な第三者割当増資やＭＳＣＢ（Moving Strike Convertible Bond：行使価額修正条項付新株予約権付社債）の発行を行った後に、調達した資金を社外に流失させて、投資家の被害を招いた事件が増加した。背景には、リーマンショック後の株価下落に伴い時価総額基準を下回る企業が増加したことと、世界的な金融の混乱の中で信用収縮が起きたことが考えられる(21)。また、株式併合と併せて、授権株式の枠を回避した極端に大きな割合の第三者割当増資も行われ、既存株主が持株比率をほとんど失ったり締め出されたりした事件も生じた（モック事件(22)）。

以上のような第三者割当増資においては、会社の支配権が第三者割当てを受けた引受人の手におち、会社のガバナンスが失われ、調達資金の社外流出を隠すための虚偽表示や粉飾が行われたり、各種犯罪が行われたりした。また、当該ファイナンスを用いた株価の操縦、風説の流布、インサイダー取引、これらすべてを包含するような偽計という流通市場での不正取引につながることも少なくなかった(23)。また、これらの第三者割当増資をめぐる事件は、わが国証券市場が株主・投資家の利益を軽視し、経営者側の事情が優先する、不公正な市場であることの象徴として、海外投資家からの批判や海外政府からの問題の指摘がなされたため、[24]会社法制の見直しに関する中間試案では、支配権の異動を伴う第三者割当てによる募集株式の発行等について検討されることになった。[25]

2　中間試案・要綱案の概要

中間試案[26]では、取締役会が当該募集株式の発行等による資金調達の必要性、緊急性等を勘案してとくに必要と認めるときは、株主総会の決議を省略できる旨を定款で定めることができるものとし、そのように定めた場合には、総株主の一〇〇分の三以上の議決権を有する株主が一定期間内に異議を述べない限り、株主総会決議の省略を認めるものとする立場（A案）[27]、総株主の議決権の四分の一以上を超える数の議決権を有する株主が一定期間内に当該募集株式の発行等に反対する旨を通知した場合には、株主総会の普通決議を要するものとする立場（B案）[28]、現行法の規律を見直さないものとする立場（C案）があったが、ある引受人に募集株式を割り当てることにより、当該引受人が、総株主の議決権の過半数を有することになるような第三者割当てによる募集株式の発行等を行う場合には、株主総会の普通決議を要するとする意見（A案・B案）が多数であり、中間試案に対する各界意見の分析を見る限りでは、A案が多数であったようである。その後、要綱案では、原則として一定比率以上の株主が反対した場合にだけ株主総会を必要とし、緊急性・必要性がある場合には株主総会の省略を認めるといった、A案とB案を組み合わせたような内容にすることとされた。[29]株主総会の決議要件については、中間試案に対するパブリック・コメントにおいて特別決議とすべきだとする意見もあったが、[30]会社の経営を株主が決定する行為は取締役選任決議（会社法三二九条）と類似するとして、普通決議のままとされ、[31]最終的に改正法二〇六条の二が設けられることになった。

3　平成二六年改正法の内容

改正法二〇六条の二は、公開会社における募集株式の割当てに関する特則として、次のように定める。公開会社が募集株式を発行するにあたり、特定の引受人（以下「特定引受人」という）がその引き受けた募集株式の株主になった場合に有することとなる議決権の数が、当該募集株式の引受人の全員がその引き受けた募集株式の株主となった場合における総株主の議決権の数に対する割合が二分の一を超える場合には、当該公開会社は、払込期日（または払込期間の初日）の二週間前までに、株主に対し、当該特定引受人の氏名または名称および住所、当該特定引受人が当該募集株式の株主となった場合に有することとなる議決権の数その他の法務省令で定める事項を通知または公告しなければならない（同条一項二項）。ただし、当該特定引受人が当該公開会社の親会社等である場合または当該募集株式の発行が株主割当てにより行われる場合には、この限りではない（同条一項但書）[32]。有価証券届出書提出会社等については、改めて募集事項の通知または公告をする必要はない（同条三項）。この通知・公告の趣旨は、株主総会決議が不要である場合には、募集株式発行等の差止請求権行使のために、株主総会決議が必要である場合には、当該株主総会における議決権行使のために、それぞれ判断材料を提供することにある[33]。

総株主の議決権の一〇分の一（これを下回る割合を定款で定めた場合はその割合[34]）以上の議決権を有する株主が、通知または公告の日（同条三項の場合は、会社法施行規則で定める日）から二週間以内に特定引受人による募集株式の引受けに反対する旨を公開会社に通知したときは、当該公開会社は、払込期日（払込期間の初日）の前日までに、株主総会の決議によって、当該特定引受人に対する募集株式の割当て（総額引受けの場合はその契約）の承認を受けなければならない（同条四項本文）。ただし、当該公開会社の財産の状況が著しく悪化している場合において、当該公開会社の事業の継続のため緊急の必要があるときは、この限りでない（同条四項但書）。この株主総会の決議は、議決権を行使することができる株主の議決権の過半数（三分の一以上の割合を定款で定めた場合にあっては、その割合以上）を有する株主が出席し、出席した当該株主の議決権の過半数（これを上回る割合を定款で定めた場合にあっては、その割合以上）をもって行わなければならない（同条五項）(35)。

4　小　括

新株発行規制の変遷は、資金調達の機動性確保と既存株主の支配的利益および経済的利益の保護の調和をどのように図るかという問題に対する考え方の変遷であるといえる。昭和四一年商法改正により、公開会社においては、既存株主の経済的利益を保護するため、有利発行の際に株主総会の特別決議が必要とされることになったが、既存株主の支配的利益については原則として法は考慮してこなかった。これは、既存株主の利益の保護よりも資金調達の機動性確保を法が優先させたためである(36)。これに対し、平成二六年改正法は、公開会社における募集株式発行に関する規律について、これまでの資金調達の機動性確保を優先する方向から、限定された局面ではあるが、昭和三〇年商法改正における規律の方向に向けさせたものと評価することができよう(37)。

(21)　岩原紳作「会社法制見直しの経緯と意義—会社法制のゆくえ・総論—」ジュリ一四三九号一五頁〜一六頁（二〇一二年）、佐々木清隆「不適切なファイナンスをめぐる問題：発行市場の悪用と流通市場での不公正発行」金法一八五九号一頁（二〇〇九年）参照。

(22)　モック事件の概要は、大杉謙一「大規模第三者割当増資」『会社法施行五年—理論と実務の現状と課題（ジュリ増刊）』八五頁〜八六頁（二〇一一年）参照。また、平成一九年度においては、希薄化率二五パーセント以上の第三者割当てが四〇パーセント、希薄化率一〇〇パーセントに及ぶものが七・八パーセントあり、後者については二〇年度には一二・八パーセントに上昇している。岩原・前掲注（21）一六頁、渡邉浩司「東証による二〇〇九年八月制度改正後の第三者割当の開示状況」商事一九〇六号七四頁（二〇一〇年）。モック事件以外の事例については、赤木・前掲注（6）

三四三頁~三四四頁を参照。

(23) 岩原・前掲注(21)一六頁、佐々木・前掲注(21)一頁。

(24) 岩原・前掲注(21)一六頁~一七頁。

(25) 第三者割当てによる新株発行は、既存株主の利益を大きく毀損しうるにもかかわらず、有利発行に該当しない限り、公開会社においては、取締役会決議のみによって行うことができる(二〇一条)。比較法的にみると、ドイツ等のEU諸国では、公開会社に関する第二指令に基づき、新株発行には原則として株主総会の承認が要求されている。また、アメリカの各州会社法では、取締役会決議により新株発行ができるが、実際には、証券取引所の上場規則により、発行済株式総数の二〇パーセント以上の新株発行等、一定の場合には株主総会による承認が必要とされている。岩原・前掲注(21)一七頁および一七頁注(41)から(43)の文献を参照。

(26) 中間試案については、法制審議会会社法制部会「会社法制の見直しに関する中間試案」(平成二三年一二月七日)商事一九五二号四頁(二〇一一年)以下、法務省民事局参事官室「会社法制の見直しに関する中間試案の補足説明」商事一九五二号一九頁(二〇一一年)以下、坂本三郎ほか「「会社法制の見直しに関する中間試案」に対する各界意見の分析〔中〕」商事一九六四号一六頁(二〇一二年)以下などを参照。

(27) 「一〇〇分の三以上」というのは、取締役(会)による役員等の責任の一部免除に関する四二六条一項の規律を参考にしたものである。決議要件については、会社の経営を支配する者を決定するという点で、取締役の選任の決議と類似する点があることから、当該決議に係る株主総会決議(三〇九条一項)を参考にしたものである。補足説明・前掲注(26)三一頁。

(28) 簡易組織再編について、一定数以上の議決権を有する株主が反対通知をした場合には、株主総会が開催されれば議決が否決される可能性があることを理由に、株主総会の決議を要するものとされていること(七九六条四項)を参考にしたものである。決議要件には、A案と同様、普通決議とするが、B案の立場からは、反対通知をする株主が有すべき議決権の数は、株主総会が開催されれば普通決議の成立を阻止する可能性があるような議決権の数が相当と考えられ、具体的には、株主総会の議決権の四分の一を超える数の議決権を有する株主が反対通知をする必要があることになる。補足説明・前掲注（26）三一頁。

（29）要綱案については、岩原紳作「会社法制の見直しに関する要綱案の解説〔Ⅱ〕」商事一九七六号五頁（二〇一二年）以下などを参照。中間試案と要綱案の相違点については、森本大介「第三者割当増資に関する規律および子会社株式等の譲渡に関する改正」『会社法改正要綱の論点と実務対応』一二七頁～一二九頁（商事法務・二〇一三年）を参照。

（30）坂本ほか・前掲注（26）一七頁。

（31）法制審議会会社法制部会第一九回会議議事録三三頁を参照。

（32）特定引受人が発行会社の親会社等である場合には、新株発行による支配権の変動がないこと、募集株式の発行が株主割当てにより行われる場合には、取締役会の決定により過半数株主が出現するわけではないことがその理由である。山下徹哉「支配株主の変動を伴う募集株式の発行等」法教四〇二号一七頁（有斐閣・二〇一四年）以下。

（33）「会社法制の見直しに関する中間試案の補足説明」商事一九五二号三二頁（二〇一一年）。この特定引受人に関する情報開示に関する通知・公告制度については、会社法制部会でもパブリック・コメントでも、異論はなかった。坂本ほか・前掲注（26）三三頁。

（34）ある程度の株主が積極的に反対を表明しない限り、取締役会の経営判断を尊重するということである。岩原・前掲注（29）七頁。

（35）株主が、株主総会決議を通じて、取締役選任権限を有することとなる過半数株主の出現をコントロールすることが規制の趣旨であるから、取締役選任と同様の決議要件とされている。岩原・前掲注（29）八頁。

（36）最高裁も、いったん代表権のある取締役が新株を発行した以上、株主総会特別決議を欠いてなされた有利発行も、あるいは著しく不公正な方法による募集株式の発行も、取引の安全の見地から、株式発行の効力は否定されないと判示している（最判昭和四六年七月一六日判時六四一号九七頁、最判平成六年七月一四日判時一五一二号一七八頁）。

（37）野田輝久「支配権の異動を伴う募集株式の発行」関西商事法研究会編『会社法改正の潮流』一七八頁（新日本法規・二〇一四年）。

四　平成二六年改正法と不公正発行該当性の判断基準の方向性

1　序

会社法においては、有利発行に該当しない限り、公開会社においては取締役会決議のみで新株発行を行うことができる（会社法二〇一条一項・一九九条三項）。もっとも、何らの制約もないというわけではなく、支配権の維持・確保を主要な目的とする場合には、不公正発行として差止めの対象となるとする主要目的ルールが判例法において形成されてきた。ただ、裁判例では、他の合理的な事業目的、とくに資金調達目的が認められるときは、支配権の異動を伴う募集株式の発行等も許容する傾向にあるようである。

改正法では、公開会社における募集株式の割当て等の特則が新設され、引受人が過半数の議決権を有する株主（特定引受人）となるような大量の新株発行を行う場合には、株主に対して特定引受人に関する情報を通知・公告等により開示し、総株主の議決権の一〇パーセント以上の議決権を有する株主が、特定引受人による募集株式の引受けに反対する旨の通知をしたときは、株主総会決議での承認を得ることが必要になったが、改正法の下で不公正発行が争われる場合、不公正発行該当性はどのように判断されることになるであろうか。とりわけ、これまで不公正発行該当性の判断基準として判例法において形成されてきた主要目的ルールの解釈・運用に影響が及ぶのであろうか。本章では、この点について従来の学説・判例などを手がかりにしながら検討する。

2　不公正発行該当性の判断基準

著しく不公正な方法による募集株式の発行等とは、不当な目的を達成する手段として募集株式の発行等が利用される場合をいう[38]。取締役が自己の利益を図るため、あるいは、自己の支配的地位の維持・強化を図るために、特定の者に不当に多数の新株を割り当てることがその典型例である。不公正発行は新株発行の差止事由となり、株主は新株発行の差止請求権を有する。では、不公正発行該当性の判断基準はどのように考えられてきたのであろうか。

わが国では、この問題については、もっぱら第三者割当ての適法性をめぐり議論がなされてきた[39]。この点、学説では、大量の新株を第三者に割り当てることによって、会社の支配関係に変動をきたしたとしても、これも原則として割当自由の原則の範囲内における取締役会の経営判断事項であると解する見解[40]、取締役は企業の実質的所有者たる株主の授権に基づいて会社の経営権を有するにすぎず、誰が会社を支配すべきかを決めるのは株主の意思であり、取締役が判断することはできないとする見解[41]などが主張されているが、判例は、第三者割当増資の主要な目的が何かによって新株発行の適法性を判断する「主要目的ルール」を基本的に採用してきた。

3　主要目的ルール

主要目的ルールとは、新株発行の主要な目的が何かによって不公正発行該当性を判断しようとする見解である[42]。この見解は主要目的の如何を問題とするので、取締役会が第三者割当てを決議するに至った種々の動機のうち、支配関係上の争いに介入する動機が他の動機に優先しそれが主要なものであるときは、不公正発行に当たるということになる。会社の機動的な資金調達と株主の利益との調整を図ろうというのが、判例が主要目的ルールを採用する理由である[43]。ただし、判例では、資金調達の必要性を認定して著しく不公正な新株発行ではないとした事案が多く、資金調達目的よりも支配目的が主要なものであるとされた例はほとんどない[44]。そして、不公正発行として認められるためには、株主の側が、支配目的が主要目的であることの証明ないし疎明責任を負うことが要求されている[45]。また、近年は、新株予約権の発行にも同ルールを適用したとされる事例も存在する[46]。

第三者割当増資の適法性判断基準として判例において展開してきた主要目的ルールは、会社の機動的な資金調達の必要性と株主の支配関係上の利益の保護との調和を図るという点において評価できるものである。しかし、資金調達の必要性は、会社経営においてはつねに存在するといえるため、会社の資金調達の必要性と他の目的との優劣を決めることは事実上不可能に近く、会社に何らかの資金調達の必要性さえあれば、結果的に、主要目的が支配目的と認定されるような場合はほとんどないということになりかねないという問題がある。(47)

4 改正法との関係――主要目的ルールと疎明責任――

主要目的ルールは、新株発行について、支配権維持目的を推認させる各種の事実と、資金調達目的等の正当な目的を推認させる各種の事実を総合的に考慮して、支配権維持目的と資金調達目的等の正当な目的のいずれが主要な目的であるかを判断するものである。主要目的ルールの運用に際し、裁判所は、支配権維持目的の認定にあたり、①支配権争いの実態が存在すること、②新株等の発行が支配権争いに多大な影響を与えることを前提に、③新株等の発行が支配権維持目的にあることを疑わせるその他の事情を総合的に考慮しており、また、資金調達目的については、④資金の用途（資金調達の一般的必要性）が存在することを前提に、⑤資金調達計画の実体性・合理性、⑥資金調達方法の相当性を検討していくことになるものと思われる。(48)

この場合に問題となるのは、これらの各種の事実の疎明責任を会社側が負うのか、あるいは新株発行の差止請求をする株主側が負うのかということである。これまでの判例において、資金調達目的よりも支配目的が主要なものであるとされた例はほとんどなく、不公正発行として認められるためには、株主の側が、支配目的が主要目的であることの疎明責任を負うことが要求されている。(49)

しかし、資金調達の必要性は、会社経営においてはつねに存在するといえるため、会社の資金調達の必要性と他の目的との優劣を決めることは事実上不可能に近く、会社に何らかの資金調達の必要性さえあれば、結果的に、主要目的が支配目的と認定されるような場合はほとんどないということになりかねない。また、平成二六年改正法は、公開会社における募集株式の割当てに関する特則を定め、限られた範囲ではあるが、同改正法前までは原則として保護されてこなかった既存株主の支配的利益の保護を図ることを明文化した。

これらの事情を考えると、募集株式の差止請求において不公正発行が争われる場合において主要目的ルールを運用するにあたっては、不公正発行ではないこと（資金調達の一般的必要性、資金調達計画の実体性・合理性、資金調達方法の相当性）についての疎明責任を会社の側に負わせるかどうかが検討されてもよいように思われる。この点、学説では、株主が支配関係上の争いの存在を主張立証すれば取締役の支配介入目的が事実上推認され、真偽不明の状態に持ち込むために、会社側はたんなる資金調達目的に加えて、資本・業務提携等の当該第三者割当てを必要とする会社の事業目的について十分な合理性をもって説明しなければならないとする見解(50)や、取締役が株主構成を決定できるのは、その措置により企業価値が高まることを会社側が十分に疎明することができる場合に限られるとして、不公正発行でないことの疎明責任は会社側にあるとする見解(51)がある。

この点、森本滋教授は、これまで、株主の支配関係上の利益を重視する観点から、公開会社において、事業計画の策定とそれを実行するための資金調達方法を決定することは取締役会の権限事項であり、当該新株発行が不公正発行であると主張する者は、当該新株発行が取締役会の正当な権限行使ではなく、不当な目的達成のために行われていることを立証（疎明）しなければならないが、各種の事実から支配権維持目的が強く推認される場合には、正当な目的を根拠づける事実を明らかにする必要が債務者側（会社側）に生じ、これは事実上会社側が疎明責任を負わせられる場合と異ならないとされてきたが、「今日のいわゆるマネー資本主義ないしファンド資本主義のもとにおいては、長期安定的な企業価値を維持するため、経営者の経営権を従来以上に評価尊重することにも合理性がある」との観点から、会社の企業価値向上にとり合理的な事業計画遂行のために必要な資金調達としての新株発行は、特段の事情のない限り、不公正発行とはならないと解することが合理的であると述べられている。(52)

5　今後の方向性

平成二六年改正法が成立する直前の事案である年京王ズホールディングス事件決定でも、主要目的ルールの判断枠組みが使われており、(53)裁判実務では、不公正発行該当性を判断するにあたって同ルールを適用することが定着しているように思われる。もっとも、同ルールを適用する場合に重要となる点、すなわち、新株発行の主要な目的が支配権維持目的または資金調達目的等の正当な目的のいずれであるのかという点に関して、会社側または株主側のいずれが疎明責任を負うのかについて、裁判所は明確な判断を示しているわけではない。

改正法が施行されたことにより、裁判実務において主要目的ルールがまったく適用されなくなることは考えにくいが、この場合でも従来とまったく同様に主要目的ルールが適用・運用されるべきであるかといえば、必ずしもそうではないように思われる。

改正法二〇六条の二は、公開会社が募集株式を発行するにあたり、特定引受人が引き受けた募集株式の株主になった場合に有することとなる議決権の数が、当該募集株式の引受人の全員がその引き受けた募集株式の株主となった場合における総株主の議決権の数に対する割合が二分の一を超える場合の規定であるため、このような割合を超える要件に該当する新株発行を公開会社が行う場合は、改正法が導入された背景や経緯に配慮した同ルールの適用・運用が求められるというべきである。すなわち、改正法は、公開会社における募集株式発行に関する規律について、これまでの資金調達の機動性確保を優先する方向から、限定された局面ではあるが、株主総会による承認が必要であるとする方向に変わっており、このことからすると、主要目的ルールの適用・運用についても、資金調達目的等の正当な目的が存在することについて、会社側に疎明責任を負わせる方向性が検討されてもよいように思われる。また、同ルールを運用するにあたっては、支配権維持目的と資金調達目的等の正当な目的のいずれが優越しているかどうかによって差止めが認められるかどうかが決定されることを考えると、株主側にとっては支配権維持目的を推認させる事実を疎明することが重要であり、逆に会社側にとっては、資金調達目的等の正当な目的が間違いなく存在することを疎明することが重要であるから、裁判所は、株主側が支配権維持目的を推認させる事実を疎明できたか、また会社側が新株発行の正当性を推認させる事実（資金調達の必要性・合理性・方法の相当性等）を十分に疎明できたかについて、これまで以上に注意を払う必要があろう。

6　その他の問題

(1)　募集株式の発行が有利発行にも該当する場合

改正法により株主総会決議が要求される場合に、問題となる募集株式の発行が有利発行にも該当する場合、大規模第三者割当増資に関する株主総会決議と有利発行に関する株主総会決議とを一つの議案にまとめて議決することはできないかという問題がある。(54)

改正法で要求される株主総会決議は普通決議であり、これは、会社支配権の変更に関して株主の承認を得ることを目的とする。これに対し、有利発行では特別決議が要求されており、これは、既存株主の経済的損失を伴う新株発行の是非について既存株主の承認を得ることを目的とするものである。以上からすると、両者は、株主総会の承認が要求される趣旨が異なっており、また、両者は、決議に際して要求される開示事項も異なっている。そうであるとすると、両方の株主総会は理論的に別個のものと考えられるが、株主にとってわかりやすいかどうかという観点からすると、両方の株主総会の承認議案を一つにまとめることが禁止されていると解する必要はないと思われる。(55)

(2)　「緊急の必要」があるかどうかを争う方法（募集株式発行「前」の場合）

条文上は、「当該公開会社の存立を維持するため」「緊急の必要があるとき」との文言となっていることからすると、かなり限定的な場面にのみ、株主総会の承認を得ないことが許されると考えられる。(56)客観的な「緊急の必要」が存在したかどうかは、株主が二一〇条一号の「法令」違反（「株主が不利益を受けるおそれがある」場合）を理由として差止請求をなし、そこで裁判所がその有無を判断することになるのではないかと思われる。

(3)　株主総会の承認なく大規模第三者割当増資が行われた場合（募集株式発行「後」の場合）

総株主の議決権の一〇パーセント以上の議決権を有する株主が大規模第三者割当増資に反対したにもかかわらず、発行会社が「緊急の必要」があると判断して、株主総会による承認を得ずに大規模第三者割当増資を実施した場合、株主はどのようにして当該大規模第三者割当増資を争うことができるのであろうか。

この点、大規模第三者割当増資が実施された後であることから、新株発行無効の訴え（八二八条一項二号）を提起することになると考えられるが、譲渡制限株式以外の株式の発行等に係る手続上の法令違反は、一般には無効事由と解すべきではなく、発行等の差止事由にとどまると解されていることからすると、(57)無効事由と判断される可能性は低くなるように思われる。他方、差止めの仮処分に違反して大規模第三者割当増資が行われた場合は、無効原因となろう。(58)

(38)　江頭憲治郎『株式会社法〔第六版〕』七六四頁（有斐閣・二〇一五年）。近時の裁判例であるクオンツ新株発行差止認容決定事件（東京地決平成二〇年六月二三日金判一二九六号一〇頁）においても、「著しく不公正な方法」による新株の発行とは、「不当な目的を達成する手段として新株の発行が利用される場合」であると判示されている。

(39)　この点につき、以下を参照。荒谷裕子「企業防衛手段の法理論的検討―第三者割当増資をめぐる学説の動向―」福岡大学法学論叢三六巻一・二・三号二四五頁以下（一九九一年）、川濱昇「株式会社の支配争奪と取締役の行動の規制

（三・完）」民商九五巻四号一頁以下（一九八七年）、吉本健一「新株の発行と株主の支配的利益―判例の分析―」判タ六五八号三一頁以下（一九八八年）、洲崎博史「不公正な新株発行とその規制（二・完）」民商九四巻六号一七頁以下（一九八九年）、河合伸一「第三者割当増資をめぐる諸問題（二）」民商一〇〇巻一号二二頁（一九八九年）、森田章「第三者割当増資と経営判断」商事一一九八号二頁以下（一九八九年）、森本滋「第三者割当増資と支配権の変更」商事一一九一号一三頁以下（一九八九年）、近藤光男「企業買収と対象会社（経営者）の対応」商事一二五九号二〇頁以下（一九九一年）。

(40)　鈴木竹雄＝竹内昭夫『会社法〔新版〕』三八八頁（有斐閣・一九八七年）、大隅健一郎＝今井宏『新版会社法論中巻Ⅱ』六二七頁（有斐閣・一九八三年）、河本一郎『現代会社法〔新訂第四版〕』二五三頁（商事法務研究会・一九八九年）。

(41)　機関権限分配秩序論と呼ばれる。森本（滋）・前掲注（39）一三頁以下、川濱・前掲注（39）一頁以下、近藤・前掲注（39）二〇頁以下。

(42)　今日の学説の通説的見解である。洲崎・前掲注（39）一七頁以下、吉本・前掲注（39）三一頁以下、田中誠二『再全訂会社法詳論（下）』九四六頁（勁草書房・一九八二年）等。主要目的ルールの下では、新株発行が会社に与えるプラスの効果と支配権維持というマイナスの側面を比較衡量し、前者が優越するかどうかを個別に判断することになる。大杉・前掲注（22）八四頁。

(43)　昭和二五年商法改正により、機動的な資金調達を可能とするために授権資本制度が採用されるのと同時に、「著しく不公正な方法」による新株発行に対しては新株発行差止請求権が新設されたことを考えると、新株発行が「著しく不公正な方法」によるものと評価されるもっとも典型的な場合が、経営陣が株主の多数（過半数）に反対されるような新株発行を行い、会社の株主構成を変更させようとする場合（新株発行が支配権維持目的で行われる場合）であり、他方、機動的な資金調達を可能とすることが会社の企業価値を向上させることに資するとの考えから新株発行を取締役会の権限とした法の趣旨からすれば、真の資金調達目的は新株発行を正当化するためのもっとも重要な事情となるとの指摘がある。若松亮「主要目的ルールに関する裁判例の検討」判タ一二九五号六一頁注（2）（二〇〇九年）参照。

(44)　秀和事件決定（東京地決平成元年七月二五日判時一三一七号二八頁）は、新株発行の主要目的が不当な目的でない場合であっても「特定の株主の持株比率が著しく低下されることを認識しつつ新株発行がされた場合は、その新株発行を正当化させるだけの合理的な理由がない限り」不公正発行に当たるとし、会社側がその合理性を証明しなければならないと判示しており、それまでの主要目的ルールとは異なる基準が示されている。主要目的ルールを適用して新株発行差止仮処分の申立てが棄却された事案として、第二次宮入バルブ事件決定（東京地決平成元年九月五日判時一三二三号四八頁）、ベルシステム24事件決定（東京地決平成一六年七月三〇日判時一八七四号一四三頁、東京高決平成一六年八月四日金判一二〇一号四頁）、ダイソー事件決定（大阪地決平成一六年九月二七日金判一二〇四号六頁）、オープンループ事件決定（札幌地決平成二〇年一一月一一日金判一三〇七号四四頁）、京王ズホールディングス事件決定（仙台地決平成二六年三月二六日金判一四四一号五七頁）などがある。近年において主要目的ルールを適用して新株発行差止仮処分の申立てが認められた事案として、クオンツ事件決定（東京地決平成二〇年六月二三日金判一二九六号一〇頁）、平成二六年一二月四日山口地裁宇部支部決定（金判一四五八号三四頁）がある。なお、オープンループ事件とクオンツ事件では、同じ当事者が各事件で入れ替わって差止仮処分申立ての債権者と債務者となった事案である。

(45) 森本滋「第三者割当をめぐる諸問題」『第三者割当増資—企業金融と商法改正2—』二二二頁（有斐閣・一九九一年）。

(46) 東京高決平成一七年三月二三日（判時一八九九号五六頁、判タ一一七三号一二五頁、金判一二一四号六頁）。高橋・前掲注（20）二〇〇頁参照。もっとも、主要目的ルールは、第三者割当増資に関する判断基準としてわが国の判例法で展開されてきたものであり、新株予約権の発行は、新株発行とは異なり、必ずしも会社に資金調達目的があるとはいえない点には注意を要する。この点、太田洋「ニッポン放送新株予約権発行差止仮処分申立事件決定とその意義（上）」商事一七二九号二八頁（二〇〇五年）では、ニッポン放送事件各決定で示された不公正発行該当性の基準を「新・主要目的ルール」と呼んでいる。

(47) 主要目的ルールの意義と問題点について、拙著『敵対的買収防衛策をめぐる法規制』二一七頁～二二〇頁（多賀出版・二〇〇七年）。

(48) 若松・前掲注（43）六九頁～七二頁。

(49) 森本（滋）・前掲注（45）二二二頁。

(50) 洲崎・前掲注(39)二三頁以下を参照。
(51) 大杉謙一「ニッポン放送の新株予約権発行をめぐる法的諸問題」金法一七三三号一五頁以下（二〇〇五年）。
(52) 森本滋「公開会社における支配権の異動を伴う第三者割当てと取締役会の権限―仙台地決平二六・三・二六を素材として―」金法二〇〇三号三六頁～三七頁注(23)（二〇一四年）、森本滋「支配株式の取得と取締役会・株主総会」商事一八八二号五頁（二〇〇九年）参照。
(53) 仙台地決平成二六年三月二六日（金判一四四一号五七頁）。もっとも、同決定では、新株発行の主要な目的が何であるかに関しては明示していないものの、現経営陣の支配権維持目的を推認させる諸事情と資金調達目的等の正当な目的により新株発行が行われたことを推認させる諸事情を総合的に考慮して、いずれが優越するかを判断していることから、主要目的ルールを適用した裁判例の中に位置づけることができよう。同決定の判批として、受川環大「募集株式の発行が「著しく不公正な方法」による発行ではないとされた事例」金判一四五三号二頁以下（二〇一四年）、森本（滋）・前掲注(52)の文献等を参照。
(54) 森本（大）・前掲注(29)一三三頁～一三五頁。
(55) もっとも、一つの議案にまとめて議決することについては、慎重な検討が必要であろう。森本（大）・前掲注(29)一三五頁。
(56) 「資金調達が必要であるというのではなくて、本当に会社の存立がこの資金調達をしないと阻まれてしまう、そして、そのときに株主総会決議を採っていては間に合わないという形での緊急性、必要性ということになりますから、かなり限定的な場面である」（法制審議会会社法制部会第一九回会議議事録五〇頁〔田中亘幹事の発言〕）と指摘されている。
(57) 江頭・前掲注(38)七七〇頁。
(58) 森本（大）・前掲注(29)一三七頁。最判平成五年一二月一六日民集四七巻一〇号五四二三頁は、商法二八〇条ノ一〇（会社法二一〇条）の新株発行差止請求の制度は、株主の利益を保護する趣旨で設けられたものであり、商法二八〇条ノ三ノ二（会社法二〇一条）は、新株発行差止請求の制度の実効性を担保するためであるから、新株発行差止請求訴訟を本案とする新株発行差止めの仮処分命令があるにもかかわらず、仮処分命令に違反して新株発行がされた場合には、新株発行無効確認の訴えの無効原因になると判示した。

五　おわりに

今回の改正は、公開会社が募集株式の発行を行う場合、特定引受人が引き受ける株式数に着目した規制であり、これまでのわが国における募集株式の発行に係る規制としては存在しなかったものである。改正法の新たな規制により、結果として発行株式数を決定してから必要な資金調達額を決定することになりかねない点や、株式発行に株主総会決議を要求する点において、企業の資金調達に対する制約となりうることは否定できない(59)。

しかし、会社の支配権の決定は経営者ではなく株主が行うべきであって、会社支配権の移転を生じるような大規模な第三者割当てによる新株発行は、合併や株式交換に準じる行為として、株主総会による承認を必要とすべきではないかという見解は以前からあり、今回の規制は、会社の支配株主を作り出すような募集株式の発行に株主総会決議を要求するものであることから、会社支配権に争いがある場合には、株主意思の確認が必要であるとする立場と整合性を持つように思われる。

このようなことからすると、第三者割当ての不公正発行該当性の判断基準である主要目的ルールの適用・運用についても、改めて再考する必要があろう。主要目的ルールは、これまで長期間にわたって第三者割当ての不公正発行該当性の判断基準として利用されてきた基準であるが、今回の改正法の背景を踏まえると、主要目的ルールの適用・運用にあたっては、資金調達目的等の正当な目的が存在することについて会社側に疎明責任を負わせる方向性について検討されてもよいのではないかと思われる。

(59)　野田・前掲注(37)一八三頁。

現物出資の財産価格塡補責任と弁護士賠償責任保険

山下典孝

一　本稿の目的

会社成立後、株式会社が募集株式の発行等をする際に、株式引受人が金銭出資に代わり現物出資をすることが認められている（会社法一九九条一項三号）。現物出資をする際には、原則、裁判所の選任する検査役の調査が必要となる（会社法二〇七条一項〜八項参照）。

この検査役の調査を不要とする特例の一つとして、現物出資財産の価格が相当であることについて弁護士等の専門家の証明を受けた場合が挙げられている（会社法二〇七条九項四号）。そして現物出資財産が不動産である場合には、弁護士等の専門家の証明以外に不動産鑑定士の鑑定評価も必要となる（同項四号括弧書）。

募集株式の株主になった時における現物出資財産の価格が募集事項に定められている価額に著しく不足する場合、募集株式の引受人は、発行会社に対し、その不足額を支払う義務を負う（会社法二一二条一項二号）。この責任を財産価格塡補責任という。この財産価格塡補責任は、当該株式引受人だけではなく、引受人の募集に関する職務を行った業務執行取締役等（会社法施行規則四四条～四六条参照）も、引受人と連帯して責任を負う（会社法二一三条一項四項）。さらに、検査役の調査を受けず、弁護士等の専門家の証明を受けていた場合には、当該証明を行った弁護士等の専門家も財産価格塡補責任を負い、引受人等と連帯して責任を負うことになる（会社法二一三条三項本文四項）。この弁護士等の専門家の財産価格塡補責任は、当該証明をするについて注意を怠らなかったことを証明すれば免責が認められている（会社法二一三条三項但書）(1)。

この弁護士等の専門家の財産価格塡補責任が問題とされた事案として、大阪地判平成二七年二月一三日金判一四七〇号五一頁(2)（以下「大阪地判平成二七年」という）がある。

弁護士等の専門家の財産価格塡補責任が争点とされた裁判例として公になったものとしては初めての事案である。また当該事案は不動産の価格の証明を行った弁護士の財産価格塡補責任だけではなく、債権者代位権により当該弁護士が加入していた弁護士賠償責任保険契約の保険者に対して保険金請求訴訟も併合されている。

専門家の財産価格塡補責任の法的性質と会社との債務不履行責任との関係、弁護士賠償責任保険契約の対象となる業務範囲・塡補範囲との関係、さらに弁護士賠償責任保険契約に適用される弁護士特約条項三条一号後段の免責事由との関係で、理論上もまた実務上も重要な問題が含まれている事案である。

そこで、本稿では、この大阪地判平成二七年を題材として、これらの問題について検討を行うことを目的とする。

（1）　無過失を証明できれば責任を回避できるが、著しく価格が不足している場合には、無過失の証明は困難である点が指摘されている（村田英幸『現物出資等の財産価格証明の理論と実務〔会社法版〕』一三五頁（花伝社・二〇〇七年））。

（2）本件の先行研究として、塩野隆史「弁護士賠償責任保険約款における『他人に損害を与えるべきことを予見しながら行った行為』の解釈」法時八七巻一〇号八六頁以下（二〇一五年）、酒巻俊之「判批」税経システム研究所 Monthly Report 七九号一一頁以下（二〇一五年）がある。

二　大阪地判平成二七年の概要

1　事実の概要

本件は、①破産会社A株式会社（以下「A社」という）の破産管財人X（原告）から合同会社Y_1（甲事件被告、以下「Y_1社」という）に対する現物出資価額の不足塡補責任履行請求・役員責任査定異議事件（甲事件）と②A社から依頼を受けて現物出資の対象である不動産の価格を証明したB弁護士が加入していた弁護士賠償責任保険契約の保険者であるY_2損害保険株式会社（乙事件被告、以下「Y_2損保会社」という）に対してXが債権者代位権による保険金請求事件（乙事件）とが、併合されたものである。

A社の株主総会は、平成二二年三月八日、Y_1社を割当先とする募集株式の第三者割当発行を行うこと、その払込総額のうち二〇億円は、Y_1社が所有する不動産（以下「本件山林」という）を出資の目的とし、本件山林の価格を二〇億円とする現物出資の方法によるものとする決議を行った。そして払込期日である平成二二年三月二五日に本件現物出資が実行された。しかし、本件山林の実際の価格は、平成二二年三月二五日当時、五億円を上回るものではなかった。

B弁護士は、平成二二年二月一五日、A社に対し、本件現物出資の価格を金二〇億円とすることが相当である旨の会社法二〇七条九項四号に基づく証明をした（以下、当該証明行為を「本件証明行為」という）。

平成二六年九月一二日、XとB弁護士との間で、本件証明行為をしたことによる会社法二一三条三項に基づくB弁護士の責任額を三億四、八〇〇万円とする裁判上の和解（以下「本件和解」という）が成立した。B弁護士は、本件和解金額の債権を弁済するに足りる資力を有していない。

B弁護士は、Y_2損保会社との間で、保険期間を平成二一年七月一日から平成二二年七月一日までとし、B弁護士を被保険者として、B弁護士が賠償責任を負った場合にY_2損保会社が保険金を支払うことを定めた弁護士賠償責任保険契約を締結していた。当該保険契約における一事故当たりの保険金の限度額は三億円である。

2 判旨

「本件保険契約は、被保険者が弁護士法に規定される弁護士の資格に基づいて遂行した同法三条に規定される業務に起因して、法律上の賠償責任を負担することによって被る損害に対して保険金を支払うことを定め（弁護士賠償責任保険弁護士特約条項一条）、また、本件保険契約は、被保険者が、保険期間中に遂行した業務に起因して、保険期間中または保険期間終了後五年以内に、日本国内において損害賠償請求を提起された場合、その損害に対して、保険金を支払うことを定める（同二条……）。

本件証明行為は、弁護士の資格に基づいてB弁護士が遂行したもので、弁護士法三条に規定される業務であり、また、原告は、B弁護士に対して平成二三年一二月に賠償を求める訴訟を提起しているから、本件証明行為によりB弁護士が法律上の賠償責任を負担することによって損害を被った場合には、免責事由に該当する場合を除き、B弁護士は、被告保険会社に対して保険金請求権を有する。

……原告がB弁護士に対して会社法二一三条三項に基づく支払を求めて提起した訴えにかかる裁判上の和解である本件和解において、B弁護士は、同条項に基づく三億四、八〇〇万円の支払義務を負うことが定められた。なお、B弁護士が法律上の賠償責任を負担する点について敷衍すると、B弁護士は、本件証明行為をするについて注意を怠らなかったことを証明したときは、原告に対して同条項に基づく責任を負わないが、B弁護士は本件証明行為をするについて注意を怠らなかったとは認められない。すなわち、B弁護士は、本件山林の価格をC鑑定及びD意見書を基礎として二〇億円と定めた。このうち、C鑑定は、別荘地として分譲された土地の価格を参考にして標準価格を定めた上で、標準価格に対して三〇パーセントないし一五九パーセントを乗じて本件山林の価格を求めたものである。しかし、本件山林は、別荘地として分譲された土地の付近に位置するものの、別荘地として分譲されておらず、具体的な開発、分譲の計画がない山林等であって、急傾斜の土地の割合が非常に高いものであった。このような本件山林の実情に照らせば、C鑑定は、少なくとも、標準価格の定め方やこれに対して乗じた割合が根拠を欠き、その価額が実際の価額よりも大きくなる不合理なものであることは明らかであった。また、D意見書は、別荘地として販売された実際取引事例の価格等をもとにC鑑定が採用した上記割合を適用した場合の試算価額を記載したものにすぎず、そのような算定過程はC鑑定の上記の不合理を解消するものであったということはできない。したがって、C鑑定やD意見書は、その価格の算定過程自体が明らかに不合理なものであり、B弁護士はそのことに気付くことができたというべきであるから、これらの書面による価格算定に基づいて本件証明行為をしたB弁護士は本件証明行為をするについて注意を怠らなかったとはいえない……。

したがって、B弁護士は、免責事由に該当する場合を除き、本件保険契約の限度額である三億円の範囲内で、被告保険会社に対して、保険金請求権を有する。」

「本件免責条項中の『予見しながら行った行為』という文言は、被保険者がその行為による損害発生又はその高度の蓋然性について認識しながら行ったことを意味すると解されるものである。したがって、被保険者が、その行為によって他人に損害を与えることや他人に損害を与える蓋然性が高いことを認識して行った行為は、本件免責条項に該当する行為であると解される。

また、本件保険契約は、弁護士という専門的な知識、経験を有する者が、その専門的な知識等に基づいて行う行為により他人に損害を与えた場合、弁護士に生じた損害を支払うものであることを前提としている。このように、保険の対象となる行為が弁護士によって専門的な知識等に基づいて行われる行為であることを前提としているという本件保険契約の性質を考慮すると、一般的な弁護士としての知識、経験を有する者が、他人に損害を与えたり、他人に損害を与える蓋然性が高いことを当然に認識するような行為についても、本件免責条項に該当する行為であると解するのが相当である。」

「B弁護士が本件山林の価額を二〇億円と判断するに当たり、B弁護士が、正常価格を求めるために作成されたC鑑定に加えて、本件山林の地元の不動産鑑定士による意見書が得られることを聞いて証明することを承諾し、現地調査により、本件別荘地の状況から本件山林が相当の価値を有すると認識するに至ったという経緯や、C鑑定及びD意見書が取引事例を踏まえて評価するものであったことを総合考慮すると、B弁護士は、C鑑定及びD意見書の算定過程が不合理であることに気付かないまま、本件山林の価額が二〇億円であると判断して、本件証明行為をしたものと認められる。

したがって、B弁護士が、本件山林が二〇億円よりも著しく低額であることやその蓋然性が高いことを認識していたとまでは認めることができない。」

「一般的な知識、経験を有する弁護士が、当然に、本件山林が二〇億円よりも著しく低額であることやその蓋然性が高いことを当然に認識することができたか否かについて、本件において、C鑑定は不動産鑑定士の作成したものであること、別の不動産鑑定士がC鑑定についての意見書を作成したこと、その不動産鑑定士は、本件山林が所在する場所である和歌山県の宅地建物協会から紹介を受けた者であること、一般に傾斜地は住宅用地等には適さないが、本件別荘地では傾斜地を利用して別荘が建てられている状況を現地で確認することができたこと、弁護士による証明の規定を利用して不当に低廉な価額で現物出資がされたことをめぐって関係者が逮捕され、それが新聞等で報道された例が本件以前にあったことを認めるに足りず、本件証明行為当時は、弁護士による証明を悪用して不当に低廉な価額の現物出資がされる可能性があることが必ずしも広く知られてはいなかったことなどの事情がある。

これらの事情からすると、一般的な知識、経験を有する弁護士が、本件山林が二〇億円よりも著しく低額であることやその蓋然性が高いことを当然に認識することができたとも認められない。」

「本件保険契約においては、弁護士が行う証明行為を除外する規定は設けられていないし、そのような証明行為についいて、特別の免責事由を定める規定があるものでもないから、証明行為であることを理由として、本件証明行為について本件免責条項を広く解釈することはできない。」

三　専門家の現物出資財産価格填補責任の法的性質

現物出資における証明をした専門家の責任は、平成一四年商法改正により設けられたものである。当時の立案担当者の説明によれば、その立法趣旨は、専門家の証明等の適性を確保することにあると説明されている。(3)

この証明者である専門家における現物出資の価格填補責任とは別に、財産の価格の証明等をする者は、会社との間で締結した契約に基づき証明等を行うことになることから、任務懈怠により会社に損害を与えた場合には、一般的な債務不履行責任としての損害賠償責任を負うことになる（民法四一五条）と説明されている。(4)

平成二年商法改正において、当時の立案担当者の説明によれば、現物出資における検査役の調査を不要とする特例が認められ、現物出資の目的物である不動産について、弁護士の証明と不動産鑑定士による鑑定評価があれば、検査役の調査を省略できることが認められた。そして、証明をする弁護士の地位は会社との契約上のものであり、弁護士がこの証明を行うに際して注意義務を怠り誤った証明をして会社に損害を与えた場合には、債務不履行責任を負うと説明されていた(5)。

平成一四年商法改正および平成二年商法改正における当時の立案担当者の説明から考えれば、現物出資における証明をした専門家の責任は、一般の債務不履行責任とは異なる。一般の債務不履行責任と解されるのであれば、証明者である弁護士の不適切な証明と相当因果関係のある会社が被った損害が賠償義務の範囲となる。その損害の範囲を具体的に想定することはきわめて困難であるが、あえて言えば、不適切な登記費用を会社が負担したことに基づく登記費用が考えられる。現物出資の不足額が相当因果関係のある損害ではない。

一般的な債務不履行責任とは異なる責任を証明者に負わせる内容であることから、証明者の現物出資の価格塡補責任の法的性質は、債務不履行責任ではなく、法定の担保責任と解される。そして、平成一七年改正前商法においては、現物出資の価格塡補責任は、資本充実責任から取締役や証明者等に責任を負わせるものと解されていた(6)。

これに対して、会社法二一三条の責任の趣旨に関し、立案担当者は「株主間の利益移転という観点から、本来出資すべきである価格を出資していない引受人が無過失で責任を負うこととする二一二条の規定に対し、これを補完し、取締役等に過失責任を負わせることにより、取締役等が現物出資財産の価格を決定するにあたって慎重を帰すことを求めるのが、二一三条の規定の趣旨である。」と説明する(7)。

金銭出資を行った株式引受人との公平性の観点から、一次的には、現物出資を行った株式引受人が不足額の塡補責任を負うべきものであるが、現物出資を慎重に行わせるという政策的な観点から、会社法において二次的に取締役等に価格塡補責任を負わしているものである。一種の法定の担保責任と解することができる(8)。

会社法二一三条三項の証明者の責任についても、二次的に法定の担保責任を証明者に負わせたものと解することができる。ただし、先述のとおり、平成一七年改正前においては資本充実責任を根拠としていたが、現行の会社法においては、資本充実責任ではなく、株主間の公平性という観点からの問題と捉えられている点において、その根拠となる点が異なる。

これに対し、学説においては、金銭出資をした株主との公平性以外に、会社法においても依然として、会社債権者保護の観点から、原則として、裁判所の選任する検査役の調査が必要とされているとする説明がなされている(9)。

大阪地判平成二七年の事案でも、破産会社であるA社における債権回収の一環として、現物出資における価格の不足額について会社法二〇七条九項四号・二一三条一項三項に基づき取締役や証明者の責任追及がなされていることから考えれば、現物出資における検査役の調査に関する会社法の規制は会社債権者保護という趣旨を持つものと考えられなくもない。

また募集事項に定められている価額の少なくとも半分は資本金に組み入れられることが認められており、著しい価格の不足がある場合には、虚偽の資本金の額を表示していることになる。この虚偽の資本金の額を是正するという観点から、会社債権者保護という一面があるという考え方もあり得る。しかし、金融機関等が企業に融資を実施する際とか、事業会社等が取引を決定するかを判断する際に、資本金の額も考慮に含めるにせよ、それが重要な要素とまでは考え難い。とくに、大阪地判平成二七年の事案のように、現物出資以前にすでに債務超過に近い経営状況にあり、上場廃止を免れるために、偽装価格によって現物出資を行ったような事案において、株主や会社債権者の保護を強調するべきではない。

（3）　始関正光編著『Q&A平成一四年改正商法』二九一頁（商事法務・二〇〇三年）。
（4）　始関編著・前掲注（3）二九一頁。
（5）　岡光民雄『わかりやすい改正商法』六一頁（きんざい・一九九一年）。
（6）　山下友信編『会社法コンメンタール（2）』〔川村正幸〕一六頁（商事法務・二〇一四年）、江頭憲治郎『株式会社法

〔第六版〕』一一〇頁注（1）（有斐閣・二〇一五年）参照。

（7） 相澤哲＝葉玉匡美＝郡谷大輔編著『論点解説新・会社法千問の道標』二一四頁（商事法務・二〇〇六年）。

（8） これに対して現物出資者の責任は、会社法制定前は、一種の資本充実責任として現物出資者について無過失責任が課されて、総株主の同意があっても責任を免除できないと解されていた（江頭・前掲注（6）一一〇頁注（1））。これに対し会社法においては一種の瑕疵担保責任と解されている（江頭・前掲注（6）七四五頁注（4）・一一〇頁注（1））。現物出資の対象となる当該会社の取締役等においても、対価となる不足分について塡補責任を負うことは当該会社の機関としての責任から考えれば合理的な説明となる。しかし、出資の直接の当事者ではない、専門家の価格塡補責任は、瑕疵担保責任という法的性質からは説明が困難となり、一種の特別な法定責任を専門家に負わせているものと考えるしかないと考える。

（9） 酒巻俊雄＝龍田節編集代表『逐条解説会社法（3）』一〇七頁・一〇八頁〔梅本剛正〕（中央経済社・二〇〇九年）参照。

四 弁護士賠償責任保険の対象となる業務との関係

大阪地判平成二七年は、弁護士の現物出資の証明責任の前提として、当該業務が弁護士賠償責任保険（以下「弁賠保険契約」という）の対象となる業務であることを判示している。そのため、まずこの点を検討する。

弁賠保険契約に適用される約款の弁護士特約条項一条一項は、「被保険者が弁護士法に規定される弁護士の資格に基づいて遂行した同法第三条に規定される業務（以下「業務」といいます。）に起因して、法律上の賠償責任を負担することによって被る損害をてん補します。」と規定し、弁護士特約条項一条二項は一項の「業務には、後見人、保佐人、補助人、財産管理人、清算人、検査役、管財人、整理委員、個人再生委員またはこれらに準ずる資格において法律事務を行うことを含みます。」と規定されている。同条二項で掲示されている地位は、弁護士以外でも就任可能であるが、弁護士がこれらの地位について一般法律事務が行われる場合もあり得ることから、疑義が生じないよう注意的に規定されたものと解されている。(10)

弁護士法三条一項は、「弁護士は、当事者その他関係人の依頼又は官公署の委嘱によつて、訴訟事件、非訟事件及び審査請求、異議申立て、再審査請求等行政庁に対する不服申立事件に関する行為その他一般の法律事務を行うことを職務とする。」とし、同条二項は、「弁護士は、当然、弁理士及び税理士の事務を行うことができる。」と規定する。同条二項は一般的法律事務の例外であり、渉外事務（外国法にかかる事案、ただし親族・相続問題は除かれる）も一般的法律事務の例外とされている。これらの業務は専門的な業務であり通常の弁護士業務とはリスクが異なることから、危険負担の公平性の観点等から保険者の免責対象となっており（弁護士特約条項三条）、一般補償の対象外となっている。(11)

弁護士特約条項一条一項および二項で規定される弁護士の一般法律事務に該当するか否かは、行為そのものの性質から実質的に考察し判断されるべきと解されている。(12)また同条二項は先述のとおり弁護士以外の者でも就任できるが、一般法律事務も含まれうるという観点から業務に含めることとしている点を考慮すれば、弁護士特約条項一条二項は限定列挙に近いものとして狭く解する必要がある。(13)

現物出資は原則、裁判所の選任した検査役の調査を要する（会社法二〇七条一項～八項参照）。その例外として、会社法二〇七条九項四号では弁護士、弁護士法人、公認会計士、監査法人、税理士又は税理士法人の証明をもって検査役の調査を不要とする。この証明は弁護士に限定されているものではない。

もっとも検査役の調査に代わるものである点を考えれば、弁護士特約条項一条二項でいう「検査役……に準ずる資格において被保険者が行う法律事務」になるとも考えられる。

しかし、会社法で求めている現物出資の価格の証明が一般法律事務と言うことはできない。

会社法二一三条一項の取締役等の責任は、検査役の調査を経ている場合には塡補義務を負わないこととなっている（会社法二一三条二項一号）。これは検査役の選任が裁判所によって行われ、裁判所による後見的な役割が期待できるからである。

これに対して会社法二一三条三項の証明者の責任は、過失責任主義に基づき、証明者が自らの過失がなかった点を立証できない限りは不足額をそのまま塡補することになる。また会社法においては、検査役に価格塡補責任は課されていない。

さらに、証明者は会社との間での契約に基づき証明を行う点も検査役とは大きな違いである。

以上から判断すれば、弁護士による現物出資の証明を行う執務は、弁護士特約条項一条一項所定の業務に含まれないと解される。

（10）峰島徳太郎「弁護士賠償責任保険」平沼高明先生古稀記念『損害賠償法と責任保険の理論と実務』三六五頁（信山社・二〇〇五年）。

（11）峰島・前掲注（10）三六五頁。

（12）落合誠一「専門家責任保険」専門家責任研究会編『専門家の民事責任』一一四頁（財団法人安田記念財団・一九九四年）、峰島・前掲注（10）三六五頁、平沼高明『専門家責任保険の理論と実務』二九頁（信山社・二〇〇二年）等。

（13）平沼（高）・前掲注（12）二九頁注（4）。

五　弁護士賠償責任保険の塡補範囲との関係

会社法二一三条三項の責任は、先に検討したとおり、本来、現物出資により株式を引き受けた者の責任を補完する内容のものであり、会社と弁護士との契約に基づく債務不履行責任とは異なる法定の担保責任と解される。すなわち、通常の弁護士が依頼者との間において生じる弁護過誤による法律上の賠償責任とは、明らかに性質の異なる責任である。

弁護士賠償責任保険（弁賠保険）契約は、弁護士の一般法律事務から生じる弁護士の弁護過誤による法律上の損害賠償責任を塡補することを前提に、保険料率が設定されている。このことを考えれば、会社法二一三条三項の責任は、弁賠保険契約が想定しているリスクとは、異なるリスクである。

また、会社法二〇七条九項四号所定の執務は、弁賠保険契約で保険者の保険金支払責任の対象となる業務にも含まれていない。

保険金支払責任の対象とならない業務であり、かつ弁賠保険契約が想定していない異常なリスクについても保険金を支払うことは、弁賠保険契約の被保険者となり、保険料負担をしている多くの善良な弁護士の合理的な期待にも反する。加えて、このような異常なリスクを同じ保険料で塡補してしまうことは危険負担の公平性の観点からも問題となり、許されない。

弁賠保険契約においては、依頼者と弁護士との間の通常の債務不履行責任を前提として法律上の賠償責任を塡補対象としている。このような一般的な責任とは異なり、法律等により加重された特殊な責任が問われる場合には、通常リスクとは異なるリスクと捉え、別途、特約を設けて、追加保険料の支払により対応している。たとえば、平成一七年より個人情報保護法が全面施行されたことに対応し、「個人情報漏えい特約（対応費用）」が新設されている。その他にも、「未成年後見業務に関する追加条項」等が新設されるなど、通常リスクとは異なるリスクを塡補対象とする場合には、約款上も異なる対応がなされている。

会社法二一三条三項の証明者の現物出資の価格塡補責任の法的性質は、一般の債務不履行責任とは異なる法定の担保責任である。一般の債務不履行責任であれば、証明者である弁護士が負担する損害の範囲は、弁護士の過誤と相当因果関係のある損害であり、不足額そのものでない。この点からも、本件で問題となるリスクは通常のリスクではなく、異常リスクであることは明白である。

会社法二一三条三項の責任は、法定の担保責任として、法律によって特別に課された責任と捉えられる。そのため、このような特殊な責任に対応する追加条項を設け、かつ、追加保険料の支払が求められることがない限りは、そもそも、弁賠保険契約の対象とはならないと考えるべきである。

大阪地判平成二七年は、「本件保険契約においては、弁護士が行う証明行為を除外する規定は設けられていないし、そのような証明行為について、特別の免責事由を定める規定があるものでもないから、証明行為であることを理由として、本件証明行為について本件免責条項を広く解釈することはできない。」と判示するが、そもそも業務対象や塡補対象とされていないものを、免責事由として約款条項に設けることは原則として行わない。

六　免責条項との関係

1　はじめに

保険法一七条二項は、責任保険における法定免責に関し、保険契約者または被保険者の故意による事故招致のみとして、重過失を除いている。弁賠保険契約に適用される賠償責任保険普通保険約款（以下「普通保険約款」という）四条一号においても、故意による事故招致が免責事由とされており、保険法一七条二項と同様に、重過失を免責事由から除外している。

この普通保険約款四条一号の故意免責条項とは別に、弁護士特約条項三条柱書では、「当会社は、直接であると間接であるとを問わず、普通約款四条（保険金を支払わない場合）①～⑧に掲げる賠償責任のほか、被保険者が次の①～⑪に掲げるいずれかの賠償責任を負担することによって被る損害に対しては、保険金を支払いません」と規定し、①では

「被保険者の犯罪行為（注1）または他人に損害を与えるべきことを予見しながら行った行為（注2）に起因する賠償責任」を挙げる。そして、「（注1）犯罪行為　過失犯を除きます。」とし、「（注2）予見しながら行った行為　不作為を含みます。」とされている。

この「他人に損害を与えるべきことを予見しながら行った行為（不作為を含みます。）に起因する賠償責任」に関する免責条項は、弁護士特別約款以外にも、公認会計士特別約款、税理士特別約款、行政書士特別約款、社会保険労務士特別約款においても、同様な免責条項が置かれている。また一部の保険者の司法書士特別約款にも置かれている。

2　弁護士特約条項三条一号後段の免責事由の意義

弁護士特約条項三条一号後段の免責事由の意義を巡り見解の相違がある。

(1)　学説等の状況

普通保険約款四条一号の故意免責を明確にしたものにすぎないと解する見解(14)、未必の故意を意味すると解する見解(15)、弁護士の倫理観とは相容れないことから、故意免責とは別に定められたものであると解する見解(16)、当該免責条項を重過失と位置付け、任意規定ではあるが保険法一七条二項で重過失が免責から除外されていることを理由にその立法趣旨を踏まえた解釈を行うべきとする見解(17)、等が主張されている。

(2)　下級審裁判例

つぎに裁判例においては、以下のものがある。

① 東京高判平成一〇年六月二三日金判一〇四九号四四頁(18)

X弁護士（控訴人）が受任した建物収去土地明渡請求事件について相手方との間で訴訟上の和解を成立させたが、相手方が和解条項を履行しなかったため、建物の取壊しを断行したところ、相手方から不法行為に基づく損害賠償請求を受けたとして、Xが被保険者となっている弁賠保険契約の保険者であるY損害保険株式会社（被控訴人）に対し保険金の支払を請求した事案である。

〔判旨〕

「本件保険契約においては、『賠償責任保険普通保険約款』の第四条（免責）において故意免責条項等が定められているほか、『弁護士特約条項』の第三条（免責）において、右『第四条各号に掲げる賠償責任のほか、被保険者が次に掲げる賠償責任を負担することによって被る損害をてん補する責めに任じない』として、本件免責条項等が定められていることが認められるから、この両条項が同趣旨のものであると解することができないことは明らかである（なお、『故意』とは、第三者に対して損害を与えることを認識しながらあえて損害を与えるべき行為に及ぶという積極的な意思作用を意味するのに対し、『他人に損害を与えるべきことを予見しながらなした行為』とは、他人に損害を与えるべきことを予測し、かつこれを回避すべき手段があることを認識しつつ、回避すべき措置を講じないという消極的な意思作用に基づく行為を指すものであり、故意による行為とは別個の行為を意味すると解されるのであって、この両者は異なるものである）。」

「当裁判所は、本件建物内に存在していた動産類全部の具体的内訳、数量は不明であって、桐タンスなどの木工品や高価な木材が存在したものと直ちに認めることはできないと判断する。

そして、仮にこれらの動産が存在したとすれば、その廃棄、処分による損害についても、控訴人はこれを与えるべきことを予見していたということができ、本件免責条項の適用があると解するのが相当である。すなわち、本件建物内に存在した動産類の廃棄、処分による損害を与えるべきことを予見していたというためには、その動産類全部の内訳、数量や価格までも逐一具体的に認識していたことは必要ではなく、本件建物内に価値ある動産が存在することを認識しながら、これをすべて搬出処分することを指示した以上は、通常は全く予想することができない動産が存在したような場合は格別、現実に存在していたすべての動産の廃棄、処分による損害について、これを与えるべきことを予見していたというべきである。」

② 大阪高判平成一九年八月三一日金判一三三四号四六頁[19]

顧問先に対して具体的な指示指導を行わなかったことから顧問先が賃貸借契約を解除されたことを理由に弁護過誤に基づき損害賠償請求訴訟を提起され敗訴後和解し賠償金の支払を行い保険金請求した事案である。

〔判旨〕

「作為とは、直接他人に損害を与える行為をすることを意味するのに対し、不作為とは、法令、契約、慣習又は条理に基づき他人に損害が発生することを防止すべき作為義務を負う者が当該損害の発生を防止する行為をしないことを意味するものと解される。」

「損害発生の蓋然性が高いことを認識していたとまでいえるか否かであるが、通常の弁護士の知識水準を前提として、特定の措置……を講じない限り依頼者が損害を被る……蓋然性の高い状況下において、当該特定の措置を講じることを指導助言しなかったというのであるから、Xが損害発生の蓋然性が高いことを認識しながら行為したと評価せざるを得ない。」

③ 高松高判平成二〇年一月三一日金判一三三四号五四頁[20]

裁判所から還付を受けた被告人Bの保釈保証金全額をBに返還したため、上記保釈保証金の一部を出捐した訴外Aに対して損害賠償責任を負うに至った弁護士X（控訴人）が、弁賠保険契約に基づき、Y損害保険株式会社（被控訴人）に対し、保険金等の支払を求めた事案である。

〔判旨〕

「控訴人が負うとされた本件賠償責任は、少なくとも、本件保釈金全額をBに返還すればAに出捐額一、五〇〇万円相当の損害を与えるべきことを控訴人が予見した上で、あえて本件保釈金全額をBに返還したという行為に起因するものと認められ、本件特約条項三条一号にいう『他人に損害を与えるべきことを予見しながら行った行為（中略）に起因する賠償責任』に当たると認めるのが相当であるから、被控訴人は、本件賠償責任によって被った控訴人の損害について、これをてん補すべき義務を免れるというべきである。」

「控訴人は、本件特約条項三条一号にいう『他人に損害を与えるべきことを予見しながら行った行為』とは、同号で定める過失犯を除く『犯罪行為』と同列に扱っていることに照らし、故意犯と同視できるほどの過失、すなわち、損害の発生を予見し、これを認容すること（認容ある過失）が要求され、また、犯罪行為と同程度の強度の違法性が要求されると解すべきである旨主張する。

しかしながら、本件特約条項三条一号の文言解釈上、控訴人が主張するような解釈をすることには疑問が残るが、その点はともかく、上記⑵エで説示したとおり、控訴人は、Aが本件保釈金の中から一、五〇〇万円を控訴人から直接支払を受ける権限をBから付与されていることを認識し、Aに対しこれを承諾しながら、その後、Bから誓約書……の交付を受けていたのであり、そのような事実関係の下において、控訴人が本件保釈金をBに全額返還すれば、Aに対し損害を与えることになることを予見し、かつ、そのことを認容していたというべきであるから、控訴人が本件保釈金全額をBに返還した行為は、本件特約条項三条一号にいう『他人に損害を与えるべきことを予見しながら行った行為』に当たるといわざるを得ない。」

④　**大阪地判平成二一年一〇月二二日判タ一三四六号二一八頁**(21)

X（原告）から公的補助金の管理を委託された弁護士Aが、善管注意義務に違反したとして、Xに対して損害賠償債務を負担するとし、Aから弁賠保険契約に基づく保険金請求権の譲渡を受けたXが、Y損害保険株式会社（被告）に対し、Aが支払うべき損害賠償金の支払を求めた事案である。

〔判旨〕

「A弁護士は、補助金が返還されない蓋然性が高いこと、ひいては返還されないことによって原告に損害を与える蓋然性を高いことを認識しながら流用を認め、かつ、原告との委任契約に基づく弁護士としての職務上の義務として流用を回避すべき権限を有し義務を負っていることも認識していたと認めるべきであるから、いずれにしても、免責条項の解釈適用上『損害を与えるべきことを予見』していたことにあたると解するのが相当である。」

「免責条項は、損害を『与えるべき』ことを予見していたことを要件としており、『与えるべき』という文言は、必然性ないし可能性を意味し、確定性を意味しないと解するのが自然である。また、弁護士賠償責任保険契約の性質上、弁護士としての職務上の責任をある程度広く保険で補償するように解すべきであるという点では、原告の主張ももっともであると考えられるが、他方で、ほぼ確実に損害が発生することを認識していたといえるほど損害が発生する高度の蓋然性を認識しながら行った行為についてまで補償することとなると、不当に補償の範囲が広がりすぎることになり、保険におけるモラルハザードの危険が生ずることにもなる。損害保険について定める商法六四一条が、保険者は被保険者の悪意若しくは重大な過失により生じた損害を塡補する責任を負わないとしていることも踏まえると、上記免責条項は、商法六四一条の趣旨を踏まえ、被保険者に重大な過失がある場合を除外することにより、このようなモラルハザードを防ぐ目的で定められたものと考えられる。したがって、上記免責条項の文言や規定の趣旨を踏まえて考えると、上記免責条項の規定の解釈としては、損害が発生することを被保険者が確定的かつ現実に認識していた場合に限られるものではなく、損害を与える蓋然性が高いことを認識していることをもって足りるものと解するのが相当である。」

⑤　大阪地判平成二一年一二月二二日（LEX／DB文献番号25462555）

X弁護士（原告）が受任した事件の相手方から損害賠償請求訴訟を提起されたことに関し、自己が賠償責任を負うべき保険事故が発生したとして、Xを被保険者とする弁護士賠償責任保険の保険者であるY損害保険株式会社（被告、以下「Y会社」という）に対し保険金の支払を請求したが、Y会社からその支払を拒絶されたため、上記訴訟を代理人弁護士に委任することができず、自ら訴訟を追行せざるを得なかったことにより損害を被ったなどと主張して、損害賠償を請求した事案である。

〔判旨〕

「本件保険契約に適用される賠償責任保険普通保険約款四条一号は、『被保険者または保険契約者の故意によって生じた賠償責任』を免責の対象とする旨を定めていること、本件免責特約は、上記普通保険約款の定めに優先して適用される弁護士特約条項の中に置かれていることが認められる。このように、本件免責特約が被保険者等の故意により生じた賠償責任を免責の対象とした上記普通保険約款の定めとは別に免責の対象を定めていることからすると、本件免責特約による免責の対象は、被保険者等の故意により生じた賠償責任に限られるものではないと解するのが相当である。」

「平均的な弁護士に求められる職業倫理や法律専門家としての知識、素養に著しく反すると認められる行為から生じた賠償責任については、これを弁賠保険の対象から除外することが法の趣旨に適うものというべきである。これらの事情に照らせば、本件免責特約にいう『他人に損害を与えるべきことを予見しながら行った行為』とは、平均的な弁護士の立場に立った上で、被保険者が他人に損害を与える蓋然性が高いことを認識しながら行った行為を指すものと解するのが相当である。」

⑥　大阪地堺支判平成二五年三月一四日金判一四一七号二二頁(22)

後見監督人に選任された弁護士Yが選任後三年間、後見監督人としての職務を何ら行っていない間に、成年後見人A

が成年被後見人X（原告）の財産を費消し後見監督人であるYの責任が問題となった事案である。

〔判旨〕

「(1)　本件免責条項は、弁護士の倫理観に反する行為についてまで補償の対象とすべきではないという趣旨から設けられているものと解されるから、『他人に損害を与えるべきことを予見しながら行った行為（不作為を含みます。）に起因する賠償責任』とは、他人に損害を与える蓋然性が高いことを認識しながら行為し、又は行為をしなかったことを意味するものと解すべきである。

(2)　前記認定事実によれば、被告Yは、本件裁判所が後見監督を必要と認めて後見監督人に選任されたことや、謄写した一件記録から原告に多額の流動財産があり、Aが自らの経営する会社のために原告から金銭を借り受けようと考えていたことなどは認識していたといえるが、それ以上にAらの横領等が疑われる事実は認識しておらず、このような認識を前提にすれば、被告Yにおいて、Aらが不正行為に及んで原告に損害を与える蓋然性が高いと認識していたとまでは認められない。」

「被告Yが後見監督人に選任された際、B審判官は、Aらが不正行為に及ぶ蓋然性が高いと認識していなかったからこそ、最終的にAには解任事由がないと判断していることも考慮すると、被告Yが、Aらが不正行為に及ぶ蓋然性が高いと認識し得る前提事実を認識していたものと認めることは困難といわざるを得ない。被告Yは、後見監督人に選任された後も、定期的な財産状況等の報告は本件裁判所が成年後見人らにさせており、自らは成年後見人らから利益相反取引を希望する旨の連絡が来た場合に対応すれば足りるなどと誤認していた結果、Aらの不正行為が窺われる情報に全く接していなかったものであり、被告Yの認識する事実関係を前提とする限り、平均的な知識をもつ弁護士を基準にしても、Aらが不正行為に及ぶ蓋然性が高いと認識していたものと認めることはできない。」

(3) 学説・下級審裁判例の検討

下級審裁判例はいずれも、弁護士特約条項三条一号後段を故意免責条項とは異なる免責事由と解する立場をとる。学説において故意と同意義と解する見解は、多数説とは異なり故意の概念を広く解している点[23]や、司法書士賠償責任保険契約に適用される特別約款の歴史的経緯等も踏まえれば、同意義と解することはできない[24]。

刑法上、故意概念については、認容説と蓋然性説の対立があり、とくに未必の故意と認識ある過失の区分を巡り対立がある[25]。民法七〇九条の解釈において、結果発生の可能性を認識しながら、これを容認した場合を「未必の故意」と解し、「認識ある過失」とは区別し、故意に含めるものと解されている[26]。これに対して、保険法一七条一項およびそれを敷衍した普通保険約款四条一号の故意については、未必の故意が含まれるかについては議論が分かれているが、多数説はこれを含めて免責の対象と解する[27]。約款の文理解釈として、弁護士特約条項三条一号後段を未必の故意を意味することは難しい。

つぎに重過失の概念についても、注意を著しく欠いていることを意味する見解、故意に準ずる狭い範囲に限定して解釈すべきとする見解、等学説上も対立がある[28]。

他の民事分野と異なって重過失の意義を理解することは難しく、一般人を基準として注意義務を著しく欠いていることを意味すると解するのが素直な解釈となる。

このような重過失の意義の解釈や、保険法一七条二項で重過失が免責事由から除外されている趣旨から考えれば、重過失と認識ある過失とは概念上、区別して考えるべきである[29]。

弁護士特約条項三条一号後段の免責条項は、弁護士の倫理観に反する行為を免責とする趣旨で設けられたものであり、平均的な知識を有する弁護士であれば、法律の専門家としての規範的認識として他人に損害を与えることを予見でき得るにもかかわらず行為すること（不作為を含む）を意味するものと考え、このような下級審裁判例の流れは肯定的に評価できる。もっともこの見解に対しては、刑法上の認識ある過失概念を借用して説明される場合があることから免責の範囲が広くなるのではないかという懸念があるが、すでに説明したとおり、それは誤解にすぎない(30)。

この見解から考えた場合、前掲大阪地堺支判平成二五年三月一四日には疑問がある。すなわち、成年被後見人（原告）に多額の流動財産があり、成年後見人Aが自らの経営する会社のために原告から金銭を借り受けようと考えていたことなどは認識していたといえることが判示されている。そうであれば、三年間も何ら後見監督人として職務執行をせずに放置しておれば、その間に成年後見人が財産を費消する危険は高まることを認識できたのではないか。後見監督人に選任された場合、弁護士から見れば高額な報酬ではないという認識なのかも知れないが、その対価となる任務は尽くすべきである。三年間も何もしなかったというそのこと自体が弁護士の倫理観から考えて問題となるのである(31)。

3　大阪地判平成二七年での免責条項適用の検討

当該裁判例では、弁護士特約条項三条一号後段の免責事由の趣旨・目的については、これまでの下級審裁判例や私見の見解にもそったものと考えられる。しかし、事案の当てはめにおいて疑問がある。

本件で問題となっている現物出資（以下「本件現物出資」という）の対象財産である不動産においては、C不動産鑑定士の鑑定評価が利用されている。しかし、このC不動産鑑定士の鑑定評価は、現物出資による株式引受人となるY_1社が株式交換を行う際に、Cに依頼して作成した当該不動産の鑑定評価である。

日本弁護士連合会＝社団法人日本不動産鑑定協会＝商法・現物出資不動産評価研究会「商法上の現物出資・財産引受・事後設立の目的となる不動産に係る弁護士の証明並びに不動産鑑定評価上の留意点について」（平成四年四月）一四頁の「4．鑑定評価書の有効期間と流用」においては、「現物出資……の目的以外に作成された鑑定評価書がこれらの目的に使用されることは、原則として望ましいことではない。これは、目的不動産の鑑定評価には、固有の理念と鑑定評価上の留意事項があることによる。弁護士が証明の基礎とする鑑定評価書は、これら固有の目的のために作成されたものとすべきである。ただし、これらの目的に使用することの是非について不動産鑑定士の検討と同意ならびに会社の同意を得たものについては、流用して差支えないと考えられる。」と記載されている。

この内容は、会社法成立後も、別の目的で作成された不動産鑑定評価を現物出資に流用する場合には、当該鑑定評価を行った不動産鑑定士の承諾を得ることが求められている。

別の目的で作成された不動産鑑定においては、鑑定当時の特殊な事情等も踏まえた内容であることもあり得る。[32] また別の目的で作成された不動産鑑定がなされた当時を基準にするのではなく、募集株式の株主になった時における現物出資財産の価格を基準日として著しく価格が不足している場合に責任が問われるものである。そのため、別の目的で作成された不動産鑑定評価を流用する場合には、通常よりも慎重に対応することが求められるべきである。この点に関して、大阪地判平成二七年では検討が不十分である。

本件での裁判所の事実認定とは異なり、本件現物出資の対象となった不動産の価格に関し、A社の社外監査役の責任を追及した事案である大阪高判平成二七年五月二一日金判一四九九号一六頁において、A社の監査役会において、現物出資者である会社の依頼を受けたC不動産鑑定士が株式交換の際に行った鑑定評価であることを理由に、A社が依頼した不動産鑑定による鑑定評価が必要となる点、不動産鑑定士の人選については、第三者委員会において行うことが望ましいという意見書の提出がなされている事実が示されている。

その後、A社から依頼を受けた別のD不動産鑑定士が鑑定評価ではない、簡単な報告書を作成し、株式交換の際の鑑定評価を補う形が採られている。

そして、弁賠保険契約の被保険者である弁護士が、株式交換の際に作成された鑑定評価を、作成者であるC不動産鑑定士の同意を得ることなく、別のD不動産鑑定士の報告書も踏まえて、現物出資価格を二〇億円と評価するのが相当である旨の証明書をA社に提出している。

A社の監査役会は、平成二二年二月一二日付けで、第三者割当増資が行われた場合、既存株主の持株比率が大幅に希釈化されること、本件現物出資の対象となる本件山林の価額については、三一億四、七〇〇万円から六億八、三〇〇万円までの幅があって評価が難しく、第三者委員会における意見形成に際しても価額の相当性を巡って議論がされたと聞いていること、本件山林に関する事業計画や本件現物出資の当否については十分な検討が必要であると考えることなどを指摘して、本件第三者割当増資については、取締役会で十二分な議論検討を行うべきである旨を記載した書面をA社のE代表取締役に対して提出している。

また「Eは、同月一六日の破産会社の定時取締役会……において、本件現物出資の対象とされる本件山林について、本件C鑑定……及び本件証明書……をもとに説明をした。これに対して、Fが、監査役を代表して上記の書面に基づいて本件山林の評価の相当性についての疑義を表明したものの、取締役らは本件山林の評価を二〇億円とすることについて、特段の異議を述べなかった。

第三者委員会は、同月一六日付けで、本件第三者割当増資についての意見書（以下「第三者委員会意見書」という。）を破産会社に提出した。同意見書では、本件第三者割当増資については、その必要性及び相当性があるものと認めるとされていたものの、本件現物出資における本件山林の不動産価額の相当性については、本件山林の販売計画の実現可能性について判断できないことや、株式会社GとHとの本件山林の売買契約における売買代金の決済状況に関する資料が入手できなかったことから、疑義を拭うことはできないとの意見が記載されていた。」等が示されている。

先述のとおり、本件現物出資の価格を巡っては第三者割当増資の際に、現物出資によってこれを実施するという当初の計画段階から、破産会社であるA社の監査役会や第三者委員会において、問題が指摘されていたことが理解できる。

不動産鑑定士資格を有しない会社の役員らにおいても、現物出資の対象となる山林の価格について、弁護士の証明を受ける以前より、疑問が示されている。

本件現物出資の価格等を巡り問題が数回も指摘されている状況でありながら、別の機会に作成された鑑定評価を、作成者である不動産鑑定士の同意を採ることもなく利用している。しかも、それを補完する別の不動産鑑定士の評価についてもたんなる報告書にすぎない。さらに、別荘等の開発費用等様々な要素を踏まえて慎重な鑑定評価が必要とされるような本件山林物件について短期間でA社に都合の良い内容の報告書が作成されている。

このような事情等も考慮すれば、被保険者であるB弁護士が行った証明は、会社法二〇七条九項四号所定の証明を形式的に整えたにすぎないものであり、たんなるアリバイ作りに他ならないと評価されるべきである。そして、このようなアリバイ作りをA社の取締役から依頼を受けて証明を行ったBは、将来的に、本件現物出資の対象となる不動産の価格について、何らかの問題が発生すれば、責任を追及されることを認識できたと考えられる。少なくとも、通常の職業倫理を有しかつ平均的な知識を有する弁護士であれば、このようなリスクを伴う行為を行えば、それに伴う重い責任を追及されることを十分に認識できたと考えるのが、経験則から考えても合理的である。(33)

平均的な知識を有する弁護士であれば、最低限、当該不動産鑑定評価について、その作成者であるC不動産鑑定士の同意を得た上で、適切に作成された内容のものであることを確認する必要があるが、それさえもB弁護士は行っていない。依頼者であるA社のタイムスケジュールに従い、依頼者の意向に従い証明行為を行ったものと推認できる。このことは弁護士倫理から考えても重大な問題行為と規範評価されるべきである。

(14) 甘利公人「判批」損害保険研究六一巻一号二一九頁(一九九九年)、竹濵修「判批」商事一二六〇号三三頁(二〇〇二年)、李芝妍「弁護士賠償責任保険契約に関する若干の考察」東洋法学五三巻二号一六一頁(二〇〇九年)、平田厚「判批」私法判例リマークス四八号七三頁(二〇一四年)。

(15) 藤本和也「判批」法律のひろば六七巻七号七二頁(二〇一四年)(以下「①文献」という)、同「判批」共済と保険五七巻一号二七頁（二〇一五年）（以下「②文献」という）。

(16) 平沼（高）・前掲注（12）二三頁・二四頁、峰島・前掲注（10）三七四頁・三七五頁、山下典孝「弁護士賠償責任保険における免責条項」法学新報一一四巻一一＝一二号七一八頁・七一九頁（二〇〇八年）、平沼直人「法律専門職の職業倫理と司法書士賠償責任保険」月報司法書士四九三号三〇頁（二〇一三年）等。

(17) 金岡京子「判批」損害保険研究七二巻三号二八七頁（二〇一〇年）。

(18) 本件については、甘利・前掲注（14）二一三頁以下、竹濱・前掲注（14）二九頁以下、李・前掲注（14）一四九頁以下参照。

(19) 本件については、山下典孝「判批」法律のひろば六三巻四号六一頁以下（二〇一〇年）参照。

(20) 本件については、金岡・前掲注（17）二六九頁以下参照。

(21) 本件については、山下典孝「判批」法セ別冊・速報判例解説六号一四三頁以下（二〇一〇年）参照。

(22) 本件については、藤本・前掲注（15）②文献二二頁以下、平田・前掲注（14）七〇頁以下参照。

(23) 山下（典）・前掲注（16）七一九頁・七二〇頁参照。

(24) 山下典孝「法律専門職業人賠償責任保険における一考察」青竹正一先生古稀記念『企業法の現在』五九二頁・五九三頁（信山社・二〇一四年）、平沼（直）・前掲注（16）三〇頁・三一頁参照。なお平田・前掲注（14）七三頁は弁護士特約条項三条一号後段を保険法一七条一号の故意免責条項と捉えているようである。弁護士の立場として身内に有利な解釈を提唱したい気持ちは分からないでもないが、弁護士を巡る一連の不祥事の実態を考えた場合、このような性善説的な考え方は採れない。

(25) 大谷實『刑法総論〔第四版〕』九二頁・九三頁（成文堂・二〇一三年）、佐久間修『刑法総論』一一四頁～一一六頁（成文堂・二〇〇九年）、前田雅英『刑法総論講義〔第五版〕』二二三頁～二二五頁（東京大学出版会・二〇一一年）等参照。

(26) 潮見佳男『不法行為法Ⅰ〔第二版〕』二六四頁（信山社・二〇〇九年）参照。

(27) 落合誠一監修・編著『保険法コンメンタール（損害保険・傷害疾病保険）〔第二版〕』〔山下典孝〕五八頁（損害保険

事業総合研究所・二〇一四年）参照。

(28) 落合・前掲注（27）〔山下（典）〕五九頁、山下友信＝永沢徹編『論点体系保険法（1）』〔大野澄子〕一七四頁（第一法規・二〇一四年）参照。

(29) 平沼（直）・前掲注（16）三〇頁・三一頁参照。

(30) このような誤解を避ける意味で、約款の明確化を唱える見解として、塩野・前掲注（2）九二頁参照。

(31) 後見監督人の選任は一定の基準に従い、家庭裁判所が裁量に基づき選任されることはある。しかし、個別事案において、後見人に何らかの問題があって念のために裁判所が裁量に基づき後見監督人を選任することも考えられる。この場合に、具体的に問題が発生した場合に後見監督人に選任された弁護士が当然に弁護士特約条項三条一号後段の免責を受けるわけではない。専門家として求められる最低限の職務すら何ら行っていないから批判の対象となるのである。近時、後見人が被後見人の財産を費消する事件が多発し社会問題となっている。このような状況下で、後見監督人として三年間もその職務を何ら行わなければ免責の対象となると考えるべきである。そのため当該裁判例は事例判決と考えるべきである。なお、東京家裁は弁護士の後見人が一定額以上の財産を預かる場合は後見監督人として別の弁護士を付ける運用をしているとのことである（毎日新聞二〇一五年七月二三日東京朝刊二七頁、同二〇一五年八月一一日東京朝刊五頁）。このような運用が行われることとなった背景も考えるべきである。

(32) 実際に、株式交換の際に作成されたC不動産鑑定評価に関して、C不動産鑑定士は行政処分の対象となっている。

(33) 遠藤元一「セイクレスト控訴審判決の検討」商事二〇七八号一五頁（注一八）（二〇一五年）では、「山林の価格が不当である以上に、①現物出資の仕組みの不自然性（山林の所有者が合同会社に二〇億円で売買した上で同社から現物出資を受ける合理的な理由がなく、代金の支払いの事実も確認できない）、②事業計画の実現可能性への疑義（インフラ整備やマンション等開発に要する費用をどのように調達し、どの事業者を起用して、いつまでに開発するか等、実現可能性に疑義がある）等から実態のない取引と認められる。」と評価されている。

七　結　語

最後に、これまでの検討を踏まえた結論と私見に対する想定できる反論にも言及した上で、本稿のまとめとしたい。

専門家の財産価格塡補責任は、本来、現物出資により株式を引き受けた者の責任を補完する内容のものであり、会社と弁護士との契約に基づく債務不履行責任とは異なる法定の担保責任と解される。そして、弁護士による現物出資の証明を行う執務は、弁護士特約条項一条一項所定の業務に含まれないと解される。

会社法で特別に認められた証明者の不足額の塡補責任という弁賠保険契約では想定されていない異常リスクについてまで弁賠保険契約による塡補を認めることは、多くの善良な弁護士が支払っている保険料をまったく異なる目的に利用することに等しい。

また、特別な追加条項が置かれていないにもかかわらず、通常とはまったく異質な上記リスクを弁賠保険契約による塡補対象とすることは、弁賠保険約款の構造上、特別なリスクに対応して「個人情報漏えい特約（対応費用）」、「未成年後見業務に関する追加条項」等を別途設けている趣旨に反する。

加えて、B弁護士の価格証明に関する一連の行為は、弁護士特約条項三条一号後段の、いわゆる認識ある過失に該当し免責対象にも該当する。

以上のような私見に対しては、とくに弁護士特約条項三条一号後段の解釈に対しては、免責の適用対象が拡大し、責任保険の被害者救済的機能から問題があるとする批判が考えられる。また弁護士倫理という情緒的かつ曖昧な基準を持ち出して、免責の範囲を拡大し責任保険の目的を危殆させるという批判が考えられる。

しかし、このような考え方は弁賠保険の特色を無視した批判である。また被害者救済というのであれば、故意免責や犯罪免責の対象となり保険保護から漏れる依頼者を保護する別途の救済制度を創設された上で、批判されるのが筋である(34)。弁護士倫理上もきわめて問題のある保険金請求事案で当該裁判の結果の有無に関係なく、当該事案で問題となった弁護士に対して所属弁護士会において懲戒案件として処理されているかも定かではないのが現在の状況である。依頼者に賠償金の支払をすることによって懲戒処分を免れる、あるいは処分の内容を軽減する考慮要素に含めるなど、実態として、保険金支払が真の意味での被害者救済として機能しているのか、弁護士会の懲戒制度も踏まえて、弁賠保険契約の利用者である弁護士は自らの問題として真剣に考える必要があるのではないか。

多くの善良な弁護士は弁護士倫理上も問題となる不適切な事案に関してまで保険保護を与えるために保険料支払を行っているわけではない。不適切な事案についてまで保険金支払を認めることは、保険料の高額化を招き、弁護士を利用する一般国民が負担する弁護士報酬にも転嫁されることになる。弁護士だけの問題ではなく弁護士に対する一般国民の信頼からも適切な対応が必要となるのである。不適切な事案に保険金支払を肯定するような身内に甘い対応を採るよりも、被害者救済基金を創設し、そちらに費用を回すことが社会的にも妥当であり、合理性を有する政策判断ではないか。

（34） パリ弁護士会、ブリュッセル弁護士会、リエージュ弁護士会での依頼者救済制度に関しては、山下（典）・前掲注（24）五九三頁・五九四頁参照。またカナダの各州等の弁護士会では、依頼者救済制度として、補償基金（Compensation Fund）が設けられている。この制度が設けられた趣旨は、弁護士に対する一般市民の信頼を確保することにあるようである。

［追記］
本稿は、公益財団法人民事紛争処理研究基金平成二七年度研究助成「民事司法利用支援のための保険制度の役割に関する研究」（山下典孝代表）における研究成果の一部である。

本稿脱稿後、大阪地判平成二七年の判例研究として、弥永真生「判批」ジュリ一四八七号二頁以下（二〇一五年）、勝野真人「判批」共済と保険五八巻二号三〇頁以下（二〇一六年）、清水真希子「判批」ジュリ一四九二号一一三頁以下（二〇一六年）に接した。また大阪地判平成二七年の控訴審判決として、大阪高判平成二八年二月二五日金判一四八八号四〇頁、資料版商事三八四号一一三頁に接した。

永井和之先生略歴および主要著作目録

I 略 歴

一九四五年　東京都生まれ

学歴・職歴

一九六四年四月　中央大学法学部法律学科入学
一九六八年三月　中央大学法学部法律学科卒業
一九六九年四月　中央大学法学部助手（一九七四年三月まで）
一九七四年四月　中央大学法学部助教授（一九八一年三月まで）
同　産業能率短期大学非常勤講師（一九七九年一月まで）
一九七五年四月　都立大学法学部非常勤講師（一九七七年三月まで）
一九七六年四月　明治学院大学法学部非常勤講師（一九七九年一月まで）
一九七九年一月　米国スタンフォード大学ロースクール客員研究員（一九八一年三月まで）
一九八一年四月　中央大学法学部教授（二〇一六年三月まで）
一九八五年四月　立教大学法学部非常勤講師（一九八六年三月まで）
一九八六年四月　中央大学大学院法学研究科博士課程後期課程担当（二〇一六年三月まで）
一九八八年四月　早稲田大学法学部兼任講師（一九九六年三月まで）
一九八九年四月　國學院大学法学部兼任講師（一九九〇年三月まで）
一九九〇年四月　明治大学（短期大学）兼任講師（一九九三年三月まで）

一九九三年四月　明治大学経済学部非常勤講師（一九九五年三月まで）
一九九三年一一月　中央大学通信教育部部長（一九九七年一〇月まで）
同　学校法人　中央大学評議員（二〇一一年一一月まで）
一九九九年一一月　中央大学法学部長（二〇〇三年一〇月まで）
二〇〇二年五月　学校法人　中央大学理事（二〇〇五年五月まで）
二〇〇四年四月　中央大学大学院法務研究科教授（二〇〇七年三月まで）
二〇〇五年一一月　中央大学学長（二〇一一年一一月まで）
同　学校法人　中央大学理事（二〇一一年一一月まで）
二〇〇五年一二月　学校法人　中央大学総長（二〇一一年一一月まで）

学会および社会における活動

一九九三年八月　公認会計士第二次試験試験委員（一九九六年三月まで）
一九九三年一一月　財団法人　私立大学通信教育協会理事・評議員（一九九七年一〇月まで）
一九九四年一月　司法試験第二次試験考査委員（一九九九年一一月まで）
一九九五年四月　財団法人　私立大学通信教育協会理事長代行（一九九九年三月まで）
一九九六年一月　文部省　学術審議会専門委員（科学研究費分科会）（一九九八年一月まで）
一九九六年三月　日本海法会評議員（二〇一一年一二月まで）
一九九八年六月　中央大学生活協同組合理事長（二〇〇〇年六月まで）
一九九八年八月　公認会計士三次試験試験委員（二〇〇一年三月まで）
二〇〇〇年七月　産業構造審議会臨時委員（二〇〇一年一月まで）
二〇〇一年七月　文部科学省　大学設置・学校法人審議会（大学設置分科会）専門委員（二〇〇三年三月まで）
二〇〇一年一二月　司法制度改革推進本部法曹養成検討会委員（二〇〇三年一二月まで）

二〇〇二年一一月　独立行政法人　大学入学センター適性試験実施研究会会員（二〇〇四年三月まで）
二〇〇三年二月　都立新大学設立準備委員会学部教育小委員会委員（二〇〇三年三月まで）
二〇〇三年三月　日本学術会議　推薦管理会委員（二〇〇四年九月まで）
二〇〇三年四月　財団法人　日弁連法務研究財団理事（二〇一〇年九月まで）
同　財団法人　私立大学通信教育協会会長（二〇〇五年三月まで）
二〇〇三年六月　財団法人　民事紛争処理研究基金監事（二〇一一年五月まで）
二〇〇三年七月　財団法人　二十一世紀文化学術財団評議員（二〇〇五年六月まで）
二〇〇三年八月　放送大学学園設立委員（二〇〇四年三月まで）
二〇〇三年一〇月　独立行政法人　鉄道建設・運輸施設整備支援機構資産処分審議会委員（二〇一三年一〇月まで）
二〇〇五年一月　日本弁護士連合会　新司法試験モデル問題検討（二〇〇七年三月まで）
二〇〇五年六月　財団法人　二一世紀文化学術財団理事（二〇一一年三月まで）
二〇〇六年一月　社団法人　日本私立大学連盟常務理事（二〇一一年一一月まで）
二〇〇六年三月　財団法人　大学基準協会理事（二〇一一年一一月まで）
同　社団法人　学術・文化・産業ネットワーク多摩会長（二〇〇九年一〇月まで）
二〇〇六年四月　法学検定試験委員会委員（現在に至る）
二〇〇六年五月　文部科学省　大学設置学校法人審議会（学校法人分科会）委員（二〇一一年一一月まで）
二〇一〇年一〇月　公益財団法人　日弁連法務研究財団評議員（現在に至る）
二〇一一年四月　公益財団法人　二十一世紀文化学術財団評議員（現在に至る）
二〇一二年六月　公益財団法人　私立大学通信教育協会会長（現在に至る）

Ⅱ 主要著作目録

著書

共著 『商法の基礎』青林書院新社、一九七五年一一月（六項目担当）
共著 基本判例シリーズ10『判例商法Ⅱ 会社』日本評論社、一九七六年二月（二二項目担当）
共著 基本判例シリーズ11『判例商法Ⅰ 総則・商行為・保険・海商・手形・小切手』日本評論社、一九七六年五月（「商行為の特色」担当）
共著 『学習商法』文眞堂、一九七六年六月（商法総則編担当）
共著 『判例コンメンタール商法Ⅲ 上』三省堂、一九七七年六月（23条～31条担当）
共著 『商取引の基礎』青林書院新社、一九七八年八月（「商取引の人的設備」担当）
共著 『手形・小切手法入門』北樹出版、一九七九年四月（四項目担当）
共著 『商法総則・商行為法』評論社、一九八〇年六月（共著者、加美和照）（全三三二頁）
共著 『会社法100講』学陽書房、一九八三年五月（「新株の発行」担当）
共著 『判例コンメンタール商法Ⅰ』三省堂、一九八三年七月（増補判例担当）
共著 『商法総則・商行為法100講』学陽書房、一九八三年一一月（四項目担当）
共著 『商法総則・商行為法』青林書院、一九八四年三月（「商法の地位」担当）
共著 『最新海事判例評釈（第Ⅰ巻）』日本海運集会所、一九八四年三月（四件担当）
共著 『商法（総則）入門』北樹出版、一九八四年五月（「商号」担当）
共著 『現代商法Ⅱ 会社』三省堂、一九八四年一〇月（五項目担当）
共著 『商法（商行為）入門』北樹出版、一九八五年六月（「有価証券」担当）
共著 『判例コンメンタール商法Ⅲ 上』三省堂、一九八五年七月（増補判例担当）
共著 『判例コンメンタール商法Ⅲ 下』三省堂、一九八五年七月（増補判例担当）

共著『論点・学説・判例　株式会社法』中央経済社、一九八五年九月（五項目担当）
共著『現代商法Ⅰ　総則・商行為法』三省堂、一九八六年六月（五項目担当）
共著『注解会社法』青林書院、一九八六年八月（56条～61条、136条～145条、204条～209条担当）
共著『事例式演習教室　商法』勁草書房、一九八八年三月（共著者、木内宜彦）（全二七五頁）
単著『基本論点　商法』法学書院、一九八八年七月（全三一七頁）
共著『会社法基本判例』同文舘、一九八八年一〇月（五項目担当）
共著『争点ノート　商法Ⅰ（総則・会社法）』法学書院、一九八九年七月（五項目担当）
単著『基礎理論　商法』法研出版、一九九〇年四月（全一九四頁）
共著『基本法コンメンタール　会社法3（第四版）』日本評論社、一九九一年三月（有限会社法41条～46条担当）
共著『現代商法Ⅱ　会社　改訂版』三省堂、一九九一年四月（五項目担当）
共著『争点ノート　商法Ⅰ（総則・会社法）　改訂版』法学書院、一九九一年一一月（五項目担当）
共著『商法総論・総則』青林書院、一九九二年四月（「企業の主体」担当）
単著『基本論点　商法　改訂版』法学書院、一九九二年五月（全三三五頁）
共著『最新海事判例評釈（第Ⅱ巻）』成文堂、一九九二年七月（三件担当）
共著『保険法・海商法』青林書院、一九九三年四月（「船荷証券の債権的効力」担当）
共著『争点ノート　商法Ⅰ（総則・会社法）　改訂第二版』法学書院、一九九四年四月（五項目担当）
単著『基本論点　商法　改訂第二版』法学書院、一九九四年五月（全三四一頁）
共著『事例式演習教室　商法　第二版』勁草書房、一九九四年六月（共著者、木内宜彦）（全二八三頁）
単著『基本論点　商法　改訂第三版』法学書院、一九九四年一一月（全三四一頁）
共著『基本法コンメンタール　会社法3（第五版）』日本評論社、一九九四年一二月（有限会社法41条～46条担当）
共著『現代商法Ⅱ　会社　三訂版』三省堂、一九九五年四月（五項目担当）
共著『現代商法Ⅰ　総則・商行為法　改訂版』三省堂、一九九六年五月（五項目担当）

共著　『保険法・海商法要説』青林書院、一九九六年六月（二項目担当）
共著　『手形法・小切手法』青林書院、一九九六年六月（第二章担当）
単著　『会社法』有斐閣、一九九六年一一月（全四二六頁）
共著　『注解国際海上物品運送法』青林書院、一九九七年三月（9条・12条担当）
共著　『注解法律学全集　手形・小切手法』青林書院、一九九七年一二月（17条～20条担当）
共著　『争点ノート　商法Ⅰ（総則・会社法）改訂第三版』法学書院、一九九八年一月（五項目担当）
共著　『基本法コンメンタール　会社法3（第六版）』日本評論社、一九九八年一二月（有限会社法41条～46条担当）
共著　『判例マニュアル商法Ⅰ（総則・商行為）』三省堂、一九九九年四月（九件担当）
共著　『平成会社判例150集』商事法務研究会、一九九九年五月（五件担当）
単著　『会社法　第二版』有斐閣、二〇〇〇年四月（全四七〇頁）
単著　『会社法　第三版』有斐閣、二〇〇一年二月（全四七九頁）
共著　『基本法コンメンタール　会社法3（第七版）』日本評論社、二〇〇一年一〇月（有限会社法41条～46条担当）
共著　『平成会社判例175集』商事法務研究会、二〇〇二年二月（一〇件担当）
編著　『ブリッジブック　商法』信山社出版社、二〇〇二年一二月（全三〇一頁）
編著　『e－ラーニング　会社法』第一法規、二〇〇四年一〇月（電子書籍）
編著　『e－ラーニング　会社法　改訂版』第一法規、二〇〇五年四月（電子書籍）
編著　『実務解説会社法Q&A』ぎょうせい、二〇〇六年五月（全二三五二頁）
編著　『よくわかる会社法』ミネルヴァ書房、二〇〇七年五月（全一九五頁）
共編　『逐条解説会社法』中央経済社（第1巻・二〇〇八年六月、第2巻・二〇〇八年七月、第4巻・二〇〇八年一二月、第3巻・二〇〇九年四月、第5巻・二〇一一年一二月、第9巻・二〇一六年三月（829条・830条・907条・908条担当））
編著　『よくわかる会社法　第二版』ミネルヴァ書房、二〇〇九年二月（全二一三頁）
共編　『会社法学の省察』中央経済社、二〇一二年二月（全四八五頁）

編書『法学入門』中央経済社、二〇一四年三月（全二一六頁）
編著『よくわかる会社法　第三版』ミネルヴァ書房、二〇一五年五月（全二三九頁）

論説

「イギリスにおける商事裁判所の生成と裁判手続」（共著者、重田晴生）神奈川法学八巻三号二五三頁（一九七三年三月）
「外観優越の規定序説」法学新報八〇巻七号五一頁（一九七三年七月）
「手形行為と表見代理」法学セミナー二四二号一一四頁（一九七五年八月）
「外観主義―企業法的考察による外観優越の規定把握への一試論」『中央大学法学部90周年記念論文集』三〇七頁（一九七五年一〇月）
「外観優越の規定についての一視点」『私法』三九号二〇五頁、二二六頁（一九七七年六月）
「名板貸人の責任」『ジュリスト増刊　商法の争点』一六頁（一九七八年一二月）
「合衆国における最近の消費者保護政策の動向」ジュリスト七二九号八三頁（一九八〇年一二月）
「アメリカ合衆国における消費者保護政策の転換」法学新報八七巻一二号五一頁（一九八一年二月）
「米国海上物品運送法第四条（五）但し書における〝公平な機会理論（the theory of fair opportunity）〟の意義について―我国の国際海上物品運送法一三条を考えるにあたって」比較法雑誌一六巻一号一頁（一九八二年六月）
「名板貸人の責任」『ジュリスト増刊　商法の争点（第二版）』二四頁（一九八三年一〇月）
「手形行為と商法二三条」『中央大学百周年記念論文集（法学部）』三一一頁（一九八五年一〇月）
「取締役の第三者に対する責任」『演習商法（会社）　中巻』（青林書院）五二一頁（一九八六年三月）
「登記簿上の取締役の第三者に対する責任」法学新報九六巻三＝四号一頁（一九九〇年二月）
「株主名簿の名義書換請求権」『株主の権利―法的地位の総合分析』（中央経済社）六九頁（一九九一年一〇月）
「名板貸人の責任」『ジュリスト増刊　商法の争点Ⅰ（総則・会社）』一六頁（一九九三年五月）
「社債に関する商法等の改正法案について」企業会計四五巻六号七七〇頁（一九九三年六月）

「船荷証券の有価証券としての特質」『高窪利一先生還暦記念　現代企業法の理論と実務』（経済法令研究会）六五〇頁（一九九三年一二月）

「戦後株式会社法改正の概略」『戸田修三先生古稀記念　戦後株式会社法改正の動向』（青林書院）三頁（一九九三年一二月）

「取締役の第三者に対する責任―登記簿上の取締役の責任―」『取締役の権限と責任―法的地位の総合分析』（中央経済社）二六二頁（一九九四年九月）

「企業活動に対する名板貸責任の拡大」判例タイムズ九一七号二頁（一九九六年一〇月）

「商法改正手続を考える―コーポレイト・ガバナンスの要求から」法学セミナー五一六号四八頁（一九九七年一二月）

「コーポレート・ガバナンスと立法過程」民商法雑誌一一七号四＝五号五一三頁（一九九八年二月）

「株主代表訴訟制度における担保提供命令」法曹時報五〇巻二号一頁（一九九八年二月）

「企業不祥事と会社法―コーポレート・ガバナンスの会社法的側面」『日韓における立法の新展開』（日本比較法研究所）二六四頁（一九九八年三月）

「商法203条2項の意義」『戸田修三先生古稀記念　現代企業法学の課題と展開』（文眞堂）二〇五頁（一九九八年四月）

「株主代表訴訟制度改革とコーポレート・ガバナンス」企業会計五〇巻四号五七五頁（一九九八年四月）

「代表訴訟における担保提供命令と原告株主の「悪意」」判例タイムズ九七五号一七六頁（一九九八年八月）

「株式交換制度などの商法改正」会計人コース三四巻三号四頁（一九九九年三月）

「子会社の業務内容等の開示」ジュリスト一一六三号九九頁（一九九九年九月）

「平成11年商法等の改正（上）」白門五一巻一二号一七頁（一九九九年一二月）

「平成11年商法等の改正（下）」白門五二巻一号六頁（二〇〇〇年一月）

「附属的商行為（商法503条）」法学教室二三三号三〇頁（二〇〇〇年二月）

「商法における法学教育と法曹養成教育」ＮＢＬ六九一号三八頁（二〇〇〇年六月）

「会社の組織変動と会社法改正」旬刊商事法務一五六九号四四頁（二〇〇〇年八月）

「手形行為の無因性と文言性」『現代手形小切手法講座第2巻』（成文堂）二一七頁（二〇〇〇年一二月）

「税理士職業賠償責任保険適用約款における免責条項の意義」
『平出慶道先生・高窪利一先生古稀記念　現代企業・金融法の課題（下）』（信山社出版）五九三頁（二〇〇一年二月）

「純粋持株会社における商法上の問題点」　月刊監査役四三九号四頁（二〇〇一年二月）

「監査役（会社法大改正の全体像1—平成13年商法改正）」　法学教室二六四号三〇頁（二〇〇二年九月）

「監査委員の資質」　月刊監査役四六六号四八頁（二〇〇二年一二月）

「自己株式取得に関する商法改正」　月刊監査役四七九号五頁（二〇〇三年一一月）

「日本企業の経営革新と商法改正」
『21世紀日本企業の経営革新—コーポレート・ガバナンスの視点から—』（中央大学出版部）二一七頁（二〇〇四年三月）

「改正商法とコーポレート・ガバナンス」　『経営革新 Vol. I』（中央大学出版部）（二〇〇五年三月）

「商法における外観主義」　『新版　基本問題セミナー2　商法総則・商行為法』一一頁（二〇〇五年四月）

「新会社法における規制緩和」　松山大学論集一七巻一号二九頁（二〇〇五年四月）

「税理士賠償責任保険の免責条項」
『平沼高明先生古稀記念　損害賠償法と責任保険の理論と実務』（信山社出版）三三四頁（二〇〇五年四月）

「有限会社・株式会社法制の一体化と小規模会社法制の意義」　新会社法A2Z三号六頁（二〇〇五年六月）

「規制緩和の視点から読む　新「会社法」」　ビジネス法務五巻六号一五頁（二〇〇五年六月）

「日本における最近会社法の改正動向」　高麗法学四五号二五七頁（二〇〇五年一一月）

「機関設計の自由化—監査役設置会社における機関構成を中心に—」
『別冊金融・商事判例　新しい会社法の理論と実務』一〇二頁（二〇〇六年八月）

「取締役・執行役の報酬等の決定方法」
『ジュリスト増刊　会社法の争点』一四八頁（二〇〇九年一一月）

判例研究

「営業の現物出資における商号続用と商法26条の類推適用」　法学新報七九巻九号一〇九頁（一九七二年九月）

「商法23条と取引相手方の重過失」『商法（総則・商行為）判例百選』五二頁（一九七五年一〇月）

「相互に振出された約束手形と相殺適状」ジュリスト六四二号（昭和51年度重要判例解説）一〇九頁（一九七七年五月）

「保険者の過失」『商法（保険・海商）判例百選』九六頁（一九七七頁一一月）

「工事請負人が注文者の名前を使って締結した工事用具賃貸借契約と名板貸の成否―黙示の許諾」金融・商事判例五三七号二頁（一九七八年二月）

「海上運送人の運送品引渡義務と荷渡指図書の効力」判例評論二三九号（判例時報九〇六号）一四七頁（一九七九年一月）

「運航委託契約における船舶運航者が商法690条にいう船舶所有者に該当しないとされた事例」海運六四四号一三〇頁（一九八一年五月）

「被許諾者が営業を営まなかった場合と手形行為への商法二三条の類推適用の可否」判例タイムズ四三九号（昭和55年度民事主要判例解説）一六五頁（一九八一年六月）

「ＦＯＢ売買において買主がＢＬの発行を受けたとして売主にＢＬ改ざんの事実について買主への通知義務および代金支払請求を差し控える義務がないとされた事例」海運六四八号一二八頁（一九八一年九月）

「米国海上物品運送法 Sec. 4 (5) 但し書における公平の機会について」海運六五三号八四頁（一九八二年二月）

「Quasi-Deviation の是非と Stevedore の責任の消滅について」海運六六五号九七頁（一九八三年三月）

「不当な離路の効果」海運六八二号一二五頁（一九八四年七月）

「商法23条と取引相手方の重過失」『商法（総則・商行為）判例百選第二版』四六頁（一九八五年二月）

「0.5パーセントの目減りに関する許容特約の意義と効力」海運七〇一号九〇頁（一九八六年二月）

「商法一九条に反する登記」ジュリスト八六二号（昭和60年度重要判例解説）八八頁（一九八六年六月）

「商法112条1項「己ムコトヲ得ザル事由」の意義」判例評論三三二号（判例時報一二〇一号）二一二頁（一九八六年一〇月）

「正当な離路について」海運七一三号七九頁（一九八七年二月）

「届出印と異なる実印を押捺した手形の支払と銀行の過失」『法学ガイド14商法Ⅲ』二七〇頁（一九八八年四月）

「銀行による不渡付箋のついた手形と手形法20条1項」『手形小切手判例百選第四版』一二〇頁（一九九〇年五月）

「隠れた手形保証としての裏書と原因債務の保証の有無」判例評論三九五号（判例時報一四〇〇号）一八二頁（一九九二年一月）
「辞任登記未了の辞任取締役と商法266条ノ3」『会社判例百選第五版』一三〇頁（一九九二年三月）
「満期前の手形金請求と呈示」判例評論四二五号（判例時報一四九一号）二〇九頁（一九九四年七月）
「商法23条と取引相手方の重過失」『商法（総則・商行為）判例百選第三版』四四頁（一九九四年七月）
「銀行による不渡付箋のついた手形と手形法20条1項」『手形小切手判例百選第五版』一一二頁（一九九七年七月）
「辞任登記未了の辞任取締役と商法266条ノ3」『会社判例百選第六版』一二六頁（一九九八年九月）
「経営権侵奪目的の新株発行と取締役の責任」取締役の法務七一号八七頁（二〇〇〇年二月）
「関連会社間の利益相反取引と取締役の責任」取締役の法務八七号七四頁（二〇〇一年六月）
「新株発行による取締役の第三者に対する損害賠償責任」取締役の法務九五号六一頁（二〇〇二年二月）
「商法23条と取引相手方の重過失」『商法（総則・商行為）判例百選第四版』四〇頁（二〇〇二年一〇月）
「蛇の目ミシン工業の株主代表訴訟控訴審判決」旬刊商事法務一六九〇号四頁（二〇〇四年三月）
「私製手形による手形訴訟制度の濫用」判例評論五四六号（判例時報一八五八号）一八六頁（二〇〇四年八月）
「白地未補充手形による敗訴判決と既判力」『手形小切手判例百選第六版』九四頁（二〇〇四年一〇月）
「辞任登記未了の辞任取締役と対第三者責任」『会社法判例百選』一六四頁（二〇〇六年四月）
「商法14条（会社法9条）と取引相手方の重過失」『商法（総則・商行為）判例百選第五版』三二頁（二〇〇八年一〇月）
「自己株式の処分における処分価額や第三者割当増資における発行価額における著しく不公正な価額に関する株主代表訴訟事件」ビジネス法務一三巻三号七八頁（二〇一三年三月）

学会報告・シンポジウムなど

「外観優越の規定についての一視点」日本私法学会　個別研究報告（一九七六年一〇月）
「海商法における法の抵触と裁判管轄」日本海商法研究会（一九八一年八月）
「商法における法学教育と法曹養成教育」日本私法学会臨時シンポジウム（二〇〇〇年六月）

「会社の組織変動と会社法」　日本私法学会シンポジウム「会社法改正」（二〇〇〇年九月）
「日本型ロースクール」　日本弁護士連合会シンポジウム（二〇〇〇年九月）
「法科大学院における経済的支援の在り方について」　日本弁護士連合会シンポジウム（二〇〇三年二月）
「日本商法改正と外国法の影響」　中国清華大学建学50周年国際シンポジウム（二〇〇三年二月）
「法科大学院における教育で伝えたいもの、学ぶべきもの」
　渥美東洋先生退職記念講演・シンポジウム（中央ロー・ジャーナル一巻二号二九頁、二〇〇五年三月）

その他

『株式会社法辞典』（一一項目担当）　同文舘出版（一九七〇年一一月）
「判例回顧　商法」（共著者、濱田惟道）　法律時報四九巻一四号二〇一頁（一九七七年一二月）
「判例回顧と展望　商法」（共著者、濱田惟道）　法律時報五一巻一号六四頁（一九七九年一月）
「文献商法学月報」　旬刊商事法務（一九九五年八月～二〇〇二年五月）
「1999年学界回顧・商法」（共著者、稲庭恒一ほか）　法律時報七一巻一三号一〇一頁（一九九九年一二月）
「学長・総長インタビュー　中央大学　学部の枠を超えた教育改革を推進し問題を見いだす感性・価値観を養成する」　文部科学教育通信一四五号一〇頁（二〇〇六年四月）

Ⅲ　学術受賞

一九九一年一〇月九日　日本海法学会小町谷奨学金「海商法に関する一連の研究―とりわけアメリカ合衆国における海上物品運送人の責任について―」

あとがき

永井和之先生は、二〇一五年九月二四日に、めでたく古稀を迎えられました。これまで親しく御指導いただいていた私たちは、ここに古稀をお祝いし、本論文集をまとめ、謹んで永井先生に捧げる運びとなりました。

永井先生は、御略歴にありますとおり、中央大学法学部卒業後に中央大学法学部助手として母校に残られ、研究者としての道をスタートされました。その後、中央大学法学部助教授を経て、一九八一年に中央大学法学部教授に昇任されるまでの間、スタンフォード大学ロースクールにおいて客員研究員も務められております。二〇一六年三月に定年により御退職されるまで、中央大学での御在職期間は約半世紀に及び、その間、数多くの研究業績をあげられるとともに、法学部・法学研究科・法務研究科等において多くの学生、研究者、実務法曹の育成に御尽力されました。

永井先生の主要著作目録を御覧いただくとわかるように、先生は、商法総則・商行為法、会社法、手形・小切手法、海商法など、いわゆる企業法としての商法全般に多岐に亘る御業績をあげてこられました。外観優越の規定に関する一連の御研究を企業法研究の出発点とされ学界での注目を集められ、海商法分野での御研究では一九九一年に日本海法学会小町谷奨学金を受けられたほか、会社法分野での御研究の一端は『会社法』（有斐閣）に結実するなど、企業法学について常に第一線で御活躍されてきています。永井先生の御研究は、社会における企業の役割および企業からの要請を多面的に把握し、他方で法の歴史や社会において法が果たすさまざまな機能、そして法以外に企業にはたらきかける種々の規範を踏まえたうえで、わが国の法体系において企業法を位置づけ、体系的に理解し発展させていこうとする、まさに社会科学としての商法学・企業法学を構築なさろうとしてこられたスケールの大きな御研究であると思います。

また、永井先生について特筆すべきことは、研究者としてのみならず、大学人として、長年、中央大学において重責を担われてきたことでしょう。先生は、一九九三年に中央大学通信教育部長、一九九九年に中央大学法学部長を経て、二〇〇五年から二〇一一年までの間、中央大学学長・総長として、中央大学の発展に尽力されてこられました。

加えて、先生は、学生に対する教育や研究者の養成についても、熱心な指導をされてこられました。商法担当教授として、法学部において講義、演習を担当されるだけでなく、二〇〇四年の法科大学院創設以降、法務研究科においても教鞭をとられ、多くの実務法曹の輩出に貢献されたことに加え、法学研究科においても、研究者養成に尽力され、永井先生の薫陶を受けた多くの研究者たちが学界で活躍しております。

さらに、学外においても、司法試験第二次試験考査委員、産業構造審議会臨時委員、司法制度改革推進本部法曹養成検討会委員、大学設置学校法人審議会（学校法人分科会）委員など数多くの委員を務められ、現在も私立大学通信教育協会会長などとして御活躍されています。

さて、永井先生は、中央大学での研究者養成にとどまらず、多くの大学の研究者が参加する「企業法理研究会」を主宰されてもおります。この研究会は、もともと服部榮三先生が主宰され、服部先生亡き後は新山雄三先生が引き継がれていたものですが、現在は永井和之先生がこの研究会を引き継がれ、主宰・指導されております。

本論文集は、もともと「企業法理研究会」において研究会として研究成果の出版をすることで、永井先生の古稀、御退職の節目に先生に対する謝意を表そうと計画・準備されていたものです。そのため、当初は編者として永井先生からもお名前をいただく予定で計画を進めておりましたところ、中央大学法学新報の永井和之先生退職記念論文集に四二本の論稿が寄せられ、とても一巻で収録できないという事態が生じました（法学新報第一二二巻第九＝一〇号「献呈の辞」参照）。そこで、中央大学関係者、企業法理研究会関係者が出版社とも協議した上、退職記念論文集に寄せられた論稿の半数を、研究会の研究成果として出版する予定であった本論文集に組み込み、永井先生のお許しをいただいた上で、永井先生の古稀記念論文集として刊行することとした次第です。退職記念論文集に原稿をお寄せ下った研究者の方々には、企画の変更につき御理解をいただきましたことに深く御礼を申し上げます。

このような経緯から、本論文集は、中央大学で永井先生に指導を受けた研究者の方々、永井先生の薫陶を受けてきた後輩の研究者の方々、研究会を通じて永井先生に直接に指導を受けてきた研究者の方々の執筆によるものとなりましたが、すべての執筆者が永井先生に対して深い感謝と尊敬の念を抱いていることは共通しております。

本論文集のタイトルである『企業法学の論理と体系』は、二〇一六年一月に行われた永井先生の最終講義の題目である「企業法学の論理と体系の構築に向けて」に因んでいます。本論文集の内容は体系的なものとはなっていませんが、「体系の構築」は、永井先生が、残された私たちに与えた課題というべきものとして、このタイトルにさせていただきました。

本論文集の刊行にあたっては、中央経済社の山本継社長ならびに同社法律編集部の露本敦氏に多大なご尽力を賜りました。出版事情の厳しい折、本論文集の刊行を快諾していただいたこと、企画の変更・修正についても快諾していただいたことと併せ、心より御礼を申し上げます。

永井和之先生は二〇一六年三月に中央大学を定年により退職され、中央大学名誉教授となられた今でも、なお企業法の研究、研究会の主宰、弁護士としての活動等を継続され、理論と実践の両面で後進の育成に携わっておられます。

私たちは、先生の古稀をお祝いし、先生がこれからも益々御壮健にて御活躍をお続けになることを祈念しつつ、本論文集を永井和之先生に捧げたいと思います。

二〇一六年五月

執筆者を代表して
丸山秀平
中島弘雅
南保勝美
福島洋尚

企業法学の論理と体系
――永井和之先生古稀記念論文集

2016年8月15日　第1版第1刷発行

編　者　丸　山　秀　平
中　島　弘　雅
南　保　勝　美
福　島　洋　尚
発行者　山　本　　　継
発行所　㈱　中　央　経　済　社
発売元　㈱中央経済グループ
パブリッシング
〒101-0051 東京都千代田区神田神保町1-31-2
電　話　03（3293）3371（編集代表）
03（3293）3381（営業代表）
http://www.chuokeizai.co.jp/
印　刷／東光整版印刷㈱
製　本／誠　製　本　㈱

ISBN978-4-502-19091-9 C3032